中国矿业年鉴

2010

《中国矿业年鉴》编辑部　编

地震出版社

图书在版编目(CIP)数据

中国矿业年鉴. 2010/《中国矿业年鉴》编辑部编. －北京：地震出版社，2011.7
ISBN 978－7－5028－3516－3

I. ①中… Ⅱ.①中… Ⅲ.①矿业经济—中国—2010—年鉴 Ⅳ.①F426.1－54

中国版本图书馆 CIP 数据核字（2011）第 129015 号

地震版 XM2296

中国矿业年鉴（2010）
《中国矿业年鉴》编辑部 编
责任编辑：张友联 刘晶海
责任校对：庞娅萍

出版发行：地 震 出 版 社
北京民族学院南路 9 号 邮编：100081
发行部：68423031 68467993 传真：88421706
门市部：68467991 传真：68467991
总编室：68462709 68423029 传真：68455221
网 址：http://www.dzpress.com.cn
专业图书部：68467982 68721991
经销：全国各地新华书店
印刷：河北省欣航测绘院印刷厂

版（印）次：2011 年 7 月第一版 2011 年 7 月第一次印刷
开本：787×1092 1/16
字数：1354 千字
印张：37.75
印数：0001～2000
书号：ISBN 978－7－5028－3516－3/F（4557）
定价：300.00 元

《中国矿业年鉴》编辑委员会顾问

袁宝华　朱　训　林宗棠　夏国治　郭振西

《中国矿业年鉴》编辑委员会成员

（按姓氏笔划排序）

于世良　于海峰　王守智　王　君　王宗亚　王德学　王燕国　车长波　尹小鹏
邓志雄　孔昭庆　任润厚　刘云昌　刘连和　刘建华　刘随臣　闫学义　关凤竣
许进禄　孙铁石　杨志刚　李有臣　李海廷　肖东发　何嘉平　张文学　张永涛
张喜武　张　湛　陈颂今　尚福山　罗冰生　郝树华　胡存智　钟自然　姜建军
姜智敏　姚华军　耿加怀　贾其海　曹新元　崔德文　彭齐鸣　董祚继　蒋开喜
韩海青　曾绍金　雷平喜　雷前治

《中国矿业年鉴》（2010）编辑部工作人员

编辑顾问　张　锋　李宴武
责任主编　陈颂今
责任编审　刘润辉
责任编辑　宋　菲　师　宏
数据审核　朱先云　李　蕾

《中国矿业年鉴》（2010）特约编辑

（按姓氏笔划排序）

马　岩　马家龙　王汝冲　王　芳　王　杰　王衍平　王　蓓　邓　峰　孔繁茂
巩奎兴　吕晓澜　向　琦　庄春来　刘克彬　刘伯恩　刘良先　刘粤湘　刘　斌
闫卫东　孙　健　苏荣生　杨虎林　杨建军　李树枝　谷东玉　宋　威　张发旺
张海峰　张德祯　陈千汉　陈　冠　周保铜　周　翔　孟巧丽　赵我为　郝祖梁
胡茂焱　袁俊宏　袁　航　夏　鹏　黄学雄　常玉刚　崔成多吉　崔新悦　梁伟超
葛振华　揭香萍　曾令新　解宏绪　薛万文　戴　稼　魏　红

编 辑 说 明

一、2010年版《中国矿业年鉴》（以下简称《年鉴》）全面、系统反映2009年中国矿业基本情况以及当年我国矿业经济发展和运行情况。主要内容涉及我国矿产资源勘查、开发利用、行业生产、地方矿业、矿山安全等等，同时也反映了当年我国矿业事业的新发展、新经验、新成果以及遇到的新问题。本期《中国矿业年鉴》为第8卷，收录资料时限，原则上以2009年为主。

二、本期《年鉴》，全书根据实际情况设专文、大事记、概况、矿业管理、矿业行业、地方矿业、矿业协会、统计资料、政策法规、附录等10个栏目。按内容分类编排，设栏目、类目、条目三个层次，有的栏目根据实际情况设四个层次。表述方式以条目为主，设有方便查阅的目录，另有文章、图、表、照片等多种形式，图文并茂。

三、本期《年鉴》收录了国家、国土资源部等有关领导关于中国矿产资源开发管理、煤矿安全以及地质勘查等方面的重要讲话；国土资源部有关部门提供的矿业统计资料和国家有关部委颁布与矿业相关的政策法规；较系统地记述了中国矿业的概况、管理、行业、地方矿业等方面的发展变化及部分矿业行业协会工作等情况。

四、本期《年鉴》，“矿业管理”栏目内容设置做了调整，增加了“地质勘查管理”和“矿山地质环境管理”；在附录中，收录了2008/2009年世界矿产资源勘查开发和矿产品供需形势；收录了矿业科技信息、矿山安全记事等。可读性强，有较高的参考价值。

五、本期《年鉴》，开辟了矿山企事业单位介绍专栏，并以彩页形式展示其风采，重点介绍了一些优秀国有企业和民营企业的经营业绩和科研成果。

六、稿件来源，除部分基层企事业单位外，多由国土资源部有关部门和省市、自治区国土资源厅（局）及行业协会等单位提供。为读者查阅方便，本期年鉴中的图、表序号，以类目为单位，单独列序。所涉及的统计资料，均以国土资源部《中国国土资源统计年鉴》中提供为准。全书内容比较丰富、资料翔实，具有权威性。

八、本期《中国矿业年鉴》16开本，精装，130万字左右，由中国矿业年鉴编辑部编辑，地震出版社出版，国内外公开发行。编辑部联系电话：010－88374940。E－mail：yearbook@chinamining.org。

本期年鉴在组稿中有一定困难，例：“地方矿业”收集得还不够全面，在内容编辑整理上，难免有些疏漏和错误，欢迎各级领导和读者批评指正。在此对所有关心和支持本书编辑工作的单位、领导、朋友们表示衷心的感谢！

《中国矿业年鉴》编辑部

2011年6月

目　录

专　文

大事记

概　况

矿业管理

矿业行业

地方矿业

矿业协会

政策法规

统计资料

附　录

专 文

在全国矿产资源开发秩序整顿规范总结表扬暨进一步推进整合工作部署电视电话会议上的讲话

徐绍史

（2009年10月26日，根据录音整理）

今天，国土资源部、发展改革委、工业和信息化部、公安部、监察部、财政部、环境保护部、商务部、工商总局、安全监管总局、能源局、煤矿安监局等十二部门联合召开全国矿产资源开发秩序整顿规范总结表扬暨进一步推进整合工作部署电视电话会议，主要是总结历时3年多的整顿规范工作，通报表扬整顿和规范矿产资源开发秩序先进集体和先进个人，分析当前矿产资源管理工作形势，动员部署进一步推进矿产资源开发整合工作。

首先，感谢工业和信息化部、安全监管总局、煤矿安监局出席今天会议的领导同志，以及其他各有关部门的负责同志；还要感谢出席会议的24个省、自治区、直辖市政府分管副省长、副主席和副市长，以及25位分管副秘书长。并借这个机会，感谢各级政府、各有关部门长期以来对矿产资源勘查开发工作的理解和支持。

刚才，国土资源部鹿心社副部长宣读了《关于通报表扬整顿和规范矿产资源开发秩序先进集体和先进个人的决定》，工业和信息化部苗圩副部长宣读了《关于进一步推进矿产资源开发整合工作的通知》，河南省张大卫副省长介绍了河南省整规和整合工作的经验，陕西省国土资源厅王登记厅长和湖北省宜昌市李乐成市长分别介绍了本省、本市整规和整合工作经验。他们讲得都很好，给了我们很多启示。国家安全监管总局王德学副局长结合安全监管工作，对整合工作提出了一些具体要求，非常重要。各级国土资源管理部门一定要结合整合工作的实际，贯彻落实好。下面，借这个机会，我讲两点意见。

一、整规工作成效明显，要巩固发展

2005年8月，国务院下发了《关于全面整顿和规范矿产资源开发秩序的通知》（国发〔2005〕28号）。按照通知要求，地方各级党委、政府和国务院有关部门认真贯彻落实，加强领导，健全机构，完善制度，落实责任，围绕着治乱、治散、治本，采取了一系列措施，做了大量工作，取得了明显成效。2008年7月，经国土资源部等九部门检查验收，各省（区、市）已基本完成整顿规范工作各项任务，实现了预期目标。今年5月，国土资源部等九部门联合向国务院报告了整规工作的情况，国务院领导同志给予了充分肯定。整规和整合工作取得了明显的成效，主要体现在以下三个方面：

（一）治乱成效明显，各种违法违规行为得到严肃查处

整规工作开展3年多来，全国共清理查处无证勘查开采14万起，超层越界开采1.1万多起，非法转让矿业权2800多起，查处这三类违法违规行为合计15.2万多起。关闭非法开采、破坏资源、污染环境和不符合安全生产条件的矿山4.8万多处，关闭不具备安全生产条件的煤矿1.2万多处，关闭矿山总数6万多处。同时，查处了越权审批，失职渎职等违法违纪行为905起，清理了国家机关、国有企业负责人参股、入股928起。向纪检、监察机关移送违反党纪、政纪人员148人，向司法机关移送涉嫌犯罪人员45人。从治乱这方面看，成效是比较明显的。

（二）治散扎实推进，矿山布局不合理的状况有明显改善

2006年12月，国务院办公厅转发了《国土资源部等部门对矿产资源开发进行整合意见的通知》（国办发〔2006〕108号）。地方各级政府和有关部门坚持政府引导、规划先行、市场操作、重点突破的原则，综合运用经济、法律、技术和必要的行政手段，采取参股、兼并、收

购等方式,积极推进矿产资源开发整合工作。截至今年上半年,全国确定了56个矿种,列入整合任务的5830个重要整合矿区,完成了5046个,占应该整合矿区的86.5%。煤、磷和铝土等矿产资源加快向优势企业集聚。通过实施整合,企业规模化和集约化程度以及资源利用水平有了较大提高,矿山企业和当地群众的关系有了较大改善。河南、湖北、内蒙古、辽宁、山西等省(区)创造了比较好的经验,为我们提供了示范。

(三)治本开始见效,为维护矿产勘查开发秩序提供了保障

3年多来,各地和有关部门出台了一系列政策措施和规范性文件,集中体现在四个方面:一是完善了探矿权、采矿权出让办法和两权价款收入分配办法;二是对钨、锑、稀土矿产实行开采总量管理,划定了煤矿国家规划矿区,加强了重要矿产资源的宏观调控;三是加强了矿山地质环境的调查以及治理规划工作,建立了矿山地质环境治理保证金制度;四是强化了矿山年检和储量监管等方面的制度。这些规范性文件和政策措施,为整规和整合工作提供了有力的保障。

总体来看,3年多来,整规工作积累了宝贵的经验,从中也涌现出一批先进集体和先进个人。这些宝贵经验,主要有三条:

一是抓机制建设,形成工作合力。对于土地和矿产,以往"一家管、大家用"的现象是比较突出的。这些年来,我们和相关部委和地方政府一起努力,变"一家管、大家用"为"大家管、大家用",构建共同责任机制。各有关部门和地方政府各负其责,协调联动,齐抓共管,工作的合力大大增强。

二是抓制度建设,依法依规,推进整规整合工作。各地和有关部门依法依规行政,依法依规办事,依法依规打击违法违规行为,有效保护了矿业权人和群众的合法权益。

三是抓操作落实,有力有序推进整规整合工作。各地和各有关部门在整规和整合行动中,注重政策措施的操作性和实效性,整规和整合工作积极稳妥,富有成效。

3年多来的经验是一笔财富,应该很好地总结、提炼,便于我们自觉地应用,更好地做好整规和整合工作。在肯定成绩和经验的同时,我们也要看到,整规、整合工作的难度是相当大的。其主要原因是,矿产资源勘查开发有着丰厚的利益,面对丰厚利益的诱惑,一些不法分子不惜挺而走险。由于盗采活动流动性很强,而且日趋专业化,有组织的暴力抗法也时有发生,而且利益关系非常复杂,给我们带来了难度。

我们的工作人员,特别是奋战在一线的基层执法人员,3年多来不辞辛劳、不畏艰险跑遍了每一个矿区,不避矛盾、不厌其烦深入细致地开展工作,不惧威胁、不怕危险坚持严格执法,工作都非常艰苦、艰难、艰辛,取得今天这样的成绩,实属不易。在这里,请允许我代表部际联席会议十个部委以及今天出席会议的十二个部委局,向参与整规整合工作的全体人员,特别是作出突出贡献的同志表示问候,表示敬意!向受到通报表扬的先进集体和先进个人表示热烈的祝贺!

整规工作的成绩要充分肯定,但是,也不能估计过高。受机制体制的制约,受利益调整的影响,受我们自身工作的局限,整规、整合工作进展还不平衡,工作还不规范、不彻底,集中表现为矿山布局还不够合理,矿产资源勘查开采粗放,矿产资源破坏浪费等问题还没有根本的改观等方面。整规、整合工作有待进一步推进,我们全体同志尚需进一步努力。

二、整合工作时机有利,要扎实推进

近日,国家统计局公布了我国前三季度的经济统计数据。应该说,前三季度的经济发展企稳向好,成效明显,而且好于预期。在这种情况下,仍然需要我们保持清醒的头脑,全面、正确地分析和判断形势,既要看到有利的一面,增强我们的信心,又要看到复杂和不确定的一面,增强我们的忧患意识。整合工作要在这样一个大局下部署安排。具体的意见是:

(一)抓住有利时机,坚定不移地推进整合工作

目前的有利时机,主要表现在三个方面:

一是国务院领导高度重视矿产资源勘查开发工作。8月17日,中共中央政治局常委、国务院副总理李克强视察了中国地质科学院和国土资源部,发表了重要讲话。10月23日,李克强副总理出席了李四光地质科学奖第十一次颁奖大会,也发表了重要讲话。李克强副总理的重要讲话,一方面充分肯定地质矿产勘查开发取得的成绩,同时又提出了新的要求,而且对我们进一步做好矿产资源勘查开发工作充满着期待。李克强副总理指出,要在国内地质调查、资源勘查、资源开发和集约利用方面,形成一次新的跨越,力争增强国内能源、资源的保障能力;要积极探索研究,规范矿产资源勘查开发管理制度,创造良好的制度环境。李克强副总理8月17日的视察讲话和10月23日在颁奖大会上的讲话,对整个地质矿产勘查开发提出了新的、更高的要求,也是我们整个地质矿产勘查开发行业做好工作的一个新的动力。

二是结构调整优化和发展方式转变的宏观部署有利于推进矿产资源开发整合。这一次我国应对金融危机取得了明显成效,需要进一步巩固企稳向好的形势。国务院常务会议明确提出,要加快推进结构调整和发展方式的转变。这个要求,有利于开展整规和整合工作，特别是整合工作。推进整合工作既是集中解决矿山布局不合理，勘查开发规模化、集约化程度不高，从源头上治理矿产勘查散、乱、小的重要手段，同时又是调整优化结构，促进发展方式转变的重要途径。

三是矿业“一松一紧、振荡调整”的局面有利于推进矿产资源开发整合。去年年底到今年年初，我们对整个矿产勘查开发的形势作出了判断，归纳出“一紧一松、振荡调整”的特点。现在我们依然认为，这个局面没有改变。虽然资源价格在下半年有了回升，比我们预计的可能要来得早一点，原来预计资源价格可能会在一段时间内，在比较低的层面上振荡。随着整个下滑态势的扭转，生产的回升，资源价格从2008年年底开始上行，但是基本面没有变，矿业还处在振荡调整的阶段。这个阶段，对参股、兼并、收购等都非常有利。同时，我们通过3年多的整规工作，积累了经验，打下了基础，而且还有今年开展的地质找矿改革发展大讨论的助推和促进。这都为我们扎实推进整合工作，主动作为，有效地应对当前局势创造了良好条件。

当前局势，从能源和矿产资源的角度来讲，主要是三句话：第一是需求上升，而且基本上是持续上升，因为我国处在工业化、城市化的中期，经济还会在相当一个时期平稳加快发展。第二是供需失衡，能源和矿产资源对外依存度越来越高。第三是风险加大，能源和矿产资源走出去，利用两个市场、两种资源的风险在加大。因此只有加快资源整合，积极主动作为，才能有效应对能源、资源供需局面。

（二）努力攻坚克难，坚决打好整合工作这一场硬仗

我们要遵照国办发〔2006〕108号文件以及最近十二个部门联合印发的141号文件的精神，有序地推进，打好矿产资源开发整合这一场硬仗。

一要明确目标，落实任务。141号文确定了四项任务、六项要求和四条措施，同志们要认真学习掌握。从时间安排上，这次整合工作要用一年两个月。从现在开始到明年3月的5个月时间里，侧重整合实施方案的编制和审批，有条件的地方可以同步推进整合工作；明年4月到年底，9个月的时间要基本完成整合任务；从2011年开始，整合工作转入常态化管理。从内容安排上，108号文规定的重点矿种和重要矿区的整合任务都应该完成。141号文又新增加了探矿权整合的内容。各地都要结合矿产资源规划、产业政策以及最近两年开展的矿产资源潜力评价、矿业权核查和储量利用调查，把资源以及矿业权的情况搞清楚，坚决整合到位。

二要分工协作，共同推进。十二个部门要自觉地应用整规工作的成功经验，进一步完善矿产资源勘查开发“大家管、大家用”的共同责任机制，要按照各自的职责，落实责任，落实任务。国土资源部门要会同有关部门，把矿业权的底数摸清楚，划好整合范围，会同有关部门一起搞好整合实施方案的审批；能源管理部门参与审查煤炭矿区整合实施方案；公安部门会同有关部门对爆炸物品的管理和用量，严格把关核定；监察部门会同有关方面，对违规违法审批矿业权进行查处并追究责任；财政部门会同有关部门，对资源整合方面的一些利益关系进行处置；环保部门会同有关部门搞好环评；工信部门、商务部门会同有关部门做好优势矿产管理工作；工商部门会同有关部门做好拟设立企业的核准登记；安全监管部门会同有关部门，检查安全生产条件，颁发安全生产许可证等等。总之，我们十二个部门要配合协作，做好矿业权审批、项目核准、环评审查、生产许可、安全许可、权益处置、企业设立等各项工作，有序地推进整合工作。

三要积极探索，改革创新。资源整合实际上是利益协调和平衡。利益协调不好、平衡不了，资源整合工作也不可能做好。整合工作的关键，是利益协调和平衡。整合工作的实质是机制体制的探索创新。整合工作的安排要配套，工作要配合，办法要协调，措施要匹配。这样才能减少整合工作的制度磨擦、利益冲突和心理阻力，才能协调平衡好方方面面的利益。有几个比较关键的环节要抓好：一是方案要合理、科学、可操作，要符合实际；二是证照办理要简化手续，优化程序，提高效率，政府要为整合的企业很好地服务；三是整合主体要精心的选择，要鼓励优势企业参与整合。政府对整合工作要加强引导，一要充分发挥市场配置资源的基础性作用；二要充分调动各类矿山企业、不同所有制性质特别是民营矿山企业的积极性；三要创新整合模式，要鼓励多要素的整合，推动结构调整和优化。总之，我们要通过探索创新，注重应用经济手段、市场化运作等方法，推进整合。同时要防范各种违法违规、谋取不正当利益的行为，一旦发生要严厉打击，严肃查处。

四要完善制度，实现常态化管理。当前，利益主体是多元的，他们的诉求也是多元的。立足主体多元的现状，转变治理方式非常重要。治理方式的转变，实质是制度创新和建设。完善制度，既是现实的呼唤，也是社会的需求，我们在整合工作中，应认真对待，高度重视。

要着眼于常态工作和整合的需要，重点在以下三个方面完善制度。第一，要完善勘查开采的管理制度。包括企业的准入条件、退出机制、淘汰办法等等；第二，矿业权的设置和管理制度。一些地方以往不尽合理的矿业权设置，已经影响到整装勘查和规模开发，当前最突出的是矿业权的清理，要解决矿业权设置不合理问题，通过清理整合，使矿业权的设置适应整装勘查和规模开发的需要；第三，完善矿产资源收益分配制度。要建立科学的补偿办法，通过整合，逐步建立以矿产资源规划、勘查规划为龙头，以矿业权管理为核心，以准入制度为引导，以矿业权投放为调节的矿产勘查开发管理体系。

在完善制度过程中，还有三点提醒大家注意：一要注重有效性和可操作性。我们有些制度比较原则，缺乏一些程序性的东西，很难做到有效和可操作；二要注重制度的约束力。制度的强制功能、惩处功能和教育功能都不能偏废；三要注重制度的执行和落实。在制度的约束下，以政府的优质服务、良好的市场环境来维护矿产勘查开发市场的公开、公正、公平，维护探矿权采矿权人的合法权益。

进一步推进矿产资源开发整合工作是一项紧迫的任务，它对结构调整优化、发展方式的转变、资源的永续利用、经济社会的可持续发展，都具有深远而重大的意义。我们要认真贯彻落实李克强副总理8月17日、10月23日重要讲话精神，按照科学发展观的要求，再接再厉，扎实工作，打好矿产资源开发整合工作这场硬仗。

（作者：国土资源部部长）

携手应对国际金融危机 促进全球矿业健康复苏

——在2009中国国际矿业大会上的主题演讲

汪　民

（2009年10月20日）

尊敬的各位来宾，女士们，先生们，朋友们：

在世界各国共同应对金融危机、世界经济出现积极变化之际，我们在天津举行第11届中国国际矿业大会。本届大会的主题是“抓住机遇，共同发展”。我们期待与参会的各国政府官员、业内人士和专家学者一起交流研讨，凝聚共识，增强信心，深化合作，共促全球矿业健康复苏和可持续发展。

受国际金融危机影响，2008年下半年以来，中国矿业形势一度走低。从2008年下半年到2009年年初，全国矿产品需求下降，价格下跌，产量下降，投资萎缩，效益下滑。为应对国际金融危机，中国及时调整了宏观经济政策，实施积极的财政政策和适度宽松的货币政策，迅速出台促进经济平稳较快发展的一揽子计划，经济运行中的积极因素不断增多，企稳向好的势头日趋明显，矿业发展呈现积极态势。中国经济发展为世界经济复苏作出了贡献，中国矿业增长为全球矿业复苏注入了新的活力。

——矿业投资保持增长。1～8月全国采矿业投资4406亿元，同比增长18.9%。其中黑色金属采选业投资同比增长32.6%。非油气矿产勘查投资135亿元。煤炭和贵金属勘查投资未受大的影响，有色金属勘查投资明显萎缩。出让探矿权2769个，同比减少19.6%；出让采矿权4335个，同比减少47.4%，但8月份环比增加2.2%。

——矿产勘查取得新进展。在陆域成功探获天然气水合物实物样品“可燃冰”，内蒙古红花尔基煤田探明资源储量超过300亿吨。在新疆沙尔湖、三塘湖等地发现巨厚煤层，在辽宁本溪大台沟、河北冀东、安徽庐江泥河镇、山东济宁发现大型铁矿，新探明资源储量有望达到百亿吨以上。在西藏甲玛、四川里伍探获大型铜矿。金、铝土矿、铅、锌、钨、钼等矿产勘查也都取得了很好的进展。

——矿产品生产陆续回升。原煤、水泥生产继续保持增长，1～8月分别同比增长9.7%和17.2%。原油生产8月份同比增长1.62%。10种有色金属、原盐生产5月开始止跌回升，焦炭、铁矿石生产分别在6月、7月止跌并大幅回升。

——矿产品进出口呈现回暖迹象。1～8月贸易总额同比下降，但月度环比有所增长。1～8月，石油进口1.55亿吨，同比增长4%。煤炭进口7575万吨，增长155%，出口下降56%。铁矿石进口4.05亿吨，同比增长33%。铜精矿进口413万吨，同比增长14%，精炼铝进口125万吨，是去年同期的8倍。

——矿产品价格反弹，大部分矿产品价格上涨。1～9月能源及原材料价格同比下降27.1%，但月度环比波动上升。原油价格同比增长65.8%，铜价增长35.1%，金价增长12.9%。

中国正处在工业化、城镇化加快发展时期，经济持续快速增长，矿产资源开发和消费不断扩大。中国西部矿产勘查程度比较低，东中部大多数矿区勘探深度只在300～500米，全国探明的资源储量仅仅是资源远景的1/3，许多贫矿、难选矿和多组份伴生矿还没有得到开发利用。初步的评价表明，石油、天然气、铁、铜、铝、铅、锌、金、银、钾盐等矿产找矿前景良好，资源潜力很大。中国将继续立足国内勘查开采、节约集约利用资源来保障矿产资源供给，同时充分利用国际市场和国外资源来调剂余缺，全面推进资源节约型、环境友好型社会建设；继续坚定不移地在矿业领域实行对外开放，以开放促改革，以改革促发展，进一步开放市场，改善矿业投资环境，为促进国际矿产品市场稳定和全球矿业可持续发展作出贡献。

一是加强国内矿产勘查。中国政府采取全面扩大内需、加强基础设施建设的政策，对矿产勘查开采带来强劲的需求。政府加大财政投入，加强基础性地质调查和战略性矿产勘查，降低找矿风险，拉动社会投入，仅在新疆天山、阿尔泰山、昆仑山—阿尔金山等地就投资7.3亿元进行基础地质和矿产勘查工作，并将组织开展全国油气战略调查，启动地质矿产保障工程，加大地勘基金投入力度。目前，中央地方两级地勘基金总规模已达130亿元，其中中央地勘基金已向191个矿产勘查项目投资15亿元，引导和拉动了商业性矿产勘查。推出创业板，为成长型资源公司和勘探项目开辟新的更方便的融资渠道，有利于增加直接融资规模。

二是推动矿产资源利用方式转变。中国政府制定实施钢铁、有色等10大重点产业调整振兴规划、全国矿产资源规划和全国地质勘查规划，全面推进产业结构调整和优化升级，抑制部分行业产能过剩和重复建设，增强产业竞争力和自主创新能力。进一步推进资源开发整合，引导企业采取收购、兼并和参股控股等方式对小矿山实施整合，提高各类矿产资源规模化开采和集约化利用。全国列入计划的整合矿区5830个，其中5046个矿区已完成整合任务，占86.5%。对钨、锑、稀土等优势矿产开采实行总量控制，暂停受理钨矿、锑矿和稀土矿3个保护性开采的特定矿种的探矿权、采矿权申请和煤炭的探矿权申请。

三是加快构建矿产勘查新机制。遵循经济规律和地质规律，实行中央、地方和企业联动，公益性与商业性地质工作合理分工、相互促进，勘查与开采紧密衔接、良性循环，地质找矿与地勘单位改革、矿业权市场建设相互促进的工作机制，努力实现地质找矿重大突破。开展全国矿产资源潜力评价、储量利用调查和矿业权核查并取得阶段性成果，提前谋划“十二五”规划。在重点成矿区带开展试点，主要利用经济手段，整合中央、地方和企业勘查投入，整合探矿权设置，整合勘查技术力量，推进整装勘查，提高找矿效果。

四是扩大地质资料信息社会化服务。开展地质资料服务专项检查，进一步明确地质资料汇交、保管与服务的责任与义务。凡不依法汇交地质资料的，对其新申请探矿权采矿权不予审批。凡不按规定提供地质资料服务的，依法进行严格处罚。上海等地在探索地质资料信息服务集群化产业化方面取得成效，积累了经验，形成多个系列的地质资料信息产品，为矿产勘查等相关行业提供内容丰富、形式多样的信息服务。各省（区、市）都在积极推进这项工作，全国地质资料馆今年以来已向社会用户提供借阅服务25373次，涉及地质图件48000余幅，网站访问量11.3万人次。中国地质调查局在重点成矿区带部署开展了基础地质工作，为方便国内外用户更大程度地享用地质资料信息，相关成果将在这次会上专门发布。

五是不断完善矿产资源管理。积极探索完善资源有偿使用机制，稳步推进资源税费改革，逐步理顺资源价格关系，规范矿产开发管理制度，为矿产资源事业发展创造良好的制度环境。全面清理部省两级出台的矿业权出让、转让、延续、变更、价款处置等方面的规范性文件和相关制度规定，按照权责一致、分级分类和分区管理的原则，深化探矿权采矿权管理制度改革。逐步建立健全矿业权有形市场，构建矿业权及矿产品交易平台，规范完善市场配置资源的方式与办法。在全国实行探矿权、采矿权统一配号，推进矿业权管理信息化。深化矿产资源开发秩序整顿规范工作，全面落实无证勘查开采案件增减率和矿业权人违法违规案件发生率指标考核制度。加快推进《矿产资源法》的修改论证工作。

国际金融危机加快了矿业调整。全球矿业在经历了一段繁荣之后，2008年下半年急转而下，2009年第二季度以后有所好转。为了应对危机，世界各国采取了积极的刺激经济措施，世界经济出现喜人迹象。可以预计，经济复苏和持续增长必将带动矿产品需求的增长，全球矿业将逐步向好。对此，我们应当增强信心。当前，矿业发展的以下几个特点值得我们重视。

一是矿产品供求形势发生巨大变化。前一阶段，能源原材料消费减少，矿产品需求下降，矿业收入减少。许多企业产品销售困难，订单减少，库存大幅增加，收入和利润明显下降，一些矿业企业从盈利转为亏损，一些矿山减产停产甚至关闭。矿业公司一度成为各国股市领跌的主力，股票市值缩水严重。2009年第二季度以来，矿业公司股票市值有所回升。下半年全球钢铁行业有复苏的迹象。美国、日本等发达国家工矿业生产指数连续上升。新兴工业化国家资源需求旺盛，将继续给全球矿业市场回暖注入活力。矿业发展仍将面临巨大的社会需求。

二是矿产品价格异常波动。从2008年第四季度开始,矿产品价格大幅下跌,与最高价位相比,石油、铜等国际期货价格跌去六成以上。2009年一季度矿产品价格继续下跌,国际能源和金属矿产品价格出现了30%~50%的降幅。第二季度,主要矿产品价格在振荡整理中有所回升,但大部分矿产品价格仍然大大低于去年同期水平。矿产品价格异常波动对世界经济尤其是矿业经济的影响值得我们高度关注。

三是矿业融资逐步走出困境。由于全球资本市场处于剧烈动荡时期,一些跨国矿业公司资金供应吃紧,纷纷调整投资计划,缩减或延迟投资。初级勘查公司处境更加困难。然而相比较而言,矿业仍然是全球更为安全的投资领域。特别是金矿、铁矿石开采吸引了投资者更多的目光。巴西、智利、秘鲁、菲律宾等一些国家已经制订计划,将增加对矿业的投资,以确保矿业的未来发展。2009年第二季度以来,市场信心逐渐恢复,更多的资本正在往矿业回流。

四是全球矿业企业并购整合广受关注。据有关资料,2008年全球矿业交易1600多项,价值1500多亿美元。2009年矿业并购还将继续。矿业并购加剧了世界范围内铁矿石、铜矿、氧化铝及煤炭等资源的垄断程度,前期垄断程度较低的铅、锌、镍等行业集中度也快速提升。特别是大型跨国矿业公司并购整合,对矿产品采购渠道、矿产品价格及矿产品加工产生了影响。

五是各国政府积极支持和鼓励矿业发展。一些国家加紧建设通往矿山的道路,改善矿山生产的基础设施条件。加拿大、澳大利亚实施地质填图和矿产勘查促进计划,收集、整理和公开地质找矿信息。调整财税政策,政府向矿业公司注入资金,实施勘查投资减税政策,降低投资税率。这些政策有力地推动了全球矿产勘查,取得了像澳大利亚辛普森沙漠巨厚煤层、纳米比亚铀矿、格陵兰和蒙古的稀土、沙特阿拉伯贾巴尔赛义德铜金矿等一批重大成果。2009年在数十个国家发现了200多处新油田,石油勘探充满活力。

国际金融危机以来,贸易保护主义抬头,贸易摩擦案件上升。各种形式的贸易保护措施延缓了包括矿业在内的世界经济复苏步伐,反对和遏制各种形式的贸易保护主义迫在眉睫。

在经济全球化的大趋势下,面对汹涌的国际金融危机,没有一个经济体能够置身其外。世界各国加快经济发展的目标是相同的,深化双边多边合作、实现互利共赢的意愿是一致的,在共同应对这场危机的过程中取得了积极成效,应当继续全力促进增长,推动平衡发展。矿产资源天然赋存的不均匀性,既造成不同国家各具一定的比较优势,又使各国之间具有一定的互补性。随着经济社会的不断发展,各国经济从来都没有像现在这样相互联系、相互依赖,任何一个国家都不可能拥有经济发展所需要的全部资源和技术,不可能生产出本国所需要的一切产品,不可能只限于消费本国所生产的产品。全球矿产资源十分丰富,探明的储量越来越多。由于地质条件不同,各国之间矿产资源禀赋差异较大,资源互补性强。各国应通过机制创新、政府宏观调控下充分发挥市场基础性作用来优化资源配置,通过科技进步和政策支持改善资源利用,通过国际市场调剂资源余缺,实现互利共赢,共同开发,共同发展。

我们愿意继续同各国同行一道,积极应对挑战,全面加强合作。促进全球矿业健康复苏。为此,我提出如下建议:

第一,促进互利共赢的矿业投资。世界各国都应当从矿业全球化中共同获益。各国应秉承开放精神,相互开放市场,允许和支持其他国家矿业企业公平参与、相互投资,鼓励金融机构为矿业开发项目提供良好的融资服务。中国将进一步健全矿业市场体系和“引进来”服务体系,确保外国投资者的合法权益。外国公司可以依法以独资、合资、合作等方式到中国进行风险勘探和资源开发。中国政府鼓励境外资源类投资,拓宽渠道,扩大领域,互利合作,共同繁荣。希望各国政府同样采取积极的投资促进措施,完善投资政策和投资环境,为企业投资兴业创造更为宽松、更为有利的条件。

第二,推动国际矿产品贸易稳定发展。密切矿业经贸合作,反对贸易保护主义。有关各方应加强对话、磋商和协调,共同促进国际矿产品市场和谐发展。改革国际矿产品市场价格形成机制,给予贸易双方平等定价的话语权,促进矿产品市场理性、稳定发展。企业之间应建立一种合作共赢的定价机制。政府之间应密切合作,从源头上加强对投机行为的监管。

第三,进一步加强交流与合作。促进全球矿业复苏并走上绿色矿业发展道路,需要政府和企业共同努力,企业负有主要责任,政府起引导作用。矿业企业应坚持平等诚信、互利共赢,注重社会责任,促进当地发展。矿业企业之间应进一步扩大人员、信息与技术交流,开展人力资源培训。政府之间应建立健全双边多边矿产资源合作对话机制,密切沟通和协调,就相关管理政策达成共识,磋商解决矿业领域的纠纷和争端,推动矿产资源管理交流。深化对话与交流,积极开展务实合作,为应对全球气候变化、保障经济社会可持续发展,作出力所能及的贡献。

让我们坚定信心,满怀希望,携手合作,共同促进全球矿业健康复苏和可持续发展!

(作者:国土资源部副部长)

在全国矿产资源开发秩序整顿规范总结表扬暨进一步推进整合工作部署电视电话会议上的讲话

王德学

（2009年10月26日）

经国务院同意，国土资源部等十二个部门下发了《关于进一步推进矿产资源开发整合工作的通知》，对进一步推进矿产资源开发整合工作作出了全面部署，提出了明确要求。今天又召开电视电话会议进行动员安排，十分必要、十分及时。进一步推进矿产资源开发整合工作，是贯彻落实科学发展观，优化矿业结构、减少矿井数量、淘汰落后能力、提高矿井规模和技术装备水平及安全保障能力，促进矿业又好又快发展的一项重要举措，对我国矿业的科学发展、安全发展、可持续发展具有重要意义。国家安全监管总局将督促各级安全监管部门和煤矿安全监察机构认真贯彻落实《关于进一步推进矿产资源开发整合工作的通知》精神和本次会议精神，与国土资源等有关部门密切合作，努力做好各项工作。

近年来，各级安全监管部门和煤矿安全监察机构认真贯彻落实《国务院关于全面整顿和规范矿产资源开发秩序的通知》和《国务院办公厅关于坚决整顿关闭不具备安全生产条件和非法煤矿的紧急通知》精神，在各级党委、政府领导下，会同国土资源、公安、工商等部门开展了矿产资源开发秩序整顿、煤矿整顿关闭"攻坚战"、金属非金属矿山和尾矿库专项整治等一系列行动，取得了明显成效。截至2008年年底，取缔和整顿关闭各类小煤矿12422处，取缔关闭非法和不具备安全生产条件的非煤矿山48377处。今年以来，各地扎实开展安全生产执法行动和治理行动，依法打击未取得安全生产许可证等证照或证照不全从事建设、生产、经营的非法违法行为17000起，依法查处私挖滥采、超层越界开采、尾矿库违规排放11900起，依法取缔关闭小煤矿473处，取缔关闭非法违法和不符合安全生产条件的金属非金属矿山6845处。通过努力，矿山领域的安全生产形势保持了总体稳定、趋向好转的态势，2009年前三季度，全国各类矿山事故大幅下降，其中煤矿事故起数和死亡人数同比分别下降19.4%和23.8%，金属非金属矿山事故起数和死亡人数同比分别下降23%和27%。

在看到成绩的同时，我们也要清醒地看到，矿山领域的安全生产工作虽然取得了新的进展和较好成绩，但与党中央、国务院的要求相比，和人民群众的期望相比仍然存在着很大差距，全国矿山领域安全生产形势依然严峻。全面整顿和规范矿产资源开发秩序虽然取得了重要成果，但是煤矿和非煤矿山非法违法建设、生产、经营的现象仍然存在，金属非金属矿山"小、散、乱、差"的状况没有得到根本改变，一些地方矿业秩序仍然较乱，一些不法分子和非法企业无视国家法律、无视政府监管、无视社会监督、无视矿工生命，非法盗采、无证开采、以采代探、超层越界开采或假整合真开采，给安全生产带来巨大压力。今年前三个季度，全国煤矿因非法违法建设、生产、经营行为导致较大以上事故39起，占较大以上事故总起数的39%；全国金属非金属矿山共发生因非法开采行为导致的较大以上事故11起，占较大以上事故总起数的29.7%。因此，巩固和扩大3年来整顿规范矿产资源开发秩序和矿山整顿关闭工作取得的成果，进一步推进矿产资源开发整合工作，对促进全国矿山安全状况的进一步稳定好转十分紧迫、十分重要。

关于全面推进矿产资源开发整合工作，国土资源部部长徐绍史同志将作全面部署和安排，请各级安全监管部门和煤矿安全监察机构认真贯彻落实。这里，我结合安全监管监察系统实际，讲几点意见。

一、切实高度重视，加强组织领导

搞好矿产资源开发整合工作是一项治本之策，是推动矿山领域安全生产形势稳定好转的重要途径。各级安全监管部门、煤矿安全监察机构一定要高度重视，把进一步推进矿产资源开发整合工作摆上重要日程，迅速制定工作方案，作出安排部署，加强督促检查，狠抓工作落实。要按照《关于进一步推进矿产资源开发整合工作的通知》精神，切实履行好相应的职责。要把进一步推进矿产资源开发整合工作和安全生产"三项行动"、"三项建设"统筹安排、统一部署、同步推进。要抓住重点，下大气力、扎实工作，通过进一步推进矿产资源开发整合工作，有效遏制因非法违法开采行为和矿山“乱、小、散、差”导致的安全生产事故。

二、深化整顿关闭,务求取得实效

各地要进一步推进安全生产执法行动和治理行动,加强煤矿、金属非金属矿山和尾矿库整顿关闭以及安全隐患排查治理工作。要明确目标,重点依法取缔关闭无证盗采、严重超层越界开采和不具备安全生产条件的煤矿和金属非金属矿山。要克服困难、冲破阻力,真打真整真治真关,不走过场、不留死角。要加强监督检查,强化行政执法,防止已经取缔关闭的矿山“死灰复燃”。

三、提高准入门槛,强化源头监管

各级安全监管部门和煤矿安全监察机构要会同国土资源、发展改革、工业和信息化等有关部门,落实工作责任,完善整合方案,研究制定本地区矿山开采最低规模、服务年限、技术装备、安全设施等准入条件,提高准入门槛,强化源头管理。要通过安全评价、安全设施“三同时”审查和竣工验收等手段,严把新建、改建、扩建和整合矿山项目安全准入关。要强化安全许可工作,对不符合安全生产条件、大矿小开、一矿多井或假整合的矿山企业,一律不予审核颁发安全生产许可证。

四、完善执法机制,严打非法行为

各级安全监管部门和煤矿安全监察机构要主动配合地方国土资源等有关部门开展工作,进一步完善打击矿山非法违法建设、生产、经营行为的联合工作机制,明确相关部门的职责,结合“安全生产年”各项活动,继续保持高压态势,采取有力措施,严厉打击无证无照、证照不全、关闭取缔后又死灰复燃、拒不执行停产整顿指令擅自生产、私挖滥采、以采代探、超层越界等非法违法行为。要按照“四不放过”原则和“依法依规、实事求是、注重实效”的要求,认真组织开展事故调查,严格事故责任追究。对因非法违法建设、生产、经营导致事故发生的,要依法移送司法机关追究刑事责任。要坚持举一反三,不断用事故教训推动安全生产工作。要努力构建长效机制,真正实现矿山安全生产的长治久安。

(作者:国家安全生产监督管理总局副局长)

大 事 记

2009中国矿业大事记

1月

7日 经国务院批准,《全国矿产资源规划(2008~2015年)》发布实施。

同日 中国神华母公司神华集团有限责任公司在北京宣布,神华煤直接液化百万吨级示范工程一次试车成功,打通了全厂生产流程。标志着中国成为世界上唯一掌握百万吨级煤直接液化关键技术的国家。

9日 中共中央、国务院在北京召开2008年度国家科学技术奖励大会。北京大学教授、中国科学院徐光宪院士获2008年度国家最高科学技术奖。徐光宪院士的串级萃取理论的广泛应用提升了我国在国际稀土分离科技和产业竞争中的地位,使我国稀土分离技术和生产工艺达到了世界先进水平,提高了我国稀土产业的国际竞争力。

14日 中国国家物资储备局决定以每吨11800元人民币的价格,从7家国有冶炼企业收购5.9万吨精炼锌。7家冶炼企业包括锌业股份、株冶集团、豫光金铅、白银有色金属公司、驰宏锌锗、中金岭南和汉中八一锌业公司。随后,云南省、广西省、陕西省、湖南省等开展售出活动。6月底,国家发改委表示,收储已经达到提升有色金属价格的目的。

2月

5日 深圳市中金岭南有色金属股份有限公司通过其在香港设立的全资子公司,以每股0.23澳元的价格,认购PEM公司定向配售的约1.98亿股股票,从而持有PEM公司50.1%的股权。总投资约为4500万澳元,约合人民币2亿元。此举宣告中金岭南公司成功低价收购海外优质矿山资源,一举成为中国有色金属行业首家绝对控股收购发达国家资源的企业,标志着中金岭南公司在国际化转型上迈出了重要一步。

9日 内蒙古自治区人民政府批复了《内蒙古自治区稀土资源战略储备方案》。此后,包钢稀土将承担资金的主要部分,同时在自治区、包头市每年各贴息1000万元,其余由包钢(集团)公司贴息的支持下,实施包括"兴建10个稀土氧化物储备设施,总储备量在20万吨以上"的包头稀土原料产品战略储备方案。

17日 中国铝业公司公告:中国铝业公司总经理、党组书记肖亚庆将调任国务院副秘书长一职,肖亚庆离任后,其职务将由香港中旅(集团)有限公司总经理熊维平接任。

19日 国务院总理温家宝主持召开国务院常务会议,审议并原则通过轻工业和石化产业调整振兴规划。要求控制总量、淘汰落后产能。停止审批单纯扩大产能的焦炭、电石等煤化工项目,坚决遏制煤化工盲目发展势头。

22日 山西省西山煤电集团屯兰煤矿南2采区发生瓦斯爆炸事故,当班入井426人,其中78人遇难,315人有一氧化碳中毒迹象。事故发生后,党中央、国务院高度重视,胡锦涛总书记、温家宝总理立刻做出重要批示,要求采取紧急措施,千方百计抢救被困人员,同时要保障救援人员安全,防止事故再次发生。

25日 山东兖矿轻合金有限公司随中国商务部组织的中国赴欧洲采购团在德国柏林与德国西马克梅尔公司签订了价值5700万欧元的采购合同,其中主要包括一台150MN铝挤压机生产线,该挤压机是目前全球铝加工行业中装备水平最高、吨位最大、自动化水平最先进的铝加工装备。

27日 国家可持续发展国土资源战略研究专家座谈会在北京人民大会堂召开,中共中央政治局常委、国务院副总理李克强出席并作重要讲话。会上成立了项目研究指导小组和专家委员会,中国工程院院长徐匡迪任指导小组组长,国土资源部部长、党组书记、国家土地总督察徐绍史任副组长,国务院发展研究中心原主任王梦奎担任专家委员会主任。指导小组设办公室,挂靠在国土资源部,国土资源部副部长、党组副书记、国家土地副总督察鹿心社任办公室主任。标志着这项由国土资源部、中国工程院、中国科学院、国务院发展研究中心等单位共同组织实施的《国家可持续发展国土资源战略研究》项目正式启动。

28日 山西煤炭进出口集团举行了高速动车组轮对生产线开工暨首个合同签约仪式。这是我国建成投产的首条高速动车组轮对生产线,标志着我国高速动车组关键技术国产化取得了阶段性重大成果。

3月

5日 国土资源部发布《矿山地质环境保护规定》,自2009年5月1日起施行。

18日 45家年产量在60万吨以上、已进入公告目录的山东焦化企业宣布大联合,山东焦化企业集团在济南挂牌成立,高达3000万吨的产能,让该集团成为当前全球最大焦化集团。

同日 由中国科学院福建物质结构研究所与江苏丹化集团有限责任公司、上海金煤化工新技术有限公司三方联合研发的“万吨级CO气相催化合成草酸酯和草酸酯催化加氢合成乙二醇成套工艺技术”通过成果鉴定。该项目标志着我国在世界上率先实现了全套“煤制乙二醇”技术路线和工业化应用,具有重要的科学意义、突出的技术创新性和显著的社会经济效益。

23日 由内蒙古伊泰集团与中国科学院煤化研究所核心科技团队组建的中科合成油技术公司研发的煤间接液化工业示范项目,在内蒙古鄂尔多斯市准格尔旗,第一桶煤间接液化油品成功问世。我国拥有完全自主知识产权的煤间接液化技术由实验室到中试、再进一步放大到工业化示范生产,目前在国内尚属首例。

31日 地质找矿改革发展大讨论在全国范围内启动。大讨论围绕十大主题,涉及体制、机制等深层次问题进行研讨,并于12月初步形成7个文件成果,包括促进地质找矿改革、建立勘查新机制、加强地勘行业管理与服务、加强地质工作科技创新、加强科技创新人才培养、推进境外地质调查和矿产勘查等。

4月

7日 工业和信息化部原材料工业司在内蒙古包头市组织召开2009年全国稀土指令性生产计划会议。内蒙古、江西、四川、江苏等11个省(区)工信厅(委)的有关负责人和全国重点稀土企业负责人参加了会议。会后,工业和信息化部在总结2008年稀土指令性生产计划实施和稀土行业运行情况基础上,下达了2009年稀土矿产品和冶炼分离产品指令性生产计划。

8日 神华鄂尔多斯煤制天然气项目正式开工。该项目是继神华煤制油、煤制烯烃项目之后的又一大型煤化工项目,项目预计2012年建成投产,可年产天然气20亿立方米。

16日 山西省政府下发“10号文件”,即《煤炭产业调整和振兴规划》,明确“到2010年底,全省矿井数量减少到1000处,单井生产规模原则上不低于90万吨/年,企业生产规模达到300万吨/年以上。”

24日 国土资源部下发《关于下达2009年钨矿锑矿和稀土矿开采总量控制指标的通知》(国土资发〔2009〕49号文)。2009年全国钨矿开采总量控制指标为68555吨(折合65%WO_3),比2008年的66850吨增加1705吨,增长2.55%。

28日 国华锦界煤电一体化项目三期工程正式开工。全部工程竣工后,锦界煤电一体化项目装机总规模将 达到6400MW,成为亚洲最大的煤电一体化项目。

5月

7日 全国人大常务委员会副委员长、中国科学院院长路甬祥在中国科学院举行的世界首创万吨级煤制乙二醇工业化示范新闻发布会上宣布:我国自主研发、世界首创的万吨级煤制乙二醇成套技术工业化示范项目获得成功。

8日 亚洲最大的铝型材生产企业中国忠旺成功登陆中国香港证券交易所,融资98亿港元,成为当时全球最大的IPO。随即忠旺集团董事长刘忠田本人也以240亿个人财产,加冕为中国首富。

14日 有色协会铟业分会成立大会筹备会在北京召开。会议决定,铟业分会成立大会将择机在南京召开。要创建中国铟业网,建立行业信息交流和统计制度,培育中国铟报价体系。

17~19日 在北京举行的中央新疆工作座谈会做出决定,新疆将原油、天然气资源税由从量计征改为从价计征,税率定在5%。

20日 神华神东煤炭集团成立大会召开。原神东煤炭分公司、万利煤炭分公司、金烽煤炭分公司、神东煤炭公司整合成立神华神东煤炭集团。

21日 铜陵有色、江西铜业、大冶有色、株冶集团、中金岭南等9家冶炼企业在上海会商,联手向商务部提出申请,对进口自日、韩两国的硫酸发起反倾销调查,同时要求降低磷肥等化肥出口关税,解决有色金属企业硫酸供大于求。

6月

1日 财政部、国家税务总局下发了关于印发《新疆原油天然气资源税改革若干问题的规定》的通知,意味着我国酝酿数载的资源税改革以新疆为试点正式启动。

2日 金川集团对外公布，经金川集团公司矿山工程分公司、金川镍钴研究设计院、西安地质矿产研究所、中国地质调查局西安地质调查中心、成都理工大学、中国科学院地球化学研究所联合攻关，在西北甘蒙北山地区发现重大成矿带，并被列为国家级铜镍矿成矿带。

3日 在缅甸首都内比都，中国国务院总理温家宝和缅甸联邦政府总理登盛共同触摸标志中缅油气管道开工的电子球，中缅石油天然气管道工程宣告正式开工建设。根据此前签署的协议，中缅原油管道设计能力为2200万吨/年，中缅天然气管道年输气能力为120亿立方米。

5日 中国铝业公司确认，力拓集团董事会已终止双方战略合作协议，并将依据双方签署的合作与执行协议向中铝公司支付1.95亿美元的分手费。中铝公司与力拓集团于2009年2月12日签署了合作与执行协议，以总计195亿美元战略入股力拓集团。协议签署后，中铝已就该交易完成了210亿美元的融资安排，并已陆续获得了澳大利亚竞争与消费者保护委员会、德国联邦企业联合管理局、美国外国投资委员会等各国监管机构的批准。

6日 中国有色矿业集团有限公司与恩亚控股有限公司及赞比亚政府正式签署卢安夏铜矿股权转让协议。

7日 有色金属华东地质勘查局在接到澳大利亚政府外国投资审查委员会（FIRB）正式批准后的第10天，在香港与澳大利亚阿拉弗拉资源有限公司（Arafura Resource Limited）正式签订股权认购协议。从此，华东有色地勘局正式入主澳大利亚阿拉弗拉资源有限公司，成功收购海外优质矿山资源，并一举成为中国有色地勘系统在金融危机中首家控股收购发达国家上市公司的单位。

8日 西部矿业天津制造业基地在天津津南区开工建设，项目由西部矿业集团与天津有色金属集团共同投资25亿元，以废杂铜为原料，年产阴极铜20万吨。项目采用澳斯麦特“赛洛喷枪浸没顶吹溶炼”技术，是目前国际上最清洁、效率最高的废杂铜冶炼工艺，节能与环保优势极为显著。同时，采用国际前沿的永久阴极电解技术，生产过程中的余热经锅炉回收及炉渣反炼，实现能源与资源的闭路循环，达到最大限度地综合利用。

11日 中国五矿集团公司在北京宣布，其旗下的五矿有色金属股份有限公司收购澳大利亚OZ矿业公司部分资产的交易已获OZ股东大会通过，耗资12.06亿美元；成功收购后，将大幅提高中国铅锌精矿的保障程度，有效缓解国内铜金属的供需矛盾。新成立的MMG是世界第二大的锌生产商，在昆士兰的世纪矿区每年生产锌矿石50万吨。由于中国铝业收购力拓的交易失败，五矿对OZ矿业的收购成为目前中国公司在澳大利亚的最大一桩交易。

23日 辽宁省本溪市政府宣布，本溪市桥头镇大台沟发现探明储量超过30亿吨的巨大铁矿，成为亚洲目前最大的铁矿。

同日 鞍钢集团增持澳大利亚老牌矿业企业金达必公司股票计划获得了中国政府各相关部委的批准。5月初澳大利亚外商投资评估委员会已经通过这一交易，2009年已完成中澳两国政府的所有批准程序。这意味着鞍钢集团已成为金达必公司第一大股东。

26日 河北最大的煤炭企业冀中能源集团正式获准重组我国建设最早、规模最大的医药企业——华北制药集团。冀中能源集团通过注入资金、改革用人机制、输出企业文化等方式，成功实现重组。

7月

5日 在山西沁水煤田的腹地，全国最大煤层气液化项目山西港华煤层气液化项目及世界最大煤层气发电厂寺河120兆瓦煤层气电厂同时投产运行。

6日 我国首座自主开发、设计、制造并建设的IGCC（整体煤气化联合循环发电系统）示范工程项目——华能天津IGCC示范电站正式开工，标志着具有我国自主知识产权、代表世界清洁煤技术前沿水平的“绿色煤电”计划取得了实质性进展，开启了我国清洁煤发电技术的新纪元。

同日 商务部产业损害调查局和有色金属工业协会在北京共同召开有色金属行业产业损害预警机制启动工作会议。

同日 工业和信息化部原材料工业司在北京召开了《稀土工业发展专项规划》和《稀土工业产业发展政策》专家论证会，发展改革委、财政部、国土资源部等有关部委及科研院所和有关方面的专家对规划和产业政策进行了论证。认为，规划和产业政策全面总结了“十五”以来稀土工业取得重要成就，客观分析了当前稀土工业面临的形势和发展趋势，明确了今后一段时期的发展目标、主要任务和政策措施，是改善和加强稀土行业管理和宏观调控，引导稀土工业健康发展，提高国际竞争力的指导性文件。

7日 力拓公司上海首席代表、力拓中国区哈默斯利铁矿业务总经理胡士泰等4名力拓在华员工被国家安全部门带走协助调查，这就是备受海内外关注的力拓“间谍门”事件。侦查机关经过深入侦查，初步查明胡士泰等4人涉嫌以不正当手段获取我国钢铁企业商业秘密的同时，还涉嫌商业贿赂犯罪，经过检察机关的审查,依法对其4人做出批准逮捕的决定。力拓间谍案曝光后,调查取证工作一直扩大,并涉及多名与胡士泰来往甚密的重点钢企相关人士。首钢国际贸易工程公司矿业进出口公司总经理谭以新被牵出,并因商业犯罪被逮捕。

同日 国家能源局批准了中国煤炭加工利用协会和山东省煤炭工业局联合上报的《煤炭行业培育节能示范企业试点实施方案》,确定兖州矿业集团济三煤矿、南屯煤矿,新汶矿业集团协庄煤矿、翟镇煤矿为试点单位,以煤炭生产、洗选加工、资源综合利用三个方面的技术改造为契机,建立煤炭行业能源管理体系、能源管理系统,编制能效对标指南及能源审计管理办法等。

10日 清华大学地球系统科学研究中心正式成立,标志着取消了57年的清华大学地学研究再次上马。

28日 新疆准东煤田煤电煤化工产业带累计探明煤炭储量超2000亿吨,预测资源量为3900亿吨,2009年已正式递交的地质报告称已探明量为2136亿吨,这一数字比新疆50年来探明煤炭资源量的总和还要多,准东盆地已成为中国最大的整装煤田。

同日 鞍钢与攀钢重组大会在北京举行。会上宣布了国务院国资委《关于鞍山钢铁集团公司与攀钢集团有限公司重组的通知》,《通知》明确重组后新成立的鞍钢集团公司作为母公司,由国务院国资委代表国务院对其履行出资人职责;鞍钢与攀钢均作为鞍钢集团公司的全资子公司,不再作为国务院国资委直接监管企业。

31日 大同煤业金宇高岭土化工有限公司和大同煤矿同塔建材有限责任公司竣工投产。两个企业是同煤集团塔山循环经济园区产业链的最后一环,其建成投产标志着该园区形成真正意义上的循环经济,标志着我国最大的煤炭循环经济园区正式建成。

8月

6日 国土资源部与财政部联合下发《特大型地质灾害防治专项资金管理暂行办法》,从2009年起,中央财政设立特大型地质灾害防治专项资金。

7日 钢铁、水泥等行业被国务院常务会议定调为产能过剩。钢铁行业兼并重组序幕拉开。

12日 云南冶金集团股份有限公司和美铝有限公司签署正式收购协议,云冶集团将收购美铝上海铝业有限公司100%股权。此后,以整体增资的方式将美铝上海注入云南新美铝公司,10月1日,云冶集团全面接手了美铝上海。

17日 中共中央政治局常委、国务院副总理李克强到中国地质科学院视察,看望科技人员,并同院士专家座谈。强调,解决我们这样一个13亿人口发展中大国的能源资源问题,需要充分利用两个市场、两种资源,但必须坚持立足国内,增强国内能源资源的保障能力。这就需要进一步加强地质勘查,努力实现找矿的重大突破。我国地域辽阔,地质成矿条件较好,但由于地质工作程度较低,资源开发利用的潜力还没有充分挖掘出来,只要下定决心,加大投入,科学部署,突出重点,深入持久地加以推进,就有可能取得重大进展。

25日 温家宝主持召开国务院常务会议,研究部署推进煤矿企业兼并重组工作。会议强调,要积极探索煤矿企业兼并重组的有效方式,支持符合条件的国有和民营煤矿企业成为兼并重组主体,鼓励各种所有制煤矿企业和电力、冶金、化工等行业企业以产权为纽带、以股份制为主要形式参与兼并重组。

26日 国务院常务会议将多晶硅列入产能过剩的“黑名单”。

28日 中煤能源集团山西金海洋能源有限公司正式挂牌成立,标志着中煤能源集团在山西煤炭资源整合中迈出重要步伐。该公司是在民营企业原山西金海洋能源集团的基础上,通过股权重组增资扩股,由中煤能源集团控股、山西金海洋能源集团和山西煤炭进出口集团参股的大型股份制企业,中煤能源集团控股,持有60%的股份。

9月

10日 庆祝新中国有色金属工业60周年大会暨报告会在北京召开,中共中央政治局委员、国务院副总理张德江、十届全国人大常委会副委员长顾秀莲对大会的召开表示祝贺。大会期间,表彰了有色金属工业劳动模范、评选出有色金属工业60年最有影响的人物,还举行《新中国有色金属工业60年》图书的发行仪式。

15日 华东地质勘查局(ECE)与非洲铜矿生产商Weatherly International在澳大利亚佩斯签署股权认购协议,华东有色以50.1%的股份成为这家资源类上市公司的第一大股东。此举标志着ECE在国际化资本运营方面继2009年6月成功收购澳上市稀土企业成为第一大股东后,再次取得重大成果,第一次拥有自己在境外的绝对控股上市公司。

同日 北京产权交易所正式发布全国首部《矿业权转让项目进场交易指南》。该指南由指南正文、7个附件和6个附录组成,全文约3万字。主要是针对拟进场转让矿业权转让项目的要件资料审核、独立专家审查、信息发布、竞价组织和资金结算等交易规则和操作流程作出具体的规定。

25 日 国土资源部公布，地质工作者在西北部祁连山脉南侧的永久冻土地带中成功地挖掘出了可燃冰(天然气水合物)。中国成为世界上第一个在中低纬度的冻土地带中收集到可燃冰的国家，成为世界上第3个从陆上地区成功挖掘到可燃冰的国家(另外两个国家是加拿大和美国)。初步研究结果显示，我国冻土地区可燃冰的预期储量估计将达到350亿吨油当量。

29 日 国务院发出《关于抑制部分行业产能过剩和重复建设引导产业健康发展的若干意见》。

10月

18 日 我国"海洋六号"调查船建造成功并正式加入海洋地质调查行列，成为世界第一艘综合地质地球物理调查船。

19 日 广东韶关市举行"中国锌都"揭牌仪式。韶关矿产资源丰富，被誉为"中国有色金属之乡"，锌保有储量位全国第三位。共有生产加工锌产品的企业6家，年产锌35吨，产量名列全国第三。经初步规划，未来五年内，韶关市可形成年产铅锌金属100万吨的生产能力，成为亚洲第一大铅锌生产基地。

20 日 由国土资源部和天津市政府主办，以"抓住机遇、共同发展"为主题的2009中国国际矿业大会在天津市滨海新区举行。李克强副总理向大会发来贺信。55个国家、地区政府主管部门的官员，矿业企业、金融机构的代表，中国有关政府部门机构、企业等单位相关代表共3500人参加会议，其中外国代表1100多名，280名参展商参展。会议推出17个主题23个论坛，围绕国际金融危机影响下全球矿产勘查开发形势和进展、区域矿业发展、国际矿业合作、矿产开发和资本市场等问题进行研讨交流。

22 日 旨在帮助广大无缘主板上市的矿业公司便捷融资、帮助投资机构高效投资优秀矿业企业、构建适合非上市企业的矿业资本市场平台——天津股权交易所矿业板正式亮相。

28 日 中俄正式签署了《中国石油天然气集团公司和俄罗斯管道运输公司关于斯科沃罗季诺－中俄边境原油管道建设与运营的原则协议》等一系列双边合作文件。

11月

3 日 位于西贡及新界东北的香港国家地质公园建成并正式开放。香港地质公园于9月由国家地质公园评审委员会评定符合国家地质公园评审标准的要求，并由全体委员通过正式成为国家级地质公园，成为香港首个国家级地标，并有机会向联合国申请成为世界自然遗产。

4 日 国土资源部在河南郑州召开了全面推进地质找矿新机制座谈会。这次会议明确提出了"3年有重大进展、5年有重大突破、8年重塑地质矿产勘查开发格局"的"358"目标，确定了地质找矿的"第一责任人"是部和省级国土资源管理部门。

8 日 由中国矿业联合会、国土资源部规划司主办，招金集团协办的"2009中国矿业循环经济论坛"在山东烟台顺利召开。

16 日 中国第一个煤层气大规模管网外输项目也在沁水煤田竣工投产。标志着勘探开发、压缩、液化、集输和民用燃气、工业燃气、瓦斯发电等煤层气产业化、商品化体系初步形成。

同日 四川汉龙集团所属企业汉龙矿业公司收购澳大利亚钼矿公司51%股权，该项目获得澳大利亚政府正式批准。这是迄今为止中国民营企业在澳大利亚最大的投资项目，一旦中国政府批准，汉龙集团将成为澳大利亚钼矿的实际控制人。

17 日 中美两国签署了《中美清洁能源联合研究中心合作协定书》。声明强调，未来两国将在能效提高、电动车、清洁煤利用、碳捕捉与封存(CCS)技术、核能等领域展开广泛合作。在18日举行的中美清洁能源合作签字仪式上，神华集团与GE能源集团签署了《关于设立气化技术合资公司的谅解备忘录》，神华集团与GE能源集团将开展战略合作，共同促进带有CCS技术的IGCC商业应用项目。

同日 煤炭行业首个EMC(合同能源管理)项目落户河南中平能化集团。实行合同能源管理，建立市场调节的节能管理机制，是以减少能源费用支付节能项目全部成本的节能业务模式，可有效分散传统运营模式给煤炭企业带来的经营压力。

21 日 黑龙江龙煤集团鹤岗分公司新兴煤矿发生特别重大瓦斯爆炸事故，当班入井528人，其中420人获救生还，事故共造成108人死亡。据事故调查组认定，事故暴露出企业采掘布置不合理、井下现场管理和劳动组织混乱、超强度组织生产、通风系统复杂、抗灾能力弱、应急预案不完善等一系列问题，反映出企业安全生产责任不落实，隐患排查不认真、不彻底，是一起责任事故。这不仅是2009年度，也是自2006年以来，我国特别重大煤矿事故中遇难人数最多的一起。

24 日 国土资源部发布《保护性开采的特定矿种勘查开采管理暂行办法》。该通知自发出之日起施行，其他有关规定与该通知规定不符时，按该通知规定执行。

12月

1 日 备受国内外关注的我国首台最大宽度铝轧

机在西南铝一次性带料试车成功。这标志着西南铝厚板生产宽度从2.4米提高到3.8米、厚度从150毫米提高到250毫米，保障国防建设和航空航天急需的能力进一步提升。这条生产线也是唯一一条与国家启动的“大飞机”项目有关的项目。

12日 河北省国土资源厅通报，新近探明河北省唐山市滦南马城铁矿资源储量达10.44亿吨。据介绍，该矿区自2008年2月开始勘查，矿体呈近南北走向，矿带延长近6千米，埋深100～600米，单孔穿矿最大厚度达313.36米，主矿体平均厚度41.43～108.95米，矿石平均品位35%。

同日 国家发改委下发《做好2011年煤炭产运需衔接工作的通知》，安排全国煤炭产运需各方衔接工作方案，2011年跨省煤炭总衔接量预计为9.32亿吨，同比增长3%。通知指出，当前稳定物价总水平、管理通胀预期的任务繁重，煤炭和电力企业要从维护经济发展大局出发，加强企业自律；同时要求“重点电煤合同”维持2010年价格，不得以任何形式变相涨价。

14日 中国－中亚天然气管道建成投产，中亚天然气进入中国。

15日 国家发改委正式发布《完善煤炭产运需衔接工作的指导意见》。

23日 兖州煤业发布公告称，收购澳大利亚菲利克斯资源公司的对价支付和股权过户已经完成，这标志着兖煤收购菲利克斯交易全部完成。此次交易不但成为2009年度中国企业金额第三大的跨境交易，也成为迄今为止中国企业在澳大利亚最大的收购案。

26日 计划年产50万吨铜铝复合材料的生产基地在江苏苏州开工。由于运用了“以铝节铜”的铜铝复合材料工艺，这个国内最大铜铝复合材料产业基地在首期投产后，每年可为国家节约铜材46.5万吨。

28日 中国五矿有色控股公司以55.59亿元，合并持有湖南有色控股51%的股权。新的湖南有色金属集团将对湖南省内钨、锑、锡、稀土和铅锌等优势资源进行有效整合，使湖南有色之成为世界铅锌工业的领导者，改变铅锌行业的产业集中度比较低的状况。

29日 铜陵有色金属集团控股有限公司公告称已联手中国铁建成立中铁建铜冠公司，以44.11亿元收购了加拿大考伦特资源公司66.67%的股权。中铁建铜冠公司已于12月10日设立，铜陵控股与中国铁建各持有其50%股份。

2009年底，辽宁抚顺矿业集团油母页岩炼油厂二期工程建成投产，至此形成年产页岩油45万吨的生产能力。

（《中国矿业年鉴》编辑部　宋　菲　编辑）

概　　况

矿产资源开发利用

【概况】　地质勘查投入小幅增长,新发现大中型矿产地398处。石油新增探明地质储量11.2亿吨;天然气新增探明储量7234亿立方米;铁矿新增查明资源储量35.2亿吨。

危机矿山和深部找矿探明41个大型矿床,70个中型矿床。2009年末有效勘查许可证3.24万个,有效采矿许可证9.50万个。探矿权、采矿权招、拍、挂出让价款和个数同比下降。

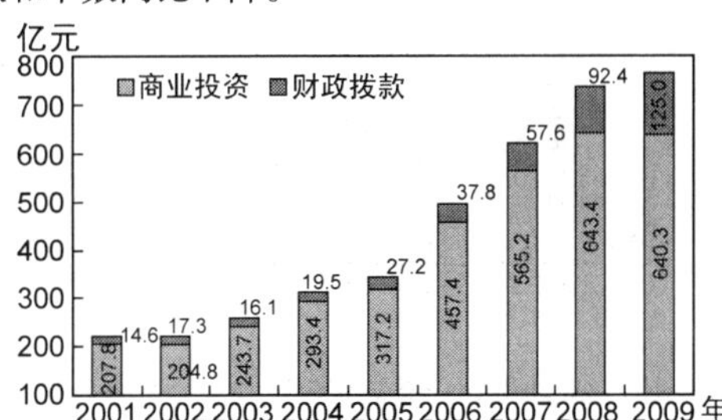

图1　地质勘查投入小幅增长

【矿业权市场】　2009年新立有效勘查许可证3744个,其中石油天然气18个。全年新立有效采矿许可证6851个,其中石油天然气18个。完成探矿权全国统一配号2.22万个,采矿权全国统一配号5.5万个。

全国招标拍卖挂牌出让探矿权580个,出让价款19.13亿元。全国招标拍卖挂牌出让采矿权955个,出让价款38.22亿元。

表1　2009年支柱性矿产查明资源储量呈全面增长态势

矿产名称	增减变化趋势	矿产名称	增减变化趋势
石油	↑	铅	↑
天然气	↑	锌	↑
煤	↑	金	↑
铁	↑	磷	↑
铜	↑	硫铁矿	↑
铝土矿	↑	钾	↑

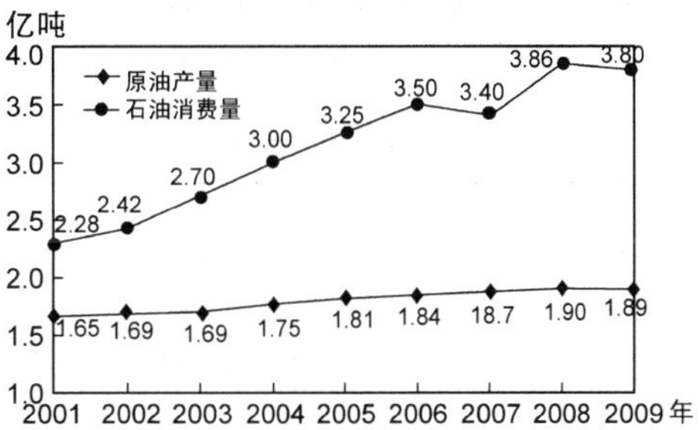

图2　石油生产与消费

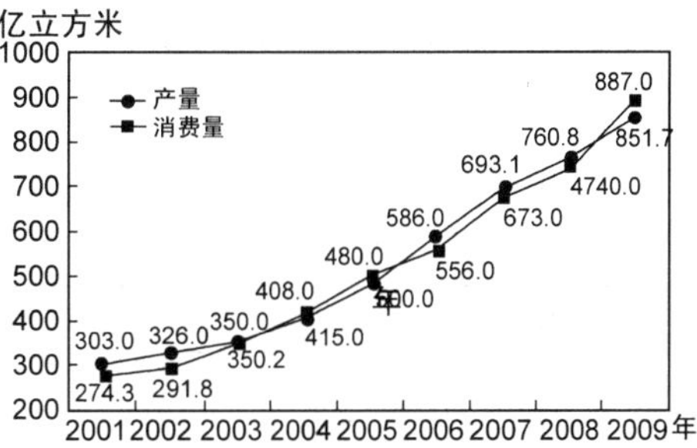

图3　天然气生产与消费

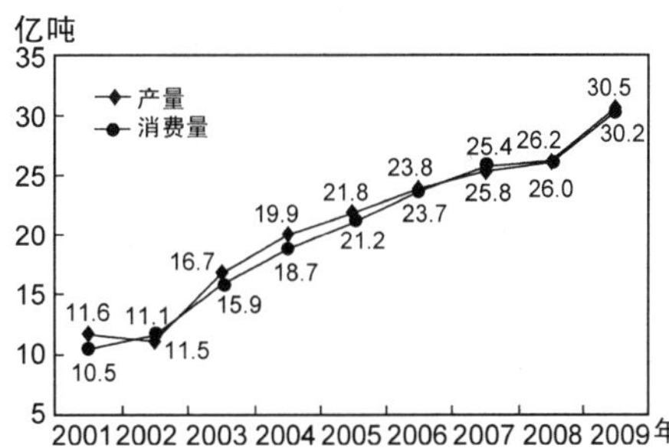

图4　煤炭生产与消费

【基础地质工作】　1.全面加强区域地质调查,完成主要工作量。区域地质调查:1:5万区调面积7.6万平方千米;区域物探调查:1:20万区域重力面积23.2万平方千米;区域化探调查:1:20万区域化探面积21.7万平方千米;区域水文调查:1:10万区域水文地质面积6.6万平方千米;航空遥感调查:1:5万航空遥感调查4.0万测线千米;航空物探调查:1:5万航空物探调查13.7万测线千米;海洋地质调查:单道地震测量4179测线千

米。

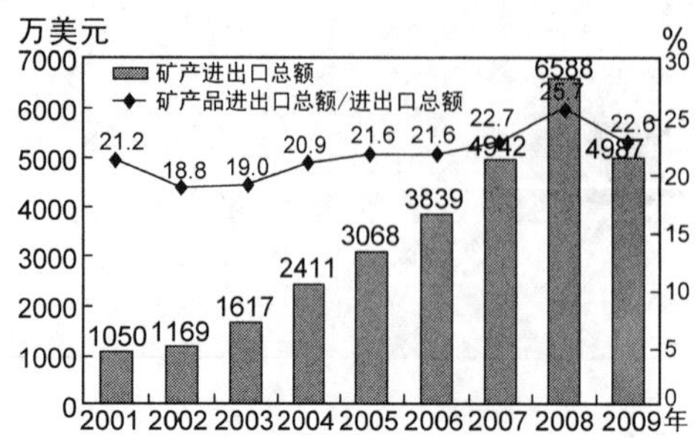

图5　矿产品进出口贸易

表2　大宗矿产进口量

矿产名称	进口量（万吨）	矿产名称	进口量（万吨）
煤炭	12583	铜矿砂及精矿	614
原油	20379	铝矿砂及其精矿	1980
铁矿砂及精矿	62778	镍矿砂及其精矿	1657
锰矿砂及精矿	961	硫磺	1217
铬矿砂及精矿	676	氯化钾	207

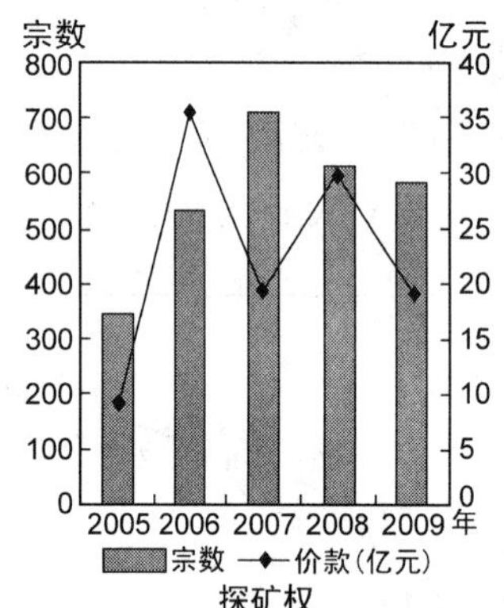

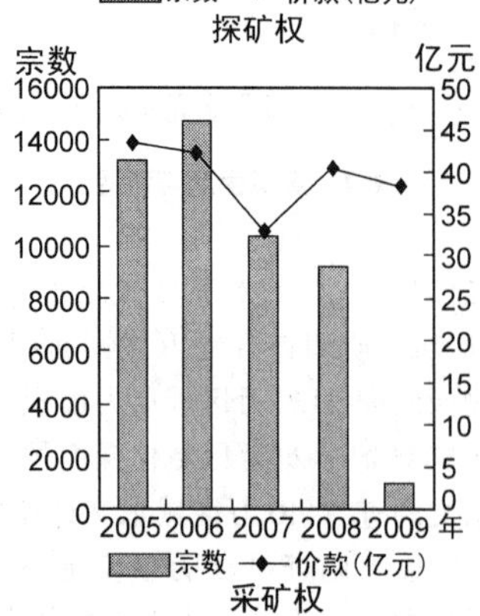

图6　矿业权招标、拍卖、挂牌出让情况

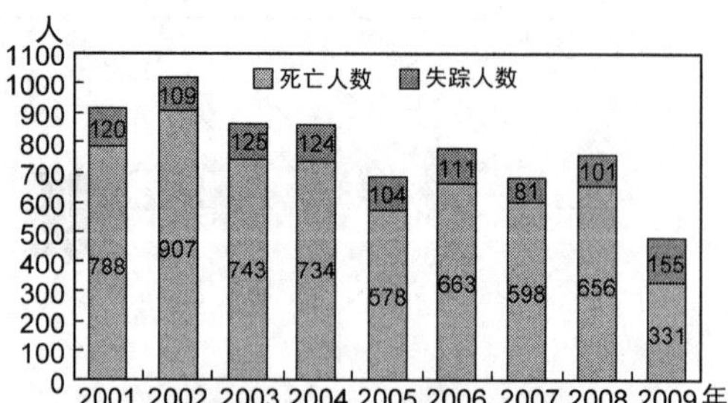

图7　地质灾害造成的人员死亡和失踪人数

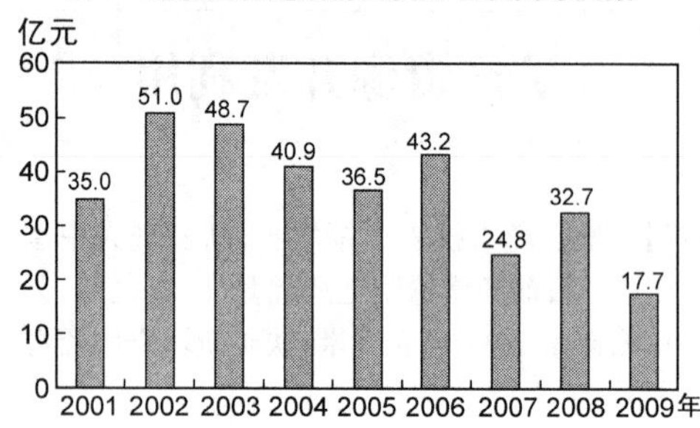

图8　地质灾害造成直接经济损失情况

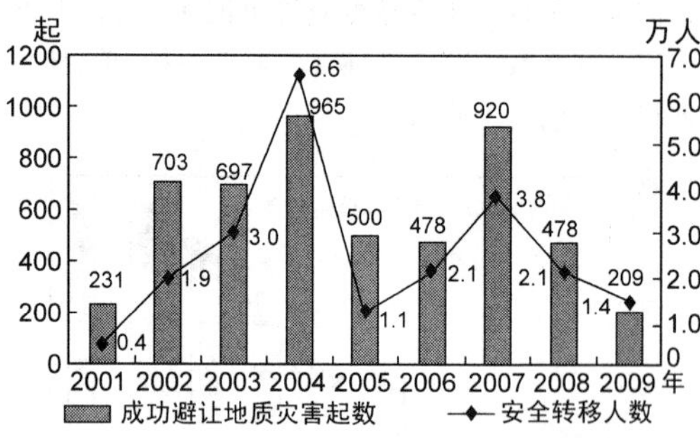

图9　成功避让地质灾害起数和安全转移人数

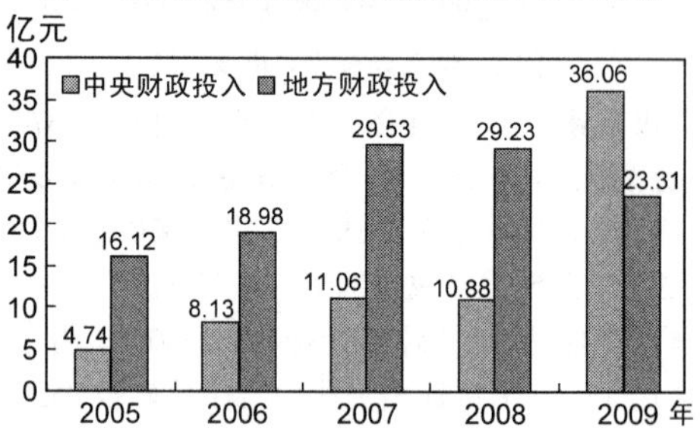

图10　矿山地质环境治理资金投入情况

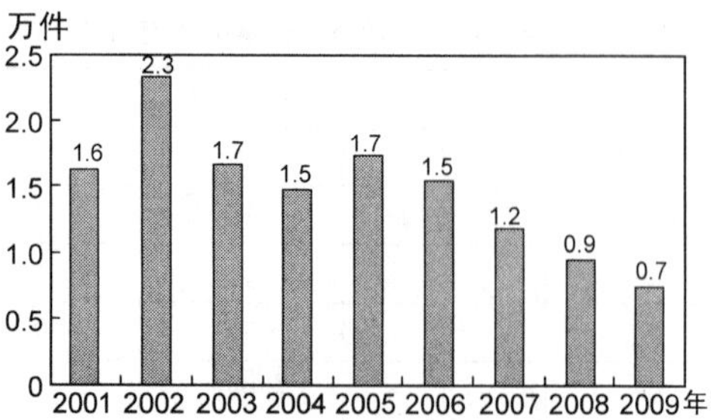

图11　2001～2009年矿产资源违法案件查处情况

2. 我国首次在陆域冻土带成功钻获天然气水合物实物样品。在青海省祁连山南缘永久冻土带成功钻获天然气水合物样品。这是我国也是世界上第一次在中低纬度冻土区发现天然气水合物样品，我国成为继加拿大和美国之后，在陆域通过钻探获得天然气水合物样品的第三个国家，对认识天然气水合物成藏规律、寻找新能源具有重要意义。

【矿产资源调查评价】 1. 矿产勘查取得重要进展。东疆煤炭资源整装勘查探获资源量1117亿吨；安徽庐枞地区泥河铁矿探明铁矿资源量2亿吨，2009年新增铁矿石6000万吨；辽宁本溪桥头铁矿目前控制资源量30亿吨，预测资源量70亿吨以上；西藏山南铜多金属矿集区共探获资源量铜大于90万吨，钨20多万吨，钼10余万吨。

2. 矿情调查取得重要进展。全面摸清了25个省(区)的铁、铝土矿资源潜力的分布和规模；圈定了辽宁鞍山－本溪、河北冀东、四川攀枝花等铁矿和山西兴县－沁源、贵州务正道、广西田东－平果等铝土矿整装勘查区，25处铁矿重要找矿远景区，18处铝土矿重要找矿远景区；完成了全国31个省(区、市)矿业权的外业实测。

【地质工作服务】 1. 全面完成青藏高原1:25万区域地质调查。建立了青藏高原各类基础地质数据库及成果管理系统，初步构筑了信息共享和社会化服务平台；编制了地质、资源、环境系列图件，推进青藏高原1:25万地质图公开出版；形成了具有自主知识产权的青藏高原演化理论体系。

2. 水文地质调查在安全供水和应急抗旱方面成效显著。在严重缺水地区、地方病区和西南岩溶石山地区布设地下水勘查施工探采结合井150多眼，解决了20万群众的饮水安全问题；在冬小麦主产区实施应急抗旱打井找水工程，累计成井46眼，解决了5万多人的饮水和5万多亩冬小麦应急灌溉；鄂尔多斯盆地探明水源地30处，圈定富水靶区5处。

3. 地质工作服务经济建设的能力进一步提高。北京、上海、天津、南京、杭州、广州等6个城市地质调查试点基本完成；上海市建立三维可视化信息管理系统，及时应用于城市规划评估、土地管理及地铁等工程建设和安全预警；全年为近5000个重点建设项目规划、选址提供地质信息与技术服务，保障了项目建设安全；地质资料信息集群化服务全面推进。截至2009年末，已有1.1万余种图文地质资料上网提供服务。全年服务12万人次，分发11种大型地质数据库。

【海洋地质保障工程启动】 首次全面系统部署了管辖海域海洋地质调查工作，搭建了国家级海洋地质工作平台，启动了4幅1:100万和1幅1:25万海洋区域地质调查。全面推进海洋油气资源普查。新建的世界一流、国内最先进的“海洋六号”综合调查船已下水服役，海洋调查装备能力显著提升。

【地质环境保护】 2009年，全国共发生各类地质灾害10446起，造成人员伤亡809人，造成直接经济损失约17.7亿元。

中央财政设立特大型地质灾害防治专项资金，全年投入资金8.0亿元。成功避让地质灾害209起，安全转移1.4万人，避免直接经济损失1.6亿元。

颁布《矿山地质环境保护规定》，全年中央财政专项资金投入36.1亿元，地方财政投入23.3亿元。

地下水监测和重点地区地面沉降防治得到加强。地质遗迹、地热和矿泉水资源保护管理稳步推进。

【首次开展地质灾害应急综合技术演练】 2009年，首次采用多个人工便携站、无人驾驶小飞机、飞艇和三维激光扫描仪等综合技术，在湖北省黄石市板岩山多部门联合举行地质灾害应急综合技术会商演练。

【地质灾害基础调查与监测预警】 全面完成1640个县(市)地质灾害调查与区划；在西南山区、西北黄土高原区、湘鄂桂山区等地区开展地质灾害详细调查；在延安市宝塔区、云南哀牢山地区等10多个地区开展地质灾害监测预警示范；地质灾害群测群防信息系统首次实现部省两级互联互通。启动地质灾害群测群防“十有县”建设活动。

【地质灾害防治】 截至2009年末，共完成三峡库区地质灾害防治工程490处(段)，其中崩塌、滑坡治理工程255处，库岸防护235段，搬迁避让2万余人；对255处地质灾害隐患点进行专业监测，在3053处隐患点建立了群测群防体系。

在四川、陕西、甘肃等地震灾区，共启动1965处重大地质灾害隐患点勘查，涉及人数93万余人；完成314处重大隐患点治理工程，保护人员21万余人；对1999处隐患点实施搬迁避让工程，搬迁人员14万余人。

【地质公园建设、矿泉水管理和地热开发】 2009年，全国共批准建立国家地质公园138个，批准具备国家地质公园资格44个。我国共有22个地质公园经联合国教科文组织批准加入世界地质公园网络。

2009年，评审了3个“中国温泉之乡”、2个“中国矿泉水之乡”和1个“中国优质矿泉水水源”。组织召开全国浅层地热能和地热资源管理工作会议。

【矿业权许可证统一配号系统应用】 2009年完成矿业权许可证配号77410个,其中探矿权22233个,采矿权54732个,地质调查证445个。

(数据均为初步统计数。涉及的全国性统计数据,除国土面积外,均未包括香港特别行政区、澳门特别行政区和台湾省。)

(选自《2009年中国国土资源公报》)

非油气矿产资源开发利用

【概况】 2009年,全国各级国土资源管理部门深入贯彻落实国土资源部、发展改革委等12部委《关于进一步推进矿产资源开发整合工作的通知》(国土资发〔2009〕141号)的精神,积极推进矿产资源开发整合工作,在优化矿山开发布局、提高矿产资源开发利用水平、改善矿山安全生产状况和矿山生态环境等方面取得了明显成效,为国民经济平稳运行和社会发展提供了有力的资源保障。

2009年,全国共有各类非油气持证(采矿证)矿山企业117965家,其中内资企业117379家,港、澳、台商投资企业232家,外商投资企业354家;按矿山生产建设规模统计,大型4156家、中型5303家、小型56675家、小矿51831家,分别占非油气矿山总数的3.52%、4.50%、48.04%、43.94%。与2008年相比,全国矿山企业减少1585个(图1),其中大型增加1181个、中型减少65个、小型减少1765个,小矿减少945个。

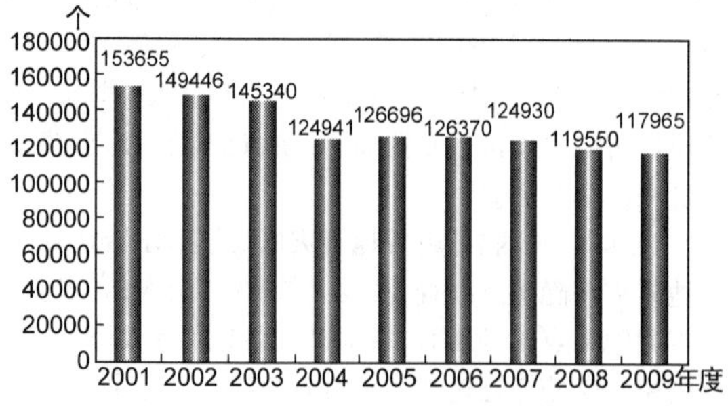

图1 2001~2009年非油气矿山企业数

2009年全国非油气矿山企业全年开采181种矿产(亚类),采出原矿总量69.27亿吨(不包括石油、天然气、二氧化碳气等油气矿产),其中原煤23.27亿吨,铁矿石4.59亿吨。全国非油气原矿产量较2008年增加了2.07亿吨,增长3.09%(图2)。

2009年全国非油气矿山企业完成工业总产值11708.61亿元(现价),较2008年增长了3.78%(图3)。能源矿产总产值7865.56亿元(煤矿总产值7799.50亿元),占非油气总产值的67.18%,较2008年增加671.32亿元,黑色金属矿产总产值1045.79亿元(铁矿总产值978.66亿元),占非油气总产值的8.93%;有色金属矿产总产值766.98亿元,占非油气总产值的6.55%;贵金属矿产总产值364.26亿元,占非油气总产值的3.11%;稀有、稀土和分散元素矿产总产值27.22亿元,占非油气总产值的0.23%;冶金辅助原料矿产总产值69.01亿元,占非油气总产值的0.59%;化工原料矿产总产值345.69亿元,占非油气总产值的2.95%;建材及其他非金属矿产总产值1186.68亿元,占非油气总产值的10.14%;矿泉水和地F水总产值37.41亿元,占非油气总产值的0.32%。

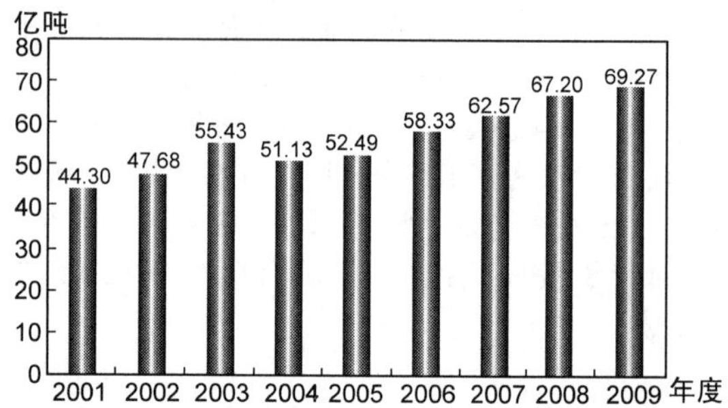

图2 2001~2009年全国非油气矿山企业年采矿石量

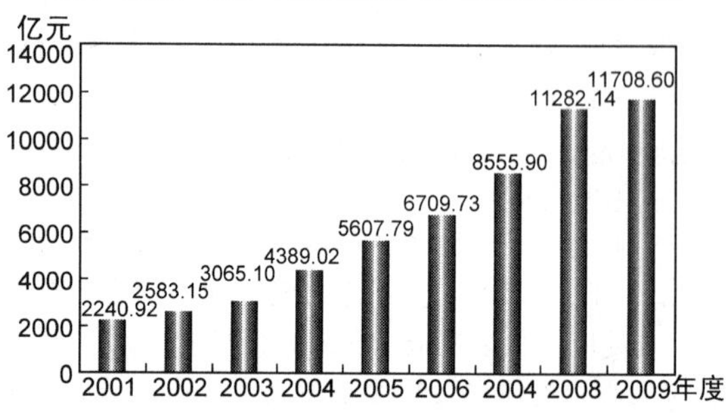

图3 2001~2009年全国非油气矿山企业总产值

2009年全国各类非油气矿山企业从业人员有724.01万人,其中,能源矿产开发从业人员414.04万人(煤矿409.43万人);黑色金属矿产开发41.54万人;有色金属矿产开发37.78万人;贵金属矿产开发17.98万人;稀有、稀土和分散元素矿产开发1.28万人;冶金辅助原料矿产开发8.40万人;化工原料矿产开发15.57万人;建材及其他非金属矿产开发187.40万人;矿泉水和地下水3.02万人。与2008年相比,全国各类非油气矿山企业从业人员减少6.95万人。历年从业人员情况见图4。

2009年全国非油气矿产开发年利润1910.09亿元,其中,能源矿产年利润1373.59亿元(煤矿1368.44

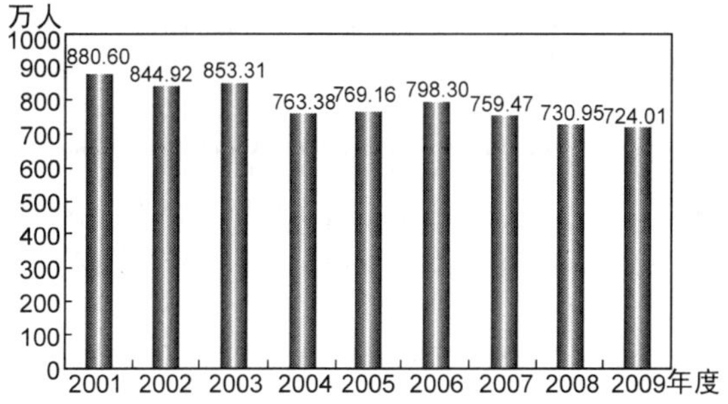

图4　2001～2009年全国非油气矿山企业从业人员

亿元)；黑色金属矿产 **121.39** 亿元；有色金属矿产 **109.55** 亿元；贵金属矿产 **109.00** 亿元；稀有、稀土和分散元素矿产 **3.25** 亿元；冶金辅助原料矿产 **3.70** 亿元；化工原料矿产 **62.14** 亿元；建材及其他非金属矿产开发 **125.61** 亿元；矿泉水和地下水 **1.86** 亿元。与 **2008** 年相比，我国非油气矿产年利润减少 **113.30** 亿元，下降了 **5.60%**(图 **5**)。

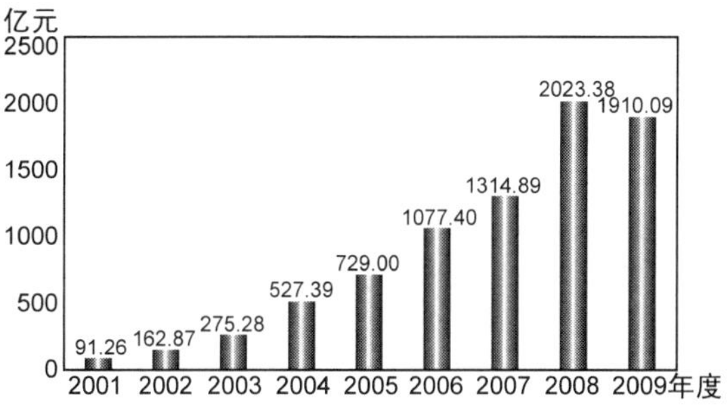

图5　2001～2009年非油气矿产开发利润

为了保护和合理利用矿产资源，促进矿产资源有效利用，近年国土资源部在全国开展了矿产资源开发秩序治理整顿，积极推进资源整合，着力提高矿产资源利用水平。至今，我国矿业秩序治理整顿已初见成效，关闭了部分无采矿许可证的小矿，使我国矿山企业数量显著减少(图1)，特别是小矿逐年递减(图6)，各类矿产资源开发利用经济效益大幅度提高。

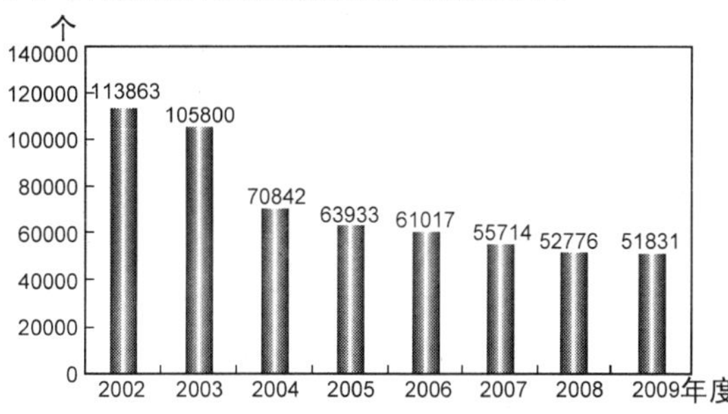

图6　2001～2009年全国非油气小矿数

【**矿产分述**】　1.煤矿。2009年我国全面开展了以煤炭等矿种为重点的矿产资源开发整合工作，煤炭矿产资源开发利用规模化、集约化程度进一步提高，矿山企业数量继续减少，产量、产值、效益提高。矿业开发秩序得到明显改善。2009年底，全国共有持证(采矿证)煤矿企业16438家，从业人员409.43万人，年采原煤23.27亿吨，完成工业总产值7799.50亿元，占非油气总产值的66.61%。实现煤炭产品销售收入6912.15亿元，全国煤矿企业利润总额1368.44亿元。

与2008年相比，2009年煤矿企业净减少950家(其中大型增加49家，中型增加83家，小型减少130家，小矿减少952家)，减少了5.46%(图7)；原煤产量增加1.06亿吨，增长了4.77%(图8)；工业总产值增加623.64亿元，增长了8.69%(图9)；销售收入增加578.18亿元，增长了9.13%；年利润增加132.33亿元，增长10.71%(图10)。

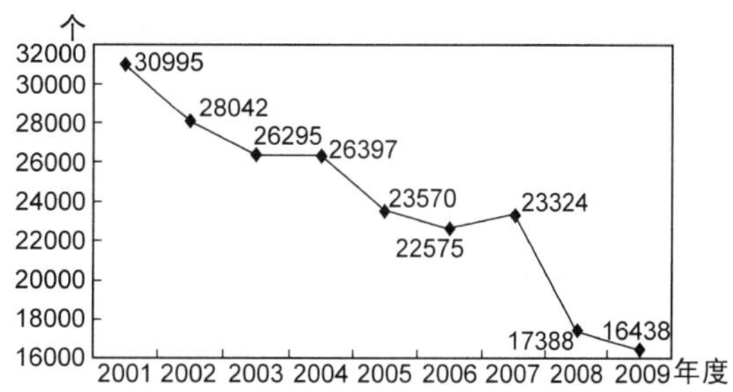

图7　2001～2009年全国煤矿企业数

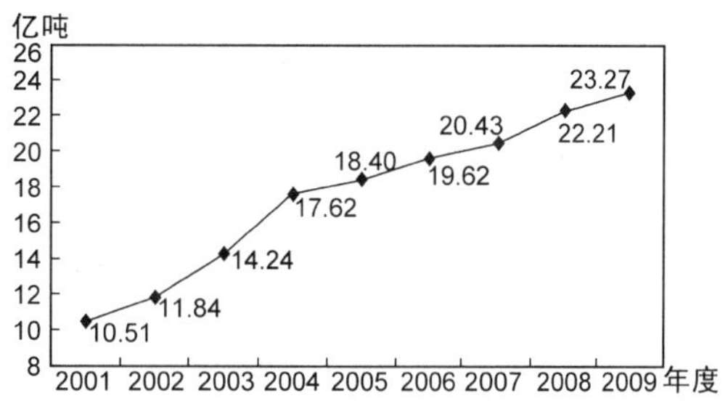

图8　2001～2009年全国煤炭产量

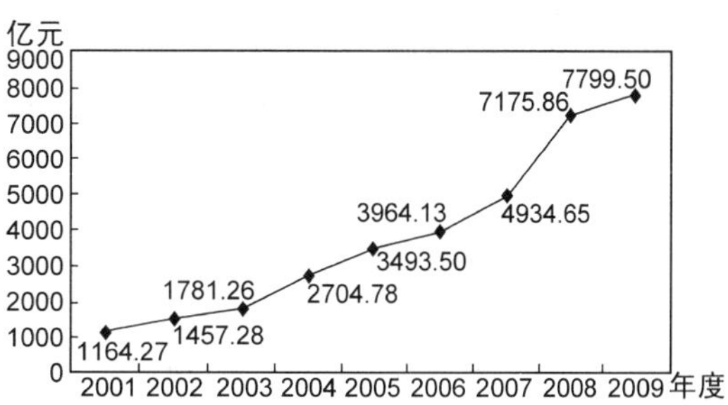

图9　2001～2009年全国煤矿企业产值

随着我国经济体制改革的逐步深化，我国煤炭开发主体的经济成分构成亦发生了变化。2009年我国煤矿企业以私营、集体和有限责任公司为主体，分别占煤矿企业总数的44.68%、18.79%和15.23%，合计占

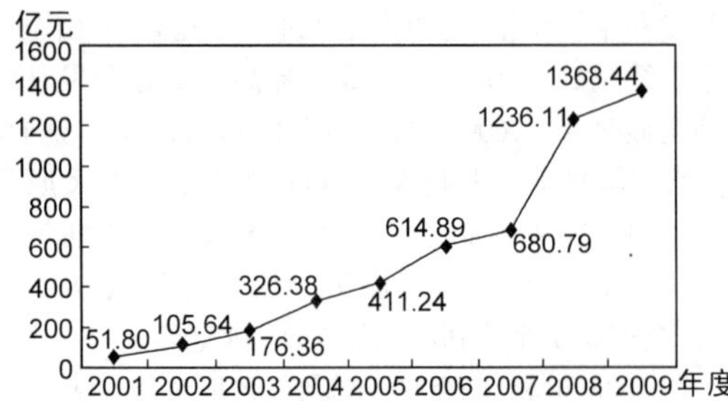

图10 2001~2009年全国煤矿企业开发利润

78.70%;其次为国有企业、股份有限公司和股份合作企业,分别占煤矿企业总数的**9.57%**、**7.48%**和**2.80%**;外商和港澳台商投资企业共占**0.37%**。从不同经济类型煤矿企业对原煤生产的贡献看,国有企业产量最高,占煤炭总产量的**42.87%**,其次是有限责任公司、股份有限公司和私营企业,分别占**18.40%**、**17.21%**和**13.42%**。

我国国有煤矿企业从业人员有162.76万人,年采原煤9.98亿吨,人均产值为21.29万元;集体煤矿企业从业人员29.00万人,年采原煤0.99亿吨,人均产值10.00万元;有限责任公司从业人员72.13万人,年采原煤4.28亿吨,人均产值为19.01万元;股份有限公司从业人员63.80万人,年采原煤4.00亿吨,人均产值为23.49万元;私营企业从业人员68.65万人,年采原煤3.12亿吨,人均产值为12.83万元。

按煤矿企业规模统计,小型和小矿企业数量占绝对优势,合计占92.21%。全国共有16438家煤矿企业,大、中、小和小矿分别为436家、845家、9036家和6121家,依次占2.65%、5.14%、54.97%和37.24%;产量为12.06亿吨、4.51亿吨、5.57亿吨和1.13亿吨,分别占51.48%、19.39%、23.93%和4.48%,大、中型企业合计占全国煤炭产量71.23%。大型企业效率最高,人均产值达32.49万元,中型、小型和小矿人均产值依次为16.11万元、11.82万元和10.15万元。

我国煤炭资源分布广泛,开发遍布全国27个省(自治区、直辖市),产量相对集中在中西部地区。2009年我国东部、中部和西部地区原煤产量分别为3.09亿吨、9.01亿吨和11.18亿吨,依次占13.27%、38.71%和48.02%。

2009年,煤炭经济运行总体上保持了平稳的发展态势,受美国次贷危机和国民经济增长趋势放缓的影响,煤炭市场供求关系发生了巨大变化,煤炭需求下降,我国煤炭出口量进一步减少,由2008年的4545.69万吨减少到2240.11万吨;进口量明显增加,由2008年的436560万吨,增加到13190.78万吨,年净进口量为10950.67万吨。

2.*铁矿石*。2009我国铁矿企业有4318家,从业人员36.62万人,采出铁矿石原矿4.59亿吨,完成工业总产值978.66亿元,销售收入766.18亿元,年利润总额为12217亿元。

与2008年相比,全国铁矿企业净增88家,其中大型增加10家,中型增加19家,小型增加88家,小矿减少29家,年采原矿量比上年减少7624.63万吨,减少了14.25%,产值减少253.88亿元,减少20.60%,销售收入减少329.63亿元,利润减少176.94亿元,减少了61.20%。

按企业经济类型统计,国有企业有197家,从业人员11.94万人,年采铁矿石1.77亿吨,工业总产值416.17亿元,销售收入263.70亿元,利润总额36.90亿元;集体企业664家,从业人员2.45万人,年采铁矿石0.14亿吨,工业总产值31.74亿元,销售收入30.64亿元,利润总额4.58亿元;有限责任公司864家,从业人员8.13万人,年采铁矿石1.06亿吨,工业总产值189.54亿元,销售收入174.41亿元,利润总额26.50亿元;私营企业2185家,从业人员9.39万人,年采铁矿石0.90亿吨,工业总产值198.65亿元,销售收入161.84亿元,利润总额17.48亿元。不同经济类型铁矿企业对铁矿开发的贡献。

按铁矿企业规模统计,大型企业有91家,从业人员12.32万人,年采铁矿石原矿216亿吨,产值469.15亿元,利润总额61.26亿元;中型企业有212家,从业6.25万人,年采铁矿石原矿1.03亿吨,产值205.08亿元,利润21.10亿元;小型企业有2330家,从业人员有13.08万人,年采铁矿石原矿1.06亿吨,产值247.37亿元,利润23.45亿元;年采铁矿石6万吨以下的小铁矿有1685家,从业人员4.97万人,年采铁矿石0.33亿吨,产值57.06亿元,利润6.36亿元。

我国铁矿开发分布在29个省(自治区、直辖市),产量相对集中在东部地区。东、中、西部地区开采铁矿石原矿量分别为2.59亿吨、0.75亿吨和1.25亿吨。

近年来,随着经济高速发展,我国对于铁矿石的需求大幅增加,国内产量无法满足需求,进口铁矿石数量连年递增,进口量占需求量的比重亦逐步提高,铁矿价格大幅上涨,2009我国铁矿投资力度加大,由2008年的172.36亿元增加到212.47亿元,矿山企业数继续增加(图11)。受金融危机及矿产品的价格影响企业的产量、产值、利润均有所下降(图12、图13)。2009年我国进口铁矿砂及其精矿62759.24万吨,出口0.25万吨,净进口量增加到62758.99万吨。

3.*锰矿*。2009年我国锰矿企业有596家,从业人员3.70万人,年采锰矿石932.23万吨,产值56.39亿元,锰矿产品销售收入25.99亿元,全国锰矿企业利润总额7.74亿元。

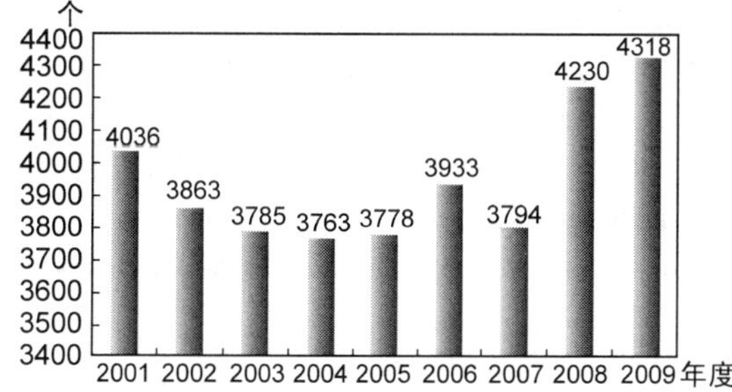

图 11　2001～2009 年全国铁矿企业数

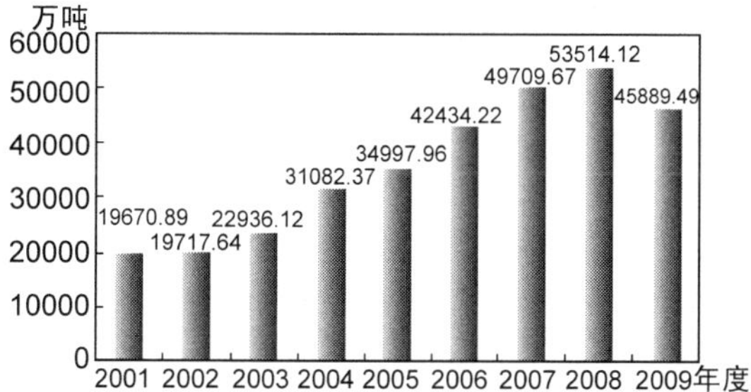

图 12　2001～2009 年全国铁矿企业年采矿石量

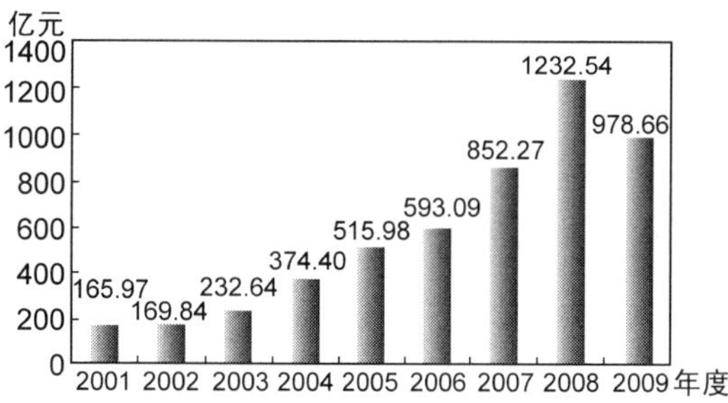

图 13　2001～2009 年全国铁矿企业产值

与 2008 年相比，锰矿企业减少 10 家，从业人员减少 0.45 万人，年采锰矿石增加 148.16 万吨，产值减少 14.00 亿元，销售收入减少 15.04 亿元。

按企业经济类型统计，国有企业有 41 家，从业人员 0.56 万人，年采锰矿石 127.92 万吨，产值 6.88 亿元，利润 0.46 亿元；集体企业 94 家，从业人员 0.51 万人，年采锰矿石 118.61 万吨，产值 4.31 亿元，利润 0.61 亿元；私营企业 252 家，从业人员 1.98 万人，年采锰矿石 259.66 万吨，产值 17.21 亿元，利润 1.26 亿元。

按企业规模统计，大型企业有 24 家，从业人员有 0.75 万人，年采锰矿石 310.02 万吨，产值 18.62 亿万元，利润 3.62 亿元；中型企业有 39 家，从业人员有 0.50 万人，年采锰矿石 172.91 万吨，产值 13.12 亿元，利润 1.16 亿元；小型企业有 370 家，从业人员有 1.77 万人，年采锰矿石 581.54 万吨，产值 18.79 亿元，利润 2.24 亿元；年采锰矿石 0.5 万吨以下的小矿有 163 家，从业人员有 0.69 万人，年采锰矿石 96.8 万吨，产值 5.87 亿元，利润 0.72 亿元。

我国锰矿开发分布在 20 个省(自治区、直辖市)，其中湖南、广西、重庆、云南、贵州和辽宁是主要产地，见图 14、图 15。

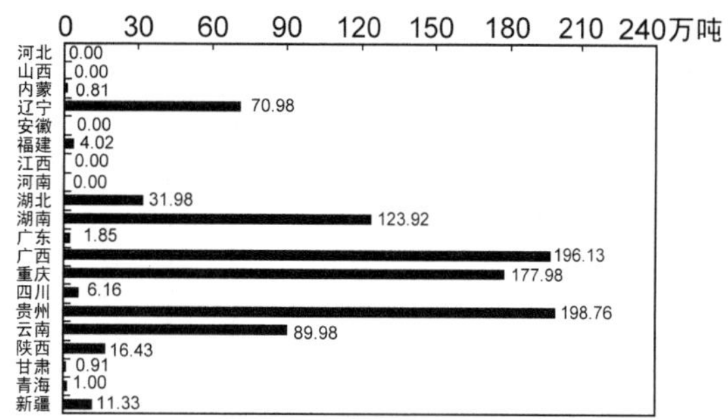

图 14　2009 年度全国锰矿企业年采原矿产量

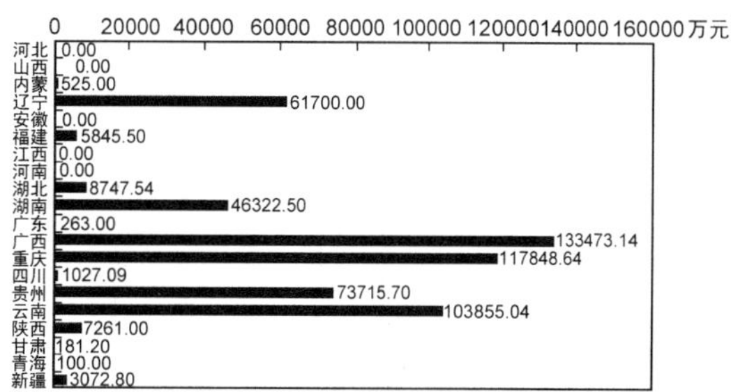

图 15　2009 年度全国锰矿企业产值

2009 年我国锰矿石产量增加，需求量也更大，2009 年我国进口锰矿砂及其精矿 961 万吨，出口 2.74 万吨，净进口量增至 958.42 万吨。

4. 铬矿。2009 年我国铬矿企业有 27 家，从业人员有 1502 人，年采铬矿石 20.01 万吨，产值 3.06 亿元，利润 1.24 亿元。

我国铬矿开发分布在西藏、新疆、内蒙古、甘肃、河北和青海，其中西藏年采铬铁矿矿石量 11.44 万吨，占全国的 57.17%。各地铬矿年采矿石量详见图 16。

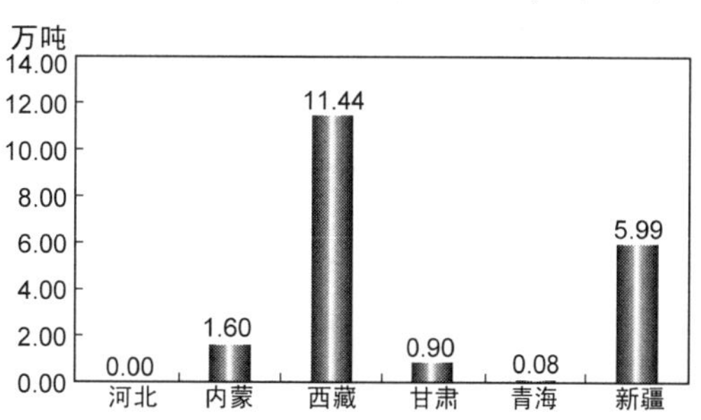

图 16　2009 年全国铬矿原矿产量

我国铬矿资源贫乏，产量不能满足需求，对进口的依赖度一直很高。2009 年，我国进口铬矿砂及其精矿 675.55 万吨，比 2008 年增加 274.39 万吨，增长了 68.40%。

5. 铜矿。2009 年我国铜矿企业有 803 家，从业人员11.89万人,年采铜矿石8920.51万吨,产值211.71亿元,综合开发共伴生矿产产值114.30亿元,铜矿产品销售收入188.76亿元,利润总额32.26亿元(图17、图18)。

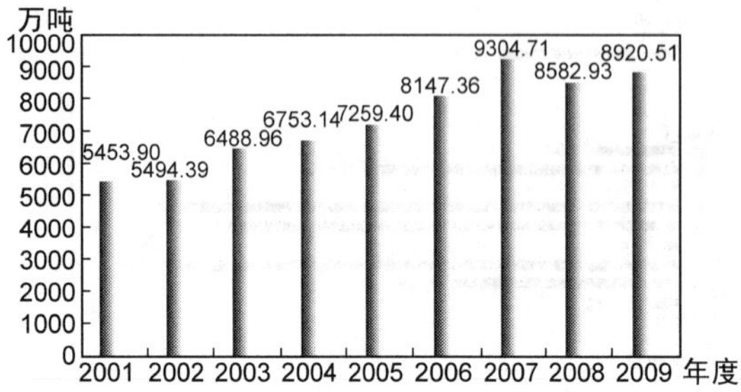

图17 2001~2009年全国铜矿企业年采矿石量

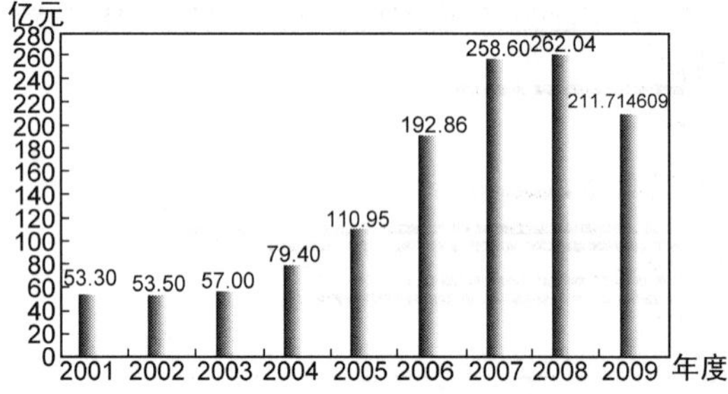

图18 2001~2009年全国铜矿企业产值

与2008年相比,铜矿企业增加31家,从业人员增加195人,年采铜矿石增加337.58万吨,产值减少50.32亿元,销售收入减少35.05亿元。按企业经济类型统计,国有企业有42家,从业人员有4.01万人,年采铜矿石4833.65万吨,产值92.62亿元,利润7.61亿元;集体企业有96家,从业人员有0.40万人,年采铜矿石33.95万吨,产值0.60亿元,利润0.05亿元;有限责任公司165家,从业人员有2.47万人,年采铜矿石1489.51万吨,产值42.38亿元,利润5.95亿元;股份有限公司76家,从业人员有1.96万人,年采铜矿石1348.52万吨,产值44.55亿元,利润13.42亿元;私营企业366家,从业人员有2.16万人,年采铜矿石557.03万吨,产值10.06亿元,利润0.19亿元。

按企业规模统计,大型企业有17家,从业人员有3.07万人,年采铜矿石5735.90万吨,人均产值为37.64万元;中型企业有49家,从业人员有3.82万人,年采铜矿石2063.85万吨,人均产值15.03万元;小型企业有443家,从业人员有4.17万人,年采铜矿石1008.71万吨,人均产值8.62万元;年采铜矿石3万吨以下的小矿有294家,从业人员有0.83万人,年采铜矿石112.05万吨,人均产值3.35万元。

我国铜矿开发分布在25个省(自治区、直辖市),产量主要集中在中部地区。东、中、西部地区铜矿石产量分别为321.33万吨、5715.62万吨和2879.15万吨。

我国铜矿资源相对不足,铜矿产品不能满足需求,超过70%的比例需要依赖进口。2009年我国进口铜矿砂及其精矿613.28万吨,出口0.05万吨,净进口613.23万吨。与2008年相比,进口铜矿砂及其精矿有所增加,增加了94.13万吨,增长了18.13%。

6. 铅矿。2009年全国持证(采矿证)铅矿企业有916家,从业人员4.89万人,年采矿石1162.51万吨,产值69.08亿元,销售收入58.26亿元。

按企业经济类型统计,国有企业有35家,从业人员有0.83万人,年采矿石107.34万吨,人均产值9.28万元;集体企业有107家,从业人员0.24万人,年采矿石68.66万吨,人均产值4.59万元;有限责任公司有158家,从业人员1.11万人,年采矿石358.04万吨,人均产值7.01万元;股份有限公司有66家,从业人员1.00万人,年采矿石181.03万吨,人均产值14.34万元;私营企业有458家,从业人员1.15万人,年采矿石206.05万吨,人均产值12.49万元。

按企业规模统计,大型企业7家,从业人员有0.64万人,年采矿石210.41万吨,人均产值29.01万元;中型企业20家,从业人员有0.89万人,年采矿石257.99万吨,人均产值22.47万元;小型企业371家,从业人员有2.28万人,年采矿石385.66万吨,人均产值10.79万元;生产能力小于3万吨的小矿有518家,从业人员有1.08万人,年采矿石308.45万吨,人均产值5.42万元。

我国铅矿开发分布在24个省(自治区、直辖市),东、中、西部地区铅矿石采出量分别为71.71万吨、384.11万吨和706.67万吨。

我国铅矿初级产品不能满足需求,2009年净进口铅矿砂及其精矿160.46万吨,与2008年对比增加了16.07万吨。

7. 锌矿。2009年我国锌矿企业有856家,从业人员有6.99万人,年采矿石2141.88万吨,产值155.17亿元,销售收入126.54亿元。与2008年对比,矿山数减少14家,从业人员减少1.82万人,年采矿量减少410.59万吨,产值减少32.02亿元,销售收入减少26.20亿元。

按企业经济类型统计,国有企业45家,从业人员1.40万人,年采矿石363.32万吨,人均产值22.35万元;集体企业115家,从业人员0.37万人,年采矿石85.16万吨,人均产值12.05万元:有限责任公司147家,从业人员1.30万人,年采矿石443.93万吨,人均产值19.84万元;股份有限公司100家,从业人员2.06万人,年采矿石839.10万吨,人均产值36.19万元;私营企业355家,从业人员1.20万人,年采矿石206.23万吨,人均产值5.54万元。

按企业规模统计，大型企业有 7 家，从业人员有 0.91 万人，年采矿石 494.14 万吨，人均产值 45.11 万元；中型企业有 30 家，从业人员有 1.80 万人，年采矿石 779.95 万吨，人均产值 33.47 万元；小型企业 462 家，从业人员有 3.37 万人，年采矿石 741.68 万吨，人均产值 14.43 万元；年采矿量小于 3 万吨的小矿有 357 家，从业人员有 0.91 万人，年采矿石 126.12 万吨，人均产值 5.86 万元。

我国锌矿开发分布在 24 个省(自治区、直辖市)，东、中、西部地区锌矿石产量分别为 330.49 万吨、152.21 万吨和 1659.20 万吨。

由于我国的锌冶炼能力远远大于矿山的生产能力，国内锌精矿供不应求，2009 年我国进口锌矿砂及其精矿 385.05 万吨。比 2008 年增加进口 146.56 万吨。

8. 铝土矿。2009 年我国铝土矿持证(采矿证)企业有 246 家，从业人员 1.63 万人，年采铝土矿原矿 1175.28 万吨，较 2008 年增长 32.62%(图 19)，产值 20.43亿元，较 2008 年增长 7.08%(图 20)，销售收入 15.33 亿元，较 2008 年增长 33.52%。

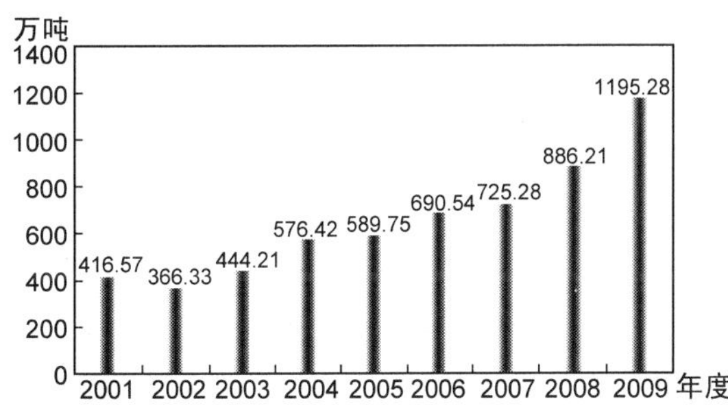

图 19 2001～2009 年铝土矿企业产量变化情况

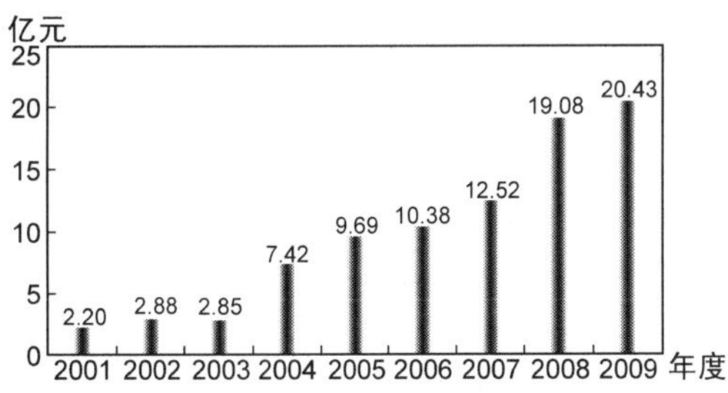

图 20 2001～2009 年铝土矿企业工业总产值变化情况

按企业经济类型统计，国有企业 22 家，从业人员 0.36 万人，年采矿石 242.60 万吨，人均产值 11.21 万元；有限责任公司 57 家，从业人员 0.25 万人，年采矿石 121.93 万吨，人均产值 7.13 万元；股份有限公司 50 家，从业人员 0.78 万人，年采矿石 641.02 万吨，人均产值 15.89 万元；私营企业 82 家，从业人员 0.17 万人，年采矿石 112.97 万吨，人均产值 9.65 万元。

按企业规模统计，大型企业有 6 家，从业人员 0.38 万人，年采矿石 505.99 万吨，人均产值为 17.89 万元；中型企业 19 家，从业人员 0.38 人，年采矿石 292.22 万吨，人均产值 17.52 万元；小型企业 155 家，从业人员 0.80 万人，年采矿石 345.96 万吨，人均产值 8.19 万元；年采矿石量 3 万吨以下的小矿 66 家，从业人员 0.08 万人，年采矿石 31.11 万吨，人均产值 6.74 万元。

我国铝土矿开发分布在 15 个省(自治区、直辖市)，产量主要集中在中部和西部地区，东、中、西部地区采出矿石量分别为 4.08 万吨、603.58 万吨和 567.62 万吨。

2009 年我国进口氧化铝产品 514.07 万吨，出口 6.86 万吨，净进口 507.21 万吨。与 2008 年相比，净进口氧化铝产品增加了 48.61 万吨。铝矿砂及其精矿进口 196.87 万吨，比 2008 年的 2574.94 万吨减少了 2378.07 万吨。

9. 钨矿。2009 年我国钨矿企业有 153 家，从业人员 3.75 万人，年采矿石 2111.81 万吨，矿业产值 34.09 亿元，销售收入 27.91 亿元。与 2008 年对比，年采矿石增加了 714.26 万吨，增长了 51.11%，矿业产值减少了 8.01 亿元，下降了 19.02%。

按企业经济类型统计，国有企业 33 家，从业人员 1.28 万人，年采矿石 334.67 万吨，人均产值 6.68 万元；集体企业 18 家，从业人员 0.09 万人，年采矿石 242.46 万吨，人均产值 4.37 万元；有限责任公司 21 家，从业人员 0.81 万人，年产矿石 300.86 万吨，人均产值 11.62 万元；股份有限公司 19 家，从业人员 0.77 万人，年产矿石 1032.40 万吨，人均产值 13.82 万元；私营企业 50 家，从业人员 0.72 万人，年产矿石 176.53 万吨，人均产值 5.99 万元。

按企业规模统计，大型企业有 1 家，从业人员有 0.29 万人，年采矿石 142.6 万吨，人均产值 15.96 万元；中型企业有 19 家，从业人员有 1.74 万人，年采矿石 1177.53 万吨，人均产值 9.20 万元；小型企业 105 家，从业人员有 1.56 万人，年采矿石 531.89 万吨，人均产值 8.25 万元；年采矿量小于 3 万吨的小矿有 28 家，从业人员有 0.15 万人，年采矿石 259.79 万吨，人均产值 3.87 万元。

我国钨矿开发分布在 14 个省(自治区、直辖市)，产量主要集中在中部地区，东、中、西部地区钨矿石产量分别为 149.32 万吨、1858.85 万吨和 103.60 万吨。江西为我国主要产地，年产钨矿石 1623.20 万吨，占全国的 76.86%。

为了保护我国钨矿资源，近几年我国对钨矿开发实行限制政策，限制初级产品出口，鼓励深加工产品出口。2009 我国进口钨矿砂及其精矿 9125 吨。

10. *锡矿*。2009年下半年,矿业市场回暖,锡矿价格持续回升。但是在国家限制锡矿开发利用的宏观调控政策指导下,锡矿产量比2008年减少162.92万吨,下降17.28%。同时,加大了锡精矿的进口量。总体来说,我国锡供求基本平衡,但是有供不应求的趋势。

开发锡矿的矿山企业有157家,从业人员3.07万人,年采锡矿原矿780.15万吨,产值34.23亿元,矿产品销售收入31.16亿元,利润总额8.24亿元。

按企业经济类型统计,国有企业22家,有从业人员0.39万人,年采矿石225.73万吨,人均产值17.50万元;集体企业19家,从业人员0.11万人,年采矿20.41万吨,人均产值2.49万元;有限责任公司33家,从业人员0.51万人,年采矿159.76万吨,人均产值6.24万元;股份有限公司12家,从业人员1.59万人,年采矿259.03万吨,人均产值12.40万元;私营企业63家,从业人员有0.41万人,年采矿石79.32万吨,人均产值8.47万元。

按锡矿企业规模统计,大型企业有3家,从业人员有0.90万人,年采矿石271.3万吨,人均产值为10.97万元;中型企业有11家,从业人员有1.09万人,年采矿石369.19万吨,人均产值18.43万元;小型企业有69家,从业人员有0.72万人,年采矿石101.2万吨,人均产值4.65万元;年采矿石量3万吨以下的小矿有74家,从业人员有0.37万人,年采矿石38.46万吨,人均产2.75万元。

我国锡矿开发分布在10个省(自治区),主要集中在云南、广西和江西等省。产量最高的为云南,其次为广西,其产量分别为463.22万吨和217.46万吨,两省产量合计占全国总产量的87.25%。

从2004年我国已经成为锡矿产品纯进口国,进口量总体呈上升趋势。2009年我国净进口锡矿砂及其精矿1.02万吨,比2008年增加0.30万吨。

11. *钼矿*。2009年我国开发钼矿的矿山企业有196家,从业人员3.33万人,年采钼矿原矿4784.42万吨,产值151.32亿元,矿产品销售收入67.81亿元。钼矿石产量与2008年相比减少356.87万吨,增长了7.46%;产值减少82.32亿元,下降35.23%。

按企业经济类型统计,国有企业7家,从业人员0.78万人,年采矿石1269.47万吨,人均产值36.47万元;集体企业18家,从业人员941人,年采矿石7.22万吨,人均产值3.13万元;有限责任公司73家,从业人员0.87万人,年采矿石1535.29万吨,人均产值28.51万元;股份有限公司32家,从业人员1.09万人,年采矿石1724.41万吨,人均产值80.03万元;私营企业55家,从业人员0.48万人,年采矿石246.08万吨,人均产值21.21万元,其他经济类型钼矿生产情况见图21、22。

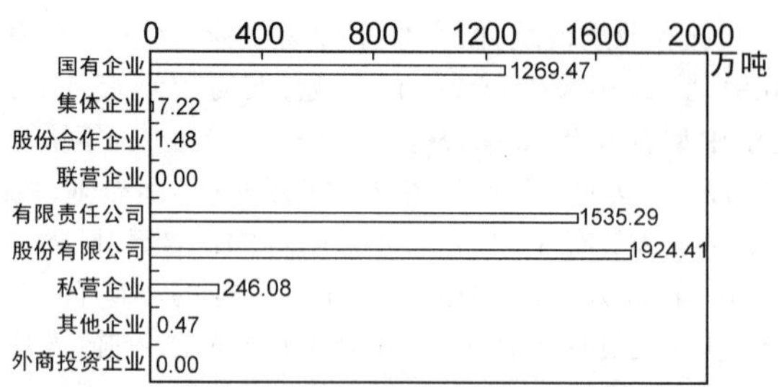

图21 2009年度不同经济类型全国钼矿企业矿石产量

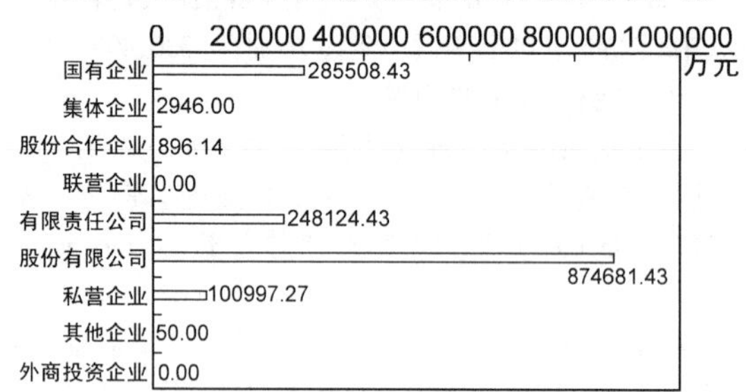

图22 2009年度不同经济类型钼矿企业产值

按钼矿企业规模统计,大型企业10家,从业人员1.73万人,年采矿石3580.27万吨,人均产值为77.93万元;中型企业21家,从业人员0.58万人,年采矿石913.77万吨,人均产值22.30万元;小型企业107家,从业人员0.85万人,年采矿石87.51万吨,人均产值3.56万元;年采矿石量3万吨以下的小矿有58家,从业人员0.17万人,年采矿石202.87万吨,人均产值3.73万元。

我国钼矿开发分布在23个省(自治区),产量相对集中在中部和西部地区。东、中和西部地区矿石产量分别为501.22万吨、2791.57万吨和1491.63万吨,中部地区的矿石产量占总产量的比例比2008年有所上升,占比为58.35%。河南和陕西钼矿产量分别为2562.95万吨和1282.69万吨,两省合计占全国总产量的80.38%。

2009年我国大幅增加对钼矿的进口,减少出口。进口钼矿砂及其精矿6.18万吨,出口0.89万吨,净进口5.29万吨,已经从2008年的净出口国转变为净进口国。

12. *锑矿*。2009年我国开发锑矿的矿山企业有94家,从业人员0.93万人,年采锑矿原矿101.67万吨,产值9.15亿元,矿产品销售收入8.79亿元,年利润5528.29万元。

按锑矿企业经济类型统计,国有企业有23家,从业人员有0.53万人,年采矿石66.42万吨,人均产值13.32万元;集体企业21家,从业人员有384人,年采矿石2.17万吨,人均产值3.52万元;股份有限公司9家,从业人员有0.25万人,年采矿石26.86万吨,人均产值6.95万元;私营企业27家,从业人员有692人,年采矿石4.23万吨,人均产值2.55万元;其他经济类型锑矿生产情况见图23、图24。

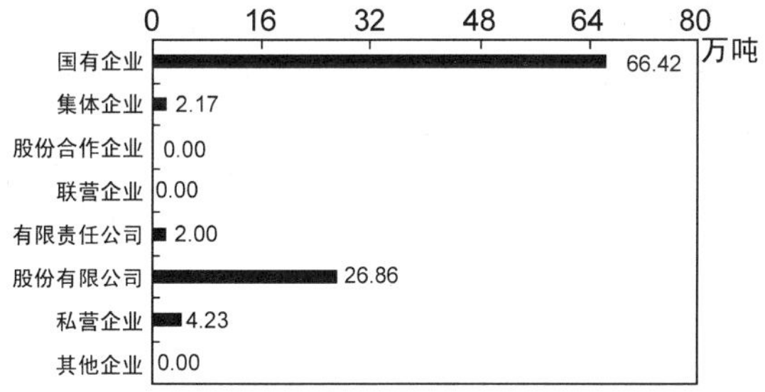

图23　2009年不同经济类型锑矿企业年采矿石量

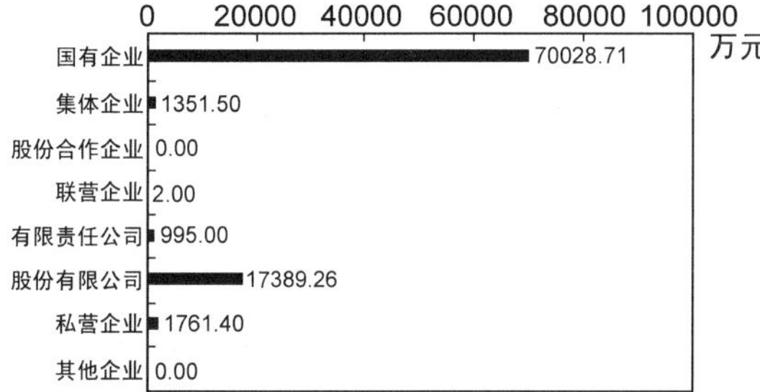

图24　2009年度不同经济类型锑矿企业产值

按锑矿企业规模统计,大型企业有1家,从业人员有0.20人,年采矿石45.00万吨,人均产值22.50万元;中型企业有1家,从业人员有519人,年采矿石3.9万吨,人均产值14.98万元;小型企业有48家,从业人员有0.58万人,年采矿石49.97万吨,人均产值6.44万元;年采矿石量3万吨以下的小矿有42家,从业人员有0.10万人,年采矿石2.81万吨,人均产值1.36万元。

我国锑矿开发分布在16个省(自治区),产量主要分布在湖南、甘肃、广西和云南,产量分别为56.90万吨、13.00万吨、12.54万吨和11.60万吨,合计占全国总产量的92.50%。

我国目前是世界上最大的锑生产国,产量占国际产量总量的86.90%。锑精矿的需求量巨大,因此也是最大的锑精矿进口国。2009年我国锑精矿的进口需求量仍然保持旺盛,进口锑矿砂及精矿2.52万吨,比2008年增加0.59万吨。

13. *金矿*。2009年我国开发金矿的矿山企业有1600家,从业人员16.85万人,年采矿石11407.03万吨,矿山企业数比2008年减少87家,从业人员减少了0.85万人,矿石产量增加1449.34万吨(图25);产值339.84亿元(图26),销售收入318.52亿元,利润总额103.11亿元,均有不同幅度增长。

按企业经济类型统计,国有企业230家,从业人员4.10万人,年采矿石999.43万吨,人均产值14.17万元;集体企业274家,从业人员1.26万人,年采金矿矿石304.47万吨,人均产值9.93万元;有限责任公司480家,从业人员4.31万人,年采金矿矿石2921.33万吨,人均产值17.41万元:股份有限公司193家,从业人员4.44万人,年采金矿矿石5560.35万吨,人均产值32.78万元;私营企业287家,从业人员1.42万人,年采金矿矿石237.22万吨,人均产值6.72万元。

按金矿企业规模统计,大型企业有57家,从业人员有4.15万人,年采金矿矿石6875.54万吨,人均产值40.55万元;中型企业111家,从业人员有4.53万人,年采金矿矿石1565.24万吨,人均产值20.83万元;小型企业752家,从业人员5.93万人,年采金矿矿石2720.19万吨,人均产值10.68万元;小矿680家,从业人员2.25万人,年采金矿矿石246.06万吨,人均产值6.19万元。

我国金矿开发分布在26个省(自治区、直辖市),东、中、西部地区年采金矿矿石分别为6570.39万吨、1926.38万吨和2910.29万吨;福建开采岩金矿石量为4106.40万吨,居全国首位,其次是山东,开采岩金矿石1505.18万吨,与2008年基本持平。

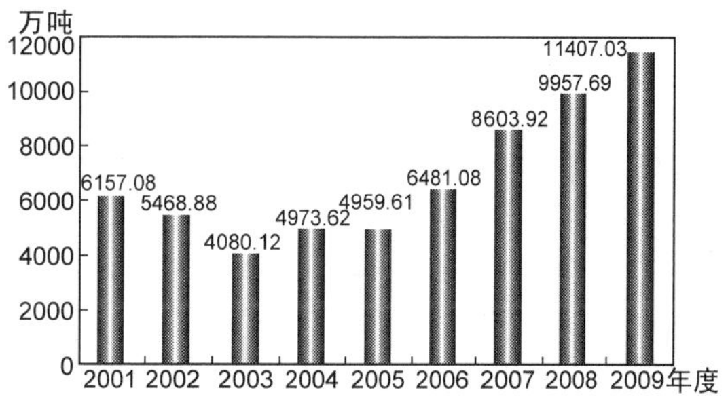

图25　2001～2009年金矿企业年采矿石量

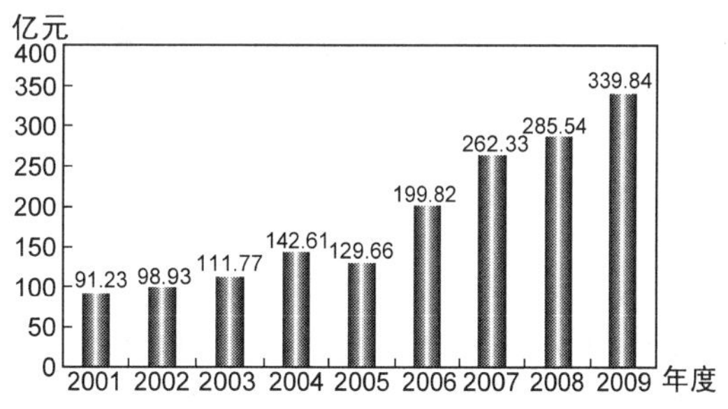

图26　2001～2009年金矿企业工业总产值

14. *稀土矿*。我国对稀土开发实行保护性政策,控制稀土矿产品开采总量,稀土资源得到比较有效的保护(图27、28)。

2009年开发重稀土的矿山企业有20家,从业人员0.25万人,年采矿石466.03万吨,产值1.75亿元,人均产值7.15万元。2009年,全国开发重稀土矿产企业,全都为国有企业,主要以小型企业为主,为18家,中型

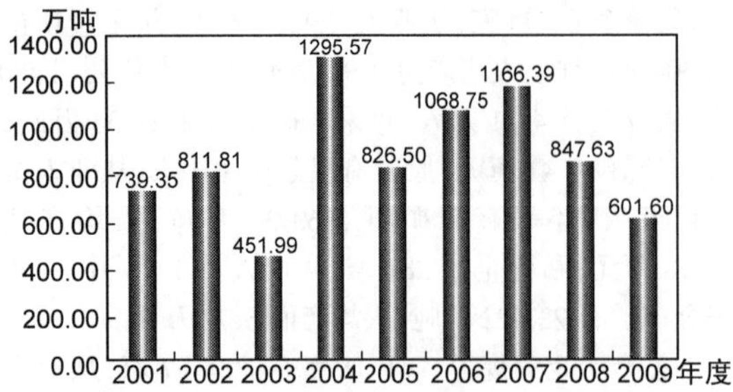

图 27 2001～2009 年全国稀土矿企业年采矿石量

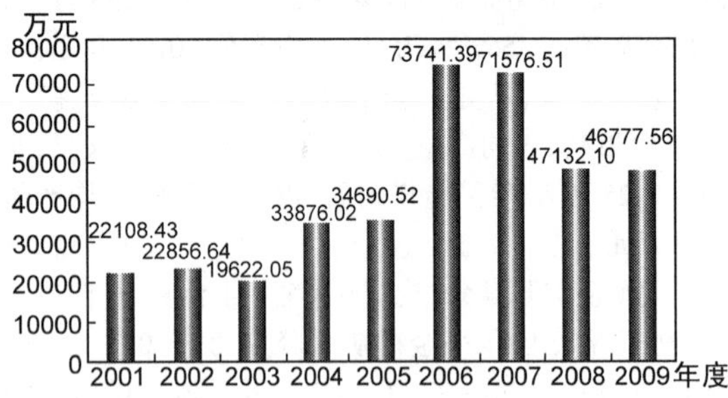

图 28 2001～2009 年全国稀土矿企业产值

企业和小矿各 1 家，全部分布在江西省。

2009 年我国开发轻稀土的矿山企业有 101 家，从业人员 0.22 万人，年采矿石 135.57 万吨，产值 2.93 亿元，人均产值 13.63 万元，我国开发轻稀土矿的矿山企业主要是国有企业和有限责任公司。开发轻稀土矿的中型企业 5 家，小型企业 78 家，年采矿量小于 3 万吨的矿山有 18 家，轻稀土生产主要集中在我国中部地区。

2009 年，我国稀土矿产资源在世界上具有优势，但同时也认识到了稀土矿的战略地位，近年来，我国对稀土矿的出口加强了管理和调控。2008 年开始，在限制稀土矿产出口的同时，鼓励增加稀土资源的进口。2009 年稀土金属矿进口 0.67 万吨；稀土金属及其混合物进口 20 吨，出口 0.53 万吨；稀土化合物及其混合物进口 0.39 万吨，出口 3.86 万吨。

15. *硫铁矿*。2009 年全国开发硫铁矿的矿山企业有 322 家，从业人员 2.10 万人，年采矿石 648.95 万吨，产值 13.13 亿元，销售收入 10.07 亿元，利润总额 5979.41 万元，人均产值 6.26 万元(图 29、30)。

与 2008 年相比，矿山企业数减少 28 家，从业人员减少 0.43 万人，年采矿石量减少 131.05 万吨，产值减少 22.50 亿元。

按企业经济类型统计，国有企业 28 家，从业人员 0.79 万人，年采矿石 358.35 万吨，人均产值 10.97 万元；集体企业 51 家，从业人员 0.11 万人，年采矿石 13.82 万吨，人均产值 1.54 万元；私营企业 180 家，从业人员 0.41 万人，年采矿石 99.52 万吨，人均产值 3.02 万元。

按硫铁矿规模统计，大型企业有 7 家，从业人员 0.63 万人，年采矿石 322.60 万吨，人均产值为 12.86 万元；中型企业 7 家，从业人员 0.12 万人，年采矿石 26.85 万吨，人均产值 3.68 万元；小型企业 169 家，从业人员 1.14 万人，年采矿石 260.31 万吨，人均产值 3.56 万元；年采矿石量 2 万吨以下的小矿有 139 家，从业人员 0.22 万人，年采矿石 39.18 万吨，人均产值 2.73 万元。

我国硫铁矿开发分布在 23 个省(自治区)，东中西部地区硫铁矿矿石产量分布比较均衡。

我国硫产品远不能满足需求，80%左右的硫产品需求依靠进口来补充。2009 年进口量继续增加，出口量有所减少，进口各种硫磺 1217.33 万吨，出口 3.32 万吨，净进口 1214.02 万吨，比 2008 年增加 376.25 万吨。

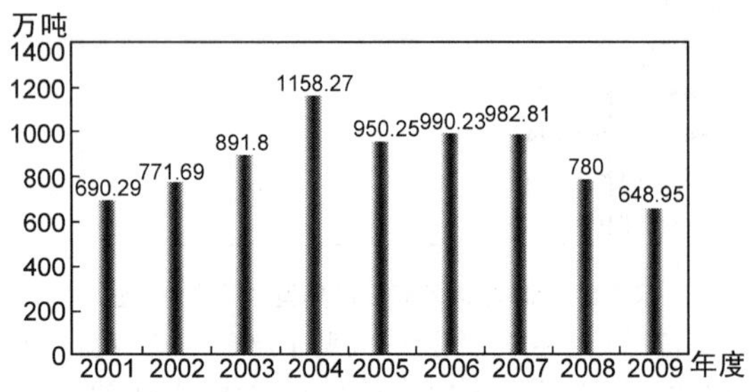

图 29 2001～2009 年全国硫铁矿企业产量

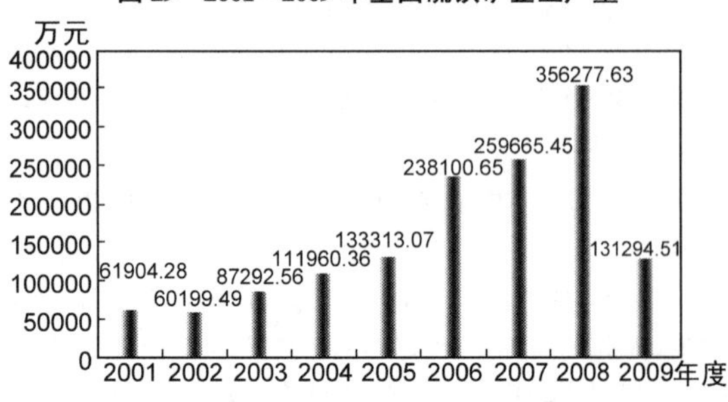

图 30 2001～2009 年全国硫铁矿企业产值

16. *钾盐*。2009 年全国开发钾盐的矿山企业有 17 家，从业人员 0.80 万人，年采钾盐原矿 3349.05 万吨，产值 114.84 亿元，矿产品销售收入 81.31 亿元。与 2008 年相比，年采原矿量增加 1120.19 万吨，产值增加 38.76 亿元，销售收入也增加 27.81 亿元(图 31、32)。

在我国开发钾盐矿山企业中，国有企业有 1 家，从业人员有 150 人，年采原矿 12.00 万吨，产值 1.09 亿元，销售收入 0.84 亿元，人均产值 72.53 万元；有限责任公司有 7 家，从业人员有 0.54 万人，年采原矿 1169.05 万吨，产值 27.97 亿元，销售收入 20.92 亿元，利润 3.95 亿元，人均产值 52.04 万元；股份有限公司 3 家，从业人员 0.18 万人，年采原矿 1483.00 万吨，产值 82.57 亿元，销售收入 57.31 亿元，利润 33.22 亿元，人

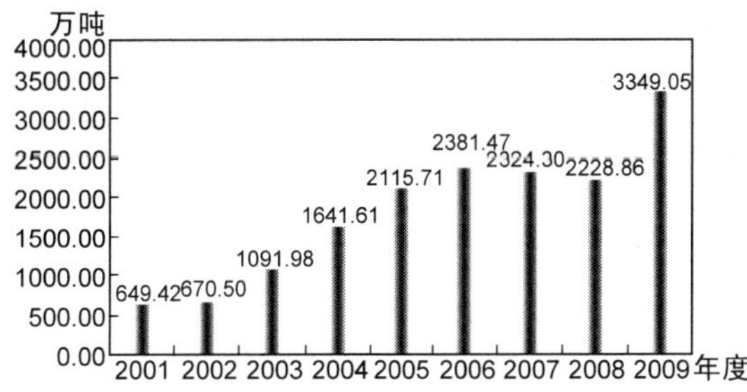

图 31　2001～2009 年全国钾盐企业产量

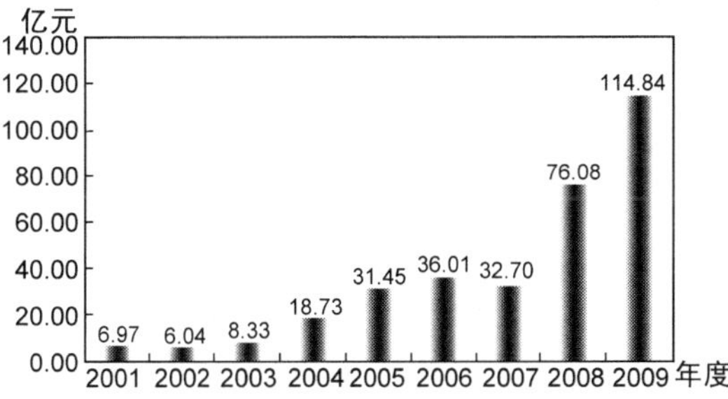

图 32　2001～2009 年全国钾盐企业产值

均产值 **471.85** 万元。

按企业规模统计,大型企业 4 家,从业人员 0.41 万人,年采原矿 1881.58 万吨,产值 99.43 亿元,人均产值 243.05 万元;中型企业 6 家,从业人员 0.28 万人,年采原矿 851.21 万吨,人均产值 47.84 万元;小型企业 5 家,从业人员 940 人,年采原矿 572.26 万吨,产值 1.82 亿元,人均产值 19.40 万元,小矿企业 2 家,从业人员 155 人,年采原矿 44.00 万吨,人均产值 4.62 万元。

目前我国只有云南、青海和新疆三省(自治区)开采钾盐矿。产量主要集中在青海,其年产量为 3109.21 万吨,占全国总产量的 92.84%。

我国钾盐严重短缺,2000 年以来钾盐消费的 90% 以上都需依赖进口。2009 年钾盐的产量增幅较大,自供能力有较大提高,进口量有所减少,但钾盐长期依赖进口的局面在一定时期内较难改变。2009 年进口钾肥 264.64 万吨,比 2008 年下降 51.38%。

17. *磷矿*。2009 年全国开发磷矿的矿山企业有 339 家,从业人员有 4.00 万人,年采磷矿石 4876.01 万吨,产值 86.84 亿元,利润总额 14.20 亿元,总体与 2008 年基本持平(图 33、34)。

按企业经济类型统计,国有企业 48 家,从业人员 1.29 万人,年采矿石 1694.63 万吨,人均产值 19.49 万元;集体企业 57 家,从业人员有 0.29 万人,年采矿石 301.71 万吨;人均产值 12.00 万元;有限责任公司 99 家,从业人员有 1.32 万人,年采矿石 1700.76 万吨,人均产值 29.10 万元;股份有限公司 34 家,从业人员 0.43 万人,年采矿石 390.74 万吨,人均产值 15.67 万元;私营企业 87 家,从业人员 0.59 万人,年采矿石 713.22 万吨,人均产值 19.88 万元(图 35)。

按磷矿企业规模分,大型企业 13 家,从业人员 0.85 万人,年采矿石 1424.33 万吨,人均产值为 29.63 万元;中型企业 51 家,从业人员 1.34 力人,年采矿右 1514.27 万吨,人均产值 21.03 万元;小型企业 235 家,从业人员 1.72 万人,年采矿石 1896.39 万吨,人均产值 19.07 万元;年采矿石量 5 万吨以下的小矿有 40 家,从业人员 932 人,年采矿石 41.02 万吨,人均产值 7.36 万元。

我国磷矿开发分布在 14 个省(自治区),磷矿石生产主要集中分布在湖北、云南和贵州,产量分别为 1501.46 万吨、1600.90 万吨和 1183.36 万吨,三省产量占全国总量的 87.89%。

我国磷矿产品生产基本上可以满足需求。2009 年进口磷矿 381 吨,出口 38.20 万吨,磷肥进口 91.59 万吨,出口 383.88 万吨。

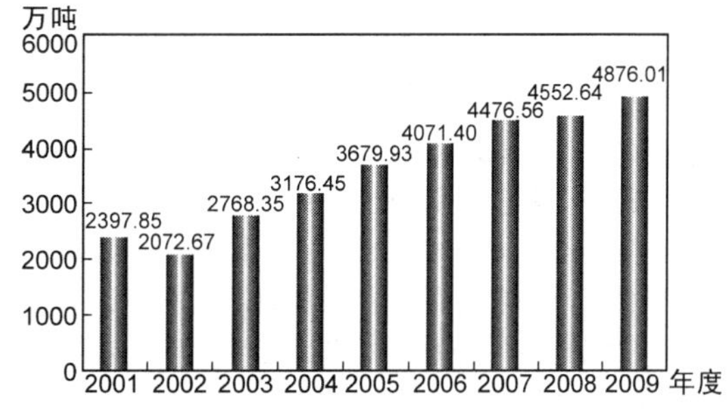

图 33　2001～2009 年全国磷矿产量

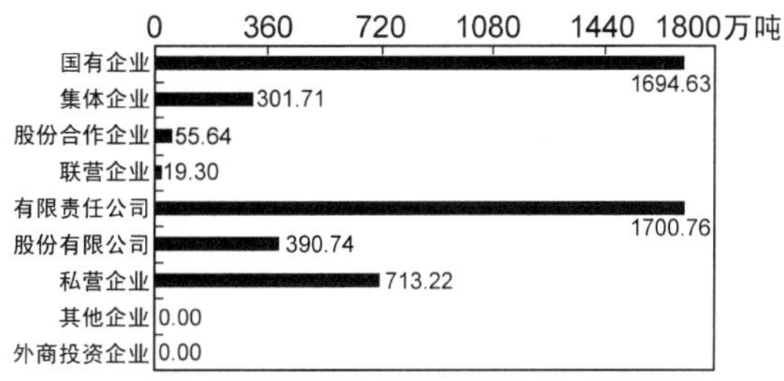

图 34　2009 年度不同经济类型磷矿企业矿石产量

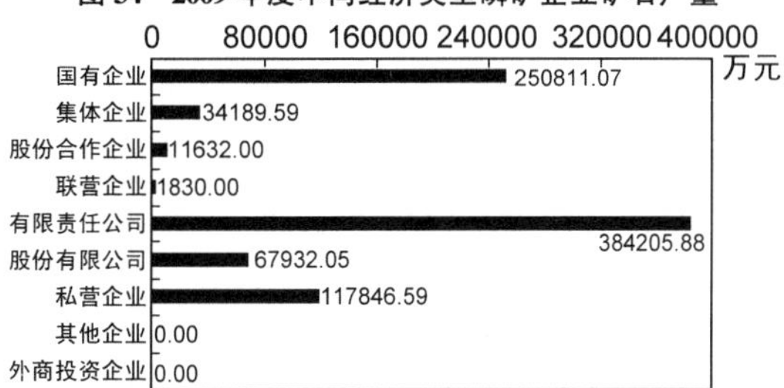

图 35　2008 年度不同经济类型磷矿企业完成工业总产值

(选自《2009 年全国非油气矿产资源开发利用统计年报》)

矿产品产供销

【概况】 2009年,面对国际金融危机的冲击及复杂的国内外形势,我国经济发展承受巨大压力;应对金融危机,实现“保增长、扩内需、调结构”成为2009年经济工作的重心。在世界各国积极应对金融危机及我国政府挽救经济衰退等系列政策的扶持下,从8月起,CPI及PPI结束了以往十余月的惯性下滑,经济总体“企稳回升”,并且不断向好运行。受宏观经济向好及需求回暖等因素的影响,特别是进入8月以后,我国主要矿产品供需变得非常活跃,煤炭、原油、铁矿石等大宗矿产品进口量持续扩张;矿业投资继续增长,主要矿产品价格振荡回升。因此,综合来看,2009年上半年矿业经济虽然处于相对低迷状态,但是下半年的市场活跃度得到明显提升。

·矿产品生产消费·

【能源矿产品产消】 2009年宏观经济虽然受到金融危机的影响,但是在系列政策的扶持与激励下,全年经济依然实现了8%的增长目标。与经济同步,2009年我国能源行业也实现了稳步发展,但是供不应求之状况并未扭转。全年一次能源生产总量为28.0亿吨标准煤,比2008年增长5.8%;能源消费总量为31.0亿吨标准煤,增长6.3%;净进口能源3.0亿吨标准煤,增长16.7%。2009年,我国能源对外依存度约为9.7%。

从结构上看,煤炭在我国能源消费中居于主导地位,2009年占能源消费总量的69.6%;其次是原油,约占17.5%;第三是水电、核电等清洁能源,约占9.4%;第四是天然气,约占3.5%(图1)。所以,我国是比较典型的高碳能源国家,要发展低碳经济将面临巨大的能源资源压力。

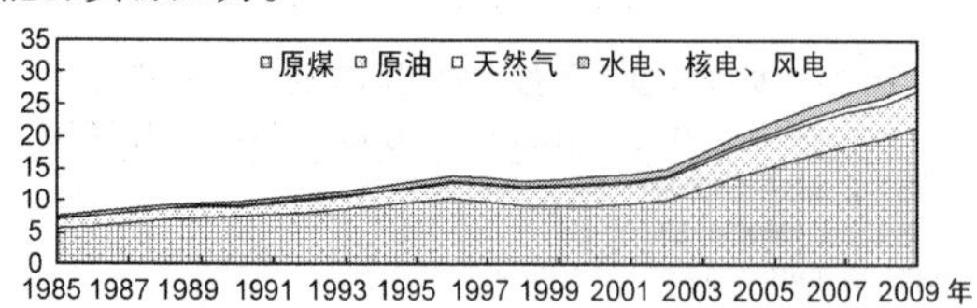

图1 1985~2009年我国能源消费结构变化图

1.石油:多年来,我国原油生产进展不大,而消费却在持续扩张,致使石油供需缺口越来越大。2009年,全国原油产量1.89亿吨,比2008年减少0.4%;石油表观消费量(产量+净进口量)4.0亿吨,增长3.3%;净进口石油2.1亿吨(其中:净进口原油19872万吨,净进口成品油1192万吨),增长9.7%。2009年,我国石油对外依存度已达52.6%(图2)。

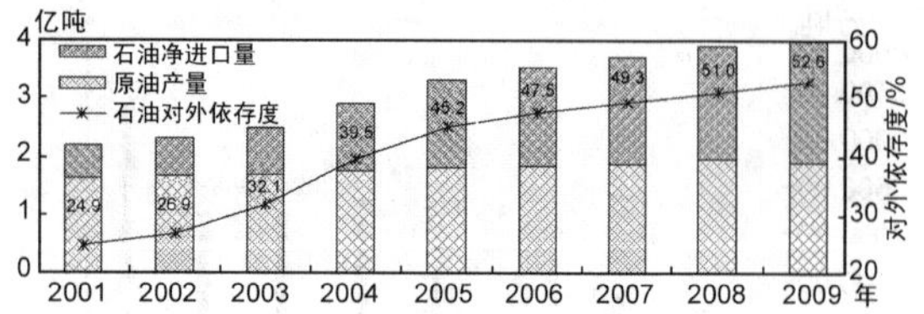

图2 2001~2009年我国原油生产与石油消费情况图

2.天然气:2009年,全国天然气产量830亿立方米,比2008年增长7.7%;表观消费量874亿立方米,增长8.3%;净进口321万吨(折44亿立方米),增长225.8%,对外依存度约为5.0%(图3)。

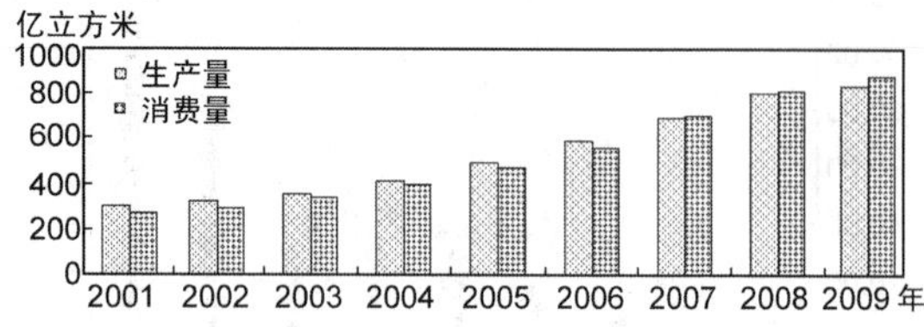

图3 2001~2009年我国天然气生产与消费情况图

3.煤炭:煤炭作为我国能源消费的核心,与其他商品相比相对具有刚性,因而在一系列调控政策的扶持下,我国原煤生产不仅继承了以年为周期的波浪式生产推进规律,而且趋势得到强化;特别是7~12月,随着经济的回暖,煤炭月度产量环比实现了“由负转正”,并且稳步推进。2009年,全国原煤产量30.6亿吨,比2008年增长12.7%(图4)。

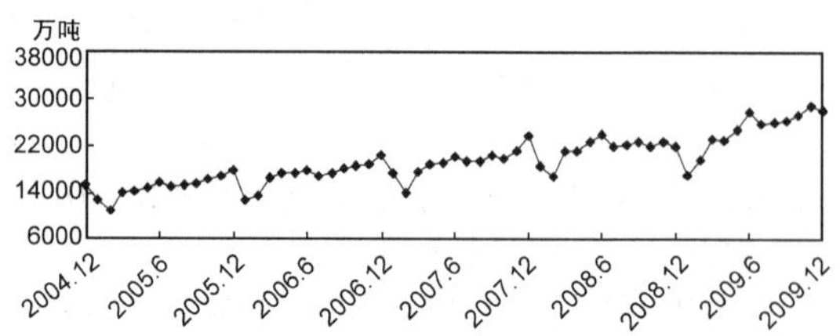

图4 全国原煤月产量情况图

尽管如此,但是随着我国经济规模的扩张,煤炭的消费总量仍在不断增长,2009年表观消费量达31.6亿吨,比2008年增长6.8%;首次表现为供不应求,导致当年净进口煤炭1亿余吨,对外依存度为3.2%。从时间上看,我国煤炭进口主要集中在下半年;从6月份开始,连续7个月净进口量接近或超过1000万吨(图5)。

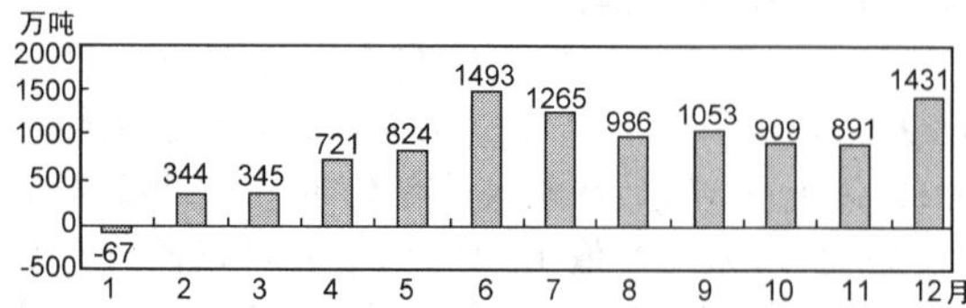

图5 2009年1~12月全国原煤月度净进口情况图

4.焦炭:我国是世界焦炭生产与消费大国,焦炭产量在世界占有重要地位。2009年,全国焦炭生产及消费量均约为3.45亿吨,比2008年均约增长10%(图6)。

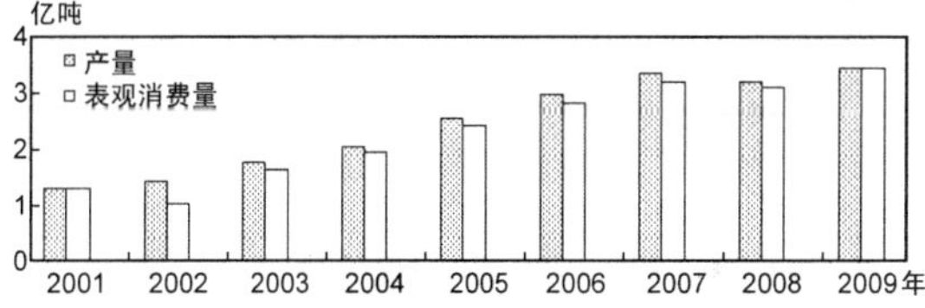

图6 2001~2009年我国焦炭生产与消费情况图

【黑色金属矿产品产消】 2009年,在国家一系列应对金融危机政策的支持下,钢铁行业逐步走出低谷,产量恢复增长,表观消费量再创历史新高。由于国内废钢回收规模有限,因而粗钢消费增长直接支撑着黑色金属矿产品需求的增加。

1.*铁矿石*:2009年1~7月,全国铁矿石总产量4.56亿吨,同比下降2.1%;受下半年经济回暖及钢产量扩张等因素的影响,自8月起,铁矿石生产开始提速,且各月产量的同比增幅都在10%以上。全年对冲,使得2009年铁矿石总产量达8.8亿吨,比2008年增长8.9%(图7)。

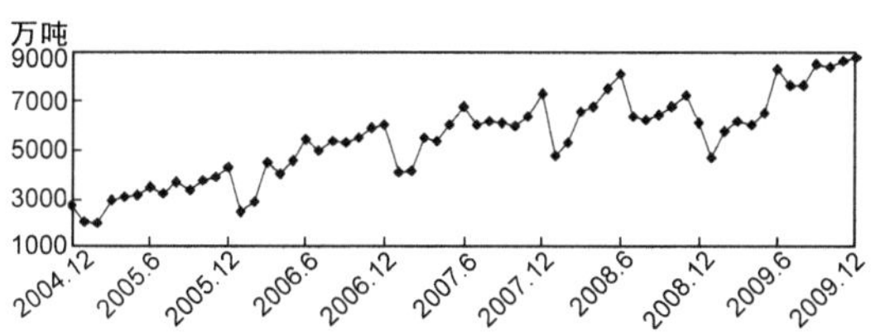

图7 全国铁矿石月产量情况图

由于我国粗钢生产规模仍在继续扩张,2009年粗钢产量达5.68亿吨,比2008年增长13.5%。在废杂钢回收规模有限的情况下,粗钢产量的增长预示着我国铁矿石需求仍然旺盛,全年铁矿石成品矿表观消费量高达10亿吨(其中进口矿6.28亿吨,国产原矿折成品矿3.77亿吨),增长23.4%。为了满足铁矿石的消费需要,导致铁矿石进口量持续增长,全年进口铁矿6.28亿吨,增长41.6%,对外依存度高达62.4%(图8)。

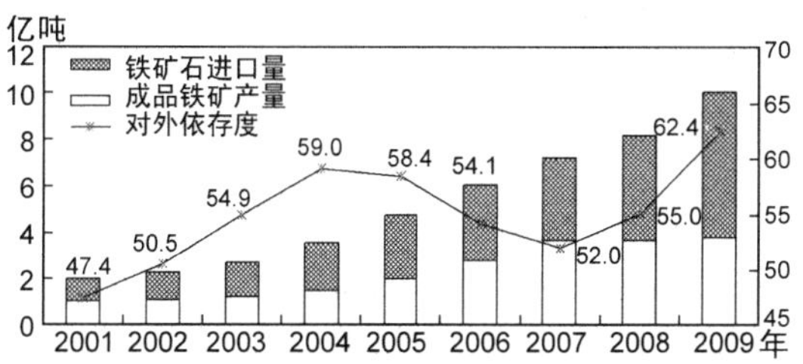

图8 2001~2009年我国铁矿石生产与消费情况图

2.*锰矿*:根据粗钢产量和锰原料进出口情况综合测算,2009年我国锰矿产量约1310万吨,比2008年减产9.7%。由于国内矿山规模小、增产潜力有限,难以满足我国钢铁工业高速发展对锰的消费需求,致使其供需缺口越来越大。全年成品矿表观消费量1515万吨,增长17%;锰矿进口量高达962万吨,增长27%,对外依存度达63.5%(图9)。

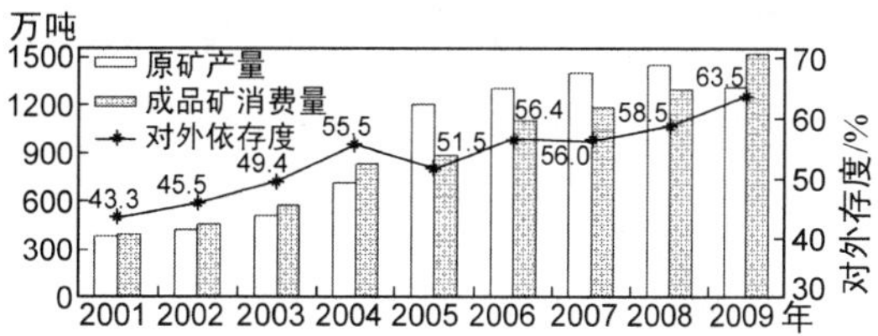

图9 2001~2009年我国锰矿生产与消费情况图

3.*铬铁矿*:我国铬铁矿资源非常短缺,长期以来矿山产量大致在20万吨的水平上徘徊。另一方面,随着我国不锈钢工业的高速发展,对铬铁矿需求快速增长,2009年表观消费量约700万吨,与2008年基本持平。2009年进口铬铁矿676万吨,减少1.2%,对外依存度97.1%(图10)。

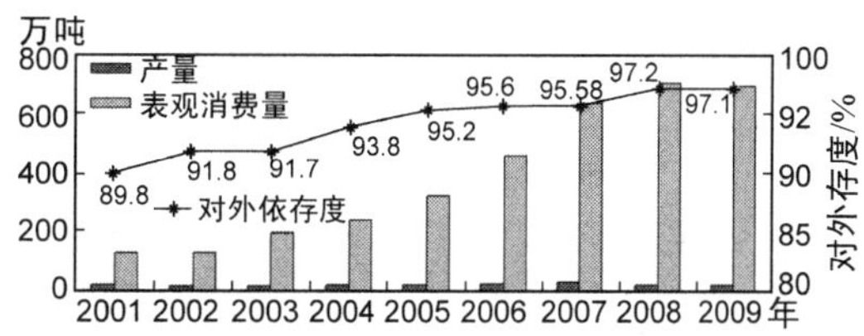

图10 2001~2009年我国铬铁矿生产与消费情况图

【有色及贵金属矿产品产消】 2009年,我国大宗有色金属冶炼产品一方面产量和消费量持续增长,另一方面矿山原料供应不足,成为制约产业协调发展的“瓶颈”。

1.*铜*:一方面,国产铜精矿满足不了精铜冶炼需求的30%;另一方面,精铜又满足不了实际的消费需要,不足部分均需依靠国际市场来解决。2009年,全国铜精矿(金属)产量96万吨,比2008年增长4.7%,仅能满足精铜冶炼需求的22.6%;精炼铜产量425万吨,增长9.6%,只能满足消费需求76.1%。2009年进口铜矿砂及其精矿613万吨,增长18.2%,进口铜废碎料400万吨,减少28.3%,净进口铜及铜材376万吨,增长106%。综合折算,2009年我国铜消费量高达767.3万吨,增长42.6%(图11)。

2.*铝*:2009年,全国氧化铝产量2383万吨,比2008年增长4.4%;原铝产量1285万吨,减少2.5%;原铝表观消费量1439万吨,增长14.4%。其中,氧化铝产量的快速增长与近几年新建氧化铝产能的集中释放及大量利用进口铝土矿有很大的关系。2005年以前,我国铝土矿的年进口量不足100万吨,到2009年,进口量已高达1969万吨,比2008年减少23.5%(图12)。

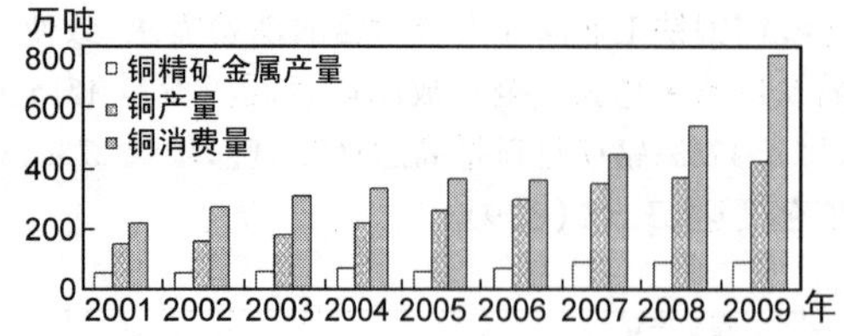

图 11　2001～2009 年我国铜生产与消费情况图

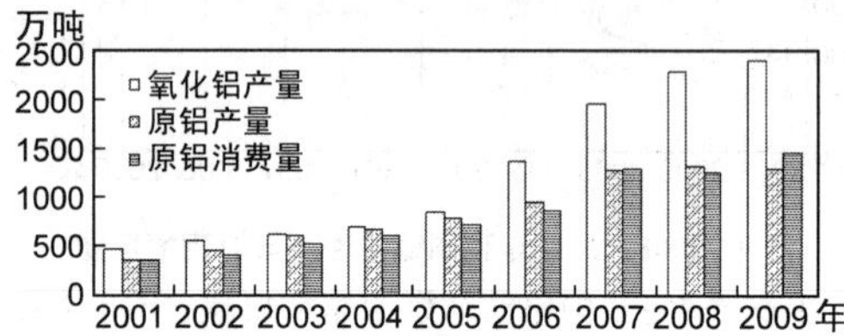

图 12　2001～2009 年我国铝生产与消费情况图

3.铅:2009 年,全国铅精矿(金属)产量 136 万吨,比 2008 年增长 18.8%,仅能满足精铅冶炼的 35.1%,不足部分依靠进口来解决。全年进口铅精矿 161 万吨,增长 11.3%;铅表观消费量 403.3 万吨,增长 25.2%(图 13)。

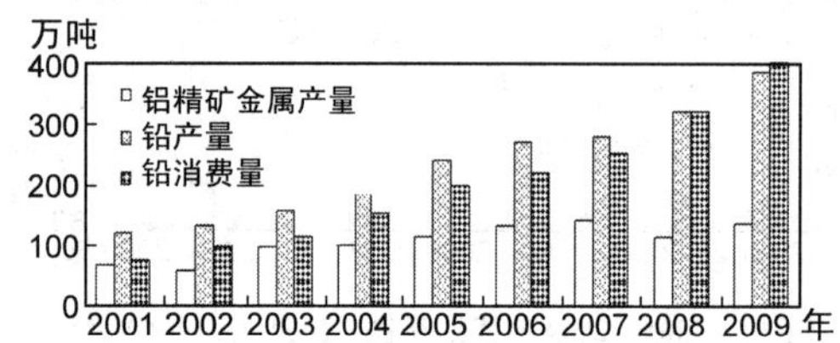

图 13　2001～2009 年我国精炼铅生产与消费情况图

4.锌:2009 年,全国锌精矿(金属)产量 309 万吨,比 2008 年减少 1.9%,能够满足精炼锌需求的 71%;精炼锌产量 441.6 万吨,增长 12.9%;表观消费量 523.6 万吨,增长 25.5%,供需差距约为 82 万吨(图 14)。

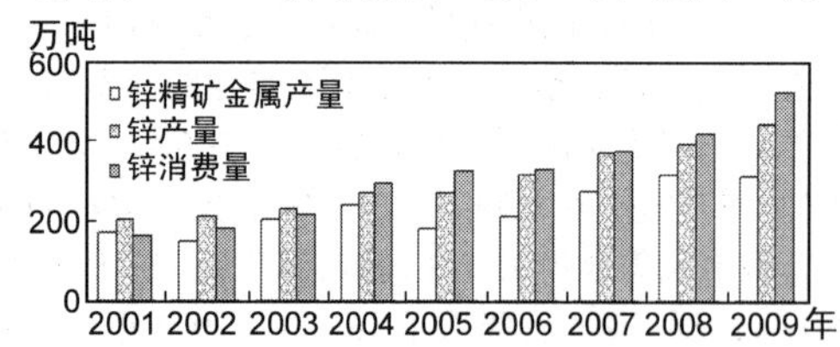

图 14　2001～2009 年我国锌生产与消费情况图

5.镍:2009 年,全国镍精矿(金属)产量 8.1 万吨,比 2008 年增长 13.5%,仅能满足精炼需求的 37.6%;精炼镍产量 21.6 万吨,增长 67.8%;表观消费量 44.4 万吨,增长 23.3%;净进口未锻轧镍及镍材 22.8 万吨,增长 79.5%(图 15)。

6.锡:2009 年,全国锡精矿(金属)产量 7.2 万吨,比 2008 年增长 11.2%,仅能满足精炼需求的 53.7%;精炼锡产量 13.4 万吨,增长 4.2%;表观消费量 16.5 万吨,增长 9.9%,供需差距由 2008 年的 1.3 万吨进一步扩至 3.1 万吨(图 16)。

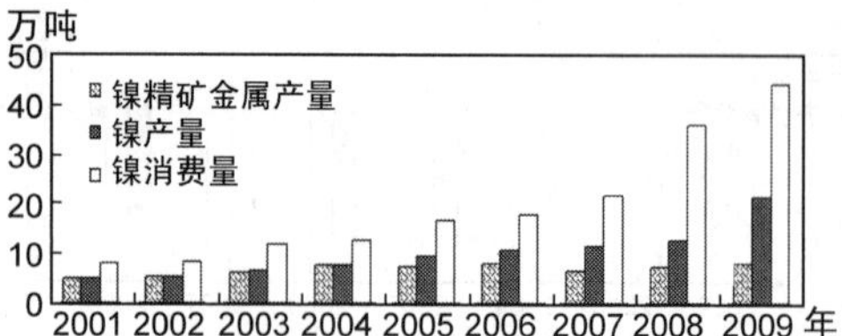

图 15　2001～2009 年我国镍生产与消费情况图

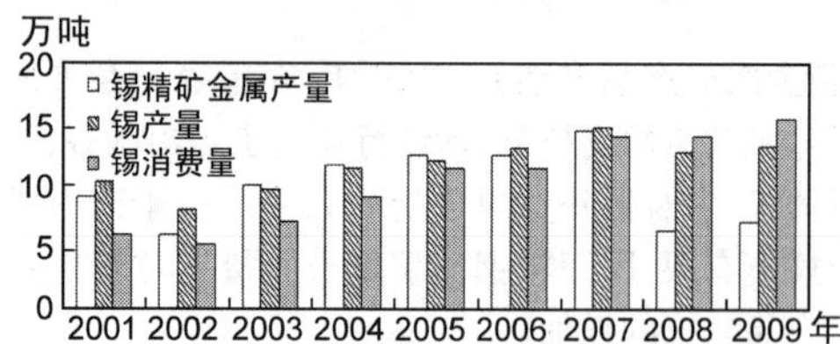

图 16　2001～2009 年我国锡生产与消费情况图

7.钨:钨是我国传统的优势矿产,已经连续 8 年实行总量开采控制,但是每年的实际产量均超出总量控制指标。2009 年,全国钨精矿产量(折 $WO_3$65%)9.9 万吨,比 2008 年增长 17.4%,超控制指标 3.8 万吨。全年钨矿产品(金属)出口量 1.5 万吨,比 2008 年减少 40.7%;消费量 2.9 万吨,增长 4.5%(图 17)。

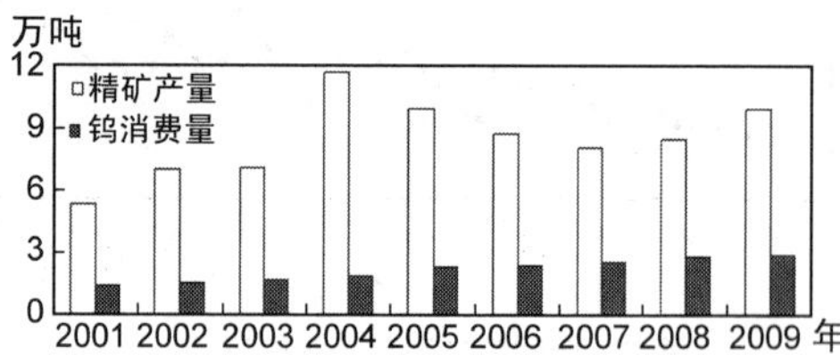

图 17　2001～2009 年我国钨生产与消费情况图

8.锑:锑是我国传统的优势矿产,锑精矿(金属)产量相对前些年有所回落。2009 年,全国锑精矿(金属)产量 9.6 万吨,与 2005 年和 2006 年相比,产量基本回落了 40%。全年精炼锑产量 16.6 万吨,比 2008 年增长 13.7%;表观消费量 12.5 万吨,增长 40.4%;净出口锑冶炼产品 4.1 万吨,减少 34.9%(图 18)。

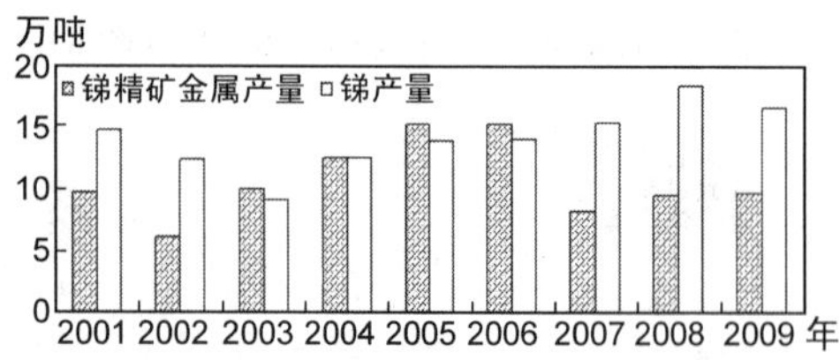

图 18　2001～2009 年我国锑生产情况图

9.稀土:稀土是我国的优势矿产。为了保护这一优势资源,国家相继采取了一系列调控措施,严格控制开采及出口总量,并取得了比较明显的效果。2009 年稀土矿产品(ReO,下同)产量 12.9 万吨,比 2008 年增长 3.9%;稀土冶炼分离产品产量 12.7 万吨,减少

5.4%；全年稀土消费量 7.3 万吨，增长 7.9%（图 19）。

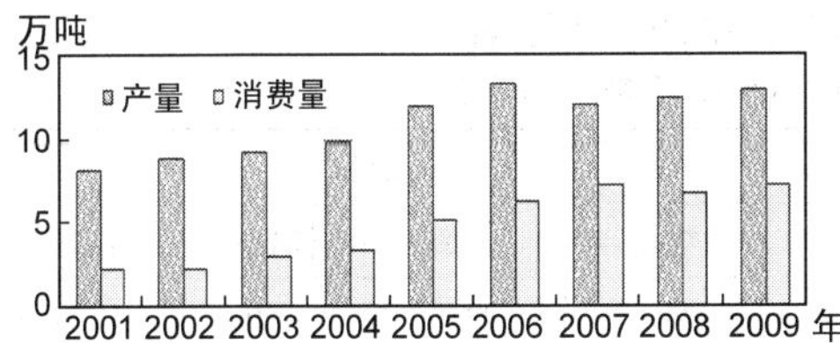

图 19　2001～2009 年我国稀土生产与消费情况图

10. 黄金与白银：2009 年，全国黄金产量 314 吨，比 2008 年增长 11.3%，连续三年排名世界第一。其中，黄金矿山成品金产量 261.1 吨，增长 11.8%；冶炼厂成品金产量 52.9 吨，增长 8.9%；全年珠宝需求和投资需求总消费 423 吨，增长 6.7%（图 20）。2009 年，全国白银产量 10347 吨，比 2008 年增长 7.9%。

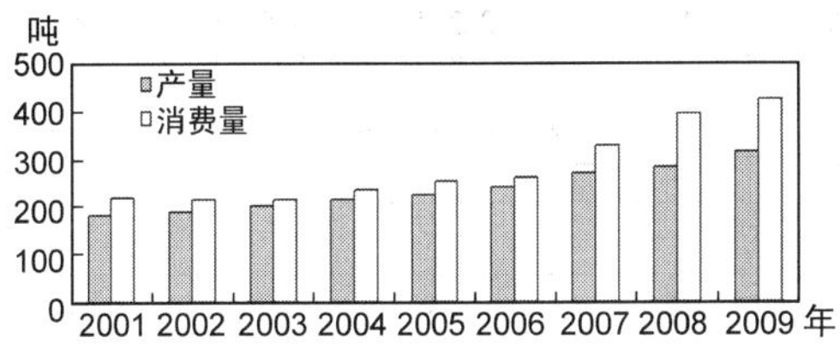

图 20　2001～2009 年我国黄金生产与消费情况图

【非金属矿产品产消】　我国是世界非金属矿产资源大国，不仅矿产种类繁多，有的矿产品产量在世界占有重要地位。从近年的情况来看，我国磷、硫及水泥的供应都非常充裕，只有钾盐供应长期严重不足（表 1）。

表 1　　2009 年我国主要非金属矿产品供消情况表

矿产品名称	单位	产量			净进口	表观消费量
		2008年	2009年	增长率（±%）		
硫铁矿，折标量（折硫 35%）	万吨	1278.0	1248.0	－2.4	24.5	1272.5
磷矿，折标量（折 $P_2O_5$30%）	万吨	5268.8	6020.9	14.3	－37.8	5983.1
氮肥（折含 N 100%）	万吨	4263.2	4863.7	14.1	－459.4	4404.3
磷肥（折合 $P_2O_5$100%）	万吨	1214.1	1479.7	21.9	－118.8	1360.9
钾肥（折含 K_2O100%）	万吨	291.2	362.8	24.6	180.2	543.0
氮磷钾复合肥	万吨	1458.7	1911.6	31.0	－94.1	1097.5
水泥	亿吨	14.0	16.5	16.1	－0.15	16.3

1. 水泥：我国水泥生产与消费总体都在不断增长。2009 年，水泥产量达 16.5 亿吨，比 2008 年增长 16.1%；消费量 16.3 亿吨，增长 17%。随着控制“两高一资”产品出口政策的实施，近四年水泥出口呈减少趋势，2009 年净出口量 1561 万吨，减少 40%，国内市场供需总体上基本平衡（图 21）。

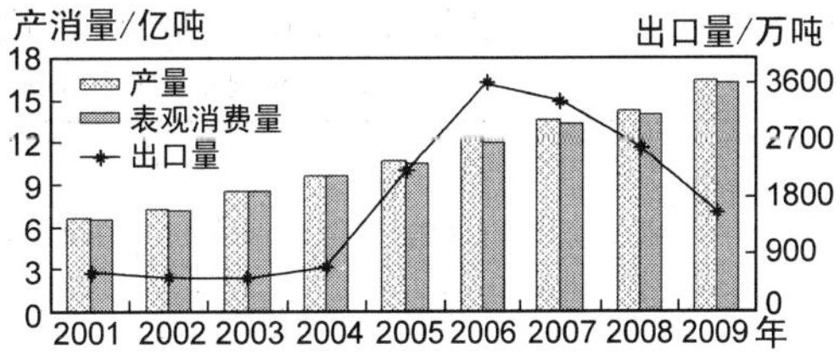

图 21　2001～2009 年我国水泥生产、消费及出口情况图

2. 肥料：我国是农业大国。随着经济快速发展，对肥料需求增长比较快。2009 年，全国肥料产量 6706 万吨，比 2008 年增长 16.3%。其中，钾肥产量 362.8 万吨（折含 K_2O 100%），增长 24.6%；表观消费量 543 万吨，减少 32.6%。近两年国际市场钾肥的超高价位严重抑制了国内消费，导致钾肥进口在 2008 年减少 44% 的情况下，2009 年再次减少 61.5%，对外依存度为 33%（图 22）。

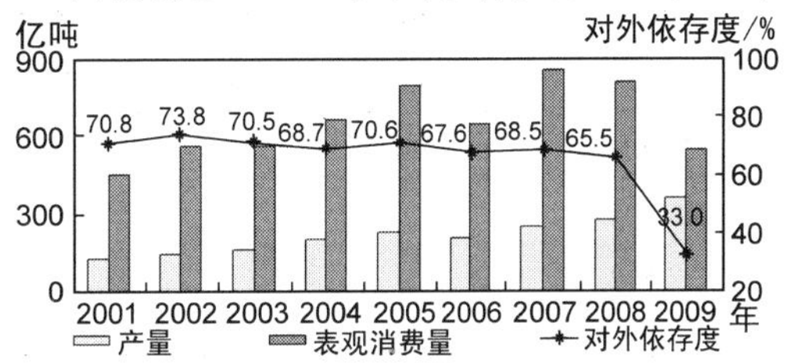

图 22　2001～2009 年我国钾肥生产与消费情况图

我国磷矿资源比较丰富，2009 年磷肥产量 1480 万吨，比 2008 年增长 22%；表观消费量 1361 万吨，增长 17.5%；净出口磷肥 119 万吨，增长 17.8%。另外，氮磷钾复合肥产量 1912 万吨，增长 31%；净出口复合肥 94 万吨，减少 48.2%；表观消费量 1098 万吨；减少 8.9%。

·矿产品进出口贸易·

【概况】　2009 年是进入新世纪以来我国工业发展最为困难的一年，在金融危机的严重影响下，我国矿产品进出口贸易额大幅减少。全年矿产品进出口贸易总额 5004 亿美元，比 2008 年减少 24.6%，占我国进出口贸易总额的 22.7%；其中，进口额为 3378.6 亿美元，减少 16.6%；出口额为 1625.4 亿美元，减少 37.1%（图 23）。

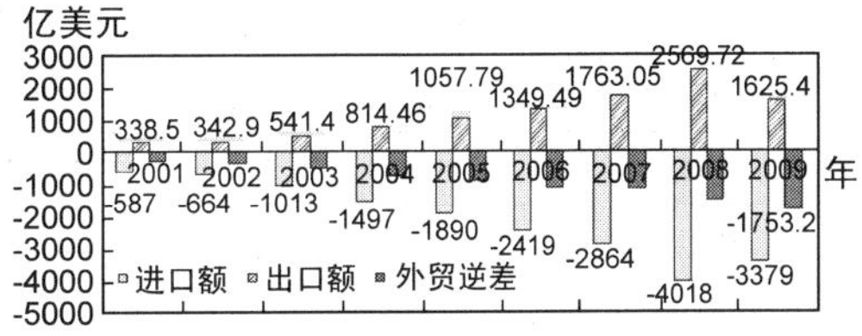

图 23　2001～2009 年我国矿产品进出口贸易情况图

从结构上看，2009 年我国原油、煤炭、液化气、铁矿石、铜矿、锰矿及粗铜等初级资源及高耗能产品进口比 2008 年均有不同幅度的增长；矿物肥料及化肥、铝土矿、废铜、铜材、铝材及成品油等产品进口比2008年有不同程度的减少。与此同时,大宗矿产品出口呈下滑态势(油气除外),尤其是未锻铝等高耗能产品出口下降幅度都在50%以上(表2)。

表2　　2009年我国主要矿产品进出口贸易情况表(单位:万吨/亿美元)

名称	进口				出口			
	数量	金额	同比%	同比%	数量	金额	同比%	同比%
煤	12583.0	105.7	211.9	201.3	2240.0	23.8	-50.7	-54.7
焦炭	16.0	0.2			54.0	2.0	-95.5	-96.6
原油	20379.0	892.6	13.9	-31.0	507.0	21.6	19.7	-28.2
成品油	3696.0	169.8	-5.4	-43.7	2504.0	125.5	46.3	-8.5
液化气	969.0	33.7	63.0	16.2	85.0	4.4	23.6	-17.4
铁矿石	62778.0	501.4	41.6	-17.4				
粗钢	459.0	20.3	1736.0	331.8	4.0	0.2	-96.9	-98.3
钢材	1763.0	194.8	14.3	-16.9	2460.0	222.7	-58.5	-64.9
废钢	1369.0	51.0	130.6	75.1				
锰矿	962.0	17.7	27.0	-48.9				
铬铁矿	676.0	13.1	-1.2	-51.8				
铁合金					92.0	12.3	-69.7	-79.2
未锻锰					9.5	2.3	-60.6	-72.4
铜矿	613.2	84.8	18.2	-14.6				
铜废碎料	399.8	60.9	-28.3	2.0				
粗铜	22.8	12.0	15.5	-12.6				
未锻轧铜	323.8	159.2	115.3	55.6	7.3	4.4	-24.2	-45.3
铜材	82.4	55.0	-11.9	-27.4	45.5	27.2	-12.2	-34.6
铝土矿	1969.2	7.0	-23.5	-57.0				
铝废碎料	262.6	27.5	21.9	8.3				
氧化铝	514.1	13.0	12.1	-26.6	6.9	0.3	55.4	-2.6
未锻轧铝	173.9	27.4	568.8	386.2	31.0	5.1	-63.1	-76.3
铝材	58.1	26.0	-6.0	-18.4	139.3	46.0	-26.5	-27.8
铅矿	160.5	17.4	11.3	10.4				
未锻轧铅	20.4	3.0	247.8	158.4	2.5	0.4	-44.8	-64.8
锌矿	385.1	18.8	61.5	78.0				
未锻轧锌	80.3	12.6	142.7	75.5	2.9	0.6	-58.9	-60.2
镍矿	1642.1	10.6	33.5	-48.5				
未锻轧镍	25.0	36.3	111.9	32.5	3.3	5.7	413.3	283.2
稀土					4.4	3.1	-20.1	-55.1
钨品					1.5	3.3	-40.7	-53.2
水泥及其熟料					1561.0	6.9	-40.0	-37.5
矿物肥料及化肥	404.0	19.9	-34.7	-42.8	883.0	25.6	-4.8	-40.8
其中:氯化钾	198.0	11.8	-61.5	-58.4				

【能源矿产品进出口】 1.*煤炭*:2009年我国煤炭出口暂定税率仍维持10%,与此同时,煤炭增值税率从13%恢复到17%,这些措施的实施提高了煤炭的出口成本,有效抑制了煤炭的大量出口。2009年,我国出口煤炭2240万吨,比2008年减少50.7%;出口额23.8亿美元,减少54.7%(图24)。

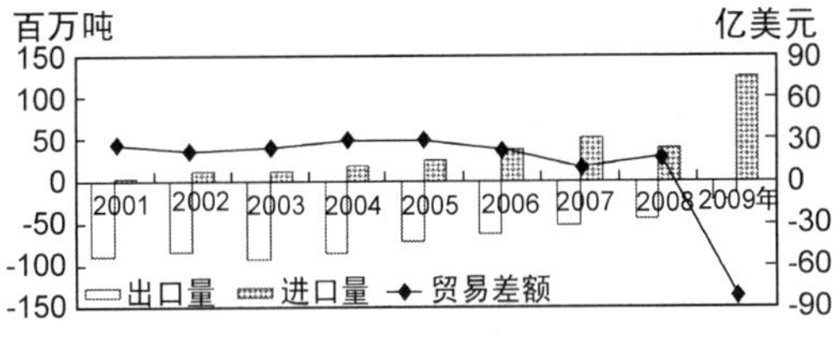

图24　2001~2009年我国煤炭进出口情况图

2009年,进口煤炭12583万吨,比2008年增长211.9%;进口额105.7亿美元,增长201.3%。我国煤炭进口主要来自澳大利亚(占进口总量的35%)、印度尼西亚(占24%)、越南(占19%)和俄罗斯(占9%)。

2.*焦炭*:2009年,我国焦炭出口暂定税率继续维持在40%,出口配额为1169万吨。在高关税、配额管理及金融危机导致国际需求减少等多因素作用下,焦炭出口锐减。2009年,全国出口焦炭54.4万吨,比2008年减少95.6%;出口额2亿美元,减少96.6%(图25)。

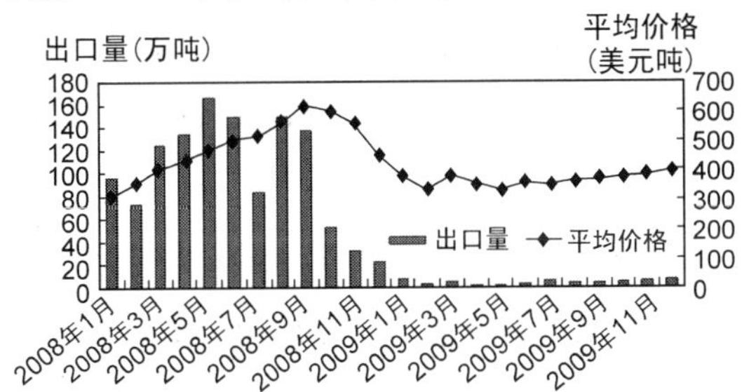

图25　2008~2009年焦炭月度出口量变化情况图

3.*石油*:2009年,我国石油净进口量虽然仍在增长,但是进口价格出现大幅下降。其中,原油进口平均价438美元/吨,比2008年下降39.5%;成品油进口平均价459美元/吨,下降40.6%。当年石油贸易逆差915.3亿美元,比2008年减少35.8%(图26)。

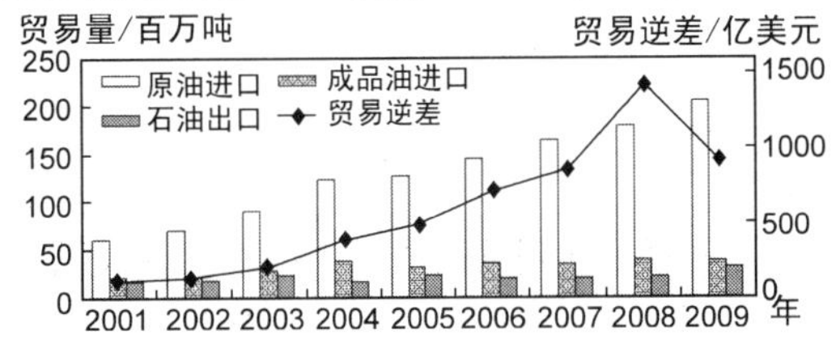

图26　2001~2009年我国石油进出口情况图

4.*液化气*:2009年,我国进口各类石油气及其他烃类气(以下简称"液化气")969万吨,进口额33.7亿美元,分别比2008年增长63%和16.2%;进口平均价347.8美元/吨,下降28.7%。出口液化气85万吨,增长23.6%;出口额4.4亿美元,减少17.4%。

【黑色金属矿产品进出口】 1.*铁矿石*:2009年,我国进口铁矿石6.3亿吨,比2008年增长41.6%;进口额33.7亿美元,减少17.4%;进口平均价80.5美元/吨,下降41%(图27)。

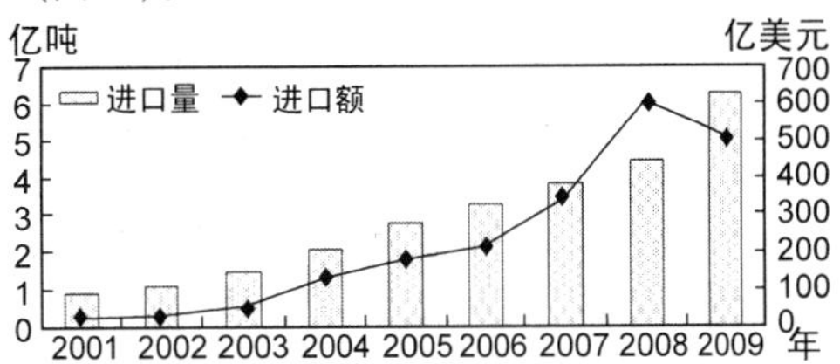

图27　2001~2009年我国铁矿石进口情况图

2.*锰矿*:2009年,我国进口锰矿962万吨,比2008年增长27%;进口额17.7亿美元,减少48.9%。进口平均价为184美元/吨,下降60%(图28)。

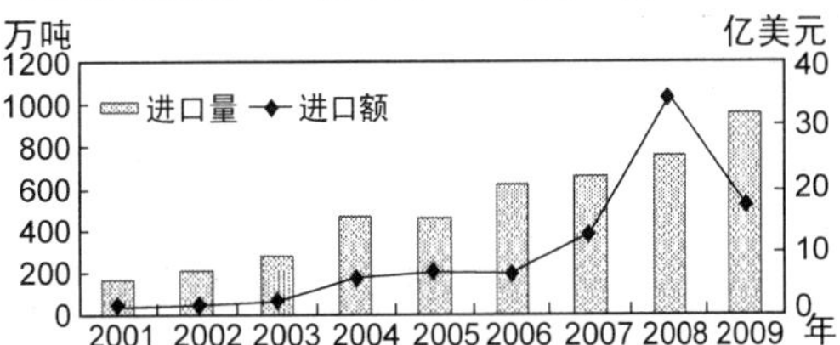

图28　2001~2009年我国锰矿石进口情况图

我国锰矿进口主要来自澳大利亚(占进口总量的30.6%)、南非(占23.8%)、加蓬(占10.2%)和巴西(占9.1%)。

3.*铬铁矿*:2009年,我国进口铬铁矿676万吨,比2008年减少1.2%;进口额13.1亿美元,减少51.8%;进口平均价为193.8美元/吨,下降51.3%(图29)。

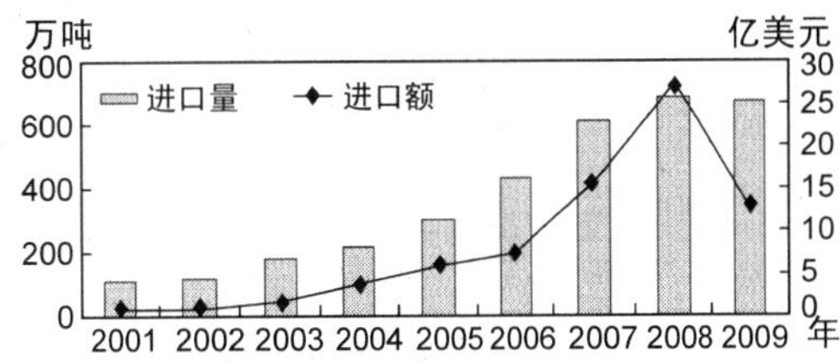

图29　2001~2009年我国铬铁矿进口情况图

我国铬铁矿进口主要来自南非(占进口总量的38.9%)、土耳其(占19.0%)、阿曼(占7.1%)和印度(占6.1%)。

【有色金属矿产品进出口】 1.*铜*:2009年,我国进口铜矿613万吨,比2008年增长18.2%;进口粗铜22.8万吨,增长15.5%;进口铜废碎料399.8万吨,减少28.3%;进口未锻轧铜323.8万吨,增长115.3%;进口铜材82.4万吨,减少11.9%。出口未锻轧铜7.3万吨,减少24.2%;出口铜材45.5万吨,减少12.2%。全年铜产品贸易逆差340亿美元,增长10.8%(图30)。

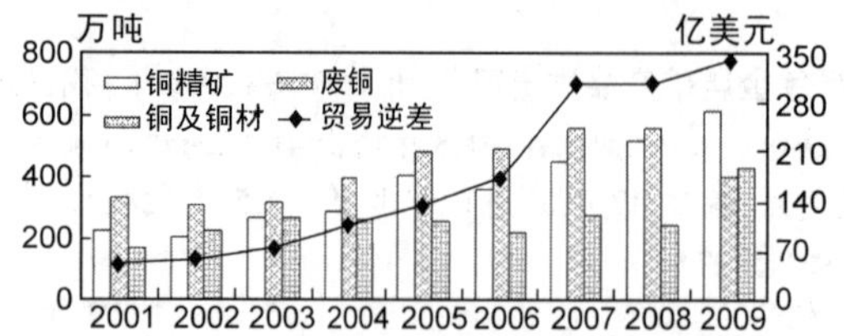

图30 2001~2009年我国铜产品进口情况图

2.铝:2009年,我国进口铝土矿1969万吨,比2008年减少23.5%;进口氧化铝514万吨,增长12.1%;进口铝废碎料262.6万吨,增长21.9%;进口铝材58.1万吨,减少6%;进口未锻轧铝174万吨,增长568.8%。出口铝材139万吨,减少26.5%;出口未锻轧铝31万吨,减少63.1%。全年铝产品贸易逆差49.4亿美元,增长325%(图31)。

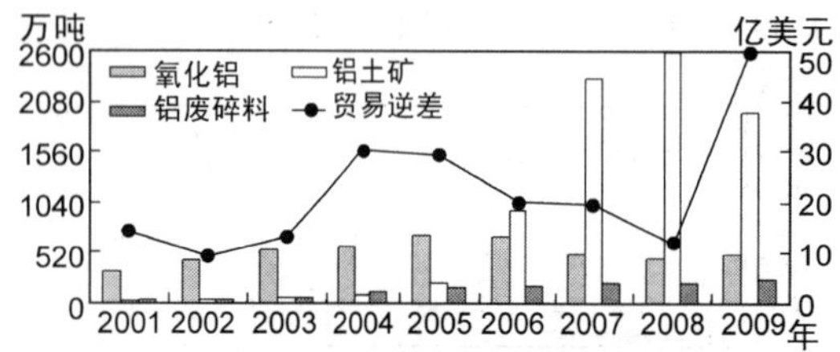

图31 2001~2009年我国铝产品进口情况图

【非金属矿产品进出口】 2009年,我国出口水泥及水泥熟料1561万吨,较2008年减少40%;出口额6.9亿美元,减少37.5%。进口氯化钾198万吨,减少61.5%;进口额11.8亿美元,减少58.4%(图32)。

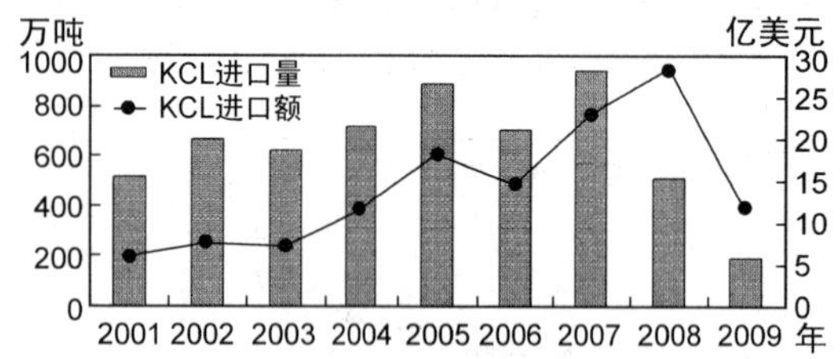

图32 2001~2009年我国氯化钾进口情况图

·矿产品价格走势·

【概况】 受金融危机影响,主要矿产品价格经历2008年下半年的急剧下滑之后,2009年一季度一直在低位徘徊。进入4月,在世界各国拯救经济及国内各项"保增长"政策措施的共同作用下,主要矿产品价格震荡回升;尤其是经过8~9月的盘整,并受大宗商品价格指数上行及各发达经济体良好的宏观数据陆续出台的推动,主要矿产品价格持续上扬。

【国际原油价格】 国际原油价格从2009年一季度40美元/桶附近逐步攀升至年底的80美元/桶左右,与年初低点相比,上升幅度接近9成。受美元走强、消费回升以及欧佩克减产履约率进一步提高等利好因素的影响,2010年3月31日,国际原油(WTI)现货价格达83.45美元/桶(图33)。

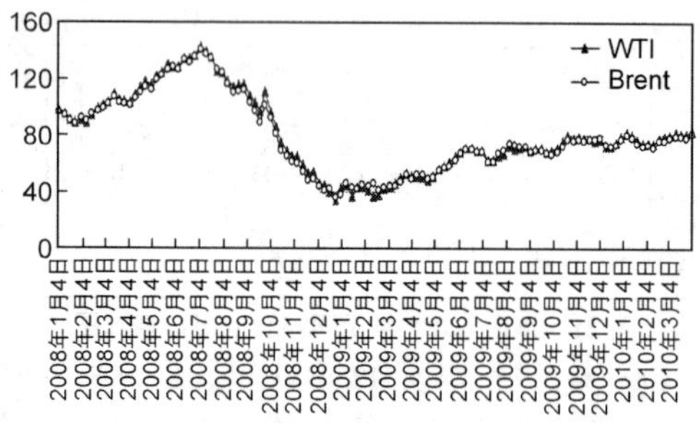

图33 原油现货价格走势图(美元/桶)

【煤炭价格】 2009年前三季度,煤炭价格在550~600元/吨之间横盘整理;自10月起,受经济回暖的影响,煤价开始走上冲行情,但随后出现小幅回落。到2010年3月31日,大同优混和山西优混煤价虽然分别降为750元/吨和680元/吨,但是仍处于相对高位(图34)。

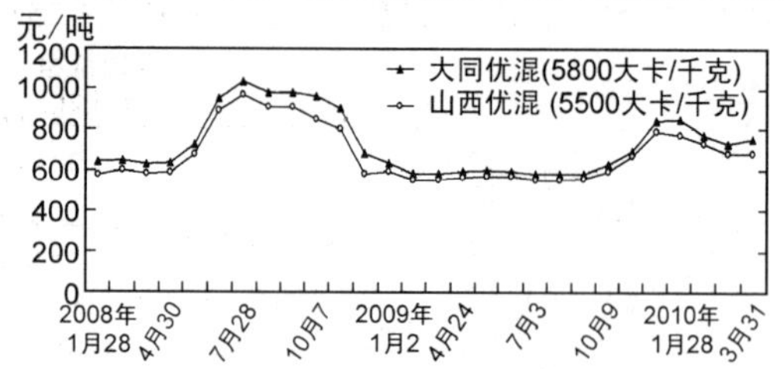

图34 2008年以来秦皇岛煤炭价格走势图

【铁矿石价格】 2009年9月以来,受经济回暖及中国规模进口的支撑,铁矿石价格振荡盘升,12月比年初上涨56%;到2010年3月31日,天津港63.5%印度粉矿价已达1190元/吨,基本恢复至2007年的同期水平(图35)。

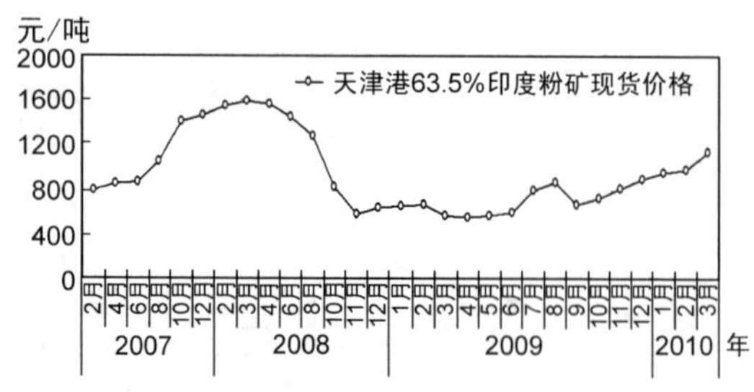

图35 天津港63.5%印度矿现货价格走势图

【有色金属价格】 随着经济回暖,国际金融危机造成的恐慌心理已经减退,有色金属市场信心得到恢复。

国内外市场铜、铝等主要有色金属价格在经历一段时间低位运行之后持续上扬；进入2010年，基本维持箱体震荡。

1.铜：2009年第三季度之前，铜价在相对低位盘整反弹；进入第三季度后，美国宏观经济数据的好转以及二季度财报明显好于市场预期，给铜价上涨带来了新的动力，年底伦敦交易所（LME）三月期铜收盘价为7375美元/吨，比2008年底回升了141.0%。进入2010年，受市场需求恢复的影响，铜价一季度盘整迹象明显，LME期铜日前仍在7100～7600美元/吨之间做箱体震荡（图36）。

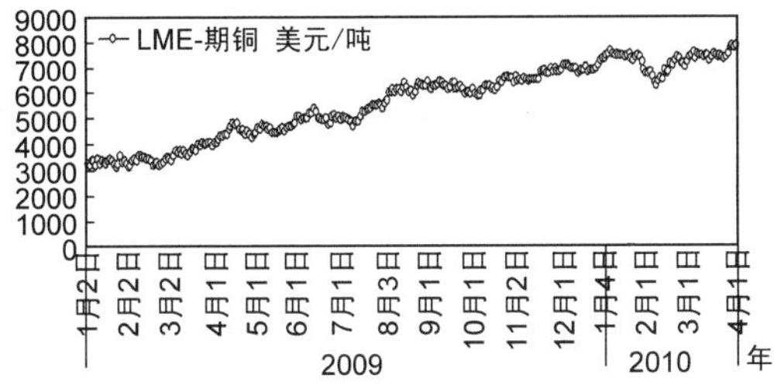

图36　2009年以来LME期铜价格走势图

2.铝：2009年底LME三月期铝收盘价为2230美元/吨，比2008年底回升了45.3%。2010年3月31日，铝价为2309美元/吨（图37）。

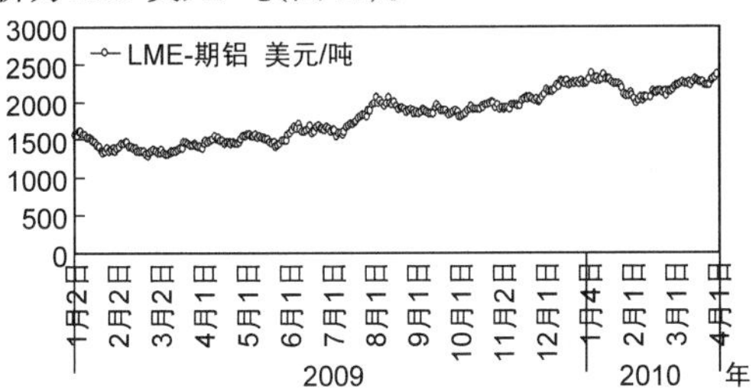

图37　2009年以来LME铝期货价格走势图

3.铅锌：2009年底LME三月期铅和期锌收盘价分别2432美元/吨和2570美元/吨，分别比2008年底回升了143.4%和119.2%。2010年3月31日，铅价为2146美元/吨，锌价为2375美元/吨（图38）。

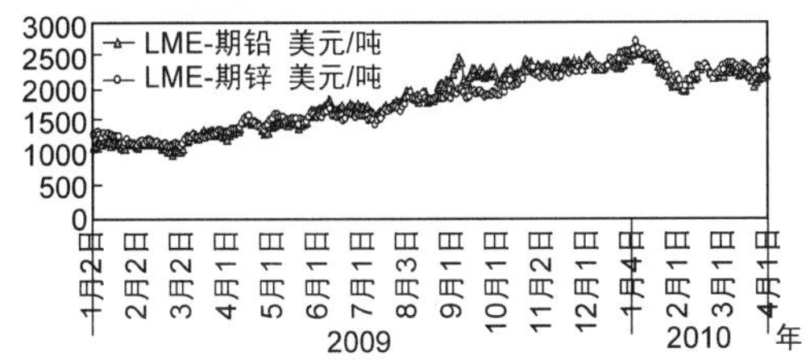

图38　2009年以来LME铅锌期货价格走势图

【钾肥价格】　2009年6月，印度进口氯化钾460美元/吨（CFR）合同的签订，打破了国际市场的高价联盟，使得钾肥高价被击破，随后美洲市场及东南亚市场价格逐一下调。2009年我国进口的俄红钾（KCL 60%）港口价从年初4000元/吨回落至年底3400元/吨，降幅为15%（图39）。

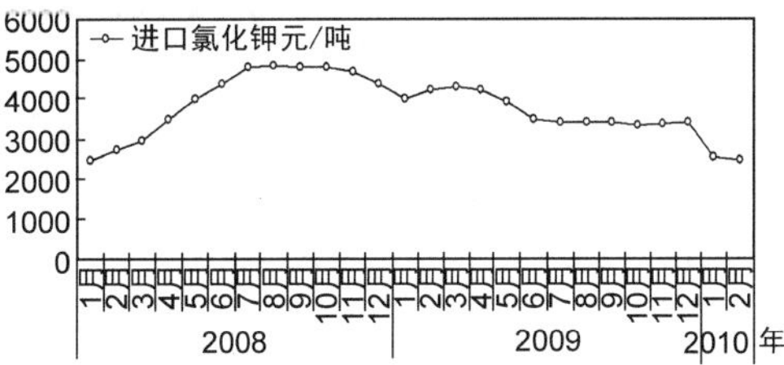

图39　我国氯化钾进口平均价格走势图

【水泥价格】　2009年，国内水泥出厂价格围绕280元/吨上下波动，总体运行态势比较平稳（图40）。

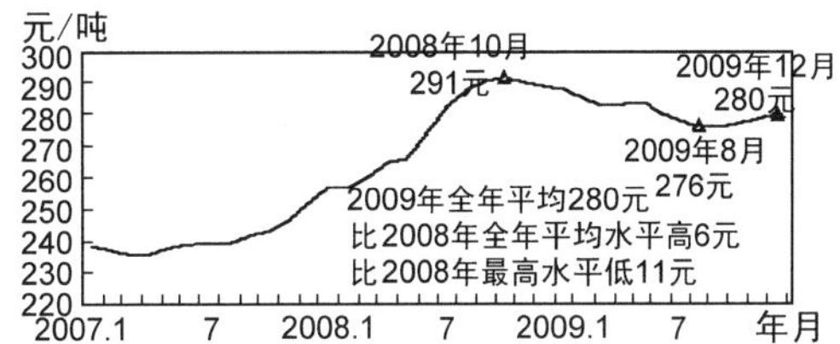

图40　2007～2009年我国水泥产品价格走势图

·矿业固定资产投资·

【矿业投资】　受国家扩内需、保增长及宽松的货币政策等利好因素影响，2009年矿业领域投资24360亿元，占全国城镇固定资产投资的12.5%，同比增长20.1%。根据监测计算分析，2009年，除石油和天然气开采业外，煤炭、黑色等五大行业的投资弹性系数仍大于1，说明这些行业投资增速大于GDP增长速度，投资偏热现象仍比较明显。但是，受国家宏观政策影响，投资过热行业的投资增长速度明显放缓，变化最大的是其他采矿业，其投资弹性系数从一季度的32.68下降到四季度的5.69；煤炭、黑色、有色及非金属领域的投资弹性系数也不同程度地有所回落。投资弹性系数的回落，表明矿业领域投资有退温的迹象。需要关注的是，石油和天然气行业投资弹性系数仍小于1，投资萎缩的现象应得到有关部门的关注（图41）。

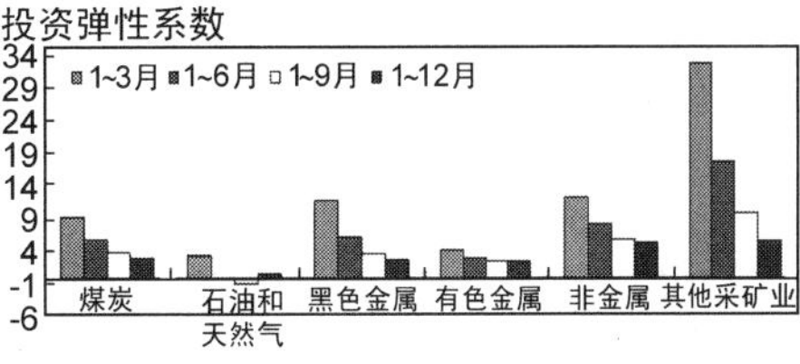

图41　采选业投资弹性系数变化趋势图

【采矿业投资】　矿业领域的投资主要包括采矿业及矿物制造业两大块，2009年，采矿业领域投资8093亿元，占矿业总投资的33.2%;其中,煤炭开采及洗选业投资3021亿元,占采矿业投资总量的37.3%,同比增长25.9%(图42)。

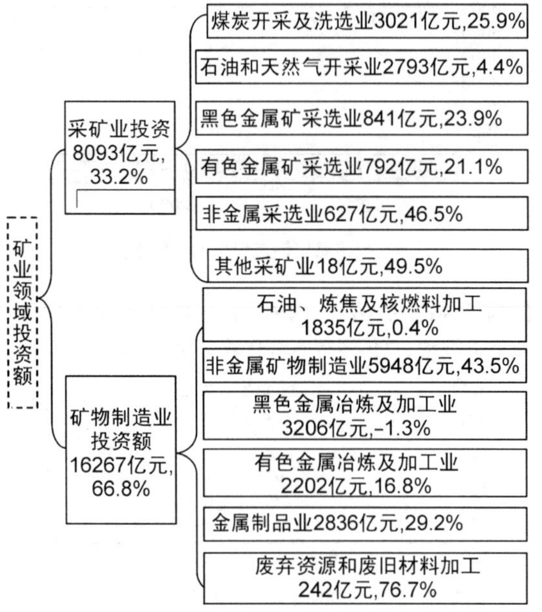

图42 2009年矿业投资结构图
(百分比前数值为同比增长率)

【采矿业与矿物制造业投资】 一般来说,矿物制造业的投资额不仅要高于采矿业的投资,而且高出的额度基本都比较稳定,这一规律在金融危机前后都得到验证。受经济危机影响,能源及资源需求萎缩,导致矿物制造业投资增速下滑;自2009年5月开始,随着经济形势趋于变好,矿业投资开始向矿物制造加工业倾斜,使得中下游制造加工能力逐渐恢复,但两者投资增速基本趋于平稳(图43)。

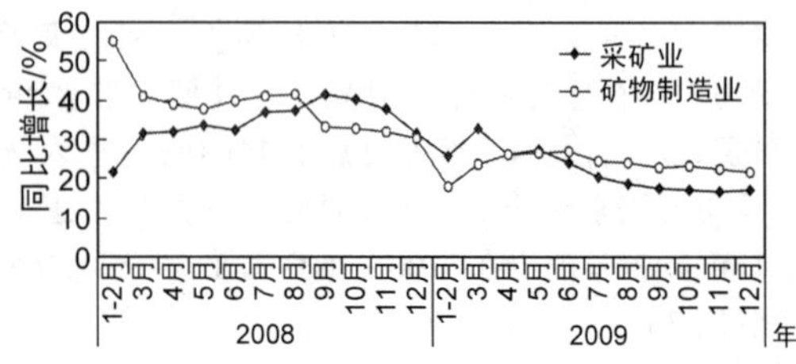

图43 采矿业和矿物制造业完成投资同比增长趋势

【矿业股市行情收益】 2009年,上证及深证股指总体上在振荡中走上冲行情。受大盘影响,矿业板块各股价也是以涨报收,只是不同品种之间存在差异。其中,煤炭板块行情收益率约为15%~20%,表明行业具有一定的融资能力;石油板块行情收益率低于10%,其融资能力较差;有色金属板块和钢铁板块的行情收益率分别约为45%和30%~50%,说明这两个行业具有很强的融资能力(表3)。

行业收益情况与采矿业投资之间存在很强的关联关系。除石油板块外,2009年矿业板块行情收益率比较理想,使得全年采矿业投资额增至8093亿元,较2008年增长33.2%。石油板块行情收益率不理想,2009年油气开采投资额2793亿元,同比增长4.4%,远低于采矿业投资增长33.2%的平均水平。

表3 **2009年矿业板块的行情收益情况**

板块	股票名称	基期股价(元/股)	监测股价(元/股)	股价变化额(元/股)	流通股本(亿)	总股本(亿)	每股净资产	行情收益率%
煤炭板块	中国神华	17.59	34.82	17.23	18	199	7.79	18.87
	中煤能源	6.48	13.58	7.10	15.3	133	5.09	16.05
	兖州煤业	8.05	22.77	14.72	3.6	49.2	5.6	19.23
石油板块	中国石油	10.00	13.82	3.82	40	1830	4.5	1.86
	中海油服	12.08	16.26	4.18	5	45	4.89	9.50
钢铁板块	鞍钢股份	7.01	16.00	8.99	18.1	72.3	7.19	31.30
	首钢股份	2.83	6.01	3.18	12.1	29.7	2.62	49.45
	包钢股份	2.55	4.64	2.09	27.2	64.2	2.13	41.57
有色板块	江西铜业	10.39	40.21	29.82	39.3	135	3.82	47.10
	铜陵有色	6.80	22.15	15.35	3.53	30.2	7.4	150.22
	中国铝业	6.30	14.47	8.17	5.58	12.9	4.42	62.26

(选自《2009年度全国主要矿产品产供销综合统计与价格通报》)

矿 业 管 理

地质勘查管理

【地质勘查行业形势分析】 2009年受国际金融危机和矿产品价格影响，地勘行业“增长速度略有放缓，总体影响不大”，地质勘查投入总体趋缓，呈现“投资放缓、民资下滑”的特点，依赖财政投入地勘主业收入保持稳步增长；地勘单位矿业开发收入呈现负增长，但工程勘查施工、矿业权转让收入的增长一定程度上弥补了开发收入的减少。勘查许可证同比减少了26.4%。

1. 地勘行业收入实现稳定增长。根据抽样调查结果显示，2009年地勘单位预计实现总收入平均增长0.32%，其中，地质勘查业收入平均增长3.85%，工程勘查业收入平均增长25.17%，矿业开发收入平均增长-13.38%，矿业权转让收入平均增长58.41%，其他产业收入平均增长4.89%。2009年预计完成钻探工作量平均增长11%。矿业开发受金融危机影响，呈现负增长(图1)。

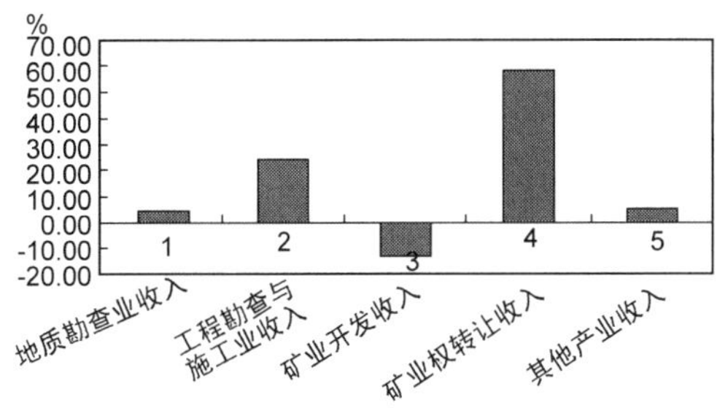

图1 2009年地勘单位预计实现收入增长情况抽样调查

2. 地质勘查投入整体萎缩。2009年全球矿产勘查投入大幅度下降已成定局。在国内受金融危机和矿业自身周期性调整叠加影响，地质勘查特别是商业性勘查受到冲击，社会投入萎缩，地勘投入萎缩，地勘投入增长趋缓。预计今后一段时间内还会进一步下滑。从2009年上半年情况看，勘查市场前景不明朗。据有关统计，上半年非油气矿权投放1800个，同比下降40%。计划投入资金25亿元，同比下降50%。资源补偿费中央金库入库只有18亿元，同比下降超过11%。主要矿产采矿权投放240个，同比下降23%。

3. 地质勘查财政投入明显增加。2009年地质勘查主业收入增长是依赖于中央和地方财政的支持，地勘单位中央财政专项拨款增长57%，地方财政专项拨款增长49%。财政投入的增加，一方面增强了社会投资者信心，稳定了国内勘查投入；同时也有担心政府财政资金对社会投资形成“挤出效应”，进一步改变勘查投入结构。引导和规范地方政府财政资金投入的结构和使用方向应是下阶段关注的重点。政府投资的基本原则应是“重基础工作、重示范引导、重投资拉动”，而不应把加强对于区域资源的掌控，形成资源垄断作为投资的主要目的(图2)。

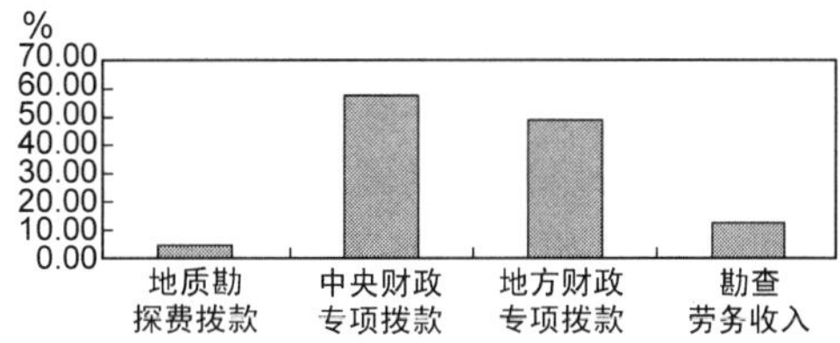

图2 2009年地质勘查主业收入增长情况抽样调查

4. 地质工作市场需求面拓宽。2009年传统的商业地质勘查市场表现较为低迷，尽管宏观经济形势逐渐好转，矿业形势“企稳回升”，2010年的市场能否好转取决于投资者信心的回复和政府行为的规范。随着国有地勘单位逐步融入本地区经济社会发展，受国家拉动内需政策的影响，地质工作服务领域将继续拓展，环境地质、工程地质工作将继续走强，市场需求主要来自地质灾害防治、地热资源勘查、建筑工程勘察等领域。市场由原来传统意义的地质勘查市场向“大地质”市场过渡，地质工作的内容将不断丰富。

5. 地勘基金作用逐步凸显。矿产品价格引发的社会投资热减退，加之矿业资本市场不健全，融资渠道受限，更加凸显了中央以及地方地勘基金的重要作用。到目前为止，中央和省级地勘基金总规模已达130亿元，在衔接公益性地质调查、加大地质找矿前期风险投入、调控勘查市场、拉动社会资金投资地质勘查等方面的作用日益显现。

(国土资源部调控和监测司　中国国土资源经济研究院)

·地质勘查资质·

【概况】 2009年，全国具有地质勘查资质证书的单位共计2002家，较2008年增长4.93%，其中资质最高等级为甲级的单位867家，较2008年增长4.58%；资质最高等级为乙级的单位456家，较2008年增长20.32%；只有丙级资质的单位679家，较2008年减少3.00%。

2009年，全国从事非油气地质勘查工作的地勘单位(以下简称“地勘单位”)在职职工61.04万人，较2008年增长6.34%，其中地质勘查人员22.98万人，较2008年增长13.15%，工程勘察施工人员7.43万人，较2008年增长11.23%，矿产开发人员4.38万人，较2008年减少2.88%。地质勘查人员中技术人员14.83万人，较2008年增长16.22%，其中高级技术人员4.03万人，较2008年增长17.84%，中级技术人员6.42万人，较2008年增长17.15%。从单位性质来看，属地化管理的地勘单位年末在职职工28.02万人，较2008年增长6.58%，其中地质勘查人员14.69万人，较2008年增长11.37%；中央管理的地勘单位年末在职职工6.06万人，较2008年减少1.14%，其中地质勘查人员3.32万人，较2008年增长12.16%；其他地勘单位年末在职职工26.96万人，较2008年增长7.97%，其中地质勘查人员4.97万人，较2008年增长19.47%。

2009年全国地勘单位实现总收入1652.76亿元，较2008年增加14.07%，其中，地质勘查业收入542.49亿元，较2008年增长33.48%；总支出1424.42亿元，较2008年增长7.84%，其中，地质找矿支出379.73亿元，较2008年增长25.46%。从单位性质来看，属地化管理的地勘单位总收入711.56亿元，较2008年增长15.31%，其中，地质勘查业收入366.36亿元，较2008年增长27.62%，总支出641.99亿元，较2008年增长13.44%，其中，地质找矿支出243.03亿元，较2008年增长27.24%；中央管理的地勘单位总收入161.19亿元，较2008年增长14.84%，其中，地质勘查业收入87.01亿元，较2008年增长27.66%，总支出149.29亿元，较2008年增长12.31%，其中，地质找矿支出62.61亿元，较2008年增长14.71%；其他地勘单位总收入780.01亿元，较2008年增长12.80%，其中，地质勘查业收入89.12亿元，较2008年增长74.06%，总支出633.17亿元，较2008年增长1.79%，其中，地质找矿支出74.08亿元，较2008年增长29.78%。

2009年全国地勘单位总资产4312.35亿元，较2008年增长24.18%，总负债2290.16亿元，较2008年增长25.26%，专用仪器设备净值158.82亿元，较2008年增长34.05%。从单位性质来看，属地化管理的地勘单位总资产1066.56亿元，较2008年增长27.55%，总负债601.16亿元，较2008年增长29.03%，专用仪器设备净值65.09亿元，较2008年增长34.59%；中央管理的地勘单位总资产228.33亿元，较2008年增长9.84%，总负债108.33亿元，较2008年增长4.43%，专用仪器设备净值21.08亿元，较2008年减少4.09%；其他地勘单位总资产3017.46亿元，较2008年增长24.25%，总负债1580.67亿元，较2008年增长25.58%，专用仪器设备净值72.36亿元，较2008年增长50.31%。

2009年全国地勘单位在职职工人均劳动者报酬4.08万元，较2008年增长21.54%，离退休人员人均离退休费用2.28万元，较2008年增长13.33%。从单位性质来看，属地化管理的地勘单位人均劳动者报酬3.89万元，较2008年增长16.43%，人均离退休费用2.69万元，较2008年增长10.70%；中央管理的地勘单位人均劳动者报酬3.50万元，较2008年增长12.53%，人均离退休费用2.48万元，较2008年增长8.92%；其他地勘单位人均劳动者报酬4.42万元，较2008年增长28.35%，人均离退休费用1.16万元，较2008年增长21.28%。

【地质勘查资质登记】 截至2009年底，全国具有地质勘查资质证书的单位(以下简称“地质勘查资质单位”)共计2002个。其中，资质最高等级为甲级的单位有867个，占43.31%；资质最高等级为乙级的单位有456个，占22.78%；只具有丙级资质的单位有679个，占33.92%。

在2002个地质勘查资质单位中，属地化管理的地勘单位872个，占43.56%；中央管理的地勘单位有189个，占9.44%；其他地勘单位有941个，占47.00%(图3)。

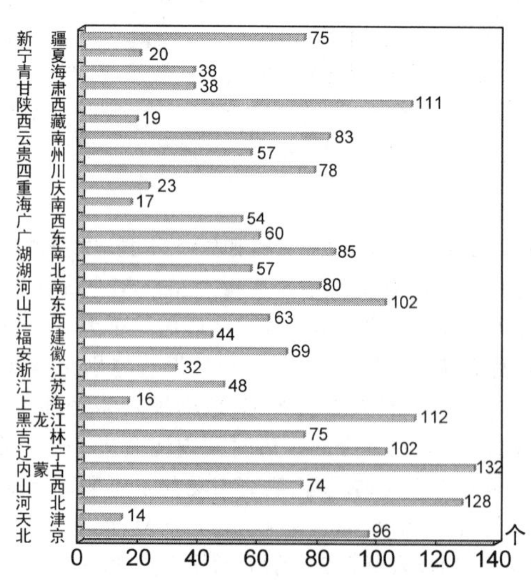

图3 地质勘查资质单位分布情况

【地质勘查资质构成】 截至2009年底,全国有各类各级地质勘查资质共计5622个。其中:甲级资质1735个,占30.86%;乙级资质2017个,占35.88%;丙级资质1870个,占33.26%。

按13个地质勘查专业类别划分:在1735个甲级资质中,区域地质调查129个,占7.4%;海洋地质调查7个,占0.4%;石油天然气矿产勘查3个,占0.2%;液体矿产勘查118个,占6.8%;气体矿产勘查45个,占2.6%;固体矿产勘查614个,占35.4%;水文地质、工程地质、环境地质调查177个,占10.2%;地球物理勘查136个,占7.8%;地球化学勘查57个,占3.3%;航空地质勘查3个,占0.2%;遥感地质调查28个,占1.6%;地质钻(坑)探350个,占20.2%;地质实验测试68个,占3.9%。在2017个乙级资质中,区域地质调查126个,占6.2%;海洋地质调查2个,占0.1%;石油天然气矿产勘查1个,占0.05%;液体矿产勘查163个,占8.1%;气体矿产勘查69个,占3.4%;固体矿产勘查399个,占19.8%;水文地质、工程地质、环境地质调查302个,占15.0%;地球物理勘查196个,占9.7%;地球化学勘查76个,占3.8%;遥感地质调查37个,占1.8%;地质钻(坑)探300个,占14.9%;地质实验测试346个,占17.2%。在1870个丙级资质资质中,液体矿产勘查173个,占9.3%;固体矿产勘查646个,占34.5%;水文地质、工程地质、环境地质调查356个,占19.0%;地球物理勘查251个,占13.4%;地球化学勘查123个,占6.6%;地质钻(坑)探321个,占17.2%(图4)。

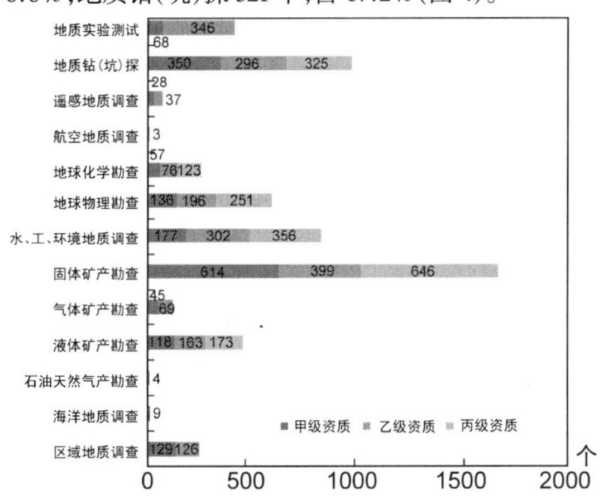

图4 地质勘查资质构成图

海样地质调查为7个甲级资质、2个乙级资质;石油天然气矿产勘查为3个甲级资质、1个乙级资质

(国土资源部地质勘查司 中国国土资源经济研究院)

·地质勘查行业管理·

【落实《地质勘查资质管理条例》及配套文件】 组织完成2009年部两次及各省一次勘查资质集中受理审查工作。截至2009年底,全国共颁发有效地质勘查资质证书2613个。其中部发证869个,占33.3%,省发证1744个,占66.7%。组织完成了《地质勘查资质单位从事地质勘查活动范围的规定》(征求意见稿)、《地质勘查资质监督管理办法》(征求意见稿),并广泛征求了意见。

【地勘单位改革发展调研】 组织部有关事业单位,对河南、山东、陕西、江苏、上海、广东、海南等13个省国有地勘单位发展情况进行调研;对31个省(区、市)地勘单位属地化以来出台的扶持地勘单位改革发展的政策落实情况进行了函调,形成了"地勘单位改革发展情况及政策建议",并以此为基础形成部发文"关于促进国有地勘单位改革发展指导意见"、"关于进一步加强地质勘查行业服务与管理的若干意见"。

【行业基本情况统计网络自报系统建立】 2009年,完善全国地质勘查行业情况年度通报的报表填写制度,利用部综合统计信息平台,开发建立行业基本情况网络自报信息系统,实现网上填报数据,提高行业情况信息报送质量,增强行业信息时效性,更好地与部综合统计相衔接。

【注册地质师制度建立】 2009年,组织完成了《关于建立注册地质师执业资格制度的建议》以及《注册地质师制度暂行规定》、《注册地质师资格考试实施办法》、《注册地质师资格考核认定办法》等规章制度的起草,征求意见后形成送审稿。

【地质资料信息服务】 2009年,按照部长徐绍史提出的集群化、产业化的新理念、新思路,地质资料管理与信息服务取得新进展。专门组织人员赴上海调研,总结经验与做法,3月批复上海市局提出的《推进地质资料信息服务集群化和产业化工作初步方案》,并转发全国进行推广。

6月2日,下发了《关于印发〈国土资源信息服务集群化和产业化工作实施方案〉的通知》,部署了推进地质资料集群化产业化的有关工作。

国土资源部组织有关事业单位,重点围绕地质资料信息服务集群化产业化的内涵外延、标准规范、政策措施、平台建设、产业化模式、国外地质资料服务方式、网络体系等方面开展了专题研究,形成了工作方案和技术指南。

在积极推进上海经验的基础上,选择安徽、山东、湖南、湖北、青海5省,重点围绕城市地质信息服务、深部找矿、"一张图"管矿、地质环境、青藏找矿专项开展了试点工作。

【地质和矿产勘查开发相关规范性文件清理】 对2009年8月31日前公布的现行的地质和矿产勘查开发相关法律、法规、规章和规范性文件共268件进行清理。同时，要求省级国土资源管理部门就地方发布的涉及地质和矿产勘查开发的地方性法规、地方政府规章、规范性文件开展清理工作。经过清理，于10月发布了《国土资源部关于停止执行部分地质和矿产勘查开发相关规范性文件的通知》，决定停止执行20个规范性文件。

10月，下发了《关于印发〈规范土地使用权矿业权审批和出让行为指导意见〉的通知》发布之后，各地相继开展了国土资源领域的专项治理工作。开展专项治理工作，是国土资源工作更好地服务扩大内需、促进经济平稳较快发展的保障，是深化国土资源重点领域和关键环节改革的契机，是推进国土资源领域惩治和预防腐败体系的重要决策。

（国土资源部调控和监测司 中国国土资源经济研究院）

·地质调查·

【概况】 2009年开展的地质调查项目1784个。其中，基础调查项目383个，矿产资源调查评价项目419个，灾害预警项目230个，数字国土项目62个，资源调查与利用技术发展项目223个，青藏高原地质矿产调查与评价157个，成果整合集成与区域部署项目14个，地质调查项目组织实施费项目8个，基础性、公益性地质调查项目288个。

2009年承担地质调查项目的工作单位127个，其中：中国地质调查局及局属单位28个，地方地质调查单位64个（省（区、市）地调院31个，省（区、市）环境监测站23个，属地化的工业地勘单位10个），中央管理的地勘单位8个，院校7个，其他单位20个。

参与地质调查工作的人员共19030人，其中，中国地质调查局及局属单位7177人，地方地调队伍7931人（省（区、市）地调院6693人，省（区、市）环境监测站882人，属地化的工业地勘单位356人），中央管理的地勘单位1038人，院校1023人，其他单位1861人。

【地质调查主要地质成果】 1.*新发现矿产地和物化探异常情况*。新发现矿产地28处，按矿种分：煤矿1处，铀矿1处，铁矿2处，锰矿2处，铜矿1处，铅矿1处，铝土矿1处，钨矿3处，锡矿1处，钼矿1处，铅锌矿10处，金矿1处，银矿1处，石墨矿2处。

新进展矿产地11处，提交可供普查矿产地29处。

新发现物化探异常2425处，检查物化探异常406处，验证物化探异常186处，查证物化探异常112处，见矿物化探异常96处。

2.*查明矿产资源量情况*。煤、铁、铜、铅锌、铝土矿、钨、锡、铋、钼、锑、金、银、磷、石墨矿等14种矿产提交了资源量（$333+334_1$），其中：煤524.82亿吨、铁矿6702万吨、铜73.59万吨、铅12.52万吨、锌21.21万吨、铝土矿5611万吨、钨12.94万吨、锡矿34.71万吨、铋矿0.26万吨、钼矿197吨、锑矿18.91万吨、铅锌矿1027.28万吨、金2.65吨、银矿777吨、磷矿3.78亿吨、石墨83万吨。

3.*提交地质调查报告情况*。2009年提交地质调查报告审定稿177份，其中，基础调查计划项目42份，矿产资源调查评价项目75份，地质灾害预警工程项目25份，数字国土工程项目10份，资源调查与利用技术发展工程项目18份。青藏高原地质矿产调查与评价5份，地质调查项目组织实施费1份，基础性、公益性地质调查重点成矿带项目1份。

提交正式报告159份。其中，基础调查计划项目40份，矿产资源调查评价项目65份，地质灾害预警工程项目24份，数字国土工程项目7份，资源调查与利用技术发展工程项目21份，青藏高原地质矿产调查与评价1份，基础性、公益性地质调查重点成矿带项目1份。

4.*地质灾害调查情况*。县（市）地质灾害调查共建立群策群防点1766处，专业监测点248处，应急处置点168处；查处危险点：崩塌1767个，滑坡3509个，泥石流1026处，地面塌陷268个，地裂缝641条；受威胁人口67.08万人，受威胁财产126.47亿元；避免直接经济损失0.92亿元，避免人口伤亡1436人。

【地质调查主要实物工作量】 1:5万区域调查76251平方千米，为计划的93%；1:5万矿产调查60382平方千米，为计划的99%；1:20万区域重力测量231587平方千米，为计划的90%；1:5万区域水文调查25260平方千米，为计划的103%；1:10万区域水文调查65600平方千米，为计划的104%；1:20万区域化探216599平方千米，为计划的100%；1:5万区域化探83854平方千米，为计划的100%；1:5万航空遥感地质40000平方千米，为计划的100%；1:20万航空物探30000测线千米，为计划的100%；1:5万航空物探136900测线千米，为计划的74%；单道地震4179测线千米，为计划的119%；机械岩心钻探215509米，为计划的83%；坑探3379米，为计划的110%。

【矿产资源调查评价】 2009年矿产资源调查评价在重要成矿区带勘查、国情调查、新机制探索等方面取得了重要进展。年度共设置地质找矿工作项目199项，总经73433万元。主要实物工作量：钻探154千米，1:5万矿产地质测量21189平方千米，1:5万区调35411平方千米，1:5万磁法23707平方千米，1:5万水系22360平方千米，1:5万遥感解译92396平方千米。

全国矿产资源潜力评价、全国储量核查和矿业权核查三项矿产资源国情调查工作按总体部署稳步推进。

1. 全国矿产资源潜力评价。全国矿产资源潜力评价工作按照“统一部署方案、统一技术要求、统一工作进度”的原则，全面开展省级煤、铀、铁、铜、铝、铅、锌、金、钾、磷等重要矿产资源潜力评价工作。到2009年底，新增11900个矿产地数据记录，新增地质工作程度数据库记录16511条等。完成了除新疆、青海、西藏、内蒙古、黑龙江5省区之外，其他25个省（区、市）1:25万基础编图工作（包括省级成矿地质背景、重力、磁测、化探、遥感和自然重砂等系列图件）和数据库建设，系统总结了区域地质构造格架，为全面完成潜力评价工作奠定了基础。在省级完成的1:25万基础地质编图和建库基础上，以及开展铁、铝潜力评价典型示范的基础上，各省通过成矿地质背景、典型矿床、成矿规律研究和物探、化探、遥感、重砂等资料应用研究，累计完成了15000余张中、大比例尺图件编制和相关数据库建设实物工作量，全面完成了全国30个省（区、市）铁、铝单矿种资源潜力评价，全国圈定铁矿找矿远景区112处，预测潜在铁矿资源量2000亿吨以上。全国圈定铝土矿找矿远景区32处，预测潜在铝土矿资源量100亿吨以上。完成了煤炭、铀、铜、铅锌、金、钨、锑、稀土、钾、磷等矿产的预测区圈定和优选工作。全国初步圈定具有较大找矿前景的远景区铜89处、铅锌97处、金100处、钾盐9处、锰矿27处、镍18处、钨45处、锡12处、钼30处、锑25处、稀土18处、磷12处。全国矿产资源潜力评价阶段性预测成果已在编制地质矿产保障工程和全国“十二五”矿产勘查部署中得到应用。

2. 全国矿产资源勘查与开发现状调查。该项工作2009年列入部重点工作，采取措施予以强力推进。截至2009年底，全国已按计划全部完成了矿业权实地检查野外实测工作，实地核查矿业权总数为149110个，实现了年初部提出的阶段性任务目标。为2010年全面完成全国矿业权实地核查工作奠定了良好基础。通过本次野外实测，全国共计完成加密大地测量控制点51172个，向矿区引入大地测量控制点178103个，埋设界桩332507个，为进一步提高推进矿政管理科学化、信息化创造了良好条件。

3. 全国矿产资源利用现状调查。分六大片区分别对各省级储量核查“技术要求”进行大规模培训，培训人员达1600余人。全面启动石油天然气资源储量核查工作。截至2009年底，全国已完成核查矿区占总数的20%。

【重要矿产资源调查评价】 经过一年的探索，煤炭、钾盐、铁、铜、铝土矿、铅锌、钨锡、金等重要矿产资源调查评价不断取得新进展。

1. 煤炭：通过“358”项目合作，用不到一年时间，组织近千人开展煤炭勘查会战，在淖毛湖、库木塔格－沙尔湖、大南湖－野马泉、伊拉湖－艾丁湖、三塘湖等5个预查区圈定出15个可供进一步普查的赋煤区，面积4650平方千米，探获煤炭资源量1286亿吨，其中，沙尔湖区钻孔见煤达210米之厚。为“西煤东运”战略提供重要资源保障。

2. 钾盐：青海柴达木西部第三系富钾硼锂深循环卤水矿产调查工作区位于柴达木盆地西部地区成盐盆地，2009年完成钻探工作量2026.48米。钻探成果表明在大浪滩梁中凹地深部赋存有硫酸镁亚型及氯化钙型卤水矿层。其中梁ZK05孔深1025.28米，在孔深331米即进入以砂砾石为含水介质的巨厚的卤水矿层，一直到终孔未能揭穿卤水矿层，总厚度694.05米。梁ZK06孔深1001.20米，在小梁山构造的边缘发现了巨厚盐层，自277.35～997.20米，有卤水矿层116层，总厚度385.30米。目前初步估算液体氯化钾资源量2亿吨以上，远景可达3亿吨。

3. 铁矿：安徽泥河铁矿控制矿体长2.4千米。矿体厚度较大，一般都有数十米至百余米。单层磁铁矿体平均品位为16.33%～34.63%，平均25.07%；单层硫铁矿体平均品位为13.66%～22.99%，平均16.31%。估算磁铁矿矿石量1.8亿吨左右；共生、伴生的硫铁矿矿石量约3500万吨左右。磁铁矿和硫铁矿均达大型矿床的规模。新疆塔什库尔干铁矿找矿远景区取得重要进展，预测铁矿资源量10亿吨以上。祁漫塔格找矿远景区迪木那里克铁矿新增铁矿资源量3000多万吨，预测矿集区铁矿石潜力在10亿吨以上。新疆阿吾拉勒铁矿找矿远景区和静县备战铁矿深部见厚大矿体，累计见矿视厚度大于200米。四川攀西地区矿产资源潜力评价典型示范，在兰家火山预测区钻探验证，见厚大磁铁矿体，估算铁矿资源量1.68亿吨；全区共优选19个预测区，预测潜在资源量194亿吨。

4. 铜矿：西藏多龙矿集区初步评价了多不杂铜矿和波龙铜矿，通过2009年工作铜资源量大幅增长，初步探获铜金属资源量（$333+334_1$）704.7万吨，伴生金资源量168.8吨，矿床规模达超大型。此外，矿集区又新发现地堡那木岗、拿顿、拿若、铁格龙等一批有找矿潜力的斑岩型铜矿点，进一步找矿潜力巨大。西藏乃东－

桑日地区综合运用地质、物探、化探及遥感多种方法和手段，在工作区新发现9处矿（化）点，其中3处具有良好的找矿前景。目前已对洛村铜（金）矿和麻麦铜矿开展了少量的浅部工程控制。新疆祁漫塔格找矿远景区找矿潜力巨大，其中，吐拉－白干湖铜－铁－钨锡矿集区预测铜资源潜力达1000万吨，维宝－军正岭铁－铜－铅锌矿集区预测铜资源潜力达200万吨。

5. *铝土矿*：山西、河南、广西和贵州等铝土矿优势省份继续取得重大成果。山西省新发现9个大型铝土矿矿床，兴县后发达远景区预计可提交铝土矿资源量1.3亿吨；河南渑池礼庄寨、郁山、下冶控制铝土矿资源量1.3亿吨，通过进一步工作，有望提交铝土矿资源量2亿吨。

6. *钨锡矿*：湖南锡田地区施工10个钻孔（4205米）均见矿，主要矿体累计估算资源量（332＋333＋334_1）锡＋三氧化钨27.04万吨，其中锡田矿区已估算332＋333资源量锡2.37万吨，三氧化钨3.68万吨，334_1资源量锡12.76万吨，三氧化钨8.23万吨。地质找矿成果较好。2009年新增锡资源量（333＋334_1）5万吨。

7. *铅锌矿*：内蒙古乌拉特后旗东升庙矿区三贯口南段硫锌矿，查明锌资源储量205万吨；东乌珠穆沁旗查干敖包矿区铁锌矿，查明锌资源储量77万吨。青海杂多县莫海拉亨－叶龙达铅锌矿新增铅锌资源量20万吨；沱沱河地区楚多曲多金属矿估算铅锌资源量新增25万吨、多才玛多金属矿初步估算铅锌资源量40万吨。

8. *金矿*：青海曲麻莱县大场地区金矿新增金资源储量16吨，都兰县沟里地区金矿新增金资源储量11吨，五龙沟地区金矿新增金资源储量8.8吨。

【油气基础地质调查】 西北地区银额盆地及其邻区、柴达木盆地油气资源调查前景良好。以银－额盆地为重点，以石炭－二叠系为主要目的层，采取盆山结合的工作方法，在盆地形成于演化与原型盆地沉积体系研究，油气地质条件评价等方面取得重要进展。认为，银－额盆地石炭－二叠系残留厚度大、不乏良好的烃源岩，主要生烃期为早白垩纪之后，侏罗－下白垩系可作为区域盖层。获得了与石炭－二叠系烃源岩有关的油气藏赋存的信息，显示了良好的油气资源前景，是开展新区、新层系、新领域油气基础地质调查有望取得突破的地区之一。

柴达木盆地油气资源潜力评价，进一步明确了石炭系是柴达木盆地油气勘探的一个新领域。盆地内石炭系地层及烃源岩分布广泛，厚度很大，烃源岩地球化学品质良好，并具有生烃和油气运移过程，盆地石炭系油气资源潜力很大。

中上扬子海相盆地的古生界油气成藏特征的基础地质调查取得进展。雪峰山西侧下古生界原始油气地质条件有利，发育三套生储盖组合，后期造山运动虽然强烈，但对下古生界的变形微弱，雪峰山西侧边缘地区下古生界－震旦系具有良好的油气勘探前景。

松辽盆地外围新圈定了中新生界含油气盆地，发现了石炭－二叠系的找油气线索。初步确定松辽外围四套烃源岩新层系。建立大兴安岭地区石炭－二叠系地层格架，发现多地点、多层位、多类型生物礁和滩相灰岩。提出林西－扎鲁特地区－突泉地区的晚古生代泥岩厚度大、分布范围广、有机地球化学指标较好，具有明显生烃能力的认识。以石炭－二叠系油气调查成果为引导，与大庆油田合作，在大兴安岭南段扎鲁特盆地成功钻探鲁D1地质井，井深1500米，钻遇上二叠统林西组单层厚达100余米暗色泥岩层。

【矿产勘查新机制探索】 推进重要成矿区带地质找矿统一部署。组织编制了《大兴安岭成矿带地质找矿工作部署方案》、《长江中下游成矿带地质找矿工作部署方案》、《全国铁矿勘查统一部署方案》和《安徽省庐枞地区矿产勘查部署方案》等，并通过专家论证通过。推进钦杭成矿带地质找矿工作，研讨下一步工作部署。

完善省部合作实施方案的编制。按照省部合作总体部署安排，修改完善云南、西藏、青海、新疆、福建、湖南、黑龙江等的公益性地质调查和重要矿产勘查总体部署方案，组织专家对总体部署方案进行技术经济论证，召开领导小组会议对总体部署方案审议。配合地勘司开展与广东省部合作协议的相关准备。

加快推进“358”项目全国试点。组织召开“358”项目领导小组会议和“新疆地质找矿成果交流研讨会”。编制总体部署方案，统一部署中央和地方财政出资的地质找矿工作。组织编制新疆东部主要含煤区煤炭调查评价实施方案，为“西煤东运”提供资源保障。积极推广“358”组织与落实成功经验，推动其他省部合作相关工作，组建项目办公室，落实工作职责，协调中央与地方投入。

（中国地质调查局　夏鹏）

矿产资源开发管理

【概况】 2009年国土资源部矿产资源开发司按照“加强调控、优化布局、夯实基础、完善管理”的思路，强化调控手段，区别资源政策，调整开发结构，规范审批登记，拓展基础支撑，各项工作取得积极成效。

列入部重点工作布局安排的下达2009年钨锑稀土矿开采总量控制指标、完善保护性开采的特定矿种调控政策和措施、下发继续暂停受理煤炭探矿权申请的通知、研究下发进一步推进矿产资源开发整合有关问题的通知、印发矿业权实地核查总体实施方案并完成野外实测等工作已按时完成。

严格探矿权、采矿权审批登记工作。截至2009年12月底,全国有效探矿权(探矿权、采矿权数均不含石油、天然气、煤层气,下同)30998个,登记面积68.9万平方千米,按数量排列前5位的为:金、铜、铅锌、铁、煤矿。34种主要矿产的有效采矿权23930个,列前5位为:煤、铁、金、铅锌、矿泉水。其中,2009年新增探矿权3655个,34种主要矿产新立采矿权724个。

【矿产资源供需结构优化】 对铁铜铝等国家急缺矿产,钨、锑、稀土矿等优势矿产,煤等保障性矿产实行分类调控。

1.加强急缺矿产。研究形成了加强铁铜铝等国家急缺矿产资源矿业权管理的思路措施,探索建立急缺矿种探矿权优先审批登记“快速通道”。2009年以来,铜新设探矿权1042宗,占新设探矿权28.5%;铁新设采矿权201宗,占34种主要矿产27.8%。

2.掌控优势矿产。出台了《保护性开采的特定矿种勘查开采管理暂行办法》(国土资发〔2009〕165号),确定了保护性开采的特定矿种勘查开采实行统一规划、总量控制、综合利用的原则,规定了各级国土资源主管部门在总量控制管理中的职责。印发了《关于下达钨矿锑矿和稀土矿开采总量控制指标的通知》(国土资发〔2009〕49号),继续下达钨矿和稀土矿、新增下达锑矿开采总量控制指标,暂停受理3个矿种新立探矿权采矿权申请。控制指标执行情况良好,全国前三季度钨矿、锑矿、稀土矿产量,分别占下达指标的56.9%、54.4%、56%,有效发挥了保护我国优势矿种的作用。配合商务部、发展改革委研究提出在生产和消费环节限制萤石和高铝耐火黏土的政策措施,积极应对美国和欧共体对我国9种原材料出口限制的诉讼。

3.优化保障性矿产。印发了《关于继续暂停受理煤炭探矿权申请的通知》(国土资发〔2009〕28号),继续暂停受理新的煤炭探矿权申请,为避免勘查投资过热引发产能过剩、促进煤炭生产平稳发展发挥重要作用。

【矿产资源开发整合】 1.全面启动进一步推进整合工作。一是总结上报通报表扬整规工作。召开第五次部际联席会议,通报整顿规范工作和“回头看”行动检查验收情况,向国务院上报了关于全面整顿和规范矿产资源开发秩序工作总结报告,受到国务院领导肯定,通报表扬了整规工作先进集体和先进个人。二是全面启动进一步推进整合工作。经国务院批准同意,会同国家发改委等12个部门印发了《关于进一步推进矿产资源开发整合工作的通知》(国土资发〔2009〕141号),并召开电视电话会议全面部署。三是指导督促整合实施方案编制。起草印发了《关于抓紧做好矿产资源开发整合实施方案编制工作的通知》(国土资厅发〔2009〕91号),制定了整合实施方案编写大纲和审查要点,指导督促各省全面有序展开整合实施方案编制和审查工作。

2.进一步完善煤炭国家规划矿区管理。一是为做好煤炭国家规划矿区的探矿权、采矿权管理工作,促进煤炭资源合理开发利用,研究起草修编煤炭国家规划矿区矿业权设置方案的有关规定。二是组织专家审查云南恩洪庆云煤炭国家规划矿区和老厂煤炭国家规划矿区矿业权设置方案,已完成7个非煤炭国家规划矿区矿业权设置方案的备案工作。三是就煤炭矿区总体规划与煤炭国家规划矿区矿业权设置方案批复有关问题,继续与国家发改委加强沟通。

3.研究铁、稀土国家规划矿区划定工作。结合矿产资源潜力评价结果,研究论证铁矿国家规划矿区划定工作。在我司基层联系点赣州市,开展了首批稀土国家规划矿区划定研究工作,全面查清稀土资源勘查和矿业权设置状况,提出划定首批稀土国家规划矿区的方案建议。

【矿业权管理】 1.推进矿业权实地核查工作,完成了野外实测工作。一是完成全国矿业权实地核查技术培训。二是印发了《国土资源部关于印发〈全国矿产资源潜力评价总体实施方案〉和〈全国矿业权实地核查总体实施方案〉的通知》(国土资发〔2009〕55号),建立野外实测工作零报告制度。三是确定了矿业权管理与实地核查工作衔接方案,印发了《国土资源部办公厅关于做好探矿权采矿权登记与矿业权实地核查工作衔接有关问题的通知》(国土资厅函〔2009〕54号),推进新发证与以往实地核查的“无缝连接”。四是全面完成了15万个矿业权实地核查野外实测工作。

2.全面实施矿业权全国统一配号。在2008年探矿权实施全国统一配号的基础上,2009年采矿权统一配号系统全面开通,实现全面、实时掌控全国矿业权设置情况,提高决策与服务水平,有效促进了矿业权审批部省协调联动机制的形成,提高了规范化管理水平;有利于矿业权人方便快捷查询,降低成本和风险。

3.完成探矿权遗留问题清理。对2005年以来积压的4060多件探矿权申请,逐项清理核对、分析积压原因,并要求相关省厅逐项提出处理意见。所涉及的

28个省厅，除内蒙古、甘肃尚未全部完成外，其余均已完成。

4.统计汇总2008年度全国矿山企业开发利用情况。按矿种、地区、企业经济类型、规模等对矿山企业的数量、矿石产量、从业人员、产值等数据进行了全面统计分析。

【矿业权市场建设】 1.与监察部共同部署矿业权招拍挂出让制度执行情况专项清理工作。2009年5月，国土资源部、监察部联合下发了《关于开展探矿权采矿权招标拍卖挂牌出让制度执行情况专项清理工作的通知》（国土资发〔2009〕62号），部署了探矿权采矿权招标拍卖挂牌出让制度执行情况专项清理工作。各省（区、市）国土资源行政主管部门、监察机关认真落实。据统计，2006年至2009年4月，各省（区、市）国土资源部门共出让矿业权67090个，其中以招拍挂方式出让24337个，占36.28%。专项清理结果表明，现有矿业权招拍挂管理有效促进了矿业权的合理配置，提高了矿业权市场化竞争出让水平，增强了行政审批的公开透明度。清理工作发现的问题和反映的意见和建议为进一步完善探矿权采矿权招标拍卖挂牌出让管理制度奠定了较好基础。

2.完善探矿权管理及探索深化改革途径。一是按照"规范申请准入门槛，严格勘查退出机制，建立区块缩减制度，强化勘查技术管理"的思路，研究起草了关于进一步规范探矿权管理有关问题的通知，已提交部可望于近期出台。二是从建立长效机制入手，按照"探矿权实行分区管理，整装勘查区、重点勘查区、一般勘查区分别实行不同的出让政策，推进整装勘查，实现找矿突破"的思路，研究提出了探矿权实行分区出让的管理办法。三是为加强勘查实施方案技术审查，启动探矿权勘查实施方案审查的试点工作，研究起草了关于进一步规范矿产资源勘查实施方案管理工作的通知，研究制定矿产资源勘查实施方案编审大纲及勘查实施方案合同标准文本。

3.规范新立探矿权申请要件与审批程序。印发《关于规范新立和扩大勘查范围探矿权申请资料的通知》（国土资发〔2009〕103号），规定将原由部收到申请后发调查函征求省厅意见的做法，改为把省厅同意设立探矿权的意见作为申请的要件之一，解决了新受理探矿权申请继续积压、部省准入条件不一的问题。

4.组织开展加强矿业权市场建设研究工作。委托部信息中心组成课题组进行专题研究，同时邀请一批熟悉矿业权管理的专家指导把关，形成了《关于加强矿业权市场建设的初步框架设计》。按照出让市场（一级市场）、转让市场（二级市场）、矿业权中介技术服务市场和矿业资本市场的基本构成，设计国家级、省级、市县级市场体系框架体系，构架市场网络体系平台。主要任务是：规范、优化矿业权出让市场，培育、显化矿业权转让市场，引导、监控矿业权中介技术服务市场，发展、探索矿业资本市场，加强矿业权管理的基础业务建设。

5.推进协调处理矿业权权属难点问题。一是完成滇黔交界区群众采矿纠纷问题的损害责任技术鉴定工作，调整勘查方案，提出下步工作建议；二是形成苏鲁交界区煤炭矿业权纠纷问题处理原则意见；三是处理宁夏中卫市梁水园煤矿区探矿权案件，部矿业权会审会议上决定中止探矿权申请审查，宁夏金利公司探矿权申请被法院裁定中止执行；四是处理国家出资探明的铀矿与煤炭重叠的勘查开发问题；五是认真稳妥配合勘查司推进煤炭与煤层气矿业权重叠协调；六是专题调研甘肃厂坝矿区资源整合工作，责成有关部门编制整合实施方案，取得积极进展。

【矿产资源开发管理保障措施】 1.开展地质找矿改革发展大讨论。认真研究落实大讨论要求，针对国土资源部矿产开发司在矿业权管理方面存在的突出问题，以司务会议、基层调研、专题研讨会等多种形式，就加强探矿权管理、完善制度、促进部省出让政策协调联动、建立地质找矿新机制等方面深入研讨，并将大讨论成果运用到矿业权管理制度建设中。

2.积极协调内外部关系。一是走访能源局、工信部、监察部等部委，协调煤炭、保护性开采的特定矿种管理、资源整合、矿业权管理等方面的工作，取得积极进展。二是走访有色、黄金、煤炭、化工、冶金矿山等协会，进一步密切联系，强化技术支撑。三是拓展业务支撑单位，依托国土资源部信息中心、中国地调局发展研究中心做好信息系统建设、矿业权市场建设、矿业权实地核查、研究开展审查勘查实施方案试点等基础支撑工作。四是协调国土资源部内相关司局，完成矿产监督、违法案件查处职能移交，协调形成了矿业权价款处置内部业务流程等。

3.基层联系点工作取得积极成效。组织编制赣州、洛阳、黑河3个市局联系点工作方案，并陆续作出批复，组织了召开两次基层联系点经验交流会，目前各个联系点的工作均已取得明显成效。3个联系点的工作内容各有侧重，赣州市联系点侧重于加强保护性开采的特定矿种钨、稀土勘查、开采的管理和进一步推进矿产资源开发整合工作；洛阳市联系点侧重于显化矿业权二级转让市场交易方式，试行转让矿业权信息公示制度；黑河市联系点侧重于加强国家急缺矿种铜、铁勘查开采的管理，探索鼓励勘查急缺矿种的政策措施。

4.利用行业协会平台充分听取矿业权人的意见和建议。自11月中旬以来,矿产开发司先后商请中国黄金协会、中国煤炭工业协会、中国冶金矿山企业协会、中矿联地勘协会、中国有色金属工业协会、中国非金属矿工业协会、核矿产专委会,邀请各行业十大矿山企业和在京地勘单位分别召开座谈会。分析研讨各行业当前勘查开发形势和问题,听取了矿山企业和地勘单位对矿业权管理的意见和对策建议。

5.健全完善司内工作制度,继续加强反腐倡廉。完善内部工作制度,保持司内各项工作正常高效运转,提高办文、办会、办事的效率和质量。认真落实惩治和预防腐败体系规划实施办法中明确的各项工作,坚持警钟长鸣,发扬依法行政、廉洁高效的优良作风。建立了矿业权审批司内会审制度、矿业权延续类项目向部会审会通报的制度和开发司党风廉政建设工作制度。

2009年矿业权管理存在的主要问题有:探矿权、采矿权管理制度改革不适应形势变化的要求,宏观调控能力不强;探矿权、采矿权管理部省协调联动机制不完善;矿业权转让制度不完善;矿产资源开发整合利益协调处理难;对矿产资源有偿使用制度的认识存在一定分歧。

(国土资源部矿产开发管理司)

矿产资源储量管理

·矿产资源储量·

【概况】 截至2009年底,全国已发现171种矿产,计算到亚矿种则为237种:具有查明资源储量的矿产159种,计算到亚矿种则为227种。2009年增加亚矿种三种,分别为油砂、建筑用辉长岩和砚石。

(选自2009年《全国矿产资源储量通报》)

【能源矿产储量】 1.煤炭。截至2009年底,煤炭查明资源储量13096.8亿吨,比2008年净增632.8亿吨,增长5.1%,其中,勘查新增561.4亿吨。

2.石油。截至2009年底,石油剩余技术可采储量29.5亿吨,比2008年增长2.05%。石油采出量1.89亿吨,勘查新增探明技术可采储量2.4亿吨。

3.天然气。截至2009年底,天然气剩余技术可采储量37074亿立方米,比2008年增长8.9%。天然气采出量829亿立方米,勘查新增探明技术可采储量3861亿立方米。

4.油页岩。截至2009年底,油页岩查明资源储量978.6亿吨,比2008年净增650.3亿吨,增长198.1%,其中,勘查新增652.4亿吨。

【黑色金属矿产储量】 1.铁矿。截至2009年底,铁矿查明资源储量646.0亿吨,比2008年净增22.2亿吨,增长3.6%。

2.锰矿。截至2009年底,锰矿查明资源储量87027.0万吨,比2008年净增2352.9万吨,增长2.8%。

3.铬铁矿。截至2009年底,铬铁矿查明资源储量1151.0万吨,比2008年净减少27.4万吨,下降2.3%。

4.钛矿。截至2009年底,包括金红石、钛铁砂矿、原生钛铁矿,折算为二氧化钛的查明资源储量为72254.3万吨,比2008年净增加1991.6万吨,增长2.8%。

【有色金属矿产储量】 1.铜矿。截至2009年底,铜矿查明资源储量8026.3万吨,比2008年净增316.7万吨,增长4.1%。

2.铅矿。截至2009年底,铅矿查明资源储量4851.1万吨,比2008年净增302.4万吨,增长6.6%。

3.锌矿。截至2009年底,锌矿查明资源储量10695.3万吨,比2008年净增302.2万吨,增长2.9%。

4.铝土矿。截至2009年底,铝土矿查明资源储量320261.4万吨,比2008年净增17125.0万吨,增长5.6%。

5.镁矿。截至2009年底,镁矿查明资源储量65954.3万吨,比2008年净增8143.8万吨,增长14.1%。

6.镍矿。截至2009年底,镍矿查明资源储量844.2万吨,比2008年净增加16.0万吨,增长1.9%。

【贵金属矿产储量】 1.铂族金属。截至2009年底,铂族金属查明资源储量324.8吨,比2008年净增加0.71吨,增长0.2%。

2.金矿。截至2009年底,金矿查明资源储量6327.9吨,比2008年净增376.1吨,增长6.3%。

3.银矿。截至2009年底,银矿查明资源储量163955.2吨,比2008年净增加3650.2吨,增长2.3%。

【冶金辅助原料非金属矿产储量】 1.菱镁矿。截至2009年底,菱镁矿查明资源储量39.5亿吨,比2008年净增加1.5亿吨,增长4.1%。

2.普通萤石。截至2009年底,普通萤石查明资源储量折算为氟化钙18249.3万吨,比2008年净增1054万吨,增长6.1%。

3.耐火黏土。截至2009年底,耐火黏土查明资源储量24.0亿吨,比2008年净增2402万吨,增长1.0%。

【化工原料非金属矿产储量】 1. *硫铁矿*。截至2009年底，硫铁矿查明资源储量54.7亿吨，比2008年净增1.1亿吨，增长2.1%。

2. *磷矿*。截至2009年底，磷矿查明资源储量178.6亿吨，比2008年净增1.0亿吨，增长0.6%。

3. *钾盐*。截至2009年底，钾盐查明资源储量8.6亿吨(KCl)，比2008年净减513万吨，下降0.6%。

4. *芒硝*。截至2009年底，芒硝查明资源储量折算为硫酸钠量611.9亿吨，比2008年净增0.2亿吨。

5. *重晶石*。截至2009年底，重晶石查明资源储量3.8亿吨，比2008年净减965万吨，下降2.5%。

6. *盐矿*。截至2009年底，盐矿查明资源储量折氯化钠量为13245亿吨，比2008年净增72.3亿吨，增长0.5%。

【建材及其他非金属矿产储量】 1. *石墨(晶质)*。截至2009年底，石墨(晶质)查明资源储量18486.1万吨，比2008年净减1142万吨，下降5.8%。

2. *滑石*。截至2009年底，滑石查明资源储量26779万吨，比2008年净增830.5万吨，增长3.2%。

3. *石膏*。截至2009年底，石膏查明资源储量704.3亿吨，比2008年净增8.4亿吨，增加1.2%。

4. *水泥用灰岩*。截至2009年底，水泥用灰岩查明资源储量938.4亿吨，比2008年净增73.5亿吨，增长8.5%。

5. *高岭土*。截至2009年底，高岭土查明资源储量20.2亿吨，比2008年净减1439万吨，下降0.7%。

6. *膨润土*。截至2009年底，膨润土查明资源储量28.0亿吨，比2008年净增694万吨，增加0.2%。

【二氧化碳气矿产储量】 二氧化碳气。截至2009年底，二氧化碳气剩余技术可采储量634.0亿立方米，比2008年净增83.4亿立方米，增长15.1%。

【全国矿产资源储量管理工作会议】 2009年11月召开了全国矿产资源储量管理工作会议。会议总结了近两年的储量管理工作，研究提出今后储量管理的工作方向和主要任务；通报了新一轮油气资源评价先进单位和先进个人；福建、河北、内蒙古、黑龙江、上海、江苏、湖北、新疆国土资源厅(局)作了专题发言。各省(区、市)国土资源厅(局)、部有关司局及事业单位负责人，储量处，补偿费征收、矿业权评估、矿产资源勘查开采监管职能处处长等150余人参加了会议。

【全国矿产资源储量利用现状调查】 2009年3月，印发《关于印发〈矿区资源储量核查技术要求〉、〈煤炭矿区资源储量核查技术要求〉和〈矿区资源储量核查成果数据库建设技术要求〉的通知》(国土资厅发〔2009〕24号)。4月，印发《关于进一步加强全国矿产资源潜力评价与储量利用调查管理工作的通知》(国土资厅发〔2009〕40号)，各省区落实了省级工作领导小组、领导小组办公室和项目办公室。7月，对湖北、河北开展的试点工作进行了评审验收，试点工作取得了积极成果，为全国提供了可供借鉴的经验。同时在北京、黑龙江、安徽、湖北四省(市)部署了省级单矿种汇总等试点工作。2009年7～8月，分华东、华北、东北、中南、西北、西南6大片区开展了全国储量核查技术培训工作。9月，印发《关于开展全国油气资源储量利用现状调查工作的通知》(国土资发〔2009〕121号)，召开了由3大石油公司、中联煤等参加的石油天然气资源储量核查会议，全面启动油气储量核查工作。完成了石油天然气资源储量核查总体实施方案和技术要求编制工作。编制了全国矿产资源利用现状调查预算申请，落实财政经费1.52亿元。

【矿产资源压覆审批情况】 2009年国土资源部共批复压覆矿产资源申请20件，压覆矿种均为煤炭，共计76786.82万吨。

【矿产资源储量登记和评审报告备案情况】 2009年国土资源部共完成各类登记书116份，其中《查明矿产资源储量登记书》45份，《占用矿产资源储量登记书》71份。2009年部完成储量评审备案420份。

·矿业权评估管理·

【国土资源部出让矿业权委托评估情况】 依据《关于公开选择评估机构承担矿业权评估项目的公告》(国土资源公告2006年21号)和《国土资源部公开选择评估机构承担矿业权出让评估项目摇号工作规则(试行)》，2009年部以公开摇号方式分7批次委托出让矿业权评估项目22个，完成验收备案项目16个，其中探矿权评估项目6个，采矿权评估项目10个，支付评估费183万元。

【矿业权评估师执业资格考试】 2009年组织了全国矿业权评估师执业资格考试，36人考试合格，并取得矿业权评估师执业资格证书。

【中国矿业权评估师协会工作】 2009年1月，发布评估机构年检指南，明确了年检基准日，规范了年检程序，为建立诚信档案和信息公示制度打下了基础。3～12月，完成了《矿业权评估工作底稿规范》等7项评估准则修改、审查、公示工作以及《矿业权评估技术基本准则》等4项准则的英文版翻译工作。4月、5月、7月分别举办了1期矿产储量评估师继续教育培训班和2期矿业权评估从业人员继续教育培训班,共培训矿产储量评估从业人员152人、矿业权评估从业人员544人。5~7月,协会通过制定讨论主题、在网站开设“大讨论专栏”等形式组织开展了地质找矿大讨论。6月,在民政部开展的首批全国性行业协会商会评估中荣获3A等级。截至12月,全国共有矿业权评估机构95个,注册矿业权评估师581人,矿业权评估机构中有从业人员1319人。2009年完成矿业权评估项目6874项,比2008年增长7.34%;评估值5492.17亿元,比2008年增长39.10%;营业收入26449.85万元,比2008年增长9.23%,纳税总额2349.55万元。

·矿产资源勘查开采监督管理·

【矿产资源勘查开采监管长效机制建设】 为巩固整顿和规范矿产资源开发秩序成果,建立和完善矿产资源勘查开采监管常态化工作机制,部印发了《关于健全完善矿产资源勘查开采监督管理和执法监察长效机制的通知》(国土资发〔2009〕148号)。一是严格矿业权人勘查开采活动的监管,建立采矿权标识牌制度,强化日常监管,规范年检工作;二是加强矿产资源合理利用监督管理,全面开展矿山储量动态监督管理,要求大、中型矿山企业设立矿山地质测量机构,小型矿山企业应当配备地质测量相关专业人员。重点强化了建立采矿权标识制度,针对加强矿产督察员管理、勘查开采年度检查、矿山储量动态监管、矿山企业矿产资源回采率指标管理、“两率”指标统计和严格考核制度等提出要求作出一系列规定。为推进对矿产资源勘查开采监督管理由运动式为主转变为以常态化为主,并辅之以一定时间和阶段的集中整治相结合的管理机制奠定了基础。

【矿产督察员管理】 为加强矿产资源勘查开采监督管理力量,经省级国土资源行政主管部门推荐,部审查、培训考试、公告等程序,聘任了334名国家级矿产督察员。举办了两期矿产督查员培训班,由有关管理人员和专家对矿产资源勘查开采管理法律法规,勘查开采选冶技术和督察工作等方面内容作了详细讲解和介绍。全国29个省(区)制订了矿产督察管理实施办法或规定,24个省(区、市)聘任了888名省级矿产督察员,部分市县聘任了市县级矿产督察员。部向各省(区、市)下达国家级矿产督察员工作补助经费300万元。

【矿山遥感监测】 积极探索应用遥感技术对矿产资源开发利用状况进行监测,部公布的163个重点矿区2009年度的遥感监测任务大部分已完成,同时根据需要还进行了163个重点矿区之外的部分矿区的监测工作,发现了一批无证开采、越界开采等违法违规行为,并将监测结果分发相关省(区、市)国土资源管理部门进行核查处理。全国部分地区也自主开展了这项工作,取得了较好的效果。

【矿山储量动态监管】 矿山储量动态监管日趋规范化。按照全面开展矿山储量动态监管的要求,各级国土资源主管部门不断完善管理制度,采取各类措施,扎实推进工作,储量动态监管成果对加强矿产资源合理利用监督管理发挥了重要作用。2009年度全国开展储量动态检测的矿山计52000余家,其中大型1500余家,中型3100余家,小型和小矿47000余家。矿山储量检测队伍建设取得新的进展;全国有符合条件的矿山地测机构3049家,其中矿山自有的1462家,管理部门下属的213家,社会中介性质的1374家。

【矿产资源勘查开采年度检查】 各级国土资源主管部门按照规定,加强了矿产资源勘查开采年检工作。2009年度,全国探矿权年检率达到92%,抽检率30%。全国采矿权年检率为95%,抽检率超过60%。许多地区将年检与矿产督察、日常监管、税费征缴等结合,整合管理力量,提高了年检工作效率。

·矿产资源补偿费征收管理·

【概况】 2009年度全国矿产资源补偿费征收入库额为113.4亿元,继续保持近年来的高位水平。21个省(区、市)征收入库额超过亿元,石油、天然气、煤、铁、铜、钼、金、铅锌、水泥灰岩、建筑石材征收入库额超过亿元,仍为主要征费矿种,占全国入库额的92%。受国际金融危机影响,油气以及一些大宗金属矿产如铁、铜、钼等产量和销售额较往年有所下降,煤炭资源较丰富的省份有较大幅度的增加。

根据上报数据统计,2009年全国缴费矿山为89791家,征收面为82.3%,较2008年提高了2.1%,6个省(市)征收面达到100%;征收入库率98.3%,较2008年提高了一个百分点,19个省(区、市)征收入库率为100%。同时各地加强了追缴力度,17个省(区、市)本年度共计追缴补偿费12.1亿元,占全国征收入库额的10.7%。

·地质资料管理·

【地质资料汇交】 2009年度,全国共汇交成果地质资料1.2万种。其中,上海和重庆接收地质资料3845种,占全国汇交总量的31%。各省(区、市)及有关单位向部汇(转)交地质资料2062种,电子文档汇交率达98%。

汇交的地质资料中，矿产地质、水文地质和环境地质类资料较多，分别占汇交总量的38%、22%和17%。

【全国地质资料专项检查】 2009年7月开始，按照《全国地质资料管理专项检查工作方案》（国土资厅发〔2009〕62号）的要求，部、省两级国土资源行政主管部门和地质资料馆藏机构统一开展了地质资料管理专项检查自查和互查工作，进一步摸清家底，明确管理职责，完善规章制度，互相学习，互相促进，查找不足，提出对策，提高服务水平。在部省两级国土资源行政主管部门和地质资料馆藏机构的共同努力下，专项检查圆满完成。从本次检查的结果看，近10年来，全国地质资料管理工作在完善管理制度和网络服务体系建设等方面取得了显著成绩，但在社会化服务质量的提高方面尚存在提升的空间，储量司已着手制定有效措施进一步加强地质资料汇交监管等多方面工作。

【省级实物地质资料管理】 2009年，在部、省两级国土资源行政主管部门的共同努力下，实物地质资料管理取得重要进展。除继续进行实物地质资料清理试点和登记管理软件开发工作外，开展了实物地质资料摸底调查工作，为下一步全面进行清理工作奠定基础。2009年部实物地质资料中心共采集实物地质资料89份，岩芯52495米、标本5050块、薄片21484件。此外，河北和广东等省还根据本地实际情况积极探索对部分实物地质资料进行委托保管的制度等。

【省级地质资料馆藏机构管理体制情况】 截至2009年底，除湖北省外，各省（区、市）均成立了由省级国土资源行政主管部门管理的地质资料馆藏机构，其中天津、山西、吉林、黑龙江、江苏、安徽、福建、江西、山东、河南、广东、四川、贵州、青海14个省（区、市）成立了具有独立法人资格的公益性地质资料馆藏机构，其余省（区、市）成立了与其他单位合署办公的馆藏机构。

【地质资料馆藏建设】 近年来地质资料馆藏机构的软硬件建设都在逐步完善。黑龙江、上海、江苏、安徽、福建、江西、山东、湖南、广东、贵州10个省级馆藏机构配备了5名以上工作人员。天津、黑龙江、上海、浙江、山东、广东、海南、四川、陕西、青海10个省级馆藏机构日常工作经费有财政拨款保障。2009年江苏省地质资料馆新馆已经建成使用，江西省新馆大楼已落成，福建和山东等省地质资料新馆建设已经启动，还有多个省级馆藏机构的基础设施有了明显改善。安徽省落实了实物地质资料库房建设资金并已动工，吉林、浙江等省已申请立项建设省级实物地质资料库房。

【资料图文数字化工作】 2009年全国完成成果地质资料数字化2.2万种，成果地质资料图文数字化总量已达16.3万种。其中，全国地质资料馆累计完成4万种，占全国总量的25%；湖南、重庆和青海省（市）的成果地质资料数字化工作已经全部完成；黑龙江、上海和江苏等省（市）的馆藏地质资料的图文数字化率超过80%。

【涉密地质资料清理】 2009年，除个别省（区）外，各省级馆藏机构保管的涉密地质资料均已通过本省（区、市）国土资源管理部门和保密局的合规性审核，已开展密级标注工作。其中，北京、天津、辽宁、上海、江苏、浙江、安徽、福建、江西、山东、河南、湖北、湖南、广东、广西、重庆、四川、云南、陕西、青海等省（区、市）组织严密，措施得力，经费有保障，任务完成较好。

【地质资料信息服务集群化产业化工作】 为贯彻落实部领导的重要指示、加强地质资料管理、提升地质工作对经济社会发展的服务水平和综合服务能力，部把积极推进地质资料信息服务集群化产业化作为2009年重中之重的任务加以落实。一是专门到上海进行调研，总结好的做法和经验，批复了上海局的工作方案，并转发全国进行推广；二是组织开展专题研究，结合实际制定工作方案，明确集群化产业化的基本定位、内涵外延与工作思路，确定以社会化服务为中心、由政府主导的工作推进机制；三是发挥上海典型示范作用的基础上，确定了安徽、山东、湖北、湖南、青海五省开展试点工作；四是通过召开专题研讨会、加强宣传和引导等多项举措，为在全国启动地质资料信息服务集群化产业化工作营造好的舆论氛围。

【地质资料社会化服务】 2009年度，部、省两级地质资料馆藏机构通过传统服务窗口为4.2万多人提供了地质资料服务，提供地质资料利用达18.9万份，266.4万件，比2008年分别增长16%、43%。其中，全国地质资料馆2009年度接待到馆阅者3654人次，内蒙古、辽宁、浙江、湖南、广东、云南等省（区）利用地质资料的人数都在2000人以上。

地质数据产品服务能力显著提高。部、省两级国土资源行政主管部门和地质资料馆藏机构采取多项措施完善服务手段，开发信息产品，提高服务能力。上海市进一步更新完善三维可视化城市地质信息服务与管理系统，为城市建设与安全运行提供及时服务。江苏省“建设项目选址决策地质资料信息服务系统”为重点工程选址提供“一键式”快速高效服务。广东省把已矢量化的1:5万、1:20万地质图删除涉密信息后及时向社会公开利用。

网络服务方式逐渐占据主导地位。全国开展了上门调研、电话咨询、函件寄送、电子邮件、在线客服等多种形式的服务，日益完善的网络服务在整个服务中占据越来越重要的地位。2009年部、省两级地质资料服务网站点击率近220万次，是2008年的7倍多。仅全国地质资料馆网站访问量就达12.5万次，提供在线图文地质资料浏览1.1万种、1.6万份。

【地质资料社会化服务】 为配合部“双保行动”，储量司积极推进地质资料社会化服务工作，按照2009年4月《国土资源部办公厅关于切实为扩大内需项目做好地质资料信息服务工作的通知》(国土资厅发〔2009〕37号)要求，各省(区、市)国土资源行政主管部门和全国地质资料馆高度重视，采取各项有力措施，成效显著。截至2009年12月底，全国地质资料馆和31个省(区、市)的地质资料馆藏机构共为4900多个扩大内需项目提供了地质资料信息服务，在经济社会发展中发挥了重要作用。全国地质资料馆及20个省(区、市)国土资源行政主管部门负责地质资料的管理机构或地质资料馆藏机构被评为“保增长保红线行动成效显著单位”，得到部通报表扬。

表1　2009年度全国成果地质资料汇交情况汇总(单位:种)

地区	区调地质	矿产地质	油气地质	海洋地质	水文工程	环境地质	物化遥	地质科研	其他	合计
北京	1	49			2	272		8	5	337
天津	1	12			1	36	1	13	8	72
河北	21	183				12	10	8		234
山西		226				152				378
内蒙古	1	531			5	19	3	2		561
辽宁	3	83				38	1			125
吉林	1	122			11			9	5	148
黑龙江	1	45			2	3	3	3		57
上海					2581	137		25	4	2747
江苏	1	46			24			82	6	159
浙江	15	80			11	206		45	1	358
安徽		388			3	32	4	6	24	457
福建		107				3		1	1	112
江西										138
山东		265			16	38	2	9	290	617
河南	3	506			14	78	3	16	6	626
湖北		88					1	15	19	123
湖南	1	605			2	1	2	1	34	646
广东	1	72				50		5		128
广西		101			2	6	1			110
海南		9				22		2	8	41
重庆	2	58				839			199	1098
四川	2	571			11			6	6	596
贵州	2	108			2	55	1	5	520	693
云南		291			3		3			297
西藏	13	87				13	3	7		123
陕西	5	388	2		1					396
甘肃		223			6	16			15	260
青海	10	46			2	7	10	8	7	90
宁夏	3	81			3	21		5	2	115
新疆	7	219			3	25	1	6	2	263
全国地质资料馆	1	3	118	12		24	1	58	2	219
合计	95	5593	120	12	2705	2105	50	345	1164	12324

表 2　　2009 年度全国成果地质资料馆藏及利用情况汇总

地区	地质资料总量(种)	其中(种)			利用人次	利用份次	利用件次
		公益	保护	保密			
北京	5492		152	2750	320	1614	6456
天津	4020	110	122	809	63	869	3091
河北	8208			200	1000	4600	46000
山西	9007		23		295	918	6918
内蒙古	11213	633	330		3123	9103	235994
辽宁	10587	2815	1	4514	3264	32725	780105
吉林	6791	581	22		1907	14796	118834
黑龙江	5356	1		54	1320	3400	43840
上海	11420	181	313	244	637	3295	11933
江苏	5482	310	156	1840	1738	6378	34667
浙江	7524		187	2992	2645	5880	76298
安徽	9600	208		3600	1365	6122	91218
福建	10855		1171	2296	585	1462	14625
江西	9413				731	3634	12314
山东	7203		175	3628	1350	2726	5630
河南	10923	406	13	2539	1200	3440	74150
湖北	6198	472		1672	465	2080	33541
湖南	13792	421	5	4985	2681	6741	25841
广东	8349	412		2238	2048	3161	48045
广西	8097	163		1438	1762	1900	18393
海南	1565	2			211	628	9192
重庆	12475			460	351	558	2650
四川	17048	5114		11934	736	2946	69068
贵州	10911		1		1143	3979	130241
云南	8475			3533	2980	12514	367275
西藏	4123	407		821	711	8053	84503
陕西	7953			7362	515	1366	11996
甘肃	8023	510		5373	446	1044	22390
青海	5479	474		1380	773	3515	70261
宁夏	2937	272		306	65	289	5868
新疆	9013				1909	4504	82281
全国地质资料馆	107572		298		3654	35256	120311
合计	365104	13492	2969	66968	41993	189496	2663929

表 3　截至 2009 年底全国成果地质资料图文数字化情况汇总

省份	地质资料总量(种)	已数字化数量(种)	当年数字化数量(种)
北京	5492	4224	258
天津	4020	3212	133
河北	8208	590	
山西	9007	5553	612
内蒙古	11213	5599	713
辽宁	10587	4561	2155
吉林	6791	896	
黑龙江	5356	4795	

续表 3－1

省份	地质资料总量(种)	已数字化数量(种)	当年数字化数量(种)
上海	11420	10583	1990
江苏	5482	4464	420
浙江	7524	2889	500
安徽	9600	3099	1000
福建	10855	4142	112
江西	9413	3102	
山东	7203	4051	526

续表 3－2

省份	地质资料总量(种)	已数字化数量(种)	当年数字化数量(种)
河南	10923	2200	400
湖北	6198	3231	800
湖南	13792	13792	646
广东	8349	6546	3476
广西	8097	300	130
海南	1565	967	
重庆	12475	12475	
四川	17048	4985	1098
贵州	10911		
云南	8475	1728	297
西藏	4123	467	
陕西	7953	4110	500
甘肃	8023	2023	400
青海	5479	5479	
宁夏	2937	764	126
新疆	9013	2600	
全国地质资料馆	107572	40000	6000
合计	365104	163427	22292

表 4　2009 年度全国地质资料馆接收地质资料的来源统计

地区	接收资料数(种)	电子文档数(种)
北京	6	6
天津	13	13
河北	22	22
山西	67	67
内蒙古	284	299
辽宁	52	52
吉林	13	13
黑龙江	48	48
上海	11	11
江苏	6	6
浙江	11	11
安徽	43	42
福建	79	79
江西	42	38
山东	209	209
河南	63	63
湖北	100	100
湖南	86	69
广东	86	86
广西	73	73
海南	14	14
四川	105	74

续表 4－1

地区	接收资料数(种)	电子文档数(种)
贵州	28	28
西藏	35	35
陕西	62	60
甘肃	165	164
青海	40	40
新疆	80	80
广州海洋局	12	12
中石油	44	44
中海油	68	68
中联煤	6	6
其他单位	89	88
合计	2062	2020

注:内蒙古自治区 2009 年转送电子文档包括部分 2008 年补交电子文档。

表 5　双保行动中为扩大内需项目提供服务项目数量及受表彰情况统计(单位:个)

地区	第二季度	第三季度	第四季度	合计	是否受部表彰
北京	6	36	49	91	是
天津	4	3	3	10	是
河北	22	66	25	113	
山西	0	2	39	41	
内蒙古	52	23	13	88	是
辽宁	34	16	22	72	是
吉林	6	2	1	9	
黑龙江	4	26	823	853	是
上海	5	20	8	33	是
江苏	64	119	65	248	是
浙江	9	91	70	170	是
安徽	74	65	55	194	是
福建	3	12	20	35	是
江西	34	46	49	129	
山东	3	56	33	92	是
河南	14	26	35	75	是
湖北	8	40	0	48	
湖南	39	24	220	283	是
广东	436	63	82	581	是
广西	5	146	148	299	
海南	0	4	23	27	是
重庆	8	10	7	25	是
四川	11	3	6	20	
贵州	45	27	41	113	是
云南	261	218	208	687	是
西藏	0	0	2	2	
陕西	5	35	4	44	是
甘肃	0	61	39	100	

续表 5

地区	第二季度	第三季度	第四季度	合计	是否受部表彰
青海	12	66	57	135	是
宁夏	7	1	4	12	
新疆	5	32	12	49	
全国地质资料馆	30	36	169	235	是
合计	1206	1375	2332	4913	

（国土资源部矿产资源储量司　贾其海　周保铜）

矿山地质环境管理

【概况】 矿山地质环境管理迈向制度化、规范化。为了解决矿山地质环境保护缺乏专门立法、针对性不足、操作性不强等问题，国土资源部颁发了《矿山地质环境保护规定》（部第 44 号令），于 2009 年 5 月实施。同时，编制了相关配套文件、条文释义、技术标准，促进了该规定的实施。《矿山地质环境保护规定》的发布实施，对于规范各类探矿、采矿活动，减少人为诱发的地质灾害，预防矿山地质环境的破坏，促进矿山地质环境的保护与恢复治理，保障人民群众的生命财产安全，具有重要作用和意义。

【香港国家地质公园正式挂牌】 2009 年 11 月 3 日，位于西贡及新界东北的香港国家地质公园建成并正式开放。香港地质公园于 9 月由国家地质公园评审委员会评定符合国家地质公园评审标准的要求，并由全体委员通过正式成为国家级地质公园，成为香港首个国家级地标，并有机会向联合国申请成为世界自然遗产。

香港地质公园是第 141 个国家地质公园，将在园区内增加传意版、旅游指南、地质公园标志牌，并辟设 3 条地质步道等。整个地质公园分成两大景区，各有特色，新界东北地区展现了地质多样性的特点，荔枝庄有山火灰，赤洲的红色岩石又名“丹霞地貌”，与内地丹霞山的地貌相似。而西贡地区的地貌如粮船湾及果洲群岛拥有世界级的六角石柱群，甚为罕有。

【地质灾害防治管理】 1.开展地质灾害群测群防“十有县”建设。2009 年 4 月，发出的《关于开展地质灾害群测群防“十有县”建设的通知》要求，各省级国土资源部门按照建设标准，选择一批基础条件较好的县（市、区）开展地质灾害群测群防“十有县”建设活动，2009 年底要完成 200 个县，计划用 5 年时间全面覆盖全国山区丘陵县。通过开展“十有县”建设，推进地质灾害群测群防体系建设的规范化、标准化，深化县级地质灾害防灾机制和体制建设，提高县级地质灾害防治能力，最大限度地保障人民群众生命财产安全。

2.开展“五条线”工程，推行“五到位”活动。面对严峻的地质灾害形势，着眼于长远来谋划地质灾害防治工作，积极探索构建地质灾害防治新机制，开展地质灾害防治“五条线”建设工程，在乡镇国土所推行地质灾害防治“五到位”活动。随着“五条线”建设工程的逐步展开，以及“五到位”工作的进一步落实，我国不仅可以建立起地质灾害防治的新机制，同时也有利于地质灾害防治工作早日走上科学化、制度化的发展轨道。

【地热资源开发利用】 地热资源是一种重要的再生能源，不仅储量丰富，而且对环境的污染小。但在我国地热资源的开发利用中，还存在开发利用程度低等问题。为了推进地热资源的开发利用，2009 年完成了《全国地热资源规划编制大纲（初稿）》，下发了《省级浅层地热能调查评价工作方案编写要求》；启动了开发利用浅层地热能和地热资源的调研工作；在天津组织召开“全国地热资源开发利用现场会”；公布了新一批“温泉之乡”的城市名单。以上这些举措促进各地充分利用地热资源优势，推进对地热资源的合理开发利用，推动当地经济的发展。

（国土资源部调控和监测司　中国国土资源经济研究院）

矿　业　行　业

煤　炭

【概况】 2009年以来,在党中央国务院的领导下,全国各族人民贯彻落实“保增长、扩内需、调结构、惠民生”的一系列政策措施和一揽子计划,我国经济企稳回升。全国煤炭产销量继续增加,煤炭净进口和产能较快增长,企业成本上升、价格小幅波动、应收账款增加、行业利润总额下降,煤炭经济运行继续保持基本平稳态势。

2009年全国原煤产量完成30.5亿吨,同比增长8.8%;煤炭消费量30.2亿吨,同比增长9.2%。其主要特点表现在以下几个方面:

1. 全国原煤产量增加:其中,排名前10位省份的原煤产量合计为243227.49万吨,占全国原煤产量的79.74%;同比增加20331.94万吨,增长9.12%。

表1　2009年1～12月全国原煤产量前10名省份

排名	省份	原煤产量(万吨)	2008年同期(万吨)	同比增加(+,-)	增减%
1	山西省	61534.93	64501.3	-2966.37	-4.6
2	内蒙古自治区	60280.03	50222.82	10057.21	20.03
3	陕西省	29819.94	24162.79	5657.15	23.41
4	河南省	23037.92	21305.66	1732.26	8.13
5	山东省	14377.72	13742.5	635.22	4.62
6	贵州省	13690.74	11319.53	2371.21	20.95
7	安徽省	12848.55	11649.49	1199.06	10.29
8	黑龙江省	9900.5	9760.12	140.38	1.44
9	四川省	8997.34	9495.46	-498.12	-5.25
10	新疆自治区	8739.82	6735.88	2003.94	29.75
小计		243227.49	222895.55	20331.94	9.12
全国合计		304988.62	280217.4	24771.22	8.84
前10(区)省所占比重		79.74%	79.54%		0.20%

其中,7个省(区)份产量超过亿吨,一个省份同比增产过亿吨。在产量前十省份中,山西、四川两个省份产量同比下降,其余省份产量同比增长。其中,同比增产最多的省份是内蒙古自治区,增产10057.21万吨。同比增产最少的省份是黑龙江省,增产140.38万吨。同比增幅最大的省份是新疆,增长29.75%,同比增幅最小的省份是黑龙江省,增长1.44%。

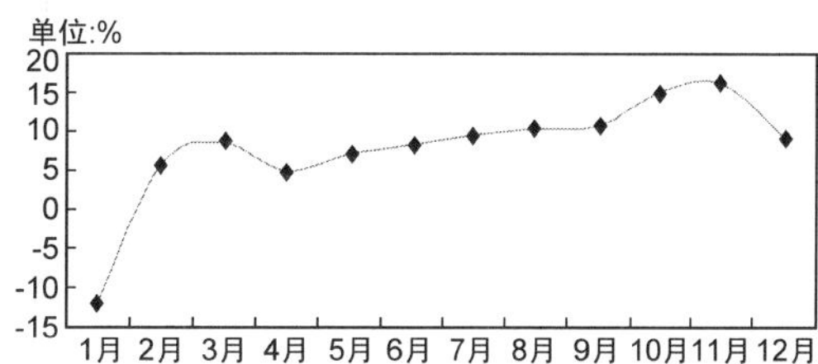

图1　2009年全国原煤月产量同比增长情况

表2　2009年1～12月原煤产量同比增加的省份(21个)

排名	省份	本年累计(万吨)	2008年同期(万吨)	同比增加(+,-)	增减%
1	内蒙古自治区	60280.03	50222.82	10057.21	20.03
2	陕西省	29819.94	24162.79	5657.15	23.41
3	贵州省	13690.74	11319.53	2371.21	20.95
4	新疆自治区	8739.82	6735.88	2003.94	29.75
5	河南省	23037.92	21305.66	1732.26	8.13
6	宁夏自治区	5598.96	4325.35	1273.61	29.45
7	安徽省	12848.55	11649.49	1199.06	10.29
8	湖南省	6879.98	6153.86	726.12	11.8
9	山东省	14377.72	13742.5	635.22	4.62
10	云南省	8625.07	8029.72	595.35	7.41
11	吉林省	4497.45	3980.09	517.36	13
12	河北省	8585.34	8145.43	439.91	5.4
13	湖北省	1399.45	1073.19	326.26	30.4
14	青海省	1577.1	1293.64	283.46	21.91
15	黑龙江省	9900.5	9760.12	140.38	1.44
16	广西自治区	589.27	451.17	138.1	30.61
17	辽宁省	6624.17	6495.12	129.05	1.99

续表 2

排名	省份	本年累计（万吨）	去年同期（万吨）	同比增加（+，-）	增减%
18	福建省	2466.13	2350.19	115.94	4.93
19	江西省	3414.14	3302.98	111.16	3.37
20	北京市	653.74	578.62	75.12	12.98
21	浙江省	13.2	13.12	0.08	0.61
小计		223619.22	195091.27	28527.95	14.62

在全国产煤的26个省(市、自治区)中,其中21个省(市、自治区)原煤产量同比增加,同比增产28527.95万吨,增长14.62%。从增长绝对量来看,依次分别是内蒙古(+10057.21万吨)、陕西(+5657.15万吨)、贵州(+2371.21万吨)、新疆(+2003.94万吨)、河南(+1732.26万吨)、宁夏(+1273.61万吨)、安徽(+1199.06万吨)、湖南(+726.12万吨)、山东(+635.22万吨)、云南(+595.35万吨)、吉林(+517.36万吨)、河北(+439.91万吨)、湖北(+326.26万吨)、青海(+283.46万吨)、黑龙江(+140.38万吨)、辽宁(+129.05万吨)、广西(+138.1万吨)、福建(+115.94万吨)、江西(+111.16万吨)、北京(+75.12万吨)、浙江(+0.08万吨)。

从增幅来看,21个省依次分别是:广西(+30.61%)、湖北(+30.4%)、新疆(+29.75%)、宁夏(+29.45%)、陕西(+23.41%)、青海(+21.91%)、贵州(+20.95%)、内蒙(+20.03%)、吉林(+13.00%)、北京(+12.98%)、湖南(+11.8%)、安徽(+10.29%)、河南(+8.13%)、云南(+7.41%)、河北(+5.4%)、福建(+4.93%)、山东(+4.62%)、江西(+3.37%)、辽宁(+1.99%)、黑龙江(+1.44%)、浙江(+0.66%)。

表3 2009年1~12月原煤产量同比减少的省份(5个)

排名	省份	本年累计（万吨）	2008年同期（万吨）	同比增加（+，-）	增减%
1	山西省	61534.93	64501.3	-2966.37	-4.6
2	四川省	8997.34	9495.46	-498.12	-5.25
3	重庆市	4463.73	4666.52	-202.79	-4.35
4	甘肃省	3975.96	4022.24	-46.28	-1.15
5	江苏省	2397.44	2430.11	-32.67	-1.34
小计		81369.4	85115.63	-3746.23	-4.40

5个省(市、自治区)的原煤产量同比减产,同比减产3746.23万吨,下降4.4%。从减产绝对量来看,依次分别是:山西(-2966.37万吨)、四川(-498.12万吨)、重庆(-202.79万吨)、甘肃(-46.28万吨)、江苏(-32.67万吨)。

从降幅来看,5个省依次分别是:四川(-5.25%)、山西(-4.6%)、重庆(-4.35%)、江苏(-1.43%)、甘肃(-1.15%)。

2. 大型企业原煤产量增加:1~12月,96家大型企业原煤产量完成165206.0万吨,占全国原煤产量的54.16%,同比增加16602.8万吨,增长11.2%。其中,排名前10家企业原煤产量合计为95892.5万吨,占全国原煤产量的31.44%;同比增加11027.6万吨,增长13.0%。

表4 2009年1~12月大型煤炭企业原煤产量前10名企业

排名	单位名称	原煤产量（万吨）	2008年同期（万吨）	同比增加（+，-）	增减%
1	神华集团	32759.7	28161.0	4598.7	16.3
2	中煤集团	12505.2	11411.1	1094.1	9.6
3	山西焦煤集团	8078.8	8029.1	49.7	0.6
4	大同煤矿集团公司	7450.4	6890.5	559.9	8.1
5	陕西省煤业集团	7100.5	6040.8	1059.7	17.5
6	淮南矿业集团公司	6715.5	6043.3	672.2	11.1
7	河南煤业化工集团公司	5698.2	4464.8	1233.3	27.6
8	潞安矿业集团公司	5509.2	4209.2	1300.0	30.9
9	龙煤矿业集团	5494.0	5495.0	-1.0	0.0
10	平煤神马集团公司	4581.0	4120.0	461.0	11.2
小计		95892.5	84864.8	11027.6	13.0
大型企业合计		165206.0	148297.2	16602.8	11.2
全国合计		304988.62	280217.4	24771.22	8.84
大型企业占全国比重		54.16%	52.92%		1.24
前10名占大型企业比重		58.04%	57.22%		0.81
前10名占全国比重		31.44%	30.28%		1.15

大型企业原煤产量前10名的单位依次是:神华集团(32759.7万吨,+16.3%)、中煤集团(12505.2万吨,+9.6%)、山西焦煤(8078.8万吨,+0.6%)、同煤集团(7450.4万吨,+8.1%)、陕西煤业(7100.5万吨,+17.5%)、淮南矿业(6715.5万吨,+11.1%)、潞安矿业(5509.2万吨,+30.9%)、龙煤集团(5494.0万吨,+0.0%)、河南煤业(4971.2万吨,+26.2%)、平煤神马(4581.0万吨,+11.2%)。

在原煤产量排名前10位的企业中,产量同比都是增长的。其中山西焦煤集团产量止跌回升,龙煤集团增长幅度趋缓。

大型企业中，原煤产量同比增长的有79个企业，其余17个企业产量同比下降。

表5　2009年1～12月大型煤炭企业原煤产量同比增加前10名企业

排名	单位名称	本年累计（万吨）	2008年同期（万吨）	同比增加（+，-）	增减%
1	神华集团	32759.7	28161.0	4598.7	16.3
2	潞安矿业集团公司	5509.2	4209.2	1300.0	30.9
3	河南煤业化工集团公司	5698.2	4464.8	1233.3	27.6
4	中煤集团	12505.2	11411.1	1094.1	9.6
5	陕西省煤业集团	7100.5	6040.8	1059.7	17.5
6	开滦集团公司	4045.1	3285.9	759.2	23.1
7	冀中能源集团	4237.4	3559.5	677.9	19.0
8	淮南矿业集团公司	6715.5	6043.3	672.2	11.1
9	阳泉煤业集团公司	4346.4	3729.5	616.9	16.5
10	大同煤矿集团公司	7450.4	6890.5	559.9	8.1
小计		90367.5	77795.6	12571.9	16.2

大型企业中，原煤产量同比绝对量增加的前10家企业分别是：神华集团（+4598.7万吨）、潞安矿业（+1300.0万吨）、河南煤业（+1233.3万吨）、中煤集团（+1094.1万吨）、陕西煤业（+1059.7万吨）、开滦集团（+759.2万吨）、冀中能源（+677.9万吨）、淮南矿业（+672.2万吨）、阳泉煤业（+616.9万吨）、大同煤业（+559.9万吨）。

从增幅来看，增幅较高的前10家企业依次是：舒兰矿业（+38.7%）、新汶矿业（+34.3%）、潞安矿业（+30.9%）、辽源矿业（+28.7%）、河南煤业（+27.6%）、水城矿业（+25.8%）、开滦集团（+23.1%）、神火煤业（+22.9%）、济宁矿业（+21.3%）、通化煤业（+20.6%）。

在原煤产量同比减少的企业中，减产最多的前10名企业分别是：小龙潭（-63.2万吨）、铁法煤业（-43.7万吨）、沈阳煤业（-30.1万吨）、天能煤业（-14.9万吨）、淄博矿业（-9.3万吨）、东山煤业（-7.8万吨）、抚顺矿业（-7.0万吨）、福建能源（-1.6万吨）、龙煤矿业(0.0万吨)、鹊山精煤（-0.0万吨）。

从降幅来看，降幅较大的前10个企业依次为：小龙潭（-6.2%）、天能集团（-5.6%）、东山煤矿（-4.8%）、沈阳煤业（-3.5%）、铁法煤业（-2.0%）、抚顺矿业（-1.8%）、淄博矿业（-0.8%）、福建能源（-0.3%）、龙煤集团(0.0%)、鹊山精煤(0.0%)。

表6　2009年1～12月大型煤炭企业原煤产量同比减少前10名企业

排名	单位名称	本年累计（万吨）	2008年同期（万吨）	同比增加（+，-）	增减%
1	小龙潭矿务局	949.0	1012.2	-63.2	-6.2
2	铁法煤业集团公司	2096.3	2140.0	-43.7	-2.0
3	沈阳煤业集团公司	822.0	852.1	-30.1	-3.5
4	天能集团有限公司	249.9	264.8	-14.9	-5.6
5	淄博矿业集团公司	1108.3	1117.6	-9.3	-0.8
6	东山煤矿有限公司	154.1	162.0	-7.8	-4.8
7	抚顺矿业集团公司	393.2	400.2	-7.0	-1.8
8	福建省煤炭工业集团	492.0	493.7	-1.6	-0.3
9	龙煤矿业集团	5494.0	5495.0	-1.0	0.0
10	鹊山精煤有限公司	110.0	110.0	0.0	0.0

【大型企业洗精煤产量】　2009年1～12月，全国大型煤炭企业洗精煤产量完成26792.6万吨。其中，排名前10家企业洗精煤产量合计为19747.8万吨，占大型企业洗精煤产量的73.71%；同比增加2064.6万吨，增长11.7%。

大型煤炭企业洗精煤产量前10名的单位依次是：山西焦煤(3665.4万吨，-2.8%)、中煤集团(2774.3万吨，+9.8%)、神华集团(2907.8万吨，+17.4%)、同煤集团(2452.4万吨，+15.4%)、冀中能源(1701.0万吨，+13.7%)、龙煤集团(1562.0万吨，+19.6%)、潞安矿业(1242.7万吨，+31.0%)、兖矿集团(1229.3万吨，+0.1%)、河南煤业(1184.5万吨，+14.7%)、开滦集团(1028.4万吨，+33.3%)。

在洗精煤产量排名前10位的企业中，山西焦煤的产量同比继续下降，其余9个企业的产量同比保持增长。

表7　2009年1～12月大型煤炭企业洗精煤产量前10名企业

排名	单位名称	本年累计（万吨）	2008年同期（万吨）	同比增加（+，-）	增减%
1	山西焦煤集团	3665.4	3770.8	-105.4	-2.8
2	神华集团	2907.8	2477.1	430.7	17.4
3	中煤集团	2774.3	2526.0	248.3	9.8
4	大同煤矿集团公司	2452.4	2126.0	326.4	15.4

续表 7

排名	单位名称	本年累计(万吨)	2008 年同期(万吨)	同比增加(+,-)	增减%
5	冀中能源集团	1701.0	1496.5	204.5	13.7
6	龙煤矿业集团	1562.0	1306.0	256.0	19.6
7	潞安矿业集团公司	1242.7	948.8	293.9	31.0
8	兖矿集团有限公司	1229.3	1228.0	1.3	0.1
9	河南煤业化工集团公司	1184.5	1032.5	152.0	14.7
10	开滦集团公司	1028.4	771.5	256.9	33.3
小　计		19747.8	17683.2	2064.6	11.7
大型企业合计		26792.6	23983.9	2808.7	11.7
前 10 家所占比重		73.71%	73.72%		-0.01%

【煤炭运销情况分析】 2009 年国内煤炭市场经历了由适度宽松、基本平衡向逐渐偏紧方向发展的变化过程。全年煤炭资源供应保持稳定增长，而同期煤炭需求则是在四季度明显放大，尤其是进入 12 月份，全国大范围出现的暴雪寒潮天气，带来了持续的超低气温，对电煤的需求急剧增加，电煤日耗达到了历史最高水平。受此影响，煤炭资源紧张状况在全国多省区显现，国内各地区市场煤交易价格继续保持普遍上扬态势。

1. 铁路煤炭装车情况。12 月，全国煤炭日均装车完成 57537 车，装车数环比增长 1.5%；比同期增加 2436 车，上涨 4.42%。其中，电煤日均装车完成 38056 车，装车数环比增长 8.4%。

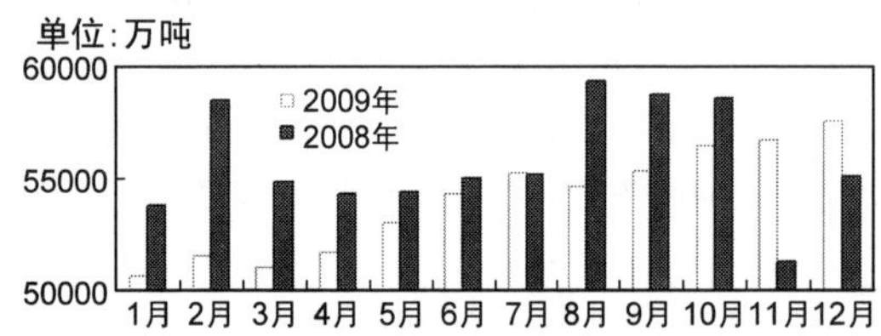

图 2　2009 年铁路日均装车情况

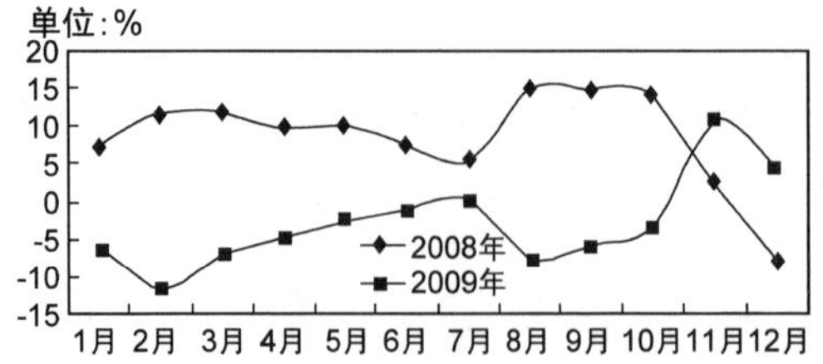

图 3　2009 年铁路日均装车同比增长情况

2. 煤炭运量情况。12 月份，全国铁路煤炭发送量完成 15696 万吨，同比增加 3127 万吨、增长 24.9%。其中电煤发送量完成 11247 万吨，同比增加 3300 万吨、增长 41.5%。

1～12 月，全国铁路煤炭发送量完成 174881 万吨，同比增加 2039 万吨、增长 1.2%。其中电煤发送量完成 113929 万吨，同比减少 4234 万吨、下降 3.6%。

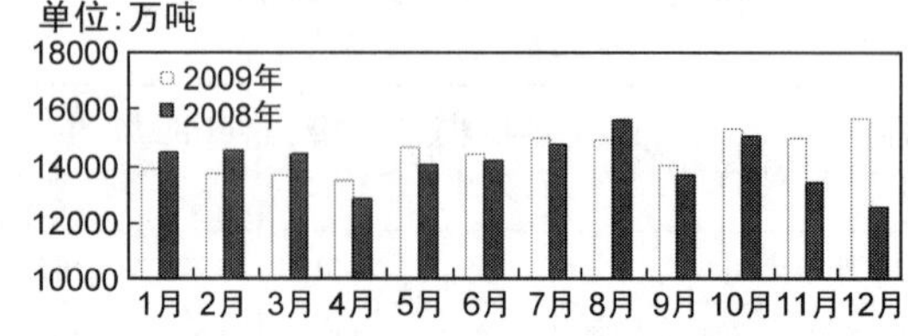

图 4　2009 年铁路发送量情况

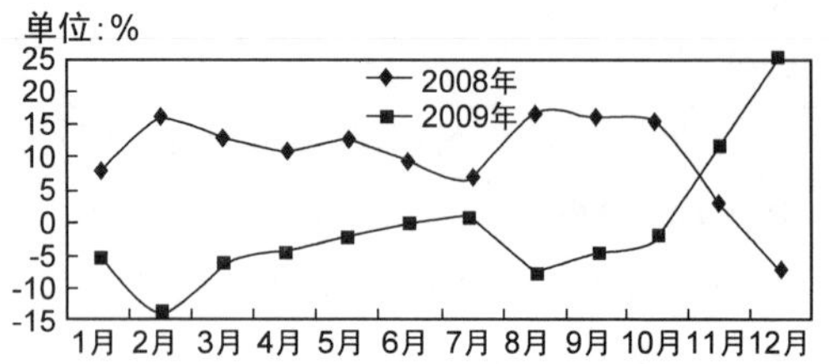

图 5　2009 年铁路发送量同比增长情况

12 月，全国主要港口共发运煤炭 4464 万吨，同比增加 912 万吨，上升 25.7%；港口煤炭总发运量比上月增加 709 万吨，上升 18.9%。其中，内贸煤炭发运完成 4126 万吨，同比增加 998 万吨，上升 31.9%，外贸煤炭发运完成 339 万吨，同比减少 86 万吨，下降了 20.2%。

1～12 月，全国主要港口累计完成煤炭发运 46669 万吨，同比减少 4282 万吨，下降了 8.4%。其中，内贸煤炭发运累计完成 44248 万吨，同比减少 2030 万吨，下降了 4.4%，外贸煤炭发运累计完成 2421 万吨，同比减少了 2252 万吨，下降了 48.2%。

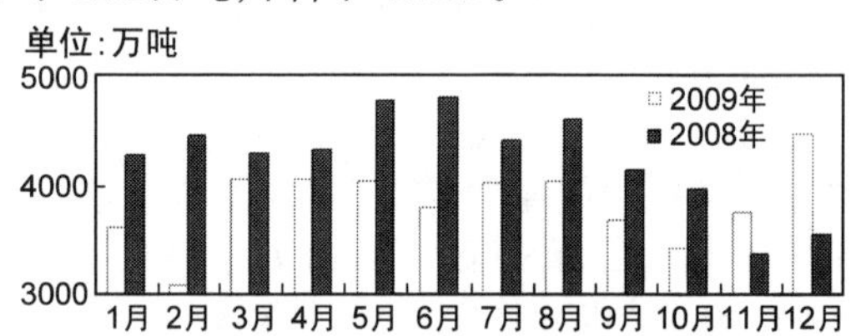

图 6　2009 年港口发送量情况

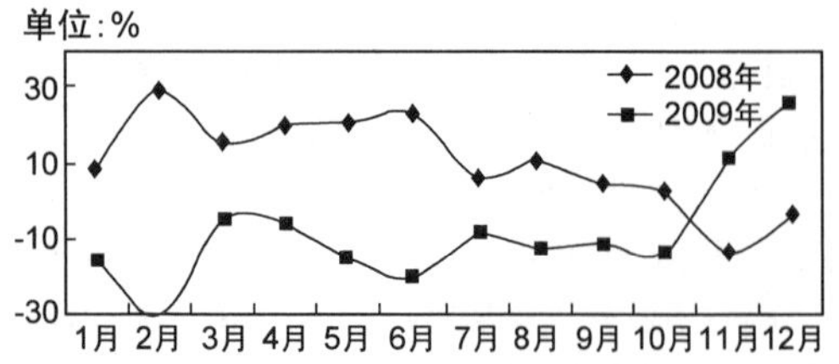

图 7　2009 年港口发送量同比增长情况

3. 煤炭销售情况。12 月，全国煤炭销量完成 28954.5 万吨，同比增加 5454.5 万吨，增长 23.21%。

1～12 月，全国煤炭销量累计完成 283723 万吨，同

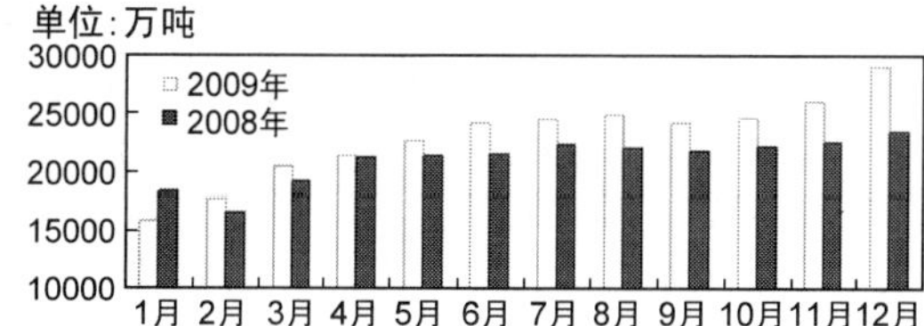

图8　2009年煤炭月度销量情况

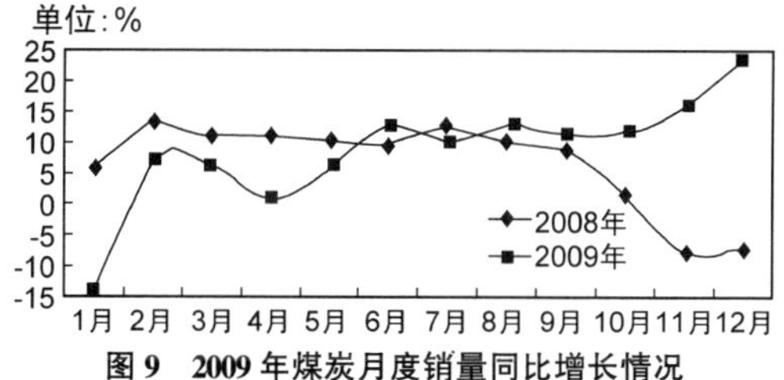

图9　2009年煤炭月度销量同比增长情况

比增加**21620**万吨,增长**8.25%**。

4.*煤炭库存情况*。12月末,全国社会煤炭库存17000万吨,比上月末减少1079万吨,下降6%;比2008年末的20100万吨减少3100万吨,下降15.42%。

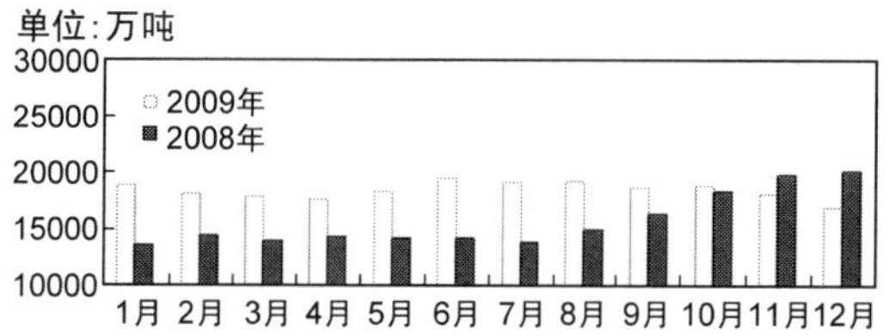

图10　2009年煤炭全社会库存情况

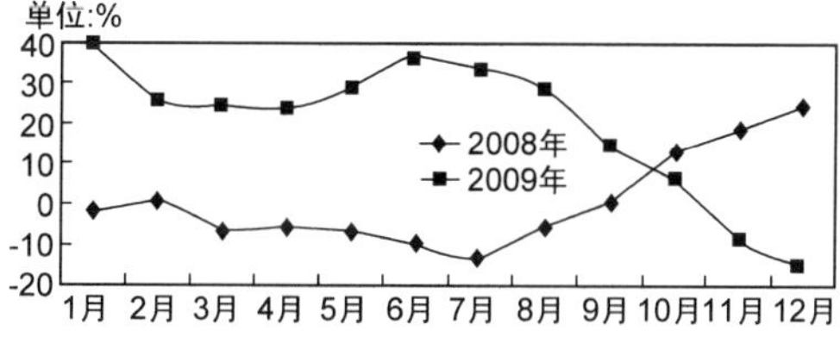

图11　2009年煤炭全社会库存同比增长情况

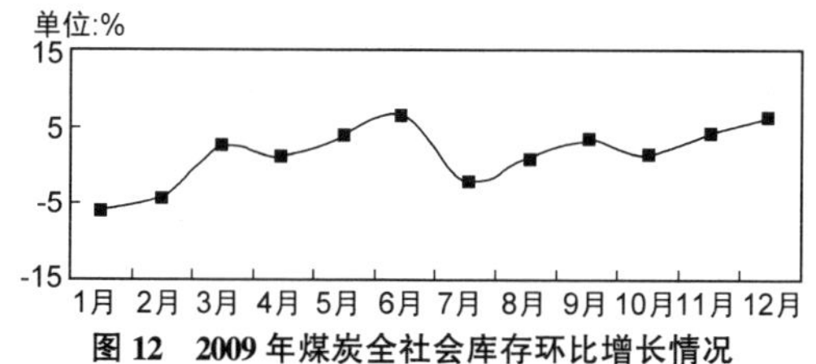

图12　2009年煤炭全社会库存环比增长情况

12月末,煤炭企业库存4606万吨,比上月末减少674万吨,下降12.76%;比2008年末的5092万吨减少486万吨,下降9.54%。

至12月末,全国主要港口存煤为1436万吨,比上月末减少159万吨,比年初减少539万吨。秦皇岛煤炭库存536.5万吨,比上月末减少192.4万吨,下降26.4%。

【煤炭进出口情况】 1.*煤炭出口完成情况*。据海关统计,2009年1～12月我国出口煤共完成2239万吨,同比减少了753万吨,下降50.7%。

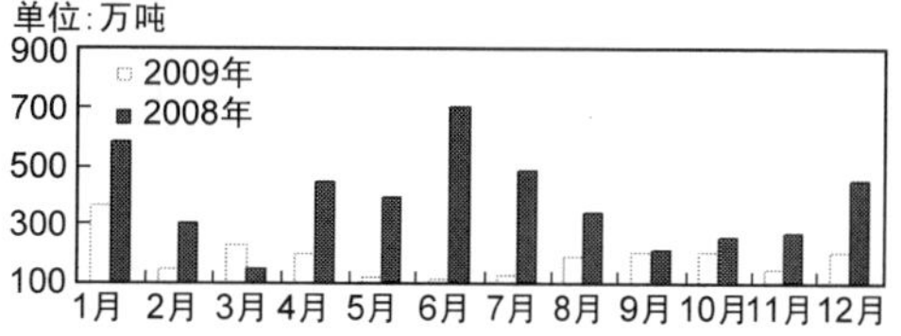

图13　2009年煤炭月度出口情况

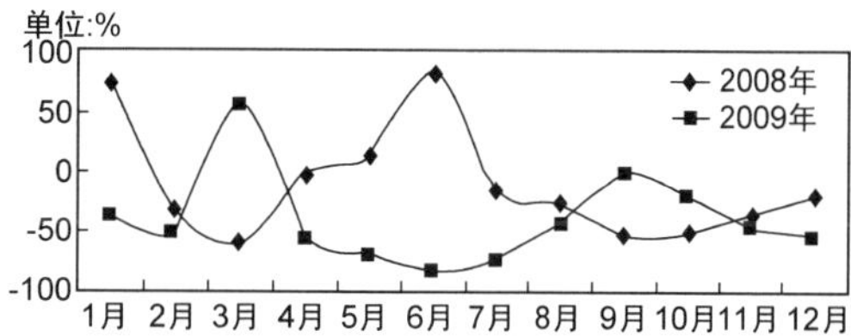

图14　2009年煤炭月度出口同比增长情况

2.*煤炭进口完成情况*。据海关统计,12月份,煤炭进口1638万吨,同比增加1370万吨,增长512.79%;比11月增加373万吨。1～12月,全国累计进口煤炭12583万吨,同比增加8549万吨,增长211.93%。

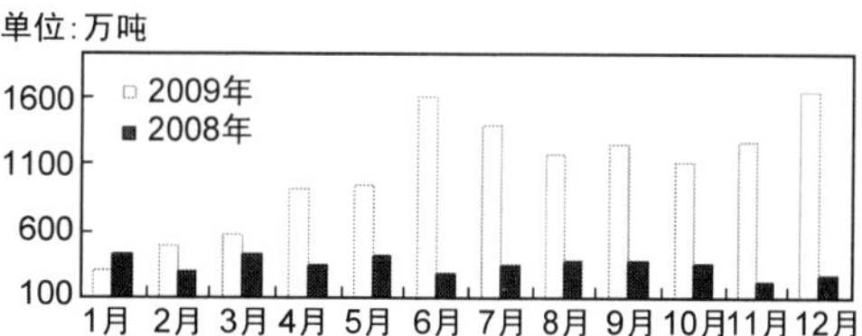

图15　2009年煤炭月度进口情况

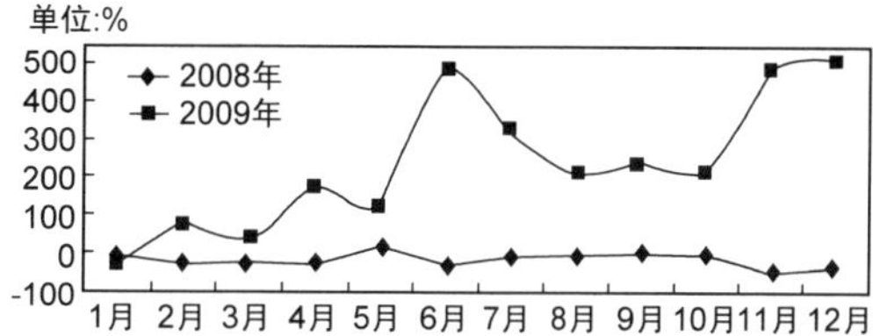

图16　2009年煤炭月度进口同比增长情况

【电力行业耗煤情况】 2009年12月,直供电网当月供煤7350.4万吨,日均供煤237.1万吨,同比增长51.9%;耗煤7642.4万吨,日均耗煤246.5万吨,同比增长34.2%。

截至12月底,直供电网累计供煤68234万吨,同比减少2233万吨,下降3.2%;累计耗煤70558万吨,同比增加2061万吨,增长3.0%;库存2147万吨,较11月底减少233.2万吨,可耗用8天。

【冶金行业耗煤情况】 2009年,冶金14家重点钢厂12月煤炭消耗888.59万吨,同比增加146万吨,增长

19.7%,比11月增加22.5万吨,增长2.6%。12月份,煤炭收入量为856.65万吨,同比增加132万吨,增长18.2%;比11月减少23.4万吨,下降2.8%。

1~12月,重点钢厂煤炭消耗总量为9870.7万吨,同比增加698.9万吨,增长7.6%。至12月末,煤炭库存为438.75万吨,同比减少48.4万吨,比11月煤炭库存减少13.2万吨。其中,炼焦煤库存285.5万吨,同比减少25.3万吨;燃料煤库存153.22万吨,同比减少23.13万吨。

【煤炭市场价格及其变化情况】 2009年,12月,国内重点地区市场煤的供求关系保持"卖方市场"格局,交易价格继续上扬,具体情况如下:

1. 主要生产地区煤炭坑口价格继续上涨。12月,继续受下游地区煤炭价格上涨的拉动,重点资源地区山西的大同、朔州地区的煤炭出矿价格延续上涨态势。月末,大同地区发热量5800大卡/千克以上煤炭的"上站"价格升至620~640元/吨,比11月末水平提高了80元/吨以上;发热量5500大卡/千克以上煤炭的"上站"价格升至580~590元/吨之间,比11月末水平提高了70元/吨以上。

2. 重点集散地区市场动力煤交易价格加速上扬。12月底,秦皇岛港平仓的发热量5800大卡/千克市场动力煤的主流成交价格升至810~840元/吨之间,比11月底上涨了80元/吨左右;5500大卡/千克市场动力煤的主流成交价格升至770~790元/吨之间,比11月底上涨了80元/吨左右;5000大卡/千克市场动力煤的主流成交价格升至670~690元/吨之间,比11月底上涨了70元/吨以上。

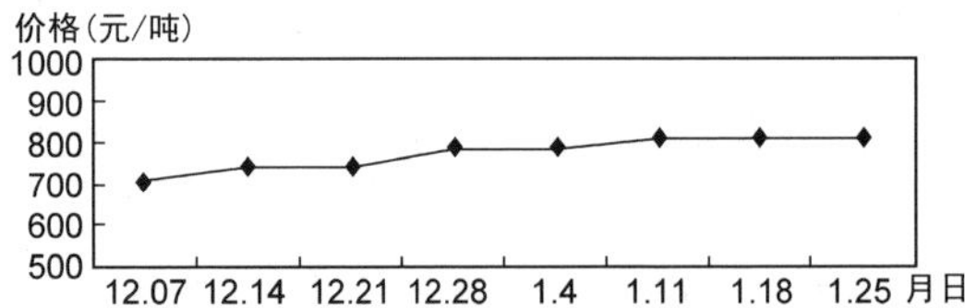

图17 2009年秦皇岛大同优混价格行情

3. 主要消费地区煤炭交易价格上涨。12月,受上游地区煤炭价格上涨和海上煤炭运价上涨的双重因素影响,重点消费地区浙江沿海各港的煤炭交易价格出现大幅攀升行情,12月底,发热量5500大卡/千克的优质动力煤,在宁波港的提货价格达到了850~860元/吨,比11月底水平上涨了40~50元/吨;由于受到进口煤炭的影响,广州港动力煤的提货价格的上涨受到抑制,12月底仅比11月底上涨了20元/吨左右,小幅回升到850~870元/吨之间。

4. 国内海上煤炭运价出现"过山车"走势。12月,国内海上煤炭运价出现暴涨、急跌的"过山车"走势,首先是进入12月以后,炒作倾向明显的国内海上煤炭运价继续快速攀升,截至12月中旬,秦皇岛至上海方向2万~3万吨船舶的煤炭运价已经攀升到了100~110元/吨,秦皇岛至宁波方向2万~3万吨船舶的煤炭运价升至110~120元/吨,秦皇岛至广州方向3万~4万吨船舶的煤炭运价升至140~150元/吨。

到12月下旬,国内海上煤炭运价形势急转直下,各条航线的运价迅速下滑,12月末,秦皇岛至上海方向2万~3万吨船舶的煤炭运价已经回落到了80~85元/吨,秦皇岛至宁波方向2万~3万吨船舶的煤炭运价升至85~90元/吨,秦皇岛至广州方向3万~4万吨船舶的煤炭运价升至120~130元/吨。

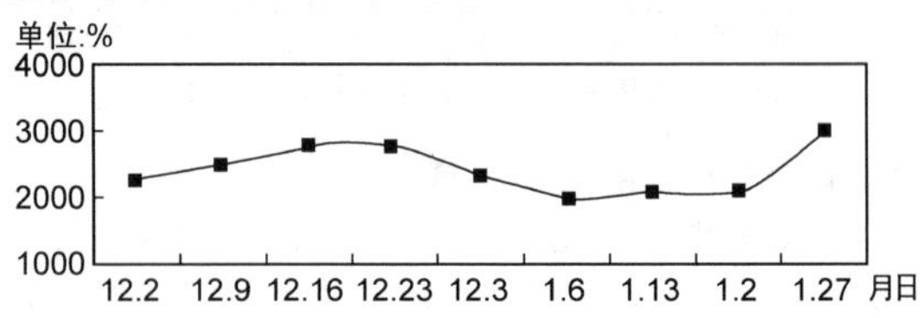

图18 2010年沿海煤炭运价指数

【煤炭经营状况分析】 1. 主营业务收入同比增加。1~12月,大型煤炭企业(集团)主营业务收入11885.70亿元,同比增加1173.45亿元,增长10.95%,增幅比1~11月增长1.65个百分点。其中,前10家煤炭企业主营业务收入7214.99亿元,占大型煤炭企业主营业务收入的60.72%。

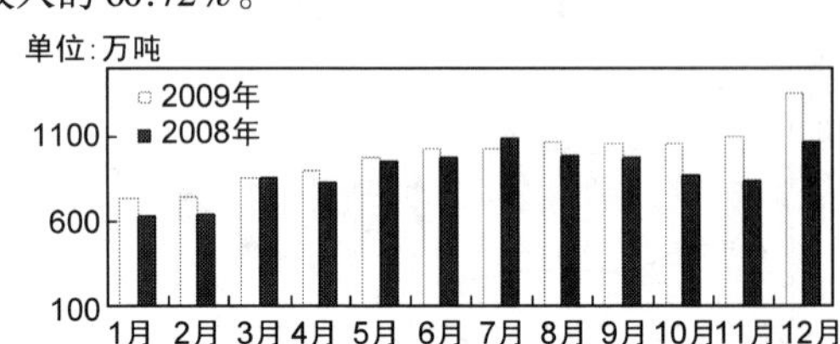

图19 2009年大型企业月度煤炭主营业务收入情况

表8 2009年1~12月大型煤炭企业收入前10名企业

排名	单　位	主营业务收入(亿元)
1	神华集团	1579.32
2	河南煤业化工集团公司	1030.57
3	山西焦煤集团	756.49
4	平煤神马集团公司	697.39
5	中煤集团	682.17
6	开滦集团公司	548.55
7	冀中能源集团	520.00
8	晋城无烟煤集团公司	486.46

续表 8

排名	单　位	主营业务收入(亿元)
9	阳泉煤业集团公司	461.00
10	潞安矿业集团公司	453.01
小　计		7214.96
大型企业收入合计		11885.70
前 10 名所占比重		60.72%

2. 利润增幅同比继续下降。1～12 月,大型煤炭企业(集团)实现利润 1155.53 亿元,同比减少 69.74 亿元,下降 5.69%,增幅比 1～11 月上涨 5.63 个百分点。其中,前 10 家煤炭企业实现利润 868.39 亿元,占大型企业利润的 75.15%。

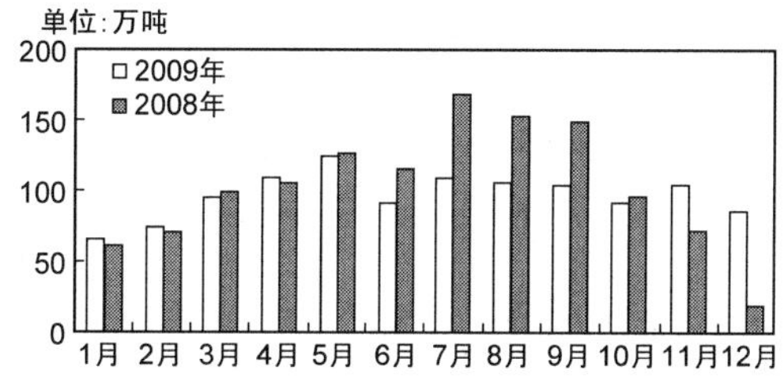

图 20　2009 年大型企业月度利润总额情况

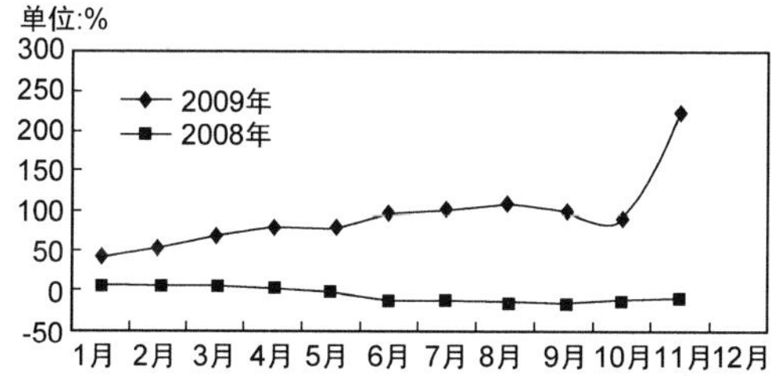

图 21　2009 年大型企业利润总额同比增长情况

1～12 月,大型煤炭亏损企业达到 4 个,亏损面为 4.17%,亏损企业同比增加 2 个,亏损面同比增加 2.09%。其中,亏损最多的企业是天府矿业公司,亏损 7850 万元;其次是扎赉诺尔煤炭公司,亏损 6151 万元;第三是大雁煤业公司,亏损 1934 万元。

表 9　2009 年 1～12 月大型煤炭企业利润前 10 名企业

排名	单　位	利润总额(亿元)
1	神华集团	464.94
2	中煤集团	103.06
3	河南煤业化工集团公司	56.18
4	晋城无烟煤集团公司	43.09
5	山西焦煤集团	42.36
6	枣庄矿业集团公司	35.98

续表 9

排名	单　位	利润总额(亿元)
7	潞安矿业集团公司	35.35
8	兰花煤炭集团公司	32.03
9	新汶矿业集团公司	30.56
10	兖矿集团有限公司	24.81
小　计		868.36
大型企业利润合计		1155.53
前 10 名所占比重		75.15%

3. 成本费用利润率下降。1～12 月,大型煤炭企业集团成本费用利润率 10.82%,同比下降 2.28 个百分点。

4. 税收贡献保持增长。1～12 月,大型煤炭企业应交税金总额 1430.59 亿元,同比增长 10.61%;其中,应交增值税 749.85 亿元,同比增长 14.22%。

5. 成本售价降低。①煤炭成本下降。据统计,随着各类煤炭企业成本费用同比继续上升,1～12 月,全国大型煤炭企业原煤单位成本 328.91 元/吨,同比减少 5.46 元/吨,下降 1.63%;比 1～11 月减少 5.59 元/吨。原选煤单位成本 389.52 元/吨,同比增加 4.30 元/吨,增长 1.12%;比 1～11 月增加 5.62 元/吨。

②煤炭价格同比下降。1～12 月,原煤平均售价 353.63 元/吨,同比减少 20.89 元/吨,下降 5.58%;比 1～11 月增加 3.93 元/吨。原选煤平均售价 427.10 元/吨,同比减少 64.8 元/吨,下降 8.9%;比 1～11 月增加 3.5 元/吨。

6. 应收账款同比增加,增幅下降。1～12 月,大型煤炭企业应收账款 825.97 亿元,同比增加 82.96 亿元,增长 11.17%,增幅环比下降 4.18 个百分点。其中,应收账款最多的是神华集团,达到 113.77 亿元,比 11 月末增加 5.67 亿元;其次是中煤集团,应收账款 61.12 亿元,比 11 月末减少 23.79 亿元;第三是河南煤业化工集团公司,应收账款 57.84 亿元,比 11 月末减少 29.82 亿元。

7. 煤炭工业固定资产投资增加。1～12 月,全社会固定资产投资 194238.62 亿元,同比增长 30.5%。其中,煤炭开采及洗选业投资 3021 亿元,同比增长 29.5%;电力、热力的生产与供应业投资 11077 亿元,增长 22.8%。

8. 安全费用提取情况。1～12 月,大型煤炭企业吨煤安全生产费用累计提取 27.2 元,同比减少 3.4 元。

回顾 2009 年煤炭经济运行形势,呈现出以下几个特点:①全国煤炭市场供需经过了由总体宽松、到基本平衡、再到供求偏紧的发展过程。进入2009年2月下旬以来，煤炭供求又开始转向基本平衡，总量略有宽松；②价格随市场供求关系变化呈现小幅波动变化，且与国际煤炭价格变化基本同步；③煤炭供需形势受主要耗煤产业发展、水电出力情况、季节和气候变化，以及运输条件等多重因素影响，市场供需基本平衡与局部时段、部分地区、个别煤种供应紧张现象同时存在；④我国由传统的煤炭出口国快速转向煤炭净进口国，与国际市场关联度越来越高，影响越来越大。

【行业改革】 1. 国家推进煤炭市场化改革，促进了全国煤炭市场供需基本平衡。①价格机制在资源配置中的作用增强。国家积极稳妥地推进反映资源稀缺程度、市场供求关系、煤矿安全和环境成本的价格形成机制，煤炭价格市场化定价不断完善，煤炭工业能力增强；②市场主体地位增强。大型煤炭企业主动与电厂、钢厂等主要用户签订中长期协议或战略联盟，充分运用市场机制努力破解煤炭供需矛盾，维护了全国煤炭市场的稳定运行；③投资主体呈多元化发展态势。煤炭下游行业通过参股煤矿企业、加大煤矿项目投资，产能规模不断扩大。初步统计，截至2009年底，非煤央企投资煤矿133处(不含参股煤矿)设计能力3.19亿吨，原煤产量1.72亿吨。

2. 国家推进煤炭订货制度改革，产运需衔接工作平稳有序。2009年12月，国家发展改革委下发了《关于完善煤炭产运需衔接工作的指导意见》，提出进一步发挥市场配置资源的基础性作用，继续实行市场定价，由供需双方企业协商确定，坚持以质论价、优质优价的原则。煤炭市场化改革迈出了关键性一步。《指导意见》是对近年来煤炭市场化改革成绩的充分肯定，也为今后顺利推进煤炭市场化改革奠定了坚实的基础。2009年在国家有关部门和煤炭产供需各方的共同努力下，2010年度煤炭订货工作已基本结束。根据中国煤炭市场网网上合同汇总统计，2010年全国供需衔接签订合同总量17.2亿吨，比2008年增加4.1亿吨。其中跨省区产需衔接合同量已超过了框架方案。电力、冶金、建材和化肥等行业签订的重点合同量均高于往年。煤炭价格保持基本稳定，重点电煤合同价格略有增长。

3. 煤炭企业“走出去”取得实质进展。2009年12月5日，兖州煤业收购澳大利亚菲利克斯资源公司项目获国家有关部门批准。2009年12月21日，开滦股份公司全资子公司——加拿大中和投资有限责任公司注册成立，并取得了国家商务部颁发的企业境外投资证书，将全面开展加拿大的煤炭资源并购投资工作。神华集团公司获得了澳大利亚沃特马克勘探区的探矿权，在印尼的一座年产煤炭150万吨的露天煤矿开建。中煤装备、郑州煤机等大型煤机企业煤矿成套技术装备已先后出口俄罗斯、印度等产煤国家。

【煤炭行业结构调整】 1. 生产结构不断优化。2009年，煤炭行业坚持集约化生产，加大淘汰落后产能力度，生产结构得到了进一步优化，煤矿集约化生产稳步推进。根据国家有关部门统计，2009年全国已建成年产120万吨以上的大型煤矿434处，核定能力12.63亿吨，占总核定能力的50.62%；年产30万吨以上的中型煤矿1004处，核定能力4.9亿吨，占19.64%；全国大中型煤矿产量比重提高到70%以上。长期以来我国煤炭生产以中小型煤矿为主的局面得以改变。

2. 产业集中度提高。自2008年第四季度以来，受国际金融危机影响，煤炭市场需求减缓、价格下滑，经济面临困难。煤炭行业抓住这一结构调整的有力时机，着力推进煤炭资源整合和企业兼并重组工作，煤炭产业规模化发展进展顺利。全国煤矿数量由2005年的24800多处减少到2009年的15000多处，主要产煤省区煤矿数量大幅减少。如，山西省煤矿数量由2005年的4237处减少到2009年的1053处，减少了3184处，减少75.15%；河南省由1670处减少到639处，减少了1031处，减少61.74%；内蒙古由1165处减少到501处，减少了664处，减少57%。通过煤炭资源整合与企业兼并重组，大型煤炭企业快速发展壮大。2009年，原煤产量前10家企业总产量9.59亿吨，占全国煤炭总产量的31.44%。

3. 产业多元化发展取得成效。近年来，随着煤炭市场化改革的稳步推进，煤炭上下游产业联合发展机制逐步建立，煤炭、电力、铁(公)路、港口、建材、冶金、煤化工以及煤炭物流等密切相关产业通过产业延伸、互相参股、企业兼并重组、战略联合等形式快速发展，传统以煤炭生产为主的产业格局悄然变化。神华集团煤电化路港航一体化发展模式，显示出了强大的发展活力。陕西煤业化工集团依托煤炭主业领跑，煤化工转型提速的思路，不断延伸产业链，形成了以煤炭开发为基础，以煤化工延伸为主导，多元化推进的发展格局。山西大同煤矿集团塔山工业园正式建成投入运营，形成了“一矿八厂一条路”的发展循环经济模式。淮南矿业集团煤电一体化经营，发展顺利。河南煤业化工集团通过战略性重组，形成了包括煤炭、化工、有色金属、装备制造、物流贸易、矿建、实业等“4+3”产业格局。开滦集团通过加快物流产业发展，已初步形成了“支撑企业转型发展，煤路港航一体化，供应链管理，工贸结合、物商互动”等4个方面独具特色的综合服务型物流发展模式，实现了向社会物流、第三方现代物流发展。

【煤炭科技进步成果】 1.煤炭科技创新能力显著增强。“十一五”以来,煤炭行业承担国家863计划、973计划和自然科学基金等科研项目31项,重点科研课题336个;实施国家科技大型示范工程项目13个;建成国家工程中心3个,国家认定的企业技术中心12个。涉及煤炭资源开发与利用一大批共性关键性技术难题攻关获得突破性进展。

2002~2009年,全行业评审出煤炭工业协会科学技术奖1157项,其中经协会推荐获得国家科技进步奖30项(其中,一等奖1项、发明奖2项、二等奖21项)。

2009年,全行业获得专利授权182件,同比增长149.31%;新申请专利75件,同比增长97.36%。

以市场为导向、企业为主体、产学研相结合的煤炭科技创新机制基本形成。在2009年申报的485项中国煤炭工业协会科学技术奖项目中,70%以上是煤炭企业作为第一完成单位或独立完成单位。

多年来,通过参与国家重大科技攻关课题研究和行业科技攻关,培养了一大批中青年科技专家。2009年,煤炭行业有3名同志入选为中国工程院院士。

2.煤炭生产力总体水平大幅提高。在煤矿建设方面,钻井法、冻结和注浆法等特殊施工技术已经达到了国际先进水平。

在煤矿技术装备制造方面,大功率电牵引采煤机总功率达到2500千瓦,重型刮板输送机总功率达到3×1000千瓦,强力液压支架支撑高度达到7米,工作阻力达到17000千牛,主要技术指标均位于世界前列。

在煤矿开采技术方面,大采高厚煤层一次采全高、特厚煤层综放开采、薄煤层综采、急倾斜和地质构造复杂煤层开采技术等先进工艺被广泛推广应用;大型综采、综掘、运输、提升技术装备国产化研制取得新的进展。

在煤矿信息化技术方面,大型矿区建成了集矿区采掘生产、机电装备、安全监测、信息通讯、多媒体和可视化的煤矿自动化、信息网络化系统。

在煤矿灾害防治技术方面,煤矿重大灾害防治技术取得突破性进展,煤矿瓦斯(煤层气)抽采技术、煤与瓦斯突出、煤矿火灾、水灾防治技术和煤矿顶板事故防治与支护技术取得新的进展。

在煤炭洗选加工技术工艺方面,重介质大型选煤设备、选煤自动化仪表、计算机测控系统,主要生产环节的自动检控和全厂集中控制技术性能接近国际先进水平;年产能力400万吨以下选煤厂成套装备国产化程度大幅提高。

在煤炭转化技术方面,洁净煤技术取得重大突破,具有自主知识产权的煤炭直接液化技术和工艺取得突破,神华集团煤炭直接液化年产100万吨商业化示范生产线投入运行;世界上第一套以高硫煤为原料生产清洁能源的甲醇装置,在兖矿集团建成投产。

【煤炭产能建设】 “十一五”以来,煤炭固定资产投资快速增加,产能建设速度不断加快。据统计,2006~2009年的4年间,全国煤炭采选业固定资产投资总额达到8405亿元,较“十五”期间投资总额净增6000亿元,大幅提高了煤炭产能建设速度。据有关统计显示,截至2009年底,全国已取得采矿权的煤矿项目14423处,总产能超过36亿吨。

【行业节能减排工作】 初步统计,2009年,煤炭行业大力发展循环经济,提高资源综合利用率,通过煤矸石发电、煤矸石制墙体材料、粉煤灰制水泥等,煤矸石综合利用率达到62.5%,其中,已建成煤矸石及煤矿瓦斯综合电厂总装机容量2500万千瓦;矿井水复用率达到61.67%。全国19个产煤省区煤矿瓦斯抽采量达到64.5亿立方米,利用19.3亿立方米,同比分别增长21.7%和20.6%;地面煤层气抽采10.1亿立方米,利用量5.8亿立方米,同比分别增长102%和57%。2009年,煤炭行业吨原煤生产综合能耗8.51kgce/吨,同比下降9.02%。

【煤炭企业社会责任意识增强】 1.加强信用建设,企业信用建设取得进展。2009年中国神华股份公司、中煤集团公司等25家大型煤炭企业发布了社会责任报告。神华宝日希勒能源公司等20家煤炭企业通过行业信用等级评价。截至2009年底,全行业共有26家煤炭企业获得AAA级信用等级评价,有5家煤炭企业获得AA级信用等级评价。

2.履行社会责任,承担保障全国煤炭供应任务。2009年,在新中国60年大庆、全国人大和政协会议、极端气候影响以及春节等重大活动和特殊时期,煤炭企业特别是大型煤炭企业勇于承担保障全国煤炭稳定供应的重任,春节不放假,积极组织生产,认真履行合同,确保发电、制气和居民用煤需要,为国民经济和社会平稳较快发展做出了突出贡献。

3.关注民生,煤矿棚户区改造取得新进展。在国家相关政策支持下,老矿区的大型煤炭企业积极筹措资金,加大煤矿棚户区改造力度,努力改善煤矿工人的居住条件,营造和谐发展的矿区环境,一大批煤矿职工喜迁新居。如,山西省截至2009年11月底,在国有重点煤矿棚户区11.38万户居民中,已完成改造9.53万户,新建住房715.61万平方米。

4. 坚持安全发展,煤矿安全生产形势持续好转。国家支持煤矿企业加大安全生产投入,提高煤矿安全保障能力。初步统计,自2004年开始提取煤矿安全生产费用以来,全国煤矿已累计提取1633亿元。其中,2009年全国大型煤炭企业平均吨煤提取煤矿安全生产费用27.2元/吨,共提取449.3亿元。2009年,全国煤矿共发生事故1616起,事故死亡2631人,同比分别下降17.3%和18.2%;煤矿平均百万吨死亡率0.892,同比下降24.5%。煤矿百万吨死亡率首次降到1以下。

(中国煤炭工业协会 解宏绪)

石油·天然气

【概况】 2009年,面对国际金融危机持续蔓延、全球经济活动疲软、石油需求低迷等困难挑战,我国石油天然气勘查开采保持了持续稳定发展态势。新增石油探明地质储量13.08亿吨,是第七次也是连续第三次年度探明地质储量超过10亿吨的年份。新增探明地质储量大于1亿吨的油田2个,分别为鄂尔多斯盆地华庆油田和塔里木盆地塔河油田。新增天然气探明地质储量7736.50亿立方米,是历史上年度探明地质储量的最高纪录,也是第七次年度探明地质储量超过5000亿立方米的年份。新增探明地质储量大于千亿立方米的气田4个,分别为鄂尔多斯盆地苏里格气田、塔里木盆地塔中1号气田、四川盆地新场气田、四川盆地合川气田。石油产量略有下降,全年生产1.88亿吨。天然气产量继续快速增长,全年生产840.71亿立方米。

·油气资源勘查·

【勘查投资】 1.全国勘查投资。2009年全国石油天然气勘查投资持续增长,达590.18亿元,较2008年的563.63亿元增加了26.55亿元,增幅达到4.7%(图1)。

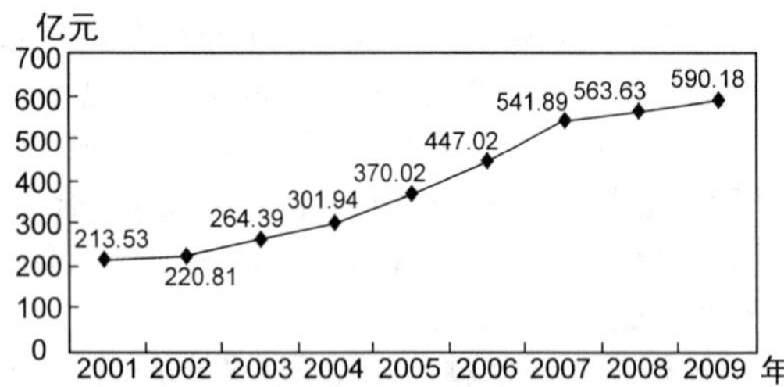

图1 2001~2009年全国油气勘查投资统计图

从勘查投资的比例看,中国地质调查局占1.1%,中国石油天然气集团公司(以下简称中国石油)占48.9%,中国石油化工集团公司(以下简称中国石化)占24.1%,中国海洋石油总公司(以下简称中国海油)占19.9%,陕西延长石油(集团)有限责任公司(以下简称延长油矿)占4.8%,中联煤层气有限责任公司(以下简称中联公司)占1.1%(图2)。

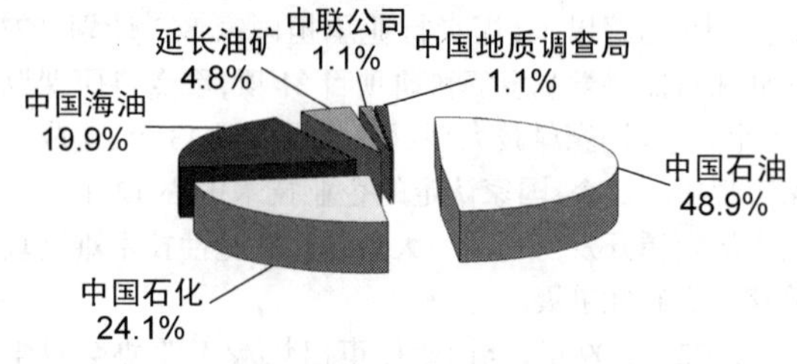

图2 2009年度各石油公司勘查投资比例图

2. 各单位勘查投资。中国地质调查局:2009年勘查投资6.56亿元。

中国石油:2009年勘查投资288.46亿元,连续两年走低,较2008年的310.62亿元减少了22.16亿元,降幅达7.1%(图3)。

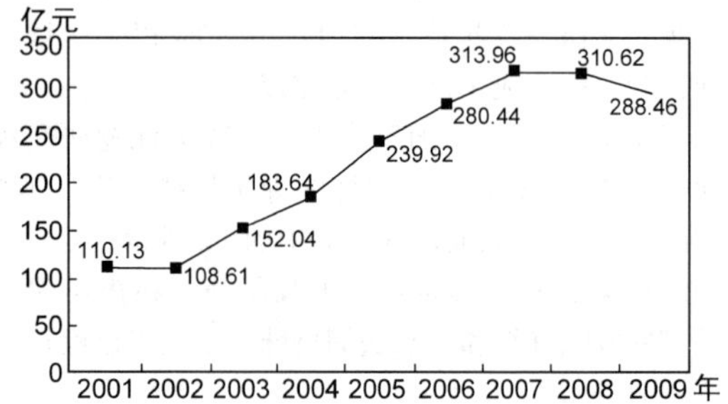

图3 2001~2009年中国石油勘查投资统计图

中国石化:2009年勘查投资142.21亿元,回升幅度较大,较2008年的127.53亿元了14.68亿元,增幅达到11.5%(图4)。

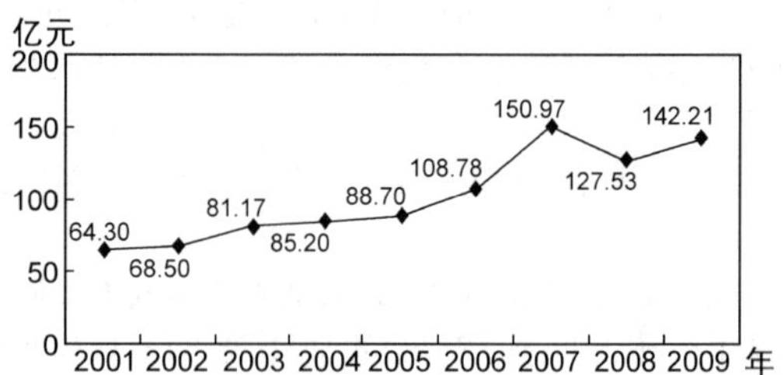

图4 2001~2009年中国石化勘查投资统计图

中国海油:2009年勘查投资117.70亿元,保持持续增长,较2008年的102.79亿元增加了14.91亿元,增幅达至14.5%(图5)。

延长油矿:2009年勘查投资28.55亿元,继续快速增长,较2008年的17.50亿元增11.50亿元,增幅达63.1%(图6)。

中联公司:2009年勘查投资6.69亿元,扭转下降趋势,较2008年的5.19亿元增加1.50亿元,增幅达28.9%(图7)。

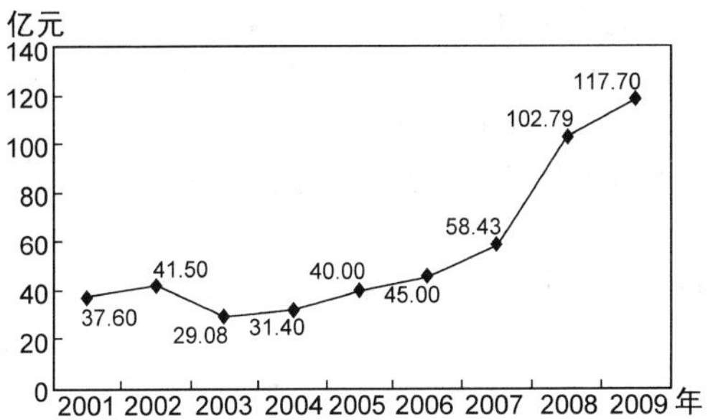

图 5　2001～2009 年中国海油勘查投资统计图

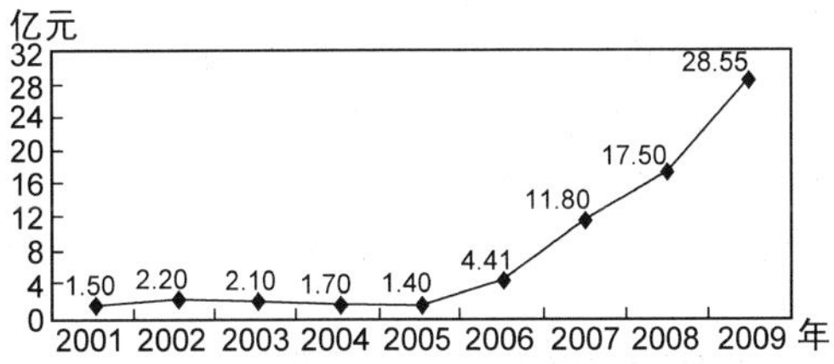

图 6　2001～2009 年延长油矿勘查投资统计图

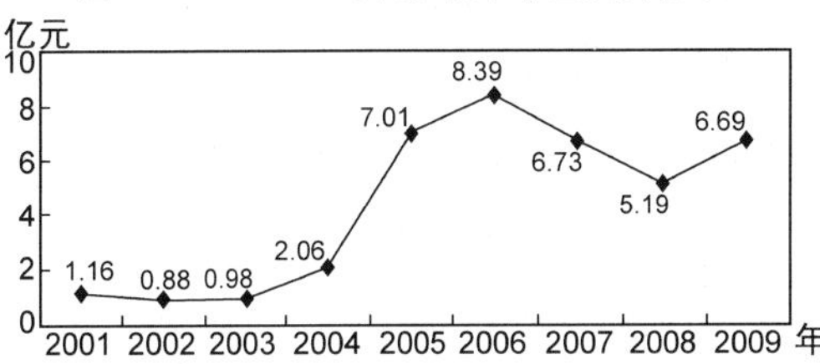

图 7　2001～2009 年中联公司勘查投资统计图

【主要实物工作量】　1. 探井。2009 年，全国施工探井 3598 口，保持持续增长，比 2008 年的 3308 口增加 290 口，增幅 8.8%（图 8）。其中 2009 年，中国石油完成探井 1901 口，占 52.8%；中国石化 570 口，占 15.8%；中国海油 99 口，占 2.8%；延长油矿 836 口，占 23.2%；中联公司 192 口，占 5.3%（图 9）。

2009 年全国施工探井总进尺 839.70 万米，比 2008 年的 820.25 万米增加了 19.45 万米，增幅 2.4%。其中，中国石油 487.52 万米，占 58.1%；中国石化 164.29 万米，占 19.6%；中国海油 25.73 万米，占 3.1%；延长油矿 146.78 万米，占 17.5%；中联公司 15.37 万米，占 1.8%（图 10）。

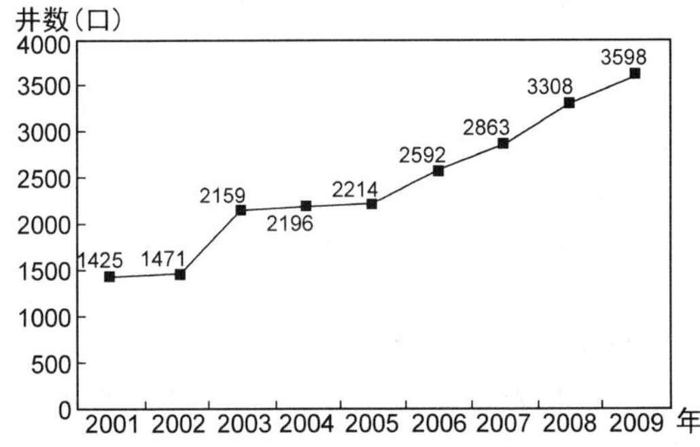

图 8　2001～2009 年全国探井统计图

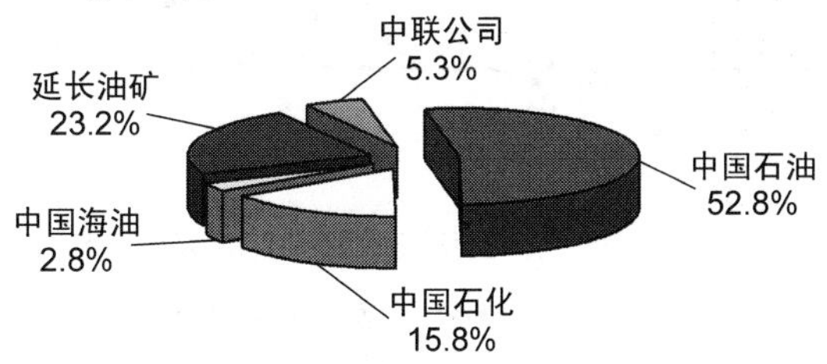

图 9　2009 年度各石油公司探井比例图

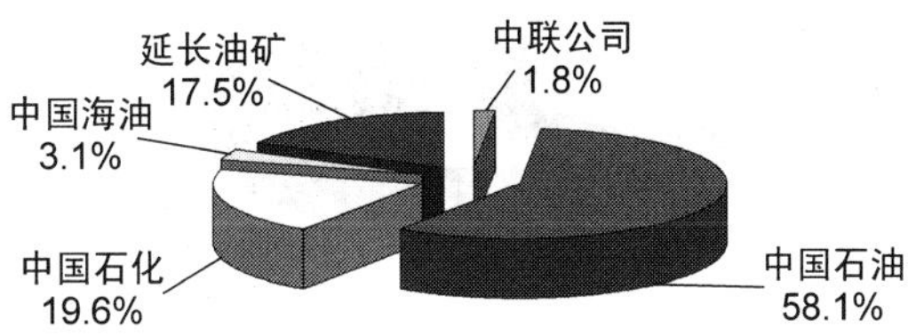

图 10　2009 年度石油公司探井进尺比例图

2. 二维地震。全年完成二维地震勘探 103891 千米（图 11），比 2008 年的 79136 千米增加了 24755 千米，增幅 31.3%。其中，中国地质调查局 16210 千米，占 15.6%；中国石油 24761 千米，占 23.8%；中国石化 14512 千米，占 14.0%；中国海油 45246 千米，占 43.6%；延长油矿 3158 千米，占 3.0%（图 12）。

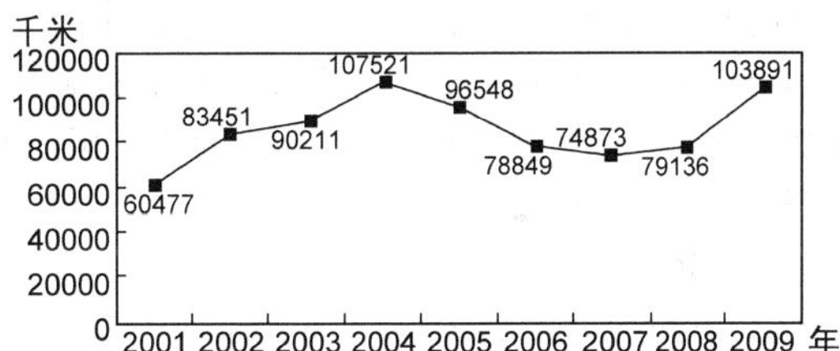

图 11　2001～2009 年全国二维地震统计图

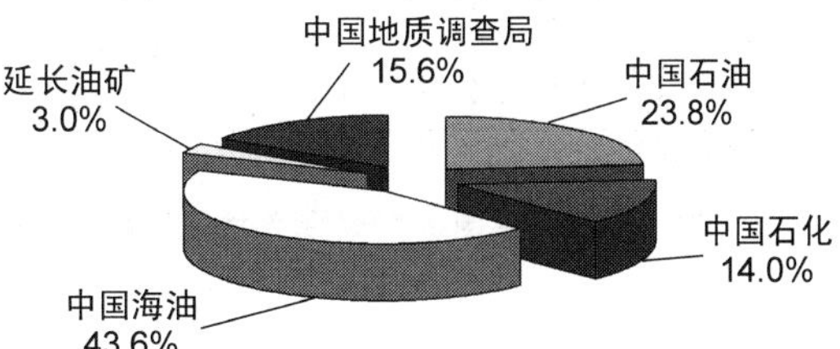

图 12　2009 年度各石油公司二维地震比例图

3. 三维地震。全年完成三维地震 34370 平方千米（图 13），比 2008 年的 30799 平方千米增加了 3571 平方千米，增幅 11.6%。其中，中国地质调查局 1200 千米，占 3.5%；中国石油 10208 平方千米，占 29.7%；中国石化 11069 平方千米，占 32.2%；中国海油 11773 平方千米，占 34.3%；延长油矿 120 平方千米，占 0.4%（图 14）。

【探明储量】　1. 石油。2009 年全国新增探明石油地质

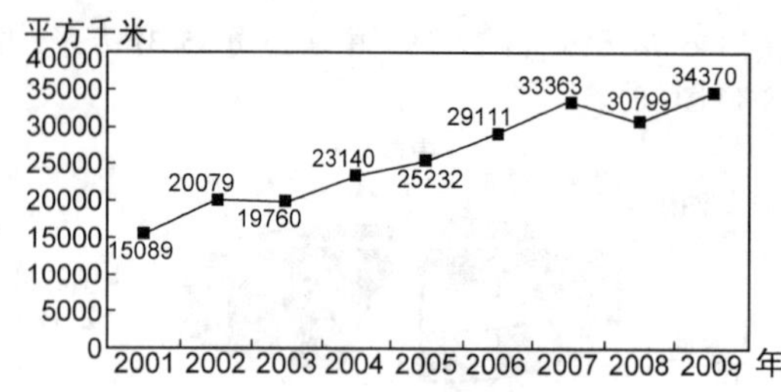

图 13　2001～2009 年全国三维地震统计图

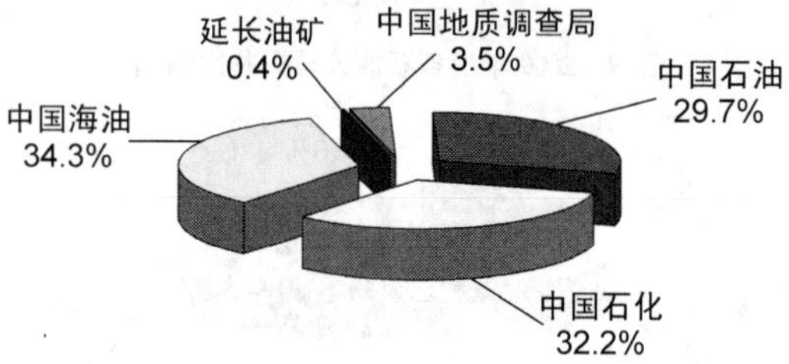

延长油矿 0.4%
中国地质调查局 3.5%
中国石油 29.7%
中国海油 34.3%
中国石化 32.2%

图 14　2009 年各石油公司三维地震比例图

储量 **13.08** 亿吨(包括原油、凝析油),较 **2008** 年增加了 1.81 亿吨,同比增长 16.1%,连续三年超过 11 亿吨(图 15)。其中,中国石油新增探明地质储量 6.28 亿吨,占 48.0%;中国石化新增 2.86 亿吨,占 21.8%;中国海油新增 1.88 亿吨,占 14.4%;延长油矿新增 2.07 亿吨,占 15.8%(图 16)。全国新增探明技术可采储量 2.40 亿吨,较 2008 年增加了 0.35 亿吨,同比增长 17.1%。其中,中国石油新增探明技术可采储量 1.36 亿吨,占 56.7%;中国石化新增 0.45 亿吨,占 18.8%;中国海油新增 0.37 亿吨,占 15.4%;延长油矿新增 0.22 亿吨,占 9.1%。

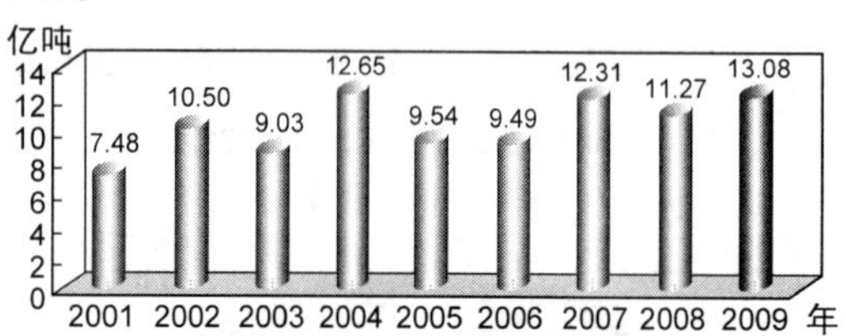

图 15　2001～2009 年全国新增探明石油地质储量柱状图

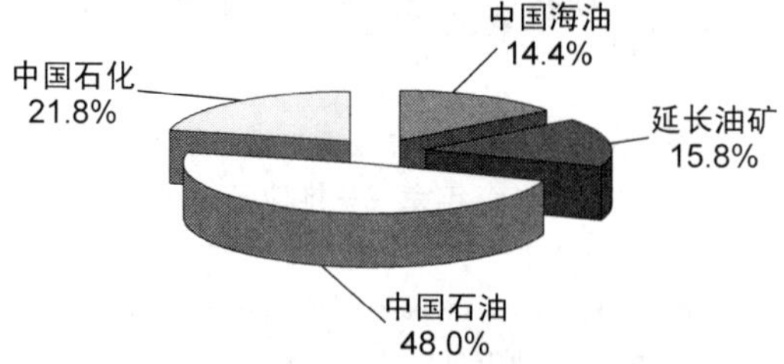

图 16　2009 年度各石油公司新增探明石油地质储量比例图

截至 2009 年底,全国石油累计探明地质储量 302.55 亿吨,同比增长 4.6%,石油资源探明程度达 39.5%;累计探明技术可采储量 81.64 亿吨,同比增长 3.2%;累计探明经济可采储量 73.79 亿吨,同比增长 3.2%;剩余技术可采储量 29.49 亿吨,同比增长 2.0%,储采比 15.6;剩余经济可采储量 21.64 亿吨,同比增长 1.7%,储采比 11.4。

2009 年全国石油新增探明地质储量大于 5000 万吨的盆地有鄂尔多斯、渤海湾、塔里木、松辽和准噶尔盆地,合计新增探明地质储量 12.13 亿吨,占全国总量的 92.8%;新增探明技术可采储量 2.29 亿吨,占全国总量的 95.5%。其中,渤海湾盆地的海域增幅最大,新增探明地质储量同比增长 146.7%,新增探明技术可采储量同比增长 65.9%;鄂尔多斯盆地和渤海湾盆地的陆上增幅也较大,新增探明地质储量同比分别增长 71.7%和 63.5%,新增探明技术可采储量同比分别增长 53.5%和 65.4%;塔里木盆地的新增探明地质储量同比增长 11.6%;松辽盆地和准噶尔盆地均有明显下降(表 1)。

表 1　2009 年度全国主要盆地石油探明储量统计(单位:万吨)

序号	盆地		新增探明地质储量		新增探明技术可采储量	
			2008 年	2009 年	2008 年	2009 年
1	鄂尔多斯		27727.20	47601.02	4726.59	7255.07
2	渤海湾	陆上	14127.97	23105.17	2871.09	4749.43
		海域	6045.49	14912.61	1565.25	2597.19
3	塔里木		15785.40	17622.02	1652.80	3580.69
4	松辽		14018.93	8563.55	2640.49	2022.32
5	准噶尔		10333.10	7698.41	2436.56	1965.41

2. 天然气。全年新增探明天然气地质储量 7736.50 亿立方米,为历年最高,较 2008 年增加了 2437.55 亿立方米,同比上升 46.0%(图 17)。其中,中国石油新增探明地质储量 4988.73 亿立方米,占 64.5%;中国石化新增 1915.68 亿立方米,占 24.8%;中国海油新增 779.39 亿立方米,占 10.0%;地方石油企业新增 52.7 亿立方米,占 0.7%(图 18)。新增探明技术可采储量 3861.61 亿立方米,较 2008 年增加了 1162.77 亿立方米,同比上升 43.1%(表 2)。其中,中国石油新增探明技术可采储量 2586.41 亿立方米,占 67.0%;中国石化新增 784.06 亿立方米,占 20.3%;中国海油新增 485.64 亿立方米,占 12.6%;地方石油企业新增 5.5 亿立方米,占 0.1%。

截至 2009 年底,全国天然气累计探明地质储量 86067.15 亿立方米,同比增长 9.8%;累计探明技术可采储量 47270.49 亿立方米,同比增长 8.9%;累计探明经济可采储量 38654.57 亿立方米,同比增长 7.7%;剩余技术可采储量 37074.18 亿立方米,同比增长 8.9%,

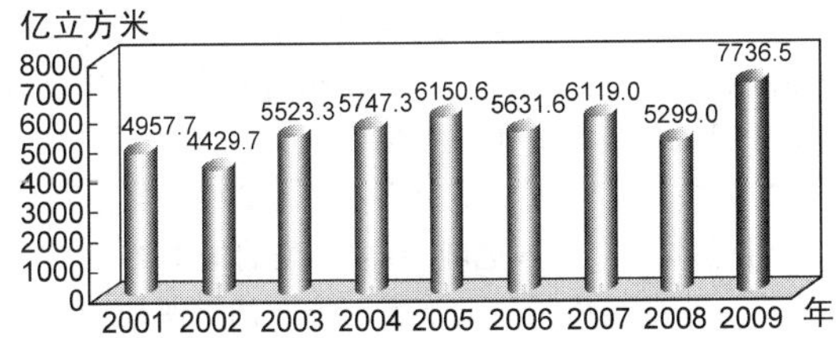

图 17　2001～2009 年全国探明天然气地质储量柱状图

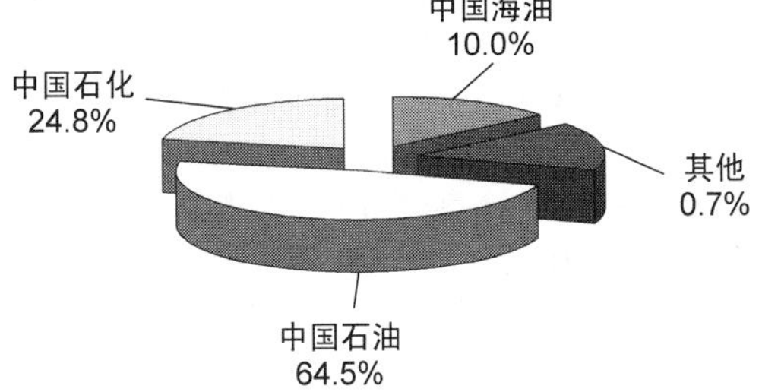

图 18　2009 年度各石油公司探明天然气地质储量比例图

储采比 **44.1**；剩余经济可采储量 **28458.26** 亿立方米，同比增长 **9.9%**，储采比 **33.9**。

2009 年全国天然气新增探明地质储量大于 300 亿立方米的盆地有鄂尔多斯、四川、塔里木和准噶尔盆地(表 2)，合计新增探明地质储量 7329.73 亿立方米，占全国总量的 94.7%；新增探明技术可采储量 3714.98 亿立方米，占全国总量的 96.2%。其中，珠江口盆地增幅最大，新增天然气探明地质储量同比增长 721.5%；其次为塔里木盆地，新增天然气探明地质储量同比增长 182.7%；鄂尔多斯盆地与四川盆地也有大幅增长，新增天然气探明地质储量分别同比增长 88.3% 和 66.6%。

3. *煤层气*。全年新增煤层气探明地质储量 437.73 亿立方米，新增探明技术可采储量 222.14 亿立方米，新增探明经济可采储量 183.45 亿立方米。截至 2009 年底，全国累计探明地质储量 1618.81 亿立方米，累计探明技术可采储量 770.38 亿立方米，累计探明经济可采储量 243.52 亿立方米，剩余技术可采储量 766.72 亿立方米，剩余经济可采储量 239.86 亿立方米。

表 2　2009 年度全国主要盆地天然气探明储量统计

(单位：亿立方米)

序号	盆地	新增探明地质储量		新增探明技术可采储量	
		2008 年	2009 年	2008 年	2009 年
1	鄂尔多斯	1631.42	2718.54	801.40	1301.95
2	四川	1403.13	2641.74	674.47	1142.52
3	塔里木	512.7	1449.53	267.26	901.82
4	珠江口	63.29	519.92	35.38	368.69
合计		3610.54	7329.73	1778.51	3714.98

【油气勘查主要成果】 1. *松辽盆地*。新增石油探明地质储量 8563.55 万吨。新增预测储量 1.66 亿吨。新增天然气探明地质储量 12.86 亿立方米；天然气三级储量 589 亿立方米。

朝阳沟新增石油探明地质储量 4414.00 万吨；大庆长垣扶杨汕层新增石油预测储量 1.05 亿吨；徐家围子新增石油探明地质储量 768.12 万吨，徐家围子断陷致密砂砾岩水平井获高产气流。

永平新增石油探明地质储量 2593.13 万吨；十屋新增石油探明地质储量 788.30 万吨；乾东地区新增石油预测储量 6061 万吨；英台断陷新增天然气预测储量 589 亿立方米。

2. *渤海湾盆地*。陆上新增石油探明地质储量 23105.17 万吨，海上新增石油探明储量 14912.61 万吨，海上老油气田复算增加 1834.08 万吨，合计净增石油探明储量 39851.86 万吨；陆上新增天然气探明地质储量 74.16 亿立方米，海上新增天然气探明储量 158.19 亿立方米，合计新增天然气探明储量 232.35 亿立方米。新增石油三级储量超过 11.8 亿吨。

黄骅凹陷歧口凹陷埕海地区新增石油探明地质储量 6638.41 万吨；岐口凹陷滨海地区储量规模超亿吨；埕海潜山构造带风险勘探海古 1 井获得高产气流；南堡 1 号潜山获工业油气流。

辽河凹陷西部凹陷兴隆台潜山新增控制储量、预测储量合计 1.14 亿吨；辽河滩海东部盖南 1 井获高产油气流。

冀中凹陷饶阳凹陷蠡县斜坡新增石油三级储量 9677 万吨。

济阳凹陷隐蔽油气藏勘探，包括东营陡坡带盐 22－永 920 块、桩海地区、渤南洼陷沙三段、惠民中央带等区块共 16 个油田，新增探明石油地质储量 10484 万吨，实现了连续 27 年年新增探明储量基本保持在 1 亿吨以上。

渤海海域秦南凹陷秦皇岛 29－2 获得新突破；渤中凹陷渤中 2－1 和秦皇岛 36－3 获得新发现；渤中凹陷北部秦皇岛 35－4 评价扩大储量规模；辽东湾发现锦州 20－2N 油田；黄河口凹陷渤中 35－2 评价获中型以上储量规模；滚动勘探渤中 29－1 获新发现；垦利 10－1 评价有望再获亿吨级油田。

3. *鄂尔多斯盆地*。新增石油探明地质储量 47601.02 万吨，新增探明储量亿吨级油田为华庆油田(2.63 亿吨)，新增石油控制储量、预测储量合计 4.19 亿吨；新增天然气探明地质储量 2718.54 亿立方米，新增探明储量千亿立方米级气田为苏里格(2137.97 亿立方米)，天然气控制储量、预测储量合计超 4584 亿立方米。

华庆地区新增石油探明储量、控制地质储量合计4.67亿吨,其中探明储量2.63亿吨;姬塬地区新增石油预测储量2.15亿吨。延长油矿新增探明储量2.07亿吨,其中南泥湾油田新增储量5937.63万吨;王家川油田新增储量5026.41万吨。

苏里格地区新增天然气探明、基本探明地质储量7722亿立方米;高桥地区整体形成4000亿立方米规模储量。

天环凹陷北段棋探1井发现油气层。

4.四川盆地。新增天然气探明地质储量2641.74亿立方米,新增探明储量千亿立方米级气田为合川气田(1112.29亿立方米)和新场气田(1211.20亿立方米),天然气控制储量、预测储量合计超2866亿立方米。

合川地区新增天然气探明地质储量1112.29亿立方米;安岳地区新增天然气控制储量、预测储量合计2110亿立方米;龙岗西剑门1井三叠系须家河组三段获得工业气流。

新场深层天然气勘探新场11、新场12、新场8等探井相继获得成功,实现了孝泉-新场-罗江构造须二气藏整体提交天然气探明储量1211.20亿立方米,为川西第一个千亿立方米大气田。

元坝海相礁滩复合体勘探取得重大进展,新增天然气探明储量275.26亿立方米,新增控制储量605.49亿立方米。

川东北地区中浅层勘探多口探井在雷口坡、须家河和自流井组新层系取得突破,新增天然气探明地质储量191.56亿立方米,控制储量150.66亿立方米,展示了川东北中浅层较大的勘探潜力。

5.塔里木盆地。新增石油探明地质储量17622.02万吨,新增探明储量亿吨级油田为塔河油田(1.248亿吨),新增石油控制储量1.08亿吨;新增天然气探明地质储量1449.53亿立方米,新增探明储量千亿立方米级气田为塔中1号气田(1365.73亿立方米),天然气控制储量超1290亿立方米。

塔中1号气田新增天然气探明地质储量1365.73亿立方米;哈拉哈塘地区新增石油控制储量1.08亿吨;库车克拉苏构造带新增天然气控制储量1290亿立方米;库车克拉苏构造带克深5井发现气层;塔西南山前冲断带柯东1井获高产工业油气流。

塔河油田托普台地区探明了一个亿吨级轻质油藏,新增石油探明地质储量12483.04万吨。

6.准噶尔盆地。净增石油探明地质储量7698.41万吨(其中新增石油探明储量7701.47万吨,核算减少3.06万吨),新增石油控制储量、预测储量合计1.81亿吨,新增天然气探明地质储量25亿立方米。

西北缘新增石油探明地质储量7232万吨,新增石油控制储量、预测储量合计1.81亿吨;西南车排子鼻隆带沙门1井获得工业油气流。

7.海拉尔-塔木察格盆地。塔木察格探区新增石油探明地质储量1.06亿吨,石油预测储量1.43亿吨。

海-塔盆地南贝尔北次凹新增石油探明地质储量1.06亿吨;塔南凹陷新增石油预测储量1.43亿吨;南贝尔凹陷南次凹岩性勘探多口井获工业油流;呼和湖凹陷和10井获得工业油气流。

8.珠江口盆地。新增石油探明地质储量2438.64万吨,新增天然气探明地质储量519.92亿立方米,其中我国第一个深水大型气田——荔湾3-1气田探明地质储量475.81亿立方米。

白云凹陷深水区荔湾3-1气田成功评价,落实了天然气探明地质储量;流花34-2获新发现,位于荔湾3-1东北约30千米的LH34-2-1井获日产油370立方米、日产气154万立方米;凹陷北面的番禺35-1、35-2气田评价也获成功。

西江凹陷番禺10-4获发现,有望形成小油田群。

惠州凹陷惠州25-8获发现,有望带动惠州25-3、25-1等一批小型含油气构造的开发。

文昌凹陷文昌8-3E获商业发现,文昌15-3、7-2和7-3为潜在商业发现。

9.其他盆地。其他有油气勘探成果的是伊通、柴达木、三塘湖、吐哈、二连、酒泉、北部湾、琼东南、莺歌海、东海、苏北、江汉、南襄和沁水盆地。

伊通盆地莫里青断陷西北缘冲断带新增石油控制储量5708万吨。

柴达木盆地新增石油探明地质储量3759.02万吨,昆北断阶带新增石油控制储量、预测储量合计8987万吨。

三塘湖盆地浅层侏罗系新增石油控制储量2135万吨。

吐哈盆地北部山前冲断带新增天然气控制+预测储量336亿立方米。

二连盆地新增石油探明地质储量127.04万吨,阿尔凹陷落实石油储量规模5540万吨;何日斯台凹陷的腾参1井见到了油气显示;高力罕凹陷的延高2井、6井试油见到低产油流(稠油)。

酒泉盆地营尔凹陷长沙岭构造落实石油储量规模3000万吨。

北部湾盆地海上新增石油探明地质储量1425.49万吨,涠西南滚动勘探乌石1-4获发现,涠州12-2钻获油层;陆上福山凹陷落实石油储量规模1213万吨。

琼东南盆地宝岛13-1/13-3S构造首获工业产

能。

莺歌海盆地东方 1－1 中层气层被证实。

苏北盆地新增石油探明地质储量 1399.99 万吨，海安凹陷落实石油储量规模 214 万吨。

江汉盆地新增石油探明地质储量 518.50 万吨。

南襄盆地新增石油探明地质储量 1049.38 万吨。

银根－额济纳旗盆地东部的查干德勒苏凹陷中部的查干凹陷，毛 1 井苏二段、毛 8 井银根组、力 1 井巴一段试获工业油流，实现了查干凹陷勘探的重要突破，新增石油控制地质储量 1468 万吨。预测储量 969 万吨。

·油气资源开采·

【开采投资】 2009 年石油天然气开采投资全年累计达 1799.62 亿元，比 2008 年的 1714.26 亿元增加 85.36 亿元，增幅 5.0%（图 19）。

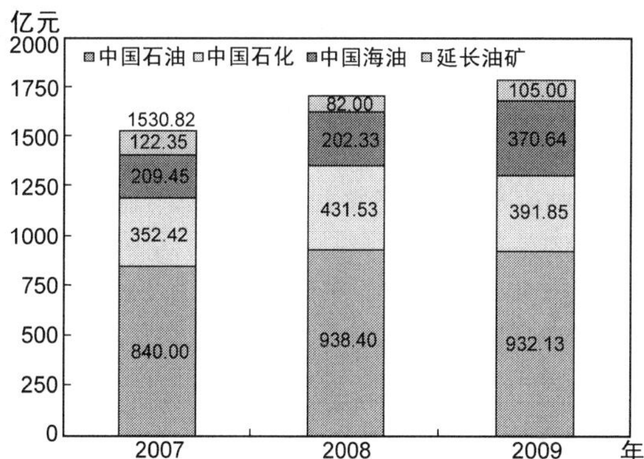

图 19 2007～2009 年全国及各石油公司开采投资柱状图

从各石油公司开采投资来看，中国石油 932.13 亿元，占 51.8%，同比下降 0.7%；中国石化 391.85 亿元，占 21.8%，同比下降 9.2%；中国海油 370.64 亿元，占 20.6%，同比增长 41.3%；延长油矿 105 亿元，占 5.8%，同比增长 28.0%（图 19、图 20）。

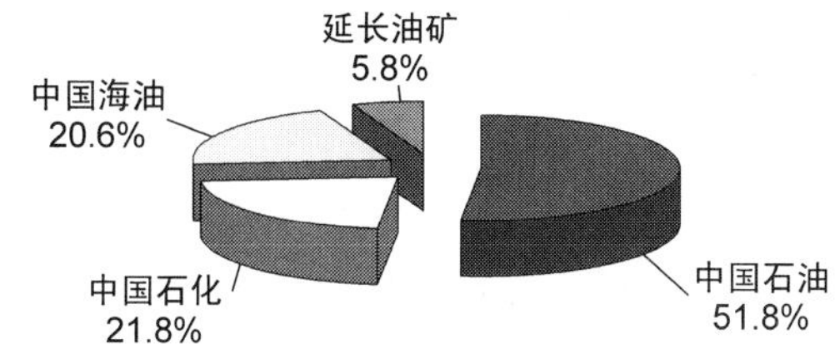

图 20 2009 年各石油公司开采投资比例图

【开发井建设】 2009 年全国完成开发井 26683 口，同比增加 10.3%；总进尺 4805.08 万米，同比增加 16.5%。其中原油开发井 25325 口，进尺 4434.60 万米；天然气开发井 1358 口，进尺 370.49 万米（图 21、图 22、图 23）。

新投产油田 14 个，新投产气田 3 个。新建原油产能 2869.13 万吨，同比增加 43.4%；新建天然气产能 119.29 亿立方米，同比下降 9.7%。

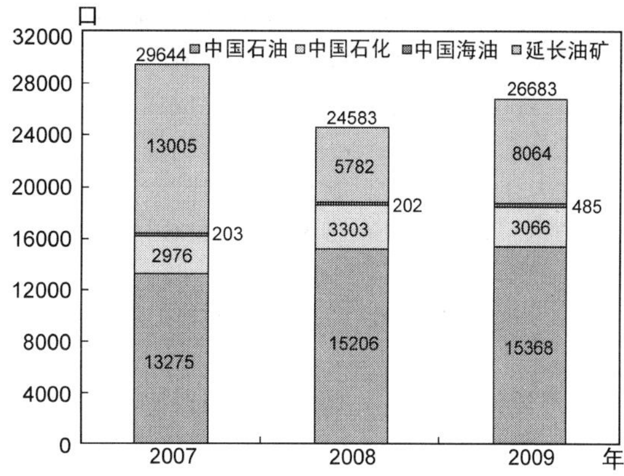

图 21 2007～2009 年全国及各石油公司完成开发井柱状图

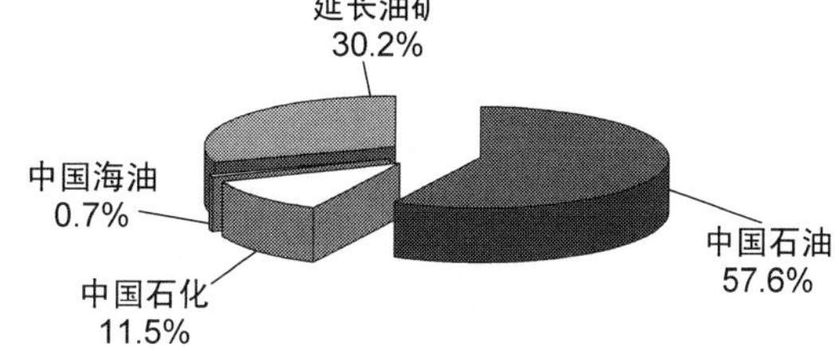

图 22 2009 年各石油公司完成开发井数比例图

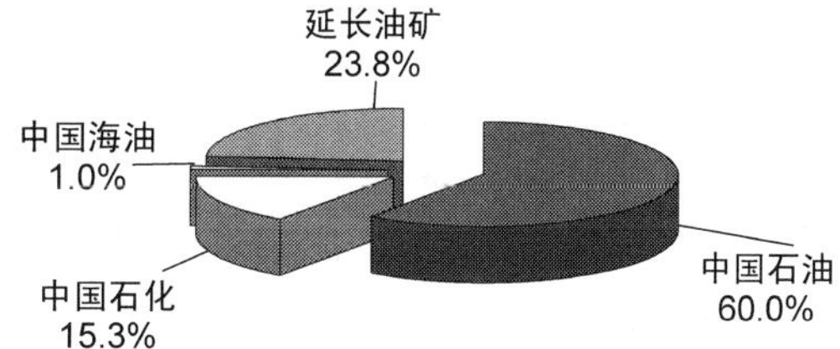

图 23 2009 年各石油公司完成开发井进尺比例图

1. 中国石油。2009 年，完成开发井 15368 口，进尺 2884 万米。其中原油生产井 14296 口，进尺 2593.7 万米；天然气生产井 1072 口，进尺 290.3 万米。

新投产油田 5 个。新建原油产能 1234.53 万吨/年，产能直接投资 586 亿元；新建天然气生产能力 102.5 亿立方米/年，直接投资 198.4 亿元。

2. 中国石化。2009 年，全年完钻开发井 3066 口，进尺 773.24 万米，水平井完钻 601 口。其中，原油开发井 2876 口，进尺 679.67 万米；天然气开发井 190 口，进尺 53.57 万米。

新投产气田 1 个。新建原油产能 570 万吨/年，天然气产能 13.79 亿立方米。

3. 中国海油。2009 年，中国海油完成开发井 185 口，进尺 46.34 万米。其中，原油开发井 167 口，进尺 41.23 万米；天然气开发井 18 口，进尺 5.12 万米。

新投产 9 个油田，2 个气田。新建产能 855 万方油气当量/年；新建集输站14座。

4.延长油矿。2009年，延长油矿完成开发井8064口，进尺1142万米，其中，原油开发井7986口，进尺1120万米；完成注水井561口，进尺100.7万米；其他井4口，进尺1.1万米；天然气试采井完成78口，进尺21.5万米。

2009年新建原油产能209.6万吨、天然气产能3亿立方米。新建集输站36座，筹建LNG站两个(杨家湾和临镇站)。

5. 中联公司。2009年，新建集输站1座。

【油气产量】 1. 石油。2009年，全国石油产量略有下降，全年累计生产石油1.88亿吨，较2008年减少了125万吨，同比下降0.7%(图24)。其中，中国石油生产10251.75万吨，占全国的54.5%；中国石化生产4241.51万吨，占22.5%；中国海油生产3186.93万吨，占16.9%；延长油矿生产1130.00万吨，占6.0%；其他企业11.73万吨，占0.1%(图25)。中国石油同比下降4.9%，中国石化、中国海油和延长油矿石油产量同比分别增加1.5%、10.2%和4.4%。截至2009年底。全国石油累计产出52.15亿吨。

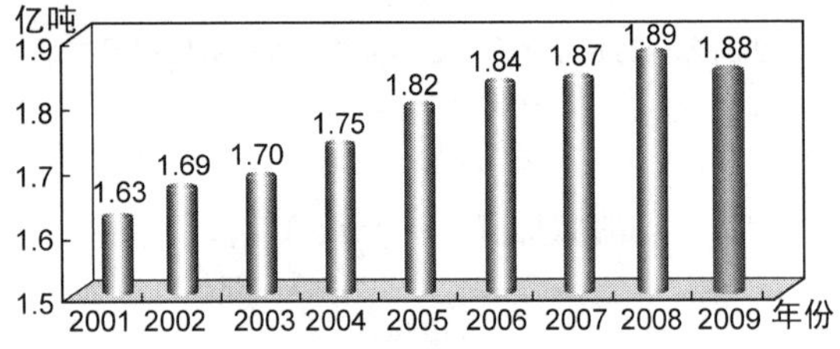

图24　2001～2009年全国石油年产量柱状图

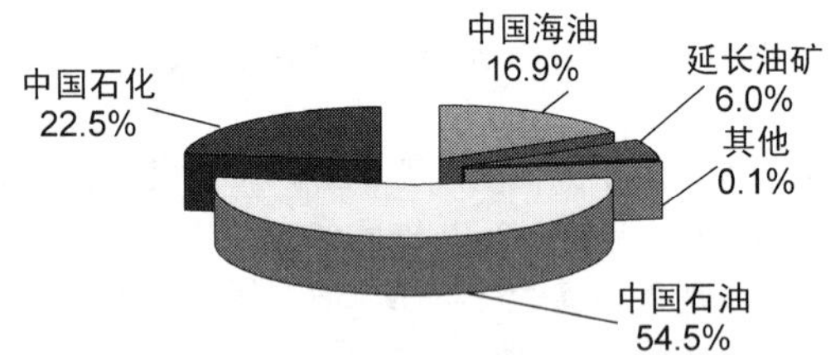

图25　2009年度各石油公司石油年产量比例图

2009年全国石油产量大于1000万吨的盆地有渤海湾、松辽、鄂尔多斯、珠江口、塔里木和准噶尔盆地(表3)，合计产量17695.68万吨，占全国总量的94.0%，与去年相比略有增长。除渤海湾盆地海域与鄂尔多斯盆地石油产量较上年有明显增长外，其余盆地均有不同程度下降。其中，渤海湾盆地海域2009年石油产量1808.56万吨，同比增长21.6%；鄂尔多斯盆地2730.69万吨，同比增长9.5%；准噶尔盆地1134.84万吨，较2008年下降了10.5%；渤海湾盆地陆上石油产量同比下降5.0%，塔里木盆地同比下降3.3%，松辽盆地同比下降2.3%，珠江口盆地同比下降1.4%。

表3　2009年度全国主要盆地石油产量统计(单位:万吨)

序号	盆地		2009年产量	2008年产量	同比增长(%)
1	渤海湾	陆上	5009.91	5274.03	－5.0
2		海域	1808.56	1486.86	21.6
3	松辽		4546.43	4652.20	－2.3
4	鄂尔多斯		2730.69	2494.76	9.5
5	塔里木		1260.99	1278.27	－1.4
6	珠江口		1204.26	1244.86	－3.3
7	准噶尔		1134.84	1268.25	－10.5
合　计			17695.68	17694.23	0.0

2. 天然气。2009年，全国天然气产量继续保持快速增长，全年累计生产天然气840.71亿立方米，较2008年增加了65.84亿立方米，增幅为8.5%(图26)。其中，中国石油生产天然气682.56亿立方米，占全国的81.2%；中国石化生产83.97亿立方米，占10.0%；中国海油生产70.28亿立方米，占8.3%；地方企业生产3.9亿立方米，占0.5%。中国石油、中国石化同比分别增长10.6%、1.2%，中国海油略有下降(图27)。截至2009年底，全国天然气累计产出10196.31亿立方米。

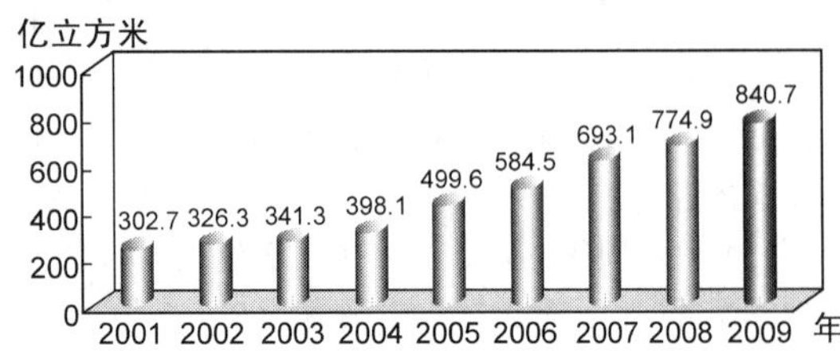

图26　2001～2009年度全国天然气年产量柱状图

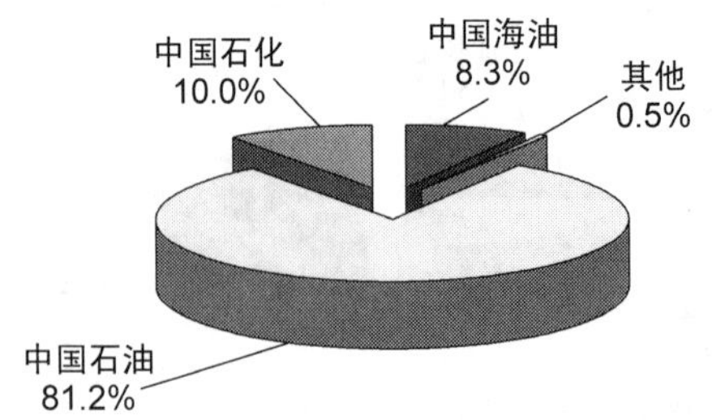

图27　2009年度各石油公司天然气年产量比例图

2009年全国天然气产量大于30亿立方米的盆地有鄂尔多斯、塔里木、四川、松辽、柴达木、渤海湾盆地陆上和准噶尔盆地，合计产量达746.84亿立方米，占全国总量的88.8%，同比增长10.0%。松辽和鄂尔多斯盆地天然气产量增幅最大，同比分别增长29.1%和28.3%，鄂尔多斯盆地的天然气产量突破200亿立方米，达到了209.16亿立方米，超越塔里木和四川盆地，成为我国天然气产量最高的盆地。准噶尔、塔里木和四川盆地天然气产量同比分别增长了5.1%、4.2%和3.0%；柴达木盆地和渤海湾盆地陆上小幅下降了1.3%和5.7%。

表4　2009年度全国主要盆地天然气产量统计

（单位：亿立方米）

序号	盆地	2009年产量	2008年产量	同比增长（%）
1	鄂尔多斯	209.16	163.00	28.3
2	塔里木	194.36	186.55	4.2
3	四川	181.63	176.36	3.0
4	松辽	43.92	34.02	29.1
5	柴达木	43.07	43.65	-1.3
6	渤海湾陆上	38.70	41.04	-5.7
7	准噶尔	36.00	34.24	5.1
合计		746.84	678.86	10.0

3. *煤层气*。全年煤层气地面抽采量10.1亿立方米，利用量5.8亿立方米，抽采量比2008年增加5亿立方米。全国煤矿井下抽采瓦斯（低浓度煤层气）64.5亿立方米，利用量19.3亿立方米（图28），比2008年分别增加6.5亿立方米和3.3亿立方米，增幅分别为11%和21%。截至2009年底，全国建成煤层气年生产能力约25亿立方米，其中，中联公司5亿立方米/年，中国石油5亿立方米/年。

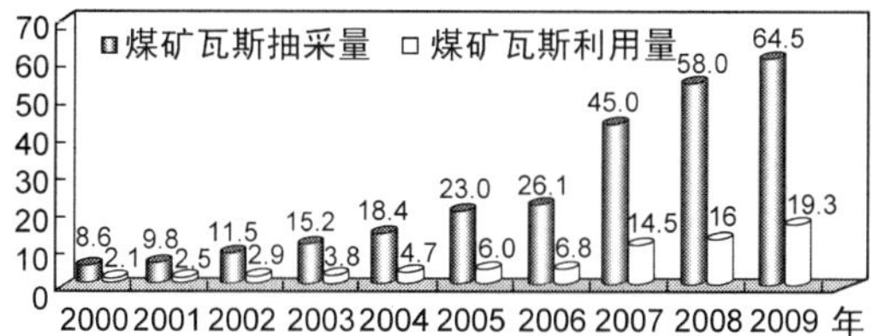

图28　2000～2009年全国煤矿瓦斯抽采量与利用量柱状图

·油气管道建设·

【概况】　截至2009年底，我国已建油气管道总长度达到约7.5万千米，其中天然气管道3.8万千米，原油管道2万千米，成品油管道1.7万千米，形成了跨区域的油气管网输送格局。

【天然气管道】　1. *永唐秦管道投产*。永唐秦管道于2008年2月26日正式开工。2009年6月6日，永唐秦输气管道建成投产。永唐秦输气管道是陕京二线的支线，起于河北省廊坊市永清县，途经天津市武清、宝坻等县区，止于河北省秦皇岛市卢龙县，管道沿线设永清、武清、宝坻、唐山、秦皇岛5座输气站场，可将东北管网天然气引入华北管网。线路全长320余千米，设计输气能力90亿立方米/年，设计压力10兆帕，管径1016毫米。

2. *陕京三线开工*。2009年5月下旬，陕京三线陕西、河北段开工；6月18日，山西段开工。陕京三线西起于陕西省榆林首站，东止于北京市昌平区西沙屯末站，途经陕西、山西、河北、北京3省1市，线路长约1000千米，设计输气能力150亿立方米/年、设计压力10兆帕、管径1016毫米，计划2010年底建成投产。

3. *秦沈管道开工*。2009年5月28日，秦沈天然气管道在辽宁省兴城市开工建设。秦沈线工程包括1条干线和3条支线。干线起自永唐秦管道秦皇岛分输站，途经秦皇岛、葫芦岛、锦州、鞍山、沈阳，终于新民分输站，线路长426千米，设计输气能力90亿立方米/年，设计压力10兆帕，管径1016毫米，计划2010年底建成投产。3条支线分别为葫芦、锦州和沈阳支线。秦沈线是目前我国东北地区口径最大、压力最高、距离最长的天然气管道。

4. *克什克腾旗-北京密云管道开工*。2009年8月，克什克腾旗-北京密云天然气管道开工建设。内蒙古境内大唐国际克什克腾煤制天然气项目，是我国第一个大型煤制天然气示范工程。该项目配套外输干线起自内蒙古克什克腾旗浩来呼热首站，途经河北省围场县、隆化县、丰宁县和滦平县，止于北京市密云县辛安庄末站，在此接入北京燃气管网，全长约359千米，设计输气能力40亿立方米/年，设计压力10兆帕，管径813毫米。该项目还将建设承德供气支线，长48千米，设计输气能力2亿立方米/年，预计2010年下半年建成投产。

5. *山东管网泰威管道开工*。2009年9月28日，山东天然气管网泰威管道开工。泰安-青岛-威海天然气管道包括1条干线和5条支线。干线起自泰安市，途经莱芜市、淄博市、潍坊市、青岛市、烟台市，止于威海市镆铘岛，总长1024千米，管径1016毫米，设计输气能力110亿立方米/年。5条支线分别为莱钢支线、寿光支线、招远支线、乳山支线和日照支线。工程建成后，陕京管线和西气东输二线的天然气可分别通过冀宁线和西气东输二线泰安支干线与山东省管网相连。

6. *榆济管道濮阳-济南段投产*。2009年11月14日，榆济管道濮阳-济南段投产，该段全长211千米，设计压力8兆帕，管径711毫米。榆济管道西起陕西省榆林市，东至山东省济南市，途经陕西、山西、河南、山东4省，管线全长1042千米，设计输气能力30亿立方米/年，设计压力8兆～10兆帕，管径610～711毫米。

7. *涩宁兰复线涩北-两宁段投产*。2009年11月25日，涩宁兰复线涩北-西宁段投产。该管道起自柴达木盆地的涩北一号气田，止于甘肃省兰州市西固区，途经青海、甘肃两省13个市区县，与涩宁兰老管道并行或伴行敷设，站场合建，按同一水力系统设计。线路全长915.4千米，设计输气能力33亿立方米/年，设计压力6.3兆帕，管径660毫米，预计2010年4月全线建成投产。

8. 川气东送管道干线投产。2009年12月4日，川气东送管道干线投产。川气东送管道西起四川省普光气田，东至上海，途经四川、重庆、湖北、安徽、浙江、江苏6个省市，干支线全长超过2200千米，由1条干线和4条支线组成。普光-上海干线长1674千米，设计输气能力120亿立方米/年，设计压力10兆帕，管径1016毫米。4条支线分别为川维、达州、江西和南京支线。

9. 江如管道二期开工。2009年12月6日，江如管道二期开工。江都-如东天然气管道西起冀宁线江都分输清管站，东经泰州、泰兴、如皋、南通至如东分输清管站，与江苏LNG接收站相连；另一路由泰兴清管站出站后向南穿越长江，到达西气东输芙蓉分输清管站，与西气东输管道干线相连。该管道全长276.1千米，设计输气能力120亿立方米/年，设计压力10兆帕，管径1016毫米。分三期建设，一期建设江都-泰州段，于2009年5月17日开工，2009年底建成投产；二期建设泰兴段，计划于2010年6月建成投产。

10. 中国-中亚管道投产。2009年12月14日，中土哈乌四国元首共同见证中国-中亚天然气管道工程投产。管道起始于土库曼斯坦和乌兹别克斯坦边境，经乌兹别克斯坦、哈萨克斯坦到达中国霍尔果斯。管道分AB双线敷设，单线长1833千米，总设计输气能力为300亿立方米/年，设计压力10兆帕、管径1067毫米。

11. 西气东输二线西段投产。2009年12月31日，西气东输二线西段工程建成投产并投入商业供气。西气东输二线工程西起新疆霍尔果斯，南至广州，东达上海，包括1条干线、8条支干线，途经14个省区市，干线和支干线全长约9000千米。干线设计输气能力300亿立方米/年，设计压力12兆~10兆帕，管径1219毫米。以宁夏中卫为界分为东、西两段，霍尔果斯-中卫段干线和中卫-靖边联络线为西段，中卫-广州段线为东段。全线预计将于2011年底全面建成通气。

【原油管道】 1. 吴起-延炼管道投产。2009年4月23日，吴起至延炼原油管道投产，该管道全长402千米，设计输量600万吨/年，是延长石油(集团)管输公司目前输油能力最强的一条管线。

2. 中俄管道开工、庆铁线扩能改造。2009年4月27日，中俄原油管道俄罗斯境内段开工；5月18日，中国境内段开工。中俄原油管道分为从泰舍特至斯科沃罗季诺的远东石油管线、斯科沃罗季诺至漠河的边境管线以及中国境内漠大线三个部分，全长1030千米。中国境内段(漠大线)起自黑龙江漠河，途经黑龙江省和内蒙古自治区13个县市区，止于大庆油田，全长965千米，设计输量1500万吨/年，设计压力8兆帕(局部9、10兆帕)，管径813毫米。

为配合俄罗斯原油引进，对庆铁线(大庆-铁岭)进行扩能改造，新建新庙-垂杨段管道。新庙-垂杨管道起自吉林省前郭县线新庙站，止于长春市垂杨输油站，途经松原市、农安县、长春市等两市一县三区，基本与原庆铁线伴行，全长210千米，管径813毫米，设计压力6.3兆帕，设计输量2700万吨/年。依托庆铁线现有的新庙站、牧羊站、农安站、垂杨站，改造完成后，各站内的输油设施将与之相匹配。扩能改造工程于2009年10月22日正式开工，2010年10月将与漠大线同步投产。

3. 中哈管道二期一阶段投产。2009年7月11日，中哈原油管道二期一阶段工程投产。中哈原油管道总体规划年输油能力为2000万吨，西起里海的阿特劳，途经阿克纠宾，终点为中哈边界阿拉山口，全长2798千米。中哈原油管道前期工程阿特劳至肯基亚克448千米段，于2003年底建成投产，年输油能力为600万吨。一期工程阿塔苏至阿拉山口段全长962千米，于2006年5月实现全线通油。中哈原油管道二期分两个阶段进行。第一阶段起点为哈萨克斯坦阿克纠宾州的肯基亚克，终点为哈萨克斯坦科兹洛尔达州的库姆科尔，线路全长792千米。第二阶段是对全线的站场进行改扩建。

4. 新河石管道投产。2009年7月11日，新建河间-石家庄原油管道建成投产。新河石原油管道起自河北省河间市的河间输油站，经河北省肃宁县、饶阳县、安平县，抵达石家庄炼厂，全长124千米，管径508毫米，全线设3座输油站场，设计输量350万吨。

5. 石兰管道开工。2009年9月28日，石空-兰州原油管道开工。该管道起自宁夏石空首站，途经宁夏的中宁、中卫，甘肃的景泰、永登、皋兰，止于兰州末站，全长约359千米，设计输量500万吨/年，管径457毫米，计划2010年6月底建成投产。

6. 惠银管道开工。2009年9月28日，惠安堡-银川原油管道开工。该管道起于宁夏吴忠市惠安堡首站，终于银川末站，总体呈南北走向，全长141千米，设计输量600万吨/年，管径508毫米，计划2010年6月底建成投产。

7. 日东管道开工。2009年11月28日，日照-东明原油管道开工。该管道起自日照港，止于东明石化，途经山东省境内日照、临沂、济宁、菏泽4个地市，线路总长462千米，设计输量1000万～2000万吨/年，设计压力8.0兆帕，管径711～610毫米。除日照港首站和东明石化末站外，该管道还将兴建莒南、临沂、平邑、兖州、巨野5座中间热泵站，输送从日照港进口的中东原油，计划2011年6月建成投产。

8. *中缅管道开工*。2009年11月，中缅原油管道在缅甸境内的起点——马德岛的码头工程正式开工建设。中缅原油管道全长771千米，从缅甸马德岛出发，自云南瑞丽市进入中国，然后经过大理白族自治州、楚雄彝族自治州等地，抵达昆明。工程一期设计年输送能力1200万吨，总设计年输送能力为2200万吨/年。该管道全线贯通后，自中东、非洲等地的原油将在马德岛码头卸船，通过中缅管道输回中国，从而绕过马六甲这一海运咽喉要道。

【成品油管道】 1. *江苏管网苏南管道开工*。2009年6月2曰，江苏成品油管网的苏南管道开工。由苏南、苏中、苏北三条管道组成的江苏成品油管网将在未来三年内建成，管网全长约1200余千米。其中，苏南管道全长386千米，管径406～323毫米，设计输量450万吨/年，途经南京、镇江、常州、江阴、无锡和苏州。江苏成品油管网全线采用密闭顺序输送工艺，建成后，将南接上海金山石化至苏州管道，北连山东齐鲁石化至徐州管道，同时连接扬子石化和金陵石化。

2. *延炼－西安管道投运*。2009年7月16日，延炼－西安成品油管道建成投运。该管道起始于延安炼油厂，途经铜川、咸阳市，终点为西安市灞桥区，全长201千米，设计输量500万吨/年，设计压力为6.3兆帕和12.0兆帕。

3. *柳桂管道贯通*。2009年8月，柳州－桂林成品油管道全线贯通。该管道于2008年10月开工建设，全长180千米，管径273毫米。管道起始于西南成品油管道的柳州分输泵站，终点为桂林市羊角山油库，设计输送量为150万吨/年，输送油品为93#汽油、97#汽油和0#柴油。

4. *昆大管道投产*。2009年9月8日，西南成品油管道的二期工程——昆明－大理成品油管道建成并一次投产成功。该管道于2008年5月31日开工建设，起点位于昆明安宁市太平镇的长坡油库，途经楚雄州禄丰县、玉溪市易门县到达位于楚雄市的楚西油库，又经楚雄市、南华县、大理州祥云县、弥渡县到达位于大理市凤仪镇的振戎油库和凤仪油库。线路全长326千米，管径323～273毫米，设计年输量290万吨，能够顺序输送0#柴油、90#汽油、93#汽油和97#汽油等多种油品。

5. *福炼一体化管道投产*。2009年11月11日，福建炼化一体化工程中的成品油管道投产。管道一期工程全长345千米，途经福建莆田、泉州、厦门等地，分南北两条线路建设。北线起自泉港首站，北至福州兴闽末站，全长160千米；南线也起自泉港首站，止于厦门石湖山末站，全线长185千米。

6. *珠三角管道二期开工*。2009年11月30日，珠三角成品油管道二期工程在广东梅州中村油库开工建设。工程是2006年底建成投产的湛江至惠州的珠三角成品油管道一期工程的延伸和完善。管线全长498千米，预计在2010年底竣工投营，包括一条主干线和两条支线。管道主干线起点为惠州泽华油库，沿途经过汕尾海丰油库至揭阳曲溪油库，长298千米，管径323毫米，设计输量375万吨/年。梅州支线起点为揭阳曲溪油库，终点为梅州中村油库，长145千米，管径273毫米；澳头支线起点为揭阳曲溪油库，终点为汕头澳头油库，长55千米，管径273毫米；澳头支线和梅州支线设计输量140万吨/年。

7. *鲁皖二期管道分段投产*。鲁皖二期西线成品油管道全长905千米，由济南－邯郸段、邯郸－石家庄段、汤阴－郑州段三部分管道组成。

2009年5月17日，济南－邯郸段投油成功，该段全长480千米，管径457～323毫米，途经济南、聊城、濮阳、汤阴、邯郸等地，管道采用常温密闭顺序输送工艺，设计年输量为590万吨。12月19日，邯郸－石家庄段投油成功，该段管道全长210千米，管径323毫米，途经石家庄、邢台、邯郸等地，管道采用常温密闭顺序输送工艺，设计年输量为170万吨。2010年1月15日，汤阴－郑州段投油成功，该段2009年4月15日开工，全长215千米，管径355毫米，设计年输量为210万吨。

8. *兰郑长管道干线投产*。兰郑长是目前我国最长的一条成品油管道工程，起自甘肃省兰州市，止于湖南省长沙市，途经甘肃、陕西、河南、湖北和湖南5省，管道全长约3007千米，由1条干线、2条输入支线和13条分输支线组成。其中，干线长约2148千米，设计压力为8兆～14兆帕，设计输量为1000万～1500万吨/年，管径508～660毫米。该工程于2007年8月18日正式开工，于2009年底干线全线建成投产。

9. *辽阳－鲅鱼圈管道投产*。辽宁省内的辽阳－鲅鱼圈成品油管道起自辽阳石化公司首山输油转运站，途经鞍山、海城、大石桥至营口鲅鱼圈站，全长约200千米，管径406.4毫米。该管道于2009年底建成投产成。

【油气资源信息化建设】 2009年，国家级油气资源数据库建设全面完成，通过了由国土资源部信息中心组织的专家审查验收。国家级油气资源数据库内容包括盆地基础地质、省区油气资源、管线/炼化、区块登记状况、矿业权勘查投入、油气督察、石油公司企业、地球物理勘探、油气钻探、石油储备/贸易等10个专题数据库12方面内容，涵盖全国122个含油气盆地、30多个省(区、市)及5个海域、132个石油(炼化)企业、1000余个油气田及近几年油气进出口贸易等数据信息。应用该系统，开展了区块信息统计报表制作、专题图绘制、年检及勘查投入分析、督察员和督察活动电子化管理等工作。

国家级油气资源数据库数据更新与系统维护列入探矿权采矿权使用费及价款支出专项，2009年度启动国家级煤层气资源数据库、油气资源勘探开发成果数据库建设两个专题建设。

·非常规油气资源·

【煤层气】 截至2009年底，中国石油华北油田分公司在山西沁水盆地樊庄区块投产直井437口，羽状水平井45口，形成井口年生产能力6亿立方米。2009年9月，建成投产山西沁水煤层气中央处理厂一期(处理能力10亿立方米/年)，实现商品气量6380万立方米。中国石油煤层气有限责任公司启动了韩城地区5亿立方米产能建设，已钻井214口，排采51口井，实现了向韩城商业供气。

中联公司对外合作项目首次在山西柳林区块北区获得53.16亿立方米的探明储量。全年煤层气总销售量7372万立方米，完成了“端氏－晋城－博爱煤层气管道”项目70%工程量。

中国石化确定了和顺、延川南为煤层气重点勘探区；在和顺区块实施了地震、钻井、排采等煤层气示范工程，煤层气排采初见成效，五口井排采见气，四口井点火成功。

【油页岩】 截至2009年底，吉林省地勘局地质调查院在松辽盆地南部探明三处超大型油页岩矿床，总资源量881亿吨，折合页岩油近40亿吨。其中，扶余县长春岭油页岩矿床资源储量452.7亿吨，平均含油率4.89%；当前条件下可供开发利用的资源储量180.4亿吨。前郭－农安油页岩矿床资源储量309.2亿吨，平均含油率4.62%；可供开发利用的资源储量86.0亿吨。三井子－大林子油页岩矿床资源储量119.1亿吨，平均含油率4.46%；可供开发利用的资源储量28.5亿吨。

大庆油田在黑龙江柳树河盆地新增页岩油探明地质储量100万吨，对大庆探区油页岩资源展开了3次野外调查，新评价了4个有利区。辽河油田对探区内的建昌盆地开展了油页岩勘查工作，获得了含油率3.5%以上的油页岩资源储量2185.67万吨，平均厚度4.38米，平均含油率4.91%。

2009年全国页岩油产量40万吨左右。其中，辽宁抚顺矿业集团32.5万吨，辽宁张家窝铺油页岩炼厂1万吨；吉林桦甸地区各炼厂共3万吨，吉林罗子沟龙腾能源开发有限公司3.5万吨。

【油砂】 2009年，中国石油进一步开展了准噶尔盆地西北缘风城地区油砂油可采储量地质评价，初步计算出风城地区油砂油可采储量为4198万吨。继续开展了现场水洗分离试验。在温度85℃下，洗油效率达到91.6%，收油率达到83.3%。

【页岩气】 2009年，国土资源部在全国油气资源战略选区专项中设立了“中国重点地区页岩气资源潜力及有利区带优选”项目，11月在重庆市彭水县连湖乡实施了第一口页岩气战略调查井，见到了良好的页岩气显示，并对页岩吸附气含量等多项数据全面分析，为进一步的勘探打下基础。

2009年11月10日，中国石油天然气股份公司与壳牌公司在北京签署了重庆富顺－永川区块页岩气联合评价协议，这是继美国总统奥巴马访华期间签署《中美关于在页岩气领域开展合作的谅解备忘录》之后中国开发页岩气资源的最新举措。

2009年，中国石化积极开展多种形式的页岩气技术交流和调研工作，正式启动了页岩气资源评价工作，对南方页岩气进行了初步的资源及选区评价；已获得7346.4平方千米的下扬子宣城－桐庐区块页岩气探矿权。

【天然气水合物】 国土资源部继续开展天然气水合物资源调查评价工作，完成准三维多道地震调查3241千米，继续开展内业资料处理、解释，样品分析测试和综合研究工作，新圈定了二个BSR分布区块，优选了天然气水合物钻探目标。系统总结了调查区天然气水合物的成矿条件，预测了天然气水合物资源前景。

·油气资源管理·

【油气资源政策】 1.《全国油气资源战略调查工作纲要》。为加强油气基础调查工作，国土资源部地质勘查司组织油气中心、中国地质调查局研究编制了《油气资源战略调查工作纲要》。2009年8月26日，国土资源部《关于加强油气资源战略调查的请示》(国土资发〔2009〕65号)经财政部、国家发展改革委会签后上报国务院,9月13日,温家宝总理等国务院领导批示同意。根据《请示》,已经编制完成《全国油气资源战略调查实施方案》(送审稿)。

2. 组织油气资源战略、规划及国家规划矿区研究。组织研究石油、天然气、煤层气矿产资源战略、规划和政策,初步形成油气国家规划矿区和对国民经济具有重要价值矿区的方案。

3. 完善油气勘查实施方案及开发利用方案审查制度。2009年7月15日,下发《国土资源部办公厅关于印发油气(含煤层气)勘查实施方案及开发利用方案编写大纲的通知》(国土资厅发〔2009〕63号),对油气勘查实施方案和开发利用方案编写进行规范,并先后两次组织专家审查会,开展勘查实施方案及开发利用方案的审查。

4. 推进全国煤炭煤层气矿业权重叠清理。2009年12月17日,在山西晋城召开现场交流会,及时总结解决煤炭、煤层气矿业权重叠经验,推动煤炭、煤层气两个产业协调健康发展。基本解决利益冲突大、矛盾最为突出的山西晋城地区的煤炭、煤层气矿业权重叠问题,为全部解决重叠问题起到了很好的示范作用。

5. 推进台湾海峡油气资源联合勘探开发。为贯彻落实《国务院关于支持福建省加快建设海峡西岸经济区的若干意见》(国发〔2009〕24号)精神,2009年国土资源部与福建省人民政府建立台湾海峡油气资源勘探开发联席会议制度,为两岸石油企业之间的合作创造环境、打好基础、做好服务,共同推进台湾海峡油气资源的合作勘探和联合开发。

【油气矿业权审批管理】 2009年共审批颁发石油天然气(含煤层气,下同)勘查许可证、采矿许可证(包括新立、变更、延续、保留)536个(表7),其中,探矿权484个,勘查面积154万平方千米(新立探矿权18个,面积6.31万平方千米);采矿权52个,开采面积7363平方千米(新立采矿权18个,面积3395平方千米,新增石油产能770万吨/年、天然气产能29亿立方米/年、煤层气产能7亿立方米/年)。批准油气试采项目12个。批准注销探矿权14个(油气注销10个,面积27421平方千米;煤层气注销3个,面积551平方千米;油气采矿权注销1个,面积120平方千米)。完成对中国石油、中国石化、中国海油、延长油矿的矿业权使用费的批量征费工作,截至12月底,全国油气矿业权使用费共核定22.2亿元,其中,减免9.5亿元,实际征收12.7元,已全部征缴入库。

截至2009年12月底,全国石油天然气勘查许可证1096个,勘查面积423.6万平方千米,其中,对外合作勘查许可证54个,面积14.3万平方千米;采矿许可证644个,开采面积11.4万平方千米,其中,对外合作采矿许可证26个,开采面积4166平方千米。

其中,中国石油探矿权435个,面积176.9万平方千米,采矿权390个,面积8.9万平方千米;中国石化探矿权318个,面积96.4万平方千米,采矿权193个,面积1.9万平方千米;中国海油探矿权242个,面积138.5万平方千米,采矿权47个,面积0.5万平方千米;延长油矿探矿权38个,面积8.5万平方千米,采矿权5个,面积0.044万平方千米;中联公司探矿权28个,面积2.04万平方千米,采矿权2个,面积0.01 3万平方千米(图29~31)。

表7　2008年、2009年油气矿业权审批对照表

		2008年		2009年	
		数量	面积（平方千米）	数量	面积（平方千米）
油气探矿权	新立	22	30023	17	63049
	变更	79	357421	61	260120
	延续	379	1432115	318	1157216
煤层气探矿权	新立	0	0	1	44
	变更	42	30082	9	5052
	延续	42	38440	78	53597
探矿权合计		564	1888081	484	1539078
油气采矿权	新立	8	1569	14	3254
	变更	4	1883	18	3473
	延续	29	1305	16	495
煤层气采矿权	新立	2	217	4	141
	变更	0	0	0	0
	延续	0	0	0	0
采矿权合计		43	4974	52	7363

注:中国海油1个保留项目计入延续类。

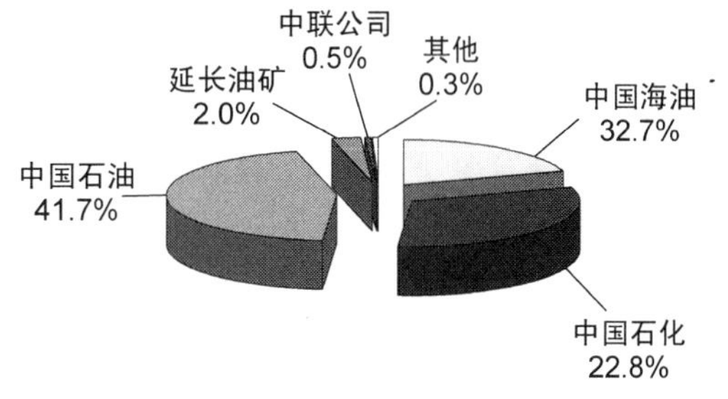

图29　2009年各石油公司探矿权登记面积状况图

【油气矿业权监督及秩序维护】 1. 完善油气矿业权年检制度。2009年3月24日,下发《国土资源部办公厅关于开展2009年度石油天然气(含煤层气)矿业权

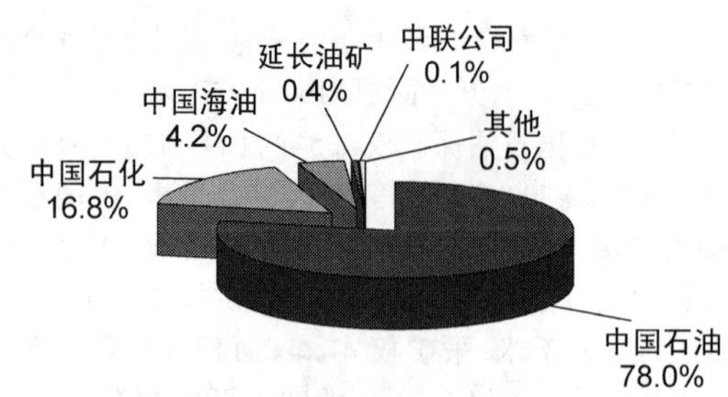

图 30　2009 年各石油公司采矿权登记面积状况图

中联公司
0.5%
延长油矿
2.0%
其他
0.3%
中国海油
31.9%
中国石油
42.7%
中国石化
22.6%

图 31　2009 年各石油公司探矿权采矿权登记面积状况图

年检工作的函》(国土资厅函〔**2009**〕**197** 号),要求各矿业权人对有效矿业权在开展自查工作的基础上,提交勘查、开采年度报告。除按照规定不参加年检的 **246** 个探矿权外,各公司自检矿业权 **1474** 个,其中,探矿权 **857** 个,采矿权 **617** 个。勘查面积 **288.1** 万平方千米,依法应完成最低勘查投入 **282.3** 亿元,实际总投入 **577.5** 亿元,同比增加 **9.7** 亿元。但投入不均衡现象突出,勘查投入未达到法定要求的探矿权 **474** 个,面积达 **179.5** 万平方千米。国土资源部责令各矿业权人及时整改,并在探矿权延续、变更时予以重点审查。

2. 加强油气矿业权现场督察。结合年检自查情况,组织油气中心、中国地质调查局和部分省油气督察员,赴吉林、海南、内蒙、河南、山东、河北、天津等省(市、自治区),对 30 多个油气矿业权项目进行了现场督察,了解了勘查开采作业中的有关情况,督促了油气矿业权人依法完成勘查投入。继续坚持新立探矿权与退出面积挂钩的制度,2009 年共退出或核减勘查区块面积约 9 万平方千米,基本形成进退有序的局面。

3. 协调解决纠纷,维护矿业权秩序。一是多次召开协调会,促成中国石油与晋煤集团签署了合作协议,按照合作思路衔接煤炭、煤层气的勘查开采,使长期存在的晋煤集团下属蓝焰公司在中国石油煤层气采矿权区块中的无证、侵权勘查开采煤层气问题得以最终解决。二是督促阜新矿业(集团)有限责任公司与阜新市宏地勘新能源有限责任公司在 2009 年上半年签订了《五龙煤矿深部划定区块范围内地面煤层气抽采协议书》和安全生产协议书,彻底解决了该地区长期存在的煤炭煤层气矿业权纠纷。

4. 探索创新监督管理制度。2009 年,结合部联系点工作,国土资源部地质勘查司和河南省国土资源厅、焦作市人民政府签署了《煤层气矿业权监督检查联系点工作会议会议纪要》,委托河南省和焦作市开展煤层气矿业权监督检查工作试点。

【油气科技管理工作】　2009 年 6 月,下发《国土资源部办公厅关于下达 2009 年全国油气资源战略选区调查与评价项目计划的通知》(国土资厅发〔2009〕55 号),在 2008 年度选区工作的基础上,确定延续项目 2 个,财政预算 3060 万元;启动新立项目 20 个,财政预算 15000 万元。

为填补大兴安岭地区基础地质调查空白,利用中俄输油管道(安纳线)国家重点建设项目施工过程中形成"大探槽"的机会,组织黑龙江省国土资源厅、中国地质调查局,多次与负责安纳线工程的中国石油有关部门协调,研究协调机制和成立联合工作小组。目前,黑龙江省漠河－大庆地学大剖面综合调查已经顺利开工。该项目的实施,将有力推动大兴安岭北段及松辽盆地西缘的基础地质、矿产地质、能源地质研究,为行业间协作提供了成功范例。

(选自《2009 年全国油气矿产储量通报》)

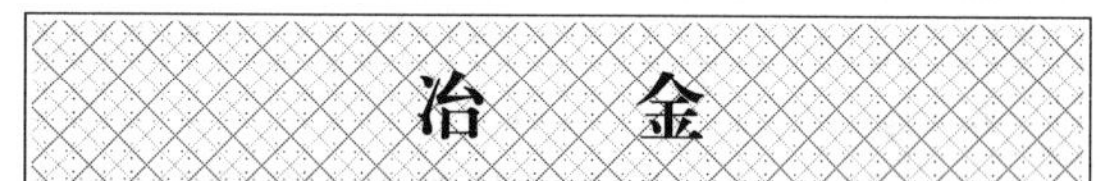

【概况】　2009 年是新世纪以来我国经济发展最为困难的一年,是钢铁工业经历严峻考验的一年;同时,也是冶金矿山行业应对国际金融危机走过不平凡历程的一年,是冶金矿山发展与改革加快推进的一年。从 2008 年四季度开始到 2009 年上半年,受国际金融危机的影响,国内铁精粉价格跌幅达到了 60%,接近或低于了生产成本,导致铁矿资源勘查出现萎缩,矿山建设减速,矿石生产放缓,企业生产经营十分困难,有 1/3 的地方铁矿企业处于停产状态,国产铁矿的市场份额曾经下降到 30%。

在异常困难的情况下,冶金矿山行业干部职工,坚定信心,迎难而上,锐意改革,扎实工作。2009 年下半年,初步摆脱困难局面,矿山生产逐步恢复,矿山建设加速推进,地质勘探取得显著成效,质量效益稳步提高,行业整体实力明显增强,各项工作取得了新的成绩,为钢铁工业平稳较快发展提供了有力支撑。

2009 年,全国粗钢、生铁、钢材产量分别为 56784.24 万吨、54374.82 万吨和 69243.72 万吨,同比增长 13.5%、15.9%和 18.5%;我国铁矿石原矿产量累计达到88017.14万吨。

2009年，全国规模以上铁矿企业生产铁矿石88017.14万吨，与2008年同期相比增加7211.87万吨，累计同比增长8.9%。

1. 从全国铁矿石产量的增长趋势分析看。近年来，我国铁矿石生产一直高速增长，但是受金融危机影响，2009年上半年铁矿石累计产量同比都是负增长。2009年下半年，在国家经济刺激计划效应的带动下，钢铁需求逐渐恢复，产能释放，产量扩张，对铁矿石的需求大幅增长。从6月开始，矿石生产逐渐恢复，12月的铁矿石产量超过历史最高水平，相当于年产11亿吨铁矿石的能力。全年铁矿石产量再创新高达8.8亿吨，比2008年同期增长8.9%，产能利用率达到87.6%（表1）。

2. 从全国铁矿石产量区域分布的情况看。华北地区是国内铁矿石最为重要的产区。该区全年生产铁矿石48382.03万吨，占全国总量55%；东北地区生产铁矿石14169.45万吨，占全国总量16%；华东地区生产铁矿石7517.28万吨，占全国总量9%；中南地区生产铁矿石4625.29万吨，占全国总量5%；西南地区生产铁矿石10301.25万吨，占全国总量12%；西北地区生产铁矿石3021.84万吨，占全国总量3%。

表1　2009年1～12月全国分地区铁矿石原矿产量
（单位：万吨）

地区	全国	华北	东北	华东	中南	西南	西北
1月	4723.63	2219.36	822.27	442.17	250.34	621.39	722.96
2月	5819.02	3003.00	913.60	494.39	259.92	751.73	505.70
3月	6172.23	2712.49	1094.14	498.58	375.61	935.06	665.67
4月	6078.83	3133.18	1079.60	566.55	303.82	842.54	262.46
5月	6555.64	2834.71	1328.21	527.41	299.38	803.65	871.09
6月	8326.88	3933.49	1416.25	711.51	440.71	882.55	1049.93
7月	7686.75	3764.69	1249.58	618.85	368.44	768.98	1023.07
8月	7668.25	3482.98	1201.17	628.38	367.12	812.52	957.28
9月	8542.69	3916.50	1326.33	733.36	401.34	926.97	1306.24
10月	8387.60	3935.86	1324.61	610.16	392.79	1021.63	1210.60
11月	8678.11	4168.33	1202.30	799.09	499.06	992.71	1125.10
12月	8824.82	4233.32	1211.26	785.37	645.92	1131.27	910.96

华北和东北两大地区合计产矿62551.48万吨，占全国生产总量71%。其中河北省铁矿石产量最大，全年生产铁矿35789.47万吨，占全国总量的41%。但与去年同期相比增幅为负。四川省产量达8343.85万吨，同比增长46%，是全国铁矿石产量同比增幅较大的省份（表2）。

表2　2009年全国铁矿石产量（单位：万吨）

地　区	2009年	2008年	各区占全国总量比重（%）		与2008年同期比	
			2009年	2008年	增量	%
合　计	88017.14	80805.27	100.00	100.00	7211.87	8.92
华北地区	48382.03	48033.21	54.97	59.44	348.82	0.73
北京	1955.22	1780.69	2.22	2.20	174.53	9.80
河北	35789.47	36008.89	40.66	44.56	-219.42	-0.61
山西	3289.93	3654.93	3.74	4.52	-365.00	-9.99
内蒙古	7347.41	6588.70	8.35	8.15	758.71	11.52
东北地区	14169.45	12111.61	16.10	14.99	2057.84	16.99
辽宁	13080.02	11148.24	14.86	13.80	1931.78	17.33
吉林	1006.85	917.12	1.14	1.13	89.73	9.78
黑龙江	82.58	46.25	0.09	0.06	36.33	78.55
华东地区	7517.28	6595.15	8.54	8.16	922.13	13.98
江苏	542.36	556.67	0.62	0.69	-14.31	-2.57
浙江	129.03	120.63	0.15	0.15	8.40	6.96
安徽	2594.97	2058.77	2.95	2.55	536.20	26.04
福建	1662.88	1581.00	1.89	1.96	81.88	5.18
江西	680.50	552.22	0.77	0.68	128.28	23.23
山东	1907.54	1725.86	2.17	2.14	181.68	10.53
中南地区	4625.29	4159.92	5.25	5.15	465.37	11.19
河南	828.38	734.78	0.94	0.91	93.60	12.74
湖北	1288.54	1054.44	1.46	1.30	234.10	22.20
湖南	441.79	305.34	0.50	0.38	136.45	44.69
广东	1444.37	1506.93	1.64	1.86	-62.56	-4.15
广西	134.89	100.60	0.15	0.12	34.29	34.09

续表 2

地　区	2009 年	2008 年	各区占全国总量比重(%)		与 2008 年同期比	
			2009 年	2008 年	增量	%
海南	487.32	457.83	0.55	0.57	29.49	6.44
西南地区	10301.25	7377.53	11.70	9.13	2923.72	39.63
重庆	43.28	38.53	0.05	0.05	4.75	12.33
四川	8343.85	5709.33	9.48	7.07	2634.52	46.14
贵州	80.19	66.04	0.09	0.08	14.15	21.43
云南	1805.59	1512.55	2.05	1.87	293.04	19.37
西藏	28.34	51.08	0.03	0.06	-22.74	0.00
西北地区	3021.84	2527.85	3.43	3.13	493.99	19.54
陕西	368.20	301.87	0.42	0.37	66.33	21.97
甘肃	950.32	719.11	1.08	0.89	231.21	32.15
青海	34.89	43.20	0.04	0.05	-8.31	-19.24
新疆	1668.43	1463.67	1.90	1.81	204.76	13.99

【铁矿石市场】 1.2009 年铁矿石市场价格逐步回升。全年最高价为 980 元/吨，最低价为 550 元/吨，平均价为 805 元/吨。2008 年下半年以来，国内外铁矿石价格止住了连续 5 年的上涨趋势，一路暴跌。国内铁精粉价格从 2008 年 8 月开始直线回落，跌幅达到 60%以上，市场价格接近甚至低于生产成本。矿山企业面临巨大压力，生产经营十分困难。2009 年 4 月中旬后，铁矿石价格呈上涨走势，到 8 月中旬市场价格普遍比谷值上涨 40%以上。由于大量进口铁矿石，对国内铁矿石生产造成冲击：进口矿占有价格和质量优势，钢厂对进口矿的用量增加，进口矿占据了市场有利地位，抑制了国内矿的市场需求。9 月中旬进口矿价格上涨，10 月中旬价格与国产矿旗鼓相当，逐渐丧失价格优势，才推动国内矿市场需求的增加。截至 12 月底，国产矿价格达到全年高点：平均价格为 805 元/吨。全年大体呈现 W 型走势(表 3)。

表 3　　2009 年 1～12 月部分地区铁矿石市场价格(含税)(单位:元/吨)

产地或矿山	产品品种	品位(%)	1～3 月			4～6 月			7～9 月			10～12 月		
			单价	同比增加		单价	同比增加		单价	同比增加		单价	同比增加	
				数量	%		数量	%		数量	%		数量	%
华北地区														
河北迁安	铁精矿	66	715	-935	-56.7	740	-945	-56.9	790	-300	-27.5	860	-20	-2.3
河北迁西	铁精矿	66	715	-935	-56.7	715	-955	-57.5	780	-270	-25.7	830	-50	-5.7
河北遵化	铁精矿	66	690	-960	-58.2	715	-955	-57.5	780	-270	-25.7	820	-60	-6.8
河北滦县	铁精矿	66	660	-960	-59.3	690	-950	-58.3	760	-240	-24.0	810	-60	-6.9
河北武安	铁精矿	65	755	-875	-53.7	790	-970	-56.4	870	-210	-19.4	965	125	14.7
河北沙河	铁精矿	65	790	-840	-51.5	760	-940	-56.0	870	-230	-20.9	965	105	12.2
河北宽城	铁精矿	65	650	-900	-58.1	675	-860	-57.3	760	-260	-25.5	780	-40	-4.9
河北滦平	铁精矿	65	650	-900	-58.1	675	-860	-57.3	760	-260	-25.5	780	-50	-6.1
河北赤城	铁精矿	65	700	-680	-49.3	730	-780	-55.7	780	-140	-15.2	730	-10	-1.3
河北石家庄	铁精矿	65	740	-760	-50.7	690	-910	-56.9	810	-190	-19.0	910	80	9.6
邯邢局	铁精矿	66	770	-1015	-56.9	780	-1020	-57.3	860	-490	-36.3	960	70	7.9
北京密云	铁精矿	65	740	-860	-53.8	655	-720	-53.3	870	-190	-17.9	980	140	17.1
山西灵丘	铁精矿	66(湿)	620	-710	-53.4	645	-645	-51.0	640	-600	-48.4	760	90	13.2
山西繁峙	铁精矿	66(湿)	630	-610	-49.2	655	-645	-51.0	650	-340	-34.3	760	80	11.4
山西代县	铁精矿	64(湿)	630	-490	-43.8	655	-1110	-63.8	660	-280	-29.8	750	120	18.8
东北地区														

续表 3

产地或矿山	产品品种	品位(%)	1~3月			4~6月			7~9月			10~12月		
			单价	同比增加		单价	同比增加		单价	同比增加		单价	同比增加	
				数量	%		数量	%		数量	%		数量	%
辽宁抚顺	铁精矿	66	620	-810	-56.643	620	-830	-58.0	670	-330	-33	730	20	2.9
辽宁辽阳	铁精矿	65(湿)	550	-725	-56.863	560	-780	-58.6	600	-260	-30.2	640	20	3.2
辽宁朝阳	铁精矿	66(湿)	560	-715	-56.078	600	-715	-56.5	630	-220	-25.9	655	0	0
辽宁北票	铁精矿	66(湿)	560	-735	-56.757	590	-710	-56.8	620	-230	-27.1	640	-10	-1.5
辽宁建平	铁精矿	66(湿)	585	-705	-54.651	610	-720	-56.3	640	-210	-24.7	665	-10	-1.4
辽宁本溪	铁精矿	65	640	-790	-55.2	610	-870	-59.6	680	-420	-38.2	720	30	4.3
华东地区														
安徽马鞍山	铁精矿	64	730	-600	-45.1	630	-820	-56.9	740	-510	-40.8	750	-10	-1.4
安徽铜陵	铁精矿	64	740	-610	-45.2	640	-820	-56.6	750	-510	-40.5	765	-15	-2.0
安徽合肥	铁精矿	64	720	-610	-45.9	620	-830	-57.6	740	-500	-40.3	740	-10	-1.4
安徽大别山	铁精矿	64	720	-610	-45.9	610	-820	-57.3	720	-520	-41.9	730	-10	-1.4
安徽大别山	铁精矿	66	840	-760	-47.5	750	-980	-57.6	860	-590	-40.7	840	30	3.8
安徽庐江	铁精矿	64	760	-690	-47.6	650	-900	-58.1	780	-540	-40.9	780	-10	-1.3
安徽繁昌	铁精矿	64	740	-610	-45.2	640	-820	-56.6	750	-510	-40.5	765	-15	-2.0
安徽繁昌	球团矿	62	840	-660	-44.0	740	-880	-55.0	860	-540	-38.6	870	-10	-1.2
安徽安庆	球团矿	62	950	-600	-38.7	840	-880	-51.2	960	-640	-40.0	960	-30	-3.2
安徽霍邱地区	铁精矿	65(湿)	620	-1000	-61.7	600	-1115	-65.6	760	-540	-41.5	890	-120	-12.2
山东金岭	铁精矿	65	730			760	-1090	-61.2	800	-560	-41.2	950	40	4.7
鲁中矿业	铁精矿	64	730			750	-1070	-60.8	780	-580	-42.6	920	60	7.2
中南地区														
湖北大冶	铁精矿	63	650	-930	-58.9	630	-950	-61.3	730	-370	-33.6	780	-20	-2.7
湖北鄂州	铁精矿	64	660	-890	-57.4	620	-940	-60.6	720	-380	-34.5			
海南矿业	铁精矿	63				585	-885	-60.2	715	-470	-39.7	700	150	26.5

2. *铁矿石海需求增长，矿价和海运费价格出现上涨走势*。①全球粗钢产能迅速恢复，产量逐月增长。2009年世界全年粗钢产量累计12.2亿吨。我国粗钢生产创历史新高为56784万吨，同比增长13.5%。受全球粗钢产量恢复的刺激，铁矿石资源供应也呈现巨大增长。2009年全球铁矿石海运贸易量近9亿吨。

②铁矿石价格和海运费价格出现回升走势。2009年初承接2008年走势，巴西、澳大利亚至中国的海运费价格只有9.1美元/吨和5.70美元/吨。之后缓慢回升至2月中旬的27.39美元/吨和11.27美元/吨，进入盘整期后开始下跌。4月，巴西、澳大利亚至中国的海运费价格低至15.36美元/吨和6.21美元/吨，为全年最低点。6月，受世界经济复苏，中国铁矿石需求增加的影响，海运市场好转，海运费价格逐步走高达到全年最高点为48.35美元/吨和20.64美元/吨。截至12月底，巴西、西澳至中国的海运费价格与4月谷值相比，涨幅分别达1.76倍和1.78倍。

【铁矿石进口】 2009年中国累计进口铁矿石6.28亿吨，比2008年增加进口1.84亿吨，同比增长了41.57%，是历史上增加进口量和增长幅度均为最大的一年。其中进口粗矿粉41110.76万吨，精矿粉6927.68万吨，块矿11764.41万吨，球团矿2957.99万吨。

由于国内实际成品矿的增长很少，造成国产矿自给率明显下降，对进口铁矿石的依赖度提高到68%以上。

1. *从全年各月进口量来看*。2009年进口矿量价齐涨一路走高，12月达到顶峰。12月进口铁矿石6216.43万吨、进口金额538378.69万美元，同比分别增长81.87%和72.23%。其中低点1月进口矿石

3265.43万吨，与高点12月份进口矿石6216.43万吨相比增加进口2951万吨，增长约90%。

2. 从进口矿来源看。澳大利亚、巴西、印度和南非4个国家的铁矿石占中国全部铁矿石进口量86.9%。2009年，中国从澳大利亚进口26186.26万吨，同比增长42.8%；从巴西进口14240.17万吨，同比增长41.5%；从印度进口10734.44万吨，同比增长18%；从南非进口3413.14万吨，同比增长135.0%（表4）。

表4　2009年进口铁矿份品种情况（单位：万吨）

产　品	2009年	2008年	与去年同期比/%	占进口量的比重/%
铁矿合计	62777.92	44365.74	41.57	100.00
烧结用铁粉矿	41110.76	29822.92	37.90	65.49
铁块矿	11764.41	8584.83	37.20	18.74
铁精粉	6927.68	3904.22	77.48	11.04
已烧结铁矿	2957.99	2043.19	44.76	4.71
铁矿合计	62777.92	44365.74	41.57	100.00
其中：澳、巴、印、南合计	54573.87	38954.83	40.10	86.93
澳大利亚	26186.26	18341.83	42.80	41.71
巴西	14240.17	10062.91	41.50	22.68
印度	10734.44	9098.09	18.00	17.10
南非	3413.01	1452.00	135.00	5.44
其他国家合计	8204.05	5410.91	51.60	13.07

3. 从平均到岸价格来看。2009年全年累计进口矿平均到岸价格79.87美元/吨。12月进口矿平均到岸价格为2009年高点，平均到岸价格为86.61美元/吨。其中粗粉到岸价格为84.27美元/吨、块矿到岸价格为88.21美元/吨、精矿到岸价格为93.33美元/吨、球团到岸价格为108.80美元/吨。

【矿山固定资产投资】 1. 地质找矿力度继续加大，铁矿勘查取得较大突破。2009年，在鞍本、冀东、兖州、攀西、庐枞、新疆等勘查区共计探获铁矿石资源量近50亿吨。一批危机矿山探获新资源，使老矿山重新焕发生机。这些找矿成果在相当程度上缓解了我国铁矿资源供需矛盾，也更加坚定了我们立足国内、提高铁矿资源保障能力的信心。

2. 铁矿投资继续增长，但增速呈现回落趋势。据国家统计局统计，2009年，全国城镇黑色金属矿采选业完成投资额为841.39亿元，增加投资160.9亿元，同比增长23.9%，但增幅同比下降35.4个百分点，可见投资矿山的积极性受到影响。尽管如此，一批大中型矿山建设进展较为顺利，老矿山改造扩建工程全面展开，新矿山建设工程加速推进，一批重点项目前期工作取得新进展，企业发展后劲进一步增强。我国铁矿石原矿产能达到11亿吨（表5）。

表5　2009年黑色冶金矿山固定资产投资

	1~2月	3月	4月	5月	6月	7月	8月	9月	10月	11月	12月	合计
投资额（亿元）	32.14	48.39	50.01	93.32	139.92	79.34	63.49	97.29	74.58	76.97	85.94	841.39
增长率（%）	101.80	41.08	13.14	71.86	34.93	24.75	-3.98	31.53	-7.03	0.48	27.28	23.90

【冶金矿山行业面临的形势】 1. 生产成本仍然偏高，直接影响企业的市场竞争力。尤其是资源条件差、装备陈旧、社会负担沉重的老矿山，以及近几年建设投产的超低品位矿利用、难采难选矿利用的企业，生产成本远高于行业平均水平。

2. 经济政策调整，增加了矿山企业税费负担。2009年，国家调整增值税。矿山企业缴纳的增值税由13%调整为17%；并开征燃油税，使原本就不堪重负的冶金矿山企业税费负担率增加了5个百分点，目前我国铁矿企业综合税率在20%以上。

3. 资源保障不足，铁矿对外依存度进一步上升。2009年全年进口铁矿石6.28亿吨，比2008年增加进口1.84亿吨，增长41.6%，是历史上增加进口量和增长幅度最大的一年，生铁增量的80%是靠增加进口铁矿石满足的。

4. 矿山投资增幅下降，建设成本大幅提升。2009年，全国城镇黑色金属矿采选业完成投资额841.39亿元，同比增长23.9%。相比于2008年矿山投资59.3%的实际增长率，2009年投资增长大幅降低，甚至要低于2006年26.4%的实际增长率。可见金融危机对2009年矿山投资的积极性造成较大影响。由于矿权、土地获取成本大幅上升，环保门槛提高，以及矿山建设条件差、开采难度大，选矿工艺复杂，新矿山建设吨矿投资普遍上升了50%以上。节能减排和发展低碳经济的压力越来越大，解决资源环境问题的紧迫性日益增强。

5. 资源整合推进缓慢，结构调整难度增大。全国有4000多家铁矿开采企业，90%以上是小型矿山，产业集中度极低。由于涉及各方面的利益调整，资源资产整合、发展大集团、建设大型基地、提高产业集中度这些关系行业经济结构调整，转变发展方式的重大举措难以有根本性推进。产业布局不合理和企业组织结构规模小、技术资源和人力资源利用率低、浪费资源和破坏环境、产品市场调控能力弱等，成为制约行业科学发展的重要因素。

6. 矿山企业体制机制不适应市场化要求。特别是大型矿山企业尚没有建立完善的现代企业制度，公司制股份制改革步履艰难，公司治理结构迈不出实质性步伐，产权结构单一，缺乏资本运作这一重要抓手。企业发展方式粗放，自主创新能力不强，管理能力和水平有待提高。

这些影响冶金矿山行业健康可持续发展的问题，既有历史积累的老问题，也有市场经济出现的新矛盾；既有体制机制约束，也有行业生产力水平亟待提高问题；这些问题既有长远的，又有当期的。我们必须高度重视，认真研究，努力探索，积极创造条件，逐步加以解决。

（中国冶金矿山企业协会　揭香萍）

有色金属

【概况】 2009年，我国有色金属工业在党中央"保增长、扩内需、调结构"方针的指引下，全面贯彻落实《有色金属产业调整和振兴规划》，应对国际金融危机取得明显成效，全行业企稳向好的态势不断巩固，企业盈利能力逐步恢复，节能降耗取得新成效，兼并重组和境外资源开发取得新进展。

2009年，全国十种有色金属产量为2605万吨，同比增长4%。其中，精炼铜411万吨，同比增长8.74%；原铝1284.60万吨，同比下降2.51%；铅370.79万吨，同比增长15.64%；锌435.67万吨，同比增长11.34%；镍16.48万吨，同比增长28.03%；锡13.45万吨，同比增长4.16%；锑16.58万吨，同比增长13.72%；镁50.08万吨，同比下降4.75%；海绵钛6.15万吨，同比增长38.89%。

全年十种有色金属产量超过100万吨的省（自治区）有10个，分别为：河南471.13万吨，同比增长2.14%；山东212.65万吨，同比增长2.77%；云南211.96万吨，同比增长1.76%；湖南199.55万吨，同比增长10.16%；内蒙古175.99万吨，同比增长8.56%；甘肃172.74万吨，同比增长4.60%；安徽116.00万吨，同比增长25.13%；广西110.25万吨，同比增长10.05%；山西105.29万吨，同比下降25.68%；青海102.56万吨，同比下降7.26%。以上10个省、区的十种有色金属产量达到1878.10万吨，占全国总产量72.10%。

精炼铜产量位于全国前10位的省（市、自治区）是：江西81.62万吨，同比增长4.83%；山东56.36万吨，同比增长20.54%；安徽53.92万吨，同比增长2.12%；甘肃41.89万吨，同比增长14.07%；云南29.84万吨，同比下降4.60%；湖北27.16万吨，同比增长0.22%；浙江22.73万吨，同比下降23.62%；江苏22.10万吨，同比增长28.58%；内蒙古21.08万吨，同比增长44.36%；上海8.82万吨，同比下降19.05%。以上10省、市、自治区的精炼铜产量为365.51万吨，占全国总产量的88.94%。

原铝（精炼铝）产量位于全国前10位的省（自治区）是：河南314.97万吨，同比下降2.86%；山东152.07万吨，同比下降5.05%；内蒙古129.69万吨，同比增长5.86%；甘肃94.88万吨，同比增长0.02%；青海89.11万吨，同比下降10.57%；贵州80.27万吨，同比增长38.05%；山西75.84万吨，同比下降22.70%；宁夏65.55万吨，同比增长8.60%；云南63.67万吨，同比增长16.22%；广西53.48万吨，同比增长7.39%。以上10省、区的原铝产量均超50万吨，共产原铝1119.53万吨，占全国总产量的87.15%。

铅产量位于全国前10位的省（自治区）是：河南119.16万吨，同比增长7.54%；湖南63.63万吨，同比增长17.53%；安徽61.70万吨，同比增长55.81%；云南31.87万吨，同比下降12.34%；江苏17.28万吨，同比增长34.71%；广西13.81万吨，同比下降6.33%；广东13.31万吨，同比增长2.38%；湖北7.76万吨，同比增长50.65%；江西7.54万吨，同比下降2.53%；陕西7.29万吨，同比增长51.41%。以上10省、区的铅产量为343.36万吨，占全国总产量的92.60%。

锌产量位于全国前10位的省（自治区）是：湖南98.42万吨，同比增长13.80%；云南77.53万吨，同比增长1.51%；陕西37.93万吨，同比增长7.66%；广西37.69万吨，同比增长19.79%；辽宁35.28万吨，同比下降0.92%；河南29.56万吨，同比下降52.79%；广东25.68万吨，同比增长3.8%；四川25.05万吨，同比增长44.77%；内蒙古21.84万吨，同比增长7.79；甘肃19.85万吨，同比下降4.47%。以上10个省、区的锌产量为408.83万吨，占全国总产量的93.84%。

【有色金属矿山及氧化铝产品产量】 1. 规模以上企业6种精矿金属含量同比增长3.94%。2009年，规模以上企业生产6种精矿金属含量566.30万吨，同比增长3.94%。其中，铜金属含量96.15万吨，同比增长4.65%；铅金属含量136.04万吨，同比增长18.77%；镍金属含量8.11万吨，同比增长13.46%；锡金属含量7.25万吨，同比增长11.24%；锑金属含量9.60万吨，同比增长1.74%；锌金属含量309.16万吨，同比下降1.95%。

规模以上6种精矿金属含量位于全国前10位的

省(自治区)是:内蒙古 91.08 万吨,同比增长 4.77%;云南 87.62 万吨,同比下降 14.70%;湖南 67.68 万吨,同比增长 13.73%;四川 52.42 万吨,同比增长 35.64%;广西 34.07 万吨,同比增长 9.09%;甘肃 32.62 万吨,同比下降 10.33%;广东 31.47 万吨,同比增长 0.89%;江西 29.75 万吨,同比增长 16.35%;陕西 22.59 万吨,同比增长 21.71%;福建 17.56 万吨,同比增长 21.87%。

2. 钨、钼精矿折合量同比稳定增长。2009 年,全国钨精矿折合量 9.91 万吨,同比增长 17.35%,其中钨精矿的主要生产省份江西 4.66 万吨,湖南 2.31 万吨,这两个省的钨精矿产量占全国总产量的 70.37%;钼精矿折合量 20.78 万吨,同比增长 20.39%,其中,钼精矿的主要生产省份河南和陕西分别完成了 10.31 万吨和 3.66 万吨,河南省同比增长 32.64%,陕西省同比下降 1.71%。

3. 氧化铝产量继续企稳回升,同比增长 4.43%。2009 年,全国氧化铝产量 2379.24 万吨,同比增长 4.43%。其中,河南 850.07 万吨,同比下降 0.71%;山东 655.68 万吨,同比下降 0.02%;广西 455.29 万吨,同比增长 81.20%;山西省 259.80 万吨,同比下降 23.79%。

【铜、铝加工材产量】 2009 年,全国铜、铝材等深加工产品产量呈增长态势,铜材产量 888.42 万吨,同比增长 18.68%;铝材产量 1650.35 万吨,同比增长 15.62%。

铜材产量位于全国前 10 位的省(市、自治区)是:江苏 185.95 万吨,同比增长 33.56%;浙江 179.60 万吨,同比增长 18.81%;江西 131.55 万吨,同比增长 20.99%;广东 104.09 万吨,同比下降 8.09%;安徽 81.54 万吨,同比增长 43.64%;河南 40.93 万吨,同比下降 5.95%;天津 26.84 万吨,同比增长 1.37%;湖南 26.37 万吨,同比下降 37.67%;山东 24.80 万吨,同比增长 42.68%;上海 20.59 万吨,同比增长 45.43%。

10 个省(市、自治区)铜材产量为 822.26 万吨,占全国总产量的 92.55%。

铝材产量位于全国前 10 位的省(市、自治区)是:广东 404.78 万吨,同比增长 8.23%;河南 286.56 万吨,同比增长 6.08%;山东 224.98 万吨,同比增长 36.39%;江苏 129.67 万吨,同比增长 30.75%;浙江 104.63 万吨,同比增长 24.55%;辽宁 78.52 万吨,同比增长 2.75%;重庆 75.15 万吨,同比下降 3.17%;福建 64.56 万吨,同比增长 4.97%;湖南 27.00 万吨,同比增长 19.19%;四川 26.19 万吨,同比下降 10.89%。

10 个省(市、自治区)的铝材产量为 1422.03 万吨,占全国总产量的 86.17%。

【企业盈利】 2009 年 1 ~ 11 月,规模以上有色金属工业企业(不包括独立黄金企业)实现主营业务收入 19096 亿元,同比下降 3.0%。实现利润 618 亿元,比 2008 年同期下降 27.7%(全国规模以上企业实现利润同比增长 7.8%)。预计 2009 年规模以上有色金属工业企业实现主营业务收入 2.1 万亿元左右,基本与 2008 年持平;预计实现利润约 750 亿 ~ 800 亿元。

【进出口额降幅收窄】 2009 年,有色金属进出口贸易总额为 832 亿美元,同比下降 11.3%。其中,进口额为 659 亿美元,同比增长 0.4%;出口额为 173 亿美元,同比下降 38.6%。2009 年,净进口未锻轧铜 316 万吨,比 2008 年增长 1.24 倍;净进口未锻轧铝 143 万吨,而 2008 年则是净出口 58 万吨;净进口未锻轧铅 18 万吨,同比增长 12 倍;净进口未锻轧锌 77 万吨,比 2008 年增长 1.98 倍。

【固定资产投资】 2009 年,有色金属工业(不包括独立黄金企业)完成固定资产投资 2717 亿元,比 2008 年增长 16.5%,比全国城镇固定资产投资增幅低 14 个百分点。有色金属工业新开工项目投资额为 2860.3 亿元,增幅比 2008 年增加 19.4 个百分点。

【企业节能降耗】 2009 年,全国铝锭综合交流电耗为 14171 千瓦时/吨,同比下降 152 千瓦时/吨,全年节电 20 亿千瓦时;氧化铝综合能耗为 659 千克标煤/吨,同比下降 19.3%;铜冶炼综合能耗为 366 千克标煤/吨,同比下降 7.2%;铅冶炼综合能耗降到 459 千克标煤/吨,同比下降 2.8%;电锌综合能耗为 922 千克标煤/吨,同比下降 3.2%。2009 年有色金属工业(包括独立黄金企业)能源消耗量为 8314 万吨标准煤,同比下降 3%;万元工业增加值能耗同比下降 15%。

【科技成果】 由协会牵头组建的产业技术创新战略联盟取得了阶段性效果;列入《国务院关于发挥科技支撑作用,促进经济平稳较快发展的意见》中的三项有色金属产业重点先进技术均取得积极进展,其中新型阴极结构等铝电解技术使直流电耗有了大幅度降低,开始在部分铝厂推广应用;自主研发的氧气底吹熔炼多金属捕集技术,已建成处理多金属矿原料 50 万吨/年生产线,运行达到预期效果。中金岭南丹霞冶炼厂 10 万吨锌氧压浸出工程和株洲冶炼厂常压富氧浸出技改项目成功投产,标志着我国锌冶炼技术水平跃上了一个新台阶。时速 350 千米高铁用铝材,已实现了国产化。

【企业兼并重组】 中国五矿集团公司与湖南有色金属

控股公司2009年底正式签署战略合作协议,由中国五矿集团控股湖南有色控股公司;中国有色矿业集团收购了山东奥博特铜铝业有限公司;云南冶金集团收购美铝持有的美铝(上海)公司100%股权。青铜峡能源铝业集团公司成功回购加宁铝业外方股权。

【有色金属境外资源开发】 中国五矿集团公司以13.8亿美元收购了澳大利亚第三大矿业公司(OZMineral公司)的主要资产。中国有色矿业集团成功收购赞比亚卢安夏铜业公司、澳大利亚特拉明矿业公司和吉尔吉斯斯坦恰拉特金矿;该集团在赞比亚谦比希的15万吨铜冶炼项目建成投产。中金岭南公司收购澳大利亚PEM公司50.1%的股权。华东有色地勘局在伦敦交易所收购了WTI50.1%的股份,控股该上市公司。吉林吉恩镍业公司分别收购加拿大3个镍矿项目和澳大利亚1家公司的镍钴项目。

【有色金属资本市场】 2009年在境内外新上市的有色金属企业4家,在香港股票市场融资105亿港元,在深圳股市融资19.8亿元人民币。资本市场有色金属板块涨幅明显超过沪深两市大盘涨幅,有色金属板块总市值从2008年末的0.43万亿元,涨到2009年末的1.03万亿元,涨幅140%,比大盘涨幅高40%。

(中国有色金属工业协会　李宴武)

·钨业经济运行情况及市场分析·

【概况】 2009年是我国钨业经受严峻考验的一年,钨企业遭遇全球金融危机的严重冲击,经济效益严重下滑。

1. 钨精矿产量有所增长。据有色协会统计,2009年我国钨精矿产量99122吨,比2008年增长17.35%,增幅加快了12.34个百分点,已连续4年持续增长(图1)。

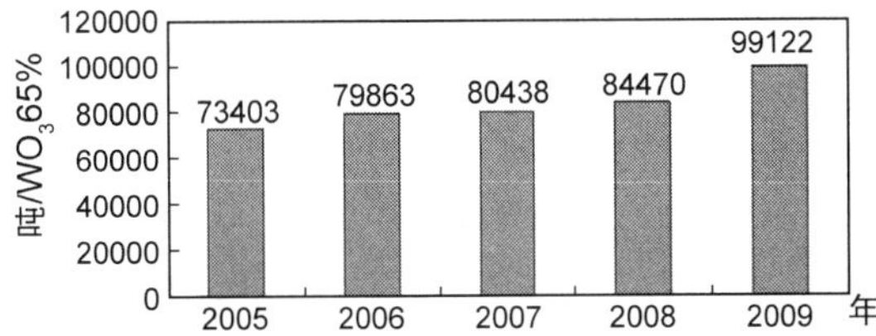

图1　2005～2009年全国钨精矿产量(有色协会统计数据)

2. 钨冶炼加工产品产量普遍有所下降。钨冶炼加工企业开工不足,产量普遍有所下降,尤其钨铁生产企业几乎处于停产和半停产状态。据钨协快报统计,除钨铁、钨条外,钨冶炼加工产品产量普遍有所增长(表1)。

3. 钨品进出口量。根据海关数据统计,2009年,我国出口钨品15631.1吨(金属量,不含硬质合金,下同),同比下降42.36%,其中出口配额钨品9422.3吨,占全年出口配额的64.54%,同比下降47.12%;出口额4.07亿美元,同比下降56.24%。1～3季度累计出口硬质合金2312.67吨,同比下降18.58%,出口额5686.932万美元,同比下降39.41%,预计全年硬质合金出口量2700吨左右,同比下降17%左右。

2009年,我国进口钨品5349.2吨(金属量,含钨精矿,下同),同比下降19.32%,其中进口钨精矿4698.9吨,同比下降9.95%;进口额1.15亿美元,同比下降35.22%。

不含硬质合金,我国钨品净出口额2.92亿美元,同比下降61.22%;钨品净出口量10281.87吨,同比下降49.82%。

表1　2009年主要钨品全国产量同期对比(单位:万吨,亿米)

品名	仲钨酸铵	氧化钨	钨粉	钨铁	钨条杆	细钨丝	硬质合金
2008	5.29	4.25	2.41	1.10	0.34	228	1.65
2009	5.61	4.59	2.70	0.55	0.31	206	1.66
同比/%	6.05	8.00	12.03	-50.00	-10.00	-9.65	0.50

注:硬质合金产量为预计数。

4. 国内钨市场价格低位震荡。国内钨精矿价格在2006年突破10万元/吨后,已连续三年回落,钨冶炼加工产品的价格也随着下滑(图2)。

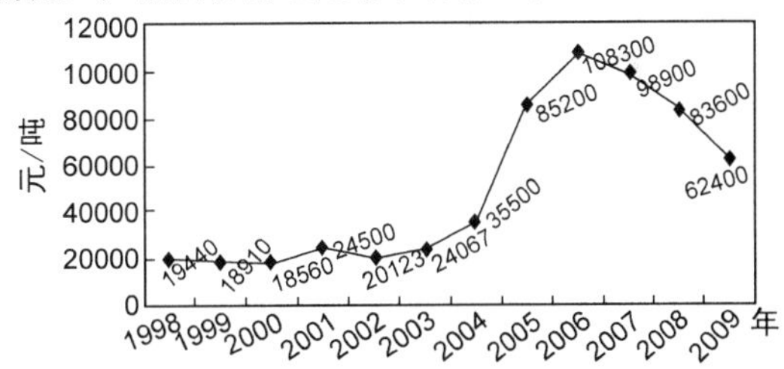

图2　1998～2009年国内钨精矿年均销售价格

2009年国内钨精矿、APT和钨铁全年平均售价分别为6.24万元/吨、9.71万元/吨和11.46万元/吨,比2008年分别下降25.36%、26.05%和26.26%。

5. 国际钨市场价格持续走低。我国钨品出口受出口暂定关税以及国外需求减弱的双重影响,钨品出口价格持续走低位。2009年钨品出口综合平均价格26032.64美元/吨金属,同比下跌24.07%,接近回落到2005年价位(图3)。

2009年,欧洲仲钨酸铵报价年初连续三个月稳定在210～230美元/吨度,4～7月缓慢下滑至170～200美元/吨度,8月后缓慢回升至185～210美元/吨度,9～12月连续3个月稳定在185～210美元/吨度;年初

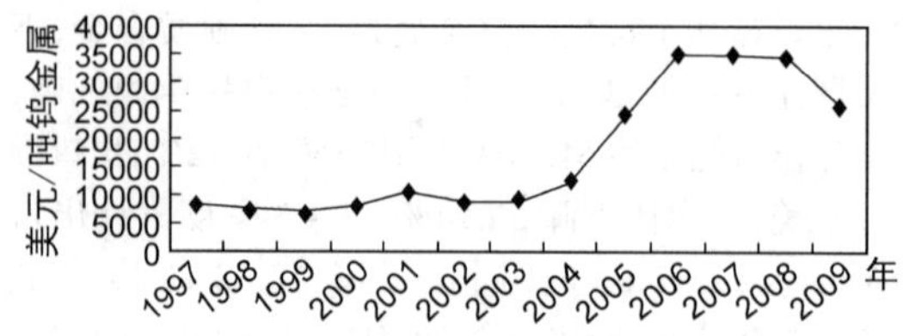

图3　1997～2009年钨品出口年平均价格

欧洲钨铁报价**25～26**美元/千克,**3**月初上调到**29.5～**31美元/千克,随后缓慢下滑至5月底24～25.1美元/千克,6月后连续2个月停滞在25～26美元/千克,8、9月后回升至28～30美元/千克,随后缓慢回落,11、12月连续2个月稳定在25.5～26.5美元/千克。

除个别钨品外,绝大多数钨品年累计平均出口价格均有较大幅度下降。2009年进口钨条价格108887.2美元/吨,比2008年下降12.27%,是出口价格的4.2倍;进口钨丝价格211990.6美元/吨,比2008年上涨22.72%,是出口价格的3.0倍,价格差距仍然较大。

6.经济效益大幅下降。2009年,无论是钨开采企业,还是钨冶炼加工企业和出口贸易企业,受到全球金融危机的严重冲击,经营成本大幅度上升,企业经营经受了严峻的考验,除个别企业外,大多数企业的主营业务收入、利税、利润总额出现负增长,少数企业已出现亏损。全行业销售收入372亿元,比2008年下降5.00%;实现利润23.5亿元,比2008年下降39.00%,下降幅度减缓了5个百分点(表2)。

表2　2005～2009年全国钨行业销售收入及利润(单位:亿元)

年份	2005	2006	2007	2008	2009
利润	59.6	63.8	67.4	38.4	23.5
收入	261	311	356	391	372

【政策环境分析】　国家对战略钨资源的合理开发利用非常重视。国务院常务会议审议并原则通过有色金属产业调整振兴规划;国土资源部研究制定了《保护性开采的特定矿种勘查开采管理暂行办法》(国土资发〔2009〕165号);国土资源部等12个部门联合发出《关于进一步推进矿产资源开发整合工作的通知》,要求在2010年年底前全面完成整合工作任务初步建立矿产资源开发利用长效机制。

对钨矿开采继续实行总量控制,总量指标有所增加。国土资源部下发了《关于下达2009年钨矿锑矿和稀土矿开采总量控制指标的通知》(国土资发〔2009〕49号文),下达2009年全国钨矿开采总量控制指标为68555吨(折合65%WO_3),比2008年增加1705吨,增长2.55%。

对初中级钨品出口继续实施配额管理,并逐年减少出口配额。商务部下达2009年的钨及钨制品出口配额总量折合金属量为1.46万吨,比2008年下降2%。

1月1日起增值税税率由13%恢复到17%,虽然购入设备进项税可以抵扣,但大部分钨矿山属于开采50多年的老矿山,设备抵扣少。按2008年钨精矿不含税价格7.4万元/吨计,每吨钨精矿增加近3000元税。

近几年,国家密集出台钨品出口的关税和有关钨矿开采的税费调控政策。2005～2007年三年间先后8次对钨品出口关税政策进行调整。钨品出口退税由13%先后下调到8%、5%,直至取消初中级产品退税并开征和提高暂定出口关税,下调硬质合金和钨材等高端钨品出口退税。钨品出口关税过快过度上调,使得企业难以承受,导致出口成本上升,效益下滑。同时,还严重影响到我国钨品出口价格的竞争力和国际市场的占有率。2009年7月1日起,仲钨酸铵等8个钨品的出口暂定关税由10%降低到5%,钨铁出口暂定关税依然保持20%,走私利益空间增大,国外钨铁市场萎缩,国内钨铁企业经营陷入困境。

【市场供需形势】　近几年钨消费量稳定增长,国内钨消费量预计达到2.75万吨(金属量),比2008年增长6%。2009年,中央继续实施积极的财政政策和适度宽松的货币政策,家电下乡、汽车以旧换新等政策的实施等,拉动了国内钨市场需求的增长;国际钨市场需求的萎缩,严重影响了国外市场对钨需求的增长。随着钨矿的整合推进和达产,伴生钨、低品位钨废石和尾矿的综合回收量的增加,钨精矿供应量有所增加;但一些主产钨矿区由于往深部下延,品位下降或资源趋于枯竭,钨精矿产量有所下降,有些已出现明显下降,钨市场供应总体保持平稳。根据钨协调研和企业报表数据分析,统计数据显示2009年全国钨精矿产量存在较大误差,主要原因是无独立采选的私营贸易企业的贸易量导致的重复统计;钨精矿品位、品名不符,导致"张冠李戴"和产品品级不符导致的计量误差;其他因素导致虚增。核实2009年全国钨精矿产量为92000吨左右。

2009年,进口钨精矿9124吨,比2008年下降9.95%;废旧硬质合金再生量保持在5000吨以上,折合金属量4150吨,全年废钨利用总量预计超过10000吨金属。

【存在问题】　1.钨开采总量仍然过大。2009年全国开采总量控制指标为68555吨,而实际产量达9万多吨,超指标30%以上,影响了钨市场秩序和我国钨工业的可持续发展。

2.产品结构不合理,产业集中度不高。我国绝大多数硬质合金厂家只生产烧结态产品,产品以中低档硬质合金为主,高精密刀具、模具、工程机械配件等高附加值硬质合金产品比重很低,企业多,规模小,产业集中度不高,已成为转变我国钨工业经济发展方式亟待解决的重要问题。

3. 钨深加工企业科技投入少,自主创新能力还不强。我国钨深加工企业的发展偏重于设备与厂房等固定资产的投入,科技投入少,导致前沿技术和关键领域还没有重大突破,原创性核心技术成果少,研发水平和创新能力与国外先进企业的差距还很大。

4. 钨行业财税政策有待完善。在前几年钨产业经济上行的背景下,国家密集出台钨品出口的关税和有关钨矿开采的税费调控政策,企业难以承受,成本上升,效益下滑。同时,还严重影响到我国钨品出口价格的竞争力和国际市场的占有率。

(中国钨业协会　刘良先)

黄　金

【概况】 据有关科研机构预测,我国金矿资源蕴藏量在1.5万~3万吨之间,未查明金矿资源总量很大。

至2009年底,我国黄金已查明资源储量为6327.90吨。其中,资源量为4418.20吨,基础储量为1909.70吨(储量为1015.30吨)(表1、表2)。

表1　2004~2009年我国黄金储量变化一览表(单位:吨)

年度	储量	基础储量	资源量	查明资源储量
2004	1394.64	2092.50	2522.20	4614.70
2005	1240.29	1956.64	2795.52	4752.16
2006	1261.95	1995.02	3001.88	4996.90
2007	1126.06	1859.74	3681.60	5541.34
2008	1038.89	1868.40	4083.39	5951.79
2009	1015.30	1909.70	4418.20	6327.90

数据来源:国土资源部。

表2　2009年我国黄金储量一览表(单位:吨)

金矿资源	储量	基础储量	资源量	查明资源储量
岩金	713.90	1322.90	3076.40	4399.30
砂金	103.60	176.90	343.90	520.80
伴生金	198.00	409.90	1003.80	1413.70
合计	1015.30	1909.70	4418.20	6327.90

数据来源:国土资源部。

近年来,金矿已查明资源储量逐年递增,重点矿区、大型矿区的找矿工作取得突破。甘肃、海南、新疆、青海、吉林、内蒙古、陕西相继发现大金矿,其中甘肃阳山金矿为亚洲最大的类卡林型金矿。

2009年,低品位、难处理金矿石资源开发利用力度明显加大,随着对难选冶金矿的生物氧化、原矿焙烧等选冶工艺取得重大突破,目前低品位难处理金矿产金已超过矿产金总产量的1/3。

【黄金生产经营情况】 2009年,全国生产黄金313.980吨。与2008年相比,黄金产量增加31.973吨,同比增长11.34%。连续三年位居世界黄金产量第一(图1)。

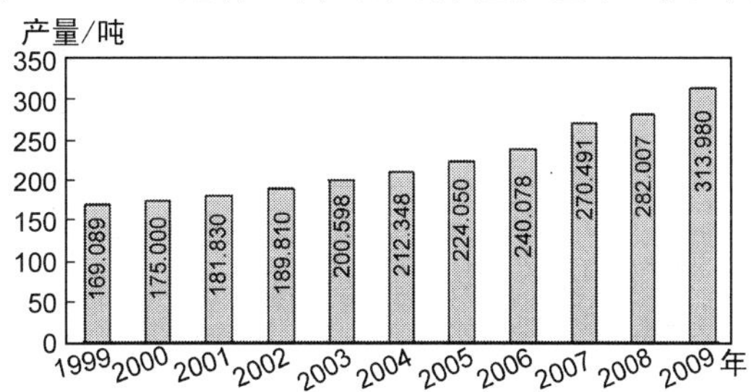

图1　1999~2009年黄金产量一览图

2009年,黄金企业矿产金(矿山产成品金+含量金)累计完成261.051吨,比去年同期增加11.84%。有色副产金完成52.929吨,比去年同期增长8.93%。

在黄金矿产金261.051吨中,黄金矿山企业完成162.798吨,黄金冶炼厂黄金原料完成91.937吨,有色冶炼厂黄金原料完成6.316吨。黄金矿山企业共销售给冶炼厂(含黄金冶炼厂和有色金属冶炼厂)黄金含量金98.253吨。其中部分小型矿山的含量金直接销售给冶炼厂,未计入分省(区、市)产量,约为34.995吨。

各重点产金省(区)矿产金产量占全国矿产金产量的比重分别为:山东19.69%、河南11.06%、福建7.29%、陕西5.10%、内蒙古5.09%、湖南4.49%、云南4.07%、贵州3.84%、新疆3.51%、甘肃3.31%;以上各重点产金省(区)矿产金产量约占全国矿产金产量的67.43%,其他省份约占32.57%。部分小矿山生产的含量金直接销售给冶炼厂,未计入分省(区、市)产量。这部分产量约为34.995吨(表3)。

2009年,冶炼企业(有色金属冶炼企业+黄金冶炼企业)累计完成成品金151.182吨,比去年同期增长12.19%。其中,有色冶炼厂共完成黄金59.245吨,比去年同期增长10.83%。黄金矿山原料完成6.316吨,有色副产金52.929吨;黄金冶炼厂完成黄金91.937吨,比2008年同期增长13.09%。

随着经济体制改革的深入,黄金行业资产重组、规模经营已初见成效。形成了中国黄金集团公司、山东黄金集团有限公司、山东招金集团有限公司、紫金矿业集团股份有限公司、灵宝黄金股份有限公司等多家大型黄金集团公司。

表3　　2009年各省(自治区)成品金产量排名情况(单位:千克)

排名	单　位	矿山产金累计完成			冶炼厂产金累计完成			品金合计	占全国比重(%)
		合计	其中		合计	其中			
			成品金	含量金		有色冶炼厂	黄金冶炼厂		
—	——	1=2+3	2	3	4=5+6	5	6	7=2+4	8
—	全国合计	261051.008	162798.082	98252.926	151181.987	59245.297	91936.690	313980.068	100.00
1	山东省	51408.725	28921.823	22486.902	56380.750	613.410	55767.340	85302.573	27.17
2	河南省	28860.060	10907.010	17953.050	25551.370	——	25551.370	36458.380	11.61
3	江西省	4032.550	1346.890	2685.660	25063.170	23593.640	1469.530	26410.060	8.41
4	福建省	19020.000	19020.000	0.000	1946.000	——	1946.000	20966.000	6.68
5	云南省	10628.140	9514.270	1113.870	8103.524	8103.524	——	17617.794	5.61
6	内蒙古区	13275.100	13275.100	0.000	0.000	——	——	13275.100	4.23
7	甘肃省	8636.000	8636.000	0.000	3204.000	3204.000	——	11840.000	3.77
8	湖南省	11711.180	10174.980	1536.200	1575.520	1126.170	449.350	11750.500	3.74
9	陕西省	13312.761	8553.505	4759.256	3164.030	——	3164.030	11717.535	3.73
10	贵州省	10030.000	10030.000	0.000	0.000	——	——	10030.000	3.19
11	新疆区	9153.000	9153.000	0.000	0.000	——	——	9153.000	2.92
12	安徽省	4610.270	1291.300	3318.970	7690.000	7690.000	——	8981.300	2.86
13	辽宁省	6539.620	4498.510	2041.110	3589.070	——	3589.070	8087.580	2.58
14	湖北省	5190.451	2207.000	2983.451	5842.000	5842.000	——	8049.000	2.56
15	吉林省	8625.606	6404.813	2220.793	0.000	——	——	6404.813	2.04
16	上海市	——	——	——	4703.553	4703.553	——	4703.553	1.50
17	浙江省	419.317	419.317	0.000	4169.000	4169.000	——	4588.317	1.46
18	河北省	4381.744	4217.744	164.000	0.000	——	——	4217.744	1.34
19	青海省	3884.630	3611.000	273.630	0.000	——	——	3611.000	1.15
20	四川省	3525.000	3525.000	0.000	0.000	——	——	3525.000	1.12
21	黑龙江省	2924.000	2924.000	0.000	0.000	——	——	2924.000	0.93
22	广西区	2148.828	1784.320	364.508	0.000	——	——	1784.320	0.57
23	海南省	990.000	990.000	0.000	0.000	——	——	990.000	0.32
24	广东省	938.832	902.940	35.892	0.000	——	——	902.940	0.29
25	山西省	1780.000	480.000	1300.000	0.000	——	——	480.000	0.15
26	宁夏区	0.000	0.000	0.000	200.000	200.000	——	200.000	0.06
27	江苏省	30.240	9.560	20.680	0.000	——	——	9.560	0.00
28	北京市	0.000	0.000	0.000	0.000	——	——	0.000	0.00
29	天津市	0.000	0.000	0.000	0.000	——	——	0.000	0.00
30	西藏区	0.000	0.000	0.000	0.000	——	——	0.000	0.00
—	其他	34994.954	0.000	34994.954	0.000	——	——	0.000	0.00

注:部分小矿山生产的含量金直接销售给冶炼厂,未计入分省(区、市)产量;这部分产量约为34994.954千克。

2009年,五大黄金集团累计完成黄金产量和矿产金产量分别为125.241吨和95.640吨,比2008年同期分别增长11.59%和12.23%。五大黄金集团黄金产量和矿产金产量分别占全国的39.89%和36.64%。

【黄金价格及需求】 1. 黄金价格。2009年,国际金融危机蔓延使得黄金投资需求的大幅增长。2009年全年平均金价973.39美元/盎司,同比增长11.63%,为历史最高水平。

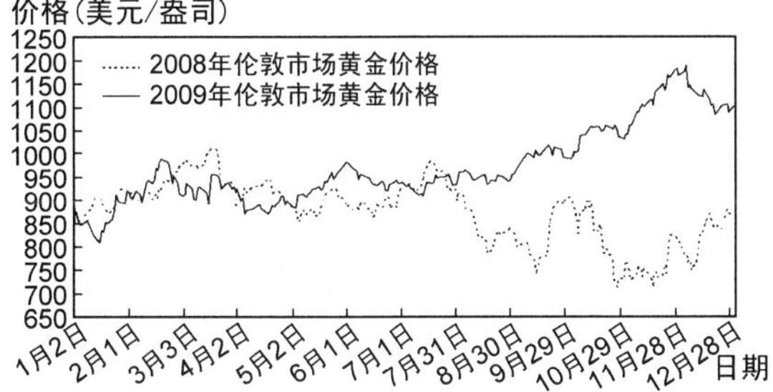

图2 2009年国际黄金价格走势图

2. 制造业需求。2009年全球制造业共需黄金(含再生金)2417.3吨,比2008年2889.3吨下降16.3%,是1988年以来的最低水平。其中,中国对黄金(含再生金)的需求是369.0吨,比2008年的342.4吨增长7.7%。

2009年全球首饰制造业用金(含再生金)1758.9吨,比2008年2193.0吨下降19.8%。其中,中国首饰制造业对黄金(含再生金)的需求是339.6吨,比2008年的315.7吨增长7.6%。

2009年全球黄金制造业整体需求继续大幅下降。主要是因为国际黄金价格高涨导致黄金产品制造商成本增加,全球经济下滑导致市场对黄金制品的需求减少。但是中国黄金制造业需求并没有受到国际大趋势的影响,首饰制造增长了近8%,创下新高。人民币的坚挺、中国经济的迅速增长和人们对黄金制品喜爱程度进一步加强,使得中国黄金制造业需求继续大幅增长。

2009年,我国是仅次于印度的全球第二大首饰消费国。

(中国黄金协会 王衍平)

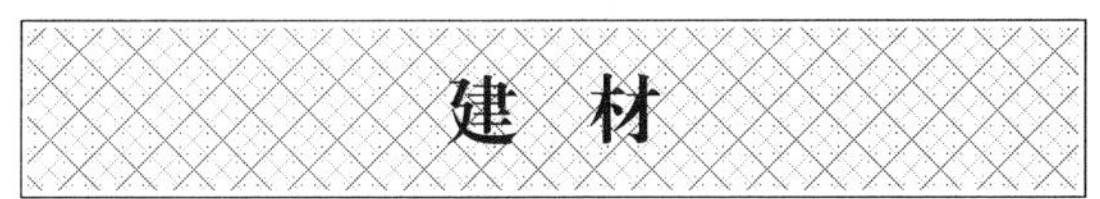

【概况】 2009年是新世纪以来建材工业发展遇到困难最多的一年。受国际金融危机影响,从2008年8月份以后,建材产品出口受挫,建材工业增长速度下滑,部分建材产品生产下降。针对国际经济环境的复杂多变,国家及时采取了一系列保增长扩内需的宏观调控措施,建材行业广大职工更是团结一心,奋力拼搏,克服各种困难,终于在2009年底成功遏止了下降颓势,同时保证了经济增长的质量,行业盈利水平平稳,产业结构调整取得新进展。

2008年前7个月,建材工业增加值月平均增长速度保持在30%以上,从8月以后开始下滑,12月份仅比2008年同月增长9.9%。2009年第一季度,建材工业增加值仅比2008年同期增长13.1%(图1-1),是新世纪以来建材工业从未出现过的低值。虽然2009年下半年建材工业增长速度有所恢复,8月份以后月同比增长速度接近2008年全年平均水平,仍是2003年以来最低水平(图1-2)。2009年规模以上建材工业完成工业增加值6532亿元,按可比价格计算比2008年增长19.3%。

表1 2009年主要建材产品产量统计

名　　称	单位	2009年累计	比2008年增长(%)	产品销售率(%)	
				2009年累计	2008年同期
水泥熟料	万吨	107886	10.42	97.36	98.19
其中:预分解窑熟料	万吨	77945	26.05	97.51	98.64
水泥	万吨	164831	16.07	97.41	98.28
水泥排水管	千米	40324	50.82	93.78	95.79
水泥压力管	千米	2849	39.88	92.11	95.27
水泥电杆	万根	816	21.73	94.27	97.15
商品混凝土	万立方米	41690	21.64	97.99	99.23
水泥混凝土桩	万米	22175	10.10	95.97	96.45
砖	亿块	2443.55	43.42	97.23	98.10
瓦	亿片	57.14	17.56	95.10	96.58
大理石板材	万平方米	3363	17.44	98.62	97.62
花岗石板材	万平方米	26034	13.02	97.64	97.52
石膏板	万平方米	135950	16.24	98.64	97.24
平板玻璃	万重量箱	57685	-2.33	97.76	96.89
中空玻璃	万平方米	3010	22.13	95.88	97.43
钢化玻璃	万平方米	14898	-0.06	95.58	97.67
夹层玻璃	万平方米	3630	5.59	93.93	97.96
陶瓷砖	万平方米	687855	9.97	97.14	96.34
瓷质砖	万平方米	437369	7.08	97.25	96.39
炻瓷砖	万平方米	22180	33.28	97.92	97.56
细炻砖	万平方米	13950	-3.27	97.83	98.69
炻质砖	万平方米	49299	17.83	98.47	97.79

续表 1

名　称	单位	2009 年累计	比 2008 年增长（%）	产品销售率（%）	
				2009 年累计	2008 年同期
陶质砖	万平方米	165057	14.49	96.40	94.73
卫生陶瓷	万件	15790	11.69	97.70	95.23
玻璃纤维纱	万吨	205.67	－11.03	97.49	95.76
建筑涂料	万吨	261.67	21.19	98.45	98.23
水泥专用设备	万吨	76.45	24.48	96.73	96.54

在建材主要产品中（表 1），2008 年 8 月以后全国水泥产量接近零增长，全国损失水泥产量在 5000 万吨以上，2008 年全国水泥产量只比 2007 年增长 4.3%，是新世纪以来最低增长速度。2009 年初全国水泥产量陷入负增长，6 月以后，增长率恢复到 16.1%，全年全国水泥产量 16.5 亿吨。受国内市场萎缩和出口大幅度下降的双重影响，全国平板玻璃产量从 2008 年 11 月份开始进入下行区间，2009 年前 7 个月持续下降；全国平板玻璃月销售量从原 4700 万重量箱急剧减少到 2009 年年初的不足 4000 万重量箱，是 2006 年末以来最低水平。2009 年全国平板玻璃产量 5.77 亿重量箱，比 2008 年下降 2.3%。因出口减少，2008 年 8 月至 2009 年 7 月全国钢化玻璃产量平均下降了 5.3%；夹层玻璃产量在 2009 年初大幅度下降，2008 年 8 月至 2009 年 8 月平均仅增长 0.2%。2008 年前 7 个月，水泥制品业工业增加值月平均同比增长速度保持在 40% 以上，2008 年 8 月以后下跌到 20% 左右，2008 年 12 月和 2009 年 1 月分别只有 4.5% 和 3.7%。2009 年全国卫生陶瓷产量 1.58 亿件，比 2008 年增长 11.69%，增幅比金融危机前下降 14 个百分点；全国陶瓷砖产量 68.79 亿平方米，比 2008 年增长 9.9%，增幅比金融危机前下降 8 个百分点。其它如建筑用石、轻质建材、防水材料等行业工业增加值增长速度在 2008 年第四季度和 2009 年第一季度都大幅度下滑。

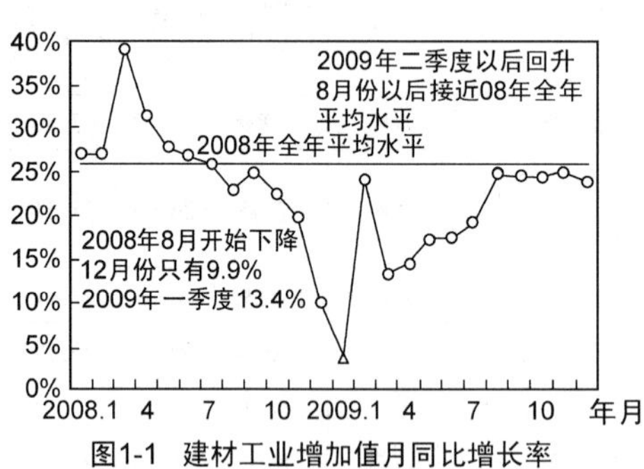

图1-1　建材工业增加值月同比增长率

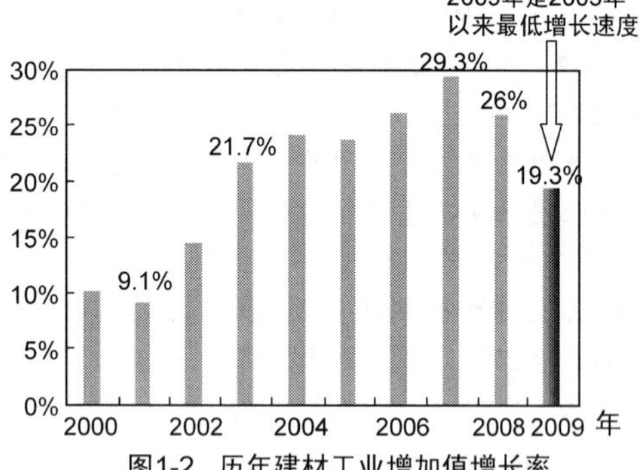

图1-2　历年建材工业增加值增长率

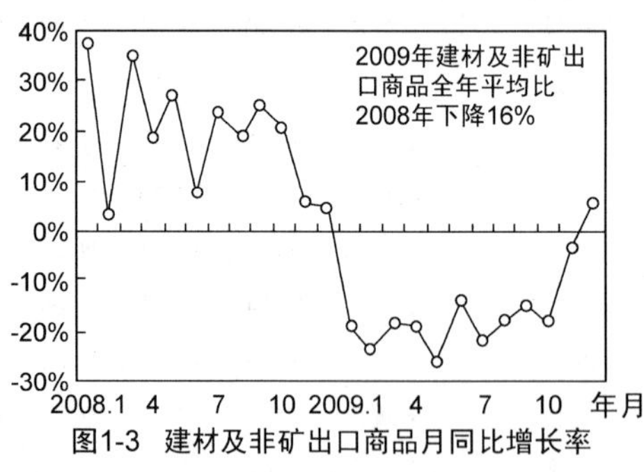

图1-3　建材及非矿出口商品月同比增长率

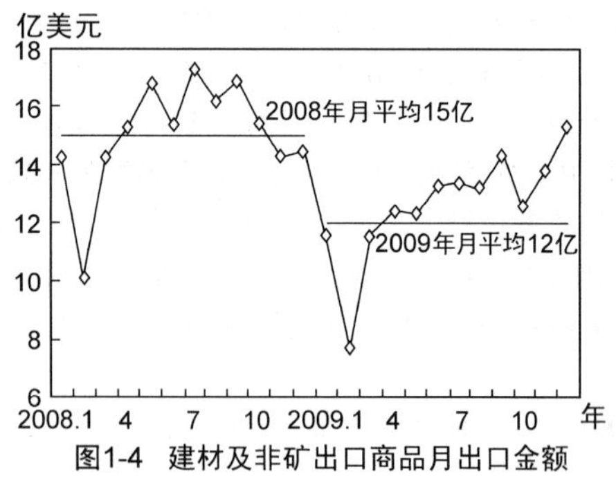

图1-4　建材及非矿出口商品月出口金额

图 1　2009 年建材工业经济运行态势

【建材出口情况】　建材及非矿商品出口增长幅度自 2008 年 11 月开始下滑，2009 年前 11 个月持续大幅度下降，全年建材产品出口 151.5 亿美元，比 2008 年锐减 29 亿美元，下降 16%（图 1－3）。建筑用石、建筑技术玻璃、玻璃纤维及制品、水泥和水泥熟料、水泥制品、石膏制品和保温材料等主要建材出口产品下降。

进入新世纪以来，我国建材出口占生产总量的比重有所提高。2008 年建材及非矿商品出口曾达到 180 亿美元，即使按 2005 年 7 月之前的人民币汇率计算，也只占当年建材工业销售额的 8.7%，对建材工业总体而言，出口依存度并不高。但是建材工业中的玻璃纤维、建筑卫生陶瓷、建筑技术玻璃等行业，出口已是其主要增长动力，因而也成为建材工业中受国际金融危机影响最重的行业。

在建材工业中,玻璃纤维行业是出口依存度最高的行业。进入新世纪以来,玻璃纤维行业在国际市场的带动下高速发展,年平均增长速度在40%以上。2008年玻璃纤维及制品出口122万吨,约占当年生产量的35%。巨石、泰山、重庆复合、金晶、圣戈班和必成等企业出口量占全国出口量70%以上。2008年8月,玻璃纤维及制品出口出现下降征兆,到年底持续下降。2009年玻璃纤维及制品出口数量锐减24万吨,下降19.5%,出口金额下降30.3%。2009年玻璃纤维及制品出口离岸价格比2008年下降22.1%,出口企业即使大幅度降价也未能挽回出口数量下降的颓势,导致2009年全国玻璃纤维纱产量206万吨,比2008年下降11.4%。

2008年我国卫生陶瓷出口5632万件,占当年生产量的40%;陶瓷砖出口6.71亿平方米,占当年生产量的11%。建筑卫生陶瓷出口企业众多,卫生陶瓷生产企业直接出口占50%以上,知名企业出口比重在60%~90%之间,知名陶瓷砖企业出口比重也在20%左右。2009年卫生陶瓷出口下降18.3%,2009年1~8月份,陶瓷砖出口数量下降5.7%。2009年卫生陶瓷出口生产企业产量平均下降1.8%,其中,主要出口企业下降幅度10%~40%;陶瓷砖出口生产企业虽因转内销力度较大,产量平均增长3.3%,仍远低于全国平均水平,斯米克等知名企业产量下降幅度在20%以上。

建筑技术玻璃出口企业集中度相当高,前10家出口企业占出口总量80%以上,出口企业出口量占生产量比重多在50%~95%之间。2009年建筑技术玻璃出口比2008年同期下降19.1%,其中平板玻璃下降44.1%,中空玻璃下降11.9%,钢化玻璃前8个月下降6.1%,夹层玻璃前10个月下降6%。建筑技术玻璃出口量的减少是2009年平板玻璃产量下降的重要原因。

【固定资产投资】 2009年第二季度建材工业就扼止了增长速度持续下滑局面,5~7月在2008年同期基数较高的基础上,建材工业增加值同比增长速度已经恢复到18%左右,8月在建材工业遭受金融危机增速下滑一年以后,8~12月建材工业增加值同比增长速度恢复到24%左右,接近2008年全年平均增长水平(图1-1)。

固定资产投资是拉动建材工业复苏的主要因素,国家扩大内需追加的4万亿投资扩大了基础设施建设,启动了国内建筑市场。全国固定资产投资完成额增长速度从2008全年的25.9%提高到2009年的30.1%,考虑到2009年固定资产投资价格指数比2008年下降2.4%,其中,建筑安装工程中的材料费下降7.2%,设备器具购置下降2.4%,2009年全国固定资产投资增长速度实际上达到33.3%,比2008年实际增长速度高出约10个百分点。在建材主要行业中,高速增长的主要是受固定资产投资拉动行业:2009年规模以上砖瓦及建筑砌块制造业工业增加值比2008年增长44.4%,轻质建材增长40.5%,黏土砂石开采增长33.8%,防水材料增长22.1%,石灰石开采和石灰制造增长25.2%,建筑用石增长21.3%,水泥制品增长19.9%,水泥制造增长14.1%。

下游和新兴产业的拉动也是推动建材工业复苏的因素。2009年我国汽车产销量突破1200万辆,在汽车、新能源等下游新兴产业的拉动下,全国技术玻璃制造业摆脱了出口量骤减影响,2009年下半年产量止跌回升,2009年全国中空、钢化、夹层玻璃产量分别比2008年增长19.7%、7.2%、12.3%。技术玻璃产量的止跌回升带动了平板玻璃,特别是浮法玻璃产量的回升,2009年全国浮法玻璃产量4.86亿重量箱,比2008年增长0.1%,而普通玻璃产量则下降13.5%。

国内消费市场对建材工业复苏也起到一定作用。建筑卫生陶瓷行业出现了从沿海地区向中西部和欠发达地区转移的趋势,2009年在高档建筑卫生陶瓷产品出口受阻的情况下,国内中低档产品市场,特别是农村和中小城镇市场弥补了出口的下降。2009年河南卫生陶瓷产量比2008年增长22.2%,弥补了广东、河北产量的下降,保持了全国卫生陶瓷产量的增长;四川、辽宁、江西、湖北等地分别增长24.1%、33.3%、50.1%和52.7%,保持了全国陶瓷砖产量的增长(表2)。

表2　　2009年建材工业增加值增长速度和行业、地区构成

行业分类	企业户数			增加值增长率(%)			增加值比重(%)			2009年比2008年增减(±)
	2007年	2008年	2009年	2007年	2008年	2009年	2007年	2008年	2009年	
建材工业	20868	26553	27488	28.5	26.0	19.3				
水泥制造	5028	5156	5119	16.7	12.6	14.1	30.46	27.11	25.89	-1.22
水泥制品	3106	4332	4636	36.5	35.6	19.9	12.97	13.99	14.05	0.06
建筑卫生陶瓷	1649	1847	1860	32.0	11.6	9.4	13.12	11.59	10.63	-0.96
建筑陶瓷制品制造	1374	1532	1540	31.2	12.6	10.2	11.08	9.88	9.13	-0.75

续表 2

行业分类	企业户数			增加值增长率(%)			增加值比重(%)			2009 年比 2008 年增减(±)
	2007 年	2008 年	2009 年	2007 年	2008 年	2009 年	2007 年	2008 年	2009 年	
卫生陶瓷制品制造	275	315	320	36.7	5.2	3.8	2.04	1.72	1.50	-0.22
建筑用石开采与加工	2293	2967	3038	32.3	36.6	21.3	8.61	9.41	9.64	0.23
建筑技术玻璃	841	1057	1056	31.0	18.6	17.9	7.21	6.83	6.72	-0.11
平板玻璃	258	305	313	34.5	-11.1	20.3	3.11	2.20	2.21	0.01
技术玻璃	583	752	743	28.5	42.7	16.7	4.10	4.62	4.51	-0.12
玻璃纤维制品和增强塑料	1036	1274	1289	39.4	31.0	8.3	5.73	5.95	5.44	-0.51
玻璃纤维及制品	625	773	796	40.2	38.8	-1.5	3.39	3.74	3.11	-0.63
玻璃纤维增强塑料	411	501	493	38.4	19.5	25.4	2.34	2.21	2.33	0.12
砖瓦及建筑砌块制造业	1930	3203	3482	42.4	54.5	44.4	3.91	4.74	5.68	0.94
黏土及土砂石开采业	816	1096	1142	43.1	47.2	33.8	2.94	3.42	3.81	0.39
石灰石石膏开采与石灰石膏	910	1275	1312	31.9	32.8	25.2	2.77	2.94	3.08	0.14
轻质建材	641	842	882	35.2	32.5	40.5	2.25	2.37	2.80	0.43
轻质建筑材料制造	369	430	451	33.8	18.8	33.4	1.43	1.34	1.49	0.15
隔热和隔音材料制造	272	412	431	37.9	58.7	52.0	0.82	1.03	1.31	0.28
防水建筑材料	382	494	532	88.9	53.9	22.1	1.66	2.03	2.06	0.04
石棉云母采选与制品	198	255	254	27.9	55.6	25.8	0.65	0.81	0.85	0.04
石墨滑石采选	110	139	140	52.9	6.8	19.6	0.82	0.69	0.69	0.01
东部地区	12501	14964	14959	25.2	21.9	12.2	61.13	59.05	55.75	-3.30
中部地区	5124	7368	8007	36.7	34.7	25.3	24.76	26.43	27.78	1.35
西部地区	3243	4221	4522	35.4	29.9	35.5	14.12	14.53	16.47	1.94

注:2009 年数据为初步统计数。

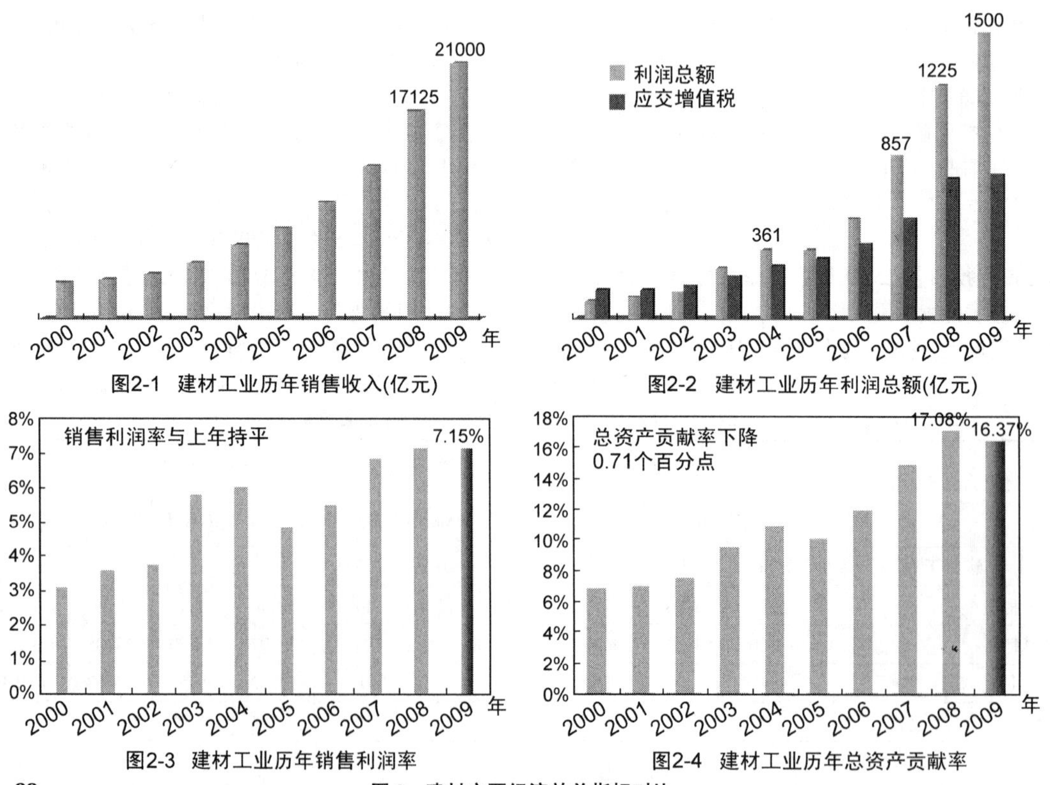

图 2 建材主要经济效益指标对比

【建材工业实现利润】 2009年建材企业盈利水平保持平稳，行业部分产业结构比例继续优化，建材工业在保增长的同时，也保证了经济增长的质量。

2009年规模以上建材工业完成销售收入2.1万亿元，比2008年增长22.6%，实现利润总额1500亿元，比2008年增长22.5%。2009年建材企业平均毛利率15%，销售利润7.15%，与2008年基本持平(图2-2)。2008年末和2009年上半年，建材企业的原材料、燃料、动力购进价格虽然从高位回落，但2009年下半年部分能源产品价格重新上涨(图3-5、图3-6)，2009年建材企业能源购进价格全年平均仍比2008年上涨1.34%。而建材产品出厂价格除平板玻璃等少数产品在下半年有较高幅度反弹外，多数建材产品出厂价格都低于2008年水平(图3-1、图3-2、图3-3、图3-4)。2009年建材产品出厂价格指数100.8%，与2008年基本持平。2009年建材工业在能源价格居高不下的情况下，保持了盈利水平和经济效益的稳定。

全国水泥平均出厂价格在2008年10月曾经攀升至每吨291元的近年来最高点，2009年前8个月全国水泥平均出厂价格比2008年最高点每吨下降了26元。2009年2至4月，全国平板玻璃平均出厂价格跌破能源价格上涨后的平板玻璃盈亏平衡点，3月曾经跌到每重量箱57.6元。

玻璃纤维砂平均出厂价格下降近1000元，玻璃纤维制品利润总额下降40%。与出口密切相关的池窑玻璃纤维砂产量自2009年年初开始持续下降，2009年产量165万吨，比2008年下降8.5%，产量和销量减少10多万吨。6家出口型企业产量下降15%，部分企业减产幅度在20%以上。玻璃纤维及制品行业在国际金融危机中遭受重创。

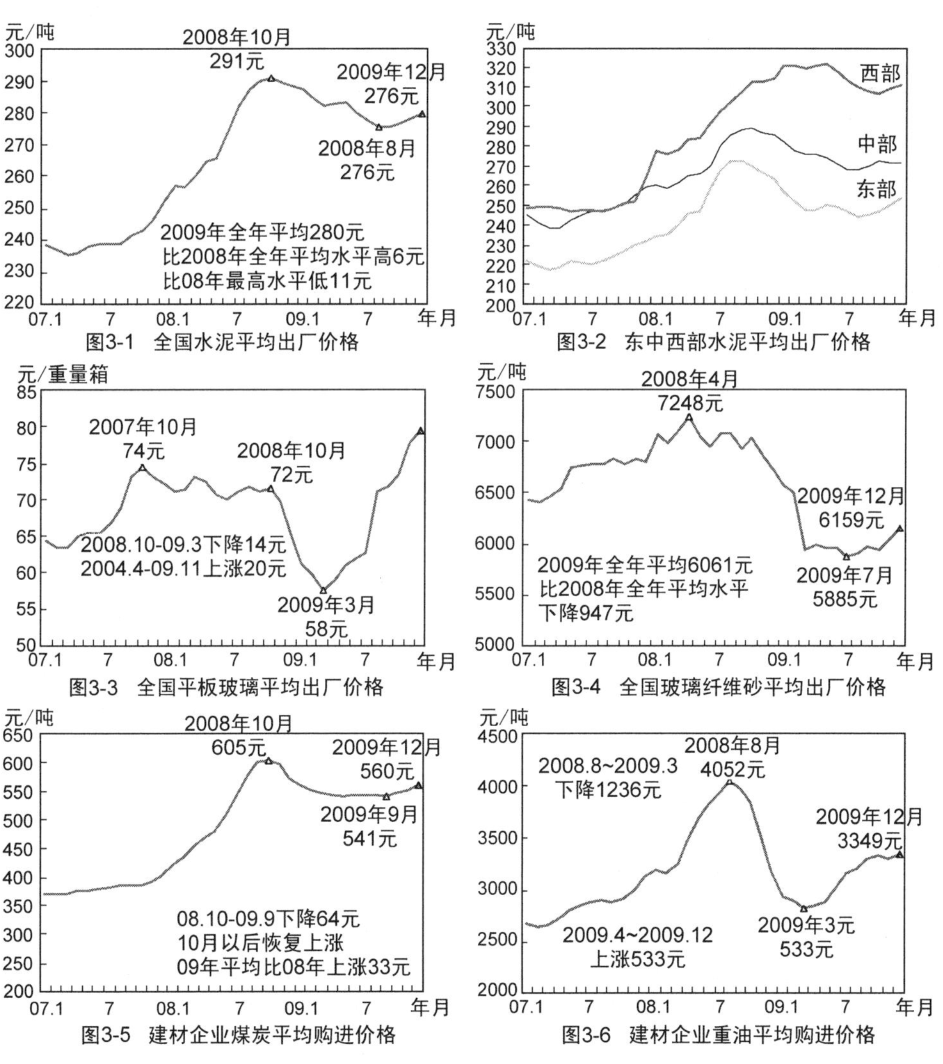

图3 建材主要产品出厂价格

【产业结构调整】 2009年建材工业抓住时机，继续推动结构调整，在调整产业结构方面取得新进展，主要产品中先进生产工艺和大型企业集团比重继续提高。

1. 水泥产业。水泥生产新型干法比例历史性地突破70%关口。2009年全国水泥熟料产量10.79亿吨，比2008年增长10.42%；其中新型干法熟料产量7.79亿吨，比2008年增长26.05%。水泥熟料产量中新型干法的比例达72.25%，比2008年上升8.96个百分点。

2009年全年运营的新型干法熟料生产线1017条，比2008年增加104条；新增新型干法熟料生产能力1.57亿吨；新增水泥生产能力2.66亿吨，其中水泥粉磨企业能力5785万吨。2009年全国关停新型干法熟料生产线27条，关停水泥生产能力7173万吨。

水泥产业集中度提高。2009年规模以上水泥熟料生产企业3077家，比2008年减少713家，其中年生产能力在500万吨以上水泥企业(集团)65家，水泥熟料产量占全国总量51.91%，产量集中度比2008年提高7.61个百分点。水泥粉磨企业1846家，比2008年增加312家，粉磨企业水泥产量5.01亿吨，占水泥产量30.37%；水泥生产企业4932家，比2008年减少391家。出现了水泥产量超过1亿吨的大型水泥企业集团。

2. 平板玻璃产业。2009年全国浮法玻璃产量4.86亿重量箱，比2008年增长0.1%；浮法玻璃产量占全国总产量比例84.24%，比2008年上升2.03个百分点。

2009年全年运营的浮法玻璃生产线181条，比2008年减少7条；普通玻璃能力1.18亿重量箱，比2008年减少1097万重量箱。2009年全国关停浮法玻璃生产线26条，关停浮法玻璃生产能力7467万重量箱；关停普通玻璃生产能力1986万重量箱。

2009年全国年生产能力在1000万重量箱以上平板玻璃企业(集团)20家，平板玻璃产量占全国总量67.47%，产量集中度比2008年提高1个百分点。

3. 三家石膏板生产企业石膏板产量占到全国石膏板总产量的35%。

4. 地区结构继续优化。中西部地区建材工业发展势头强劲，中西部建材工业增加值分别比2008年增长25.3%和35.5%，远远超过东部地区12.2%的增长率。

中西部地区建材工业增加值占全国建材工业比重分别比2008年上升1.35和1.94个百分点，东部地区建材工业比重从2008年的59.05%下降到55.75%，比2008年下降3.3个百分点。

(中国建筑材料联合会　谷东玉)

非金属

【概况】 2009年对非金属矿行业而言是不平凡的一年，受全球金融危机的影响，行业的生产经营受到前所未有的考验。非金属矿种类繁多，因市场的多样性，所以各个矿种的生产、销售及进出口情况各不相同，受金融危机影响的程度也不尽相同，除温石棉行业不降反而有所增加外，其他矿种都有不同程度的下降，有的下降幅度还很显著，例如石墨、萤石等行业。但普遍情况是上半年生产经营非常困难，下半年情况有所好转。

2009年我国主要非金属矿的产量以及与2008年同比的增减见表1。

从表1中可以看出，萤石、石墨、硅灰石等产量下降幅度较大，高岭土、滑石基本保持持平，石膏、石英砂和石棉有所增加。

表1　2009年主要非金属矿产品产量(单位:万吨)

产品名称	2008年	2009年	同比增减
晶质石墨	65	48	－26%
高岭土	320	300	－6%
滑石	200	200	持平
石膏	4533	4610	2%
萤石	421	380	－10%
硅灰石	65	60	－19%
菱镁矿	1500	1300	－13%
石英砂(平板玻璃用)	1900	2200～2400	5%
石棉	38	44	8.5%

1. 萤石：萤石是一种重要的国家矿产资源，具有稀缺性和不可再生性，在钢铁、化工、建材等工业领域中具有积极的作用。萤石行业受金融危机的冲击力和影响在所有非金属矿中是很显著的一个。萤石行业的生产、销售和外贸出口都遭受了严重的冲击和影响。随着萤石下游产业钢铁业和氟化工行业急转直下的滑坡，下游需求萎靡、出口环节恶化使2/3的企业处于停产和半停产状态，价格回落了1/4，造成了整个行业的巨大损失。

2008年萤石产量(块矿和粉矿的总量)为421万吨，而2009年的产量仅为380万吨，下降了近10%。

2. 晶质石墨：国内石墨市场过去主要靠钢铁、耐火工业拉动，但由于下游行业困难，造成石墨行业市场非常困难。石墨行业2009年总体运行情况是上半年最为困难,国内国外两个市场大幅度收缩。生产企业多数处于停产和半停产状态;生产企业非常困难,甚至工资停发,原材料不能购买。下半年受下游市场复苏的影响,情况有所好转。2009 年晶质石墨的年产量为 48 万吨,较 2008 年减少 26%,降幅较大。

3. *硅灰石*:2009 年全行业硅灰石总产量 60.7 万吨,比 2008 年同期减少 19%。销售总量 45.8 万吨,比 2008 年同期减少 19.8%,其中出口量 20.1 万吨,比 2008 年减少 10.4%。今年来各企业库存积压产品 20 万吨左右,各企业的效益将受到很大影响,个别企业出现经营性亏损。

4. *滑石*:2009 年是滑石行业最不平凡的一年,行业生产经营遇到前所未有的困难。尽管全年滑石产量和 2008 年产量保持持平,在 200 万吨左右,但是销量为 150 万吨,销售量同比减少了 25%,库存 50 万吨。

5. *硅质原料*:尽管受全球金融危机影响,2008 年底至 2009 年初平板玻璃行业受到一定冲击,但仍有浮法玻璃生产线建成投产。截至 2009 年底,全国浮法玻璃生产线约 210 条,比 2008 年增长约 5%。2009 年平板玻璃所消耗的硅质原料约 2200 万~2400 万吨。浮法玻璃用砂的价格基本维持 2008 年的水平,即出厂价 70~80 元/吨。

6. *石棉*:2009 年全国石棉生产总量为 44.8 万吨,和 2008 年相比产量增长 8.5%。国内石棉销售量为 369000 吨,2009 年石棉进口量 20.9 万吨,和 2008 年相比减少约 30% 左右。2009 年国内石棉需求量约为 50 万吨左右,和去年相下降 17% 左右。国内石棉使用仍以建筑行业为主体,约占总量 85% 左右,其他主要用于摩擦密封制品、保温制品等。

2009 年是石棉行业在连续增长 7 年后出现的第一次负增长,市场需求下降,主要是温石棉下游行业,尤其是建材传统产品(石棉瓦)受到诸多因素的影响,导致市场需求减少。但在新型建材产品中,各类建筑板材对温石棉的需求还是呈现增长势头。

2009 年国内石棉市场价格和 2008 年相比平均下降 5% 左右,进口石棉价格下调幅度略高于国产石棉。

【非金属矿市场及进出口】 非金属矿是建材、化工、钢铁等基础工业的重要的原材料,下游市场的变化必将影响非金属矿的产销和进出口贸易。2008 年第四季度始,由于发生世界性金融危机,中国国内和许多其他国家经济发展停滞或减缓,国内和国际市场对我国非金属矿物及其下游产品的需求减少,从而影响了我国非金属矿工业生产、消费和进出口贸易。

从表 2 可以看出,相比 2008 年,2009 年主要非金属矿产品的出口数量都有不同程度的降低,其中萤石、滑石、晶质石墨降幅较大。

萤石和滑石是国家实行配额招标和出口许可证管理的重要非金属矿种,但由于国际市场受金融危机的影响,出口受到严重影响。萤石 2009 年全年出口量为 17 万吨,同比下降 74%,仅完成国家全年出口配额量的 31%。2009 年一到三季度滑石出口创历年最低,第四季度有所回升。滑石全年出口量 41 万吨,同比减少 41%,只完成国家出口配额的 67.2%。国际上晶质石墨的市场大幅收缩,全年出口量 10 万吨,同比减少 48%。硅灰石 2009 年出口量同比 2008 年也有 10.4% 的减少,全年出口仅 20.1 万吨。

表 2　2009 年主要非金属矿产品出口数量(单位:万吨)

产品名称	2008 年	2009 年	同比增减
晶质石墨	19.3	10	-48%
高岭土	115.8	82.4	-28.8
滑石	69.3	41	-41%
石膏	41.7	38.6	-7.4%
萤石	65.7	17	-74%
硅灰石	21.2	20.1	-10.4%
膨润土	36.8	25.5	-31%

表 3　2009 年部分非金属矿产品国内市场价格

<table>
<tr><th colspan="2">产品规格</th><th>价格(元/吨)</th><th>同比增长</th></tr>
<tr><td rowspan="4">滑石</td><td>特级块,白度 90 以上</td><td>850~950</td><td>持平</td></tr>
<tr><td>1250 目滑石粉</td><td>1300~1700</td><td>持平</td></tr>
<tr><td>2000~5000 目滑石粉</td><td>2100~5000</td><td>持平</td></tr>
<tr><td>医药滑石粉</td><td>1300~1400</td><td>持平</td></tr>
<tr><td rowspan="3">硅灰石</td><td>硅灰石块</td><td>380</td><td>持平</td></tr>
<tr><td>普通硅灰石粉</td><td>450</td><td>持平</td></tr>
<tr><td>针状硅灰石粉</td><td>1300</td><td>-3.8%</td></tr>
<tr><td rowspan="4">晶质石墨</td><td>中碳石墨
-185~-190</td><td>1800</td><td>-4%</td></tr>
<tr><td>高碳石墨
-190~-199</td><td>2800</td><td>-8%</td></tr>
<tr><td>石墨　+100 目</td><td>3900</td><td>+1%</td></tr>
<tr><td>石墨　+50 目</td><td>6300</td><td>+6%</td></tr>
<tr><td rowspan="5">镁质材料</td><td>镁石　LMT1-47</td><td>126</td><td>+9%</td></tr>
<tr><td>轻烧镁粉　QM-90</td><td>604</td><td>+22%</td></tr>
<tr><td>重烧镁砂 M　S-9010</td><td>551</td><td>-7%</td></tr>
<tr><td>电熔镁砂 F　M-97.5</td><td>2990</td><td>+3%</td></tr>
<tr><td>镁碳砖 MT　18A</td><td>6563</td><td>+38%</td></tr>
</table>

【重点非金属矿产品市场价格】 由于国际金融危机的影响,对非金属矿工业整体来说,国内外市场逐渐减缩,生产和出口下降,一度出现了价格的严重下滑。例如晶质石墨,2009年上半年晶质石墨的价格同比下降幅度达到66%。但随着国家钢铁、汽车、轻工、石化等十大产业的振兴计划的实施,以及国家市场的回暖,下半年非金属矿产品的价格得到了一定程度的回升。国内非金属矿企业在面对市场萎缩的困难,积极采取了"限产保价"的措施,使得大部分非金属矿产品的价格基本保持在2008年的价位,或仅有小幅的下降。

表3、表4是部分矿物产品价格统计。

表4　2009年石膏产品国内市场价格(单位:元/吨)

地区分布			山东	湖南	湖北	内蒙古
产品分类		级别	价格	价格	价格	价格
矿石	石膏	特级(纤维)	500		270	180
		一级(雪花)	240	250	280	180
		二级	90	110	95	90
		三级	68	66	75	75
		四级	45	50	45	45
		平均	56	62	66	61

2009年石膏行业经济运行情况比预想的要好,受金融危机影响比预计的有所降低,上下半年销售形势对比明显。价格因地域的不同差别较大。

【非金属矿行业存在困难和问题】 1. 生产量下降、销售额减少、效益不佳。2009年非金属矿行业在全世界经济危机的大气候影响下,各企业度过了生产经营最困难的一个时期。一是国内市场萎缩,下游的钢铁、冶金、化工等行业减产都非金属矿原料的需求减少;二是国际市场需求大幅下滑,各矿种出口量均下降,甚至大幅下降,例如我国出口的优势矿种滑石和萤石,滑石出口44万吨,同比2008年减少33%;萤石出口下降幅度更大,全年出口17万吨,同比下降77%。国内国外市场销量锐减,许多企业库存增加,生产资金周转困难,致使许多企业处于停产和半停产状态,企业职工生活困难。

2. 税费增加,生产成本上升。从2009年1月1日起,依照国家税收政策,矿产品的增值税税率由13%提高到17%。

正常运行的矿山,在增值税计算中,可以抵扣的部分很少。据统计,在国家执行13%的增值税状况下,矿山实际税率在8%~9%。改成17%的税率后,矿山实际税率在12%以上。矿山除了要正常向国家交纳各种税费外,还要交纳资源税和资源管理费。

以滑石企业为例,企业每生产出口1吨滑石产品所承担的增值税、出口关税、许可证费、资源税、资源补偿费等各种税费约占销售价格的30%以上,滑石的生产成本同比约增加20%以上,企业负担太重,利润所剩无几。

(中国非金属矿工业协会　向　琦)

地　方　矿　业

北　京　市

【矿产资源概况】 北京市矿产资源开发利用历史悠久,2009年已有22种固体矿产被不同程度的开发利用。其中开采利用率最高的为黑色金属矿产,达开发总量的72.22%;其次为建筑材料非金属矿产,利用率为71.97%;利用率最低的是有色金属矿产,仅为32.43%。

2009年开展“地质找矿改革发展大讨论”。制定了《北京市国土资源局地质找矿改革发展大讨论工作方案》,研究确定了20个大讨论重点讨论专题,按照工作方案以城市地质为重点分四阶段开展了大讨论工作,形成了9个专题成果总结报告。本市大讨论工作得到了国土资源系统及在京地勘行业单位的响应和参与,产生积极影响。

【矿产资源开发的监督管理】 2009年贯彻落实《北京市矿产资源总体规划》,继续减少固体矿山数量,全年预计减少固体矿山19个、矿泉水项目4个,固体矿山数量减少的比例累计达到84%。新发采矿许可证1个,延续4个,变更12个,转让1个,注销11个。完成28个固体矿山采矿权价款的审批确认工作,收缴价款5728.54万元,征收矿产资源补偿费1200多万元。组织市打击非法开采矿产资源专项工作联席会议成员单位对密云等9个区(县)的打击非法开采矿产资源工作进行专项检查。开展矿业权实地核查工作,完成了62个探矿权的外业测量及内业整理工作,已基本完成178个采矿权的外业核查工作,出具非法开采造成破坏矿产资源价值鉴定意见12份。其中,密云县查扣非法开采运输矿产资源车和机械共计96辆、机械10台,没收非法存放及运输的铁矿石4000余吨,拆除非法砂石料加工厂14家。

【地质勘查和储量管理】 2009年贯彻落实《北京市“十一五”时期地质勘查发展规划》;进一步加强勘查登记,已登记地热探矿权20个;建立地质勘查成果通报制度;完成2009年度中央补助地方地质勘查项目、国外矿产资源风险勘查项目的组织申报工作;加强地质资料管理,努力实现资料管理法制化、档案资料数字化、馆藏机构标准化、资料服务网络化。继续开展矿山储量动态检测工作;建设维护资源储量登记统计数据库;调整完善了建设项目压覆矿产资源核查工作程序,完成了96个项目的核查工作;完成了34份矿产资源储量评审报告的备案、21个矿山的占用储量登记工作。积极开展北京城市地质土壤调查工作;继续组织开展北京市资源利用现状调查专项工作;继续组织开展矿产资源潜力评价工作。

【地质环境管理】 完成新中国成立60周年庆祝活动期间北京市突发地质灾害风险评估与控制对策报告。加强汛期地质灾害防治,完善全市地质灾害防治群测群防网,换发地质灾害防治“明白卡”1万张,共发布三期地质灾害气象预警预报。建立了矿山环境恢复治理保证金制度,全年矿山企业已缴存保证金7200余万元。加强矿山地质环境保护,实施矿山地质环境治理项目8个已完工6个,获中央财政补贴资金3140万元。继续做好地质遗迹保护及地质公园建设工作,组织申报的密云云蒙山、平谷黄松峪市级地质公园被国土资源部批准为第五批国家地质公园资格。完成北京市地质工程勘察院等25家资质单位地质灾害治理工程、地质灾害危险性评估资质的换证工作,新批准北京中核大地矿业投资有限公司等十家单位地质灾害治理工程、地质灾害危险性评估资质,完成280份一级二级地质灾害危险性评估报告的备案工作。其中,房山区走访12个乡镇1123个险户,发放地质灾害防治宣传画1590张,对大安山村40余户群众的住房进行了地质险情排查;门头沟区评估排查确定地灾隐患点共57处,汛期内共协调组织排除隐患点15处,启动预警响应4次,开展应急调查2次。

【地热管理】 2009年审核批准地热勘查、开采项目申请37件,征收地热资源补偿费约1800万元。登记并答复浅层地温项目23件,供暖制冷面积共计112.8万平方米。编制了《北京市浅层地热能调查评价工作方案》,并已上报国土资源部备案。北京市地热资源动态监测、回灌监测及地热回灌示踪试验研究项目及北京市地热井开发利用现状调查及数据库建设等项目前期工作进展顺利。

(选自《2009年北京市国土资源公报》)

河 北 省

【矿产资源概况】 截至2009年底,河北省已发现156种矿产,占全国237种的65.82%;有查明资源储量的矿产125种,占全国227种的55.07%,其中列入本年度《河北省矿产资源储量表》的84种;矿产地1157处(含伴、共生产地186处),占全国41244处的2.81%。主要分布在唐山、承德、张家口、保定、石家庄、邯郸、邢台、秦皇岛、廊坊9个设区(市)。其中,能源矿产269处,金属矿产549处,非金属矿产339处。河北省能源矿产(煤、油页岩)主要分布于唐山、承德、张家口、邯郸、邢台五市,产地数占84.02%;金属矿产主要分布于承德、唐山、张家口、邯郸、邢台,保定,产地数占88.34%;非金属矿产在全省各市均有分布。河北省查明矿产资源储量居全国前5位的39种,6~10位有17种。

截至2009年底,河北省已经完成煤、铁大中型及全部铜矿矿区的调查工作,其中铁矿调查矿区103个,煤矿调查矿区73个,铜矿调查矿区40个,共计220个调查矿区,还有1232个调查矿区正在或尚未开展工作。

(选自《2009年河北省国土资源公报》)

内蒙古自治区

【矿产资源概况】 内蒙古的地下矿藏富集,截至2009年底,已发现矿种共136种,探明储量的79种。其中,有73个(亚)矿种的保有资源储量居全国前10位,31种列前3位,10种居全国之首。煤炭储量极其丰富,居全国第一位。

内蒙古石油、天然气的蕴藏量也十分可观,世界级的陕甘宁大油气田的主体就在内蒙古的鄂尔多斯盆地。已探明黑色金属矿的矿种有铁、锰、铬等多种。全区20多个旗(县)生产黄金,内蒙古稀土资源得天独厚,誉满中外。铍、钽、钴的探明储量分别居世界的第一、二位。非金属矿产种类繁多,其冶金辅助原料非金属矿产有菱镁矿、耐火黏土、蓝晶石灰物、白云岩、石英砂岩、脉石英、石炭岩、萤石、铸型用砂、铸型用黏土、铁矾土等;化工原料非金属矿产有硫铁矿、湖盐、芒硝、天然碱、电石灰岩、化肥用蛇纹岩、泥炭、盐矿、砷矿、硼矿等。

2009年,全区有39种矿产资源储量发生变化。引起矿产资源储量发生变化的主要原因:一是矿山企业生产正常开采消耗;二是矿山重新进行资源储量勘查或进行储量核实所致。在资源储量发生变化的39个矿种中,煤、油页岩、铁矿、锰矿、铬矿、铜矿等26种矿产资源储量有所增加;钨矿、铌矿、稀土矿、冶金用石英岩、铸型用矿等13种矿产资源储量有所减少。

近年来,全区矿产资源开发利用规模化、集约化程度明显提高,为国民经济平稳运行和社会发展提供了有力的资源保障。

(选自《2009年内蒙古自治区国土资源公报》)

吉 林 省

【矿产资源概况】 截至2009年底,全国已发现矿产237种(包括亚矿种),具有查明资源储量的矿产226种(包括亚矿种)。吉林省共发现矿产158种(包括亚矿种),具有查明资源储量矿产115种。

在查明资源储量的115种矿产中,资源储量居全国第1位的有11种,为油页岩、硅灰石、冰洲石、硅藻土、陶粒页岩、饰面用玄武岩、饰面用辉长岩、建筑用安山岩、浮石、火山渣、矿泉水;居全国2~5位的有钼、伴生硫、隐晶质石墨等27种;居全国6~10位的有镍、金、硼、沸石、晶质石墨等32种。吉林省的非金属和水气矿产优势矿种较多,无论是资源储量还是质量都享誉中外,主要有硅灰石、硅藻土、沸石、膨润土、火山渣、矿泉水等。

2009年,吉林省查明资源储量的主要矿产资源除铬矿外均已利用,其中钼、锑、硼、隐晶质石墨、火山渣等矿产利用情况较好,利用率达80%以上;油页岩、钴、磷、沸石、矿泉水等矿产利用情况较差,利用率不足30%;煤炭及铁矿利用率分别为65.62%和48.92%。

【主要矿产资源分布及占用情况】 1.能源矿产。吉林省查明资源储量的能源矿产煤、油页岩在全省分布较广,煤在中东部地区分布较多,油页岩绝大部分分布于中西部地区。

① 煤:在全省各地区均有分布,以延边、长春、吉林、白山、通化等地区居多,全省总保有资源储量26.9亿吨,已占用17.1亿吨。其中,延边地区保有资源储

量为9.2亿吨,已占用量为7.9亿吨;长春地区保有资源储量为5.2亿吨,已占用量为2.9亿吨;吉林地区保有资源储量为3.7亿吨,已占用量为0.7亿吨;白山地区保有资源储量为5.5亿吨,已占用量为3.8亿吨;通化地区保有资源储量为1.8亿吨,已占用量为0.9亿吨。

② 油页岩:分布于长春、松原、吉林、延边等地区,全省总保有资源储量819亿吨,已占用2.4亿吨。长春、松原是油页岩的集中产地,保有资源储量中全省总量的99%以上,均未利用;吉林地区保有资源储量为3.7亿吨,已占用量为1.0亿吨;延边地区保有资源储量为1.5亿吨,全部占用。

2.*黑色金属矿产*。吉林省查明资源储量的主要黑色金属矿产有铁、锰、铬,以铁矿为主。锰矿、铬矿分布于吉林和延边地区,保有资源储量较少。铁矿主要分布于中东部及东南部山区的延边、白山、吉林、通化等地区,全省总保有资源储量6.2亿吨,已占用3.4亿吨。其中,延边地区保有资源储量为2.2亿吨,已占用量为0.6亿吨;白山地区保有资源储量为1.6亿吨,已占用量为1.3亿吨;吉林地区保有资源储量为1.9亿吨,已占用量为1.1亿吨;通化地区保有资源储量为0.4亿吨,已占用量为0.3亿吨。

3.*有色金属矿产*。吉林省查明资源储量的主要有色金属矿产有铜、铅、锌、镍、钴、钨、钼、锑,多分布于我省中东部、东南部山区。

① 铜:主要分布于延边、通化、白山、吉林地区,全省总保有资源储量47.8万吨,已占用39.6万吨。其中,延边地区保有资源储量为27.1万吨,已占用量为25.6万吨;通化地区保有资源储量为3.9万吨,已占用量为3.6万吨;白山地区保有资源储量为9.2万吨,已占用量为6.3万吨;吉林地区保有资源储量为6.3万吨,已占用量为3.6万吨。

② 铅:在辽源、通化、吉林、四平、延边、白山等地区均有分布,全省总保有资源储量23.5万吨,已占用14.4万吨。其中,辽源地区保有资源储量为7.3万吨,已占用量为6.4万吨;通化地区保有资源储量为3.1万吨,已占用量为3.0万吨;吉林地区保有资源储量为7.6万吨,已占用量为2.2万吨;四平地区保有资源储量为0.9万吨,已全部占用;延边地区保有资源储量为2.9万吨,已占用量为1.4万吨;白山地区保有资源储量为1.5万吨,已占用量为0.3万吨。

③ 锌:在四平、白山、吉林、延边、通化、辽源等地区均有分布,全省总保有资源储量49.8万吨,已占用26.2万吨。其中四平地区保有资源储量为14.6万吨,已占用量为10.8万吨;白山地区保有资源储量为7.9万吨,已占用量为3.9万吨;吉林地区保有资源储量为12.9万吨,已占用量为0.9万吨;延边地区保有资源储量为6.8万吨,已占用量为3.8万吨;通化地区保有资源储量为2.5万吨,已占全部用量;辽源地区保有资源储量为4.8万吨,已占用量为4.1万吨。

④ 镍:为吉林省优势矿产,全省总保有资源储量18.4万吨,已占用14.5万吨,主要分布于通化、吉林、延边等地区,保有资源储量占全省总量的94.52%。其中,通化地区保有资源储量为6.9万吨,已占用量为5.9万吨;吉林地区保有资源储量为6.5万吨,已占用量为4.7万吨;延边地区保有资源储量为3.6万吨,已占用量为2.9万吨;白山地区保有资源储量为0.9万吨,已全部占用;四平地区保有资源储量为0.4万吨,目前尚未利用。

⑤ 钴:主要分布于白山、通化、吉林地区,全省总保有资源储量3.6万吨,已占用2.4万吨。白山地区资源优势明显,保有资源储量占全省总量的60.18%,为2.2万吨,已占用量为2.1万吨;通化地区保有资源储量为0.19万吨,已占用量为0.18万吨;吉林地区保有资源储量为0.2万吨,已占用量为0.1万吨;延边地区保有资源储量为1.0万吨,目前尚未利用。

⑥ 钨:分布于吉林、延边地区,全省总保有资源储量12.3万吨,已占用0.8万吨。其中,吉林地区保有资源储量为0.7万吨,已全部占用;延边地区保有资源储量为11.6万吨,已占用量为0.03万吨。

⑦钼:分布于吉林、延边地区,全省总保有资源储量198.0万吨,已占用154.3万吨。其中,吉林地区资源优势明显,保有资源储量占全省总量的93.0%,为184.3万吨,已占用量为150.7万吨;延边地区保有资源储量为13.7万吨,已占用量为3.7万吨。

⑧锑:分布于白山、吉林地区,全省总保有资源储量2.6万吨,已占用2.4万吨。其中,白山地区保有资源储量为2.2万吨,全部占用;吉林地区保有资源储量为0.4万吨,已占用量为0.2万吨。

4.*贵金属矿产*。吉林省贵金属矿产有金、银、铂族元素等,主要分布于中东部及东南部山区。铂族元素仅分布于通化地区,以伴生矿产的形式赋存于镍矿中,保有资源储量较少。

①岩金:主要分布于延边、白山、吉林、通化、长春、辽源等地区,全省总保有资源储量229.6吨,已占用175.3吨。其中,延边地区资源优势明显,保有资源储量占全省总量的56.5%,为129.8吨,已占用量为110.6吨;白山地区保有资源储量为35.9吨,已占用量为2.8吨;吉林地区保有资源储量为27.3吨,已占用量为19.0吨;通化地区保有资源储量为27.8吨,已占用量为11.1吨;四平地区保有资源储量为5.3吨,已占用量为3.4吨;长春地区保有资源储量为2.7吨,已

占用量为2.3吨;辽源地区保有资源储量为0.74吨,已占用量为0.70吨。

② 银:主要分布于四平、吉林、延边、白山等地区,全省总保有资源储量2020吨,已占用985吨,其中四平地区保有资源储量占全省总量的57.8%,该地区的山门银矿以主矿种形式产出,其他地区的银矿多以伴生矿产的形式赋存于金矿及有色金属矿中。四平地区保有资源储量为1168吨,已占用量为618吨;吉林地区保有资源储量为188吨,已占用量为73吨;延边地区保有资源储量为296吨,已占用量为210吨;白山地区保有资源储量为296吨,已占用量为27吨;白山地区保有资源储量为296吨,已占用量为27吨;辽源地区和长春地区保有资源储量分别为18吨和2吨,均已占全部占用量。

5. 非金属矿产。吉林省查明资源储量的非金属矿产种类较多,有冶金辅助原料非金属矿产、化工原料非金属矿产、建材及其他非金属矿产,仅就主要矿种及我省优势矿种分述如下:

①普通莹石:主要分布于吉林、长春地区,全省总保有资源储量14.0万吨,已占用7.5万吨。吉林地区保有资源储量为7.5万吨,全部占用;长春地区保有资源储量为6.5万吨,目前尚未利用。

②硫铁矿:全省总保有资源储量1765万吨,已占用1278万吨,主要分布于吉林、四平地区,保有资源储量占全省总量的100%。其中,吉林地区保有资源储量为1231万吨,已占用量为767万吨;四平地区保有资源储量为511万吨,全部占用。

③硼矿:仅分布于通化地区,保有资源储量为15.2万吨,已占用量为7.3万吨。

④磷矿:分布于白山、延边、通化地区,全省总保有资源储量728万吨,已占用46万吨。其中,白山地区保有资源储量为349万吨、延边地区保有资源储量为212万吨,目前均未利用;通化地区保有资源储量为167万吨,已占用量为46万吨。

⑤石墨:晶质石墨及隐晶质石墨矿在吉林省均有分布。晶质石墨矿分布于通化地区,保有资源储量为150万吨,已占用量为87.7万吨。隐晶质石墨矿分布于吉林、延边地区,吉林地区保有资源储量为542万吨,全部占用;延边地区仅有少量隐晶质石墨,目前尚未利用。

⑥硅灰石:为吉林省优势矿产,分布于吉林、四平、延边、辽源等地区,全省总保有资源储量4933万吨,已占用2766万吨。其中,吉林地区保有资源储量为1983万吨,已占用量为1759万吨;四平地区保有资源储量为1977万吨,已占用量为92万吨;延边地区保有资源储量为939万吨,已占用量为915万吨;辽源地区资源储量为33万吨,目前尚未利用。

⑦沸石:主要分布于长春、延边地区,全省总保有资源储量1.2亿吨,已占用2848万吨。其中,长春地区保有资源储量为1.1亿吨,已占用量为1962万吨;延边地区保有资源储量为864万吨,全部占用。

⑧硅藻土:为吉林省优势矿产,主要分布于白山、吉林、延边、通化地区,全省总保有资源储量2.9亿吨,已占用1.3亿吨。其中,白山地区资源优势明显,保有资源储量占全省总量的93.1%,为2.7亿吨,已占用量为1.1亿吨;延边地区保有资源储量为1289万吨,全部占用;吉林地区保有资源储量为76万吨,全部占用;通化地区保有资源储量为68万吨,已占用量为63万吨。

⑨火山渣:主要分布于通化、白山地区,全省总保有资源储量4989万吨,已占用4247万吨。其中通化地区保有资源储量占全省总量的92.68%,为4305万吨,已占用量为3920万吨。白山地区资源储量684万吨,已占用量为344万吨。

6. 水气矿产。吉林省已查明资源储量的水气矿产有地下水、矿泉水、二氧化碳气等3种,尤以长白山矿泉水质量好、流量大闻名于世。目前,全省允许开采量41万立方米/日,主要产地集中分布于长白山区的抚松县、靖宇县、安图县等地,开发的资源量仅占允许开采量的1.2%,尚有巨大的开发潜力。

(吉林省矿业协会)

黑龙江省

【矿产资源概况】 黑龙江省是矿产资源大省,矿产种类较全。截至2009年末,全省共发现各类矿产(含亚矿种)134种,占全国已发现237种矿产(含亚矿种)的56.5%。全省已查明资源储量的矿产有83种(当年油页岩查明资源储量已上表),占全国2009年度已查明224种矿产(含亚矿种)资源储量的37.0%。已查明的83种矿产按工业用途分为9大类,其中能源矿产6种;黑色金属矿产3种;有色金属矿产11种;贵金属矿产6种;稀有、稀散元素矿产8种;冶金辅助原料非金属矿产7种;化工原料非金属矿产7种;建材和其它非金属矿产32种;水气矿产2种。已发现尚未探明的各类矿产51种。全省已查明有矿产资源储量的83种矿产中,除石油、天然气、铀矿、地热、地下水、矿泉水外,矿区矿产地数为850处,矿山总数为2193处。查明资源(储量)按矿区规模统计,大型116处,中型187处,小型547处。黑龙江省矿产资源的分布,石油、天然气主要集中在松辽盆地的大庆一带;煤炭则分布在东部的鹤岗、双鸭山、七台河和鸡西等地；有色、黑色金属矿产主要分布于嫩江、伊春和哈尔滨一带；金矿分布在大小兴安岭及伊春、佳木斯、牡丹江等地；非金属矿产主要分布在黑龙江省的东部和中部地区。在全国统计的45种主要矿产中，黑龙江省石油、天然气、铀、煤、铜、铁、铅、锌、金、水泥用大理岩(灰岩)、玻璃硅质原料、硫、磷等矿种是国民经济支柱性矿产，已开发利用的矿种有10种，为石油、天然气、煤、铁、铜、铅、锌、金、水泥用大理岩、玻璃硅质原料。

【地质勘查】 黑龙江省已经形成了以国有地质勘查单位为主体，多种经济类型并存的地质勘查行业队伍。截至2009年末，黑龙江省地质勘查行业具有地质勘查资质单位115家。其中取得一项以上甲级资质单位26个，取得一项乙级资质单位28个，取得一项丙级资质单位61个。全省地质勘查单位共有职工2.70万人(不包括中央管理的地勘单位)，其中在职职工1.64万人，从事地质勘查工作人员0.64万人，其中技术人员0.36万人。社会企事业地勘单位职工总人数0.83万人，其中在职职工0.75万人。

2009年度黑龙江省共开展野外施工矿产勘查项目490个，其中，有预查114个，普查340个，详查24个，勘探12个。矿产资源勘查矿种以贵金属金、有色金属铜、铅、锌、钼和能源矿产煤炭为主，490个项目中有能源矿产(煤炭)勘查52个，黑色金属矿产勘查18个，有色金属矿产勘查154个，贵金属矿产勘查242个，化工建材及其他非金属矿产勘查15个，水气矿产勘查1个。矿产资源勘查投入资金达70849万元，其中，中央财政投入17382万元，省财政投入17377万元，社会资金投入36090万元。2009年矿产资源勘查投入的主要实物工作量有钻探346833米，坑探3212米，槽探136万立方米，浅井5309米。

截至2009年末，全省区域地质调查累计完成山区和丘陵区1:25万区域地质调查18幅，面积137807平方千米，其中，2009年在额尔古纳成矿带续作实施1:25万区域地质调查3幅，面积21074平方千米；累计完成山区、丘陵区1:20万区域地质调查74幅，面积264617平方千米；累计完成1:5万区域地质调查76幅，面积22448平方千米。在大兴安岭成矿带、小兴安岭－松嫩盆地边缘成矿带开展了1:5万区域地质调查12幅，面积4093平方千米。区域地球物理调查累计完成山区、丘陵区1:20万区域重力调查47幅，面积162932平方千米。累计完成非山区(三江平原地区)1:20万区域重力调查20000平方千米；非山区1:10万区域重力调查面积115000平方千米，其中，松嫩平原100000平方千米，三江平原10000平方千米，兴凯湖5000平方千米。区域地球化学调查累计完成山地和丘陵区1:20万区域地球化学调查33幅，面积147638平方千米，在额尔古纳成矿带、大兴安岭成矿带、小兴安岭－松嫩盆地边缘成矿带实施1:20万区域地球化学调查4个项目13幅，面积58614平方千米。在实施1:5万区域地质矿产调查的同时，累计完成1:5万水系沉积物地球化学测量100幅，面积33125平方千米，2009年实施并完成1:5万水系沉积物地球化学测量21幅，面积6965平方千米。

2009年度新发现矿产地6处，其中，大型煤矿产地1处、中型铅矿产地1处、中型锌矿产地1处、大型钼矿产地1处、小型钼矿产地1处、中型叶腊石矿产地1处。提高规模级别矿产地2处，其中，中型铅矿产地1处，中型锌矿产地1处。

【矿产资源开发利用现状】 2009年，黑龙江省现有各类持证矿山3408个，其中，省级发证1347个，市级发证2061个。年内对2399个矿山进行了采矿权年检，年检不合格矿山231个，合格率为92%，其中，实检甲类矿山1031个，不合格矿山82个，合格率为93.41%，实检乙类矿山1368，不合格矿山149个，合格率为90.9%。通过年检查处并取缔非法采矿236起、注销采矿许可证55个、发现侵权越界情况88起，追缴矿产资源补偿费303.20万元，罚没款181.02万元，刑事处罚17起。全省开发利用程度较高的矿种有煤炭、砖瓦用黏土、铁矿、金矿、水泥用大理岩、铜、石墨以及一些建材用非金属矿和矿泉水等。正在开采的矿种有煤、铁、铜、铅、锌、石墨、水泥用大理岩等矿产，未开发利用矿种有菱镁矿、白云岩、铂、钯、长石等种矿产。

2009年全省共受理并依法颁发采矿许可证404个，颁发矿产资源勘查许可证242个。矿业权价款实现21.32亿元，全省矿产资源补偿费实缴金额为9.19亿元，与2008年同比减少了4.36亿元。已开发利用矿种以大庆石油天然气开采业为主，占全省上缴总额的77%，其他各市(地)实缴矿产资源补偿费金额占23%，主要为煤炭、建筑石材、砖瓦用黏土、金、铜、铁、石墨和水泥用大理岩等矿产。

【地质环境与地质灾害调查评价】 2009年，全省共实施水工环地质调查评价项目142个，投入资金3189万元，其中中央财政投入677万元，省财政投入2378万元，其他资金134万元。该年度共实施水文地质调查评价项目4个，完成1:5万黑龙江省五大连池市双泉乡向阳村重碳酸盐矿水区水文地质勘查项目，面积15平方千米；完成1:1万通河县通河镇新建水源地供水水文地质勘查项目，面积30平方千米。完成1:50万松嫩平原地下水动态调查评价项目,面积11700平方千米,查明了工作区内存在的地下水水位下降、湿地退化、土地沙漠化、土壤盐渍化等水文地质、环境地质问题。完成1:2.5万黑龙江省抚远三角洲(黑瞎子岛)水工环地质综合勘查项目,面积171平方千米,主要开展了水文地质测绘、工程地质测绘、环境地质调查、工程地质钻探、室内土工试验、水质分析、工程测量等工作,为统筹规划归属我国的抚远三角洲国土的保护与开发,提出符合实际的措施和建议。

2009年环境地质调查评价完成1:5万黑龙江省双鸭山矿山地质环境调查项目面积1267平方千米,共圈定塌陷区19个,总面积60.25平方千米,调查煤矸石山、废渣堆653个,总面积4.85平方千米,发现其他类型的地貌破坏点36处,基本查明了该区水文地质条件和矿山地质环境存在的问题及其危害情况。完成《中国水文地质工程地质工作发展史——黑龙江省部分》编制工作,总面积454600平方千米。完成黑龙江省矿山地质环境综合治理规划及砂金过采区地质环境综合治理规划编制。完成哈尔滨市矿山环境保护与治理规划项目,总面积53200平方千米。

2009年地质灾害调查监测完成了穆棱市马桥河镇杨木村滑坡监测、牡丹江市庙沟崩塌地质灾害勘查与防治工程、牡丹江市天仙宫滑坡地质灾害勘查与防治工程等3个项目。完成了1:5万包括哈尔滨市阿城区、大兴安岭漠河县、新林区、呼中区、克山县、克东县、龙江县、延寿县、庆安县等地的地质灾害调查与区划28个项目,面积59691平方千米。

【矿产品产、供、销】 矿业是黑龙江省国民经济建设的支柱产业,在全省工业中占有重要地位,现已形成包括石油、煤炭、有色与黑色、冶金、化工和建材等部门在内的由采、选、冶及原料加工等行业组成的矿业体系。2009年全省国内生产总值完成8288.0亿元(按当年价格计算),比2008年下降了0.32%,人均国内生产总值完成21665元,与2008年同比下降0.35%,全省工业总产值完成7301.6亿元,与2008年同比下降了4.2%,占全省生产总值的88.1%,全省(除石油、天然气外)各类生产矿山当年完成工业总产值194.13亿元,全省生产矿山和个体采矿业(除石油、天然气外)有4035家,从事矿产开采的人员有370778人,其中能源矿产中煤炭从业人员占总量比重较大,其次为建材及其他非金属矿产从业人员,从业人员(除石油、天然气外)主要集中在煤炭、砖瓦用黏土采矿业中,其次为建筑用花岗岩、金矿、铜矿、铁矿、水泥用大理岩、建筑用安山岩、建筑用砂及铅锌矿和矿泉水等矿山。

全省矿业主体部分——规模以上工业(统计口径内)的采选业、相关加工业,实现工业总产值为3030.6亿元(当年价格),与2008年同比下降22.6%,占全省工业总产值7301.6亿元的41.5%,全年完成利润总额684.9亿元,与2008年同比下降50.9%,全省采矿企业列入统计口径范围内的企业有410家,占全省企业总数的9.3%,其中煤炭开采和洗选业有322家,其次为非金属矿采选业有34家,石油天然气开采业25家,全年实现工业总产值1174.24亿元(当年价格),比2008年减少了914.3亿元,下降了36.0%,占全省矿业及相关产业总量的53.6%,统计口径内全省采掘业,石油天然气开采业工业销售产值完成1177.7亿元,煤炭开采业完成工业销售产值401.5亿元。

2009年度,全省原油产量为4000.7万吨,与2008年同比减少了19.8万吨,但可供应量比2008年上升了25.5%,进口量与2008年同比增长了85.5%,年末差额仅有13.8万吨,消费量仅占产量的43.6%,能满足供给本省。全省原煤产量为9735.8万吨,与2008年同比增加了59.8万吨,原煤可供量为9051.8万吨,消费量占原煤生产量的113.5%,当年进口原煤18.7万吨,出口原煤4.3万吨。铜矿年产矿量0.4万吨,矿产品销售收入520.00万元,省内最大的矿山多宝山铜矿由于矿石质量和勘查程度的影响,近期难以开发利用,又因本省没有冶炼加工厂,每年靠外省或进口大量铜材和深加工产品。铅矿年产矿量6.5万吨,矿产品销售收入2800.00万元,因本省没有铅锌冶炼厂,生产的铅精粉都销往辽宁和甘肃,所需的矿产品则从辽宁购进或少量进口。黑龙江省铁矿资源分布分散,品位低,可供开采的资源储量不足,铁的原料供给缺口很大,当年铁矿石产量为192.83万吨,矿产品销售收入39325.19万元,铁矿产品每年外购量约在80%以上,随着矿山的资源枯竭,铁矿原料供给对外依赖性将更加突出。黑龙江省石墨资源丰富,产量自给充足,全省有大型石墨生产矿山23家,年产矿量263.85万吨,矿产品销售收入15934.00万元,近年来国际市场石墨产品需求量波动较大,石墨用量也不稳定,应注意利用石墨资源储量丰富和矿石质量好的优势,在产品的深加工和产品更新换代上找出路,增加石墨制品比重,形成产业链。水泥用灰岩(大理岩)资源丰富,资源储量大,能满足本省需求,但优质水泥用灰岩的勘查评价工作明显滞后,使一些优质水泥需外进和进口来满足市场需求,当年年产水泥用灰岩(大理岩)矿量768.76万吨,矿产品销售收入32963.76万元。建筑用砂生产矿山企业以小型和小矿为主,年产矿石量663.02万吨,矿产品销售收入5090.3万元,建筑用砂产量可以满足建筑市场要求,但随着采砂市场需要的同时也增加了环境治理上的压力,应加强保护性开采。砖瓦用黏土矿山现有

1096家,矿产品销售收入70961.92万元,省内黏土资源丰富,但开采砖瓦用黏土对耕地造成严重破坏,不应再提倡使用,黑龙江省正在逐步禁止黏土实心砖生产和使用,进而寻找和勘查可替代的陶粒页岩及板岩作为新型建筑。

表1　　黑龙江省2009年度已查明矿产和已发现尚未探明矿产统计

矿产类别	已查明储量矿产		已发现尚未探明储量矿产	
	矿种数	矿种名称	矿种数	矿种名称
能源矿产	6	石油、天然气、煤、地热、铀矿、油页岩	2	煤层气、褐煤蜡
黑色、有色金属矿产	14	铁、钛、钒、铜、铅、锌、镁、镍、钴、钨、锡、铋、钼、锑、	3	锰、铬、汞
贵金属矿产	6	铂、钯、铱、锇、金、银	2	钌、铑
稀有稀散放射性元素矿产	8	钽、铍、镓、铟、铼、硒、镉、碲	9	钇、镧、铈、镨、锗、铌、锂、锆、钍
冶金辅助原料非金属矿产	7	矽线石、普通萤石、熔剂用灰岩、冶金用白云岩、铸型用砂、耐火黏土、菱镁矿	1	蓝晶石
化工原料非金属矿产	7	硫铁矿、伴生硫、化肥用蛇纹岩、泥炭、砷、硼、磷	3	自然硫、重晶石、天然碱
建材及其他非金属矿产	33	石墨、压电水晶、熔炼水晶、硅灰石、石棉、云母、长石、石榴子石、叶腊石、沸石、颜料矿物、玻璃用砂、玻璃用脉石英、陶粒页岩、水泥配料用页岩、饰面用辉长岩、饰面用闪长岩、铸石用玄武岩、岩棉用玄武岩、饰面用花岗岩、珍珠岩、火山灰、饰面用大理岩、水泥用大理岩、玻璃用大理岩、浮石、制灰用石灰岩、陶瓷土、水泥配料用黏土、膨润土、陶粒用黏土、水泥配料用砂岩、硅藻土(白炭黑用黏土、漂白土)	27	高岭土、水泥用灰岩、蓝宝石、玛瑙、玉石、电气石、刚玉、红柱石、滑石、方解石、麦饭石、黑曜岩、松脂岩、霞石正长岩、透闪石、透辉石、石膏、硅石、蛭石、砖瓦用黏土、建筑用凝灰岩、建筑用砂、火山渣、电石用灰岩、泥灰岩、明矾石、蛋白石、芒硝
水气矿产	2	地下水、矿泉水	3	二氧化碳气、硫化氢气、氮气

表2　　黑龙江省2009年度矿产资源储量按矿种统计汇总

矿产名称	统计对象	基础储量	资源量	资源储量
煤炭	千吨	8681831.76	14949524.76	23631356.52
油页岩	千吨		22120	22120
铁矿	矿石千吨	54976.1	333718.95	388695.05
钛矿	钛铁矿/钛铁矿 TiO_2吨		946900	946900
	钛铁矿砂矿/钛铁矿矿物 吨		175194	175194
钒矿	V_2O_5吨		78.8	78.8

续表 2－1

矿产名称	统计对象	基础储量	资源量	资源储量
铜矿	非伴生矿/铜 吨	1305354.33	2587156.4	3892510.73
	伴生矿/铜 吨		13790	13790
铅矿	铅 吨	73077	483665.8	556742.8
锌矿	锌 吨	299222	1456535	1755757
镁矿	炼镁白云岩/矿石 千吨	2207	6706	8913
镍矿	镍 吨		30956	30956
钴矿	钴 吨		4151	4151
钨矿	原生矿/WO_3吨	48830	176744	225574
锡矿	原生矿/锡 吨	377	1426	1803
铋矿	铋 吨	732	139	871
钼矿	钼 吨	48290.3	249247.19	297537.49
锑矿	锑 吨		557	557
铂族金属	原生矿/金属 千克		8944	8944
铂矿	原生矿/铂 千克		185	185
钯矿	原生矿/钯 千克		303	303
铱矿	原生矿/铱 千克		344	344
锇矿	原生矿/锇 千克		972	972
金矿	岩金/金 千克	92777.1	101809.03	194586.13
	砂金/金 千克	169276	136434	305710
	伴生金/金 千克		83852.59	83852.59
银矿	非伴生矿/银 吨	546	1756.65	2302.65
	伴生银/银 吨	171.77	220.7	392.47
钽矿	氧化钽/Ta_2O_5吨		15	15
铍矿	氧化铍/BeO 吨		29	29
镓矿	镓吨		10	10
铟矿	铟 吨		440	440
铼矿	铼 吨		99	99
镉矿	镉 吨		4235.4	4235.4
硒矿	硒 吨		1684	1684
碲矿	碲 吨		13	13
矽线石	矽线石 吨	4798800	2406120	7204920
菱镁矿	矿石 千吨		1165	1165
普通萤石	CaF_2/萤石或 CaF_2千吨		141	141
熔剂用灰岩	矿石 千吨	13671	20967	34638
冶金用白云岩	矿石 千吨	3554	32977	36531

续表 2－2

矿产名称	统计对象	基础储量	资源量	资源储量
铸型用砂	矿石 千吨	4534	6390	10924
耐火黏土	矿石 千吨	5201	10673	15847
硫铁矿	矿石/矿石 千吨	482	2772.6	3254.6
	伴生硫/硫 千吨	355.31	1360.4	1715.71
化肥用蛇纹岩	矿石 千吨	9887	68916	78803
泥炭	矿石 千吨	73	28733	28806
砷矿	砷/砷 吨	16275	10417	26692
硼矿	固体/B_2O_3千吨		5	5
磷矿	矿石/矿石 千吨		43050	43050
石墨	晶质石墨/晶质石墨 千吨	23999	93100	117099
压电水晶	单晶 千克	7536	1161	8697
熔炼水晶	矿物 吨	361	1137	1498
硅灰石	矿石 千吨		37	37
石棉	石棉 千吨		350	350
云母	工业原料云母 吨		978	978
长石	矿石 千吨		175580	175580
石榴子石	砂矿/石榴子石 吨		121833	121833
叶腊石	矿石 千吨	255	492	747
沸石	矿石 千吨	35509	87666.9	123175.9
颜料矿物	颜料黄土/颜料黄土矿石 千吨		2950	2950
制灰用石灰岩	矿石 千吨		10249.8	10249.8
水泥配料用砂岩	矿石 千吨		109880	109880
玻璃用砂	矿石 千吨	2070	13960	16030
玻璃用脉石英	矿石 千吨		7105	7105
硅藻土	矿石 千吨		1195	1195
陶粒页岩	矿石 千吨	6050	97370	103420
水泥配料用页岩	矿石 千吨	2450	1940	4390
陶瓷土	矿石 千吨	12320	25257	37577
膨润土	矿石 千吨		145999	145999
陶粒用黏土	矿石 千吨	2200	1670	3870
水泥配料用黏土	矿石 千吨	61200	59870	121070
铸石用玄武岩	矿石 千吨	111000	310	111310
岩棉用玄武岩	矿石 千吨	2450	70710	73160
饰面用辉长岩	矿石 千立方米		2540	2540
饰面用闪长岩	矿石 千立方米		3820.3	3820.3

续表 2－3

矿产名称	统计对象	基础储量	资源量	资源储量
饰面用花岗岩	矿石 千立方米	10536.76	43354.72	53891.48
珍珠岩	矿石 千吨	8430	21205	29635
浮石	矿石 千立方米		470	470
火山灰	矿石 千吨	17990	34770	52760
饰面用大理岩	矿石 千立方米	2610	4070	6680
水泥用大理岩	矿石 千吨	476499.93	1079373	1555872.93
玻璃用大理岩	矿石 千吨	14940	13260	28200

表 3　　黑龙江省 2009 年度矿产资源开发利用情况分矿种汇总

矿种	矿山企业数(个)					从业人员(人)	年产矿量(万吨)	工业总产值(万元)	综合利用产值(万元)	矿产品销售收入(万元)	利润总额(万元)
	合计	大型	中型	小型	小矿						
总　计	4037	232	298	1928	1579	371160	13497.75	2425427.87	39262.92	2402863.63	238067.26
煤炭	1205	25	24	732	424	288346	7532.38	2126561.00	20088.30	2100592.92	193310.67
地下热水	4			4		129	115.00	573.00		573.00	23.00
铁矿	44	1	3	17	23	3086	192.83	40861.19	136.90	39325.19	2996.88
铜矿	8	1	2	3	2	2796	0.40	668.30	100.00	520.00	－271.50
铅矿	8			3	5	868	6.50	2800.50		2800.00	682.00
锌矿	3	1		1	1	96					
镁矿	1			1		1					
钼矿	3	1	1	1		109	3.00	50.00		50.00	1.00
金矿	16	2	2	10	2	3704	84.36	76946.46	580.00	76946.46	27573.50
矽线石	2	1		1		383	12.13	1168.50		1168.50	－445.50
熔剂用灰岩	1			1		176	52.00	1664.00		1664.00	89.00
冶金用石英岩	4			1	3	7					
冶金用脉石英	8			1	7	125	0.89	240.00		240.00	36.00
泥炭	3			1	2	32	0.20	64.00	64.00	64.00	5.00
石墨	25	19	3	3		3745	263.85	15934.00		15821.60	160.20
熔炼水晶	1			1		7					
硅灰石	3				3	18	0.15	15.00		15.00	3.00
叶腊石	1			1		12	0.28	42.00		39.00	0.36
透辉石	1			1		4	0.20	1.20		1.20	0.50
沸石	5			1	4	31	3.89	72.00		72.00	1.00
水泥用灰岩	16			6	10	278	15.50	144.25		144.25	10.50
建筑石料用灰岩	11			3	8	104	4.08	110.32		84.32	9.75
饰面用灰岩	1			1		35	2.00	40.00		40.00	8.00
制灰用石灰岩	10			2	8	324	23.35	641.00	210.00	641.00	125.00

续表 3-1

矿种	矿山企业数(个)					从业人员(人)	年产矿量(万吨)	工业总产值(万元)	综合利用产值(万元)	矿产品销售收入(万元)	利润总额(万元)
	合计	大型	中型	小型	小矿						
泥灰岩	1			1		3					
玻璃用白云岩	2			2		11	2.40	40.00		40.00	11.45
建筑用白云岩	15			1	14	149	1.41	102.34		102.34	2.27
玻璃用石英岩	11			3	8	112					
水泥配料用砂岩	1			1		40					
砖瓦用砂岩	1				1	1					
建筑用砂岩	23			17	6	184	6.92	154.85		153.85	15.28
建筑用砂	324	1		105	218	2922	721.85	8047.29	1946.10	7766.19	896.85
砖瓦用砂	1					1					
玻璃用脉石英	9			7	2	64	0.09	10.80		10.80	-4.00
陶粒页岩	10			8	1	143	4.30	262.00		208.40	99.00
砖瓦用页岩	1			1		2					
水泥配料用页岩	1				1	1					
高岭土	1			1		100	0.10	10.00		10.00	5.00
膨润土	13		1	9	3	259	2.01	400.00		400.00	50.00
砖瓦用黏土	956	1	3	279	673	45559	1279.26	75173.41	5183.32	70961.92	5992.32
陶粒用黏土	6	1	1	2	2	125	0.80	40.00	5.00	30.00	8.00
水泥配料用黏土	8			1	7	58	2.90	320.00		320.00	13.00
水泥配料用红土	5			4	1	154	9.10	518.00		300.50	34.00
水泥配料用泥岩	1			1		50					
饰面用蛇纹岩	3			3		4	1.59	29.00		28.80	6.00
铸石用玄武岩	5	1		4		37	2.15	51.00	23.00	51.00	3.10
饰面用玄武岩	3	1	1	1		15	1.80	24.00		24.00	0.50
水泥混合材玄武岩	1			1		8	1.00	30.00		30.00	5.00
建筑用玄武岩	147	25	20	81	21	1383	270.45	2886.80	16.00	2793.25	274.80
建筑用角闪岩	2			2		4					
建筑用辉绿岩	12	1		11		187	30.85	1382.00		477.10	83.50
建筑用辉长岩	14	3	4	7		63	30.75	112.28		110.28	19.80
建筑用安山岩	259	42	102	97	18	3569	790.31	6645.91	281.50	6557.31	1224.50
建筑用闪长岩	47	8	4	26	9	609	184.61	2090.65	1.00	1756.45	186.56
饰面用闪长岩	1			1		25					
建筑用花岗岩	490	54	96	299	41	4731	908.02	8591.41	1612.30	7713.51	671.23
饰面用花岗岩	29		3	16	10	1387	6.02	2100.40		2100.40	592.76
麦饭石	1				1	10	0.09	3.06		3.06	0.50
珍珠岩	3			2	1	163	3.16	316.00		316.00	8.00

续表 3－2

矿种	矿山企业数(个)					从业人员(人)	年产矿量(万吨)	工业总产值(万元)	综合利用产值(万元)	矿产品销售收入(万元)	利润总额(万元)
	合计	大型	中型	小型	小矿						
浮石	3			2	1	37	0.24	33.00		33.00	－103.00
水泥用凝灰岩	2			1	1	23	10.00	150.00		150.00	13
建筑用凝灰岩	37	9	2	24	2	519	73.20	806.70	15.00	785.70	134.50
火山灰	4			3	1	7					
饰面用大理岩	4		1	3		58					
建筑用大理岩	10	2	2	6		162	31.39	19989.00		19987.00	1390.75
水泥用大理岩	101	31	19	48	3	2533	768.76	19868.77	9000.50	32963.76	2453.45
饰面用板岩	4			4		16	2.25	23.00		22.00	1.10
水泥配料用板岩	1			1		3	0.50	13.00		8.00	0.15
片麻岩	1			1		14	0.57	5.06		5.06	1.90
矿泉水	76	1	3	42	30	1174	17.88	6586.41		5837.51	－347.37
地下水	2			2		60	0.01	15.00		4.00	5.00
其他矿产	1			1		5					

表 4　　黑龙江省 2009 年度矿产资源开发利用情况分经济类型汇总

企业经济类型	矿山企业数(个)					从业人员(人)	年产矿量(万吨)	工业总产值(万元)	综合利用产值(万元)	矿产品销售收入(万元)	利润总额(万元)
	合计	大型	中型	小型	小矿						
总　计	4037	232	298	1928	1579	371160	13497.75	2425427.87	39262.92	2402863.63	238067.26
1. 内资企业	4031	232	296	1925	1578	370268	13476.65	2420209.07	39198.92	2397644.83	237922.26
国有企业	272	31	23	165	53	157249	5298.71	1292434.48	16613.30	1284913.41	86137.90
集体企业	603	8	13	227	355	32342	827.13	92581.02	3920.05	86185.13	3321.65
股份合作企业	90	6	1	29	54	14795	478.20	94906.79	2456.00	94441.38	13657.19
联营企业	10	4	1	2	3	576	9.90	1285.00		1237.00	65.50
有限责任公司	309	33	26	164	86	45855	1697.81	325365.00	792.00	322606.20	34188.25
股份有限公司	188	14	8	93	73	33935	1326.98	316178.85	828.63	329769.42	71776.11
私营企业	2553	135	222	1243	953	85451	3807.14	297205.73	14588.94	278240.09	28713.86
其他企业	6	1	2	2	1	65	30.78	252.20		252.20	61.80
2. 港、澳、台商投资企业	1		1			560	18.87	4528.80		4528.80	290.00
3. 外商投资企业	5		1	3	1	332	2.23	690.00	64.00	690.00	－145.00

表 5　　黑龙江省 2009 年度矿产资源开发利用情况分行政区汇总

行政区名称	矿山企业数(个)					从业人员(人)	年产矿量(万吨)	工业总产值(万元)	综合利用产值(万元)	矿产品销售收入(万元)	利润总额(万元)
	合计	大型	中型	小型	小矿						
总　计	4037	232	298	1928	1579	371160	13497.75	2425427.87	39262.92	2402863.63	238067.26
哈尔滨市	706	62	132	328	184	22415	2252.58	98089.49		94508.29	9734.18
齐齐哈尔市	294		1	48	245	12251	710.82	30083.58		29009.88	946.45
牡丹江市	341	37	29	143	132	14073	495.06	71169.21	604.20	69299.02	20382.61

续表 5

行政区名称	矿山企业数(个)					从业人员(人)	年产矿量(万吨)	工业总产值(万元)	综合利用产值(万元)	矿产品销售收入(万元)	利润总额(万元)
	合计	大型	中型	小型	小矿						
佳木斯市	308	1	1	198	108	8204	708.22	18634.50	18453.60	18634.50	2226.30
大庆市	139	1	3	26	109	6855	323.80	5400.45	2.00	5155.87	699.20
鸡西市	549	40	21	379	109	84984	2063.15	557040.42	3855.50	572108.64	11586.80
鹤岗市	238	22	18	120	78	69864	2042.11	422725.25	4512.32	418130.25	61968.56
双鸭山市	391	23	18	189	161	56750	1629.09	477986.51	8774.80	461113.63	33853.80
七台河市	475	12	34	207	222	67907	1529.92	414046.74	2.00	413706.74	32630.53
伊春市	119	4	10	59	46	5365	203.86	50414.28	595.50	49419.08	7493.45
黑河市	183	29	27	55	72	11843	499.78	179157.90	25.00	179157.90	44774.15
绥化市	238	1		161	76	8352	683.07	37855.20	2338.00	32083.20	2554.50
大兴安岭地区	56		4	15	37	2297	356.29	62824.35	100.00	60536.65	9216.74

表 6　　黑龙江省 2009 年度矿业及相关原材料加工制品业各项经济指标汇总(单位:万元)

	工业类型	企业单位(个)	亏损企业(个)	工业总产值	工业销售产值	利润总额	资产总计	负债总计	亏损企业亏损额	从业人员数(人)
	矿业及相关原材料加工制品业合计	887	168	30306271	29905847	6848544	36785844	15529351	79424	560230
矿业	合　计	410	84	16235933	16107245	6115941	26722445	9268843	27018	411338
	煤炭采、选业	322	67	4182828	4014781	231660	5269851	4370733	22344	274274
	石油天然气开采业	25	3	11742419	11776963	5865514	20958428	4691787	646	123441
	黑色金属矿采、选业	15	1	129972	131286	7380	156304	93882	11	2390
	有色金属矿采、选业	14	3	75073	78605	9657	244056	57500	302	5631
	非金属矿采、选业	34	10	105640	105611	1730	93806	54941	3715	5602
相关原材料加工制品业	合　计	477	84	14070338	13798602	732603	10063399	6260508	52406	148892
	石油加工及炼焦业	77	15	9886129	9783575	628115	4649379	2574067	11598	56289
	非金属矿物制品业	317	46	1660703	1587796	91557	2227708	1361249	14988	47244
	黑色金属冶炼及压延加工业	43	13	2136000	2062567	48657	2489581	1934183	21388	26901
	有色金属冶炼及压延加工业	32	6	301648	300272	7563	451008	238980	2164	14223
	煤气生产和供应业	8	4	85858	64392	501	245723	152029	2268	4235

表 7　　黑龙江省 2009 年主要工业产品产量统计

矿产品名称	单位	产量		2009 年比 2008 年增(+)减(-)%
		2008 年	2009 年	
原煤	万吨	8185.4	8748.7	+6.9
石油	万吨	4020.5	4000.7	-0.5
天然气	亿立方米	27.2	30.0	+10.3

续表 7-1

矿产品名称	单位	产量		2009 年比 2008 年增(+)减(-)%
		2008 年	2009 年	
铁矿石原矿量	万吨	37.1	82.6	+122.6
原油加工量	万吨	1467.3	1552.9	+5.8
汽油	万吨	385.9	430.5	+11.6

续表 7-2

矿产品名称	单位	产量		2009年比2008年增(+)减(-)%
		2008年	2009年	
柴油	万吨	544.3	589.2	+8.2
焦炭	万吨	781.2	976.8	+25.0
硫酸	万吨	10.7	7.2	-32.7
盐酸	万吨	2.3	5.1	+121.7
烧碱	万吨	10.5	6.8	-35.2
合成氨	万吨	80.5	86.1	+7.0
农用化肥	万吨	55.8	62.4	+11.8
化学农药	吨	4706	6226	+32.3
水泥	万吨	1968.2	2598.0	+32.0
平板玻璃	万重量箱	596.3	709.7	+19.0
石墨及碳素制品	吨	11940	22051	+84.7
生铁	万吨	364.6	494.6	+35.7
铝材	万吨	7.5	5.7	-0.2
电石	万吨	11.9	8.3	-30.3

【矿产资源勘查开发专题会议】 2009年2月26日，黑龙江省长栗战书主持召开全省矿产资源勘查开发专题会议，研究科学勘探，有序开发矿产资源，不断壮大矿业经济问题。会上省国土资源厅厅长孙纲详细汇报了全省矿业的勘查开发情况，提出了今后12年矿产开发的计划安排，拟到2020年，黑龙江省矿业经济总规模在目前600亿元基础上将呈翻倍增长，拉动全省经济大幅提升。栗战书省长指出，黑龙江省矿产资源种类齐全、储量大、价值高，据估算潜在总价值为20万亿元，具有巨大优势。省委提出的建设“八大经济区”的战略构想中，对资源的保障能力提出了更高要求，特别是在东部煤电化基地建设区、哈大齐工业走廊建设区、大小兴安岭生态功能区的建设发展中，矿产资源开发利用将发挥至关重要的作用。2009年，全省基础地质工作相对薄弱，矿产地质调查研究滞后，矿产勘查开发程度偏低，重点矿产资源规模小，加工深度不够。要以科学发展观为指导，科学勘探，突出重点成矿区带、重点矿种、重点矿山，集中力量开发建设，做大做强一批重点矿山，形成规模效益。要加强矿产资源的管理，坚持政府主导和市场配置相结合，规范矿产资源管理和矿权交易，严厉打击非法开采、超层越界、炒卖矿权等违法违规用矿行为，建立公平合理规范的矿产资源开发市场秩序，全面提升矿产资源开发利用水平。要树立生态环保理念，加大矿山环境治理力度，坚持生态保护、治理、恢复与建设并重，努力建设绿色矿山，真正实现开发与保护双赢。分管国土资源工作的副省长于莎燕也在会上讲了话，她说，矿产资源对经济建设和发展，有着举足轻重的作用。黑龙江地处偏远，财政状况比较脆弱，矿产资源是黑龙江省巨大的财富和潜在的巨大经济优势，完全可以作为一个新的经济增长点加以推进和开发。要在保护中开发，在开发中保护，在保护生态的情况下，有序科学开发矿产资源完全是可能和可行的。矿产资源开发要搞好规划，要积极对上争取支持，要主动向社会公布成果，谋求更多的投资者对黑龙江省的矿产资源开发利用进行大规模的投资，也要按规划进行有序开发。政府要加强对矿产资源的宏观调控，矿产资源开发利用市场要依法依规进行整顿，摸清底数，合理配置资源，还要注意整章建制，要按照国家和省里的规定把好矿产资源监管关。黑龙江省政府秘书长郭晓华、副秘书长师伟杰及省政府办公厅的有关领导，省国土资源厅副厅长姜秀金、李顶勋、张财及有关处室负责同志参加了会议。

【省人大通过《黑龙江省地质环境保护条例》】 2009年6月12日黑龙江省第十一届人大常委会第十次会议通过了《黑龙江省地质环境保护条例》。《黑龙江省地质环境保护条例》共有七章五十三条，第一章总则；第二章地质环境保护规划和项目管理；第三章地质环境保护措施；第四章地质环境监测；第五章地质灾害防治；第六章法律责任；第七章附则。该《条例》自2009年10月1日起施行。

【黑龙江省矿业协会第三次会员代表大会】 2009年1月16日，黑龙江省矿业协会第三次会员代表大会在哈尔滨召开。会议提出，未来5年里协会新一届理事会将努力协助政府参与实施矿业行业管理和行业自律，维护协会会员的合法权益，为全省矿业经济又好又快发展服务。会议选举产生了新一届协会理事会，省国土资源厅副厅长姜秀金当选名誉会长；陈竞捷当选会长；刘锐当选常务副会长，马云等21人当选副会长；全柏峰当选秘书长；109人当选理事。姜秀金出席会议并代表厅党组对省矿业协会第三次会员代表大会的召开表示祝贺。省国土资源厅矿管处处长、省矿业协会第二届理事会秘书长刘升林致开幕词。新当选的省矿业协会会长陈竞捷在讲话中指出，省矿业协会将继续坚持“规范办会、服务办会、开放办会、活跃办会”的办会方针，加强自身建设，完善制度建设，继续做好协会日常工作，向政府有关部门反映会员的呼声，为企业发展营造良好的外部环境，提高为会员服务的能力和质量。同时在省国土资源厅指导下，围绕全省矿业发展的重大课题、重点问题、重要矿区、优势矿种的规划发展问题以及广大会员关注并迫切需要解决的重大问题，积极开展资源与行业调研，为黑龙江省矿产资源管理部门加强宏观调控、资源管理、结构调整和行业发展提供咨询意见和建议。充分发挥矿协的桥梁和纽带作用，做好为矿山企事业单位的技术咨询、服务工作。继续加强与中国矿业联合会和其他省矿协的交流与合作，组织开展国内外行业、市场的考察、交流，行业会议、展会的参会、参展工作。加强同会员单位的联系，发展壮大会员队伍，推进矿协各项工作更好更快地发展，为全省矿业经济发展做出应有的贡献。据悉，按照中央有关文件的要求，省矿业协会将逐步走向完全自立的社团组织，变成真正意义上的全省矿山企事业和地方矿业协会自愿联合组成的非盈利性社会组织。业务上受省国土资源厅指导，行为上受社团登记机关—省民政厅的监督，协助政府参与实施矿业行业管理和行业自律，维护会员的合法权益，为全省矿业发展服务，为矿山企事业单位服务，为政府决策服务，把矿协办成矿山企业之家。省矿协常务副会长、省矿业集团董事长刘锐致闭幕词。会议由全柏峰主持，来自全省各地国土资源局、地勘单位、矿山企业的近百位代表参加了会议。

【中国矿业报全国国土资源地勘系统宣传工作会议】 2009年9月7日在牡丹江镜泊湖市召开。本次会议针对如何落实李克强副总理视察中国地质科学院的讲话精神，进一步做好能源资源保障工作；矿政管理工作中存在那些热点和难点问题，又该如何破解；地质找矿改革发展大讨论取得了那些阶段性成果，下一步将如何深化；中国矿业报应该如何更好当好“大讨论”的舆论平台，为国土资源工作和地勘行业改革发展服务等问题进行了深入讨论。黑龙江省国土资源厅副厅长姜秀金到会祝贺并讲话，中国矿业报社长兼总编辑王家华从11个方面对副总理李克强的讲话精神谈了个人的体会。在分组讨论会上，与会代表结合当前国土资源管理和地勘行业的实际情况，围绕能源资源立足于国内；找矿、采矿、管矿过程中存在的突出问题建言献策；集思广益，尤其是对矿业权管理、监督、取得，以及地质找矿中的热点问题表现了极大地期望和关注，对“探者有其权”的提法深感赞同。黑龙江省参会代表积极参与到讨论当中，与来自全国各地代表进行了交流，省厅地勘处孙文礼处长就“大讨论”中遇到的有关问题解答了外省会议代表的提问。总编辑王家华在会议总结时指出，对矿业权管理要在思想上达到完全统一还有一段路要走，那种“跑马圈地”、“击鼓传花”式的炒作矿业权的现象违背了科学发展观的要求，不是可持续发展，不利于地质找矿工作。国土资源管理部门和地勘单位应该劲往一处使，我们的事业就大有希望。来自全国各地的120多位国土资源管理部门、地勘行业和记者站的代表参加了会议。

【黑龙江省国土资源厅责任目标完成情况】 2009年以省直纪委书记王文发为组长的省直责任目标考核组一行，对黑龙江省国土资源厅2009年主要职能责任目标完成情况进行了考核。省国土资源厅厅长孙纲向考核组汇报了全厅主要任务指标的完成情况，省国土资源厅通过加强领导，落实责任；强化措施，狠抓落实；抓班子带队伍，切实提高整体素质；加强党风廉政建设，切实提高拒腐防变能力等项措施，超额完成了省委、省政府下达的各项工作任务目标。积极主动服务全省发展大局，保障扩内需、保增长用地实现新突破。推进地质找矿大讨论成果转化，地质勘查工作迈出新步伐，部省合作项目实现突破性进展；全面启动和推进了中央地质勘查基金合作项目；公益性地质调查和矿产勘查获得了大批成果；煤炭地区深部和外围找矿步伐加快；农业地质、城市地质项目和地热、矿泉水资源勘探也取得了新的进展；努力培育壮大矿业经济，重点矿山规模开发有了新进展；积极推进《大小兴安岭生态功能区矿产资源专项规划》的实施，矿产资源六大开发体系进一步壮大；重点矿区资源整合工作取得了新的进展，超额完成了国家规定的“整合后矿山数量减少20%以上”的目标；强化资源监管，资源市场秩序有了新的改善。完成采矿权登记发证404个，勘查登记发证242个；矿业权价款实现21.32亿元，矿产资源补偿费收益实现9.19亿元；立案查处矿产违法案件258件，罚没款756.14万元；夯实基础工作，国土资源基础业务建设迈上了新台阶，第二轮《黑龙江省矿产资源总体规划》编制完成并已获得国土资源部批准；矿产资源潜力评价、储量调查和矿业权核查等三项基础调查工作稳步推进；全年收取地质环境治理恢复保证金1.31亿元；矿山环境治理全年投资2.36亿元，实施治理项目49个；编制了2009年全省地质灾害防治预案；全年投入资金8900万元，对地质遗迹进行了有效保护。

【第六届黑龙江省探矿者年会】 2009年8月27日，在牡丹江召开。黑龙江省百余名地质工作者在会上共寻地质找矿突破思路，共议地勘单位改革发展大计。国土资源部地勘司副司长于海峰到会，对黑龙江省深入开展地质找矿改革发展大讨论活动所取得的成效给与了充分肯定，会上他还传达了副总理李克强到国土资源部视察的指示精神，并对当前地质找矿面临的形势与问题进行了分析。黑龙江省国土资源厅厅长孙纲结合全省地勘现状发表了讲话，要求树立为经济发展大局服务的思想，切实增强做好地质工作的责任感和紧迫感；要不断创新地质找矿理论和方法，努力实现找矿重大突破，要加强前瞻性研究并集中力量实施重点突破；要进一步加大支持力度，为地质勘查工作营造良好的外部环境。调动地勘队伍的积极性，加强对地质勘查工作的规划统筹，积极支持地勘队伍改革。省国土资源厅副厅长姜秀金在总结讲话中对2008年的地质工作做了回顾，2009年全省共计开展各类地质勘查项目128个，投入资金约6.8亿元。其中与中国地质调查局合作项目11个，投入资金1.9亿元；与中央地勘基金管理中心合作项目22个，投入资金1.22亿元；落实国家危机矿山接续资源找矿项目6个，投入资金7940万元；安排1:5万矿调项目10个，投入资金3377.17万元；安排省煤调项目7个，投入资金1.4亿元；安排省矿产资源补偿费项目39个，投入资金1.1亿元。通过1:5万矿调等基础性地质调查工作，共计发现找矿靶区260处；通过矿产勘查工作，发现重要矿产地30余处；鹤岗煤矿深部和外围接续资源找矿也取得重大进展，新增储量3.19亿吨。牡丹江市政府副市长康志文到会并对探矿者年会在牡丹江市召开表示欢迎。省地勘局局长李德香宣读了第六届黑龙江省探矿者年会优秀论文获得者名单，并颁发了证书。优秀论文一等奖获得者曹宪双将题为《实施"六大地质工程"和完善"五种机制"努力实现黑龙江省地质找矿突破》的获奖论文在会上与参会人员进行了交流。陈行时、曲延林、薛明轩、金平分别做了专题发言。省国土资源厅地勘处处长孙文礼在会上宣读了探矿者年会宣言。中国地质调查局驻沈阳地质调查中心单海平、中国土地矿产法律事务中心副主任魏铁军、中国矿业报总编辑王家华、中央基金项目处、地质调查局资源评价部及黑龙江省国土资源厅、省地勘局、省有色地勘局、省煤田地质局、武警黄金一总队等地勘单位的相关领导出席了年会。

【《大小兴安岭生态功能区建设与矿产资源开发关系研究》专题报告通过国家论证】 2009年，《大小兴安岭生态功能区建设与矿产资源开发关系研究》专题报告通过国家论证，为黑龙江省大小兴安岭生态功能区建设与矿产资源开发科学决策提供可靠依据。项目评审组认为专题报告立据充分、论述科学、观点明确、意见可行，达到了预定的目的和要求，对大小兴安岭矿产资源开发与生态功能区建设的统筹协调发展，有着现实的指导意义，对我国其他地区如何实现矿产资源开发与环境保护协调发展，有着重要的借鉴和指导作用。省国土资源厅站在全省长远发展的高度，围绕发展壮大矿业经济，把黑龙江省矿产资源优势转化为经济优势的主题，委托中国矿业联合会共同开展了"大小兴安岭生态功能区建设与矿产资源开发关系"课题研究。把这一带有省情特点的重大战略课题上升到国家的层面进行研究论证，以便更好的为省委、省政府在大小兴安岭生态功能区建设与矿产资源开发方面科学决策提供可靠依据。评审会由中国矿业联合会常务副会长曾绍金主持，国土资源部总工程师张洪涛、黑龙江省政府副省长于莎燕、原国土资源部副部长蒋承菘、原地质矿产部总工程师陈毓川、国土资源部顾问方克定，国土资源部有关司局领导、清华大学、中国地质大学、北京师范大学等有关院校的专家学者，省国土资源厅厅长孙纲、副厅长姜秀金、矿管处处长刘升林及省发改委、省环保厅、省森工局、省地调总院的领导和专家共计40余人参加了评审。会上于莎燕副省长代表省政府做了重要讲话。《大小兴安岭生态功能区建设和矿产资源开发关系研究》专题组组长、中国地质大学海洋学院副院长胡克教授在评审会上做了专题工作报告。与会专家学者认为：《大小兴安岭生态功能区建设和矿产资源开发关系研究》专题报告辩证地论述了矿业作为区域社会经济建设的基础产业，矿产资源的开发将极大地推进黑龙江省区域经济的发展，而区域经济的发展，又必将极大地反哺生态功能区的建设。报告论述了绿色矿业建设是实现统筹协调发展的必由之路，同时系统阐述了"系统规划、整装勘查、集约开发、综合利用、稳步推进"、"在保护生态功能区的前提下进行开发"的大小兴安岭矿产资源开发总体原则和发展策略。建议今后继续围绕这一中心议题，进一步深入细致的开展多项研究工作，取得更大成果。同时建议黑龙江省政府加强对这项工作的统一领导、统一规划、统一管理，在当前首要的是要加强地质勘查工作，以取得地质找矿工作的重大突破，为大小兴安岭矿产资源开发与生态功能区建设的统筹协调发展奠定坚实的基础。

【矿业权实地核查野外实测工作推进会】 2009年9月21日黑龙江省国土资源厅召开全省矿业权实地核查野外实测工作推进会议。副厅长姜秀金在会上阐述了这次矿业权实地核查工作的重要性，这项工作的特点是时间紧、任务重、要求高。时间紧是这项工作要在年底前必须完成；任务重，是这次的核查范围是2009年6月30日前设置的有效矿业权4623个；要求高是核查成果作为第一手资料，必须准确无误，经得起推敲。要求核查工作确保时间，确保质量，不可动摇地完成任务。核查项目承担单位是两个确保的主要责任单位，各级国土资源部门是核查工作的牵头和组织协调单位，两家既要密切配合又要分清责任。各单位要根据项目完成情况进行认真地总结，对完成好的单位、项目要进行表彰,记入今后绩效,对影响核查工作的国土资源局或项目承担单位要进行处罚,建立激励机制促进核查工作的按时保质完成。省国土资源厅副巡视员刘升林主持会议并对参会人员提出了要求。要求回去后做好汇报工作,国土资源部门要向班子成员汇报;国土资源部门与项目承担单位要对所承担项目区的任务进行详细的分析,明确具体工作任务,采取得力措施,做好前期准备工作;核查成果一定要按时、保质完成,核查成果作为第一手资料,不允许有一点瑕疵,要建立制约机制和复核制度,确保工作质量。黑河市国土资源局副局长张明玉、核查承担单位省区调所所长曹宪双分别就国土资源局如何配合核查承担单位做好黑河试点工作及核查承担单位如何做好项目技术支撑工作作了汇报,省地矿测试所所长潘河也将黑河市矿业权实地核查试点工作经验向与会代表做了介绍。来自全省各市(地)国土资源局的主管领导及各矿业权实地核查项目承担单位的60多名负责人参加了会议。

【黑龙江省矿业权实地核查18个标段的方案和设计通过评审】 2009年9月18日,黑龙江省矿业权实地核查18个标段的工作方案及设计通过了评审,这标志着黑龙江省矿业权实地核查工作已经全面展开。此次评审,省矿业权实地核查办公室聘请了由黑龙江省国土资源厅赵我为、黑龙江工程学院李秀海、侯建国、鲍建宽等专家组成评审组,依据《地质矿产勘查规范》、《全国矿业权实地核查工作指南与技术要求》、《黑龙江省矿业权实地核查工作指南与技术要求》的要求进行了评审,最终18个标段的方案与设计全部通过评审。通过评审后,参加实地核查的15家地勘单位将投入600余人,按照各标段的实施方案要求开展矿业权实地核查野外实测工作,为保证全省矿业权实地核查工作的顺利进行,保证核查成果的质量与进度,核查办还制定了监理工作方案,按时间、按工序对各阶段的核查成果进行检查监督。要求项目承担单位在一周内向监理单位提交本标段实地核查实施方案,提供项目参加人员、技术负责人、项目负责人名单及联系方式,以便随时联系;项目核查单位提供项目所使用的仪器设备清单及鉴定证书,以便现场核对;项目核查单位对工程的进度实行旬报制,按时报省核查办,以便监理单位掌握核查单位施工进度,及时汇总,按时向国家核查办汇报;项目核查单位对工程的施工做每旬计划,按时报监理单位,以便安排监理工作;监理实测过程中填写监理记录表,及时记录核查过程中发现的问题,并将监理记录表让作业单位技术负责人签字。监理方根据各承担单位上报的工作进度,定期派监理人员对其进行监理。

【矿产资源储量调查成果】 根据国土资源部《关于开展全国矿产资源储量利用调查工作的通知》要求,黑龙江省对这项工作高度重视,成立了由国土资源厅厅长孙纲任组长的项目领导小组,确定省区域地质调查所为项目承担单位,并在全省范围内遴选了6家技术力量较强的地勘单位为项目协作单位,组建了精干高效的项目工作队伍。为确保项目快速落实,在经费尚未到位的情况下,项目牵头单位自筹资金建立了专门的办公场所,购置了专门的设备,设立了办公电话,建立了网站,保证了项目的顺利实施。为解决资金问题,省国土资源厅指派专人协调省财政厅落实资金,并随时向财政部门通报项目进展情况,最终落实了启动资金1112万元,推进了项目的顺利进行。省项目办及项目牵头单位省区调所组织省内顶级专家编制了《黑龙江省矿产资源利用现状调查实施方案》,《方案》中明确黑龙江省矿产资源利用现状调查项目确定为19个矿种,储量核查调查的矿区数量505个,采矿权储量核查数1783个。将鸡东煤矿作为全国《煤炭储量核查技术要求》试点地区,率先开展储量核查工作,省区调所组织30多位工作人员经过20多天时间的紧张工作,提交了核查报告,并得到了全国项目办及专家的好评。鸡东试点工作的成功在核查地质技术、数据库技术方面具有深远意义,使核查单位的技术人员全面掌握了矿产资源储量核查的工作方法、流程和技术要求,进一步明确了工作成果目标,为全面启动项目奠定了基础;完善了《煤炭矿区资源储量核查技术要求》,明确了核查工作内容和核查成果要求,制定了工作流程和技术要点,可操作性强,能够满足煤炭资源储量核查工作的需要;完善了矿区资源储量核查成果数据库技术要求,完成了属性数据录入系统的开发和测试,规定了数据库的数据模型,确定了数据库中图件采集及图层划分的技术标准、建库工作流程及质量要求,并给出矿区块段储量数据库结构定义及填表说明。

【黑龙江省矿产资源潜力评价2009年度会议】 2009年6月23日,在黑龙江省矿产资源潜力评价2009年度会议上,11家项目承担单位法人代表分别与省潜力评价办公室主任孙文礼签订了黑龙江省矿产资源潜力评价目标任务责任书。省潜力评价办公室副主任张宏松主持会议,并传达了《国土资源部办公厅关于进一步加强全国矿产资源潜力评价与储量利用调查管理工作的通知》。省地质调查总院院长张斌通报了黑龙江省矿产资源潜力评价工作经费情况;总工程师陈行时对潜力评价2009年度、2010年度工作目标任务进行了部署。孙文礼还对全省矿产资源潜力评价工作提出了要求,要各项目承担单位应加强对资源潜力评价工作的领导，抽调精兵强将投入到项目工作上来，配齐各类技术人员，各单位要按时保质完成；要加强省资源潜力评价项目办公室的领导工作，加强对全省资源潜力评价工作的组织实施，协调经费落实，协调资料收集，每月底考核项目承担单位工作绩效，及时解决存在的问题，确保评价工作按时保质完成；对项目承担单位采取奖惩制度，对按时保质保量完成工作任务的单位奖励承担工作经费的10%，在同等条件下优先安排省矿产资源补偿费地质勘查项目，对未能按时完成任务的单位将进行罚款，罚款额度为其承担工作经费的10%。目前，黑龙江省矿产资源潜力评价进展顺利，共收集各类地质资料1000余份，基本满足现阶段工作需要。已全部完成全省43幅1∶25万实际材料图编制工作，完成13幅1∶25万建造构造图的编制工作，占总工作量的30%，完成了多宝山铜钼矿床、三道湾子岩金矿、东风山铁矿等21个典型矿床部分研究工作，2009年2月煤炭资源潜力评价纳入到全省矿产资源潜力评价管理范畴，并已开展技术培训及资料收集等工作，部分方案与制图工作已经完成。省潜力评价办公室及11家项目承担单位负责人、总工程师及项目技术负责人30余人参加会议。

【煤炭资源调查项目公开邀标】 2009年4月11日黑龙江省对《黑龙江省柳树－兴隆盆地煤炭资源调查》、《黑龙江省甘南－龙江盆地煤炭资源调查》、《黑龙江省佳木斯区块煤炭资源调查》、《黑龙江省鸡西盆地大通沟－二吕区块煤炭资源调查》等4个项目进行了公开邀标。4个项目总勘查工作面积15949.8平方千米，二维地震点56325个物理点、钻探26000米、测井26000米、电法715点，资金概算合计7403.44万元，总体工作目标是提供有希望的重点煤炭勘查靶区。省国土资源厅作为招标人，委托驿煊广通招标有限公司承办此次邀标活动，面向全省地勘队伍进行邀请招标，共有7家投标单位参加了公开评标。由来自中国煤炭地质总局、中国地质调查局、黑龙江省煤田地质局、省地质调查研究总院等单位的9位专家组成评委会，采用资质业绩部分占20%、技术部分占60%、商务部分占20%的量化标准进行综合打分。最终省煤田勘察设计研究院成为《黑龙江省柳树－兴隆盆地煤炭资源调查》标段候选人，省煤田地质一一〇勘探队成为《黑龙江省甘南－龙江盆地煤炭资源调查》标段候选人，省煤田地质一〇八勘探队成为《黑龙江省佳木斯区块煤炭资源调查》标段候选人，省煤田地质物测队成为《黑龙江省鸡西盆地大通沟－二吕区块煤炭资源调查》标段候选人。邀标工作结束后，省煤调办将组织中标单位进行业务培训和设计审查，并由省国土资源厅与项目中标单位签订合同。

【黑龙江省地质环境会议】 2009年3月2日在哈尔滨召开。会上副厅长姜秀金作了重要讲话，强调要提高对地质环境管理工作的认识，以坚持求真务实的作风抓好落实。要明确目标任务，各单位要准确把握地质环境工作的主基调，使地质环境工作与省厅重点工作及服务扩大内需工作紧密结合，整体推进。要转变作风，行动要快，工作要早作准备，超前谋划，决心要大，要根本上扭转常规工作模式。工作要实，要强化成本意识，养成高效率、快节奏的工作作风。要强化责任，各级领导要以强烈的事业心和责任感做好自己所担负的工作，要牢记使命，尽职尽责，心无旁骛，尽心尽力，坚持不懈，有始有终。要协调配合，突出部门之间的配合，要强化分管领导之间的配合，要搞好上下之间的配合。要加大落实保证金征收的推进力度，把大中型矿山企业缴纳保证金工作上升到领导层次，做到整体运作，公开透明，优质高效。省厅地质环境处处长李树桐对2008年全省地质环境工作进行了总结，对2009年全省地质环境7项重点工作做了具体部署。要求要继续做好以汛期为主的地质灾害防治工作；进一步强化保证金收缴工作；继续推动绿色矿山建设计划的落实；加强项目管理，提高资金投入产出率；继续做好地质遗迹保护工作；规范矿泉水、地热资源的管理；提高地质环境监测水平，为地质环境管理工作提供支持。陈铁男主持会议并强调，各地要尽快将这次会议精神向局主要领导汇报，研究贯彻意见，实实在在把会议精神学习好、贯彻好、落实好，认真学习领会典型经验和年度工作部署，紧密结合实际，制定工作方案。牡丹江市、双鸭山市、黑河市、鹤岗市国土资源局在会上作了典型发言。来自全省各市(地)国土资源局及地质环境监测总站的相关人员近50人参加了会议。

【《部省合作开展公益性地质调查及战略性矿产勘查部署方案》通过预审】 2009年3月23日部省合作地勘项目评审会议在哈尔滨召开。《国土资源部中国地质调查局与黑龙江省人民政府合作开展公益性地质调查及战略性矿产勘查部署方案》通过预审。2008年安排项目20个，投入资金16168.17万元。省国土资源厅副厅长张财出席会议，中国科学院院士陈毓川及来自国土资源部、中国地调局、沈阳地质调查中心、吉林地勘局、省财政厅、省国土资源厅、省地勘局、省地调总院的近30余位专家对《方案》进行了预审，认为《方案》总体部署合理，依据充分，可通过预审。会议还总结了2008年工作成果，研讨了2009年工作部署方案，并对多宝山地区矿产远景调查项目进行了评估。《方案》中确定，此次部省合作项目将利用8年时间，按照重点成矿区带、找矿远景区、矿集区等3个层次安排，实现1:25万区调、1:20万化探、1:20万重力、1:5万航空物探等多层次安排，主攻铜、铅、锌、钼、金、铁、煤等7个矿种，为打造呼中－塔源铅锌矿资源基地、黑河－多宝山铜钼金矿资源基地、东安－富强金矿资源基地、鹿鸣－小西林钼铅锌矿资源基地、团结沟金矿资源基地、翠宏山铁多金属矿资源基地、滨东铜钼矿资源基地、东宁金矿资源基地、东部煤炭(金)资源基地等九大资源基地奠定基础。

【中央地质勘查基金黑龙江省项目设计通过审查】
2009年8月14日中央地质勘查基金黑龙江省项目设计审查会议结束，参加评审的22个中央地勘基金项目设计全部通过审查，预计投入资金1亿多元。黑龙江省公益性地质工作和商业性矿产勘查工作实现了有效衔接，从而步入了良性发展的轨道。据国土资源部中央地勘基金管理中心主任程利伟介绍，这次审查会既是对国家当前宏观经济政策的积极响应，也是对地质找矿改革发展大讨论成果的具体实践。为确保项目的顺利实施，要进一步完善组织协调工作，要明确各自的分工，建立定期会商和信息沟通机制，及时研究解决项目实施过程中遇到的各种问题。基金管理中心要重点做好项目的立项和组织实施过程中的管理工作，省国土资源厅要充分发挥矿政管理职能，组织做好矿业权协调、矿产勘查工作外部环境维护、项目实施过程的组织协调和协助监管等工作。省国土资源厅厅长孙纲对参加审查的项目承担单位提出要求，要他们虚心向专家请教，认真听取意见，及时修改并按时提交项目设计，严把项目质量，切实提高综合找矿能力。同时各单位还要按照整装勘查的要求，汇集1:5万矿调、煤调和以往矿产勘查成果，筛选能够找大矿、找好矿的项目，为申报第二批中央地质勘查基金项目做好准备。会议由省国土资源厅副厅长姜秀金主持，来自全国的22位有关专家、中央基金管理中心及16家项目承担单位的负责同志80余人参加了审查会。

【矿山地质环境保护与治理恢复方案编制培训班】
2009年11月28日在哈尔滨举办。黑龙江省国土资源厅副厅长周亚明在开班式上作了讲话，国土资源部地质环境司监测处处长李明路做了辅导讲话，厅地质环境处处长李树桐做了开班动员。副厅长周亚明强调，各级国土资源部门负责矿山地质环境保护管理的主管领导和相关工作人员要肩负起双重责任，通过学习更好地参与和指导此项工作，更好地履行矿山地质环境保护与治理的监督管理职责。各地质勘查单位的技术人员对方案编制的可行性、科学性、规范性和客观性要准确把握，这是做好矿山地质环境保护与治理恢复工程实施的必要保证。培训班历时两天，从事矿山地质环境保护与治理方面的专家针对方案编制的规范、内容、评估思路、恢复保证金的计算和缴存以及与其相关的法律法规等内容进行了详细地分析和讲解。培训内容包括：中国地质环境监测院矿山室主任张进德主讲的矿山地质环境保护与恢复治理方案编制规范、省法制办农林城建处处长翟新华主讲的黑龙江省地质环境保护条例释义、省地质环境监测总站总工程师郭长林主讲的黑龙江省矿山地质环境调查成果介绍、齐齐哈尔矿产勘查开发总院副总工程师邢开主讲的矿山地质环境保护与治理恢复方案编制案例、省水文地质工程地质勘察院矿山室主任于长生主讲的矿山地质环境保护与治理恢复方案编制案例和中国地质大学(武汉)地质调查研究院院长周爱国主讲的矿山地质环境评估思路。黑龙江省从事地质环境保护与治理恢复方案编制的资质单位负责人、技术负责人和专业技术人员、各市(地)县国土资源局负责地质环境管理工作的相关人员共340多人参加了这次培训。

【《俄罗斯矿产资源政策研究》项目阶段成果汇报会】
2009年3月27日在哈尔滨召开。国土资源部科技与国际合作司巡视员李志坚、黑龙江省国土资源厅副厅长徐飞鹏、黑龙江省商务厅副厅长赵文华、黑龙江省地矿局副局长周亚明出席会议。李志坚在讲话中指出，《俄罗斯矿产资源政策研究》项目的实施，对黑龙江省乃至全国矿业企业及相关单位在对俄矿业经济投资上都具有重大的指导意义，该项目内容全面、调查深入、材料收集齐全、可操作性强。建议在下一步工作中加入对俄罗斯的依法行政程度和行政效率的研究，对法律法规变更内容进行迅速反应。徐飞鹏建议项目实施要把《俄罗斯矿产资源政策研究》放在大环境中思考，要从实践意义上去设计，必须具有可操作性，重点研究《俄罗斯矿业勘查开发指南》，要从构建支持与服务“走出去”体系和布局考虑。项目承担单位省地质科学研究所就项目提出背景、技术路线与方法、预期成果、项目分工与进展情况以及俄罗斯矿产资源法律法规汇编目录、俄罗斯矿产资源政策研究、俄罗斯矿产资源勘查开发常见问题等进行了报告。该项目自2008年5月至今，专家组成员及项目承担单位已完成《俄罗斯矿产资源法律法规汇编》初稿，还针对世界金融危机完成了《全球经济危机对俄罗斯矿产资源政策的影响和对策》。会上来自相关领域的专家和领导对该项目的编制内容给予高度评价，并对如何进一步做好下步编制工作提出了意见和建议。省地质科学研究所所长马晓阳代表项目承担单位发了言。省商务厅、省财政厅、省国土资源厅矿管处、储量处、地勘处、环境处、项目管理处、科技外事处,以及省地矿局、省地质科学研究所等单位负责人30多人参加了会议。

【地质资料管理专项检查】 2009年9月17日由山西省、陕西省、湖北省有关人员组成的国土资源部地质资料专项检查组一行5人来黑龙江省检查工作。检查组采取了听取汇报、抽查有关资料、交换意见等方式对黑龙江省地质资料管理工作进行了全面检查。黑龙江省国土资源厅副厅长张财、储量处处长吴迪、副调研员陈岩、省地质资料档案馆馆长崔滨、省区域地质调查所所长曹宪双、省水文地质工程地质勘察院院长王逊等人参加了汇报会。有关人员围绕馆藏机构管理体制与人员情况、地质资料汇交情况、地质资料馆建设情况向检查组进行了汇报。截至2008年底,黑龙江省共汇交各类成果地质资料842种,转汇交821种,合格率达100%。黑龙江省拥有地质资料馆纸介质地质资料库2个,共保存成果地质资料一万余种,二十几万件。实物地质资料库7个,共保存各类岩矿芯近20万米,化探副样约40万个,岩矿石标本4.5万块,光薄片约4万个。在地质资料的接收、整理、保管、保密等环节均建立了比较完善的管理制度。并于2001年立项,总投资496万元,建成了省地质资料目录数据库和省实物地质资料数据库,完成了电子阅览室建设,为地质资料电子查询、阅览、复制提供方便快捷的服务。听取汇报后,检查组对黑龙江省地质资料馆藏工作给予了肯定,并提出了建设性意见。检查组在黑龙江检查期间还前往牡丹江市对省第一地质勘查院和省有色金属地勘七〇二队的地质资料进行了实地检查。

【全国矿产资源开发管理基层联系点工作交流研讨会】 2009年8月10日国土资源部矿产开发管理司在黑河市召开了全国矿产资源开发管理基层联系点工作交流研讨会第一次会议。会议就当前矿产资源开发管理面临的形势和存在的问题,如何做好联系点工作及今后一个时期矿产资源开发管理工作达成共识。国土资源部开发司副司长王宗亚在会上作了讲话,省国土资源厅副厅长姜秀金致欢迎词,厅副巡视员刘升林就如何贯彻好部开发司关于联系点工作有关要求以及省厅如何进一步指导联系点工作提出要求。会议由部开发司副司长莘文印主持,会议听取了黑龙江省黑河市、江西省赣州市、河南省洛阳市矿产资源开发基层联系点情况汇报,通过这次会议交流了矿产资源开发管理工作经验,明确了努力的方向,坚定了工作的信心,为做好下一步工作奠定了坚实基础。这三个联系点分别地处我国的北部、南部和中部,矿产资源开发管理工作各具代表性。会议明确这三个联系点城市要按照联系点工作的要求,结合当地的实际,制定切实可行的工作方案并积极开展工作,取得阶段性成果。部开发司、三省国土资源厅和当地政府要进一步加强对联系点的指导和支持,尽可能给予政策性倾斜,努力把联系点打造成全国矿产资源开发管理工作的样板,多做工作,多出试点经验。国土资源部开发司综合处、金属处、非金属处、研究室,黑龙江省国土资源厅矿管处、江西省国土资源厅、河南省国土资源厅,黑河市政府、赣州市政府,黑河市国土资源局、赣州市矿产资源管理局、洛阳市国土资源局,江西省全南县矿产资源管理局、定南县矿产资源管理局、河南省栾川县地质矿产局等单位40余人参加了会议。

【中西部找矿技术高级研修班】 2009年8月21日在漠河举办。此次研修班由人力资源和社会保障部与国土资源部联合举办,研修班的主要内容是研修我国中西部找矿技术,主要任务是针对我国中西部成矿地质条件及近年来找矿方法技术手段的发展现状,通过专家讲课及研讨,了解国内地质找矿新理论及新的找矿技术方法,促进中西部找矿工作。研修班邀请中矿联刘玉强研究员、成都理工大学葛良全教授、中国地调局教授级高工张华和研究员邓晓红、吕志成分别就中国矿产资源及矿产品供需形势、固体矿产资源勘查规范与储量评审备案、地质普查技术方法、地球化学勘查方法与实践、电磁法勘查技术与找矿、中东部矿山深部找矿实践等问题给大家授课,并针对大家关心的、实际工作中遇到的难点、热点问题进行了讲解。国土资源部人事司副巡视员孙喜华在开班式上讲话,省国土资源厅副厅长张财向研修班学员介绍了黑龙江省矿产资源状况。大兴安岭地区行署、漠河县政府及省国土资源厅、行署、县国土资源局为研修班的举办提供了服务保障工作。研修班由国土资源部地勘司副司长陈先达主持,大兴安岭行署副专员杨胜利参加了开班式并讲话。研修班还组织学员考察了古莲河露天煤矿,来自中西部省份的国土资源厅的总工程师、地勘单位的总工程师近百人参加了此次研修班。

【全国地下水监测网优化与地下水污染调查取样培训班】 2009年9月1日由中国地质环境监测院主办,黑龙江省地质环境监测总站承办的《全国地下水监测网优化与地下水污染调查取样培训班》在哈尔滨举办。在开班式上,中国地质环境监测院总工程师李文鹏介绍了近年来全国地下水环境监测工作以及地下水监测网的优化等情况和地下水在当今社会经济发展、人民生活及环境保护等方面的重要作用。中国地质环境监测院邀请了联合国科教文组织水资源学院周仰效教授、台湾经济部水利署水文技术组官彦均教授、森康工程顾问公司王奕森教授、Sinotech 工程顾问公司卫绍骐教授以及美国 QED 公司 Mr. David Kaminski 总裁、Mr. Mike Parker 副总裁为来自全国 27 个省、市地质环境监测系统的 110 多名技术人员进行了培训。主要内容包括:最新地下水采样技术、抽水试验及回水试验和布井的法则及经验、标准监测井的设置及注意事项和地下水的污染调查、台湾地区地下水监测网的投资经验与成果和地下水监测网优化技术。黑龙江省地质环境监测总站为培训班提供了服务保障,站长冯军、副站长董宏志、总工程师郭长林及相关技术人员参加了培训。

【有色金属地质勘查成果】 2009 年黑龙江省有色金属地质勘查局成果突出,全局共实施各类地质勘查项目 85 个,完成岩芯钻探进尺 11 万米以上、槽探工作量达 25 万立方米,各类分析测试样品 21 万件。省内找矿成果实现新的突破,大兴安岭松岭区岔路口钼矿资源量进一步扩大,初步估算矿床钼资源量 18 万吨,已达到大型钼矿规模;大兴安岭呼中区偃尾山铜银矿区找矿取得新进展,共发现矿体 13 条,初步估算资源量为银 192 吨,铜 7200 吨;2009 年东安金矿 5 号矿体外围普查新发现 4 条矿体,估算新增资源量为金 2.5 吨,银 30.5 吨。新发现大兴安岭呼中区布鲁吉山钼矿化区、双鸭山市双丰铁钨多金属矿化区、尚志市榆林金矿点、嫩江县麦海钼矿点和伊春市南岔区仙翁山多金属矿点等 6 处矿产地。省外找矿成果进一步扩大,通过对内蒙古哈拉胜铅锌银矿的勘查,发现 3 条矿体,累计获得资源量铅 20.45 万吨、锌 3.58 万吨、银 1127.32 吨,银矿已达到大型矿床规模,铅锌矿达到中型矿床规模。"走出去"战略告捷,七〇三队和七〇六队已分别与有关公司合作在赞比亚开展矿产勘查。面向市场开展多方位服务,实施"大地质"战略,积极开拓城市地质、灾害地质、农业地质等勘查领域。

【伊春出台矿产资源勘查开发意见】 为有效解决伊春市矿产资源缺少统筹规划、总体勘查程度不高、开发利用水平层次低等问题,确保矿产资源可持续利用和矿业经济可持续发展,加快矿产资源优势向经济优势的转变,促进全市经济更好更快发展,2009 年伊春市出台了《关于林区矿产资源勘查与开发的意见》。《意见》明确提出到 2015 年,矿业经济占全市工业经济的比重达 80%以上,占全市经济总量的比重达 30%以上,矿产品精深加工实现增加值占矿业经济增加值的比重达 90%以上,矿业经济实现税收年均增长 20%,占财政总收入比重 30%以上。矿业成为全市的支柱产业,构建起西林钢铁集团 600 万吨钢、浩良河 500 万吨水泥、铁力 1 万吨钼的矿业发展格局。《意见》就如何加快地质勘查工作,如何合理开发利用矿产资源,提高矿产品精深加工水平,延长矿产品产业链等事关全市矿业经济健康发展的重大问题提出了具体的措施要求。《意见》明确提出,各级资源林政管理部门要积极帮助地勘单位解决临时占用林地问题,有效解决了林区野外地质勘查时间短,防火期地质勘探难的问题。《意见》还就如何加强和改善对矿产资源开发利用的宏观调控,发挥矿产资源在全市工业经济中的主导作用,进一步整顿矿产资源开发秩序,提高矿产资源综合利用水平,加强生态环境保护和强化组织领导提出了明确要求。

【鹤岗市矿产资源补偿费征收】 鹤岗市 2008 年矿产资源补偿费收缴总额为 2100 万元,再创历史新高。鹤岗市国土资源局认真贯彻国家、省、市的重大方针和部署,围绕全市经济发展的大局,以管理带收费,从《矿产资源法》宣传入手,逐步加强征管工作力度,征费额度不断地实现历史性突破。鹤岗市国土资源局继续推进管理创新,结合工作实际深入调研,探索按照资源储量消耗征收矿产资源补偿费新办法,加快建立符合科学发展观要求的矿产资源补偿费管理长效机制。实现科学征管措施手段,推行将矿产资源储量消耗与补偿费征收挂钩相结合的征管方式。深入开展矿产资源储量动态监测工作,健全完善储量核查检测工作管理制度,以每一户矿山企业为一个相对管理主体,切实将核查检测、资源储量登记、储量统计、评审备案、储量年检等工作紧密衔接起来,坚持定期进行动态监测,准确掌握每户矿山的占用储量、生产量和实际消耗储量,全程跟踪监督检查,利用矿山储量动态监测的准确结果计算实际开采回采率,有效发挥动态监测对提高资源利用的应有功效,按照储量消耗计征并足额征收矿产资源补偿费,探索矿产资源补偿费由"从价计征"向"从量计征"转变的新途径、新方法,确保国家资产不再流失,努力使应当进入国库的资金应收尽收。切实加大征收稽查工作力度,对一切违反国土资源法律、法规或以任何理由为借口拒绝缴纳和拖欠矿产资源补偿费的行为,严格追究其责任,确保矿产资源补偿费做到应收尽收,不使国家财产白白流失。

【地质找矿"大讨论"专题研讨会】 2009 年 5 月 25 日黑龙江省国土资源厅副厅长张财主持召开了七台河地区深部找煤专题研讨会。地质找矿改革发展大讨论活动进入第二阶段以来，黑龙江省组织地勘系统自下而上逐级查找影响和制约全省地质找矿改革发展的突出问题，共梳理出八个方面的50余个问题。省地质找矿改革发展大讨论办公室经过认真研究，组织力量将梳理的问题进行归类整理，分解到省各地勘主管部门、各市(地)国土资源局，征集具体解决方案。抽出其中4个有代表性的问题进行专题研究，深部找矿问题被选做全省地质找矿改革发展大讨论活动专题研讨的一个问题，并把七台河地区煤炭资源勘查作为深部找矿的主战场。会上省煤田地质局及省煤田地质二〇四勘探队分别汇报了七台河东、西部区深部煤炭详查设计方案，与会代表进行了深入探讨，并从工作部署、工作方法和技术要求等方面提出了具体意见。张财副厅长强调，深部找矿，特别是一些危机矿山煤炭资源深部找矿，是黑龙江省近期地质勘查工作的重点，需要各位专家、地质战线广大技术人员共同研究、讨论，理出新思路，拿出新举措。要求七台河地区深部找煤的项目实施单位，按照省东部煤电化基地建设项目的总体要求和与会代表的意见，加强与龙煤集团沟通，积极妥善处置相关项目的探矿权，进一步修改完善设计方案，做实预算，做好应急方案，确保项目施工安全，确保深部找矿取得阶段性成果。

【黑河市矿业权实地核查试点】 2009年，黑龙江省矿业权实地核查黑河试点野外工作全面完成。项目承担单位——黑龙江省地矿测试应用研究所利用一个月的时间，完成160个采矿权、142个探矿权的野外实地核查工作。此次黑河试点工作分为西岗子、北安、嫩江、五大连池、孙吴、罕达气等6个测区。为确保核查工作的顺利进行，省国土资源厅在黑河市召开试点地区矿业权实地核查工作布置会，对工作进行了周密部署，协调各县(市、区)政府全力配合核查单位工作。项目承担单位对实地核查的首级控制、数据整理、矿山实测、部门配合、界桩的埋设、资料收集、矿业权人到位情况、国家控制点的选取、各县(市、区)矿业权的数量与省国土资源厅数据库的差别、矿业权有效期限等野外实测中遇到的问题进行了深入探讨，根据测量专家组提出的意见，确定了统一的工作方法和可行的工作方案，从而顺利完成了黑河市的试点野外工作。通过核查试点工作，积累了工作经验，为全省矿业权实地核查工作的顺利开展奠定了基础。

【五大连池获“中国矿泉城”称号】 2009年，五大连池通过专家评审被命名为“中国矿泉城”，国土资源部、中国矿业联合会组织专家就五大连池风景区申报中国矿泉城工作进行了最终评审。评审专家认为，五大连池是国内外罕见的与火山活动有关的矿泉水资源产地，在我国和世界均占有重要地位。区内共发现天然出露矿泉水源100余处，已探明偏硅酸型矿泉水允许开采量为9826立方米/日；碳酸盐矿泉水允许开采量为155.31立方米/日。矿泉水资源水质优良，偏硅酸型矿泉水的偏硅酸含量为30~81升，溶解性总固体含量为883.2~1248.3升，水化学类型为重碳酸镁钙型。碳酸型矿泉水的游离CO_2含量为260.1~1418毫克/升，溶解性总固体含量多数大于1000毫克/升，水化学类型为重碳酸钠镁型，是饮用与理疗兼用型天然矿泉水。评审专家指出，五大连池地区矿泉水资源形成的地质环境、资源状况、开发利用条件等基本清楚，已具备规模化和产业化开发的条件。专家还重点围绕五大连池矿泉水的资源保护、产业开发、企业整合、市场营销、品牌打造等方面进行了深入探讨，并提出了具体意见。据了解，2009年7月，五大连池风景区管委会向中国矿业联合会送交了《关于申请命名“中国矿泉城”的报告》。根据申报程序，经黑龙江省国土资源厅、黑龙江省矿业协会推荐，由中国矿业联合会、国土资源部地质环境司、省国土资源厅、省矿业协会等单位派员组成考察组赴五大连池，对其矿泉水资源及开发利用情况进行了实地考察并提交了考察报告。中国矿业联合会通过此次专家评审会对申报材料进行了认真评议，会议议定黑龙江省五大连池风景名胜区自然保护区已具备“中国矿泉城”条件，予以命名。

【漠河-大庆地学大剖面综合调查开工】 2009年12月28日在省区调所举办了黑龙江省漠河-大庆地学大剖面综合调查开工仪式。此项目是依托中俄石油管道开挖工程，在高覆盖、高纬度的大兴安岭地区开展地学大剖面综合调查，项目提出后，国土资源部勘查司彭齐鸣司长协调中国石油天然气地质勘查总公司予以配合，并于中国地调局沟通，建议立项，将其纳入到即将启动的国家矿产资源保障工程中予以支持。省国土资源厅地勘处处长孙文礼主持了开工仪式，来自中国地调局、省国土资源厅、省地勘局、吉林大学、沈阳地调中心及省地调总院等多方领导参加了开工仪式。这个项目的实施将对大兴安岭北段、松辽盆地西缘的基础地质、矿产地质、能源地质研究程度的提高，起到重要作用，将对指导全省地质找矿事业起到积极的推动作用。这一地区横跨漠河、大杨树、松辽3个油气盆地和大兴安岭、多宝山两个重要成矿带，从了解基础地质、油气地质、金属矿产地质等方面都会起到至关重要的支点作用。对此项工作，国土资源部副部长汪民还做出了重要批示，“此次工作意义很大，地勘司要继续牵头协调，地调局要高度重视，务必做好此项工作。”

【七星河盆地北部煤炭资源调查项目】 2009年7月28日七星河盆地北部煤炭资源调查项目完成了二维地震测量任务,转入钻探施工阶段。该项目是省政府为全面调查全省煤炭资源潜力部署的首批项目之一,2008年施工,2009年已完成二维地震物理点18323个,圈出多处异常,预测可能有三套含煤地层,这次钻探施工就是为验证上述异常,拟投入钻探工程量10000米,覆盖面积7229平方千米,全部工作量由省煤田地质110勘探队负责组织实施。第一钻布设在七星农场七十四连南侧,孔深800米,若发现含煤地层,将为佳木斯东部地区地质找矿带来重大突破,特别是富锦市将实现甲类矿产零的突破。省国土资源厅地勘处调研员张文友、富锦市政府市长助理衣树羽、佳木斯市国土资源局副局长黄国平、富锦市国土资源局局长蔡贵宝、抚远、同江、建三江国土资源局的主管副局长参加了开工仪式。

【鹤岗市岭北国家矿山公园揭碑开园】 2009年8月28日鹤岗市岭北国家矿山公园揭碑开园。目前黑龙江省已拥有鹤岗市岭北、鸡西市恒山、嘉荫县乌拉嘎3家国家矿山公园,国土资源部地质环境司副司长贾家麟、省国土资源厅副巡视员于万臣、鹤岗市市委副书记梁成军参加了揭碑开园仪式并为公园剪彩。鹤岗市是以煤炭开发为主的资源型城市,全市累计已生产原煤6亿多吨,自然生态环境破坏严重,为了更好保护自然生态环境,2003年在省国土资源厅指导下,鹤岗市引入市场机制治理矿山环境,2005年成功申报了鹤岗市岭北国家矿山公园建设项目,成为国家首批28个国家级矿山公园中的一个。2006年正式开工建设,历时3年,已初具规模。公园主景区突出矿业遗迹展示,岭北矿北露天采坑遗址长3100米,宽1100米,最大坑深130米,占地面积341公顷,坑边坡完整,地质结构、岩石层和煤层分布清晰,特别是千米长的地质大剖面,将一亿四千万年前至今的地质遗迹,包括地层构造、矿床产状、煤的形成、褶皱与断裂直观地展现在游客面前,极具科考与科普价值。公园占地665.72公顷,划分为矿史馆与万人坑板块、新一矿板块、岭北矿露天板块和"狼窝"日本秘密地下工事板块,全面展示了鹤岗矿山百年的沧桑历史以及独特的矿山文化,

【横头山－松峰山地质公园揭碑开园】 2009年7月18日横头山－松峰山省级地质公园正式开园。省国土资源厅副厅长姜秀金与哈尔滨市阿城区委书记赵坤共同为横头山－松峰山地质公园揭碑,并授"黑龙江省横头山－松峰山地质公园"牌匾。省国土资源厅地质环境处处长李树桐宣读地质公园的批准文件,阿城区区长张万平发表了热情洋溢的祝词,来自省、市、区的各界来宾60余人参加了揭碑开园仪式并参观了部分公园景区。横头山－松峰山地质公园于2009年1月经黑龙江省国土资源厅批准建立,该园位于哈尔滨市阿城区东部,距哈尔滨主城区56千米,占地面积191平方千米。地质公园的地质遗迹独具特色,经过漫长的地质作用,多次的岩浆侵入和喷发活动,形成了众多奇特地貌景观,这里有的"擎天柱"、"石柱峰"、"同心柱"直插云天、气势恢宏,由构造板块挤压形成的构造类地质遗迹丰富多彩,峰、岩、岭、洞千姿百态,一步一景,"拥花峰"、"九龙岩"、"一线天"、"天成洞"等自然形成的景观堪称一绝,风化剥蚀作用形成的"狮子头"、"双乳峰"、"烟筒峰"、"千层石"巧夺天工,布满山坡和沟壑的火山岩倒石挡住了溪流的去路,使溪水若隐若现,像"吊水壶"、"满天星小溪"奇妙无比。地质公园共分为6个功能区,有8大地质景观,72个地质遗迹景点,分布在三个核心区内,地质构造有飘来石群、火山岩石柱、张性裂隙、岩石节理、剪切节理遗迹、风化残留岩体、羽状节理、火山岩针等,这些地质遗迹真实记录了地质发展史,对科普、地学研究意义重大,是天然的地质博物馆。

【莲花湖、凤凰山地质公园开园】 2009年8月18、20日省级地质公园莲花湖地质公园和凤凰山地质公园相继揭碑开园。黑龙江省国土资源厅副厅长姜秀金为两家地质公园授牌、揭碑。位于海林市东北部的莲花湖地质公园,是以距今6亿年前元古代晚期大规模岩浆剧烈活动所产生的粗粒花岗岩峰林地貌为主体景观,与周围的森林湖泊、岛屿浑然一体,景区内有三大峡谷、四大湖湾、五大岛屿和十处保存完好的花岗岩地质遗迹景点。凤凰山地质公园位于五常市的张广才岭西坡,具有大湿地、大峡谷、大瀑布、大石海的特点。大湿地是在海拔1696米的高山上分布的苔原湿地和草甸湿地;大峡谷是纵长近万米,受张性断裂影响形成的两侧多为锯齿状峡谷;大瀑布是峡谷高差超过百米,受构造陡坎形成的凤尾状瀑布。大石海是由冰缘及构造活动复合作用形成的大片石海。

【鸡西市国土资源局城子河分局打击违法采矿】 鸡西市国土资源局城子河分局采取一系列行之有效措施在全区范围内开展了严厉打击违法占地和盗采矿产资源活动。该分局建立了矿区监控管理责任制和群防群治机制,实行动态监测,全员上岗、分片包案等方法,并联合公安等有关部门协同作战,全面加大查处违法占地和盗采矿产资源行动的力度。2009年9月11日在原城子河18井对面有一非法小煤井,6名工人正在井下采煤,地面上堆放着已采出的煤炭10余吨,该局组织

人员到现场下达了停工令，制止了其盗采煤炭的违法行为，联合城子河区公安局、国保大队、区安监局、监察局等部门，对该小煤矿主牟桂杰和6名矿工刑事拘留。经过鸡西市国土资源局城子河分局近一年努力，2009年该区对非法采矿已立案4起，抓获犯罪嫌疑人8人，上网追逃2人；填平非法小井口8处，遣散工人26人，移交公安机关治安处理6人，没收采煤工具电镐2把，电线100余米，查处非法采砂场2处，扣押挖砂设备用车1台，遣散采砂工人6人，通过联合执法有效遏制了非法采矿、盗采矿产资源的现象，有力打击了违法者的嚣张气焰。

【绥化市地下热水开发】 2009年，齐齐哈尔矿产勘查总院所属的水文地质勘察院为绥化市找到了地下热水。地下水热储埋藏深度1057～1548米，底部水温摄氏75度，井口水温摄氏53度，单井出水量为480立方米/日。水文地质勘察院绥化分院从2009年9月开始，经过130天作业，顺利完成了这口深1650米的地热井并获得勘查成果，按照地热水划分标准这口井的热水属温热水，既可以用于城市供暖，也可以用于洗浴业、旅游业、种植业和养殖业。其意义还在于初步查明了绥化市(北林区)地热地质条件，地下热水的赋存条件与分布规律，为今后在绥化市及同类地区进行地热勘查提供了重要基础资料和经验。齐齐哈尔矿产勘查总院将同当地相关单位和部门协商，在绥化市开发区开展地下水换热方式浅层地热能勘查工作，为绥化市开发利用地热能源提供更全面的数据资料。

【虎林市发现石油并试采成功】 2009年，大庆石油勘探队在虎林市迎春镇854农场16队西1.8千米处，钻探虎1井试油(气)施工中，发现油层，并已试采取油成功，这表明在虎林盆地七虎林河凹陷地层中含有油层。据了解该勘探队下一步将继续进行天然气测气试验和勘探工作。

(黑龙江省国土资源厅)

江 苏 省

【矿产资源概况】 2009年度，江苏省矿产资源开发利用矿种数为47种，其中，能源矿产3种，金属矿产7种，非金属矿产35种，水气矿产2种。

1. *矿产种类*。截至2009年底，全省已发现各类矿产133种(不含亚矿种，见表1)，其中：查明资源储量的有66种；已发现尚未查明资源储量的有67种。

表1　　江苏省矿产种类一览表

矿产类别	查明资源储量的矿种		已发现尚未查明资源储量的矿种	
	矿种数	矿种名称	矿种数	矿种名称
能源矿产	4	煤、石油、天然气、地热	3	油页岩、煤成气、铀
金属矿产	19	铁、锰、钛、钒、铜、铅、锌、镁、钼、金、银、铌、钽、锆、锶、锗、铟、铼、镉	25	铬、铝土矿、镍、钴、锡、钨、铋、锂、铷、铯、钇、钆、铽、镝、铈、镧、镨、钕、钐、铕、镓、铪、硒、钪、碲
非金属矿产	40	金刚石、硫铁矿、蓝晶石、红柱石、硅灰石、云母、长石、蛭石、沸石、明矾石、芒硝、石膏、方解石、萤石、宝石、石灰岩、泥灰岩、白云岩、石英岩、天然石英 砂、含钾砂页岩、高岭土、陶瓷土、耐火黏土、凹凸棒黏土、膨润土、其他黏土、蛇纹岩、玄武岩、辉绿岩、闪长岩、花岗岩、珍珠岩、凝灰岩、大理岩、泥炭、盐 矿、硼矿、磷矿、绢云母	38	石 墨、自然硫、水晶、刚玉、滑石、石棉、石榴子石、黄玉、叶腊石、透辉石、透闪石、重晶石、天然碱、菱镁矿、玛瑙、颜料矿物、白垩、脉石英、粉石英、含钾岩 石、硅藻土、页岩、海泡石黏土、伊利石黏土、累托石黏土、橄榄岩、角闪岩、安山岩、麦饭石、松脂岩、浮石、粗面岩、霞石正长岩、火山渣、板岩、片麻岩、钾 盐、砷
水气矿产	3	地下水、矿泉水、二氧化碳气	1	氡气
合　计	66		67	

2. *矿产地及规模*。截至2009年底，全省已查明资源储量并列入《江苏省矿产资源储量统计表》的矿产地

共596处,较2008年增加7处、注销2处。矿产地规模以中、小型为主,中、小型矿产地占矿产地总数的87%(表2)。

表2　江苏省矿产地矿床规模和矿产勘查程度统计表

矿产种类	矿产地数	矿床规模			勘查程度		
		大型	中型	小型	勘探	详查	普查
能源矿产(煤)	129	5	17	107	86	11	32
黑色金属矿产	43	6	8	29	19	15	9
有色金属矿产	67		9	58	33	19	15
贵金属矿产	21	1	5	15	7	12	2
稀有分散元素矿产	11	1		10	8	2	1
冶金辅助原料矿产	25	6	3	16	9	3	13
化工原料非金属矿产	83	16	31	36	49	20	14
建材非金属矿产	217	41	61	115	84	70	63
全省合计	596	76	134	386	295	152	149
所占百分比(%)		13	22	65	50	25	25

3.2009年江苏省新增矿产地和潜在总值。2009年新增上表矿区3个,新增矿产地7处,其中,煤矿1处、铅矿1处、锌矿1处、铁矿1处、芒硝矿1处、水泥用灰岩矿2处(表3)。固体矿产资源保有储量潜在总值(见表4)。

表3　江苏省2009年新增矿产地统计表

矿区编号	矿区名称	矿种	地质工作程度
320305003	徐州市贾汪区大成山水泥灰岩矿区	水泥用灰岩	详查
320323055	徐州市铜山县王楼煤炭勘查区	煤炭	普查
320505001	苏州鸡笼山铅锌银矿区	铁矿	普查
320505001	苏州鸡笼山铅锌银矿区	铅矿	普查
320505001	苏州鸡笼山铅锌银矿区	锌矿	普查
320821001	淮安市淮阴区赵集矿区庆丰矿段	芒硝	勘探
321183064	句容市少姑山水泥配料黏土矿	水泥用灰岩	详查

表4　截至2009年底江苏省固体矿产资源保有储量潜在总值表

矿产名称及单位	资源储量	潜在总值(亿元)
煤炭(千吨)	3587927	1831.28
铁矿(矿石 千吨)	512193	200.78
锰矿(矿石 千吨)	0	
钛矿(金红石 TiO_2吨)	819800	48.37
钛矿(钛铁矿 矿物 吨)	2144135	22.30
钛矿(金红石 矿物 吨)	205000	12.10
钛矿(金红石砂矿物 吨)	42200	2.49
钒矿(V_2O_5吨)	58393	35.74
铜矿(铜 吨)	382475	20.27
铅矿(铅 吨)	666510	2.80
锌矿(锌 吨)	1439733	9.93
镁矿(矿石 千吨)	14011	7.01
钼矿(钼 吨)	4087	0.78
金矿(岩金)(金 千克)	1298	0.39
金矿(伴生金)(金 千克)	24841	7.45
银矿(银 吨)	1790	8.95
铌钽矿($(Nb+Ta)_2O_5$吨)	38440	36.59
铌矿(铌(钶)铁矿 吨)	89	0.09
锆矿(锆英石 吨)	124	0.01
锶矿(天青石 吨)	513410	2.57
锗矿(锗 吨)	82	6.58
铟矿(铟 吨)	0	
铼矿(铼 吨)	1	
镉矿(镉 吨)	24	0.02
金刚石(金刚石 克)	891	
硫铁矿(矿石 千吨)	49612	38.20
硫铁矿(伴生硫 千吨)	19935	80.94
蓝晶石(蓝晶石 吨)	1485203	5.94
红柱石(红柱石 吨)	993400	3.97
硅灰石(矿石 千吨)	671	0.52
云母(工业原料云母 吨)	353445	35.34
长石(矿石 千吨)	374	0.09
蛭石(矿石 千吨)	2044	3.68
沸石(矿石 千吨)	2515	0.45
明矾石(明矾石 千吨)	531	0.17
芒硝(Na_2SO_4千吨)	813282	2338.19
石膏(矿石 千吨)	3187844	1912.71
方解石(矿石 万吨)	3032	9.01
普通萤石(CaF_2千吨)	345	0.31
宝石(矿物 千克)	8773	
制碱用灰岩(矿石 千吨	332371	66.47
熔剂用灰岩(矿石 千吨)	426972	85.39

续表 4

矿产名称及单位	资源储量	潜在总值（亿元）
水泥用灰岩(矿石 万吨)	320644	641.29
泥灰岩(矿石 万吨)	1068	2.14
冶金用白云岩(矿石 千吨)	248935	49.79
冶金用石英岩(矿石 千吨)	5170	1.55
玻璃用石英岩(矿石 万吨)	183	0.92
玻璃用砂岩(矿石 万吨)	5544	27.93
水泥配料砂岩(矿石 万吨)	9210	7.09
陶瓷用砂岩(矿石 千吨)	136	0.07
玻璃用砂(矿石 万吨)	4704	23.52
铸型用砂(矿石 千吨)	4400	0.34
建筑用砂(矿石 万立方米)	13279	10.22
含钾砂页岩(矿石 千吨)	2068408	20.68
高岭土(矿石 千吨)	45467	25.01
陶瓷土(矿石 千吨)	82521	45.39
耐火黏土(矿石 千吨)	2159	1.08
凹凸棒石黏土(矿石 千吨)	93688	33.73
膨润土(矿石 千吨)	180705	45.18
水泥配料用黏土(矿石 万吨)	21090	37.96
水泥配料用黄土(矿石 万吨)	1659	4.15
保温材料用黏土(矿石 千吨)	2815	0.51
熔剂用蛇纹岩(矿石 千吨)	138369	22.14
化肥用蛇纹岩(矿石 千吨)	11565	1.82
铸石用玄武岩(矿石 万吨)	76	3.04
岩棉用玄武岩(矿石 万吨)	2074	5.18
建筑用玄武岩(矿石 万立方米)	1522	26.33
水泥用辉绿岩(矿石 万吨)	58	0.12
水泥混合材用闪长玢岩(矿石 万吨)	22	0.04
建筑用花岗岩(万立方米)	8	0.14
饰面用花岗岩(万立方米)	22	0.88
珍珠岩(矿石 万吨)	994	2.49
水泥用凝灰岩(矿石 万吨)	610	0.43
饰面用大理岩(万立方米)	3596	143.12
玻璃用大理岩(矿石 万吨)	3415	6.83
泥炭(矿石 千吨)	115	0.01
盐矿(NaCl 千吨)	11310169	4241.31
硼矿(B_2O_3千吨)	0	
磷矿(矿石 千吨)	112301	53.90
全部矿产合计		12324.21

【地质勘查投入与勘查成果】 2009年全省地质勘查投入25520万元，其中，中央财政拨款4796万元。年末勘查从业人员13353人，其中技术人员6248人。全省本年完成阶段性勘查的矿产地20个，新发现矿产地17个，提高规模、类型的矿产地1个。

【矿产资源开发利用】 1. *颁发勘查许可证和采矿许可证情况。* 截至2009年底，全省共颁发采矿许可证1340个，其中新立85个，变更登记826个，延续登记429个；颁发勘查许可证101个，按不同经济类型企业获得勘查许可证情况分：国有企业49个、集体企业1个、私营企业2个，其他企业股份制、有限责任公司49个。

2. *矿产资源开发利用基本情况。* 矿产资源是自然资源的重要组成部分，是国民经济和社会发展的重要物质基础。2009年度全省各类矿山企业开发利用矿产共47种，形成了以建材、能源、冶金辅助原料、化工原料及其他非金属为主的矿产资源特色和优势。

截至2009年底，全省共有矿山企业2113个，较2008年度减少303个，减少了12.54%。其中，国有矿山企业101个，集体矿山企业501个，私营矿山企业1160个，外资矿山企业18个，其他矿山企业(包括股份制、有限责任公司等)333个。

2009年度，全省各类矿山企业生产矿石总量2.03亿吨，比2008年度减少了4.89%。其中，固体1.98亿吨，液体367.10万吨，气体56.30万吨。年产矿量超千万吨的6种矿产分别为水泥用灰岩(4998万吨)、砖瓦用黏土(4504万吨)、煤(2289万吨)、建筑用灰岩(1685万吨)、盐矿(1092万吨)和建筑用花岗岩(1024万吨)。

2009年度，全省矿山企业工业总产值246.75亿元，比2008年减少53.35亿元，减少了17.78%；矿产品销售收入229.23亿元，比2008年减少58.42亿元，减少了20.31%。矿产品销售收入居前五位的矿产分别为煤炭(98.88亿元)、石油(43.30亿元)、砖瓦用黏土(32.23亿元)、铁矿(12.88亿元)和盐矿(10.99亿元)。

【探矿权采矿权市场】 2009年，全省采矿权出让1047宗，其中挂牌593宗，协议出让454宗，成交价款2.11亿元；全省探矿权协议出让2宗，合同金额3695.3万元。全省探矿权转让5宗，转让价款8965.24万元；采矿权转让8宗，转让价款1.18亿元。

（选自《江苏省2009年国土资源综合统计分析报告》）

浙 江 省

【矿山企业概况】 2009年度，浙江省共有矿山2393个，其中生产矿山1575个，占矿山总数的65.82%；停产矿山462个，占总数的19.31%；本年度内关闭矿山

159个，占总数的6.64%；筹建矿山161个，占总数的6.73%；其他矿山36个，占总数的1.50%(表1和图1、2)。从业人员68765人，矿石采掘量46697.51万吨，实现矿业总产值896866.73万元，利润51349.00万元，税金86783.85万元。与2008年相比，矿山数和从业人员分别减少了12.60%和13.91%，矿石采掘量增长了5.28%，矿业总产值基本持平，利润减少了5.15%，税金减少了6.85%。2005～2009年间主要矿业指标对比见表2和图3。

表1　　2009年浙江省矿山生产状态

矿山生产状态	矿山数(个)	从业人数(人)	矿石采掘量(万吨)	矿业总产值(万元)	利润总额(万元)	税金总额(万元)
合计	2393	68765	46697.51	896866.73	51349.00	86783.85
生产	1575	57628	45184.87	856859.15	49303.89	83819.88
停产	462	5423	385.38	6610.82	490.47	644.11
关闭	159	867	719.49	13107.77	681.24	1539.74
筹建	161	3490	396.67	11337.48	261.05	468.57
其他	36	1357	11.1	8951.51	612.35	311.55

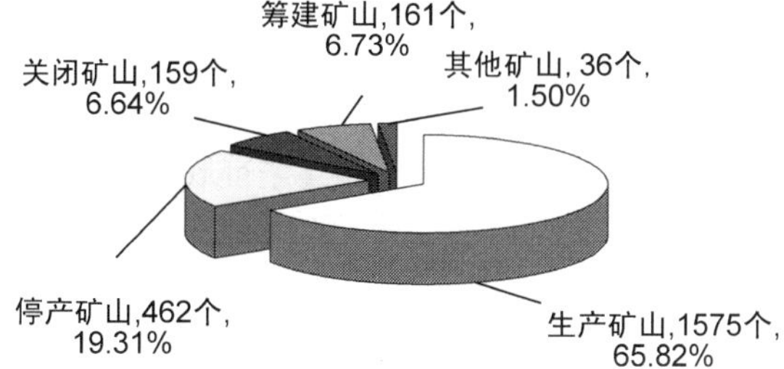

图1　2009年浙江省矿山生产状态图(矿山数构成)

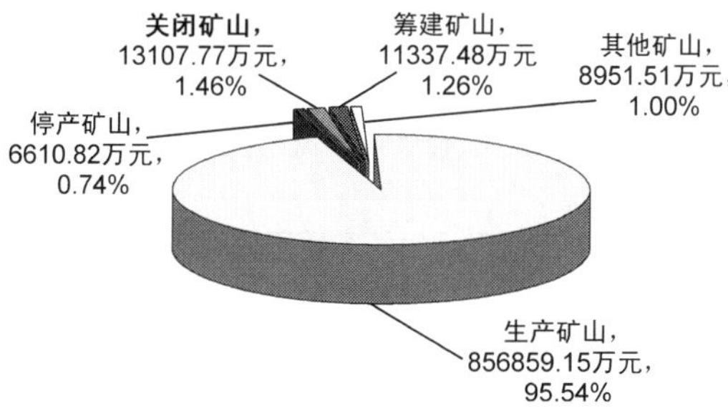

图2　2009年浙江省矿山生产状态图(矿山总产值)

表2　　2005～2009年浙江省主要矿业指标对比

年份	矿山数(个)	从业人员(人)	矿石采掘量(万吨)	矿业总产值(万元)	利润总额(万元)	税金总额(万元)
2005年	4160	122595	37168.84	754146.63	48265.85	73921.41
2006年	3711	112633	41128.74	809153.84	58512.65	88836.20
2007年	3224	102059	45105.39	886814.32	68567.78	91484.54
2008年	2738	79718	44353.53	897021.36	54138.27	93166.07
2009年	2393	68765	46697.51	896866.73	51349.00	86783.85

同时，全省矿业劳动生产率持续提高，人均矿石采掘量、人均矿业产值和人均利税逐年上升，2009年较2008年人均矿石采掘量增长21.43%，人均矿业产值增长15.91%；人均利税达2.01万元，增长8.65%(表3，图4)。

【矿产资源开发利用】 2009年，全省开发利用的矿产63种，其中能源矿产2种，金属矿产10种，非金属矿产35种(其中长石、玻璃用脉石英、伊利石黏土、饰面用闪长岩和水泥用大理岩5个矿种处于持证停产状态)，普通建筑用石、砂、土矿产15种，水气矿产1种。开发利用的矿种与2008年度相比，减少云母、建筑用橄榄岩、建筑用辉石岩、地下水4种。

1.*矿业结构*。2009年矿业结构与往年基本一致，即普通建筑用石、砂、土无论产量还是产值均居主导地位，非金属矿产次之，金属矿产再次之，能源矿产和水气矿产所占比重很小。与2008年相比，普通建筑用石、砂、土和非金属矿产产值占矿业总产值的比重继续上升，金属矿产产值占矿业总产值的比重持续下降(表3，图5～8)。

表3 2005～2009年浙江省矿业人均生产指标变化情况表

年份	人均矿石采掘量(万吨/人)	人均矿业产值(万元/人)	人均利税总额(万元/人)
2005年	0.30	6.15	1.00
2006年	0.37	7.18	1.31
2007年	0.44	8.69	1.57
2008年	0.56	11.25	1.85
2009年	0.68	13.04	2.01

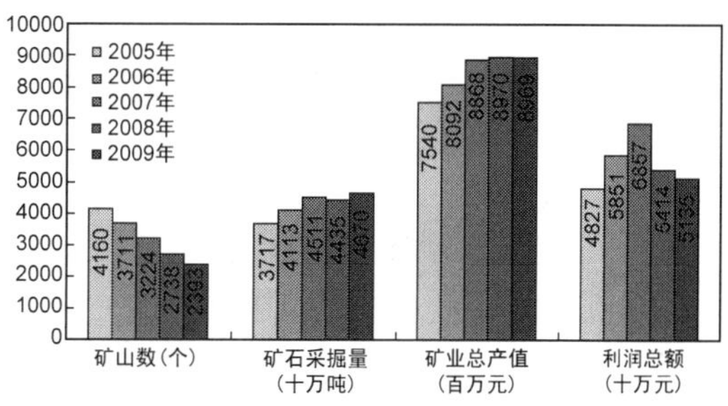

图3　2005～2009年浙江省主要矿业指标对比图

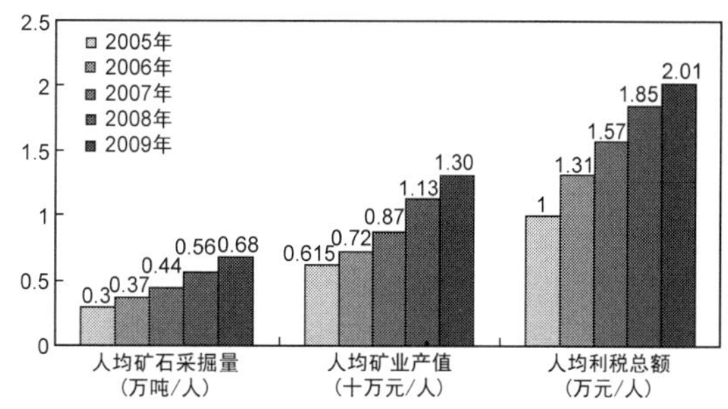

图4　2005～2009年浙江省矿业人均生产指标变化情况图

表 4　　2009 年浙江省矿业结构统计

矿产分类	矿山数（个）	从业人员（人）	矿石采掘量（万吨）	矿业总产值（万元）	利润总额（万元）	税金总额（万元）
合　计	2393	68765	46697.51	896866.73	51349.00	86783.85
能源矿产	9	332	76.82	2288.85	－99.51	150.97
金属矿产	61	4441	182.06	47155.22	3597.65	7954.10
普通建筑用石、砂、土	1802	52055	39018.37	695604.10	39296.29	56551.31
其他非金属矿产	470	11157	7379.98	147364.84	8234.86	21819.08
水气矿产	51	780	40.28	4453.72	319.71	308.39

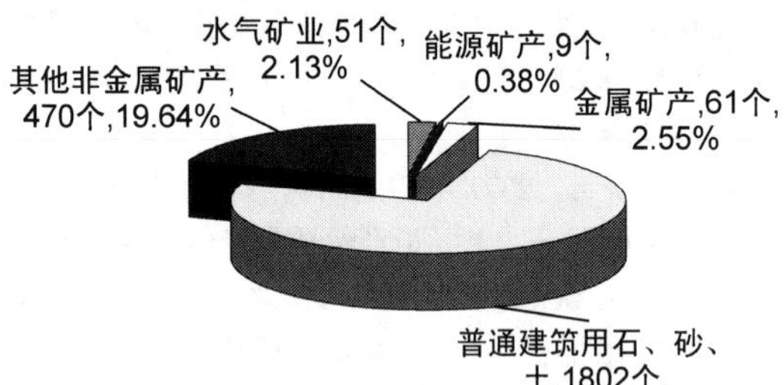

图 5　2009 年各类矿产矿山数构成图

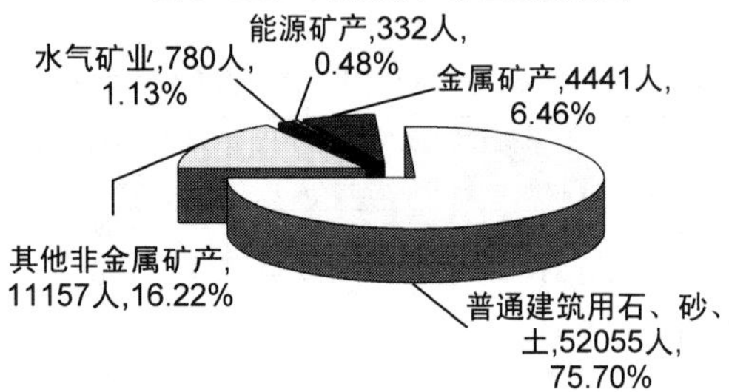

图 6　2009 年各类矿产从业人员构成图

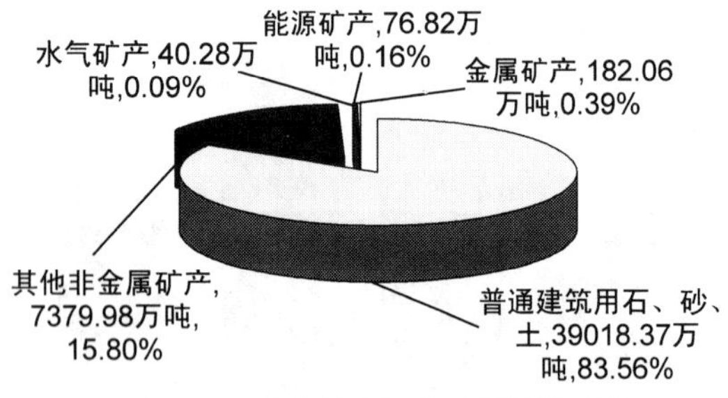

图 7　2009 年各类矿产矿石采掘量构成图

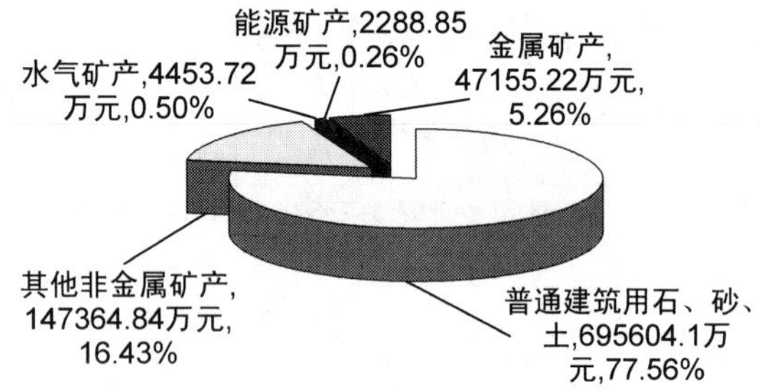

图 8　2009 年各类矿产矿业总产值构成图

2. 地区分布。全省矿产开发地区分布不平衡，以湖州市、杭州市、金华市、宁波市开发强度大，其矿业总产值居全省前列，分别占全省的 26.93%、12.37%、10.16%、10.07%。矿山数以金华市最多，达 424 个；嘉兴市最少，仅 12 个。从业人员金华市最多，达 13126 人；嘉兴市最少，为 2392 人。矿石采掘量以湖州市最高，达 10911.77 万吨；丽水市最低，仅 256.82 万吨。利润以杭州市最高，达 1.52 亿元；丽水市和嘉兴市亏损，分别为为－963.44 万元和－905.27 万元。税金以湖州市最高，达 35638.97 万元；台州市最低，仅 1436.87 万元。人均采掘量以宁波市最高，达到 1.61 万吨/人，丽水市最低，仅为 0.06 万吨/人；人均产值以舟山市最高，达 28.37 万元/人，金华市最低，为 6.94 万元/人（表 5，图 9～12）。

嘉兴市矿产出现亏损的主要原因是有 4 个大型矿山处于基建期，初期投入很大；丽水市亏损主要是钼矿出现 3196 万元的巨额亏损所致。

表 5　　2009 年各市矿产资源开发利用情况

地区	矿山数（个）	从业人员（人）	矿石采掘量（万吨）	矿业总产值（万元）	利润总额（万）	税金总额（万元）	均采掘量（万吨/人）	人均产值（万元/人）
合计	2393	68765	46697.51	896866.73	51349.00	86783.85	0.68	13.04
杭州市	287	6711	6277.70	110941.94	15184.84	17298.59	0.94	16.53
宁波市	256	5384	8668.63	90346.13	8292.23	4499.50	1.61	16.78
温州市	215	6135	2905.95	49484.91	3516.23	2486.49	0.47	8.07
嘉兴市	12	2392	1158.73	21566.32	－905.27	1909.41	0.48	9.02
湖州市	313	12745	10911.77	241494.83	8168.17	35638.97	0.86	18.95

续表 5

地区	矿山数（个）	从业人员（人）	矿石采掘量（万吨）	矿业总产值（万元）	利润总额（万）	税金总额（万元）	均采掘量（万吨/人）	人均产值（万元/人）
绍兴市	205	3212	2039.12	41015.59	4214.34	2901.87	0.63	12.77
金华市	424	13126	2239.99	91114.10	4897.82	5964.13	0.17	6.94
衢州市	264	5361	1979.97	60199.00	4050.60	4196.45	0.37	11.23
舟山市	88	3123	4775.75	88603.10	2845.11	6957.22	1.53	28.37
台州市	185	6164	5483.08	60922.94	2048.37	1436.87	0.89	9.88
丽水市	144	4412	256.82	41177.86	-963.44	3494.35	0.06	9.33

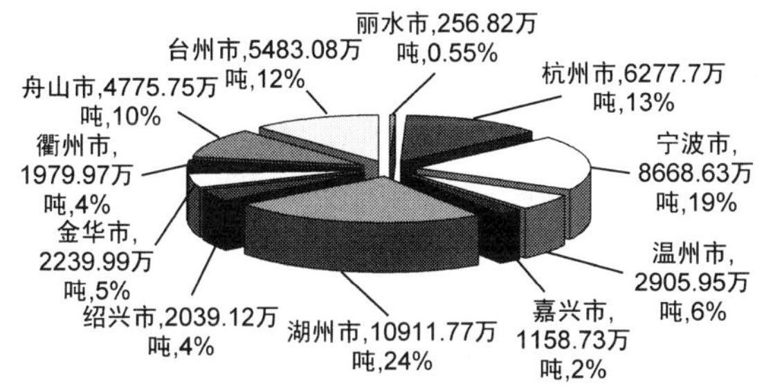

图 9　2009 年各市矿石采掘量构成图

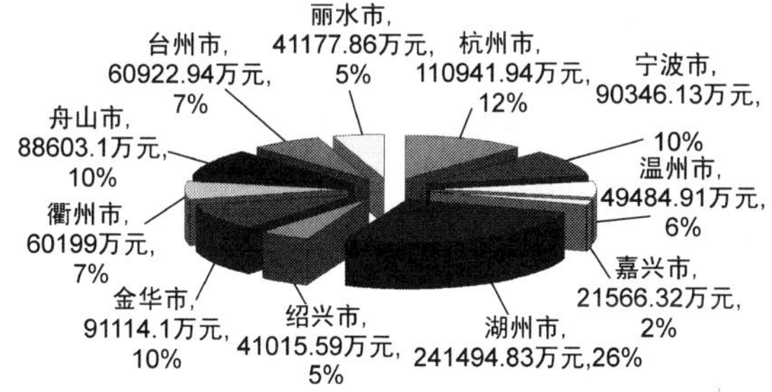

图 10　2009 年各市矿业总产值构成图

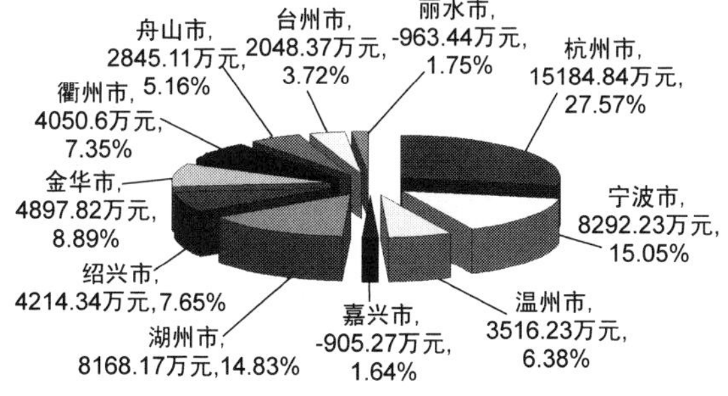

图 11　2009 年各市利润总额构成图

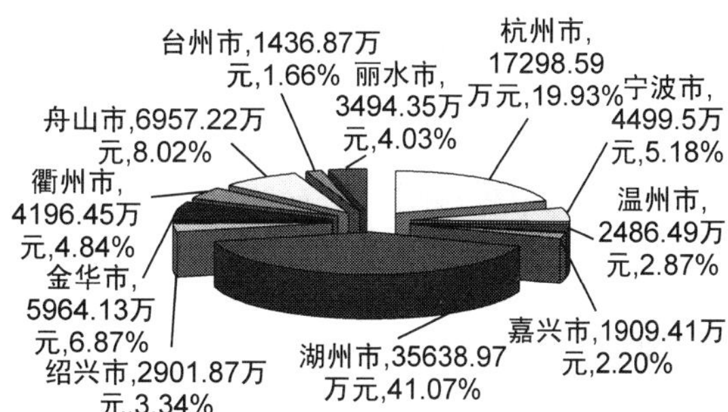

图 12　2009 年各税金总额构成图

3.*矿山经济类型*。浙江省矿山经济类型以私营企业、有限责任公司和集体企业为主，三类矿山数占全省总数的 83.17%，从业人员和矿业总产值分别占全省总数 72.87%、73.92%；而国有企业矿山数仅占全省总数的 3.51%，从业人员和矿业总产值分别占总数的 13.61%和 7.75%；外商投资企业各项指标均较低，表明浙江省矿业资本主要为民营资本和集体资本，产业外向度低，国有资本持有率低，这与浙江省整体经济面貌基本一致（表 6）。

4.*矿山企业规模*。2009 年，全省有大型矿山 1049 个，中型矿山 194 个，小型矿山 843 个，小矿 307 个。大、中型矿山矿石采掘量达 40310.26 万吨，矿业总产值 661214.34 万元，利润 35854.2 万元，分别占总量的 86.32%、73.72%和 69.82%（表 7）。

根据现行部颁标准，浙江省大型矿山占矿山总数比例较高（占总数的 43.84%），主要原因为浙江省矿山格局是以建筑石料矿山为主，而现行部颁大型建筑石料矿山标准较低；浙江省现有建筑石料矿山的大部分（983 个）为大型矿山。

表 6　2009 年不同经济类型矿山企业开发利用情况

经济类型	矿山数（个）	从业人数（人）	矿石采掘量（万吨）	矿业总产值（万元）	利润总额（万元）	税金总额（万元）
合　计	2393	68765	46697.51	896866.73	51349.00	86783.85
一、内资企业	2367	67418	44650.75	857026.5	51204.36	80643.61

续表 6

经济类型	矿山数(个)	从业人数(人)	矿石采掘量(万吨)	矿业总产值(万元)	利润总额(万元)	税金总额(万元)
国有企业	84	9360	3088.78	69531.68	2012.84	9010.97
集体企业	249	6264	3730.91	67855.64	4828.43	7753.68
股份合作企业	91	2410	1430.30	29325.03	1416.17	3618.52
联营企业	1	19	18.00	449.00	130.00	30.00
有限责任公司	306	12491	16368.91	266978.96	17021.73	28906.84
股份有限公司	102	3602	2772.27	60148.33	408.64	6920.84
私营企业	1435	31390	15808.56	328044.59	24047.35	23374.08
其他企业	99	1882	1433.03	34693.28	1339.20	1028.69
二、港、澳、台商投资企业	12	604	1176.88	21849.41	112.06	3618.56
三、外商投资企业	14	743	869.89	17990.82	32.58	2521.68

表 7　2009 年不同规模矿山企业开发利用情况

矿山规模	矿山数(个)	从业人员(人)	矿石采掘量(万吨)	工业总产值(万元)	利润总额(万元)	税金总额(万元)
合计	2393	68765	46697.51	896866.73	51349.00	86783.85
大型	1049	32637	38470.49	588065.56	32655.21	56363.20
中型	194	6791	1839.77	73148.78	3198.99	6187.40
小型	843	21066	6005.30	193968.97	12717.46	21827.31
小矿	307	8271	381.96	41683.42	2777.34	2405.94

大型矿山无论是人均采掘量、人均产值,还是人均利润和人均税金都比中型、小型矿山和小矿高,其原因是大型矿山管理规范,生产集约化,技术先进,劳动生产率和资源利用水平较高(表 8,图 13)。

表 8　2009 年不同规模矿山企业人员效率情况

矿山规模	人均采掘量(万吨/人)	人均产值(万元/人)	人均利润(万元/人)	人均税金(万元/人)
大型	1.18	18.02	1.00	1.73
中型	0.27	10.77	0.47	0.91
小型	0.29	9.21	0.60	1.04
小矿	0.05	5.04	0.34	0.29

【普通建筑用石、砂、土矿产开发利用】 1. 普通建筑用石、砂、土。浙江省开发利用的普通建筑用石、砂、土矿产(以下简称乙类矿产)包括建筑用石料矿产 11 种,建筑用砂、砖瓦用砂岩、砖瓦用页岩、砖瓦用黏土各 1 种,共 15 种矿产。2009 年浙江省乙类矿产有矿山 1802 个,从业人员 52055 人,矿石采掘量 39018.37 万吨,实现矿业总产值 695604.1 万元,利润总额 39296.29 万元,其矿山数量、从业人员、矿石采掘量、矿业总产值和利润均占总量的 75% 以上,税金也占总量的 65% 以上,在浙江省矿业中的主导地位十分显著。与 2008 年相比,乙类矿产矿山数、从业人员分别减少 13.11%、10.74%,而矿石采掘量、工业总产值和利润分别增长 4.84%、5.20%、1.24%。

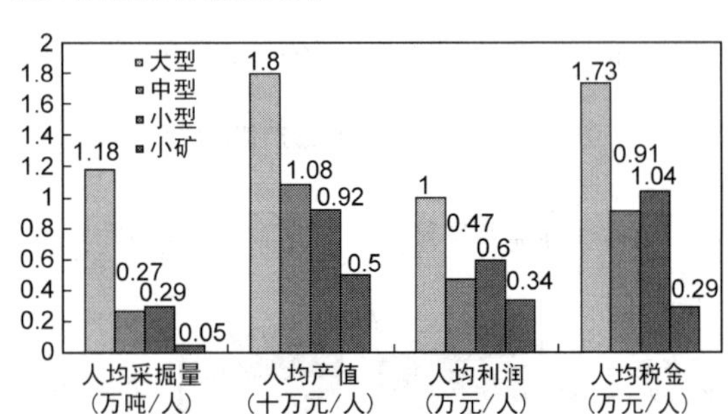

图 13　不同规模矿山企业人员效率图

乙类矿产总产值在全省国民经济生产总值中的比重虽只有 0.30%,但其开发强度与本省经济建设关系密切,与全社会固定资产投资、建筑业增加值和房地产开发投资紧密相关。2009 年,浙江省全社会固定资产投资完成 10742 亿元,同比增长 15.22%,增幅比 2008 年提高 4.5 个百分点;基础设施投资完成 2893 亿元,同比增长 21.90%,增幅比 2008 年提高 14.9 个百分点;房地产开发投资完成 2254 亿元,同比增长 11.4%,增幅比 2008 年提高 1.6 个百分点。2005 ~ 2009 年间,乙类矿产矿业总产值由52.8亿元增加到69.56亿元，但其在国民生产总值中所占的比重却逐年下降，增长率小于建设指标增长率，反映浙江省经济发展对矿产资源消耗的依赖程度逐年减轻(表9)。

表9 2005~2009年乙类矿产开发与国民经济关系对比表

年份	乙类矿产总产值(亿元)	国民生产总值(亿元)	固定资产投资(亿元)	建筑业增加值(亿元)	房地产开发投资(亿元)	乙类矿产占国民生产总值比重(%)
2005	52.80	13365	6652	804.00	1454.50	0.40
2006	56.79	15649	7593	899.90	1572.80	0.36
2007	62.62	18638	8433	1052.00	1820.80	0.34
2008	66.12	21329	9300	1202.00	1999.00	0.31
2009	69.56	22832	10742	1386.00	2254.00	0.30

1.普通建筑用石料。2009年度开发的普通建筑用石料有凝灰岩、安山岩、灰岩、砂岩、花岗岩、玄武岩、页岩、大理岩、白云岩、辉绿岩、闪长岩11个矿种，有矿山1169个，从业人员30014人，矿石采掘量36007.59万吨，实现矿业总产值542280.2万元，利润总额30160.85万元，其矿山数、从业人数、产量、产值和利润分别占乙类矿产的64.87%、57.79%、92.28%、77.96%和76.75%，占绝对主导地位。与2008年相比，矿山数减少了9.45%，从业人数和矿石采掘量分别增长了2.57%和8.86%，工业总产值和利润则增长了14.70%和9.55%(表10)。

表10 2005~2009年普通建筑用石料主要指标变化情况

年份	矿山数(个)	从业人员(人)	矿石采掘量(万吨)	矿业总产值(万元)	利润总额(万元)
2005	1922	38798	25538.04	352779.79	14888.61
2006	1704	35106	29881.00	374512.88	18940.90
2007	1519	34075	33770.09	433966.40	21832.08
2008	1291	29261	33077.81	472792.30	27530.89
2009	1169	30103	36007.58	542280.16	30160.85

普通建筑用石料作为基础建设的基本原料，其资源分布具普遍性，但开发地域性明显，宁波、湖州、台州、杭州、舟山等经济发展水平高、交通便利的地区建筑石料开发程度较高，宁波市矿石采掘量居全省首位；湖州市矿业总产值和利税总额均居首位，分别占全省的33.58%和39.84%；嘉兴市普通建筑石料矿山的平均规模为96.56万吨/年，明显高于其他地市(表11)。

表11 2009年普通建筑用石料开发利用情况(按地区)

地区	矿山数(个)	从业人数(人)	矿石采掘量(万吨)	矿业总产值(万元)	利润总额(万元)	税金总额(万元)	人均产值(万元/人)
总计	1169	30103	36007.59	542280.20	30160.84	47337.54	18.01
杭州市	109	2948	3861.60	58937.64	7592.11	7840.12	19.99
宁波市	204	3962	8579.73	88411.75	7980.38	4357.77	22.31
温州市	170	2921	2239.64	31100.48	2588.75	784.99	10.65
嘉兴市	12	2392	1158.73	21566.32	-905.27	1909.41	9.02
湖州市	146	6984	8517.02	182118.18	4968.58	25904.18	26.08
绍兴市	92	897	1058.02	15793.62	1360.98	748.47	17.61
金华市	121	1429	1155.31	16381.88	1933.67	772.98	11.46
衢州市	46	588	261.85	5130.22	525.05	280.32	8.72
舟山市	86	2463	3672.75	64164.10	2063.21	3593.22	26.05
台州市	152	5223	5442.83	56661.07	1912.17	960.36	10.85
丽水市	31	296	60.11	2014.89	141.21	185.72	6.81

表12 2009年普通建筑用石料开发利用情况(按规模)

矿山规模	矿山数(个)	从业人数(人)	矿石采掘量(万吨)	矿业总产值(万元)	利润总额(万元)	税金总额(万元)	人均产值(万元/人)
总计	1169	30103	36007.59	542280.20	30160.84	47337.54	18.01

续表 12

矿山规模	矿山数(个)	从业人数(人)	矿石采掘量(万吨)	矿业总产值(万元)	利润总额(万元)	税金总额(万元)	人均产值(万元/人)
大型	983	26912	33773.98	500794.24	28327.28	42220.79	18.61
中型	38	956	595.22	8391.28	259.03	873.06	8.78
小型	143	2223	1638.39	33094.68	1574.53	4243.69	14.89
小矿	5	12	0	0	0	0	/

建筑石料是浙江省矿产资源开发整合的重点矿种，通过矿产资源规划的实施和近三年的矿产资源开发整合，浙江省已形成湖州、杭州外围、宁绍平原南缘、温台沿海平原内侧等大型石料开发基地，矿山布局渐趋合理，矿山企业规模化、集约化程度不断提高。2009 年全省建筑石料有大型矿山 983 个，占全省建筑石料矿山总数的 84.09%，其产量、产值分别占总量的 93.80% 和 92.35%，较 2008 年分别提高 2.51% 和 4.75%(表 12)。大型矿山无论从资源储量、矿石质量、生产技术、资源利用率、环保和安全生产诸多方面都具有较大优势。全省建筑用石料矿山平均生产规模由 2008 年的 26.50 万吨提升至 30.80 万吨；年产矿石量 100 万吨以上的矿山有 65 个，50 万～100 万吨的矿山有 88 个，两者之和占普通建筑用石料矿总数的 13.09%。

浙江省国土资源管理部门深入推进“服务企业、服务基层”专项行动，根据“服务重点项目”工作方案的部署和地质找矿大讨论的要求，积极开展重点建设项目需求矿产资源的调研，提前准备好一批后备资源基地，主动为船舶工业、海洋工程、保税港区、围垦工程、交通道路等重点建设项目提供建筑用矿产资源。同时认真抓好滩涂围垦和港口建设用矿产资源政策的落实，在技术层面、政策层面和管理层面提供全方位的服务保障措施。

建筑石料矿山按其产品流向和用途可分以下三类：

外销型矿山：宁波、湖州、嘉兴、舟山等地的部分石料开采基地凭借水陆交通之便利，矿产品销往上海、苏南等经济发达地区。矿山开采较规范、规模大、产量高。除了一般的碎石产品作建筑石料用外，部分品质优良的精品碎石产品可用于高等级公路路面和铁路路基道碴等，矿产品价格较高，经济效益较好。

自用型矿山：满足本区域基础设施或当地基本建设、道路及房地产业的需求，矿山布局、规模、服务年限受地域和经济发展形势限制。

工程性矿山：以沿海及海岛围垦造地为主，主要用于国家大型储油基地、船坞、码头等重大工程建设项目，主要分布于宁波、温州、舟山、台州等地，该类矿山具有开采期限短、采掘量大的特点；此外，生态环境修复性治理类矿山亦归入此类。浙江省 2009 年有工程性矿山 106 个。

2.砖瓦用黏土、砂页岩。受浙江省积极发展新型墙体材料政策影响，2009 年全省砖瓦用黏土、砂页岩矿山数、从业人员、矿石采掘量与 2008 年相比分别下降了 19.13%、25.58% 和 40.39%，矿业总产值、利润、税金分别下降了 24.15%、20.21% 和 49.67%。砖瓦用黏土各项指标在砖瓦用黏土、砂页岩总量中的比重继续下降，其矿山数、从业人员、矿石采掘量分别由 2008 年的 76.09%、78.10%、78.35% 下降至 2009 年的 56.76%、53.25%、48.31%；矿业总产值、利润、税金分别由 2008 年的 74.21%、63.73%、80.80% 下降至 38.80%、49.76%、38.93%。而砖瓦用砂页岩各项指标在总量中的比重则继续上升，反映出浙江省制造砖瓦用的原料结构进一步优化，保护耕地的各项政策措施进一步落实(表 13)。

表 13 砖瓦用黏土、砂页岩矿开发利用情况

矿种名称	矿山数(个)	从业人数(人)	矿石采掘量(万吨)	实际生产能力(万吨/年)	矿业总产值(万元)	利润总额(万元)	税金总额(万元)
合计	592	20310	1124.62	1418.10	115197.09	7824.30	4988.11
砖瓦用砂岩	14	393	7.55	59.84	3860.00	679.00	136.46
砖瓦用页岩	242	9102	573.75	717.61	66646.21	3251.98	2909.93
砖瓦用黏土	336	10815	543.32	640.65	44690.88	3893.32	1941.72

①砖瓦用黏土。2009年砖瓦用黏土生产继续萎缩,全省有矿山336个,从业人员10815人,矿石采掘量543.32万吨,实现矿业总产值44690.88万元,利润总额3893.32万元,税金总额1941.72万元,各项指标分别较2008年下降了39.68%、49.18%、63.24%、60.35%、37.71%、75.76%。2005~2009年间,砖瓦用黏土各项指标总体亦呈急剧下滑趋势,其中矿山数、矿业总产值和矿石采掘量较最高的2005年分别下降了69.84%、71.47%和83.23%(表14)。

表14　　2005~2009年砖瓦用黏土主要指标变化情况

年份	矿山数(个)	从业人员(人)	矿石采掘量(万吨)	矿业总产值(万元)	利润(万元)	税金(万元)
2005	1114	50640	3239.32	156697.13	9775.50	12162.41
2006	941	43609	2351.41	155154.57	12065.97	10608.09
2007	696	33199	1779.96	129689.30	9183.70	9033.81
2008	557	21280	1478.06	112706.27	6249.96	8008.73
2009	336	10815	543.32	44690.88	5835.04	5835.04

在现有的336个矿山中,有52个矿山处于停产或关闭状态,年矿石采掘量为0;60个矿山利用各类基建工程产生的废土、废碴等作为主要生产原料,外购矿石量大于自产矿石量,全省所有砖瓦用黏土矿山外购矿石量合计152.33万吨,外购矿石量较2008年增长103.98%。

在地区分布上,衢州、金华、宁波3个市矿石采掘量居全省前列,其中金华市砖瓦用黏土产量、产值分别占全省的30.45%和57.59%。金华市主要开采金衢盆地低丘黄土,不仅有助于保护耕地,还可变坡地、山地为平地,配合土地整理扩大耕地面积,提供建设用地。与2008年相比,杭州市、宁波市、绍兴市矿山数和矿石采掘量下降幅度较大,舟山市、嘉兴市和丽水市已经全面关停了砖瓦用黏土矿(表15)。

表15　　2009年各市砖瓦用黏土开发利用情况

地区	矿山数(个)	从业人数(人)	矿石采掘量(万吨)	矿业总产值(万元)	利润(万元)	税金(万元)
合　计	336	10815	543.32	44690.88	3893.32	1941.72
杭州市	1	30	1.61	202.50	30.00	1.15
宁波市	41	1243	83.38	1334.20	242.00	97.00
温州市	4	1	0	0	0	0
湖州市	61	2445	32.10	860.43	10.42	128.06
绍兴市	43	332	64.00	1475.10	201.80	133.32
金华市	126	5322	165.43	25737.60	2084.30	1141.42
衢州市	57	1368	192.30	14559.05	1284.80	409.67
台州市	3	74	4.50	522.00	40.00	31.10

②砖瓦用砂页岩。砖瓦用砂页岩包括砖瓦用砂岩、砖瓦用页岩两个矿种,开发以砖瓦用页岩占主导。2009年全省有砖瓦用砂页岩矿山256个,从业人员9495人,矿石采掘量581.3万吨,实现矿业总产值70506.21万元,利润总额3930.98万元,税金总额3046.39万元。2009年全省房地产市场出现回暖,砖瓦用砂页岩主要生产指标较2008年出现较大幅度增长,矿山数增加了81个,矿石采掘量、矿业总产值和税金分别比2008年增长42.33%、80.02%和60.08%。

浙江省砖瓦用砂页岩开发利用主要集中在金华、衢州、丽水、杭州和湖州5个市;其中金华和衢州两市的产量、产值、利润和税金分别占全省总量的72.42%、72.26%、74.66%和77.51%(表16)。

表 16　　2009 年各市砖瓦用砂页岩开发利用情况

地区	矿山数(个)	从业人数(人)	矿石产量(万吨)	矿业总产值(万元)	利润总额(万元)	税金总额(万元)
合计	256	9495	581.30	70506.21	3930.98	3046.39
杭州市	40	627	52.43	3627.53	80.09	188.24
温州市	1	0	0	0	0	0
湖州市	18	731	42.90	5156.21	81.40	152.87
绍兴市	4	37	6.40	100.80	15.00	6.10
金华市	108	5413	304.21	35664.13	1381.70	1812.80
衢州市	43	1526	116.72	15286.64	1553.33	548.64
台州市	4	127	6.00	94.00	43.00	1.42
丽水市	38	1034	52.64	10576.90	776.46	336.32

2009 年全省砖瓦用砂页岩实际采矿能力已达 777.45 万吨，超过实际产量的 33.74%，生产能力明显过剩。2007 年 7 月 26 日浙江省第十届人民代表大会常务委员会第三十三次会议通过的《浙江省发展新型墙体材料条例》规定本省行政区域内禁止生产和使用实心黏土砖，本省城市规划区内禁止生产空心黏土砖。为此，今后砖瓦用黏土产量将进一步下降，而砖瓦用砂页岩矿山生产能力将得到进一步的释放。砖瓦用砂页岩是新型墙体材料的重要原材料之一，其开发利用的前景看好。

2009 年浙江省矿山有尾矿库 82 个，尾矿当年排放量 198.07 万吨，当年处理量 108.69 万吨，尾矿累计存放量已达 4070.07 万吨，尾矿库占地 1679.73 公顷。利用尾矿砂制砖，治废利废，一举多得，今后应在充分调研的基础上，加大政策引导与扶持力度，在全省范围内推广应用。

3. *建筑用砂*。2009 年浙江省有建筑用砂矿山 41 个，从业人员 1642 人，矿石采掘量 1886.17 万吨，实现矿业总产值 38126.85 万元，利润总额 1311.14 万元，税金总额 4225.66 万元，矿山数、从业人员、矿石采掘量、利润总额和税金总额分别较上年分别下降了 19.61%、9.13%、16.25%、11.36% 和 17.71%，矿业总产值增长了 4.29%(表 17)。

表 17　　2005～2009 年建筑用砂主要指标变化情况

年份	矿山数(个)	从业人员(人)	矿石采掘量(万吨)	矿业总产值(万元)	利润(万元)	税金(万元)
2005	91	2030	1104.77	18277.58	1257.51	1905.22
2006	78	2365	1222.24	17058.04	1929.82	1818.36
2007	70	2316	1511.13	21164.55	2361.93	2547.12
2008	51	1807	2252.03	36557.53	1479.10	5135.25
2009	41	1642	1886.17	38126.85	1311.14	4225.66

浙江省建筑用砂矿山分为河砂和海砂，其中河砂矿山有 38 个，其矿山数量虽然占总数的 92.68%，但矿石采掘量、矿业总产值仅分别占总数的 34.05% 和 32.11%，利润和税金仅分别占总数的 40.27% 和 19.76%，分布在温州、湖州和丽水等六市。海砂矿山有 3 个，分布在舟山和温州两市(表 18、表 19)。

舟山和温州两市建筑用砂的矿业总产值、利润、税金分别占全省总量的 91.35%、79.09%、95.16%；而湖州市的矿山数量虽占总数一半以上，但因矿山规模较小，各项经济指标并不占优势。

表 18　　2009 年各市建筑用砂开发利用情况

地区	矿山数(个)	从业人数(人)	矿石采掘量(万吨)	矿业总产值(万元)	利润总额(万元)	税金总额(万元)
合计	41	1642	1886.17	38126.85	1311.14	4225.66
温州市	4	683	597.29	10390.66	255.00	657.20

续表 18

地区	矿山数(个)	从业人数(人)	矿石采掘量(万吨)	矿业总产值(万元)	利润总额(万元)	税金总额(万元)
湖州市	21	111	111.00	2330.00	217.00	125.50
绍兴市	1	15	1.40	25.00	0	0
金华市	2	13	0.40	6.00	1.20	0.50
舟山市	2	660	1103.00	24439.00	781.90	3364.00
台州市	3	22	11.28	187.69	13.70	7.80
丽水市	8	138	61.80	748.50	42.34	70.66

表 19　　2009 年各市河砂开发利用情况

地　区	矿山数(个)	从业人数(人)	矿石采掘量(万吨)	矿业总产值(万元)	利润总额(万元)	税金总额(万元)
合　计	38	957	642.17	12241.19	528.24	835.46
温州市	3	658	456.29	8944.00	254.00	631.00
湖州市	21	111	111.00	2330.00	217.00	125.50
绍兴市	1	15	1.40	25.00	0	0
金华市	2	13	0.40	6.00	1.20	0.50
台州市	3	22	11.28	187.69	13.70	7.80
丽水市	8	138	61.80	748.50	42.34	70.66

由于建筑用砂石的需求增速加快,河道砂石资源渐趋枯竭,同时过量开采对环境造成危害,因此迫切需要新的建筑砂矿资源来替代。从 20 世纪 60 年代起,我国水电系统的土木建设工程就开始就地取材,进行机制砂的生产工艺、产品技术性能和在混凝土中应用的研究,并开始在工程上使用。我国的大型工程如三峡工程、黄河小浪底工程等均使用机制砂配制混凝土,充分证明了使用机制砂不仅是可能的而且是必要的。机制砂有两大优势,一是资源优势,可利用各种废弃资源,同时表现出价格或成本差别较大的特点;二是质量优势,体现为质量稳定(产源固定、机械化生产),颗粒级配合理、粒型可调,石粉能合理利用三大特点。机制砂代表了建筑用砂中先进生产力的发展方向。浙江省山砂矿床赋存于酸性、中酸性侵入岩的风化壳中,矿床评价较为简单,易采易选,产品质量好,可广泛适用于各种混凝土工程,具有广阔的应用前景。上世纪九十年代开始,浙江省已大规模使用机制砂,作为混凝土、砂浆等基本材料的建筑用砂。浙江日昌升建材有限公司利用富阳市新桐乡等地丰富的砂岩资源,进行机制砂生产,已建成年产 300 万吨混凝土骨料生产线。

【非金属矿产开发利用】　浙江省非金属矿产资源较丰富,叶腊石、明矾石、萤石、伊利石、硅藻土、沸石、水泥用灰岩、膨润土、高岭土、珍珠岩、硅灰石、长石、玻璃用石英岩保有资源储量居全国前列;其中除萤石、水泥用灰岩外,总体开发程度较低。2009 年浙江省开发除普通建筑用石、砂、土以外的非金属矿产 35 种,有矿山 470 个,从业人员 11157 人,矿石采掘量 7379.98 万吨,实现矿业总产值 147364.84 万元,利润总额 8234.86 万元,税金 21819.08 万元,其矿山数量、从业人员和矿石采掘量分别占总量的 19.64%、16.22% 和 15.80%,矿业总产值、利润和税金 16.43%、16.04% 和 25.14%。与 2008 年相比,非金属矿产矿山数、从业人员、税金分别减少 11.65%、14.64%、4.10%,矿石采掘量、工业总产值、利润却分别增长 9.03%、5.27% 和 40.29%。

1. *石灰石*。浙江省石灰石主要分布在浙赣与沪杭铁路西北侧的杭州市所辖的富阳、桐庐、建德、淳安,湖州市所辖的长兴,金华市所辖的兰溪和衢州市所辖的衢江、常山等县(市、区),浙江东部绍兴、诸暨等地也有分布,主要赋矿层位为奥陶系上统三衢山组、石炭系中统黄龙组与上统船山组、三叠系下统青龙组,绍兴 - 诸暨一带主要利用寒武系灰岩,全省资源储量在 250 亿吨以上。

浙江省石灰岩 2009 年的主要应用领域为水泥、建筑石料、饰面板材、制灰、冶金、脱硫及碳酸钙等(表 20)。

表 20　　2009年浙江省石灰岩矿山统计

矿种名称	矿山数(个)	从业人员(人)	矿石采掘量(万吨)	矿业总产值(万元)	利润总额(万元)	税金总额(万元)
合　计	242	5955	8112.28	128954.90	7426.95	20328.87
水泥用灰岩	128	3415	5668.56	80716.49	5341.10	13869.58
建筑石料用灰岩	82	2060	1827.37	38221.92	1509.01	5230.46
制灰用石灰岩	26	349	493.29	6655.94	745.84	996.85
熔剂用灰岩	3	123	120.31	2728.05	-169.00	229.00
饰面用灰岩	3	8	2.75	632.50	0	2.98

水泥用灰岩是浙江省重要优势矿产资源,开发强度一直很大,2009年矿石采掘量和矿业总产值均位居各矿种的第二位。2009年全省有水泥用灰岩矿山128个,从业人员3415人,矿石采掘量5668.56万吨,矿业总产值80716.49万元,利润5341.1万元。与2008年相比,矿山数下降了14.67%,从业人员、矿石采掘量增长了5.43%和10.46%,矿业总产值和利润总额则大幅上升了20.36%和61.41%(表21)。

表 21　　2005~2009年水泥用灰岩开发利用情况

年　份	矿山数(个)	从业人员(人)	矿石采掘量(万吨)	矿业总产值(万元)	利润总额(万元)
2005	245	5161	5211.14	62927.91	3626.32
2006	213	5055	5473.13	65251.89	2599.05
2007	168	4922	5552.32	68834.33	3209.75
2008	150	3239	5132.44	67062.37	3309.45
2009	128	3415	5668.56	80716.49	5341.10

水泥用灰岩区域开发利用情况与资源分布一致,杭州、湖州两市矿石采掘量、工业总产值分别占全省总量的64.19%和66.51%。与其他地(市)相比,金华市水泥矿山经济效益一直较差,2009年出现557.89万元亏损,其主要原因:一是部分矿山企业取得采矿权的价款过高;二是一些矿山因进行开拓系统改造等原因而致开采量远低于设计生产规模(表22)。

表 22　　2009年各市水泥用灰岩开发利用情况

地区	矿山数(个)	从业人数(人)	矿石产量(万吨)	矿业总产值(万元)	利润总额(万元)	税金总额(万元)
合计	128	3415	5668.56	80716.49	5341.1	13869.58
杭州市	36	934	1761.01	17443.24	874.79	3468.93
湖州市	31	1570	1878.01	36245.11	2393.80	7199.65
绍兴市	25	266	661.00	10700.00	1593.00	194.10
金华市	12	244	532.84	8563.55	-557.89	1732.50
衢州市	24	401	835.70	7764.59	1037.40	1274.40

水泥用灰岩是浙江省矿产资源开发整合重点矿种,与2008年相比,2009年全省年产50万吨以上的水泥用灰岩矿山数在总量中的比重由16.67%上升至21.88%,年产100万吨以上矿山的人均产值由28.99

万元/人增加到31.85万元/人，增幅为9.87%(表23)。

表23　2009年浙江省水泥用灰岩矿山生产规模及劳动生产率统计

矿山规模(万吨/年)	矿山数(个)	从业人员(人)	矿石采掘量(万吨)	矿业总产值(万元)	利润总额(万元)	人均产值(万元/人)
小于5.0	1	5	1.27	22.86	1.00	4.57
5.0~50.0	99	2118	2692.92	40187.42	3192.75	18.97
50.0~100.0	11	393	591.72	11873.40	918.00	30.21
大于100.0	17	899	2382.65	28632.81	1229.35	31.85
合计	128	3415	5668.56	80716.49	5341.10	23.64

近年浙江省水泥行业发展迅速，涌现了一批以海螺、三狮、红狮、尖峰等为代表的大型骨干企业，产业集中度进一步提升。2009年全省水泥产量1.08亿吨，比2008年增长7.2%，供过于求局面仍未得到改变。

据统计分析，浙江省生产1吨水泥约需0.7吨石灰岩；按此标准换算，2009年全省生产水泥1.08亿吨约需消耗7560万吨石灰岩，年需消耗石灰岩数量较统计产量多1892万吨。虽然统计准确度较前几年有较大提高，但仍有一些差距。经分析，其主要原因为以下4方面：①部分水泥用灰岩产量被纳入建筑石料用灰岩、制灰用灰岩统计；②部分优质水泥用灰岩(如富阳等地)的夹石和剥离物与矿石掺合作为制作水泥用原料；③一小部分水泥厂所用熟料为从邻近省购进；④存在个别采矿权人少报或瞒报石灰岩产量的现象。

2009年初步探明水泥用灰岩新增资源储量(333及以上)6100万吨。

2. *普通萤石*。萤石为浙江省传统优势矿产资源，据统计，截止到2009年，浙江省萤石(矿石)资源基础储量为2200万吨，储量位居全国第二。已基本形成了遂昌黄沙腰、常山蕉坑坞、江山甘坞口、兰溪柏社、云和石塘、临安新桥、泰顺前坪仔等新的大型萤石资源基地。

2009年，全省有萤石矿山95个，从业人员1935人，矿石采掘量65.55万吨，实现矿业总产值15035.91万元，利润总额448.98万元，税金总额1590.98万元。与2008年相比，矿山数、从业人数、矿石采掘量分别减少6.86%、13.89%、19.64%，产值、利润和税金分别减少21.59%、55.85%和28.33%(表24)。

表24　2005~2009年萤石开发利用情况表

年　份	矿山数(个)	从业人员(人)	矿石采掘量(万吨)	矿业总产值(万元)	利润总额(万元)	税金总额(万元)
2005	132	2694	79.11	11895.12	1047.79	1071.63
2006	123	2643	90.01	17348.74	1172.48	1480.21
2007	122	2624	92.24	19514.38	1326.86	1628.21
2008	102	2247	81.57	19175.01	1017.21	2220.02
2009	95	1935	65.55	15035.91	448.98	1590.98

浙江省萤石开发分布于7个市，金华和丽水两市的矿山数、矿石采掘量、矿业总产值和利润总额分别占总量的52.63%、65.75%、57.78%和49.33%。萤石产业地区分布格局基本保持不变，与资源赋存条件一致(表25)。

表25　2009年各市普通萤石开发利用情况

地　区	矿山数(个)	从业人员(人)	矿石产量(万吨)	工业总产值(万元)	利润总额(万元)	税金总额(万元)
合计	95	1935	65.55	15035.91	448.98	1590.98
杭州市	15	415	5.05	1080.11	-68.30	101.31
湖州市	1	76	2.92	1079.00	-28.00	78.00
绍兴市	11	104	3.00	725.92	77.60	72.20

续表 25

地　区	矿山数(个)	从业人员(人)	矿石产量(万吨)	工业总产值(万元)	利润总额(万元)	税金总额(万元)
金华市	30	348	20.55	2710.73	21.34	334.52
衢州市	6	62	3.25	1253.40	132.20	127.70
台州市	12	419	8.23	2209.18	114.00	255.20
丽水市	20	511	22.55	5977.57	200.14	622.06

浙江省萤石产业集中度较低,以小型矿为主,其矿山数、从业人员、矿石采掘量、矿业总产值、利润和税金都占全省萤石矿的 85% 以上。2009 年产量小于 1 万吨的矿山达 79 个,占总数的 83.16%,全省还没有 1 个矿山年产量超过 10 万吨,仙居县杰萤矿业有限公司年产 4.9599 万吨是本年度全省产量最大的矿山。

2009 年国内萤石($CaF_2 \geqslant 90\%$)价格为 800 ~ 900 元/吨,较 2008 年平均价 1000 ~ 1100 元/吨有所下降;2009 年我国萤石平均出口价为 280 美元/吨,较 2008 年出口平均价 290 美元/吨平均价略有下降。因此,2009 年各项经济指标较上年有所下降。而从长远来看,氟化工和冶金行业持续发展,对萤石的需求量将会呈现增长趋势,因此需求大于供给的局面将对萤石的中长期价格提供强有力的支撑。

浙江省萤石市场流向主要集中于氟化工、冶金行业和出口三方面。浙江衢化氟化学有限公司是国内最大的氟化工原料生产基地,金华市依托萤石资源也已建成一批氟化工企业,氟化工已成为浙江省萤石需求量最大的产业。

浙江省的萤石开采强度一直较大,并一度为大宗出口产品,经济效益较好。为保护优势资源,国家对萤石资源开采总量进行调控,浙江省已将萤石列入限采矿种,并在全国率先实行了萤石矿产开采准入制度,对萤石矿山的资源储量、开采规模、生产条件、环境保护和技术设备等方面提出了限制性措施,并对原有的采矿权进行了整合与规范。

2009 年初步探明新增萤石资源储量(CaF_2,333 及以上)266.66 万吨。江山市甘坞口萤石矿详查,估算(332 + 333)萤石资源量(CaF_2)103.57 万吨,其中(332)萤石资源量(CaF_2)79.87 万吨;矿床规模达到大型。

3. *明矾石*。浙江省明矾石资源储量居全国第一,主要分布于温州、杭州等地。2009 年全省明矾石矿山仅温州矾矿 1 个,从业人员 1845 人,矿石采掘量 11.51 万吨,较上年减少了 47.49%;矿业总产值 5930 万元,同比增加了 2.76%;利润仍呈亏损状态,为 - 71.8 万元,亏损额较上年减少 858.62 万元;税金 956.56 万元,较上年增长 21.89%(表 26)。

表 26　　2005 ~ 2009 年明矾石生产主要指标变化情况

年　份	矿山数(个)	从业人员(人)	矿石采掘量(万吨)	矿业总产值(万元)	利润总额(万元)	税金总额(万元)
2005	1	3399	9.59	3810.30	- 1506.00	11.80
2006	1	1981	11.71	4054.50	- 1315.00	488.00
2007	1	1982	13.21	4371.00	- 775.76	534.65
2008	1	1920	21.92	5770.50	- 930.42	784.78
2009	1	1845	11.51	5930.00	- 71.80	956.56

温州矾矿是一家集采矿、冶炼于一体的国有中型企业,主要产品有钾明矾、明矾石及综合利用系列产品(水泥膨化剂、聚合铝、铵明矾、泡打粉等),广泛应用于食品添加剂、水产品腌制、净水、制革、制药和食品添加剂等领域。由于仍沿用传统的水浸法工艺制矾,资源利用率、生产效率较低,已连续多年亏损,2009 年度亏损较前几年减轻很多。目前,在采的鸡笼山矿段可采资源已接近枯竭。

4. *玻璃用石英岩*。2009 年浙江省有玻璃用石英岩矿山 9 个,从业人员 350 人,矿石采掘量 173.03 万吨,实现矿业总产值 5343.65 万元,利润总额 276.1 万元,税金总额 1019.49 万元。与 2008 年相比,矿石采掘量、矿业总产值、利润总额分别增长 39.16%、2.15%、42.32%,税金总额减少了 37.61%(表 27)。

表 27　　2005～2009 年玻璃用石英岩生产主要指标变化情况

年　份	矿山数(个)	从业人员(人)	矿石采掘量(万吨)	矿业总产值(万元)	利润总额(万元)	税金总额(万元)
2005	11	419.	104.03	3992.50	－3.40	615.88
2006	9	791	91.49	5774.29	204.07	935.56
2007	10	868	104.66	4912.18	143.80	659.83
2008	11	834	124.34	5231.00	194.00	1634.18
2009	9	350	173.03	5343.65	276.10	1019.49

矿山分布在杭州、湖州、绍兴，湖州市有玻璃用石英岩矿 6 个，各项指标均占总量的 60% 以上(表 28)。

表 28　　2009 年各市玻璃用石英岩开发利用情况

地　区	矿山数(个)	从业人数(人)	矿石产量(万吨)	矿业总产值(万元)	利润总额(万元)	税金总额(万元)
合计	9	350	173.03	5343.65	276.1	1019.49
杭州市	1	27	5.43	150.00	15.00	30.00
湖州市	6	307	117.6	4353.65	172.10	980.59
绍兴市	2	16	50.00	840.00	89.00	8.90

2009 年，受益于房地产和汽车行业的高速增长，我国玻璃及玻璃制品制造业销售收入继续增长。2010 年受国家对房地产行业调控的影响，玻璃用石英岩的销售前景不容乐观。

2009 年浙江省初步探明玻璃用石英岩新增资源储量(333 及以上)189.7 万吨。

5. *叶腊石*。浙江省叶腊石矿产资源丰富，查明储量居全国之首，主要分布于浙江东南部青田－平阳－苍南－泰顺一带，少部分分布在东北部上虞－嵊州－宁海－临海和云和、龙泉、常山和临安等地。

2009 年，全省有叶腊石矿山 22 个，从业人员 743 人，矿石采掘量 61.69 万吨，实现矿业总产值 3755.86 万元，利润总额 755.33 万元，税金总额 290.78 万元。与 2008 年相比，矿山数不变，从业人数、产量、产值、税金分别下降了 14.60%、19.83%、23.87% 和 45.34%；利润大幅增长了 299%，主要是浙江龟湖矿业有限公司叶腊石矿的利润大幅增长，达到 586 万元(表 29)。

表 29　　2005～2009 年叶腊石生产主要指标变化情况

年　份	矿山数(个)	从业人员(人)	矿石采掘量(万吨)	矿业总产值(万元)	利润总额(万元)	税金总额(万元)
2005	39	838	60.27	3460.36	478.51	276.46
2006	29	1224	50.58	2592.69	383.35	203.99
2007	26	513	55.24	3443.52	357.26	359.93
2008	22	870	76.95	4933.79	189.36	531.96
2009	22	743	61.69	3755.86	755.33	290.78

浙江省叶腊石主要应用于耐火材料、陶瓷、玻璃纤维、橡胶、沥青添加剂、造纸、颜料、制药和塑料制品的充填料、表层涂料等工业原料、催化剂及载体、白水泥原料、雕刻工艺品等。超细粉碎、表面改性和人造金刚石传压介质等方面是今后浙江省叶腊石深加工利用的努力方向。

随着国际市场非金属材料应用领域不断扩大，叶腊石等非金属材料具有广阔的市场前景，因此，应加大叶腊石应用研究的投入力度，尽快提升产品技术含量，调整产品结构，加大高附加值产品的生产和出口，是当前所有叶腊石企业和有关部门面临的共同任务，也是促进行业持续稳定发展的关键。

6. *饰面用石材*。2009 年全省饰面用石材开采矿种有辉绿岩、花岗岩、板岩、大理岩、石灰岩、闪长岩等 6 种，有矿山 42 个，从业人员 505 人，矿石采掘量 114.66 万吨，实现矿业总产值 9697.49 万元，利润总额

856.7万元，税金总额187.03万元。与2008年相比，矿山数减少3个，产量、产值、税金分别下降6.92%、15.65%、3.87%；利润增长了19.72%（表30）。

表30　　2005～2009年饰面用石材生产主要指标变化情况

年　份	矿山数(个)	从业人员(人)	矿石采掘量(万吨)	矿业总产值(万元)	利润总额(万元)	税金总额(万元)
2005	59	938	59.42	6030.00	507.55	190.95
2006	51	664	58.55	5419.80	439.49	171.78
2007	52	643	102.94	8028.62	630.20	191.03
2008	45	599	123.19	11496.11	715.56	194.55
2009	42	505	114.66	9697.49	856.70	187.03

开采的6个矿种中，饰面用辉绿岩的产量居首位，饰面用花岗岩产值、利润居首位，饰面用闪长岩处于持证停产状态（表31）。

表31　　2009年饰面用石材主要矿种开发利用情况

矿　　种	矿山数(个)	从业人数(人)	矿石采掘量(万吨)	矿业总产值(万元)	利润总额(万元)	税金总额(万元)
合　计	42	505	114.66	9697.49	856.70	187.03
饰面用灰岩	3	8	2.75	632.50	0	2.98
饰面用辉绿岩	13	122	48.71	962.58	170.70	67.89
饰面用闪长岩	1	1	0	0	0	0
饰面用花岗岩	15	239	46.12	3706.81	413.00	74.20
饰面用大理岩	2	23	2.86	855.20	46.00	7.40
饰面用板岩	8	112	14.22	3540.40	227.00	34.56

浙江省饰面用石材开采分布在衢州、金华、杭州等7市。衢州市的从业人数、矿业总产值、税金最高，分别为166人、5288.1万元、67.14万元，占全省总量的32.87%、54.53%和35.90%，所占比例较上年有所下降；杭州市的利润最高，为350万元，占全省总量的40.85%。

2009年是浙江省石材工业发展较为困难的一年，整个行业出现生产性萎缩，国内市场需求不足，国外市场出口缩水。矿山企业产能过剩，开工不足。石材企业处于建筑产业链的末端，作为装饰材料的石材生产企业绝大多数无建筑装饰设计资质，人才奇缺，尤其是科技力量薄弱，没有一个比较正规的企业研发机构，新产品和品牌产品少，适应不了新市场、新消费、新工艺的需求。在整个建筑业市场上认可度较低，在政府与重大工程的供料和投标上一直处于被动和配角地位，给企业的生产造成了极大困难。

7. 高岭土。浙江省高岭土以地开石型为主，开采区集中于丽水的松阳、绍兴的诸暨等地。2009年全省有高岭土矿山18个，从业人员184人，矿石产量29.53万吨，矿业总产值2136.34万元，利润总额213.98万元。与2008年相比，矿山数、从业人数、产量、产值、利润分别减少14.29%、19.30%，26.80%、18.75%、40.40%（表32）。

表32　2005～2009年高岭土生产主要指标变化情况

年　份	矿山数(个)	从业人员(人)	矿石采掘量(万吨)	矿业总产值(万元)	利润总额(万元)
2005	33	381	54.03	2349.10	207.28
2006	33	375	45.41	2056.50	232.48
2007	29	287	19.15	1732.23	302.41
2008	21	228	40.34	2629.49	359.25
2009	18	184	29.53	2136.34	213.98

高岭土应用广泛，可应用于陶瓷、玻纤、造纸、塑料、橡胶、油漆、石油化工、新型技术材料等行业。目前我国已掌握了高岭土的提纯、分选、煅烧、增白、降黏、改性等技术。

2009年初步探明高岭土新增资源储量(333及以上)80万吨。

8. 膨润土。2009年全省有膨润土矿山7个，从业人员71人,矿石产量15.65万吨,矿业总产值2627万元,利润总额418.00万元。与2008年相比,矿山数减少2个,从业人员减少26人,产量和利润总额分别减少3.34%和16.17%,产值增长48.50%(表33)。

表33 2005~2009年膨润土矿生产主要指标变化情况

年份	矿山数(个)	从业人员(人)	矿石采掘量(万吨)	矿业总产值(万元)	利润总额(万元)
2005	12	339	17.74	1749.22	111.78
2006	11	260	20.77	1298.9	134.62
2007	10	197	19.78	1358.25	122.79
2008	9	97	16.19	1769.00	498.61
2009	7	71	15.65	2627.00	418.00

浙江膨润土目前主要产区在安吉县北部高禹等地。膨润土广泛应用于冶金、机械铸造、钻井、石油化工、轻工、农林牧、建筑工程等领域。浙江省膨润土深加工技术在国内处于领先地位,今后浙江膨润土加工企业所需原矿,将主要依靠外省购入。

9. *硫铁矿*。浙江省硫铁矿生产逐步萎缩,近五年矿石产量、产值均处于低谷。2009年全省有矿山3个,分别位于衢州龙游县和杭州富阳市,生产矿山为浙江巨化化工矿业有限公司灵山矿和富阳市春建下俞黄铁矿,从业人员477人,矿石采掘量3.75万吨,矿业总产值193.95万元,利润-1692.00万元,税金499万元。与2008年相比,矿石采掘量和矿业总产值分别减少了14.19%和56.53%,税金却增长了13.94%(表34)。

2008年,国内硫酸价格保持在1200~1500元/吨左右。但自2008年三、四季度以来,其价格一跌再跌;今年硫酸市场还受到了日、韩两个硫酸大国的大幅倾销,致使今年硫酸价格在200元/吨以下,甚至一度跌破100元/吨。浙江省硫铁矿企业被迫采取限产保价措施。

表34 2005~2009年硫铁矿生产主要指标变化情况

年份	矿山数(个)	从业人数(人)	矿石采掘量(万吨)	矿业总产值(万元)	利润总额(万元)	税金总额(万元)
2005	3	1368	6.35	275.00	-718.5	190.00
2006	3	1368	7.50	272.00	-709.00	188.50
2007	3	1189	7.21	360.31	-2034.99	322.13
2008	3	1195	4.37	446.19	-1432.08	437.95
2009	3	477	3.75	193.95	-1692.00	499.00

10. *其他优势非金属矿*。浙江省伊利石黏土、硅藻土、沸石资源储量分别全国第二、三、五位,由于加工应用研究未取得突破性进展,开发日趋萎缩。硅藻土矿已于2008年关闭,伊利石黏土矿也已于2009年停产;沸石仅有金华市婺城区1个小型矿山,2009年产量仅为1.20万吨,产值为36万元。

鉴于上述迫切情况,切实加强对浙江省上述优势非金属矿产的应用研究已经刻不容缓。

【金属矿产开发利用】 浙江省金属矿产资源短缺,以铁、铜、钼、铅锌、金、银为主,多为小型矿床或矿点,仅个别达到大中型规模,且矿石组成复杂,共、伴生多种元素。2009年,全省有金属矿山61个,从业人员4441人,矿石采掘量182.06万吨,实现矿业总产值47155.22万元,利润总额3597.65万元。与2008年相比,金属矿产矿山数、矿石采掘量略有减少,矿业总产值、利润总额分别大幅减少47.37%、60.98%;全球经济深度衰退,金属矿产品价格处于历史低位,是导致浙江省金属矿产开采业经济指标大幅下降的主要原因。预计2010年随着全球经济逐步复苏,主要金属矿产品价格将稳步回升,浙江省金属矿产开采业经济效益将逐步提高(表35)。

表35 2005~2009年金属矿产主要指标一览表

年份	矿山数(个)	从业人员(人)	矿石采掘量(万吨)	矿业总产值(万元)	利润总额(万元)
2005	76	7625	238.95	104398.35	1454.39
2006	70	7607	231.55	110788.94	1705.70
2007	73	8391	216.49	121483.60	2470.79
2008	68	6586	201.42	89599.60	9220.06
2009	61	4441	182.06	47155.22	3597.65

1. *铜矿*。2009年浙江省铜矿生产保持基本稳定,有矿山6个,从业人员1205人,矿石采掘量40.11万吨,实现矿业总产值20665.13万元,利润总额5729.45万元,税金总额5164.2万元。与2008年相比,矿石采掘量增长4.48%,产值、利润、税金分别减少41.32%、28.54%和13.67%。全省铜矿生产以杭州建铜集团有限公司和绍

兴铜都矿业有限公司为主，两矿山合计矿石产量和矿业产值均占全省总量的90%以上(表36)。

表 36　　2005～2009年铜矿生产主要指标对比表

年　份	矿山数(个)	从业人数(人)	矿石采掘量(万吨)	矿业总产值(万元)	利润总额(万元)	税金总额(万元)
2005	8	1107	41.19	20655.30	3238.40	2445.90
2006	8	1056	47.99	29332.31	5398.00	4817.00
2007	7	1147	38.95	35795.50	10649.85	6116.96
2008	7	1302	38.39	35218.01	8017.50	5981.74
2009	6	1205	40.11	20665.13	5729.45	5164.20

2009年国家确保经济增长的宏观调控措施、有色金属产业振兴规划、国家增加金属储备等多重有利因素，为增加铜的需求提供了支撑，国内铜价除5月份略有回落外呈单边上升走势，从年初的29000元/吨上升到年末的56000元/吨，全年均价为42000元/吨，但距2008年1～10月均价61186元/吨还有一定差距，因此全年的经济指标不如2008年。2010年我国铜价继续上升，4月已达到62000元/吨价位，已接近2008年66250元/吨最高价，目前还在上升趋势中。

浙江省铜矿资源较少，而铜加工能力又比较强，位居全国前列，浙江省铜资源主要依赖外省和国际市场。浙江省铜矿企业应首先立足提高现有资源开发利用水平，加强生产性勘探以增加资源储量；同时还要大胆地走出去购买矿产资源，增加资源储备。

2. *钼矿*。2009年，全省钼矿有矿山10个，从业人员816人，矿石采掘量7.77万吨，实现矿业总产值5597.05万元，利润总额－3196万元。与2008年相比，矿石采掘量、矿业总产值、利润分别减少了58.78%、80.78%、209.69%(表37)。

浙江省钼矿集中分布于丽水市青田、松阳、景宁等县，其中青田县钼矿矿石采掘量、矿业总产值分别占全省总量75.16%和86.44%。

表 37　　2005～2009年钼矿生产主要指标变化情况

年　份	矿山数(个)	从业人员(人)	矿石采掘量(万吨)	矿业总产值(万元)	利润总额(万元)
2005	10	2389	30.18	55847.04	9035.00
2006	9	2581	25.16	52714.12	9276.00
2007	11	2965	13.70	52337.12	10780.00
2008	10	1711	18.85	29126.32	－1032.00
2009	10	816	7.77	5597.05	－3196.00

2009年国际和国内钼价均在低位徘徊，国内国际市场价格基本在2000元/吨度上下振荡，价格在2008年下跌后尚未回升，市场供需双方观望气氛浓厚，钼矿企业纷纷裁员减产，产能开工不足，导致较2008年更大的巨额亏损。

浙江省2009年初步探明新增钼金属量(333及以上)2.49万吨。

3. *金矿*。2009年，全省有金矿矿山7个，从业人员894人，矿石采掘量3.41万吨，实现矿业总产值9614.45万元，利润总额1018.47万元。与2008年相比，矿石采掘量、利润分别减少17.43%、4.32%，矿业总产值、税金则分别增长12.97%和69.01%(表38)。2009年国际黄金价格稳中有升，年初为175元/克，11月底上升到266元/克最高值，年末又回落到240元/克，年均价约为210元/克；2009年黄金价格平稳增长是保持良好经济效益的主要原因。

表 38　　2005～2009年金矿生产主要指标变化情况

年　份	矿山数(个)	从业人员(人)	矿石采掘量(万吨)	矿业总产值(万元)	利润总额(万元)
2005	9	1610	3.82	7121.23	1098.87
2006	8	1548	3.85	5728.00	1025.12
2007	8	1731	4.80	9021.72	1701.06
2008	8	1719	4.13	8511.00	1065.01
2009	7	894	3.41	9614.45	1018.47

浙江省金矿资源较少，主要分布于丽水和绍兴两地，2009年仅有生产矿山2个，分别为浙江省遂昌金矿有限公司和浙江鑫盛黄金有限公司璜山金矿。浙江省遂昌金矿有限公司是浙江省规模最大的金矿，其矿业总产值和利润分别占全省总量的97.66%、97.84%，历经数十年开采，保有资源储量日趋减少，矿山采取了限产、提高资源利用率、加快铅锌矿开发利用的前期工作，实现矿山由采选金银为主向采选铅锌为主的平稳过渡等相应措施。

4. 铅锌矿。2009年,全省有铅锌矿山23个,从业人员669人,矿石采掘量19.99万吨,实现矿业总产值7544.82万元,利润总额388.53万元,税金总额1038.91万元。矿山企业经济效益有回升趋势,与2008年相比,矿石采掘量和税金分别增加3.20%、10.38%,矿业总产值、利润微降了0.91%和3.42%(表39)。

表39　　2005～2009年铅锌矿生产主要指标变化情况

年　份	矿山数(个)	从业人数(人)	矿石采掘量(万吨)	矿业总产值(万元)	利润总额(万元)	税金总额(万元)
2005	36	1104	23.99	6405.35	369.65	509.15
2006	31	882	16.71	7055.24	416.50	1407.95
2007	33	1029	20.75	14388.04	895.84	2239.07
2008	31	943	19.37	7614.49	402.28	941.17
2009	23	669	19.99	7544.82	388.53	1038.91

浙江省铅锌矿山规模较小,除2个小型矿山外,其余均为小矿,主要分布于绍兴、丽水、杭州,浙江佳和矿业集团有限公司龙泉铅锌矿和浙江诸暨七湾矿业有限公司铅锌矿是省内规模最大的铅锌矿山,2个矿山的矿石采掘量、矿业总产值、利润、税金分别占全省总量的72.79%、80.46%、88.03%和89.13%。

2009年以来,随着国家确保经济增长的宏观调控措施陆续实施、有色金属产业振兴规划出台,为提高铅锌需求提供了支撑,铅价格已从年初的11700元/吨回升至15900元/吨左右,锌价格从年初的10700元/吨回升至20300元/吨左右,涨幅分别为35.90%和89.72%。

浙江省铅锌矿有一定资源储量,但以贫矿为主,开采受到一定程度限制,主要矿区黄岩五部铅锌矿因保护台州市水源地的需要,已关停多年。浙江省铅锌加工业较发达,资源自给程度较低,当前铅锌价格理性回归,应积极开拓省外、国外原材料市场,增加资源储备。同时,与其它金属矿产相比,浙江省铅锌矿尚具有较大的找矿潜力,应继续加大勘查投入,力争有新的突破。

2009年开展的天台县南屏乡下辽铅锌矿详查,初步探明新增铅金属量(333及以上)4.8万吨,锌金属量(333及以上)7.6万吨,铅和锌金属量(333及以上)之和为12.4万吨,品位铅为1.01%、锌为1.87%。

5. 铁矿。2009年全省有铁矿山8个,从业人员662人,矿石采掘量105.83万吨,实现矿业总产值2730.73万元,利润总额－225.80万元,税金总额458.20万元。与2008年相比,矿石采掘量减少了5.77%,矿业总产值、利润、税金分别大幅下降了60.73%和119.29%和67.75%(表40)。其主要原因是2009年铁精粉价格从2008年的1450元/吨高位下跌到750元/吨左右,跌幅近一半。

表40　　2005～2009年铁矿生产主要指标变化情况

年　份	矿山数(个)	从业人员(人)	矿石采掘量(万吨)	矿业总产值(万元)	利润总额(万元)
2005	5	736	129.64	12030.53	600.46
2006	6	745	124.56	12465.27	444.52
2007	6	721	128.46	6385.18	492.46
2008	7	699	112.31	6953.05	1170.41
2009	8	662	105.83	2730.73	－225.80

浙江省铁矿开采集中在绍兴、丽水、台州、杭州四市,2009年仅有生产矿山4个。浙江漓铁集团有限公司东西矿为全省第一大铁矿,其矿石采掘量占全省总量的94.41%,产值、税金占总量的61.63%和62.85%。

2009年浙江省钢材产量已达2359.4万吨,省内已探明的铁矿资源储量较为有限,浙江省在今后一段时间里的铁矿石资源供应主要还是依赖省外和国际市场。

【能源矿产开发利用】 1. 石煤。浙江省石煤资源储量列全国第一,2009年有石煤矿山7个,从业人员127人,矿石采掘量71万吨,矿业总产值1310万元,利润39万元。与2008年相比,除矿业总产值增长7.20%外,其他各项指标均大幅下降,其中矿山数缩减了36.36%,从业人数减少了39.81%,矿石采掘量减少了40.98%,利润减少了67.50%(表41)。全省石煤矿山分布于衢州、绍兴两市,均为小型矿山。

近年来,随着生态省建设进程的加快,矿山企业环境准入门槛日益提高,石煤生产渐趋萎缩,衢州开化县已在2009年底关闭县内的全部6个石煤矿,至2009年底全省开采矿山仅有绍兴市1个,石煤即将彻底退出浙江省能源市场。

表 41　2005～2009 年石煤生产主要指标变化情况

年　份	矿山数(个)	从业人员(人)	矿石采掘量(万吨)	矿业总产值(万元)	利润总额(万元)
2005	47	679	293.19	4189.76	631.00
2006	36	473	234.30	3348.98	517.00
2007	28	361	339.24	3408.48	639.00
2008	11	211	120.30	1222.00	120.00
2009	7	127	71.00	1310.00	39.00

2. 地热。2009 年浙江省有地热矿山 2 个，分布于武义、泰顺两地，从业人员 205 人，地下热水开采量 5.82 万立方米，实现矿业总产值 978.85 万元(表 42)。地热是可再生清洁型能源，在能源矿产品严重紧缺的局面下，大力开发地热资源、走能源消费多元化的道路，是保持区域经济可持续发展的有效途径。

2009 年浙江省地热勘查投入资金 515 万元，未取得明显成果。

表 42　2005～2009 年地热生产主要指标变化情况

年　份	矿山数(个)	从业人员(人)	地下热水开采量(万立方米)	矿业总产值(万元)
2005	3	232	1.50	1108.00
2006	2	270	5.50	1059.00
2007	2	210	5.82	1912.50
2008	2	210	5.82	1901.00
2009	2	205	5.82	978.85

3. 水气。2009 年浙江省开发利用的水气矿产仅矿泉水一种，有矿山 51 个，从业人员 780 人，产量 40.28 万吨，实现矿业总产值 4453.72 万元，利润总额 319.71 万元。与 2008 年相比，产量基本保持稳定，矿业总产值和利润分别大幅增长了 44.24%、96.26%(表 43)。除嘉兴和舟山两市外，其余地区均有矿泉水分布，其中温州和宁波两市数量最多，两市之和达 27 个；湖州市产值最高，为 1928.21 万元。

表 43　2005～2009 年矿泉水生产主要指标变化情况

年　份	矿山数(个)	从业人员(人)	产量(万吨)	矿业总产值(万元)	利润总额(万元)
2005	29	959	13.47	2156.93	269.99
2006	54	1554	27.97	3861.16	－196.35
2007	54	1465	42.76	3116.02	112.91
2008	51	1325	41.08	3087.69	162.90
2009	51	780	40.28	4453.72	319.71

【2009 年度矿产开发特点】　1. 矿业主要指标稳中有降。2009 年，浙江省矿业基本维持平稳运行态势，主要经济指标稳中有降，呈现“量升、价跌、效减”的特点，矿石采掘量较 2008 年增长 5.28%，但矿业总产值和税金自 2005 年以来首次出现负增长，降幅分别为 0.02%和 6.85%，利润则在 2008 下滑 21.04%的基础上继续减少 5.15%。

2. 矿山生产效率持续提升。矿产资源规划的全面实施和开发整合的深入推进，使浙江省矿山布局进一步合理，矿山结构持续优化，矿山企业生产效率稳步提升。2009 年，浙江省矿山数量、从业人员继续减少，矿山平均矿石采掘量、平均矿业总产值、人均矿石采掘量及人均矿业总产值逐年增加，生产效率持续提升。与 2008 年相比，矿山平均矿石采掘量增长了 18.53%，矿山平均矿业产值增加了 12.60%，人均矿石采掘量增长了 21.43%，人均产值提高了 16.18%；各项指标均创历史新高(表 44、图 14)。

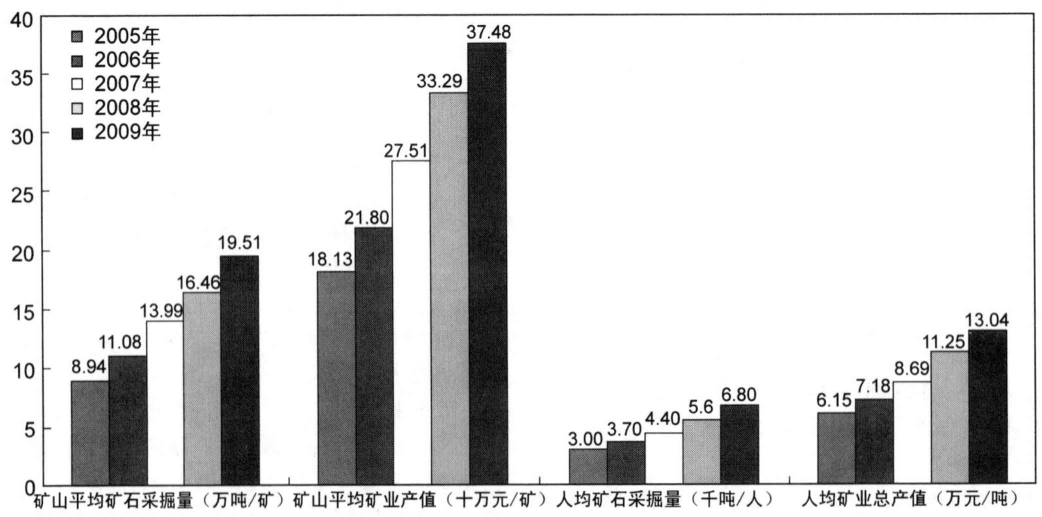

图 14　2005～2009 年矿业生产规模和生产效率对比图

表 44　全省 2005～2009 年矿业生产规模和生产效率对比表

年份	矿山数（个）	矿山平均矿石采掘量（万吨/矿）	矿山平均矿业总产值（万元/矿）	人均矿石采掘量（万吨/人）	人均矿业总产值（万元/人）
2005	4160	8.94	181.29	0.30	6.15
2006	3711	11.08	218.04	0.37	7.18
2007	3224	13.99	275.07	0.44	8.69
2008	2965	16.46	332.85	0.56	11.25
2009	2393	19.51	374.79	0.68	13.04

3. *矿业经济效益持续下滑*。2009 年是新世纪以来中国经济发展最为困难的一年，金融危机引发的全球经济衰退、矿产品需求萎缩对浙江省矿业影响明显，矿业经济效益持续下滑。2009 年全省矿业实现利润 5.13 亿元，连续两年出现负增长，较 2007 年降幅达 25.11%。全省有 96 个矿山企业出现亏损，累计亏损额达 1.13 亿元，其中 4 个矿山出现 500 万元以上的巨额亏损；456 个矿山停产，较上年减少 68 个。

矿业经济效益持续滑坡的主要原因是金属矿产利润进一步下滑。2009 年浙江省金属矿产利润比 2008 年减少 5622.41 万元，下降了 60.98%，占全省矿业利润减少额的 201.59%。2009 年主要金属矿产品价格在 2008 年底历史低位的基础上均有不同幅度的回升，但全年平均价格与 2008 年仍有较大下降，导致 2009 全省所有金属矿产利润较 2008 年度均有所下滑，以钼矿、铁矿影响最大；与 2008 年相比，钼矿亏损额度由 -1032.00 万元进一步扩大至 -3196.00 万元，铁矿由营利 1170.41 万元转为亏损 225.80 万元。随着全球经济逐步复苏，金属矿产品价格稳步回升，基础设施建设对普通建筑用石砂土需求依然维持高位，全省矿业经济效益有望重新步入增长轨道。

4. *矿产利用效率稳步提高*。2005～2009 年期间，浙江省矿业在国民经济中的比重逐年下降，2009 年全省矿业在国民经济中的比重从 2008 年的 0.42% 降为

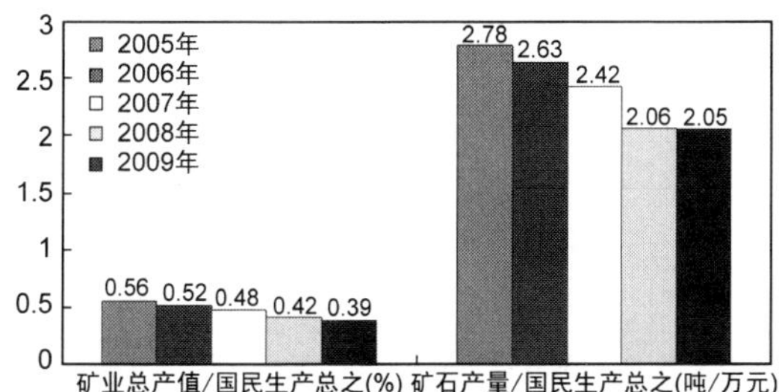

图 15　2005～2009 年矿业生产指标与国民生产总值变化情况图

0.39%。通过历年单位国民生产总值和矿石消耗量（产量）统计可知，浙江省创造单位国民生产总值消耗的矿石量正稳步减少，从 2005 年的 2.78 吨/万元减少到目前的 2.05 吨/万元，减幅达 26.26%，反映资源利用效率在稳步提高，经济发展对矿产资源的依赖程度在逐步降低（表 45、图 15）。

表 45　2005～2009 年矿业生产指标与国民生产总值变化情况表

年　份	国民生产总值（亿元）	矿业总产值（亿元）	矿业总产值/国民生产总值（%）	矿石产量（万吨）	矿石产量/国民生产总值（吨/万元）
2005	13365	75.41	0.56	37168.65	2.78
2006	15649	80.92	0.52	41128.73	2.63
2007	18638	88.68	0.48	45105.39	2.42
2008	21487	89.70	0.42	44353.53	2.06
2009	22832	89.69	0.39	46697.51	2.05

5. *矿业投资小幅回落*。2009 年，全省矿业投资 23.01 亿元，较 2008 年减少 1.99 亿元，降幅为 7.96%；与此同时，浙江省第二产业完成投资 4291 亿元，增幅为 9.02%。前几年的矿业投资热在 2008 年度得到了集中释放，投资主体渐趋理性，全省矿业投资将逐渐步入与地方经济发展、矿产资源市场需求相适应的良性发展轨道（表 46、图 16）。

表 46　2005～2009 年各市矿业投资对比表

地　区	投资额（亿元）				
	2005 年	2006 年	2007 年	2008 年	2009 年
杭州市	3.52	2.81	2.75	8.08	2.16
宁波市	1.68	1.57	1.96	2.20	2.09
温州市	4.19	0.84	1.29	1.05	1.61
嘉兴市	0.28	0.69	0.10	0.26	1.05
湖州市	3.07	2.15	2.34	4.10	4.44
绍兴市	1.33	0.93	1.29	0.68	0.69
金华市	2.06	2.02	1.70	2.24	2.15
衢州市	0.78	1.02	1.05	1.09	0.93
舟山市	1.16	0.96	0.97	1.85	2.57
台州市	1.11	1.85	3.61	2.24	3.94
丽水市	1.55	2.06	1.08	1.21	1.37

投资资金来源仍以民间为主，其中私营企业投资 8.91亿元，有限责任公司投资 5.98 亿元，股份有限公

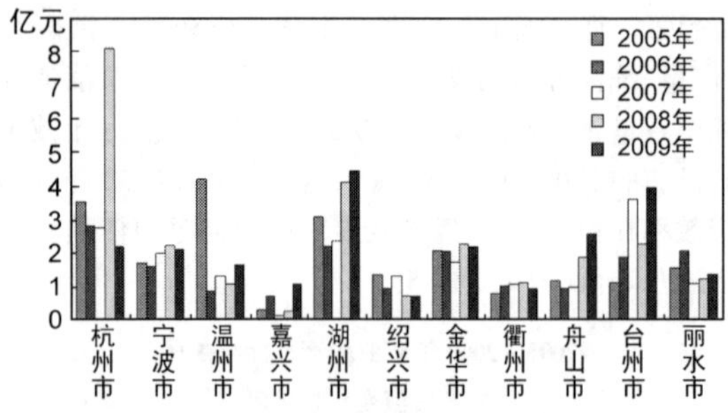

图 16 2005～2009 年各市矿业投资对比图

司1.96亿元，以上三种经济类型投资额占全省投资总额的73.23%；投资方向主要集中在建筑用凝灰岩(12.97亿元)、水泥用灰岩(1.47亿元)和建筑用砂岩(1.07亿元)上，三项占全省矿业总投资额的67.41%。

各地区矿业投资状况相差较大，2009年矿业投资排名前三位的为杭州、湖州市和金华，三市合计占全省矿业总投资的57.68%。嘉兴市矿业投资及其增长幅度均居全省之首，达1.05亿元，较2008年提高了245%，杭州市矿业投资降至2.16亿元，较2008年减少了73.27%，降幅最大。

6. *矿山生态环境持续改善*。绿色矿山创建活动对有效提升浙江省矿产资源开发利用水平、进一步改善矿山自然生态环境、促进浙江省矿业经济与生态环境和谐发展、推进生态省建设具有重要意义。2009年，浙江省以"资源利用集约化、开采方法科学化、生产工艺环保化、企业管理规范化、闭坑矿区生态化"为内容的绿色矿山创建工作在原有基础上全面推进。至2009年底，全省已累计创建绿色矿山90座。根据省政府"811"环境保护新三年行动计划，到2010年底，全省将累计创建绿色矿山150座。

2009年，矿山开采区占有土地面积为21932.29公顷，实际使用土地面积14730.46公顷，闲置土地面积7201.83公顷，为占有土地面积的32.84%，开采区占有土地面积与上年持平，实际使用土地面积较上年减少8.76%，闲置土地面积比上年增加24.73%，土地利用率比上年略有下降。应治理的矿山土地面积5756.06公顷，实际治理面积1850.66公顷，为应治理面积的32.15%(表47，图17)。

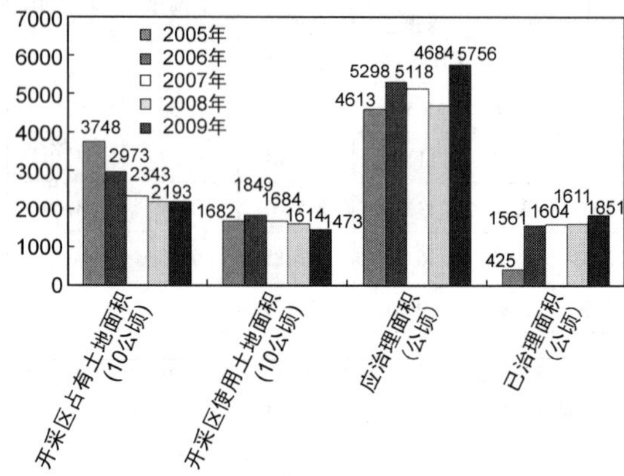

图 17 2005～2009 年矿地使用和治理情况对比图

表 47 2005～2009 年度矿山土地使用及治理对比表

年　度	开采区占有土地面积(公顷)	开采区使用土地面积(公顷)	应治理面积(公顷)	已治理面积(公顷)	治理投资额(万元)
2005	37476.35	16820.41	4612.73	425.23	6410.59
2006	29731.83	18489.37	5297.82	1560.79	6446.15
2007	23428.48	16836.71	5117.57	1604.28	7341.84
2008	21934.96	16144.15	4684.37	1611.32	6879.33
2009	21932.29	14730.46	5756.06	1850.66	10990.02

2009年，全省废石堆场比2008年增加12个，累计存放量比2008年增加867.89万吨，当年排放量增加43.37万吨，当年处理量增加113.41万吨，占累计存放量的11.59%；尾矿库数量比2008年减少1个，累计存放量、当年排放量有所增加，当年处理量有较大增长，处理量占累计存放量的2.67%，较2008年有所增长，矿山固体废弃物综合利用程度仍然偏低(表48)。

表 48　　2005～2009 年度固体废弃物排放及处理情况对比

年　度	废石堆(个)	累计存放量(万吨)	当年排放量(万吨)	当年处理量(万吨)	尾矿库(个)	累计存放量(万吨)	当年排放量(万吨)	当年处理量(万吨)
2005	289	1447.95	175.01	146.83	74	205.19	9.04	80.55
2006	300	1086.41	242.04	126.57	76	226.30	7.68	74.49
2007	239	741.66	116.05	99.83	87	3470.14	172.68	65.86
2008	197	789.53	154.95	78.67	83	3395.93	161.50	61.21
2009	209	1657.42	198.32	192.08	82	4070.07	198.07	108.69

【存在主要问题】 1. *矿产年报统计的真实性和准确性有待进一步提高*。近几年来,在各级矿山年报统计工作人员的共同努力下,浙江省矿山年报统计数据的真实性和准确性有了较大的提高,但仍存在一些问题,主要表现在以下几方面:

①部分矿山不据实填报各项统计数据,填写年报产量、产值等数据或与上年雷同,或少报、瞒报、漏报。如浙江省普通萤石统计产量比萤石加工企业统计的从省内购买的萤石原矿少很多,数据明显失真。

②个别矿种有错填或随意填写现象。如建筑用砂,有些县(市、区)将它统计在建筑用砂岩、石英岩或其他矿种之中,导致上述矿种的统计资料不真实。

③个别年报统计人员工作责任性不强,对企业上报的资料审核不认真,不能发现存在的问题并纠正其错误。

④部分县(市、区)国土资源管理部门对年报工作不够重视,年报统计人员变动频繁,有的缺乏专人负责,有的参与统计人员未经学习培训就上岗,致使年报统计质量不能得到很好的保障。

2. *矿产年报统计的时效性还不够突出*。按照现行的全国矿产年报统计制度,矿山企业于次年1月底以前完成统计年报的填报,县(市、区)、市、省三级国土资源主管部门于次年3月底以前完成全省统计年报数据的逐级审核、汇总,一般到次年4月份完成国土部审核;矿产年报为政府各级管理部门服务的时效性显得不够突出。

3. *部分矿山仍然存在管理不规范问题*。2009年度浙江省矿山总体管理水平较前几年有所提高,但一部分矿山尤其是一些小矿山技术力量薄弱、生产设备陈旧、资源利用方式粗放仍未得到彻底改观,导致这些矿山统计数据不真实、不准确、不完整;有的矿山企业自报开采矿石量与中介机构的储量动态监测结果差距较大。统计数据的真实性和准确性在源头上得不到强有力的保障。

4. *矿产资源综合开发利用水平有待进一步提高*。明矾石、叶腊石、伊利石黏土、硅藻土、沸石等优势非金属矿产深加工技术发展缓慢,研发人员和资金投入不足,产品品种单一,价格低廉,资源浪费较严重。低品位矿、共伴生矿等综合利用科研投入不足,资源利用率较低;矿山废石、废渣和尾矿尚未得到充分综合利用,矿产资源综合利用水平有待进一步提高。

5. *矿产资源监督管理有待进一步加强*。少数基层国土资源管理部门对矿产资源的监督管理方法过于简单粗放,自身技术力量又不足,监管工作不够到位,不能很好地为矿山企业服务,矿山企业对监管工作的满意度不高。

表49 **浙江省2009年度矿产资源开发利用统计汇总**

矿　　种	矿山总数(个)	从业人数(人)	矿石采掘量(万吨)	矿业总产值(万元)	年利税总额(万元)	利润(万元)	税金(万元)	产值排序
合　计	2393	68765	46697.51	896866.73	138132.86	51349	86783.85	
石煤	7	127	71.00	1310.00	81.60	39.00	42.60	32
地下热水	2	205	5.82	978.85	-30.13	-138.51	108.38	34
铁矿	8	662	105.83	2730.73	232.40	-225.80	458.20	26
铜矿	6	1205	40.11	20665.13	10893.65	5729.45	5164.20	9
铅矿	5	71	1.49	263.28	33.50	11.00	22.50	43
锌矿	18	598	18.64	7311.54	1396.94	377.53	1019.41	13
钨矿	3	37	0	0	-20.00	-20.00	0	58
锡矿	1	20	0.25	15.00	0	0	0	56
钼矿	10	816	7.77	5597.05	-2941.55	-3196.00	254.45	16
锑矿	1	16	0.23	185.04	0	0	0	47
金矿	7	894	3.41	9614.45	1894.81	1018.47	876.34	12
银矿	2	122	4.49	803.00	65.00	-97.00	162.00	39
普通萤石	95	1935	65.55	15035.91	2039.97	448.98	1590.98	11
熔剂用灰岩	3	123	120.31	2728.05	60.00	-169.00	229.00	27
冶金用白云岩	9	149	79.34	3123.02	493.10	60.90	432.20	25
冶金用石英岩	3	37	7.61	81.00	15.79	8.50	7.29	49
冶金用脉石英	1	15	0.45	63.00	3.60	0	3.60	51

续表 49－1

矿种	矿山总数（个）	从业人数（人）	矿石采掘量（万吨）	矿业总产值（万元）	年利税总额（万元）	利润（万元）	税金（万元）	产值排序
耐火黏土	3	29	1.28	74.20	21.34	15.00	6.34	50
硫铁矿	3	477	3.60	163.95	－1196.00	－1692.00	496.00	48
明矾石	1	1845	11.51	5930.00	884.76	－71.80	956.56	15
硅灰石	1	100	4.03	950.00	115.00	0	115.00	36
长石	2	3	0	0	0	0	0	59
叶腊石	22	743	61.69	3755.86	1046.11	755.33	290.78	21
沸石	1	8	1.20	36.00	8.00	6.00	2.00	53
方解石	39	345	86.20	3571.45	1142.31	560.41	581.90	23
水泥用灰岩	128	3415	5668.56	80716.49	19210.68	5341.10	13869.58	2
建筑石料用灰岩	82	2060	1827.37	38221.92	6739.47	1509.01	5230.46	7
饰面用灰岩	3	8	2.75	632.50	2.98	0	2.98	40
制灰用石灰岩	26	349	493.29	6655.94	1742.69	745.84	996.85	14
建筑用白云岩	7	125	55.48	1401.66	146.20	72.30	73.90	31
玻璃用石英岩	9	350	173.03	5343.65	1295.59	276.10	1019.49	17
水泥配料用砂岩	10	96	122.59	1163.00	198.18	125.95	72.23	33
砖瓦用砂岩	14	393	7.55	3860.00	815.46	679.00	136.46	20
建筑用砂岩	79	2740	2831.98	53040.74	7772.37	993.06	6779.31	5
建筑用砂	41	1642	1886.17	38126.85	5536.80	1311.14	4225.66	8
玻璃用脉石英	1	2	0	0	0	0	0	60
砖瓦用页岩	242	9102	573.75	66646.21	6161.91	3251.98	2909.93	3
水泥配料用页岩	19	178	232.43	2004.60	422.95	212.47	210.48	30
建筑用页岩	1	85	10.00	250.00	14.00	8.00	6.00	44
高岭土	18	184	29.53	2136.34	481.95	213.98	267.97	29
陶瓷土	7	40	0.68	21.54	5.10	3.90	1.20	55
伊利石黏土	2	0	0	0	0	0	0	61
膨润土	7	71	15.65	2627.00	702.10	418.00	284.10	28
砖瓦用黏土	336	10815	543.32	44690.88	5835.04	3893.32	1941.72	6
水泥配料用黏土	3	15	2.8	33.60	3.80	3.00	0.80	54
水泥配料用泥岩	4	36	43.46	826.00	215.00	52.00	163.00	38
建筑用玄武岩	20	321	180.58	4064.94	619.31	373.08	246.23	19
饰面用辉绿岩	13	122	48.71	962.58	238.59	170.70	67.89	35
建筑用辉绿岩	26	61	0.54	50.75	9.50	8.15	1.35	52
建筑用安山岩	9	1341	2504.81	63710.23	12045.10	3025.83	9019.27	4
建筑用闪长岩	3	16	1.04	247.52	29.65	29.40	0.25	46
饰面用闪长岩	1	1	0	0	0	0	0	62
建筑用花岗岩	61	1286	938.04	19666.08	3084.58	1426.00	1658.58	10
饰面用花岗岩	15	239	46.12	3706.81	487.20	413.00	74.20	22
珍珠岩	4	50	3.56	248.00	39.00	28.50	10.50	45
水泥用凝灰岩	3	41	36.44	339.00	52.20	31.00	21.20	41
建筑用凝灰岩	878	22018	27653.02	361298.72	46936.41	22650.02	24286.39	1
饰面用大理岩	2	23	2.86	855.20	53.40	46.00	7.40	37

续表 49－2

矿种	矿山总数（个）	从业人数（人）	矿石采掘量（万吨）	矿业总产值（万元）	年利税总额（万元）	利润（万元）	税金（万元）	产值排序
建筑用大理岩	3	50	4.72	327.60	101.80	66.00	35.80	42
水泥用大理岩	1	3	0	0	0	0	0	63
玻璃用大理岩	3	13	0.39	9.75	4.00	4.00	0	57
饰面用板岩	8	112	14.22	3540.40	261.56	227.00	34.56	24
矿泉水	51	780	40.28	4453.72	628.10	319.71	308.39	18

（浙江省国土资源厅矿管处　袁　航）

安徽省

【矿产资源概况】 截至2009年底，安徽省发现矿产158种[①]（含亚矿种[②]，下同），列入年度资源储量统计91种（含铀、石油，不含水气矿产），已经开采利用的矿种106种（表1）。

本年列入储量统计的新增矿种5种，分别是镁矿、玻璃用砂岩、建筑用砂岩、建筑用大理岩、饰面用辉绿岩。

表1　安徽省已统计和已开采利用矿种统计

矿产类别	矿　种　名　称	矿种（亚矿种）数
能源矿产	煤、石煤、石油、铀[③]、地热	5
黑色金属矿产	铁、锰、铬、钛、钒	5
有色金属矿产	铜、铅、锌、钴、钨、锡、钼、锑、镁	9
贵金属矿产	金、银	2
稀有分散金属矿产	锆、硒、碲、铊、镉、镓	6
冶金辅助原料矿产	矽线石、菱镁矿、普通萤石（矿石）、熔剂用灰岩、冶金用白云岩、冶金用石英岩、铸型用砂、冶金用脉石英、耐火黏土、熔剂用蛇纹岩	10
化工原料非金属矿产	硫铁矿、明矾石、重晶石、泥炭、盐矿、芒硝、砷矿、磷矿，电石用灰岩、化肥用蛇纹岩、制碱用灰岩	11
建材及其他非金属矿产	压电水晶、熔炼水晶、方解石、玉石、硅灰石、滑石、长石、叶腊石、高岭土、陶瓷土、玻璃用白云岩、玻璃用石英岩、玻璃用砂岩、玻璃用脉石英、水泥用灰岩、制灰用石灰岩、泥灰岩、水泥配料用砂岩、水泥配料用红土、水泥用凝灰岩、水泥用大理岩、水泥配料用页岩、水泥配料用黏土、凹凸棒石黏土、膨润土、建筑用砂、建筑用砂岩、建筑用安山岩、建筑用玄武岩、建筑用花岗岩、建筑用大理岩、建筑用白云岩、建筑石料用灰岩、饰面用辉长岩、饰面用辉绿岩、饰面用正长岩、饰面用花岗岩、饰面用大理岩、饰面用板砚（砚石用）、饰面用灰岩、珍珠岩、石墨、石棉、云母、绢云母、透辉石、沸石、石膏、铸石用玄武岩、铸型用砂岩[④]、宝石、砖瓦用砂岩、陶瓷用砂岩、水泥配料用砂、砖瓦用砂、水泥配料用脉石英、粉石英、陶粒页岩、砖瓦用页岩、建筑用页岩、砖瓦用黏土、陶粒用黏土、饰面用蛇纹岩、建筑用辉绿岩、建筑用角闪岩、建筑用闪长岩、饰面用闪长岩、饰面用二长岩、建筑用正长岩、建筑用凝灰岩、水泥配料用板岩、片麻岩、千枚岩	73
水气矿产	矿泉水、地下水	2

注：①已发现矿种是实际统计结果；②非金属矿产中，由于同一矿种因其用途不同，矿石工业指标要求也不同，则按用途命名为亚矿种；③石油、铀矿分别由中石油、核工业总公司单独统计；④建材及其他非金属矿产中“铸型用砂岩”及后面的24个矿种系根据矿山开发利用数据库统计结果所增加的矿种，这些矿种主要为砂石黏土类小矿。

表 2　　安徽省矿产分类分布

序号	矿产类别	矿区数		主要分布区域
			其中大中型	
1	能源矿产	234	87	煤:淮南、淮北、宿州;石油:天长;石煤:皖南;地热:沿江、合肥周边地区、皖西北、皖南及大别山区
2	黑色金属矿产	305	71	铁:马鞍山、庐江、霍邱、淮北;锰:江南;钛:潜山;钒(均为伴生):马鞍山
3	有色金属矿产	316	23	铜:沿江;铅、锌、锡:贵池、皖西、皖南;钴(均为伴生):沿江;钨、钼、锑:皖南
4	贵金属矿产	178	10	金:沿江;银:铜陵、贵池
5	稀有及分散元素矿产	11	3	锆:潜山;硒、碲:铜陵;铊:和县;镉:祁门;镓:庐江
6	冶金辅助原料矿产	100	37	硅线石:岳西;菱镁矿:霍邱;普通萤石:皖南;熔剂用灰岩:巢湖、池州;冶金用白云岩:巢湖、池州、宿州;冶金用石英岩:凤阳;耐火黏土:皖北;熔剂用蛇纹岩:歙县;铸型用砂:肥东、来安;铸型用砂岩:宣城;冶金用脉石英:皖西、皖南
7	化工原料非金属矿产	110	46	硫铁矿(含伴生硫):沿江;明矾石:庐(江)枞(阳);盐矿和芒硝:定远;重晶石:绩溪、五河;电石用灰岩:巢湖;化肥用蛇纹岩:宿松;泥炭:繁昌;砷矿:铜陵;磷矿:宿松、肥东
8	建筑材料非金属矿产	467	199	石墨:怀宁;水晶及硅灰石:皖南;滑石:宿松;石棉:宁国、舒城;长石:寿县、来安、明光;叶腊石:皖南及庐江;透辉石、沸石:皖南;石膏:定远、含山、无为;方解石:青阳;凹凸棒石黏土矿:明光;膨润土:皖南、皖西、庐枞地区;玉石:马鞍山;水泥用灰岩:沿江江南,其他石材及砂石黏土类矿产:分布广泛
9	水气矿产			分布广泛

注:①资料来源,截至2009年底"安徽省矿产资源储量表",按矿种统计的矿产地(含共伴生矿产,但伴生硫、磷未计算在内),砂石黏土类小矿和零星资源未统计在内;②矿区数包括已闭坑、无保有资源储量的矿区;③铀矿产地数不详,石油1处,地热34处、地下水142处未统计在内;③大中型矿产地规模均按累计查明资源储量计算,没有储量规模标准的矿产未计算在内,伴生金矿不包括在内;④建筑材料非金属矿产中矿区数未包括建筑用砂、石、黏土类小矿4000多处。

1. 已查明资源储量矿产分布地域(详见表2)。

全省上表统计已查明的固体矿产地1721处,其中单一和主要矿种1297处(不含伴共生矿产)。资源储量规模达到大中型的477处,其中煤矿87处,铁矿63处(其中共伴生5处),铜矿10处(其中共生1处),硫铁矿20处(其中共生10处),金矿7处(不含伴生金),水泥用灰岩75处,石膏矿15处。2009年,大中型矿产地实际增加25处(含伴生),其中煤矿3处、铁矿6处,非金属矿产16处。

煤、铁、铜、硫铁矿、石灰岩等5个优势矿产大中型矿区资源储量占比例见表3。

本省查明资源储量中,煤、铁、铜、硫铁矿、石灰岩、盐矿、石膏等7种矿产构成了我省矿产资源的主体,用潜在价值衡量,约占比重为85%。凹凸棒石黏土、绢云母、方解石、明矾石、滑石构成了安徽省特色矿种。

表 3　　5个优势矿产大中型矿区资源储量占比例

矿种名称	矿区总数	其中大中型矿区	资源储量单位	资源储量	占其总资源量百分比(%)
煤	226	87	亿吨	289.01	99.48
铁	265	63	矿石 亿吨	40.99	94.82
铜	166	10	铜万吨	289.32	76.05
硫铁矿	69	20	矿石亿吨	5.69	98.56
水泥用石灰岩	127	75	矿石亿吨	94.52	96.04

对国民经济有重大影响的45种重要矿产中,安徽查明有资源储量矿种33种:煤、铁、锰、铬、钛、钒、铜、铅、锌、钨、锡、锑、钼、金、银、硫铁矿、水泥用灰岩、石膏、磷、盐矿、芒硝、石墨、滑石、重晶石、菱镁矿、普通萤

石、玻璃用脉石英、高岭土、耐火黏土、膨润土、石棉、石油、铀矿。

2. 部分矿种资源储量地域分布比例(图1)。

3. 皖江城市带矿产资源分布概况。“皖江城市带”是“皖江城市带承接产业转移示范区”的简称,包括合肥、马鞍山、芜湖、铜陵、池州、安庆、巢湖、宣城、滁州9市和六安市金安区及舒城县,2009年1月获国务院批准,该区域是国家实施促进中部地区崛起战略重点发展区域。该地区矿产资源种类丰富,已查明有资源储量的矿产91种(包括铀矿、地热及矿泉水),其中28种为重要矿产。若不计算煤矿资源,沿江经济带各类矿产资源约占全省其他矿产资源总量的90%左右。铁、铜、硫铁矿、水泥用灰岩矿储量丰富,支撑着该区钢铁、有色、化工、建材等四大支柱性产业。另外,方解石矿储量亦很丰富。沿江经济带已查明的29种矿产资源储量见表4。

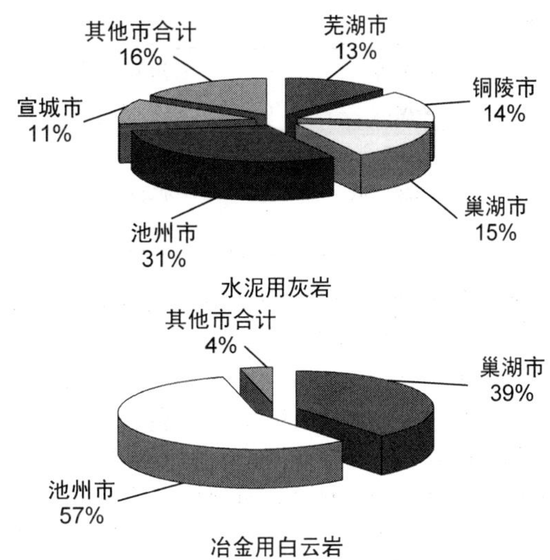

图1 部分矿产资源储量地域分布

表4 皖江城市带28种重要矿产资源储量汇总表

矿种名称	资源储量单位	资源储量	占全省资源储量比例(%)
石油	千吨	1427	100.00
煤炭	千吨	149713.57	0.52
铁矿	矿石 千吨	2379445.29	55.03
锰矿	矿石 千吨	1087.70	100.00
钛矿(金红石)	金红石矿物吨	92399.00	100.00
钒矿	V_2O_5吨	1855738.40	69.62
铜矿	铜 吨	3695957.16	97.15
铅矿	铅 吨	415826.71	100.00
锌矿	锌 吨	752939.36	69.62
钨矿	WO_3吨	42328.85	84.19
锡矿	锡 吨	154.34	100.00
钼矿	钼 吨	33981.08	97.55
锑矿	锑 吨	5535.00	82.15
金矿	金 千克	217702.78	93.83
银矿	银 吨	5129.00	98.25
普通萤石	矿石 千吨	1710.0	76.99
耐火黏土	矿石 千吨	9000.0	38.67
硫铁矿	矿石 千吨	577297.83	100.00
磷矿	矿石 千吨	66361.00	94.51
滑石	矿石 千吨	956.0	100.00
高岭土	矿石 千吨	6276.00	6.87
水泥用灰岩	矿石 千吨	9276574.51	94.25
膨润土	矿石 千吨	29197.89	19.70
石墨	晶质石墨 千吨	261.3	100.00
石膏	矿石 千吨	4329197.72	99.92
盐矿	氯化钠 千吨	1133316.00	100.00

续表 4

矿种名称	资源储量单位	资源储量	占全省资源储量比例(%)
芒硝	硫酸钠 千吨	90142	100.00
重晶石	矿石 千吨	209.0	100.00
玻璃用脉石英	矿石 千吨	6388.20	100.00
方解石	矿石 千吨	376052.60	100.00

【矿产资源现状分析】 1. 重要矿产资源储量及其排序(表 5)。2009 年,本省查明资源储量在全国居前三位的有:水泥用灰岩、方解石、硫铁矿、石膏、铊矿等。

查明资源储量在全国居第 4～10 位的重要矿产有:煤、铁、铜、膨润土、高岭土;其他矿产有冶金用白云岩、玻璃用石英岩、长石、陶瓷土、硅灰石、电石用灰岩等。

2.2009 年度矿产资源储量变化。全省 2009 年度矿产资源储量总量与 2008 年相比,有一定幅度增加。列入统计的矿种中,有 23 种矿产资源储量有所增加,其中煤(净增加 11.3 亿吨)、水泥用灰岩(净增加 6.5 亿吨)、钛(净增加金红石矿物 4.35 万吨)钾长石(增加 15.8 亿吨);芒硝等 19 种矿种资源储量有所减少。

3.5 个主要优势矿产资源配置情况。截至 2009 年底为止,已有 85%的矿产资源已经被开发利用,90%的矿产地已经设置了探矿权或采矿权。

①煤炭:尚未设置矿权的仅 5 处(其中大型 2 处)。可部分设置矿权的 3 处。淮南矿业集团等 4 大矿业集团公司占有煤炭资源为 253.7 亿吨,占 87.33%(图 2)。

表 5 重要矿产资源储量及其排序

序号	矿产类别	资源储量单位	保有资源储量	有资源储量省份数	全国位次
1	煤	亿吨	290.5	30	5
2	石油	万吨	142.7	22 省 3 个海域	18
3	铁	矿石 亿吨	43.2	31	5
4	锰	矿石 万吨	108.8	23	19
5	铬	矿石 万吨	0.2	13	13
6	钛	金红石 万吨	9.3	23	22
7	钒	V_2O_5万吨	266.6	21	5
8	铜	铜 万吨	380.4	29	6
9	铅	铅 万吨	49.4	28	20
10	锌	锌 万吨	92.4	29	22
11	钨	WO_3万吨	4.2	23	14
12	锡	锡 万吨	0.02	17	17
13	钼	钼 万吨	3.5	28	24
14	锑	锑 万吨	0.67	19	15
15	金	金 吨	232.0	30	10
16	银	银 吨	5220	30	12
17	菱镁矿	矿石 万吨	332.9	12	8
18	普通萤石	CaF_2万吨	222.1	25	17
19	耐火黏土	矿石 万吨	2327.5	27	18
20	硫铁矿	矿石 亿吨	5.77	28	3
21	磷	矿石 万吨	7021.8	27	17
22	盐矿	氯化钠 亿吨	11.3	19	12

续表 5

序号	矿产类别	资源储量单位	保有资源储量	有资源储量省份数	全国位次
23	芒硝	Na_2SO_4万吨	9014.2	16	11
24	重晶石	矿石 万吨	20.9	24	21
25	水泥用灰岩	矿石 亿吨	98.4	29	1
26	石膏	矿石 亿吨	43.3	23	2
27	石墨	石墨 万吨	26.1	20	19
28	滑石	矿石 万吨	95.6	20	16
29	玻璃用脉石英	矿石 万吨	642.1	19	4
30	高岭土	矿石 万吨	9135.6	23	6
31	膨润土	矿石 亿吨	1.48	23	5
32	石棉	石棉 万吨	0.66	18	17
33	铀矿	不列入统计			

注:①石油为剩余可采储量,资料来源:中石化江苏油田分公司;②其他矿产资源储量数量资料来源:截至 2008 年底《安徽省矿产资源储量表》;③金矿包括岩金、砂金和伴生金排序,岩金储量单独排序为 21 位;萤石矿按 CaF_2 平均品位 64% 折算后对比;钛矿折算为 TiO_2 后对比;硫铁矿未计伴生硫、磷矿未计伴生磷。

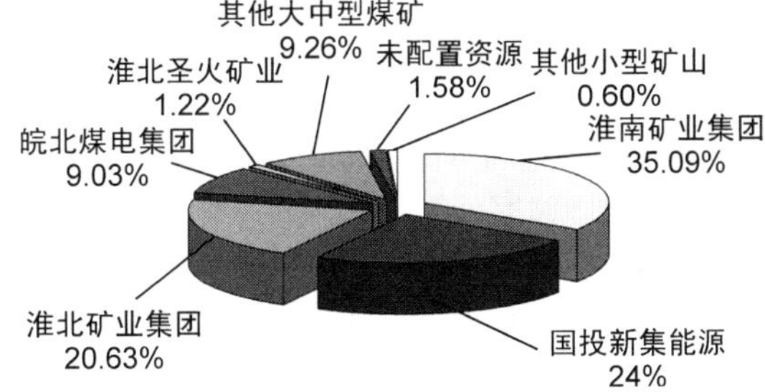

图 2 煤炭资源配置情况

②铁矿:尚未设置矿权的大中型产地 9 处,主要分布于霍邱和马鞍山地区。马钢集团占有铁矿资源 36.19%,资源储量 15.65 亿吨,其中拟建的后备矿区 6 处,资源储量 4.67 亿吨(图 3)。

③铜矿:铜矿资源已基本配置。仅 2 处尚未配置,其中一处城市压矿,无法利用,一处系铁的共生矿。铜陵有色金属(集团)公司占用资源 218.59 万吨占 57.46%(图 4)。

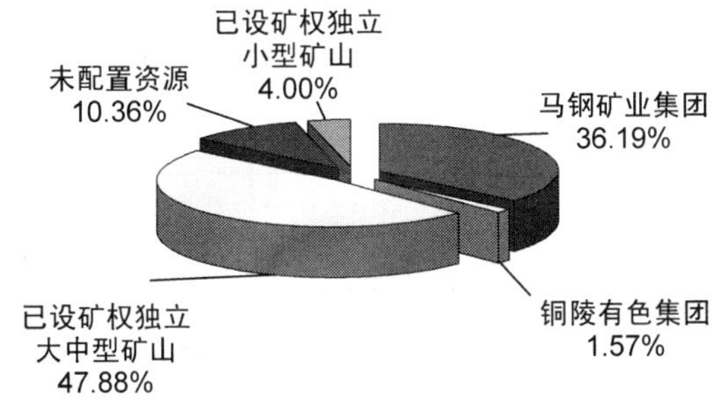

图 3 铁矿资源配置情况

铜矿剩余资源主要分布在庐江县,已查明铜金属量 25.68 万吨,但品位低,埋藏深,暂时难以利用。

④硫铁矿:单一和以硫铁矿为主的资源约占 75%,与铁矿共生的硫铁矿和与铜矿伴生的硫铁矿随主矿产已基本设置了矿权(图 5)。

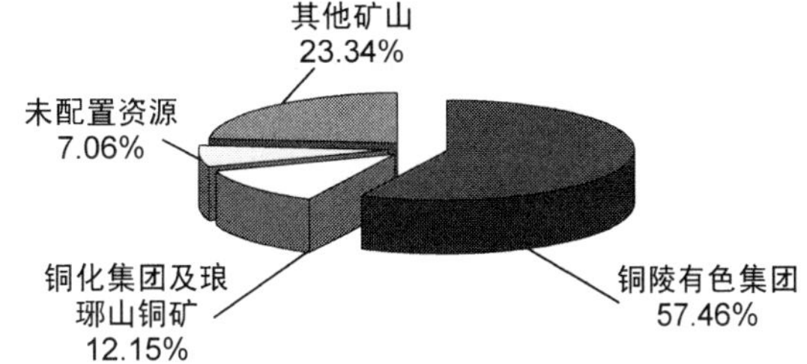

图 4 铜矿资源配置情况

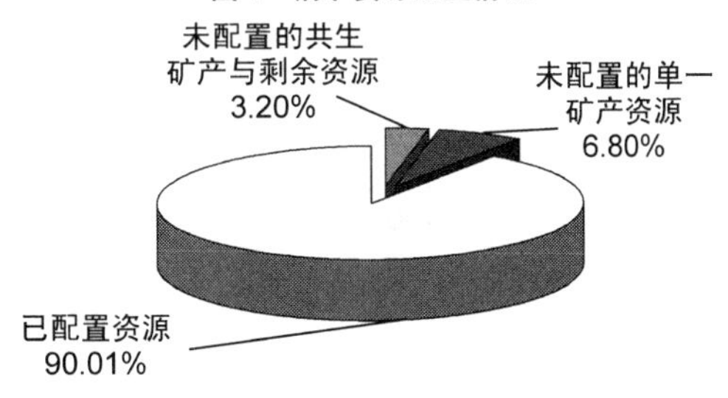

图 5 硫铁矿资源配置情况

⑤水泥用灰岩:82.96% 的资源已经被占用,安徽海螺占用资源 38.08 亿吨,占 38.69%(图 6)。2009 年有新查明大中型矿产地 4 处,拟出让开采。

*4. 矿产资源特点。*本省矿产资源具有如下特点:

①主要矿产分布相对集中,主要分布于两淮、沿江及庐枞、霍邱地区。

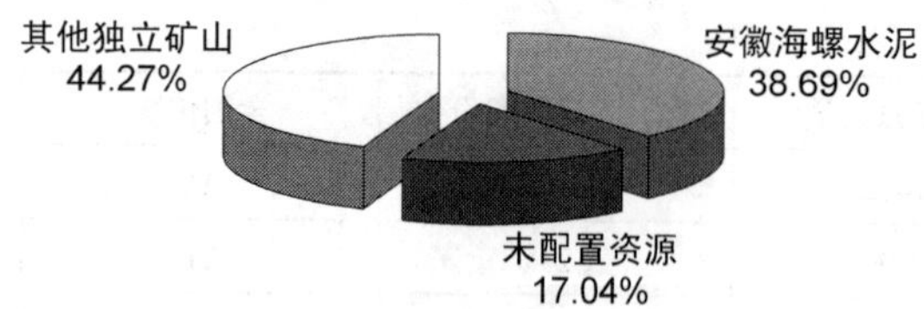

图6　水泥用灰岩配置情况

②矿产资源品种较丰富，全国查明有资源储量的矿种有227种，本省查明资源储量的矿种实际有123种。

③锰、铜、铅、锌、钨、锑等矿产资源不足。

④铁矿资源比较丰富，但富铁矿很少，品位在30%～40%铁矿资源储量约占60%。

⑤非金属矿产资源种类比较丰富，但部分勘查程度不高。

【地质矿产勘查】　1. 地质勘查队伍现状。截至2009年底，安徽省具有地质勘查资质的单位共73个，较2008年增长15.87%。其中，属地化国有地勘单位34个；中央直属地勘单位1个(中国建材地勘中心安徽总队)；属于矿业公司的地勘单位2个(铜陵有色金属集团控股有限公司和淮南矿业(集团)有限责任公司)；属于矿业公司下属的地勘单位1个(淮北矿业集团勘探工程有限责任公司)；其他地勘单位35个，其中32个为私营企业。

在属地化地勘单位中：省地勘局下属19个单位(不含局机关，下同)，省煤田地质局下属6个单位，华东冶金地勘局下属7个单位，一个归口国土资源厅直接管理的国有地勘单位1个(安徽省化工地质勘查总院)。全省地质勘查行业及各地勘单位职工人员构成见表(图7、图8、表6)。

2009年，全省从事非油气地质勘查工作的地勘单位(以下简称“地勘单位”)在职职工45321人(含铜陵

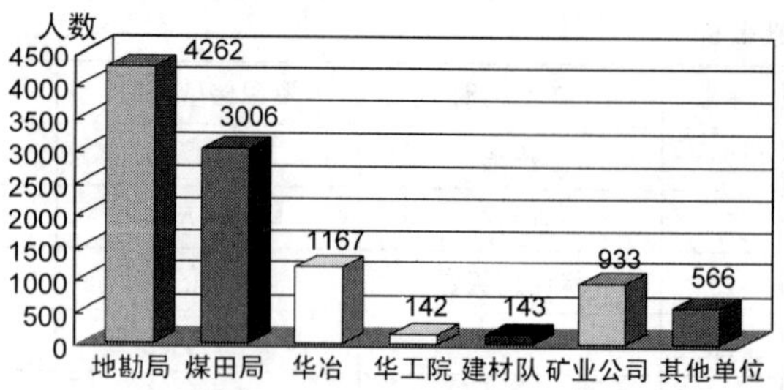

图7　安徽省地勘单位地质勘查从业人员对比图

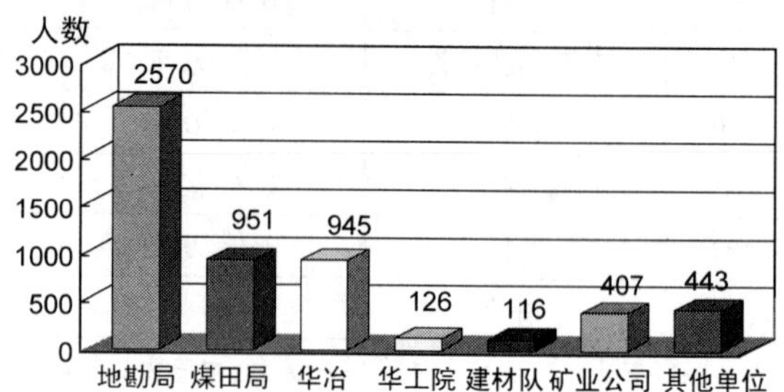

图8　安徽省地勘单位技术人员对比图

有色公司非地勘人员25982人)，离退休人员38991人(含铜陵有色公司离退休人员23706人)，占总人数的46.2%。

2009年全省地勘单位实现总收入440.4亿元(含铜陵有色公司380亿元)，较2008年减少11%。总支出436.18亿元，较2008年减少6.37%。

2009年全省地勘单位在职职工人均劳动报酬3.6万元，比2008年提高0.17万元，同比增长4.96%；离退休人员人均离退休费用2.01万元，比2008年提高0.60万元，同比增长42.55%。

2009年全省地勘单位总资产492.66亿元，总负债337.99亿元，负债率68.60%，净资产154.67亿元，占总资产的31%。

表6　　2009年全省地质勘查单位人员情况

单位名称	单位性质	年末在职职工人数(人)						平均从业人员(人)	劳动者报酬(万元)	离退休人员	
			地质勘查人员			工程勘察与施工人员	矿产开发人员			年末人数(人)	费用(万元)
				技术人员							
					中高级技术人员						
甲	1	2	3	4	5	6	7	8	9	10	11
总计		45321	10219	5558	4064	2997	23334	44747	161120.64	38991	78312.88
1. 国有单位		44389	9685	5142	3657	2776	23309	44087	159812.31	38991	78312.88
(1)属地化管理地勘单位合计		15460	8577	4592	3270	2391	141	15289	56873.01	14804	40209.06
安徽省地质勘查局	国有	8340	4262	2570	1743	1313	78	8139	28881.47	9048	24633.51

续表 6

单位名称	单位性质	年末在职职工人数(人)						平均从业人员(人)	劳动者报酬(万元)	离退休人员	
			地质勘查人员			工程勘察与施工人员	矿产开发人员			年末人数(人)	费用(万元)
				技术人员							
					中高级技术人员						
甲	1	2	3	4	5	6	7	8	9	10	11
安徽省煤田地质局	国有	4786	3006	951	692	628		4784	21221.94	2754	7695.04
华东冶金地质勘查局	国有	2155	1167	945	720	437	63	2169	6178.6	2721	7242.21
安徽省化工地质勘查总院	国有	179	142	126	115	13		197	591	281	638.30
(2)中央管理地勘单位		196	143	116	103	30	0	194	648	200	603
建材队	国有	196	143	116	103	30	0	194	648	200	603
(3)矿业公司	国有	28617	933	407	259	341	23168	28514	102028.8	23987	37500.82
(4)其他单位	国有	116	32	27	25	14		90	262.5		
2. 私营企业		932	534	416	407	221	25	660	1308.33	0	0

注：甲栏“总计”、“国有单位”的在职职工和离退休人员含铜陵有色(集团)公司的其他在职人员 25982 人，离退休人员 23706 人。

地质勘查行业实行资质管理，分甲、乙、丙三级，全省已注册的各类资质级别单位共 73 个，具有各类各级资质共 296 个(表 7、8)。全省各类资质级别单位和各类资质级别的比例结构分别见图 9、图 10。

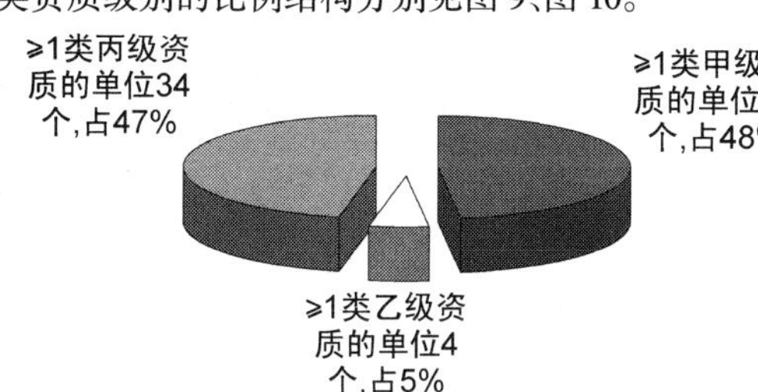

图 9　全省各类资质级别单位比例结构

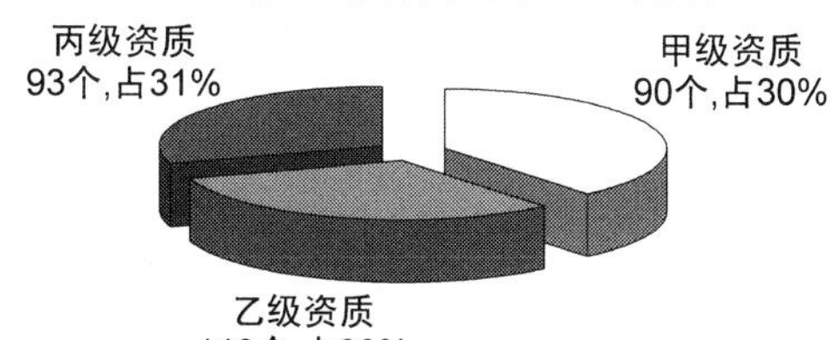

图 10　全省各类资质级别比例结构

表 7　2009 年地质勘查资质级别按单位性质统计

单位类别	≥1 类甲级资质的单位(个)	≥1 类乙级资质的单位(个)	≥1 类丙级资质的单位(个)
总　计	35	4	34
中央管理的地勘单位	1		
属地化管理的地勘单位	32	2	

续表 7

单位类别	≥1 类甲级资质的单位(个)	≥1 类乙级资质的单位(个)	≥1 类丙级资质的单位(个)
矿业公司	2	1	
其他单位		1	34

表 8　2009 年地质勘查资质级别按专业类别统计

资质专业类别		甲级(个)	乙级(个)	丙级(个)
区域地质调查		5	11	
水文地质工程地质环境地质调查		11	13	10
固体矿产勘查		30	8	31
液体矿产勘查		6	9	6
气体矿产勘查		3	5	
地球物理勘查		4	17	15
地球化学勘查		3	3	10
遥感地质勘查		1	1	
地质钻(坑)探	地质钻探	18	7	16
	地质坑探	4	4	5
地质实验测试	岩矿鉴定	1	1	1
	岩矿测试	2	1	9
	岩土试验	1	4	
	选冶试验	1	1	
总计		90	113	93

2. 地质勘查投入与成果。2009年,全省地质勘查投入资金及资金来源见表9,矿产勘查资金投入情况见图11。投入地质勘查的各类资金来源及比例见图12。

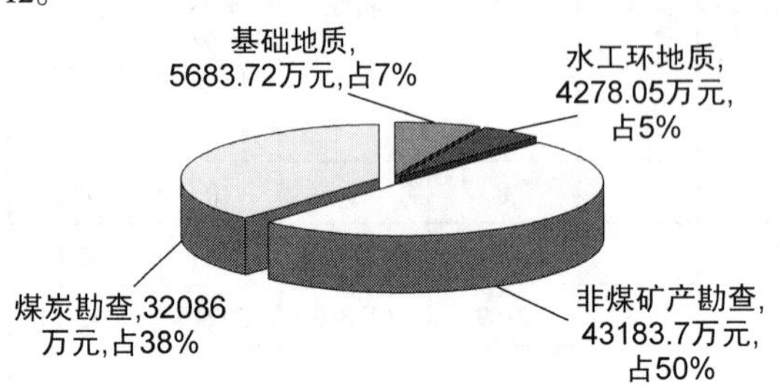

图11 各类地质工作投入百分比

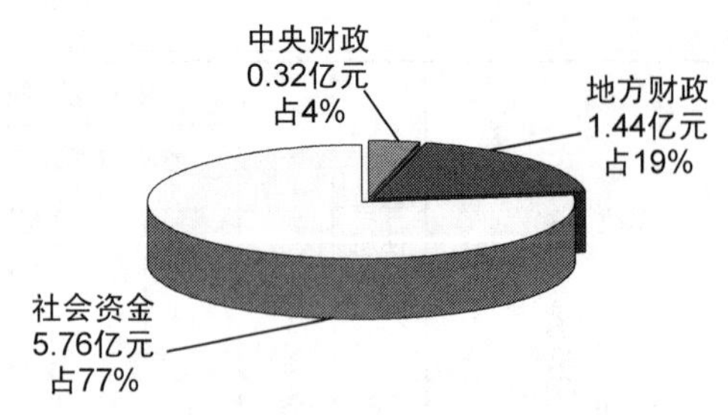

图12 各类矿产勘查资金百分比

中央财政同比减少27.3%;地方财政同比增长0.8%;社会资金同比减少3.9%。

全年完成钻探工作量84.7万米,槽探9.39万立方米,坑探767米,浅井1874米。

表9　　2009年矿产勘查资金和主要工作量完成情况

矿产类别	勘查项目个数	投入资金总额(万元)	中央财政投入(万元)					地方财政投入(万元)			社会资金投入(万元)					主要实物工作量			
			小计	中央地勘基金	中央财政补贴	危机矿山找矿资金	国土资源大调查	小计	省级地勘基金	其他	小计	国有地勘单位投入	国内企业投入	个人投入	其他	钻探(米)	坑探(米)	槽探(万立方米)	浅井(米)
合计	370	75269.7	3236	1332	180	824	900	14414	14264	150.68	57619	5629.5	50792	922.9	275	846768	767	9.38953	1874
1. 能源	63	32129	955	955				209	209	0	30965		30623	342		424043			
煤炭	62	32086	955	955				209	209	0	30922		30580	342		424043			
铀	1	43									43		43						
2. 黑色金属	75	19811	465	238	90	137		5059	5059		14287	1464.3	12543	170	110	254706	170	0.848	254.7
铁	65	19547.2	465	238	90	137		5059	5059.2		14023	1440.46	12365	107.33	110	250048		0.592	100.68
锰	7	141.407									141.4	23.8	54.894	62.713		2462.32	170	0.07	154
钒	2	118.35									118.3		118.35			2196		0.186	
钛(金红石砂矿)	1	4											4		4				
3. 有色金属	138	18074	1816	139	90	687	900	7800	7800		8459	3273.4	4955	215.3	14.6	126233	500	3.5222	366
铜	85	12495.4	1816	139	90	687	900	4409	4408.7		6271	1462.4	4772.8	35.467		83410.7	500	1.6819	238
铅锌	30	1730.85						1119	1119.3		611.6	467	102.72	27.235	14.6	15346.2		0.4482	88
铅锌镍	1	70						70	70							300		0.1	
钨	12	2112.3						1980	1979.8		132.5	80	52.5			16018.3		0.7521	
钼	9	1443.75									1444	1264	27.155	152.6		11158		0.54	40
锑	1	221.7						221.7	221.7										
4. 贵金属	44	2263.54						638.2	638.2		1625	454.8	1141	29.64		19406	97	1.6642	81.6
金(岩金)	39	2023.71						434.7	434.7		1589	429.8	1129.6	29.64		15980	47	1.3485	50
金(砂金)																926.03	0	0.1317	31.6
金(砂金)银	5	239.83						203.5	203.49		36.34	25	11.34			2500	50	0.184	
5. 化工建材及其他非金属	49	2946.82						708.4	557.7	150.68	2238	437	1531	120.6	150	22379		3.35513	85

续表 9

矿产类别	勘查项目个数	投入资金总额(万元)	中央财政投入(万元)					地方财政投入(万元)			社会资金投入(万元)					主要实物工作量			
			小计	中央地勘基金	中央财政补贴	危机矿山找矿资金	国土资源大调查	小计	省级地勘基金	其他	小计	国有地勘单位投入	国内企业投入	个人投入	其他	钻探(米)	坑探(米)	槽探(万立方米)	浅井(米)
6. 水气矿产	1	45.3									45.3			45.3					1087
地下水	1	45.3									45.3			45.3					1087

2009 年全省实施矿产勘查项目 370 项，社会资金在主要矿种勘查投资中继续占主导地位。主要矿种投入勘查资金和完成钻探工作量：煤 32086 万元，钻探进尺 42.4 万米；铁矿 19547.2 万元，钻探进尺 25.0 万米；铜矿 12495.4 万元，钻探进尺 8.3 万米；铅锌矿 1730.85 万元，钻探进尺 1.5 万米；钨矿 2112.3 万元，钻探进尺 1.6 万米；钼矿 1443.75 万元，钻探进尺 1.12 万米；金银 2263.54 万元，钻探进尺 1.94 万米，非金属 2946.82 万元，钻探进尺 2.24 万米(图 13)。

2009 年矿产勘查取得较大进展，发现了大中型矿产地如金寨县沙坪沟钼多金属矿、东至县杨老尖－龙门尖地区多金属矿；一些很有找矿前景的矿产地进一步扩大了矿床规模，如淮北煤田花沟井田等。

2009 年度安徽省新发现各类矿产地 17 处，预计可达大型 4 处，中型 7 处。新发现各类矿产地数、新增探明资源储量见表 10。

矿产勘查投资主要靠社会投资，投资向优势矿产集中(图 14)。

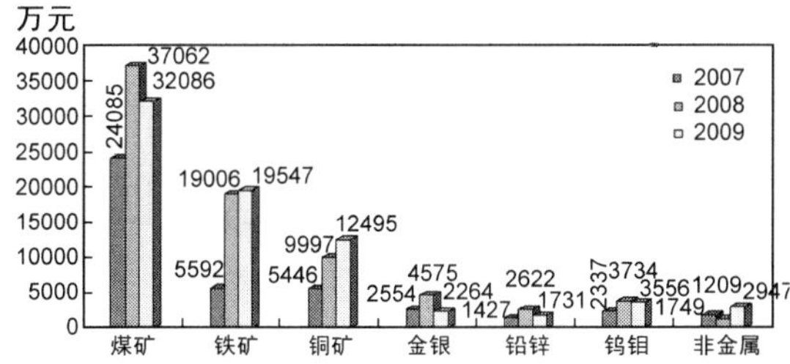

图 13　2007、2008、2009 年度主要矿种勘查投入对比图

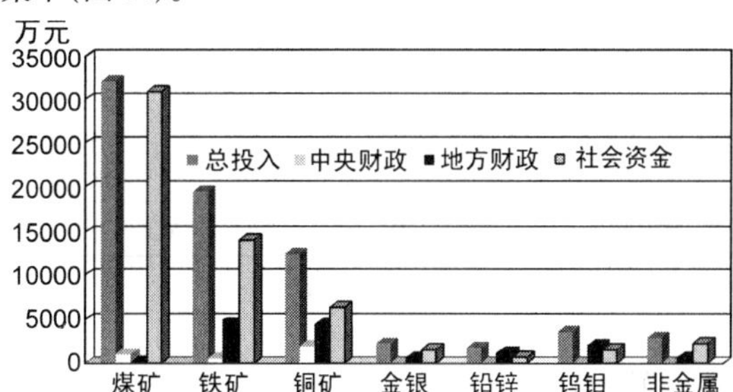

图 14　2009 年各类勘查资金投入主要矿种对比图

表 10　**2009 年地质勘查成果一览表**

矿种	新增查明矿产资源储量(333 及以上)				本年完成阶段性勘查的矿产地(个)															本年新增矿产地(个)						
	计量单位	合计	已提交	已控制	合计			预查			普查			详查			勘探			本年新发现矿产地				本年提高规模级别的矿产地		
					大型	中型	小型	大型	中型	小型	大型	中型	小型	大型	中型	小型	大型	中型	小型	合计	大型	中型	小型	合计	大型	中型
	合计				4	6	7		2	5	4	1			3	1	1	17	4	7	6	2	1	1		
1. 能源					2		1						1				2			1			1			
煤炭	原煤亿吨	10.4	10.3	0.1	2		1						1				2									
铀	矿石亿吨	0.05	0.05																	1			1			
2. 黑色金属						2						1						1		4		2	2	1		1
铁	矿石亿吨	1.34	0.83	0.51		2						1						1		2		1	1	1		1
钒	V_2O_5 万吨	8.25	8.25																	1			1			
金红石砂矿	TiO_2 万吨	4.35	4.35																	1		1				

续表 10

矿种	新增查明矿产资源储量(333及以上)				本年完成阶段性勘查的矿产地(个)															本年新增矿产地(个)						
	计量单位	合计	已提交	已控制	合计			预查			普查			详查			勘探			本年新发现矿产地				本年提高规模级别的矿产地		
					大型	中型	小型	大型	中型	小型	大型	中型	小型	大型	中型	小型	大型	中型	小型	合计	大型	中型	小型	合计	大型	中型
3. 有色金属		0				3	5			2		3	2						1	3		2	1	1	1	
铜	金属万吨	38.63		38.63		1	1					1							1	2		1	1			
铅	金属万吨	5.44		5.44			2			1			1													
锌	金属万吨	15.71		15.71			2			1			1													
钨	WO_3 万吨	4		4		1						1								1		1				
钼	金属万吨	38.53	0	38.53		1						1												1	1	
4. 贵金属		16.49	0	16.49		1	1					1	1							1			1			
岩金	金属吨	16.49	0	16.49		1	1					1	1							1			1			
5. 化工建材及其他非金属					2									1			1			8	4	3	1			
硫铁矿	矿石万吨	3500		3500	1												1									
玻璃用石英岩	矿石万吨	1240.9		1241																2		2				
水泥用灰岩	矿石亿吨	32.916	16.4	16.5	1									1						4	3	1				
制灰用灰岩	矿石万吨	105.59	106																	1			1			
水泥配料用砂岩	矿石万吨	6960	2760	4200																	1			1		

注:本表所列已提交的资源储量含未经评审备案的矿产资源储量。

3. 矿产资源勘查登记发证。截至2009年底,全省共保有有效探矿权1339个(不含油气及煤层气项目),比2008年(1391个)下降3.88%。其中新立576个,变更192个,延续544个,其他27个。全年批准登记勘查面积15940.3平方千米(不含油气勘查面积,见表11)。各类企业、各类矿产发证比例详见图15、16。

表 11　2009矿产资源勘查许可证登记发证情况

企业类型	当年批准登记发证数(件)												批准登记面积(平方千米)
	合计	能源矿产			黑色金属矿	有色金属矿	贵金属		稀有稀土矿产	非金属矿		水气矿产	
		小计	煤	地热			小计	金矿		小计	化工矿产		
国有	510	20	8	12	87	218	113	103	1	68	3	3	8591.75
集体	8	2	1	1	2	2	1	1		1			47.66
股份合作企业	23	1	1		8	8	2	2		2		2	217.18
联营企业	4				2	1	1	1					28.28
有限责任公司	461	19	17	2	82	245	76	66	1	19	6		4953.58
股份有限公司	36	1	1		3	22	7	7		4			259.33
私营企业	279	1	1		111	127	26	24		14	1		1574.71
其他企业	16				4	7	4	2		1			267.81
外资企业	2						1	1		1			0.91
总计	1339	44	29	15	299	630	229	207	2	130	10	5	15940.3

2009年,省厅收取探矿权使用费140.1万元,出让的探矿权项目87个,探矿权价款31.3406亿元,其中协议出让的1个,价款0.6184亿元;挂牌出让的7个,价款0.2046亿元。

2009年,全省转让探矿权60个,转让交易额2.84亿元。

4. 地质勘查投入对比和趋势分析。①勘查对比。

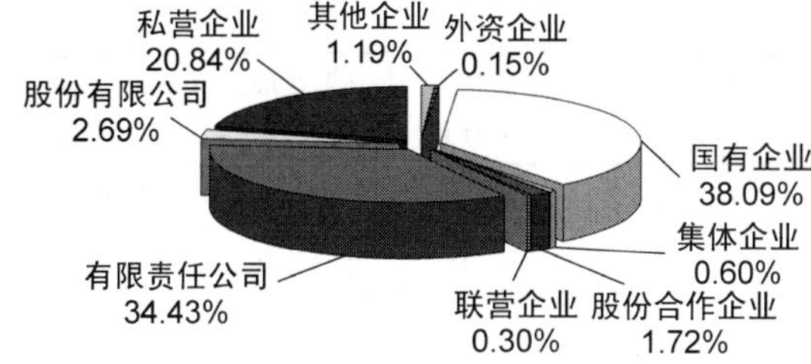

图 15　各类企业发证比例

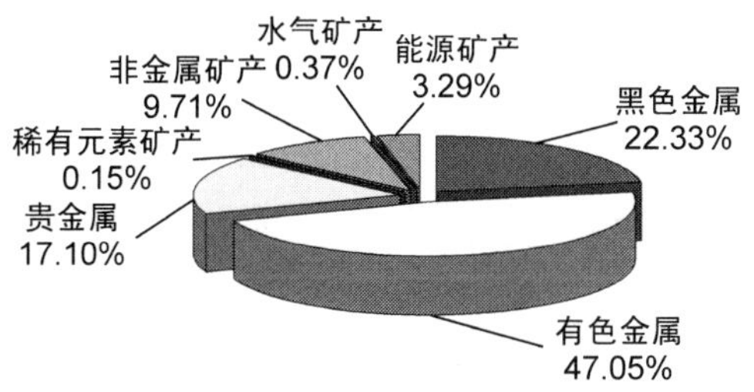

图 16　各类矿产发证比例

2009 年矿产勘查投入 **75269.7** 万元，同比减少 **4.3%**。其中，中央财政 **3236** 万元，占总量 **4%**，同比减少 **27.3%**；地方财政 **14414.7** 万元，占总量 **19%**，同比增长 0.8%；社会资金 57619 万元，占总量 77%，同比减少 3.9%（图 17）。

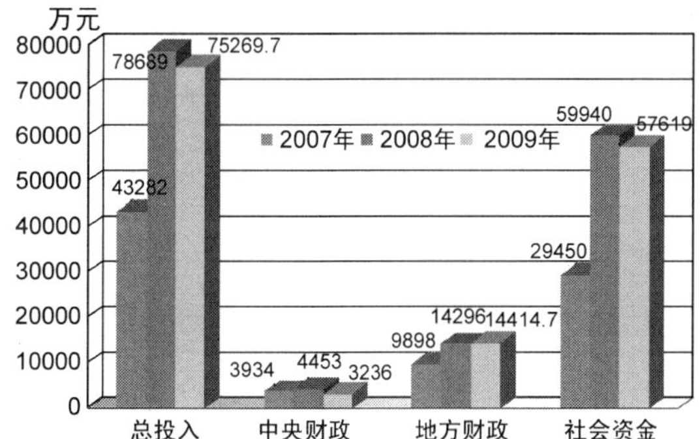

图 17　2007 年、2008 年、2009 年各类地勘资金投入对比图

2009 年中央投入减少主要是在矿产资源补偿费及危机矿山找矿资金方面，共减少资金 2029 万元，同比减少 71%。

2009 年社会资金勘查投入有所减少，投入 5.8 亿元，同比减少 3.9%，好于预期。主要原因在于从 2008 年第四季度开始，全球金融危机迅速蔓延，矿产品价格较大幅度的下跌，但因勘查支出主要发生在夏季，因此 2008 年实际勘查投资影响并不明显，但对 2009 年矿产勘查带来较大不利影响，为此国家和地方政府拉动内需，稳定地勘队伍，保持地质勘查平稳发展，为保持金融危机环境下矿产勘查的稳定性，做了大量工作，取得较好效果。

【矿产开发利用】 1. *矿产资源开发概况*。2009 年，安徽省已开发利用的矿产有 98 种，各种经济类型矿山 5130 个。全省共有大型矿山 195 个，中型矿山 192 个，小型及以下矿山 4743 个，矿业从业人数 37.58 人，年产矿石量 43699.90 万吨，工业总产值 748574.55 万元，矿产品销售收入 6695309.74 万元，利润总额达 588230.57 万元。与 2007 年、2008 年相比，矿山数量进一步减少，矿业从业人数不断下降，而矿石产量明显增加，矿业产值大幅增长。其主要原因是随着整顿和规范矿产开发秩序工作的深入进行和我省首批矿产资源开发整合任务的基本完成，近两年整合关闭的各类不符合要求的小矿山就有 643 个，矿山布局不合理的状况得到明显改善。全省大中型矿山占矿山总数 1/10，其年产矿石量占总量的 60%，年工业总产值和矿产品销售收入分别占到总量的 85%，年利润总额更是达到全省利润的 92% 以上。

安徽省矿产资源开发利用情况按能源矿产、黑色金属、有色金属、贵金属、冶金辅助原料非金属、化工原料非金属、建材及其他非金属和水气矿产等八大类矿种划分情况详见表 12。

表 12　　2009 年矿产资源开发利用情况（八大类矿产）

矿　　类	矿山数（个）	从业人员数（人）	年产矿石量（万吨）	年工业总产值（万元）	综合利用产值（万元）	工业增长值（万元）	利润总额（万元）
总　计	5130	381967	44569.02	7824661.34	469732.91	2564055.04	62478.51
能源矿产	235	208416	12503.09	5066799.74	169154.22	1031606.79	248410.74
黑色金属矿产	185	19753	1651.36	423625.49	97591.66	166713.67	82515.25
有色金属矿产	155	14869	669.52	238321.92	18469.50	63383.5	44059.74
贵重金属矿产	36	2446	84.26	42679.70	9045.00	14652.16	9167.84
冶金辅助原料非金属矿产	136	2890	855.11	32804.92	6921.50	5826.50	1613.24
化工原料非金属矿产	46	4806	406.07	74358.15	991.66	16186.76	3947.12

续表 12

矿类	矿山数（个）	从业人员数（人）	年产矿石量（万吨）	年工业总产值（万元）	综合利用产值（万元）	工业增长值（万元）	利润总额（万元）
建材和其他非金属矿产	4325	128188	28319.43	1943165.02	167549.37	411124.17	234801.86
水气矿产	12	129	23.27	217.31	0	0	0

2009 年，淮南市矿业工业总产值达 275.61 亿元，淮北市 128.67 亿元；芜湖、马鞍山、铜陵、安庆、滁州、阜阳、宿州、巢湖、六安、亳州、池州、宣城等 12 市矿业工业总产值均在 10 亿元以上。

全省矿产资源开发利用情况分行政区汇总情况详见表 13。

表 13　**2009 年矿产资源开发利用情况分行政区汇总**

名称	矿山企业数					从业人员（个）	年产矿量（万吨）	实际采矿能力（万吨/年）	工业总产值（亿元）	综合利用产值（亿元）	矿产品销售收入（亿元）	利润总额（亿元）
	合计	大型	中型	小型	小矿							
合肥	355	0	0	91	264	8291	1323.93	1314.42	4.06	0.44	3.85	0.52
芜湖	211	4	11	154	42	7062	3479.68	3859.39	13.42	5.60	7.66	1.20
蚌埠	207	0	0	36	171	9649	918.57	449.69	2.72	0.07	2.71	0.09
淮南	64	13	2	43	6	78141	6918.93	6725.9	275.61	0.78	238.16	6.23
马鞍山	93	10	4	22	57	10321	1330.46	1367.85	24.47	7.50	23.53	4.45
淮北	82	11	14	48	9	80045	3459.74	3818.43	128.67	17.78	113.39	8.28
铜陵	184	9	15	113	47	16543	3245.4	3504.01	40.43	1.79	31.05	5.89
安庆	409	21	19	165	204	10055	2017.55	2996.99	49.45	0.32	48.98	11.53
黄山	97	14	3	45	35	1128	290.56	306.16	0.59	0.10	0.44	0.05
滁州	308	16	36	136	120	15390	1580.67	2439.59	10.60	0.32	9.73	0.46
阜阳	714	2	0	0	712	24173	2038.73	2383.49	32.43	0.00	34.04	9.18
宿州	494	7	7	207	273	40458	3140.44	4622.87	47.33	0.00	44.75	－1.87
巢湖	438	41	23	213	161	14706	4922.12	6009.56	31.20	9.36	30.41	3.39
六安	491	8	7	164	312	24317	2882.53	3367.55	21.40	0.14	17.80	3.22
亳州	149	4	0	25	120	13401	913.29	6945.37	18.26	0.19	18.19	2.00
池州	283	15	16	193	59	6093	2299.55	3796.56	17.69	1.86	16.28	2.43
宣城	551	20	35	284	212	16006	2937.75	3378.83	30.23	0.72	28.58	1.77

安徽省小型及小型以下的矿山占矿山总数的 92.5%，集体和私营经济类型的矿山企业在矿山数量上占绝对多数，达 80.12%。大中型矿山企业在全省的矿业经济中仍占主导地位，大中型矿山数量仅占全省矿山总数的 7.5%，其年工业总产值、综合利用产值、销售收入和利润总额分别占相应总量的 87.35%、75.1%、87.12%、和 88.35%（表 14、图 18、图 19）。

表 14　**2009 年矿产资源开发利用情况分经济类型汇总**

企业经济类型	矿山企业数	从业人员（个）	年产矿量（万吨）	实际采矿能力（万吨/年）	工业总产值（万元）	综合利用产值（万元）	矿产品销售收入（万元）	利润总额（万元）
合　计	5130	375779	43699.9	57286.67	7485714.55	469634.91	6695309.74	588230.6
国有企业	129	161213	13857.3	13870.19	4481387.86	173180.68	3912264.33	153176.9

续表 14

企业经济类型	矿山企业数	从业人员(个)	年产矿量(万吨)	实际采矿能力(万吨/年)	工业总产值(万元)	综合利用产值(万元)	矿产品销售收入(万元)	利润总额(万元)
集体企业	1004	43436	3164.76	3502.36	159098.97	12795.44	147341.86	7962.07
股份合作企业	112	6400	822.67	1160.34	110662.57	2559.95	99851.38	20222.2
联营企业	33	1983	209.38	218.23	7436	78.1	6828.3	669.54
有限责任公司	297	26503	4422	6105.13	720250.4	37325.51	694186.05	107867.9
股份有限公司	234	42920	7987	8834.05	1417404.31	199398.76	1284530.91	246365.9
私营企业	3111	88403	12395.4	22364.88	540316.84	36057.21	517548.9	45477.3
其他企业	184	3514	730.65	946.52	35349.29	4227.06	21417.5	5778.37
港、澳台商投资企业	8	340	48.32	166.32	4735.31	30	4539.31	59
外商投资企业	18	1067	62.44	118.65	9073	3982.2	6801.2	651.4

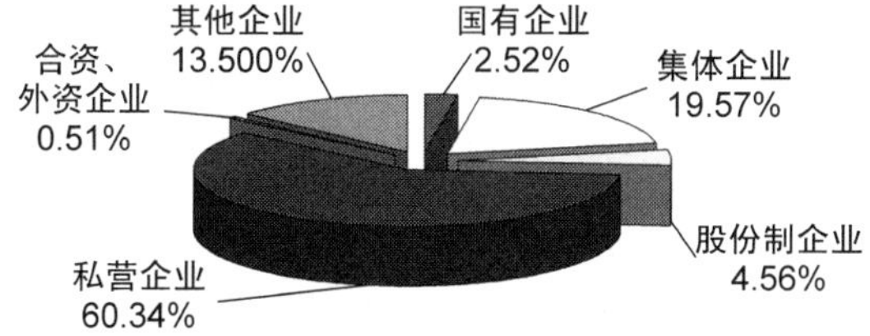

图 18 矿山企业类型比例图

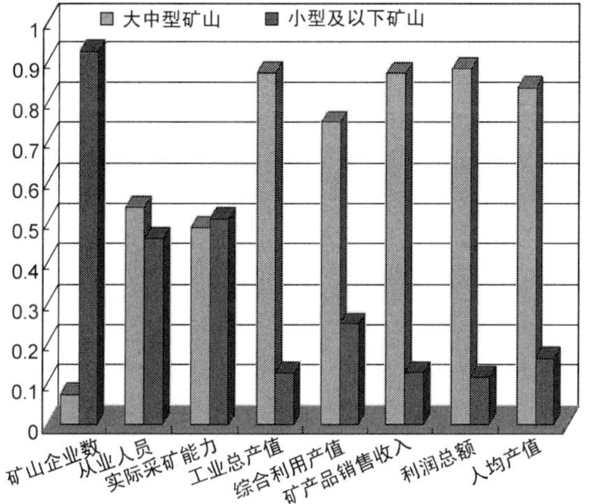

图 19 2009 年度大中型矿山与小型及小型以下矿山经济指标占总量百分比对照图

2009 年,省厅收取采矿权使用费 16.33 万元,协议出让 11 个,出让价款为 0.1909 亿元;拍卖出让 2 个,挂牌出让 73 个,招拍挂出让价款 0.7668 亿元。

2. *矿山生产能力*。2009 年,安徽省矿业生产规模状况仍稳步提高,但是除煤炭和建材类企业外,大多数矿山企业的实际生产能力仍普遍低于设计生产能力。全省各类矿山主要矿种的生产能力情况详见表 15。

表 15 2009 年矿山生产能力统计表(单位:万吨)

矿种	实际采矿能力(万吨/年)	设计采矿能力(万吨)	设计选矿能力(万吨)	实际选矿能力(万吨)
煤炭	13009.71	11158.5	6511	8305.3
铁矿	2245.61	4312.4	3695.97	1953.43
铜矿	819.09	1121.83	906.41	667.74
铅矿	34.48	45.2	35.05	20.75
锌矿	27.28	59.6	40	22.53
钨矿	2.63	10	20	3.43
钼矿	34.1	39.1	26	26
锑矿	1.6	5.1	0	0
金矿	148.52	185.37	136.66	124.46
银矿	4.85	7.85	3	3
普通萤石	65.07	117	29.7	24.9
硫铁矿	282.8	391.8	242	183
盐矿	242	212	212	242
磷矿	19	64.5	40	0
石膏	298	233	188	193
方解石	600.72	724.8	0	0
水泥用灰岩	11198.89	10843.93	146	94.5
建筑用砂岩	358.8	438.4	29.5	18
高岭土	34	37.78	2	1
陶瓷土	7.7	16.4	0	0
凹凸棒石黏土	53	57	13.5	13.6
膨润土	51.84	135.2	61.4	49.4

3. *矿产品产量*。2009年与2008、2007年全省矿产资源开发利用情况主要指标对比情况见图20。受国际金融危机影响，安徽省当年度除煤矿和水泥用灰岩资源矿石产量年产量有较大幅度增长，黑色、有色金属以及冶金、化工原料等矿产资源年产量有较大幅度下降，其他矿种矿石产量基本持平(表16、图20)。

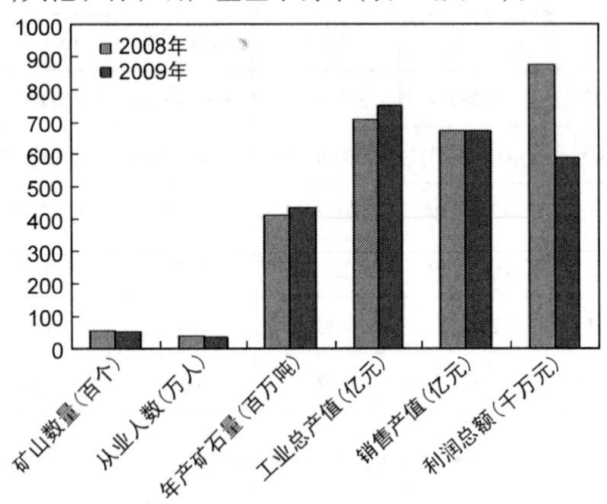

图20　2009年与2008年矿产资源开发利用情况主要指标对比图

表16　安徽省2009年与2008年主要矿种矿石产量对比表

矿种名称	2009年产矿石量(万吨)	2008年产矿石量(万吨)	增(+)减(-)量(万吨)
煤	12456.49	11625.8	830.69
铁矿	1651.36	1685.64	-34.28
铜矿	625.27	617.88	7.39
铅矿	21.28	27.18	-5.9
锌矿	13.34	15.62	-2.28
锑矿	2.63	0.88	1.75
金矿	7	107.55	-100.6
银矿	0	2	-2
萤石(普通)	82.96	31.11	51.85
硫铁矿	1.3	177.02	-175.7
盐矿	25.54	121.8	-96.26
磷矿(主矿、共生矿)	161.99	4.6	157.39
石膏	121.8	49.3	72.5
方解石	3.9	253.83	-249.9
水泥用灰岩	11198.89	8713.61	3685.28
玻璃用石英岩	75.57	189.57	-114
建筑用砂	244.22	588.74	-344.5
高岭土	10639.9	10.75	10629
凹凸棒石黏土	98.93	6.5	92.43
膨润土	267.15	40.5	226.65

2009年，全省各级国土资源管理部门继续深入贯彻落实《国务院关于全面整顿和规范矿产资源开发秩序的通知》(国发〔2005〕28号)和《国土资源部等九部委关于开展整顿和规范矿产资源开发秩序"回头看"行动的通知》(国土资发〔2008〕40号)精神，加快推进矿产资源开发整合工作，完成新一轮的矿产资源开发整合方案的编制，确定了进行整合的矿种为15个，整合矿区56个，整合前设有16个探矿权(不含局部参与整合的)和282个采矿权，整合后保留和新设6个探矿权和132个采矿权，预计压减53.69%。

安徽省2009年矿石产量较2008年增加6425.92万吨，增幅为18.5%；年工业总产值增长2448799.73万元，矿产品销售收入增长2298969.44万元，增幅均超过50%；年利润总额较上一年度增加398303.05万元，增幅达83.6%。其主要原因是2009年经济社会发展形势好，矿业经济较热，安徽省主要优势矿种，如煤炭、铁矿、铜矿、硫铁矿和水泥用灰岩矿等矿产特别是煤炭及黑色、有色金属矿产价格高位运行，供需两旺，矿产品主要经济指标均大幅增长。其中，占全省矿山总数不到1/10的大中型矿山年产矿石量占总量的48.9%，年工业总产值和矿产品销售收入分别占总量的87.35%、87.12，年利润总额更是达到全省利润的88.35%。大型矿山企业(主要包括淮南、淮北、国投、皖北、马钢、铜陵有色等国有矿业集团以及安徽海螺水泥股份有限公司)资源开发利用水平基本稳定并不断提升，其年产矿石量、年工业总产值、矿产品销售收入及年利润总额分别占全省的46.88%、58.07%、82.32%和93.90%(图21)。

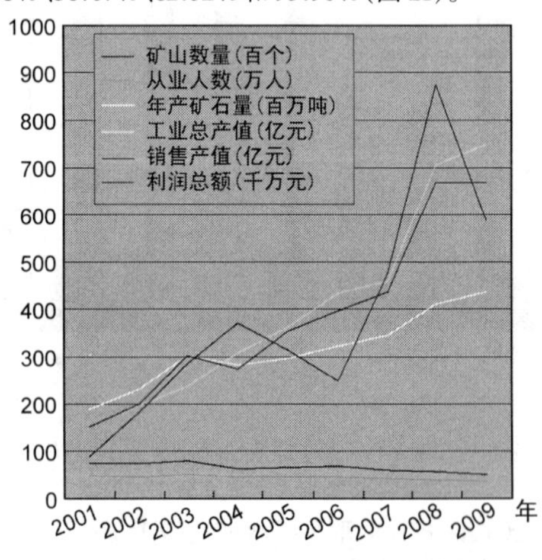

图21　2001~2009年矿产资源开发利用情况主要经济指标趋势图

4. *矿业产值*。2009年我省矿产采选业及相关能源与原材料加工制品业创产值4652.55亿元，实现工业增加值1588.00亿元(表17)分别占当年全省工业总产值的34.95%和工业增加值的39.89%(以上均为全部国有及规模以上非国有工业统计数,以下简称限额以上)。矿业在安徽经济中的地位及利用各类矿产资源创产值状况分别见图22、图23。

表17　安徽省矿业及相关原材料加工制品业产值、增加值统计表(单位:亿元)

工业类别	总产值(当年价)		工业增加值(当年价)	
	2008年	2009年	2008年	2009年
一、矿产采选业合计	862.60	936.35	445.40	567.40
1. 煤炭采选业	665.00	736.30	360.30	494.80
2. 石油开采业	3.50	2.15		
3. 黑色金属矿采选业	108.9	96.90	54.00	37.80
4. 有色金属矿采选业	36.00	38.20	14.00	16.40
5. 非金属矿采选业	49.20	62.80	17.10	18.40
6. 其他矿采选业				
二、相关能源与原材料加工制品业合计	3453.6	3716.20	925.80	1020.60
1. 燃气生产和供应业	22.50	31.90	5.60	9.90
2. 二次能源(火力发电业)	332.40	426.70	104.70	131.70
3. 石油加工炼焦及核燃料加工业	258.10	247.10	29.50	55.40
4. 黑色金属冶压加工业	1184.70	1075.50	368.90	304.70
5. 有色金属冶压加工业	734.80	741.10	157.30	173.40
6. 非金属矿物制品业	485.10	609.80	149.40	192.60
7. 有机化工原料制造业	61.20	134.50	17.50	38.10
8. 基础化学原料制造业	123.20	207.00	35.20	58.60
9. 化学肥料制造业	251.60	242.60	57.70	56.20
三、矿产采选业、相关能源与原材料加工制品业总计	4316.20	4652.55	1371.20	1588.00

资料来源:《安徽统计年鉴2010》。

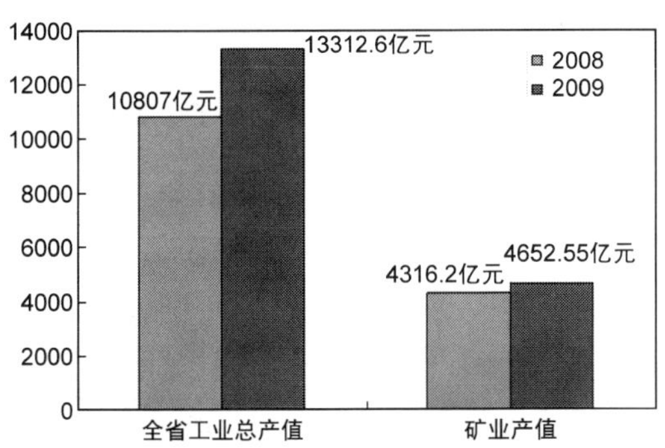

图22　矿业在安徽省经济地位对比

5. 矿业利税。2009年全省限额以上矿产采选业及相关能源与原材料加工制品业上交税金307.21亿元,占当年全省财政收入19.80%,创利润224.99亿元,上交税金、所创利润分别占全省限额以上工业企业上交税金的40.63%和所创利润的27.47%,其中矿产采选业所创利税占全省工业利税11.61%。矿业各类企业2009年所创利润税金见图24、25、表18。

2009年,全省矿产资源补偿费征收入库3.281323亿元,资源税11.56亿元。

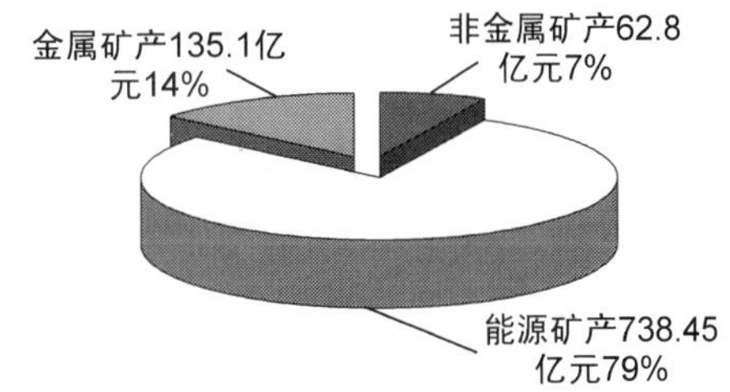

图23　各类矿产资源创产值对比

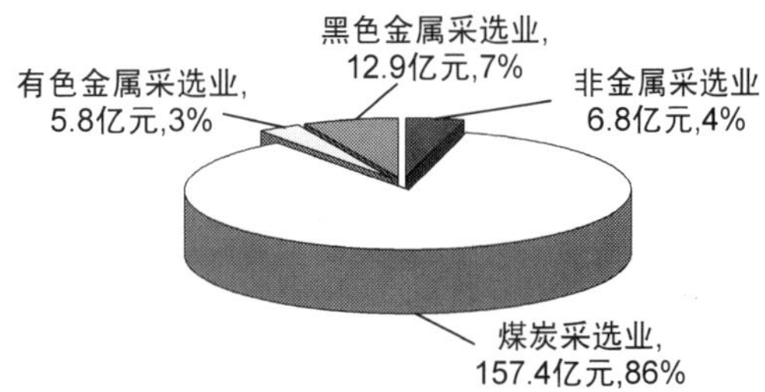

图24　矿产采选业各类企业创利税对比

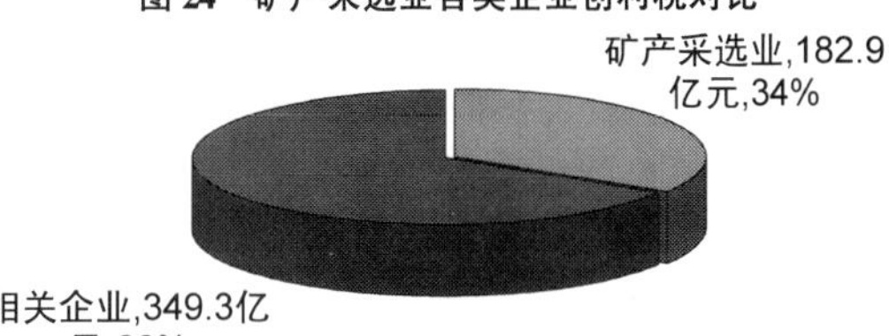

图25　矿产采选业及相关企业创利税对比

表18　矿业及相关企业主要经济指标统计表(单位:亿元)

工业类别	利税总额		利润总额	
	2008年	2009年	2008年	2009年
一、矿产采选业合计	154.70	182.90	68.30	75.80
1. 煤炭采选业	123.50	157.40	50.30	64.50
2. 黑色金属采选业	22.40	12.90	13.30	4.70
3. 有色金属矿采选业	3.20	5.80	2.00	3.40
4. 非金属矿采选业	5.60	6.80	2.70	3.20
5. 其他矿采选业				
二、相关企业合计	206.30	349.30	60.00	149.19

续表 18

工业类别	利税总额		利润总额	
	2008 年	2009 年	2008 年	2009 年
1. 石油加工炼焦及核燃料加工业	-14.70	4.90	-21.70	3.90
2. 二次能源(火力发电)	21.20	33.40	-0.90	8.40
3. 非金属矿物制品业	50.30	41.80	25.40	-3.80
4. 黑色金属冶压加工业	82.80	81.60	26.40	26.50
5. 有色金属冶压加工业	35.50	62.80	11.90	33.40
6. 燃气生产和供应业	2.60	81.30	1.70	51.00
7. 有机化工原料制造业	4.90	9.70	3.30	6.99
8. 基础化学原料制造业	10.60	18.40	6.90	12.80
9. 化学肥料制造业	13.10	15.40	7.00	10.00
三、矿产采选业及相关企业总计	361.00	532.20	128.30	224.99

资料来源:《安徽统计年鉴 2010》。

6. 矿产品进出口情况。据合肥海关统计,2009 年我省进出口贸易总额达 156.10 亿美元,其中矿产品及相关原材料产品进出口贸易占 38.45%,贸易额为 76.20 亿美元,比 2008 年增长 35.95%(表 19、图 26)。

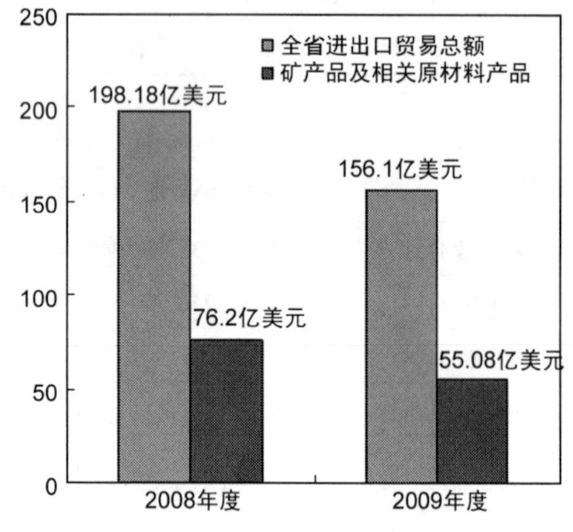

图 26 进出口贸易额对比

表 19 矿产品及相关原材料进出口统计(单位:万美元)

类 别	进出口总值		其 中			
			出口总值		进口总值	
	2008 年	2009 年	2008 年	2009 年	2008 年	2009 年
煤 炭	400.00		400.00			
石油及石油制品	4006.10	21573.11	17.21	1296.21	3988.89	20276.90
矿砂、矿渣及矿灰	488644.43	330200.5	9.66	44.27	488634.77	330156.18
非金属矿产及制品	26516.64	38483.57	23369.99	36212.19	3146.65	2271.38
钢铁	97245.07	23626.16	90242.86	12949.22	7002.21	10676.94
有色金属	21313.04	3911080	7217.83	5349.52	14095.21	39057.30
贵金属	3813.98	5533.75	3746.62	5449.39	67.36	84.36
无机化学品	9061.00	7529.84	7733.98	6750.92	1327.02	778.92
有机化学品	96092.77	73742.45	81244.24	54163.18	14848.53	19579.27
肥料	14921.03	5660.28	14921.03	3186.35		2473.93
总计	762014.06	550756.43	228903.42	125401.25	533110.64	425355.18

资料来源:合肥海关。煤炭进出口数取自相关企业报表。

7. 主要矿产品的供需状况。①安徽省石油产量与石化工业加工量状况见图 27,2009 年石化工业所需石油的来源见图 28。

②我省 2009 年煤炭产量与消费量(含出口和销省外量)情况见图 29。

③2009 年,全省钢铁工业所需要的主要原料铁矿石成品矿来源见图 30。

④全省铜冶炼工业 2009 年铜精矿来源状况见图 31。

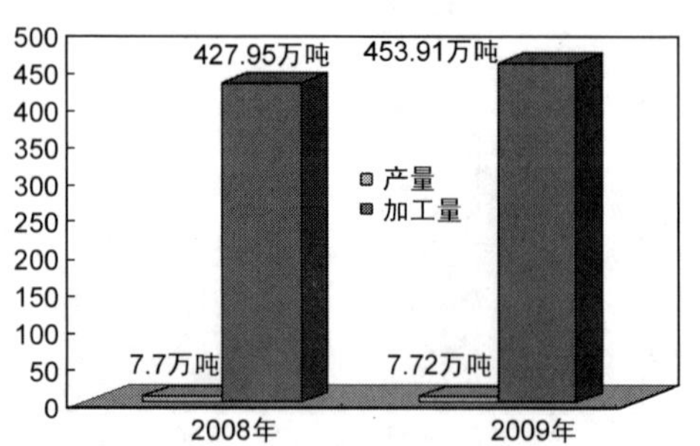

图 27 安徽石油产量与加工量对比

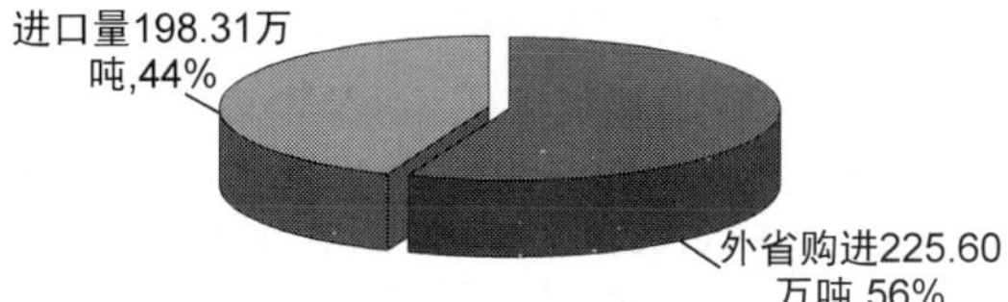

图 28 安徽石化工业所需石油来源构成

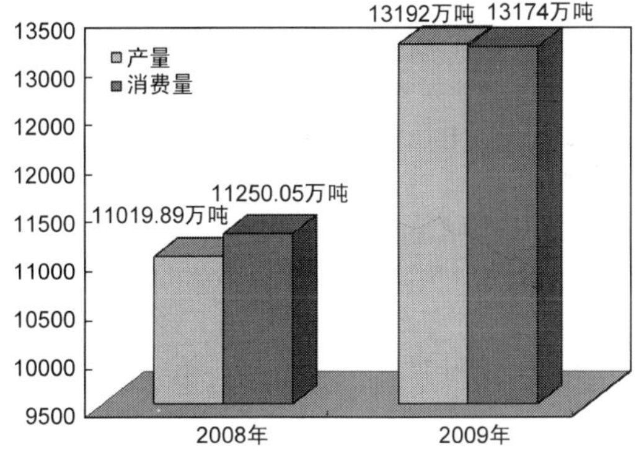

图 29 煤炭产量及消费量对比

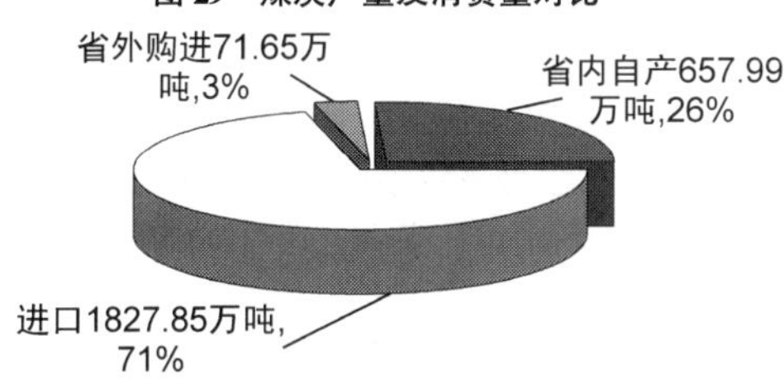

图 30 铁矿石成品矿来源构成

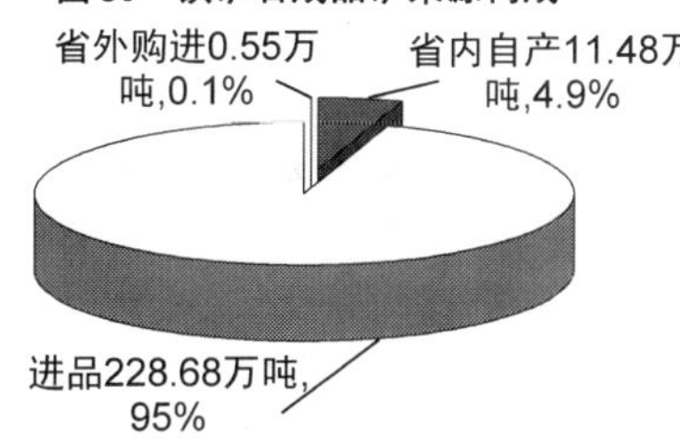

图 31 铜精矿来源构成

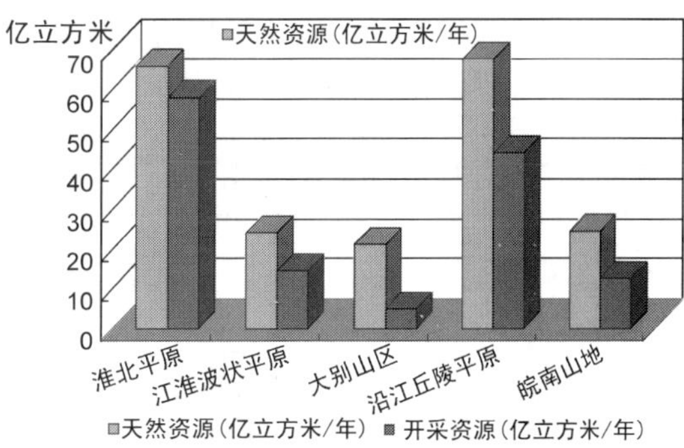

图 32 2009 年安徽省各区地下水天然补给量和开采量直方图

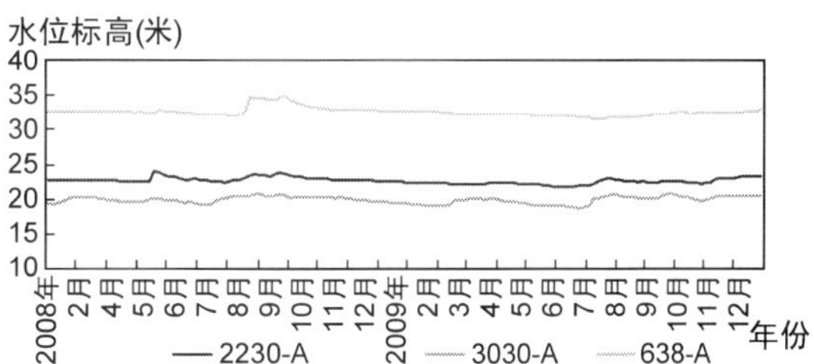

图 33 2008～2009 年淮北平原浅层孔隙水动态曲线图

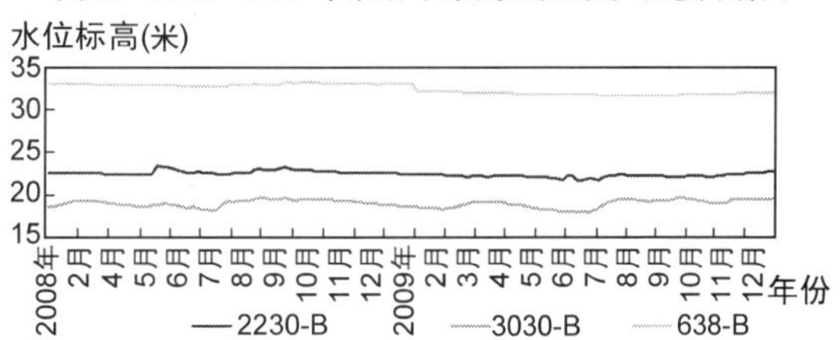

图 34 2008～2009 年淮北平原深层一含孔隙水动态曲线图

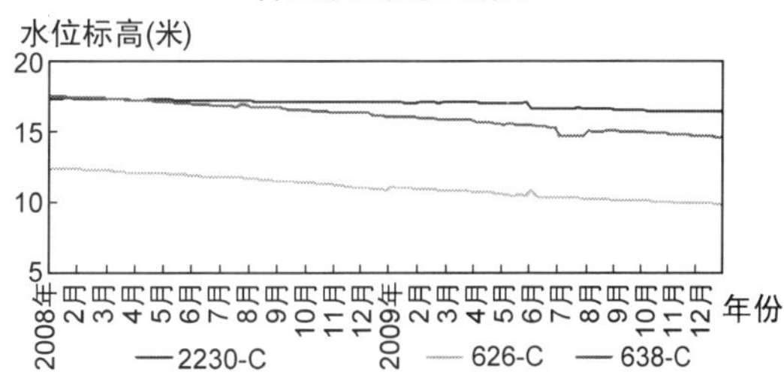

图 35 2008～2009 年淮北平原深层二含孔隙水动态曲线图

【水气矿产及地质遗迹】 1. 地下水。2009 年全省地下水天然补给量为 212.19 亿立方米,其中淮河以北地区地下水天然补给量为 65.59 亿立方米,江淮之间地区地下水天然补给量为 86.46 亿立方米,长江以南地区地下水天然补给量为 60.11 亿立方米(图 32)。2009 年全省地下水开采量 22.42 亿立方米,其中淮北平原地下水开采量为 18.21 亿立方米,约占全省开采量的 81.22%。

2009 年安徽省地下水监测孔(点)316 个,其中国家级监测孔(点)71 个,省级监测孔(点)245 个,取水质分析样 170 组。

2009 淮北平原孔隙水(浅层、一含、二含)水位普遍呈下降趋势,与 2008 年相比,下降幅度在 0.5 米左右,最大降幅达 2 米(图 33、图 34、图 35)。

与 2008 年相比,合肥市、宿州市(一含孔隙水)、阜阳市(浅层和二含孔隙水)、淮南市、巢湖市、芜湖市、安庆市、黄山市地下水年平均水位基本稳定;淮北市、蚌埠市地下水年平均水位呈弱下降趋势;亳州市、六安市浅层孔隙水地下水年平均水位呈弱上升趋势;阜阳市、亳州市、天长市深层一含孔隙水、铜陵叶家湖岩溶水水源地年平均水位呈强上升趋势。

2009 年监测结果表明:淮北平原地下水水质状况总体较好,其中Ⅰ类水占 6%,Ⅱ类水占 40%,Ⅳ类水占45%，Ⅴ类水占9%。与2008年相比，Ⅰ－Ⅲ类水略有减少，Ⅳ－Ⅴ类水略有增加，地下水质量总体较为稳定(图36)。超标元素主要为Fe、Mn、F^-、COD、pH值、总硬度、溶解性总固体、硫酸盐等(图36)。

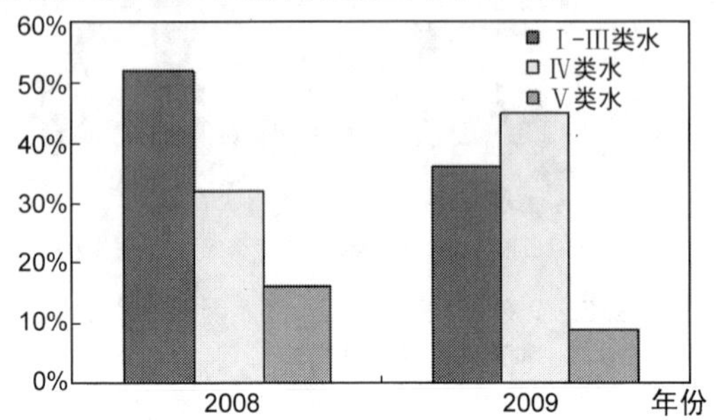

图36　安徽省2009年与2008年淮北平原地下水水质变化对比图

主要城市2009年地下水水质。淮北市地下水30%为Ⅰ－Ⅲ类水，60%为Ⅳ类水，10.0%为Ⅴ类水，超标组分主要为Fe、Mn、F^-、SO_4^{2-}、NO_3^-、总硬度、溶解性总固体。与2008年相比，Ⅰ－Ⅲ类水大幅度减少，Ⅳ大幅度增加。宿州市地下水80%为Ⅰ－Ⅲ类水、10%为Ⅳ类水，10%为Ⅴ类水，超标组分主要为Fe、Mn、F^-、NO_3^-、COD、总硬度、溶解性总固体。与2008年相比，Ⅰ－Ⅲ类水略有增加，Ⅳ、Ⅴ类水略有减少。阜阳市地下水80%为Ⅰ－Ⅲ类水、20%为Ⅳ类水，超标组分主要为Fe、Mn、F^-、pH值。与2008年相比，地下水质量基本稳定。蚌埠市地下水42.9%为Ⅰ－Ⅲ类水、35.7%为Ⅳ类水，21.4%为Ⅴ类水，超标组分主要为Fe、Mn、NO_2^-、NH_4+、Cl^-、SO_4^{2-}、COD、总硬度、溶解性总固体。与2008年相比，Ⅰ－Ⅲ类水减少，Ⅳ、Ⅴ类水增加(图37)。

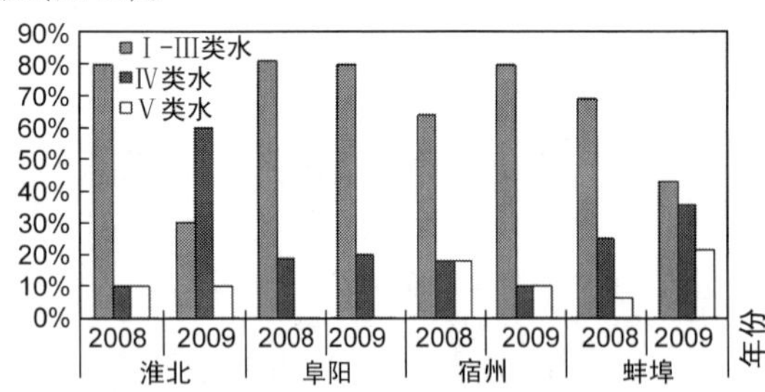

图37　安徽省2008年与2009年主要城市地下水水质变化对比图

2009年，在六安市横塘岗乡、泗县等缺水地区实施了找水打井工程。六安横塘岗乡施工两口井，泗县大庄、泗城、草庙、大路口施工4口井，单井出水量为250～750立方米/日，除大庄井氟超过国家生活饮用水标准外(但低于现饮用的井水)，均符合标准，使近4.46万人初步解决了饮水困难。

2. *地热*。安徽省地热资源基本可划分为隆起山地对流型和沉积盆地传导型两大类型，其中隆起山地对流型地热资源主要分布于大别山区、巢湖市－和县一带及皖南山区，沉积盆地传导型地热资源主要分布在的亳－阜断陷盆地、淮南陷褶断带及合肥断陷盆地。另外，沿江断陷盆地及南(陵)－黄(池)断陷盆地也具有地热资源勘查开发远景。

已发现的地热田(点)以层状热储、带状热储为主，水温大多为温热水或温水，少数为热水。其地热流体水化学特征：沉积盆地传导型断陷盆地内以Cl－Na型为主；隆起山地对流型多为SO_4－Na型，其次为HCO_3^- Ca.Mg型或HCO_3^- Ca、Na型。

安徽省地热流体可开采总量估算为3.565×10^8立方米/年(相当于平均45摄氏度地下热水3.668×10^8立方米/年)，其中已经探明的40.2～60.0摄氏度地热流体可开采量为8.81×10^5立方米/年。全省地热能可开采总量估算为4.29×10^{16}焦/年，相当于标准煤3.67×10^6吨/年，折算成电能1.19×10^{10}千瓦时/年。

安徽省地热资源主要用于医疗、旅游、养殖、灌溉、饮用、洗浴等方面，因地下热水自身特点，产出地理位置的不同及受交通、经济等条件的限制，各地地下热水开发利用程度很不平衡。安徽省地热资源现状开采量约186.831万立方米/年，开采热量约1.86076×10^{14}焦/年。

2009年10月，中国矿业联合会正式批准巢湖市为“中国温泉之乡”，这是全国第十七处、安徽省第一处“中国温泉之乡”。“中国温泉之乡”的成功申报，标志着巢湖市温泉开发进入了新的阶段。

3. *矿泉水*。安徽省矿泉水资源丰富，已勘查评价和鉴定的矿泉水水源地144处，可开采量6×10^4吨/年。全省矿泉水的类型齐全，产地多，分布范围广，矿泉水达标组分以偏硅酸、锶型双项达标的最为普遍，溴、碘、碳酸、锌、硒、锂等稀有珍贵的矿泉水也有发现。单指标矿泉水多分布于皖南山区；双指标矿泉水分布广泛，其中碘、锶分布于淮北平原西北部和南部；碳酸型矿泉水分布于天长市和芜湖市；含锌、硒型矿泉水分布于江淮丘陵中部。安徽省矿泉水多属中性淡水。水化学类型多为重碳酸盐类矿泉水。

2009年开展了全省饮用天然矿泉水水源年检，全省共有18个企业参加了矿泉水水源年检，17个企业合格，1个企业不合格。

4. *地质遗迹与地质公园*。2009年安徽省地质遗迹保护和科研工作进一步加强。积极申报国家地质遗迹保护项目。本年度年国家批准实施地质遗迹保护项目3个，中央财政投入资金1110万元。批准实施省级地质遗迹保护项目5个，省级财政投入资金500万元。通过实施地质遗迹保护项目，有效保护了安徽省一批重要的地质遗迹资源。截至2009年底,安徽省已或有各类地质公园14处,其中世界级地质公园1处,国家级地质公园8处,省级地质公园5处(表20)。

支持各地质公园开展地学研究和科普工作。2009年4月,省厅与中国地质学会地质公园与旅游地学研究分会、黄山风景区管委会共同举办了中国花岗岩地质地貌形成演化与景区建设管理研讨会,来自全国近百位知名专家学者参会。

2009年安徽古生物博物馆新馆建设已进入关键阶段,布展前期工作正在进行,继续对馆藏的古生物化石进行修复和整理,编制完成了展成大纲,土建工程接近尾声,正在制定新馆展陈设计方案。

表20 安徽省地质公园

序号	级别	地质公园名称	公园位置	面积(平方千米)	批准时间	开园时间	地质遗迹
1	世界	安徽黄山世界地质公园	黄山市	154	2004	2004	花岗岩奇峰、第四系冰川及温泉
2	国家	安徽浮山国家地质公园	枞阳县	50	2001	2002	古火山地貌
3	国家	安徽淮南八公山国家地质公园	淮南市	120	2001	2002	生物群化石、河流及喀斯特地貌
4	国家	安徽齐云山国家地质公园	休宁县	110	2001	2003	丹霞地貌、恐龙遗迹、地层剖面
5	国家	安徽祁门牯牛降国家地质公园	祁门县	110	2003	2005	花岗岩地貌、地层剖面
6	国家	安徽大别山(六安)国家地质公园	六安市	450	2005	2007	花岗岩地貌、地质构造、丹霞地貌
7	国家	安徽天柱山国家地质公园	潜山县	135.1	2005	2007	地质构造、花岗岩地貌
8	国家	池州九华山地质公园	青阳县	120	2009		花岗岩地貌
9	国家	韭山国家地质公园	凤阳县	118	2009		火山湿地、卡斯特地貌
10	省	明光女山省级地质公园	明光市	7.4	2003	2008	古火山地貌
11	省	南陵丫山省级地质公园	南陵县	25	2007	2008	喀斯特地貌、地层剖面
12	省	广德太极洞省级地质公园	广德县	31	2008	2009	岩溶洞穴
13	省	石台溶洞群省级地质公园	石台县	50	2003		岩溶洞穴
14	省	马仁山省级地质公园	繁昌县	5.1	2008		火山岩地貌

(安徽省国土资源厅)

福 建 省

【矿产勘查开发管理】 1. *严格规范管理,提高矿产勘查开发门槛,进一步加强国家对矿产资源的控制力。*在全系统深入开展了“地质找矿改革发展大讨论”,持续加大找矿力度,不断规范矿权市场,严肃查处无证采矿,国家对矿产资源控制力进一步增强,矿产资源管理工作取得了新的进展。积极研究更加严格的矿产资源管理政策,根据省政府出台的《关于进一步加强矿产资源勘查开发管理的通知》精神,按照“从严从紧、提高门槛、疏堵结合、依法依规”的原则,研究制定了《关于加强矿业权管理的通知》,对新设立探矿权采矿权、探矿权采矿权延续以及探矿权转采矿权等作出严格要求,并全面清理矿产资源勘查开发规范性文件103件。加大地质找矿力度,全年矿产勘查共投入3.58亿元,新增了一批资源储量,发现政和星溪矿区多金属矿等35个新的矿点和普查、详查基地。加快省部合作进程,确立了福建省2008~2015年公益性地质调查与战略性矿产勘查“218”工作目标,并积极推动台湾海峡油气资源勘查,全面推进矿产资源潜力评价工作。编制完成《福建省重要成矿区带金属矿勘查预留区专项规划》,优化省级地质勘查专项资金找矿成果配置,一些项目取得了阶段性成果,深部找煤取得突破,估算新增煤炭资源量1.7亿吨,并有望提交铜、钼等大中型金属矿勘查基地2~3个。认真执行勘查区块退出制度,全年退出283平方千米的区块面积。认真落实省政府下达的年度安全生产目标任务,全省无证、越界等非法采矿发生率同比下降80%以上,重点矿区开发秩序持续好转。同时,认真开展矿业权实地核查和矿产资源开发整合,矿业权核查的野外实测工作量全面完成。按照国土资源部等12部门的统一部署,及时研究进一步推进矿产资源开发整合工作,下发了开发整合总体方案,成立了领导小组,积极推进进一步整合的各项工作。

2. *新一轮土地和矿产规划率先获批*。加快新一轮土地利用总体规划、矿产资源总体规划修编工作,省级土地利用总体规划文本编制完成,并获国务院批复;省级矿产资源总体规划全国首个获国土资源部批复,已由省政府公布实施。市、县(区)土地、矿产规划修编也顺利推进,市、县(区)土地规划大纲大部分已经批复,正在抓紧编制规划文本;市县(区)矿产规划均已通过预审。在土地规划修编过程中,各地注重把握规划的弹性空间,有效解决重大项目因选址定位多变、规划无法超前统筹安排的问题。出台土地利用规划管理办法、矿产资源规划管理办法,加强规划实施管理。国土规划编制工作进展顺利,2009 年省政府办公厅已转发编制工作方案和编制指导意见,顶层设计书已上报国土资源部,规划文本框架已确定,15 个专题研究也已全面展开。

【地质灾害防治】 2009 年,继续实施地质灾害防治"一百千万工程",全省地质灾害信息与预警系统建设完成,实现了省、市、县三级的预警预报信息通过系统在第一时间发布;加大重要地灾隐患点工程治理力度,公布省级挂牌督办治理 62 处;实施了 441 处 4000 户受地灾威胁村民整体搬迁;持续开展地质灾害群测群防体系建设,制定了"十有县"建设实施意见和考核办法,首批 17 个县(市)达到"十有县"建设要求,评选 17 名优秀群测群防员。突出科技防灾,努力寻求地灾防治关键技术的突破,开展了山地丘陵区地质灾害调查与区划,《地质灾害远程会商与应急指挥系统关键技术研究》和《闽东南台风暴雨型地质灾害野外试验与综合研究》项目取得阶段性成果。制订《福建省突发地质灾害应急响应工作方案》,建立健全地灾应急管理体制和机制。切实加强汛期地灾防范,按照群测群防要求,对隐患点和其他汛期易发区域落实了防灾责任人和监测责任人,共更新、完善群测群防预警点 8137 处,确定防灾责任人 8137 名、监测责任人 9911 名,发放防灾明白卡 40538 份、避险明白卡 44062 份,制作警示牌 8225 个;全省共编制年度地质灾害防治方案 94 份,修订地质灾害转移预案 7118 份,共组织群众转移演练 23 场次,参加群众达 14500 人次;汛期共转移群众 71786 人次,避免因地灾造成可能伤亡 3569 人,有效保障了人民群众生命财产安全。积极配合实施校舍安全工程,积极指导、督促易造成泥石流、山体滑坡的区域和场所开展安全生产"三项行动"及非法矿山排查、取缔工作,取得明显成效。

【矿产资源储量管理】 矿产资源储量利用现状调查工作有序开展,按国土资源部要求完成我省煤、铁、铜、铝大中型矿区资源储量利用现状调查。矿山储量动态监督管理工作全面推进,矿产资源储量评审管理进一步规范,有效促进矿山企业合理开发利用矿产资源。强化地质资料汇交管理与提供服务,认真开展资料汇交专项检查,开通了地质资料电子阅览室并已正式投入使用。主动上门,了解需求,为扩大内需重点建设项目提供服务,按照既要保护矿产资源又要保障重点建设项目顺利实施的要求,简化程序,规范管理,提高效率,完成了 115 项建设项目特别是高速公路、铁路等线性工程压覆矿产资源审批。

(*选自《2009 年福建省国土资源公报》*)

河 南 省

【矿产资源概况】 1. *矿产地数及规模*。全省矿产资源主要分布在京广线以西和豫南的丘陵、山区,豫东平原仅有中原油田和永城煤田。煤炭资源集中分布在京广线以西;钼矿资源主要集中分布在洛阳市栾川县、汝阳县境内,豫南信阳市钼矿勘查工作已取得重大突破,显现了豫西、豫南连片的分布态势;石油、天然气资源集中分布在豫东北——濮阳市和豫西南——南阳市;铝土矿集中分布在郑州以西到三门峡一带。截至 2009 年末,全省已发现的矿种为 127 种,查明资源储量的矿种共计 90 种;已开发利用的为 90 种,其中能源矿产 7 种,金属矿产 20 种,非金属矿产 61 种,水气矿产 2 种。矿业产值连续多年处于全国前 5 位,是我国重要的矿业大省。

截至 2009 年底,载入河南省矿产资源储量简表(矿产资源储量数据库)的固体矿产共 90 种,当年新增矿区 92 个,矿区数为 2059 个。其中:主要矿产产地(含单一矿产产地)1555 个;共生、伴生矿产产地 504 个。按矿床规模划分,在 2059 个矿区中:大型的有 232 个(含特大型);中型的有 376 个;小型的有 1446 个;暂无规模指标的 1 个(安阳县九龙山霞石正长岩矿区);不清楚的 4 个。已利用矿区数为 1087 个;未利用矿区数为 638 个。

2. *矿产保有查明资源储量在全国的位次*。全省在已探明储量的矿产资源中,居全国首位的有钛矿(金红石矿物)、镁矿、钼矿、蓝晶石、红柱石、耐火黏土、天然碱、化肥用橄榄石、玻璃用灰岩、水泥配料用黏土、水泥混合材用闪长玢岩、水泥混合材用闪玄武岩、伊利石黏土、建筑用灰岩、饰面用安山岩、珍珠岩等 16 种,居前 3 位的有 39 种,居前 5 位的有 51 种;居前 10 位的有 90 种(表 1)。

表1 **2009年底河南省矿产保有查明资源储量在全国的位次**

位次	矿　　种	矿种数
1	钛矿(金红石矿物)、镁矿、钼矿、蓝晶石、红柱石、耐火黏土、天然碱、化肥用橄榄岩、玻璃用灰岩、水泥配料用黏土、水泥混合材用闪长玢岩、水泥混合材用玄武岩、伊利石黏土、建筑用灰岩、饰面用安山岩、珍珠岩	16
2	铝土矿、白钨矿、镓矿、铸型用砂岩、耐火用橄榄岩、玻璃用凝灰岩、水泥用灰岩、水泥用大理岩、建筑用凝灰岩、建筑用玄武岩、建筑用页岩、蓝石棉、天然油石	13
3	钨矿、铼矿、铁矾土、含钾岩石、方解石、泥灰岩、建筑用角闪岩、建筑用安山岩、建筑用闪长岩、建筑用砂岩	10
4	普通萤石、熔剂用灰岩、伴生磷、建筑用砂、建筑用白云岩、石墨(晶质)	6
5	金矿、化工用白云岩、玻璃用石英岩、砖瓦用砂岩、片麻岩、岩棉用玄武岩	6
6	炼焦用煤、锂矿(Li_2O)、铯矿、冶金用石英岩、硅灰石、滑石、水泥用凝灰岩、海泡石黏土、建筑用辉绿岩、建筑用花岗岩、饰面用灰岩	11
7	钛矿(金红石 TiO_2)、混合钨矿、铷矿、电石用灰岩、含钾砂页岩、玉石、陶瓷用砂岩、饰面用大理岩、饰面用板岩、陶粒用黏土	10
8	玻璃用脉石英、建筑用大理岩、蛭石、沸石、铸石用玄武岩	5
9	煤炭、轻稀土矿(稀土氧化物)、铟矿、盐矿、石榴子石、制灰用灰岩、石墨(隐晶质)、透辉石	9
10	铁矿、铍矿(BeO)、水泥配料用砂岩、砖瓦用页岩	4
11	油页岩、铅矿、锑矿、钽矿(Ta_2O_5)、菱镁矿、硫铁矿、化肥用蛇纹岩、叶腊石、饰面用辉绿岩	9
12	石油、钒矿、钛矿(磁铁矿 TiO_2)、冶金用白云岩、重晶石、石膏	6
13	铌矿(Nb_2O_5)、饰面用花岗岩	2
14	银矿、锗矿、伴生硫、长石、砖瓦用黏土	5
15	锌矿、磷矿、玻璃用白云岩、云母(片云母)	4
16	天然气、高岭土	2
17	锰矿、镉矿、冶金用脉石英、压电水晶、玻璃用砂岩	5
18	熔炼水晶	1
19	膨润土	1
21	富铜矿(Cu>1%)、钴矿	1
22	铜	1
24	陶瓷土	1

资料来源:《截至2009年底全国矿产资源储量表》。

3.优势矿产。储量与开发具有较大优势的矿产有煤、石油、天然气、铝土矿、钼、金、银、炼镁用白云岩、耐火黏土、萤石、水泥灰岩、玻璃用砂、玉石、天然碱等,其中煤、铝土矿、耐火黏土、钼、金等矿产采选加工业在全国占有重要地位,对我省社会经济的发展具有重大影响。

河南省矿产资源丰富,但部分矿种资源缺乏,铁矿95%为贫矿;磷矿资源贫乏;锰、镍、金刚石等矿产严重不足;铜、铅、锌的资源比较紧张。

在已探明储量的矿产资源中,优势矿产可归纳为煤、石油、天然气"三大能源矿产";钼、金、铝、银"四大金属矿产";天然碱、盐矿、耐火黏土、蓝石棉、珍珠岩、水泥灰岩、石英砂岩"七大非金属矿产"。

4.主要矿种资源储量变化。与2008年底相比,2009年底矿产保有查明资源储量发生变化的(亚)矿种有73种,其中:保有储量减少30%以上的(亚)矿种有:钍、钛矿(金红石)、钨矿(伴生矿)、矽线石、化工用白云岩、砖瓦用砂岩、硫铁矿(伴生硫)、石墨(隐晶质石墨)、饰面用板岩、耐火用橄榄岩、玻璃用砂岩、建筑用大理岩、钴矿、铜矿(伴生铜)、建筑用凝灰岩、砖瓦用黏土、饰面用灰岩、建筑用玄武岩、建筑用安山岩、铯矿、锰矿、铷矿(Rb_2O)、银矿(伴生银)、砖瓦用页岩、饰面用花岗岩。

5.主要矿种资源储量及消耗情况。2009年河南省矿产因开采造成资源储量消耗较大的有熔剂用灰岩、玉石、玻璃用石英岩、银矿、金矿,开采消耗的资源储量均占累计查明总量的20%以上。煤和铝土矿的资源储量消耗比例虽只有13.59%和12.12%,但储采比(保有储量/历年开采量)高于全国平均水平,属强力开发。铝土矿的保有资源储量总量虽大,但富矿石所剩不多。据氧化铝实际产量判断,每年的铝土矿实际消耗量远大于年度矿石统计量(表2)。

表2　　2009年底河南省主要矿种资源储量及消耗情况统计

矿种	查明资源储量					保有储量全国位次(2009年底)
	单位	累计查明	历年开来消耗	消耗占累查百分率	2009年底保有	
煤炭	千吨	28091331.00	4416537.00	13.59	32507868.00	5
铁矿	矿石 千吨	1418072.00	115967.00	7.56	1534039.00	10
铜矿	铜 吨	285376.50	52549.38	15.55	337925.88	22
铅矿	铅 吨	1831348.71	449723.46	19.72	2281072.17	11
锌矿	锌 吨	2042527.84	405960.41	16.58	2448488.25	15
铝土矿	矿石 千吨	761430.01	105038.82	12.12	866468.83	2
钼矿	钼 吨	3671288.00	850343.00	18.81	4521631.00	1
金矿	金 千克	353580.80	561012.80	61.34	914593.60	5
银矿	银 吨	2648.74	1458.91	35.52	4107.65	14
普通萤石	CaF_2千吨	1337.62	242.90	15.37	1580.52	6
熔剂用灰岩	矿石 千吨	793300.70	198623.18	20.02	991923.88	4
耐火黏土	矿石 千吨	267721.84	41171.66	13.33	308893.50	1
硫铁矿	矿石 千吨	149052.60	12621.70	7.81	161674.30	11
天然碱	矿石 千吨	89961.40	7557.20	7.75	97518.60	1
电石用灰岩	矿石 千吨	194698.00	10307.00	5.03	205005.00	7
化肥用蛇纹岩	矿石 千吨	76370.00	1216.00	1.57	77586.00	11
盐矿	NaCl 千吨	7963221.80	66077.00	0.82	8029298.80	9
玉石	矿石 吨	18404.58	5088.88	21.66	23493.46	7
水泥用灰岩	矿石 千吨	6908831.46	350307.57	4.83	7259139.03	2
玻璃用石英岩	矿石 千吨	100008.45	32907.68	24.76	132916.13	5
膨润土	矿石 千吨	18447.70	432.10	2.29	18879.80	19
珍珠岩	矿石 千吨	25285.67	2042.08	7.47	27327.75	1
饰面用大理岩	矿石 千立方米	43959.96	3284.82	6.95	47244.78	7
水泥用大理岩	矿石 千吨	441390.11	32495.11	6.86	473885.22	2

【矿产地质勘查】 1. *勘查队伍*。1998年,国家对地勘队伍的管理体制实行改革,从事固体矿产地质的勘查队伍多实行属地化管理,石油天然气地质队伍划归全国性行业集团公司。2009年,在河南省境内从事矿产勘查的地质队伍有地矿、石油、煤炭、有色、化工、建材、核工业、武警黄金系统等,计有地勘单位82个,在职职工总数33670人,其中,地质勘查从业人员15522人。

2. *矿权办理及矿权价款收入情况*。2009年共受理探矿权申请682件,办结811件(含2009年以前受理项目)。办结件中,新立150件,延续346件,变更101件,保留189件,注销24件,转让59件,备案42件。

2009年共受理采矿权登记申请675件,办结662件(含2009年以前受理项目)。办结件中,划定矿区范围73件,新立65件,延续182件,变更153件,转让94件。

全年共征收采矿权价款13.2亿元,采矿权使用费800.6万元,采矿登记费5.1万元;征收探矿权价款1.9亿元,探矿权使用费208万元。

3. *地质勘查资金投入情况*。2009年共开展各类矿产勘查项目280项,投入资金总额106633.98万元,其中,中央财政投入7921万元,地方财政投入64694万元,社会资金投入34019万元。各项出资比例为:中央财政7.34%,地方财政60.67%,社会资金31.90%。

2009年全省形成工作量的地质勘查投入，按矿种分：煤炭24819万元、油页岩293万元、铀263万元、铁2499.54万元、锰30.974万元、钒5.47万元、铜1395.82万元、铅锌4919.62万元、铝土矿12849万元、钨256.16万元、钼3710.459万元、锑240万元、岩金12019.65万元、砂金290万元、银117.11万元、铌钽矿200万元、熔剂用灰岩69万元、石膏40万元、地下水222.32万元；投入工作量：钻探646283米、坑探24616米、槽探10.86万立方米；投入勘探工作量较多的矿种为煤矿、铝土矿、铅锌矿、铁矿、钼矿(表3)。

表3　　河南省2009年勘查资金和主要工作量完成情况

矿产类别	勘查项目个数	投入资金总额(万元)				主要实物工作量			
		中央财政投入	地方财政投入	社会资金投入	合计	钻探(米)	坑探(米)	槽探(万立方米)	浅井(米)
合计	279	106633.98	7921	64694	34019	646283	24616	10.8605	11614
1. 能源	109	66305.5	494	54678	11134	314398	0	0.3988	11093
煤炭	107	24819	494	54121	11134	309604			11043
油页岩	1	293	0	293		2227.74			
铀	1	263	0	263		2565.93		0.3988	49.52
2. 黑色金属	22	2535.98	30.97	1948	556.9	21902	985	1.8093	0
铁	19	2499.54	0	1948	551.4	21902.2	985	1.8093	
锰	2	30.974	30.97	0					
钒	1	5.47	0	0	5.47				
3. 有色金属	88	24834.419	215.9	4164	20454	153987	830	4.69226	471.1
铜	12	1395.82	85.93	1242	68.11	4718.13	169	0.9229	
铅锌	38	4919.62	0	304.5	4615	51040.8	661	3.043792	
铝土矿	11	12849	130	231	12488	61561.6		0.37927	435.09
钨	2	256.16	0	214	42.16	2298.1		0.15	
锡	1	21	0	21				0.0962	
钼	23	3710.459	0	709.5	3001	34368.3		0.1001	36
锑	1	240	0	0	240				
4. 贵金属	57	12426.76	6980	3641	1806	153162	22801	3.8001	0
岩金	51	12019.65	6980	3345	1695	152849	22801	3.7096	
砂金	2	290	0	290					
银	4	117.11	0	6.27	110.8	312.64		0.0905	
5. 稀有矿产	1	200	200	0	0	600	0	0.14	50
铌钽矿	1	200	200	0		600		0.14	50
6. 化工建材及其他非金属	2	109	0	40	69	884	0	0.02	0
溶剂用灰岩	1	69	0	0	69	400		0.02	
石膏	1	40	0	40	0	484			
7. 水气矿产	0	222.32	0	222.3	0	1350	0	0	0
地下水	0	222.32	0	222.3	0	1350			

3. 主要地质勘查成果。2009年，全省地质勘查及找矿工作取得了新进展。新增查明矿产资源储量(333以上)：45.6亿吨，铁(矿石量)3.22亿吨，铜(金属量)5.05万吨，铝土矿(矿石量)5590万吨，铅(金属量)37.8

万吨，锌(金属量)15.4万吨，钼(金属量)16.4万吨，银(金属量)155吨，金(金属量)21.2吨，铬(金属量)500万吨。新发现矿产地31处，完成阶段性勘查的中型、大型矿产地22处(表4)。

表4　　河南省2009年度主要矿产新增查明矿产资源储量和新发现矿产地情况

矿种	新增查明矿产资源储量(333及以上)				本年新增矿产地(个)			
	计量单位	合计	已提交	已控制	大型	中型	小型	合计
					31	15	7	9
1. 能源		45.6	2.6	42.99	12	7	2	3
煤炭	原煤亿吨	45.6	2.6	42.983	10	7	2	1
铀	矿石亿吨	0.01		0.0065	2			2
2. 黑色金属		503	0.3	502.9	3	2	0	1
铁	矿石亿吨	3.22	0.3	2.9208	2	1		1
铬	矿石万吨	500		500	1	1		
3. 有色金属		5726.14	3810	1917	11	4	2	5
铜	金属万吨	5.05		5.0465	1		1	
铅	金属万吨	37.8		37.78	3	1	1	1
锌	金属万吨	15.4		15.38	2	1		1
铝土矿	矿石万吨	5590	3809.7	1780.6	2	1		1
钨	WO_3万吨	0.51		0.51	0			
锡	金属万吨	0.17		0.17	0			
钼	金属万吨	77.21		77.218	1	1		2
4. 贵金属		177	0	176.6	2	1	1	0
岩金	金属吨	21.2		21.243	1		1	
银	金属吨	155		155.37	1	1		
5. 化工建材及其他非金属		1430	429.4	1000	3	1	2	0
溶剂用灰岩	矿石亿吨	0.23		0.227	1		1	
耐火黏土	矿石万吨	219	218.7		0			
铸型用黏土	矿石万吨	1000		1000	1	1		
高岭土	矿物万吨	211	210.7		1		1	

2009年取得重要成果的勘查项目28个，主要有：河南省嵩县大石门沟金矿外围钼矿普查、河南省禹州煤田扒村井田详查、河南省新安煤田新义井田深部普查、河南偃龙煤田李村煤普查、河南省濮阳县城西－滑县王三寨煤预查、豫西陕县－新安－济源铝土矿远景调查、林县幅、水冶镇幅1/5万区域地质、战略性矿产远景调查、河南省禹州市张得预查区煤详查、河南省宜阳樊村－李沟煤详查、河南省嵩县庙岭金矿危机矿山接替资源勘查、河南省新安煤田新义二井深部煤普查、嵩县萑香洼矿区外围金矿地质普查、河南省光山县千鹅冲铜(钼)矿详查、小秦岭深部金矿成矿规律与成矿预测、河南省灵宝市秦岭金矿危机矿山接替资源勘查等。

【矿产资源开发利用】　1. *固、液体矿石产量*。2009年度，全省固、液体矿石产量为29481.78万吨，比2008年减少532.96万吨。其中：国有矿山企业固体矿产年产量7043.85万吨；其它经济类型矿山(点)固体矿产年产量为22437.93万吨。石油年产量516.31万吨，比2008年增加35.5万吨；天然气年产量8.82亿立方米，比2008年减少2.24亿立方米。

2009年河南省固体矿产矿石总产量中，产量大于

1000万吨的有煤矿、钼矿、水泥用灰岩；产量大于100万吨的矿产依次为铁、铅、建筑用砂、铝土矿、盐矿、熔剂用灰岩、珍珠岩、冶金用石英岩、建筑用白云岩、天然碱、砖瓦用页岩等11种。主要矿产产量见表5。

表5　2009年度河南省矿产资源开发利用情况统计汇总(按矿产种分列)

序号	矿　种	矿山企业(个)	从业人员(人)	年产矿量		业总产值(万元)	矿产品销售收入(万元)	利润总额(万元)
				(万吨)	(万立方米)			
1	合计	4434	549574	29481.78	0	8467787.01	6723320.21	1279290.67
2	煤炭	786	441026	15104.21	0	6342550.71	5526103.19	1068375.83
3	石煤	1	0	0	0	0	0	0
4	地下热水	4	280	26.01	0	3805	3205	319
5	铁矿	190	12232	422.15	0	125470.35	111103.38	5929.74
6	锰矿	1	20	0	0	0	0	0
7	钛矿	1	3	0	0	0	0	0
8	钒矿	7	50	6.5	0	650	650	50
9	铜矿	13	634	8.06	0	2513	10545	194
10	铅矿	141	3269	235.62	0	67307.99	66390.99	39381.36
11	锌矿	16	226	0	0	0	0	0
12	铝土矿	82	6848	360.3	0	97253.53	54236.2	8056.9
13	钼矿	30	12097	2562.95	0	1119646	398318.6	88587.17
14	锑矿	4	183	0.45	0	135	135	36.8
15	金矿	97	20644	308.31	0	213000.94	192340.5	27823.74
16	银矿	4	939	28.3	0	13495	8984.3	1666
17	锂矿	3	36	0	0	0	0	0
18	蓝晶石	3	252	2.5	0	1750	1296	125
19	矽线石	1	0	0	0	0	0	0
20	红柱石	1	34	0	0	0	0	0
21	普通萤石	275	3409	65.94	0	19570.94	15466.94	1361.66
22	熔剂用灰岩	20	530	121.32	0	5567.96	1807.96	-277.9
23	冶金用白云岩	13	248	9.56	0	65	65	6
24	冶金用石英岩	14	136	139.96	0	2052	1402	6.5
25	铸型用砂岩	1	0	0	0	0	0	0
26	冶金用脉石英	10	86	1	0	64	49	11
27	耐火黏土	26	547	14.09	0	3767.5	3411.4	351
28	铁矾土	20	271	4.26	0	650	618	64
29	耐火用橄榄岩	1	16	2.78	0	97.65	96.6	-86
30	硫铁矿	11	1058	13.25	0	5127.1	5117.1	139
31	重晶石	22	242	5.08	0	576.74	570.74	40
32	天然碱	2	1935	135.87	0	84566	76627	5807
33	含钾岩石	8	19	0.6	0	35	22.5	2
34	化肥用蛇纹岩	3	32	0	0	0	0	0

续表 5－1

序号	矿　种	矿山企业(个)	从业人员(人)	年产矿量		业总产值	矿产品销售收入	利润总额
				（万吨）	（万立方米）	（万元）	（万元）	（万元）
35	盐矿	5	3706	226.9	0	64631	53960	3901
36	石墨	16	157	0.95	0	105	35.5	14
37	硅灰石	5	80	0	0	0	0	0
38	滑石	5	25	0	0	0	0	0
39	云母	2	4	0	0	0	0	0
40	长石	24	170	3.78	0	88	88	6.5
41	叶腊石	4	0	0	0	0	0	0
42	蛭石	1	15	0	0	0	0	0
43	沸石	3	41	10	0	100	100	2
44	石膏	8	334	0	0	0	0	0
45	方解石	13	33	2.3	0	60	45	13.1
46	宝石	1	2	0	0	0	0	0
47	玉石	1	136	0.01	0	368	125	－53.7
48	玻璃用灰岩	14	66	30	0	900	900	1
49	水泥用灰岩	185	4116	2586.38	0	153734.88	77335.42	10219
50	建筑石料用灰岩	1536	19648	5261.52	0	72609.45	58090.52	6772.16
51	饰面用灰岩	4	103	10	0	1300	1300	8
52	制灰用石灰岩	35	973	34.75	0	816	694	95
53	泥灰岩	6	235	3	0	90	90	25
54	玻璃用白云岩	7	128	7.78	0	112	80.6	13
55	建筑用白云岩	61	777	139.27	0	3033	2123.2	703.3
56	玻璃用石英岩	67	767	60.68	0	4664	4564	223.7
57	玻璃用砂岩	12	59	0.61	0	51	50	13
58	水泥配料用砂岩	25	347	20.77	0	232	213	38
59	砖瓦用砂岩	9	120	0	0	0	0	0
60	陶瓷用砂岩	1	30	10	0	50	30	5
61	建筑用砂岩	20	280	30.26	0	1191.9	566	－106
62	建筑用砂	73	1085	297.79	0	3793.78	2474.68	691.42
63	玻璃用脉石英	20	141	4.64	0	510.4	510	33.06
64	水泥配料用脉石英	1	2	0	0	0	0	0
65	天然油石	1	55	0	0	0	0	0
66	砖瓦用页岩	31	482	130.16	0	3326.6	3007.35	616.2
67	建筑用页岩	20	819	78	0	3282	2892	461
68	高岭土	16	185	0.8	0	236	152.5	31
69	陶瓷土	7	22	0	0	0	0	0
70	伊利石黏土	1	2	0	0	0	0	0

续表 5-2

序号	矿　种	矿山企业(个)	从业人员(人)	年产矿量		业总产值	矿产品销售收入	利润总额
				(万吨)	(万立方米)	(万元)	(万元)	(万元)
71	膨润土	6	81	2.3	0	107	95	12.2
72	砖瓦用黏土	23	573	46.4	0	2698	2443	500.48
73	陶粒用黏土	5	905	2	0	915	465.5	12
74	水泥配料用黏土	1	55	0	0	0	0	0
75	水泥配料用红土	1	1	0	0	0	0	0
76	建筑用辉石岩	2	21	0	0	0	0	0
77	饰面用玄武岩	1	0	0	0	0	0	0
78	水泥混合材玄武岩	1	10	0	0	0	0	0
79	建筑用玄武岩	14	168	24.2	0	1358	948	137.2
80	建筑用角闪岩	3	35	9	0	275	200	12
81	饰面用辉绿岩	2	45	0.42	0	30	30	6
82	建筑用辉绿岩	3	9	0	0	0	0	0
83	建筑用辉长岩	1	20	0	0	0	0	0
84	饰面用安山岩	1	3	0	0	0	0	0
85	建筑用安山岩	10	48	1.36	0	34.6	31.6	0
86	建筑用闪长岩	2	34	0	0	0	0	0
87	建筑用正长岩	1	2	0	0	0	0	0
88	建筑用花岗岩	73	796	106.78	0	5075	2289.35	774.1
89	饰面用花岗岩	44	514	86.1	0	4001	2169.9	638.5
90	珍珠岩	4	1027	155	0	11940	11940	4315
91	浮石	1	3	0	0	0	0	0
92	霞石正长岩	1	1	0	0	0	0	0
93	水泥用凝灰岩	5	17	0	0	0	0	0
94	建筑用凝灰岩	33	399	72.42	0	2142	2029	151.5
95	火山渣	1	8	0.5	0	30	5	2
96	饰面用大理岩	65	583	29.53	0	1656	2060.5	208.5
97	建筑用大理岩	55	551	106.36	0	3068	1281.2	391.2
98	水泥用大理岩	4	1008	302	0	9300	9220	442
99	玻璃用大理岩	2	8	0	0	0	0	0
100	饰面用板岩	1	5	0	0	30	0	0
101	片石	3	12	0	0	0	0	0
102	片麻岩	3	59	0	0	0	0	0
103	千枚岩	1	2	0	0	0	0	0
104	矿泉水	8	113	8	0	125	123	-7.55
105	其他矿产 1	1	8	0	0	0	0	0
106	其他矿产 2	1	3	0	0	0	0	0

2. *矿山企业现价工业总产值*。2009年度全省矿山企业采选工业总产值8467787.01万元，比2008年度减少了88945.4万元。矿山企业工业总产值中，国有企业为2629854.03万元，占全省矿业总产值的31%，其他经济类型矿山(点)为5837933万元，占69%。石油、天然气开采业现价工业总产值为1933092万元。(所指工业总产值仅包括采选行业)。

3. *独立核算采矿单位数及从业人数*。2009度河南省共有4434个各类经济性质的独立核算采矿单位从事矿业生产活动，开发利用矿产数为106种(含亚矿种)。国有矿山企业数200个，其他经济类型矿山(点)为4234个。生产矿山(点)为1840个，筹建矿山382个，停产矿山2045个，关闭矿山63个，其他104个。

2009年度全省从事矿业生产人数为55万人，比2008年增加14万人。国有矿山企业为16.67万人，占30%，其它经济类型矿山(点)为38.33万人，占70%。石油、天然气开采业40748人，比2008年增加4382人。

4. *省辖各市矿产开发状况*。2009年，省辖各市矿业总产值前10位的行政区分别为：平顶山市、郑州市、洛阳市、濮阳市、南阳市、商丘市、三门峡市、鹤壁市、许昌市、焦作市。

煤炭产业基地平顶山工业总产值180.07亿元，高居全省第一；郑州市矿业工业总产值较上年有较大幅度增长，为156.87亿元，为全省第二位；洛阳市矿业总产值154.37亿元，为全省第三位(表6)。

表6　　2009年度河南省各市矿业开发情况

行政区名称	矿山个数	从业人员(人)	年产矿量(万吨)	年产矿量(亿立方米)	矿业总产值(万元)	综合利用产值(万元)	矿产品销售收入(万元)	利润总额(万元)
合计	4432	556662	29413.88	0	8454571.37	280118.51	6711140.21	1280853.67
郑州市	665	103366	5548.79	0	1568732.13	66985.9	1386057.39	119289.67
洛阳市	650	60652	3901.71	0	1543703.28	40154.93	752073.83	181167.44
平顶山市	479	136584	5498.31	0	1800794.92	52759.77	1719028.22	260342.9
安阳市	200	15603	424.33	0	150088.58	22768.1	94940.24	20640.69
鹤壁市	167	33588	1148.91	0	541917.19	3490.5	379639.25	20877.64
新乡市	194	5458	1840.06	0	184308.54	0	101251.14	28002.98
焦作市	122	39212	1084.49	0	325693.89	4403.58	259395.15	32511.39
济源市	120	8316	347.76	0	39948.6	12205.9	38486.6	3386.35
许昌市	369	49773	2592.34	0	343873.87	340	259201.24	66468.74
三门峡市	293	57062	2206.85	0	626654.1	1724.97	533127.53	64604.33
南阳市	438	9473	839.77	0	121264.4	61796.65	103457.4	10319.95
商丘市	10	24711	1472.91	0	1069621.04	0	1004202.24	458077.73
信阳市	331	7825	1178.06	0	80862.33	11313	45787.63	9991.05
驻马店市	394	5039	1329.58	0	57108.5	2175.2	34492.35	5172.8

【矿产品供销形势分析】 1. *矿产采选及加工业在经济中的地位*。2009年全省规模以上矿产采选企业共1537个，当年完成工业增加值1176亿元；矿产原料加工制品业共有限额以上工业企业5643个，当年完成工业增加值2517.22亿元。矿产采选和矿产加工制品业合计限额以上企业7180个，共完成工业增加值3693.22亿元，占全省规模以上工业企业工业增加值的51.43%。

2009年全省分行业全部矿产采选企业当年完成工业增加值1176亿元，占全省规模以上矿产采选企业和矿产原料加工制品业工业增加值的31.8%；矿产原料加工制品业当年完成工业增加值2517.22亿元，占全省规模以上矿产采选企业和矿产原料加工制品业工业增加值的68.1%。

由表7可知，2009年全省矿业企业和后续加工产业工业增加值继续呈现整体上涨势头，非金属矿物制品业以944.08亿元位列第一；煤炭开采和洗选业较2008年增加了1.83亿元，达到738.79亿元，居第二；黑色金属冶炼及压延加工业437.19亿元，排名第三。

2009年，规模以上国有控股工业企业矿业工业增加值为1095.84亿元，规模以上公有制工业企业矿业工业增加值为1298.75亿元，规模以上私营工业企业矿业工业增加值为 1374.11 亿元。分别占全省规模以上矿业工业增加值的 29.08%,34.46%,36.46%(表 8)。

2009 年河南省经济发展较快,对能源、原材料继续保持旺盛需求。矿业形势很好。矿产品及加工制品产量,如表 9 所列。

表 7　　2009 年河南省分行业工业增加值

行　　业	增加值(亿元)	指数(上年 = 100)
一、矿产采、选业合计	1176.0	
1. 煤炭开采和洗选业	738.79	111.9
2. 石油和天然气开采业	108.16	98.5
3. 黑色金属矿采、选业	33.89	117.2
4. 有色金属矿采、选业	222.30	129.0
5. 非金属矿采、选业	72.86	109.9
二、矿产原料加工制品业合计	2517.22	
1. 石油加工、炼焦业及核燃料加工业	177.15	122.7
2. 化学原料及化学制品制造业	368.52	114.9
3. 非金属矿物制品业	944.08	120.7
4. 黑色金属冶炼及压延加工业	437.19	113.7
5. 有色金属冶炼及压延加工业	422.58	109.9
6. 金属制品业	143.80	129.8
7. 天燃气生产和供应业	14.88	97.8
8. 矿泉水的生产和供应业	9.02	104.9
总计	3693.22	

资料来源:《河南统计年鉴 2010》。

表 8　　2009 年河南省规模以上工业企业分行业单位数、增加值

行　　业	单位数(个)	增加值(亿元)
一、矿产采、选业合计	1537	1176.0
1. 煤炭采、选业和洗选业	746	738.79
2. 石油和天然气开采业	8	108.16
3. 黑色金属矿采、选业	141	33.89
4. 有色金属矿采、选业	354	222.30
5. 非金属矿采、选业	288	72.86
二、矿产原料加工制品业合计	5643	2517.22
1. 石油加工、炼焦业及核燃料加工业	89	177.15
2. 化学原料及化学制品制造业	1082	368.52
3. 非金属矿物制品业	2922	944.08
4. 黑色金属冶炼及压延加工业	296	437.19
5. 有色金属冶炼及压延加工业	519	422.58
6. 金属制品业	620	143.80
7. 天燃气生产和供应业	39	14.88
8. 水的生产和供应业	76	9.02
总计	7180	3693.22

资料来源:《河南统计年鉴 2010》。

表 9　　2009 年河南省主要矿产品及矿产加工制品产量统计

产品名称	产量	单位
原煤	23018	万吨
焦炭	2163.06	万吨
原油	474.50	万吨
原油加工量	793.80	万吨
汽油	189.40	万吨
柴油	287.01	万吨
润滑油	149612	吨
天然气	99915	万立方米
铁矿石(原矿量)	828.38	万吨
铁合金	136.80	万吨
生铁	1944.63	万吨
粗钢	2328.99	万吨
十种有色金属	481.62	万吨
铜材	40.90	万吨
原铝	317.74	万吨
氧化铝	852.10	万吨
硫铁矿(生产量)	16.50	万吨
硫酸	207.59	万吨
浓硝酸	227109	吨
纯碱	212.20	万吨
烧碱	111.24	万吨
原盐	217.35	万吨
电石(折合量)	76.62	万吨
纯苯	106582	吨
合成氨	485.58	万吨
农用化肥(折纯量)	554.80	万吨
化学农药(原药)	108339	吨
水泥	11711	万吨
平板玻璃	2764.70	万重量箱

资料来源:河南省统计局《河南统计年鉴 2010》。

【地质环境治理】 1. 资金投入。共投入资金 13062 万元。其中,中央财政第一次安排资金 1128 万元,省财政安排资金 1300 万元,用于重点地质灾害治理工程或搬迁避让工程。年内市级财政投入资金431万元，县级财政和企业投入资金10203万元，用于地质灾害防治管理、地质灾害治理与搬迁避让（主要是采煤塌陷区群众的搬迁避让）。

2. 矿山环境治理项目。全省各级财政和企业共投资56112万元，治理矿山地质环境456处，在建矿山公园2处，新批准矿山公园建设资格2处，土地恢复面积17613亩，搬迁村庄25个1360户5234人。

地质灾害。共发生各类地质灾害19起（滑坡3起、地面塌陷16起），直接经济损失186.62万元，及时避让转移人员132人，避免人员伤亡96人。年内未因地质灾害造成人员伤亡。

3. 地质公园。小秦岭、红旗渠林虑山两个省级地质公园取得国家级地质公园建设资格。全省国家级地质公园13处。新批准省级地质公园建设资格6处。

4. 地下水环境监测。完成水位监测点542个、水质监测点7个，取得监测数据131436个。56个自动监测点运行正常。

（河南省矿业协会　张德祯）

湖北省

【矿产资源概况】 1. 矿产资源种类多，总量较丰富，资源禀赋居全国中游。截至2009年底，湖北省已发现149个矿种、188个亚矿种，分别占全国已发现的171个矿种和237个亚矿种数的87.13%和79.32%。查明资源储量的矿种共计92种（2009年增加锡矿），亚矿种105种（2009年增加化工用白云岩矿）。还有57种矿产（亚矿种83种，未列表）虽已被发现，并且有的已被开采利用，但均属尚未查明资源储量或未开展正规的矿产地质勘查工作的矿产（表1）。截至2009年底，湖北省已查明资源储量矿产种类构成见图1，各矿种保有资源储量见附表1。

表1　湖北省矿产种类一览表

矿产大类	有查明资源储量的矿种		已发现或已开发利用但尚未查明资源储量的矿种	
	矿种数	名　称	矿种数	名　称
能源矿产	7	煤、石煤、石油、天然气、地热、铀、钍	2	油页岩、油砂
金属矿产	41	铁、锰、铬、钛、钒、铜、铅、锌、铝土矿、镁、镍、钴、钨、锡、钼、汞、锑、金、银、铌、钽、锂、锆、锶、铷、铯、镧、钕、镨、钐、铈、钇、铕、锗、镓、铊、铟、铼、镉、硒、碲	8	铂、钯、钌、锇、铱、铑、铍、铪
非金属矿产	42	萤石、石灰岩（电石用灰岩、水泥用灰岩、熔剂用灰岩、建筑用灰岩）、白云岩（化工用白云岩、冶金用白云岩）、石英岩、砂岩（玻璃用砂岩、冶金用砂岩、水泥配料用砂岩）、天然石英砂（建筑用砂、水泥配料用砂）、脉石英（冶金用脉石英、玻璃用脉石英）、耐火黏土、硫铁矿、芒硝、重晶石、含钾砂页岩、橄榄岩、蛇纹岩（化肥用蛇纹岩、饰面用蛇纹岩）、泥炭、盐矿、碘、溴、硼、磷、石墨、硅灰石、滑石、云母、长石、石榴子石、透辉石、透闪石、石膏、方解石、玉石、泥灰岩、页岩、高岭土、陶瓷土、累托石黏土、膨润土、其他黏土（水泥配料用黏土、水泥配料用黄土、水泥配料用泥岩）、辉绿岩、花岗岩（建筑用花岗岩、饰面用花岗岩）、大理岩（饰面用大理岩、水泥用大理岩）、板岩	47	钾盐、宝石、金刚石、自然硫、刚玉、叶腊石、蓝晶石、硅线石、红柱石、石棉、蓝石棉、蛭石、沸石、毒重石、冰洲石、菱镁矿、玛瑙、粉石英、天然油石、硅藻土、凹凸棒石黏土、海泡石黏土、铁钒土、玄武岩、珍珠岩、黑曜岩、松脂岩、凝灰岩、安山岩、浮石、霞石正长岩、火山灰、片麻岩、角闪岩、闪长岩、镁盐、砷、粗面岩、湖盐、天然卤水、含钾岩石、水晶、电气石、明矾石、颜料矿物、白垩、伊利石黏土
水气矿产	2	地下水、矿泉水		
合计	92		57	

资料来源：湖北省国土资源厅《截至2009年底湖北省矿产资源储量表》。

截至2009年底，湖北省已查明资源储量的矿产在全国排序见表2。按全国统一标准计算，湖北省保有矿产资源储量潜在总值及每平方千米潜在总值分别为14720亿元、791.41万元，均居全国第14位；人均潜在总值2.425万元，居全国第17位。

2009年，湖北省有65种（亚矿种）矿产保有资源储

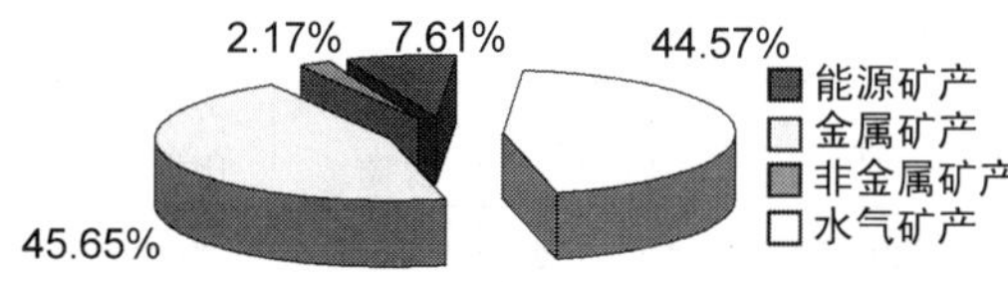

图1　湖北省已查明资源储量矿产种类构成图

量居全国同类矿产资源储量前**10**位，其中有**20**种（亚矿种）矿产的资源储量居全国同类矿产资源储量前**3**位，有**8**种矿产的资源储量居全国同类矿产资源储量之首。钛矿（金红石 TiO_2）、累托石黏土、碘、溴、石榴子石（矿石）等矿产在全国同类矿产查明资源储量中占有50%以上的绝对优势。

2009年，湖北省有4种矿产保有资源储量在全国排名上升，其中泥灰岩排名上升到第一位。有24种矿产保有资源储量在全国排名下降，其中石墨由于开采量大，排名下降到第10位。

表2　　湖北省2009年矿产保有资源储量在全国排序

矿　种	单　位	保有资源储量	占全国比重%	排序	矿　种	单　位	保有资源储量	占全国比重%	排序
煤炭	亿吨	7.8	0.06	25	盐矿	NaCl 亿吨	257.3	1.97	3
石煤	亿吨	3.2	5.34	4	芒硝	Na_2SO_4 亿吨	20.6	3.90	3
石油	万吨	1224.1	0.42	16	溴	溴吨	3907569	92.33	1
天然气	亿立方米	4.4	0.01	20	硼矿	B_2O_3 万吨	524.9	7.44	4
铁矿	矿石亿吨	28.8	4.46	9	石榴子石	矿石万吨	25984	74.40	1
锰矿	矿石万吨	1577	1.81	8	石榴子石	矿物万吨	49.2	31.08	2
铬矿	矿石万吨	17.2	1.49	8	方解石	矿石万吨	6	0.01	15
钒矿	V_2O_5 万吨	269.7	6.29	4	碘	碘吨	110975	75.44	1
钛矿（原生钛铁矿）	TiO_2 万吨	1032.6	1.52	5	电石用灰岩	矿石万吨	11514.9	2.65	11
钛矿（金红石）	矿物万吨	0.1	0.02	9	含钾砂页岩	矿石万吨	44511.7	9.19	5
钛矿（金红石）	TiO_2 万吨	576.4	50.37	1	化肥用橄榄岩	矿石万吨	3979.8	34.99	2
钛矿（钛铁砂矿）	矿物万吨	0.2	0.00	12	化肥用蛇纹岩	矿石亿吨	1.4	1.17	8
铜矿	铜万吨	203.9	2.54	13	化工用白云岩	矿石万吨	133.6	0.42	6
铅矿	铅万吨	33.7	0.69	23	熔剂用灰岩	矿石亿吨	6.3	4.73	8
锌矿	锌万吨	107.8	1.01	20	冶金用白云岩	矿石亿吨	8.2	7.85	5
铝土矿	矿石万吨	963.1	0.30	12	冶金用石英岩	矿石万吨	2588.8	2.48	11
镁矿	矿石万吨	1848.7	2.80	11	冶金用砂岩	矿石万吨	2668.1	8.98	4
镍矿	镍万吨	11.9	1.41	10	冶金用脉石英	矿石万吨	35.4	0.58	15
钴矿	钴万吨	2.6	3.94	10	玉石	矿石万吨	0.01	0.00	11
钨矿	WO_3 万吨	5.4	0.95	13	硅灰石	矿石万吨	318	2.02	9
锡矿	锡万吨	0.3	0.06	15	滑石	矿石万吨	44.9	0.17	17
钼矿	钼万吨	6.3	0.50	21	长石	矿石万吨	3256.7	1.50	6
锑矿	锑万吨	1.3	0.49	13	高岭土	矿石万吨	1369.2	0.68	14
汞矿	汞吨	1308	1.65	9	陶瓷土	矿石万吨	174	0.18	26
金矿	金吨	143.7	2.27	18	玻璃用砂岩	矿石万吨	2513.1	2.98	10
银矿	银吨	6860	4,18	5	玻璃用脉石英	矿石万吨	138.2	2.35	10
铌矿	Nb_2O_5 吨	931754	24.12	2	水泥用灰岩	矿石亿吨	36.2	3.86	11
钽矿	Ta_2O_5 吨	1037	0.88	8	水泥用大理岩	矿石万吨	74	0.02	19

续表 2

矿种	单位	保有资源储量	占全国比重%	排序	矿种	单位	保有资源储量	占全国比重%	排序
锂矿	Li_2O 万吨	1.5	0.62	7	泥灰岩	矿石万吨	2879	30.56	1
锂矿	LiCl 万吨	309.1	14.90	2	水泥配料用砂岩	矿石万吨	19930.2	9.73	2
锶矿(天青石)	天青石万吨	426.3	9.78	4	水泥配料用砂	矿石万吨	1465	11.32	4
锆矿(锆英石)	矿物万吨	0.01	0.00	14	水泥配料用页岩	矿石万立方米	1139.8	0.98	15
铷矿	Rb_2O 吨	22716	1.91	6	水泥配料用黏土	矿石万吨	7623.6	3.27	15
铯矿	Cs_2O 吨	12232	3.17	3	水泥配料用黄土	矿石万吨	69	0.21	11
重稀土矿	稀土氧化物万吨	3.1	3.92	3	水泥配料用泥岩	矿石万吨	1053	1.56	9
轻稀土矿	稀土氧化物万吨	121.5	28.05	2	普通萤石	萤石矿物 CaF_2 万吨	106.8	0.67	14
轻稀土矿(独居石)	矿物万吨	2.2	3.31	5	云母(片云母)	原料云母矿物 吨	85	0.02	20
锗矿	锗 吨	32	0.48	13	累托石黏土	矿石万吨	761	84.83	1
镓矿	镓 吨	2048	1.41	8	膨润土	矿石万吨	12014.3	4.29	9
铊矿	铊吨	13	0.20	8	建筑用砂	矿石万立方米	2415	5.51	5
铼矿	铼吨	0.9	0.36	10	建筑用灰岩	矿石万立方米	9875.7	8.79	3
镉矿	镉吨	1784.2	0.60	18	建筑用辉绿岩	矿石万立方米	2380.2	44.44	1
硒矿	硒吨	1282	9.01	4	建筑用花岗岩	矿石万立方米	1558.4	3.44	7
碲矿	碲吨	48	0.41	6	饰面用花岗岩	矿石万立方米	1349	0.62	20
重晶石	矿石万吨	436.4	1.15	10	饰面用蛇纹岩	矿石万立方米	1313	49.86	1
耐火黏土	矿石万吨	12156.6	5.07	7	饰面用大理岩	矿石万立方米	1608.9	1.27	17
硫铁矿	矿石万吨	16652.2	3.04	10	饰面用板岩	矿石万立方米	155	2.99	5
伴生硫	硫万吨	810.7	1.71	17	石墨(晶质)	矿物千吨	150.8	0.82	10
磷矿	矿石亿吨	32.4	18.14	2	透辉石	矿石万吨	241.6	0.63	8
泥炭	矿石万吨	338.8	1.21	12	透闪石	矿石万吨	60.4	7.07	4
石膏	矿石亿吨	21.2	3.01	8					

资料来源:全国矿产资源储量汇总表、湖北省国土资源厅《截至 2009 年底湖北省矿产资源储量表》。

2. 化工、建材及部分冶金辅助原料矿产丰富,能源等矿产短缺。磷、岩盐、石膏、水泥用灰岩等为湖北省优势矿产;高磷赤铁矿、累托石黏土、芒硝、钛、钒等为湖北省潜在优势矿产;铁、铜等资源较为丰富,但对湖北省经济和社会发展需求的保证程度总体较低;水泥配料、玻璃硅质原料、冶金辅助原料、建筑用花岗岩、饰面石材资源储量前景较好;镁、铌、钽、铷、铯、锂、铊、稀土、硒、锶、金、银、铅、锌、溴、碘、硼、石墨、化工用白云岩、膨润土、耐火黏土、石墨、石榴子石、化肥用橄榄岩、建筑用辉绿岩等矿产和地热、矿泉水资源潜力较大。但湖北省缺煤、少油、乏气,铝、钨、锡、钼、锑等资源前景不容乐观,铂族金属、钾盐、铬铁矿等资源严重短缺。

3. 资源分布广泛,主要矿产资源集中度高,区域特色明显。全省 13 个市(州)和 4 个省直管行政区均有矿产资源分布,但丰缺不一。其中,富铁、富铜和金、钨、钼、钴、锶等矿产集中分布于鄂东南地区;磷、硫、铁、煤等矿产主要分布于鄂西、鄂西南地区;重稀土、钛、萤石、重晶石、云母、长石等矿产主要分布于鄂东北地区;石油、岩盐、石膏、芒硝、溴、碘、硼、铷、铯、锂等矿产主要分布于鄂中南地区;银、金、钒、轻稀土等矿产在鄂西北地区占据重要地位。铁、铜、岩金、银、石墨、磷、硫、芒硝、石膏、水泥用灰岩、岩盐等主要矿产的 80% 以上资源储量为大中型矿区(矿床),有利于建立较完备、规模化矿山及矿产品加工业体系。

4. 矿床规模总体偏小,共伴生矿、中贫矿、难采选矿多，开发利用难度大。全省共发现非油气类矿产地1622处，其中大型138处，中型306处，小型1178处，所占比例见图2。

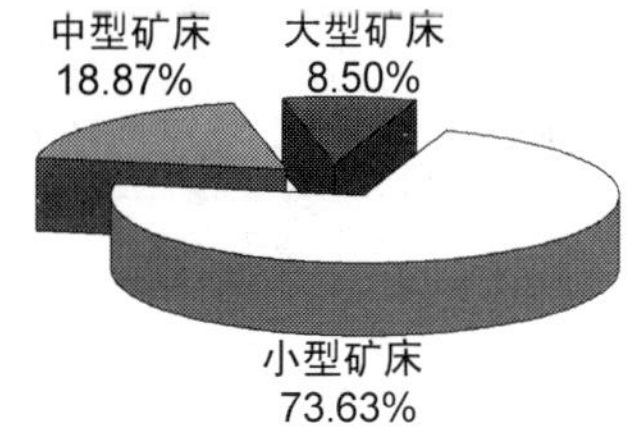

图2 湖北省矿产地规模比例图

全省70%以上的金属矿床为共生矿床，80%以上的金属矿床伴生多种有用组份，综合利用前景好，但利用技术难度大，如：有色金属和稀有金属矿产的80%、铁矿的24%、金矿的84%、银矿的80%的资源储量均来自共(伴)生矿床中。

全省中贫矿多，富矿少，矿石质量差。省内煤矿层薄、面广、质差；高磷赤铁矿、铝土矿、钛(金红石)矿、稀土矿、硫铁矿等矿产有害杂质含量高、矿物嵌布粒度细、矿石质量差，开发利用难度大、成本高。

总之，全省查明资源储量的矿产中，磷、岩盐、芒硝、水泥用石灰岩、石膏、冶金辅助原料等6种矿产资源储量大、开发利用条件好，为湖北省的优势矿产；锰、钒、银、铅、锌、石墨、重晶石、饰面石材、化肥用橄榄岩与蛇纹岩、玻璃用硅质原料等矿产资源储量较大或有资源潜力；金矿可进一步查明的资源及开发能力均有限；铁(高磷赤铁矿)、钛、铌、钽、锂、锶、稀土、铯、铷、硒、溴、碘、硼、累托石黏土等为湖北省潜在优势矿产；煤、石油、天然气、铁、铜、硫等矿产自给程度不断下降，供需缺口逐渐上升；铬、铝、铂族金属、钾盐等矿产仍属省内短缺资源。

【矿产资源储量年度变化】 1. 上表矿区数量变化情况。根据地质勘查报告评审备案文件及矿区核查检测资料，2009年湖北省新增上表矿区数65个(表3)。落实矿产资源开发整合减少原上表矿区8个，全省有查明矿产资源储量的上表矿区总数实际增加57个，达到1172个，其中大型76处(含特大型一处)、中型202处、小型870处、小矿14处、暂无指标的10处。

表3 2009年度湖北省新增上表矿区一览表

序号	矿区名称	矿种	资源含量单位	查明资源储量	勘查程度	矿床规模
1	通山县城山煤矿区	煤炭	千吨	925	普查	小型
2	利川市齐岳山煤田砖岩槽井田车家营矿段	煤炭	千吨	4103.7	普查	小型
3	长阳县井坪煤矿区	煤炭	千吨	650	普查	小型
4	荆门市东宝区易畈煤矿区	煤炭	千吨	1513	普查	小型
5	巴东县枣子坪－水浒坪煤矿区	煤炭	千吨	7796	普查	小型
6	咸丰县燕朝煤矿区河马岭矿段	煤炭	千吨	294	普查	小型
7	鹤峰县深溪湾煤矿区	煤炭	千吨	306	普查	小型
8	宣恩县白岩溪煤矿区	煤炭	千吨	2432	普查	小型
		硫铁矿	矿石千吨	951		
9	神农架林区卷蓬湾铁矿区	铁矿	矿石千吨	962	勘探	小型
10	大冶市刘煌铁矿区	铁矿	矿石千吨	212	普查	小型
11	大冶市还地桥镇罗家庄铁矿区	铁矿	矿石千吨	213	勘探	小型
12	大冶市胡家破屋铁矿区	铁矿	矿石千吨	434	勘探	小型
13	大冶市董家大屋铁矿区	铁矿	矿石千吨	67.1	检测	小型
14	郧县唐二沟铁矿区	铁矿	矿石千吨	1442	勘探	小型
15	郧县雷家沟铁矿区	铁矿	矿石千吨	1392	勘探	小型
16	郧县罗家山铁矿区	铁矿	矿石千吨	56	普查	小型
17	竹山县高家沟铁矿区	铁矿	矿石千吨	1182	勘探	中型
18	房县严家沟铁矿区	铁矿	矿石千吨	127	普查	小型

续表 3－1

序号	矿 区 名 称	矿　种	资源含量单位	查明资源储量	勘查程度	矿床规模
19	长阳县贺家坪西流溪铁矿区	铁矿	矿石千吨	385	普查	小型
20	保康县袁家沟铁矿区	铁矿	矿石千吨	85.53	勘探	小型
21	鄂州市金龟山铁矿区	铁矿	矿石千吨	235	普查	小型
22	蕲春县清水河铁矿区蚂蚁山矿段	铁矿	矿石千吨	15048	详查	大型
23	随州市王家湾铁矿区	铁矿	矿石千吨	302	勘探	小型
24	鄂州市金文武铜铁矿区	铁矿	矿石千吨	171	勘探	小型
		铜矿	铜吨	3658		
		金矿	金千克	50		
		银矿	银吨	1.35		
25	鄂州市铜灶铁矿区Ⅵ号矿体	铁矿	矿石千吨	60	勘探	小型
26	阳新县李家山铜矿区韩家山矿段	铜矿	铜吨	1754	勘探	小型
		金矿	金千克	55		
27	阳新县赤马山铜矿区枫树下矿段	铜矿	铜吨	472	检测	小型
		钼矿	钼吨	15		
		金矿	金千克	22		
		银矿	银吨	0.41		
28	鹤峰县铜厂沟铜锌矿区	铜矿	铜吨	852	勘探	小型
		锌矿	锌吨	602		
29	大冶市高家林铜矿区	铜矿	铜吨	539	检测	小型
30	大冶市吕家矿区吕义勇铜矿区	铜矿	铜吨	2303	勘探	小型
31	大冶市东觉山铜钼矿区	铜矿	铜吨	3267	详查	小型
		锡矿	锡吨	2409		
		钼矿	钼吨	2170		
		金矿	金千克	161		
		银矿	银吨	4.56		
		硫铁矿	硫千吨	3.17		
32	远安县韩家河铜锡矿区	铜矿	铜吨	2699	普查	小型
		锡矿	锡吨	808		
33	安陆市陶吕寨银铜矿区	铜矿	铜吨	333	普查	小型
34	宣恩县中坝铜矿区	铜矿	铜吨	4420	勘探	小型
35	红安县七里坪银矿区	铜矿	铜吨	402	普查	小型
		铅矿	铅吨	1046		
		锌矿	锌吨	1024		
		金矿	金千克	50		
		银矿	银吨	9		
36	房县龙凤湾铅矿区	铅矿	铅吨	6585	普查	小型

续表 3-2

序号	矿区名称	矿种	资源含量单位	查明资源储量	勘查程度	矿床规模
37	郧西县银洞凹锌矿区	锌矿	锌吨	543	普查	小型
		银矿	银吨	0.41		
		镉矿	镉吨	5		
38	长阳县李家湾钼钒矿区	钒矿	V_2O_5 吨	16520	普查	小型
		钼矿	钼吨	2870		
39	郧县青马池钒矿区	钒矿	V_2O_5 吨	93848	普查	小型
40	郧西县杨家沟钒矿区	钒矿	V_2O_5 吨	10857	普查	小型
41	大冶市石头窝钼矿区	钼矿	钼吨	565	勘探	小型
42	大冶市付家山铜钼钨矿区②号矿体	钨矿	WO_3 吨	102	检测	小型
		钼矿	钼吨	111		
43	嘉鱼县高铁岭锰矿区	锰矿	矿石千吨	82	普查	小型
44	阳新县叶家塘锰矿区	锰矿	矿石千吨	106	勘探	小型
45	秭归县井水垭金矿区	金矿	金千克	157	检测	小型
46	郧西县构家河金矿区	金矿	金千克	874	检测	小型
47	夷陵区坦荡河金矿区	金矿	金千克	963	普查	小型
48	夷陵区龚家河金矿区	金矿	金千克	56	普查	小型
49	夷陵区彭家河石榴子石矿区	石榴子石	矿物吨	6759	普查	小型
50	安陆市赵棚重晶石矿区	重晶石	矿石千吨	253.88	勘探	小型
51	保康县百峰重晶石矿区	重晶石	矿石千吨	179	普查	小型
52	房县长岭磷矿区	磷矿	矿石千吨	1593	普查	小型
53	夷陵区宜昌磷矿龙洞湾矿段	磷矿	矿石千吨	24031	详查	中型
54	夷陵区宜昌磷矿黑良山磷矿区	磷矿	矿石千吨	59441	普查	大型
55	南漳县望府山磷矿区	磷矿	矿石千吨	317	预查	小型
56	钟祥市胡集矿区牛心寨矿段土子岭磷矿	磷矿	矿石千吨	684	普查	小型
57	建始县孟家湾磷矿区	磷矿	矿石千吨	170	勘探	小型
58	神农架林区土地垭磷矿区	磷矿	矿石千吨	2270	普查	小型
59	神农架林区大白莲磷矿区	磷矿	矿石千吨	2666	普查	小型
60	随州市英儿山白云岩矿区	冶金用白云岩	矿石千吨	111	普查	小型
61	武穴市小李家尖熔剂用灰岩矿区	熔剂用灰岩	矿石千吨	44068	详查	中型
		冶金用白云岩	矿石千吨	8547		
62	嘉鱼县杨家山石灰岩矿区	水泥用灰岩	矿石千吨	31140	勘探	中型
63	崇阳县胡家山水泥用灰岩矿区	水泥用灰岩	矿石千吨	30170	普查	中型
64	钟祥市白马山水泥用灰岩矿区	水泥用灰岩	矿石千吨	72825	详查	中型
65	秭归县和尚堡水泥用石灰岩矿区	水泥用灰岩	矿石千吨	37560	普查	中型

资料来源：湖北省国土资源厅矿产资源储量管理处(截至日期为2009年12月31日)。

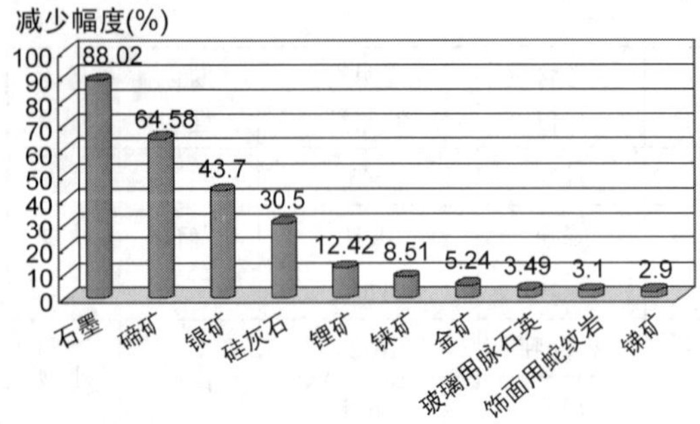

图3 2009年度保有资源储量减少幅度较大矿产对比图

新增上表矿区涉及18个矿种，以铁、煤、磷、铜矿为主。新增上表矿区规模达大型2处、中型7处、小型56处；地质勘查工作程度达到勘探18处、详查6处、普查35处、检测6处。

新增上表矿区查明资源储量煤炭18020千吨、铁矿石22374千吨、钒矿(V_2O_5)121225吨、钼矿(钼)5731吨、铜矿(铜)20699吨、铅矿(铅)7631吨、锌矿(锌)2169吨、镉矿(镉)5吨、锡矿(锡)3217吨、锰矿(锰)188千吨、金矿(金)2388千克、银矿(银)15.73吨、磷矿石91672千吨、硫铁矿石954.17千吨、重晶石432.88千吨、石榴子石矿物6759吨、熔剂用灰岩44068千吨、水泥用灰岩171695千吨、冶金用白云岩8658千吨。

2. 保有资源储量变化情况。2009年度，湖北省保有资源储量变化情况见附表1。

与2008年相比，保有资源储量减少幅度较大的矿种见图3，其中铼矿、金矿、玻璃用脉石英及锑矿主要为开采量大于勘查增加量所致，其他矿种主要为资源储量核实减少造成。

与2008年相比，保有资源储量增加幅度较大的矿种见图4，主要为目前矿业市场较好、勘查投入相对较多的矿种，勘探增加资源储量所致。

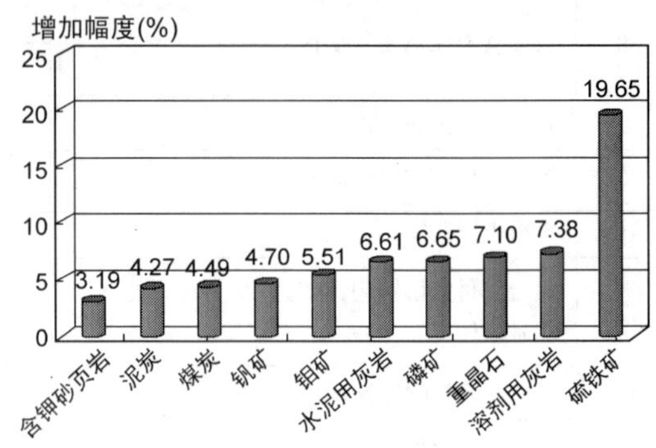

图4 2009年度保有资源储量增加幅度较大矿产对比图

3.2009年湖北省重要矿产资源状况。根据矿产资源在国民经济中的地位与作用、开发利用现状及保有资源储量等综合分析，湖北省重要矿产的查明资源储量、保有资源储量、分布地域见表4，保有资源储量与消耗资源储量对比情况见图5。

表4 湖北省重要矿产资源储量统计

矿种	单位	保有资源储量	查明资源储量	分布的主要地域
铁	矿石千吨	2877761	3268123	鄂东黄石－鄂州、鄂西宜昌－恩施
铜	铜吨	2039273	4470500	黄石市、鄂州市
金	金千克	143711	284634	大冶市、阳新县、嘉鱼县、夷陵区、秭归县
银	银吨	6860	12463	黄石市、宜昌市、十堰市
铅	铅吨	337148	391605	阳新县、武穴市、竹山县、当阳市
锌	锌吨	1078109	1183370	阳新县、武穴市、竹山县、当阳市、神农架林区
钨	WO_3吨	54694	86294	大冶市、阳新县
磷	矿石千吨	3242073	3683800	宜昌市、神农架、荆门市、襄樊市、孝感市、鹤峰县
盐	NaCl千吨	25734513	25905269	云梦县、应城市、天门市、潜江市
芒硝	Na_2SO_4千吨	2064258	2080655	云梦县、应城市及天门市、潜江市
石膏	矿石千吨	2122957	2253208	荆门市、江夏区、应城市、云梦县、当阳市
硫铁矿	矿石千吨	166522	192867	宜昌市、恩施州、鄂州市、襄樊市
煤	矿石千吨	776441	1150844	宜昌市、恩施州、荆门市、黄石市
水泥用灰岩	矿石千吨	3623179	3903934	荆门市、宜昌市、黄石市、黄冈市、咸宁市、襄樊市
熔剂用灰岩	矿石千吨	625984	699048	宜都市、长阳县、大冶市、江夏区

续表 4

矿 种	单 位	保有资源储量	查明资源储量	分布的主要地域
建筑用石料	千立方米	138143	146140	广泛分布全省除江汉平原的区域
饰面用石材	千立方米	44259	45369	宜昌市、黄石市、襄樊市、十堰市

资料来源：湖北省国土资源厅矿产资源储量管理处(截至日期为 2009 年 12 月 31 日)。

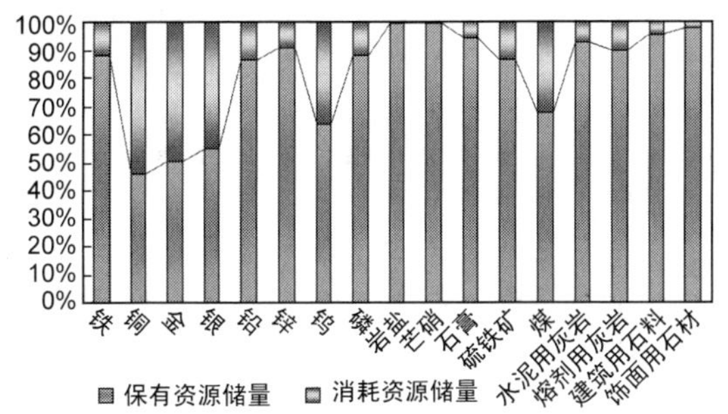

图 5 重要矿产保有资源储量与消耗资源储量对比图

近五年来湖北省重要矿产查明资源储量与保有资源储量金属矿产总体呈下降趋势，非金属矿产呈上升趋势，尤其是磷矿逐年上升幅度极为明显，具体变化情况见图 6～13。

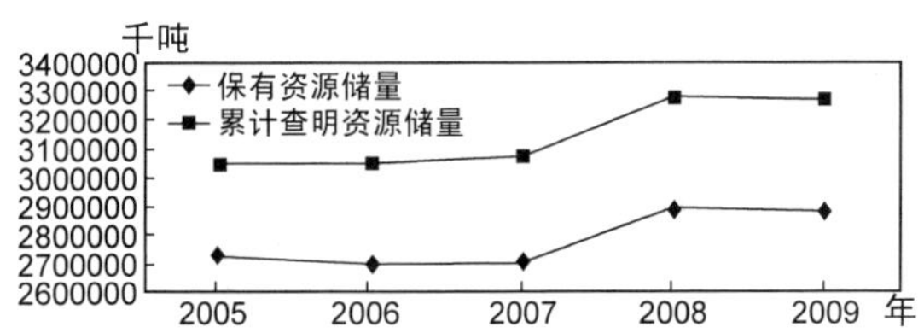

图 6 2005～2009 年铁矿查明资源储量与保有资源储量变化图

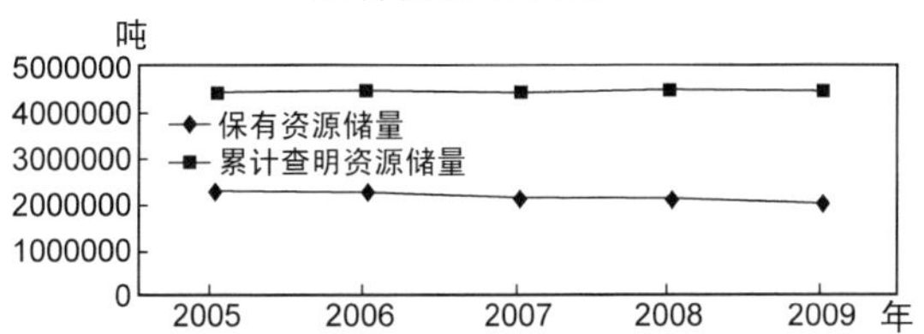

图 7 2005～2009 年铜矿查明资源储量与保有资源储量变化图

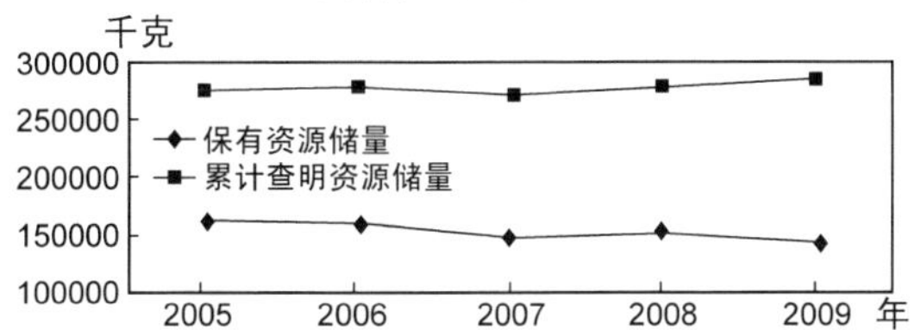

图 8 2005～2009 年金矿查明资源储量与保有资源储量变化图

【地质矿产调查评价与勘查】 2009 年，全省地质矿产勘查工作共投入资金 2.89 亿元(不含石油天然气)，其中中央财政投入 7666 万元，地方财政投入 3029 万元，社会资金投入 18214 万元，相比 2008 年略有下降。资金用于矿产资源勘查 19183.37 万元，基础地质调查 3770 万元，水工环地质调查 2834 万元，地质勘查科技与社会化服务 390 万元，其他 2732 万元。

1. 基础地质调查。2009 年湖北省基础地质调查共安排项目 16 个，其中区域地质调查 2 项、区域地球物理调查 2 项、区域地质矿产调查 5 项、农业地质和城市地质调查等合计 7 项。全年共投入资金 3770 万元，包括中央财政投入 3175 万元，省级财政投入 595 万元。其中，区域地质调查投入 1110 万元，区域地球物理调查 200 万元，区域地质矿产调查 775 万元，其他合计 1730 万元。

①区域地质调查。1:5 万武汉市等 6 幅区域地质调查。完成了 1:5 万综合区域地质测量 861 平方千米。确定了襄广断裂南部边界，发现了新构造运动迹象，开展了水、工、环、基岩、地貌、第四系综合地质调查，为武汉市城市建设提供了实用的基础地质资料。

②1:5 万宜昌市等 4 幅区域地质调查。开展了层序地层、生物地层等学科的对比研究，查明了区内岩浆岩的接触关系及岩性组合特征，在太平溪茶场一带新发现的铜(金)矿化点(Cu:1.85%～2.24%，Au:2.3×10^{-6})，具有进一步工作潜力。

2. 区域地球物理调查。①1:20 万长阳幅、五峰幅区域重力调查。完成面积 14214 平方千米。根据剩余重力特征圈定了 26 个异常，其中岩浆岩类异常 1 个，凹陷盆地类异常 4 个，地层岩性类异常 21 个；根据布格异常、剩余重力异常的分布特征，推断了 10 条断裂构造。

②1:20 神农架幅、巫溪幅区域重力调查。完成面积 14020 平方千米。圈出局部重力异常 41 个，其中岩浆岩类异常 3 个，地层岩性类异常 23 个，综合类异常 8 个，其他类异常 7 个。推断了主要断裂构造 23 条。利用重力场特征，提出了 6 个找矿远景区，为本区进一步找矿工作提供了依据。

3. 区域地质矿产调查。①湖北省神农架－黄陵地区铅锌矿远景调查对坛子坪铅锌矿普查工作取得一定进展，异常查证发现值得进一步工作区 7 处。

②湖北省洪湖市乌林地区矿产预查完成面积性物探 40 平方千米、地质简测完成 80 平方千米。

③湖北省幕阜山钨金铅锌矿产调查，水系沉积物

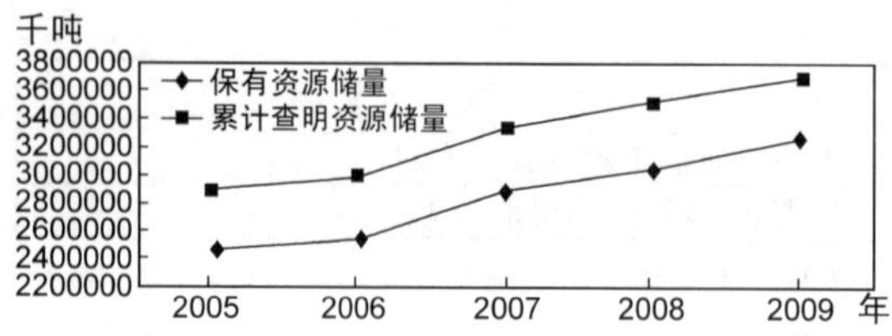

图9　2005～2009年磷矿查明资源储量与保有资源储量变化图

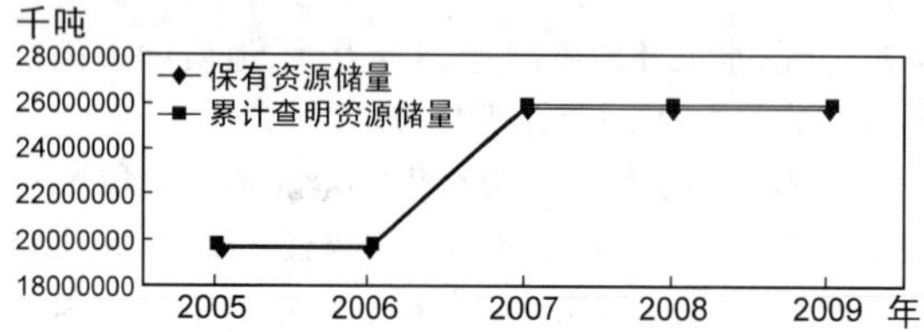

图10　2005～2009年盐矿查明资源储量与保有资源储量变化图

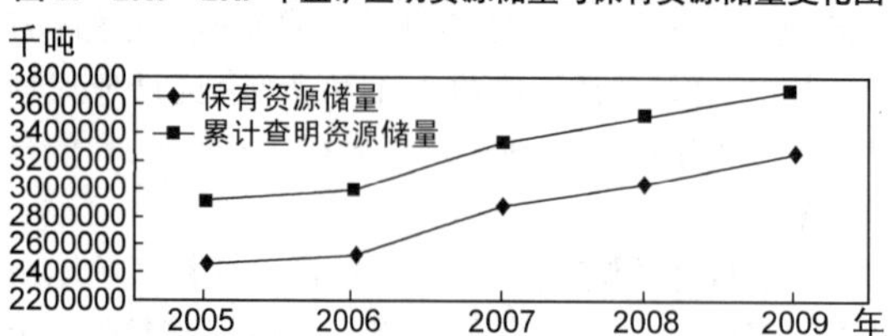

图11　2005～2009年石膏查明资源储量与保有资源储量变化图

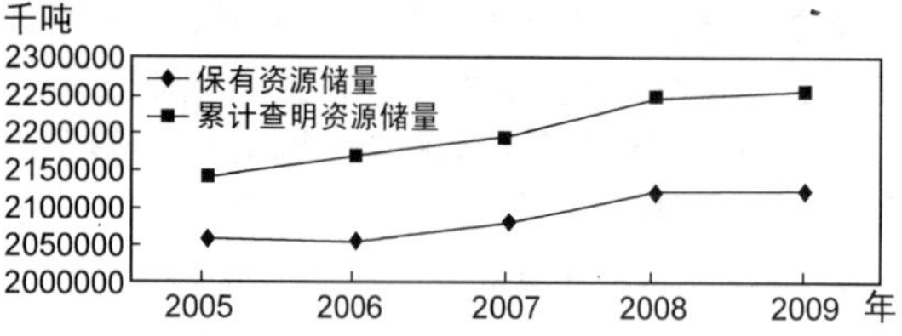

图12　2005～2009年硫铁矿查明资源储量与保有资源储量变化图

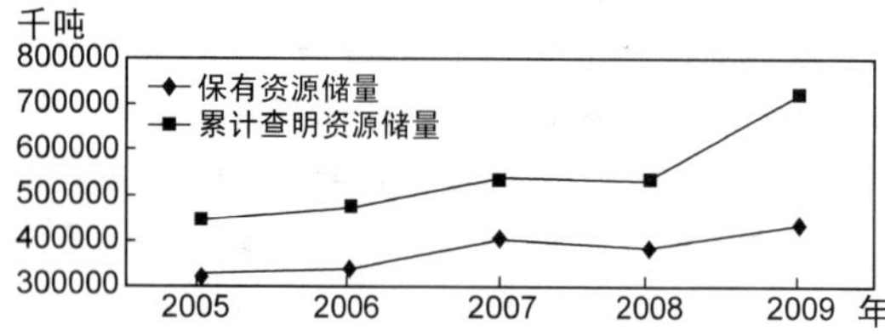

图13　2005～2009年煤炭查明资源储量与保有资源储量变化图

测量发现明显W、Au异常，控制白钨矿矿化带长约2千米，有望在该处新发现中型以上规模的云英岩型钨矿床。

④湖北省双峰尖地区矿产调查(续作)在芳畈岩体的周边发现多个铜矿(化)点、铅矿(化)点。

⑤1:5万屯堡幅矿产远景调查编写了地质矿产调查报告。预测找矿远景区3处，对二叠系龙潭组煤矿、硫铁矿的远景做出了评价，新发现恩施市红椿坝黄铁矿矿产地。

4. 利川－慈利－五峰走廊大剖面油气地质调查。初步研究表明，自石炭纪开始，工区大致以恩施断裂为界，东西存在一定差异；在石龙洞组、栖霞组和龙潭组等层位分别发现炭质沥青及油苗等油气显示3处。

5. 湖北省矿产资源潜力评价项目。成矿地质背景类编图及建库工作完成1:25万实际材料图8幅、建造图10幅、专题底图8张；典型矿床和成矿规律研究类编图及建库工作，编制矿产预测分布图10张、典型矿床研究及编图53张、预测工作区编图22张、重力类编图87张、磁测类编图117张、化探类编图199张、遥感类编图141张、自然重砂类编图85张。

【固体矿产勘查】 2009年全省固体矿产勘查项目53个，总投资19183万元，其中，中央财政投入2071万元，地方财政投入2020万元，社会资金投入15092万元。能源矿产勘查759万元，黑色金属矿产勘查2830.77万元，有色金属矿产勘查6070万元，贵金属矿产勘查155万元，非金属及其他矿产勘查9368.6万元，矿产资源勘查投入资金结构见图15。投入钻探工作量123515米，坑探3391米，槽探4.7万立方米。

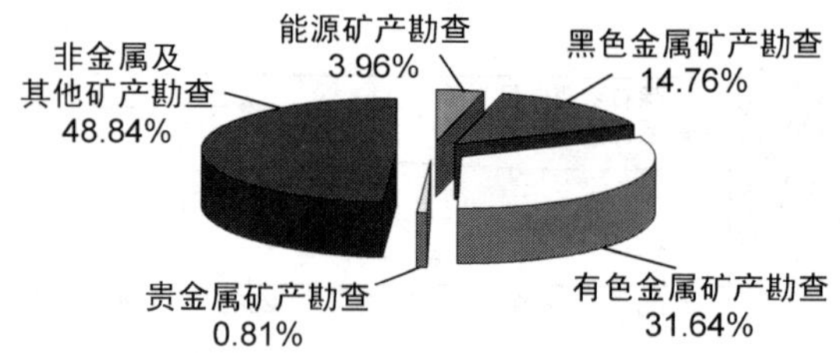

图14　矿产资源勘查投入资金结构图

1. 阶段性矿产勘查与评价。全省完成阶段性勘查评价矿产地73处，其中勘探1处，详查9处，普查62处，预查1处。

宜昌磷矿杨柳矿区初步探明磷矿石资源储量储量4.29亿吨，磷矿资源潜在经济价值1000多亿元，为新中国成立以来我国发现的单一矿区最大规模磷矿，可作为大型矿山建设后备基地。矿区内赋存有三层磷矿，平均品位为25.46%，其中Ⅰ级品矿石占30%。其中，主要工业矿层平均厚5.27米，平均品位25.88%；次工业矿层平均厚4.16米，平均品位22.63%；低品位矿层平均厚1.25米，平均品位19.76%。

2. 新发现矿产地。通过地质矿产勘查，新发现矿产地7处(表5)。

表5　湖北省2009年度新发现矿产地一览表

矿产地	单　位	查明矿产资源量			
		332	333	334	合计
鄂州市金文武地区铁铜矿	矿石万吨			400	400

续表 5

矿产地	单　位	查明矿产资源量			
		332	333	334	合计
湖北恩施红椿坝硫铁矿	矿石万吨		2077	4129	6206
长阳县李家湾钒钼矿	钒金属量千吨			18.85	18.85
	钼金属量千吨			4.61	4.61
蕲春县银山矿区石灰岩矿	矿石万吨			6923	6923
秭归县王家岭矿区粉砂岩矿	矿石万吨		395		395
竹溪县白鸡垭板石矿	矿石万立方米	1	62		63
竹溪县水井沟板石矿	矿石万立方米		119		119

注：指通过矿产勘查获得资源储量但未经批准矿产地。

湖北省恩施市红椿坝硫铁矿经过普查，发现硫铁矿一层，沿走向自矿区北部清水淌至中部红椿坝至南部马石坝长度约 12.02 千米，沿倾向自地表至矿体斜深 1600 米，延伸连续稳定。矿体平均厚度 1.64 米，矿床矿石平均品位为(TS)19.47%。初步估算 333 + 334 硫铁矿矿石资源量 6206 万吨，达到大型规模。

3. 危机矿山接替资源勘查。围绕湖北省主要大中型危机矿山实施深部及外围找矿工作。

①湖北省樟村坪磷矿接替资源勘查(宜昌磷矿黑良山矿区普查)报告于 2009 年 5 月 10 日已通过部终审，批准全矿区磷矿石 333 资源量 5994 万吨，334 资源量 3656 万吨，为一大型磷矿床。

②大峪口磷矿接替资源找矿项目新增磷矿石 333 资源量 3910 万吨，334 资源量 1134 万吨，磷矿石 333 + 334 资源量 5044 万吨，另估算共生白云岩矿矿石 333 资源量 2.49 亿吨。

③放马山磷矿接替资源找矿项目新增磷矿石 333 资源量 6313 万吨，334 资源量 8248 万吨，磷矿石 333 + 334 资源量 14561 万吨，另估算了共生白云岩矿石 333 资源量 56.15 亿吨。

④铜绿山铜铁矿接替资源找矿项目新增 333 铜金属资源量 25.06 万吨，铁矿石资源量 1628.67 万吨，伴生金资源量 12.93 吨，伴生银资源量 190.99 吨。

⑤鸡冠咀金铜矿接替资源找矿项目新增 333 矿石资源量 884.82 万吨，333 铜金属量 10.66 万吨，金金属量 9.27 吨，钼金属量 0.47 万吨。

⑥金昌石墨矿接替资源找矿项目新增石墨矿石 333 + 334 资源量 146.38 万吨，其中 333 资源量 125.12 万吨。

⑦金山店铁矿接替资源找矿项目新增 333 + 334 资源量约为 4367 万吨，其中 333 资源量为 2372 万吨。

4. 新增查明的矿产资源储量。新增查明的 333 以上主要矿产资源量：煤 812 万吨，铁矿石资源量 2160 万吨，铜金属量 21 万吨，铅锌金属量 10 万吨，钼金属量 7560 吨，钒矿(V_2O_5)19.45 万吨，金金属量 11.09 吨，硫铁矿矿石资源量 8207 万吨，石膏矿石资源量 1500 万吨，磷矿石资源量 25399 万吨。

【地热勘探】 2009 年开展 6 项地热资源勘查项目。房县温泉度假旅游区地热田普查项目，完成 145 个测温勘探点，8.1 千米高密度剖面测量，14 个直流电测深物理点，钻探施工 296.98 米，地下最大水温为 32.60 摄氏度。湖北省英山县温泉镇地热资源勘查项目，在芭茅街地热田泉水最高温度 39.5 摄氏度，杨柳湾地热田泉水温度为 26.9 摄氏度、22.1 摄氏度。罗田许家冲地热田地热资源普查项目，水温 50.8 摄氏度，最大降深 17.60 米时出水量为 1000.24 立方米/日。湖北省通山县王家庄地热田普查项目，地热泉地表温度 44 度左右，流量约 45 立方米/日。

【石油天然气勘探】 2009 年石油勘查总投资 28684 万元，共完成二维地震 168.7 千米，三维地震 105.74 平方千米；钻探 60932 米。

在江汉盆地新查明含油区块 4 个，新增探明含油面积 2.86 平方千米，探明石油地质储量 518.5 万吨，可采储量 103.32 万吨；新增控制含油区块 5 个，含油面积 11.23 平方千米，控制石油地质储量 309.47 万吨，可采储量 55.91 万吨；新增预测含油区块 1 个，含油面积 8.64 平方千米，预测石油地质储量 420.13 万吨，可采储量 63.02 万吨。

【水工环地质调查评价】 2009 年湖北省水工环地质调查共投入资金 2834 万元，安排项目 17 个，其中中央财政投入 2420 万元，省级财政和其他资金投入 414 万元。

对全省 6 个主要城市和地区进行地下水水位(温)动态监测、水质取样、分析工作，开展了武汉城市圈地质环境调查与区划项目、湖北省特大型滑坡调查与风险评价、清江流域地质灾害详细调查项目及地质灾害专业监测工作。

【地质勘查科技研究】 2009 湖北省实施地质勘查科研项目 20 个，共投入资金 390 万元。

1. 区域重点成矿区带成矿规律及成矿预测研究。铜绿山地区深部铜(铁、金)成矿规律及找矿预测研究项目，重点选择了铜绿山铁铜矿、鸡冠咀金、猴头山铜钼矿进行了近矿围岩蚀变及其与成矿关系研究。

湖北省蛇屋山金矿原生矿富集规律及找矿预测研究项目，对39线南部进行激电测深工作；对八字门矿区南东部低阻异常进行钻孔验证，揭露断裂破碎带垂厚59.99米，破碎带内金含量一般$(0.1 \sim 0.5) \times 10^{-6}$，最高品位$2.15 \times 10^{-6}$。经组合样分析，金矿化部位伴有As、Sb、W、Ba、F异常，显示为前缘指示元素异常组合。

鄂东南铜铁金多金属找矿靶区优选项目，初步认为排市、何锡铺、汤家湾有较大找矿前景。

2. *区域重大疑难地质问题研究*。东秦岭－大别造山带及两侧构造剖面研究（续作）项目，对3条构造剖面进行了构造带（单元）的划分，共划分了37个构造带，分析总结了各构造带的特征；编制了南秦岭7个地层分区、北秦岭3个地层分区的地层柱状图和地层序列对比图；对研究区内丹凤－桐柏－浠水大断裂、栾川－明港断裂、襄樊－广济断裂等进行了较系统的总结。

【境外地质矿产勘查】 为了缓解省内矿产资源供需矛盾，实现湖北省矿产资源的可持续发展，2009年，全省部分地勘单位和矿业企业实施“走出去”战略，加大了境外矿产资源勘查开发力度。

1. *地勘单位境外地质矿产勘查*。全省部分地勘单位分别在蒙古国、阿富汗、埃塞俄比亚、巽他群岛－新几内亚岛等国家和地区开展多种矿产勘查，取得积极效果。

湖北省地质调查院在埃塞俄比亚投入资金200万元，取得4处探矿权（表6）。其中埃塞俄比亚OROMIA州GIMBI区YUBDO南部贵多金属矿产勘查已经完成了野外扫面及异常查证工作，发现了8个有价值的矿点；圈定单元素地球化学异常192处，综合异常13处，其中6处铂、金类异常找矿前景较好，有进一步工作价值；圈定了10处ΔT磁测异常，其中有4处异常有进一步工作价值。

表6　埃塞俄比亚获取探矿权一览表

序号	探矿权名称	面积（平方千米）
1	埃塞俄比亚OROMIA州GIMBI区YUBDO南部贵多金属矿产勘查	309.93
2	埃塞俄比亚OROMIA州BORENA－BURJI区南部地区金多金属矿产勘查	424.60
3	埃塞俄比亚GUMUZ州ASSOSA区东部地区金多金属矿产勘查	341.03
4	埃塞俄比亚GUMUZ州ASSOSA区北部地区金多金属矿产勘查	353.00

湖北省地质调查院在莫桑比克投入资金53万元，与香港亿华国际集团公司合作开展TETE省BEIRA区BUZI河石灰石矿普查－详查工作，提交332资源量2500万吨。在预可研的基础上，可提交满足合作方工业利用要求的122b基础储量2500万吨。

中南冶金地质研究所在阿富汗开展艾娜克铜矿补充勘查项目，投入资金8400万元，目前项目正在开展之中。

2. *矿业企业境外矿产资源勘查*。2009年，以武汉钢铁集团公司为代表的矿业企业实施海外资源战略，大力开展境外铁矿勘查开采工作。

2009年4月，武钢与澳大利亚WPG公司合作，对南澳中部Hawk Nest铁矿区进行开发，该矿区达到澳大利亚JORC标准资源量5.7亿吨，资源潜力可达到10亿吨。

2009年7月，武钢和澳大利亚CXM公司合作，开发南澳埃尔半岛中部和南部铁矿项目。该项目是南澳最大的铁矿开发项目，矿区总面积约600平方千米，预计资源总量达20亿吨。

2009年7月，武钢与加拿大CLM公司合作，获得Bloom Lake项目25%的股权及50%的产品，涉及CLM公司的三个矿区，总资源量达到23亿吨。

2009年11月，武钢和澳大利亚南澳洲Centrex Metals Ltd公司合作铁矿项目，获得该公司5个租约地60%的权益，合计资源量20亿吨。

2009年11月，武钢集团与委内瑞拉矿业集团公司成功达成五方协议。涉及总储量共146.57亿吨，其中已探明储量41.84亿吨。

【矿产资源开发利用】 2009年，湖北省矿产勘查开发体系进一步完善，矿产资源保护和合理利用水平逐步提高，矿业投入持续增加，矿业及相关产业成为湖北省国民经济的重要支柱产业，为湖北省乃至全国的经济建设做出了重要贡献。

1. *矿山企业*。据统计，2009年湖北省各类矿山企业4182家（未包括石油天然气），其中大型企业29家，中型企业106家，小型企业1741家，小矿2306家。从事矿业生产人员160540人。自2001年以来，矿山企业数及从业人员总体呈缓慢下降趋势（图16）。

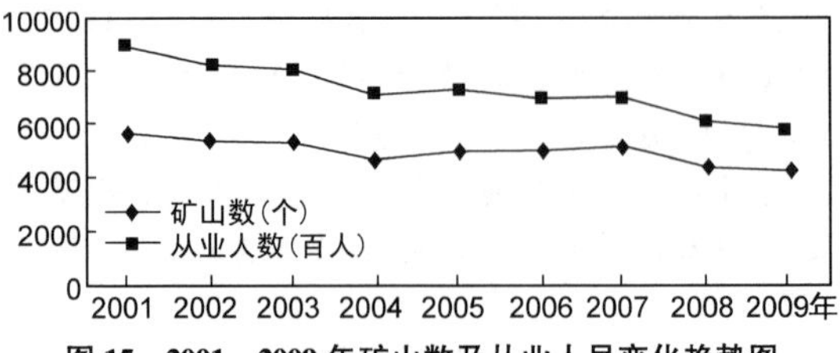

图15　2001～2009年矿山数及从业人员变化趋势图

2009年，湖北省矿石产量14353.45万吨，矿业总产值1406710.9万元，人均产值8.76万元。自2001年以来，矿石总产量、矿业总产值及人均产值变化趋势见图17。

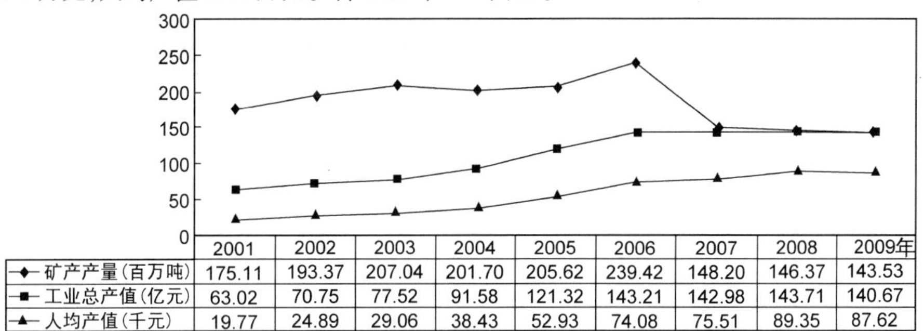

图16　2001～2009年矿石产量及矿业总产值变化趋势图

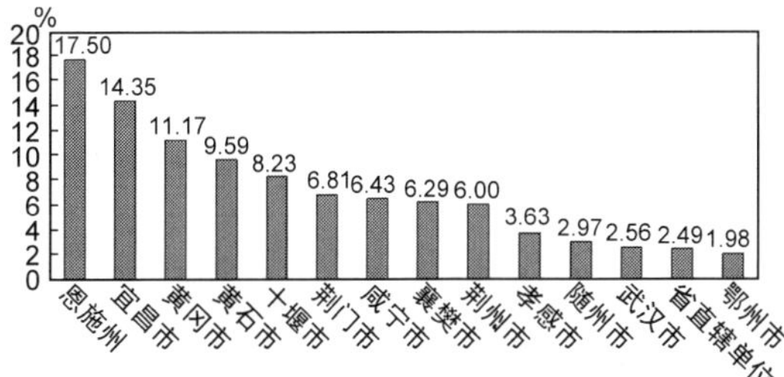

图17　2009年各地区矿山企业数量占全省比例图

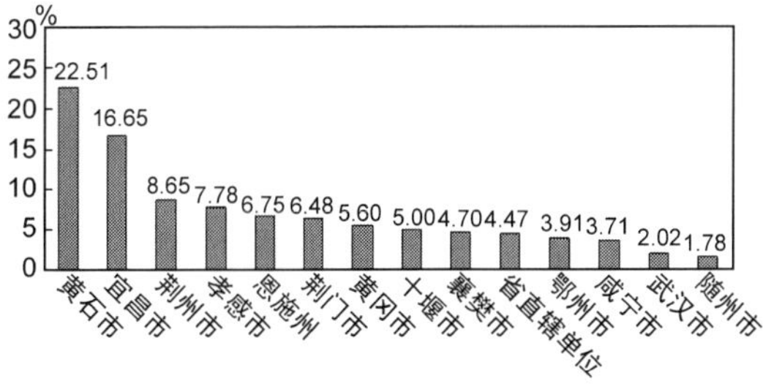

图18　2009年各地区矿山企业从业人数占全省比例图

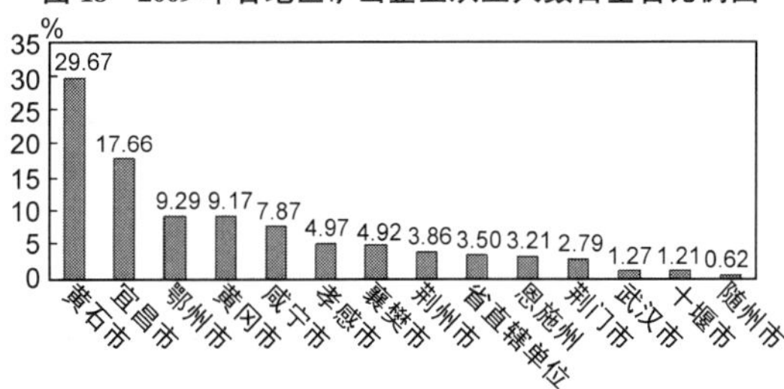

图19　2009年各地区矿山矿业总产值占全省比例图

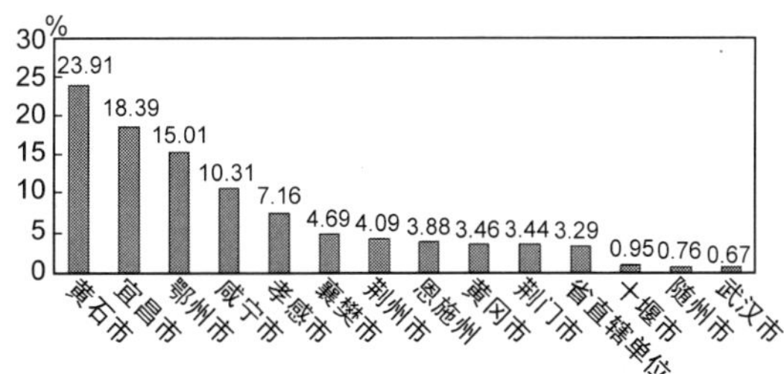

图20　2009年各地区矿业总利润占全省比例图

按地区统计，2009年度全省各地区矿山企业数量、从业人员、矿业总产值及利润总额见表7，占全省比例见图17～21。

表7　　湖北省矿山企业按地区统计表

地区	矿山数（个）	从业人员（人）	矿业总产值（万元）	利润总额（万元）
总计	4182	160540	1406710.9	170252.99
武汉市	107	3244	17925	1146
黄石市	401	36144	417417.5	40703.81
十堰市	344	8019	16990.74	1610.85
宜昌市	600	26730	248396.61	31306.08
襄樊市	263	7548	69190.4	7986.14
鄂州市	83	6270	130728.79	25546.85
荆门市	285	10396	39177.7	5852.85
孝感市	152	12491	69852.1	12191.58
荆州市	251	13884	54229.05	6959.07
黄冈市	467	8989	129016.5	5892.25
咸宁市	269	5961	110705.4	17555.91
随州市	124	2850	8743.2	1295.6
恩施州	732	10842	45131.7	6604.9
省直辖行政单位	104	7172	49206.21	5601.09

资料来源：湖北省矿山企业矿产资源开发利用情况统计年报(2009)（未含油、气）。

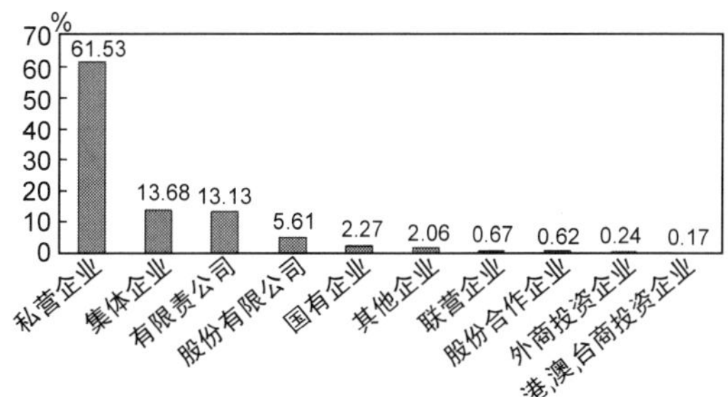

图21　2009年各经济类型矿山企业数量占全省比例图

按经济类型统计，2009年度全省矿山企业数量、从业人员、矿业总产值及利润总额见表8。占全省比例见图22～26。

表8　　湖北省(非油气)矿山企业按经济类型统计表

经济类型	矿山数(个)	从业人数(个)	工业总产值(万元)	矿产品销售收入(万元)	利润总额(万元)
合　计	4182	160540	1406710.9	1290665.01	170252.99
国有企业	95	28062	425529.06	409651.12	46694.57
集体企业	572	23885	73853.92	68811.82	8258.27
股份合作企业	26	1682	19501	18243.92	3496.6
联营企业	28	777	2166.5	2158.5	193.6
有限责任公司	549	35856	379054.89	322453.35	36815
股份有限公司	236	15699	229805.79	223798.9	36344.84
私营企业	2573	52037	238336.14	207419.81	24178.31
其他企业	86	1073	3091.6	3051.6	380.3
港、澳、台商投资企业	7	1141	34847	34641	14121
外商投资企业	10	328	525	435	-229.5

资料来源：湖北省矿山企业矿产资源开发利用情况统计年报(2009年，未含油、气)。

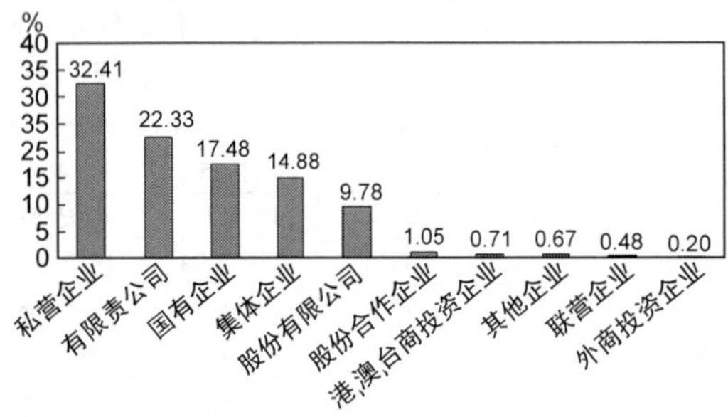

图22　2009年各经济类型矿山从业人数占全省比例图

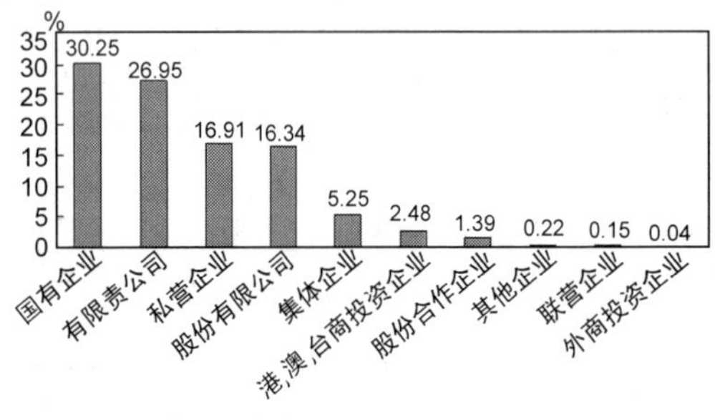

图23　2009年各经济类型矿山矿业总产值占全省比例图

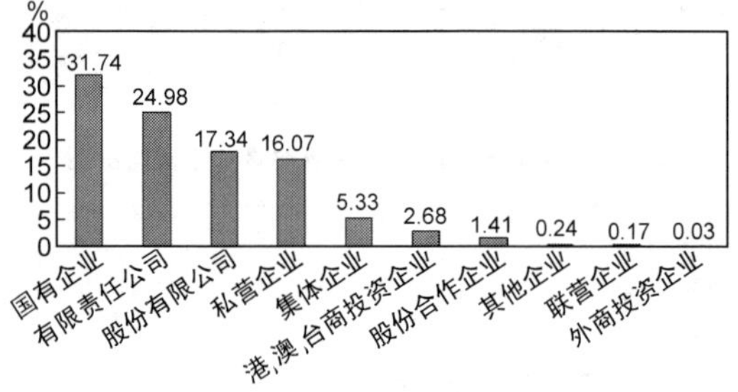

图24　2009年各经济类型矿山矿产品销售总收入占全省比例图

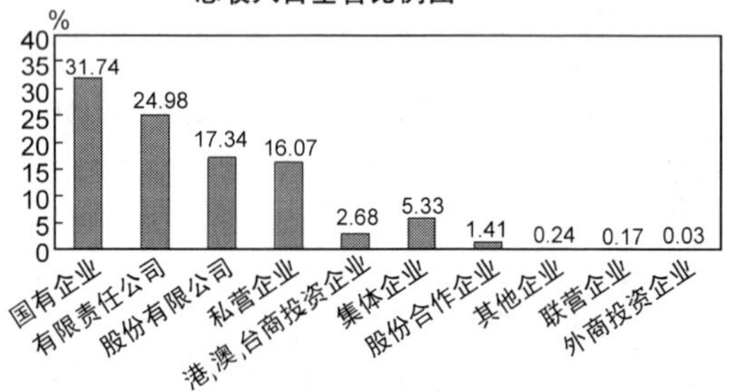

图25　2009年各经济类型矿山总利润占全省比例图

表9　　湖北省(非油气)矿山企业按矿种统计表

矿　种	矿山数(个)	从业人数(个)	工业总产值(万元)	矿产品销售收入(万元)	利润总额(万元)
合　计	4182	160540	1406710.9	1290665.01	170252.99
能源矿产	451	30722	147505.63	139737.74	11317.92
建筑材料及其他非金属	3220	65022	372640.80	305555.67	29667.68
黑色金属矿产	104	22485	335393.18	331690.32	30155.99
化工原料非金属	241	21681	325231.60	295510.64	45550.48
有色金属矿产	57	12666	119471.89	118655.11	17211.86
贵金属矿产	25	4205	83975.40	83670.16	34734.2

续表 9

矿 种	矿山数(个)	从业人数(个)	工业总产值(万元)	矿产品销售收入(万元)	利润总额(万元)
冶金辅助原料	69	2893	16084.85	9777.85	733.89
水汽矿产	13	815	6407.55	6067.52	880.97
稀有元素矿产	2	51	0	0	0

资料来源:2009 年湖北省矿产资源开发利用情况统计年报。

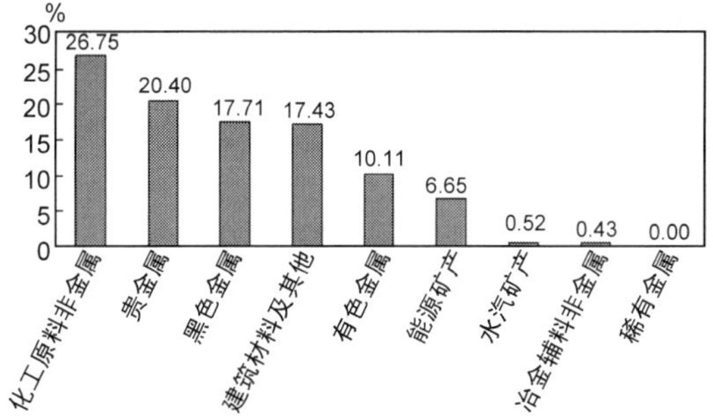

图 26 2009 年各矿种矿山企业数量占全省比例图

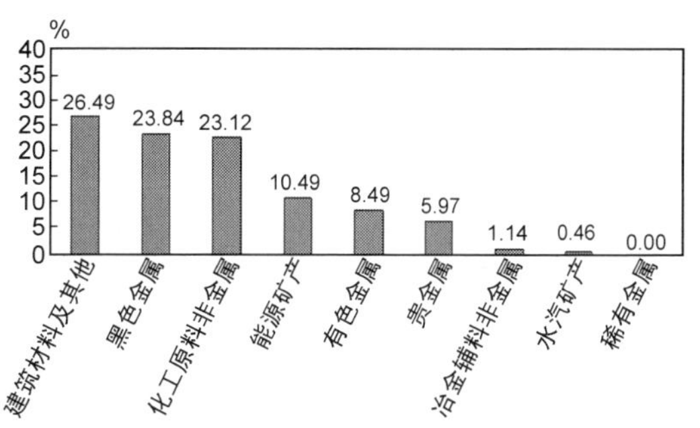

图 28 2009 年各矿种矿山矿业总产值占全省比例图

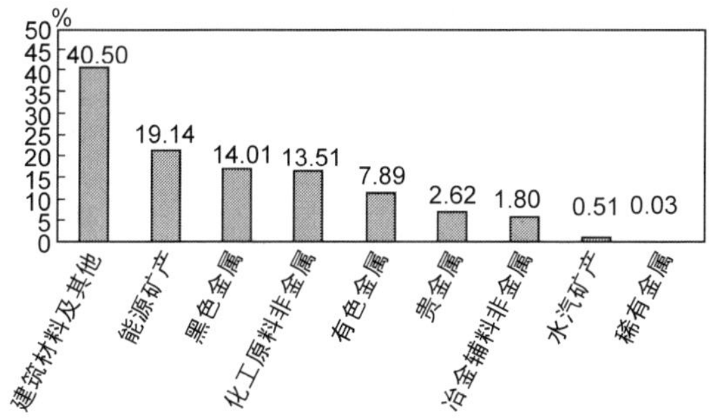

图 27 2009 年各矿种矿山从业人数占全省比例图

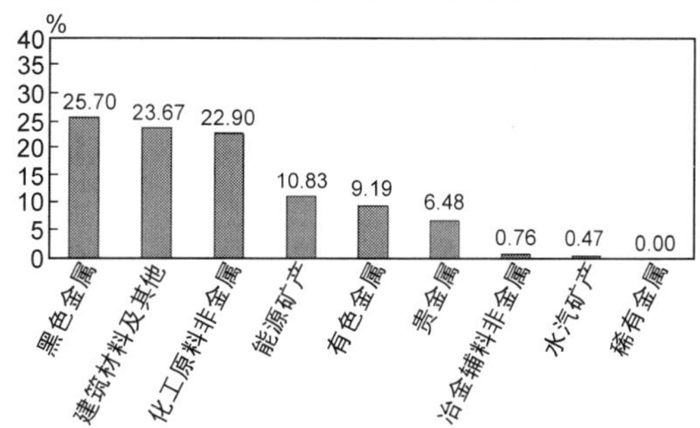

图 29 2009 年各矿种矿山矿产品销售总收入占全省比例图

表 10 **湖北省 2009 年度开发利用的矿产统计表**

<table>
<tr><th>矿产类别(种数)</th><th>矿 产 名 称</th><th>矿产类别(种数)</th><th>矿 产 名 称</th></tr>
<tr><td>水气矿产(3)</td><td>地下水、矿泉水、地下热水</td><td rowspan="3">冶金辅助原料矿产(8)</td><td rowspan="3">普通萤石、熔剂用灰岩、冶金用白云岩、冶金用石英岩、铸型用砂岩、冶金用脉石英、耐火黏土、熔剂用蛇纹岩</td></tr>
<tr><td>能源矿产(4)</td><td>煤、石煤、石油、天然气</td></tr>
<tr><td>黑色金属矿产(4)</td><td>铁矿、锰矿、钛矿、钒矿</td></tr>
<tr><td>有色金属矿产(7)</td><td>铜矿、铅矿、锌矿、铝土矿、钨矿、钼矿、锑矿</td><td rowspan="3">化工原料
非金属矿产(12)</td><td rowspan="3">硫铁矿、自然硫、重晶石、电石用灰岩、制碱用灰岩、化工用白云岩、化肥用石英岩、化肥用橄榄岩、化肥用蛇纹岩、泥炭、盐矿、磷矿</td></tr>
<tr><td>贵金属矿产(2)</td><td>金矿、银矿</td></tr>
<tr><td>稀有分散元素矿产(1)</td><td>锶矿(天青石)</td></tr>
<tr><td>建筑材料及其他非金属矿产(65)</td><td colspan="3">石墨、硅灰石、滑石、长石、石榴子石、透辉石、透闪石、蛭石、石膏、方解石、玉石、水泥用灰岩、建筑石料用灰岩、饰面用灰岩、制灰用石灰岩、白垩、玻璃用白云岩、建筑用白云岩、玻璃用石英岩、玻璃用砂岩、水泥配料用砂岩、砖瓦用砂岩、建筑用砂岩、陶瓷用砂岩、建筑用砂、水泥配料用砂、砖瓦用砂、玻璃用脉石英、陶粒页岩、砖瓦用页岩、水泥配料用页岩、水泥配料用脉石英、建筑用页岩、高岭土、陶瓷土、伊利石黏土、累托石黏土、膨润土、砖瓦用黏土、陶粒用黏土、水泥配料用黏土、水泥配料用红土、水泥配料用泥岩、建筑用橄榄岩、建筑用辉石岩、建筑用玄武岩、建筑用角闪岩、建筑用辉绿岩、建筑用安山岩、建筑用闪长岩、建筑用花岗岩、饰面用花岗岩、建筑用凝灰岩、饰面用大理岩、建筑用大理岩、水泥用大理岩、饰面用板岩、水泥配料用板岩、片麻岩、水泥用辉绿岩、饰面用辉绿岩、饰面用闪长岩、建筑用正长岩、珍珠岩、其他矿产</td></tr>
</table>

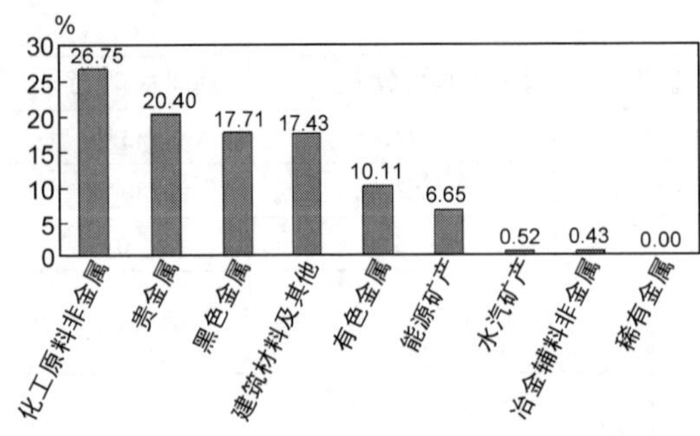

图30 2009年各矿种矿山总利润占全省比例图

按矿种统计，2009年度全省各矿种矿山企业数量、从业人员、矿业总产值及利润总额见表9，占全省比例见图27～30。

2. *单矿种经济指标*。2009年，湖北省开发利用的矿种共106种(表10)。

与2008年相比，停采了光学萤石、玻璃用灰岩、饰面用蛇纹岩等3种矿产，增加了建筑用橄榄岩、建筑用辉石岩、水泥配料用脉石英、陶瓷用砂岩、自然硫等5种矿产。

湖北省2009年单矿种矿业开发技术经济指标见表11。

表11　　2009年湖北省单矿种经济指标汇总简表

序号	矿　　种	矿山数(个)	从业人数(人)	年产矿量(万吨)	工业总产值(万元)	矿产品销售收入(万元)	利润总额(万元)
1	地下水	1	15	0.09	40.00	28.00	10.00
2	地下热水	6	710	321.27	5953.40	5668.20	827.10
3	矿泉水	6	90	3.14	414.15	371.32	43.87
4	煤炭	412	30249	570.46	146358.42	138809.45	11295.62
5	石煤	39	473	36.02	1147.21	928.29	22.30
6	石油	29	14370	79.00	416619.0	416004.00	－37286.0
7	天然气	1		1.15亿立方米	11431.00	11403.00	
8	铁矿	88	20926	728.27	325897.64	322194.78	28978.73
9	锰矿	5	1000	31.98	8747.54	8747.54	1162.26
10	钛矿	4	260	5.00	148.00	148.00	15.00
11	钒矿	7	299	2.00	600.00	600.00	0.00
12	铜矿	43	12208	394.76	118668.49	117851.91	19340.66
13	铅矿	2	16	0.00	0.00	0.00	0.00
14	锌矿	4	123	0.00	0.00	0.00	－280.00
15	铝土矿	1	1	0.00	0.00	0.00	0.00
16	钨矿	1	116	0.00	0.00	0.00	－1700.0
17	钼矿	4	175	4.98	803.40	803.20	－148.80
18	锑矿	2	27	0.00	0.00	0.00	0.00
19	金矿	23	3828	306.77	81719.40	82757.66	34695.2
20	银矿	2	377	9.62	2256.00	912.50	39.00
21	锶矿	2	51	0.00	0.00	0.00	0.00
22	普通萤石	33	297	3.90	836.00	712.00	49.80
23	熔剂用灰岩	5	2151	143.90	12711.00	6528.00	273.80
24	熔剂用蛇纹岩	2	42	12.00	1500.00	1500.00	280.00
25	冶金用白云岩	3	52	20.00	250.00	250.00	12.00
26	冶金用脉石英	5	21	2.00	240.00	240.00	60.00

续表 11-1

序号	矿　　种	矿山数（个）	从业人数（人）	年产矿量（万吨）	工业总产值（万元）	矿产品销售收入(万元)	利润总额（万元）
27	冶金用石英岩	18	316	16.49	534.35	534.35	56.19
28	铸型用砂岩	2	11	0.50	13.50	13.50	2.10
29	耐火黏土	1	3	0.00	0.00	0.00	0.00
30	硫铁矿	12	215	2.07	660.00	650.65	14.60
31	自然硫	1	1	0.00	0.00	0.00	0.00
32	重晶石	86	1129	27.93	4022.80	3583.80	-185.35
33	电石用灰岩	4	148	25.63	1162.60	1162.60	83.00
34	制碱用灰岩	1	5	1.00	15.00	15.00	0.00
35	化肥用橄榄岩	1	8	2.90	72.50	72.50	0.80
36	化肥用蛇纹岩	2	39	1.20	38.00	30.00	0.00
37	化肥用石英岩	5	50	6.20	246.00	246.00	51.00
38	化工用白云岩	2	30	3.00	45.00	45.00	1.00
39	泥炭	18	307	5.10	468.00	448.00	116.00
40	盐矿	10	4935	693.56	53590.00	45314.90	2507.00
41	磷矿	99	14814	1501.46	264911.7	243942.19	42962.43
42	白垩	1	8	0.20	11.00	11.00	0.00
43	玻璃用白云岩	4	68	2.00	31.00	31.00	4.60
44	玻璃用脉石英	15	154	19.60	2448.00	2438.00	629.00
45	玻璃用砂岩	5	57	31.01	623.84	620.00	69.23
46	玻璃用石英岩	10	106	2.65	1032.00	975.00	68.50
47	长石	10	258	0.80	97.00	42.00	2.60
48	方解石	111	980	31.68	1391.36	1388.16	162.40
49	高岭土	52	829	29.18	1914.18	1837.54	290.20
50	硅灰石	41	512	18.17	1695.60	1695.60	320.50
51	滑石	9	106	2.16	184.00	154.00	12.50
52	建筑石料用灰岩	1128	11622	3182.28	55583.30	53340.05	6858.52
53	建筑用安山岩	6	12	0.53	16.90	16.66	0.80
54	建筑用白云岩	110	1381	369.33	6279.50	5900.99	633.18
55	建筑用大理岩	33	582	70.66	2289.00	2166.00	274.60
56	建筑用橄榄岩	1	15	8.00	60.00	60.00	16.50
57	建筑用花岗岩	183	1727	297.38	6320.60	5409.00	407.15
58	建筑用辉绿岩	54	577	96.39	2517.00	2457.00	258.18
59	建筑用辉石岩	1	20	3.10	90.00	90.00	18.00
60	建筑用角闪岩	7	80	3.72	87.00	81.00	6.00
61	建筑用凝灰岩	2	0	0.00	0.00	0.00	0.00
62	建筑用砂	49	942	587.36	6197.00	5812.30	430.10

续表 11－2

序号	矿　　种	矿山数（个）	从业人数（人）	年产矿量（万吨）	工业总产值（万元）	矿产品销售收入（万元）	利润总额（万元）
63	建筑用砂岩	42	508	210.61	1887.00	1472.00	419.70
64	建筑用闪长岩	16	196	24.00	369.00	358.45	28.00
65	建筑用玄武岩	14	254	31.50	1435.00	1428.00	150.50
66	建筑用页岩	5	47	5.21	150.50	505.50	51.20
67	建筑用正长岩	1	12	1.82	72.00	72.00	4.00
68	累托石黏土	1	125	0.00	0.00	0.00	0.00
69	膨润土	21	202	5.26	277.06	211.56	48.00
70	片麻岩	94	1239	172.05	4169.50	3416.06	366.90
71	石膏	40	3889	175.74	12661.30	12661.30	941.40
72	石榴子石	3	135	0.30	61.60	61.60	－62.00
73	石墨	2	151	0.00	0.00	0.00	0.00
74	饰面用板岩	47	512	14.15	933.00	843.00	99.00
75	饰面用大理岩	81	810	6.91	4358.00	3687.00	450.25
76	饰面用花岗岩	157	2723	58.17	6830.10	5787.50	438.75
77	饰面用灰岩	13	126	12.41	490.00	490.00	87.60
78	饰面用辉绿岩	2	19	6.00	0.00	40.00	－2.00
79	饰面用闪长岩	2	12	0.00	0.00	0.00	0.00
80	水泥配料用板岩	1	5	0.00	0.00	0.00	0.00
81	水泥配料用红土	5	44	1.30	85.00	85.00	12.00
82	水泥配料用脉石英	1	15	0.00	0.00	0.00	0.00
83	水泥配料用泥岩	2	2	0.00	0.00	0.00	0.00
84	水泥配料用砂	1	30	0.00	0.00	0.00	0.00
85	水泥配料用砂岩	23	198	37.62	609.40	579.40	－112.40
86	水泥配料用页岩	40	548	34.20	901.00	697.00	69.30
87	水泥配料用黏土	1	10	1.00	10.00	10.00	1.00
88	水泥用大理岩	4	54	30.00	375.00	375.00	5.50
89	水泥用灰岩	106	4017	2508.93	169470.99	121268.53	6206.70
90	水泥用辉绿岩	1	8	0.00	30.00	0.00	0.00
91	陶瓷土	6	79	7.10	185.00	185.00	38.81
92	陶瓷用砂岩	1	6	0.00	0.00	0.00	0.00
93	陶粒页岩	4	133	5.00	1120.00	365.00	15.00
94	陶粒用黏土	3	100	2.20	855.00	268.00	26.00
95	透辉石	2	26	3.30	108.00	108.00	12.00
96	透闪石	1	58	0.00	0.00	0.00	0.00
97	伊利石黏土	1	10	0.00	0.00	0.00	0.00
98	玉石	2	9	0.00	20.00	0.00	0.00
99	珍珠岩	1	7	0.04	2.32	2.32	0.70

续表 11－3

序号	矿　　种	矿山数（个）	从业人数（人）	年产矿量（万吨）	工业总产值（万元）	矿产品销售收入（万元）	利润总额（万元）
100	制灰用石灰岩	65	1169	273.58	8087.28	7388.63	577.21
101	蛭石	4	32	0.50	60.00	60.00	20.00
102	砖瓦用砂	4	241	0.00	243.00	0.00	0.00
103	砖瓦用砂岩	8	165	6.00	209.40	209.40	10.00
104	砖瓦用页岩	62	568	66.26	1486.75	1167.00	92.49
105	砖瓦用黏土	496	26242	1012.90	66220.32	57228.13	9209.51
106	其他矿产	2	250	0.00	0.00	0.00	0.00
合计		4212	174910	14432.46	1834760.9	1718072.02	132966.99

资料来源：湖北省矿山企业矿产资源开发利用情况统计年报（2009年）、江汉油田勘探处（矿石产量合计未包括天然气）。

矿山企业数量排名前10位的矿产依次为建筑石料用灰岩（1128个）、砖瓦用黏土（496个）、煤炭（412个）、建筑用花岗岩（183个）、饰面用花岗岩（157个）、方解石（111个）、建筑用白云岩（110个）、水泥用灰岩（106个）、磷矿（99个）、片麻岩（94个）。

从业人数排名前10位的矿产依次为煤炭（30249人）、砖瓦用黏土（26242人）、铁矿（20926人）、磷矿（14814人）、石油天然气（14370人）、铜矿（12208人）、建筑石料用灰岩（11622人）、盐矿（4935人）、水泥用灰岩（4017人）、石膏（3889人）。

年产矿石量排名前10位的矿产依次为建筑石料用灰岩（3182.28万吨）、水泥用灰岩（2508.93万吨）、磷矿（1501.46万吨）、砖瓦用黏土（1012.9万吨）、铁矿（728.27万吨）、盐矿（693.56万吨）、建筑用砂（587.36万吨）、煤炭（570.46万吨）、铜矿（394.76万吨）、建筑用白云岩（369.33万吨）。

矿产品销售总收入排名前10位的矿产依次为石油天然气（427407万元）、铁矿（322194.78万元）、磷矿（243942.19万元）、煤炭（138809.45万元）、水泥用灰岩（121268.53万元）、铜矿（117851.91万元）、金矿（82757.66万元）、砖瓦用黏土（57228.13万元）、建筑石料用灰岩（53340.05万元）、盐矿（45314.9万元）。

工业总产值排名前10位的矿产依次为石油天然气（未分，428050万元）、铁矿（325897.64万元）、磷矿（264911.7万元）、水泥用灰岩（169470.99万元）、煤炭（146358.42万元）、铜矿（118668.49万元）、金矿（81719.40万元）、砖瓦黏土（66220.32万元）、建筑石料用灰岩（55583.3万元）、盐矿（53590万元）。

人均产值排名前10位的矿产依次为水泥用灰岩（42.19万元）、熔剂用蛇纹岩（35.71万元）、石油天然气（未分，29.79万元）、金矿（21.35万元）、磷矿（17.88万元）、玻璃用脉石英（15.90万元、铁矿（15.57万元）、冶金用脉石英（11.43万元）、玻璃用砂岩（10.94万元）、盐矿（10.86万元）。

利润总额排前10位的依次为磷矿（42962.43万元）、金矿（34695.2万元）、铁矿（28978.73万元）、铜矿（19340.66万元）、煤（11295.62万元）、砖瓦用黏土（9209.51万元）、建筑石料用灰岩（6858.52万元）、水泥用灰岩（6206.7万元）、盐矿（2507万元）、锰矿（1162.26万元）。

人均利润排名前10位的矿产依次为金矿（9.06万元）、熔剂用蛇纹岩（6.67万元）、玻璃用脉石英（4.08万元）、磷矿（2.90万元）、冶金用脉石英（2.86万元）、铜矿（1.58万元）、水泥用灰岩（1.55万元）、铁矿（1.38万元）、玻璃用砂岩（1.21万元）、地下热水（1.16万元）。

3. *矿业投入情况*。2009年度，湖北省矿业投资297.4亿元，与2008年相比，投资金额有显著增长。其中矿业固定资产投资同比增长48.77%，基本建设投资同比增长22.56%，技术改造投资同比增长92.21%。不同矿种投资情况见表12。

表12　　湖北省2009来矿业投资情况（单位：亿元）

投资类别	全省	煤炭采选业	石油和天然气开采业	黑色金属矿采选业	有色金属矿采选业	非金属矿采选业	其他
固定投资	152.07	23.89	30.53	41.66	7.76	46.2	2.03
基本建设	49.88	5.03	2.33	12.89	2.31	25.87	1.45
技术改造	95.45	18.76	27.83	26.84	4.88	16.7	0.44

资料来源：《湖北统计年鉴（2010）》。

2002～2009年矿业投资变化情况总体呈上升趋势(图31～33)。

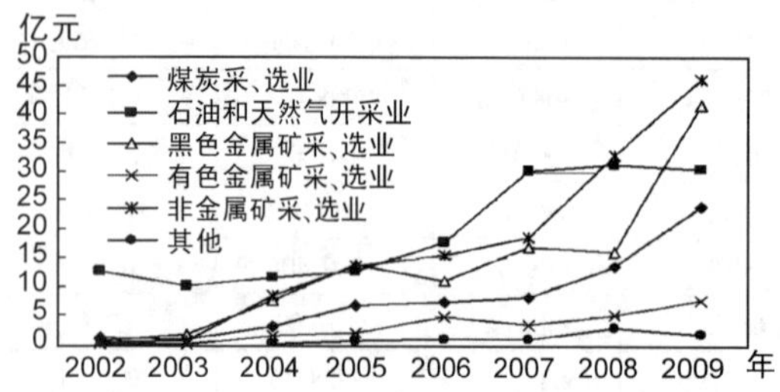

图31　2002～2009年矿业固定资产投资变化图

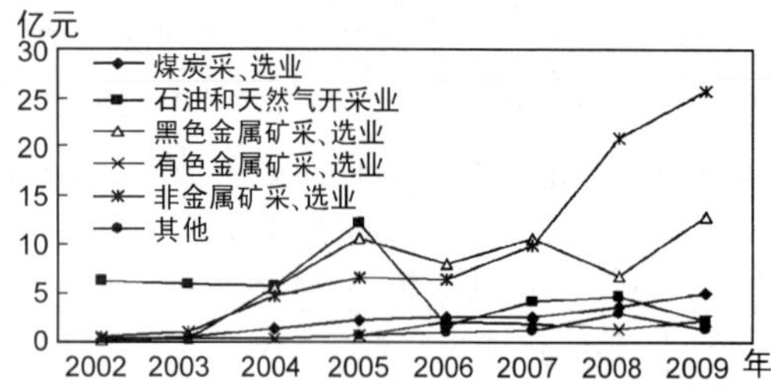

图32　2002～2009年矿业基本建设投资变化图

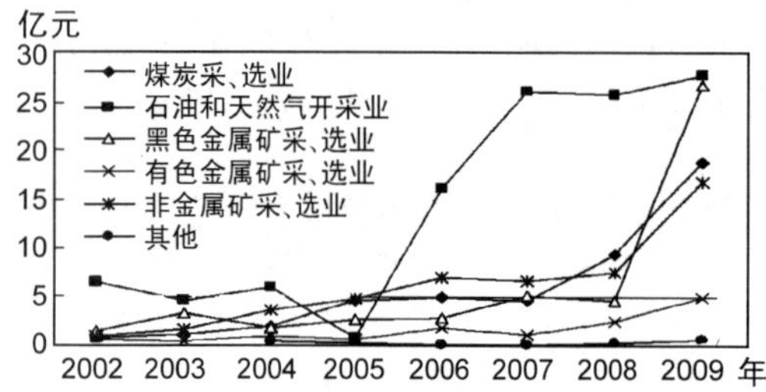

图33　2002～2009年矿业技术改造投资变化图

【矿产资源供需形势】　1. *矿业在湖北省经济中的地位*。2009年，全省实现采选业及相关原材料加工制品业产值5443.56亿元，占全省工业总产值的34.97%。其中采选业总产值524.76亿元，占全省工业总产值的3.37%；与矿业相关原材料加工制品业总产值4918.8亿元，占全省工业总产值的31.60%(表13)。

表13　湖北省矿业及相关原材料加工制品业产值统计

类别		工业总产值(当年价)(亿元)		
		2009年	2008年	增减(%)
采选业	煤炭采、选业	47.04	36.69	28.21
	石油和天然气开采业※	133.1	161.26	-17.46
	黑色金属矿采、选业	154.33	122.74	25.74
	有色金属矿采、选业	37.15	34.12	8.88
	非金属矿采、选业	152.39	116.95	30.30
	其他采矿业	0.75	0.48	56.25
	小计	524.76	472.24	11.12

续表13

类别		工业总产值(当年价)(亿元)		
		2009年	2008年	增减(%)
相关原材料加工业	煤气生产和供应业	45.08	23.29	93.56
	石油加工、炼焦业及核燃料加工业	465.98	450.28	3.49
	黑色金属冶炼及压延加工业	1710.67	1684.68	1.54
	有色金属冶炼及压延加工业	378.9	425.83	-11.02
	金属制品业	366.42	301.83	21.40
	非金属矿物制品业	781.53	592.09	32.00
	化学原料及化学制品制造业	1170.22	992.27	17.93
	小计	4918.8	4470.27	10.03
采选业及相关原材料加工制品业合计		5443.56	4942.51	10.14
全省工业总产值		15567.02	13454.94	15.70
采选业占全省工业的比例(%)		3.37	3.51	-3.96
相关原材料加工制品业占全省工业的比例(%)		31.60	33.22	-4.88
采选业及相关原材料加工制品业占全省工业的比例(%)		34.97	36.73	-4.80

资料来源：《湖北统计年鉴(2009)》(综合)；※包括服务业产值。

2. *主要矿产矿石和相关产品产量*。2009年，全省生产固体矿产矿石量14028.96万吨，液体矿产4303.50万吨，气体矿产11500万立方米，与2008年相比固体矿产及液体矿产略有下降，气体矿产持平。自2001年以来总体呈上升趋势(表14、图34)。

表14　2001～2009年矿石总产量

年份	固体矿产(万吨)	液体矿产(万吨)	气体矿产(万立方米)
2001	11682.37	252.18	5576.20
2002	11946.30	386.18	7005.00
2003	13129.01	392.91	7182.00
2004	12212.94	303.82	7653.00
2005	12232.50	303.73	8026.00
2006	13638.36	304.12	10000.00
2007	15388.88	304.59	10000.00
2008	14261.50	433.33	11500.00
2009	14028.96	403.50	11500.00

资料来源：湖北省矿山企业矿产资源开发利用情况统计年报(2009)、湖北省经济委员会煤炭管理处年报(2009年)、湖北统计年鉴(2010)。

2009年，湖北省主要矿种矿石及相关加工产品产量见表15。

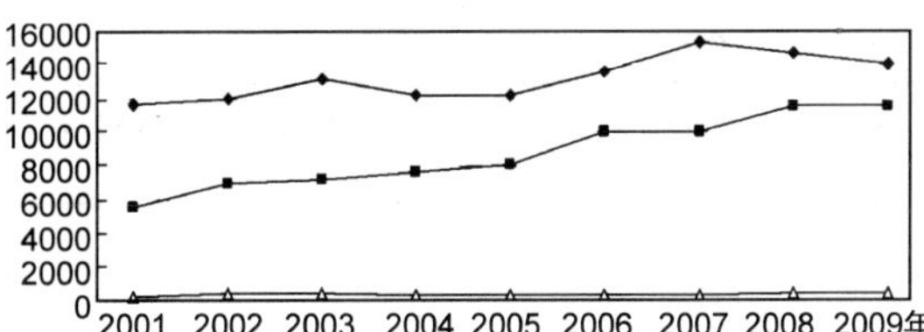

图 34　2001～2009 年矿石年总产量变化图

表 15　2009 年主要矿种矿石及相关加工产品产量

序号	名　称	计量单位	产　量		
			2009 年	2008 年	增减(%)
1	原煤	万吨	1063.27	1012.82	4.98
2	原油	万吨	80.89	83.92	－3.61
3	天然气	万立方米	11500	11500	0.00
4	铁矿石	万吨	1288.54	1076.62	19.68
5	生铁	万吨	1953.84	2564.31	－23.81
6	钢	万吨	1985.3	1991.47	－0.31
7	成品钢材	万吨	2172.33	2962.44	－26.67
8	锰矿石	万吨	31.98	31.94	0.13
9	铜矿石	万吨	394.76	419.37	－5.87
10	钼矿石	万吨	4.98	4.13	20.58
11	金矿石	万吨	306.77	282.04	8.77
12	银矿石	万吨	9.62	11.34	－15.17
13	重晶石	万吨	27.93	34.28	－18.52
14	岩盐	万吨	693.56	672.8	3.09
15	原盐	万吨	528.62	493.89	7.03
16	纯碱	万吨	137.61	88.46	55.56
17	烧碱	万吨	64.59	49.04	31.71
18	硫铁矿	万吨	15.99	4.98	221.08
19	硫酸	万吨	733.8	510.03	43.87
20	磷矿石	万吨	1501.46	1288.13	16.56
21	化肥(折 100%)	万吨	852.58	589.85	44.54
22	石膏	万吨	175.74	155.28	13.18
23	水泥	万吨	6983.78	6178.75	13.03
24	水泥用灰岩	万吨	2508.93	2511.3	－0.09
25	建筑石料用灰岩	万吨	3182.28	3086.9	3.09
26	制灰用石灰岩	万吨	273.58	249	9.87
27	建筑用白云岩	万吨	369.33	5	7286.60

续表 15

序号	名　称	计量单位	产　量		
			2009 年	2008 年	增减(%)
28	水泥配料用砂岩	万吨	37.62	27.25	38.06
29	建筑用砂岩	万吨	210.61	220.29	－4.39
30	建筑用砂	万吨	587.36	340.17	72.67
31	砖瓦用页岩	万吨	66.26	39.13	69.33
32	高岭土	万吨	29.18	37.33	－21.83
33	砖瓦用黏土	万吨	1012.9	1305.45	－22.41
34	建筑用辉绿岩	万立方米	96.39	117.4	－17.90
35	建筑用花岗岩	万立方米	297.38	372.49	－20.16
36	饰面花岗岩	万立方米	58.17	59.85	－2.81
37	饰面用大理岩	万立方米	6.91	7.37	－6.24
38	建筑用大理岩	万立方米	70.66	78.39	－9.86
39	饰面用板岩	万立方米	14.15	56.32	－74.88
40	片麻岩	万立方米	172.05	137.79	24.86

资料来源:1.《湖北统计年鉴(2010)》;2. 湖北省矿山企业矿产资源开发利用情况统计年报(2009)。

矿石及相关加工产品产量增幅较大的依次有建筑用白云岩、硫铁矿、建筑用砂、砖瓦用页岩、纯碱、化肥、硫酸、水泥配料用砂岩、平板玻璃、烧碱,其产量增长幅度为 31.71%～7286.60%;减幅较大的主要为饰面用板岩、成品钢材、生铁、砖瓦用黏土、高岭土、建筑用花岗岩、重晶石、建筑用辉绿岩、银矿石、建筑用大理岩,产量减少幅度为 9.86%～74.88%。主要矿种相关加工产品产量除生铁以外,自 2003 年以来具持续增长的趋势(图 35)。

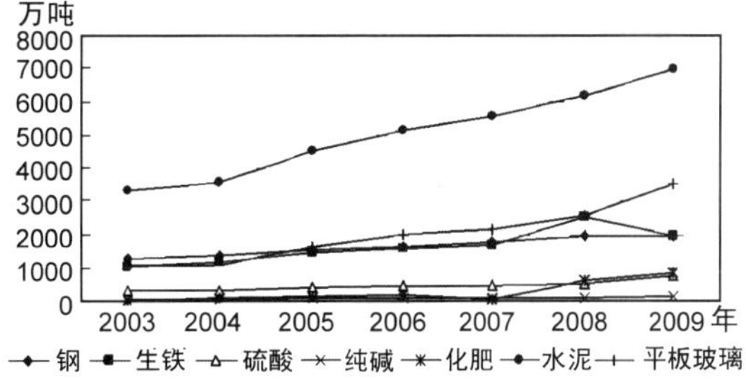

图 35　2003～2009 年主要矿种相关加工产品产量变化图

【矿产品进出口贸易】　2009 年湖北省矿产品进出口贸易总额为 14.84 亿美元(表 16),比 2008 年减少了 49.69%。其中进口总额为 14.59 亿美元、出口总额为 0.25 亿美元,进口总额减少了 44.99%、出口总额减少了 69.45%。

表 16　　**湖北省 2009 年度部分矿产品进出口情况**

序号	矿产品名称	出口金额(美元)	同比增减(%)	进口金额(美元)	同比增减(%)
1	食用盐	1433185	56.56	2813	-62.94
2	其他盐	2923224	-29.65		
3	纯氯化钠	205900	1797.70		
4	各种硫磺,升华、沉淀及胶态硫磺除外			58000587	-82.83
5	磷片天然石墨	39199	103.44	9499	-65.97
6	其他粉末或粉片天然石墨	233719	-47.64	44019	158.04
7	硅砂及石英砂			13081	-56.25
8	石英	474288	41.08		
9	石英岩	1960	新增		
10	高岭土	133105	766.74	724	-99.74
11	膨润土	8812	651.88	287466	3186.83
12	耐火黏土			9609	-54.38
13	其他黏土	640591	26.19	1474	11.67
14	白垩	510	新增		
15	未碾磨磷灰石	11675586	-82.81		
16	已碾磨磷灰石	977991	-24.20		
17	已碾磨天然磷酸(铝)钙及磷酸盐白垩			10598	新增
18	天然硫酸钡(重晶石)	296900	15.38	12783	311.03
19	硅藻土	100	0.00	55181	-24.48
20	其他硅质化石粗粉及类似的硅质土	1779	新增		
21	浮石			200000	4058.00
22	刚玉岩、天然刚玉砂和石榴石及其他天然磨料	5697	-34.09	1999	新增
23	板岩	20500	-95.85	1505	-3.09
24	原状或粗加修整的大理石及石灰华	3366	-96.24	13913	-66.11
25	用锯或其他方法切割成矩形的大理石及石灰华	4271	-92.93		
26	原状或粗加修整的花岗岩	44926	新增		
27	卵石、砾石及碎石,圆石子及燧石	75074	-51.23		
28	大理石的碎粒、碎屑及粉末	26700	33.63		
29	天然碳酸镁(菱镁矿)			780	新增
30	化学纯氧化镁			4705	18.45
31	其他氧化镁	115849	13529.29	11790	63.25
32	生石膏;硬石膏	629049	3.20		
33	牙科用熟石膏	2165	-49.56		
34	其他熟石膏	2626073	-12.44		
35	石灰石助熔剂;用于制造石灰或水泥的钙质石	28000	新增		
36	生石灰	5352	新增	23221	56.85

续表 16

序号	矿产品名称	出口金额(美元)	同比增减(%)	进口金额(美元)	同比增减(%)
37	熟石灰	4224	31.79		
38	水硬石灰	5184	新增		
39	水泥熟料	21381	140.07		
40	白水泥,不论是否人工着色	5075	4275.00	74	新增
41	其他硅酸盐水泥	956138	2059.54		
42	其他水凝水泥	368964	194.70		
43	原状云母及劈开的云母片	1104	新增	4442053	43.38
44	云母粉	53	-99.47	7299	31.94
45	已破碎或已研粉的滑石			10443	33.68
46	按重量计氟化钙含量在97%以上的萤石	1083875	-64.95		
47	未膨胀的蛭石、珍珠岩石	4199	0.29	42386	39.03
48	硅灰石	6172	158.03	27943	109.85
49	未列名矿产品	333672	-34.93	172731	13685.40
50	平均粒度小于0.8毫米的未烧结铁矿砂及其精矿			82354673	-75.40
51	平均粒度在0.8~6.3毫米的未烧结铁矿砂及其精矿			798636307	-32.42
52	平均粒度在6.3毫米及以上的未烧结铁矿砂及其精矿			164722951	-55.08
53	已烧结的铁矿砂及其精矿			14271466	-74.72
54	锰矿砂及其精矿			24948016	2479.99
55	铜矿砂及其精矿			228188050	-37.15
56	铬矿砂及其精矿			440	-99.91
57	锆矿砂及其精矿			43569	34.55
58	其他铌、钽、钒矿砂及其精矿			509	新增
59	其他贵金属矿砂及其精矿			6857902	17.69
60	其他未列名矿砂及其精矿			8483	新增
61	其他矿渣及矿灰,包括海藻灰	358912	320357.14		
62	无烟煤			530	新增
63	炼焦煤			75243252	3854574.80
64	褐煤,不论是否粉化,但未制成型			90	新增
65	焦炭及半焦炭			18137	451.78

注:湖北省2009年铁矿进口量数据,因涉及商业机密,海关未提供其具体数据。

资料来源:湖北省商务厅。

2009年湖北省出口金额排名前10位的矿产品依次是:未碾磨磷灰石、其他盐、其他熟石膏、食用盐、萤石、已碾磨磷灰石、其他硅酸盐水泥、其他黏土、生石膏及硬石膏、石英等优势非金属矿种;与2008年相比出口增加幅度排名前10位矿产品依次为:其他矿渣及矿灰(包括海藻灰、海草灰)、其他氧化镁、白水泥、其他硅酸盐水泥、纯氯化钠、高岭土、膨润土、其他水凝水泥、硅灰石、水泥熟料;与2008年相比出口减少幅度排名前10位矿产品依次为:云母粉、原状或粗加修整的大理石及石灰华、板岩、用锯或其他方法切割成矩形的大理石及石灰华、未碾磨磷灰石、按重量计氟化钙含量在97%以上的萤石、卵石、砾石及碎石、圆石子及燧石、牙科用熟石膏、其他粉末或粉片天然石墨、刚玉岩;与2008年相比新增出口品种有:原状或粗加修整的花岗岩、石灰石助熔剂及用于制造石灰或水泥的钙质石、生石灰、水硬石灰、石英岩、其他硅质化石粗粉及类似的硅质土、原状云母及劈开的云母片、白垩；与2008年相比完全未出口的有：长石、凡士林、锆矿砂及其精矿、红柱石、蓝晶石及硅线石、火泥及第纳斯土、磷酸铝铝钙或磷酸盐白垩、煤类(炼焦煤、焦炭及半焦炭、泥煤等)、萘、从煤、褐煤或泥煤蒸馏所得焦油等矿物焦油、已烧结的铁矿砂及其精矿、天然石墨(粉末或粉片除外)、石蜡及润滑油等石油制品。

2009年湖北省进口金额排名前10位的矿产品依次是：平均粒度在0.8~6.3毫米的未烧结铁矿砂及其精矿、铜矿砂及其精矿、平均粒度在6.3毫米及以上的未烧结铁矿砂及其精矿、平均粒度小于0.8毫米的未烧结铁矿砂及其精矿、炼焦煤、各种硫磺(升华、沉淀及胶态硫磺除外)、锰矿砂及其精矿、已烧结的铁矿砂及其精矿、其他贵金属矿砂及其精矿、原状云母及劈开的云母片；与2008年相比进口增加幅度排名前10位矿产品依次为：炼焦煤、浮石、膨润土、锰矿砂及其精矿、焦炭及半焦炭、天然硫酸钡(重晶石)、其他粉末或粉片天然石墨、硅灰石、其他氧化镁、生石灰；与2008年相比进口减少幅度排名前10位矿产品依次为：铬矿砂及其精矿、高岭土、各种硫磺(升华、沉淀及胶态硫磺除外)、平均粒度小于0.8毫米的未烧结铁矿砂及其精矿、已烧结的铁矿砂及其精矿、原状或粗加修整的大理石及石灰华、磷片天然石墨、食用盐、硅砂及石英砂、平均粒度在6.3毫米及以上的未烧结铁矿砂及其精矿；与2008年相比新增进口品种有：刚玉岩(含天然刚玉砂和石榴石及其他天然磨料)、白水泥、其他未列名矿砂及其精矿、天然碳酸镁(菱镁矿)、无烟煤、其他铌钽钒矿砂及其精矿、褐煤(不论是否粉化，但未制成型)、已碾磨天然磷酸(铝)钙及磷酸盐白垩；与2008年相比未进口的品种有：萤石、大理岩与石灰华花岗岩及相关制品、凡士林、红柱石蓝晶石及硅线石、沥青、萘、其他天然砂、其他冶炼钢铁所产生的粒状矿渣(熔渣砂)、石英、未焙烧的黄铁矿、未碾磨磷灰石与已碾磨磷灰石、钛矿砂及其精矿、锌矿砂及其精矿、石蜡及润滑油等石油制品。2004~2008年，湖北省进出口矿产品贸易总额持续上升，而2009年出现大幅度下降(图36)，主要原因为矿产品进出口贸易受金融危机的影响所致。

【矿产品供需现状】 湖北省是我国中部经济大省，是促进"中部崛起"的重要战略要地，经济发展快速，具有良好区位优势。目前，湖北省除少数矿产满足需求外，大多数矿产供不应求，资源保证程度低。其中，磷、盐、芒硝、水泥用灰岩、石膏、冶金辅助原料等矿产自给有余，可向省外拓展产品市场；钒矿、重晶石、化肥用橄榄岩与蛇纹岩、石墨、玻璃原料等矿产基本可满足本省需求；铁(高磷赤铁矿)、钛、银、锰、钒、铌、钽、锂、锶、稀土、铯、铷、硒、溴、碘、硼、累托石黏土等湖北省潜在优势矿产，加强勘查及选冶加工技术、环保成熟后，可缓解和保证省内需求，部分可供应国内外市场；金矿可进一步查明的资源及开发能力均有限；铅、锌、银等矿产有资源潜力，形成和提高开发能力后可基本满足省内需求；煤、石油、天然气等能源矿产资源极少，将长期依赖外地购入；铁、铜、硫等矿产自给程度不断下降，供需缺口逐渐上升；铬、铝、铂族金属、钾盐等矿产仍属省内短缺资源。

湖北省主要矿产品近7年来供需形势见表17。

1. *能源矿产*。湖北省能源矿产保有资源储量极少，其中煤炭仅7.8亿吨，石油1.4亿吨，按目前省内石油和煤的产量和需求量自给率仅为10.42%和14.53%，将长期依赖从外地购入，能源矿产供需缺口巨大。

表17　湖北省主要矿产资源自给率

矿种	最大矿石产量(万吨)	最大矿石需求量(万吨)	自给率(%)	备　注
煤	1133.13	7800.00	14.53	2006年产量1133.13万吨
石油	79.20	759.83	10.42	2004年需求量759.83万吨
铁矿	988.00	5680.08	17.39	按2007年生铁产量×3
铜矿	814.70	1995.00	40.84	2007年产量814.70万吨
金矿	306.77	306.77	100.00	产量和需求量均为2009年度
岩盐	693.56	128.18	541.08	2009年产量693.56万吨
磷矿	1501.46	1110.00	135.27	2009年产量1501.46万吨
硫铁矿	15.99	807.18	1.98	2009年需求量807.18万吨
重晶石	42.50	22.71	187.14	2007年产量42.50万吨
石膏	175.74	175.74	100.00	产量和需求量均为2009年度

资料来源：据湖北省统计年鉴(2010)、湖北省经济委员会煤炭管理处年报以及湖北省矿山企业矿业资源开发利用情况统计年报(2009)综合。

2. *黑色金属矿产*。湖北省铁矿保有资源储量达28.78亿吨，但大多(68.82%)分布在鄂西一带，属高磷中低品位矿石，目前尚难利用，能利用的基础储量主要分布于鄂东南地区，仅36383.23万吨。按目前湖北省

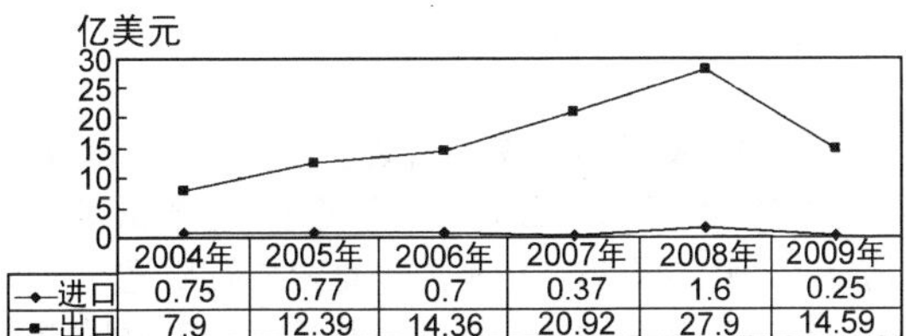

图36　2004～2009年度矿产品进出口贸易总额变化图

钢铁工业生产情况，年需矿石 **5680.08** 万吨，而本省年采掘矿石自给率仅为 **17.39%**，实际上本省生产的铁矿石，因加工条件限制，有部分并非为省内利用，所以实际自给率尚低于此数，每年需大量进口铁矿石及精矿，以满足湖北省钢铁工业需求。

3. *有色金属矿产*。省内有色金属查明资源储量严重不足，加之采掘能力也远落后于选冶能力，省内自产矿石只能满足需求的0.21%～40.84%。2009年铜矿砂和精矿进口额达2.28亿美元；铅、锌原料主要由外省购入；省内生产少量铝矿石主要用于生产高铝水泥，因此，省内铝业所需要原料，全由省外购入。

4. *非金属矿产*。盐矿是湖北省优势矿产之一，截至2009年底，全省保有盐矿资源储量257.35亿吨，其中基础储量37.41亿吨。2009年度原盐产量528.62万吨，工业盐429.30万吨，芒硝23.46万吨，省内自用盐量约占生产总量的三分之一，其余销往省外，出口创汇456.23万美元。全省现有9个食盐定点生产企业和3个盐化工生产企业，生产能力635万吨/年，因此，盐矿可完全保证湖北省的需求。

磷矿是湖北省优势矿产资源，保有资源储量全国排位第二，资源保证程度较高，且矿石开采量供大于求。截至2009年底，全省保有磷矿石资源储量32.41亿吨，其中基础储量占6.18亿吨，且远景潜力大。2009年生产磷矿石1501.46万吨，出口创汇1265.36万美元，是湖北省出口创汇最大的矿产品，磷矿产业正逐步由矿石生产向采选加工业转换。但磷矿开发利用存在的问题也十分突出，湖北磷矿资源“丰而不富”，主要为中低品位矿石，能直接利用的高品位矿石少，经选矿富集成本较高，与直接开采富矿相比并没有价格上的优势，为了保持磷矿企业持续、健康发展，应出台优惠政策，鼓励磷矿企业充分利用中低品位磷矿石，提高磷矿资源的利用率，延长矿山服务年限，让其为湖北经济多作贡献。

水泥用灰岩是湖北省优势矿产之一，至2009年底，全省保有资源储量36.23亿吨，其中基础储量19.90亿吨，且资源远景潜力巨大，对国民经济的保障程度高。前几年省内生产水泥基本上与省内需求持平，2009年水泥产量达到6983.78万吨，较2008年增长了13.03%，除完全满足自用、输出给周边省份外，2009年出口创汇135.16万美元，同期相比创汇额大幅度增加。

硫铁矿是湖北省紧缺矿种，2009年底保有资源储量为16849.47万吨（独立矿床），其中基础储量只有3800.64万吨。2009年湖北省硫酸产量733.8万吨，需标矿807.18万吨。本年度全省硫铁矿矿石产量为15.99万吨，自给率仅为1.98%。硫铁矿的需求形势相当严峻。

【矿产品资源潜力分析】　湖北省重要矿产品有较大的资源潜力。1. *地质找矿仍有较大空间*。湖北省地质演化历史漫长，成矿条件十分优越，省内分布有武当山－大别山成矿带、湘西－鄂西成矿带、两湖断拗成矿区、长江中下游成矿带及江南地轴东段成矿带，找矿潜力较大。鄂西、鄂西北地区勘查程度较低，找矿远景十分可观。其他地区虽然地质工作程度较高，但以往找矿勘探深度较浅，新的钻探证实地下深部仍有巨大的找矿前景。专家预测：如果将勘查评价深度延伸到地下2000米，湖北省重要矿产资源储量会大幅增加。

2. *重要矿产资源潜力可观*。湖北省石油、天然气及煤炭等能源矿产资源相对匮乏，但铀矿潜力较大。湖北省毗邻世界上两大巨型铀成矿带中的我国华南地区拥有铀矿资源的相关省份，与我国南方铀矿资源大省江西和湖南接壤，具有类似的成矿地质条件。湖北省核工业地质局与北京核工业地质研究院合作，在省内开展铀矿地质找矿工作评价和成矿远景选区工作，已经选定出具有较好成矿远景的靶区，有望找到大中型铀矿床。

近年来，湖北省重要矿产勘查取得重大成果。宜昌－神农架地区相继发现大型－超大型磷矿，湖北省磷矿储量大幅度增加。鄂西及鄂西北地区陆续发现一批可供进一步勘查的铅锌矿、低品位磁铁矿、硫铁矿矿产地，通过进一步勘查，有望发现大型乃至超大型矿床。鄂东地区危机矿山接替资源深部找矿成效良好，待查明矿产资源仍有巨大的潜力。

3. *难利用矿产资源盘活潜力大*。湖北省已探明储量的92种矿产中，铁、铜等重要矿产的已探明储量的矿床大多数是贫矿，共生、伴生矿产多。资源的秉赋特征，加上技术装备水平相对落后，导致长期以来，湖北省已探明资源的利用率却十分低下，资源流失相当严重。矿产资源开发利用过程中产生的尾矿、废石已成为最大的工业固体废弃物。

虽然这部分资源禀赋较差，但随着科技进步，在现有的经济技术条件下，只要进一步加强技术攻关并在政策上给予支持，可以逐步实现资源节约集约与综合利用。通过加强管理、推进科技进步和发展循环经济，提高矿产资源利用效率有较大的空间。因此,提高矿产资源节约集约与综合利用效率,可以将现有潜力转变为资源产能。

【矿产资源管理】 1. *矿产资源规划管理*。①发布了《湖北省地质勘查规划》,规划体系进一步完善。组织编制了磷矿、煤矿、高磷铁矿、石膏、岩盐、水泥用灰岩等单矿种规划。

②全面启动了第二轮矿产资源总体规划编制工作,矿产资源规划的战略性和可操作性均有所增强。《湖北省矿产资源总体规划(2008~2015年)》已经获国土资源部批准,与之配套的高磷赤铁矿、卤水和岩盐、水泥用灰岩和石膏等3个省级专项规划已完成了编制工作。启动了《鄂东南铜、铁、金矿勘查开发利用与保护规划》编制工作,已完成三个专题研究的编制工作。黄石市科学编制规划,延伸矿产资源加工链条,助推城市转型。全省17个市(州)及所属县(市、区)级矿产资源总体规划规划已经基本完成。

③以矿业权审批设置方案审查为着力点,加强规划实施管理,矿产资源勘查开发活动进入全面规划管控阶段,总量控制、空间管制得到强化,矿业活动的布局结构得到明显优化。加强国家限制开采矿种、省内优势矿产以及其他重要矿种的计划管理,研究制定了《湖北省磷矿资源管理办法》。

2. *地质矿产勘查管理*。贯彻落实《国务院关于加强地质工作的决定》,以矿产勘查、提高矿产资源对经济的保障能力为重点,全面统筹地质勘查工作。

①探索建立省市县地方政府、地勘单位和矿业企业相互联动的机制,制定了《关于创新湖北省矿产勘查运行机制的实践方案》,提出了创新湖北省矿产勘查运行机制的具体方案、合作勘查区块(项目),制定了相应的项目管理办法。

②稳步推进全省地质勘查行业管理工作,加强地质勘查资质申报核实工作。截至2009年底,全省地质矿产勘查单位在职职工13842人,离退休人员16327人,从事地质矿产勘查工作5929人(不含石油及天然气行业),其中工程技术人员4623人。省内拥有地质勘查资质的地勘单位有56个,与上年比较增加11个,其中中央直属的地勘单位9家、省内属地化管理的国有地勘单位16家、科研院所2家、矿业公司29家。全省地质勘查单位已取得各类单项资质总数为179个,其中甲级资质66个,乙级资质72个,丙级资质41个。

③努力抓实省级地质勘查基金项目、中央地质勘查基金项目和国土资源大调查项目的实施工作。2009年度,省级地质勘查基金实施了25个项目,国土资源大调查实施了12个项目。

【矿产资源储量及地质资料管理】 1. *矿产资源储量评审与矿山储量动态监管*。①全面开展了矿山年度地质测量工作,对全省矿山地质测量机构资质进行了年检工作,对部分矿山的储量动态管理和矿山地质测量情况进行了专项调查,为全面开展矿产资源储量动态监管工作奠定了基础。

②按照矿产资源储量评审和矿山资源储量动态监管的要求,全年共评审备案矿产资源储量报告99份(含部评审备案报告2份),审查年度矿山地质测量报告137份。

③制订了《湖北省矿产资源储量评估员管理暂行规定》,选聘了第一批共44名省级矿产资源储量评估员。

2. *矿产资源储量利用现状调查工作*。按照《湖北省矿产资源利用现状调查实施方案》的总体要求,全面启动了全省矿产资源利用现状调查工作。

①完成了国土资源部下达的《矿区资源储量核查与数据建库》以及《全省铁、磷矿区资源储量核查数据建库和成果汇总》试点项目任务,7月份在北京通过了国土资源部组织的评审验收,成果评定为优秀。

②进行了矿产资源利用现状调查技术培训,举办了两期储量核查与数据建库技术培训班,重点学习国土资源部新颁布的《矿区资源储量核查技术要求》,全省有200余名技术骨干参加了培训,为全面开展储量核查工作提供了技术保障。

③编制了《湖北省矿产资源利用现状调查2009年度工作设计》,召开了全省矿产资源利用现状调查矿区资源储量核查工作会议,部署了全省铜、铅、锌等19个矿种资源利用现状调查(储量核查)工作,并按计划顺利推进。

④启动了国土资源部2009年度下达的《单矿种省级汇总技术要求》试点项目。

【矿业权价款评估管理】 2009年,共进行8次公开摇号遴选矿业权评估机构的活动,对65个矿业权评估项目进行了公开委托;全省共完成探矿权价款评估审查备案26宗,备案价款12321.54万元;采矿权价款评估审查备案92宗,备案价款89692.17万元。

【矿产资源补偿费征收管理】 进一步加强征收管理,规范征收行为。2009年继续实行矿产资源补偿费征收入库目标管理考核制度,下达年度矿产资源补偿费征收入库目标任务4500万元,实际征收入库矿产资源补偿费5884.7万元,为年度征收入库目标计划的

130.8%，比2008年度增长5.5%。全年减免矿产资源补偿费664.23万元。

【矿产资源储量登记统计】 加强了矿产资源储量登记统计工作，全面推广使用新的登记统计软件，举办了矿产资源储量统计培训班，对市、县两级的资源储量管理工作人员进行了培训，组织专门人员承担年度矿产资源储量统计工作。按照国土资源部规定的时间，及时上报了2008年度湖北省矿产储量数据。按照《矿产资源登记统计管理办法》要求，共办理各类矿产资源储量登记203项，其中结合储量评审、储量核查，办理查明登记57项；结合采矿登记、变更和延续，办理占用登记147项(其中4项为厅审查报部登记)；结合压覆矿产资源调查评价与审查，办理压覆登记1项；结合建设用地预审压覆矿产资源审查要求，协助受理审查建设用地预审报件125份；审查各类建设项目压覆矿产资源调查评价报告51份。

【矿产资源年报、矿产资源储量表编制】 按要求向国土资源部报送了2008年度矿产资源储量快报，2009年4月通过了部矿产资源储量年报数据会审，并得到国土资源部储量司表扬。编制了湖北省《2008年度矿产资源年报》和《截至2008年底湖北省矿产资源储量表》。

【矿产资源开发管理】 1. *在全省范围内开展探矿权、采矿权实地核查工作。*截至2009年底，共完成了3687家采矿权、241家探矿权的实地核查工作，并清理了686家不需实地核查的矿业权。其中神农架林区通过了部、省两级验收，武汉市、黄石市、咸宁市、宜昌市通过了省级验收。

2. *根据省政府批准的整合方案，在深入推进磷、煤等矿种整合的同时，将工作重点转向东部地区，全面推进铁、铜、金等矿种的整合工作。*截至2009年底，湖北省绝大部分矿山整合工作均已完成，全省矿山总数由整合前的5928家减少到4513家，减少1415家，压减率达23.9%，超额完成国家规定的20%压减任务。

3. *加强制度建设，进一步规范矿业权管理。*一是狠抓矿产资源开发管理政策措施的落实，印发了《进一步规范和加强探矿权采矿权管理的暂行规定》，出台了《湖北省国土资源厅探矿权审批流程》和《湖北省国土资源厅采矿权审批流程》，进一步强化了湖北省矿产资源开发管理的力度。二是对历史遗留下来的探矿权报件进行了进一步清理，讨论确定了分类处置政策。三是进一步落实矿业权设置方案制度，推进矿业权设置方案编制工作，组织编制和审查了15个矿区矿业权设置方案。四是按国土资源部要求，完成了全省探矿权、采矿权统一配号工作。

2009年全省审批登记的矿产勘查项目371项(不含石油、天然气)，其中新上项目36项、延续项目215项、保留项目41项、变更项目79项。登记项目中，预查8项、普查310项、详查46项、勘探7项。已发勘查许可证的企业和个人有306个。采矿权新建矿山划定矿区范围19家，变更范围预审69家，新立矿山登记17家，变更登记115家，矿山企业延续登记260家，矿山企业转让登记14家，注销采矿权21个。

4. *加大矿产资源资产管理力度。*一是进一步开展矿业权出让情况清理，建立了矿业权出让管理信息系统和数据库。二是严格实行矿产资源分类管理和矿业权有偿取得制度，共签订矿业权出让合同95份，合同金额19672.65万元，实际缴纳矿业权价款9702.398万元，其中采矿权出让合同71份，合同金额12930.40万元，实际缴纳采矿权价款5419.788万元；探矿权出让合同24份，合同金额6742.25万元，实际缴纳探矿权价款4282.61万元。

5. *做好矿产资源监督管理工作。*进一步强化市、县国土资源管理部门监管职能，认真做好矿产违法情况调查和处理工作，利用遥感监测高科技手段开展对矿业活动的监管，深入矿山现场开展督察及安全生产管理，认真组织探矿权采矿权年度检查工作。一是对全省561个勘查项目逐一审查，对年检不合格的矿山企业提出了限期整改要求，对3个违法违规的勘查项目进行了查处；二是对全省4416家矿山企业进行了年检，年检中取缔非法采矿点52处，注销采矿许可证184个，吊销采矿许可证11个，查处越界开采72起，追缴补偿费510.391万元，罚没款158.65万元，停产整顿31家，限期整改353家，查处非法转让采矿权5起。两权年检率均达到100%。

【矿山地质环境管理】 加强矿山环境保护和恢复治理工作，初步建立了矿产开发生态补偿机制。严格矿山环境准入管理，在继续开展矿山环境环境影响评价和地质灾害影响评价的基础上，系统地推进矿山地质环境综合治理方案和土地复垦方案的编制审查备案与实施管理工作；通过省政府出台了《矿山地质环境恢复治理备用金管理办法》，建立了矿山地质环境恢复治理备用金制度，启动了备用金收缴与使用管理工作，2009年收存备用金共计13900万元；实施了竹山县钻探岩煤矿区矿山地质环境恢复治理等10个项目治理工程，开展了鄂州市陈家湾铜钼矿等多个矿山地质环境综合治理方案的编制工作，大冶铜绿山铜矿矿山地质环境恢复治理等6个项目获得国家批准，资金达1.43亿元,建立了黄石国家矿山公园。

【地质矿产科技管理】 1. 加强科研项目管理。对2007~2008年的30个科研项目进行了清理,评审验收了全部部、省项目和12个厅管科研项目。组织了2009年新上的鄂西磷矿资源潜力评价与找矿靶区优选、铜录山矿田成矿规律与找矿预测研究、武汉城市圈地面塌陷监测预警技术方法研究、基本农田管理系统及数据库建设标准研究5个科研项目工作方案的编写。

2. 组织了国土资源科普基地的申报工作。按部科技司的要求,湖北省申报的湖北省地质博物馆科普基地、湖北木兰山地质公园科普基地均审批通过,按部要求完成了挂牌工作。

【地质资料管理与服务】 按照《国土资源部办公厅关于切实为扩大内需项目做好地质资料信息服务工作的通知》(国土资厅发〔2009〕37号)要求,进行了扩大内需项目地质资料信息需求调研。选择黄石市开展地质资料信息服务集群化产业化试点,成立了省国土资源厅、黄石市政府及黄石市国土资源局三级领导小组,制定工作方案,落实试点工作经费100万元,开展黄石市城区地质资料清理调查,试点工作正在有条不紊地进行中。

地质资料管理与汇交工作得到加强,2009年全省汇交各类成果地质资料123份,向国土资源部转交地质资料176份(含修改补交资料)。从汇交资料涉及地区与主体看,有12个行政地区、从事地勘工作的11个部门15个单位汇交了地质资料。从汇交地质资料类型看,属矿产勘查的有105份,占汇交总数的85.37%,是汇交的主要部分;综合科研有15份,占12.20%;物化探有1份,占0.81%;水工环有2份,占1.62%。

馆藏成果地质资料借阅利用465人次/2080份次,共33541件次。其中,为国家62个扩大内需项目提供地质资料服务14人次/410件次,其范围涉及到铁路、公路、水利、电力、冶金等基本建设领域,为湖北省经济建设的发展起到了积极的作用。

继续推进馆藏成果地质资料图文数字化建设工作,完成了800档成果地质资料图文数字化。对湖北省地质资料管理与服务网的栏目及时更新,累计点击达110216人次,构建了省厅与社会交流共享信息资源的窗口和服务的平台。

为了进一步做好地质资料管理工作,提高成果地质资料汇交质量,2009年6月24日至26日举办一期成果地质资料电子文件格式培训班,90余人参加了培训学习。

【资源评价与政策研究】 为配合全省矿产资源利用现状调查工作,摸清湖北省矿产资源"家底"和开发利用状况,开展了湖北省矿山资源储量动态监管与矿山地质测量规程研究、湖北省盐矿资源开发利用研究、鄂西北地区低品位磁铁矿开发利用潜力研究、湖北省水泥用灰岩资源开发利用研究等4个专题研究。其中湖北省矿山资源储量动态监管与矿山地质测量规程研究已验收结题。

表18　　2009年湖北省保有矿产资源储量及变化汇总

矿产名称	单位	矿区数	基础储量		资源量	资源储量	增减量	增减百分率/%
				储量				
煤炭	千吨	282	324504.92	9062.4	451936.38	776441.3	33381.18	4.49
石煤	千吨	28	93937.9	5779	226833	320770.9	-11.1	
铁矿	矿石千吨	183	384739.14	81242.1	2493021.4	2877760.5	-15314	-0.53
锰矿	矿石千吨	12	8570.9		7198.96	15769.86	-221.94	-1.39
铬矿	矿石千吨	3			172	172		
钛矿	钛铁矿 TiO_2 吨	3			10325961	10325961		
	金红石 TiO_2 吨	5			5764404	5764404		
	钛铁矿矿物吨	1			2243	2243		
钒矿	V_2O_5 吨	30	498412	105117	2198318	2696730	121162	4.7
铜矿	铜吨	112	1583635.2	52709.92	455637.69	2039272.9	-41165.28	-1.98
铅矿	铅吨	26	10621	1172	326526.87	337147.87	6890.9	2.09
锌矿	锌吨	24	32616	3527	1045493.5	1078109.5	1344.8	0.12

续表 18－1

矿产名称	单位	矿区数	基础储量		资源量	资源储量	增减量	增减百分率/%
				储量				
铝土矿	矿石千吨	9	2442		7189	9631		
镁矿	矿石千吨	5	8505	2296	9982	18487		
镍矿	镍吨	1			118563	118563		
钴矿	钴吨	16	1451.33		25037.03	26488.36	－516.28	－1.91
钨矿	WO_3 吨	9	5380.6		49313	54693.6	－229	－0.42
锡矿	锡吨	2			3217	3217	3217	
钼矿	钼吨	28	1665.83		61686.23	63352.06	3310.3	5.51
汞矿	汞吨	2	1308			1308		
锑矿	锑吨	3	10578.13		2046	12624.13	－377.3	－2.9
金矿	金千克	90	95821.95	28815.33	47888.68	143710.63	－7944.67	－5.24
银矿	银吨	58	1818.98	193.33	5041.01	6859.99	－5325.42	－43.7
铌矿	Nb_2O_5 吨	25			931754	931754		
钽矿	Ta_2O_5 吨	24			1037	1037		
锂矿	Li_2O 吨	1	10280		4510	14790	－2097	－12.42
	LiCl 吨	1			3090851	3090851		
锆矿	锆英石吨	1			104	104		
锶矿	天青石吨	3	1600333		2663240	4263573		
铷矿	Rb_2O 吨	1			22716	22716		
铯矿	Cs_2O 吨	2			12232	12232		
稀土矿	稀土氧化物吨	2			1245625	1245625		
	独居石吨	8	11844	10659	9894	21738		
锗矿	锗吨	1			32.01	32.01		
镓矿	镓吨	5	165		1883	2048	－4	－0.19
铟矿	铟吨	1			10	10		
铊矿	铊吨	1			12.95	12.95		
铼矿	铼吨	2	0.86			0.86	－0.08	－8.51
镉矿	镉吨	5			1784.2	1784.2	5	0.28
硒矿	硒吨	7	22		1260	1282	2	0.16
碲矿	碲吨	2			48	48		
普通萤石	萤石或 CaF_2 千吨	10	198	34	870.27	1068.27	－24.73	－2.26
熔剂用灰岩	矿石千吨	18	421086	122407	204898	625984	43044	7.38
冶金用白云岩	矿石千吨	23	258676.2	102502	561707	820383.2	8347.4	1.03
冶金用石英岩	矿石千吨	3	25098	6002	790	25888		
冶金用砂岩	矿石千吨	2	15264		11417	26681		
冶金用脉石英	矿石千吨	1	354			354		

续表 18-2

矿产名称	单位	矿区数	基础储量		资源量	资源储量	增减量	增减百分率/%
				储量				
耐火黏土	矿石千吨	14	23632.58	20356	97932.5	121565.08	-3.42	
硫铁矿	矿石千吨	48	38006.38	1103	128515.5	166521.88	2969.51	1.82
	硫千吨	36	4731.72	209	3375.74	8107.46	1331.43	19.65
芒硝	Na_2SO_4 千吨	21	243631.8	13937	1820626	2064257.8	-631	-0.03
重晶石	矿石千吨	10	2676.64	92	1686.94	4363.58	289.38	7.1
电石用灰岩	矿石千吨	9	11689	1126	103460	115149	-199	-0.17
化工用白云岩	矿石千吨	1			1336	1336	1336	
含钾砂页岩	矿石千吨	8	62867		382250	445117	13779	3.19
化肥用橄榄岩	矿石千吨	1	64	61	39734	39798		
化肥用蛇纹岩	矿石千吨	4	73789	31134	73540	147329	-28	-0.02
泥炭	矿石千吨	11	1957		1430.65	3387.65	138.85	4.27
盐矿	NaCl 千吨	23	3740717.5	599220.5	21993795	25734513	-18648.5	-0.07
碘矿	碘吨	1			110975	110975		
溴矿	溴吨	1			3907569	3907569		
硼矿	B_2O_3 千吨	1			5249	5249		
磷矿	矿石千吨	107	618860.18	5322	2623213.1	3242073.3	202938.1	6.68
石墨	晶质石墨千吨	5	717.02	56	790.6	1507.62	-11078.48	-88.02
硅灰石	矿石千吨	4	754.4		2426.4	3180.8	-1395.9	-30.5
滑石	矿石千吨	1	92		357	449		
云母	工业原料云母吨	3	32		53	85		
长石	矿石千吨	3	1053		31514	32567		
石榴子石	矿石千吨	4	392		259448	259840	5551	2.18
	石榴子石吨	1			492343	492343		
透辉石	矿石千吨	1			2416	2416		
透闪石	矿石千吨	1			604	604		
石膏	矿石千吨	26	283685.35	139002.1	1839271.5	2122956.9	5059.85	0.24
方解石	矿石千吨	1			60	60		
玉石	矿石吨	2			109	109		
水泥用灰岩	矿石千吨	85	1990166.9	978022.1	1633011.9	3623178.8	224629.75	6.61
建筑石料用灰岩	矿石千立方米	4	58339	33400	40418	98757		
泥灰岩	矿石千吨	1	24290	21860	4500	28790		
玻璃用砂岩	矿石千吨	6	15421	2950	9710	25131		
水泥配料用砂岩	矿石千吨	13	110175	32406	89127	199302	-100	-0.05
建筑用砂	矿石千立方米	3	3510		20640	24150		
水泥配料用砂	矿石千吨	2	12540	11280	2110	14650		
玻璃用脉石英	矿石千吨	2	575	508	807	1382	-50	-3.49
水泥配料用页岩	矿石千吨	5	8668	7320	2730	11398		
高岭土	矿石千吨	4	4199.3	363	9493.1	13692.4	-6	-0.04

续表 18 – 3

矿产名称	单位	矿区数	基础储量		资源量	资源储量	增减量	增减百分率/%
				储量				
陶瓷土	矿石千吨	3	152	136	1588	1740		
累托石黏土	矿石千吨	2	3155	208	4455	7610		
膨润土	矿石千吨	9	13317	10009	106826	120143	– 20	– 0.02
水泥配料用黏土	矿石千吨	18	72406	21386	3830	76236	– 10	– 0.01
水泥配料用黄土	矿石千吨	1			690	690		
水泥配料用泥岩	矿石千吨	1	6190	5570	4340	10530		
饰面用蛇纹岩	矿石千立方米	1	2610		10520	13130	– 420	– 3.1
建筑用辉绿岩	矿石千立方米	1	23801.8	11069.8		23801.8	– 70	– 0.29
建筑用花岗岩	矿石千立方米	1	12894.2		2690	15584.2		
饰面用花岗岩	矿石千立方米	8	8090	680	5400	13490		
饰面用大理岩	矿石千立方米	9	7986.9	9.1	8101.8	16088.7	– 1.2	– 0.01
水泥用大理岩	矿石千吨	1			740	740		
饰面用板岩	矿石千立方米	2	740	630	810	1550		

资料来源：湖北省国土资源厅《截至 2009 年底湖北省矿产资源储量统计表》。

表 19　**2009 年度湖北省新立矿山一览表**

序号	许可证号	矿　山　名　称	采　矿　权　人	开采矿种
1	C4200002009032120005461	麻城市木子店镇杨家山铁矿有限责任公司杨家山铁矿	麻城市木子店镇杨家山铁矿有限责任公司	铁矿
2	C4200002009036110006878	宜昌明珠磷化工业有限公司董家包磷矿	宜昌明珠磷化工业有限公司	磷矿
3	C4200002009053210014520	湖北省随州市吴山矿区唐家沟钼铜矿	随州市曾都区泰然矿业有限公司	钼矿
4	C4200002009052110015227	宜昌三峡矿业有限公司店子河磁铁矿	宜昌三峡矿业有限公司	铁矿
5	C4200002009054130016227	随州市双鑫矿业有限责任公司汪家湾金矿	随州市双鑫矿业有限责任公司	金矿
6	C4200002009066110022649	湖北神农磷业科技股份有限公司寨湾磷矿	湖北神农磷业科技股份有限公司	磷矿
7	C4200002009073110028194	鄂州市汀祖李秀乙矿区铜(铁)矿	鄂州市德隆矿业有限公司	铜矿
8	C4200002009073110029337	湖北省阳新县张家湾矿区铜矿	阳新县富池郭家湾铜矿有限公司	铜矿
9	C4200002009073210029865	湖北省鄂州市金文武铜铁矿	鄂州市鑫斌矿业有限公司	铜矿
10	C4200002009086230032366	大冶市曙光硫铁矿	大冶市曙光硫铁矿业有限公司	硫铁矿
11	C4200002009093210036733	湖北省大冶市港沟山铜钼钨矿	湖北省大冶市金洋矿业有限公司	铜矿
12	C4200002009092110035023	鄂州市黄土咀铁矿	鄂州市天华物宝矿业有限责任公司	铁矿
13	C4200002009117110044662	大冶尖峰水泥有限公司白云寺砂页岩矿区	大冶尖峰水泥有限公司	水泥配料用砂岩
14	C4200002009117210044602	大冶尖峰水泥有限公司金山石灰石矿	大冶尖峰水泥有限公司	水泥用石灰岩
15	C4200002009114110047537	大冶市金井矿业有限公司金井咀金矿	大冶市金井矿业有限公司	金矿
16	C4200002009123110048464	宜昌都利矿产品有限公司花岩钼矿	宜昌都利矿产品有限公司	钼矿
17	C4200002009128110053838	房县龙王山饮用天然矿泉水	房县润田神农架矿泉水有限公司	矿泉水

资料来源：湖北省国土资源厅采矿权审批登记数据库(2009 年)。

（湖北省国土资源厅矿产资源储量处　湖北省地质调查院）

广 东 省

【矿产资源概况】 广东省地处欧亚板块与太平洋板块交接处,矿产资源种类比较齐全,但小矿贫矿共伴生矿多,选冶难。

1. 查明矿产资源种数。截至2009年底,全省已找到矿产148种,探明储量的有101种,已上广东省矿产资源储量简表的矿产共有78个矿种(88个亚矿种),矿区1104处(比2008年底增加3处),矿区矿产地共1574处。其中:燃料矿产,2个矿种,产地207处;黑色金属矿产,4个矿种,产地126处;有色金属矿产,11个矿种,产地410处;贵金属矿产,2个矿种,产地92处;稀有稀土及分散元素矿产,15个矿种,产地212处;冶金辅助原料非金属矿产,8个矿种,产地76处;化工原料非金属矿产,10个矿种(11个亚矿种),产地161处;建材和非金属矿产,26个矿种(35个亚矿种),产地290处。

2. 优势矿产资源。广东省查明矿产资源储量列全国第一位的有高岭土、泥炭土、水泥用粗面岩、碲;列第二位的有油页岩、重稀土、独居石、锗、铋、铊、锆、硒、冰洲石、饰面用大理岩、冶金用脉石英;列第三位的有银、铅、镉、钛、玉石;列第四到第六位的有钨、锡、硫铁矿、铌、钽、压电水晶、玻璃用砂、陶瓷土、汞、锌、萤石、叶腊石等。

3. 短缺矿产资源。广东省比较短缺的矿产资源主要有煤、铁、磷、钾、菱镁矿、铜、铝以及优质耐火黏土、云母、石棉等。

4. 主要矿产资源分布。广东省主要矿产资源分布情况见表1。

表1　广东省主要矿产资源分布情况一览表

序号	矿　种	主要分布地区
1	油页岩	茂名市
2	铁	河源市、韶关市、清远市
3	铜	梅州市、肇庆市、阳江市、韶关市
4	铅	韶关市、河源市、惠州市
5	锌	韶关市、河源市、惠州市
6	钨	韶关市、河源市、湛江市
7	金	肇庆市、清远市
8	银	佛山市、韶关市、梅州市、河源市
9	硫铁矿	云浮市、肇庆市、清远市
10	水泥用灰岩	清远市、广州市、惠州市、梅州市、韶关市
11	高岭土	湛江市、茂名市、江门市
12	玻璃用砂	珠海市、汕头市、江门市、湛江市、阳江市、汕尾市
13	饰面用大理岩	深圳市、清远市、韶关市

【矿产资源储量评审备案情况】 储量管理是地质矿产行政管理工作的重要组成部分,认真做好矿产资源储量评审备案,对于维护矿业权人的合法权益,确保国家矿产资源得到合理、有序的开发利用至关重要。2009年省厅共计完成储量评审备案83宗,其中,出具备案证明的有68宗,因合规性审查不符合要求或报告存在重大技术问题而退件的有15宗,撤销备案1份。

(选自《2009年广东省矿产资源年报》)

海 南 省

【矿产资源概况】 截至2009年底,海南省共发现各类矿产88种;经评价有工业储量的矿产70种。其中,已探明列入资源储量统计的矿产有57种、产地435处;已列入《2009年海南省矿产资源储量表》的有固体矿产51种(硫铁矿和伴生硫合为一种),矿区(井田、区块)221个,产地319处。其中金属矿产18种,矿区(井田、区块)99个,产地180处;非金属矿产(包括煤、油页岩)33种,矿区(井田、区块)122个,产地139处。

海南省矿产资源种类比较齐全且资源储量相对丰富。在探明储量的57种矿产中,保有资源储量列全国前十位的矿产有:玻璃用砂(1)、锆英石砂矿(1)、钛铁矿砂矿(1)、饰面用花岗岩(3)、油页岩(4)、蓝宝石(4)、富铁矿(6)、高岭土(9)、红柱石(9)、铝土矿(10)等。此外,还有丰富的饮用天然矿泉水、医疗热矿水等;具有优势的矿产资源主要有海洋石油、海洋天然气、富铁矿、锆英石砂矿、钛铁矿砂矿、玻璃用砂、饮用天然矿泉水、医疗热矿水等;具特色和比较优势的矿产资源有高岭土、黄金、饰面用花岗岩、蓝宝石、钴、油页岩、石墨等。

【矿产地质勘查】 2009年海南省开展地质勘查单位共有24个(含6个外省地质勘查单位),本省有地勘单位18家,其中国有地勘单位14家,隶属于海南省地质矿产勘查开发局、海南省地质勘查局(原海南省有色地质勘查局)、海南省核工业地质大队等3支属地化国有地勘队伍;其他地勘单位4家。现有在职人员2400

人,其中地质勘查从业人员有1419人。具有地质勘查资质的单位有18家。

1.*基础地质调查*。2009年度共投入资金2302.0万元,其中中央财政投入1120.0万元,省级财政投入1182.0万元。

①区域地质调查。累计完成1:25万区域地质调查6个图幅,调查面积33920平方千米,占陆域面积的100%;累计完成1:5万区域地质调查42个图幅,调查面积15520平方千米,占陆域面积的45.75%。

本年度实施中央财政项目2个,共投入经费共320万元。其中投入160万元开展了1:5万昌洒市、文昌县、清澜港、铜鼓咀幅区域地质调查,共完成4个图幅,调查面积为1251平方千米;投入160万元继续开展1:5万吊罗山、兴隆、什玲市、陵水县幅区域地质调查,调查面积501平方千米。

②区域地球物理调查。累计完成1:20万区域重力调查11个图幅,调查面积为33920平方千米,占陆域面积的100%。

③区域地球化学调查。累计完成1:20万水系沉积物测量11个图幅,面积33920平方千米,占陆域面积的100%。

④航空遥感地质调查。累计完成1:25万国土资源遥感综合调查6个图幅,面积33920平方千米,占陆域面积的100%。

⑤区域海洋地质调查。海南省开展了海南省琼州海峡多目标区域地球化学调查(1:10万),累计完成10个图幅,面积4200平方千米。

⑥1:5万区域地质矿产调查。累计完成1:5万矿产远景调查16个图幅,面积5810平方千米,占陆域面积的17.13%。

本年度继续实施项目3个,12个图幅,完成面积3862平方千米,共投入资金560万元,其中,中央财政投入350万元,地方财政投入210万元。

⑦其他。累计完成1:25万海南岛生态地球化学调查6个图幅、海南岛土地质量地球化学评估6个图幅、1:25万多目标地球化学调查4个图幅、海南岛区域生态地球化学评价4个图幅,面积33920平方千米,范围覆盖全海南岛。

本年度实施省级财政项目1个,投入经费60万元。开展了1:5万海南省定安县南部五镇土地质量地球化学评估,完成6个图幅,完成面积510平方千米,占陆域面积1.50%。

2.*矿产资源勘查*。①矿产资源勘查的投资和工作量投入现状。2009年,全省开展矿产勘查项目(不含油气、天然气、煤层气、铀矿)521个(其中能源矿产1个,黑色金属7个,有色金属297个,贵金属194个,稀有矿产4个,化工建材及其他非金属18个,比上年度增加62个,增长幅度为13.51%。投入资金21145.45万元,其中中央财政投入90.0万元,约占整个勘查投入的0.43%;地方财政投入2774.85万元,约占整个勘查投入的13.12%;社会资金投入18280.6万元,约占整个勘查投入的86.45%。按投入勘查矿种分类,黑色金属类矿产勘查投入7360.0万元,约占整个勘查投入的34.81%;有色金属类矿产勘查投入5489.8万元,约占整个勘查投入的25.96%;贵金属类矿产勘查投入5597.0万元,约占整个勘查投入的26.47%;稀有矿产类矿产勘查投入850.0万元,约占整个勘查投入的4.02%;化工建材及其他非金属类矿产勘查投入1848.65万元,约占整个勘查投入的8.74%。

全年野外施工完成机械岩芯钻探140212.7米,坑探2686.4米,槽探36955.63立方米,浅井1238.1米。与2008年相比,钻探增加18814.0米,坑探减少625.6米,槽探增加11469.63立方米,浅井增加1126.1米。

②新增的探明矿产资源储量情况。2009年,全省新发现矿产地10处,其中黑色金属矿产2处,有色金属矿产3处,稀有矿产1处,化工建材及其他非金属矿产4处。本年度完成阶段性勘查的矿产地有16处,其中大型6处,中型3处,小型7处。

新增的查明矿产资源储量(333及以上):铁0.791亿吨(矿石),铅25万吨(金属),锌5万吨(金属),金11761公斤(金),钼1823吨(金属),锆英石485461吨(矿物),钛铁矿3962485吨(矿物),水泥用灰岩1.31亿吨(矿石),玻璃用砂16498.8902万吨(矿石)。其中,经储量评审的新增查明矿产资源储量(333及以上):铁0.437亿吨(矿石),金11761公斤(金),钼1823吨(金属),水泥用灰岩1.31亿吨(矿石),玻璃用砂16498.8902万吨(矿石)。

【矿产资源勘查重要成果】 2009年,海南省昌江县石碌铁矿接替资源补充勘查、海南省乐东县抱伦金矿详查、海南省乐东县后万岭钼铅锌矿详查、海南省乐东县利国镇报告村矿区钼矿普查、海南岛西南部沿海陆地石英砂锆钛砂矿资源预查-普查等5个项目取得了重要成果。

1.*海南省昌江县石碌铁矿接替资源补充勘查*。该项目前期为危机矿山接替资源勘查项目,后期为商业性勘查项目,由海南省地质勘查局资源环境调查院负责勘查。2007年1月开始危机矿山接替资源勘查,2009年1月开始转入详查。2009年度累计投入工作量:钻探62437米,浅井299.49米;槽探179.8立方米。

在普查阶段,探获的铁资源量为推断的内蕴经济资源量(333类型)。从E11线至E23线,共新增铁矿矿石量4369.0235万吨,平均TFe品位45.67%。其中H1类型矿石115.3011万吨,占总量的2.64%,H2型矿石24.8921万吨,占总量的0.57%,H3型矿石2315.3065万吨,占总量的52.99%,H4型矿石1513.2153万吨,占总量的34.64%,H5型矿石400.3085万吨,占总量的9.16%。

在详查阶段,从E6线以东及N1线以东,新增的铁矿资源储量(333+122b类型)铁矿矿石量3544万吨。

本次接替资源勘查,共新增铁矿矿石量7910万吨。取得了老矿山接替资源找矿的新突破。

2. *海南省乐东县抱伦金矿区详查*。该项目为商业性勘查项目,2006年转入详查工作,2009年11月经储量评审。勘查区面积5.9平方千米。累计投入工作量:施工岩芯钻孔28个,总进尺15449米;槽探2049立方米。矿床类型为:变质热液叠加的中高温热液矿床。其主要矿体特征为:

V4-1:分布于抱伦矿区南段Tr4含矿破碎带中,矿体走向310°~340°,倾向南西,倾角65°~80°,矿体控制长度约500米,最大斜深735米,平均厚度1.78米。

V4-2:相邻于V4-1矿体上部,分布于Tr4含矿破碎带中,矿体产状形态相同于V4-1。矿体控制长度约400米,最大斜深500米,平均厚度1.14米,平均品位6.13克/吨。

全区共探获(122b+333)金资源储量11761千克,其中122b金基础储量1194千克,333金资源量10567千克。矿床规模为中型。

3. *海南省乐东县后万岭钼铅锌矿详查*。该项目为商业性勘查项目,2006年开展详查工作,勘查区面积10.58平方千米。累计投入工作量:施工岩芯钻孔87个,总进尺18836.77米;槽探6734立方米,其中,2009年施工岩芯钻孔21个,总进尺505802米;槽探1193米^3。本矿区共圈出铅锌(铜)矿体10余个。矿石品位:铅平均0.5%;锌平均2.1%;伴生铜平均0.30%,伴生Ag平均为12克/吨。据初步估算整个矿区有望求得Pb+Zn资源储量:(121b+122b+333)30万吨,伴生Cu资源储量约1万吨,伴生Ag资源储量约100吨。

4. *海南省乐东县利国镇报告村矿区钼矿普查*。该项目为商业性勘查项目,2007年开始开展普查工作,2009年上半年提交普查报告,勘查区面积8.14平方千米。累计投入工作量:施工岩芯钻孔7个,总进尺2146.2米。矿床类型为:斑岩型细脉浸染矿床。本次共圈定52个钼矿体,其主要矿体特征为:

V_{14}:分布在岩体的南西部,脉状,北西-南东方向展布。走向140°,倾角33°~34°,矿体长600米,矿体平均厚度3.37米。共有5个工程见矿,见矿标高100.4~271.5米。倾向最大延伸463米。钼平均品位为0.145%。

全区探获的内蕴经济资源量(333)和预测的内蕴经济资源量(334)合计矿石量1929.07万吨,钼金属量14135吨,平均品位0.073%。其中推断的内蕴经济资源量(333)矿石量217.13万吨,钼金属1823吨,平均品位0.084%;预测的内蕴经济资源量(334)矿石量1711.94万吨,钼金属12312吨,平均品位0.072%。

5. *海南岛西南部沿海陆地石英砂锆钛砂矿资源预查*。该项目为省财政出资勘查项目,2008年开展工作,工作区面积7581.1平方千米。累计投入工作量:施工钻孔931个,总进尺3292米,其中本年度完成2041米。矿床类型:滨海沉积型与风化残坡积型砂矿床。通过钻探揭露控制,初步圈定锆钛砂矿矿体19个、石英砂矿矿体6个。求获333+334资源量锆英石95.59万吨、钛铁矿853.58万吨,其中333资源量锆英石10万吨、钛铁矿300万吨,石英砂6423万吨。

【地质灾害、地质环境和地下水调查评价】 2009年度,海南省开展水文地质、环境地质和地质灾害调查评价等项目42个,投入资金990.5万元。其中中央财政投入100.0万元,省级财政802.0万元,其他资金投入88.5万元。

1. *水文地质地质调查评价*。至2009年底,全省已完成1:10万水文地质调查4580平方千米、1:2.5万供水水文地质勘查80平方千米、1:1万供水水文地质勘查228平方千米、1:25万海南省地下水污染现状调查33900平方千米。

本年度实施省级财政项目3个,投入资金总额为376万元。其中投入120万元开展了琼北地下水、矿泉水、热矿水开采井分层利用状况调查,调查面积4600平方千米;投入221万元开展琼北地下水盆地东部地下水监测试验场建设,面积0.01平方千米;投入35万元开展海南省地下水动态监测,面积1140平方千米。

地下水监测点设立情况:累计设立水位监测点117个,水质监测点24个。由于历年来水井老化、市政工程破坏等原因,至2009年底,正在运行的水位监测点有34个,其中国家级点11个,省级点23个;正在运行的水质监测点有19个,国家级点9个,省级点10个。

2. *环境地质调查评价*。累计完成1:1万矿山环境地质调查257.67平方千米、1:5000矿山环境地质调查10.37平方千米、1:2000矿山环境地质调查30.25平方千米;1:5万环境地质(检测)915平方千米、1:5万环境地质(修测)896平方千米;1:5万工程地质调查150平方千米、1:2000工程地质调查69.62平方千米。

本年度实施项目6个，其中中央财政项目1个，投入经费100万元，开展海南旅游地质调查评价示范工作；省级财政项目1个，投入经费17万元，继续开展海南省废弃矿井调查与治理规划工作；社会资金项目4个，投入经费11.5万元，开展矿山环境地质调查与评估工作。

3. 地质灾害调查。至2009年底，已完成全省18个市县的1:10万地质灾害调查与区划项目，总调查面积33900平方千米，累计设立地质灾害群测群防点96个。

本年年度实施的项目共32个，其中省级财政项目1个，投入经费50万元，开展了1:50万海南省地质灾害调查综合研究工作，面积33900平方千米；社会资金项目31个，投入经费77万元，主要是开展地质灾害危险性评估工作。

4. 海南岛东北部裂隙型地热资源调查与评价工作。2009年度开展了海南岛东北部裂隙型地热资源调查与评价工作，为省级财政项目，投入经费359万元，完成面积10900平方千米。项目将重点勘查海南岛东北部8处地热田，分别为文昌市龙楼镇铜鼓岭地热田、文昌市龙楼镇头苑地热田、文昌市会文镇官新地热田、琼海市潭门镇福田地热田、琼海市石壁镇渊山地热田、定安县黄竹镇大带地热田、澄迈县文儒镇桂根地热田、屯昌县屯城镇溪边地热田。

【地质科技研究与技术创新】 1. 海南省矿产资源潜力评价：开展成矿规律、成矿预测研究和基础图件、预测区图件及典型矿床图件编制工作，物探化探遥感自然重砂综合评价和资源潜力综合信息集成等工作。

2. 海南省雷鸣－东太金及稀土多金属成矿区矿产资源潜力调查与评价。采用遥感地质解译的新方法，通过2250平方千米遥感地质解译工作，指导矿区找矿工作，圈定有利找矿地段，提高了找矿效率，对下一步工作的部署有较好的指导意义。

3. 开展的“海南省戈枕断裂带（北区段）中深部金矿资源潜力调查评价”和“海南省西部抱板－公爱地区中深部金矿资源潜力调查评价”。通过高精度物探工作和深部钻探验证工作，大致查明戈枕断裂带中深部金矿含矿层位及控矿构造的分布，圈定矿化富集地段，对中深部隐伏金矿体进行预测，对戈枕断裂带中深部，为戈枕断裂带中深部金矿资源潜力评价和进一步勘查工作提供依据。

4. 海南省重要地质遗迹详细调查（第一批）。通过调查，对重要地质遗迹的形成条件、动力机制、演化过程、分类系统等方面进行科学的调查研究和科学的评价，确定地质遗迹的保护级别，进而提出具体有效的保护措施及合理的开发利用建议，为地质遗迹的保护及合理开发利用提供可靠的地质依据。

【地质工作社会化服务】 1. 建设地质资料数据中心。2009年海南省馆藏有2019种成果地质资料，本年度共汇交成果地质资料52种，资料图文数字化累计完成1022种，其中本年度地质资料数字化完成10种。

2. 建立健全地质资料信息共享和社会化服务体系。2009年馆藏资料利用3491份，共15164件，为1936人次提供了地质资料服务。

本年度继续建立完善地质资料网络服务体系，不断推进地质资料的现代化建设，按时完成“地质资料信息目录”等所有数据的更新，实现地质资料信息互通，向社会提供了高效、便捷、全面的地质资料信息网络化服务。至2009年底，共有1318条地质资料目录数据库（含内容提要）上网提供查询，上网查询672281人次。

3. 开展地质资料开发利用的基础工作。2009年对海南省地质资料进行涉密清理以及开展我省海南省实物地质资料摸底调查工作，并且完成9份破损地质资料修复工作。开展地质资料的二次开发利用，完成了矿产地清理工作，为海南省利用民间资金开展商业性地质找矿提供基础性技术资料，推动海南省矿业经济健康发展。

【矿产资源开发利用】 2009年海南省共有持证开采矿山企业464家（不含油气、地热、矿泉水，下同），其中内资企业461家。港、澳、台商独资经营企业2家，中外合资经营企业1家。按矿山规模统计，大型39家，中型58家，小型251家，小矿116家，分别占矿山总数的8.41%、12.5%、54.09%、25.0%（表1）。

据不完全统计，2009年全年开采26种矿产，采掘原矿总量7043.38万吨，其中，铁矿石480.57万吨、钛铁矿砂矿原矿134.28万吨、锆英石砂矿原矿3963.15万吨、玻璃用砂矿108.59万吨、水泥灰岩矿石878.08万吨，海南省固体矿产矿石量较上年减少了1259.12万吨，减少15.67%。

2009年海南省持证开采矿山企业完成工业总产值223459.96万元（现价），较上年减少了24.27%。其中能源矿产（煤炭）总产值161.0万元，占总产值的0.07%；黑色金属开发总产值143441.86万元（铁矿总产值142227.45万元），占总产值的64.19%；有色金属开发总产值2034.06万元，占总产值的0.91%；贵金属开发总产值15548.68万元，占总产值的6.96%；稀有稀土金属矿产开发总产值17525.06万元，占总产值的7.84%；冶金辅助原料非金属矿产开发总产值776.47万元，占总产值的0.35%；化工原料非金属矿产开发总产值350.96万元，占总产值的0.16%；建材及其他非金属矿产开发总产值43621.87万元,占总产值的19.52%。

2009年海南省持证开采矿山企业从业人员12674人,其中能源矿产(煤炭)从业人员236人,占总人员的1.86%;黑色金属开发从业人员5171人,占总人员的40.80%;有色金属矿产开发从业人员332人,占总人员的2.62%;贵金属开发从业人员936人,占总人员的7.39%;稀有稀土金属矿产开发从业人员1209人,占总人员的9.54%;冶金辅助原料非金属矿产开发从业人员260人,占总人员的2.05%;化工原料非金属矿产开发从业人员44人,占总人员的0.35%;建材及其他非金属矿产开发从业人员4486人,占总人员的35.40%。

2009年海南省持证开采矿山企业年利润57947.10万元,其中,能源矿产(煤炭)年利润-127万元,黑色金属矿产年利润45253.83万元,有色金属矿产年利润-1083.7万元,贵金属矿产年利润4109.35万元,稀有、稀土和分散元素矿产年利润3607.94万元,冶金辅助原料矿产年利润-110.86万元,化工原料矿产年利润33.10万元,建材及其它非金属矿产年利润6264.45万元。与2008年相比,海南省持证开采矿山企业年利润减少69566.79万元,减少了54.56%。

【地质矿产勘查管理】 至2009年底,全省共有省级发证探矿权521宗,其中2009年度受理勘查登记183宗,颁发勘查许可证82宗,其中新立60宗,变更3宗(转让2宗),延续19宗。全年共投入勘查资金2.9亿元,其中中央财政投入2159万元,约占整个勘查投入的7%;省级财政投入5435万元,约占整个勘查投入的19%;社会资金投入2.1亿元,约占整个勘查投入的74%;全年完成机械岩芯钻探95526米,坑探9456米,槽探13.6万立方米,浅井2547米。

【矿产资源开发利用监督管理】 1. *继续推进整顿和规范矿产资源开发秩序工作*。按照国务院《关于全面整顿和规范矿产资源开发秩序的通知》(国发〔2005〕28号)的要求和国土资源部等12个部委《关于进一步推进矿产资源开发整合工作的通知》(国土资发〔2009〕141号)的部署,结合海南省矿产资源开发秩序现状,在2008年工作基础上,继续推进整顿和规范矿产资源开发秩序工作,进一步巩固了整顿和规范工作成果。2009年10月,海南省4个单位被国土资源部等十部委评为"全国整顿和规范矿产资源开发秩序先进集体",严之尧、吴坤汉、林荟等海南省12人被评为"全国整顿和规范矿产资源开发秩序先进个人",海南省整顿和规范矿产资源开发秩序工作得到充分肯定。

2. *采矿登记发证情况*。2009年度受理采矿登记69宗,批复划定矿区范围3宗,颁发采矿许可证66宗,其中新立4宗,延续5宗,变更登记4宗,采矿许可证证号更新53宗。市县新出让采矿权100宗。至2009年底全省共有采矿权456宗(不含油气、地热、矿泉水)。

3. *开展矿山年检、勘查项目年检和矿产督察工作*。开展矿山年检工作,2009年全省有证矿山456宗(不含油气、地热、矿泉水),应检矿山418宗,实检408宗,年检不合格的矿山55宗,并对年检不合格的矿山责令整改。

表1　2009年度海南省矿产资源开发利用情况(按矿种分列)

矿种	矿山企业数(个)					从业人员(人)	年产矿量(万吨)	工业总产值(万元)	综合利用产值(万元)	矿产品销售收入(万元)	利润总额(万元)
	合计	大型	中型	小型	小矿						
合计	464	39	58	251	116	12674	7043.38	223459.96	2772.86	214281.93	57947.1
煤炭	1	0	0	0	1	236	2	161	0	0	-127
铁矿	3	1	0	2	0	5038	480.57	142227.45	0	140300.55	45232.03
钛铁矿	5	5	0	0	0	133	134.28	1214.41	501.49	1191.49	21.8
钴矿	2	0	0	1	1	82	11.21	2034.06	0	1296.19	-1083.7
钼矿	3	0	1	2	0	250	0	0	0	0	0
金矿	9	0	1	8	0	936	20.54	15548.68	0	15548.68	4109.35
锆矿	28	24	4	0	0	1209	3963.15	17525.06	2266.37	15564.78	3607.94
红柱石	1	0	1	0	0	200	0	0	0	0	0
普通萤石	1	0	1	0	0	35	3.39	610.7	0	475.25	-112.81
冶金用白云岩	1	0	1	0	0	25	5.27	165.77	0	165.77	1.95
重晶石	1	0	1	0	0	25	0	0	0	0	0

续表 1

矿　种	矿山企业数(个)					从业人员（人）	年产矿量（万吨）	工业总产值(万元)	综合利用产值(万元)	矿产品销售收入(万元)	利润总额（万元）
	合计	大型	中型	小型	小矿						
化工用白云岩	1	0	0	1	0	19	3.28	350.96	0	350.96	33.1
水泥用灰岩	17	2	1	12	2	345	878.08	11760.08	0	8707.28	1285.4
建筑石料用灰岩	8	0	0	3	5	36	3.44	44.56	1	44.56	4
制灰用石灰岩	1	0	0	1	0	15	4.5	67.5	0	67.5	10
玻璃用砂	9	3	6	0	0	239	108.59	7012.73	0	7012.93	783.32
建筑用砂	65	0	13	45	7	440	223.11	2111.21	3	2097.56	519.1
水泥配料用页岩	3	0	1	2	0	7	2	26	0	26	2
建筑用页岩	3	0	2	1	0	57	46.2	720	0	720	35
高岭土	2	1	1	0	0	22	13.4	270	0	45	0
砖瓦用黏土	69	0	3	23	43	797	111.42	8923.84	0	9008.41	1522.65
水泥配料用黏土	2	0	0	2	0	15	34.7	439	0	119.8	76
水泥配料用红土	2	0	0	1	1	8	0.3	4.5	0	4.5	－15
饰面用玄武岩	2	0	0	2	0	20	9	90	0	90	10
建筑用玄武岩	91	1	19	54	17	1059	455.79	5087.94	0	4730.58	964.35
建筑用闪长岩	3	0	0	2	1	19	1.95	30	0	30	8.4
建筑用花岗岩	128	1	2	87	38	1366	517.07	6891.46	1	6541.09	1058.23
饰面用花岗岩	2	0	0	2	0	28	7.25	100	0	100	6
水泥用大理岩	1	1	0	0	0	13	2.87	43.05	0	43.05	－5

（海南省国土环境资源厅　陈　冠）

重　庆　市

【矿产资源概况】　重庆市矿产资源种类较多、总量较丰富，资源分布相对集中，主要分布于八大成矿区带：渝东北北大巴山钡矿成矿带；渝东北城口锰矿成矿带；渝西大足－合川－铜梁锶矿成矿带；渝南南川－武隆铝土矿、硫铁矿、煤炭成矿带；渝东南黔江－彭水铝土矿、硫铁矿、煤层气富集带长江沿岸天然气、盐及石膏等能源非金属成矿带；渝中重庆－綦江地热水、矿泉水富集区；渝东南酉阳－秀山锰、汞、铅锌、萤石、重晶石成矿带。

截至 2009 年底，重庆市已发现 68 种矿产（含亚矿种），占全国 171 种矿产的（含亚矿种）39.7%；具有查明资源储量的矿产 54 种（能源矿产 3 种、金属矿产 12 种、非金属矿产 34 种），占全国 159 种（含亚矿种）的 29.5%（详见附表 1）。

与 2008 年度相比，2009 年重庆市能源矿产查明资源储量增幅较大，其中煤炭查明资源储量增长 90.6%；金属矿产除了钒矿、镁矿、镓矿、镉矿查明资源储量没有变化外，其他均有所增长；非金属矿产查明资源储量有所增加的 31 种，没有变化的 9 种，略有减少的 4 种。

探明矿产资源储量排全国前 10 位的矿产主要有 17 种：毒重石、粉石英、陶瓷用砂岩、铁矾土、水泥配料用泥岩、盐矿、汞、铸型用砂岩、锶、铝、锰、炼镁白云岩、天然气、玻璃用砂岩、滑石、重晶石、砖瓦用砂岩。

【矿产资源储量管理】　2009 年重庆市积极推动落实国土资源部“三查”工作：即重庆市重要矿产资源潜力评价、重庆市矿产资源储量利用调查、重庆市探矿权实地核查，截至年底探矿权核查工作基本完成，在 2010 年底全面完成重庆市重要矿产资源潜力评价、重庆市矿产资源储量利用调查工作。进一步健全完善储量动态监管、储量登记统计、储量评审备案、矿产资源勘查开采监督制度和机制，不断完善矿产督察监管平台和储量动态长效监管平台，坚定落实“掌控家底、保障发展、维护权益、稳定秩序、做好服务”目标。

2009 年共办理矿产各类资源储量评审备案 673

件,审查地质勘查报告27个、储量核实报告473个、闭坑报告1个、压覆矿产资源评估报告172个;办理矿产资源储量登记465件,查明登记28件、占用登记433件、闭坑登记1件、压覆矿产资源登记3件;办理压覆矿产资源审批3件,压覆矿产资源审查169件。

【地质勘查】 2009年重庆市按照市委、市府关于加强地质工作发展资源加工型产业的指导思想,坚持地质工作与经济社会发展相结合,更加主动地为经济与社会发展服务的基本原则,"强基础、重矿产","摸家底、找新区、上专项、挖老点",统筹部署,突出重点,依靠科技进步,稳步推进全市地质工作。地质工作服务领域不断拓宽,勘查机制逐步健全,基础地质调查、矿产资源勘查、地质灾害、地质环境和水文地质调查评价等工作得到全面协调发展,成果较为显著。

2009年共开展各类项目239项,矿产勘查项目完成的主要工作量为:钻探136658.76米、坑探36742.9米、槽探7.27634万立方米、浅井92.86米。

年度投入资金总额33288.79万元,同比2008年增长6.8%。其中:基础地质调查1894万元,占总额的5.7%;地质科研954.8万元,占总额的2.9%;矿产勘查21862.91万元,占总额的65.7%;水工环地质调查评价、地质灾害监测8577.08万元,占总额的25.7%;中央财政投入资金6302.65万元,占投资总额的18.9%,比2008年略有增加;市级财政投入资金19680.15万元,占投资总额的59.1%,同比减少3.1%;社会资金投入7305.99万元,占投资总额的22.0%,同比增加4.2%。

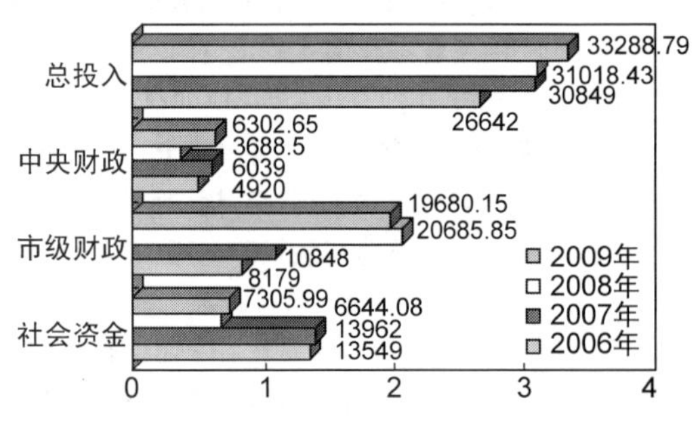

图1 勘查投入对比图(资金来源)

2009年度,全市地质勘查、水工环地质调查评价投入平稳增长,增幅略有放缓。年度资金投向结构基本合理,突显政府主导地质工作的基本格局。

【矿产资源勘查】 2009年共开展各类项目239项,矿产勘查项目完成的主要工作量为:钻探136658.76米、坑探36742.9米、槽探7.27634万立方米、浅井92.86米。

年度投入资金总额33288.79万元,同比2008年增长6.8%。资金投向:基础地质调查项目1894万元,占总额的5.7%;地质科研954.8万元,占总额的2.9%;矿产勘查21862.91万元,占总额的65.7%;水工环地质调查评价、地质灾害监测项目8577.08万元,占总额的25.7%;中央财政投入资金6302.65万元,占投资总额的18.9%,比2008年略有增加;市级财政投入资金19680.15万元,占投资总额的59.1%,同比减少3.1%;社会资金投入7305.99万元,占投资总额的22.0%,同比增加4.2%。

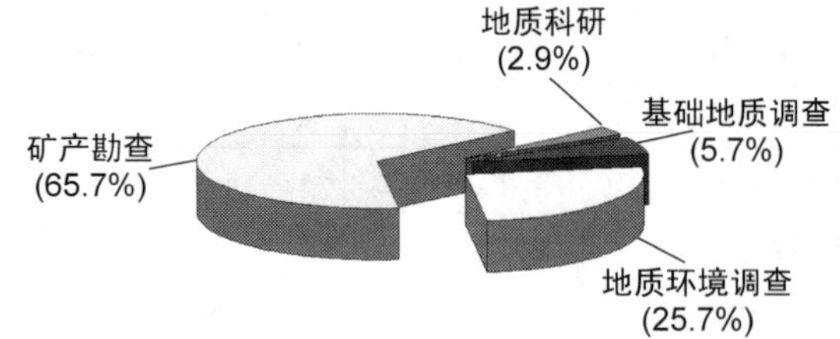

图2 地质勘查投入结构图

2009年度全市地质勘查、水工环地质调查评价投入平稳增长,增幅略有放缓。年度资金投向结构基本合理,突显政府主导地质工作的基本格局。

1. 基础地质调查。2009年全市开展基础地质调查项目20项,共投入资金1894万元,同比2008年增长10.4%。其中,中央财政投资1043万元,同比增长62.4%;市级财政投资851万元,同比减少33%。

资金投向:按类别分,区域地质调查168万元,1:5万区域地质矿产调查495万元,农业地质和城市地质等1075万元;按区域分,"一小时经济圈"7项,投入经费928万元,占总量49.0%。"渝东北翼"(三峡库区)9项,投入经费451万元,占总量23.8%。"渝东南翼"(少数民族地区)4项,投入经费515万元,占总量27.2%。

2. 区域地质调查。1:5万重庆统景、洛碛、木洞、姜家、大观、南坪、跳石、綦江幅基础地质调查联测,总面积3725平方千米,2009年度完成600平方千米,累计完成600平方千米,中央财政投资168万元。

1:5万区域地质矿产调查:1:5万松桃、石耶、龙池、石堤、酉酬、大溪口、百福司、大河坝、濯河坝、冯家坝、黑水坝幅区域地质矿产联测,总面积35620平方千米,2009年度主要开展设计编写和前期准备工作。

1:5万城口幅、修齐坝幅区域矿产调查,总面积862平方千米,2009年度完成424平方千米,累计完成862平方千米,市级财政投资96万元;1:5万奉节幅、庙宇幅区域地质调查修测,总面积1339平方千米,2009年度完成670平方千米,累计完成1339平方千米,市级财政投资40万元;1:5万重庆武隆地区矿产远景调查,2009年实施2幅,面积850平方千米,累计完成1800平方千米,中央财政投资495万元。

3. 其他(含农业地质和城市地质等)。1:5 万永川、临江幅农业地质调查,2009 年累计完成面积 897 平方千米,市级财政投资 55 万元。

重庆市都市经济圈生态地球化学评价,工作区面积 5470 平方千米,2009 年已全面完成野外调查、采样及样品分析测试,正进行综合研究及部分成果报告编写,市级财政投资 200 万元。

重庆合川地区多目标地球化学调查,工作区面积 3920 平方千米,2009 年已全面完成野外调查、采样及样品分析测试,野外工作已通过地勘局验收,市级财政投资 30 万元。

重庆市潼南 - 永川 - 万盛地区多目标区域地球化学调查,工作区面积 15608 平方千米,2009 年已全面完成野外调查、表层、深层扫面样采样,市级财政投资 350 万元。

渝西经济区 1:25 万生态地球化学调查,工作区面积 9000 平方千米,2009 年度主要开展设计编写和前期准备工作。

1:5 万生态地球化学调查——渝北试验区,工作区面积约 1800 平方千米,2009 完成面积 900 平方千米,市级财政投资 100 万元。

三峡库区云阳段消落带地区土壤元素形态分布调查评价,工作区面积 200 平方千米,2009 年度主要开展设计编写和前期准备工作。

1:5 万三峡库区生态经济区万州区至云阳县农业地质调查,工作区面积 960 平方千米,2009 完成面积 883 平方千米,市级财政投资 175 万元。

1:5 万三峡库区生态经济区忠县农业地质调查,工作区面积 2637 平方千米,2009 完成面积 2637 平方千米,市级财政投资 125 万元。

通过以上工作,重庆市基础地质工作程度逐步提高,各类别基础地质工作现状为:

1:20 万、1:50 万、1:100 万区域地质调查全面完成。

1:25 万区域地质调查完成了重庆市渝东北地区开县、万县 2 幅,面积 2.25 万平方千米,占全市国土面积的 27.3%。

1:5 万区域地质调查完成 37 幅,面积 1.57 万平方千米,占全市国土面积的 19.0%。完成图幅分属重庆市三个三级成矿区带,其中,龙门山 - 神农架早古生代、新生代铁、锰、金、铅、锌、磷成矿带(Ⅲ - 64)8 幅,占 36.4%;四川盆地新生代铁铜油气盐类矿产成矿区(Ⅲ - 67)20.5 幅,占 14.5%;渝南 - 黔中古生代、中生代铁汞锰铝成矿带(Ⅲ - 66)9.5 幅,占 12.7%。按Ⅳ级成矿带分,完成图幅数和覆盖比例为:城口北大巴山毒重石成矿带 4 幅,占 57.1%;城口 - 巫溪南大巴山锰磷成矿带 4 幅,占 22.2%;潼南油气石盐成矿带 3 幅,占 10.7%;开县 - 北碚 - 永川锶煤硫成矿带 12 幅,占 17.9%;涪陵 - 万州油气铁盐煤成矿带 4 幅,占 8.9%;酉阳 - 秀山锰汞铅锌成矿带 5.5 幅,占 30.6%;巫山铁煤硫成矿带 4 幅,占 22.2%。

1:20 万区域地球化学调查完成 25 幅,面积 8.16 万平方千米,占全市国土面积的 99%,仅余与陕西接壤的紫阳幅未开展工作。

1:25 万区域地球化学调查完成调查面积 1.23 万平方千米,占全市国土面积的 15.24%,占沿江经济带总面积的 100%。

1:5 万矿产地质专项调查完成 6.5 幅,主要分布于酉阳 - 秀山锰汞铅锌成矿带、城口北大巴山毒重石成矿带和南大巴山锰磷成矿带,调查面积 0.26 万平方千米,占全市国土面积的 3.23%。

1:5 万矿产远景调查,正在开展重庆武隆地区矿产远景调查 4 幅联测,已完成调查面积 1800 平方千米。

年度基础地质调查工作密切结合了社会经济发展的实际需求,积极利用市级财政资金和区(县)财政资金,加大了年度基础地质调查投入力度,同比 2008 年增长 10.4%。为满足重庆市统筹城乡改革和发展的需要,主要开展了重庆武隆地区 1:5 万矿产地质专项调查、渝西走廊和三峡库区等重要生态农业经济区的 1:5 万、1:25 万农业地质调查和三峡库区蓄水后的基础地质数据更新等基础地质调查工作,服务领域逐步拓宽,为社会经济发展提供了丰富的基础地质资料。但目前重庆市社会经济发展急需的 1:5 万区调和 1:5 万矿调的覆盖比例仍然较低,此类基础地质工作还有待进一步加强。

【矿产资源勘查项目】 2009 年度全市共实施矿产资源勘查项目 189 项,共投入勘查资金 21862.91 万元,其中,中央财政投入 1494 万元,占总量 6.8%,同比减少 55.7%;市级地方财政投入 13431.92 万元,占总量 61.5%,同比减少 14.0%;各类社会资金投入 6936.99 万元,占总量 31.7%,同比增长 8.3%。社会资金增加的原因主要是国有地勘单位和企业在煤炭和地热水的资金投入上有所增加(国有地勘单位投入 3229.41 万元,企业投入 3327.58 万元,占总量的 94.6%),个人投入仅 380 万元,占总量的 5.4%。年度矿产勘查资金投入仍以国家出资为主体,占总量 68.3%,突显政府主导地质工作的基本格局。资金投入总体情况是:中央和市级财政略有减少,个人投入已逐渐淡出,国有地勘单位和企业的投入虽有增加,但与 2008 年相比总量有小幅减少。下一年度重庆市将积极申请中央财政资金加大整装勘查力度，并进一步加大市级地质勘查专项经费和周转金投入量，继续采用与区县政府共同出资、与大型企业共同推进的模式，逐步形成政府和企业资金相互促动的良好局面，预计2010年地质矿产勘查实际投入将有小幅增长。

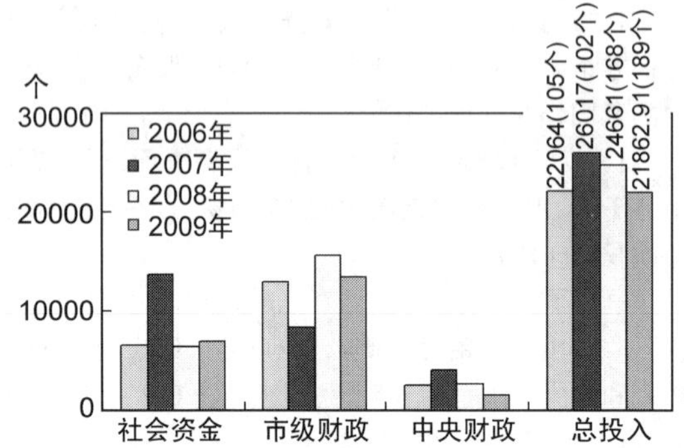

图3 矿产勘查项目数及资金投入对比图

2009年度勘查项目涉及勘查矿种主要有煤、铁、锰、钼钒、铅锌、炼镁白云岩、锶、水泥用石灰岩、地热水等。

资金投向：按勘查程度：预查54项，投入资金539.193万元，占总量28.6%；普查99项，投入资金11412.7994万元，占总量52.4%；详查37项，投入资金9910.9206万元，占总量19.0%。

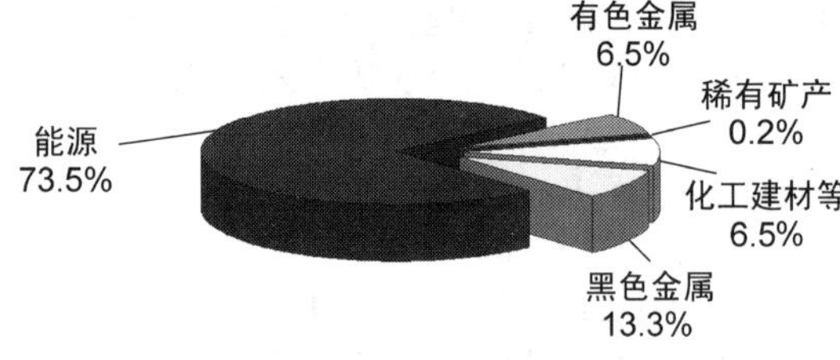

图4 矿产勘查投向结构图

1. 按矿种：能源矿产120项，投入资金16077.573万元，占总量73.5%，其中：煤炭投入资金14523.583万元，占总量90.3%；地热投入资金1553.99万元，占总量9.7%。

黑色金属17项，投入资金2915.06，占总量13.3%。其中铁矿投入资金1821.93万元，占总量62.5%；锰矿投入资金592.43万元，占总量20.3%；钒矿投入资金500.7万元，占总量17.2%。

有色金属36项，投入资金1430万元，占总量6.5%。其中：铜矿投入资金191.6万元，占总量13.4%，铅锌矿投入资金755.4万元，占总量52.8%；铝土矿投入资金234.1万元，占总量16.5%；炼镁白云岩投入资金8万元，占总量0.5%；钼矿投入资金190万元，占总量13.3%；锑矿投入资金37.2万元，占总量2.6%；汞矿投入资金13.7万元，占总量0.9%；

稀有矿产1项，投入资金15万元，占总量0.2%。化工建材及其他非金属15项，均为石灰岩资源勘查，投入资金1425.28万元，占总量6.5%。

矿产勘查集中投向能源矿产（煤和地热水）勘查，为保障重庆市电煤资源供给和“打造温泉之都”奠定了基础。其余矿种投入比例相对较低。

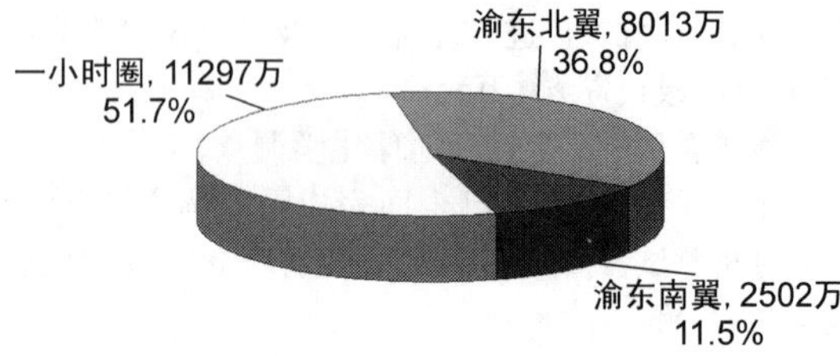

图5 矿产勘查投向结构图（按区域）

2. 按区域：“一小时经济圈”43项，投入资金11297.17万元，占总量51.7%；渝东北（三峡库区）地区92项，投入资金8013.03万元，占总量36.8%；渝东南少数民族地区54项，投入资金2502.71万元，占总量11.5%。“一小时经济圈”勘查项目虽不多，但主要是大型矿山的深部勘查，勘查程度相对较高、投资规模相对较大，同比略有增加，渝东北翼和渝东南翼勘查项目虽多，但勘查程度较低、面积较小，资金投入量相对较小，同比略有减少。

2009年度矿产资源勘查项目完成工作量：钻探136658.76米，同比增长8%；坑探36742.9米，同比增长38.4%；槽探7.27634万立方米，同比增长18.6%；浅井92.86米。

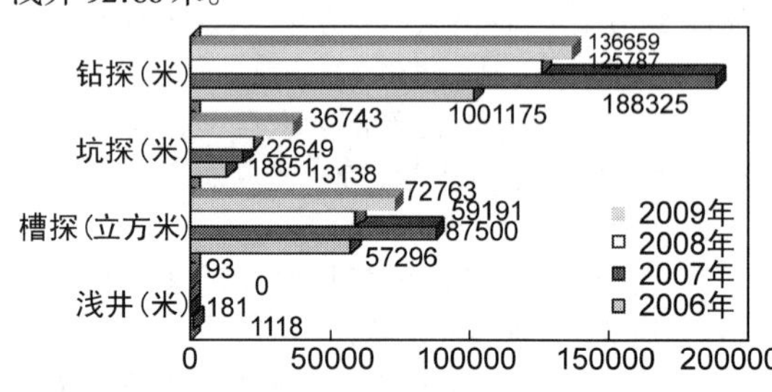

图6 完成工作量对比图

2009年，重要成矿区带和重点矿区的地质找矿工作继续取得新的进展，完成阶段性勘查矿产地23处，其中普查17处，详查6处。

【新增查明资源储量】 （333及以上）主要有：1. *能源矿产（原煤）*：新增查明资源储量3.60067亿吨，其中已提交1.5982亿吨，已控制2.00247亿吨。完成阶段性勘查的中型矿产地2个，小型矿产地12个。

2. *黑色金属矿产*。①铁矿：新增查明赤铁矿石资源储量0.0258亿吨（已控制）。②锰矿：新增查明矿石资源储量243.52万吨，其中已提交143.52万吨，已控制100万吨，完成阶段性勘查的小型矿产地1个。

3. *有色金属矿产*。①铝土矿:新增查明矿石资源储量106.18万吨(已控制)。②镁:新增查明炼镁白云岩矿石资源储量7863万吨(已提交),完成阶段性勘查的中型矿产地1个,大型矿产地1个。

4. *化工建材及其他非金属矿产*。①水泥/熔剂用石灰岩:新增查明矿石资源量2.327117亿吨(已提交),完成阶段性勘查的大型矿产地1个。②水泥用石灰岩:新增查明矿石资源量18.3051亿吨,其中已提交11.9851亿吨,已控制6.32亿吨,完成阶段性勘查的大型矿产地5个。

【矿产资源勘查重要成果】 2009年度取得矿产资源勘查重要成果的项目有:

1. *能源矿产*。重庆市綦江县松藻矿区石壕井田煤炭资源延深详查:为老矿区"探边摸底、功深找盲"勘查项目,投入资金1500万元(市级财政750万元,企业750万元),累计完成钻探进尺11299.18米。新增(333)以上资源储量0.794亿吨,勘查报告正在编制中。

重庆市綦江县松藻矿区大罗井田煤炭资源普查:为老矿区"探边摸底、功深找盲"勘查项目,该项目分两个阶段实施,第一阶段市级财政投入480万元,已完成钻探进尺3188.35米,预获(333)+(334)? 资源储量1.5211亿吨,阶段性野外工作已基本完成。

重庆市北碚区天府矿区磨心坡煤矿接替资源勘查:为老矿区"探边摸底、功深找盲"危机矿山勘查项目,投入资金1021万元(中央财政511万元,企业510万元),累计完成钻探进尺8925.81米。新增(333)以上资源储储量0.401亿吨,勘查报告已通过评审。

江北区五宝镇大树村御临河箭沱湾地热水资源勘查:为支持重庆市"打造温泉之都"项目,地方财政投入资金400万元,累计完成钻探进尺1735.20米。井口水温51摄氏度,水量2000立方米/日。

北碚静观"中国花木之乡"地热资源勘查:为支持重庆市"打造温泉之都"商业性勘查项目,投入资金800万元(国有地勘单位710万元,个人90万元),累计完成钻探进尺2296.68米。井口水温63.5摄氏度,水量1291立方米/日。

2. *黑色金属矿产*。重庆市城口县修齐锰矿深部普查:为老矿区"探边摸底、功深找盲"勘查项目,由市级地方财政投入资金550万元,累计完成钻探进尺3375.82米,预获(333)以上资源储储量100万吨,野外工作即将结束。

3. *有色金属矿产*。重庆市万盛区青年矿区炼镁白云岩矿普查:为扶持老矿区经济转型勘查项目,市级地方财政投入资金103万元,累计完成钻探进尺355.38米,槽探5119立方米,新增炼镁用白云岩矿石资源储量(333)+(334?)10210万吨。其中(333)5720万吨,达大型规模,勘查报告已通过评审。

4. *非金属矿产*。重庆市云阳县龙角镇水泥用石灰岩矿详查:为支持三峡库区经济发展项目,市级地方财政投入资金200万元,累计完成钻探进尺1710.22米,槽探536立方米。预获(333)以上水泥用石灰岩矿石储量2.8亿吨,野外工作已基本结束。

重庆市璧山县福禄镇周家槽水泥原料用石灰岩详查:

市级地方财政投入资金128.47万元,累计完成钻探进尺1223.96米,新增(333)以上水泥用石灰岩矿石储量2.22亿吨,勘查报告已通过评审。

重庆市江津区油溪镇袁家祠堂片区石灰石详查:

市级地方财政投入资金250万元,累计完成钻探进尺2492.75米,槽探3200立方米。预获(333)以上水泥用石灰岩矿石储量3.52亿吨,野外工作已基本结束。

【水工环地质调查评价】 重庆市域地形地貌多样化,地质构造较复杂,是全国地质灾害多发地区之一,地热水、地下水资源相对丰富,但分布极不均匀。2009年全市继续加强了地质环境、地质灾害调查评估及地下水、地质灾害的监测。年度共开展水工环地质调(勘)查项目16项,总投资4812.58万元,同比2008年增长7.5%。其中,中央财政投资736万元,占总投入的15.3%;市级地方财政投资3707.58万元,占77.0%,社会投资369万元,占总投入的7.7%。地下水、地质灾害监测投入3764.4988万元,其中,中央财政投资2879.6488万元,占总投入的76.5%;市级地方财政投资884.85万元,占23.5%。

按区域分:"一小时经济圈"4项,投入经费3639.2万元,占总量42.2%;渝东北地区(三峡库区)10项,投入经费4752.88万元,占总量55.4%;渝东南少数民族地区2项,投入经费185万元,占总量2.4%。资金投向:环境地质调查评价、地质灾害调查1381.58万元,专门性水文地质勘查3431万元,地下水、地质灾害监测3764.4988万元。

水文地质调查评价。

1:5万供水水文地质勘查:全市年度共实施专门性水文地质勘查项目1个,即重庆市八大"民心工程"之一"红层找水",市级财政共投入资金3431万元。主要在大足、潼南、石柱、丰都等8个干旱缺水区县和永川、綦江、万盛、南川等7个采煤沉陷影响区县开展打井工作。计划钻井2.6万口,实际完成2.8268万口,超额完成了计划任务。解决了约11万人和17万头牲畜的饮水问题。经抽检,绝大多数井的水质均达到相应的生活饮用水水源水质标准。较好地解决了重庆市红层干旱缺水地区和采煤沉陷影响区农村人口及牲畜的饮用水问题,经济效益和社会效益显著。

【环境地质调查评价】 1. 矿山环境地质调查与评估。1:5000环境地质调查与评估,共实施项目2个,社会投入经费135.8万元。调查矿区面积154.21平方千米,主要对煤矿山开采影响地质环境的程度,矿山地表保护对象可能遭受地质灾害的危害,矿山开采可能诱发地质灾害等进行了全面调查,对现有地面变形区明确了责任范围,为矿山开发及主管部门审批提供了地质环境依据。1:5万重庆市开县煤矿矿山地质环境恢复治理,中央财政投入经费44万元。完成地质灾害调查15.05平方千米、初步了解了矿区开采对地质环境的影响程度,提出了地质环境保护建议措施、初步制定了矿山地质环境恢复治理对策和措施。

2. 城市环境地质调查评价。1:1万城市环境地质调查评价,共实施项目2个,社会投入经费185万元,调查矿区面积104平方千米,主要为城镇新规划区进行了地质灾害调查及地质灾害易发程度分区,对城市房屋、铁路、水利设施建设用地提出可能遭受的地质灾害及预测工程建设可能诱发的地质灾害,并对建设用地的适宜性作出评价和提出规划建议。

3. 重要经济区环境地质调查评价与区划。1:2000三峡库区环境地质调查,共实施项目1个,中央财政投入经费342万元,完成环境地质调查2.89平方千米。为三峡库区在175米试验性水蓄水后的,库岸发生变形,危害集镇,长江航运安全的提供了基础地质资料,为下一步勘察设计,监测预警提供了环境地质依据。

【地质勘查科技研究】 实施地质勘查科研项目14项,投入科研经费954.8万元,其中,中央财政150万元,市级财政804.8万元,同比2008年增加78.3%。主要项目为重庆市矿产资源潜力评价、重庆市低贫矿石勘查开发利用技术研究等。

重庆市矿产资源潜力评价,中央财政150万元,市级财政420万元。地质背景研究课题基本编制完成6幅1:25万的实际材料图和建造构造图,正在加紧完成实际材料图和建造构造图的编图说明及数据库建设。成矿规律与矿产预测研究课题铝土矿基本按进度完成,2010年1月可提交全国项目办验收。铁矿正组织突击,力争按时提交全国项目项目办验收。硫铁矿典型矿床及预测区研究进展较快,已完成了部分文字总结工作。其他矿种基本按全国项目进度要求开展,萤石、重晶石、汞矿研究预测工作基本上处在资料收集阶段。信息技术应用研究课题完成了9大基础数据库的维护工作。物探、化探、遥感、自然重砂综合应用研究基本上完成全市基础性图件的推断解释工作,已提交大部分单矿种资料,目前正在补充编图说明及数据库建设。煤炭资源潜力预测评价已完成基本图件,工作稍有滞后。

重庆市城口县中低品位钡矿石选冶工艺技术研究,市级财政投入经费39万元,现已完成工作量95%。取得的成果:完成了贫矿和综合样的岩矿鉴定和矿石的工艺矿物学研究工作;经过三个工艺流程的探索试验,确定了浮选工艺为主要研究的选矿工艺,完成了浮选条件试验、开路试验和闭路试验;完成钡精矿样的制备工作,正在进行使用机械加工厂废洗液(含 $FeCl_2$)处理选矿精矿制钡盐的工艺技术研究;选矿精矿经废洗液浸出处理,浸出率已达81%,目前仍在进行浸出除杂等试验。

重庆市低品位锶矿选冶试验研究,市级财政投入经费28万元,项目已完成。取得的成果:通过多种手段对矿样的分析测试,基本查明了矿石的工艺矿物学特性对选矿工艺的影响。通过对国内外锶矿选矿试验和实践的分析研究,结合矿石的特点及市场供求状况,确定了以主要研究 $SrSO_4$(折合品位)33% ~ 50%品位段锶矿石的利用技术。通过对选矿试验结果的比较分析和经济评价,建议采用重选方案进行回收利用,该方案技术上可行,经济上合理,便于操作,且绿色环保。

重庆市巫山"宁乡式"铁矿利用工艺技术研究,市级财政投入经费36.5万元,项目已完成。取得的成果:通过工艺矿物学研究,由于该类型铁矿石矿物组成、共生关系复杂,分选困难精矿回收率较低。通过选用脱泥-阴离子脱磷-阳离子脱硅浮选流程;强磁选-阴离子反浮选脱磷(或者化学脱磷-强磁选)工艺;强磁选、焙烧-磁选-反浮选脱磷工艺试验,最终认定焙烧-磁选-反浮选脱磷工艺流程试验结果较好,采用该工艺精矿TFe品位为57.64%,流程总回收率73.13%,精矿中P含量为0.22%。

其他科研项目基本按进度计划完成报告评审或准备提交评审。

(重庆市地质矿业协会　郝祖梁)

四　川　省

【矿产资源概况】 四川省矿产种类较齐全,资源较丰富,现已形成了包括能源、黑色冶金、有色金属、化工、建材、非金属矿产开发利用和加工的生产体系。到2009年末,四川省煤炭开采和洗选业,石油和天然气开采业,黑色、有色、非金属矿采选业,其他采矿业中全部国有及规模以上非国有工业企业共有1565家,较2008年增加532家;其总产值达到1405.06亿元,较

2008年增加644.26亿元。其工业总产值达到当年全省13725家国有及规模以上非国有工业企业工业总产值(14761.86亿元)的9.52%。矿业是四川省经济和社会发展的重要产业。

1. *四川省查明资源储量矿种*。根据国土资源部《2008年全国矿产资源储量通报》,到2008年底,我国已发现矿产171种,计算到亚矿种则为237种;具有查明资源储量的矿产159种,亚矿种226种。2008年四川省有矿区有查明资源储量的(亚)矿种为101种,分为:能源矿产4种;金属矿产36种;非金属矿产59种;水气矿产2种。

四川省已有查明矿产资源储量的(亚)矿种按以上4大类划分(图1)。

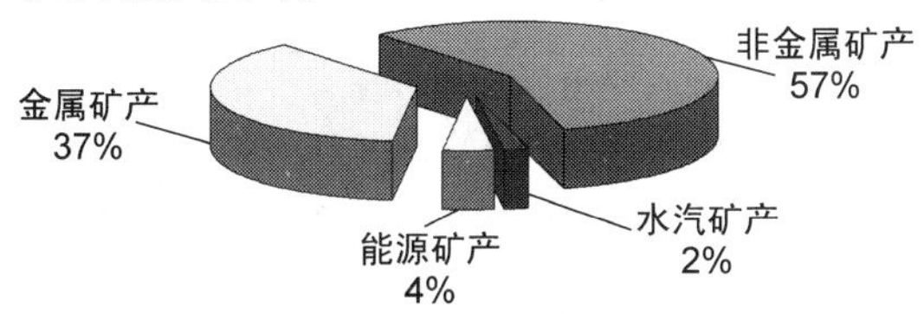

图1　四川省查明资源储量矿产种类构成

到2009年底,四川进入省统计渠道,具有查明资源储量的固体矿产为96种,矿产地共3087处。以煤为主的能源矿产地1658处,黑色金属矿产257处,有色金属矿产351处、贵金属矿产151处,稀有及稀土金属产80处,冶金辅助原料非金属矿产58处,化工原料非金属矿产218处,建材和其他非金属矿产314处(图2)。

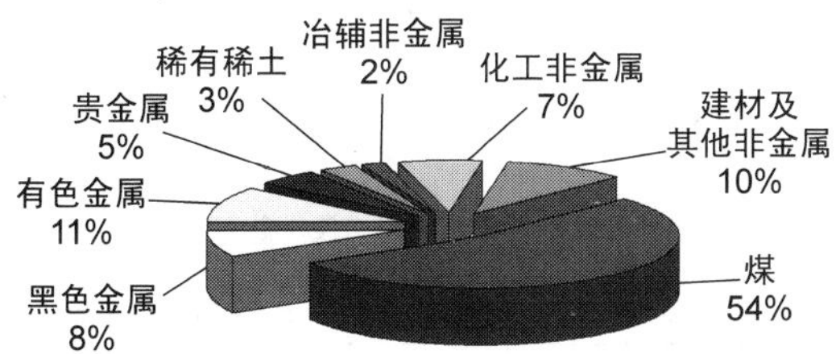

图2　四川省有查明资源储量矿产地类别数量构成

铀矿资源的矿产地未参加统计。

2. *查明矿产资源的年度变化*。四川省大部分矿产保有的资源储量在2009年都有明显增加,只有少部分矿产的资源储量因重算等原因,其保有的资源储量有所减少。

四川省重要的、且查明资源储量的矿产,如:煤、铁、钛、钒、铜、铅、锌、锂、金、银、轻稀土、盐矿、芒硝矿、硫铁矿、磷矿、水泥用灰岩等,其年度变化情况见图3~17。

截至2009年底,以上矿产中,煤、铁、铜、铅锌、金、银、稀土、水泥用灰岩、硫铁矿等矿产,保有的资源储量比2008年有明显的增加;钛矿保有的资源储量较2008年明显减少;而锂、钒、岩盐、芒硝、硫铁矿、磷等矿产保有的资源储量变化不大。

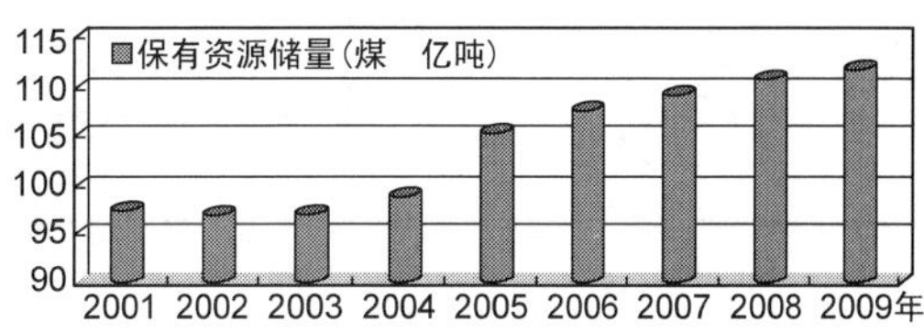

图3　煤

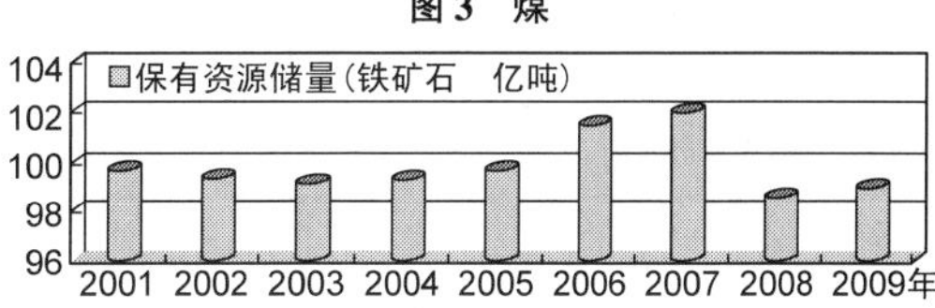

图4　铁

图5　钛(矿石 TiO_2)

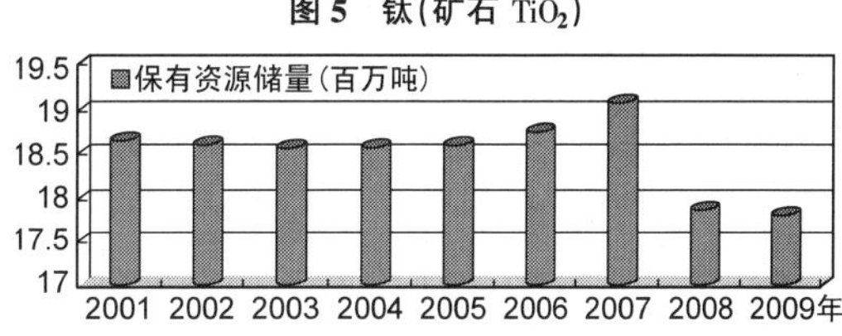

图6　钒(V_2O_5)

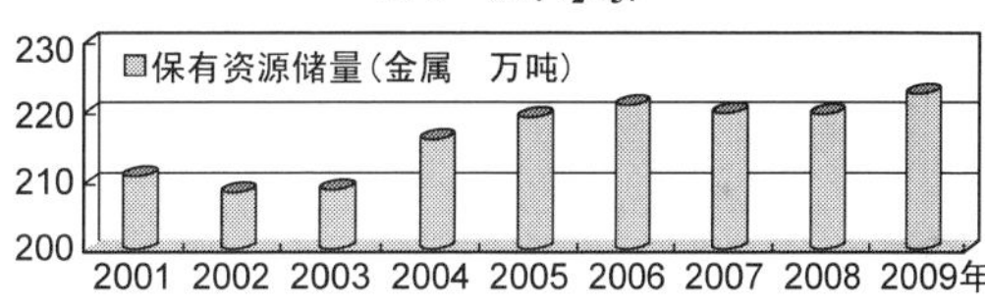

图7　铜

图8　铅锌

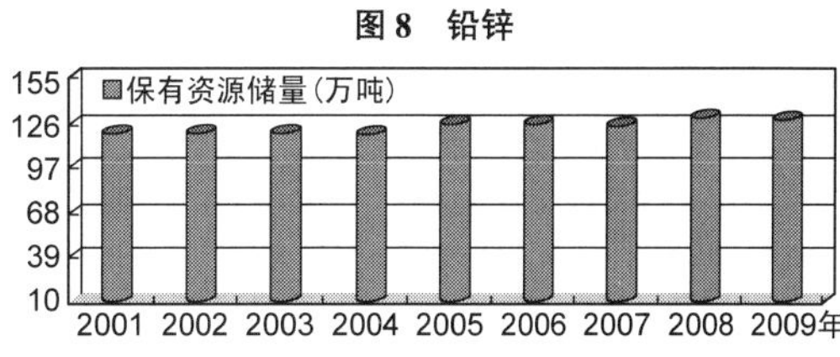

图9　锂(Li_2O)

【油气资源】　1. *石油*。至2009年底,四川原油累计探明地质储量为8240.62万吨,已开发757.62万吨,未开发583.0万吨,探明地质储量在全国省区、市和海域中排序第18位。

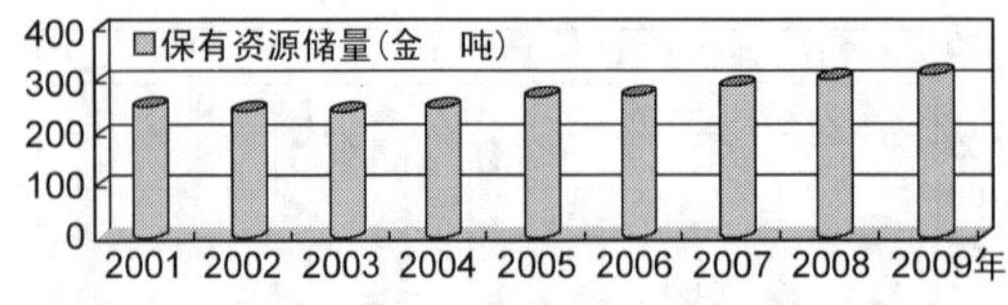

图 10 金

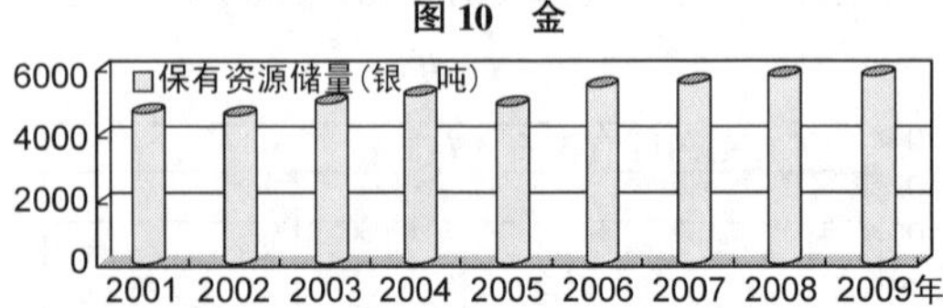

图 11 银

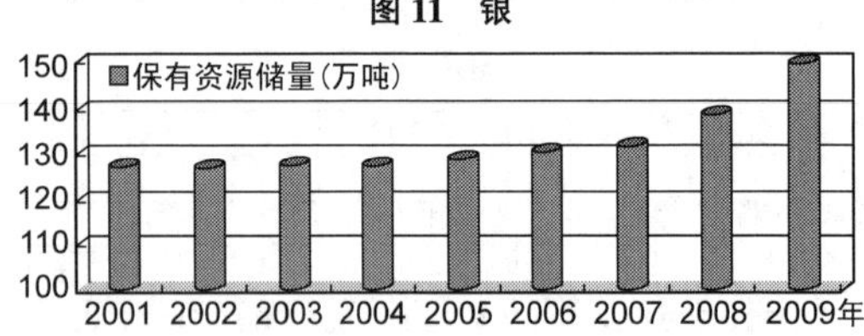

图 12 轻稀土(氧化物)

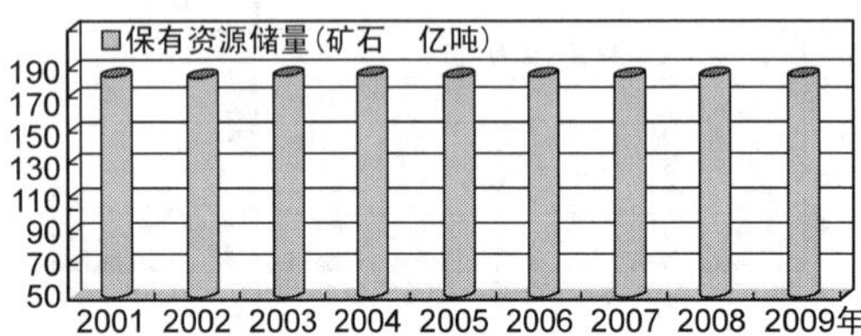

图 13

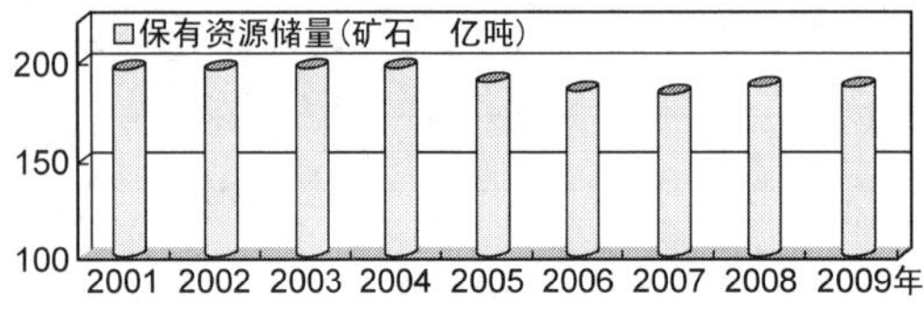

图 14 芒硝

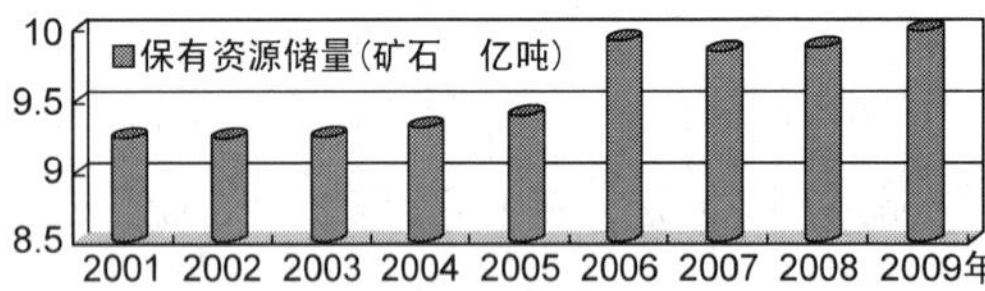

图 15 硫铁矿

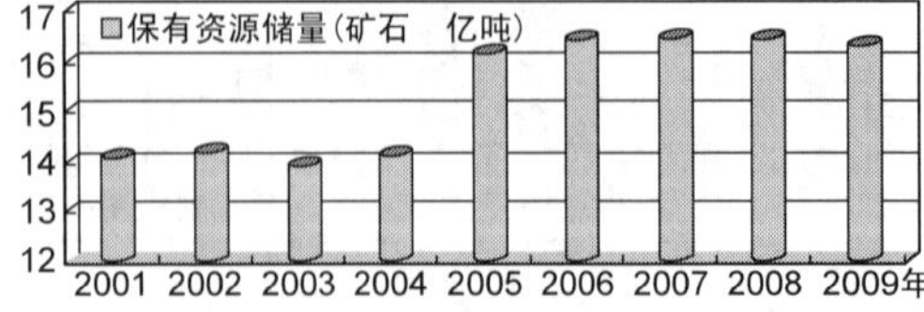

图 16 磷

2. 天然气。四川省的天然气包括气层气、溶解气和二氧化碳气。其中气层气资源在全国占有重要的地位。至2009年底,四川省探明气层气总量及在全国的排位情况见图18。

至2009年底,四川省气层气剩余可采储量情况及排位见图19。

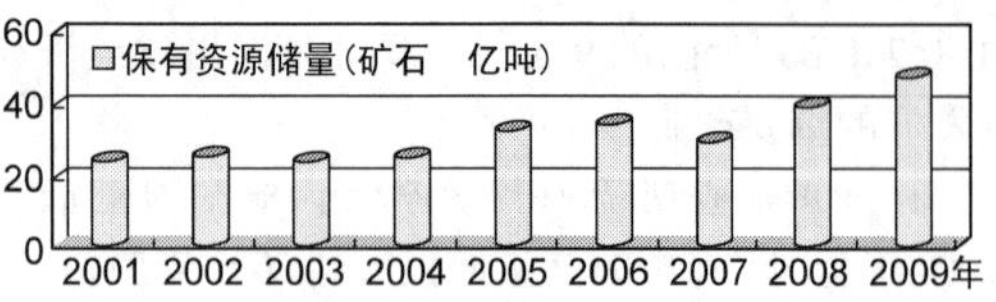

图 17 水泥用灰岩

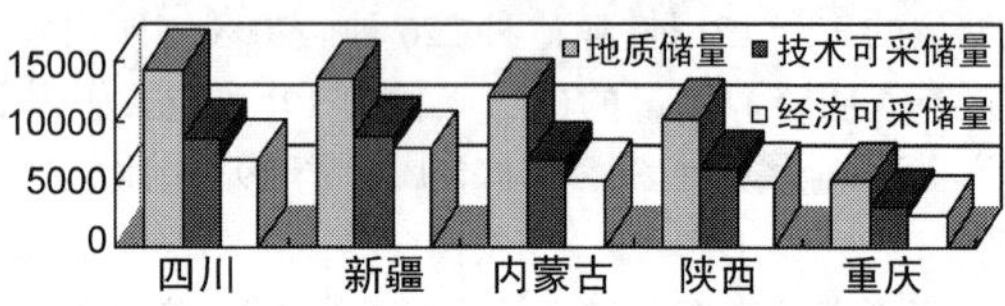

图 18 全国气层气探明储量前五位的省(市、自治区)

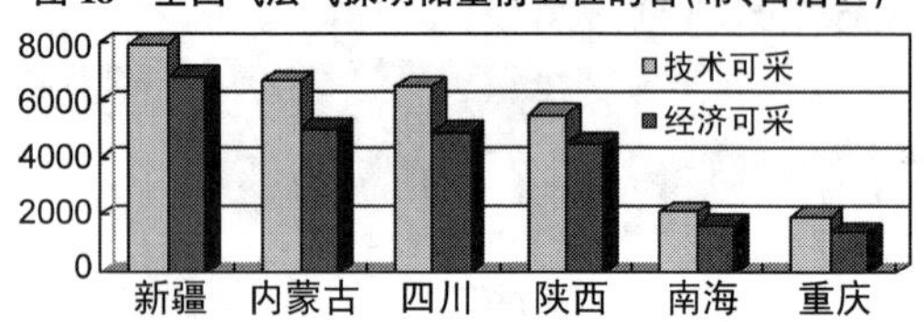

图 19 全国气层气剩余可采储量排前六位的省(市、自治区)和海域

2009年全国气层气新增探明地质储量大于300×10^8立方米的省(市、自治区)和海域中四川位居第二(图20),新增探明储量见图21。全国2009年新探明气田共3个,四川的通南巴为其中之一(表1)。

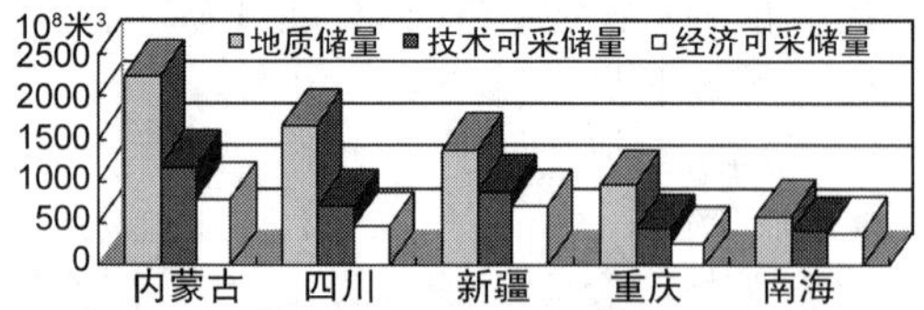

图 20 2009年全国气层气新增探明储量排前五位的地区比较

表 1 2009年全国新探明气田及新增探明储量表(单位:10^8立方米)

序号	气 田	地质储量	技术可采储量	经济可采储量
1	深圳荔湾3-1	475.81	344.48	338.22
2	四川通南巴	191.56	82.38	80.33
3	深圳番禺35-1	20.51	11.29	11.29

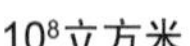

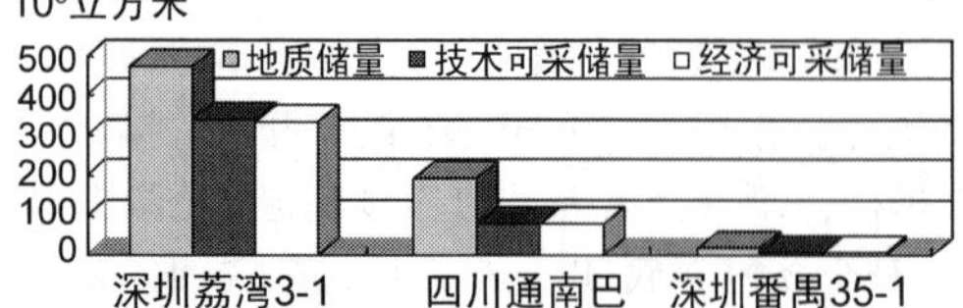

图 21 2009年全国新探明气田新探明储量图

2009年全国气层气新增探明地质储量大于50×10^8立方米的气田有11个,其中四川就有3个(表2)。

表 2　2009 年全国新增气层气地质储量大于 50×10^8 立方米的气田(单位:10^8 立方米)

排序	气　田	新增探明储量		
		地质	技术可采	经济可采
1	长庆苏里格	2137.97	1127.18	772.59
2	塔里木中 1 号	1365.73	887.72	717.63
3	四川新场	1211.29	484.48	293.56
4	重庆合川	1112.29	500.53	301/41
5	深圳荔湾 3－1	475.81	344.48	338.22
6	华北大牛地	222.95	111.48	56.68
7	四川通南巴	191.56	82.38	80.33
8	湛江东方 1－1 号	78.10	41.07	36.37
9	天津秦皇岛 29－2	77.23	50.21	46.69
10	四川普光	70.48	47.19	37.85
11	湖北江汉建南	56.21	27.94	24.69

【固体矿产资源特点】 1. 矿产资源的分布形成了三大资源集中区。①盆地和盆周地区:盆地内以能源、非金属矿产为主,如煤矿、天然气、石油、盐、芒硝、石膏、玻璃用砂岩、水泥用灰岩及配料、膨润土等;盆地周边地区以化工、有色金属矿产为主,如磷矿、硫铁矿、砂金、岩金、锰矿、铝矿、铅锌矿、铜矿及萤石、石棉、钾长石、花岗岩、大理岩等非金属矿产。

②攀西地区:以黑色、有色金属矿产为主,如钒钛磁铁矿、铅锌矿、铜矿、锡矿,另有岩盐、石墨、冶金辅助原料、稀有金属、稀土等矿产。

③西高原地区:以贵金属、稀有金属矿产为主,如金矿、银矿、铂族金属、镍矿、锂矿、铌矿、钽矿、铀矿、铅锌矿、铜矿、锡矿、汞矿,还有褐煤、泥炭及水晶、云母、石棉、石膏等非金属矿产。

2. 矿产资源的特点。①矿种齐全、储量丰富,但部分矿产人均资源占有量低。能源、黑色、有色、稀有、贵金属、化工、建材等矿产均有分布,其中天然气、钛矿、钒矿、硫铁矿、芒硝、盐矿等资源储量巨大;煤、铜、铅、锌、镍、汞 6 种主要有色金属及贵金属人均占有量低于全国平均水平;石油、铝、铜、钾等查明的资源储量明显不足。

②大型、特大型矿床相对集中,有利于形成综合性的矿物原料基地。矿产资源多分布在盆地及盆周交通方便地区,配套程度较高。如攀西的铁、钒、钛、轻稀土、铜、铅、锌;川南的盐、无烟煤、磷;成都及相邻地区的芒硝、磷、石材;川西高原的有色、稀有金属;四川盆地的天然气等,为建立各具特色的区域经济提供了资源条件。

③共、伴生矿产多,综合利用潜力大,但采矿和选冶有一定难度。黑色、有色、稀有、贵金属矿床 60% 以上伴生有多种有益元素或共生矿产,如攀西地区的钒钛磁铁矿、川西高原的银多金属矿,川南的煤、硫、高岭土、黏土矿共生等。综合开发利用这些矿产势必大大提升矿产业的经济效益,但也随之增加了采矿和选冶工艺难度。

④重要矿产富矿不足,但找矿前景良好。部分重要矿产富矿查明资源储量占总量的比例为:富铁矿 0.79%;富锰矿 15.17%;富硫铁矿(S≥35%)0.08%;富磷矿($P_2O_5>30\%$)6.35%;低硫煤及炼焦用煤仅占煤查明资源储量的四分之一。

【矿产资源储量管理】 1. 资源储量报告评审备案。①地质报告评审。2009 年,四川省矿产资源储量评审中心共完成各类报告(项目)评审(咨询)共计 641 个。

资源储量核实报告 560 个,其中,资源整合储量核实报告 264 个(全部为小型)。资源储量核实报告中有大型 1 个、中型 11 个,小型 548 个(图 22)。四川省煤炭资源整合项目共 870 个,截至 2009 年底评审中心共完成核实报告评审 801 个,除川南地区部分煤田需经国土资源部批准外,其余地区基本完成。

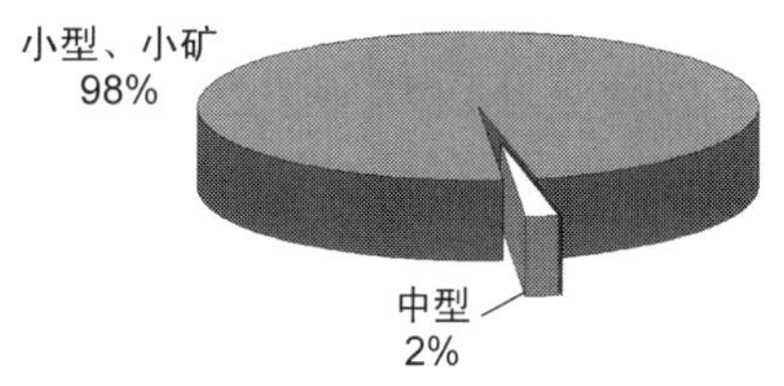

图 22　资源储量核实报告矿产规模构成

新勘查矿区地质报告 45 个,其中大型 6 个,中型 13 个,小型 26 个(图 23)。新勘查报告根据矿种分:有煤矿 6 个,铁矿 13 个,铜矿 3 个,铅锌矿 4 个,磷矿 3 个,金矿 1 个,石灰石 12 个,大理石矿 1 个,砂矿 1 个和矿泉水 1 个(图 24)。

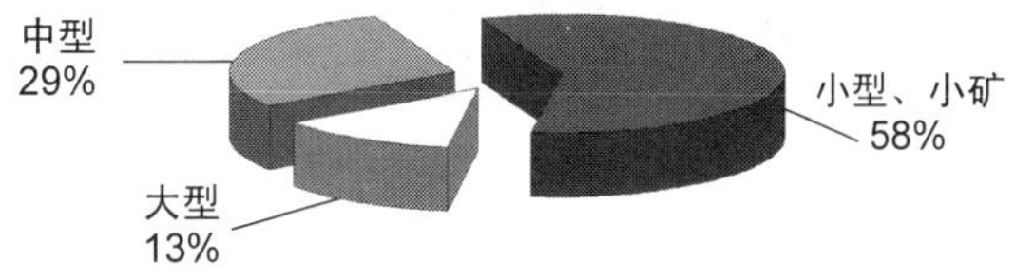

图 23　新勘查矿区资源储量核实报告矿产规模构成

压覆矿产资源调查报告 23 个,违法采矿技术鉴定报告 13 个,接受各类技术咨询项目 15 个。

②矿产资源储量备案。2009 年,共完成矿产资源储量评审备案 703 份,其中:经四川省矿产资源储量评审中心评审并予备案的 698 份,由各市(州)专家组评审备案的 5 份。储量评审备案数与前一年同期相比增

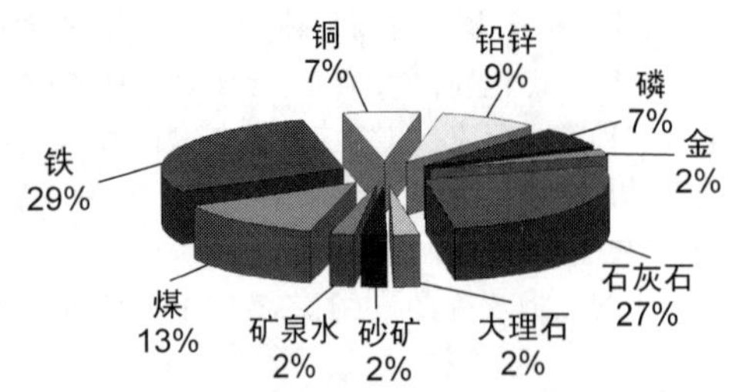

图 24　新勘查矿区资源储量核实报告矿种构成

加了 **3～5** 倍。主要原因是四川省煤炭资源整合需评审备案的储量核实报告急剧增加。

按照川国土资发〔2006〕61 号文规定，依法做好非法采矿、破坏性采矿造成矿产资源破坏价值鉴定工作，对 13 个违法开采矿山（点）破坏矿产资源的储量调查报告按程序进行了合规性审查、鉴定。

*2. 矿产资源登记、统计及建设项目压覆矿产资源情况。*①矿产资源储量登记。2009 年，认真贯彻执行《矿产资源储量登记统计管理办法》，坚持高效优质，严把质量关：一是资源储量报告是否经过有资格的评审机构评审；二是地质资料是否汇交；三是评审机构是否对登记表出具意见；四是矿区（山）所在地国土资源行政主管部门是否同意上报；五是登记书内容是否与报告和评审意见一致；六是登记书的内容是否符合登记书填写规定。2009 年共办理了各类矿产资源储量登记 410 件，其中占用矿产资源储量登记 381 件，查明矿产资源储量登记 29 件，是 2008 年同期工作量的 4 倍。

在查明的 29 处矿产地中，有煤矿 3 处，有色金属矿 4 处，贵金属矿 1 处，稀有、稀土矿 1 处，黑色金属矿 10 处，水泥原料非金属矿产 7 处，化工原料非金属矿产 1 处，水气矿产 2 处；按规模分类：大型 4 处，中型 8 处，小型 16 处，小矿 1 处；按工作程度分：勘探 12 处，详查 16 处，普查 1 处（图 25～27）。

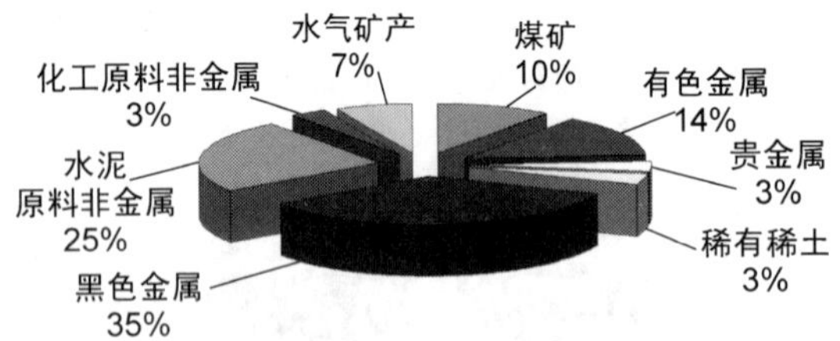

图 25　2009 年登记查明矿产地矿产类别构成

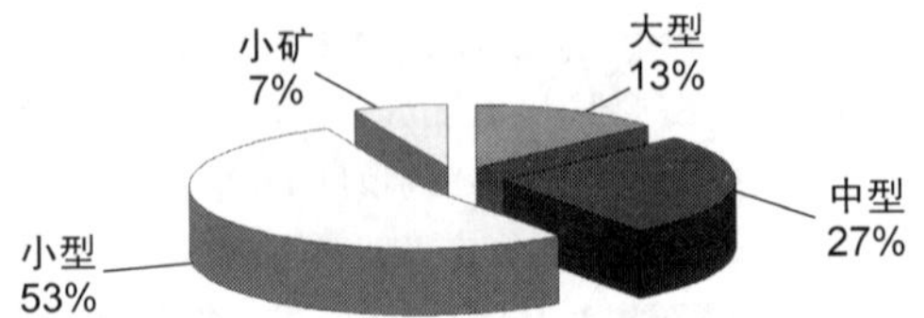

图 26　2009 年登记查明矿产地规模构成

登记占用矿产资源储量的 381 个矿山中，煤矿山 335 个，有色金属矿山 9 个，贵金属矿山 2 个，稀有、稀土矿山 1 个，黑色金属矿山 9 个，水泥原料非金属矿山 9 个，饰面建筑用非金属矿山 1 个，化工原料非金属矿山 9 个，水气矿产 6 个（图 28）。按矿山规模分，大型 9 个、中型 9 个，小型 343 个，小矿 14 个（图 29）。按登记性质分：申请采矿权 19 个，采矿权延续 30 个，变更矿区范围 5 个，涉及矿产资源整合的 327 个（图 30）。

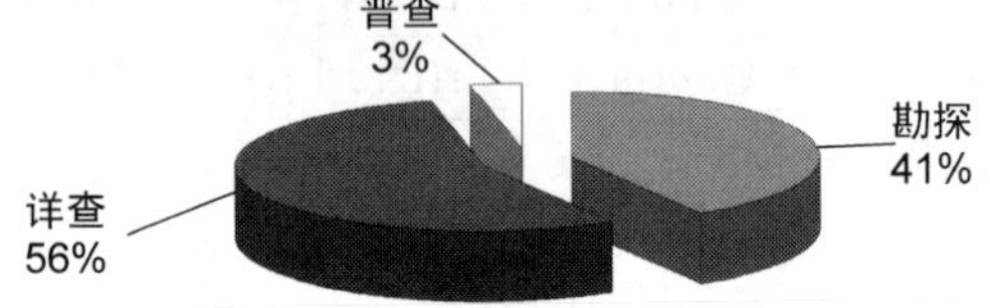

图 27　2009 年登记查明矿产地勘查程度构成

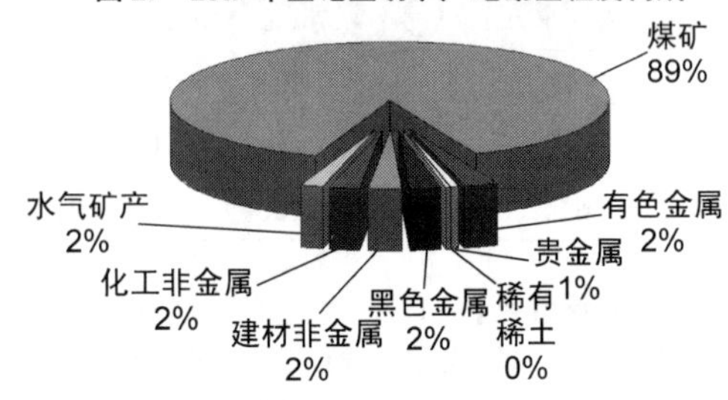

图 28　2009 年登记矿山占用矿产资源类别构成

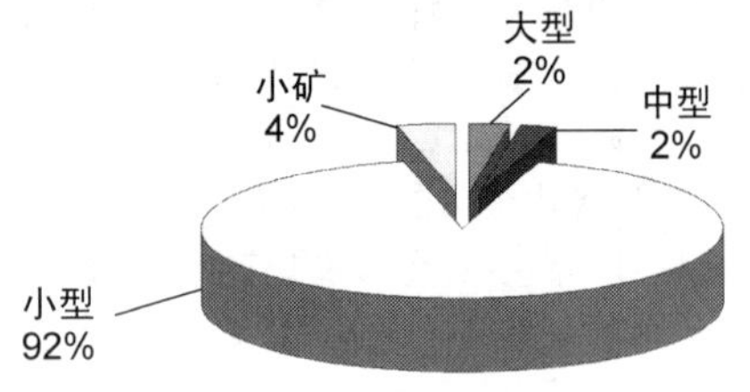

图 29　2009 年登记占用矿产资源矿山规模构成

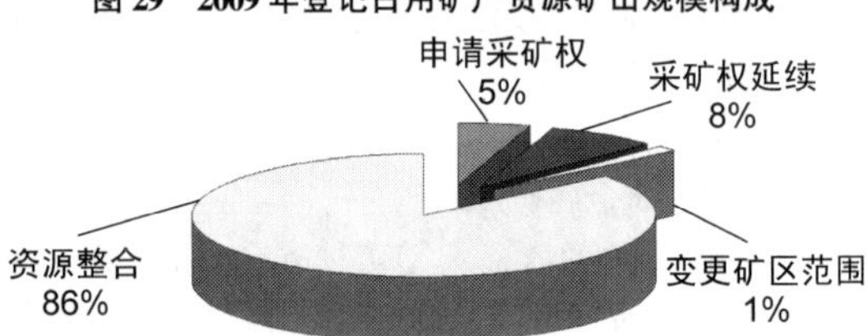

图 30　2009 年登记占用矿产资源矿山用途构成

②矿产资源统计。一是组织各矿山企业填报《截止 2009 年底矿产资源储量统计报表》及审查工作；二是在 2008 年部审查通过统计数据的基础上，及时修改矿产资源储量数据库；三是认真做好矿产资源储量统计快报的审查、录入和上报等工作。

该项工作于 2009 年 4 月通过部组织的审查，5 月部把确定的数据返回，今年四川省共有 7949 个矿山列入统计。

③建设项目压覆矿产资源调查和审批。2009 年完成压覆矿产调查 320 宗，是 2008 年同期工作量的两

倍多。对构成压覆矿产资源的42个建设项目,特别是对省重点建设项目、灾后重建项目实行绿色通道、特事特办、追踪办理、登门主动服务等制度,严格依法并按程序快速进行了压覆审批,保证了重点建设项目和灾后重建项目的顺利实施。

【地质勘查】 1.地质勘查工作及成果。2009年,四川省地质勘查工作按照国土资源部和四川省委、省政府的统一部署,认真落实《四川省地质勘查规划》要求,继续推进重点规划勘查区项目专家优选,严把地勘基金项目设计、实施和验收审查关,加强探矿权审批行政效能建设,进一步规范地质勘查管理工作,确保了地质勘查管理各项工作顺利进行,地质找矿工作取得新进展。

2009年四川省共实施省内各类基础地质、矿产勘查、水工环地质调查、科研等项目共计5305项,投入地勘经费108730.53万元,比2008年(91942万元)增加18.26%(图31)。

基础地质调查9项,投入经费2609.50万元(未含科研),比2008年(6451万)减少59.55%。省内矿产资源勘查项目565项,勘查矿种40个,投入地勘经费77777.95万元,比2008年(68931万元)增加12.83%。水工环地质调查评价项目4726项,投入经费26438.08万元,比2008年(15720万元)增加68.18%。地质勘查科技研究项目5项,投入经费1905万元,比2008年(840万元)增加126.79%。此外,2009年实施境外勘查项目6项,各类矿产勘查投入1261.81万元。

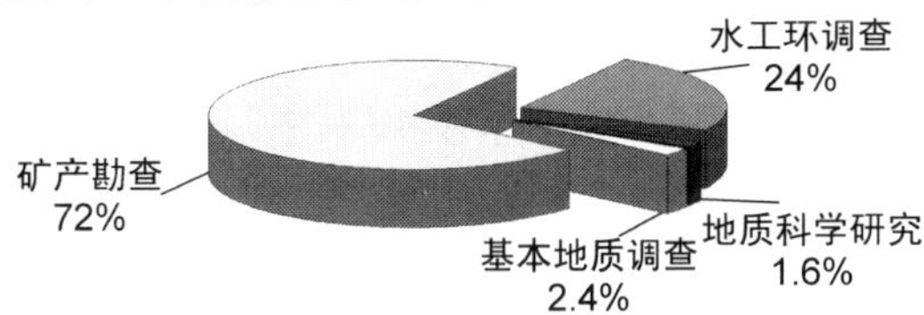

图31 四川省地质勘查资金投向结构图

基础地质工作及科研。2009年全省实施基础地质调查14项,共投入经费4514.5万元,其中中央财政3914.5万元,省财政600万元。

区域地质调查。1:25万区域地质调查(修测),累计完成12个图幅,面积208726平方千米,占四川省面积的43.03%。2009年度实施项目1个,完成面积20000平方千米,投入资金360万元,来源于中央财政。1:5万区域地质调查,累计完成267个图幅,面积117025平方千米,占四川省面积的24.13%。2009年度实施项目3个,完成面积2000平方千米,投入资金460万元,来源于中央财政。

地球物理、地球化学和遥感地质调查。四川1:20万区域重力调查累计完成8.5个图幅,面积68093平方千米,占省面积的14.04%。2009年度实施项目1个,完成面积5500平方千米。投入资金229.5万元,来源于中央财政。

1:20万区域地球化学调查累计完成84个图幅,面积406800平方千米,占省面积的83.88%。2009年度没有实施项目。

1:20万~1:25万遥感地质调查累计完成面积214357平方千米,由于部分地区出现重叠,覆盖面积仅占四川省面积的28.64%。2009年度实施项目2个,完成面积90000平方千米,投入资金660万元,来源于中央财政。

2.矿产资源远景调查、地质科研及其他。1:5万矿产资源远景调查累计完成45.5个图幅,面积20400平方千米,占省面积的4.21%。2009年度实施项目1个,完成近2个图幅,面积800平方千米,投入资金400万元,来源于中央财政资金。

科学研究与技术方法创新2009年实施项目5项,投入资金1905万元,中央财政1305万元,省财政600万元。

其他方面,四川1:25万生态地球化学调查累计完成面积70398平方米,占省面积的14.51%。2009年度实施项目1个,完成面积9500平方千米,投入资金500万元,来源于中央财政资金。

【矿产资源勘查】 1.经费及完成主要工作量:2009年全省实施省内各类矿产资源勘查项目565项,实施勘查的各类矿种40个,共投入各类地勘经费77777.95万元(其中中央财政资金5869.82万元,地方财政资金13610.26万元,社会资金58297.87万元)。2009年共计完成钻探376798米,坑探69698米,槽探42.5万立方米,浅井136米(图32)。

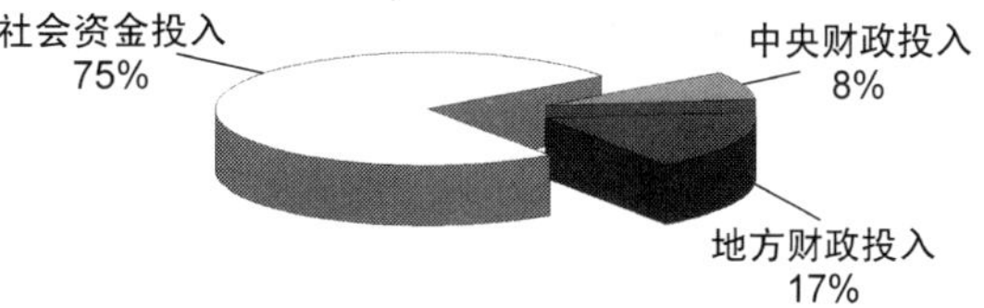

图32 勘查经费来源结构图

2.勘查矿种,经费投入及完成主要工作量:各类矿种经费投入结构见图33。

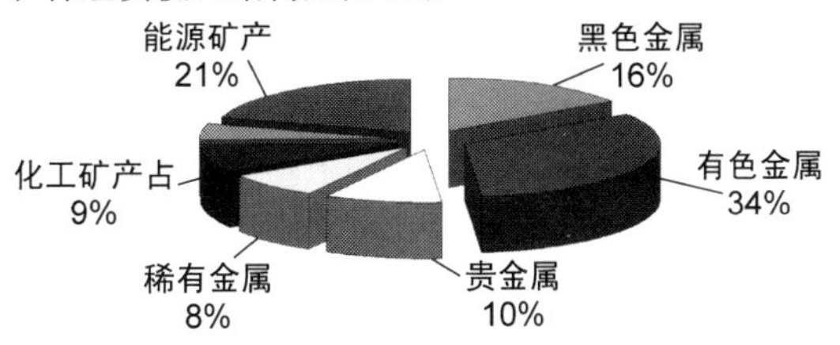

图33 各类矿种经费投入情况

能源矿种年度项目38项,经费16107.32万元,完成钻探146786米、坑探422米、槽探2.9万立方米。其中以煤炭为主,2009年实施项目29项,经费15435.93

万元,完成钻探142000米、坑探422米、槽探2.7万立方米。黑色金属年度项目76项,经费12145.31万元,完成钻探61243米、坑探9331米、槽探5.7万立方米。其中以铁矿为主,2009年实施项目40项,经费9503.10万元,完成钻探58193米、坑探3974米、槽探3.9万立方米。有色金属年度项目216项,以铜和铅锌矿为主,经费26368.64万元,完成钻探73034米、坑探45904米、槽探14.8万立方米,浅井15米。贵金属年度项目129项,以岩金为主,经费6882.42万元,完成钻探16040米、坑探3779米、槽探9.6万立方米、浅井24米。稀有金属,主要为轻稀土矿,年度项目14项,经费6431.42万元,完成钻探22445米、坑探2773.9米、槽探2.0万立方米。化工建材及其他非金属,年度项目87项,经费7263.52万元,完成钻探54002米、坑探7488米、槽探7.4万立方米、浅井97米。水气矿产,年度项目5项,经费2579.32万元,完成钻探3248米。

3. *勘查的矿产地*。完成评价阶段性勘查的矿产地92处,包括大型9处、中型27处、小型56处;按勘查程度分:预查11处,普查53处,详查12处,勘探16处。按矿种分:煤矿14处、铁矿8处、锰矿2处、钒矿1处、钛铁原生矿、铜矿16处、铅矿9处、锌矿5处、钴矿1处、锡矿1处、铂族矿7处、金矿3处、锂矿2处、稀土矿1处、磷矿2处、陶瓷用砂岩矿1处、陶瓷土矿1处、霞石正长岩矿1处、水泥用灰岩矿8处、、水泥配料用砂岩矿1处、水泥配料用页岩矿1处、砖瓦用页岩矿5处、石膏矿1处。

2009年新发现矿产地19处,其中大型1处、中型6处、小型12处;按矿种分:铁矿1处、铜矿6处、锌矿1处、锑矿2处、铂族矿1处、金矿1处、稀土矿1处、水泥用灰岩矿4处、水泥配料用砂岩矿1处、水泥配料用页岩矿1处。

2009年提高规模级别的矿产地20处,其中大型7处、中型13处;按矿种分:煤矿9处、铁矿3处、钛铁矿1处、磷矿2处、水泥用灰岩矿5处。

4. *2009年新增探明(333)以上矿产资源储量*。①能源矿产:煤15.59亿吨,其中已提交10.01亿吨,已控制5.58亿吨。

②黑色金属矿产:铁矿石1.2953亿吨,其中已提交0.4410亿吨,已控制0.8543亿吨;锰矿石已控制852.00万吨;钒(V_2O_5)已提交6.67万吨;钛铁原生矿(TiO_2)已提交188.77万吨。

③有色金属矿产(金属量):铜24.03万吨,其中已提交2.03万吨,已控制22.00万吨;铅13.45万吨,其中已提交7.27万吨、已控制6.18万吨;锌14.53万吨,提交8.11万吨、已控制6.42万吨。

④贵金属矿产(金属量):铂族已控制0.56吨;金已控制15.03吨。

⑤稀有金属矿产:锂(Li_2O)已控制23.21万吨。

⑥化工、建材及其他非金属矿产:磷矿石已控制4.5192亿吨;含钾砂页岩已提交矿石12.3万吨;陶瓷用砂岩已提交矿石32.2万吨;陶瓷土已提交矿石6.7万吨;霞石正长岩已控制矿石165.8万吨;玻璃用石英岩已提交矿石1.5万吨;水泥用灰岩矿石3873万吨;水泥配料用砂岩矿石526万吨;水泥配料用页岩矿石790万立方米,石膏矿石已控制272.2万吨。

【地质勘查管理】 1. *探矿权审批*。2009年,全省共受理探矿权申请838个,对符合法定条件的783个(含2008年受理项目)进行了审批登记。其中新立475个、变更77个、延续224个,其他7个,不符合条件的,不予登记、领证(图34)。全省现有效探矿权证1758个,勘查面积共计34123.12平方千米。

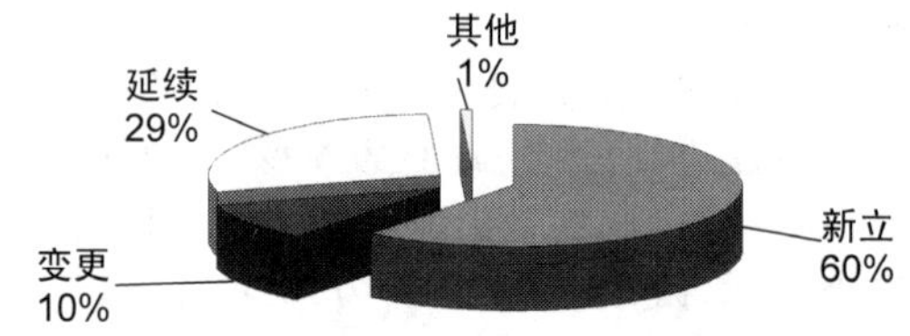

图34 2009年四川省探矿权审批登记情况

2. *探矿权招标、拍卖、挂牌出让和转让市场建设*。2009年委托市州国土资源局组织探矿权招标、拍卖及挂牌出让项目共41个,成交价款5.28亿元。其中拍卖21个、价款4.42亿元,挂牌出让20个,价款0.86亿元。

受理探矿权转让申请共35个,依法同意转让32个,探矿权转让价款合计6338.4万元。其中12个为出售,价款为866.5万元;19个为作价出资,价款3726.9万元;1个为出售及作价出资,出售部分1400万元,作价出资部分价款为350万元。

3. *地质勘查资质管理*。进一步加强了地勘行业管理。根据《地质勘查资质管理条例》及配套办法,完成了全省21个地勘单位乙、丙级资质审查的新设、变更审查颁证工作,全省共有甲级地勘单位50个,乙级9个,丙级19个。

【矿产资源开发利用】 1. *矿山及矿业产值*。①矿山数量与矿业产值的年变化。因国家和四川省矿产资源产业政策调整,省内矿山的数量在2003年以前逐年增长,2003年达到8202个,此后到2008年矿山数量逐年

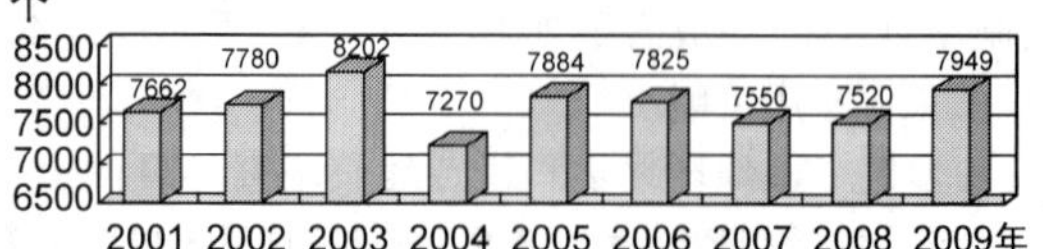

图35 2001～2009年四川省矿山总数(个)变化

减少，2008 年建材类矿山数量有明显的增长。为 7520 个。2009 年，因“5.12”汶川特大地震灾后恢复重建需要，2009 年全省矿山数量达到 7949 个，比 2008 年增加了 429 个，年增长率达到 5.7%(图 35)。

矿产资源开发利用的工业总产值是 2003 年以后逐年增长，到 2009 年达到 349.56 亿元，在 2008 年的基础上增加了 9.3%(图 36)。

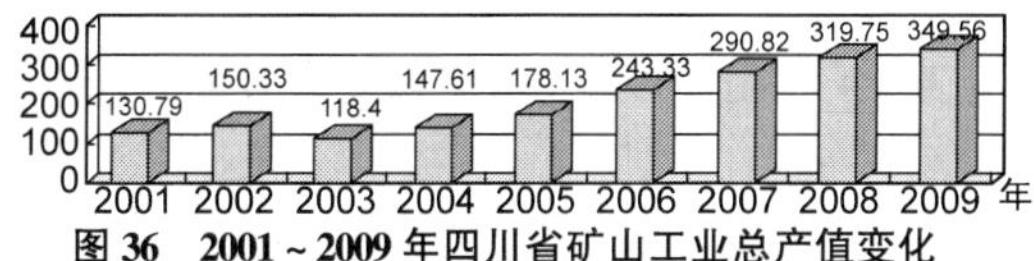

图 36　2001～2009 年四川省矿山工业总产值变化

②四川市州矿产资源的开发利用基本情况。到 2009 年底，四川省矿山数量最多的市州是宜宾达 898 家，其他依次为达州、绵阳、乐山、泸州及广元市 551 家，最少的阿坝州仅 50 家。

矿山工业总产值(包括乙类矿产)排在前面的依次是凉山州、攀枝花市、宜宾市、乐山市和广元市。

矿产品销售收入及利润总额排在前面的依次是凉山州、攀枝花、宜宾、乐山、广元、广安和泸州等市州；而在矿产资源综合利用方面效益显著的有攀枝花市、凉山州、宜宾市、乐山市和德阳市。

2009 年，四川省采矿业从业人员总计约 44.37 万人，较 2008 年的 43.09 万人稍有增加。在各市州及各类矿产中采矿人员数量的基本情况见表 3。

表 3　2009 年度四川省市州矿产资源开发利用情况(按行政区分列)

行政区名称	矿山企业数(个)					从业人员(人)	年产矿量(万吨)	实采矿能力(万吨/年)	工业总产值(万元)	综合利用产值(万元)	矿产品销售收入(万元)	利润总额(万元)
	合计	大型	中型	小型	小矿							
合　计	7949	90	396	4290	3173	443743	24355.84	30315.47	3495589.78	375838.91	3166467.83	290266.33
成都市	282	15	181	58	28	10679	2083.91	3080.45	78057.1	255	73609.74	－206.22
自贡市	243	3	10	174	56	15654	849.99	796.94	57738.49	3267.5	56328.68	2638.42
攀枝花市	264	12	7	97	148	35908	3661.43	4080.05	564046.86	238232.94	499998.79	5841.16
泸州市	551	1	3	146	401	27151	854.73	1013.09	160520.3	931	152083.4	13261.8
德阳市	311	4	18	246	43	14390	617.42	1435.58	64935.31	11637.48	62524.98	15669.65
绵阳市	616	7	60	475	74	18310	1259.28	1988.62	94279.18	6145.08	59667.34	6827.82
广元市	551	6	5	307	233	25417	973.4	1268.23	173059.27	8585.24	168375.44	2150.45
遂宁市	176	2	0	131	43	4954	319.5	340.23	32352.8	63	32002.8	3356.91
内江市	410	0	0	30	380	29077	733.04	830.54	124926.8	5499.52	117057.42	7637.81
乐山市	574	8	17	315	234	48157	1858.94	2189.45	192236.86	15041.64	180909.68	12362.45
南充市	412	3	3	372	34	11712	936.61	971.43	99535.8	0	88290.55	10055.2
眉山市	284	8	23	169	84	15463	1423.85	1748.94	116167.56	2220.22	93420.84	4444.07
宜宾市	898	8	17	413	460	56928	2419.69	2490.2	408101.16	23887	390628.87	36519.57
广安市	321	2	4	136	179	26667	1050.15	1151.01	167762.74	510	160915.53	15388.76
达州市	782	2	4	465	310	37482	1362.23	2680.43	153640.82	2326.86	142877.62	31801.22
雅安市	366	3	21	171	171	13129	824.19	768.98	85089.01	978.66	79670.65	3943.56
巴中市	205	0	0	88	117	6701	211.37	525.07	32189.9	1723	28497.52	1882.79
资阳市	179	1	0	174	4	6395	244.21	255.33	25848	1532	17115.3	4113.4
阿坝州	50	1	3	27	19	3606	219.08	303.45	52625.67	2287.4	50145.96	17370.8
甘孜州	95	1	7	47	40	5291	360.98	210.71	85336.95	4474.85	84827.35	15423.88
凉山州	379	3	13	249	114	30672	2091.85	2186.75	727140.18	46231.52	627519.38	79782.83

③四川矿山企业的性质及结构。内资矿山企业为主体：到 2009 年底，四川省共有矿山企业 7949 个，其中，内资企业 7913 个，占全省矿山总数的 99.54%，港澳台及外资企业只有 36 家，占的比例很小(表 4、

图 37)。

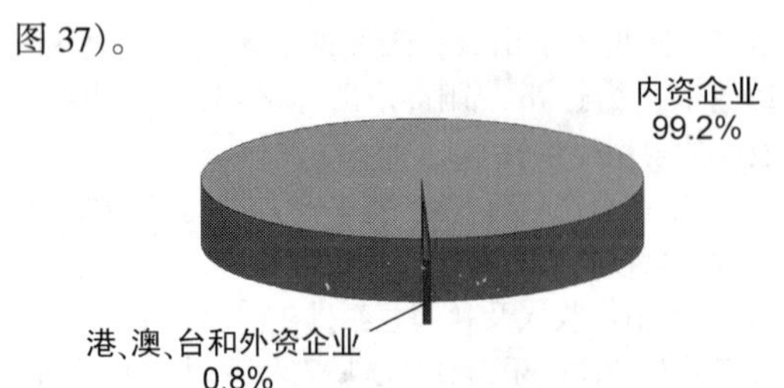

图 37　四川省矿山内外资企业所占比例

私营矿山企业数量占绝对优势：在 7913 个内资企业中，国有 130 个，集体 665 个，股份合作 101 个，联营 34 个，有限责任公司 579 个，股份有限公司 230 个，私营 6020 个，其他 54 个(表 4、图 38)。私营企业占了矿山总数的 76.08%，而省内 130 个国有矿山企业，仅占全省矿山总数的 1.64%。

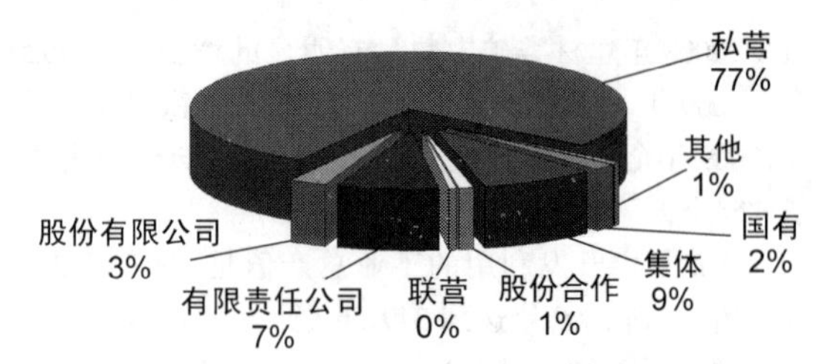

图 38　四川省内资矿山企业性质构成

各类矿山企业对四川省矿业经济的贡献：各类矿山企业对四川省矿业经济的贡献见表 4、图 39。在四川省矿山工业总产值中，私营、国有、有限责任公司和股份有限公司，分别占四川省矿山工业总值的 38.4%、26.3%、14.5%和 11.9%，其他不到 10%。私营和国有矿山企业的工业总值总量占四川省矿山工业总产值的 64.7%。

表 4　　2009 年度四川省矿产资源开发利用情况(按经济类型分列)

企业经济类型	矿山企业数(个)					从业人员(人)	年产矿量(万吨)	实采矿能力(万吨/年)	工业总产值(万元)	综合利用产值(万元)	矿产品销售收入(万元)	利润总额(万元)
	合计	大型	中型	小型	小矿							
合计	7949	90	396	4290	3173	443743	24355.84	30315.47	3495589.78	375838.91	3166467.83	290266.33
1. 内资	7913	82	393	4274	3164	441207	23163.6	28930.73	3459787.97	374480.16	3137628.52	290648.53
国有	130	17	21	70	22	65626	4073.26	4040.56	920503.89	240598.33	806783.44	59186
集体	665	1	23	322	319	37317	1090.69	1736.84	149346.71	5056.9	138377.51	14634.98
股份合作	101	3	6	57	35	8729	575.82	651.48	112531.5	5274	107723.22	14201.54
联营	34	0	2	19	13	1901	61.18	64.26	9842	822.58	9844.4	650.8
有限责任公司	579	25	52	341	161	64615	3390.8	4530.15	507462.41	58936.89	4599951.74	44903.28
股份有限公司	330	13	32	166	119	39171	3072.71	3521.03	414411.87	244490.5	377533.18	44946.18
私营	6020	23	255	3275	2467	222898	10830.39	14276.66	1342045.65	39288.96	1233884.79	11526.86
其他企业	54	0	2	24	28	950	68.75	109.75	3643.95	12	3530.25	598.89
2. 港、澳、台商投资	19	2	1	10	6	1034	212.24	228.24	18664.4	1357.75	14818.2	848.3
3. 外商投资	17	6	2	6	3	1502	980.01	1156.5	17137.41	1	14021.11	－1230.5

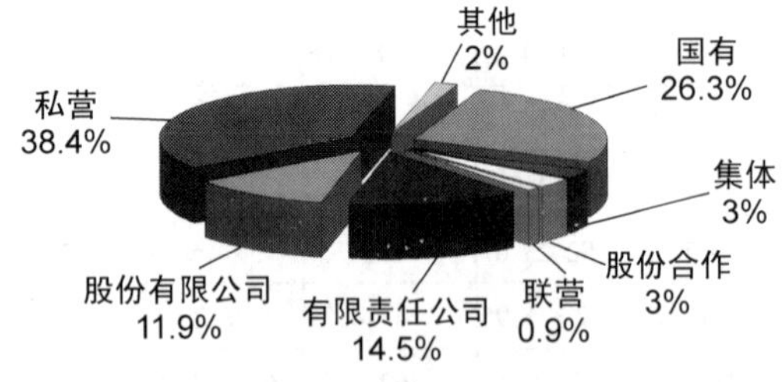

图 39　四川省内资矿山企业对全省矿业经济的贡献

2. *矿山规模及开发矿种*。①矿山规模。2009 年，四川省矿山总数从 2008 年的 7520 增加到 7949 个；其中，大型矿山从 84 个减少到 90 个，中型矿山从 378 个增加到 396 个，小型矿山从 4906 个减少到 4290 个，小矿从 3152 个增加到 3173 个。在矿山总数上，小型矿山和小矿在数量上仍占有绝对的优势(表 5、图 40)。

②开发矿种。四川开发利用的一百多种矿产中，除煤以外，黑色金属(以铁为主)，有色金属，贵金属，稀有稀土金属，化工、建材、熔剂、陶用、填料用非金属矿等对四川采矿业工业总产值的贡献较大(图 41)。四川经济效益较好的除煤炭以外的铁、锰、铜等金属及非金属矿产的主要经济指标见表 5。

表 5　　2009 年度四川省矿产资源开发利用情况(按矿种分列)

矿　种	矿山企业数(个)					从业人员(人)	年产矿量(万吨)	实采矿能力(万吨/年)	工业总产值(万元)	综合利用产值(万元)	矿产品销售收入(万元)	利润总额(万元)
	合计	大型	中型	小型	小矿							
合计	7949	90	396	4290	3173	443743	24355.84	30315.47	3495589.78	375838.91	3166467.83	290266.33
煤炭(包括石煤)	1431	8	17	607	799	238717	4976.15	6492.07	1453057.60	74880.34	1362089.57	126408.57
天然沥青	4	0	0	0	4	40	0.10	4.60	650	0	650	240
地下热水	23	9	6	7	1	584	443.61	0	15732.50	0	15772.50	108.70
铁矿	103	7	4	48	44	21855	3646.62	3960.73	747923.51	237961.90	627933.84	29647.57
锰矿	14	1	0	9	4	563	6.16	19.97	1027.09	76.50	776.47	120.62
铜矿	31	1	3	19	8	5656	443.65	421.42	106669.24	11013.32	95099.47	23418.23
铅矿	49	0	2	30	17	4194	67.49	81.98	60663.53	1430.50	48189.73	5844.60
锌矿	55	0	2	27	26	6449	91.34	105.25	63515.91	299.57	59983.22	581.04
铝土矿	6	0	0	1	5	93	1.60	4.30	236	0	236	50.10
镁矿	1	0	0	0	1	10	0	3	0	0	0	0
镍矿	6	0	1	5	0	1698	27.40	27.60	20153.80	540.45	18803.10	3348
钨矿	1	0	0	1	0	12	0	0	0	0	0	0
锡矿	4	0	0	2	2	149	0.90	0.90	200	0	107	9.36
钼矿	2	0	0	2	0	46	0.50	0.95	981	0	978	65
锑矿	1	0	0	0	1	8	0	0	0	0	0	0
金矿	55	0	5	22	28	2669	335.37	287.55	71793.64	953.40	70696.64	22258.04
银矿	2	1	0	0	1	662	55	55	42800	2833	42800	7900
锂矿	4	0	1	2	1	549	14.50	34.50	3628	1155	3543.5	355
轻稀土矿	18	0	1	7	10	975	5.20	9.50	16034	515	15074.46	835
碲矿	2	0	0	0	2	4	0	0.20	0	0	0	0
红柱石	1	0	0	1	0	10	0	0	0	0	0	0
熔剂用灰岩	8	1	0	4	3	1153	88	88	23089.30	0	23089.25	110.97
冶金用白云岩	9	0	1	6	2	178	44.40	78	3363	20	2926	117.37
冶金用石英岩	44	0	1	36	7	405	18.92	74.23	676.40	184.16	613.74	79.62
冶金用砂岩	4	0	0	2	2	38	0.48	0.40	24	0	24	3
铸型用砂岩	3	0	0	3	0	25	0.90	1.90	72	0	54	5
铸型用砂	6	0	0	3	3	93	3.25	4.15	749.50	0	437.5	2
冶金用脉石英	33	0	0	29	4	589	13.92	22.81	1423.23	59	1327.22	119.50
耐火黏土	33	0	0	18	15	683	23.50	40.24	1387.12	55	1381.29	151.46
硫铁矿	88	1	0	28	59	2407	76.14	140.52	9728.96	760	6887.42	943
芒硝	21	8	13	0	0	5587	1379.93	1578.93	97258	1100	85684.40	1316

续表 5－1

矿　种	矿山企业数(个)					从业人员(人)	年产矿量(万吨)	实采矿能力(万吨/年)	工业总产值(万元)	综合利用产值(万元)	矿产品销售收入(万元)	利润总额(万元)
	合计	大型	中型	小型	小矿							
重晶石	9	0	0	4	5	24	0.20	1	13	0	12	0.20
电石用灰岩	2	0	0	0	2	45	0.60	0.60	45	29	35	16.20
化肥用灰岩	9	0	0	9	0	162	26.10	45	309	0	261	8.10
化工用白云岩	5	0	0	5	0	58	5.80	15.60	77	0	72.90	2.40
化肥用石英岩	5	0	0	0	5	740	4.83	16	142.95	14	142.95	8
化肥用砂岩	4	0	0	2	2	218	1.77	1.60	68.8	15	64.80	5.50
含钾岩石	2	0	1	0	1	140	0	0	0	0	0	0
化肥用蛇纹岩	1	0	0	1	0	37	2.50	2.50	35	0	25	3.59
盐矿	21	3	8	10	0	2445	774.12	371.14	20634.14	2945.90	19751.39	4894.04
磷矿	50	1	10	37	2	6688	259.46	657.50	44535.10	2655	38780.10	9393.69
石墨	5	1	1	1	2	142	0.50	6.95	96	0	96	46
硅灰石	11	0	1	4	6	279	2.68	30.88	328.50	0	323	－11
石棉	1	1	0	0	0	450	28	28	853	60	853	0
云母	4	0	0	3	1	54	0	0.02	0	0	0	0
长石	25	0	0	15	10	619	20.90	52.01	1331.15	10	1211.15	148.85
蛭石	1	0	0	1	0	1	0	0.50	0	0	0	0
透闪石	2	0	0	0	2	17	0	0.50	0	0	0	0
石膏	48	0	2	37	9	1390	80.55	116.41	3896.87	95.5	3624.14	19.15
方解石	13	0	0	1	12	80	1.88	2.24	152.40	9	142.20	11
玻璃用灰岩	1	0	0	1	0	10	1.50	1.50	10	8	10	0.2
水泥用灰岩	396	7	10	187	192	11682	3198.72	4032.44	132581.31	11931	122719.55	7644.21
建筑石料用灰岩	658	0	2	224	432	9070	1150.08	1649.63	25179.52	1619.68	23651.39	2772.88
饰面用灰岩	15	1	2	10	2	202	12	111	2910.40	1398	1756.40	116.40
制灰用石灰岩	62	0	1	17	44	1189	101.65	265.64	2094.75	195	2009.94	332.51
玻璃用白云岩	7	0	0	2	5	135	5.80	5.80	64.50	0	63.80	5.60
建筑用白云岩	19	1	0	6	12	299	36.71	51.01	368.49	2	368.49	41.84
玻璃用石英岩	47	1	2	35	9	1108	60.54	72.78	3542.40	5	3569.40	110.80
玻璃用砂岩	25	0	0	10	15	248	25.25	25.25	1064.40	12	1050.30	49.55
水泥配料用砂岩	23	1	1	11	10	282	67.24	128.33	677.52	15	578.16	57.51
砖瓦用砂岩	27	0	1	15	11	429	10.46	84.46	520.50	92	426.70	39.32
陶瓷用砂岩	26	0	0	18	8	351	15.45	19.85	401.50	8.60	397.30	－408.57
建筑用砂岩	299	1	1	113	184	2740	144.90	273.82	6877.18	1353.40	5114.12	596.67

续表 5－2

矿　种	矿山企业数(个)					从业人员(人)	年产矿量(万吨)	实采矿能力(万吨/年)	工业总产值(万元)	综合利用产值(万元)	矿产品销售收入(万元)	利润总额(万元)
	合计	大型	中型	小型	小矿							
玻璃用砂	4	0	0	1	3	14	0.60	5.60	9	0	9	0.10
建筑用砂	101	3	3	43	52	1034	324.38	383.57	6177.47	2.44	6098.72	206.10
水泥配料用砂	2	0	0	0	2	12	1.20	2.20	20	0	19	2
砖瓦用砂	3	0	0	3	0	81	6.50	5.20	308	185	128	28
玻璃用脉石英	14	0	0	4	10	77	0.40	1.80	40	0	40	1
水泥配料用脉石英	2	0	0	2	0	19	2.35	2.35	60	50	30	1
陶粒页岩	3	0	1	1	1	88	24.30	3	416	0	416	－200
砖瓦用页岩	3232	11	244	2097	880	88113	5261.35	7240.86	430712.09	18212.49	387817.51	35934.34
水泥配料用页岩	10	0	0	6	4	102	5.37	5.37	153.44	0	153.44	12.30
建筑用页岩	211	0	9	179	23	4435	319.89	405.75	24641.10	151.30	22878.60	4642.74
高岭土	15	0	5	9	1	800	18.83	35.27	1229.20	50	1154.65	－57.02
陶瓷土	9	0	0	9	0	157	4.46	7.36	166	0	157	0
伊利石黏土	32	0	2	26	4	500	8.14	13.92	467.05	5	467.05	14.78
膨润土	39	0	1	37	1	639	6.72	9.37	3120	15	1896.55	262.90
砖瓦用黏土	89	1	0	6	82	1998	78.15	90.19	3356.58	170.50	3029.68	336.93
陶粒用黏土	34	1	2	12	19	1935	28.39	46.77	2250.51	79.10	2148.18	90.78
水泥配料用黏土	7	0	0	3	4	84	8.23	12.03	238.67	0.10	147	8.40
水泥配料用泥岩	4	1	1	0	2	39	28.36	28.50	523.84	0	154.34	27.55
保温材料用黏土	2	0	0	2	0	72	0	0	0	0	0	0
白云母黏土矿	1	0	0	1	0	7	0	0	0	0	0	0
建筑用辉石岩	1	0	0	0	1	6	0	0	0	0	0	0
水泥混合材玄武岩	2	1	0	1	0	70	15.30	15.30	1749.30	0	1749.30	46.93
建筑用玄武岩	32	1	3	20	8	832	65.84	142.87	2686.11	42	2254.56	107.02
饰面用辉绿岩	1	0	0	1	0	3	0	1	0	0	0	0
建筑用辉绿岩	2	0	0	1	1	19	1	14	29	0	10	0.10
建筑用辉长岩	4	0	0	3	1	26	2.82	2.82	39.60	4.43	35.15	12.50
建筑用闪长岩	3	1	0	0	2	56	0	0	0	0	0	0
建筑用正长岩	3	0	3	0	0	47	0.60	5	49	0	49	1
建筑用花岗岩	30	1	0	25	4	394	11.44	44.62	1589	228.43	1521.35	86.95
饰面用花岗岩	43	1	0	28	14	704	13.88	29.43	5205.04	211	4947.54	644.12
霞石正长岩	1	0	0	1	0	148	2	4	79.80	0	79.80	0.60
建筑用凝灰岩	1	0	0	1	0	15	0	0	0	0	0	0
饰面用大理岩	43	1	5	28	9	909	64.13	49.42	4095	113	3252.52	－51.59

续表 5-3

矿　种	矿山企业数(个)					从业人员(人)	年产矿量(万吨)	实采矿能力(万吨/年)	工业总产值(万元)	综合利用产值(万元)	矿产品销售收入(万元)	利润总额(万元)
	合计	大型	中型	小型	小矿							
建筑用大理岩	7	0	0	6	1	76	2.74	7.33	1103.40	0	406.20	-177
饰面用板岩	22	2	7	8	5	204	5.18	88.31	543.20	0	543.20	9
片石	2	0	0	0	2	38	1.60	1.60	102	0	90	12
砚石	2	0	0	1	1	39	2	2	58.90	8.90	50	0.10
矿泉水	51	10	10	27	4	2516	234.49	0	12723.77	0	12465.98	-1679.71

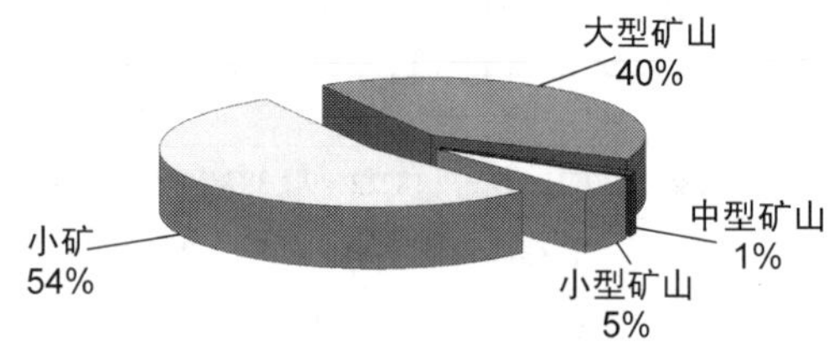

图 40　2009 年四川省矿山规模构成比例

四川天然气、原煤、磷矿、硫铁矿、岩盐、钙芒硝、石棉、花岗石、铅精矿、锌精矿及轻稀土矿的产量名列全国前茅。天然气、煤炭、铁矿、铜矿、水泥灰岩等矿产的开发在全省的工业生产中占有很重要的地位。

四川采矿业生产及发展过程中,除国有矿山企业外,集体、股份制、私营等矿山企业在矿业经济中逐渐占有重要的地位(表 4)。天然气、锌矿、熔剂用石灰岩、冶金用白云岩、金矿等矿产在规模矿山企业中经济效益较好。小型的民营矿山主要以开采零星的煤炭资源,砖瓦用页岩、建筑用砂岩、建筑用砂砾石等矿产资源为主。

2009 年,四川矿产开发工业总产值超过亿元的矿产有煤、铁、铜、铅、锌、镍、金、银、稀土、熔剂用灰岩、钙芒硝、盐、磷、水泥用灰岩、建筑石材用灰岩、砖瓦用页岩、建筑用页岩、建筑用砂、及地下热水、矿泉水等,它们对四川矿业经济的发展做出了重大贡献(表 5)。

煤炭的工业总产值占全省采矿业工业总产值的 41.6%,铁矿占 21.4%,两者的工业生产总值相加为 63.0%,占四川省 2009 年采矿业工业总产值总额的一半以上。煤炭和铁矿的开发是四川省矿业经济的支柱。

③矿山从业人员的分布。统计至 2009 年底,四川省从事采矿业生产的人员中,53.8% 在煤矿山中,28.1%在建材用非金属矿的矿山中。各类矿产中四川省从事采矿人员的分布情况见表 5、图 42。

【矿产资源开发管理】　1. *采矿权登记审批*。全面实行了采矿权全国统一配号,进一步完善矿产开发管理行政审批事项工作程序,努力提高行政效能,规范审批行为,保证各项审批事项依据充分、程序合法、透明、高效。2009 年四川全省划定矿区范围 51 个;新设采矿权 74 个(探转采 12 个,招拍挂 4 个,整合 58 个,图 43)。

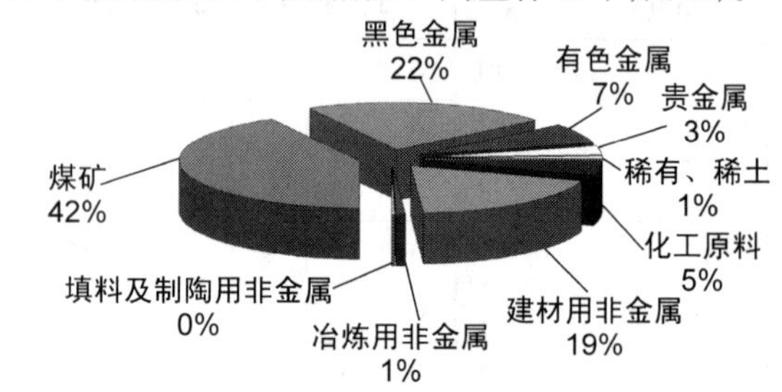

图 41　2009 年四川省矿类对省矿产资源工业总产值的贡献

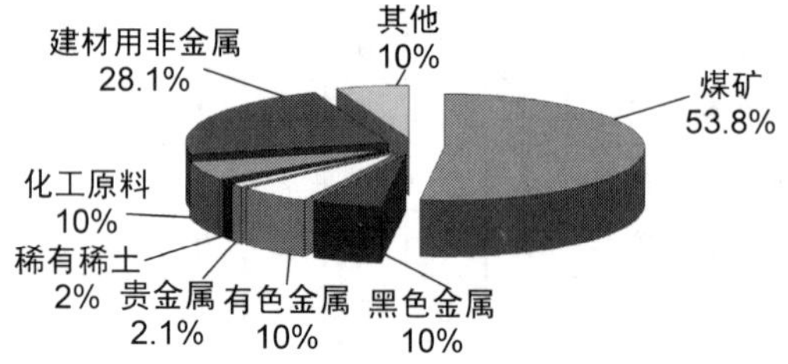

图 42　2009 年四川省矿业从业人员在各类矿种中的分布

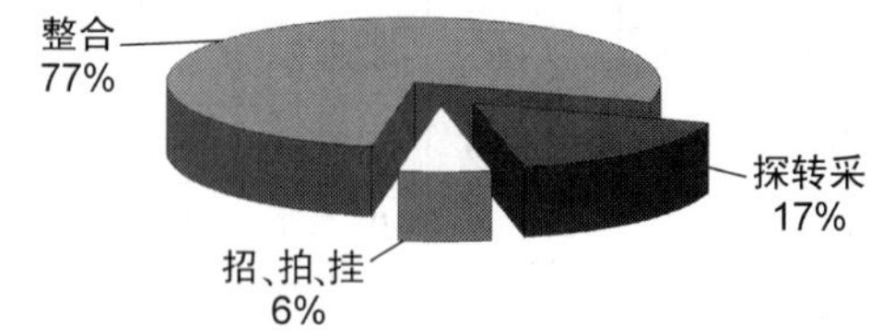

图 43　2009 年新设采矿权结构图

省内采矿权延续登记 368 个;变更登记 242 个;注销登记 154 个;办理采矿权转让 87(图 44)。

2. *采矿权价款及补偿费征收*。采矿权价款收取 2.659 亿元。在 39 个重灾县实行矿山企业矿产资源补偿费免缴的情况下,全省矿产资源补偿费累计征收入库达 1.56 亿元。2009 年全省招、拍、挂出让采矿权 459 宗,收益 6.93 亿元。

3. *矿山开采活动监督管理*。在总结 2008 年工作

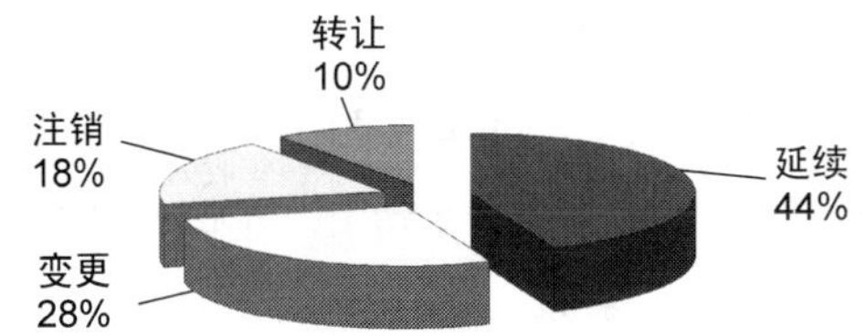

图 44　2009 年采矿权延续、变更、转让结构图

基础上，部署组织开展了年度采矿权年检工作；强化稀土矿控量开采，对部下达四川省 2009 年度稀土氧化物开采总量 24000 吨，及时分解下达到地方和矿山，同时加强监督管理，确保了各矿山开采量控制在下达的年度产量控制指标之内。

4. 基础及专项工作。2009 年内全面完成了 2008 年度矿产开发利用统计年报工作，并通过了部验收。其成果已通过本年报发布。

专项工作；全面部署开展矿业权实地核查工作，四川省因受“5·12”汶川大地震的影响，全省核查工作起步较晚，但在省厅及各市州的共同努力下，克服了时间紧、任务重、经费短缺等困难。于 2009 年底前按期完成了应核查的 7160 个采矿权的野外实测任务。

积极参与省煤炭资源整合办公室工作，开展煤炭资源整合、采矿权审批颁证工作。

（四川省矿业协会　曾令新）

贵州省

【矿产资源概况】　贵州是中国矿产资源大省之一，也是我国南方能源和重要原材料资料基地。至 2009 年底，共发现矿种 123 种，已查明有资源储量的 76 种，共计矿产地 3373 处。煤、磷、铝土、锑、金、锰、重晶石、水泥原料等为优势矿产。其资源禀赋主要特点是：沉积矿产量大质优，煤、磷、铝土矿、锰、重晶石等资源储量丰富，地域分布集中，煤炭种类齐全，磷矿品级高。低温热液矿床颇有特色，汞矿伴生金、硒、钼、锑，金矿伴生铊、砷、汞、锑等。共伴生矿产较多，磷矿中的稀土、碘，铝土矿中的镓，煤中的煤层气，铅锌中的银、镉等，经济价值高（表 1 ~ 3）。

【矿政管理】　统筹规划促进矿产资源合理开发利用。《贵州省矿产资源规划（2008 ~ 2015 年）》呈报国土资源部审批；国土资源部批复《贵州省地质勘查规划》，并发布实施；贵州省人民政府批复并发布实施《贵阳片区铝土矿资源保障规划》、《务正道地区铝土矿资源勘查开发规划》和《贵州省地下水勘查规划》。

【地质勘查基金项目】　根据地质勘查规划及其重要矿种专项规划，积极推进优势矿产整装勘查。

贵州省矿产资源接替区选区研究获国土资源部验收；全面展开铁、铜、铝、铅、锌、金、煤、磷等 8 个矿种的潜力评价工作；贵州省务正道地区铝土矿整装勘查项目被国土资源部列入全国首批 50 个整装勘查项目之一。

【矿业权市场管理】　全省矿业权市场建设和管理得到进一步加强，矿业权转让行为进一步规范，繁荣和活跃二级市场，资源性国有资产得到保值和增值，国家资源性资产权益和相关税费得到有效保护。

全省年末有效勘查许可证 871 个；省级新立有效勘查许可证 72 个，其中，能源矿产 29 个、黑色金属矿产 6 个、贵金属矿产 2 个。

全省年末有效采矿许可证 8292 个；省级新立有效采矿许可证 40 个，其中，能源矿产 16 个、黑色金属矿产 3 个、贵金属矿产 3 个。

全省招标拍卖挂牌出让探矿权 2 宗、出让价款 520 万元；全省招标拍卖挂牌出让采矿权 282 宗、出让价款 16734.75 万元；矿权转让 25 宗，交易合同金额 61513.8 万元，其中探矿权 15 宗，交易合同金额 33741.8 万元，采矿权 10 宗，交易合同金额 27772 万元。

表 1　2009 年度贵州省矿产资源开发利用情况（按行政区分列）

名　称	矿山企业数（个）					矿山从业人员（人）	年产矿量（万吨）	实际采矿能力（万吨/年）	工业总产值（万元）	综合利用产值（万元）	矿产品销售收入（万元）	利润总额（万元）
	合计	大型	中型	小型	小矿							
合计	7622	43	105	3600	3874	285765	20931.71	48228.08	4043173.96	882372.3	3867875.04	733242.55
贵阳市	515	3	13	308	191	15482	1668.58	1907.89	267077.6	26231.9	261530.06	42935.4
六盘水市	370	7	11	138	214	68567	2797.79	2785.41	1138821.67	98106.75	1033018.91	192159.4
遵义市	1304	4	12	727	561	35784	2756.42	2935.53	294533.71	32872.86	284139.9	33628.3
安顺市	624	3	3	252	366	16330	1971.37	2074.33	303647	22035	301707.65	47436.27
黔南州	1087	1	7	474	605	24709	2413.32	4535.13	211307.62	1489.31	209067.17	32892.28
黔东南州	542	3	8	294	237	12586	733.86	952.4	49009.51	14452.51	44918.81	10519.6
黔西南州	600	2	10	398	190	24508	2005.63	3089.49	459152.47	206602.16	446055.19	102780.28
毕节地区	1661	5	28	619	1009	79184	5022.96	28282.71	1198214.78	468316.75	1168405.36	252806.07
铜仁地区	919	15	13	390	501	8615	1561.79	1665.21	121409.6	12265.06	119031.99	18084.96

表 2　　2009 年度贵州省矿产资源开发利用情况(按经济类型分列)

企业经济类型	矿山企业数(个)					矿山从业人员(人)	年产矿量(万吨)	实际采矿能力(万吨/年)	工业总产值(万元)	综合利用产值(万元)	矿产品销售收入(万元)	利润总额(万元)
	合计	大型	中型	小型	小矿							
合计	7622	43	105	3600	3874	285765	20931.71	48228.08	4043173.96	882372.30	3867875.04	733242.55
1. 内资企业	7614	41	104	3595	3874	283728	20689.70	47969.28	3939976.61	787639.55	3764677.69	700150.55
国有企业	174	12	15	114	33	32940	2216.84	2607.98	516634.56	49797.66	450944.46	48462.10
集体企业	176	3	6	86	81	6441	415.76	620.22	89572.44	7332.14	85384.97	13588.21
股份合作企业	72	2		34	36	3342	181.79	288.98	45866.18	5470	44438.46	7895.30
联营企业	64		2	41	21	2513	194.24	186.89	33660.77	3949	33093.52	7536.34
有限责任公司	222	12	24	126	60	23790	1363.48	2006.63	337642.94	28008.40	324913.98	65221.43
股份有限公司	145	7	7	75	56	23316	1247.32	1304.41	453752.82	77269.21	447949.42	63117.80
私营企业	6274	5	47	2906	3316	186755	14211.69	40065.84	2409877.20	612487.14	2326073.93	487155.71
其他企业	487		3	213	271	4631	858.57	888.32	52969.70	3326	51878.96	7173.66
2. 港、澳、台商投资企业	2			2		404	12.87	21	3021		3021.00	1010.00
3. 外商投资企业	6	2	1	3		1633	229.14	237.8	100176.35	94732.75	100176.35	32082.00

表 3　　2009 年度贵州省矿产资源开发利用情况(按矿种分列)

矿种	矿山企业数(个)					矿山从业人员(人)	年产矿量(万吨)	实际采矿能力(万吨/年)	工业总产值(万元)	综合利用产值(万元)	矿产品销售收入(万元)	利润总额(万元)
	合计	大型	中型	小型	小矿							
合计	7622	43	105	3600	3874	285765	20931.71	48228.08	4043173.96	882372.30	3867875.04	733242.55
煤炭	1761	13	44	1124	580	205957	9946.22	35322.05	3255630.75	735502.45	3109715.37	575572.01
地下热水	2			2		70	19.25	1	520		520	65
铁矿	43		1	27	15	1626	32.16	111.16	10933.14	1587.01	10103.14	4039.61
锰矿	52	10	6	34	2	2225	198.76	200.64	73715.70	9990	73644.80	5767.40
钒矿	4	1		2	1	120	0.24	6.24	80	5	45	20
铜矿	3			3		122	3.36	3.36	571.47	20.2	571.47	57.15
铅矿	16	1		8	7	1988	2.25	9.25	800		800	250
锌矿	87			26	61	1412	18.01	76.07	12590.60	2166	10383.60	1088.40
铝土矿	91	2	2	48	39	1323	112.57	130.70	16284.56	7205.2	16431.52	3979.40
镍矿	1			1		96	0.03	0.03	145	124	145	
钼矿	7			6	1	301	0.02	0.02	120.22	21.30	120.22	42
汞矿	23		1	6	16	458	5.18	5.18	2096.53	60	1940.42	0.30
锑矿	8			5	3	766	0.19	22.90	1461	200	1459	33.90
金矿	63	2	2	30	29	3572	194.36	232.10	158290.44	95532.75	157801.24	49349.88
普通萤石	37	1	1	23	12	586	9.11	12.61	2677	963	2664	576
熔剂用灰岩	4		1	2	1	386	76.50	85	1030		490	17

续表 3－1

矿种	矿山企业数(个)					矿山从业人员（人）	年产矿量（万吨）	实际采矿能力（万吨/年）	工业总产值(万元)	综合利用产值（万元）	矿产品销售收入(万元)	利润总额（万元）
	合计	大型	中型	小型	小矿							
冶金用白云岩	1			1								
冶金用石英岩	35		1	20	14	169	0.62	33.32	90.86	9	70.86	4.02
冶金用砂岩	1			1		30	0.52	0.52	50		50	5
冶金用脉石英	6			3	3	39	0.60	2.60	60		60	
自然硫	1				1	1						
硫铁矿	48			31	17	626	9.41	35.08	812.30	425	687.30	50
重晶石	154	4	7	99	44	2435	116.90	147.91	13790.50	531.90	13345.3	2235.19
电石用灰岩	6			1	5	85	5.11	25.50	84.63	31	114.63	33
化肥用石英岩	1			1		4		1				
含钾砂页岩	1			1		20	5.10	5	40		40	21
泥炭	2			1	1	12	1.40	1.40	35	5	35	9
砷矿	2			1	1	17	0.50	0.78				
磷矿	57	3	8	40	6	6430	1183.36	1270.66	229973	1280	227611	36172.06
硅灰石	16			12	4	138	6.68	14.18	546.60	65.30	521.60	156.18
长石	1			1		3	0.45	0.45	100		100	7
沸石	4				4	4						
石膏	3			2	1	82	2	2	200	180	200	60
方解石	17			10	7	152	9.39	10.02	355.18	36.30	355.18	46
玉石	2				2	8						
水泥用灰岩	118	2	5	77	34	3166	738.14	821.62	50031.93	3276.07	39580.63	5979.75
建筑石料用灰岩	2205	1	1	659	1544	20164	3784.58	4571.37	77842.84	11908.80	74678.86	20987.40
饰面用灰岩	33			17	16	328	36.85	38.84	1159.05	185	1031.85	194.93
制灰用石灰岩	15			6	9	183	25.80	26.50	634.80	15	604.80	114
建筑用白云岩	221		3	156	62	1788	457.89	594.24	10655.81	615.40	10418.49	1559.04
玻璃用石英岩	2				2	11	3	3	40	5	35	30
水泥配料用砂岩	1			1	0	5		3				
砖瓦用砂岩	12			10	2	275	15.30	19.75	650	150	598	163
建筑用砂岩	596		5	371	220	5291	1146.80	1181.48	19613.38	2902.96	17209.25	4206.52
建筑用砂	1065		2	250	813	10167	1760.18	1977.35	33898.54	2703.25	32019.19	6356.33
水泥配料用砂	1			1		10	3.10	3	24		24	8
砖瓦用砂	114			21	93	1180	14.70		5148		5142	1408
水泥配料用脉石英	1				1	11	0.50	0.50	11	0.70	11	3
粉石英	6		1	3	2	65	3.01	21.20	602	420	602	200.10

续表 3-2

矿种	矿山企业数(个)					矿山从业人员(人)	年产矿量(万吨)	实际采矿能力(万吨/年)	工业总产值(万元)	综合利用产值(万元)	矿产品销售收入(万元)	利润总额(万元)
	合计	大型	中型	小型	小矿							
砖瓦用页岩	397	1	10	276	110	8256	595.79	721.96	35785.27	2202.01	34542.46	7498.16
水泥配料用页岩	4			1	3	22	3.12	3.12	50.90	15	50.90	10.70
建筑用页岩	185		3	128	54	2547	307.09	387.30	18449.56	1147.70	16056.06	3819.33
高岭土	25			17	8	161	1.98	9.33	442.80	78	442.80	63
陶瓷土	1			1		5	3	3.50	180	150	180	5
砖瓦用黏土	8			3	5	124	17.66	14.96	1230	50	1210	213.30
陶粒用黏土	11			10	1	230	18.74	18.74	1368	430	1248	77
水泥配料用黏土	1			1		3		5				
水泥配料用黄土	1				1	5	0.50	0.50	7.50		7.50	3
饰面用玄武岩	1			1		10	1.50	1.50	62.50	10	52.50	40
建筑用玄武岩	3			2	1	48	5	5	330	20	287.50	121
建筑用辉绿岩	1	1				1						
建筑用正长岩	1			1		42	1	0.50	22	8	22	
建筑用凝灰岩	3		1	2		17	5.22	5.22	43.60		43.60	6.50
饰面用大理岩	9	1		2	6	104	0.64	2.81	120	7	120	22
建筑用大理岩	3			1	2	43		0.40				
饰面用板岩	11			5	6	151	10.88	8.55	600	50	565	151
矿泉水	2			2		40	1.80	1.50	640	30	640	250
其他矿产	5			3	2	49	7.70	7.60	446	52	426	96

【地质勘查投入】 全省地质勘查单位 57 个,从业人员 10660 人,主要分属于省地矿局、省有色地质矿产勘查局、省煤田地质局以及化工建材部门。

地质勘查投入小幅增长,提交矿产地 88 处,新发现的 51 处;新查明矿产资源储量:煤矿 49.85 亿吨、铁矿 0.24 亿吨、锰矿 70.1 万吨、钒矿 29.3 万吨、镍 1 矿 3.06 万吨;铅矿 25.7 万吨、锌矿 2.5 万吨、铝土矿 7044.93 万吨、金矿 73.78 金属吨、锑矿 2.84 金属万吨、磷矿 21651 万吨、水泥用灰岩 6.71 亿吨。

缺水地区地下水勘查工作取得明显成效,探采结合井 93 口,成井 80 口,成井率 86%,成井总涌量达 49401 立方米/日,能解决 40 余万人畜饮水。

【地质大调查与矿产资源评价】 资源调查监测取得新进展。区域矿产资源评价与找矿获得重大进展,开展了铝、铁、煤、铅锌银、铜、钨锡、锰、金、锑、磷、稀土等 14 个矿产的潜力评价。

贵州张维-五指山地区铅锌矿评价取得了较好的找矿效果,获铅锌资源量 150 万吨;贵州务川-正安-道真地区铝土矿评价,初步估算 333+3341 铝土矿石资源量 2937 万吨,其中 333 资源量 181 万吨,3341 资源量 2756 万吨。

【地质环境】 全省受地质灾害威胁严重的农房和学校搬迁治理工作全面实施。开阳、仁怀、钟山、平坝、都匀、施秉、黔西、江口等 13 个县(市、区)地质灾害群测群防"十有县"建设全面完成并获国土资源部命名和通报表扬;在遵义市桐梓县开展大型地质灾害应急预案示范教学演练,得到国土资源部有关领导的充分肯定;成功预报 8 起突发性地质灾害,搬迁避让 786 人,避免了 1081 人伤亡和 728 万元财产损失;贵阳、六盘水、黔南、铜仁、毕节等地已编制完成了《矿山环境保护与治理规划》,矿山环境恢复治理和地质灾害治理稳步实施,并达到预期效果;地质遗迹保护力度不断加大,地质遗迹项目实施进展顺利。

【地质公园建设及地质灾害防治】 找新区、上专项、挖老点、走出去、依靠科技和人才,坚持"系统规划、整装勘查、集约开发、合理配置、有序投放"的原则。

基础地质、矿产资源、民生－环境三大保障工程协调发展格局逐步建立。

严格规范管理,强化执法监管,有效遏制土地违规违法高发势头,矿产勘查开发秩序明显好转。

积极推进执法关口前移,加强法律法规宣传,主动引导、指导、督导和帮助用地单位规范、高效、节约集约用地,土地违法行为发案数与2008年相比下降16.66%;矿产违法案件数量下降2.07%,

2009年,完成了破坏矿产资源价值鉴定确认工作,支持了当地的打击非法采矿专项行动;建立了国地资源监管共同责任机制,形成政府负总责,国土资源部门牵头,相关职能部门、单位、司法机关密切配合、齐抓共管的土地、矿产管理和执法监察责任体系;积极探索科技手段,利用GPS手持机进行动态巡查工作。

(选自《2009年贵州省国土资源公报》)

陕西省

【矿产资源概况】 2009年陕西省已发现各类矿产138种(含亚矿种),其中经评价并查明储量的93种,列入陕西省矿产资源储量表的87种,矿区1135处。上表矿产保有资源储量潜在总值超过42万亿元,约占全国总值的三分之一。

能源矿产具突出优势,铁、铜、铬等大宗支柱性矿产短缺。除能源矿产外,金属、非金属矿产特大型、大中型矿床偏少,小型矿床多,富矿少,中低品位多,单一矿少(图1)。

地质勘查投入大幅增长,新发现矿产地8处。石油新增控制地质储量5367.9万吨(长庆),煤炭新增资源储量6.7亿吨,油页岩新增资源储量1964万吨,铁矿新增资源储量3570万吨,颁发勘查许可证409个,采矿许可证255个。

陕西省矿产资源分布区域特点:陕北及渭北以优质煤、石油、天然气、铝土矿、水泥灰岩、黏土类及盐类矿产为主。关中以金、钼、建材矿产、地下热水和矿泉水为主。陕南秦岭巴山区以有色金属、贵金属、黑色金属和非金属矿产为主。

陕西省盐矿、煤、石油、天然气、钼、汞、金、水泥用石灰岩、玻璃用石英岩保有资源储量居全国前列。铁、铜、锰、铝、锡、钨、铂族金属、萤石、钾盐、磷、金刚石等重要矿产或贫矿多、或查明资源储量少,可供规划的矿区少,开发利用条件差,少数矿种至今仍无查明的资源储量。

2009年度全省矿产资源储量表新增查明矿产资源储量矿区41处(含共伴生矿区14处),分别是:铁、铜矿各5处,煤、钒、金矿各4处,铅、锌银矿各3处,油页岩、钴、钼、硫铁矿各2处,钛矿、水泥用灰岩各1处。

【地质勘查及油气开发】 截至2009年底,全省正在实施的有效勘查许可证919个,勘查面积为22142.27平方千米。其中能源矿产85个,黑色金属矿产165个,有色金属矿产365个,贵金属矿产251个,非金属矿产48个,稀有稀土矿产5个(图2)。

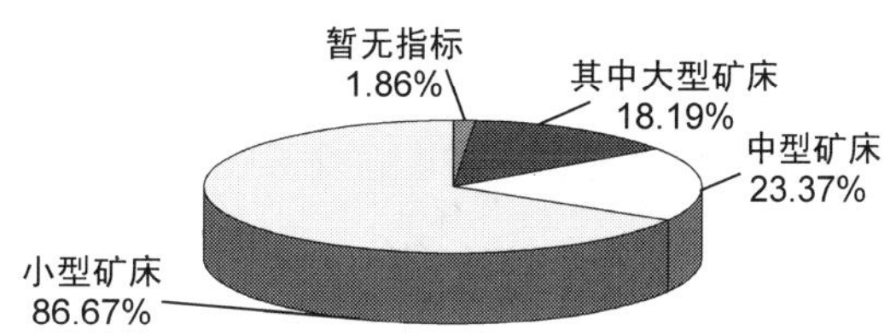

图1 2009年不同规模类型矿床对比

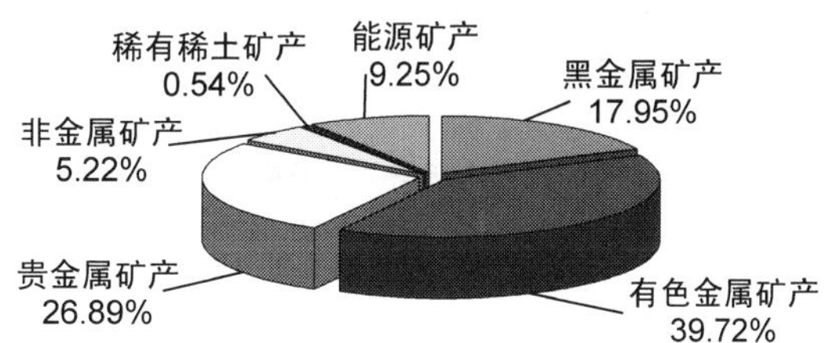

图2 全省勘查项目矿产种类构成

据统计,2009年全省8个主要地勘部门(单位)在陕地质勘查总投资100029.14万元(不含石油、天然气),其中中央财政拨款8358.12万元,占8.35%;地方财政拨款1138.65万元,占1.14%;企事业及其他资金90532.37万元,占90.51%(图3)。

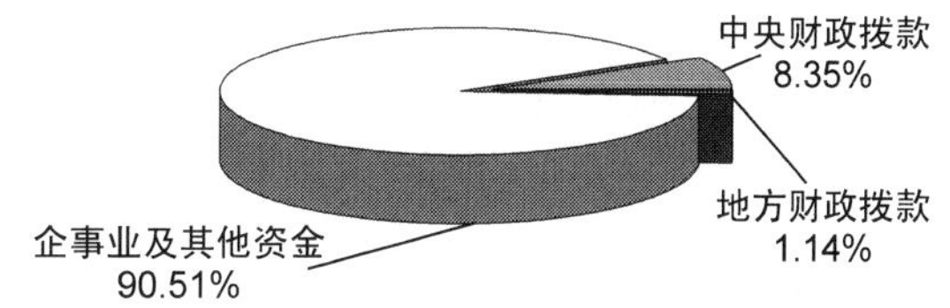

图3 2009年地质勘查投资情况

另外,石油、天然气在陕勘查投资429305.2万元,其中石油长庆公司投资232427.6万元,延长油矿投资196877.6万元。

2009年度中国石油长庆油田分公司在陕西省境内新增石油控制地质储量5367.9万吨,新增石油预测地质储量10071万吨。2009年在陕拥有油气探矿权18个,面积59058.9平方千米。拥有彩矿权18个,面积22808.8平方千米。已探明11个油田,开发9个油田,生产井25987口,其中采油井19675口,2009年生产油1242.34万吨,累计生产原油8469.1万吨。截止2009年底在靖边、子洲和榆林等七大气田(陕西境内)共累计探明地质储量8424.77亿立方米,已建产能108亿立方米/年,2009年产天然气104.66亿立方米,累计生产天然气633.6亿立方米。

2009年省延长油矿管理局勘探投资19.7亿元,新增探明石油地质储量9000万吨。老井复查效果显著,其中14口井进行了试油,8口井获得工业油流。2009年陕西省境内共生关的油1121万吨。

【矿权管理及资源整合】 1.*矿权管理*。2009年全省依法颁发勘查许可证409个,登记面积4719.22平方千米。其中新立25个,延续51个,变更316个,保留17个。注销探矿权24个(图4)。

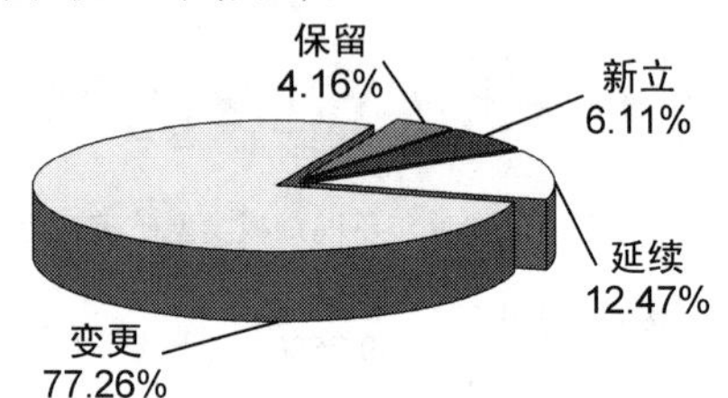

图4 全省勘查许可证分类

2009年,进一步规范了采矿权审批管理。全年共批复划定矿区范围87个,新设置采矿权105个,延续、变更采矿权406个,审批采矿权转让21个。

2.*矿产资源整合*。严格按照省政府批复的矿产资源整合方案认真安排、扎实推进,加快审批发证进度,截至2009年底,全省批复矿产资源整合区473个,已划定矿区范围440个,颁发采矿许可证255个,分别占总数的93.1%和53.9%,超额完成矿产资源整合区颁发采矿证不低于40%的目标任务。

3.*矿业权价款和资源补偿费*。按照国土资源部有关文件精神,积极开展采矿权价款评估收缴工作。全年探矿权评估14宗,备案探矿权评估5宗,收取探矿权价款31.14亿元;采矿权评估174个,收缴采矿权价款42.4亿元,收缴矿产资源补偿费7.64亿元。

4.*储量管理*。矿区储量利用现状调查工作进展顺利。技术组织和技术准备工作已经完成,项目资金管理办法、技术要求、质量标准等管理文件、技术文件已编写下发各相关部门和单位。年内完成铁、钼、铜、铝、镍5个矿种101个矿区核查单元划分工作,完成钼、铜、铝、镍4个矿种41个核查矿区招投标工作。

《陕西省沉积钒矿地质勘查规范》组织制定工作进展顺利,目前已正式下发各地勘部门和单位执行使用。

全年评审备案矿产资源储量报告328份,为陕西省资源整合矿区采矿权设立和两权价款评估提供了依据。

【矿产资源规划】 2009年完成了《陕西省矿产资源总体规划(2008~2015年)》编制工作,9月底通过省政府常务会议审查,并获国土资源部批复。截至2009年底,已组织有关单位和专家对宝鸡、渭南、西安、榆林、安康、汉中、铜川和延安市等9个市级矿产资源规划进行了预审。

【矿产品产供销】 1.*矿业产值与矿产品*。2009年度全省规模以上采矿业工业总产值2208.04亿元,占规模以上工业总产值的26.1%,实现主营业务收入2073.39亿元,税金总额231.97亿元,实现利润536.73亿元(图5)。

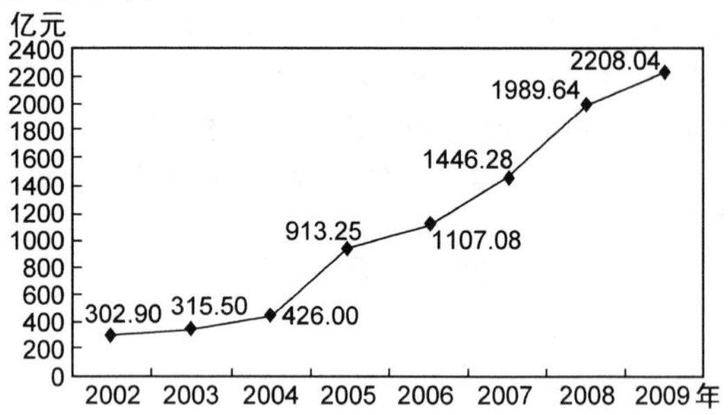

图5 全省矿业总产值变化趋势

煤炭开采和洗选工业总产值1005.58亿元,实现主营业务收入968.66亿元,税金总额140.01亿元,实现利润279.81亿元;石油和天然气开采业工业总产值943.35亿元,实现主营业务收入978.52亿元,税金86.44亿元,实现利润248.28亿元;黑色金属矿采选业工业总产值23.33亿元,实现主营业务收入18.34亿元,税金1.5亿元,实现利润0.09亿元;有色金属矿采选业工业总产值109.72亿元,实现主营业务收入93.44亿元,税金3.08亿元,实现利润7.57亿元;非金属矿采选业工业总产值16.19亿元,实现主营业务收入14.43亿元,税0.94亿元,实现利润0.98亿元。

2.*主要矿产品产量(规模以上)*。2009年矿产品产量中能源矿产品呈增长趋势,其他矿产品有增有减。其中,原煤29611.13万吨,原油2695.89万吨,天然气188.52亿立方米,铁矿石368.2万吨,钼精矿(45%)3.66万吨,硫铁矿(8.35%)5653.0万吨。磷矿石($P_2O_5$30%)1.75万吨,原盐39.47万吨,水泥4464.66万吨,平板玻璃1336.54万重量箱(表1)。

表 1　　2009 年主要矿产品产量增减变化情况

产品名称	单位	2008 年	2009 年	增减变化趋势
原煤	万吨	23981.47	19611.13	↓
天然原油	万吨	2463.60	2695.89	↑
天然气	亿立方米	145.79	189.52	↑
铁矿石原矿量	万吨	307.27	368.20	↑
磷矿石(含 P_2O_5 30%)	万吨	7.52	1.75	↓
水泥	万吨	3583.18	4464.66	↑

注:统计范围为国有及年销售收入 500 万元以上的非国有企业。

资源来源:陕西省统计局。

3. 矿产品进出口贸易。2009 年全省矿产品及相关原材料制品外贸进出口总额为 10.52 亿美元。同比下降 16.93%。其中进口总额 7.69 亿美元,同比上升 96.86%;出口总额 2.83 亿美元。同比下降 67.69%。矿产品出口种类 141 种,出口的主要国家和地区有荷兰、日本、韩国、挪威、香港等。出口矿产品主要为已陪烧的钼矿砂及精矿、硅及硅铁、镁、钼铁、钼粉、钼酸铵等。进口矿产品种类 106 种,主要有锌矿砂及精矿、铁矿砂及精矿、硅、石油沥青、铅矿砂及精矿、锰矿砂及精矿、镍矿砂及精矿、钼矿砂及精矿等。主要从澳大利亚、秘鲁、美国、加拿大和巴西等国进口(图 6)。

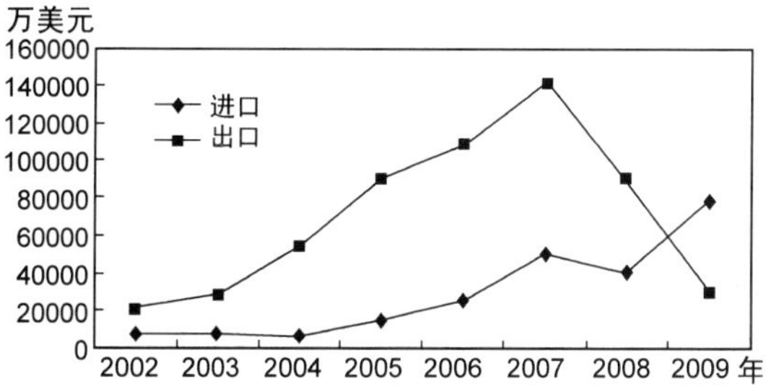

图 6　2002 ~ 2009 年全省矿产品国际贸易变化情况

【矿山地质环境】 2009 年全省矿山地质环境恢复治理取得新进展,争取中央财政补助地方矿山地质环境治理项目 6 个,经费 1.3 亿元。全面开展了废弃矿井调查工作,初步查明了全省废弃矿井数量、分布、关闭是否到位以及存在的安全隐患,建立了废弃矿井调查数据库,编制了《陕西省废弃矿井治理规划》。

【地质遗迹保护和地质公园建设】 2009 年争取中央财政地质遗迹保护项目经费 3260 万元,西安市成功申报了西安秦岭终南山世界地质公园;商洛市成功申报了陕西商南金丝峡国家地质公园;安康市岚皋南宫山国家地质公园。为陕西地质遗迹保护和生态旅游资源的开发利用做出了贡献。

(陕西省国土资源厅)

【矿产资源概况】 截至 2009 年底,甘肃省已发现各类矿产 178 种(含亚矿种,下同),其中,已查明矿产资源储量的 110 种,列入《甘肃省矿产资源储量表》的固体矿产 92 种、矿区 901 处、矿产地 1177 处(含共伴生矿产)。其中,大型规模矿床 104 个、中型 212 个、小型 861 个;按勘查程度分:勘探阶段 263 个、详查阶段 300 个、普查阶段 614 个(图 1 ~ 4)。

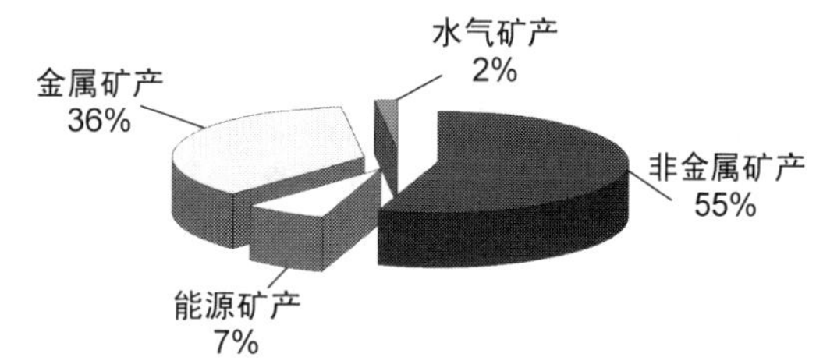

图 1　甘肃省已查明矿产资源构成图

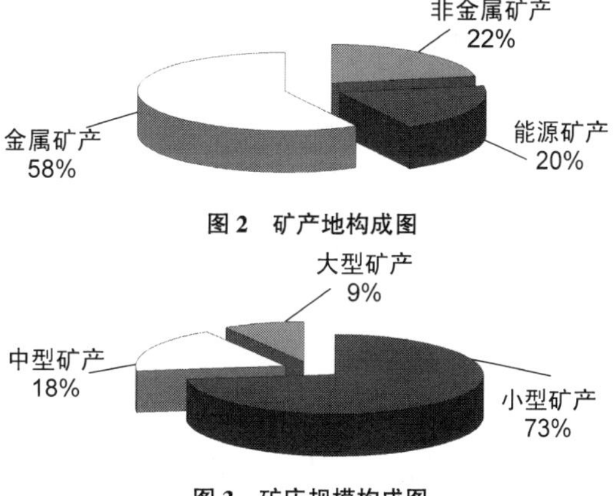

图 2　矿产地构成图

图 3　矿床规模构成图

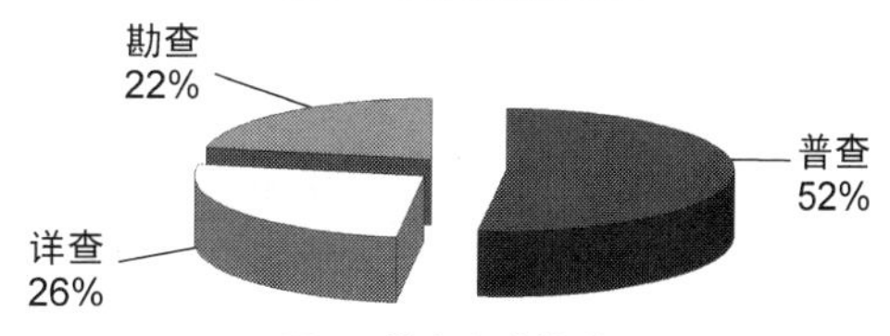

图 4　勘查程度构成图

据《2009 年全国主要矿产资源储量通报》统计,在已查明的矿产中,甘肃省资源储量名列全国第 1 位的矿产有 10 种,居前 5 位的有 29 种,居前 10 位的有 59 种。

截至 2009 年底,列入《甘肃省矿产资源储量表》的 92 种固体矿产中,与 2008 年比较,有 44 个矿种的资源储量发生了变化，其中资源储量增加的有 12 种，减少的有 32 种。

【矿产资源勘查】 2010 年，在全省开展矿产勘查项目 326 个，投入地勘资金 123661.28 万元，其中，中央财政投入 5010.84 万元，地方财政投入 45862.95 万元，社会资金投入 72787.49 万元。勘查矿种主要为煤炭、铁、锰、钒、铜、铅锌、钨、钼、金、银、稀土等。其中，能源矿产勘查项目 34 个，黑色金属勘查 37 个、有色金属 69 个、贵金属 166 个、稀有矿产 2 个、化工建材矿产 18 个。全年共完成钻探 563679 米，槽探 265616.3 立方米，坑探 43846.8 米，浅井 1089.4 米。新增金资源量为 132.42 吨；钨金属量 7.08 万吨；钼金属量 119532 吨。

2010 年全省在地质勘查方面取得了以下重要成果：

1. 甘肃省合作市枣子沟金矿深部勘查。通过 2010 年的勘查工作，枣子沟金矿新增金资源量 15 吨。该矿区累计提交金资源量 50 吨。

2. 甘肃省西和县大桥金矿详查。该矿区累计查明资源储量 21.95 吨，工业矿体金资源量 19.08 吨，工业矿体金平均品位 2.23 克/吨，其中 121b 金储量 3.40 吨，122b 金储量 8.365 吨，333 金资源量 5.084 吨，334 金资源量 2.229 吨。

3. 甘肃省玛曲县格尔珂金矿接替资源勘查。通过钻探工程施工，扩大了 Au 2 号、Au 111 号矿体规模。该项目估算新增资源量 31.329 吨，平均品位 5.99 克/吨。其中格尔珂矿区新增 26.647 吨，平均品位 6.23 克/吨；贡北矿区新增 4.682 吨，平均品位 4.92 克/吨。通过危机矿山接替资源找矿项目的实施，该矿累计查明资源储量金量达到了 89.81 吨。

4. 甘肃省武都县安房坝矿区Ⅰ矿带金矿详查。该矿区新增资源量金金属资源量 9.052 吨。

5. 甘肃省武山县温泉钼矿东段详查。完成坑探 2828.25 米，钻探 8416.53 米。根据已施工工程控制情况，大致查明钼矿体 1 个，估算钼矿石量 24689 万吨，钼金属量 11.9532 万吨，矿床平均品位 0.064%。

6. 甘肃省岷县寨上金矿普查。2010 年底，共发现金矿脉 30 条，圈定 26 个金矿体，累计探获金资源量 130.101 吨，寨上金矿已经成为超大型金矿床。2010 年，新增金资源量 32.956 吨。

【地质矿产管理综合研究】 2010 年地质矿产管理综合研究取得以下成果：

1. 甘肃省矿产资源潜力评价。完成煤炭资源潜力评价编图、成果报告编制、数据库建库工作，并通过全国矿产资源潜力评价管理办公室验收。区域成矿规律研究与矿产预测课题完成了铁矿及铝土矿定量预测及成果报告；全省铜镍、铅锌、金、钨、锑、稀土、钾盐、磷矿 10 种矿的矿产定量预测工作完成了省级评审。成矿地质背景课题、物探化探遥感自然重砂综合信息评价课题及综合信息集成课题，完成了基础编图及空间数据库建设工作，完成了铁、铝、铜镍、铅锌、金、钨、锑、稀土、钾盐、磷矿的典型矿床及预测工作区编图。

2. 甘肃省矿产资源储量利用现状调查。全省针对煤、铁、锰等 21 个矿种，共划分核查矿区 417 个，其中大型 45 个，中型 50 个，小型 322 个，核查单元 532 个。编制了《甘肃省矿产资源储量利用现状调查实施方案》，编写了《全国矿产资源利用现状调查甘肃省金属及非金属矿区划分方案》和《全国矿产资源利用现状调查甘肃省煤炭矿区划分方案》。2010 年 10 月底已完成全部矿区野外核查工作，向全国矿产资源储量利用现状调查项目办公室提交了磷、钾盐、铁、铜、钨、金、铅锌、锑、煤核查成果。

3. 甘肃省矿业权实地核查。全省共核查矿业权 4169 个，其中，探矿权 1406 个，采矿权 2763 个。利用首级控制点 263 个，加密 D、E 级 GPS 控制点 1482 个，向矿区引入控制点 1886 个，野外抽查矿业权 182 个，抽查比例 5.85%；室内进行了 100%检查；完成了单矿业权核查记录表、对照表、基本情况说明、勘查工程实际材料图、开拓工程平面图等基本成果的编制和汇总工作；编制了全省矿业权分布图、全省矿业权分布影像图、全省矿业权与矿产资源分布综合图及工作总结报告，圆满完成了矿业权实地核查工作任务。

【矿产开发利用】 截至 2009 年底，全省共有各类持证(采矿许可证)矿山企业 3205 个(不含石油、天然气、煤层气和放射性矿产)，其中国有企业 114 个，集体企业 582 个，外商投资企业 1 个，其他经济类型矿山企业 2508 个；按矿山生产建设规模统计，大型 29 个，中型 56 个，小型 774 个，小矿 2346 个。全年开采 75 种矿产，采出原矿总量 10029.25 万吨，其中原煤 3568.20 万吨，铁矿石 718.88 万吨。从业人员 17.21 万人，实现工业总产值 219.04 亿元，综合利用产值 5.05 亿元，矿产品销售收入 203.21 亿元，利润总额 15.83 亿元。

与 2008 年相比，2009 年度甘肃省矿业指标主要有以下三个变化：①矿山总数增加，全省新增矿山 68 个，增长 2.2%；②矿产品销售收入和工业总产值有所增长，分别增长 11.1%和 7.9%；③从业人数下降 3.9%。

【矿产资源补偿费征收】 2010 年实现矿产资源补偿费征收入库 3.32 亿元。其中，省国土资源厅直接征收矿产资源补偿费 3.08 亿元，14 个市州国土资源局征收矿产资源补偿费 0.24 亿元，全面完成了矿产资源补偿费征管工作任务。

【矿业权市场建设】 2010年，全省进一步加强矿业权市场建设，将矿业权转让全部纳入有形市场进行交易；完善了省级矿业权有形市场的硬件设施，新建了功能齐全、设施完善的矿业权交易大厅、招标大厅、矿业权协议转让室、公示大厅；完善了矿业权交易公示制度，使矿业权市场建设步入了更加合理发展的轨道。

2010年，全省公开出让矿业权共221宗，其中挂牌191宗，拍卖30宗，成交价款6772.75万元，充分体现了市场配置资源的优势。

【地质勘查基金】 2010年，省财政年度补充地质勘查基金4亿元。全年共安排地质勘查项目9个(新立4个，续作5个)，下拨项目资金39941万元，其中在陇东安排大型煤炭勘查项目4个，项目资金27065万元(表1)。

表1　2010年地质勘查基金项目表

序号	项　目　名　称	类别	实　施　单　位
1	天水市秦州区寨沟铜多金属矿普查	新立	甘肃省地矿局第一勘查院
2	肃南县西柳沟铁铅矿普查	新立	甘肃有色金属地质研究所
3	灵台县南部煤炭资源普详查	新立	甘肃煤炭地质勘查院
4	泾川县高平镇－灵台县独店乡煤炭资源普查	新立	甘肃煤炭地质勘查院
5	阿克塞县安南坝铜矿普查	续做	甘肃省地矿局第二勘查院
6	阿克塞县化石沟铜矿详查	续做	甘肃省地矿局第四勘查院
7	天祝县臭牛沟地区煤矿普查	续做	甘肃有色地质勘查局三队
8	合水－宁县煤炭资源普查	续做	甘肃煤炭地质勘查院
9	环县沙井子西部煤炭资源普查	续做	甘肃煤田局一四六队

2009年，地质勘查基金实施的勘查项目共29个，总体上运行情况良好，金属矿找矿成果凸现，煤炭资源勘查效果明显。在已设立的煤炭勘查项目区内，预计可探获资源量达百亿吨。2010年新立的灵台县南部煤炭资源详查工作已基本完成，提交资源量14.25亿吨，仅此一项，就有望实现价款收益30亿元，促进了地勘基金的滚动发展。

(选自《2009年甘肃省国土资源公报》)

青海省

【矿产资源开发利用基本情况】 1. 矿山数。截至2009年底，青海省共有各类矿山企业833家，其中生产矿山523家，停产矿山208家，筹建矿山102家。上报了统计基础表的矿山企业833家，统计基础表上报率100%。与2008年相比，2009年矿山数减少了52家，其中关闭矿山152家，新建矿山100家。各地矿山数排序：海西州257家、海东地区242家、西宁市123家、海北州102家、海南州67家、黄南州27家、玉树州10家、果洛州5家。

矿山数减少的主要原因：全省整顿规范矿产资源开发秩序工作取得成效，通过整顿规范和资源整合，使全省矿山布局明显改善，矿山数量有所减少。

2. 从业人员。全省从事矿业开发的总人数为66632人，比2008年减少11658。其中内资企业63203人，港、澳、台投资企业473人，外商投资企业2956人。

从业人员减少的主要原因：由于矿山数量减少和停产企业增加，加之金融危机的影响部分生产矿山裁减了人员，使得矿山企业从业人员减少。

3. 开发利用矿种及年产矿石量。全省开发利用矿产76种，年产矿石总量7055.95万吨(其中固体矿6515.02万吨，液体矿197.75万吨，气体矿430697.00万立方米合343.18万吨)，比2008年增加712.8728万吨。年产矿石量增加50万吨以上的矿产依次为：钾盐增加941.12万吨，水泥用灰岩增加146.04万吨，铜矿增加122.72万吨，金矿增加60.75万吨，水泥用大理岩增加50.63万吨，以上矿种合计增加1321.26万吨；年产矿石量减少50万吨以上的矿产依次为：盐矿减少178.52万吨，建筑用砂减少137.49万吨，制碱用灰岩减少94.57万吨，砖瓦用黏土减少66.56万吨，以上矿种合计减少矿石量477.14万吨。年产矿石量100万吨以上的矿种共13种，依次为：钾盐、煤炭、水泥用灰岩、铜矿、天然气、石棉、锂矿、砖瓦用黏土、石油、金矿、铅矿、建筑用砂、盐矿。

年产矿石量增加的主要原因是：钾盐年产矿石量

增幅较大,从而造成全省年产矿石量的增加。

4. *矿业总产值*。全省实现矿业总产值3042005.93万元,较2008年减少245594.64万元。矿业总产值10000万元以上的矿产有13种,依次为:石油、天然气、钾盐、煤炭、锂矿、铅矿、铜矿、水泥用灰岩、金矿、水泥用大理岩、石棉、砖瓦用黏土、盐矿。矿业总产值增加10000万元以上的矿产为:钾盐增加289621.93万元、锂矿增加77690.36万元、水泥用灰岩增加24675.62万元、金矿增加20170.77万元,以上矿种共增加412158.68万元。矿业总产值减少10000万元以上的矿产为:石油天然气减少604386.76万元,盐矿减少32120.58万元,以上矿种共减少636507.34万元。

全省矿业总产值减少的主要原因是:由于金融危机造成石油天然气、有色金属等重要矿种矿产品价格下降,加之石油减产幅度较大,致使全省矿业总产值减少。

全省矿业开发从业人员年人均产值45.65万元/人,全省各地区年人均产值排序情况如下:果洛州108.01万元/人、海西州61.57万元/人、海东地区13.12万元/人、西宁市11.48万元/人、海南州9.34万元/人、玉树州5.09万元/人、海北州4.71万元/人、黄南州1.64万元/人。

5. *矿业增加值*。全省共实现矿业增加值1646662.94万元,较2008年度减少381088.14万元。其中,矿业增加值实现10000万元以上的矿产依次为:石油天然气、钾盐、煤炭、铜矿、金矿、铅矿、锂矿、水泥用灰岩、石棉。矿业增加值增加10000万元以上的矿产依次为:钾盐66832.34万元、铅矿11157.7万元,以上矿种矿业增加值共增加77990.04万元;矿业增加值减少10000万元以上的矿产依次为:石油天然气383113万元、煤炭45702.16万元、水泥用灰岩14202.65万元、盐矿11038.29万元,以上矿种矿业增加值共减少454056.1万元。

全省矿业增加值减少的主要原因是:由于石油天然气、煤炭等矿业增加值较2008年度下降幅度较大,致使全省矿业增加值明显减少。

6. *利润总额*。全省实现矿业利润总额717987.26万元,较2008年度减少410419.15万元。实现利润1000万元以上的矿产依次为:钾盐352308.47万元、石油天然气110866.76万元、铅矿73801.63万元、煤炭69243.79万元、金矿39444.6万元、铜矿32264.34万元、锂矿20639.62万元、水泥用灰岩8011.58万元、水泥用大理岩4209万元、砖瓦用黏土1731.54万元、盐矿1708.82万元、硼矿1139.92万元。

利润增加1000万元以上的矿产依次为:钾盐86364.46万元、煤炭14401.86万元、水泥用灰岩6984.79万元、水泥用大理岩1881.54万元,以上矿种利润共增加109632.65万元;利润减少1000万元以上的矿产依次为:石油天然气467334.24万元、铅锌矿35532.38万元、锂矿9433.49万元、铜矿4981.12万元、盐矿2165.9万元、石棉1865.83万元、铁矿1537.78万元,以上矿种利润共减少522850.74万元。

全省矿业利润减少的主要原因是:由于石油天然气、有色金属等矿业利润较2008年度下降幅度较大,致使全省矿业利润明显减少。

7. *企业规模和经济类型*。全省有大型矿山28家,中型矿山32家,小型矿山262家,小矿511家;内资企业821家,港、澳、台投资企业7家,外商投资企业5家。

【矿产资源开发利用情况简析】 1. *金融危机对全省矿产资源开发利用影响明显*。2009年随着金融危机的深度蔓延,造成我省支柱矿产石油天然气、钾盐、铜、铅锌等矿产矿产品价格大幅下降,部分矿山因经营亏损而停产、关闭。全省矿业总产值、矿业增加值、利润等主要经济指标均出现不同程度的负增长。全省实现矿业总产值3042005.93万元,比2008年减少245594.64万元,增长率-7.47%;矿业增加值1646662.94万元,较2008年度减少381088.14万元,增长率-18.79%;矿业利润总额717987.26万元,较2008年度减少410419.15万元,增长率-36.37%(表1~4)。

2. *全省矿山规模结构仍然没有改变*。全省有大型矿山28家,中型矿山32家,小型矿山262家,小矿511家,分别占全省矿山总数的3.36%、3.84%、31.45%、61.35%,与2008年的统计数据基本一致,说明全省矿山规模结构没有发生明显变化。

3. *少数规模矿山在全省矿业经济发展中起着重要的支撑作用*。2009年全省500万元以上的矿山企业有61家,占全省矿山总数的7.32%,从业人员46507人,占全省矿业开发从业人员的69.80%,其中大部分矿山企业具有一定生产规模、开采的矿产价值和综合开发利用水平较高,年产矿石总量6141.39万吨(其中固体矿5607.18万吨、液体矿191.03万吨、气体矿430697万立方米合343.18万吨),占全省年产矿石总量的87.04%;实现矿业总产值3005180.031万元,占全省矿业总产值的98.79%;实现矿业增加值1639561.46万元,占全省矿业增加值的99.57%;实现矿业利润714979.83万元,占全省矿业利润的99.58%。可见,具有一定生产规模、开采的矿产价值和综合开发利用水平较高的矿山企业虽然数量较少,但支撑着全省的矿业经济。

4. *小矿山多,但对全省矿业经济的发展贡献不大*。全省共有小矿山511家,占全省矿山企业的61.34%,年产矿石量458.41万吨,占全省年产矿石量的6.50%,实现矿业总产值32716.19万元,全省矿业总产值的1.08%,现实矿业利润3097.51万元,占全省矿业利润的0.43%。可见,全省小矿数量较多,但对全省矿业经济的发展贡献不大。

表1 **2009年度青海省矿产资源开发利用情况分矿种统计**

行政区	矿山个数(个)	从业人员(人)	年产矿石量			矿业总产值(万元)	工业增加值(万元)	综合利用产值(万元)	销售收入(万元)	年利润(万元)
			固体矿(万吨)	液体矿(万吨)	气体矿(万立方米)					
合计	833	66632	6515.02	197.75	430697.00	3042005.93	1646662.94	132377.40	2037589.18	717987.26
石油	1	22435	0.00	185.17	0.00	1132513.24	782987.00	0.00	509594.21	110866.76
天然气			0.00	0.00	430697.00					
煤炭	51	10733	897.24	0.00	0.00	253072.61	136074.01	2900.00	230535.83	69243.79
地下热水	3	6	0.00	0.00	0.00	0.00	0.00	0.00	0.00	0.00
铁矿	39	2915	49.95	0.00	0.00	4078.71	2065.45	1447.40	4065.11	313.00
锰矿	4	161	1.00	0.00	0.00	100.00	60.00	40.00	100.00	12.00
铬矿	1	30	0.08	0.00	0.00	65.00	20.00	0.00	65.00.11	313.00
锰矿	4	161	1.00	0.00	0.00	100.00	60.00	40.00	100.00	12.00
铬矿	1	30	0.08	0.00	0.00	65.00	20.00	0.00	65.00	6.00
铜矿	19	2088	384.08	0.00	0.00	100303.88	47892.03	758.50	98850.13	32264.34
铅矿	23	1248	139.41	0.00	0.00	131744.80	33588.40	410.20	131343.97	73801.63
锌矿	3	353	9.90	0.00	0.00	1476.00	10.00	4.00	1383.27	–119.00
镍矿	5	590	19.09	0.00	0.00	4543.90	1008.00	1034.00	1727.85	301.60
钨矿	1	46	0.00	0.00	0.00	0.00	0.00	0.00	0.00	0.00
锑矿	1	40	0.02	0.00	0.00	48.60	0.00	0.00	48.60	30.00
金矿	19	1430	164.14	0.00	0.00	88179.34	44955.84	43061.15	88161.34	39444.60
锂矿	1	1400	230.00	0.00	0.00	144351.56	29609.41	76315.45	144351.56	20639.62
锶矿	1	18	2.00	0.00	0.00	410.00	0.00	0.00	280.00	50.00
普通萤石	11	157	2.61	0.00	0.00	143.50	15.30	1.50	114.40	2.50
熔剂用灰岩	1	2	0.00	0.00	0.00	0.00	0.00	0.00	0.00	0.00
冶金用白云岩	7	60	4.08	0.00	0.00	54.50	10.60	0.00	54.50	8.60
冶金用石英岩	54	827	55.20	0.00	0.00	1349.10	228.50	30.00	1349.10	192.37
自然硫	1	30	0.00	0.00	0.00	0.00	0.00	0.00	0.00	0.00
芒硝	3	19	0.00	0.00	0.00	0.00	0.00	0.00	3.60	0.00
天然碱	2	4	0.00	0.00	0.00	0.00	0.00	0.00	0.00	0.00
制碱用灰岩	12	272	49.90	0.00	0.00	1347.44	201.36	0.00	1320.44	80.55
含钾岩石	4	31	0.24	0.00	0.00	7.87	0.78	0.00	3.31	–12.00
盐矿	15	1762	115.01	0.00	0.00	14072.16	4489.39	0.00	12523.97	1708.82
镁盐	3	134	52.00	0.00	0.00	743.50	126.85	0.00	635.00	43.91
钾盐	14	5286	3109.21	0.00	0.00	1002159.93	520418.44	2775.00	668827.46	352308.47

续表 1-1

行政区	矿山个数(个)	从业人员(人)	年产矿石量			矿业总产值(万元)	工业增加值(万元)	综合利用产值(万元)	销售收入(万元)	年利润(万元)
			固体矿(万吨)	液体矿(万吨)	气体矿(万立方米)					
硼矿	1	102	4.63	0.00	0.00	2681.00	1141.60	880.00	2590.00	1139.92
石墨	2	2	0.00	0.00	0.00	0.00	0.00	0.00	0.00	0.00
硅灰石	2	6	0.00	0.00	0.00	0.00	0.00	0.00	0.00	0.00
滑石	2	20	0.00	0.00	0.00	0.00	0.00	0.00	0.00	0.00
石棉	8	2243	236.39	0.00	0.00	18965.00	13259.00	151.00	15342.40	191.12
云母	1	2	0.00	0.00	0.00	0.00	0.00	0.00	0.00	0.00
长石	4	13	0.01	0.00	0.00	4.00	2.00	2.00	4.00	0.00
石榴子石	3	5	0.00	0.00	0.00	0.00	0.00	0.00	0.00	0.00
叶腊石	1	8	0.00	0.00	0.00	0.00	0.00	0.00	0.00	0.00
石膏	21	184	17.15	0.00	0.00	367.60	88.10	0.00	367.60	42.10
方解石	2	14	0.40	0.00	0.00	0.40	0.04	0.00	0.40	0.10
玉石	6	183	0.24	0.00	0.00	2003.00	920.00	1108.00	1618.00	540.00
水泥用灰岩	20	741	414.33	0.00	0.00	90731.62	18384.15	489.00	80941.62	8011.58
建筑石料用灰岩	13	135	1.80	0.00	0.00	43.70	7.40	1.00	43.60	5.50
饰面用灰岩	1	15	0.00	0.00	0.00	0.00	0.00	0.00	0.00	0.00
制灰用石灰岩	8	222	4.80	0.00	0.00	722.20	62.50	0.00	209.20	12.32
玻璃用白云岩	4	34	1.80	0.00	0.00	54.00	8.00	0.00	54.00	3.40
建筑用白云岩	5	32	0.95	0.00	0.00	35.10	4.50	0.00	35.10	2.60
玻璃用石英岩	7	84	2.29	0.00	0.00	68.00	12.00	0.00	68.00	5.00
砖瓦用砂岩	1	56	0.14	0.00	0.00	21.00	5.10	0.00	11.00	3.00
建筑用砂岩	1	7	0.50	0.00	0.00	40.00	10.00	25.00	40.00	15.00
建筑用砂	107	918	136.12	0.00	0.00	2913.35	350.21	188.00	2818.63	493.32
水泥标准砂	2	27	6.00	0.00	0.00	120.00	45.00	0.00	120.00	30.00
砖瓦用砂	2	72	8.00	0.00	0.00	1024.00	68.50	0.00	500.00	98.90
玻璃用脉石英	1	2	0.00	0.00	0.00	0.00	0.00	0.00	0.00	0.00
陶粒页岩	1	30	10.00	0.00	0.00	250.00	50.00	0.00	250.00	25.00
高岭土	1	3	0.00	0.00	0.00	0.00	0.00	0.00	0.00	0.00
膨润土	1	2	0.00	0.00	0.00	0.00	0.00	0.00	0.00	0.00
砖瓦用黏土	200	7704	190.97	0.00	0.00	15389.69	2216.95	698.20	15110.67	1731.54

续表 1－2

行政区	矿山个数(个)	从业人员(人)	年产矿石量			矿业总产值(万元)	工业增加值(万元)	综合利用产值(万元)	销售收入(万元)	年利润(万元)
			固体矿(万吨)	液体矿(万吨)	气体矿(万立方米)					
陶粒用黏土	8	300	3.50	0.00	0.00	642.00	57.40	57.00	610.00	38.80
水泥配料用黏土	7	52	4.50	0.00	0.00	190.50	34.00	0.00	190.50	13.70
水泥配料用红土	1	8	0.50	0.00	0.00	20.00	4.00	0.00	20.00	2.00
建筑用橄榄岩	1	2	0.00	0.00	0.00	0.00	0.00	0.00	0.00	0.00
饰面用蛇纹岩	22	204	0.18	0.00	0.00	54.85	13.50	0.00	29.70	1.40
建筑用玄武岩	2	11	0.29	0.00	0.00	20.00	1.00	0.00	20.00	3.00
饰面用辉绿岩	1	7	0.00	0.00	0.00	0.00	0.00	0.00	0.00	0.00
建筑用辉长岩	3	26	26.70	0.00	0.00	441.00	44.10	0.00	441.00	37.00
建筑用闪长岩	1	10	3.20	0.00	0.00	38.00	3.30	0.00	38.00	1.00
建筑用花岗岩	23	288	61.71	0.00	0.00	1079.59	56.00	0.00	1005.45	96.00
饰面用花岗岩	6	93	2.62	0.00	0.00	178.00	30.50	0.00	164.00	21.90
玻璃用凝灰岩	1	0	0.00	0.00	0.00	0.00	0.00	0.00	0.00	0.00
水泥用凝灰岩	1	15	0.00	0.00	0.00	0.00	0.00	0.00	0.00	0.00
建筑用凝灰岩	2	22	0.47	0.00	0.00	20.00	18.00	0.00	20.00	7.00
饰面用大理岩	8	90	0.00	0.00	0.00	0.00	0.00	0.00	0.00	0.00
建筑用大理岩	6	32	0.07	0.00	0.00	98.70	0.50	1.00	30.65	0.00
水泥用大理岩	6	160	88.00	0.00	0.00	22096.50	5924.95	0.00	18958.00	4209.00
水泥配料用板岩	2	16	1.60	0.00	0.00	31.00	7.00	0.00	31.00	3.00
矿泉水	5	353	0.00	12.58	0.00	896.49	72.28	0.00	568.01	15.50

表 2　**2009 年度青海省矿产资源开发利用情况分经济类型统计**

企业经济类型	矿山数(个)	从业人数(人)	年产矿石量			工业总产值(万元)	工业增加值(万元)	综合利用产值(万元)	销售收入(万元)	年利润(万元)
			固体矿(万吨)	液体矿(万吨)	气体矿(万立方米)					
合计	833	66632	6515.02	197.75	430697.00	3042005.93	1646662.94	132377.40	2037589.18	717987.26
1. 内资企业	821	63203	6111.6	197.75	430697.00	2803804.26	1562377.32	88033.25	1800547.76	603272.37
国有企业	32	28734	231.52	185.17	430697.00	1186115.75	808322.60	1981.00	553371.47	117397.72
集体企业	83	3263	92.88	0.00	0.00	10558.10	1598.05	258.00	10499.70	544.40
股份合作企业	15	395	67.33	0.00	0.00	3226.82	423.45	30.00	2359.82	96.48

续表 2

企业经济类型	矿山数（个）	从业人数（人）	年产矿石量			工业总产值（万元）	工业增加值（万元）	综合利用产值（万元）	销售收入（万元）	年利润（万元）
			固体矿（万吨）	液体矿（万吨）	气体矿（万立方米）					
联营企业	5	139	2.09	0.00	0.00	98.30	7.90	0.00	69.30	(197.00)
有限责任公司	149	12830	2064.61	12.58	0.00	431733.66	160979.30	81283.85	355098.71	67209.67
股份有限公司	42	3712	2001.85	0.00	0.00	996186.83	525692.12	1120.00	714165.96	373100.85
私营企业	423	13204	1588.78	0.00	0.00	173209.25	64993.76	3226.90	162319.95	44592.55
其他企业	72	926	49.94	0.00	0.00	2675.55	360.14	133.50	2662.85	527.70
2. 港、澳、台商投资企业	7	473	52.91	0.00	0.00	2865.86	1123.19	800.00	2572.31	246.90
3. 外商投资企业	5	2956	363.08	0.00	0.00	235335.81	83162.43	43544.15	234469.10	114467.98

表 3　　2009 年度青海省矿产资源开发利用情况分矿山规模统计

矿山规模	矿山数（个）	从业人数（人）	年产矿石量			工业总产值（万元）	工业增加值（万元）	综合利用产值（万元）	销售收入（万元）	年利润（万元）
			固体矿（万吨）	液体矿（万吨）	气体矿（万立方米）					
大型	28	38536	3061.93	191.03	430697.00	2514425.72	1433718.73	123720.60	1604506.82	613960.16
中型	32	7586	1882.34	0.20	0.00	422160.07	190023.73	1947.00	349672.65	98571.99
小型	262	8550	1112.34	6.52	0.00	72703.95	16964.82	3288.90	53248.90	2357.60
小矿	511	11960	458.41	0.00	0.00	32716.19	5955.66	3420.90	30160.81	3097.51
合计	833	66632	6515.02	197.75	430697.00	3042005.93	1646662.94	132377.40	2037589.18	717987.26

表 4　　2009 年度青海省矿产资源开发利用情况分行政区统计

地区名称	矿山数（个）	从业人数（人）	年产矿石量			工业总产值（万元）	工业增加值（万元）	综合利用产值（万元）	销售收入（万元）	年利润（万元）
			固体矿（万吨）	液体矿（万吨）	气体矿（万立方米）					
西宁市	123	8657	486.97		0.00	99346.06	31905.92	1851.00	82822.46	6033.79
海东地区	242	5220	453.61	1.70	0.00	68507.43	14436.38	1325.00	62430.23	8828.29
海北藏族自治州	102	3691	149.57		0.00	17386.03	6016.26	1509.00	17239.25	5013.53
黄南藏族自治州	27	810	12.25		0.00	1328.74	374.28	241.10	958.74	85.60
海南藏族自治州	67	2529	113.70		0.00	23631.01	5450.43	1661.80	23457.65	4055.05
果洛藏族自治州	5	694	306.30		0.00	74962.00	42551.00	0.00	74546.88	28551.99
玉树藏族自治州	10	278	3.95		0.00	1415.88	291.33	0.00	402.25	14.50
海西蒙古族藏族自治州	257	44753	4988.67	196.05	430697.00	2755428.78	1545637.34	125789.50	1775731.72	665404.51
合计	833	66632	6515.02	197.75	430697.00	3042005.93	1646662.94	132377.40	2037589.18	717987.26

（青海省国土资源厅）

新疆维吾尔自治区

【矿产资源概况】 截至2009年底，新疆维吾尔自治区发现的矿种138种，查明有资源储量的矿种97种（亚种131种），其中：能源矿产6种，金属矿产31种（亚种32种），非金属矿产60种（亚种93种）。在查明的资源储量中，有41种矿产探明资源储量居全国前十位，其中：居首位的8种，居第二位的6种，居第三位的3种。

2009年新疆矿产资源保有资源储量居全国前一位的矿种有天然气、天然沥青、铍、钠硝石、芒硝、白云母、蛭石、铯8种，居第二位的矿种有石油、镍、钯、钾盐、镁盐、膨润土，居第三位矿种有煤、铂、自然硫3种（表1）。

表1　2009年新疆主要矿产地分布情况一览表

矿种名称	矿产地分布情况
石油、天然气	分布于准噶尔、塔里木、吐哈三个大中型富油气盆地
煤炭	分布于准东、吐哈、库拜、伊犁煤田
铁矿	主要矿床有富蕴县蒙库，哈密市天湖、磁海，鄯善县帕尔岗、梧桐沟，和静县莫托沙拉、查岗诺尔，阿克陶县契列克其，新源县式可布台等铁矿
铜镍矿	主要矿床有哈巴河县阿舍勒，哈密市土屋－延东等铜矿，富蕴县喀拉通克和哈密市黄山、黄山东、图拉尔根等铜镍矿
铅锌	主要矿床有鄯善县彩霞山、富蕴县可可塔勒、阿图什市霍什布拉克等铅锌矿
金	主要矿床有伊宁县阿希、托里县哈图、哈巴河县多拉纳萨依、鄯善县石英滩、康古尔、昌吉市萨日达拉－冰峰、哈密市马庄山、金窝子等金矿
稀有金属	主要为可可托海稀有金属矿床
钾盐	主要为若羌县罗北凹地钾盐矿区
盐矿	主要为和布克赛尔县玛纳斯－达巴松诺尔、吐鲁番市乌勇布拉克、托克逊县乌尔喀什布拉克、哈密市七角井、石英滩、磁海、乌鲁木齐市盐湖、若羌县罗北凹地等盐矿
蛭石	主要为尉犁县且干布拉克蛭石矿
膨润土	主要为和布克赛尔县乌兰格林－日月雷、托克逊县柯尔碱、巴里坤县拉伊格莱克等膨润土矿区

续表1

矿种名称	矿产地分布情况
石棉	主要为若羌县依吞布拉克石棉矿
石灰岩	主要为乌鲁木齐市艾维尔沟、吐鲁番市桃树园子、和静县艾勒沟口、拜城县老虎台、乌恰县黑孜韦、莎车县喀拉吐孜、伊宁县喀山齐等矿区

【探矿权管理】 截至2009年底，自治区有效勘查许可证5520个，其中，2009年新颁发勘查许可证1024个（图1）。

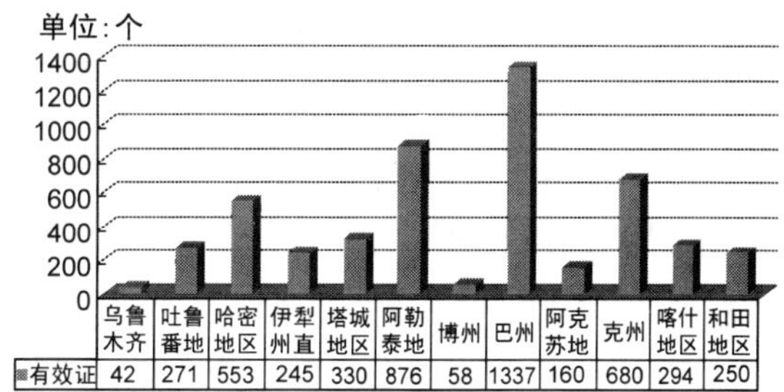

图1　2009年自治区有效勘查许可证按地区分布情况示意图

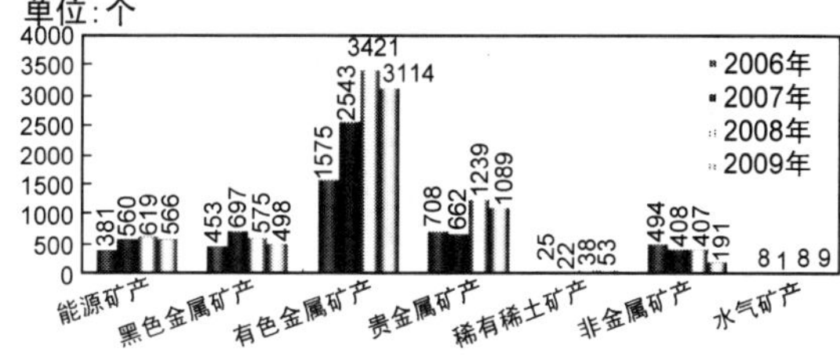

图2　2006～2009年自治区有效探矿权按矿种类型分布情况示意图

2009年，自治区有偿出让探矿权100个，比2008年的52个同比增加92%；合同价款19108.03万元，比2008年的13255.06万元同比增加44%，其中委托巴州、阿克苏、哈密等地州市以招标、拍卖、挂牌方式出让探矿权95个，合同价款3999.83万元（图2）。

【采矿权管理】 截至2009年底，自治区颁发有效采矿许可证2988个，其中新立1911个（含地、州、市、县（市）级发证），较2008年有效采矿许可证2958个增加30个。其中，自治区级颁发有效采矿许可证1183个（其中新立137个）。

截至2009年底，有效采矿许可证按矿种分：能源矿产417个，黑色金属166个，有色金属矿产135个，贵金属矿产106个，稀有、稀散土矿5个，非金属矿产2157个（含地州颁发砂石黏土有效采矿许可证），水气矿产2个。其中，自治区级发证：能源矿产417个，黑色金属 166 个,有色金属矿产 135 个,贵金属矿产 106 个,稀有、稀散土矿 5 个,非金属矿产 352 个,水气矿产 2 个(图 3)。

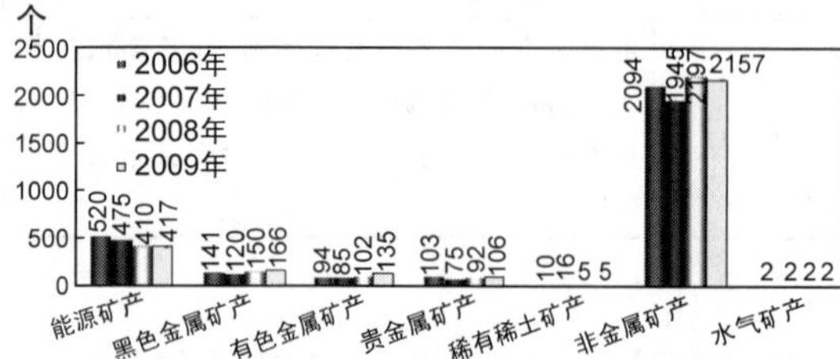

图 3　2006～2009 年自治区有效采矿许可证按矿种类型分布情况示意图

2009 年,自治区出让采矿权 211 宗,出让合同价款 4.05 亿元。其中招拍挂 47 宗,出让合同价款 858.07 万元。

2009 年,自治区级有效采矿许可证办理新立 1911 个,延续 169 个,变更 135 个,转让 43 个(图 4)。

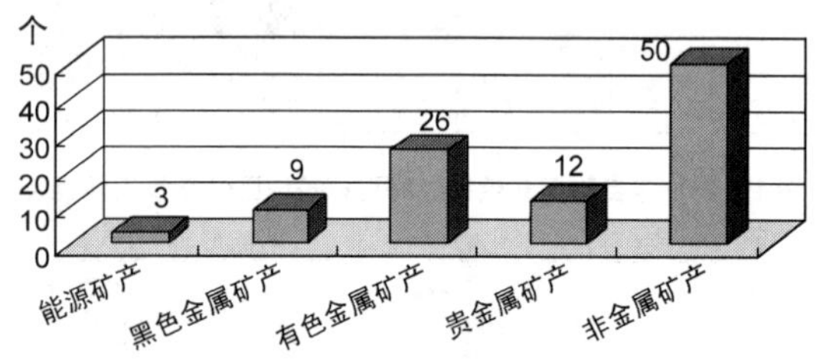

图 4　2009 年自治区有偿出让探矿权按矿种类型分布情况示意图

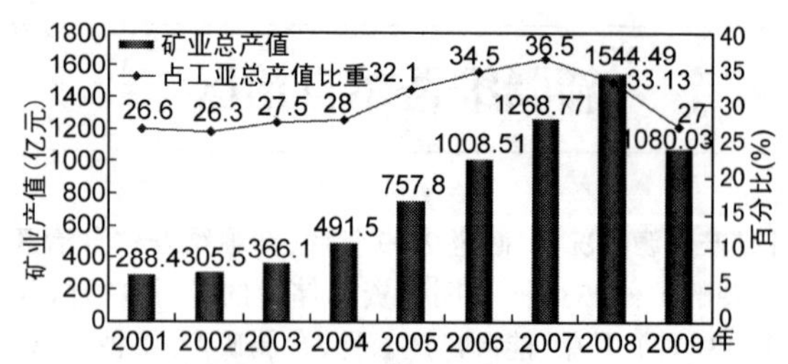

图 5　2001～2009 年自治区矿业产值占工业总产值比重示意图

【矿产资源开发利用与监督管理】 2009 年有多家区内外大企业、大集团在自治区从事能源矿产、金属矿产、非金属矿产资源的开发,有广汇集团、新疆天业、青松建化公司、八一钢铁集团、湖北宜化公司、徐州矿务集团、山西潞安、义马煤业、招金集团、紫金矿业等,开采取得了一定的经济效益,并带来了一定的社会效益,为自治区优势资源转换及经济建设提供了资源保障。

截至 2009 年底,自治区实现矿业产值 1080.03 亿元,为工业总产值 4001.12 亿元的 27.0%,其中:原油、天然气产值 855.42 亿元,较 2008 年原油、天然气产值 1350.13 亿元,减少 36.65%;非油气矿业产值 184.74 亿元,较 2008 年非油气矿业产值 194.43 亿元减少了 9.69 亿元。2009 年矿山数 3096 个(含地、州、县(市)发证),与上年 3156 个相比减少了 60 个,生产矿石量 16810 万吨,较 2009 年减少了 1249.27 万吨(图 5、表 2、表 3)。

表 2　　2009 年自治区部分非油气矿产资源开发利用情况

名称	矿山企业数					年产矿量		工业总产值		利润总额	
	合计	大型	中型	小型	小矿	万吨	较 2008 年增长	实际完成(万元)	较 2008 年增长	实际完成(万元)	较 2008 年增长
合计	3096	76	104	1138	1778	16810.92	13.23	1847418.4	-4.95	287752.66	-39.84
煤炭	410	3	27	351	29	7098.68	29.01	849955.82	10.93	116060.39	17.13
铁矿	144	4	13	71	56	1579.02	3.18	325590.62	-40.02	37442.4	-80.83
铜矿	69	4	0	22	43	267.34	15.50	162200.48	-26.52	57798.71	-50.09
铅矿	27	0	1	6	20	4.63	-81.41	5421.86	-57.41	24.5	-98.12
锌矿	14	0	0	8	6	23.91	-71.42	6016.66	-68.20	87.8	-90.91
镍矿	14	1	2	7	4	97.42	-14.02	31543.19	-25.72	7253.83	-31.34
金矿	106	3	5	72	26	147.64	-25.93	97679.67	35.96	18327.85	50.25
钠硝石	4	1	0	1	2	6.1	19.61	753.82	-26.02	0	-100.00
盐矿	19	6	0	10	3	127.18	0.55	14336.6	39.31	996.25	-16.76
钾盐	2	1	0	1	0	228.58	325.11	143135	209.53	28545	14.18
石棉	7	5	2	0	0	180.52	-39.97	6939.4	8.21	146	-237.68

续表 2

名称	矿山企业数					年产矿量		工业总产值		利润总额	
	合计	大型	中型	小型	小矿	万吨	较 2008 年增长	实际完成（万元）	较 2008 年增长	实际完成（万元）	较 2008 年增长
蛭石	4	1	0	3	0	0	-100.00	445	-88.97	92.5	-91.52
水泥用灰岩	118	1	10	75	32	1179.67	8.09	19361.4	-10.14	1216.24	33.94
砖瓦用黏土	1139	0	0	76	1063	2190.62	15.73	105761.9	2.29	10946.06	19.21
饰面用花岗岩	32	4	5	22	1	38.61	4.83	8669.18	18.00	150.2	-57.83

表 3　2005～2009 年全疆主要矿种产量增减变化情况

矿种	单位	2005 年	2006 年	2007 年	2008 年	2009 年	增减变化
煤炭	万吨	2863.37	3450.9	4522.12	5520.1	7098.68	↑
铁矿	万吨	521.81	758.05	1054.5	1571.85	1579.02	↑
铜矿	万吨	78.45	168.55	194.64	231.47	267.34	↑

2009 年，各地高度重视矿产资源开发监督管理工作，通过矿山年度检查，依法注销采矿许可证 7 个，吊销采矿许可证 1 个，查处违法违规开采 233 个，罚款 422.44 万元，追征矿产资源补偿费 305.66 万元。

2009 年整顿和规范矿产资源开发秩序工作成效显著。根据《新疆维吾尔自治区探矿权采矿权管理办法》(新政办发〔2007〕229 号)，从矿业权出让、申请、审批、监督等方面进一步规范矿业权管理；在"回头看"行动中，查处持过期采矿许可证开采 7 起，超层越界开采 8 起，非法转让采矿权 5 起，关闭不符合安全生产要求的矿山企业 5 个；通过加大矿产资源开发整合力度，自治区确定 9 个重点整合矿区的矿山企业总数由整合前 362 个减少为 100 个，煤炭资源回采率已由 30%提高到 60%～75%；建立了自治区、地州市、县(市)三级矿山储量动态监测管理体系，明确监督管理职责。

2009 年，矿产资源补偿费保护项目立项审批 22 个，其中，中央矿产资源补偿费保护项目 7 项，补助资金 2400 万元；自治区矿产资源补偿费保护项目 15 项，补助资金 2733 万元。

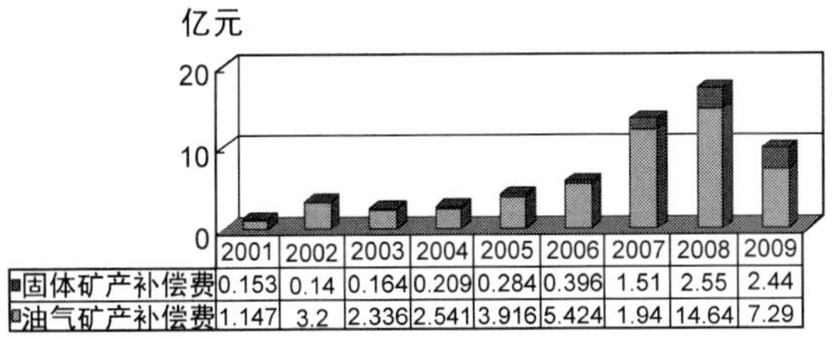

图 6　2001～2009 年自治区征收矿产资源补偿费构成情况示意图

【矿产资源补偿费征缴】 2009 年，自治区矿产资源补偿费征收入库 9.73 亿元，与 2008 年征收入库额 17.19 亿元相比，降幅为 43.38%。其中，石油天然气资源补偿费征收入库 7.29 亿元，与 2008 年征收入库 14.64 亿元相比，降幅为 50.14%；固体矿产资源补偿费征收入库 2.44 亿元，与 2008 年同期征收入库额 2.51 亿元相比，基本持平(图 6)。

(新疆矿业联合会　梁超伟)

江　西　省

【矿产资源概况】 截至 2009 年底，江西省发现各种有用矿产 187 种(以亚矿种计，以下同)，矿产地 5000 余处，查明有资源储量的 133 种，其中，能源矿产有：煤、石煤、地热、铀、钍等 5 种，黑色金属矿产有：铁、锰、钛、钒等 4 种，有色金属矿产有：铜、铅、锌、铝、镁、镍、钴、钨、锡、铋、钼、锑等 12 种，贵金属矿产有：金、银 2 种，稀有稀土金属矿产有：钽、铌、铍、锂、稀土、铷、铯等 29 种，非金属矿产有：萤石、硫、磷、岩盐、水泥用灰岩、滑石、硅灰石、石膏、高岭土、膨润土、透闪石等 79 种，水气矿产有：矿泉水、地下水等 2 保有资源储量居全国前十位的共有 75 种，其中居全国首位的有：钽、铷、铀，钍、伴生硫、化工用白云岩、麦饭石、滑石，粉石英等 9 种，居第 2 位的有：铜、钨、银、锂，锆、铯、碲、冶金用白云岩、冶金用砂岩，水泥用辉绿岩等 11 种，居第 3 位的有：铋、金、铌、铍、钪、萤石、化肥用蛇纹岩、化肥用灰岩、玻璃用砂岩、玻璃用砂、制灰用灰岩、水泥配料用页岩、海泡石黏土、饰面用板岩、透闪石等 15 种。其中铜矿保有资源储量占全总量的 16.1%、钨矿占 18.4%、金矿占 9.0%、银矿占 12.4%、钽矿占 4.9%、重稀土矿占 71.3%、铀矿占 30%。探明的地下水资源量 346.2 亿立方米，地热、矿泉水资源产地(点)117 处。潜在经济价值超过 100 亿元以上的矿产有：煤、铁、铜、钨、铀、金、钽、锂、硫铁矿、伴生硫、水泥用灰岩、冶金用白云岩、饰面用花岗岩、岩盐等 14 种。

现查明的资源总体显示有 4 个优点、3 个不足，但有不少矿种的找矿潜力还很大。

其优点：一是矿产种类多，探明有资源储量的 133 种矿覆盖能源、黑色、有色、贵金属、稀有稀土、冶金辅料、化工、建材和水气等九大类，工业配套程度较高；二是矿产资源的分布明显分区集中，赣北以铜、银、金、锑为主；赣南以钨、锡、铋、重稀土为重；赣西以煤、铁、钽铌、锂、岩盐、硅灰石、粉石英为多；赣东以铜、银、铅、锌、磷为为富，为利于集中开发建设，做大做强产业，目前我省铜、钨、中重稀土、钽和铀矿的产量均居全国第一；三是铜、铅锌、钨等有色金属矿床共、伴生的有益组分矿产多，如铜矿中伴生有金、银、硫、钼、铼、硒、钨矿中共伴生有锡、铋、钼、铅、锌等，一个矿区可出多种矿产品，综合开发利用价值大；四是非金属矿发展潜力大，如硅灰石、滑石、透闪石、白云岩、锂辉石等，均具有很大的开发经济价值。

不足之处：一是大宗用量的石油、天然气、铬铁矿、锰矿等短缺，煤矿、铁矿、玻璃硅质原料等探明的资源储量不足，现不能保证经济建设的矿产有 20 余种，需要外购或进口；二是贫矿多、富矿少，加大了开发利用的难度；三是探资源储量总少，人均占有值仅为全国人均值的 52.3%，世界人均值的 25%，另有不少的钨矿、铜矿、煤矿和重稀土等矿山已开采多年或开采强度过大，资源不能满足经济建设的需求，需要我们十分珍惜资源、节约资源和合理高效利用资源。

从成矿地质条件和已知的矿化信息分析，江西尚待发现和探明的矿产资源潜力仍很大，如赣北地区的铜、铅、锌和钨，赣东地区的金、铜、铅、锌、钽、铌、水泥用灰岩、瓷土矿，武夷山地区的铀、锡、铅、锌、钢、金、银矿，赣南地区的钨、锡、铀、稀土，赣西地区的煤、铁等，需要加大找矿力度，优选勘查靶区，把远景资源变成为可供建设开采的资源储量。

（江西省国土资源厅）

矿 业 协 会

中国矿业联合会

【概况】 2009年是我国矿业积极应对国际金融危机冲击，克服困难，逐步走出困境的一年。在国土资源部的领导下，在中国矿业联合会(以下简称“中国矿联”)领导班子的带领下，贯彻党中央、国务院确保经济平稳较快发展的一系列政策，围绕“三个服务”的办会宗旨，按照科学发展观的要求，推进绿色矿业建设，积极倡导并履行社会责任，加强行业自律与规范化管理，充分发挥桥梁纽带作用，全年各项工作扎实推进，取得明显成效。

2009年，中国矿联共安排65项重点工作，新增6项工作，共计71项，已经完成61项，未完成10项。未完成的主要原因是有的工作正在争取国土资源部立项，如全国矿山尾矿调查、环境保护与资源开发关系研究等，有的因矿山企业参与积极性不高而取消，如中国矿业企业排序工作、赴东盟自由贸易区矿业项目考查等。

2009年，中国矿联的工作虽然取得了一定的成绩，但面对新的形势和挑战，还有许多不足。如在管理体制与机制创新、调查研究与协调联系等方面任务依然很重；会员管理与服务的基础性工作还比较薄弱；开展活动不够广泛和活跃；国内外交往还有待加强，秘书局办事能力需要进一步提高，分支机构的作用还需要进一步发挥等等。2010年将继续改革探索，落实务虚会的建设性意见和建议，加强服务能力建设，创新社团管理体制机制，争取更大的成绩。

【“绿色矿业”推进】 2009年，中国矿联贯彻落实科学发展观，大力推进“绿色矿业”，为促进我国矿业发展方式的转变服务。

推进“绿色矿业”，符合世界矿业发展的潮流，是我国矿业经济发展方式转变的需要。中国矿联作为覆盖中国矿业全行业的社团组织，一直将推进“绿色矿业”作为落实科学发展观的主要内容。2009年以来，中国矿联进一步加强重大问题研究，向国务院有关部委提交了《矿产资源领域循环经济发展模式》、《矿产资源领域循环经济评价指标体系》、《矿产资源开发利用总量调控研究》、《大小兴安岭生态功能区建设与矿产资源开发关系研究》、《我国小型矿山开发利用情况分析》、《矿业城市界定及可持续发展研究》、《稀有金属保护性开采特定矿种目录》、《2009年环境经济政策配套综合目录(矿业部分)》等一批研究成果，受到有关政府部门的认可。

中国矿联倡导的《绿色矿业公约》，在矿业界引起很大反响。“建设绿色矿山，推动绿色矿业”工作已列入《全国矿产资源规划(2008～2015年)》。《规划》明确提出大力推进绿色矿山建设，到2020年绿色矿山格局基本建立。在国土资源部的直接指导下，中国矿联成立了“绿色矿山建设领导小组”和“绿色矿山评审专家委员会”，组织起草了《绿色矿山管理暂行办法》、《绿色矿山基本条件》，引起大同煤矿集团公司、贵州开磷集团有限责任公司及山东招金集团公司等一大批会员企业高度重视，积极响应，开展了绿色矿山创建活动。2009年11月，在山东烟台市召开了以“绿色矿山”为主题的2009中国矿业循环经济论坛，为开展“绿色矿山”评选，进一步在全国表彰绿色先进矿山，推进绿色矿业工作拉开了序幕。截至2009年底，已陆续收到17家矿山企业绿色矿山评选申请。

履行社会责任是社会组织及企业应尽的义务。2009年5月，中国矿联在北京人民大会堂召开的“全国工业企业、行业组织社会责任发布大会”上，作了以“积极履行社会责任，促进矿业科学发展”为主题的社会责任报告。向全社会公开承诺将秉承“三个服务”的宗旨，在强化行业自律的同时，积极倡导企业坚持以科学发展观为统领，努力实践节约资源保护环境基本国策，全面推进“绿色矿业”。专家组对中国矿联履行社会责任的做法给予了很高评价。发布会后，向全球契约组织提交了英文版社会责任报告，扩大了中国矿联在世界上的影响。

【矿业形势分析和调查研究】 组织矿业经济形势分

析，及时提供决策参考。2009年，中国矿联联合中国煤炭工业协会、中国有色金属工业协会、中国冶金矿山企业协会、中国黄金协会、中国钨业协会、中国化学矿业协会、中国建筑材料联合会、中国石油企业协会、中国非金属工业协会9家全国性行业协会，每季度召开一次矿业形势分析座谈会，研究矿业经济运行情况，提出建设性的意见和建议，并及时通过《矿业特情》上报国土资源部、发改委、财政部、工信部等有关部委，受到政府部门的好评。

【规范企业境外矿业投资】 2009年，受国土资源部和商务部的委托，为政府进一步规范企业境外矿业投资做好服务工作。积极参与起草了"境外矿产资源合作资质认证办法"，并通过召开专家论证会，广泛听取和收集各方面的意见，为做好这项工作打下良好基础。受商务部委托，与中国五矿化工进出口商会共同承担矿产资源勘查开发类境外投资项目审查工作，制定了两会工作制度和工作流程，至2009年年底，共受理来自商务部及31个省、自治区、直辖市和2个计划单列市商务机构的155个项目的申请，办结143个。项目涉及石油、煤炭、冶金、贵金属、有色金属、非金属及放射性等矿种，投资范围涉及亚洲、非洲、澳洲、美洲38个国家。同时，积极参与国土资源部科技与国际合作司落实《推进境外地质调查和矿产资源勘查开发工作方案》工作，并就承担商务部委托的境外矿产资源勘查项目提出意见工作建立了定期上报工作制度。同时，按照商务部反垄断局的要求，中国矿联就中国铝业公司拟收购力拓公司部分股份、权益及设立合营企业案问题，开展了相关调研，对中铝公司拟收购力拓公司部分股份权益及设立合营企业对我国相关产品市场的影响，提出了意见，受到商务部的认可与好评。

【"地质找矿改革发展大讨论"】 组织开展地质找矿改革发展大讨论，提出改进工作的建议。按照国土资源部的统一部署和要求，组织开展了多种形式的"地质找矿改革发展大讨论"。在《中国矿业报》、《中国矿业》杂志、中国矿业网开设了"大讨论"专栏，及时跟进并宣传大讨论的成果。深入矿山了解情况，会领导分别带队到山东招金集团公司、山东黄金集团公司、武警黄金指挥部所属单位、神华集团公司、华厦建龙矿业科技有限责任公司、澳华黄金公司等矿业企业进行调研，听取企业对地质找矿工作和矿产资源管理的意见和建议，了解企业存在的问题及需求，研究中国矿联开展服务的切入点。通过深入调研，向国土资源部提出了《关于建立注册地质师执业资格制度的建议》、《地质勘查单位信用等级评价管理办法》、《我国地质技术装备现状及发展建议》和《中国温泉休闲产业(温泉会馆、度假村等)质级的评定与命名标准》等政策建议。

【矿业企业服务】 2009年，开展广西平果铝、攀钢矿用土地问题研究，推广采矿用地改革试点经验。在开展中国铝业公司矿用土地政策咨询及应用、攀钢集团公司矿用土地试点研究工作中，中国矿联配合国土资源部有关司局深入矿山调查研究，先后组织人员赴广西平果铝公司及中铝河南、陕西、贵州分公司、攀钢矿业公司等企业。配合国土资源部进行改革试点评审工作，商定推广平果铝土矿采矿用地改革试点经验的初步方案。同时，为广泛了解全国矿业用地情况，会领导亲自带队赴铜陵、淮南等地调研，提交了"安徽省铜陵、淮南矿业用地专题调研报告"。

【矿山企业税费调研】 关注矿山企业税费问题，及时反映企业的问题。2009年，在调查研究矿业企业实际情况的基础上，积极与财政部联系，反映矿山企业对资源税、增值税、燃油税等税费问题的意见，就扩大增值税抵扣范围征求了有关部委的意见，并向国土资源部参加国务院关于开征资源税论证会议的有关司局提供了矿业企业的具体情况和意见。此外，受工业和信息化部的委托，联合开展了"冶金矿山企业税费负担及发展现状"的调查研究，派出两个调研组分赴河北、辽宁进行实地调研和现场座谈，并选择了辽宁、河北、河南、山东、云南、湖南、内蒙、安徽、新疆、湖北、江西、四川等12个省(区、市)，72家冶金矿山企业进行函调，深入了解了当前冶金矿山企业发展现状，向政府部门提交了"当前冶金矿山企业税费负担及发展现状的调研报告，受到矿山企业的好评。

【矿业界交流合作与服务】 2009年，中国矿联总部成功召开了2009首届昆明国际矿业合作论坛、2009中国矿业循环经济论坛等大型会议。各直属单位、分会、专业委员会结合各自业务范围，开展形式多样的活动，扩大了中国矿联的影响力。如：地质矿产勘查分会与中国矿业报联合召开的全国百家地质队(院)长座谈会，矿泉水专业委员会组织的2009年年会暨健康水论坛，选矿委员会主办的2009年全国复杂难处理矿石选矿技术学术会议，地质装备分会召开的2009年地质仪器设备交易会、2009中国(北京)国际地质技术装备展览会暨论坛、2009年地质岩芯钻探钻具研讨会等会议，以及地勘分会举办的矿产勘查"走出去"、全国固体矿产勘查新理论新技术新方法、全国深孔钻进关键技术与实践等培训班，为矿业行业间的信息沟通、经验交流、问题研究搭建了平台，受到业界的欢迎。

地热委、矿泉委等发挥其专业优势，除协助贵州省石阡县人民政府成功举办地热矿泉产业发展论坛外，还积极主动为企业开展项目咨询服务。地热专业委员会为减小企业投资地热勘查风险，开展了技术咨询及可行性分析。开展了北京南部地区地热开发空白区的初期勘查技术研讨、天津孔隙型热储层过回灌问题的研究、辽宁弓长岭地区地热物探工作技术分析等十多项咨询服务。矿泉委组织有关专家对玉珠峰矿泉水源的水质及其医疗保健作用做了论证，协助康师傅控股公司在华东地区寻找水源地等等，这些工作都有效地发挥了整体联动的优势，使为会员服务工作落在实处。今年以来，矿泉委组织专家组对青海昆仑山玉珠峰、广西北流天泉等矿泉水源地进行了国家级鉴定，评审命名了四川三苏矿泉水源为“中国优质矿泉水源”，评审命名了黑龙江五大连池为“中国矿泉城”、贵州省石阡县为“中国矿泉水之乡”。地热专业委员会完成了对安徽巢湖、南京浦口、辽宁弓长岭、北京昌平温都水城、贵州石阡和思南等申报地的实地考察和专家评审，审批命名了贵州石阡、贵州思南和安徽巢湖三处“中国温泉之乡(示范区)”。通过“矿泉水之乡”、“温泉之乡”评选命名工作，推动了当地地热(温泉)、矿泉水资源的合理开发利用与保护，促进地方经济的发展。

【信息服务】 发挥媒体作用，加强信息服务，做好矿业宣传工作。按照中央积极应对国际金融危机的要求，促进矿业经济平稳健康发展以及中国矿联的中心工作，中国矿业报社、中国矿业杂志社和中国矿业网，积极发挥行业媒体作用，组织了大量宣传报道。

2009年，中国矿业报发挥行业媒体的作用，紧紧围绕国土资源部和中国矿联的中心工作，关注矿业企业应对危机举措和工作思路，加大服务力度，强化“一办报，二办事”的理念，取得良好效果。尤其是配合国土资源部重点工作，在头版开设的“地质找矿改革发展大讨论”专栏，截至11月底，刊发讨论稿百余篇，受到徐绍史部长称赞。

《中国矿业》杂志作为矿业科技期刊，办刊质量不断提升。在2009年12月份的科技期刊评比中，学术水平综合排名在国内同类数十种期刊中，由过去的第五名晋升为第一名。同时，杂志社还完成了《中国矿业年鉴》2008年卷出版发行工作，2009年卷的组稿加工也已基本完成。《中国矿业年鉴》已连续出版8年，积累了较详实、丰富的矿业信息资料。

中国矿业网日更新信息量已提高到300余条，日访问量达2万人次，其英文网站日更新信息30余条，日访问3000余人次，中国矿业网以及中国矿联分支机构所办的中国地勘网、中国矿泉水网等网络媒体在国内外影响力越来越大，已成为我国矿业的网络主流媒体之一。

大同煤矿集团公司冠名的“2008年‘同煤杯’中国矿业十大新闻”评选活动如期完成。

【中国矿联自身建设】 2009年，加强制度建设，夯实基础，做好日常工作，全面提升服务水平。

1. *完善规章制度，强化运作管理。*从2009年开始，实行每月召开一次驻会会长专题会议，每周召开一次部室主任工作例会，每月一张重点工作安排表，狠抓落实，提高执行能力。组织召开了中国矿业联合会四届五次常务理事会、中国矿业联合会四届六次主席团会、2009年度会员单位工作座谈会暨全国矿业协会(联合会)会长、秘书长联席会等会议。根据民政部有关要求，中国矿联撤销了3个驻外办事机构。

2. *加强基础工作，提高服务能力。*在2009年，一是建立了中国企业境外矿业投资项目数据库，已收录我国企业赴境外矿业投资项目近500个；二是以会员管理信息系统为基础，建立中国矿业企业数据库，已收集入库信息1000多条；三是制定了中国矿业联合会专家库方案。

3. *组织国际交流，促进矿业对外合作。*经国土资源部批准，中国矿联组织了赴加拿大参加第77届PDAC大会、曾绍金常务副会长赴香港参加“2009亚洲矿业与资本”国际会议，接待了美国、英国、加拿大、南非、澳大利亚、秘鲁、墨西哥、香港地区等8个国家和地区约60人次的来访团组，进一步提高了中国矿联在世界矿业行业的影响。

4. *贯彻新的资源储量规范和标准，做好储量评审工作。*截至2009年底，中国矿联储量评审中心共评审报告近百份。针对储量评审中发现的问题，帮助地勘单位、矿山企业培训储量技术管理人才，举办了6期储量计算培训班，培训200余人。

5. *加强会员发展和会费收缴工作。*2009年新增会员单位40个，会费收缴工作取得突破，截至12月底已到账会费461万元，占总收入的51%。

6. *完善财务制度，严格预算管理。*2009年财务工作纳入国土资源部财务管理信息系统，实现了财务核算、管理及项目的统一管理，2010年项目预算申报取得了历史性的突破。

7. *组织召开务虚会，分析问题，理清思路，为今后发展打下良好基础。*组织总部全体职工及会领导、报社、杂志社领导班子成员参加了学习贯彻十七届四中全会精神务虚会，务虚会围绕学习领会和贯彻落实四中全会精神这个主题，深入讨论明确中国矿联改革发展思路和目标，为中国矿联的发展建言献策，开得很有成效，汇总后形成八项29条意见和建议，为安排2010年的工作打下基础。

（中国矿业联合会）

中国冶金矿山企业协会

【概况】 2009年上半年，中国冶金矿山企业协会（以下简称“协会”）针对冶金矿山行业严峻形势，与中国钢铁工业协会共同召开了冶金矿山企业座谈会，提出《关于促进我国铁矿石工业发展有关问题的报告》，及时向国家发改委、财政部、工信部、国土资源部报告冶金矿山行业运行情况，反映行业面临的困难，并从国家战略的高度就资源配置、土地审批、财税政策和信贷投资、科技支撑等方面提出支持国内铁矿资源开发，加快新矿山建设步伐，确保国内铁矿稳定生产，保证我国钢铁工业平稳发展的政策建议。

针对企业资源保障不足、矿业权办理程序复杂、矿业用地征用困难、资源整合推进缓慢、矿业权有偿取得制度改革工作未考虑老矿山的实际困难、价款评估不规范不合理等问题，与国土资源部矿产开发管理司共同召开专题座谈会，认真听取企业意见，探索建立国家急缺矿种矿业权审批快速通道，促进资源优先配置给具有铁矿开发优势的大中型企业；推广矿用地改革试点经验，鼓励铁矿开发用地取得方式多样化；着力推进铁矿资源开发整合，对列入整合实施方案的重点难点矿区实行限时挂牌督办。

【行业税费专题调研】 近几年，沉重的税赋和不公平的税费负担，严重影响了国内铁矿业的生存与发展。经过协会与多方共同反映，冶金矿山税费改革问题得到了国家各相关部委的高度重视，工信部组织进行了“冶金矿山企业税费负担和发展现状”的专题调研，形成专题调研报告，财政部等部门也做出了明确表态。

【冶金矿山负担专项清理】 针对冶金矿山不合理负担、当前实施的经济调整政策增加的企业负担以及影响行业发展的政策性问题，协会与工信部共同开展冶金矿山负担专项清理活动，减轻企业负担，促进国内铁矿健康发展，减缓进口矿的制约，保障钢铁工业经济安全和健康发展。针对取消矿山安全费用和维简费税前提取政策，经过协会与有关各方的积极呼吁和共同努力，财政部原则同意保留和延续这一政策，以保持政策稳定，维护矿山企业的利益。

【信息服务】 2009年，协会按照企业要求，及时增加服务内容，缩短各类报表出表时间，及时向会员企业发送产品产量月报、铁锰铬进口快报、港口库存、企业结算价格，加强对铁矿石价格和海运费的监测分析，并及时向企业反馈。加强对会员企业财务和经济效益状况分析，研究影响企业效益的主要因素，提出降本增效的措施建议。强化“对标挖潜”工作，细化相关指标，目前“对标挖潜”已成为大中型冶金矿山企业把握行业信息，应对市场变化，制定企业经营目标的重要参考。每季度开展一次冶金矿山形势分析，研究行业经济运行情况，提出建设性意见和建议，并以适当的方式通报会员单位，上报国家有关部委。

【科技进步和技术创新】 2009年，协会组织开展冶金矿产资源领域“十二五”科技发展规划战略研究，征集了冶金矿山行业“十二五”技术发展重点，编制了冶金矿山行业技术发展指南；协调组建冶金产业技术创新战略联盟，带动整个行业科技的研发、创新、应用和推广；对协会管理的重大支撑项目组织进行了中期评估；继续开展中国冶金矿山企业协会科学技术奖评定和冶金矿山科技成果鉴定工作；加强调查研究，提出“十二五”期间国家科技计划重点支持铁矿资源高效开发和利用先进工艺技术、发展大型高效节能矿山设备和矿山自动化、信息化技术，重视矿山生态环境保护和矿山灾害预防控制的政策建议。

【协会参与矿产资源管理】 2009年，协会受国土资源部委托进行了全国铁矿国家规划矿区划定工作，编制提交了攀西地区钒钛磁铁矿国家规划矿区的划定方案；参与铁矿资源潜力评价、储量利用调查和矿业权核查工作；推进铁矿资源开发整合，指导重点铁矿区整合实施方案的编制；全面贯彻全国矿产资源规划，开展铁矿资源保护项目、地质环境治理项目、基金勘查项目和“走出去”风险勘探项目的论证工作；组织矿产资源开发利用方案审查；受商务部和国土资源部的委托，和中矿联共同开展规范企业“走出去”开发铁矿项目的咨询活动；继续推进“数字矿山”、“绿色矿山”建设，倡导行业积极履行社会责任，引导行业科学发展。

【协会自身建设】 2009年，各分会、专业委员会结合各自业务范围，开展形式多样的活动，有效提升了协会的影响力。如地方铁矿委员会组织召开了2009年中国钢铁—铁矿石产业链研讨会、2009曹妃甸铁矿石及钢铁市场高峰论坛，对铁矿市场的走势进行研究、分析、引导和预测并发布了河北省铁矿石价格指数；技术委员会针对尾矿库安全、地下矿山采用充填采矿、低碳经济要求节能减排的趋势，组织召开了专题学术研讨会；

设备委员会积极组织全行业矿山设备技术交流，参与组织上海耐磨材料与抗磨技术研讨会、中加矿山企业设备投资交流会、第八届采矿学术会议暨矿山技术设备展示会；全国锰业技术委员会完成了贵州省铜仁地区及湖南省湘西自治州“十二五”锰业发展规划、参与行业准入审查及现场核查工作、召开国际锰电解产品年会；企业文化教育委员会通过经验交流，推动建设学习型企业，促进矿山企业文化建设，构建和谐冶金矿山企业；工会委员会进行了“学习贯彻工会十五大精神，切实加强工会干部队伍建设，不断提升企业工会的影响力和战斗力”的专题研讨，进行论文交流，编辑了《探索与实践论文集》，开展了书法、绘画、摄影大赛。

协会不断完善自身建设，规范内部运作，推进内部改革，做好日常工作，主动接受国资委、钢铁工业协会的指导和监督，服务水平和能力有所提高。但也存在一些不足，归纳起来主要表现在：一是为企业服务的领域有待进一步拓宽；二是服务质量和服务水平有待进一步提升；三是工作人员思想观念转变不够，服务意识、市场意识淡薄；四是锐意进取意识和与时俱进的观念有待进一步加强；五是协会内部管理还需要进一步规范。

（中国冶金矿山企业协会　揭香萍）

中国有色金属工业协会

【概况】 2009年，中国有色金属工业协会（以下简称“协会”）全面贯彻落实科学发展观，按照中央“保增长、扩内需、调结构”的宏观调控政策要求，配合国家有关部门全面落实《有色金属产业调整和振兴规划》，克服国际金融危机对我国有色金属行业的影响；着力推进产业结构调整和发展方式转变；成功举办了庆祝新中国有色金属工业60周年系列活动，组织开展了全国有色金属行业先进集体、劳动模范和先进工作者的评选表彰；学习贯彻党的十七届四中全会和中央经济工作会议精神，强化自身建设，不断提升服务水平，各项工作取得新进展。

2009年，协会坚持把积极应对国际金融危机，贯彻落实《有色金属产业调整和振兴规划》作为中心任务，及时向国家有关部门反映汇报行业发展情况，提出政策建议。

一是年初深入重点地区和企业开展了以国际金融危机对行业影响及应对措施为主要内容的调查研究，多次召开了电解铝、铜、铅锌、有色金属加工等企业座谈会，建立并完善了定期进出口工作联席会议和季度行业运行形势分析制度；二是配合国家有关部门实施铝、铜、锌、钛、铟等有色金属产品的收储工作。配合工信部等遴选并确定了首批15家电解铝直购电试点企业，积极向电监会等有关部门反映落实直购电过程中存在的问题；三是落实国务院《关于抑制部分行业产能过剩和重复建设，引导产业健康发展的若干意见》，着力推动全行业淘汰落后产能工作。全年铝行业淘汰落后小预焙槽生产能力30万吨左右，铜行业淘汰落后产能20万吨，铅锌行业淘汰落后也取得较好进展。开展了国内多晶硅产业发展现状及政策调研，多次召开企业座谈会，与国家工信部、四川省人民政府共同举办了2009中国国际硅业大会暨光伏产业发展论坛。

【有色金属产品进出口税收政策完善与协调】 2009年，协会配合国家有关部门做好进出口贸易协调和完善有色金属产品进出口税收政策。结合行业发展和企业诉求向有关部委提出的提高出口退税率、降低出口关税、进口贴息和恢复加工贸易等多项政策建议得到采纳，其中铜材、铝材、钛材等78个税号的有色金属深加工产品提高了出口退税率；钨、钼、铟三大类产品中共17个税号产品的出口关税分别从15%和10%降到5%；增列了铅、钴精矿和多项技术、设备享受国家贴息政策，2009年国家财政下达的贴息资金中有色金属企业占32%；铜精矿、镍精矿、铝型材、氧化锑等30种有色金属产品恢复了加工贸易。

同时，协会加强与国家有关部门、地方政府的沟通与联系，主动走访有关部门就行业发展及协会工作进行专题汇报，注重发挥地方协会作用，共同促进有色金属行业健康发展。

【行业政策制定与实施】 根据国务院第37次总理办公会议精神和工作部署，协会组织专门人员积极配合和参与国家发改委、工信部等编制《有色金属产业调整和振兴规划》，承担相关工作。2009年3月，国务院印发《关于印发<有色金属产业调整和振兴规划>的通知》（国发〔2009〕14号）以后，协会及时组织召开了解读《有色金属产业调整和振兴规划》高层座谈会，邀请国家发改委、工信部等有关领导出席与企业交流沟通。为深入进行《规划》的解读工作，协会主要领导参加了中央电视台经济频道《对话》栏目举办的关于解读《有色金属产业调整和振兴规划》专题节目，收到较好效果。

2009年，为配合《规划》的贯彻实施，完成了符合《铅锌行业准入条件》的铅锌达标企业的审核，向国家发改委、证监会等部门上报了《建议将铅精矿列入鼓励进口技术和产品目录的报告》、《关于恢复铅锌精矿加工贸易的报告》、《关于恢复进口铅锌精矿、出口白银加工贸易的请示》和《关于建议推出铅期货的报告》,国家有关部门已将铅锌冶炼工艺和关键设备等列入了《鼓励进口的技术和产品目录》;完成了国土资源部委托将钼列入国家保护性开采矿种的论证,制定了钼行业准入标准,开展了将钼金属列入我国稀有稀土金属指令性生产计划的研究。

受国家工信部、国土资源部、环境保护部等部门的委托,完成了《有色金属行业发展现状、主要问题及政策建议研究》、《有色金属工业兼并重组政策研究》、《高载能行业产业结构调整和能源供应消费协调发展》、《铅锌行业现有产业模式对我国利用海外资源发展铅锌产业的影响分析与对策研究》、《我国铅冶炼工艺中铅、镉回收、排放现状与对策研究》和《我国锑矿开采总量控制指标测算研究报告》等;承担了《稀有金属生产经营管理条例研究》、《有色金属行业技术性贸易措施技术预警系统建设方案研究》和有色金属行业中央企业加入政府采购及有色化工产品加工贸易单耗研究工作。发布了《2008 年中国有色金属工业发展报告》。

【有色金属行业节能减排工作】 2009 年,协会在全行业特别是铜、铝、铅锌行业深入开展了以节能减排为主体的降本增效活动;制定了《有色金属工业重点用能企业能效对标试点办法》,完成了《有色金属工业重点用能企业能效对标系统》的实施和铜、铝、铅、锌等金属品种对标指南的制定;制定了镁冶炼(皮江法)能效对标工作方案、指标体系,成立了对标工作专家组;召开了全国铝工业新技术推广应用暨节能减排经验交流会,方圆氧气底吹熔炼多金属捕集技术现场交流会,第三届铅锌行业新技术、新设备暨湿法炼锌技术交流会等。

向国家发改委报送了《关于推荐 2009 年有色金属行业重大节能示范项目的报告》;推荐了第二批《国家重点节能技术》;向工信部上报了《有色金属工业“两化”融合促进节能减排的情况》报告;组织推荐的“200kA、240kA 新型阴极结构铝电解重大节电示范工程”、“澜沧 6 万吨/年旋涡柱铅闪速熔炼节能示范工程”等节能示范项目已获国家发改委批复。

编制上报了有色金属工业节能技术《推广专项规划》和《推广目录》,进行了国家科技支撑计划《有色金属行业节能减排技术评估与筛选》的研究;协会组织的阳极效应计算机自动熄灭国际合作项目和《氟化物排放管理指南(FEMG)》编制工作取得了新进展。

【科技进步与企业技术创新】 协会着力推动全行业产业技术创新战略联盟建设,2009 年“有色重金属短流程节能冶金”、“海外资源开发利用”、“金属矿产资源综合与循环利用”、“金属矿采矿工程及装备”、“铅锌”和“有色金属工业环境保护”等 6 个联盟正式成立,2009 年协会推动组建的产业技术创新战略联盟已成立 8 个。其中,“高效节能铝电解”和“有色金属钨及硬质合金”产业技术创新战略联盟被科技部列入试点项目。

组织申报的《先进铝加工技术研究开发》等 3 个项目已列入国家“十一五”科技支撑计划;《低温低电压铝电解新技术》、《吹氧造锍多金属捕集技术》和《大宗矿产基地技术升级》等项目列入《国务院关于发挥科技支撑作用,促进经济平稳较快发展的意见》(国发〔2009〕9 号)文件;由协会牵头组织科研单位、企业与国外机构合作进行的《中美加镁合金国际合作与交流项目》取得新进展;协会负责组织的“十一五”国家科技支撑计划《镁及镁合金关键技术开发与应用》重点项目已经通过科技部验收。

协助有色金属企业、科研院所开展国家认定企业技术中心、国家重点(工程)实验室的立项申报和有关国家工程研究中心的评价工作,锡矿山闪星锑业公司等 4 个企业技术中心获国家认定批准,江西铜业集团等联合申报的铜冶金与加工国家工程技术研究中心通过科技部批准,铜陵集团公司等 17 家企业获国家创新型企业称号。

组织申报的有色金属行业 7 项科技成果获 2009 年国家科技奖,其中获国家技术发明二等奖 4 项,国家科技进步二等奖 3 项;完成了 2009 年度中国有色金属工业科学技术奖评审工作,其中一等奖 37 项。

【有色金属工业“十二五”发展规划前期调研】 2009 年,协会承担了国家有关部委组织或委托的《有色金属工业“十二五”发展思路研究》、《“十二五”有色金属(含稀有金属)行业发展和结构调整思路、目标、重点及对策研究》、《“十二五”期间有色金属工业发展重大问题》、《有色金属工业“十二五”节能规划前期研究》及《“十二五”铅锌专项规划》等专项课题研究工作。

组织征集了有色金属工业重大技术研发和推广项目;编制了有色金属行业新技术推广应用指南;开展了 2009 ~ 2015 年再生铜、再生铝、再生铅 3 个产业和进口再生资源加工园区及国内废物回收交易市场专项规划的制定;组织编写了有色金属工业材料和资源环境领域“十二五”科技发展战略研究报告。

【行业服务】 在商务部等有关部门的支持下,协会维护企业利益、及时化解贸易争端。针对加拿大、美国、印度、澳大利亚、欧盟等相继对我国有色金属产品实施反倾销调查,及时召开了加工企业贸易座谈会、对印度出口铝板带箔企业座谈分析会、应对澳大利亚铝挤压材反倾销反补贴协调会等,组织相关企业参加听证会;

根据企业要求组织召开硫酸进口形势座谈会，并接受企业委托向商务部提请对日、韩进口硫酸发起反倾销调查申请；建立了有色金属产业损害预警机制，确定了电解铜、氧化铝、镍、锑4种产品作为第一批监测产品，建立了监测指标体系，并与商务部联合召开了有色金属产业损害预警机制启动大会。

加强质量工作，开展了有色金属行业"质量和安全年"活动，组织了国家计量认证和实验室资质认定及工业计量技术情况调查。完成了2009年度全国有色金属行业企业信用等级评价工作。

开展了有色金属工业企业管理现代化成果、优秀论文征集和有色金属工业优秀质量管理小组、质量信得过班组的评选及2009年度有色金属产品实物质量认定工作；完成了《铝合金建筑型材生产许可证实施细则》和《钛及钛合金加工产品生产许可证实施细则》的修订。向国家标准委和有关部门报批有色金属产品标准262项，已批准发布国家标准132项；受国土资源部委托，组织了有色金属行业十大矿权人座谈会，完成了新疆阿舍勒铜矿等8个矿产资源开发利用方案的评审。

按照国家发改委、环保部要求完成了对有色金属工业国家清洁生产专家库的审核和《2008年度中国有色金属工业污染防治报告》的编写；发布了2008年度有色金属工业环境统计年报。

履行业统计职能，建立部分有色金属重点企业旬报统计制度，制定《有色金属行业统计工作管理办法》，配合国家统计局完成了第二次经济普查资料有色金属部分的审核工作，发布了2008年度有色金属企业销售额排序情况。

积极搭建国际同业合作特别是国内大型企业与国际跨国公司的交流平台，继续加强与国际铝业协会、联合国铜、铅锌研究组及加拿大、澳大利亚、俄罗斯等有色金属跨国集团在统计、信息、环保等方面的合作，成功主办了中国国际有色金属矿业论坛等10个国际会议，加强对外联络，为企业引进技术、装备和人才，开展交流合作提供服务。

近年来，协助当地政府做好产业发展规划研究和政策咨询工作，先后为江西鹰潭、广东韶关、湖南郴州、山东聊城等地区科学发展有色金属工业提出行业意见和建议。

积极推动全行业人力资源开发和人才队伍建设工作，组织开展了有色金属行业职称评审、特有工种职业技能鉴定、高级技师和技师考评工作，开展了行业技术能手、技能大奖获得者评选和职业技能竞赛，组织了应届高校毕业生供需见面会。

【行业评先】 2009年，协会在人力资源和社会保障部支持下，开展了评选全国有色金属行业先进集体、劳动模范和先进工作者，在北京隆重召开了表彰大会，有108个先进集体、235名劳动模范和先进工作者受到表彰，得到有关部门和全行业的一致好评。编纂出版了《全国有色金属行业先进集体、劳动模范和先进工作者风采录》。

【新中国有色金属工业60周年系列活动】 2009年，协会成功举办庆祝新中国有色金属工业60周年系列活动。召开新中国有色金属工业60周年庆祝大会和行业发展报告会，编辑出版了《新中国有色金属工业60年》一书；组织了有色金属行业"祖国在我心中"歌唱比赛和庆祝新中国有色金属工业60周年文艺晚会。组织17家有色金属企业参加了新中国60周年成就展，受到工信部表彰。

【协会自身建设】 2009年，协会学习贯彻党的十七届四中全会和中央经济工作会议精神，进一步加强和改进党的建设，扎实推进学习实践科学发展观整改落实阶段的各项工作，使协会各项工作取得新成绩。

坚持并不断完善行业运行定期分析会制度，每季度召开一次行业运行形势分析会，并将分析成果和政策建议报国家有关部门，得到肯定。坚持集体学习制度，开展多种形式的学习培训。

2009年，协会落实国务院国资委对社团领导人选考察推荐工作的有关规定，进一步规范代管协会、专业分会领导成员的推荐、考察和管理工作，经民政部批准，钽铌分会、铟业分会已于下半年正式成立并开展工作。全年发展会员73家，截至2009年底，共有会员单位1119家。

近年来，协会在促进有色金属工业持续稳定发展中发挥了重要作用，受到国家有关部门的高度肯定和广大会员单位的一致拥护。2009年6月23日，民政部在人民大会堂隆重召开"全国性行业协会商会评估授牌大会"，协会被授予5A级全国行业协会(社团组织)。并先后在民政部、工信部、国资委等召开的会议上介绍了加强协会建设，促进行业发展的经验。协会连续9年被评为"中央国家机关文明单位"。

（中国有色金属工业协会　李宴武）

中国钨业协会

【概况】 2009年，中国钨业协会(以下简称"协会")始终坚持"为政府服务、为行业服务、为会员服务"的宗旨，积极发挥桥梁纽带作用，认真学习实践科学发展观，深入行业调研，积极应对全球金融危机，保持钨业经济平稳发展，不断推进各项业务工作迈上新台阶。

2009年，我国钨业继续受到全球金融危机的冲击，国际市场需求低迷，市场价格低位震荡，钨品出口大幅下降，国内市场交易清淡，企业生产形势严峻，经济效益下滑。面对严峻形势，全行业团结一心，坚定信心，抱团取暖，共克时艰，共同促进钨市场价格平稳，努力保持钨业经济平稳发展；协会发挥主席团对协会工作的决策作用和协会的行业协调沟通作用，及时召开有关会议，研究分析形势，制定应对错施，增强市场信心。

积极向政府有关部门反映行业企业诉求和建言献策，帮助企业应对国际金融危机，渡过难关，深入行业调研，极强与政府有关部门和有色协会的联系，就协会和行业发展现状以及国际金融危机对钨业的冲击及其应对措施等问题进行多次汇报，提出了应对金融危机的政策建议和措施。

【中国钨业协会五届一次主席团会议】 2009年3月9日，协会五届一次主席团会议在北京召开。会议学习传达了国务院国资委副主任黄淑和在国资委委管协会经验交流暨负责人会议上的讲话精神，听取和审议了常务副会长孔昭庆所作的《认清形势，迎接挑战，保持我国钨工业的平稳发展》协会工作报告。研究部署了2009年协会工作，决定由协会牵头，组织开展《中国钨工业现状与对策研究》课题研究，并对各专题研究的具体工作作了安排。秘书长刘良先作了关于《2008年中国钨工业发展报告》的报告。邀请中国国际金融有限公司分析师作了有关宏观经济形势和钨相关行业发展趋势的系列报告。会议认真分析研究了钨市场形势，就积极应对全球金融危机，稳定钨市场，提出了许多很好的意见和建议。

【五届二次主席团会议暨2009年钨市场形势分析研讨会】 2009年5月14~15日，协会在南昌召开。会议认真分析了钨行业发展现状和钨市场形势，研究提出了钨行业应对国际金融危机、维护钨市场健康发展的五项具体措施和政策建议。

【全国钨矿山企业座谈会】 2009年11月5~7日，协会在广西桂林召开。全国主要钨矿山企业负责人和代表共计45人参加了会议。中国钨业协会会长周菊秋出席会议并作了重要讲话。与会代表交流和沟通了2009年钨矿开采情况，分析了当前钨市场所面临的形势，沟通了市场信息，增进了相互了解，对控制钨矿开采总量、规范钨精矿市场流通和进一步加强行业自律等工作提出了有益的意见和建议。

【行业调研】 2009年2月，协会有关人员陪同工信部原材料工业司领导重点对湖南和江西的部分钨行业进行了调研；6月，陪同财政部关税司领导重点对湖南钨冶炼加工企业进行调研，并在株洲市召开了全国重点钨企业领导座谈会，征求钨品出口关税调整的意见。

【重点产钨省区调研】 2009年4月，协会组织对赣、湘、粤等地的部分钨企业进行调研，深入了解钨矿开采、冶炼加工和废钨回收利用以及企业应对危机、自主创新、产品升级、企业发展情况，征求对协会工作的意见和建议；6月，再次组织对滇、桂两省区的重点产钨地区进行调研，深入了解钨资源整合和开采总量控制情况。针对个别矿区的乱采滥挖情况专题向当地政府作了汇报，引起了地方政府的高度重视，并采取有力措施进行彻底整治，收到良好效果，企业生产恢复正常。

【信息统计】 2009年3月27日，协会在湖南张家界召开了第四次信息统计工作会议，认真总结协会2008年信息统计和《年鉴》编辑工作，精心安排、部署协会2009年信息统计工作，表彰了24名2008年度全国钨行业优秀信息统计员。

【《中国钨工业年鉴》编辑】 协会积极组织《中国钨工业年鉴》(2009年)的约稿、编辑、校对和行业统计数据分析等《年鉴》编辑工作，加强《中国钨业》编辑出版工作，为会员、行业提供信息服务。不定期编制行业信息简报向会员单位发布行业信息，通过报刊、网络等媒体宣传行业发展和协会工作动态，为培育和引导市场，稳定市场价格营造了较好的舆论氛围。

【中国钨工业60年科技进步报告会暨国际钨协专题报告会】 2009年11月26~27日，在北京召开。会员单位和钨业界诸多著名专家、教授、学者积极撰文，协会征集整理了建国60周年我国钨工业科技论文25篇，并汇编成《建国60年中国钨业科技进步与发展文集》。认真总结新中国成立60年来我国钨业在地质勘查、矿山采选和冶炼加工等领域的新技术、新工艺、新产品、新装备和新材料的研究、开发和应用成果。对我国钨业科技创新具有很好的指导意义，对我国钨工业的发展将产生积极而深远的影响。工业和信息化部原材料工业司副巡视员王彩凤、中国有色金属工业协会副会长赵家生、中国钨业协会会长周菊秋出席了报告会并讲话。中国工程院院士孙传尧，中国有色金属报社社长兼总编辑原寅平，中国有色金属工业协会科技部主任张洪国，中国工业经济联合会、中国矿业联合会和中国铁合金工业协会等协会的领导，新闻媒体和全国钨企业代表共计120多人参加了报告会。常务副会长孔昭庆作了题为“新中国钨工业60年”的专题报告。中国工程院院士左铁镛作了题为“贯彻科学发展观,构建资源节约与环境友好的新钨业”的专题报告。12位专家在会上作了精彩的学术报告。会议还特邀国际钨协秘书长 Michael Maby 先生和 A. David Landsperger 先生分别就国际钨市场形势和钨工业健康、安全、环保等问题作了专题报告。

【行业服务】 2009年,协会组织全国主要科研院所、高等院校专家分5个子课题进行《中国钨工业发展现状与对策建议研究》课题研究,并组织专家对子课题研究报告进行评审;受有色金属工业协会委托,完成了工业和信息化部《中国钨工业发展规划研究》和《稀有金属管理条例研究》课题研究。向国土资源部提出2010年全国钨矿开采总量建议指标和加强钨矿资源合理开发利用的政策建议。受商务部委托组织对钨品出口资质企业年审和钨品出口企业资质标准的修订。

受国土资源部的委托,组织有关专家在北京分别对太仆寺旗金地钨业有限责任公司的《内蒙古自治区太仆寺旗白石头洼矿区钨矿矿产资源开发利用方案》、安徽鼎胜矿业有限公司的《青阳县百丈岩钨钼矿床矿产资源开发利用方案》等进行了评审。

为贯彻落实《有色金属产业调整和振兴规划》,推进钨加工产业升级和结构调整,受工业和信息化部的委托,12月9日在厦门召开钨加工业技术改造工作座谈会。工业和信息化部规划司领导,15家主要钨加工企业负责技术改造工作的领导参加了会议,常务副会长孔昭庆主持会议。中国工程院院士、中国钨业协会名誉会长左铁镛和中南大学教授、中国钨业协会顾问赵慕岳应邀到会并对今后钨加工业发展和技术改造重点等提出了许多建议和指导性意见,中国钨业协会会长周菊秋出席了会议并讲话。会议交流了钨加工业技术改造工作经验,研究探讨了我国钨加工业发展方向和技术改造重点,并就“十二五”期间我国钨加工业发展提出了政策建议。

【协会自身建设】 2009年是协会五届理事会换届后的第一年。协会认真组织学习贯彻国资委和有色协会的有关文件精神,克服困难,扎实工作,积极推进协会各项业务工作的开展。

加强了协会党建工作,协会日常工作紧张有序。经有色协会批准,协会党支部正式成立。5月27日,召开支部大会选举常务副会长孔昭庆为支部书记,有色协会党委副书记丁学全到会祝贺和指导。协会思想政治工作得到加强。

根据国务院《出版管理条例》及相关法律法规的规定,经国家工商行政管理总局、国家新闻出版总署和北京市工商行政管理局海淀分局批准,8月正式注册成立《中国钨业》杂志社有限公司。

5月7日,硬质合金分会召开第二届会员代表大会,总结硬质合金分会五年来的工作,部署2009年工作,选举产生了硬质合金分会第二届理事会,研究分析我国硬质合金工业发展趋势。

(中国钨业协会　刘良先)

中国建筑材料联合会

【概况】 2009年是进入新世纪以来建材工业发展遇到困难最多的一年,也是建材工业经历严峻考验的一年。面对严峻复杂的形势,中国建材联合会(以下简称“联合会”)在国务院国资委的领导下,在广大会员单位的支持下,配合政府部门,坚持以邓小平理论和“三个代表”重要思想为指导,坚持科学发展观,引导行业抓住国家采取的“扩内需、保增长、调结构”等一系列促进经济发展的政策和措施的机遇,树立信心,迎难而上,全力应对金融危机带来的冲击,扭转了增长速度下滑的态势。全行业结构调整取得新进展,淘汰落后稳步推进,产业集中度进一步提高,企业经济效益继续增长,保持了建材工业平稳较快发展。

2009年初,为了应对国际金融危机造成的影响,联合会根据联合会四届六次理事会议和四届四次会长全体会议上提出的,全行业要进一步坚定不移地加快转变经济发展方式,实施结构调整这条主线不动摇的要求,加强调查研究和经济运行分析,积极向政府部门反映行业发展中存在的问题和对策建议,努力促进行业健康可持续发展。

【调查研究】 联合会领导深入全国各省区开展调查研究,重点围绕水泥、玻璃、陶瓷、石材、砖瓦、玻纤以及新型建材产品,了解行业、企业在生产经营中面临的形势,存在的困难和问题,提出应对金融危机、引导行业健康发展的措施和建议。

为争取政府有关部门对建材工业发展给予更多关心和支持,会长张人为亲自给国家发改委、工信部的领导写信,汇报和反映建材行业当前运行情况和存在问题,得到政府有关部门的重视。张人为和雷前治还联名向国家发改委、工信部、环保部、财政部提交书面建议,呼吁政府支持开展利用水泥回转窑处置工业废物和城市垃圾的工作。工信部复函给予肯定和支持,并表示将从规划和政策引导、科技攻关和技术改造、制定技术标准和规范、抓好试点、宣传和推广应用工作等方面开展利用水泥窑处理废弃物的工作。财政部、税务总局、国家发展改革委也明确将利用水泥窑协同处置工业废弃物、有毒有害废弃物、生活垃圾、污泥项目列入环境保护、节能节水项目企业所得税优惠目录。国家环保部门正在制定水泥窑协同处置的相关法规。

各专业协会也都把应对经济危机,保持行业生产平稳增长作为重要工作,纷纷深入企业第一线调查研究、掌握信息,为政府宏观调控提供依据。水泥协会在雷前治同志带领下,配合发改委对全国水泥投资和项目核准情况进行了调研,为国务院38号文件的制定提供了依据;陶瓷协会每月都安排人员深入主要产区和骨干企业收集信息,掌握行业动态;石材协会两次向政府反映企业出口遇到的困难,帮助会员企业争取到出口产品免税;玻纤协会及时召集三大企业研究市场形势,建立热线电话联系,向行业提出应对危机的措施。

【信息服务】 2009年,联合会先后就建材经济运行情况、问题及建议向国家发展改革委、工信部等有关部门作了二十多次专题汇报;向国务院研究室报送了《水泥行业存在的问题、困难和政策建议》等文件材料。

2009年联合会系统报送工信部各类信息218篇,提供行业综合经济运行分析45篇,专题性分析22篇。及时向政府有关部门提供行业的经济运行指标、能源消耗数据、结构调整和节能减排的情况等,突出强调了行业运行中的特点、出现的问题及趋势走向。

根据工信部的要求和安排,联合会确定了建材50家水泥企业和10家玻璃企业为重点联系旬调企业,并对这些企业进行了培训。为促进建材行业大企业的发展,会同玻璃协会和水泥协会起草了"关于推荐国家重点支持玻璃大企业(集团)的建议"、"关于推荐国家重点支持水泥大企业(集团)的建议"。

【课题研究】 2009年,联合会完成《建材行业发展现状、主要问题及政策建议研究》、《用信息技术改造提升建材行业政策措施研究》、《提升建材工业企业可持续竞争力的产业准入政策研究》、《我国水泥企业节能减排状况分析及政策建议》、《支撑新能源(光伏发电、风力发电)开发利用的主要材料发展研究》等研究课题,为政府部门决策提供依据。

【"水泥工业走新型工业化道路暨应对金融危机保增长海螺论坛"】 针对金融危机持续蔓延、水泥行业发展面临新挑战的情况,张人为会长提议并亲自领导组织召开了"水泥工业走新型工业化道路暨应对金融危机保增长海螺论坛"。会议在学习胡锦涛总书记视察海螺时的重要讲话的基础上,深刻分析了当前建材行业面临的经济形势。张人为的报告对水泥工业乃至整个建材工业践行科学发展观走新型工业化道路的方向、路线和办法进行了论述,既为水泥工业的长远发展指明了方向,又着眼当前,为建材企业更加有效克服国际金融危机的冲击保增长提出了措施和办法,坚定了水泥行业走新型工业化道路的信心和决心。

【出口退税政策支持】 针对国际市场萎缩,建材产品出口受阻等问题,联合会根据企业的要求,结合行业发展的总体趋势,会同玻璃、陶瓷、玻纤、石材、外加剂等专业协会和分会多次向工信部和财政部反映企业面临的困难,提出提高部分建材商品出口退税率和免征关税的意见。经过努力,已有59个税号的建材商品的出口退税率分别提高到9%、11%和13%,为建材出口企业缓解了压力。

【企业信用评价】 联合会是商务部和国务院国资委批准的第二批行业信用评价试点单位。下发了《关于建材行业开展企业信用等级评价工作的通知》,组织申报和评价工作。行业内反响热烈,在提交申请的84家企业中,评出了48家AAA级信用企业和13家AA级信用企业。通过积极争取和推荐,获评授信企业名单已列入到商务部和国资委组织编写的《中国行业信用评价A级以上企业名录》,并发送至有关政府部门、驻华使领馆、中国驻外使领馆、相关金融机构、中介组织等。

【节能减排】 2009年建材行业节能减排工作的重点,侧重在重大节能示范项目的推荐和落实。联合会向国家发改委推荐了一批对行业具有重大示范意义的水泥、玻璃、陶瓷等方面的节能项目,同时,向国家财政资金推荐了一批建材行业的节能、节约资源、综合利用等方面的项目。

在专业协会和有关研究设计院所的配合下,编制上报了建材行业第二批国家重点节能技术;参与了重点行业能耗标准通则的编制修改工作;组织编写了《建材行业节能减排指南》;编写完成了"建材行业能效对标工作方案",修改完善了水泥、平板玻璃余热发电等专项规划,并协助政府部门推进规划内容的逐步落实。

开展了《建材行业大宗产品生产工艺对比名录》的推荐工作和建材行业环境保护现状及发展趋势分析以及2009年高环境风险、高污染建材产品目录的确定和编制工作,并积极探索建材工业环境经济政策的制定。

接受环保部的委托,开展《建材行业污染防治报告》编制工作,分析和研究建材行业环境现状和污染物防治情况,通过对建材行业资源和能源消耗、废弃物综合利用及污染物排放情况的系统分析和研究,对建材行业的污染防治情况进行了总体评价，提出改善环境状况和加强污染防治工作的对策与建议。

参与了环保部《环境经济政策配套综合名录》编制工作。建材行业本次拟将列入名录的“建筑平板玻璃(平拉工艺及产品)”、“墙体材料(实心黏土砖工艺及产品)”、“玻璃纤维(陶土坩锅拉丝产品)”三种产品作为重污染工艺及产品予以淘汰；同时推荐“建筑平板玻璃(浮法玻璃工艺及产品)”、“墙体材料(空心砖工艺及产品)”、“玻璃纤维(池窑拉丝产品)”三种产品作为环境友好工艺及产品予以鼓励。

【科技创新】 联合会组织评选出2009年度建材行业科学技术奖一、二、三等奖共36项、2009年度“建材行业技术革新奖”一、二、三等奖113项，并积极组织推荐建材行业2009年度国家科学技术奖项目。

完成了国家发展改革委“中国终端能效项目”《节能建材及其应用技术的调研和推广》等7个研究报告。受国家发改委的委托，对2004年以来，建材工业发展循环经济取得的成效进行了总结，提出建材产业加快发展循环经济的主要目标；对17项2009年工业清洁生产示范项目的申报材料进行了审查，提出了行业推荐意见。受工信部委托，提交了建材行业共性、关键性技术研究方向的具体建议；推荐了列入《国家产业技术政策》的建材行业技术，并就技术名称、技术指标及技术所处产业化阶段等内容进行了详细说明；参与讨论国家科技部“十二五”新材料技术领域科技发展规划——“绿色建材领域规划(初稿)”，并提出修改补充意见，参加了国家发改委“十二五”新材料产业发展规划研究工作。

组织评审了《曹妃甸耐海水腐蚀混凝土技术》、《新型干法水泥生产线高温风机专用变频调速系统》、《年产10万吨脱硫建筑石膏生产线工艺技术的研发》等17个科技成果和新产品的鉴定。

宣传创新成果，促进科技成果转化。在“第二届中国水泥企业总工程师论坛”等行业会议和展览会上对科技成果进行了宣传推广；向北京市发改委、上海隧道局等单位推荐先进节能材料和产品；与水泥协会、建材机械协会共同召开了全国水泥立磨技术和装备研讨会，推广国内外先进立磨技术和装备，交流生产使用经验，为企业间的合作搭建平台。

【行业标准化工作和质量管理】 截至2009年底，联合会共归口管理15个全国性专业标准化技术委员会、16个分技术委员会、3个行业标准化技术委员会和2个标准化归口单位。现行有效的标准共有1189项，其中国家标准478项，行业标准711项。按照国标委和工信部的要求，对2003年以前的行业标准进行了清理检查，共提出187项行业标准的复审计划。新申报国标101项，行标166项，部分标准已得到国标委、工信部的立项批复。同时积极参与国际标准化活动，部分标委会参加了对口的国际标准化组织活动，申请了6项国际标准立项。组织实施国标委下达的《建材行业安全标准体系》研究及《建材标准体系工程建设》的课题研究并召开了行业标准化工作会议。

贯彻中央领导同志关于质量工作的重要批示，针对行业产品质量存在的主要问题提出了相应的对策与建议。组织完成了中国工程院下达的建材行业提高产品质量的途径研究，质检总局下达的装饰装修材料质量状况调查和工信部下达的《水泥企业质量管理规程》修订等课题，承担了质检总局、商务部就我国出口美国石膏板问题的有关工作。在全行业组织开展质量安全年活动；组织召开了建材行业第二十四次质量管理活动代表会议；与全总共同举办了第二届水泥企业物理检验化学分析大比武活动；对部分60万吨以上水泥企业化验室进行了评审及质量考核；完成了国家认监委下达的实验室资质认定评审工作。对联合会批准成立的质检中心进行了跟踪，已有7家通过了预评审。完成了国家检测资源共享平台的数据更新工作。联合会计量检测分会已成立并开展工作。

【对外交流与合作】 2009年，联合会组织接待了英国、荷兰、法国、日本、德国、爱尔兰等国的代表团来我会交流洽谈合作。与日本财团法人煤炭能源中心签订了关于综合利用煤炭副产品的合作意向书；组织召开了粉煤灰利用技术交流会；与德国可耐福公司交换了输美石膏板问题的意见；与沈阳市政府成功举办了“2009中国(沈阳)国际现代建筑产业论坛”。

联合会系统组织举办了第二十届国际玻璃展、第十六届国际石材展、第三届国际墙材展、第四届国际建筑展、第五届国际砂浆展、第十届国际水泥、粉体技术装备展、第十一届国际摩擦密封材料技术交流暨产品展示会、第二十三届国际陶瓷展、第七届国际建筑防水展和第十四届国际建筑贸易博览会等一批展会，取得良好的效果。这些展会在国际、国内受到关注和肯定，成为海内外合作与交流的重要桥梁。联合会还组织企业参加境外大型国际展览，帮助企业开拓国际市场。

【联合会自身建设】 2009年，联合会实施了以“因事设岗、依岗择人”为原则的岗位设置管理和人员聘用制，以建设学习型职工队伍为目标，培养复合型、创新型人才。从扩大代表面和影响力，优化领导成员结构，促进年轻化等原则出发，增补了7位副会长，加强了联合会的领导集体。为了提升联合会为行业、企业的服务能力和手段，联合会开始启动网站建设，努力发挥好网络信息平台的作用。

改革开放30年，建材行业涌现出一大批在不同地域、不同业务领域艰苦奋斗、不懈努力，取得优异成绩的杰出人物。为了树立榜样，进一步激发广大建材职工的荣誉感、责任感和使命感，联合会在各省市建材协会、中央企业、有关单位的支持下，经评选、媒体公示，评选出111名全国建材行业改革开放30年代表人物。

为纪念新中国60周年，联合会组织了一系列庆祝活动。完成了中华人民共和国成立60周年成就展建材工业展区的布展工作，受到工信部通报表扬；举办了建材行业在京单位庆祝建国60周年文艺汇演；参加国资委举办的纪念建国60周年文艺演出并取得一等奖的好成绩；联合会党委召开庆祝建党88周年暨表彰大会，表彰一批先进基层党组织，优秀共产党员和优秀党务工作者；召开了由全国建材行业劳模、先进人物、先进集体代表，建材行业老领导、老专家、企业家代表和建材行业中青年企业家、科技工作者参加的3个纪念建国60周年座谈会，共叙60年来建材行业取得的伟大成就，讴歌建材职工为国家社会主义经济和建设的发展，艰苦创业、无私奉献的崇高精神。

（中国建筑材料联合会　谷东玉）

中国非金属矿工业协会

【概况】 2009年，中国非金属矿工业协会（以下简称"协会"）联系政府有关部门，参加有关会议，为行业做好服务。积极参加中国建材联合会第四届六次理事会、国资委委管协会年检工作会议、民政部行业协会商会内部治理研讨会、商务部全国产业损害调查与维护产业安全工作暨全国重点行业维护产业安全工作会议、国土资源部、中国矿业联合会矿业经济分析会等的各类会议。

配合有关部门做好行业工作，参与和协助国土资源部矿业开发司制定《萤石采选业准入条件》；关于美国和欧盟针对我国萤石、耐火黏土等9个矿种出口设限向WTO提请诉讼，协会积极提供萤石、耐火黏土有关资料，协助商务部条法司准备应诉；由于美国和欧盟的诉讼压力，2010年我国有可能将取消萤石配额招标政策，如没有监管机制，将会造成新一轮的无序竞争、资源浪费和牺牲环境等行业失控局面，为此，协会积极向商务部等部委提出"加强萤石出口管理的紧急报告"，并提出由行业协会进行出口资质评审的"萤石产品出口暂行管理办法"，引起有关部委的高度重视。

协会承担并完成工信部《我国非金属矿工业可持续发展研究》、《我国石棉工业政策研究》、国土资源部《非金属矿资源节约综合利用技术指南研究》等软科学课题。承担国土资源部经济研究院《我国非金属矿资源保证程度研究》课题。

2009年9月，协会经商务部、国资委的审核，通过了协会在非金属矿行业开展企业信用等级评价工作。协会正积极准备落实非金属矿行业企业信用评价工作，以促进行业信用体系建设。

【行业调研】 解决反应行业诉求，应对金融危机。2009年上半年行业形势非常不好，部分企业开工率不足，处于停产半停产状态，产品销量和市场价格下降。为了应对当前经济形势，做好行业调查研究工作，向政府反应行业情况，争取行业政策，协会有关领导前往山东、东北、内蒙、江西、四川、湖南等地，广泛进行行业调研工作，了解企业与行业存在的问题。并先后向财政部、商务部递交了"关于对我国非金属矿采选产品税收优惠政策的建议"、"关于免征或减征非金属矿产品出口关税的建议"，向工信部递交了"中国石棉矿山情况报告"，还完成了"中国石墨行业调查报告"。通过工作，滑石深加工产品出口关税下调5%，石棉矿山问题也引起工信部的高度重视。

9月，召开我国萤石、石墨等矿种关税政策研讨会，邀请财政部关税司有关领导出席，并向财政部、商务部递交了"关于减征石墨、萤石等矿种出口关税的报告"，引起有关部门的重视。

【中国非金属矿工业"十二五"科技发展战略研究】 2009年，接受科技部社发司委托，开展"中国非金属矿工业'十二五'科技发展战略研究"工作。

协会接受科技部社发司委托，进行"十二五"非金属矿工业科技发展战略研究工作，调查研究目前我国非金属矿工业工艺技术以及加工装备中存在的重大问题、与世界先进水平差距，研究"十二五"非金属矿工业发展思路和战略目标，确认非金属矿工业科技攻关方向并梳理重大课题。经过3个月时间的调查、研究与撰写工作，现已完成"中国非金属矿工业'十二五'科技发展战略研究"报告征求意见稿，并于5月18～19日在武汉组织召开"'十二五'非金属矿工业科技发展战略研究研讨会"。在广泛研究和征求意见的基础上，6月份完成"中国非金属矿工业'十二五'科技发展战略研究"报告初稿，并上报科技部社发司。目前按照要求，继续完善研究报告，并梳理有关项目。

【爽身粉等产品及滑石粉原料中石棉含量的风险评估工作】 2009年4月10日接受国家食品药品监督管理

局委托，参与“爽身粉等产品及滑石粉原料中石棉含量的风险评估工作”，并由协会组织非金属矿行业权威检机构进行爽身粉等产品及滑石粉原料中石棉含量的检测工作。此外，协会还组织专家制定《粉状化妆品及其原料中石棉测定方法》(暂定)标准，完成粉状化妆品及其原料中石棉测定方法的论证报告。此标准已在行业内试行。

【第六届中国非金属矿工业展览和2009中国非金属矿工业大会】 2009年10月，协会组织召开第六届中国非金属矿工业展览和2009中国非金属矿工业大会。

组织专家为吉林临江市等地方政府提供咨询服务，培育和打造“中国硅藻土工业城”，为地方非金属矿行业发展提供支持和帮助。

【《非金属矿工业手册》修订工作】 2009年，继续做好《非金属矿工业手册》的修订工作。《非金属矿工业手册》修订项目，由国土资源部正式立项。下半年分篇章召开了3次《手册》初审工作会议，修订工作已在2010年10月完成出版。

（中国非金属矿工业协会　向　琦）

重庆市地质矿业协会

【组织建设】 2009年，重庆市地质矿业协会(以下简称“协会”)召开例行的常务理事会和会长办公会、秘书长会议、秘书处工作会议，坚持协会制订的内部部门工作职责、会议制度等。发展单位会员5个，个人会员1名。积极筹备第二次会员代表大会，为换届工作作准备。

【技术服务】 贯彻落实市政府渝府发〔2007〕128号文和市政府渝办发〔2008〕237号文、市局渝国土房管发〔359〕号文要求，2009年，继续进行以煤矿整合为重点，开展以组织审查矿山技术报告为中心的技术咨询服务。积极做好煤矿整合后采矿权登记审批前的划定矿区范围申请报告、储量核实报告、开发利用方案的审查等收尾工作，至年底，共审查划定矿区范围申请报告70份，储量核实报告188份，开发利用方案502份，为主管部门审查采矿权登记颁证提供技术保证。

【业务培训】 2009年，加强技术报告评审的规范管理，坚持和重申协会制定的《技术报告评审机构工作职责》、《技术报告编制单位和编制人员职责》、《技术报告评审专家职责》、《技术报告评审工作流程图》等报告评审管理体系。

根据基层地矿管理工作现状，开展了针对基层地矿行政管理人员、执法人员的专业技术业务、政策法规等的培训，全年深入基层，分别到永川区和南川区举办了两期培训班，共培训相关人员120余人。

配合地调院对地质矿产专家库进行了补充充实，对80余名专家进行了有针对性的培训，提高了专家队伍的业务技术、政策法规水平。

【业务合作】 2009年，与中国地调局发展研究中心签订合作协议，并在市局储量处指导下，接待组织国家督察专家两次来渝现场督察，完成了磨心坡矿区、奉节县青龙矿区、巫山县田家矿区3个项目野外验收工作，对同华煤矿成果报告进行了评审验收上报。

【资源调研】 2009年，完成了重庆市煤、铁、锰、铝、锶、地热、钡等7种主要矿种的资源形势及供需情况的调研报告，上报主管部门市国土资源和房屋管理局和中国矿业联合会，并与部份省市矿业协会实现交流。

【找矿大讨论】 2009年，根据国土资源部部署和中国地质学会要求，结合重庆市具体情况，组织和参与了全国地质找矿大讨论活动，先后向地勘单位转发通知，按市局规划，积极组织重庆市地质队长、地调院长参与调查问卷的问答活动，下发调查问卷10份，按要求，于6月底汇总上报了中国地质学会；参与国土资源部储量评审中心在西安组织的“地质找矿改革发展大讨论调研座谈会”；协会秘书处负责人根据局拟定的专题，分别与地质队领导进行广泛的接触，提出问题，讨论解决问题的方案；国土资源部“大讨论办公室”来渝检查工作时，协会按照市局要求，进行了专门汇报。

【对外联络】 2009年加强与中国地质学会、中国矿业联合会、中国矿业权评估师协会的联系和合作，先后参加了全国矿业联合会(协会)秘书长会议，中国地质学会省级学会秘书长会议及要业权评估师协会例会。组织了30多人的代表团参加了10月下旬由中国地质学会组织召开的“2009年度中国地质学会学术年会”，并参加了其中6个分会场的学术交流活动，并参加了由部高资中心举办的国际矿产资源储量分类研讨会。

向中国矿业联合会、中国地质学会报送工作总结。作为中国地质学会的省级学会，参与中国地质学会工作，多项工作受到中国地质学会肯定，2008年被中国地质学会授予“社会服务工作先进单位”称号。

参与《中国矿业年鉴》和《重庆市国土资源年鉴》和

《中国矿业二十年》的编辑工作，向有关编辑部提供重庆市相关资料。

接待中国矿业权评估师协会对我会开展的矿产资源储量评估工作的检查，检查组对协会储量评估工作给与了肯定。

4月，协会会长王伯清、副会长兼秘书长任明华、副会长胡涛等在重庆市两江丽景酒店五楼贵宾厅会见了英国材料、矿物和采矿学会副执行官伍裘先生，双方就有关业务合作问题进行了洽谈。

【信息交流】 2009年《重庆地质矿产》印制出版4期共计2200册，发放到市级有关部门，区县主管部门及全体会员单位和个人会员。并与40余个兄弟省市同业协会、学会进行了资料交换。

《重庆地质矿业协会》网站已运行3年多，2009年发布各类资料、信息近30篇。

在重庆一三六地质队的支持和配合下，成功召开2008～2009年度地勘年会，各地勘单位有关领导在会上交流了工作经验。会上，表彰优秀论文、优秀技术报告。印制2009～2010年会论文集300册，发放年会与会人员、论文作者、各地勘单位、各区县地矿行政管理部门，并与全国同业协会、学会实现交流。

搜集资料，参与编写《中国矿业年鉴》、《重庆市国土资源年鉴》等丛书的编辑工作，提供有关资料和图片。

（重庆市地质矿业协会　郝祖梁）

四川省矿业协会

【概况】 2009年四川省矿业协会（以下简称“协会”）根据中央经济工作会议“调结构、促内需、保增长”和中共四川省委“止滑提速”、“加快发展，科学发展，又好又快发展”的指导思想，结合四川省国土资源厅总体工作部署，继续贯彻国务院加强地质工作的决定，坚持矿业开发与环境保护并重的方针，坚持科学发展观，坚持可持续发展战略，开拓创新团结协作。

据不完全统计，2009年1月全省中、小企业停产、半停产4301家。涉及22万从业人员。直接与矿业有关的874家。针对四川矿业实体经济下滑趋势。按国土资源部要求《关于请配合调查民营企业情况的函》，协会于2009年先后两次召开非公有制企业代表座谈会，同时邀请矿山企业、矿政部门、地勘单位专家，围绕矿业现状，全面分析金融危机对矿山企业带来的影响，提出对策，征集研究论文27篇。与此同时矿协负责人又专门邀请部份人大代表以及民营企业负责人来成都进一步交换中、小矿山企业生产经营现状。并写出《坚定信心、积极应对、同舟共济、抱团过冬》的专报。向主管部门和上级反映中、小矿山企业的现状及对策建议。

【协会组织参加第十一届中国国际矿业大会】 接国土资厅函〔2009〕744号国土资源部办公厅《关于做好2009中国国际矿业大会参会参展工作的函》，根据厅的批示，协会配合对外合作与科技教育处，通过近3个月紧张筹备，四川省矿业协会组织四川矿业行业的代表21人，在四川省国土资源厅领导率领下，于2009年10月19日赴天津参加第十一届中国国际矿业大会。四川矿业共组织展台3个，四川国土资源系统组织的展台——“四川等你来”中英文通栏标题新颖醒目，各参展单位带会的项目宣传资料，四川省国土厅编印的《国土资源国际合作十年巡礼四川分册》倍受中、外矿业同仁青睐。先后来展台参观咨询索要各种宣传资料的中、外友好人士络绎不绝。开幕式后，国土资源部部长徐绍史、天津市市长黄兴国、国土资源部副部长汪民、国土资源部总工程师张洪涛等部委领导来展台参观指导并接见了四川省国土厅副厅长周建春和矿业代表及展台工作人员。展台工作人员向徐部长一行敬赠了《国土资源国际合作十年巡礼四川分册》。先后来展台参观指导的部委领导有国土资源部矿产储量司贾其海司长、中国地质调查局副局长王学龙、中国地质科学院副院长董树文、中矿联常务副会长曾绍金（原国土资源部矿产开发管理司司长）、常务理事黄宗理（原国土资源部人事司司长）与展台工作人员亲切交谈，展台人员倍受鼓舞，决心要把四川展台一年比一年办得更好。

协会历来重视与国内外矿业同仁交流合作。2009年7月8日由四川省外办谢铁陪同斯洛伐克 Prievidza 矿业公司一行5人来拜访，四川矿协组织省国土资源厅有关代表，矿业公司有关专家9人交流座谈煤矿开发综合利用等问题。

【四川省矿业协会第三届换届选举工作】 根据《四川省矿业协会章程》，经过近一年组织筹备，先后正式行文三次，两次由下而上按分配名额民主推荐，四川省矿业协会第三届理事会理事。再由省矿协秘书处汇总，于2010年3月26日提交四川省矿业协会第三届会员代表大会议决。经出席会员代表大会的138名代表民主表决，正式选出了以宋光齐为会长，王平为常务副会长、副会长牟文勇、周秀忠、金有忠、范崇荣、鞠崇文，李洪清（兼）秘书长等146名，为四川省矿业协会第三届理事会理事，组成四川省矿业协会领导机构。

大会表彰了《四川省矿业协会2008～2009年度先进集体、先进个人》；大会颁发了《四川省矿业协会关于聘技术顾问的决定》;大会颁发了《四川省矿业协会2009优秀论文表彰决定》。同时推选了优秀论文获奖者陈东辉等6人向大会宣读论文。并向会员单位、会员代表赠发了四川省矿业协会汇编的2009年《四川矿业发展论文集》。

大会由新当选四川省矿业协会常务副会长王平(四川省国土资源厅党委委员、副厅长)作会议总结。

【矿产资源开发利用方案评审】 协会受四川省国土厅的委托,组织矿业专家严格按照《矿产资源开发利用方案审查大纲》的要求,遵照温家宝总理"地质工作必须贯彻科学发展观,把地质找矿、提高资源综合效益、改善生态环境、防止地质灾害"作为工作指导。负责开展矿产资源开发利用方案的审查。2009年共授理、评审、审结矿产资源开发利用方案251个。为开发矿业,提高"三率",科学合理综合利用矿产资源提供了可靠的技术保证。

【技术服务】 根据财政部、国土资源部有关文件精神,协会受四川省财政厅、四川省国土资源厅委托,年年组织矿业专家对四川省报财政部审核的矿产资源节约与综合利用保护项目进行评审。2009年审结报财政部矿产资源节约、综合利用保护项目计12个。涉及金额近0.8亿元。

2009年协会组织专家去眉山考察"三苏矿泉水"。经实地考察,资料分析,对照国家有关矿泉水鉴定标准,配合中矿联专家组共同审议认定,四川眉山市"三苏矿泉水"为中国优质矿泉水。

【《四川矿业信息》编辑出版】 根据协会"为发展矿业服务,为矿业企事业服务,为政府决策服务"的三大宗旨,起政府联系矿业行业的扭带、桥梁作用。结合行业协会"开发矿业、环境保护,宣传防灾减灾"的三大任务,围绕党的各项矿业的方针政策,配合党不同时期,不同阶段的中心任务,选登和组织专门稿件,宣传矿业政策、法规,国、内外矿业发展的动态。2009年编辑《四川矿业信息》12期,《四川矿业发展论文集》专册,各类专报3份,专项总结1份。接待政策咨询,来人来访(含电话咨询)达78人次。为振兴四川经济,为推动四川矿业发展起了积极作用。

(四川省矿业协会　曾令新)

新疆矿业联合会

【工作概况】 2009年,矿业联合会在厅党组的领导下,贯彻党的十七大精神,紧紧围绕自治区优势资源转换战略和国土资源管理中心工作,落实矿业联合会第三届四次常务理事会部署的各项任务,突出服务、努力实践、注重实效,积极发挥桥梁纽带作用。

根据厅关于开展地质找矿改革发展大讨论工作部署,认真学习和领会开展"大讨论"的重大意义和现实作用,及时编制了矿业联合会工作方案,向各矿山企业下发了《关于开展地质找矿改革发展大讨论的通知》,积极安排和推进地质找矿改革发展大讨论活动。矿业联合会走出去,分别到天山股份、远山矿业勘查公司、杰奥矿业公司等重点企业和民营勘查单位,进行三次"大讨论"座谈会。请进来,邀请驻乌地区三十多家重点矿业企业召开了"大讨论"座谈会。通过学习和领会中央关于加强地质工作的指示精神和有关决定,进行"大讨论"活动,提高了认识,转变了观念。对于进一步推进地勘工作的科学发展和地质科技、体制、机制的创新;地质勘查和矿产资源合理开发与保护;矿产资源科学管理起到积极作用。

广泛征集"地质找矿改革发展"大讨论意见建议,汇总会员单位的建言献策,编辑出版"地质找矿改革发展"大讨论专辑。

【矿产资源规划编制服务】 按照厅工作安排,在规划处的领导下,积极推进县(市)级矿产资源规划的编制工作。矿业联合会积极与各县(市)联系,积极协调地勘单位和地矿专家参与县(市)规划的编制工作。并组织专家对规划编制工作进行具体指导,有效地保证了规划的编制水平和成果质量。完成了4个县(市)的矿产资源规划评审和批复工作。

作为全区第二轮地州市级矿产资源规划编制进行试点工作,协调并组织地矿局第一区调队、地质九队等方面的专家,开展了昌吉州第二轮矿产资源规划研究和编制工作,现已完成了规划送审稿。规划按照部第二轮矿产资源规划编制要求,结合昌吉州经济社会发展需求、矿产资源潜力和开发利用条件,围绕促进区域经济协调发展的目标,认真研究规划编制框架,在体现矿产资源勘查、开发和保护总体要求和基本原则的同时,明确重点目标任务,强化规划的总量控制、优化布局、资源配置和提高资源利用效率等主要功能,提出符合实际的规划调控指标和政策措施,抓住重点矿种、重点矿区,提出可行的管理措施和要求。此项工作对全面开展全区地州市级第二轮矿产资源规划编制具有积极的指导作用。

【矿业联合会三届四次常务理事会】 2009年初,及时召开了矿业联合会三届四次常务理事会。会议总结了矿联2008年工作,对2009年工作进行了研究部署。会上还向与会代表通报了《矿法》修改的最新进展情况和重点内容,并要求矿业企业关注《矿法》的修改,积极建言献策。为规范矿产资源勘查市场,加强行业自律,在会中讨论通过了《新疆地质勘查单位诚信自律倡议书》,并公布于社会,对提高探矿权人和地勘单位(矿业公司)依法勘查的意识、诚信从业、公平竞争做了有益地倡导。

【矿山企业调研】 2009年3月,矿业联合会联合相关协会到鄯善县石材工业园区、中国黄金鄯善分公司、哈密兴达矿业等矿山企业进行了调研,了解金融危机对各企业的影响情况、重点问题和企业应对措施,并与企业进行了座谈交流。

【地质勘查基础资料收集与报告编写】 根据工作安排,协助厅地质勘查基金管理中心完成《新疆2008年度地质勘查成果通报》基础资料的收集和报告的编写,并按时上报国土资源部。为使有关处室及时了解和掌握在疆地质勘查单位经济运营、项目投资、工作进展,以及取得的重要勘查成果等基本情况,编辑完成《全区2008年地勘单位情况和勘查成果分析报告》。

【矿业信息宣传】 围绕厅国土资源管理中心工作和服务矿业企业积极开展宣传,编印出版"新疆矿业"协会期刊3期。结合厅"地质找矿改革发展大讨论"工作,编印出版"大讨论"专刊1期。为矿业企业和会员单位及时掌握矿政管理政策、了解矿业发展动态、交流矿业信息等起到积极作用。

【联合会自身建设】 1. 坚持理论学习,加强思想道德建设。按厅机关党委党建工作安排和学会支部党建工作方案,以十七大精神和政治理论学习为基础,以学习实践科学发展观活动为载体,以践行科学发展观为目标,继续抓好共产党员先进性长效机制的落实。加强思想教育与制度建设,增强党员干部勤政廉政意识,常保廉洁自律工作作风,促进矿业联合会的各项工作。

2. 参加厅机关党委安排部署的精神文明创建活动。落实本单位精神文明创建目标责任状。结合学会工作开展党支部理论学习,结合"七一"活动,重温《党章》,撰写学习心得笔记,以党建推进精神文明创建工作。配合厅相关处室参加了"地球日"、"土地日"等社会宣传活动。

3. 参加学习贯彻胡锦涛总书记在十七届四中全会上关于新疆工作等重要讲话为主要内容的集中学习等专题活动。深刻领会了"讲话"的精神实质和丰富内涵,全员职工统一了思想、提高了认识,增强了紧迫感和责任感,维护祖国统一,维护民族团结,维护社会稳定是关系到新疆经济发展、政治稳定的根本大事。要坚定不移地反对民族分裂,坚定不移的维护新疆社会稳定和民族团结。

(新疆矿业联合会　梁伟超)

政 策 法 规

国土资源部关于下达 2009 年钨矿锑矿和稀土矿开采总量控制指标的通知

国土资发〔2009〕49 号

各有关省(区)国土资源厅:

为保护和合理利用我国优势资源,按照保护性开采特定矿种实行有计划开采的规定,依据《国土资源部关于发布实施 <全国矿产资源规划(2008 ~ 2015 年)> 的通知》(国土资发〔2008〕309 号)的有关要求,经综合研究资源储量、现有探矿 权、采矿权设置情况以及国际、国内市场需求趋势等因素,部决定,继续对钨矿和稀土矿实行开采总量控制管理,并对锑矿实行开采总量控制管理;2010 年 6 月 30 日前,暂停受理钨矿、锑矿和稀土矿勘查许可证、采矿许可证申请。现将有关事项通知如下。

一、2009 年全国钨精矿(三氧化钨含量 65%)开采总量控制指标为 68555 吨,其中主采指标 60440 吨,综合利用指标 8115 吨。锑矿开采总量控制指标 90180 吨,其中下达各省(区)锑矿开采总量控制指标 65180 吨;另有综合利用 2.5 万吨,暂不下达各省(区)。稀土矿开采总量控制指标拟定为 82320 吨(稀土氧化物 REO),其中轻稀土 72300 吨,中重稀土 10020 吨。

二、各省(区)国土资源行政主管部门要按照部下达的钨矿、锑矿和稀土矿开采总量控制指标,根据本辖区内矿山企业储量状况、资源开发利用情况,认真做好指标分解和下达工作。做到控制指标到市、到县、到矿山企业,分级负责,层层落实,并于 4 月底前将指标分解和落实情况报部。

三、各省(区)国土资源行政主管部门要采取有效措施,进一步加强钨矿、锑矿和稀土矿开采总量控制工作。

(一)实行开采总量控制责任书和合同书制度。在下达钨矿、锑矿和稀土矿开采总量控制指标时,上下级国土资源行政管理部门间要签定责任书,当地国土资源行政管理部门与矿山企业间要签定合同书,明确权利与责任。

(二)落实专人对矿山企业控制指标执行情况进行监管。发现超指标生产、假借主采其他矿种之名偷采以及不按规定按时上报数据、不接受监督检查等违法行为要及时依法查处。督促矿山企业建立生产销售台帐和原始生产日报等企业管理制度。

(三)严格执行统计报表制度。按照《国土资源部办公厅关于印发 <国土资源统计报表制度> 的 通知》(国土资发〔2009〕15 号)的要求,矿山企业应指定专人负责随时与当地国土资源管理部门保持沟通与联系,于每月 2 日前将上月钨矿、锑矿和稀土矿 生产数量、销售量、销售对象等情况报送当地国土资源管理部门。各省(区)国土资源厅应于每季度前 4 日内向部报送上一季度本辖区“钨、稀土矿开采总量控制指 标执行情况”(报表格式见国土资年 k32 表),锑矿报表参照“钨、稀土矿开采总量控制指标执行情况”。

四、2010 年 6 月 30 日前,除国务院批准的重点项目和使用中央地质勘查基金或省级地质专项资金开展的普查和必要的详查项目,可以设置钨、锑和稀土矿探矿权外,全国暂停受理钨、锑和稀土矿勘查许可证、采矿许可证申请。使用中央地质勘查资金或省级地质专项资金开展钨、锑和稀土矿勘查的,要制定钨、锑和稀土矿勘查专项规划,报部同意后,按计划设置探矿权。

五、部将对各地钨、锑和稀土矿开采总量控制指标执行情况季报进行严格审核,并将适时组织对钨、锑和稀土 矿开采总量控制指标执行情况进行检查。如发现超控制指标开采、违规出让钨、锑和稀土矿探矿权、采矿权行为的,部将依法追究相关负责人及工作人员的责任。各 地在执行总量控制工作中遇到有关问题请及时报部。

附件:2009 年全国钨矿锑矿稀土矿开采总量控制指标

中华人民共和国国土资源部

2009 年 4 月 10 日

中华人民共和国国土资源部令

第44号

《矿山地质环境保护规定》已经2009年2月2日国土资源部第4次部务会议审议通过,现予以发布,自2009年5月1日起施行。

部长　徐绍史

2009年3月2日

矿山地质环境保护规定

第一章　总　则

第一条　为保护矿山地质环境,减少矿产资源勘查开采活动造成的矿山地质环境破坏,保护人民生命和财产安全,促进矿产资源的合理开发利用和经济社会、资源环境的协调发展,根据《中华人民共和国矿产资源法》和《地质灾害防治条例》,制定本规定。

第二条　因矿产资源勘查开采等活动造成矿区地面塌陷、地裂缝、崩塌、滑坡,含水层破坏,地形地貌景观破坏等的预防和治理恢复,适用本规定。开采矿产资源涉及土地复垦的,依照国家有关土地复垦的法律法规执行。

第三条　矿山地质环境保护,坚持预防为主、防治结合,谁开发谁保护、谁破坏谁治理、谁投资谁受益的原则。

第四条　国土资源部负责全国矿山地质环境的保护工作。

县级以上地方国土资源行政主管部门负责本行政区的矿山地质环境保护工作。

第五条　国家鼓励开展矿山地质环境保护科学技术研究,普及相关科学技术知识,推广先进技术和方法,制定有关技术标准,提高矿山地质环境保护的科学技术水平。

第六条　国家鼓励企业、社会团体或者个人投资,对已关闭或者废弃矿山的地质环境进行治理恢复。

第七条　任何单位和个人对破坏矿山地质环境的违法行为都有权进行检举和控告。

第二章　规　划

第八条　国土资源部负责全国矿山地质环境的调查评价工作。

省、自治区、直辖市国土资源行政主管部门负责本行政区域内的矿山地质环境调查评价工作。

市、县国土资源行政主管部门根据本地区的实际情况,开展本行政区域的矿山地质环境调查评价工作。

第九条　国土资源部依据全国矿山地质环境调查评价结果,编制全国矿山地质环境保护规划。

省、自治区、直辖市国土资源行政主管部门依据全国矿山地质环境保护规划,结合本行政区域的矿山地质环境调查评价结果,编制省、自治区、直辖市的矿山地质环境保护规划,经国土资源部审核后,报省、自治区、直辖市人民政府批准实施。市、县级矿山地质环境保护规划的编制和审批,由省、自治区、直辖市国土资源行政主管部门规定。

第十条　矿山地质环境保护规划应当包括下列内容:

(一)矿山地质环境现状和发展趋势;

(二)矿山地质环境保护的指导思想、原则和目标;

(三)矿山地质环境保护的主要任务;

(四)矿山地质环境保护的重点工程;

(五)规划实施保障措施。

第十一条　矿山地质环境保护规划应当符合矿产资源规划,并与土地利用总体规划、地质灾害防治规划等相协调。

第三章　治理恢复

第十二条　采矿权申请人申请办理采矿许可证时,应当编制矿山地质环境保护与治理恢复方案,报有批准权的国土资源行政主管部门批准。

矿山地质环境保护与治理恢复方案应当包括下列内容:

(一)矿山基本情况;

(二)矿山地质环境现状;

(三)矿山开采可能造成地质环境影响的分析评估(含地质灾害危险性评估);

(四)矿山地质环境保护与治理恢复措施;

(五)矿山地质环境监测方案;

(六)矿山地质环境保护与治理恢复工程经费

概算；

（七）缴存矿山地质环境保护与治理恢复保证金承诺书。

依照前款规定已编制矿山地质环境保护与治理恢复方案的，不再单独进行地质灾害危险性评估。

第十三条 矿山地质环境保护与治理恢复方案的编制单位应当具备下列条件：

（一）具有地质灾害危险性评估资质或者地质灾害治理工程勘查、设计资质和相关工作业绩；

（二）具有经过国土资源部组织的矿山地质环境保护和治理恢复方案编制业务培训且考核合格的专业技术人员。

第十四条 采矿权申请人未编制矿山地质环境保护与治理恢复方案，或者编制的矿山地质环境保护与治理恢复方案不符合要求的，有批准权的国土资源行政主管部门应当告知申请人补正；逾期不补正的，不予受理其采矿权申请。

第十五条 采矿权人扩大开采规模、变更矿区范围或者开采方式的，应当重新编制矿山地质环境保护与治理恢复方案，并报原批准机关批准。

第十六条 采矿权人应当严格执行经批准的矿山地质环境保护与治理恢复方案。

矿山地质环境保护与治理恢复工程的设计和施工，应当与矿产资源开采活动同步进行。

第十七条 开采矿产资源造成矿山地质环境破坏的，由采矿权人负责治理恢复，治理恢复费用列入生产成本。

矿山地质环境治理恢复责任人灭失的，由矿山所在地的市、县国土资源行政主管部门，使用经市、县人民政府批准设立的政府专项资金进行治理恢复。

国土资源部，省、自治区、直辖市国土资源行政主管部门依据矿山地质环境保护规划，按照矿山地质环境治理工程项目管理制度的要求，对市、县国土资源行政主管部门给予资金补助。

第十八条 采矿权人应当依照国家有关规定，缴存矿山地质环境治理恢复保证金。

矿山地质环境治理恢复保证金的缴存标准和缴存办法，按照省、自治区直辖市的规定执行。矿山地质环境治理恢复保证金的缴存数额，不得低于矿山地质环境治理恢复所需费用。

矿山地质环境治理恢复保证金遵循企业所有、政府监管、专户储存、专款专用的原则。

第十九条 采矿权人按照矿山地质环境保护与治理恢复方案的要求履行了矿山地质环境治理恢复义务，经有关国土资源行政主管部门组织验收合格的，按义务履行情况返还相应额度的矿山地质环境治理恢复保证金及利息。

采矿权人未履行矿山地质环境治理恢复义务，或者未达到矿山地质环境保护与治理恢复方案要求，经验收不合格的，有关国土资源行政主管部门应当责令采矿权人限期履行矿山地质环境治理恢复义务。

第二十条 因矿区范围、矿种或者开采方式发生变更的，采矿权人应当按照变更后的标准缴存矿山地质环境治理恢复保证金。

第二十一条 矿山地质环境治理恢复后，对具有观赏价值、科学研究价值的矿业遗迹，国家鼓励开发为矿山公园。

国家矿山公园由省、自治区、直辖市国土资源行政主管部门组织申报，由国土资源部审定并公布。

第二十二条 国家矿山公园应当具备下列条件：

（一）国内独具特色的矿床成因类型且具有典型、稀有及科学价值的矿业遗迹；

（二）经过矿山地质环境治理恢复的废弃矿山或者部分矿段；

（三）自然环境优美、矿业文化历史悠久；

（四）区位优越，科普基础设施完善，具备旅游潜在能力；

（五）土地权属清楚，矿山公园总体规划科学合理。

第二十三条 矿山关闭前，采矿权人应当完成矿山地质环境治理恢复义务。采矿权人在申请办理闭坑手续时，应当经国土资源行政主管部门验收合格，并提交验收合格文件，经审定后，返还矿山地质环境治理恢复保证金。

逾期不履行治理恢复义务或者治理恢复仍达不到要求的，国土资源行政主管部门使用该采矿权人缴存的矿山地质环境治理恢复保证金组织治理，治理资金不足部分由采矿权人承担。

第二十四条 采矿权转让的，矿山地质环境保护与治理恢复的义务同时转让。采矿权受让人应当依照本规定，履行矿山地质环境保护与治理恢复的义务。

第二十五条 以槽探、坑探方式勘查矿产资源，探矿权人在矿产资源勘查活动结束后未申请采矿权的，应当采取相应的治理恢复措施，对其勘查矿产资源遗留的钻孔、探井、探槽、巷道进行回填、封闭，对形成的危岩、危坡等进行治理恢复，消除安全隐患。

第四章 监督管理

第二十六条 县级以上国土资源行政主管部门对采矿权人履行矿山地质环境保护与治理恢复义务的情况进行监督检查。

相关责任人应当配合县级以上国土资源行政主管部门的监督检查，并提供必要的资料，如实反映情况。

第二十七条 县级以上国土资源行政主管部门应当建立本行政区域内的矿山地质环境监测工作体系，健全监测网络，对矿山地质环境进行动态监测，指导、监督采矿权人开展矿山地质环境监测。

采矿权人应当定期向矿山所在地的县级国土资源行政主管部门报告矿山地质环境情况，如实提交监测资料。

县级国土资源行政主管部门应当定期将汇总的矿山地质环境监测资料报上一级国土资源行政主管部门。

第二十八条 县级以上国土资源行政主管部门在履行矿山地质环境保护的监督检查职责时，有权对矿山地质环境保护与治理恢复方案确立的治理恢复措施落实情况和矿山地质环境监测情况进行现场检查，对违反本规定的行为有权制止并依法查处。

第二十九条 开采矿产资源等活动造成矿山地质环境突发事件的，有关责任人应当采取应急措施，并立即向当地人民政府报告。

第五章 法律责任

第三十条 违反本规定，应当编制矿山地质环境保护与治理恢复方案而未编制的，或者扩大开采规模、变更矿区范围或者开采方式，未重新编制矿山地质环境保护与治理恢复方案并经原审批机关批准的，由县级以上国土资源行政主管部门责令限期改正；逾期不改正的，处3万元以下的罚款，颁发采矿许可证的国土资源行政主管部门不得通过其采矿许可证年检。

第三十一条 违反本规定第十六条、第二十三条规定，未按照批准的矿山地质环境保护与治理恢复方案治理的，或者在矿山被批准关闭、闭坑前未完成治理恢复的，由县级以上国土资源行政主管部门责令限期改正；逾期拒不改正的，处3万元以下的罚款，5年内不受理其新的采矿权申请。

第三十二条 违反本规定第十八条规定，未按期缴存矿山地质环境治理恢复保证金的，由县级以上国土资源行政主管部门责令限期缴存；逾期不缴存的，处3万元以下的罚款。颁发采矿许可证的国土资源行政主管部门不得通过其采矿活动年度报告，不受理其采矿权延续变更申请。

第三十三条 违反本规定第二十五条规定，探矿权人未采取治理恢复措施的，由县级以上国土资源行政主管部门责令限期改正；逾期拒不改正的，处3万元以下的罚款，5年内不受理其新的探矿权、采矿权申请。

第三十四条 违反本规定，扰乱、阻碍矿山地质环境保护与治理恢复工作，侵占、损坏、损毁矿山地质环境监测设施或者矿山地质环境保护与治理恢复设施的，由县级以上国土资源行政主管部门责令停止违法行为，限期恢复原状或者采取补救措施，并处3万元以下的罚款；构成犯罪的，依法追究刑事责任。

第三十五条 县级以上国土资源行政主管部门工作人员违反本规定，在矿山地质环境保护与治理恢复监督管理中玩忽职守、滥用职权、徇私舞弊的，对相关责任人依法给予行政处分；构成犯罪的，依法追究刑事责任。

第六章 附 则

第三十六条 本规定实施前已建和在建矿山，采矿权人应当依照本规定编制矿山地质环境保护与治理恢复方案，报原采矿许可证审批机关批准，并缴存矿山地质环境治理恢复保证金。

第三十七条 本规定自2009年5月1日起施行。

国家安全生产监督管理总局令

第20号

新修订的《非煤矿矿山企业安全生产许可证实施办法》已经2009年4月30日国家安全生产监督管理总局局长办公会议审议通过，现予公布，自公布之日起施行。原国家安全生产监督管理局(国家煤矿安全监察局)2004年5月17日公布的《非煤矿矿山企业安全生产许可证实施办法》同时废止。

局 长：骆 琳

2009年6月8日

非煤矿矿山企业安全生产许可证实施办法

第一章 总 则

第一条 为了严格规范非煤矿矿山企业安全生产条件,做好非煤矿矿山企业安全生产许可证的颁发管理工作,根据《安全生产许可证条例》等法律、行政法规,制定本实施办法。

第二条 非煤矿矿山企业必须依照本实施办法的规定取得安全生产许可证。

未取得安全生产许可证的,不得从事生产活动。

第三条 非煤矿矿山企业安全生产许可证的颁发管理工作实行企业申请、两级发证、属地监管的原则。

第四条 国家安全生产监督管理总局指导、监督全国非煤矿矿山企业安全生产许可证的颁发管理工作,负责中央管理的非煤矿矿山企业总部(包括集团公司、总公司和上市公司,下同)及其下属的跨省(自治区、直辖市)运营的石油天然气管道储运分(子)公司和海洋石油天然气企业安全生产许可证的颁发和管理。

省、自治区、直辖市人民政府安全生产监督管理部门(以下简称省级安全生产许可证颁发管理机关)负责本行政区域内除本条第一款规定以外的非煤矿矿山企业安全生产许可证的颁发和管理。

省级安全生产许可证颁发管理机关可以委托设区的市级安全生产监督管理部门实施非煤矿矿山企业安全生产许可证的颁发管理工作;但中央管理企业所属非煤矿矿山的安全生产许可证颁发管理工作不得委托实施。

第五条 本实施办法所称的非煤矿矿山企业包括金属非金属矿山企业及其尾矿库、地质勘探单位、采掘施工企业、石油天然气企业。

金属非金属矿山企业,是指从事金属和非金属矿产资源开采活动的下列单位:

(一)专门从事矿产资源开采的生产单位;

(二)从事矿产资源开采、加工的联合生产企业及其矿山生产单位;

(三)其他非矿山企业中从事矿山生产的单位。

尾矿库,是指筑坝拦截谷口或者围地构成的,用以贮存金属非金属矿石选别后排出尾矿的场所,包括氧化铝厂赤泥库,不包括核工业矿山尾矿库及电厂灰渣库。

地质勘探单位,是指采用钻探工程、坑探工程对金属非金属矿产资源进行勘探作业的单位。

采掘施工企业,是指承担金属非金属矿山采掘工程施工的单位。

石油天然气企业,是指从事石油和天然气勘探、开发生产、储运的单位。

第二章 安全生产条件和申请

第六条 非煤矿矿山企业取得安全生产许可证,应当具备下列安全生产条件:

(一)建立健全主要负责人、分管负责人、安全生产管理人员、职能部门、岗位安全生产责任制;制定安全检查制度、职业危害预防制度、安全教育培训制度、生产安全事 故管理制度、重大危险源监控和重大隐患整改制度、设备安全管理制度、安全生产档案管理制度、安全生产奖惩制度等规章制度;制定作业安全规程和各工种操作规 程;

(二)安全投入符合安全生产要求,依照国家有关规定足额提取安全生产费用、缴纳并专户存储安全生产风险抵押金;

(三)设置安全生产管理机构,或者配备专职安全生产管理人员;

(四)主要负责人和安全生产管理人员经安全生产监督管理部门考核合格,取得安全资格证书;

(五)特种作业人员经有关业务主管部门考核合格,取得特种作业操作资格证书;

(六)其他从业人员依照规定接受安全生产教育和培训,并经考试合格;

(七)依法参加工伤保险,为从业人员缴纳保险费;

(八)制定防治职业危害的具体措施,并为从业人员配备符合国家标准或者行业标准的劳动防护用品;

(九)新建、改建、扩建工程项目依法进行安全评价,其安全设施经安全生产监督管理部门验收合格;

(十)危险性较大的设备、设施按照国家有关规定进行定期检测检验;

(十一)制定事故应急救援预案,建立事故应急救援组织,配备必要的应急救援器材、设备;生产规模较小可以不建立事故应急救援组织的,应当指定兼职的应急救援人员,并与邻近的矿山救护队或者其他应急救援组织签订救护协议;

(十二)符合有关国家标准、行业标准规定的其他条件。

第七条 中央管理的非煤矿矿山企业总部及其下属的跨省(自治区、直辖市)运营的石油天然气管道储运分(子)公司和海洋石油天然气企业申请领取安全生产许可证,向国家安全生产监督管理总局提出申请。

本条第一款规定以外的其他非煤矿矿山企业申请领取安全生产许可证,向企业所在地省级安全生产许可证颁发管理机关或其委托的设区的市级安全生产监督管理部门提出申请。

第八条 非煤矿矿山企业申请领取安全生产许可证,应当提交下列文件、资料:

(一)安全生产许可证申请书;

(二)工商营业执照复印件;

(三)采矿许可证复印件;

(四)各种安全生产责任制复印件;

(五)安全生产规章制度和操作规程目录清单;

(六)设置安全生产管理机构或者配备专职安全生产管理人员的文件复印件;

(七)主要负责人和安全生产管理人员安全资格证书复印件;

(八)特种作业人员操作资格证书复印件;

(九)足额提取安全生产费用、缴纳并存储安全生产风险抵押金的证明材料;

(十)为从业人员缴纳工伤保险费的证明材料;因特殊情况不能办理工伤保险的,可以出具办理安全生产责任保险或者雇主责任保险的证明材料;

(十一)危险性较大的设备、设施由具备相应资质的检测检验机构出具合格的检测检验报告;

(十二)事故应急救援预案,设立事故应急救援组织的文件或者与矿山救护队、其他应急救援组织签订的救护协议;

(十三)矿山建设项目安全设施经安全生产监督管理部门验收合格的证明材料。

第九条 非煤矿矿山企业总部申请领取安全生产许可证,不需要提交本实施办法第八条第(三)、(八)、(九)、(十)、(十一)、(十二)、(十三)项规定的文件、资料。

第十条 金属非金属矿山企业从事爆破作业的,除应当依照本实施办法第八条的规定提交相应文件、资料外,还应当提交《爆破作业单位许可证》。

第十一条 尾矿库申请领取安全生产许可证,不需要提交本实施办法第八条第(三)项规定的文件、资料。

第十二条 地质勘探单位申请领取安全生产许可证,不需要提交本实施办法第八条第(三)、(九)、(十三)项规定的文件、资料,但应当提交地质勘查资质证书复印件;从事爆破作业的,还应当提交《爆破作业单位许可证》。

第十三条 采掘施工企业申请领取安全生产许可证,不需要提交本实施办法第八条第(三)、(九)、(十三)项规定的文件、资料,但应当提交矿山工程施工相关资质证书复印件;从事爆破作业的,还应当提交《爆破作业单位许可证》。

第十四条 石油天然气勘探单位申请领取安全生产许可证,不需要提交本实施办法第八条第(三)、(十三)项规定的文件、资料;石油天然气管道储运单位申请领取安全生产许可证不需要提交本实施办法第八条第(三)项规定的文件、资料。

第十五条 非煤矿矿山企业应当对其向安全生产许可证颁发管理机关提交的文件、资料实质内容的真实性负责。

从事安全评价、检测检验的中介机构应当对其出具的安全评价报告、检测检验结果负责。

第三章　受理、审核和颁发

第十六条 安全生产许可证颁发管理机关对非煤矿矿山企业提交的申请书及文件、资料,应当依照下列规定分别处理:

(一)申请事项不属于本机关职权范围的,应当即时作出不予受理的决定,并告知申请人向有关机关申请;

(二)申请材料存在可以当场更正的错误的,应当允许或者要求申请人当场更正,并即时出具受理的书面凭证;

(三)申请材料不齐全或者不符合要求的,应当当场或者在5个工作日内一次性书面告知申请人需要补正的全部内容,逾期不告知的,自收到申请材料之日起即为受理;

(四)申请材料齐全、符合要求或者依照要求全部补正的,自收到申请材料或者全部补正材料之日起为受理。

第十七条 安全生产许可证颁发管理机关应当依照本实施办法规定的法定条件组织,对非煤矿矿山企业提交的申请材料进行审查,并在受理申请之日起45日内作出颁发或者不予颁发安全生产许可证的决定。安全生产许可证颁发管理机关认为有必要到现场对非煤矿矿山企业提交的申请材料进行复核的,应当到现场进行复核。复核时间不计算在本款规定的期限内。

对决定颁发的,安全生产许可证颁发管理机关应当自决定之日起10个工作日内送达或者通知申请人领取安全生产许可证;对决定不予颁发的,应当在10个工作日内书面通知申请人并说明理由。

第十八条 安全生产许可证颁发管理机关应当依照下列规定颁发非煤矿矿山企业安全生产许可证:

(一)对中央管理的金属非金属矿山企业总部,向企业总部颁发安全生产许可证;

(二)对金属非金属矿山企业,向企业及其所属各独立生产系统分别颁发安全生产许可证;对于只有一个独立生产系统的企业,只向企业颁发安全生产许可证;

(三)对中央管理的陆上石油天然气企业,向企业总部及其直接管理的分公司、子公司以及下一级与油气勘探、开发生产、储运直接相关的生产作业单位分别颁发安全生产 许可证;对设有分公司、子公司的地方石油天然气企业,向企业总部及其分公司、子公司颁发安全生产许可证;对其他陆上石油天然气企业,向具有法人资格的企业 颁发安全生产许可证;

(四)对海洋石油天然气企业,向企业及其直接管理的分公司、子公司以及下一级与油气开发生产直接相关的生产作业单位、独立生产系统分别颁发安全生产许可证;对其他海洋石油天然气企业,向具有法人资格的企业颁发安全生产许可证;

(五)对地质勘探单位,向最下级具有企事业法人资格的单位颁发安全生产许可证。对采掘施工企业,向企业颁发安全生产许可证;

(六)对尾矿库单独颁发安全生产许可证。

第四章　安全生产许可证延期和变更

第十九条　安全生产许可证的有效期为3年。安全生产许可证有效期满后需要延期的,非煤矿矿山企业应当在安全生产许可证有效期届满前3个月向原安全生产许可证颁发管理机关申请办理延期手续,并提交下列文件、资料:

(一)延期申请书;

(二)安全生产许可证正本和副本;

(三)本实施办法第二章规定的相应文件、资料。

金属非金属矿山独立生产系统和尾矿库,以及石油天然气独立生产系统和作业单位还应当提交由具备相应资质的中介服务机构出具的合格的安全现状评价报告。

金属非金属矿山独立生产系统和尾矿库在提出延期申请之前6个月内经考评合格达到安全标准化等级的,可以不提交安全现状评价报告,但需要提交安全标准化等级的证明材料。

安全生产许可证颁发管理机关应当依照本实施办法第十六条、第十七条的规定,对非煤矿矿山企业提交的材料进行审查,并作出是否准予延期的决定。决定准予延期的,应当收回原安全生产许可证,换发新的安全生产许可证;决定不准予延期的,应当书面告知申请人并说明理由。

第二十条　非煤矿矿山企业符合下列条件的,当安全生产许可证有效期届满申请延期时,经原安全生产许可证颁发管理机关同意,不再审查,直接办理延期手续:

(一)严格遵守有关安全生产的法律法规的;

(二)取得安全生产许可证后,加强日常安全生产管理,未降低安全生产条件,并达到安全标准化等级二级以上的;

(三)接受安全生产许可证颁发管理机关及所在地人民政府安全生产监督管理部门的监督检查的;

(四)未发生死亡事故的。

第二十一条　非煤矿矿山企业在安全生产许可证有效期内有下列情形之一的,应当自工商营业执照变更之日起30个工作日内向原安全生产许可证颁发管理机关申请变更安全生产许可证:

(一)变更单位名称的;

(二)变更主要负责人的;

(三)变更单位地址的;

(四)变更经济类型的;

(五)变更许可范围的。

第二十二条　非煤矿矿山企业申请变更安全生产许可证时,应当提交下列文件、资料:

(一)变更申请书;

(二)安全生产许可证正本和副本;

(三)变更后的工商营业执照、采矿许可证复印件及变更说明材料。

变更本实施办法第二十一条第(二)项的,还应当提交变更后的主要负责人的安全资格证书复印件。

对已经受理的变更申请,安全生产许可证颁发管理机关对申请人提交的文件、资料审查无误后,应当在10个工作日内办理变更手续。

第二十三条　安全生产许可证申请书、审查书、延期申请书和变更申请书由国家安全生产监督管理总局统一格式。

第二十四条　非煤矿矿山企业安全生产许可证分为正本和副本,正本和副本具有同等法律效力,正本为悬挂式,副本为折页式。

非煤矿矿山企业安全生产许可证由国家安全生产监督管理总局统一印制和编号。

第五章　安全生产许可证的监督管理

第二十五条　非煤矿矿山企业取得安全生产许可证后,应当加强日常安全生产管理,不得降低安全生产条件,并接受所在地县级以上安全生产监督管理部门的监督检查。

第二十六条　地质勘探单位、采掘施工单位在登记注册的省、自治区、直辖市以外从事作业的,应当向作业所在地县级以上安全生产监督管理部门备案。具体登记备案办法由省、自治区、直辖市人民政府安全生产监督管理部门制定。

跨省(自治区、直辖市)运营的石油天然气管道管理的单位,在其所在地安全生产许可证颁发管理机关申请领取安全生产许可证后,还应当到其所管辖管道途经的其他省(自治区、直辖市)安全生产监督管理部门登记备案。

第二十七条 非煤矿矿山企业不得转让、冒用、买卖、出租、出借或者使用伪造的安全生产许可证。

第二十八条 非煤矿矿山企业发现在安全生产许可证有效期内采矿许可证到期失效的,应当在采矿许可证到期前15日内向原安全生产许可证颁发管理机关报告,并交回安全生产许可证正本和副本。

采矿许可证被暂扣、撤销、吊销和注销的,非煤矿矿山企业应当在暂扣、撤销、吊销和注销后5日内向原安全生产许可证颁发管理机关报告,并交回安全生产许可证正本和副本。

第二十九条 安全生产许可证颁发管理机关应当坚持公开、公平、公正的原则,严格依照本实施办法的规定审查、颁发安全生产许可证。

安全生产许可证颁发管理机关工作人员在安全生产许可证颁发、管理和监督检查工作中,不得索取或者接受非煤矿矿山企业的财物,不得谋取其他利益。

第三十条 安全生产许可证颁发管理机关发现有下列情形之一的,应当撤销已经颁发的安全生产许可证:

(一)超越职权颁发安全生产许可证的;

(二)违反本实施办法规定的程序颁发安全生产许可证的;

(三)不具备本实施办法规定的安全生产条件颁发安全生产许可证的;

(四)以欺骗、贿赂等不正当手段取得安全生产许可证的。

第三十一条 取得安全生产许可证的非煤矿矿山企业有下列情形之一的,安全生产许可证颁发管理机关应当注销其安全生产许可证:

(一)终止生产活动的;

(二)安全生产许可证被依法撤销的;

(三)安全生产许可证被依法吊销的。

第三十二条 非煤矿矿山企业隐瞒有关情况或者提供虚假材料申请安全生产许可证的,安全生产许可证颁发管理机关不予受理,该企业在1年内不得再次申请安全生产许可证。

非煤矿矿山企业以欺骗、贿赂等不正当手段取得安全生产许可证后被依法予以撤销的,该企业3年内不得再次申请安全生产许可证。

第三十三条 县级以上地方人民政府安全生产监督管理部门负责本行政区域内取得安全生产许可证的非煤矿矿山企业的日常监督检查,并将监督检查中发现的问题及时报告安全生产许可证颁发管理机关。中央管理的非煤矿矿山企业由设区的市级以上地方人民政府安全生产监督管理部门负责日常监督检查。

国家安全生产监督管理总局负责取得安全生产许可证的中央管理的非煤矿矿山企业总部和海洋石油天然气企业的日常监督检查。

第三十四条 安全生产许可证颁发管理机关每6个月向社会公布取得安全生产许可证的非煤矿矿山企业名单。

第三十五条 安全生产许可证颁发管理机关应当将非煤矿矿山企业安全生产许可证颁发管理情况通报非煤矿矿山企业所在地县级以上地方人民政府及其安全生产监督管理部门。

第三十六条 安全生产许可证颁发管理机关应当加强对非煤矿矿山企业安全生产许可证的监督管理,建立、健全非煤矿矿山企业安全生产许可证信息管理制度。

省级安全生产许可证颁发管理机关应当在安全生产许可证颁发之日起1个月内将颁发和管理情况录入到全国统一的非煤矿矿山企业安全生产许可证管理系统。

第三十七条 任何单位或者个人对违反《安全生产许可证条例》和本实施办法规定的行为,有权向安全生产许可证颁发管理机关或者监察机关等有关部门举报。

第六章 罚 则

第三十八条 安全生产许可证颁发管理机关工作人员有下列行为之一的,给予降级或者撤职的行政处分;构成犯罪的,依法追究刑事责任:

(一)向不符合本实施办法规定的安全生产条件的非煤矿矿山企业颁发安全生产许可证的;

(二)发现非煤矿矿山企业未依法取得安全生产许可证擅自从事生产活动,不依法处理的;

(三)发现取得安全生产许可证的非煤矿矿山企业不再具备本实施办法规定的安全生产条件,不依法处理的;

(四)接到对违反本实施办法规定行为的举报后,不及时处理的;

(五)在安全生产许可证颁发、管理和监督检查工作中,索取或者接受非煤矿矿山企业的财物,或者谋取其他利益的。

第三十九条 承担安全评价、认证、检测、检验工作的机构，出具虚假证明，尚不够刑事处罚的，没收违法所得，违法所得在5000元以上的，并处违法所得2倍以上5倍以下的罚款；没有违法所得或者违法所得不足5000元的，单处或者并处5000元以上2万元以下的罚款，对其直接负责的主管人员和其他直接责任人员处5000元以上5万元以下的罚款；给他人造成损害的，与非煤矿矿山企业承担连带赔偿责任。

对有前款违法行为的机构，撤销其相应资格。

第四十条 取得安全生产许可证的非煤矿矿山企业不再具备本实施办法第六条规定的安全生产条件之一的，应当暂扣或者吊销其安全生产许可证。

第四十一条 取得安全生产许可证的非煤矿矿山企业有下列行为之一的，吊销其安全生产许可证：

(一)倒卖、出租、出借或者以其他形式非法转让安全生产许可证的；

(二)暂扣安全生产许可证后未按期整改或者整改后仍不具备安全生产条件的。

第四十二条 非煤矿矿山企业有下列行为之一的，责令停止生产，没收违法所得，并处10万元以上50万元以下的罚款：

(一)未取得安全生产许可证，擅自进行生产的；

(二)接受转让的安全生产许可证的；

(三)冒用安全生产许可证的；

(四)使用伪造的安全生产许可证的。

第四十三条 非煤矿矿山企业在安全生产许可证有效期内出现采矿许可证有效期届满和采矿许可证被暂扣、撤销、吊销、注销的情况，未依照本实施办法第二十八条的规定向安全生产许可证颁发管理机关报告并交回安全生产许可证的，处1万元以上3万元以下罚款。

第四十四条 非煤矿矿山企业在安全生产许可证有效期内，出现需要变更安全生产许可证的情形，未按本实施办法第二十一条的规定申请、办理变更手续的，责令限期办理变更手续，并处1万元以上3万元以下罚款。

地质勘探单位、采掘施工单位在登记注册地以外进行跨省作业，以及跨省(自治区、直辖市)运营的石油天然气管道管理的单位，未按照本实施办法第二十六条的规定登记备案的，责令限期办理登记备案手续，并处1万元以上3万元以下的罚款。

第四十五条 非煤矿矿山企业在安全生产许可证有效期满未办理延期手续，继续进行生产的，责令停止生产，限期补办延期手续，没收违法所得，并处5万元以上10万元以下的罚款；逾期仍不办理延期手续，继续进行生产的，依照本实施办法第四十二条的规定处罚。

第四十六条 非煤矿矿山企业转让安全生产许可证的，没收违法所得，并处10万元以上50万元以下的罚款。

第四十七条 本实施办法规定的行政处罚，由安全生产许可证颁发管理机关决定。安全生产许可证颁发管理机关可以委托县级以上安全生产监督管理部门实施行政处罚。但撤销、吊销安全生产许可证和撤销有关资格的行政处罚除外。

第七章 附 则

第四十八条 本实施办法所称非煤矿矿山企业独立生产系统，是指具有相对独立的采掘生产系统及通风、运输(提升)、供配电、防排水等辅助系统的作业单位。

第四十九条 危险性较小的地热、温泉、矿泉水、卤水、砖瓦用粘土等资源开采活动的安全生产许可，由省级安全生产许可证颁发管理机关决定。

第五十条 同时开采煤炭与金属非金属矿产资源且以煤炭、煤层气为主采矿种的煤系矿山企业应当申请领取煤矿企业安全生产许可证，不再申请领取非煤矿矿山企业安全生产许可证。

第五十一条 本实施办法自公布之日起施行。2004年5月17日原国家安全生产监督管理局(国家煤矿安全监察局)公布的《非煤矿山企业安全生产许可证实施办法》同时废止。

国家安全生产监督管理总局令

第26号

《冶金企业安全生产监督管理规定》已经2009年8月24日国家安全生产监督管理总局局长办公会议审议通过，现予公布，自2009年11月1日起施行。

局 长:骆 琳

2009年9月8日

冶金企业安全生产监督管理规定

第一章　总　则

第一条　为了加强冶金企业安全生产监督管理工作，防止和减少生产安全事故和职业危害，保障从业人员的生命安全与健康，根据安全生产法等法律、行政法规，制定本规定。

第二条　从事炼铁、炼钢、轧钢、铁合金生产作业活动和钢铁企业内与主工艺流程配套的辅助工艺环节的安全生产及其监督管理，适用本规定。

第三条　国家安全生产监督管理总局对全国冶金安全生产工作实施监督管理。

县级以上地方人民政府安全生产监督管理部门按照属地监管、分级负责的原则，对本行政区域内的冶金安全生产工作实施监督管理。

第四条　冶金企业是安全生产的责任主体，其主要负责人是本单位安全生产第一责任人，相关负责人在各自职责内对本单位安全生产工作负责。集团公司对其所属分公司、子公司、控股公司的安全生产工作负管理责任。

第二章　安全保障

第五条　冶金企业应当遵守有关安全生产法律、法规、规章和国家标准或者行业标准的规定。

焦化、氧气及相关气体制备、煤气生产（不包括回收）等危险化学品生产单位应当按照国家有关规定，取得危险化学品生产企业安全生产许可证。

第六条　冶金企业应当建立健全安全生产责任制和安全生产管理制度，完善各工种、岗位的安全技术操作规程。

第七条　冶金企业的从业人员超过300人的，应当设置安全生产管理机构，配备不少于从业人员3‰比例的专职安全生产管理人员；从业人员在300人以下的，应当配备专职或者兼职安全生产管理人员。

第八条　冶金企业应当保证安全生产所必须的资金投入，并用于下列范围：

（一）完善、改造和维护安全防护设备设施；

（二）安全生产教育培训和配备劳动防护用品；

（三）安全评价、重大危险源监控、重大事故隐患评估和整改；

（四）职业危害防治，职业危害因素检测、监测和职业健康体检；

（五）设备设施安全性能检测检验；

（六）应急救援器材、装备的配备及应急救援演练；

（七）其他与安全生产直接相关的物品或者活动。

第九条　冶金企业主要负责人、安全生产管理人员应当接受安全生产教育和培训，具备与本单位所从事的生产经营活动相适应的安全生产知识和管理能力。特种作业人员必须按照国家有关规定经专门的安全培训考核合格，取得特种作业操作资格证书后，方可上岗作业。

冶金企业应当定期对从业人员进行安全生产教育和培训，保证从业人员具备必要的安全生产知识，了解有关的安全生产法律法规，熟悉规章制度和安全技术操作规程，掌握本岗位的安全操作技能。未经安全生产教育和培训合格的从业人员，不得上岗作业。

冶金企业应当按照有关规定对从事煤气生产、储存、输送、使用、维护检修的人员进行专门的煤气安全基本知识、煤气安全技术、煤气监测方法、煤气中毒紧急救护技术等内容的培训，并经考核合格后，方可安排其上岗作业。

第十条　冶金企业的新建、改建、扩建工程项目（以下统称建设项目）的安全设施、职业危害防护设施必须符合有关安全生产法律、法规、规章和国家标准或者行业标准的规定，并与主体工程同时设计、同时施工、同时投入生产和使用（以下统称“三同时”）。安全设施和职业危害防护设施的投资应当纳入建设项目概算。建设单位对建设项目的安全设施“三同时”负责。建设单位应当按照有关规定组织建设项目安全设施的设计审查和竣工验收。

第十一条　建设项目在可行性研究阶段应当委托具有相应资质的中介机构进行安全预评价。

建设项目进行初步设计时，应当选择具有相应资质的设计单位按照规定编制安全专篇。安全专篇应当包括有关安全预评价报告的内容，符合有关安全生产法律、法规、规章和国家标准或者行业标准的规定。

第十二条　建设项目安全设施应当由具有相应资质的施工单位施工。施工单位应当按照设计方案进行施工，并对安全设施的施工质量负责。

建设项目安全设施设计作重大变更的，应当经原设计单位同意，并报安全生产监督管理部门备案。

第十三条　建设项目安全设施竣工后，应当委托具有相应资质的中介机构进行安全验收评价。建设项目安全设施经验收合格后，方可投入生产和使用。

安全预评价报告、安全专篇、安全验收评价报告应当报安全生产监督管理部门备案。

第十四条 冶金企业应当对本单位存在的各类危险源进行辨识，实行分级管理。对于构成重大危险源的，应当登记建档，进行定期检测、评估和监控，并报安全生产监督管理部门备案。

第十五条 冶金企业应当按照国家有关规定，加强职业危害的防治与职业健康监护工作，采取有效措施控制职业危害，保证作业场所的职业卫生条 件符合法律、行政法规和国家标准或者行业标准的规定。

计量检测用的放射源应当按照有关规定取得放射物品使用许可证。

第十六条 冶金企业应当建立隐患排查治理制度，开展安全检查；对检查中发现的事故隐患，应当及时整改；暂时不能整改完毕的，应当制定具体整改计划，并采取可靠的安全保障措施。检查及整改情况应当记录在案。

第十七条 冶金企业应当加强对施工、检修等工程项目和生产经营项目、场所（以下简称工程项目）承包单位的安全管理，不得将工程项目发包给不具备相应资质的单位。工程项目承包协议应当明确规定双方的安全生产责任和义务。安全措施费用应当纳入工程项目承包费用。

冶金企业应当全面负责工程项目的安全生产工作，承包单位应当服从统一管理，并对工程项目的现场安全管理具体负责。

工程项目不得违法转包、分包。

第十八条 冶金企业应当从合法的劳务公司录用劳务人员，并与劳务公司签订合同，对劳务人员进行统一的安全生产教育和培训。

第十九条 冶金企业应当建立健全事故应急救援体系，制定相应的事故应急预案，配备必要的应急救援装备与器材，定期开展应急宣传、教育、培训、演练，并按照规定对事故应急预案进行评审和备案。

第二十条 冶金企业应当建立安全检查与隐患整改记录、安全培训记录、事故记录、从业人员健康监护记录、危险源管理记录、安全资金投入和使用记录、安全管理台账、劳动防护用品发放台账、"三同时"审查和验收资料、有关设计资料及图纸、安全预评价报告、安全专篇、安全验收评价报告等档案管理制度，对有关安全生产的文件、报告、记录等及时归档。

第二十一条 冶金企业的会议室、活动室、休息室、更衣室等人员密集场所应当设置在安全地点，不得设置在高温液态金属的吊运影响范围内。

第二十二条 冶金企业内承受重荷载和受高温辐射、热渣喷溅、酸碱腐蚀等危害的建（构）筑物，应当按照有关规定定期进行安全鉴定。

第二十三条 冶金企业应当在煤气储罐区等可能发生煤气泄漏、聚集的场所，设置固定式煤气检测报警仪，建立预警系统，悬挂醒目的安全警示牌，并加强通风换气。

进入煤气区域作业的人员，应当携带煤气检测报警仪器；在作业前，应当检查作业场所的煤气含量，并采取可靠的安全防护措施，经检查确认煤气含量符合规定后，方可进入作业。

第二十四条 氧气系统应当采取可靠的安全措施，防止氧气燃爆事故以及氮气、氩气、珠光砂窒息事故。

第二十五条 冶金企业应当为从业人员配备与工作岗位相适应的符合国家标准或者行业标准的劳动防护用品，并监督、教育从业人员按照使用规则佩戴、使用。

从业人员在作业过程中，应当严格遵守本单位的安全生产规章制度和操作规程，服从管理，正确佩戴和使用劳动防护用品。

第二十六条 冶金企业对涉及煤气、氧气、氢气等危险化学品生产、输送、使用、储存的设施以及油库、电缆隧道（沟）等重点防火部位，应当按照有关规定采取有效、可靠的防火防爆措施。

第二十七条 冶金企业应当根据本单位的安全生产实际状况，科学、合理确定煤气柜容积，按照《工业企业煤气安全规程》（GB6222）的规定，合理选择柜址位置，设置安全保护装置，制定煤气柜事故应急预案。

第二十八条 冶金企业应当定期对安全设备设施和安全保护装置进行检查、校验。对超过使用年限和不符合国家产业政策的设备，及时予以报废。对现有设备设施进行更新或者改造的，不得降低其安全技术性能。

第二十九条 冶金企业从事检修作业前，应当制定相应的安全技术措施及应急预案，并组织落实。对危险性较大的检修作业，其安全技术措施和应急预案应当经本单位负责安全生产管理的机构审查同意。在可能发生火灾、爆炸的区域进行动火作业，应当按照有关规定执行动火审批制度。

第三十条 冶金企业应当积极开展安全生产标准化工作，逐步提高企业的安全生产水平。

冶金企业发生生产安全事故后，应当按照有关规定及时报告安全生产监督管理部门和有关部门，并组织事故应急救援。

第三章 监督管理

第三十一条 安全生产监督管理部门及其监督检查人员应当加强对冶金企业安全生产的监督检查，对违反安全生产法律、法规、规章、国家标准或者行业标准和本规定的安全生产违法行为,依法实施行政处罚。

第三十二条 安全生产监督管理部门应当建立健全建设项目安全预评价、安全专篇、安全验收评价的备案管理制度,加强建设项目安全设施的“三同时”的监督检查。

第三十三条 安全生产监督管理部门应当加强对监督检查人员的冶金专业知识培训,提高行政执法能力。

安全生产监督管理部门应当为进入冶金企业特定作业场所进行监督检查的人员,配备必需的个体防护用品和监测检查仪器。

第三十四条 监督检查人员执行监督检查任务时,必须出示有效的执法证件,并由2人以上共同进行;检查及处理情况应当依法记录在案。对涉及被检查单位的技术秘密和业务秘密,应当为其保密。

第三十五条 安全生产监督管理部门应当加强本行政区域内冶金企业应急预案的备案管理,并将重大冶金事故应急救援纳入地方人民政府整体应急救援体系。

第四章 罚 则

第三十六条 监督检查人员在对冶金企业进行监督检查时,滥用职权、玩忽职守、徇私舞弊的,依照有关规定给予行政处分;构成犯罪的,依法追究刑事责任。

第三十七条 冶金企业违反本规定第二十一条、第二十三条、第二十四条、第二十七条规定的,给予警告,并处1万元以上3万元以下的罚款。

第三十八条 冶金企业有下列行为之一的,责令限期改正;逾期未改正的,处2万元以下的罚款:

(一)安全预评价报告、安全专篇、安全验收评价报告未按照规定备案的;

(二)煤气生产、输送、使用、维护检修人员未经培训合格上岗作业的;

(三)未从合法的劳务公司录用劳务人员,或者未与劳务公司签订合同,或者未对劳务人员进行统一安全生产教育和培训的。

第五章 附 则

第三十九条 本规定2009年11月1日起施行。

国家安全生产监督管理总局令

第28号

《煤矿防治水规定》已经2009年8月17日国家安全生产监督管理总局局长办公会议审议通过,现予公布,自2009年12月1日起施行。1984年5月15日原煤炭工业部颁发的《矿井水文地质规程》(试行)和1986年9月9日原煤炭工业部颁发的《煤矿防治水工作条例》(试行)同时废止。

局 长:骆 琳

2009年9月21日

煤矿防治水规定

第一章 总 则

第一条 为加强煤矿的防治水工作,防止和减少水害事故,保障煤矿职工生命安全,根据《安全生产法》、《矿山安全法》、《国务院关于预防煤矿生产安全事故的特别规定》等法律、行政法规,制定本规定。

第二条 煤矿企业(矿井)、有关单位的防治水工作,适用本规定。

现行煤矿安全规程、规范、标准等有关防治水的内容与本规定不一致的,依照本规定执行。

第三条 防治水工作应当坚持预测预报、有疑必探、先探后掘、先治后采的原则,采取防、堵、疏、排、截的综合治理措施。

第四条 煤矿企业、矿井的主要负责人(含法定代表人、实际控制人,下同)是本单位防治水工作的第一责任人,总工程师(技术负责人,下同)具体负责防治水的技术管理工作。

第五条 煤矿企业、矿井应当按照本单位的水害情况,配备满足工作需要的防治水专业技术人员,配齐专用探放水设备,建立专门的探放水作业队伍。

水文地质条件复杂、极复杂的煤矿企业、矿井,除符合本条第一款规定外,还应当设立专门的防治水机构。

第六条 煤矿企业、矿井应当建立健全水害防治岗位责任制、水害防治技术管理制度、水害预测预报制度和水害隐患排查治理制度。

第七条 煤矿企业、矿井应当编制本单位的防治水中长期规划和年度计划,并组织实施。

第八条 煤矿企业、矿井的井田范围内及周边区域水文地质条件不清楚的,应当采取有效措施,查明水害情况。在水害情况查明前,严禁进行采掘活动。

发现矿井有透水征兆时,应当立即停止受水害威胁区域内的采掘作业,撤出作业人员到安全地点,采取有效安全措施,分析查找透水原因。

第九条 煤矿企业、矿井应当对职工进行防治水知识的教育和培训,保证职工具备必要的防治水知识,提高防治水工作的技能和抵御水灾的能力。

第十条 煤矿企业、矿井应当加强防治水技术研究和科技攻关,推广使用防治水的新技术、新装备和新工艺,提高防治水工作的科技水平。

水文地质条件复杂、极复杂的煤矿企业、矿井,应当装备必要的防治水抢险救灾设备。

第二章 矿井水文地质类型划分及基础资料

第一节 矿井水文地质类型划分

第十一条 根据矿井受采掘破坏或者影响的含水层及水体、矿井及周边老空水分布状况、矿井涌水量或者突水量分布规律、矿井开采受水害影响程度以及防治水工作难易程度,矿井水文地质类型划分为简单、中等、复杂、极复杂等4种。

第十二条 矿井应当对本单位的水文地质情况进行研究,编制矿井水文地质类型划分报告,并确定本单位的矿井水文地质类型。矿井水文地质类型划分报告,由煤矿企业总工程师负责组织审定。

矿井水文地质类型划分报告,应当包括下列主要内容:

(一)矿井所在位置、范围及四邻关系,自然地理等情况;

(二)以往地质和水文地质工作评述;

(三)井田水文地质条件及含水层和隔水层分布规律和特征;

(四)矿井充水因素分析,井田及周边老空区分布状况;

(五)矿井涌水量的构成分析,主要突水点位置、突水量及处理情况;

(六)对矿井开采受水害影响程度和防治水工作难易程度评价;

(七)矿井水文地质类型划分及防治水工作建议。

第十三条 矿井水文地质类型应当每3年进行重新确定。当发生重大突水事故后,矿井应当在1年内重新确定本单位的水文地质类型。

重大突水事故,是指突水量首次达到300立方米/小时以上或者造成死亡3人以上的突水事故。

第二节 矿井防治水基础资料

第十四条 矿井应当编制井田地质报告、建井设计和建井地质报告。井田地质报告、建井设计和建井地质报告应当有相应的防治水内容。

第十五条 矿井应当按照规定编制下列防治水图件:

(一)矿井充水性图;

(二)矿井涌水量与各种相关因素动态曲线图;

(三)矿井综合水文地质图;

(四)矿井综合水文地质柱状图;

(五)矿井水文地质剖面图。

其他有关防治水图件由矿井根据实际需要编制。

矿井应当建立数字化图件,内容真实可靠,并每半年对图纸内容进行修正完善。

矿井水文地质主要图件内容及要求见附录一。

第十六条 矿井应当建立下列防治水基础台账:

(一)矿井涌水量观测成果台账;

(二)气象资料台账;

(三)地表水文观测成果台账;

(四)钻孔水位、井泉动态观测成果及河流渗漏台账;

(五)抽(放)水试验成果台账;

(六)矿井突水点台账;

(七)井田地质钻孔综合成果台账;

(八)井下水文地质钻孔成果台账;

(九)水质分析成果台账;

(十)水源水质受污染观测资料台账;

(十一)水源井(孔)资料台账;

(十二)封孔不良钻孔资料台账;

(十三)矿井和周边煤矿采空区相关资料台账;

(十四)水闸门(墙)观测资料台账;

(十五)其他专门项目的资料台账。

矿井防治水基础台账,应当认真收集、整理,实行计算机数据库管理,长期保存,并每半年修正1次。

第十七条 新建矿井应当按照矿井建井的有关规定,在建井期间收集、整理、分析有关矿井水文地质资料,并在建井完成后将资料全部移交给生产单位。

新建矿井应当编制下列主要图件:

(一)水文地质观测台账和成果;

(二)突水点台账、记录和有关防治水的技术总结,以及注浆堵水记录和有关资料;

(三)井筒及主要巷道水文地质实测剖面;

（四）建井水文地质补充勘探成果；

（五）建井水文地质报告（可与建井地质报告合在一起）。

第十八条 矿井在废弃关闭之前，应当编写闭坑报告。闭坑报告应当包括下列主要内容：

（一）闭坑前的矿井采掘空间分布情况，对可能存在的充水水源、通道、积水量和水位等情况的分析评价；

（二）闭坑对邻近生产矿井安全的影响和采取的防治水措施。

闭坑报告（包括图纸资料）应当报所在地煤炭行业管理部门备案。

第十九条 矿井应当建立水文地质信息管理系统，实现矿井水文地质文字资料收集、数据采集、图件绘制、计算评价和矿井防治水预测预报一体化。

第三章　水文地质补充调查与勘探

第一节　水文地质补充调查

第二十条 当矿区或者矿井现有水文地质资料不能满足生产建设的需要时，应当针对存在的问题进行专项水文地质补充调查。矿区或者矿井未进行过水文地质调查或者水文地质工作程度较低的，应当进行补充水文地质调查。

第二十一条 水文地质补充调查范围应当覆盖一个具有相对独立补给、径流、排泄条件的地下水系统。

第二十二条 水文地质补充调查除采用传统方法外，还可采用遥感、全球卫星定位、地理信息系统等新技术、新方法。

第二十三条 水文地质补充调查，应当包括下列主要内容：

（一）资料收集。收集降水量、蒸发量、气温、气压、相对湿度、风向、风速及其历年月平均值和两极值等气象资料。收集调查区内以往勘查研究成果，动态观测资料，勘探钻孔、供水井钻探及抽水试验资料；

（二）地貌地质的情况。调查收集由开采或地下水活动诱发的崩塌、滑坡、人工湖等地貌变化、岩溶发育矿区的各种岩溶地貌形态。对第四系松散覆盖层和基岩露头，查明其时代、岩性、厚度、富水性及地下水的补排方式等情况，并划分含水层或相对隔水层。查明地质构造的形态、产状、性质、规模、破碎带（范围、充填物、胶结程度、导水性）及有无泉水出露等情况，初步分析研究其对矿井开采的影响；

（三）地表水体的情况。调查与收集矿区河流、水渠、湖泊、积水区、山塘和水库等地表水体的历年水位、流量、积水量、最大洪水淹没范围、含泥砂量、水质和地表水体与下伏含水层的水力关系等。对可能渗漏补给地下水的地段应当进行详细调查，并进行渗漏量监测；

（四）井泉的情况。调查井泉的位置、标高、深度、出水层位、涌水量、水位、水质、水温、有无气体溢出、溢出类型、流量（浓度）及其补给水源，并素描泉水出露的地形地质平面图和剖面图；

（五）古井老窑的情况。调查古井老窑的位置及开采、充水、排水的资料及老窑停采原因等情况，察看地形，圈出采空区，并估算积水量；

（六）生产矿井的情况。调查研究矿区内生产矿井的充水因素、充水方式、突水层位、突水点的位置与突水量，矿井涌水量的动态变化与开采水平、开采面积的关系，以往发生水害的观测研究资料和防治水措施及效果；

（七）周边矿井的情况。调查周边矿井的位置、范围、开采层位、充水情况、地质构造、采煤方法、采出煤量、隔离煤柱以及与相邻矿井的空间关系，以往发生水害的观测研究资料，并收集系统完整的采掘工程平面图及有关资料；

（八）地面岩溶的情况。调查岩溶发育的形态、分布范围。详细调查对地下水运动有明显影响的补给和排泄通道，必要时可进行连通试验和暗河测绘工作。分析岩溶发育规律和地下水径流方向，圈定补给区，测定补给区内的渗漏情况，估算地下水径流量。对有岩溶塌陷的区域，进行岩溶塌陷的测绘工作。

第二节　地面水文地质观测

第二十四条 矿区、矿井地面水文地质观测应当包括下列主要内容：

（一）进行气象观测。距离气象台（站）大于 30 千米的矿区（井），设立气象观测站。站址的选择和气象观测项目，符合气象台（站）的要求。距气象台（站）小于 30 千米的矿区（井），可以不设立气象观测站，仅建立雨量观测站；

（二）进行地表水观测。地表水观测项目与地表水调查内容相同。一般情况下，每月进行 1 次地表水观测；雨季或暴雨后，根据工作需要，增加相应的观测次数；

（三）进行地下水动态观测。观测点应当布置在下列地段和层位：

1. 对矿井生产建设有影响的主要含水层；

2. 影响矿井充水的地下水强径流带（构造破碎带）；

3. 可能与地表水有水力联系的含水层；

4. 矿井先期开采的地段；

5. 在开采过程中水文地质条件可能发生变化的

地段；

6. 人为因素可能对矿井充水有影响的地段；

7. 井下主要突水点附近，或者具有突水威胁的地段；

8. 疏干边界或隔水边界处。

观测点的布置，应当尽量利用现有钻孔、井、泉等。观测内容包括水位、水温和水质等。对泉水的观测，还应当观测其流量。

观测点应当统一编号，设置固定观测标志，测定坐标和标高，并标绘在综合水文地质图上。观测点的标高应当每年复测 1 次；如有变动，应当随时补测。

第二十五条 矿井应当在开采前的 1 个水文年内进行地面水文地质观测工作。在采掘过程中，应当坚持日常观测工作；在未掌握地下水的动态规律前，应当每 7 ~ 10 日观测 1 次；待掌握地下水的动态规律后，应当每月观测 1 ~ 3 次；当雨季或者遇有异常情况时，应当适当增加观测次数。水质监测每年不少于 2 次，丰、枯水期各 1 次。

技术人员进行观测工作时，应当按照固定的时间和顺序进行，并尽可能在最短时间内测完，并注意观测的连续性和精度。钻孔水位观测每回应当有 2 次读数，其差值不得大于 2 厘米，取值可用平均数。测量工具使用前应当校验。水文地质类型属于复杂、极复杂的矿井，应当尽量使用智能自动水位仪观测、记录和传输数据。

第三节　井下水文地质观测

第二十六条 对新开凿的井筒、主要穿层石门及开拓巷道，应当及时进行水文地质观测和编录，并绘制井筒、石门、巷道的实测水文地质剖面图或展开图。

当井巷穿过含水层时，应当详细描述其产状、厚度、岩性、构造、裂隙或者岩溶的发育与充填情况，揭露点的位置及标高、出水形式、涌水量和水温等，并采取水样进行水质分析。

遇含水层裂隙时，应当测定其产状、长度、宽度、数量、形状、尖灭情况、充填程度及充填物等，观察地下水活动的痕迹，绘制裂隙玫瑰图，并选择有代表性的地段测定岩石的裂隙率。测定的面积：较密集裂隙，可取 1 ~ 2平方米；稀疏裂隙，可取 4 ~ 10 平方米。其计算公式为

$$K_T = \frac{\sum lb}{A} \times 100\%$$

式中　K_T——裂隙率，%；

A——测定面积，平方米；

l——裂隙长度，米；

b——裂隙宽度，米。

遇岩溶时，应当观测其形态、发育情况、分布状况、有无充填物和充填物成分及充水状况等，并绘制岩溶素描图。

遇断裂构造时，应当测定其断距、产状、断层带宽度，观测断裂带充填物成分、胶结程度及导水性等。

遇褶曲时，应当观测其形态、产状及破碎情况等。

遇陷落柱时，应当观测陷落柱内外地层岩性与产状、裂隙与岩溶发育程度及涌水等情况，判定陷落柱发育高度，并编制卡片、附平面图、剖面图和素描图。

遇突水点时，应当详细观测记录突水的时间、地点、确切位置，出水层位、岩性、厚度，出水形式，围岩破坏情况等，并测定涌水量、水温、水质和含砂量等。同时，应当观测附近的出水点和观测孔涌水量和水位的变化，并分析突水原因。各主要突水点可以作为动态观测点进行系统观测，并应当编制卡片，附平面图和素描图。

对于大中型煤矿发生 300 立方米/小时以上的突水、小型煤矿发生 60 立方米/小时以上的突水，或者因突水造成采掘区域和矿井被淹的，应当将突水情况及时上报所在地煤矿安全监察机构和地方人民政府负责煤矿安全生产监督管理的部门、煤炭行业管理部门。

按照突水点每小时突水量的大小，将突水点划分为小突水点、中等突水点、大突水点、特大突水点等 4 个等级：

（一）小突水点：$Q \leqslant 60$ 立方米/小时；

（二）中等突水点：60 立方米/小时 $< Q \leqslant 600$ 立方米/小时；

（三）大突水点：600 立方米/小时 $< Q \leqslant 1800$ 立方米/小时；

（四）特大突水点：$Q > 1800$ 立方米/小时。

第二十七条 矿井应当加强矿井涌水量的观测工作和水质的监测工作。

矿井应当分井、分水平设观测站进行涌水量的观测，每月观测次数不少于 3 次。对于出水较大的断裂破碎带、陷落柱，应当单独设立观测站进行观测，每月观测 1 ~ 3 次。对于水质的监测每年不少于 2 次，丰、枯水期各 1 次。涌水量出现异常、井下发生突水或者受降水影响矿井的雨季时段，观测频率应当适当增加。

对于井下新揭露的出水点，在涌水量尚未稳定或尚未掌握其变化规律前，一般应当每日观测 1 次。对溃入性涌水，在未查明突水原因前，应当每隔 1 ~ 2 小时观测 1 次，以后可适当延长观测间隔时间，并采取水样进行水质分析。涌水量稳定后，可按井下正常观测时间观测。

当采掘工作面上方影响范围内有地表水体、富水性强的含水层、穿过与富水性强的含水层相连通的构

造断裂带或接近老空积水区时，应当每日观测涌水情况，掌握水量变化。含水层富水性的等级标准见附录二。

对于新凿立井、斜井，垂深每延深10米，应当观测1次涌水量。掘进至新的含水层时，如果不到规定的距离，也应当在含水层的顶底板各测1次涌水量。

当进行矿井涌水量观测时，应当注重观测的连续性和精度，采用容积法、堰测法、浮标法、流速仪法或者其他先进的测水方法。测量工具和仪表应当定期校验，以减少人为误差。

第二十八条 当井下对含水层进行疏水降压时，在涌水量、水压稳定前，应当每小时观测1~2次钻孔涌水量和水压；待涌水量、水压基本稳定后，按照正常观测的要求进行。疏放老空水的，应当每日进行观测。

第四节 水文地质补充勘探

第二十九条 矿井有下列情形之一的，应当进行水文地质补充勘探工作：

（一）矿井主要勘探目的层未开展过水文地质勘探工作的；

（二）矿井原勘探工程量不足，水文地质条件尚未查清的；

（三）矿井经采掘揭露煤岩层后，水文地质条件比原勘探报告复杂的；

（四）矿井经长期开采，水文地质条件已发生较大变化，原勘探报告不能满足生产要求的；

（五）矿井开拓延深、开采新煤系（组）或者扩大井田范围设计需要的；

（六）矿井巷道顶板处于特殊地质条件部位或者深部煤层下伏强充水含水层，煤层底板带压，专门防治水工程提出特殊要求的；

（七）各种井巷工程穿越强富水性含水层时，施工需要的。

第三十条 水文地质补充勘探工程量布置，应当满足相应的工作程度，并达到防治水工作的要求。

矿井进行水文地质补充勘探时，应当对包括勘探矿区在内的区域地下水系统进行整体分析研究；在矿井井田以外区域，应当以水文地质测绘调查为主；在矿井井田以内区域，应当以水文地质物探、钻探和抽（放）水试验等为主。

矿井水文地质补充勘探工作应当根据矿井水文地质类型和具体条件，综合运用水文地质补充调查、地球物理勘探、水文地质钻探、抽（放）水试验、水化学和同位素分析、地下水动态观测、采样测试等各种勘查技术手段，积极采用新技术、新方法。

矿井水文地质补充勘探应当编制补充勘探设计，经煤矿企业总工程师组织审查后实施。补充勘探设计应当依据充分、目的明确、工程布置针对性强，并充分利用矿井现有条件，做到井上、井下相结合。

水文地质补充勘探工作完成后，应当及时提交成果报告或者资料，由煤矿企业总工程师组织审查、验收。

第五节 地面水文地质补充勘探

第三十一条 矿井进行水文地质钻探时，每个钻孔都应当按照勘探设计要求进行单孔设计，包括钻孔结构、孔斜、岩芯采取率、封孔止水要求、终孔直径、终孔层位、简易水文观测、抽水试验、地球物理测井及采样测试、封孔质量、孔口装置和测量标志要求等。

钻孔施工主要技术指标，应当符合下列要求：

（一）以煤层底板水害为主的矿井，其水文地质补充勘探钻孔的终孔深度，以揭露下伏主要含水层段为原则；

（二）所有勘探钻孔均进行水文测井工作。对有条件的，可以进行流量测井、超声成像、钻孔电视探测等，配合钻探取芯划分含、隔水层，为取得有关参数提供依据；

（三）主要含水层或试验段（观测段）采用清水钻进。遇特殊情况需改用泥浆钻进时，经钻孔施工单位地质部门同意后，可以采用低固相优质泥浆，并采取有效的洗孔措施；

（四）钻孔孔径视钻孔目的确定。抽水试验孔试验段孔径，以满足设计的抽水量和安装抽水设备为原则；水位观测孔观测段孔径，应当满足止水和水位观测的要求；

（五）抽水试验钻孔的孔斜，满足选用抽水设备和水位观测仪器的工艺要求；

（六）钻孔取芯钻进，并进行岩芯描述。岩芯采取率：岩石大于70%；破碎带大于50%；黏土大于70%；砂和砂砾层大于30%。当采用水文物探测井，能够正确划分地层和含（隔）水层位置及厚度时，可以适当减少取芯；

（七）在钻孔分层（段）隔离止水时，通过提水、注水和水文测井等不同方法，检查止水效果，并作正式记录；不合格的，重新止水；

（八）除长期动态观测钻孔外，其余钻孔都使用高标号水泥浆封孔，并取样检查封孔质量；

（九）观测孔竣工后，进行抽水洗孔，以确保观测层（段）不被淤塞。

水文地质钻孔应当做好简易水文地质观测，其技术要求参照相关规程、规范进行。对没有简易水文地质观测资料的钻孔，应当降低其质量等级或者不予验收。

水文地质观测孔，应当安装孔口装置和长期观测测量标志，并采取有效措施予以保护，保证坚固耐用、观测方便；遇有损坏或堵塞时，应当及时进行处理。

第三十二条 生产矿井水文地质补充勘探的抽水试验质量，应当达到有关国家标准、行业标准的规定。

抽水试验的水位降深，应当根据设备能力达到最大降深，降深次数不少于3次，降距合理分布。当受开采影响导致钻孔水位较深时，可以仅做1次最大降深抽水试验。在降深过程的观测中，应当考虑非稳定流计算的要求，并适当延长时间。

对水文地质复杂型或者极复杂型的矿井，如果采用小口径抽水不能查明水文地质、工程地质（地面岩溶塌陷）条件时，可以进行井下放水试验；如果井下条件不具备的，应当进行大口径、大流量群孔抽水试验。采取群孔抽水试验，应当单独编制设计，经煤矿企业总工程师组织审查同意后实施。

大口径群孔抽水试验的延续时间，应当根据水位流量过程曲线稳定趋势而确定，一般不少于10日；当受开采疏水干扰，导致水位无法稳定时，应当根据具体情况研究确定。

为查明受采掘破坏影响的含水层与其他含水层或者地表水体等之间有无水力联系，可以结合抽（放）水进行连通（示踪）试验。

抽水前，应当对试验孔、观测孔及井上、井下有关的水文地质点，进行水位（压）、流量观测。必要时，可以另外施工专门钻孔测定大口径群孔的中心水位。

第三十三条 对于因矿井防渗漏研究岩石渗透性，或者因含水层水位很深致使无法进行抽水试验的，可以进行注水试验。

注水试验应当编制试验设计。试验设计包括试验层段的起、止深度；孔径及套管下入层位、深度及止水方法；采用的注水设备、注水试验方法，以及注水试验质量要求等内容。

注水试验施工主要技术指标，应当符合下列要求：

（一）根据岩层的岩性和孔隙、裂隙发育深度，确定试验孔段，并严格做好止水工作；

（二）注水试验前，彻底洗孔，以保证疏通含水层，并测定钻孔水温和注入水的温度；

（三）注水试验正式注水前及正式注水结束后，进行静止水位和恢复水位的观测。

第三十四条 物探工作布置、参数确定、检查点数量和重复测量误差、资料处理等，应当符合有关国家标准、行业标准的规定。

进行物探作业前，应当根据勘探区的水文地质条件、被探测地质体的地球物理特征和不同的工作目的等因素确定勘探方案。进行物探作业时，可以采用多种物探方法进行综合探测。

物探工作结束后，应当提交相应的综合成果图件。物探成果应当与其他勘探成果相结合，经相互验证后，可以作为矿井采掘设计的依据。

第六节 井下水文地质勘探

第三十五条 井下水文地质勘探应当遵守下列规定：

（一）采用井下物探、钻探、监测、测试等手段；

（二）采用井下与地面相结合的综合勘探方法；

（三）井下勘探施工作业时，保证矿井安全生产，并采取可靠的安全防范措施。

第三十六条 矿井有下列情形之一的，应当在井下进行水文地质勘探：

（一）采用地面水文地质勘探难以查清问题，需在井下进行放水试验或者连通（示踪）试验的；

（二）煤层顶、底板有含水（流）砂层或者岩溶含水层，需进行疏水开采试验的；

（三）受地表水体和地形限制或者受开采塌陷影响，地面没有施工条件的；

（四）孔深或者地下水位埋深过大，地面无法进行水文地质试验的。

第三十七条 井下水文地质勘探应当符合下列要求：

（一）钻孔的各项技术要求、安全措施等钻孔施工设计，经矿井总工程师批准后方可实施；

（二）施工并加固钻机硐室，保证正常的工作条件；

（三）钻机安装牢固。钻孔首先下好孔口管，并进行耐压试验。在正式施工前，安装孔口安全闸阀，以保证控制放水。安全闸阀的抗压能力大于最大水压。在揭露含水层前，安装好孔口防喷装置；

（四）按照设计进行施工，并严格执行施工安全措施；

（五）进行连通试验，不得选用污染水源的示踪剂；

（六）对于停用或者报废的钻孔，及时封堵，并提交封孔报告。

第三十八条 放水试验应当遵循下列原则：

（一）编制放水试验设计，确定试验方法、各次降深值和放水量。放水量视矿井现有最大排水能力而确定，原则上放水试验能影响到的观测孔应当有明显的水位降深。其设计由煤矿企业总工程师组织审查批准；

（二）做好放水试验前的准备工作，固定人员，检验校正观测仪器和工具，检查排水设备能力和排水线路；

（三）放水前，在同一时间对井上下观测孔和出水点的水位、水压、涌水量、水温和水质进行一次统测；

(四)根据具体情况确定放水试验的延续时间。当涌水量、水位难以稳定时，试验延续时间一般不少于10~15日。选取观测时间间隔，应当考虑到非稳定流计算的需要。中心水位或者水压与涌水量进行同步观测；

(五)观测数据及时登入台账，并绘制涌水量—水位历时曲线；

(六)放水试验结束后，及时进行资料整理，提交放水试验总结报告。

第三十九条 对于受水害威胁的矿井，采用常规水文地质勘探方法难以进行开采评价时，可以根据条件采用穿层石门或者专门凿井进行疏水降压开采试验。

进行疏水降压开采试验，应当符合下列规定：

(一)有专门的施工设计，其设计由煤矿企业总工程师组织审查批准；

(二)预计最大涌水量；

(三)建立能保证排出最大涌水量的排水系统；

(四)选择适当位置建筑防水闸门；

(五)做好钻孔超前探水和放水降压工作；

(六)做好井上下水位、水压、涌水量的观测工作。

第四十条 矿井可以根据本单位的实际，采用直流电法(电阻率法)、音频电穿透法、瞬变电磁法、电磁频率测深法、无线电波透视法、地质雷达法、浅层地震勘探、瑞利波勘探、槽波地震勘探方法等物探方法，并结合钻探方法对资料进行验证。

第四章 矿井防治水

第一节 地面防治水

第四十一条 矿井应当查清矿区及其附近地面水流系统的汇水、渗漏情况，疏水能力和有关水利工程等情况；了解当地水库、水电站大坝、江河大堤、河道、河道中障碍物等情况；掌握当地历年降水量和最高洪水位资料，建立疏水、防水和排水系统。

第四十二条 矿井井口和工业场地内建筑物的标高，应当高于当地历年最高洪水位。

如果在山区，除符合本条第一款的规定外，还应当避开可能发生泥石流、滑坡的地段。

矿井井口及工业场地内建筑物的标高低于当地历年最高洪水位的，应当修筑堤坝、沟渠或者采取其他防排水措施。

第四十三条 当矿井井口附近或者塌陷区内外的地表水体可能溃入井下时，应当采取安全防范措施。

严禁开采煤层露头的防隔水煤(岩)柱。

在地表容易积水的地点，应当修筑沟渠，排泄积水。修筑沟渠时，应当避开露头、裂隙和导水岩层。特别低洼地点不能修筑沟渠排水的，应当填平压实。如果低洼地带范围太大无法填平时，应当采取水泵或者建排洪站专门排水，防止低洼地带积水渗入井下。

当矿井受到河流、山洪威胁时，应当修筑堤坝和泄洪渠，防止洪水侵入。

对于排到地面的矿井水，应当妥善处理，避免再渗入井下。

对于漏水的沟渠(包括农田水利的灌溉沟渠)和河床，应当及时堵漏或者改道。地面裂缝和塌陷地点应当及时填塞。进行填塞工作时，应当采取相应的安全措施，防止人员陷入塌陷坑内。

在有滑坡危险的地段，可能威胁煤矿安全时，应当采取防止滑坡措施。

第四十四条 严禁将矸石、炉灰、垃圾等杂物堆放在山洪、河流可能冲刷到的地段，以免冲到工业场地和建筑物附近或者淤塞河道、沟渠。

第四十五条 对于正在使用的钻孔，应当按照规定安装孔口盖。对于报废的钻孔，应当及时封孔，防止地表水或含水层的水流入井下。观测孔、注浆孔、电缆孔、与井下或者含水层相通的钻孔，其孔口管应当高出当地最高洪水位。

第四十六条 报废的立井应当填实封堵，或者在井口浇注1个大于井筒断面的坚实的钢筋混凝土盖板，并设置栅栏和标志。

报废的斜井应当填实封堵，或者在井口以下斜长20米处砌筑1座砖、石或者混凝土墙，再用泥土填至井口，并加砌封墙。

报废的平硐，应当从硐口向里用泥土填实至少20米，再砌封墙。报废井口的周围有地面水影响的，应当设置排水沟。

封填报废的立井、斜井和平硐时，应当做好隐蔽工程记录，并填图归档。

第四十七条 矿井应当与气象、水利、防汛等部门进行联系，建立灾害性天气预警和预防机制。煤矿应当及时掌握可能危及煤矿安全生产的暴雨洪水灾害信息，密切关注灾害性天气的预报预警信息；及时掌握汛情水情，采取安全防范措施；加强与周边相邻矿井信息沟通，发现矿井出现异常情况时，立即向周边相邻矿井进行预警。

第四十八条 矿井应当安排专人负责对本井田范围内可能波及的周边废弃老窑、地面塌陷坑、采动裂隙以及可能影响矿井安全生产的水库、湖泊、河流、涵闸、堤防工程等重点部位进行巡视检查。当接到暴雨灾害预警信息和警报后，应当实施24小时不间断巡查。在矿区每次降大到暴雨的前后，应当派专业人员及时观测矿井涌水量变化情况。

第四十九条 矿井应当建立暴雨洪水可能引发淹井等事故灾害紧急情况下及时撤出井下人员的制度，明确启动标准、指挥部门、联络人员、撤人程序等。当发现暴雨洪水灾害严重可能引发淹井时，应当立即撤出作业人员到安全地点。经确认隐患完全消除后，方可恢复生产。

第五十条 矿井在雨季前，应当全面检查防范暴雨洪水引发事故灾难防范措施的落实情况。对检查出的事故隐患，应当落实责任，并限定在汛期前完成整改。防治水工程应当有专门设计，工程竣工后由矿井总工程师负责组织验收。

第二节 防隔水煤(岩)柱的留设

第五十一条 相邻矿井的分界处，应当留防隔水煤(岩)柱。矿井以断层分界的，应当在断层两侧留有防隔水煤(岩)柱。

第五十二条 受水害威胁的矿井，有下列情况之一的，应当留设防隔水煤(岩)柱：

(一)煤层露头风化带；

(二)在地表水体、含水冲积层下和水淹区邻近地带；

(三)与富水性强的含水层间存在水力联系的断层、裂隙带或者强导水断层接触的煤层；

(四)有大量积水的老窑和采空区；

(五)导水、充水的陷落柱、岩溶洞穴或地下暗河；

(六)分区隔离开采边界；

(七)受保护的观测孔、注浆孔和电缆孔等。

第五十三条 矿井应当根据矿井的地质构造、水文地质条件、煤层赋存条件、围岩物理力学性质、开采方法及岩层移动规律等因素确定相应的防隔水煤(岩)柱的尺寸。防隔水煤(岩)柱的尺寸要求见附录三。

矿井防隔水煤(岩)柱应当由矿井地测机构组织编制专门设计，经矿井总工程师组织有关单位审查批准后实施。

第五十四条 矿井防隔水煤(岩)柱一经确定，不得随意变动。严禁在各类防隔水煤(岩)柱中进行采掘活动。

第五十五条 开采水淹区下的废弃防隔水煤(岩)柱时，应当彻底疏放上部积水。严禁顶水作业。

第五十六条 有突水历史或带压开采的矿井，应当分水平或分采区实行隔离开采。在分区之前，应当留设防隔水煤(岩)柱并建立防水闸门，以便在发生突水时，能够控制水势、减少灾情、保障矿井安全。

第三节 排水系统

第五十七条 矿井应当配备与矿井涌水量相匹配的水泵、排水管路、配电设备和水仓等，确保矿井能够正常排水。

第五十八条 矿井井下排水设备应当符合矿井排水的要求。除正在检修的水泵外，应当有工作水泵和备用水泵。工作水泵的能力，应当能在20小时内排出矿井24小时的正常涌水量(包括充填水及其他用水)。备用水泵的能力应当不小于工作水泵能力的70%。工作和备用水泵的总能力，应当能在20小时内排出矿井24小时的最大涌水量。检修水泵的能力，应当不小于工作水泵能力的25%。

水文地质条件复杂或者极复杂的矿井，除符合本条第一款规定外，可以在主泵房内预留安装一定数量水泵的位置，或者增加相应的排水能力。

水管应当有一定的备用量。工作水管的能力，应当能配合工作水泵在20小时内排出矿井24小时的正常涌水量。工作和备用水管的总能力，应当能配合工作和备用水泵在20小时内排出矿井24小时的最大涌水量。

配电设备的能力应当与工作、备用和检修水泵的能力相匹配，并能保证全部水泵同时运转。

有突水淹井危险的矿井，可以另行增建抗灾强排水系统。

第五十九条 矿井主要泵房应当至少有2个安全出口，一个出口用斜巷通到井筒，并高出泵房底板7米以上；另一个出口通到井底车场。在通到井底车场的出口通路内，应当设置易于关闭的既能防水又能防火的密闭门。泵房和水仓的连接通道，应当设置可靠的控制闸门。

第六十条 矿井主要水仓应当有主仓和副仓，当一个水仓清理时，另一个水仓能够正常使用。

新建、改扩建矿井或者生产矿井的新水平，正常涌水量在1000立方米/小时以下时，主要水仓的有效容量应当能容纳8h的正常涌水量。

正常涌水量大于1000立方米/小时的矿井，主要水仓有效容量可以按照下式计算：

$$V = 2(Q + 3000)$$

式中 V——主要水仓的有效容量，立方米；

Q——矿井每小时的正常涌水量，立方米。

采区水仓的有效容量应当能容纳4小时的采区正常涌水量。

矿井最大涌水量与正常涌水量相差大的矿井，排水能力和水仓容量应当由有资质的设计单位编制专门设计，由煤矿企业总工程师组织审查批准。

水仓进口处应当设置箅子。对水砂充填、水力采煤和其他涌水中带有大量杂质的矿井,还应当设置沉淀池。水仓的空仓容量应当经常保持在总容量的50%以上。

第六十一条 水泵、水管、闸阀、排水用的配电设备和输电线路,应当经常检查和维护。在每年雨季前,应当全面检修1次,并对全部工作水泵和备用水泵进行1次联合排水试验,发现问题,及时处理。

水仓、沉淀池和水沟中的淤泥,应当及时清理;每年雨季前,应当清理1次。

第六十二条 对于采用平硐泄水的矿井,其平硐的总过水能力应当不小于历年最大渗入矿井水量的1.2倍;水沟或者泄水巷的标高,应当比主运输巷道的标高低。

第六十三条 在水文地质条件复杂、极复杂矿区建设新井的,应当在井筒底留设潜水泵窝,老矿井也应当改建增设潜水泵窝。井筒开凿到底后,井底附近应当设置具有一定能力的临时排水设施,保证临时变电所、临时水仓形成之前的施工安全。

第六十四条 对于在建矿井,在永久排水系统形成前,各施工区应当设置临时排水系统,并保证有足够的排水能力。

第六十五条 生产矿井延深水平,只有在建成新水平的防、排水系统后,方可开拓掘进。

第四节 水闸门与水闸墙

第六十六条 水文地质条件复杂、极复杂的矿井,应当在井底车场周围设置防水闸门,或者在正常排水系统基础上安装配备排水能力不小于最大涌水量的潜水电泵排水系统。

第六十七条 在矿井有突水危险的采掘区域,应当在其附近设置防水闸门。不具备建筑防水闸门的隔离条件的,可以不建筑防水闸门,但应当制定严格的其他防治水措施,并经煤矿企业主要负责人审批同意。

第六十八条 建筑防水闸门应当符合下列规定:

(一)防水闸门由具有相应资质的单位进行设计,门体采用定型设计;

(二)防水闸门的施工及其质量,符合设计要求。闸门和闸门硐室不得漏水;

(三)防水闸门硐室前、后两端,分别砌筑不小于5米的混凝土护碹,碹后用混凝土填实,不得空帮、空顶。防水闸门硐室和护碹采用高标号水泥进行注浆加固,注浆压力符合设计要求;

(四)防水闸门来水一侧15~25米处,加设1道挡物箅子门。防水闸门与箅子门之间,不得停放车辆或堆放杂物。来水时,先关箅子门,后关防水闸门。如果采用双向防水闸门,在两侧各设1道箅子门;

(五)通过防水闸门的轨道、电机车架空线、带式输送机等能够灵活易拆。通过防水闸门墙体的各种管路和安设在闸门外侧的闸阀的耐压能力,与防水闸门所设计压力相一致。电缆、管道通过防水闸门墙体处,用堵头和阀门封堵严密,不得漏水;

(六)防水闸门安设观测水压的装置,并有放水管和放水闸阀;

(七)防水闸门竣工后,按照设计要求进行验收。对新掘进巷道内建筑的防水闸门,进行注水耐压试验;水闸门内巷道的长度不得大于15米,试验的压力不得低于设计水压,其稳压时间在24小时以上,试压时有专门安全措施。

第六十九条 防水闸门应当灵活可靠,并保证每年进行2次关闭试验,其中1次在雨季前进行。关闭闸门所用的工具和零配件应当由专人保管,并在专门地点存放,任何人不得挪用丢失。

第七十条 井下需要构筑水闸墙的,应当由具有相应资质的单位进行设计,按照设计进行施工,并按照规定进行竣工验收;否则,不得投入使用。

第七十一条 报废巷道封闭时,在报废的暗井和倾斜巷道下口的密闭水闸墙应当留泄水孔,每月定期进行观测,雨季加密观测。

第五节 疏干开采和带压开采

第七十二条 煤层(组)顶板导水裂缝带范围内分布有富水性强的含水层,应当进行疏干开采。

垮落带与导水裂缝带最大高度可根据《建筑物、水体、铁路及主要井巷煤柱留设与压煤开采规程》中的有关公式计算和现场实测等方法综合确定。

第七十三条 被松散富水性强的含水层覆盖且浅埋的缓倾斜煤层,需要疏干开采时,应当进行专门水文地质勘探或者补充勘探,以查明水文地质条件,并根据勘探评价成果确定疏干地段、制定疏干方案,经煤矿企业总工程师审批同意后执行。

第七十四条 疏干开采半固结或者较松散的古近系、新近系含水层覆盖的煤层时,开采前应当遵守下列规定:

(一)查明流砂层的埋藏分布条件,研究其相变及成因类型;

(二)查明流砂层的富水性、水理性,预计涌水量和预测可疏干性,建立动态观测网,观测疏干速度和疏干半径;

(三)在疏干开采试验中,应当观测研究导水裂缝带发育高度,水砂分离方法、跑砂休止角,巷道开口时溃水溃砂的最小垂直距离、钻孔超前探放水安全距离等;

（四）研究对溃水溃砂引起地面塌陷的预测及处理方法。

第七十五条 如果煤层顶板受开采破坏后，其导水裂缝带波及范围内存在富水性强的含水层（体）的，在掘进、回采前，应当对含水层采取超前疏干措施；进行专门水文地质勘探和试验，并编制疏干方案，选定疏干方式和方法，综合评价疏干开采条件和技术经济合理性。疏干方案由煤矿企业总工程师审定。

第七十六条 在矿井疏干开采过程中，应当进行定性、定量分析，可以应用"三图双预测法"进行顶板水害分区评价和预测。有条件的矿井可以应用数值模拟技术，进行导水裂缝带发育高度、疏干水量和地下水流场变化的模拟和预测。

第七十七条 当承压含水层与开采煤层之间的隔水层能够承受的水头值大于实际水头值时，开采后，隔水层不容易被破坏，煤层底板水突然涌出可能性小，可以进行带压开采，但应当制定安全措施，由煤矿企业总工程师审批。

安全隔水层厚度和突水系数计算公式见附录四。

第七十八条 当承压含水层与开采煤层之间的隔水层能够承受的水头值小于实际水头值时，开采前应当遵守下列规定：

（一）采取疏水降压的方法，把承压含水层的水头值降到隔水层能允许的安全水头值以下，并制定安全措施，由煤矿企业总工程师批准。总结适合本矿区（井）的安全水头值，指导安全生产。矿井排水考虑与矿区供水、生态环境保护相结合，推广应用矿井排水、供水、生态环保三位一体优化结合的管理模式和方法；

（二）承压含水层的集中补给边界已经基本查清情况下，可以预先进行帷幕注浆，截断水源，然后疏水降压开采；

（三）当承压含水层的补给水源充沛，不具备疏水降压和帷幕注浆的条件时，可以酌情采用局部注浆加固底板隔水层和改造含水层为弱含水层的方法，但应当编制专门的设计，在有充分防范措施的条件下进行试采，并制定专门的防止淹井措施，由煤矿企业总工程师批准。

安全水头压力值计算公式见附录五。

第七十九条 有条件的矿井可以采用"脆弱性指数法"或者"五图双系数法"等方法，对底板突水危险性进行综合分区评价，可以采用比拟法、解析法和数值模拟法等方法预计最大涌水量。

第六节 注浆堵水

第八十条 井筒预注浆应当符合下列规定：

（一）当井筒预计穿过较厚裂隙含水层或者裂隙含水层较薄但层数较多时，可以选用地面预注浆；

（二）在制定注浆方案前，施工井筒检查孔，以获取含水层的埋深、厚度、岩性及简易水文观测、抽（压）水试验、水质分析等资料；

（三）注浆起始深度，确定在风化带以下较完整的岩层内。注浆终止深度，大于井筒要穿过的最下部含水层的埋深或者超过井筒深度10～20米；

（四）当含水层富水性较弱时，可以在井筒工作面直接注浆。

第八十一条 注浆封堵突水点应当符合下列规定：

（一）圈定突水点位置，分析突水点附近的地质构造，查明降压漏斗形态，分析突水前后水文观测孔和井、泉的动态变化，必要时需进行连通（示踪）试验；

（二）探明突水补给水源的充沛程度或者来水含水层的富水性，以及突水通道的性质和大小等；

（三）封堵突水点，注浆前，做连通试验和压（注）水试验；注浆前后，做好矿井排水对比分析；

（四）编制注浆堵水方案，经煤矿企业总工程师组织审查同意后实施。

第八十二条 采用帷幕注浆方案前，应当对帷幕截流进行可行性研究。

帷幕注浆方案经论证确定后，应当查清地层层序、地质构造、边界条件，帷幕端点是否具备隔水层或闭合性断层及其隔水性能、地下水向矿井的渗流量、地下水流速和流向等水文地质条件。

编制帷幕注浆方案，经煤矿企业总工程师组织审查同意后实施。

第八十三条 当井下巷道穿过与河流、湖泊、溶洞、含水层等存在水力联系的导水断层、裂隙（带）、陷落柱等构造时，应当探水前进。如果前方有水，应当超前预注浆封堵加固，必要时可预先构筑防水闸门或者采取其他防治水措施。否则，不准施工。穿过含水层段的井巷，应当按照防水的要求进行壁后注浆处理。

第八十四条 当回采工作面内有导水的断层、裂隙或陷落柱时，应当按照规定留设防隔水煤（岩）柱，也可以采用注浆方法封堵导水通道；否则，不准采煤。注浆改造的工作面可以先进行物探，查明水文地质条件，根据物探资料打孔注浆改造，再用物探与钻探验证注浆改造效果。

第八十五条 涌水量大、有突水威胁的矿区，应当建立注浆专业队伍，负责注浆堵水工作。

第八十六条 工作面煤采完后，对于已经失去使用价值而需关闭的局部疏水降压钻孔，应当进行注浆封闭，并在有关图纸上标明其位置。

第八十七条 废弃矿井闭坑淹没前，应当采用物探、化探和钻探等方法，探测矿井边界防隔水煤（岩）柱破坏状况及其可能的透水地段，采用注浆堵水工程隔断废弃矿井与相邻生产矿井的水力联系，避免矿井发生水害事故。

第五章　井下探放水

第八十八条　对于采掘工作面受水害影响的矿井，应当坚持预测预报、有疑必探、先探后掘、先治后采的原则，进行充水条件分析，并遵守下列规定：

（一）每年年初，根据每年的采掘接续计划，结合矿井水文地质资料，全面分析水害隐患，提出水害分析预测表及水害预测图；

（二）在采掘过程中，对预测图、表逐月进行检查，不断补充和修正。发现水患险情，及时发出水害通知单，并报告矿调度室，通知可能受水害威胁地点的人员撤到安全地点；

（三）采掘工作面年度和月度水害预测资料及时报送矿井总工程师及生产安全部门。

采掘工作面水害分析预报表和预测图模式见附录六。

第八十九条　水文地质条件复杂、极复杂的矿井，在地面无法查明矿井水文地质条件和充水因素时，应当坚持有掘必探的原则，加强探放水工作。

第九十条　在矿井受水害威胁的区域，进行巷道掘进前，应当采用钻探、物探和化探等方法查清水文地质条件。地测机构应当提出水文地质情况分析报告，并提出水害防范措施，经矿井总工程师组织生产、安监和地测等有关单位审查批准后，方可进行施工。

第九十一条　矿井工作面采煤前，应当采用物探、钻探、巷探和化探等方法查清工作面内断层、陷落柱和含水层（体）富水性等情况。地测机构应当提出专门水文地质情况报告，经矿井总工程师组织生产、安监和地测等有关单位审查批准后，方可进行回采。发现断层、裂隙和陷落柱等构造充水的，应当采取注浆加固或者留设防隔水煤（岩）柱等安全措施。否则，不得回采。

第九十二条　采掘工作面遇有下列情况之一的，应当进行探放水：

（一）接近水淹或者可能积水的井巷、老空或者相邻煤矿；

（二）接近含水层、导水断层、暗河、溶洞和导水陷落柱；

（三）打开防隔水煤（岩）柱进行放水前；

（四）接近可能与河流、湖泊、水库、蓄水池、水井等相通的断层破碎带；

（五）接近有出水可能的钻孔；

（六）接近水文地质条件复杂的区域；

（七）采掘破坏影响范围内有承压含水层或者含水构造、煤层与含水层间的防隔水煤（岩）柱厚度不清楚可能发生突水；

（八）接近有积水的灌浆区；

（九）接近其他可能突水的地区。

探水前，应当确定探水线并绘制在采掘工程平面图上。

第九十三条　采掘工作面探水前，应当编制探放水设计，确定探水警戒线，并采取防止瓦斯和其他有害气体危害等安全措施。探放水钻孔的布置和超前距离，应当根据水头高低、煤（岩）层厚度和硬度等确定。探放水设计由地测机构提出，经矿井总工程师组织审定同意，按设计进行探放水。

第九十四条　布置探放水钻孔应当遵循下列规定：

（一）探放老空水、陷落柱水和钻孔水时，探水钻孔成组布设，并在巷道前方的水平面和竖直面内呈扇形。钻孔终孔位置以满足平距3米为准，厚煤层内各孔终孔的垂距不得超过1.5米；

（二）探放断裂构造水和岩溶水等时，探水钻孔沿掘进方向的前方及下方布置。底板方向的钻孔不得少于2个；

（三）煤层内，原则上禁止探放水压高于1兆帕的充水断层水、含水层水及陷落柱水等。如确实需要的，可以先建筑防水闸墙，并在闸墙外向内探放水；

（四）上山探水时，一般进行双巷掘进，其中一条超前探水和汇水，另一条用来安全撤人。双巷间每隔30～50米掘1个联络巷，并设挡水墙。

第九十五条　井下探放水应当使用专用的探放水钻机。严禁使用煤电钻探放水。

第九十六条　在安装钻机进行探水前，应当符合下列规定：

（一）加强钻孔附近的巷道支护，并在工作面迎头打好坚固的立柱和拦板；

（二）清理巷道，挖好排水沟。探水钻孔位于巷道低洼处时，配备与探放水量相适应的排水设备；

（三）在打钻地点或其附近安设专用电话；

（四）依据设计，确定主要探水孔位置时，由测量人员进行标定。负责探放水工作的人员亲临现场，共同确定钻孔的方位、倾角、深度和钻孔数量；

（五）在预计水压大于0.1兆帕的地点探水时，预先固结套管。套管口安装闸阀，套管深度在探放水设计中规定。预先开掘安全躲避硐，制定包括撤人的避灾路线等安全措施，并使每个作业人员了解和掌握；

（六）钻孔内水压大于1.5兆帕时，采用反压和有防喷装置的方法钻进，并制定防止孔口管和煤（岩）壁突然鼓出的措施。

第九十七条 探水钻孔除兼作堵水或者疏水用的钻孔外,终孔孔径一般不得大于75毫米。

第九十八条 探水钻孔超前距离和止水套管长度,应当符合下列规定:

(一)探放老空积水的超前钻距,根据水压、煤(岩)层厚度和强度及安全措施等情况确定,但最小水平钻距不得小于30米,止水套管长度不得小于10米;

(二)沿岩层探放含水层、断层和陷落柱等含水体时,按表1确定探水钻孔超前距离和止水套管长度。

表1 岩层中探水钻孔超前钻距和止水套管长度

水压(兆帕)	钻孔超前钻距(米)	止水套管长(米)
<1.0	>10	>5
1.0~2.0	>15	>10
2.0~3.0	>20	>15
>3.0	>25	>20

第九十九条 在探放水钻进时,发现煤岩松软、片帮、来压或者钻眼中水压、水量突然增大和顶钻等透水征兆时,应当立即停止钻进,但不得拔出钻杆;应当立即向矿井调度室汇报,派人监测水情。发现情况危急,应当立即撤出所有受水威胁区域的人员到安全地点,然后采取安全措施,进行处理。

第一百条 探放老空水前,应当首先分析查明老空水体的空间位置、积水量和水压。探放水孔应当钻入老空水体,并监视放水全过程,核对放水量,直到老空水放完为止。当钻孔接近老空时,预计可能发生瓦斯或者其他有害气体涌出的,应当设有瓦斯检查员或者矿山救护队员在现场值班,随时检查空气成分。如果瓦斯或者其他有害气体浓度超过有关规定,应当立即停止钻进,切断电源,撤出人员,并报告矿井调度室,及时处理。

第一百零一条 钻孔放水前,应当估计积水量,并根据矿井排水能力和水仓容量,控制放水流量,防止淹井;放水时,应当设有专人监测钻孔出水情况,测定水量和水压,做好记录。如果水量突然变化,应当及时处理,并立即报告矿调度室。

第六章 水体下采煤

第一百零二条 在河流、湖泊、水库和海域等地面水体下采煤,应当留足防隔水煤(岩)柱。在松散含水层下开采时,应当按照水体采动等级留设不同类型的防隔水煤(岩)柱(防水、防砂或者防塌煤岩柱)。在基岩含水层(体)或者含水断裂带下开采时,应当对开采前后覆岩的渗透性及含水层之间的水力联系进行分析评价,确定采用留设防隔水煤(岩)柱或者采用疏干方法保证安全开采。

第一百零三条 在水体下采煤,其防隔水煤(岩)柱的留设,应当根据矿井水文地质及工程地质条件、开采方法、开采高度和顶板控制方法等,按照《建筑物、水体、铁路及主要井巷煤柱留设与压煤开采规程》中有关水体下开采的规定,由具有乙级及以上资质的煤炭设计单位编制可行性方案和开采设计,报省级煤炭行业管理部门审查批准后实施。采煤过程中,应当严格按照批准的设计要求,控制开采范围、开采高度和防隔水煤(岩)柱尺寸。

第一百零四条 在采掘过程中,当发现地质条件变化,需要缩小防隔水煤(岩)柱尺寸、提高开采上限时,应当进行可行性研究,并经省级煤炭行业管理部门审查批准后方可进行试采。

第一百零五条 为了合理地确定留设防隔水煤(岩)柱尺寸,应当对开采煤层上覆岩层进行专门水文地质工程地质勘探。

专门水文地质工程地质勘探应当包括下列内容:

(一)查明与煤层开采有关的上覆岩层水文地质结构,包括含水层、隔水层的厚度和分布,含水层水位、水质、富水性,各含水层之间的水力联系及补给、径流、排泄条件,断层的富水性、导水性;

(二)采用钻探、物探等方法探明工作面上方基岩面的起伏和基岩厚度。在松散含水层下开采时,特别应当查明松散层底部隔水层的厚度、变化与分布情况;

(三)通过岩芯工程地质编录和数字测井等,查明上覆岩土层的工程地质类型、覆岩组合及结构特征,采取岩土样进行物理力学性质测试。

第一百零六条 水体下防隔水煤(岩)柱,应当按照裂缝角与水体采动等级所要求的防隔水煤(岩)柱相结合的原则设计。进行水体下开采的防隔水煤(岩)柱留设尺寸预计时,覆岩垮落带、导水裂缝带高度、保护层尺寸可以按照《建筑物、水体、铁路及主要井巷煤柱留设与压煤开采规程》中的公式计算,或者根据类似地质条件下的经验数据结合基于工程地质模型的力学分析、数值模拟等多种方法综合确定,同时还应当结合覆岩原始导水情况和开采引起的导水裂缝带进行叠加分析综合确定。涉及到水体下开采的矿区,应当开展覆岩垮落带、导水裂缝带高度和范围的实测工作,逐步积累经验,指导本矿区水体下开采工作。

采用放顶煤开采的保护层厚度,应当根据对上覆岩土层结构和岩性、顶板垮落带、导水裂缝带高度以及开采经验等分析确定。留设防砂和防塌煤(岩)柱开采的,应当结合上覆土层、风化带的临界水力坡度,进行抗渗透破坏评价,确保不发生溃水和溃砂事故。

第一百零七条 临近水体下的采掘工作,应当遵守下列规定：

(一)采用有效控制采高和开采范围的采煤方法，防止急倾斜煤层抽冒。在工作面范围内存在高角度断层时，采取有效措施，防止断层导水或者沿断层带抽冒破坏；

(二)在水体下开采缓倾斜及倾斜煤层时，宜采用倾斜分层长壁开采方法，并尽量减少第一、第二分层的采厚；上下分层同一位置的采煤间歇时间不小于4～6个月，岩性坚硬顶板间歇时间适当延长。留设防砂和防塌煤(岩)柱，采用放顶煤开采方法时，先试验后推广；

(三)严禁在水体下开采急倾斜煤层；

(四)开采煤层组时，采用间隔式采煤方法。如果仍不能满足安全开采的，修改煤柱设计，加大煤柱尺寸，保障矿井安全；

(五)当地表水体或松散层富水性强的含水层下无隔水层时，开采浅部煤层及在采厚大、含水层富水性中等以上、预计导水裂缝带大于水体与煤层间距时，采用充填法、条带开采和限制开采厚度等控制导水裂缝带发展高度的开采方法。对于易于疏降的中等富水性以上松散层底部含水层，可以采用疏降含水层水位或者疏干等方法，以保证安全开采。

第一百零八条 进行水体下采掘活动时，应当加强水情和水体底界面变形的监测。试采结束后，矿井应当提交试采总结报告，研究规律，指导水体下采煤。

第七章 露天煤矿防治水

第一百零九条 露天煤矿应当在每年年初制定防排水计划和措施。雨季前，煤矿应当对防排水设施进行全面检查。对低于当地洪水位的建筑，煤矿应当按照规定采取修筑堤坝、沟渠和疏通水沟等防洪措施。

第一百一十条 露天煤矿地表及边坡上的防排水设施，应当避开有滑坡危险的地段。排水沟应当经常检查、清淤，防止渗漏、倒灌或者漫流。当采场内有滑坡区时，应当在滑坡区周围设置截水沟。当水沟经过有变形、裂缝的边坡地段时，应当采取防渗措施。

第一百一十一条 当采用采掘场坑底储水的排水方式时，其排水期限应当符合下列规定：

(一)因储水而停止采煤的工作面数少于采煤工作面总数的1/3时，不得大于15日；

(二)因储水而停止采煤的工作面占采煤工作面总数的1/3～1/2时，不得大于7日；

(三)因储水而停止采煤的工作面多于采煤工作面总数的1/2时，不得大于3日；

(四)采用井巷排水时，采取安全措施，备用水泵的能力不得小于工作水泵能力的50%。

第一百一十二条 当地层含水影响采矿工程正常进行时，应当进行疏干。疏干工程应当超前采矿工程。在矿床疏干漏斗范围内，如果地面出现裂缝、塌陷，应当圈定范围加以防护、设置警示标志，并采取安全措施。(半)地下疏干泵房应当设通风装置。

第一百一十三条 受地下水影响较大和已经进行疏干排水工程的边坡，应当进行地下水位、水压及涌水量的观测，分析地下水对边坡稳定的影响程度及疏干的效果，制定地下水治理措施。

第一百一十四条 因地下水水位升高，可能造成排土场或者采场滑坡的，应当进行地下水疏干。

第八章 水害应急救援

第一节 应急预案及实施

第一百一十五条 煤矿企业、矿井应当根据本单位的主要水害类型和可能发生的水害事故，制定水害应急预案和现场处置方案。应急预案内容应当具有针对性、科学性和可操作性。处置方案应当包括发生不可预见性水害事故时，人员安全撤离的具体措施，每年都应当对应急预案修订完善并进行1次救灾演练。

第一百一十六条 矿井管理人员和调度室人员应当熟悉水害应急预案和现场处置方案。

第一百一十七条 矿井应当设置安全出口，规定避水灾路线，设置贴有反光膜的清晰路标，并让全体职工熟知，以便一旦突水，能够安全撤离，避免意外伤亡事故。

第一百一十八条 井下泵房应当积极推广无人值守和远程监控集控系统，加强排水系统检测与维修，时刻保持水仓容量不小于50%和排水系统运转正常。受水威胁严重的矿井，应当实现井下泵房无人值守和地面远程监控，推广使用地面操控的潜水泵排水系统。

第一百一十九条 现场发现水情的作业人员，应当立即向矿井调度室报告有关突水地点及水情，并通知周围有关人员撤离到安全地点或升井。

第一百二十条 矿井调度室接到水情报告后，应当立即启动本矿井水害应急预案，根据来水方向、地点、水量等因素，确定人员安全撤离的路径，通知井下受水患影响地点的人员马上撤离到安全地点或者升井，向值班负责人和矿井主要负责人汇报，并将水患情况通报周边所有矿井。

第一百二十一条 当发生突水时，矿井应当立即做好关闭防水闸门的准备，在确认人员全部撤离后，方可关闭防水闸门。

第一百二十二条 矿井应当根据水患的影响程度，及时调整井下通风系统，避免风流紊乱、有害气体超限。

第一百二十三条 矿井应当将防范暴雨洪水引发煤矿事故灾难的情况纳入《事故应急救援预案》和《灾害预防处理计划》中，落实防范暴雨洪水所需的物资、设备和资金，建立专业抢险救灾队伍，或者与专业抢险救灾队伍签订协议。

第一百二十四条 矿井应当加强与各级抢险救灾机构的联系，掌握抢救技术装备情况，一旦发生水害事故，立即启动相应的应急预案，争取社会救援，实施事故抢救。

第一百二十五条 水害事故发生后，矿井应当依照有关规定报告政府有关部门，不得迟报、漏报、谎报或者瞒报。

第二节 排水恢复被淹井巷

第一百二十六条 恢复被淹井巷前，应当编制突水淹井调查报告。报告应当包括下列主要内容：

(一)突水淹井过程，突水点位置，突水时间，突水形式，水源分析，淹没速度和涌水量变化等；

(二)突水淹没范围，估算积水量；

(三)预计排水中的涌水量。查清淹没前井巷各个部分的涌水量，推算突水点的最大涌水量和稳定涌水量，预计恢复中各不同标高段的涌水量，并设计恢复过程中排水量曲线；

(四)提供分析突水原因用的有关水文地质点(孔、井、泉)的动态资料和曲线，水文地质平面图、剖面图，矿井充水性图和水化学资料等。

第一百二十七条 矿井恢复时，应当设有专人跟班定时测定涌水量和下降水面高程，并做好记录；观察记录恢复后井巷的冒顶、片帮和淋水等情况；观察记录突水点的具体位置、涌水量和水温等，并作突水点素描；定时对地面观测孔、井、泉等水文地质点进行动态观测，并观察地面有无塌陷、裂缝现象等。

第一百二十八条 排除井筒和下山的积水及恢复被淹井巷前，应当制定防止被水封住的有害气体突然涌出的安全措施。排水过程中，应当有矿山救护队检查水面上的空气成分；发现有害气体，及时处理。

第一百二十九条 矿井恢复后，应当全面整理淹没和恢复两个过程的图纸和资料，确定突水原因，提出避免发生重复事故的措施意见，并总结排水恢复中水文地质工作的经验和教训。

第九章 罚 则

第一百三十条 煤矿企业违反本规定第五条第一款规定的，给予警告，并处2万元以下的罚款。

煤矿企业违反本规定第五条第二款规定仍然进行生产的，责令停产整顿，处50万元以上100万元以下的罚款；对煤矿企业负责人处3万元以上5万元以下的罚款。

第一百三十一条 煤矿企业违反本规定第八条第一款规定的，责令停产整顿，处50万元以上100万元以下的罚款；对煤矿企业负责人处10万元以上15万元以下的罚款。

煤矿企业违反本规定第八条第二款规定的，责令停产整顿，处150万元以上200万元以下的罚款；对煤矿企业负责人处12万元以上15万元以下的罚款。

第一百三十二条 煤矿企业违反本规定第十四条、第十五条规定的，给予警告，并处1万元以上3万元以下的罚款；对煤矿企业负责人处1万元以下的罚款。

煤矿企业违反本规定第十四条、第十五条规定，提供虚假防治水图件应付检查或者影响事故抢险救援的，给予警告，可以并处5万元以上10万元以下的罚款；情节严重的，责令停产整顿。

第一百三十三条 煤矿企业违反本规定第二十六条规定，有下列情形之一的，处3万元以下的罚款；对企业负责人处1万元以下的罚款。

(一)遇突水点时，未详细观测记录突水的时间、地点、确切位置、出水层位、岩性、厚度、出水形式、围岩破坏情况，并未测定涌水量、水温、水质、含砂量的；

(二)未按照规定观测突水点附近的出水点和观测孔涌水量、水位的变化，并分析突水原因的；

(三)未按照规定对各主要突水点进行系统观测，并编制卡片、平面图和素描图的；

(四)未按规定上报突水事故的。

第一百三十四条 煤矿企业违反本规定第五十四条、第五十五条规定的，责令停产整顿，处100万元以上150万元以下的罚款；对企业负责人处7万元以上12万元以下的罚款。

第一百三十五条 煤矿企业违反本规定第七十条规定的，责令停产整顿，处10万元以上50万元以下的罚款；对企业负责人处1万元以上3万元以下的罚款。

第一百三十六条 煤矿企业违反本规定第九十条、第九十一条规定的，给予警告，并处1万元以上3万元以下的罚款；对企业负责人处1万元以下的罚款。

第一百三十七条 煤矿企业违反本规定第九十二条规定的，处2万元以下的罚款。

第一百三十八条 煤矿企业违反本规定第九十五条规定的，责令停产整顿，处10万元以上50万元以下的罚款；对企业负责人处1万元以上3万元以下的罚款。

第一百三十九条 煤矿企业违反本规定造成透水

事故的，按照有关规定进行调查处理，并依法给予行政处罚。

第一百四十条 本规定设定的行政处罚，由煤矿安全监察机构或者地方人民政府负责煤矿安全生产监督管理职责的部门实施。

第十章 附 则

第一百四十一条 本规定下列用语的含义：

老空，是指采空区、老窑和已经报废井巷的总称。

采空区，是指采煤以后不再维护的空间。

水淹区域，是指被水淹没的井巷和被水淹没的老空的总称。

矿井正常涌水量，是指矿井开采期间，单位时间内流入矿井的水量。

矿井最大涌水量，是指矿井开采期间，正常情况下矿井涌水量的高峰值。

安全水头，是指不致引起矿井突水的承压水头最大值。

防隔水煤（岩）柱，是指为确保近水体安全采煤而留设的煤层开采上（下）限至水体底（顶）界面之间的煤岩层区段。

探放水，是指包括探水和放水的总称。探水是指采矿过程中用超前勘探方法，查明采掘工作面顶底板、侧帮和前方等水体的具体空间位置和状况等情况。放水是指为了预防水害事故，在探明情况后采取钻孔等安全方法将水体放出。

垮落带，是指由采煤引起的上覆岩层破裂并向采空区垮落的岩层范围。

导水裂缝带，是指开采煤层上方一定范围内的岩层发生垮落和断裂，产生裂缝，且具有导水性的岩层范围。

抽冒，是指在浅部厚煤层、急倾斜煤层及断层破碎带和基岩风化带附近采煤或掘巷时，顶板岩层或煤层本身在较小范围内垮落超过正常高度的现象。

带压开采，是指在具有承压水压力的含水层上进行的采煤。

隔水层厚度，是指开采煤层底板至含水层顶面之间隔水的完整岩层的厚度。

三图双预测法，是指一种解决煤层顶板充水水源、通道和强度三大问题的顶板水害评价方法。三图是指煤层顶板充水含水层富水性分区图、顶板垮裂安全性分区图和顶板涌（突）水条件综合分区图。双预测是指顶板充水含水层预处理前、后回采工作面分段和整体工程涌水量预测。

脆弱性指数法，是指将可确定底板突水多种主控因素权重系数的信息融合与具有强大空间信息分析处理功能的 GIS 耦合于一体的煤层底板水害评价方法。

五图双系数法，是指一种煤层底板水害评价方法。五图是指底板保护层破坏深度等值线图、底板保护层厚度等值线图、煤层底板以上水头等值线图、有效保护层厚度等值线图、带压开采评价图。双系数是指带压系数和突水系数。

第一百四十二条 本规定自 2009 年 12 月 1 日起施行。1984 年 5 月 15 日原煤炭工业部颁发的《矿井水文地质规程》（试行）和 1986 年 9 月 9 日原煤炭工业部颁发的《煤矿防治水工作条例》（试行）同时废止。

附录一

矿井水文地质主要图件内容及要求

一、矿井充水性图

矿井充水性图是综合记录井下实测水文地质资料的图纸，是分析矿井充水规律、开展水害预测及制定防治水措施的主要依据之一，也是矿井水害防治的必备图纸。一般采用采掘工程平面图作底图进行编制，比例尺为 1/2000～1/5000，主要内容有：

1. 各种类型的出（突）水点应当统一编号，并注明出水日期、涌水量、水位（水压）、水温及涌水特征。

2. 古井、废弃井巷、采空区、老硐等的积水范围和积水量。

3. 井下防水闸门、水闸墙、放水孔、防隔水煤（岩）柱、泵房、水仓、水泵台数及能力。

4. 井下输水路线。

5. 井下涌水量观测站（点）的位置。

6. 其他。

矿井充水性图应当随采掘工程的进展定期补充填绘。

二、矿井涌水量与各种相关因素动态曲线图

矿井涌水量与各种相关因素动态曲线是综合反映矿井充水变化规律，预测矿井涌水趋势的图件。各矿应当根据具体情况，选择不同的相关因素绘制下列几种关系曲线图：

1. 矿井涌水量与降水量、地下水位关系曲线图。

2. 矿井涌水量与单位走向开拓长度、单位采空面积关系曲线图。

3. 矿井涌水量与地表水补给量或水位关系曲线图。

4. 矿井涌水量随开采深度变化曲线图。

三、矿井综合水文地质图

矿井综合水文地质图是反映矿井水文地质条件的图纸之一，也是进行矿井防治水工作的主要参考依据。综合水文地质图一般在井田地形地质图的基础上编

制，比例尺为1/2000～1/10000。主要内容有：

1. 基岩含水层露头（包括岩溶）及冲积层底部含水层（流砂、砂砾、砂礓层等）的平面分布状况。

2. 地表水体，水文观测站，井、泉分布位置及陷落柱范围。

3. 水文地质钻孔及其抽水试验成果。

4. 基岩等高线（适用于隐伏煤田）。

5. 已开采井田井下主干巷道、矿井回采范围及井下突水点资料。

6. 主要含水层等水位（压）线。

7. 老窑、小煤矿位置及开采范围和涌水情况。

8. 有条件时，划分水文地质单元，进行水文地质分区。

四、矿井综合水文地质柱状图

矿井综合水文地质柱状图是反映含水层、隔水层及煤层之间的组合关系和含水层层数、厚度及富水性的图纸。一般采用相应比例尺随同矿井综合水文地质图一道编制。主要内容有：

1. 含水层年代地层名称、厚度、岩性、岩溶发育情况。

2. 各含水层水文地质试验参数。

3. 含水层的水质类型。

五、矿井水文地质剖面图

矿井水文地质剖面图主要是反映含水层、隔水层、褶曲、断裂构造等和煤层之间的空间关系。主要内容有：

1. 含水层岩性、厚度、埋藏深度、岩溶裂隙发育深度。

2. 水文地质孔、观测孔及其试验参数和观测资料。

3. 地表水体及其水位。

4. 主要井巷位置。

矿井水文地质剖面图一般以走向、倾向有代表性的地质剖面为基础。

六、矿井含水层等水位（压）线图

等水位（压）线图主要反映地下水的流场特征。水文地质复杂型和极复杂型的矿井，对主要含水层（组）应当坚持定期绘制等水位（压）线图，以对照分析矿井疏干动态。比例尺为1/2000～1/10000。主要内容有：

1. 含水层、煤层露头线，主要断层线。

2. 水文地质孔、观测孔、井、泉的地面标高，孔（井、泉）口标高和地下水位（压）标高。

3. 河、渠、山塘、水库、塌陷积水区等地表水体观测站的位置、地面标高和同期水面标高。

4. 矿井井口位置、开拓范围和公路、铁路交通干线。

5. 地下水等水位（压）线和地下水流向。

6. 可采煤层底板下隔水层等厚线（当受开采影响的主含水层在可采煤层底板下时）。

7. 井下涌水、突水点位置及涌水量。

七、区域水文地质图

区域水文地质图一般在1/10000－1/100000区域地质图的基础上经过区域水文地质调查之后编制。成图的同时，尚需写出编图说明书。矿井水文地质复杂型和极复杂型矿井，应当认真加以编制。主要内容有：

1. 地表水系、分水岭界线、地貌单元划分。

2. 主要含水层露头，松散层等厚线。

3. 地下水天然出露点及人工揭露点。

4. 岩溶形态及构造破碎带。

5. 水文地质钻孔及其抽水试验成果。

6. 地下水等水位线，地下水流向。

7. 划分地下水补给、径流、排泄区。

8. 划分不同水文地质单元，进行水文地质分区。

9. 附相应比例尺的区域综合水文地质柱状图、区域水文地质剖面图。

八、矿区岩溶图

岩溶特别发育的矿区，应当根据调查和勘探的实际资料编制矿区岩溶图，为研究岩溶的发育分布规律和矿井岩溶水防治提供参考依据。

岩溶图的形式可根据具体情况编制成岩溶分布平面图、岩溶实测剖面图或展开图等。

1. 岩溶分布平面图可在矿井综合水文地质图的基础上填绘岩溶地貌、汇水封闭洼地、落水洞、地下暗河的进出水口、天窗、地下水的天然出露点及人工出露点、岩溶塌陷区、地表水和地下水的分水岭等。

2. 岩溶实测剖面图或展开图，根据对溶洞或暗河的实际测绘资料编制。

附录二

含水层富水性的等级标准

按钻孔单位涌水量（Q），含水层富水性［注］分为以下4级：

1. 弱富水性：$Q \leqslant 0.1$L/（秒·米）；

2. 中等富水性：0.1L/（秒·米）$< Q \leqslant 1.0$L/（秒·米）；

3. 强富水性：1.0L/（秒·米）$< Q \leqslant 5.0$L/（秒·米）；

4. 极强富水性：$Q > 5.0$L/（秒·米）。注：评价含水层的富水性，钻孔单位涌水量以口径91毫米、抽水水位降深10米为准；若口径、降深与上述不符时，应当进行换算后再比较富水性。换算方法：先根据抽水时涌水量Q和降深S的数据，用最小二乘法或图解法确定曲线，根据$Q-S$曲线确定降深10米时抽水孔的涌水量，再用下面的公式计算孔径为91毫米时的涌水量，最后除以10米便是单位涌水量。

$$Q_{91}=Q_{孔}\left(\frac{\lg R_{孔}-\lg r_{孔}}{\lg R_{91}-\lg r_{91}}\right)$$

式中 Q_{91}，R_{91}，r_{91}—孔径为91毫米的钻孔的涌水量、影响半径和钻孔半径；

$Q_{孔}$，$R_{孔}$，$R_{孔}$—孔径为 r 的钻孔的涌水量、影响半径和钻孔半径。

附录三

防隔水煤(岩)柱的尺寸要求

一、煤层露头防隔水煤(岩)柱的留设

煤层露头防隔水煤(岩)柱的留设，按下列公式计算：

1. 煤层露头无覆盖或被黏土类微透水松散层覆盖时：

$$H_f=H_k+H_b \tag{3-1}$$

2. 煤层露头被松散富水性强的含水层覆盖时(图3-1)：

$$H_f=H_L+H_b \tag{3-2}$$

式中 H_f—防隔水煤(岩)柱高度，米；

H_k—采后垮落带高度，米；

H_L—导水裂缝带最大高度，米；

H_b—保护层厚度，米；

α—煤层倾角，(°)。

根据式(3-1)、式(3-2)计算的值，不得小于20米。式中 H_k、H_L 的计算，参照《建筑物、水体、铁路及主要井巷煤柱留设与压煤开采规程》的相关规定。

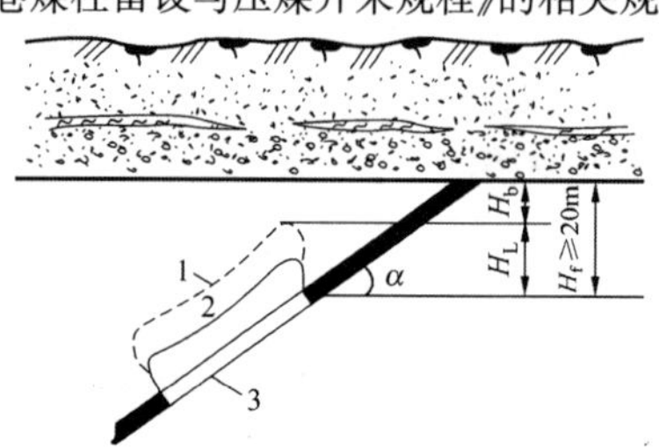

图3-1 煤层露头被松散富水性强含水层覆盖时防隔水煤(岩)柱留设图

二、含水或导水断层防隔水煤(岩)柱的留设

含水或导水断层防隔水煤(岩)柱的留设(图3-2)可参照下列经验公式计算：

$$L=0.5KM\sqrt{\frac{3p}{K_p}}\geq 20\text{米}$$

式中 L—煤柱留设的宽度，米；

K—安全系数，一般取2~5；

M—煤层厚度或采高，米；

p—水头压力，兆帕；

K_p—煤的抗拉强度，兆帕。

三、煤层与强含水层或导水断层接触防隔水煤(岩)柱的留设

煤层与强含水层或导水断层接触，并局部被覆盖时(图3-3)，防隔水煤(岩)柱的留设要求如下：

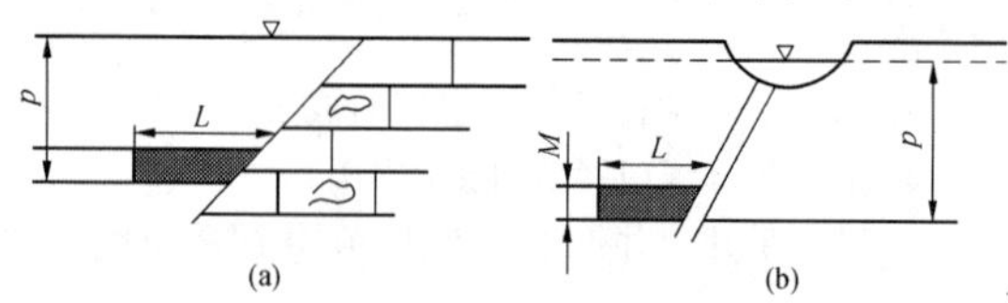

图3-2 含水或导水断层防隔水煤(岩)柱留设图

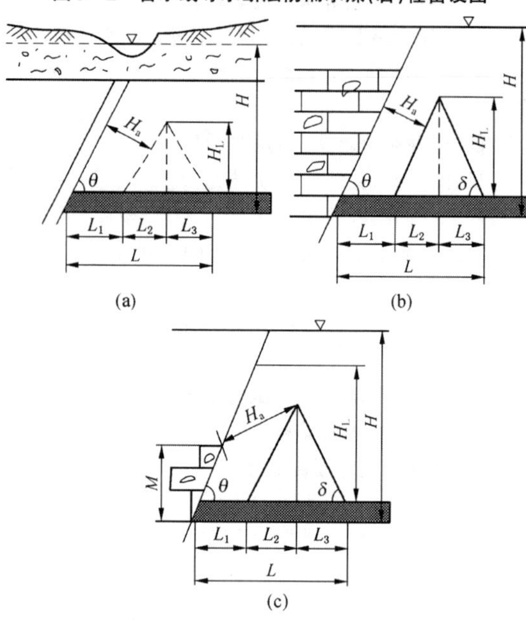

图3-3 煤层与富水性强的含水层或导水断层接触时防隔水煤(岩)柱留设图

1. 当含水层顶面高于最高导水裂缝带上限时，防隔水煤(岩)柱可按图3-3(a)、图3-3(b)留设。其计算公式为：

$$L=L_1+L_2+L_3=H_a\csc\theta+H_L\cot\theta+H_L\cot\delta \tag{3-3}$$

2. 最高导水裂缝带上限高于断层上盘含水层时，防隔水煤(岩)柱按图3-3(c)留设。其计算公式为：

$$L=L_1+L_2+L_3=H_a(\sin\delta-\cos\delta\cot\theta)+(H_a\cos\delta+M)(\cot\theta+\cot\delta)\geq 20\text{米} \tag{3-4}$$

式中 L—防隔水煤(岩)柱宽度，米；

L_1，L_2，L_3—防隔水煤(岩)柱各分段宽度，米；

H_L—最大导水裂缝带高度，米；

θ—断层倾角，(°)；

δ—岩层塌陷角，(°)；

M—断层上盘含水层层面高出下盘煤层底板的高度，米；

H_a—断层安全防隔水煤(岩)柱的宽度，米。

H_a值应当根据矿井实际观测资料来确定，即通过总结本矿区在断层附近开采时发生突水和安全开采的地质、水文地质资料，计算其水压(p)与防隔水煤(岩)柱厚度(M)的比值($T_s = p/M$)，并将各点之值标到以$T_s = p/M$为横轴，以埋藏深度H_0为纵轴的坐标纸上，找出T_s值的安全临界线(图3-4)。

H_a值也可以按下列公式计算：

$$H_a = \frac{p}{T_s} + 10$$

式中　p—防隔水煤(岩)柱所承受的静水压力，兆帕；

Ts—临界突水系数，兆帕/米；

10—保护带厚度，一般取10米。

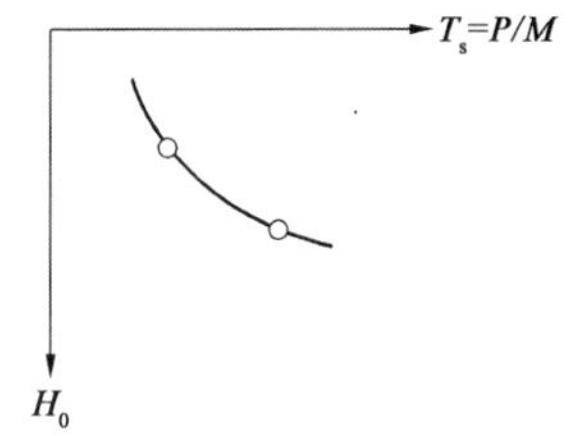

图3-4　Ts和H_a关系曲线图

本矿区如无实际突水系数，可参考其他矿区资料，但选用时应当综合考虑隔水层的岩性、物理力学性质、巷道跨度或工作面的空顶距、采煤方法和顶板控制方法等一系列因素。

四、煤层位于含水层上方且断层导水时防隔水煤(岩)柱的留设

在煤层位于含水层上方且断层导水的情况下(图3-5)，防隔水煤(岩)柱的留设应当考虑2个方向上的压力：一是煤层底部隔水层能否承受下部含水层水的压力；二是断层水在顺煤层方向上的压力。

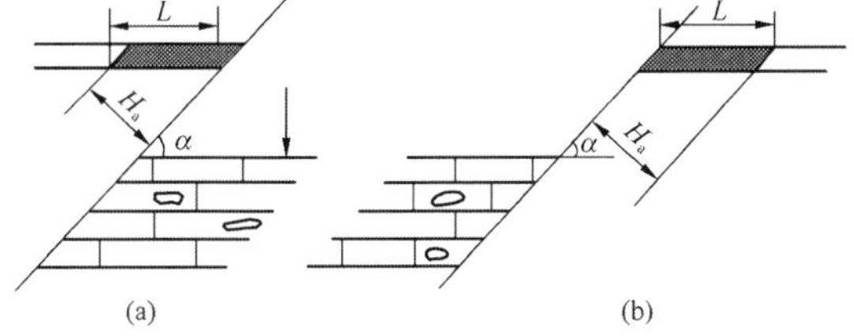

图3-5　煤层位于含水层上方且断层导水时防隔水煤(岩)柱留设图

当考虑底部压力时，应当使煤层底板到断层面之间的最小距离(垂距)，大于安全煤柱的高度(H_a)的计算值，并不得小于20米。其计算公式为

$$L = \frac{H_a}{\text{sim}\alpha} \geqslant 20\text{m}$$

式中　α—断层倾角，(°)；

其余参数同前。

当考虑断层水在顺煤层方向上的压力时，按附录三之二计算煤柱宽度。

根据以上两种方法计算的结果，取用较大的数字，但仍不得小于20米。

如果断层不导水(图3-6)，防隔水煤(岩)柱的留设尺寸，应当保证含水层顶面与断层面交点至煤层底板间的最小距离，在垂直于断层走向的剖面上大于安全煤柱的高度(H_a)时即可，但不得小于20米。

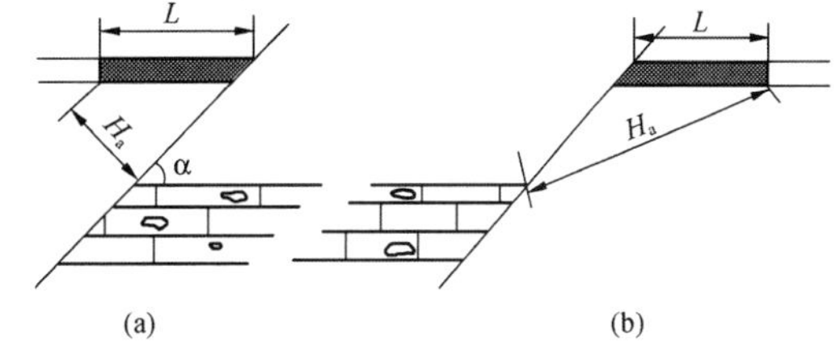

图3-6　煤层位于含水层上方且断层不导水时防隔水煤(岩)柱留设图

五、水淹区或老窑积水区下采掘时防隔水煤(岩)柱的留设

1. 巷道在水淹区下或老窑积水区下掘进时，巷道与水体之间的最小距离，不得小于巷道高度的10倍。

2. 在水淹区下或老窑积水区下同一煤层中进行开采时，若水淹区或老窑积水区的界线已基本查明，防隔水煤(岩)柱的尺寸应当按附录三之二的规定留设。

3. 在水淹区下或老窑积水区下的煤层中进行回采时，防隔水煤(岩)柱的尺寸，不得小于导水裂缝带最大高度与保护带高度之和。

六、保护地表水体防隔水煤(岩)柱的留设

保护地表水体防隔水煤(岩)柱的留设，可参照《建筑物、水体、铁路及主要井巷煤柱留设与压煤开采规程》执行。

七、保护通水钻孔防隔水煤(岩)柱的留设

根据钻孔测斜资料换算钻孔见煤点坐标，按附录三之二的办法留设防隔水煤(岩)柱，如无测斜资料，应当考虑钻孔可能偏斜的误差。

八、相邻矿(井)人为边界防隔水煤(岩)柱的留设

1. 水文地质简单型到中等型的矿井，可采用垂直法留设，但总宽度不得小于40米。

2. 水文地质复杂型到极复杂型的矿井，应当根据煤层赋存条件、地质构造、静水压力、开采上覆岩层移动角、导水裂缝带高度等因素确定。

(1)多煤层开采，当上、下两层煤的层间距小于下层煤开采后的导水裂缝带高度时，下层煤的边界防隔水煤(岩)柱，应当根据最上一层煤的岩层移动角和煤层间距向下推算(见图3-7(a))。

(2)当上、下两层煤之间的垂距大于下煤层开采后的导水裂缝带高度时，上、下煤层的防隔水煤(岩)柱，可分别留设(见图3-7(b))。

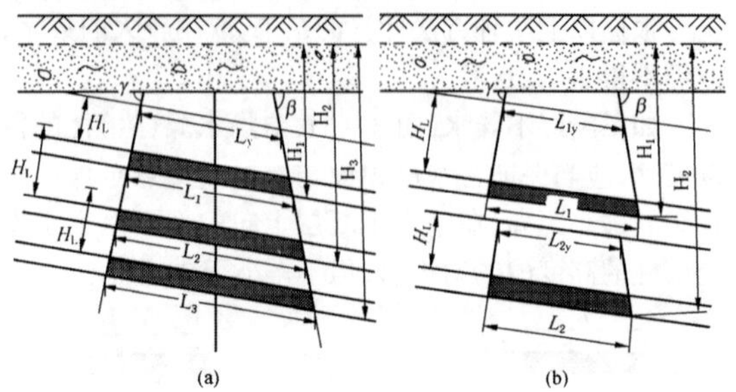

H_L—导水裂缝带上限;H_1、H_2、H_3—各煤层底板以上的静水位高度;γ—上山岩层移动角;β—下山岩层移动角;L_y、L_{1y}、L_{2y}—导水裂缝带上限岩柱宽度;L_1—上层煤防水煤柱宽度;L_2,L_3—下层煤防水煤柱宽度

图3-7 多煤层地区边界防隔水煤(岩)柱留设图

导水裂缝带上限岩柱宽度 L_y 的计算,可采用下列公式:

$$L_y=\frac{H-H_l}{10}\times\frac{1}{T_s}\geqslant 20\text{m}$$

式中 L_y—导水裂缝带上限岩柱宽度,米;

H—煤层底板以上的静水位高度,米;

H_L—导水裂缝带最大值,米;

T_s—水压与岩柱宽度的比值,可取1。

九、以断层为界的井田防隔水煤(岩)柱的留设

以断层为界的井田,其边界防隔水煤(岩)柱可参照断层煤柱留设,但应当考虑井田另一侧煤层的情况,以不破坏另一侧所留煤(岩)柱为原则(除参照断层煤柱的留设外,尚可参考图3-8所示的例图)。

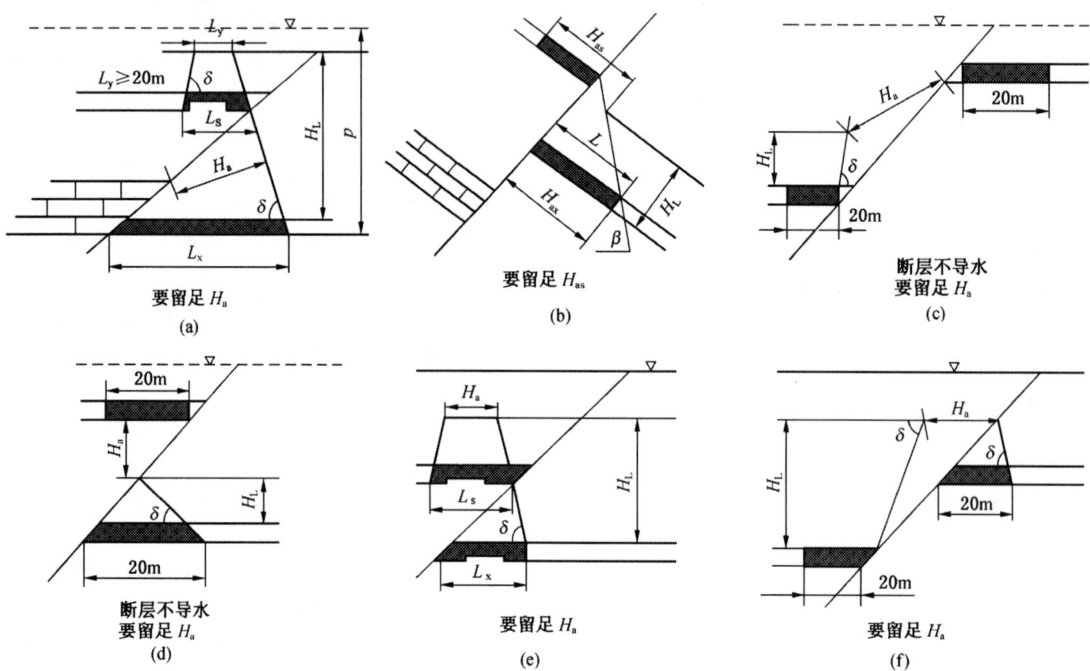

L—煤柱宽度;L_s,L_x—上、下煤层的煤柱宽度;L_y—导水裂缝带上限岩柱宽度;H_a、H_{as}、H_{ax}—安全防水岩柱厚度;H_L—导水裂缝带上限;p—底板隔水层承受的水头压力

图3-8 以断层分界的井田防隔水煤(岩)柱留设图

附录四

安全隔水层厚度和突水系数计算公式

一、安全隔水层厚度计算公式

$$t=\frac{L(\sqrt{\gamma^2L^2+8K_p p}-\gamma L)}{4K_p}\qquad(4-1)$$

式中 t—安全隔水层厚度,米;

L—巷道底板宽度,米;

γ—底板隔水层的平均重度,兆牛/立方米;

K_p—底板隔水层的平均抗拉强度,兆帕;

p—底板隔水层承受的水头压力,兆帕。

二、突水系数计算公式

$$T=\frac{P}{M}\qquad(4-2)$$

式中 T—突水系数,兆帕/米;

p—底板隔水层承受的水压,兆帕;

M—底板隔水层厚度,米。

式(4-1)主要适用于掘进工作面,式(4-2)适用于回采和掘进工作面。按式(4-1)计算,如底板隔水层实际厚度小于计算值时,就是不安全的。按式(4-

2)计算,就全国实际资料看,底板受构造破坏块段突水系数一般不大于 0.06 兆帕/米,正常块段不大于 0.1 兆帕/米。

附录五

安全水头压力值计算公式

一、掘进巷道底板隔水层

$$p = 2K_p \frac{t^2}{L^2} + \gamma^t \qquad (5-1)$$

式中 p—底板隔水层能够承受的安全水压,兆帕;

t—隔水层厚度,米;

L—巷道宽度,米;

γ—底板隔水层的平均重度,MN/立方米;

K_p—底板隔水层的平均抗拉强度,兆帕。

二、采煤工作面

$$p = T_s M \qquad (5-2)$$

式中 M—底板隔水层厚度,米;

p—安全水压,兆帕;

T_s—临界突水系数,兆帕/米 。

T_s 值应当根据本区资料确定,一般情况下,在具有构造破坏的地段按 0.06 兆帕/米计算,隔水层完整无断裂构造破坏地段按 0.1 兆帕/米计算。

附录六

采掘工作面水害分析预报表和预测图模式

一、采掘工作面水害分析预报表

附表 6-1 采掘工作面水害分析预测表 年 月 日

矿井	项号	预测水害地点	采掘队	工作面上下标高	煤层			掘时间	水害类型	水文地质简述	预防及处理意见	责任单位	备注
					名称	厚度(米)	倾角(°)						
某矿某井	1												
	2												
	3												
	4												
	5												

注:水害类型指地表水、孔隙水、裂隙水、岩溶水、老空水、断裂构造水、陷落柱水、钻孔水、顶板水、底板水等。

二、水害预测图

在矿井采掘工程图(月报图)上,按预报表上的项目,在可能发生水害的部位,用红颜色标上水害类型符号。符号图例如图 6-1 所示。

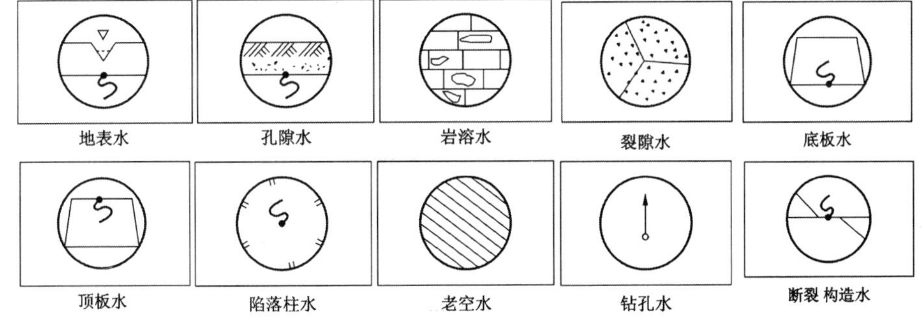

图 6-1 矿井采掘工作面水害预测图例

国土资源部关于印发《全国矿产资源潜力评价总体实施方案》和《全国矿业权实地核查总体实施方案》的通知

国土资发〔2009〕55 号

各省、自治区、直辖市国土资源厅(国土环境资源厅、国土资源局、国土资源和房屋管理局、规划和国土资源管理局)、中国地质调查局、部机关有关司局:

按照《关于开展全国矿产资源潜力评价工作的通

知》(国土资发〔2007〕6号)和《关于开展全国矿产资源储量利用调查工作的通知》(国土资发〔2007〕192号)的要求,结合矿产资源潜力评价、矿业权实地核查试点示范工作情况,全国矿产资源潜力评价项目办公室组织修订完善了《全国矿产资源潜力评价总体实施方案》,全国矿业权实地核查项目办公室组织编制了《全国矿业权实地核查总体实施方案》。经全国矿产资源潜力评价与储量利用调查领导小组审定,现予印发实施,有关要求一并通知如下:

一、加强矿产资源潜力评价阶段性工作成果的及时验收、总结、应用,为"十二五"矿产资源勘查工作规划部署提供服务。

二、自2009年7月1日起,所有新设探矿权、采矿权必须按照本次矿业权实地核查工作要求,经过实地测量和埋桩设标后方可进行配号,以实现矿业权实地核查与矿业权统一配号工作的无缝连接。

附件:1.《全国矿产资源潜力评价总体实施方案》

2.《全国矿业权实地核查总体实施方案》

国土资源部

2009年5月8日

全国矿产资源潜力评价总体实施方案

第一章 总 论

一、概述

为了贯彻落实《国务院关于加强地质工作的决定》中提出的"积极开展矿产远景调查和综合研究,科学评估区域矿产资源潜力,为科学部署矿产资源勘查提供依据"的要求和精神,国土资源部部署了全国矿产资源潜力评价工作,并把该项工作定位为我国矿产资源方面的一次重要的国情调查,目的是通过系统总结地质调查和矿产勘查工作成果,全面掌握矿产资源现状,科学评价未查明矿产资源潜力,建立真实准确的矿产资源数据,为实现找矿重大新突破提供资源勘查依据。

2006年全国矿产资源潜力评价作为国土资源部"十一五"工作重点列入国土资源大调查计划。2007年初部下发了《关于开展全国矿产资源潜力评价工作的通知》(国土资发〔2007〕6号),明确了开展该项目的目的意义、工作内容、工作要求和组织实施要求等。随后在长沙召开了工作部署会议。为进一步推动全国矿产资源国情调查,2007年8月国土资源部下发了《关于加强全国矿产资源潜力评价与储量利用调查组织管理工作的通知》(国土资发〔2007〕193号),由国土资源部组建领导小组直接领导,中国地质调查局成立项目办公室具体组织实施。为此,汪民副部长主持专题研究会议,进一步落实部的工作部署。2007年10月,徐绍史部长主持召开了全国矿产资源潜力评价与储量利用调查领导小组第一次会议,对下一步工作做了明确部署。随后国土资源部办公厅下发了《关于印发全国矿产资源潜力评价与储量利用调查组织管理职责分工方案的通知》(国土资厅发〔2007〕180号),又进一步明确了工作内容、组织机构和职责分工等。2007年11月9日,徐绍史部长在全国矿产资源潜力评价与储量利用调查部署动员视频会议上做了重要讲话,进一步阐述了开展矿产资源潜力评价和储量利用调查工作的意义,明确了"摸清矿产资源家底、努力实现找矿突破"和"提高矿产资源规范管理水平"两个工作目标,并且进一步提出了开展矿产资源潜力评价要确保数据真实准确、推动地质科技术进步、充分利用计算机网络技术、构建日常更新机制等工作要求。为贯彻落实徐部长视频会议讲话精神,部办公厅下发了《关于抓紧落实省级矿产资源潜力评价工作任务的通知》(国土资厅发〔2007〕161号),要求落实省级工作任务、组织机构和项目组成员等。

为贯彻落实部有关文件精神和部领导讲话精神,中国地质调查局在2007年10月组建了全国矿产资源潜力评价项目办公室,明确了项目组织实施中的工作方案和任务分工;进一步落实了项目汇总组承担单位和人员组成;地调局大区地调中心组建了大区综合组。各省(区、市)按照部的统一要求,成立了相对应的省级领导小组和领导小组办公室,并落实了项目承担单位和参加单位。

该项工作由中国地质调查局承担并组织实施,中国地质科学院矿产资源研究所、中国地质调查局发展研究中心、中国国土资源航空物探遥感中心等作为业务支撑单位。参加单位主要涉及天津地调中心、沈阳地调中心、南京地调中心、宜昌地调中心、成都地调中心、西安地调中心、中国核工业地质局、中国煤炭地质总局、中化地质矿山总局、中国地质大学(北京、武汉)、30个省(区、市)地调院等。

二、目标任务

(一)总体目标任务

在现有地质工作程度基础上,全面总结和充分利用我国基础地质调查和矿产勘查工作成果资料,实现以下三方面的目标任务:

1.充分应用现代矿产资源预测评价的理论方法和GIS评价技术,开展我国煤炭、铀、铁、铜、铝、铅、锌、锰、镍、钨、锡、钾、金、铬、钼、锑、稀土、银、硼、锂、磷、硫、萤石、菱镁矿、重晶石等25种矿产的资源潜力评价(2000米以浅范围内)。以成矿区(带)为单元,在分省(区、市)开展重要矿产资源总量预测基础上,汇总开展全国单矿种总量预测,编制单矿种预测图,进行单矿种资源量估算。基本摸清全国重要矿产资源潜力及其空间分布,为研究制定国家矿产资源战略与国民经济中长期规划提供科学依据。

2. 以成矿地质理论为指导,深入开展各成矿区(带)及全国范围的区域成矿地质构造环境及成矿规律研究,研究总结各成矿区(带)典型矿床,建立矿床成矿模型(式)、区域成矿模式及区域成矿谱系;充分利用地质、物探、化探、遥感和矿产勘查等综合成矿信息,圈定成矿远景区和找矿靶区,逐个评价成矿远景区资源潜力,并进行分类排序;编制重要成矿区带成矿规律与预测图,为科学合理地规划和部署矿产勘查工作提供依据。

3. 建立并不断完善全国重要矿产资源潜力预测相关数据库,特别是成矿远景区的地学空间数据库、典型矿床数据库,为今后开展矿产勘查的规划部署研究奠定扎实的信息基础。

(二)具体工作目标

1. 在全国范围内完成非油气重要矿产预测工作,在Ⅳ—Ⅴ级成矿区内圈定预测区。省级工作比例尺为1:20万,原始资料应用以1:20万比例尺数据为主,成图比例尺为1:50万(新疆、内蒙、青海、西藏为1:150万)。全国汇总工作比例尺为1:250万。

2. 预测非油气重要矿产未查明资源量及其地下1千米以上空间分布。

3. 建立和完善能够满足国家动态资源评价工作需要的有关数据库、专家系统及固体矿产区域评价系统。

4. 提出全国矿产勘查近期及中长期部署建议及方案。预测我国今后20年重要矿产资源的探明趋势、开发产能增长趋势以及矿产资源开发基地的战略布局。

5. 建立评价矿产的典型矿床成矿模型及成矿区(带)及矿集区的区域成矿模式。

6. 完成新一轮成矿区(带)及全国成矿地质构造环境及成矿规律研究。

三、实施意义

全国矿产资源潜力评价,是我国矿产资源方面的一次重要的国情调查。其目的是通过系统总结地质调查和矿产勘查工作成果,全面掌握矿产资源现状,科学评价未查明矿产资源潜力,建立真实准确的矿产资源数据库,满足矿产资源规划、管理、保护和合理利用的需要。

搞好全国矿产资源潜力评价,是全面落实科学发展观,促进经济社会可持续发展的客观要求;是编制国民经济中长期发展规划,研究制定国家矿产资源战略,加强宏观调控的重要依据;是科学规划、合理部署,努力实现找矿重大新突破,缓解资源瓶颈的基础工作;是发展和推广利用成矿新理论、勘查新技术新方法,促进科研与调查密切结合的重要措施。

1. 我国除了油气及煤炭资源已经进行了三轮系统、完整的区域评价工作以外,其它重要矿产资源虽然已经开展了两轮成矿区划工作,在指导工作部署,制定中长期规划等方面,起到了重要作用。但从预测矿种、覆盖面积、方法技术应用等方面都不够系统完整,带有一定局限性。因此通过本项目的实施将在我国全面系统的开展重要矿产资源的区域评价工作,同时应用科学的方法估算潜在资源量及其空间分布,其成果将为制定国家矿产资源战略与编制中长期规划提供依据。

2. 近10年来全国非油气矿产勘查工作布局,主要依据全国二轮区划的成果,取得了一系列重大找矿成果。但是近10年来情况发生了很大变化,首先,基础地质调查工作取得了重大进展,全国完成了陆域中比例尺区调工作,完成了区域航磁扫面测量,空白区化探扫面进展也很快,基础地质资料发生了很大变化。其次,矿产资源远景调查获得一系列重大发现和重要成果,国土资源大调查工作进行了8年之久,取得了大量的新成果,近年来开展的18个矿种大中型矿山深部找矿工作,对我国中东部地区深部勘查获得了新的认识。第三,地质成矿理论发展迅速,大陆动力学理论已经广泛应用于区调和其它各个领域,以成矿系列理论为代表的成矿规律学说取得了新的重要进展。综合地质信息、地质异常等矿产预测技术在实践中得到发展。第四,数据库及新技术广泛应用。全国大型地学基础数据库建设相继完成,GIS技术的应用得到迅猛发展。因此目前很有必要开展新一轮的重要矿产资源区域评价工作,运用新的地质成矿理论,采用先进的技术方法,完成全国陆域范围内的非油气重要矿产资源区域评价工作,为部署矿产勘查工作提供科学依据,为实现找矿突破提供选区依据。

3. 提高矿产资源管理规范管理水平。矿政规范管理需要掌握资源潜力、储量利用情况、矿业权设置等最基本的信息。在此基础上对进一步充实和调整矿产资源规划、地质勘查规划,整顿规范矿产资源开发秩序、推进矿业权市场建设,促进矿产资源开发的合理布局。同时为社会提供各种相关信息服务。

4. 通过该项工作的组织实施,将促进我国地质成矿理论的重大发展。在新一轮区域矿产预测评价工作过程中,将在基础地质研究工作中全面总结大陆动力学理论的应用成果，把我国地质构造研究工作提高到新的水平。通过进一步深入研究区域成矿规律，进一步发展我国的成矿系列理论，在区域成矿、成矿规律研究方面达到新的高度。随着本项目GIS技术全面、全过程的应用，矿产预测的方法技术将产生革命性的变化，必将产生具有自主知识产权的原创性矿产预测技术。

5.培养一批综合型地质人才。全国矿产资源潜力评价工作涉及地质专业多、难度大、技术含量高。包括区域地质调查、地球物理、地球化学、遥感、自然重砂等地质调查的资料分析和综合，成矿地质背景、典型矿床、成矿规律研究和总结，以及应用GIS进行了空间数据处理、信息提取和矿产资源潜力评价空间数据库建设，矿产预测等。通过参加这项目工作，使地质及科技术人员能够充分接触各类资料，开展各项分析和综合，在工作中不断提高知识和能力素质和水平。

总之，本项目的实施无论对于国家宏观战略的制定、矿产勘查工作部署与找矿突破、地质成矿理论的发展、矿产预测技术的创新都具有十分重大的意义。

四、矿种选择

根据我国经济快速发展对矿产资源的需求，矿种选择上首先考虑国家急缺和重要的煤炭、铀、铁、铜、铝、铅、锌、锰、镍、钨、锡、钾、金、铬、钼、锑、稀土、银、硼、锂、磷、硫、萤石、菱镁矿、重晶石等25种矿产。

(一)根据有关规定，铀矿资源潜力评价工作委托中国核工业地质局承担。

(二)除铀矿以外的其他矿种，各省(区)凡是具备成矿条件的都必须按统一要求开展工作。

(三)各省(区)根据本省或区域经济发展对矿产资源的需求以及地质成矿条件及资源远景，可自行增加有关矿种。

(四)全国预测工作中，项目组将根据某些地域性分布很突出的矿种，要求有关省(区)增加某些在全国占有重要地位的矿种的预测工作。

五、预期成果

1.全国煤炭、铀、铁、铜、铝、铅、锌、锰、镍、钨、锡、钾、金、铬、钼、锑、稀土、银、硼、锂、磷、硫、萤石、菱镁矿、重晶石等25种矿产的资源潜力。

2.圈定一批找矿远景区，为缓解矿产勘查后备基地不足，早日实现找矿更大突破提供基础依据。

3.进一步全面系统总结我国成矿地质特征，深化成矿规律认识，提交重要成矿区带矿产资源潜力评价成果报告和矿产勘查工作部署建议。

4.提交全国成矿地质背景、地球物理、地球化学、遥感和矿产等系列基础图件，以及重要成矿区带的成矿规律与成矿预测、矿产勘查工作部署建议等系列图件。

5.完成全国成矿远景区的地学空间数据库，完成基于MapGIS平台的全国矿产资源潜力预测评价升级系统，为矿产资源管理、矿产勘查工作部署提供信息数据和信息支撑。

6.培养一批地质与科研的复合型人才。

六、工作思路

全国重要矿产资源潜力评价是我国矿产资源领域的一次重要国情调查，总体思路是以科学发展观为指导，以提高我国重要矿产资源对经济社会发展的保障能力为目标，充分开发应用已有的地质矿产调查、勘查、多元资料与科研成果，以先进的成矿理论为指导，使用规范而有效的资源评价方法、技术和各类基础数据为支撑，以中国地质调查局各单位已开展的资源评价工作为基础。采取政府部门指导、中国地质调查局组织实施、专家主导、产学研相结合的工作方式，全面、准确、客观地评价我国重要成矿区带内的矿产资源潜力，以及空间布局。预测未来10~20年我国重要矿产资源的探明趋势，推断开发产能增长趋势，矿产资源开发基地的战略布局。为更好地规划、管理、保护和合理利用矿产资源，也为部署矿产资源勘查工作提供基础资料，为国家编制中长期发展规划提供科学依据。同时通过工作提高对我国区域成矿规律的认识水平，完善资源评价理论与方法，并培养一批科技骨干及工作队伍，据此确定项目的具体目标和实施的技术路线。

第二章　工作基础

自国土资源大调查实施以来，中国地质调查局加强了区域地质调查、区域物探、化探、遥感、区域矿产远景调查等基础性工作。全国1∶25万区调空白区完成扫面工作，全国中小比例尺航磁全面覆盖，区域化探空白区扫面工作进展很大，航天遥感数据覆盖全国，区域矿产远景调查取得了一批重大成果，积累了大量的基础地质资料，相继完成了一系列地质基础数据库，GIS技术应用于地质工作各个领域。同时，中国地质调查局开展了成矿规律理论、矿产预测方法技术研究和应用示范工作，取得了一系列新进展。陈毓川院士主持完成了“中国成矿体系与区域成矿评价”项目，全面总结并发展了成矿系列理论，是我国自主创新的具有代表性的成矿理论。赵鹏大院士进一步发展了地质异常理论，在实践中被广泛应用。翟裕生院士总结了成矿系统理论，提出了区域成矿研究的思路、方法、途径。叶天竺等总结了一轮、二轮成矿区划的实践经验，提出了综合地质信息预测评价技术，提倡地质构造精细研究，全面全过程应用GIS技术，经过国家“863”项目实践，取得了成功。随着这些工作的开展，我国矿产预测和矿产资源潜力评价工作进入了新的阶段,奠定了全国重要矿产资源潜力预测评价的工作基础。

第一节　全国地质工作程度

一、区域地质调查

(一)小比例尺区域地质调查

全国陆域1:100万区域地质调查完成了全部计划面积,截至1980年底,完成947.38万平方千米,占陆域国土面积的98.7%。

(二)中比例尺区域地质调查

1.1:20万区域地质调查

全国陆域1:20万区域地质调查计划面积约有846万平方千米。1999年以前,1:20万区域地质调查除青藏高原大部分地区和大兴安岭局部地区外基本完成,完成面积达691万平方千米,占陆域国土面积的72%。

2.1:25万区域地质调查

截至2005年,全国1:25万区域地质调查共完成约398万平方千米,覆盖率占国土面积的41.5%。其中,以青藏高原空白区为重点的1:25万区域地质调查野外工作全面完成,共计118个标准图幅152万平方千米,实现了我国陆域中比例尺地质填图全覆盖。截止2005年,国家基础地质图件更新计划完成1:25万区域地质调查修测总面积240.9万平方千米,共计127幅。

(三)大比例尺区域地质调查

1:5万区域地质调查主要部署在我国东部重要经济区、重要地质走廊和重要成矿(区)带。截止到2005年,全国完成4211幅1:5万区域地质调查,累计总面积180.3万平方千米,占我国陆域国土面积的18.8%。

二、区域地球物理调查

截止到2005年,全国区域地球物理调查工作完成情况如下。

(一)区域重力调查

1:100万区域重力调查完成陆域面积的95%以上,尚有48.8万平方千米空白区。

1:20万区域重力调查共完成约380万平方千米,覆盖面积约占我国陆域国土面积的40%。

(二)区域航空物探调查

航磁1:100万以上比例尺覆盖总面积达1140万平方千米,除国界15公里以内的大陆边境区域和台湾海峡及南海、黄海等部分海域的领海范围,基本实现了1:100万航空物探磁法测量全覆盖。其中,完成陆地面积930万平方千米,海域面积210万平方千米。

1:20万以上比例尺航空磁力调查覆盖总面积达472万平方千米。其中,有230万平方千米是1980年前完成的低精度测量,大调查以来完成1:20万航磁测量面积21万平方千米。中比例尺区域航空放射性测量完成400万平方千米,占陆域国土面积的41.7%。1:20万以上比例尺主要分布于我国东部和中部地区以及油气远景区。1:5万以上比例尺覆盖总面积达303万平方千米。

三、区域地球化学调查

截止到2005年,全国区域地球化学调查情况完成如下:

1:50万区域化探共完成135万平方千米,占陆域国土面积的14.1%,主要分布在新疆西天山、西昆仑山、阿尔金山和青海的东昆仑等地区。1:20万区域化探完成538.1万平方千米,占陆域国土面积的56.1%。1:5万区域化探完成121.2万平方千米;大于1:5万比例尺的区域化探完成11.8万平方千米。

四、区域航天遥感数据获取

目前,航天遥感数据已覆盖全国。

五、矿产资源评价

(一)矿产区域调查程度

我国针对各类矿产的调查工作程度,可以划分为高、较高、较低-低和空白等四级。

1.矿产调查高程度区

程度高的地区主要有:小兴安岭、佳木斯、辽东半岛、华北地台北缘东段、山东、山西、华北地台南缘(熊耳山)、秦岭-大别、长江中下游、浙西-皖南、东南沿海、龙泉-建瓯、永安-梅县、武夷山-九连山、湘赣粤相邻区等。总面积约为168.5万平方千米。

2.矿产调查程度较高区

调查程度较高的区域有:华北地台北缘中及西段、乌兰浩特-巴林左旗、黑龙江漠河-黑河地区、扬子地台、华南褶皱系西段、西南三江中南段、南秦岭、祁连山、西天山及塔里木盆地北缘-北山、阿尔泰、柴达木盆地东边周缘等。总面积约为153.6万平方千米。

3.矿产调查程度较低-低区

调查程度较低-低的区域有:内蒙-大兴安岭、松辽盆地、华北平原、鄂尔多斯盆地、南祁连、柴达木盆地、西昆仑-阿尔金、松潘-甘孜、西南三江北段、西藏雅鲁藏布江、准噶尔盆地、西南天山等。总面积约为450.7万平方千米。

4.矿产调查空白区

我国到2000年底还没有开展矿产(非油气矿产)调查的区域主要有:新疆南部、西藏除局部地区以外的大部。总面积约为197.2万平方千米。

(二)矿产普查工作程度

矿产普查程度与其前期的资源调查工作程度十分相近,普查程度由高到低可分为五级,即高、较高、较低-低和空白区。

1. 矿产普查高程度区

高程度区主要有：东北三省的东部、华北(除鄂尔多斯和华北平原)、华东、中南，以及西南的贵州、西北的陕西南部等地区。总面积约为258.1万平方千米。

2. 矿产普查程度较高区

程度较高主要有：云南、四川东及南部、祁连山、西天山－东天山－北山、华北地台西缘、准噶尔盆地周缘、阿尔泰等，其次是大兴安岭、柴达木盆地北缘和东缘、西南天山、西昆仑西段等地区。总面积约为212.6万平方千米。

3. 矿产普查程度较低－低区

程度较低－低区主要有：新疆西昆仑－阿尔金、青海南部、西藏中部。总面积约为233万平方千米。

4. 矿产普查空白区

矿产普查空白区主要分布在塔里木盆地和西藏的大部分地区。总面积约为256.3万平方千米。

(三)矿产详查工作程度

矿产详查程度与矿产普查工作程度十分相近，程度由高到低可分为四级，即高、较高、较低－低和空白。

1. 矿产详查高程度区

高程度区主要有：华北地台北缘、辽东、华北地台南缘、太行、吕梁、秦岭－大别、长江中下游、江南古陆、杨子地台及其西缘、华南等地区。总面积约为109.1万平方千米。

2. 矿产详查程度较高区

程度较高主要有：黑龙江东部、祁连、柴达木盆地北缘、天山－北山、准噶尔盆地西缘、三江南段等地区的部分地段。总面积约为111.5万平方千米。

3. 矿产详查程度较低－低区

程度较低区主要有：大兴安岭大部、华北地台西缘、新疆西昆仑－阿尔金、青海南部、西藏中部等地区。总面积约为295.8万平方千米。

4. 矿产详查空白区

矿产详查空白区主要分布在塔里木盆地和西藏的大部分地区，以及我国北部新疆及内蒙与蒙古的部分边界区。总面积约为443.6万平方千米。

(四)矿产勘探工作程度

矿产勘探程度与矿产详查工作程度十分相近，程度由高到低可分为四级，即高、较高、较低－低和空白区。

1. 矿产勘探高程度区

高程度区主要有：华北地台北缘中东段、辽东、华北地台南缘、太行、吕梁、胶东、秦岭－大别、长江中下游，以及江南古陆、杨子地台及其西缘和华南等部分地区。总面积约为77.1万平方千米。

2. 矿产勘探程度较高区

程度较高主要有：黑龙江东部、吉林东部、秦岭、华南大部、阿尔泰、四川中部、云南、贵州等地区。总面积约为155.9万平方千米。

3. 矿产勘探程度较低－低区

程度较低－低区主要有：大兴安岭大部、华北地台北缘西段及其西缘、秦岭－祁连、柴达木盆盆地北缘、天山－北山、新疆西昆仑等地区。总面积约为242.9万平方千米。

4. 矿产勘探空白区

矿产勘探空白区主要分布在我国西部除上述提及到之外的大部分地区、内蒙的北部和东北部。总面积约为484.1万平方千米。

(五)区域矿产评价工作程度

区域矿产评价指相关的区域矿产预测、成矿区划、资源潜力评价等工作。其工作程度也划分为：较高、较低、低和空白四个等级。

1. 区域矿产评价程度较高区

程度较高主要有：华北地台北缘中段和东段、太行－吕梁、华北地台南缘、秦岭－祁连、长江中下游、华南、杨子地台、北山、阿尔泰等地区。

2. 区域矿产评价程度较低－低区

程度较低－低区主要有：黑龙江东部和北部、吉林东部、天山、准噶尔盆地西缘等地区。

3. 区域矿产评价程度空白区

区域矿产评价程度空白区主要分布在我国西部的大部分地区和内蒙的东部和北部。

(六)全国矿产地勘查总数情况

目前，全国矿产地数据库(2006年集成维护)中有资料记录的全国矿产地数量如下：

矿产地总数33793处，其中特大型矿产地359个，大型矿产地2655个，中型矿产地5813个，小型矿产地10925个，矿点11798个，矿化点2199个，没有标明规模的44个。其中黑色金属矿产5551个，重稀土金属矿产24个，贵金属矿产3885个，稀有金属矿产519个，燃料矿产2878个，水气矿产67个，有色金属矿产8234个，建筑材料矿产1919个，化工原料非金属矿产2614个，冶金辅助原材料非金属矿产1585个，其他6517个。

六、全国成矿区(带)划分

我国成矿区(带)划分在20世纪80年代前仅做过零星研究，例如张炳熹在20世纪60年代对南岭地区的研究。20世纪80年代后，开始研究并提出了全国成矿区(带)划分方案。

1980年原地质矿产部“成矿远景区划基本要求(试行)”制定了全国五级成矿区(带)划分要求，即全球成矿带为Ⅰ级、跨越数省的成矿带为Ⅱ级、控矿的地质条件相同并有较大展布范围的矿带为Ⅲ级、由同一成矿作用形成的矿田分布区为Ⅳ级、受局部有利构造、岩体、层位控制的矿田为Ⅴ级。1987年出版的我国第一张成矿区(带)划分图“中国内生金属成矿图”(1:400万,郭文魁主编,1987)将全国划分出66个成矿区(带)。中国矿床成矿系列图(陈毓川,裴荣富等,1989内部)将全国划分为五大成矿域、19个成矿区(带)。1999年以全国29个跨省成矿区划项目划分方案为基础(苗树屏、袁君孚等,1983),在全国资料统一平台上将全国统一划分出五个成矿区(古亚洲、秦祁昆、特提斯、滨西大洋和前寒武纪),17个Ⅱ级区(带)73个Ⅲ级区(带),形成了覆盖全国的Ⅰ、Ⅱ、Ⅲ级成矿区(带)的整体划分方案(陈毓川、朱裕生等,2003)。2000~2003年,以陈毓川为首的我国区域矿产地质学家,将成矿区(带)正式命名为成矿域(Ⅰ级)、成矿省(Ⅱ级)、成矿区(带)(Ⅲ级)、成矿亚带(Ⅳ级)和矿田(Ⅴ级)的五级划分法,全国范围内初步认定5个成矿域,16个成矿省,80个成矿区(带)(陈毓川、朱裕生等,2003)。最近,又在综合了全国各类地质资料和现有成矿地质理论认识的基础上,提出了统一的全国Ⅰ、Ⅱ、Ⅲ级成矿区带划分方案。

第二节　以往矿产预测工作情况

我国自20世纪60年代就已开始了矿产预测方法的探索研究,20世纪80年代以来应用不同的成矿理论和评价方法,曾开展了不同程度的矿产预测工作。其中,系统的、全国性的固体矿产预测工作主要有二轮全国成矿远景区划工作和四次全国煤炭资源预测工作。

一、全国成矿远景区划工作

“成矿远景区划工作”(以下简称“区划”)概括为“研究成矿规律、进行矿产预测、提出选区和地质工作部署建议”三项工作。自1979年在全国开展第一轮成矿远景区划工作以来,我国进行的区划工作已有近30年的历史。全国性的区划工作大体进行了二次,即1979~1985年的第一次全国区划(又称第一轮),1992~1995年的第二次全国区划(又称第二轮)。1998~1999年在第二轮区划基础上编制了“矿产勘查跨世纪工程”和地质大调查中的“矿产勘查工程”。在1986~1990年间,开展过全国性的“中大比例尺成矿预测”,1988年编制了1989~2000年的地质行业找矿工作规划纲要。此两项工作虽然不属于全国性的区划工作,但属区划工作的组成部分。

(一)固体矿产一轮成矿区划(1979~1985年)

1979年在全国开展了第一轮成矿远景区划,至1985年结束,区划任务由原地质矿产部下达到27个省、市、自治区地质局。1979~1982年主要完成省级区划工作,1982~1985年开展跨省区划工作,在全国划定长江中下游、东南沿海、南岭、华北陆块北缘、大兴安岭、小兴安岭、秦巴、天山、西南三江、祁连、江南地轴、滇黔桂、扬子地台西缘、阿尔泰等29个成矿区带。1981~1984年在全国开展铁、铜、金、石灰岩4个矿种的总量预测工作,以省(市、区)为单位进行,各省(市、区)从各自的优势矿种出发,增添了4个矿种以外的任务,全国共涉及12个矿种。以上三项任务,有的省(自治区)延长到1985年,上交成矿远景区划室的成果报告达427余份。圈定成矿远景区5875处,其中煤416处,占成矿远景区总数的7.1%;黑色金属946处,占总数的16.1%;有色金属2930处,占总数的50%;稀有、稀土金属及放射性357处,占总数的6.1%;非金属成矿远景区1217处,占总数的20.7%。全国汇总时划分为61个地质找矿的重点工作片(部署新一轮普查工作时,归并为37片)和优选出137余处可望突破的勘查靶区。

1985年,原地矿部在山西太原召开了第六次普查工作会议,原地矿部温家宝副部长代表地矿部党组作了“开展固体矿产新一轮普查工作的报告”,部署了全国固体矿产勘查工作,主要内容:①全国划分出37个成矿区带,其中包括能源矿产4个区带,金属矿产24个区带,非金属矿产9个区带,称为重点工作片;②37个区带中,提出137个可望地质找矿有重大突破的重点普查区;③37个成矿区带中,将秦岭-巴山、长江中下游、中朝准地台北缘、西南三江中南段、浙闽粤沿海和新疆准噶尔盆地西北缘等6个成矿区带划归部直接管理,为部管重点成矿区带;④新一轮普查实施“区域开展、重点突破”、“点面结合、当前和超前”结合,横向上实现“区调、区划、物化探、科研和普查勘探五统一”的部署原则;⑤要求在提高各成矿区带矿产研究程度的基础上,发现或扩大一批重要的矿产地,较大幅度的增长矿产储量,获取重大的地质找矿效果。

固体矿产新一轮普查工作取得了以下主要成果:

(1)“七五”期间固体矿产地质找矿新发现和证实为成型工业矿产地1050处,每年平均为210处(未包括油气发现井),超额完成五年目标任务中年度平均200处的指标,共涉及90个矿种,其中能源矿产地22处,黑色金属矿产地49处,有色金属矿产地165处,贵金属矿产地438处,稀有(土)及稀散元素矿产地29处,各种非金属矿产地314处、地下水33处;

(2)认定和圈定一批新的成矿远景区带,为“八五”部署矿产勘查工作提供了战略靶区。按“保证基础、加强普查、区域开展、重点突破”的指导方针,圈出了一批新的重要成矿区带,主要有滇黔桂、哀牢山北段、四川甘孜、海南戈枕断裂带、西天山、西秦岭、熊耳山、内蒙大青山-乌拉山等18个金矿成矿带;冀北、闽西南-

粤东北、内蒙得尔布干断裂带、新疆阿尔泰、云南巧家－金阳、黔北－川东、山西原平－宁式、鄂西(磷)等21个铜多金属、铝土矿、磷矿、锰矿成矿带,这些具有不同地质背景和矿化类型的成矿区带,为"八五"期间的矿产勘查部署提供了地质资料。

(3)已知矿区的勘查评价获得新的进展,年平均有110个矿区扩大了矿床规模、增加了储量,提交了固体矿产储量报告1172份。

(4)120种矿产增加了探明储量。新增探明储量之多,在各个五年计划期间是首屈一指的,列入国家计划的23个矿种都超额完成了国家计划,如:煤炭探明储量是国家下达任务的164.45%(以下简称"任务的")。铁矿是任务的139.8%、锰矿是任务的322%、铬铁矿是任务的155.4%、铜矿是任务的114.7%、铝土矿是任务的129.3%、铅锌矿是任务的139.4%、银矿是任务的181.6%、金矿是任务的104.3%、其余锡、钨、钼、锑、硫铁矿、磷矿、钾盐等13个矿种为任务的116%～803%之间。

(5)新发现了一批大型、特大型矿床。5年之间勘查评价的大型以上矿床159处、中型341处、小型550处,其中的老王寨金矿、贞丰烂泥沟金矿、吉林山门银矿、内蒙额仁陶勒盍银矿、罗甸乐马厂银矿、上杭紫金山铜金矿、新疆阿舍勒铜矿、广西靖西禄铜铝土矿、山西交口南岭上铝土矿、云南巧家白卡铅锌矿、广东茂名(涂布级)高岭土矿等大型或大型以上矿床。

总之,"七五"期间按区划成果部署的新一轮普查工作是有科学依据的,地质找矿成效较好,在我国的矿床勘查史上迈出了科学找矿的第一步,获取的勘查成果登上了新的台阶。

在上述第一轮区划成果的基础上,原地矿部又部署了全国性的中大比例尺矿产预测,编制了地质行业12年找矿工作规划纲要(1989～2000年)。

1. 中大比例尺矿产预测。

中大比例尺矿产预测继第一轮区划完成以后在全国部署的矿产预测评价工作,是新一轮普查的内容之一,此项工作一直延续至1992年底。在工作中,要求各省、市、自治区制订规划、纳入勘查计划、落实到每个地质队;部、局二级一起抓,将中、大比例尺矿产预测工作落到实处。具体要求是:按不同情况,分别对待,西部和边远地区开展小比例尺预测,在远景区内进行中比例尺预测,在A类远景区内进行大比例尺预测,必要时安排大比例尺物探、化探工作,部分矿区进行立体预测。设置中、大比例尺矿产预测试点项目,由地质队和科研教育单位并行进行,以后延伸为定向科研,进行矿产预测地质理论和技术方法研究。加强中、大比例尺矿产预测工作的领导和技术上的指导,以建立矿床成矿模式为中心,举办部、省级由矿产预测人员参加的培训班,培养了一批中、大比例尺矿产预测的技术人员。

至1992年底,全国各省、市、自治区向区划室提交68份中、大比例尺矿产预测报告,其中1∶20万比例尺有10项,1∶10万比例尺29项,1∶2.5万比例尺2项,1∶1万比例尺23项。

该项成果,在矿区勘探(如湖北铜录山铜铁矿,新疆齐依求金矿)和矿点评价工作中都有新的突破。

2. 编制地质行业12年找矿工作规划纲要(1989～2000年)。

地质行业12年找矿工作规划纲要(1989～2000年)属地质勘查工作中的中、长期规划(以下简称"纲要"),是继第一轮区划以后的全国性勘查工作的总纲领。原地质矿产部牵头组织原冶金工业部、能源部、有色金属工业总公司、化工部、轻工部、国家建材总局、武警黄金指挥部、地矿部直属单位管理局等8个部门的地质单位,围绕国民经济发展到2000年和2020年的战略目标,确定矿产勘查的目标任务和找矿的重点地区,作为12年内地质行业找矿的规划依据。

该项工作还根据地矿部、国家计委联合开展的"全国矿产资源保证程度分析"成果,提出2000年时国民经济的高速发展对矿产品的需求量急增,大部分矿产能保证外,其中的石油、天然气、铜、铬、金、银,锰、钾盐、硼、金刚石、镍的探明储量严重不足,属短缺矿产。提出了40个矿种的地质勘查工作部署建议。并以地发〔1989〕295号文下发至地质行业各部门执行。至2000年,国民经济发展对矿产品的需求量与纲要中测算的数字大体可以吻合。它是一个对地质行业矿产勘查起到直接指导和具有长远影响的规划"纲要"。

(二)固体矿产二轮成矿区划(1992～1995年)

1992年原地矿部在全国部署了第二轮区划工作,1992年4月在武汉召开了全国区划工作会议,专门研究了开展第二轮区划工作的目标、任务、工作时间和技术方法,同年9月,部直管局颁发了"固体矿产第二轮成矿远景区划技术要求"(地直发〔1992〕048号)。该项工作至1995年结束,各省、市、自治区提交了127份报告,包括省级汇总报告28份及其他局部地区的区划报告。

1995年原地矿部地调局组织完成了二轮区划汇总工作。汇总报告内容包括:①成矿地质背景和全国成矿规律研究;②成矿区带划分(全国划分为5个成矿域、17个二级成矿区带、73个三级成矿区带);③全国圈出1208个成矿远景区,通过全国统一平台的优选,确定93个具有地质找矿重大突破前景的勘查靶区,在"九五"期间选定为重点普查区(部重点投入普查区)。"八五"头二年有经费投入的74个勘查靶区,至2004

年，经8年查证(1996~2004)在上述勘查靶区中已发现大型或大型以上矿床56处(包括羊拉铜矿、土屋铜矿、夏塞银矿、山西交口铝土矿、萨瓦亚尔顿金矿等)；④编制了矿产勘查跨世纪工程，在此基础上于1998年编制了国土资源大调查中的“矿产勘查工程”；⑤编制了一套全国性的矿产预测系列图件(1:500万金属矿床分布图、非金属矿床分布图、金属矿床成矿规律图、中国遥感图像构造图、中国金属矿床航空磁力综合图、中国金属矿床布格重力异常综合图、矿产勘查跨世纪工程图等7种)。

总之，区划工作已在全国系统开展过二次，获得各方面的认可，为了全面增强矿产勘查资源的保障能力和服务功能，促进矿产勘查成果更好地满足经济社会发展的需要，今后开展新一轮区划工作是必要的。

二、全国煤炭资源预测工作

(一)原地矿部全国煤炭资源远景预测工作(1983~1992年)

1983~1988年，地矿部组织开展了全国煤炭资源远景调查，目的是从数量上和质量上进一步了解全国煤炭资源远景(摸清资源潜力)，从资源整体上研究煤田分布和聚集规律，从应用发展上探讨我国各类煤炭资源的合理开发利用途径，以便为政府制定能源政策、为煤炭工业规划合理布局、为提高煤炭资源地质勘查效益提供基础资料。调查范围除了上海市和台湾省外，囊括了全国其他各省、市、自治区。

全国煤炭资源远景调查取得了丰硕的成果，1989~1992年对调查成果进行了系统的汇总。完成的主要实物工作量及科研工作量有：1:10万~1:20万专门填图和修测地质图59493平方千米，1:5万专门填图和修编地质图121291平方千米，地震勘查1444平方千米，专门性地震剖面3000千米，电法21332平方千米，电测深剖面2737千米，重力17938平方千米，磁法9503平方千米，测井(含重新判别解释煤层的测井曲线在内)1403872米，钻探695541米，以及有关含煤地层古生物、成煤环境与聚煤规律、找煤物探方法、煤田预测方法、煤炭资源合理开发利用等专题科研报告30余份。

全国煤炭资源预测结果显示：截至1990年底，我国埋藏在2000米以浅的煤炭预测资源量共有53287亿吨。其中，按成煤条件有利程度可以划分为三类：Ⅰ类31960亿吨，Ⅱ类15144亿吨，Ⅲ类6183亿吨；按资源可靠程度可以划分为三级：E级(可靠级)17633亿吨，F级(可能级)22624亿吨，G级(推断级)13029亿吨；按资源埋藏深度统计则为：小600米的9971亿吨，小于1000米的23276亿吨，小于1500米的39009亿吨，小于2000米的53287亿吨，1000~2000米的29561亿吨。此外，还按不同成煤时代、按不同煤类、按不同聚煤区、按不同省区分别统计了预测资源量。

该项工作是我国第一次采用远景调查和已有资料综合分析相结合的方法，摸清我国煤炭资源远景。对指导全国煤田预测，部署煤炭勘查工作具有重要意义。

(二)煤炭工业部门三次全国性的煤炭资源预测工作概况

为了摸清我国煤炭资源的“家底”，建国以来，在我国煤炭工业主管部门的主持下，已经进行了三次全国性的煤炭资源预测工作。

1.第一次全国煤田预测(1958~1959年)

1958~1959年，煤炭工业部组织了我国第一次全国性的煤田预测，编制了1:200万的中国煤田地质图及其他图件，预测的全国煤炭资源总量为93779亿吨，并在此基础上，于1961年编写出版了《中国煤田地质学》。这是一件具有重要意义的研究成果，对于指导我国煤炭工业建设的规划布局，发挥了极其重要的作用。但限于当时的客观条件，这次预测的资源量数字的准确性较差。

2.第二次全国煤田预测(1973~1980年)

为适应煤炭工业发展的需要，煤炭工业部于1973~1980年组织进行了第二次全国煤田预测。这次煤田预测以地质力学的理论为指导，运用沉积相分析方法，充分研究了构造控煤、古地理环境对煤层沉积、煤质变化的影响，以及不同时代含煤地层的含煤性变化规律，获得了对聚煤规律的新认识，提高了煤田预测的科学性。

预测工作从矿区开始，进而到煤田和省(区)，从大行政区的汇总到全国汇总，基本摸清了全国的煤炭资源远景。全国预测在垂深2000米以浅的煤炭资源量为44927亿吨(其中垂深1000米以浅的预测煤炭资源量为21040亿吨)，加上到1975年末已探明的煤炭储量5665亿吨，全国煤炭资源总量为50592亿吨。《中华人民共和国煤田预测说明书》和1:200万中国煤田地质图等一整套图件，成为建国以来比较系统地反映我国煤田地质条件和煤炭资源状况的资料。第二次煤田预测的成果对我国煤炭工业的发展，乃至整个国民经济规划和宏观决策，都发挥了重要作用，是一项具有战略意义的研究成果。

在第二次全国煤田预测的基础上，于1979年编写出版了新的《中国煤田地质学》，进一步从理论上对我国煤的煤田地质特征进行研究和总结。但是，第二次全国煤田预测工作只对煤炭资源的前景进行了预测，没有对我国煤炭资源形势和煤炭资源对煤炭工业建设的保证程度进行分析。

3.第三次全国煤田预测(1992~1997年)

为了适应煤炭工业发展战略要求，保证煤炭工业发展对煤炭资源的需求，为21世纪煤炭工业的健康发展做好资源准备，1992~1997年，煤炭部组织开展了第三次全国煤田预测(全国煤炭资源预测和评价)。目的是全面系统汇集已有的煤炭勘查和科研成果资料，对已发现资源的可靠程度和开发远景进行分析评价；全面总结煤田地质特征和聚煤规律，提出可以(可能)发现新的煤炭资源的地区，并预测资源前景；建立煤炭资源数据库。预测范围包括含台湾在内的全国各省区(其中京津冀、辽吉黑分别合并提交报告，海南省并入广东省提交报告)。

第三次全国煤田预测结果显示：截至1992年底，我国埋藏在2000米以浅的煤炭预测资源量共有45521亿吨。其中，预测可靠级为19138亿吨。按资源埋藏深度统计则为：小于1000米的18440亿吨，1000~2000米的27081亿吨。此外，还按不同煤类、按不同赋煤区、按各大经济区分别统计了预测资源量。1999年，在全国煤炭资源预测和评价(第三次全国煤田预测)研究报告的基础上，编制出版了《中国煤炭资源预测和评价》，进一步研究和总结了第三次全国煤田预测成果。

第三节 成矿系列等成矿理论及矿产预测方法发展情况

随着找矿难度增大，矿产勘查工作的效果更多依赖于科技进步，成矿理论的发展成为促进找矿突破的重要途径。我国地质学家在长期的矿产勘查实践中丰富了成矿地质理论，建立和发展了反映我国特色的成矿理论和矿产预测理论方法。其中，有代表性的成矿理论和矿产预测理论方法，如成矿系列、地质异常、成矿系统理论、综合信息矿产预测理论方法等，近年来又得到进一步丰富和发展，在矿产勘查实践中被广泛应用。

一、成矿系列理论

1975年程裕淇等首次从铁矿开始提出成矿系列，1979年程裕淇、陈毓川、赵一鸣发表“初论矿床的成矿系列问题”论文，全面提出了矿床的成矿系列概念。成矿系列学说和理论是我国地质学家在长期以来找矿勘探工作和矿床地质研究过程中总结提出来的自主创新性成矿理论学说。成矿系列理论将在一个区域中与某一地质成矿作用有关、在空间、时间、成因上有联系的一组矿床，作为一个整体加以研究。掌握了成矿系列特征，可以由此及彼指导预测找矿工作，提高矿产勘查工作的成效，这对于深入认识成矿规律，指导矿产勘查工作，有重要的意义。

20多年来成矿系列理论在我国进行了系统深入的研究，经历了20世纪80年代创立探索阶段和20世纪90年代全面研究与实践结合阶段，到21世纪进入了发展的新阶段，提出了矿床成矿谱系及矿床成矿系列组的新内容和矿床成矿作用“异相定位”、矿床成矿系列“缺位”预测等预测理论，进一步完善了成矿系列理论，取得了突破性进展，成为重要的成矿分析和预测理论。

2004年，陈毓川院士主持完成了“中国成矿体系与区域成矿评价”项目，全面总结并发展了成矿系列理论，对我国各时代、各地区矿床成矿系列及各地区矿床成矿系列在历史时期中的演化进行了较系统的综合研究，初步厘定了覆盖全国的各时代矿床成矿系列及各地区的矿床成矿谱系，并对成矿系列的概念及其内涵进一步作了完善，又补充提出了矿床成矿系列组的概念，全面总结和提出了矿床成矿系列的结构特征，对成矿系列理论研究取得了新进展。

提出矿床成矿系列“缺位”预测理论。一个矿床成矿系列是指在“特定地质环境的四维空间中具有内在联系的矿床自然组合”，其前提是：①出现两个或二个以上的矿床类型；②彼此之间存在着内在联系，或其成矿作用相互联系；③在不同地区或不同时代的相似地质构造环境中形成的矿床成矿系列及其所包含的矿床类型有相似性，有可对比性。由此可以认为各个矿床成矿系列包含的矿床类型不尽相同，但是一个矿床成矿系列范围内出现内在联系的矿床类型是一个定数。在一个矿床成矿系列中，不同成因类型的代表性矿床列为矿床式，应用矿床成矿系列的“全位”认识，在具有同一类矿床成矿系列类型产出的成矿地质环境的地区，可参考已知矿床成矿系列所具有的矿床式，可预测缺位的矿床式存在的可能性，这就是应用矿床成矿系列的理论，指导矿床勘查工作的理论依据。以上就是矿床成矿系列和矿床式的“全位”和“缺位”的新认识，用“全位”的基本概念找出“缺位”矿床类型，作出预测评价，标志着矿床成矿系列已由理论研究进入指导矿产勘查的实用阶段。

二、综合信息矿产预测理论与方法

综合信息矿产预测理论与方法是由王世称教授于20世纪80年代提出并经过20多年的实践，不断地完善，在野外地质勘查工作中被广泛应用的矿产预测理论和技术。该理论与方法以地质体为单元，从地质信息演化角度研究地质、物探、化探和遥感的多元信息，按系统论思想建立综合信息找矿模型，实施矿产预测。近年来，综合信息矿产预测理论与方法体系得到进一步完善和发展(王世称，2000年)。

在国家攀登计划“大型、超大型矿床综合预测研究”课题中进行了大型、超大型隐伏矿和难识别矿的预测研究，发展了综合信息矿产预测理论与方法体系。首次提出大型，超大型金矿床在中小型矿床中具有“鹤立鸡群”的配置关系和规律。在进行预测时,应先预测“鸡群”,进而在“鸡群”中找“鹤”的新预测思路,拓宽了矿产资源预测途径。提出了以矿床密集区为模型单元,异常密集区为预测单元,解决了大型,超大型矿床预测的单元划分问题。通过综合信息矿床密集区找矿模型的建立和综合信息控矿因素分析,得出许多对大型,超大型矿床理论研究具有借鉴作用的结论。通过建立概念模型、逻辑模型和数理模型,使综合信息成矿预测走向半定量化、定量化和智能化以及半自动化。

三、地质异常理论

地质异常理论由赵鹏大院士于1991年提出,已广泛应用于矿产勘查实践,在矿产预测中发挥重要指导作用。近年来,赵鹏大院士进一步发展了地质异常理论,逐步形成了一套全新的矿产预测理论体系。

赵鹏大院士提出“三联式”定量成矿预测,进一步发展了地质异常理论。“三联式”成矿预测以圈定各类地质异常为基础,以识别、揭示、提取和圈定新型的、隐式的和深层次的成矿地质信息—各种类型和尺度的致矿地质异常及与其相匹配的物探、化探、遥感矿致异常为主要内容。“三联式”成矿预测以分析成矿多样性为目标,不仅以预测和发现已知矿床类型和矿产资源为目的,而且将可能利用的非传统矿产资源纳入分析内容,不同地区成矿多样性分析还是比较评价不同地区含矿丰度的重要指标,是确定主要勘查对象、进行综合勘查、综合评价和综合利用的主要依据。

四、成矿系统理论

翟裕生院士等在概括前人研究的基础上,全面提出了成矿系统理论(1997)。成矿系统是指在一定的时—空域中,控制矿床形成和保存的全部地质要素和成矿作用动力过程,以及所形成的矿床系列、异常系列构成的整体,是具有成矿功能的一个自然系统。成矿系统包括控矿要素、成矿作用过程、形成的矿床系列和异常系列,以及成矿后变化保存等四方面基本内容,体现了矿床形成有关的物质、运动、时间、空间、形成、演化的统一性、整体性和历史观。成矿系统理论是在矿床组合、成矿系列、成矿动力学等研究的基础上发展起来的。成矿系统及其演化的学术观点,运用系统论和历史观,从成矿动力学层次上研究和阐明区域成矿规律,已在成矿带研究中广为运用。

近几年来,在对典型区域成矿系统研究的基础上,提出了以区域成矿构造背景、成矿系统、成矿演化为基础,有机联系各种控矿因素、成矿过程和成矿产物的成矿系统研究理论框架。

第四节 全国地质基础数据库完成情况

自数字国土工程开展以来,我国对几十年来积累的大量地质工作资料进行了数字化和数据库建设,基本建立了国家基础地学数据库体系。据不完全统计,已经完成和正在建设的全国性数据资源有12大类50余种数据库,数据量达10TB以上。主要包括:1:500万、1:250万、1:50万、1:20万、1:5万数字地质图空间数据库,1:600万水文地质、环境地质、灾害地质图空间数据库;1:20万、1:5万和小比例尺数字水文地质图空间数据库,地下水动态监测数据库,基础地质灾害调查数据库,全国重大地质灾害数据库,全国岩溶塌陷灾害数据库,全国矿产地数据库,全国重砂数据库,全国同位素地质测年数据库,全国1:20万~1:50万区域地球化学数据库(39个元素),全国1:20万~1:100万区域重力调查数据库,全国1:20万~1:100万航空磁测数据库、全国航空电磁数据库,全国航空放射性数据库,全国地质工作程度数据库,全国矿产储量数据库,全国地层数据库,全国钻孔及测井数据库(框架)、全国岩石数据库,地学专题图数据库,以及航空遥感影像数据库等。

截至2006年,基本完成了以下可供全国矿产资源潜力预测评价应用的重要基础地质数据库建设,可提供使用。

一、全国1:50万数字地质图空间数据库

全国有27个省(区)先后900人次参加1:50万数字地质图空间数据库建设工作,历时3年,于2000年完成,2005年对数据库进行了全面更新。

数据库数据量约1.0GB。该库以20世纪80年代后期出版的各省(区)1:20万区域地质志附图为基础资料,使用了全国岩石地层单位清理成果,补充使用了20世纪80年代中期至1996年(个别省用到1997年)的1:5万区域地质调查资料2464幅,1:20万区域地质调查资料552幅,科研专题成果资料174项。较好地反映了我国近期区域地质研究程度和水平。

二、全国1:20万数字地质图空间数据库

全国有29个省(市、区)共有1200人次先后参加1:20万数字地质图空间数据库建设工作。历时8年,于2003年完成。全国1:20万数字地质图空间数据库采用经典与面向对象技术的数据模型,完成了对各省(区)1163幅地质图数字化采集、综合处理及入库工作,并建立了数据库数据管理系统,覆盖全国陆地面积71%。数据库数据量达80GB,有效地质实体总数超过500万个,是目前唯一覆盖全国的基础地质图,是开展各项地质工作的基础。

提交的数据包括MAPGIS、ARCINFO图层文件以及E00多种格式,空间数据坐标系统包括毫米单位高斯投影和以度、秒为单位的无投影地理坐标系以及元文件、图示图例库等数据。

三、全国矿产地数据库

全国30个省级地质调查院、8个原工业部门先后共有450人次参加数据库建设工作，历时6年。其中，地矿系统于1999年启动，2002年分省建立矿产地数据库并完成验收，2003年，2004年各省对本省提交的矿产地数据库分别进行了维护和更新。全国原工业部门等有关地勘单位的矿产地数据库建设于2001年启动，2004年12月提交工作成果。2005～2006年由中国地质调查局发展研究中心对全国地矿系统和全国原工业部门等有关地勘单位所建的矿产地数据库进行集成维护，形成了一个完整的全国矿产地数据库。

全国矿产地数据库全面系统地收集了全国行业系统各单位完成的包括固体矿产、能源矿产(不含油气矿产)、化工原料非金属矿产、建筑材料非金属矿产等大、中、小型矿产地、矿点及矿化点的资料，提供我国开展矿产资源调查及相关地质调查工作以来所发现的33794个大中小型矿床、矿点及重要矿化点等矿产地信息，以及800个典型矿床的矿区地质图、矿区重要剖面图数据。总数据量20GB，其中属性数据量约100MB。数据库格式为MS ACCESS2000。

四、全国区域重力数据库

全国区域重力数据库由中国地质调查局发展研究中心及陕西第二物探大队完成，历时3年，于2003年提交使用。

全国区域重力数据库全面汇集了截止1998年原地矿部系统完成的所有1:100万、1:50万、1:20万区域重力调查数据，以及原地矿部各单位收集与积累的重力数据，还收集了部分省和单位截止到2000年的数据。共收集862870个区域重力测量点数据，按图幅计算，共计231幅1:20万标准图幅的1:50万区域重力测量数据，593幅1:20万标准图幅的1:20万区域重力测量数据和1211幅1:20万标准图幅的1:100万区域重力测量数据。按《区域重力调查规范》要求整理所汇集的所有重力数据，建立了基于GIS的全国区域重力数据库。整理和补充全国1千米×1千米节点高程数据库，建立了与区域重力数据库关联的基于统一GIS系统平台的高程数据库。提供的区域重力数据库管理系统，具有数据入库、数据查询、专题图制作、数据输出及数据库维护等功能，提供了元数据。全国区域重力数据库包括重力基点网数据表、高程数据表、重力工区参数信息表、工区范围表、重力数据表等内容。

2004～2005年对全国区域重力数据库进行了维护和完善。2004年整理入库了完成验收的23幅1:20万图幅和3幅1:100万图幅区域重力调查成果数据约2万多个点。

五、全国航磁数据库

全国航磁数据库由中国国土资源航空物探遥感中心于2002年开始建设，主要是中国国土资源航空物探遥感中心和省航测队的航磁模拟资料数字化和建库(省级航磁数据库)。全国已完成航磁数据整理，数据库目前可以提供全国2千米×2千米的网格数据，对局部地区可以提供1千米×1千米的网格数据。

全国航磁数据库汇集了航空磁测数据和相关信息，主要内容包括坐标数据参数、磁力值、航磁工区参数信息等。其中，坐标数据，记录与磁力值对应的坐标值；磁力值，记录航空磁测数据；航磁工区参数，记录磁测中工作区有关工作单位、时间、设备、飞行高度、测量精度等信息。

六、全国遥感影像图数据库

全国遥感影像图数据库由中国国土资源航空物探遥感中心承担建设，从2002年开始历时3年，于2005年完成并提供使用。

遥感影像地图由陆地卫星ETM图像制成，卫星图像数据时间跨度5年。地理信息采自1:5万～1:10万地形图，三色合成、色彩鲜艳、地学信息丰富，图件按国家标准1:25万分幅编制。数据库1:25万标准分幅影像地图除覆盖全国陆域、海南岛、港、澳、台外，全部跨越国界充满图幅。

此外，数据库还提供1:50万、1:10万、1:5万三种标准分幅影像地图和按成矿区带、矿集(矿田)、矿床编制的多种比例尺影像地图，以及多波段、按标准分幅、带地理编码的影像地图遥感数据，可以为各学科、各专业提供地质、生态环境、资源和灾害等信息支持。

七、全国区域地球化学数据库

全国区域地球化学数据库建设开始于2001年，历时5年，于2005年完成。

全国区域地球化学数据库汇集了全国28个省(自治区、直辖市)2002年以前开展的1:20万和1:50万水系沉积物样品数据，包括1:20万比例尺的4平方千米一个组合样，以及1:50万比例尺的16～32平方千米单点样的39种元素和氧化物数据。目前已汇集的1:20万和1:50万区域化探39种元素和氧化物测试数据，共计数据点142万个，近5540万个数据(39种元素)，涉及1:20万图幅1299幅，1:50万图幅18幅。

八、全国1:20万自然重砂数据库

全国有27个省(市、区)共有950人次先后参加数据库建设工作，历时6年，于2006年完成。全国1:20万自然重砂数据库系统收集整理了全国27个单位1:20万区域地质调查和部分1:20万区域化探测量工作中所采集的自然重砂原始样品分析鉴定资料，资料截至时间为1999年。按照统一标准完成了全国1053个1:20万图幅的自然重砂数据库建设，数据覆盖范围涉及除港、澳、台外的29个省(市、区),覆盖全国陆地面积约71%。入库的自然重砂样品点1944190个,总计20003868件自然重砂鉴定数据,总数据量为9.4GB。

全国1:20万自然重砂数据库提供原地矿系统我国区域地质调查所形成的自然重砂数据信息,包括图幅基本信息数据文件、样品基本信息数据文件、重砂鉴定结果数据文件、重砂鉴定结果不定量值的表示方法和量化值的数据文件。并分别按全国、省、单图幅建库,并分级建立了全国、数据生产单位、1:20万单图幅元数据库。结合自然重砂信息在基础地质研究、矿产资源评价等方面的实际应用,建立了全国1:20万汇水盆地数据库,每个汇水盆地控制面积10~25平方千米,总数据量为1.2GB。

九、全国工作程度数据库

全国地质工作程度数据库于2001年正式启动,到2004年6月完成,由中国地质调查局发展研究中心承担,组织全国31个省(市、自治区)、有色、冶金、煤炭、核工业、建材、化工、武警黄金指挥部、中国老科协地矿分会和中国地质调查局航空遥感中心等40多个省部市级单位参加,共765人次参加数据库建设工作,历时三年半。较全面系统地收集和整理了全国20世纪的地质成果资料,建立了目前国内包含地质专业种类最全、覆盖范围最大、数据量最多的全国地质工作程度空间数据库,数据库总数据量达580MB。

全国地质工作程度数据库采集资料从1903年至2000年的数据记录为93321条,2000年以后的数据1378条。全国地质工作程度数据库包括地质工作程度面元矢量数据94699条,包含区域地质调查、地球物理勘查、地球化学勘查、矿产勘查、水文地质调查、工程地质调查和环境地质调查等8类地质专业。矿产地点元矢量数据56802条,涵盖有色金属、黑色金属、贵金属、稀有稀土金属、能源、非金属和水气矿产等13个矿种系列。矿区实物工作量关系型数据137248条,涉及到钻探、槽探、坑探等主要实物工作量。开发了数据库管理系统,具有数据查询、数据输出、数据库维护、系统帮助、自动形成图例、图式等各种功能。

十、全国典型矿产数据库

2004年,中国地质科学院矿产资源研究所完成的“中国成矿体系与区域成矿评价”项目建立了全国典型矿产数据库。

全国典型矿产数据库收集和研究矿床及典型矿床共4640个,其中典型矿床535个,建立了全国重要矿产资源综合信息数据表。主要包括铁、金、钨、锡、钼、铋、铜、铅、锌、银、锑、镍等矿种。

此外,该项目还建立了中国矿床成矿系列编图数据库,数据70余万条,数据量超过200兆。

第五节　矿产资源评价应用软件开发

近年来,中国地质调查局相继开发出一系列矿产资源评价应用软件,并推广应用于矿产资源调查评价工作中,主要有物探重磁电数据处理和资料解释软件、区域地球化学数据管理信息系统(GEOMDIS2005)、多元地学空间数据管理与分析系统(GeoExpl)、遥感图像数据处理系统(RSMAP)、遥感信息提取辅助图像处理系统(RSIE)、地质编图应用软件、矿产资源综合信息评价系统(MRAS2.0)、金属矿产资源快速评价系统(MORPAS3.0)等。这些资源评价应用软件涵盖了数据处理、综合及预测评价等矿产资源评价的全过程,提供了有力的地物化遥数据处理、信息提取和综合的软件工具,为矿产预测和矿产资源潜力评价工作开辟了信息技术途径,有效地促进了矿产预测方法技术的发展。

一、物探重磁电数据处理和资料解释软件

物探重、磁、电数据处理与资料解释软件系统,由中国地质调查局发展研究中心组织研发。2005年,中国地质调查局发展研究中心将物探重、磁、电资料数据处理软件系统集成到多元地学空间数据管理与分析系统(GeoExpl)之上,为用户进行综合研究提供了便利条件。

软件的数据处理与物探异常反演功能,基本涵盖了我国重力、磁测、电法勘探工作进行资料解释处理的全部功能,是目前国内重磁电数据处理与制图功能最全的软件系统,可以处理各种情况与观测精度的重磁数据资料和绝大多数格式的电法资料。尤其重磁数据处理功能,包括了常用的延拓、化极、滤波、求导、分量转换、梯度模、界面反演、剖面反演等,以及复杂的带地形反演、三维反演、深度计算、综合约束反演等。

二、区域地球化学数据管理信息系统

区域地球化学数据管理信息系统(GEOMDIS2005)是中国地质调查局发展研究中心研制开发的基于GIS的应用型区域地球化学数据处理软件系统。2006年,中国地质调查局发展研究中心将该系统集成到多元地学空间数据管理与分析系统(GeoExpl)。

区域地球化学数据管理信息系统(GEOMDIS2005)的主要功能有:完善全面的多数据库多工作环境的数据库管理功能;多样精美的地球化学专题图件制作功能;强大的专业数据分析处理模块;灵活快捷的数据检索查询功能;方便实用的多种数据格式转换、多图层随意剪裁以及投影转换一体化功能。

三、多元地学空间数据管理与分析系统

多元地学空间数据管理与分析系统(GeoExpl)由中国地质调查局发展研究中心于2005年研制开发。该系统是基于GIS的应用型软件系统,可以对多元地学数据进行综合管理和应用,满足地学各类专业工作

者在区域地质调查、基础地质研究、矿产资源评价与预测、化探数据处理、物探数据处理解释、以及多元地学数据综合利用等方面的需求，2006年开始在地勘行业推广使用。

多元地学空间数据管理与分析系统（GeoExpl）的主要功能涵盖地、物、化、遥各类常规数据处理与分析，包括多元统计、延拓、位场转换、模拟等；可以实现利用地、物、化、遥及矿产等数据的矿产资源、环境等多目标的综合预测分析；多种数据类型接口，包括MAPGIS/ArcView/AutoCAD/MAPINFO/BMP/TIFF等。

四、遥感数据处理软件

（一）遥感图像数据处理系统（RSMAP）

2002年，中国国土资源航空物探遥感中心开发研制出遥感图像处理软件（RSMAP），它是一种数据库管理模式下的图形编辑图像处理综合系统。

系统具有矢量图形编辑、图像增强处理、多波段图像处理分析、数据融合、图像数字镶嵌、图像几何校正、图像分类处理、图像三维立体显示、地理制图等图像处理分析功能，能够进行遥感图像地理图幅查询、视反射率图像生成、人工光源遥感图像生成、矿化蚀变遥感异常信息提取、影像地质图制作、标准地理分幅遥感影像图制作等方面图像处理。

（二）遥感信息提取辅助图像处理系统（RSIE）

遥感信息提取辅助图像处理系统（RSIE）是有色金属矿产地质调查中心北京资源勘查技术中心（原遥感中心）于2004年自主开发研制的一套用于遥感信息提取和多元数据综合处理系统。该系统充分总结了国内外遥感地质找矿方法、效果以及有色遥感地质找矿经验，在遥感信息提取的方法技术研究上，解决了一系列技术关键问题，研制了一套将常规的图像处理技术与多元数据分析、模式识别（分类）、图像掩模等技术相结合的“遥感信息多层次分离提取技术”、以及多元数据综合处理技术，形成了一套有效的技术方法流程。

五、矿产预测决策应用软件

矿产预测的数据空间分析及其信息决策主要是通过一系列基于GIS平台开发的软件来完成，目前在国内矿产资源评价领域，主要以中国地质科学院矿产资源研究所等开发的矿产资源综合信息评价系统（MRAS 2.0）和中国地质大学（武汉）与中国地质调查局发展研究中心开发的金属矿产资源快速评价系统（MORPAS 3.0）较为完整和成型。

（一）矿产资源综合信息评价系统（MRAS 2.0）

矿产资源综合信息评价系统（MRAS 2.0）是在国产MAPGIS平台上自行设计、开发的软件系统，主要应用于矿产资源评价及矿产勘查领域，为区域矿产资源综合评价人员提供资源评价数据信息综合和资源潜力制图的计算机辅助工具软件。软件系统以地质矿产调查多元地学空间数据库为基础，开发出能够辅助矿产资源评价人员进行数据综合、成矿多元信息提取和资源潜力定量评价的工具，能够对建立在GIS平台上地质、物探、化探、遥感、矿产等多元空间数据库进行信息深加工，提取能够指示和识别某种矿床存在和贮存规模的深层次信息。

（二）金属矿产资源快速评价系统（MORPAS 3.0）

金属矿产资源快速评价系统（MORPAS 3.0）是中国地质调查局发展研究中心、中国地质大学（武汉）和中国地质科学院矿产资源研究所基于先进的矿产勘查评价方法技术共同研制开发的普适性的资源快速综合定量评价系统。系统在MAPGIS平台的基础上，以先进的矿产勘查理论和数学地质方法为指导，以成矿区带找矿靶区的优选与评价为重点，开发了用于矿产资源评价分析的应用系统，并结合云南等地重要成矿区带找矿靶区优选评价研究，建立了一套矿产资源评价分析的工艺流程。

第六节　固体矿产综合地质信息预测技术应用示范

自20世纪80年代开始，我国开展了全国性的矿产预测实践——全国成矿区划工作，其中1979～1985年和1992～1996年原地矿部在全国范围内进行了两轮成矿区划工作。同时组织全国科研力量对我国主要成矿区带开展了“七五”、“八五”、“九五”以矿产预测为主要内容的科研攻关工作，取得了丰硕的找矿成果。在矿产预测工作中积累了大量的实践经验，特别是在矿产预测的方法，在物探、化探、遥感等技术方法的综合应用，在找矿信息提取技术，在GIS技术应用和定量预测方面都取得了突破。在两轮成矿区划工作中，原地矿部相应制订了《固体矿产成矿预测基本要求》（1990年）、《固体矿产第二轮成矿远景区划要求》（1994年），中国地质调查局成立后制订了《固体矿产普查暂行规定》（2000年）、《固体矿产预查暂行规定》（2001年）等有关技术要求。

为了系统总结我国开展全国成矿区划工作以来矿产预测的实践经验，进一步提高矿产预测工作的方法水平，中国地质调查局于2001年开始组织有关专家编写了一套矿产预测方法指南体系，主要包括：固体矿产预测评价方法技术、全国（分省）矿产资源调查评价综合编图指南、区域成矿学研究方法指南、矿产资源预测的MRAS系统等，并在此基础上编制出版了《固体矿产预测评价方法技术》专著（叶天竺等，2004）。该专著集当前国内外矿产预测理论与方法之长，归纳总结了二十多年来我国重点成矿远景区带科研攻关以及全国成矿区划的实践经验，建立了基于GIS的综合地质信息预测评价技术方法体系，提出了按照以地质构造精细研究为基础，综合地球物理、地球化学、遥感的地质解释信息，依据物探、化探、遥感、地质、矿产等找矿信息开展预测工作的具体方法、程序。

与此同时，在中国地质调查局的统一部署下，应用所提出的“基于GIS的综合地质信息预测评价技术方法体系”，分别在国家高技术研究发展计划（863计划）“基于SIG的资源环境空间信息共享与应用服务”课题（2002～2005年）中的矿产资源区域评价示范研究，“全国（分省）矿产资源调查评价综合编图”项目（2002～2005年）的广东、广西、湖南省级固体矿产资源评价图件编制试点，以及“矿产资源调查数据处理与综合分析子系统”项目（2003～2006年）的义敦岛弧银铅锌成矿带等七个重点成矿带选区试点等工作中开展了固体矿产综合地质信息预测技术应用示范研究。通过这些应用示范工作，获得了大量的实际应用实例，积累了丰富的实践经验，为全面进行全国性矿产资源潜力预测评价工作做好了技术准备。

一、国家“863”重大项目的矿产资源区域评价示范研究

2002年，国家“十五”高技术研究发展（863）计划在863—13主题空间信息应用与产业促进专题中设立了资源环境空间信息共享与应用服务研究课题，开展了矿产资源区域评价示范研究，选择我国西南三江和长江中下游两个重要成矿带为示范区，通过对两个示范区建立的基础空间数据库数据进行汇总，利用自主开发的网络环境下矿产资源评价系统（MRAS），开展矿产资源区域评价以及地质空间信息多层次查询检索共享与应用服务示范。

西南三江矿产资源评价示范和长江中下游矿产资源评价示范采用“基于GIS的综合地质信息预测评价技术方法”的方法技术体系和工作流程，建立了两个示范区数字地质图数据库（1:20万、1:50万）、航磁数据库（1:20万、1:50万）、重力数据库（1:20万、1:50万）、化探数据库（1:20万、1:50万）、矿产地数据库、工作程度数据库、遥感数据库和典型矿床（点）数据库等8个基础空间数据库。以西南三江铜矿成矿带和长江中下游铜矿成矿带为单元，开展了成矿信息的提取，编制了示范区火山岩岩性岩相构造图、岩浆岩构造图、大地构造相图、遥感矿产信息综合异常图、地球物理推断地质构造图、综合信息地质构造图、地球物理矿产信息综合异常图、地球化学矿产信息综合异常图、沉积建造古构造图、陆块区大地构造图等专题图，并分别建立了示范区综合信息数据库。进行了资源潜力综合评价，编制了西南三江示范区和长江中下游示范区铜矿成矿规律图和铜矿预测图，建立了矿产预测成果数据库。2005年底课题成果鉴定认为具有创新性。

二、省级固体矿产资源调查评价综合编图试点

2002～2005年，中国地质调查局设立全国（分省）矿产资源调查评价综合编图项目，选择广东、广西、湖南三个省开展了省级固体矿产资源调查评价综合编图试点工作。

试点省根据综合地质信息预测评价技术的思路、程序、方法，按照“全国（分省）矿产资源调查评价综合编图指南（试行）”和有关技术要求，对试点省区已建成的地学空间数据库进行了整理，建立了省级矿产资源评价基础数据库，编制省（市、自治区）矿产资源调查评价的系列图件，并于2004年建立了广东、广西、湖南试点省区矿产资源调查评价综合信息库，提交了矿产资源调查评价专题图和预测规划图及成果报告。

通过广东、广西、湖南综合编图试点工作，取得了很好的成果，为省区的矿产勘查部署、及地质调查立项提供了丰富的基础数据，得到了省区主管部门的认可。

三、义敦岛弧带等我国7个重点成矿带选区试点

2004～2006年，“矿产资源调查数据处理与综合分析子系统”项目在全国范围选择了皖南地区铜金多金属成矿带、义敦岛弧带银铅锌成矿带、东天山铜多金属成矿带、南岭锡多金属成矿带、集安－长白铅锌成矿带、西南三江南段铜多金属成矿带和雅鲁藏布江铜多金属成矿带等7个重点成矿带开展矿产资源评价选区论证试点应用研究。选区试点应用研究以“基于GIS的综合地质信息预测评价技术方法”为指导，结合各成矿带成矿地质背景和资料基础，选择主攻矿种和主要成矿类型，开展矿产资源评价与选区论证示范研究。

目前，7个重点成矿带选区试点根据已有资料，并结合各成矿带主要试点任务，收集和整理了各成矿带地、物、化、遥、矿产等综合资料数据，建立了选区论证系统试点所需的7个重点成矿带基础数据库。在基础空间数据库的基础上进行专业化数据处理，结合区域成矿地质背景和区域成矿规律，从基础数据库相关图层中提取各基础要素信息，生成专题图件，建立了空间分析数据库。根据选区论证工作思路和流程，结合区域地质背景、典型矿床特征和最新找矿成果，相关软件预测评价的结果，建立综合找矿模型和成矿预测，进行成矿远景区评价、优选试点研究，完成了选区论证成果数据库的建立。

第三章　工作内容

第一节　基础数据库整理维护工作

根据矿产资源潜力评价工作的需要，对已有的各类数据库进行数据整理和维护,补充采集各种新的数据资料,最终形成可以提取各类找矿信息的符合各项技术标准的基础数据库。在已有数据库成果基础上,包括矿产资源预测所需要的各种大比例尺数据资料、矿区勘查资料、专题研究资料。

一、基础数据库数据更新内容

(一)全国地质工作程度数据库

2004年完成的全国地质工作程度数据库,较全面系统地收集和整理了全国20世纪的地质成果资料,建立了1901~2000年我国区域地质调查、矿产勘查、地球物理勘查、地球化学勘查、遥感地质调查、水文地质调查、工程地质调查、环境地质调查和海洋地质调查工作程度和包括黑色金属、有色金属、贵重金属、稀有稀土金属等矿产、分散元素矿产、放射性矿产、冶金辅助原料矿产、化工原料非金属矿产、建筑材料及其它非金属矿产、地下水和地下热水资源、能源矿产等矿产地信息的全国地质工作程度空间数据库,资料截至时间为2000年。

本项目工作资料要求为2006年底,因此必须对原有全国地质工作程度数据库补充数据。该项目基础数据库维护工作,由各省级单位负责按照“全国地质工作程度数据库建设工作指南”和相关技术要求,收集、整理本部门2000~2006年各相关地质工作资料,补充完善原来完成的“地质工作程度数据库”,最终汇总成“全国地质工作程度数据库”,资料截止日期为2006年12月。

(二)地质图数据库

本项目地质图数据库涉及1:20万~1:25万、1:50万和1:250万区域地质图数据库。

1.1:50万地质图数据库

2001年完成的1:50万地质图数据库,资料截止日期为1999年,本次工作任务为完成省级和全国“1:50万地质图数据库”的更新和维护。各省级地勘部门按照“1:50万地质图数据库建设工作指南”和相关技术要求,收集整理2000~2006年1:25万区调地质资料,完成省级“1:50万地质图数据库”的更新和维护工作,最终完成全国“1:50万地质图数据库”的更新和维护工作,资料日期截止到2006年12月。

2.1:250万地质图数据库

2004年完成的1:250万地质图数据库,资料截止日期为2000年。本次工作任务为完成全国1:250万地质图数据库的更新和维护。根据更新后的全国“1:50万地质图数据库”成果,由全国汇总组按照“1:250万地质图数据库建设工作指南”和相关技术要求,完成全国“1:250万地质图数据库”的更新和维护工作,资料日期截止到2006年12月。

3.1:20万~1:25万数字地质图空间数据库

全国重要矿产资源潜力评价原始资料应用1:20万和1:25万区调资料,省级成果表达比例尺为1:50万,全国成果表达比例尺为1:250万。所以1:20万~1:25万数字地质图空间数据库是本次矿产资源潜力评价工作的基础数据。我国已于2003年完成了全国1:20万数字地质图空间数据库建设工作,涉及1163个1:20万标准图幅。自1998年以来,全国部署了1:25万区调工作,已完成245幅,目前需要把已完成的1:25万区调图幅,全部纳入1:25万地质图数据库,因此需在原有数据库基础上按照原有技术要求完成1:25万区调图幅成果的入库工作。

(三)矿产地数据库

矿产地数据库将为矿产资源潜力评价提供最直接的找矿信息。目前完成了包括原地矿系统和有色、冶金、煤炭、核工业、化工、建材、武警黄金等部门各矿种在内的33794个大中小型矿床、矿点及重要矿化点信息,资料截止日期为1999年。

本次工作任务为,各省级单位和行业部门按照“矿产地数据库建设工作指南”和相关技术要求,进一步补充完善原矿产地数据库,收集整理本省2000年到2006年12月发现的大、中、小型矿床、矿点和矿化点信息,包括资补费项目、地方专项、以及社会商业性项目有关成果资料。补充完善各省原来的矿产地数据库,完成本省矿产地数据库的更新。在此基础上,完成全国矿产地数据库的更新和维护工作,资料日期截止到2006年12月,为矿产资源潜力评价提供直接信息。

(四)航磁数据库

航磁数据资料将为矿产资源潜力评价提供直接和间接找矿信息。该项目航磁数据库涉及1:5万、1:20万、1:100万航空磁测数据。

本次工作任务为,由国土资源部航空物探遥感中心按照相关数据库建设要求,收集整理全国2000年到2006年12月的1:5万、1:20万、1:100万航空磁测数据,补充完善原来的航磁数据库,完成全国1:5万、1:20万、1:100万航磁数据库的更新,提供本次工作使用。

(五)重力数据库

重力数据资料将为矿产资源潜力评价提供重要的找矿信息。该项目重力数据库涉及1:20万、1:50万和1:100万三种比例尺的区域重力数据。资料截止时间为2001年。

本次工作任务为,由中国地质调查局发展研究中心配合各省按照相关数据库建设要求,收集整理2002年到2006年12月的1:20万、1:50万和1:100万区域重力数据,补充完善全国区域重力数据库,完成1:20

万、1:50 万和 1:100 万区域重力数据库的更新。

(六)地球化学数据库

地球化学数据资料将为矿产资源潜力评价提供直接找矿信息。该项目地球化学数据库涉及 1:20 万和1:50万水系沉积物测量数据。资料截止时间为2002 年。

本次工作任务为,各省级单位按照相关数据库建设要求,收集整理本省 2002 年到 2006 年 12 月的 1:20 万、1:50 万水系沉积物测量数据,补充完善原本省地球化学数据库,完成本省地球化学数据库数据的更新,该项工作主要涉及西部和大兴安岭地区有关省份。在此基础上,完成全国地球化学数据库数据更新和维护工作,资料日期截止到 2006 年 12 月,为矿产资源潜力评价提供直接找矿信息。

(七)自然重砂数据库

自然重砂数据资料将为矿产资源潜力评价提供直接找矿信息。该项目自然重砂数据涉及 1:20 万自然重砂测量数据。资料截止时间为 1999 年,由于近几年来没有新的自然重砂资料,因此该数据库基本上满足要求,进一步对有关数据进行必要的整理后即可以使用。

(八)遥感数据库

2004 年已经验收了 1:25 万 ETM 影像图数据库,基本上能满足本次工作需要。主要对重点地区进一步补充其他卫星遥感和航空遥感数据,补充原有数据的不足,各省根据本省情况分别建立各省遥感数据库。

(九)典型矿床数据库

中国地质科学院矿产资源研究所在二轮成矿区划成果基础上,进一步补充有关资料,已经建立了全国典型矿床的数据库,2005 年完成的“中国成矿体系与区域成矿评价”项目成果,也都相应提供了大量典型矿床数据。本次工作将在上述两项成果基础上进一步补充、整理、完成建立全国典型矿床数据库。

二、数据库维护技术内容

(一)数据库管理软件的更新

上述空间数据库中有的数据库管理系统是在 MAPGIS 平台上开发的,目前 MAPGIS 软件已经多次升级,原来的管理系统无法提供使用,因此需要进行版本升级。

(二)修改建库指南

根据已经改变了的情况,必须修改建库指南。

三、编制数据库维护工作要求

自从中国地质调查局建设完成各类全国基础地质数据库以来,尚未进行如此大规模的全国性的数据库维护工作,因此必须编制数据库维护工作要求,保质保量完成各类基础地质数据库的数据更新,为开展重要矿产资源预测评价工作提供可靠的基础数据。

第二节　区域成矿地质背景研究

区域成矿地质背景研究工作内容,主要包括沉积岩区地质构造特征研究,火山岩区地质构造特征研究,侵入岩区地质构造特征研究,变质岩区地质构造特征研究,综合地质构造研究等内容。根据不同矿种的特点,在上述工作内容基础上针对不同矿种增加有关内容。

一、准备工作

1. 在已有地质图数据库基础上,全面收集 1:20 万、1:25 万区调成果报告,全面掌握 1:5 万区调成果报告以及 1:20 万、1:25 万区调原始资料,全面收集已有区域地质综合研究成果资料,包括区域地质志、岩石地层统一清理成果,其他有关科研资料。

2. 根据本省及邻区成矿地质条件,归纳矿种组合,划分矿化类型。

3. 初步分析主要成矿控制因素。

4. 确定区域成矿地质背景重点研究内容及地区。

5. 确定某些矿种的特殊研究内容。

二、沉积岩区地质构造特征研究

1. 划分对比地层层序,编制柱状对比图。

2. 进行岩相分析:编制沉积相柱状剖面图及区域岩相横剖面图,综合各种成因标志说明岩相划分原则及依据,说明区域岩相在时间上、空间上的演变特征及规律,划分岩相分区。

3. 进行古地理分析:说明海陆分布,古陆及沉积剥蚀区的确定和分布位置,陆地的地貌特征及分布规律。沉积区总的环境特点,陆源物质供给方向,海流及水流方向,水介质特点,水的深度、温度、水动力状况及生物分布等情况。分析沉积厚度的变化趋势,沉积环境与古构造的关系。

4. 根据已有资料,编制概略岩相古地理图:内容包括某一地层单元的海陆分布,即沉积盆地和陆源区,海水来源方向及古水流方向,陆源碎屑供给方向,沉积区的岩石、古生物组合及沉积环境、沉积厚度等。

5. 沉积建造古构造研究:划分沉积建造,并圈定不同建造分区,分析沉积阶段基底的隆起,坳陷及古断裂特点,分布规律、相对强度、古构造对岩相古地理的控制特点,划分古构造分区。

6. 以时间、空间、物质成分三方面说明沉积,或层控矿床与沉积建造环境的具体关系以及古地理环境,岩相对矿床的控制特点。

7. 编制沉积建造古构造图。

三、火山岩区地质构造特征研究

1. 划分对比火山喷发旋回,编制火山岩柱状对比图。

2. 按照火山喷发旋回研究火山岩矿物成分、岩石化学成分、地球化学成分、阐明其物质成分来源以及在空间上、时间上的演化特征,恢复其原始大地构造环境特征。

3. 进行岩性岩相分析:根据火山岩岩性组合,结构构造变化、产状、厚度及其变化、空间分布特征等标志,划分火山岩岩相,确定火山机构及次火山岩体,圈定火山热液蚀变区。

4. 分析控制火山活动构造特征,划分火山构造类型、喷发类型,确定火山岩浆构造带及其空间分布规律及时间演化特征。

5. 根据已有资料,编制火山岩岩性岩相图。内容包括某一喷发旋回火山岩相空间分布范围,各岩相带内岩性变化特征,火山机构、次火山岩体、火山热液蚀变区、火山构造类型、火山岩浆构造带等。

四、侵入岩区地质构造特征研究

1. 对侵入岩三维空间形态进行分析,研究岩体特征,包括:出露面积、剖面形态、产状、接触关系、接触变质作用、侵入角砾岩、相带划分、原生构造、侵入深度、剥蚀程度、隐伏岩体、侵入方式、侵入时代等。

2. 岩石物质成分研究:矿物成分、副矿物、岩石结构构造、岩石化学、地球化学、微量元素、同位素、稀土元素等成分,气液包裹体等。

3. 分析岩浆演化特征,说明岩浆侵入过程,分析岩浆分异过程,说明各阶段物质成分演化特征,划分侵入作用期次,编制侵入岩浆作用柱状图。分析侵入岩物质成分来源,侵入岩成因以及岩浆侵入作用反映的构造环境。

4. 研究控岩构造特征以及确定岩浆构造带,确定其分布特征和发生发展历史。

5. 从时间、空间、物质成分三方面说明岩浆侵入作用与成矿作用的关系。

6. 编制侵入岩浆构造图,内容包括侵入岩类型,空间分布特征,控制侵入岩分布推断构造,划分岩浆构造带。

五、变质岩区地质构造特征研究

(一)变质作用特征研究

一般情况下主要在深变质岩区要求开展变质特征研究:

1. 变质岩岩石学研究:岩石矿物成分组合、结构构造、矿物形成世代、标型特征、岩石化学特征、地球化学特征(包括微量元素、稀土元素)等。恢复原岩建造,分析变质作用过程中物质成分的迁移情况。

2. 划分变质相带,确定空间分布特征,编制变质相带图。根据变质相带分布特征,确定构造热事件期次及空间分布特征,确定热中心。

3. 分析成矿作用和区域变质作用在时间、空间、物质成分方面的关系。

(二)变形地质构造环境分析

1. 分析区域变形构造特征,划分变形构造带,确定规模、产状、划分变形期次,确定每一期变形特征,包括空间分布、构造类型、时间演化特点。

2. 分析推覆断裂带、剥离断层、走滑剪切带、古断裂等构造带,确定规模、产状、推断切割深度,分析发生发展历史,并划分构造级别。

3. 判断变质核杂岩、韧性剪切带,构造混杂岩带、多期褶皱等变质构造,确定其规模、产状、空间和时间演化特征。

4. 分析各类变形构造之间的相互关系,建立统一的构造应力作用体系。

(三)编制变质构造图

内容包括变质建造、变质相带、变形构造等。

六、综合地质构造图编制

成矿地质背景的研究成果集中体现在综合地质构造图上,综合地质构造图的编制工作是矿产预测工作的关键环节。

(一)造山带大地构造相图编制

大地构造相是指在相似大陆动力学环境中形成的,经历了相似的变形和就位作用、并且有类似的内部构造和岩石构造组合。根据 Robertson(1994)的划分方案,共分 4 种环境 28 个相,包括离散背景的大地构造相:被动裂谷相、活动裂谷相、夭折裂谷相、台间盆地相、碳酸盐岩台地相、边缘海山相、扩张洋脊相、深海平原相、大陆碎块相、大洋海山或海台相;汇聚背景的大地构造相:上消减带蛇绿岩相、大洋岛弧相、消减/增生杂岩相、弧前盆地相、弧后盆地相(陆内)、弧后盆地相(洋内);碰撞背景的大地构造相:洋内碰撞相、残余洋盆相、碰撞前伸展盆地相、具洋壳侵入的前渊相、具陆壳侵入的前陆盆地相、与隆升相关的构造相;走滑背景的大地构造相:转换裂谷的被动边缘相、大洋转换断层相、拉张盆地的洋壳相、与会聚有关的(碰撞前)构造相、走滑和旋转相(碰撞前)、走滑和旋转相(碰撞后)。根据各地区实际情况,在上述基础上进一步划分亚相和微相。

1. 建立构造演化序列:根据造山带离散、会聚、碰撞、陆内造山等过程划分构造演化的不同时段,通过沉积建造、岩浆活动、盆地构造分析、大型变形构造分析判别造山带处于离散、会聚、碰撞、陆内造山的具体构造活动序列。

2. 进行大地构造相分析:根据沉积建造地质构造环境分析、岩浆活动构造环境分析、变形构造组合分析、盆地构造分析确定大地构造环境，判别具体的构造发育阶段，同时根据大型变形构造界线具体确定大地构造相界线。

3. 编制大地构造相图

全面反映造山带不同构造旋回离散、会聚、碰撞、陆内造山等阶段大地构造相空间位置以及相类型。内容包括不同构造相内的主要沉积建造、火山建造的岩性组合、产状、空间分布，侵入岩体岩性、产状、空间分布，大型变形构造性质、产状、空间分布等。

(二)陆块区大地构造图编制

陆块区的地质构造演化历史经历了前寒武纪变质基底、古生代稳定陆块，中生代构造岩浆活动三个阶段，因此大地构造图的编制方法和造山带有着一定的区别。

1. 前寒武纪基底构造研究内容

华北陆块应研究早太古代高级变质区，确定晚太古代花岗绿岩地体，研究元古代基底构造多期裂陷槽及大陆边缘活动带，元古代构造岩浆热事件的确定，大型变形构造研究和确定，多期褶皱构造研究等。

2. 古生代盖层构造研究内容

陆块区古生代盖层对煤、磷、铝、锰、铅锌、铜等矿产关系非常密切，因此必须十分重视沉积环境岩相古地理，建造古构造的研究工作，还应研究不同构造旋回隆起，拗陷以及水下古构造的发育特征，局部地区发育的海底热液活动等特征。

3. 中(新)生代构造研究内容

我国东部陆块区中(新)生代构造岩浆活动非常强烈，因此必须深入研究。主要有：盆地构造研究、火山岩浆活动研究、大型构造研究等，建立陆内构造火山岩浆演化序列，分析不同阶段大地构造动力学环境等。

4. 编制陆块区大地构造图

内容分别包括前寒武纪地质建造构造内容，早太古高级区、TTG组合，晚太古绿岩带、深成岩组合，元古宙裂陷槽及边缘拗陷带构造，沉积建造，火山建造，元古宙侵入岩等内容。

古生代不同构造阶段拗陷、隆起区，沉积建造岩性组合、分布、古地理环境、古缝合线、古活动构造、褶皱、断裂等大型变形构造性质、产状、空间分布。

中生代不同构造序列火山岩浆活动特征、盆地构造，大型变形构造等内容。

七、有关矿种特殊研究内容

在上述一般内容研究基础上，下列矿产应根据其特殊矿产类型增加有关研究内容

1. 煤炭矿产：突出研究含煤地层、煤盆地构造、聚煤期沉积环境与聚煤规律、变形构造与煤变质作用等内容。

2. 盐湖矿产：突出研究现代盐湖卤水及沉积物，如盐类建造再溶性研究，补给蒸发浓缩条件研究等。

3. 基性、超基性岩铬镍矿产：突出研究基性超基性岩石成分、矿物成分、铁镁比值、微量元素、岩相、重力与动力分异特征、岩体构造等内容。

4. 离子吸附型稀土矿产：突出研究基岩成分及现代剥蚀残坡积物物理化学富集环境条件等特征。

针对有关矿种特殊研究内容编制针对性很强的单矿种专题基础图件

如：某一时段、某一地区的岩相古地理图、煤盆地构造图，盐湖等深线图、第四纪沉积物等厚度图等。

第三节　物探、化探、自然重砂、遥感综合信息研究

物探、化探、自然重砂、遥感综合信息研究工作分省级和全国汇总两部分工作进行，省级工作内容如下：

一、区域物探资料应用

(一)准备工作

1. 全面收集1:20万～1:5万比例尺(局部地区为1:50万、1:100万比例尺)的重力、磁法资料，包括：原始图件、成果解释图件、异常查证成果、各类成果报告。

2. 编制局部异常卡片，全面分析前人异常推断结果，异常验证结果。

3. 归纳物探资料需要并能够解决地质构造及找矿的关键技术问题。提出本次物探资料解释工作中需要解决的技术问题。

4. 建立找矿模型：利用预测区内已知矿带、矿田、矿床的物探资料建立相应的地质—地球物理找矿模型，作为物探资料推断解释工作的重要基础资料。

(二)异常分区

1. 按成片异常的强度、形态、规模、走向、数量等特征进行分区，主要依据剖面平面图进行分区。

2. 分析研究异常分区与不同级别大地构造单元的关系。提出构造格架的推断解释。一般异常分区应和不同的大地构造单元相对应，如果不对应应进一步通过更深入的推断解释工作解决。

(三)局部异常定性解释

1. 分析异常特征：包括形态、走向、规模、展布特点、内部结构等特征。

2. 收集异常区物性数据，进行估算对比；或者利用已知地质起因的异常特点判断类似异常的地质起因。

3. 定性判别地质构造特征：根据局部异常特征识别岩性、地层、侵入体、断裂构造、盆地构造变质基底等地质构造。

4. 结合更大比例尺的重磁资料推断矿化信息。

(四)数据处理

1. 研究区内地质、物探资料特点,确定数据处理的具体目的,并据此确定数据处理的具体方法。

2. 根据需要解决的问题进行延拓、化极、求导、异常分离、伪重力换算、曲化平等数据处理。

(五)定量反演

1. 根据异常定性解释结果,对具有重要地质找矿意义的推断解释地质体的位置埋深、推断矿致异常、进行定量反演。

2. 对定量反演结果可靠性程度进行分级。

(六)编制成果图件

1. 物探推断解释地质构造图

2. 物探综合异常图

3. 物探找矿预测图

二、区域化探资料应用

(一)准备工作

1. 全面收集区域化探资料,包括原始图件、成果解释图件、异常查证成果、各类最终成果报告。

2. 资料分析工作:分析野外工作方法、样品测试质量情况,分析原有数据处理、异常圈定、成果解释情况,分析异常查证工作情况。

3. 编制地球化学景观地理分区图,分析自然地理景观分区特征,以及对采样介质的干扰因素。

4. 提出本次化探资料推断解释工作中需要解决的地质构造和矿产预测的问题以及关键技术问题。

(二)地球化学地质构造推断解释

1. 研究已知地质体、构造带元素组合,建立地质体构造带元素组合模式。

2. 提取区域地球化学主要元素异常特征线,并根据其元素组合模式进行地质构造特征推断解释。

3. 根据地球化学元素区域分布特征划分异常分区,推断区域构造格架。

(三)区域化探异常推断解释

1. 建立地球化学找矿模式,根据预测区内矿带、矿田、矿床的地球化学异常特征建立相对应的地球化学找矿模式。

2. 圈定化探异常,运用各种数学方法圈定单元素异常。在单元素异常基础上,进行综合异常分析。

3. 异常评价:

(1)首先分析地质地球化学背景条件,研究地球化学区域异常特征,元素组合富集序列,进行异常区(带)分布范围的地质构造及矿化蚀变分析,推断不同系列、不同组合的异常源,研究异常源空间分布规律。

(2)异常解释推断:通过地质地球化学背景分析,由已知到未知,类比地球化学找矿模式,进行异常推断解释,判别矿致异常。

4. 化探异常优选排序

应用各种数学工具,根据异常规模、元素组合、元素强度进行优选排序。

5. 编制成果图件:

(1)化探推断解释地质构造图

(2)地球化学综合异常图

(3)化探找矿预测图

三、自然重砂资料应用

(一)准备工作

1. 编制或校对修改汇水盆地分区图

2. 整理核对自然重砂原始数据,分析数据精度。

3. 收集已往重砂异常圈定资料以及重砂异常检查结果有关资料。

(二)编制重砂矿物分布图

1. 矿物含量标准化处理

2. 编制单矿物分布图

3. 编制组合矿物分布图

(三)编制重砂异常图

1. 编制重砂异常图,如:矿物含量分级图、八卦图、条形图、等值线图等。

2. 分析重砂异常源。

(四)圈定成矿有利地段

综合分析地质构造特征,结合其它矿化蚀变信息,圈定成矿有利地段,编制自然重砂找矿预测图。

四、遥感资料应用

(一)准备工作

1. 全面收集各类遥感资料:包括各种原始数据、各种遥感影像图、各种遥感解译成果资料。

2. 提出本次遥感解释工作需要解决的地质构造和找矿问题,及其关键技术问题。

(二)地质构造特征推断解释

1. 线性影像解译:通过方向滤波,结合目视解译,判断断裂构造带空间展布特征、性质、划分期次等。

2. 环状影像解译:通过目视、人机交互方法,研究各种环状影像的形状、大小、清晰程度、空间展布特征,以及环状影像与线状影像的关系。

3. 带状影像解译:判断各类地质建造的空间分布。

4. 色异常解译:根据多时相图像、多波段合成图像、比值图像等目视解译,判断蚀变带、特殊地质体等。

5. 块状影像解译:块状影像的推断地质体特征,判断块状影像的边界断裂,菱形块状影像,判断特殊的地质构造特征,如判断交叉构造、挤压构造、断裂密集区等。

(三)遥感异常提取

1. 根据不同数据(一般使用 TM、ETM 数据)选择遥感异常提取的方法。有主成分分析法、比值法、光谱角制图法等,并提取遥感异常。

2. 遥感异常分类筛选:根据已知矿床、矿田上的遥感异常,通过类比方法进行异常筛选排除干扰,进一步进行分类和排序。

(四)编制成果图件

1. 遥感影像图。

2. 遥感地质构造解译图。

3. 遥感异常图。

4. 遥感找矿预测图。

五、综合信息地质构造研究

综合信息地质构造研究工作根据地质、物探、化探、遥感各专业的理论原理和特点在地质构造研究的基础上,对物探、化探、遥感的推断解释成果进行分析取舍、扬长避短,实现互补。

综合信息分析工作,具体操作过程是通过编制综合信息图件而实现的。

(一)地质、物探、化探、遥感提供的地质构造资料信息分析

1. 地质构造编图依据的资料基础分析。

(1)地质观察实测资料分析:例如实测地质界线、断层等。

(2)综合研究推断资料分析:例如大地构造相边界线、岩浆构造带界线、火山机构边界线等。

2. 物探推断地质构造的资料基础分析。

(1)物性基础。

(2)定量反演计算和定性推断合理性分析。

(3)位场转换数据处理结果合理性分析。

(4)构造线及地质体边界推断依据合理性分析。

(5)多种物探方法推断解释吻合程度分析。

3. 遥感推断解释地质构造的资料基础分析。

(1)遥感影像图假彩色波段合成时不同地区波段选择的合理性分析,镶嵌图影像校正畸变分析。

(2)地质构造信息提取的重现性判别。

(3)已知地质体确定的解释标志的代表性分析。

(4)剔除影响因素分析。

4. 化探推断解释地质构造的资料基础分析。

(1)元素组合的选择合理性分析。

(2)地球化学异常轴线位置准确度分析。

(二)综合信息地质构造分析

1. 区域地质构造总体格局分析。

包括前寒武纪基底分布格局分析、火山岩浆构造带的确定、地质构造单元分区界线,中新生代沉积盆地构造分析,判别物性差异地质体隐伏界线等。

2. 侵入岩体分析。

判别侵入体不同类型空间分布范围,推断隐伏岩体埋深及平面分布、判别侵入体产状、划分不同岩性组合、补充地表界线,判别蚀变矿化等。

3. 大型变形构造分析。

判别断裂构造平面展布、延深、规模、位移、性质、推断隐伏构造带等。

(三)编制综合信息地质构造图

分为陆块区综合信息地质构造图、造山带综合信息地质构造图。基本内容和陆块区大地构造图、造山带大地构造相图一致。在原来综合地质构造图基础上增加物探、化探、遥感推断地质构造内容,以不同图例表示。

说明:综合信息地质构造图独立编制,还是在各类专题图件编制过程中分别吸收物探、化探、遥感等综合信息推断解释的成果,在编制技术要求时确定。

六、综合异常研究

在完成物探、化探、自然重砂、遥感等单方法异常提取的基础上,进行物探、化探、自然重砂、遥感等综合异常研究。

1. 根据物探(重力、磁法)、化探、自然重砂、遥感等异常在空间上的不同配置关系对两种以上重叠的综合异常进行剖析研究、推断解释、判别矿致异常与非矿异常。

2. 对物探、化探、自然重砂、遥感等综合异常和矿产地空间分布资料进行套合,建立典型矿床找矿模型。

综合异常研究工作属于矿产预测工作的内容,由矿产预测工作人员在物探、化探、自然重砂、遥感等专业人员配合下完成。

七、全国汇总工作内容

1. 编制技术指南和技术要求。

2. 指导省级完成综合信息研究工作。

3. 完成全国跨省(区)重要成矿区带汇总编图工作。

4. 汇总并建立全国物探、化探、自然重砂、遥感综合异常及找矿预测区数据库。

第四节　区域成矿规律研究

区域成矿规律研究的工作内容主要包括:成矿地质构造环境研究、区域成矿特征研究、典型矿床研究、建立典型矿床(矿床式)成矿模式、划分成矿系列、亚系列、划分成矿区带,建立区域成矿模式、建立区域成矿谱系、编制区域成矿规律图。

一、准备工作

(一)整理各类基础资料

1. 编制矿产地卡片:由于矿产地数据库属性内容比较详细,矿种也比较齐全,因此需要根据本次工作目标矿种,进一步综合成矿规律研究、科研论文等各方面

成果,填制专用于本次矿产预测工作的矿产地卡片。

2. 整理物探、化探、自然重砂、遥感异常资料:对局部异常的推断解释方法、可信度进行分析,整理分类排序资料。

(二)归纳矿种组合

依据课题目标任务,根据不同矿种的成矿地质条件,划分矿种组合。

(三)划分矿床类型,确定典型矿床(点)

根据控矿因素一般在Ⅲ级成矿区带内每一种矿床类型选择数个典型矿床进行深入研究,有的地区如没有成型矿床可以用矿点代替。

二、典型矿床研究

(一)划分矿床类型

矿床类型是指在特定的成矿地质作用过程中,受特定的成矿地质因素控制而形成的矿床,同一矿种可以根据其成矿地质因素划分为不同的矿床类型。矿床类型的概念既不同于矿床成因类型,也不同于矿床工业类型。

1. 本次工作,矿床类型的划分主要依据陈毓川院士的成矿系列中矿床式的内容为基本内容。

2. 要求分矿种划分矿床类型。

3. 矿床类型划分因素:成矿时代、大地构造环境、控矿因素、成矿作用特征。

4. 矿床类型分两类:第一类为确定的,指工作区内有典型矿床的类型,第二类为探索的,指工作区内具备成矿地质条件,但尚未发现规模型矿床,根据周边地区或国内外已知矿床提出的类型。

5. 典型矿床的研究工作必须在划分不同矿床类型的基础上进行。

(二)控矿地质因素研究

1. 矿区沉积建造研究:确定地层时代、划分岩性层序,研究岩性组合、岩石特征、结构构造、矿物成分、岩石化学、微量元素,研究反映成岩特殊环境的岩石标志,分析沉积作用与成矿作用的关系。一般矿床类型编制矿区岩性构造图。对于沉积矿床,沉积改造矿床,层控矿床,热卤水沉积矿床,应进一步研究岩相、古地理、古构造、沉积构造、盆地构造等并分析与成矿作用的关系。编制反映成矿作用的专题图件。

2. 矿区火山喷发建造研究:针对火山矿床要求研究以下内容:确定喷发阶段、划分火山喷发序列,收集年龄数据。研究岩石特征:结构构造、矿物成分、岩石化学成分、微量元素、同位素成分、稀土元素、气液包裹体等。编制矿区火山岩相构造图,在火山岩性图基础上划分岩相,圈定火山机构及次火山岩体,火山热液蚀变区,分析火山作用和成矿作用的关系。

3. 矿区侵入岩研究:研究岩体特征:包括侵入期次,同位素年龄,岩体产状,侵入深度,侵入构造,岩性岩相带,接触带,侵入角砾岩,捕虏体,顶垂体,蚀变带,原生构造等。研究岩石特征:包括结构构造,矿物成分,岩石化学,微量元素,同位素,稀土元素、气液包裹体,成矿元素含量。分析岩浆演化序列,分析岩浆作用与成矿作用的关系。以侵入岩为主的矿区或岩浆矿床,应编制岩体地质图。

4. 矿区变质建造研究:主要针对中深变质岩区。研究岩性特征、结构构造、矿物成分、岩石化学、微量元素、稀土元素、同位素等,收集年龄数据。恢复原岩成分,划分变质相带。划分表壳岩和深成岩,编制矿区构造岩性图,分析变质作用与成矿作用的关系。

5. 控岩控矿构造研究:根据不同矿床类型,控岩控矿构造大致可以分为下列几类:线性构造,褶皱变形构造,侵入体接触构造,火山构造,沉积构造,岩浆侵入构造,复合构造等。研究内容归纳起来主要有以下几个方面:区分成矿期,成矿后构造,鉴别控矿构造的力学性质,判别控矿构造运动方式,确定控矿构造的空间形态展布特征,分析控矿构造强度,确定控矿构造活动期次,确定构造活动不同期次的物质成分,分析控矿构造的可能应力作用方式,控制岩浆侵入构造研究,研究区域构造边界条件,建立矿区构造体系,编制矿田构造图。

(三)成矿特征研究

1. 研究矿床三度空间分布特征:编制矿床立体图或不同中段水平投影组合图及不同勘探线剖面组合图。分析矿床形态、产状、规模、矿体空间关系,剥蚀程度、分布深度等特征。

2. 研究矿床物质成分:矿物成分、主元素及伴生元素的赋存状态,时空分布特征。

3. 划分矿床成矿阶段:研究成矿阶段及演化,各阶段物质组分在各成矿阶段的富集变化。

4. 收集成矿年代数据,确定成矿时代和期次。分析多期成矿、叠加成矿作用。

5. 分析成矿地球化学特征:研究蚀变矿物组合、空间分布特征、交代作用、同位素资料、包裹体成分、成矿温度、压力、酸碱度、氧逸度、硫逸度等数据资料,分析流体作用,判别流体富集标志,成矿元素迁移沉淀物理化学条件,判断流体运移,成矿物质迁移标志,流体卸载成矿物质沉淀标志。

6. 分析可能的物质成分来源,包括金属元素、氧、硫、流体,热液、能量源等。

7. 联系沉积作用、岩浆作用、构造活动,变质作用等控矿因素,分析成矿就位机制及成矿作用过程。

(四)建立矿床成矿模式

1. 成矿模式分为矿床(包括矿田)和区域两种,按照成矿作用和控矿地质因素的关系以立体空间图像表示,一般以剖面图形式简化表达。

2. 成矿模式的内容。包括地质背景:地层岩性,构造、侵入岩、火山岩等全部控矿地质因素。矿床空间特征:包括矿体形态、产状、不同矿化类型,矿体空间关系。成矿作用数据:包括物理化学条件数据:温度、压力、酸碱度、流体成分、元素逸度等。

3. 成矿模式应表达成矿特征和各控矿地质作用的推断关系。

4. 成矿模式表达由下列几种情况:一是同一控矿地质因素组合在不同空间与同一成矿作用的不同矿化类型的关系。二是不同控矿地质因素在同一空间形成叠加改造成矿作用的关系。三是同一控矿因素组合分期演化在同一空间形成不同阶段成矿作用矿床组合的关系。

三、研究区域成矿特征,划分成矿系列

(一)大地构造环境与区域矿产时空分布关系研究

1. 在所研究成矿区带内研究划分出各类成矿地质构造环境,研究不同矿种,不同矿床类型在各类成矿地质构造环境中不同区块的空间分布规律。确定区域矿产的空间分布规律,按照大地构造区块(造山带为大地构造相,陆块区为构造区块、区带)分析产出的各种矿床类型的空间位置。

2. 研究大地构造环境不同演化阶段与不同矿床类型的关系,说明各种矿床类型属于大地构造不同演化阶段的时间关系。

3. 研究相同大地构造环境下相同区块相同演化阶段不同地质建造与区域矿产的关系。

(二)区域控矿因素研究

1. 区域控矿因素研究内容:根据综合地质构造背景研究结果,在相同的大地构造区块内进一步分析具体的控矿因素,包括地层及沉积作用,侵入岩及岩浆作用,火山岩及火山作用,变质岩及变质作用,大型变形构造及各类构造。

2. 根据已经完成的区域成矿地质背景的研究成果,按照不同矿床类型及其总结的成矿模式,分别研究各种矿床类型的地层、火山岩、侵入岩、变质岩、构造等具体的控矿地质因素。

(三)划分成矿区带

成矿区带是指相同地质环境范围内,成矿信息密集,已知矿床集中并具有资源潜力的地质单元。

1. 由于成矿作用是地质作用的组成部分,因此一般情况下,成矿区带的边界和大地构造边界基本吻合。但是对于某些地区也可以不完全吻合。当不同地质时代的成矿区带迭加在同一地区时,采用成矿作用最强、保存最好的地质时代的成矿区带,但需说明其他时代成矿区带的情况。

2. 区域矿产空间分布的集中性和区域成矿作用的相对一致性。

3. 按照逐级圈定的原则,级次划分:成矿域(Ⅰ级)、成矿省(Ⅱ级)、成矿区(带)(Ⅲ级)、成矿亚区(Ⅳ级)、矿田(Ⅴ级),其中Ⅰ、Ⅱ、Ⅲ级总体上可与相应级别的大地构造分区相当。

4. 陈毓川院士等于2005年提出了我国成矿域、省、区带划分方案,原则上作为本次工作的方案。各省(区)工作主要考虑Ⅳ、Ⅴ级成矿区的划分,对Ⅲ级成矿区(带)可提出调整意见、建议。Ⅳ级成矿区,基本上在Ⅲ级区、带的次级地质构造基础上圈定,Ⅴ级成矿区,主要在Ⅳ级成矿区中围绕某一成矿中心矿床或者矿化密集分布的地区(带)。

5. 划分单矿种(组)成矿区带:本次预测25种矿产,其成矿区带划分是不同的,因此要求在综合方案基础上,在编制单矿种(组)矿产预测图件时,按照各矿种(组)区域成矿规律的特点,划分单矿种(组)成矿区带。

(四)划分成矿系列

成矿系列分类序次如下:矿床成矿系列组合—矿场成矿系列类型—矿床成矿系列组—矿床成矿系列—矿床成矿亚系列—矿床式—矿床。在成矿区带内正确的划分矿床成矿系列及矿床式是基础工作。

1. 划分矿床成矿系列应遵循的原则:

(1)成因上受相同的区域地质成矿作用控制,空间上发育于同一构造分区的地质构造环境内,时间上产生于同一地质构造旋回演化的同一时间段。在此特定的时空范围内,在同一的地质成矿作用下形成的不同矿床类型、矿种组合,都可归入同一矿床成矿系列。当成矿时段较长,作用范围较大,在所属成矿区带的次级构造区块内,形成具有一定区块特色的矿床组合时,可分出矿床成矿亚系列。

(2)多数矿床其成矿作用是长期的、多阶段的,或者由不同地质作用叠加而成的,对此应按矿床主要就位时期的成矿地质作用因素划分成矿系列。

(3)对于某些成矿区带,由于不同成矿地质作用的叠加而形成了不同成矿系列的叠加,应明确区分表述。

2. 划分矿床成矿系列、成矿亚系列:按照矿床成矿系列划分原则划分本成矿区带中的矿床成矿系列和亚系列。由于Ⅲ级大地构造分区内存在着与不同构造演化系列有关的不同的矿床组合,也有不同构造位置分布而形成的不同的矿床式组合。为此进一步划分成矿亚系列。

3. 划分矿床式:根据典型矿床研究成果,划分全区的矿床式,按照相同矿种、相同的矿床类型,依据相同的控矿因素,在相同成矿地质背景条件下,对全区的所有矿床、矿点、矿化点进行矿床式划分。为此对每一个矿产地都要尽量收集控矿因素，矿床特征，成矿作用特征等基础资料，并据此归入矿床式。矿床式的命名一般按照具有代表性，研究程度较高，资料基础相对齐全的典型矿床。

4. 建立矿床成矿系列组：在成矿区带内在同一个大地构造旋回中，如果形成多个矿床成矿系列，就组成一个矿床成矿系列组，应分析研究这些矿床成矿系列之间在时空域中的分布规律及相互存在的联系。

5. 矿床成矿系列命名原则：地域名＋时代＋成因类型＋成矿元素组合。

（五）建立区域成矿模式

在上述各项工作完成的基础上建立区域成矿模式，区域成矿模式是区域矿产特征、区域成矿作用与区域地质构造特征相互关系的表达，也是区域成矿规律的表达。

1. 按照不同的成矿系列及其相对应的大地构造单元内的块体建立区域成矿模式。

2. 首先编制控制该阶段成矿作用的表达大地构造环境特征的抽象综合地质剖面图，反映与成矿有关的地层建造、火山建造、侵入岩浆建造、变质建造、褶皱形态、断裂构造等。

在此基础上按照各类典型矿床或者矿床式根据其产出因素表达在地质构造空间位置上，并尽量反映矿床特征的有关资料，以及与地层、侵入岩、构造等控矿因素的关系。表示能反映成矿作用以及成矿特征的各种数据。

3. 区域成矿模式只是一种概念化的空间表达。主要目的是为了形象地表达区域成矿规律，主要作用为了下一步矿产预测时进行区域类比。因此尽量依据已有资料，不宜过于发挥主观想象和复杂化，理想化。

区域成矿模式一般应是区域内主导的矿床成矿系列的成矿模式，当区域内存在矿床成矿系列组时，应为矿床成矿系列组的成矿模式，如果一个成矿区带中存在不同时代的矿床成矿系列，则应分别建立各自的成矿模式。

（六）建立区域成矿谱系

在上述工作的基础上，总结成矿区带内，各阶段地质构造演化过程中成矿作用及其产物的演化历程，建立区域成矿谱系，可以图表表示，并分析研究其演化规律及可能存在的内在联系。

四、划分矿产预测类型

（一）矿种确定

根据全国确定的矿种，结合本省成矿地质条件确定预测矿种。凡是有小型矿产地的矿种，必须开展预测工作；本省只有矿化线索，但具有成矿地质条件的，应进行评价工作，经评价后认为没有意义者，不再进入预测程序，但必须明确提出无资源前景的结论。除了全国规定的矿种以外，各省根据本省需要，也可以增加其他预测矿种，应说明任务来源。

（二）划分矿产预测类型

矿产预测类型定义：为了进行区域矿产预测，根据相同的矿产预测要素以及成矿地质条件，对矿产划分的类型。

矿产预测类型是开展矿产预测工作的基本单元，凡是由同一地质作用下形成的，成矿要素和预测要求基本一致，可以在同一张预测底图上完成预测工作的矿床、矿点和矿化线索可以归为同一矿产预测类型。同一矿种存在多种矿产预测类型，不同矿种组合可能为同一类型，同一成因类型可能有多种类型，不同成因类型组合可能为同一类型。

矿产预测类型的划分是贯穿预测全过程的纲。预测工作全过程按预测类型贯穿始终。

（三）圈定矿产预测类型工作范围

矿产预测类型工作范围是指该预测类型的矿产可能产出的空间范围，也就是矿产预测工作区分布范围，也是成矿规律研究工作区的范围。底图为地质矿产图叠加构造分区内容，根据矿产预测类型划分方案标明矿产地（矿床、矿点）的矿产预测类型，根据不同类型分布区参照大地构造单元和成矿区带范围，确定矿产预测分布区范围。在设计阶段确定的矿产预测分布范围是初步的，需要在今后的研究工作中不断修改完善。矿产预测工作区全部划定以后，要求和全省地质构造分区图、全省成矿区带划分图、全省地球物理异常图、全省地球化学异常图、全省遥感异常图、全省自然重砂异常图进行全面综合核对，不允许发生遗漏。

五、编制区域成矿规律图

区域成矿规律图是区域成矿规律研究成果的空间表达，也是矿产预测的底图，这是本次工作的主要成果图件。

1. 编制综合性区域成矿规律图（成矿系列图），反映区域内各类矿产成矿的时空规律，要求以本成矿区带的综合地质构造图与矿产分布图为基础，划分出成矿区带，用符号表达出不同成矿系列的矿床。

2. 根据不同矿种的特点，针对25个矿种划分16类矿种（组）：①煤炭，②铁，③锰，④铝土矿，⑤铜、铅、锌、银、钨、锡、钼、锑、金，⑥铬、镍，⑦钾，⑧萤石，⑨重晶石，⑩磷，⑪硼，⑫硫，⑬菱镁矿，⑭稀土，⑮锂，⑯铀，编制矿种或矿组的区域成矿规律图，因此图面内容不宜一刀切，以反映该矿种（组）成矿规律内容即可。

3. 编制区域成矿规律图的底图要求也不完全相同，沉积矿产的底图和内生矿产的底图内容是不完全相同的,因此应根据不同矿种(组)确定不同底图的内容要求。

4. 成矿规律图应包括如下内容:

①矿床、矿点,标明矿种、规模、类型。

②成矿时代。

③成矿区带界线及区带名称、编号、级别。

④主要矿化标志:蚀变带、铁帽带、老窿、古采坑等。

⑤附成矿系列划分表。

5. 控矿地质构造因素表达:

控矿地质构造因素主要反映在底图上,具体如下:

(1)金、银、铜、铅锌、钨、锡、钼、锑等矿产,以综合信息地质构造图为底图。

①陆块区以大地构造图为底图。前寒武基底包括:古太古高级区,新太古花岗绿岩带或绿岩带、深成岩,古中元古陆内裂陷带、边缘裂陷带,新元古稳定陆缘等内容。古生代包括:隆起区、坳陷区、边缘活动带、拼接带等内容。中生代火山岩浆构造带按早—中侏罗世阶段、晚侏罗世—早白垩世阶段、晚白垩世—新生代阶段,划分构造区块。通过上述大地构造块体的精细划分,确定区域矿产的大地构造位置及控矿因素。

②造山带以大地构造相图为底图。按照不同构造旋回离散、会聚、碰撞,陆内造山等构造演化序列,按28种大地构造相类别划分大地构造相,某些地区可以进一步划分亚相。通过大地构造相、亚相的精细划分,确定区域矿产的大地构造位置及控矿因素。

在上述图件基础上编制区域成矿规律图。

(2)煤炭、铝土矿、锰矿、磷矿等沉积矿产,成矿规律图的底图应以主要赋矿层位在岩相古地理图(或构造古地理图)基础上编制的沉积建造构造图为底图。其内容应反映沉积岩相、建造、盆地原始构造(坳陷中心,水下隆起等)含矿层位等有关内容。

在此基础上编制成矿规律图。

(3)其他矿产成矿规律图底图内容,根据上述两种类推即可。

第五节　矿产预测

本次预测评价技术方法是以成矿系列理论为指导,以矿床模型综合地质信息预测方法体系为主要方法,辅以地球化学法和磁法资源潜力评价方法。矿床模型综合地质信息预测方法主要围绕预测评价中的矿产预测要素信息提取、找矿模型建立、预测区圈定、优选和资源量估算等需要的方法展开。应用已有地质工作积累的资料(地、矿、物、化、遥和有关科研成果),在分析工作区的地质背景、研究总结成矿规律、划分成矿区(带)、建立区域的(或矿田、矿床的)成矿模式或矿床成矿模型的基础上,进行矿产预测要素信息提取与综合,建立区域评价预测模型和数字找矿模型。根据相似类比原则和"求异"理论,使用科学的预测方法,圈定不同类别的预测区,估算资源量,划定资源量级别,并提出地质找矿工作部署建议。矿产预测主要任务是圈定成矿远景区、预测远景区优选排序、预测资源量。

一、数据准备、处理与信息提取

(一)数据准备与质量评估

在确定矿产预测类型、预测对象、预测区范围和预测比例尺之后,开展数据准备工作(含相关资料的收集、整理、分析和数据库的更新、维护)。基础数据是定量预测的基础,数据的质量直接影响到最终预测结果的精度和可靠性。在开展矿产预测工作之前对地质构造组、综合信息组、数据组和成矿规律组等提供的专题图件和数据进行综合质量评估与验收。

1. 数据准备

系统整理与矿产预测工作有关的各类基础资料,主要包括:基础空间数据库、地质建造构造专题图数据库;矿产评价综合信息推断解释地质图数据库、文字报告、图表等。其中,基础空间数据库包括:地质、航磁、重力、化探、自然重砂、遥感、矿产地、典型矿床、地理、工作程度等数据库;地质建造构造专题图数据库包括:构造岩相古地理、沉积建造古构造、火山岩性岩相构造、岩浆构造、变质建造构造图库、综合地质建造构造图;矿产评价综合信息地质图数据库包括:在地质图空间数据库和区调原始资料基础上,应用地质专家综合分析和GIS技术,通过人机交互建立各类地质构造综合信息辅助图件包括:区域成矿要素图、区域预测要素图等。

2. 数据质量检查与评估

检查各类数据,并补充数据库建成以后新获取的数据及相关资料。检查的主要内容包括:

①空间数据与属性数据;

②数据的完整性及缺失情况;

③数据精度;

④数据类型与数据结构;

⑤数据的逻辑错误(含空间位置错误和属性错误)等。

(二)数据处理与信息提取

矿产预测评价涉及到基础地质背景、区域矿产成矿规律、物探、化探、遥感、重砂等多学科信息。通过大量的典型矿床的定性对比研究,建立预测找矿模型,辅以统计定量方法,确定各预测要素的重要性。确定反映预测评价矿产类型的成矿信息,预测评价的必要要素、主要要素和次要要素,预测未发现的资源量的要素等。信息提取的主要方法:

1. 地质预测要素的信息提取

地质预测要素是开展矿床模型综合信息矿产预测最重要的基本要素，也是地质人员较熟悉的预测要素来源。一般包括地层、构造、岩浆岩、矿床、矿化与蚀变等多方面的要素。从复杂的地质特征及其相互关系中提取与矿产预测有直接或间接联系的地质信息是预测工作的重要环节。采用GIS技术可以帮助人们从地质图中获取各种与成矿有关的地质信息，并以点、线、面、体等形式进行表达。

成矿构造信息提取：大多数矿产预测类型与构造要素有关，构造可以起到“控岩”或“控矿”的作用，可以具有直接和间接的控矿作用。构造具有期次、级次、性质、产状、以及与其他地质体的关系等特征。因此，构造信息的提取是复杂的和多样的，要根据具体地质环境和矿床类型等情况而定。常见的构造信息的方法，包括构造属性特征、构造频数及密度特征、构造方向特征、构造交汇特征、构造影响区域确定等。

岩体控矿信息提取：岩体要素在许多与岩浆岩有关的矿产预测类型中是涉及的，岩体要素可以包括岩体的岩性、时代、规模、形态及产状、及其与其他地质体的关系等等。可以通过编制区域岩浆专题图，并研究不同岩浆岩与矿床分布的空间关系，进而确定岩体有关的成矿预测因素。岩体要素是多方面的，要根据具体地质情况来确定何种要素。常见的岩体要素的提取方法包括：岩体属性特征提取、岩体的归并、岩体出露面积、岩体缓冲区分析、岩体含矿性分析等。

地层建造信息提取：地层无论作为矿源、赋矿围岩、还是影响成矿溶液变化的因素，都会对有些矿床起到影响和控矿作用，因此往往是预测要素的考虑因素。地层要素的特征包括：地层时代、主要岩性建造、地层中成矿及伴生元素含量等。在区域成矿作用过程中，地层可以以不同的方式参与区域成矿作用。常见的要素包括：地层属性提取与归并、控矿地层建造信息的提取、地层建造组合要素等。

矿化信息提取：矿化信息的获取是预测的目的，同时也是建立模型的依据。通常在模型单元中矿化信息可以获得的，这样可以建立起矿化信息与其他预测要素之间的函数关系，并这种函数关系对未知区进行矿化信息的预测。可见，矿化信息的获取是很关键的。矿化信息的主要来源是通过对已知矿床、矿点、矿化点、矿化蚀变、成矿及伴生元素地球化学异常等的研究获得的。在获得矿化信息的基础上，将矿化信息与其他地质体之间进行空间配置，可以获得与矿有关的预测要素。在区域矿产资源评价中，通常把研究区内已知矿床(矿点、矿化点)和矿化蚀变岩出现的数量和质量等作为区域成矿作用的最重要标志。把已知矿床点信息、矿化蚀变岩信息和成矿及伴生元素地球化学异常信息综合起来，作为区域成矿作用的直接信息标志。通过研究区域成矿作用直接信息标志与地质体、地质构造、地球物理和遥感等间接信息标志之间的关联和转换规律，揭示区域成矿控制因素，建立区域综合信息找矿模型。常见的方法包括：矿床(点)信息、矿化强度信息等。

2. 地球物理、地球化学、遥感信息获取

地、物、化、遥等综合信息获取是开展矿床模型综合信息的重要环节。地、物、化、遥信息获取方法多样，内容丰富，在各重力、航磁、化探、遥感、自然重砂等专业的数据处理和信息提取基础上，重点研究这些预测要素用于资源定量化预测。

二、预测评价模型建立

(一)建立成矿规律和概念地质模型

成矿规律研究是矿产预测与评价的基础，同时又对预测工作起指导作用。深入分析矿床的时间、空间分布规律及矿种、矿床类型的共生组合规律，研究在成矿系列体系在本地区矿床的“缺位”问题，重视各类控矿因素的匹配与最优组合问题。成矿规律研究的具体内容包括：典型矿床地质要素、预测要素与成矿模式及相关图件；区域地质要素、预测要素与区域成矿模式及相关图件。

开展预测要素与找矿模型(地质概念模型)研究，通过预测要素的研究实现找矿标志(直接找矿标志和间接找矿标志)的确定和优化组合。在找矿标志确定的过程中，注重研究预测区与模型区之间的信息不对称性问题。

(二)找矿模型与建模技术研究

从找矿模型到评价模型的建立，必须将找矿标志与找矿信息相关联，GIS环境下开展矿产预测的基本途径是通过信息的提取和综合来实现的。如何表达找矿标志和构建标志组合，形成意义明确、内涵丰富、满足定量化预测需要的信息图层是将地质概念模型与评价模型有机关联的关键。根据具体预测目标需对各种找矿标志(或预测变量)进行不断地筛选、优化、组合，形成一套最优化预测要素(找矿标志)组合，从而有效地提高发现矿产资源体的预见性。利用ArcGIS和GeoDAS的建模器技术(Model Builde)r实现建模与自动实施的有机结合与统一。建立模型的基本流程和步骤包括：确定合理的模型、确定模型的输入和输出、确定建立模型的参数和确定模型的实施条件。

三、预测要素与要素组合的数字化、定量化

预测要素及其组合的定量化是开展矿产资源定量预测的重要环节之一。在矿床模型知识库的指导下，从预测底图及相关专业图件上逐一提取与成矿关系密

切的各预测要素，形成一系列要素图层。对各种要素、找矿标志进行逐一分析。进行预测要素数值化和定量化处理。可采用的方法很多，如证据权方法提供的空间相关分析（空间相关系数）已经被广泛应用于缓冲区最佳宽度、距离、密度等的确定，也被用于最佳图层组合确定等。

四、预测单元划分

预测单元的划分是开展预测工作的重要环节，划分单元的目的和单元的作用是：单元应该具有明确地质意义，能够反映预测要素组合，具有统计对比意义，便于在GIS环境下处理与成图。传统的单元划分方法有规则网格的方法和地质体单元划分方法。本次拟采用“不规则地质单元法”进行预测单元划分。

五、预测变量的构置、优化

在完成预测要素及其组合定量化及预测单元划分之后，进行预测变量的选取、构置和优化。这项工作是在找矿模型的指导下，以充分获取的各类找矿信息为基础，并采用知识驱动与数据驱动相结合的途径实现。

（一）数据变换方法

数据变换方法用于解决地学数据多源异构、量纲不统一等问题，从而满足预测、评价方法使用。对预测变量进行变换的主要目的有：①统一变量的数据水平，②条件独立性，③用较少的变量代替一组较多的存在相关性的原始变量，④使变量尽可能地服从正态分布。

目前，常用的数据变换方法有：标准化变换、极差变换、均匀化变换、反正弦和反余弦变换、平方根变换、对数变换、化直变换、成分数据对数比值变换等等。实际应用中对数据变换方法的选择，应根据不同数据自身特点以及预测评价方法的要求而定。

（二）预测变量的分类、组合与优化

变量定量分类是探讨各变量之间的相关性。常用的方法有模型法、统计法、两两比较法等。在对预测要素进行分类、组合研究的基础上，可以进一步对变量进行筛选与优化组合，以达到预测变量的结构最优化。预测变量的筛选必须以地质研究为基础，采用地质方法与多元统计方法相结合的途径，在不损失与预测对象有直接或间接联系的主要信息的同时，精简变量、优化系统，突出必要和重要因素。

六、成矿有利度计算与预测区圈定

（一）单元成矿有利度的计算

单元有利度（含找矿后验概率和模糊度）的计算是定量圈定预测区（最小预测区和预测区分级评价）的基础。计算单元成矿有利度的基本原理和流程是：在单元划分和单元属性或者变量的确定基础上，采用一定的数学模型来计算每个单元的成矿有利度。

（二）预测区的圈定和评价

预测区是一组具有相同成矿意义单元的组合。圈定最小预测区的准则是在最小的矿产预测区内，发现矿床的可能性最大，漏掉矿可能性最小的空间，即最小面积最大含矿和最小漏矿率的原则；采用模型类比法，圈定不同类别的预测区；多种信息联合使用时，应遵循以地质信息为基础，地、物、化、遥矿产预测要素信息综合标志确定预测区；尺度对等准则，即参与预测的基础数据与预测目标应在同一个水平尺度上，地质构造专题图件、物化遥重砂异常及推断解译图件等应统一投影方式。在计算出各个预测单元的成矿有利度（或后验概率）之后，确定成矿潜力单元（即成矿有利单元）。

七、预测资源量估算

（一）预测资源量估算要求

1. 本次预测资源量估算深度：煤炭分1000米以浅、2000米以浅两个深度估算。其他矿产按2000米以浅估算。

2. 本次预测分16类矿种（组）：①煤炭；②铁；③锰；④铝土矿；⑤铜、铅、锌、银、钨、锡、钼、锑、金；⑥铬、镍；⑦钾；⑧萤石；⑨重晶石；⑩磷；⑪硼；⑫硫；⑬菱镁矿；⑭稀土；⑮锂；⑯铀。

3. 铀矿：采用由全国统一预测的方式。煤炭：采用以全国预测为主，全国预测和各省预测上下结合的方式。其他矿种：采用由各省、自治区、直辖市分别估算预测资源量，再进行全国汇总的方式。

（二）预测资源量估算方法

1977年第98号国际地质对比计划提出了6种资源总量估计方法：①区域价值估计法，②体积估计法，③地壳丰度估计法，④矿床模型法，⑤德尔菲法或主观概率法，⑥综合法，但是，后来兴起的“三部式”矿产资源定量预测评价法更能体现这种精细预测的发展趋势。考虑到全国非油气重要矿产资源总量估算的可比性和可集成性，以及我国的实际情况，本项目在借鉴和吸收上述方法优点的基础上，拟采用非总合式资源量估算方法（矿床值概率分布法、地球化学块体估值法、矿床模型综合地质信息定量预测法）计算各远景区预测资源量，并分析找矿概率。初步考虑提出如下方法：

1. 矿床模型综合地质信息定量预测法。该方法基本思路是，首先运用信息量计算法及特征分析法建立已知探明资源储量矿床的定量信息模型以及综合地质信息定量模型，并根据主成分分析法建立矿床规模定量预测模型。然后根据预测区综合地质信息及定量找矿信息，经过相关分析预测矿床数量。再根据矿床规模定量模型预测不同规模的矿床数，并据此定量估算远景区资源量。

2. 矿床值概率分布法（蒙特卡洛法）。矿床值概率分布法是根据已知某种矿床类型的矿石储量及品位分布模型,并分别对其进行蒙特卡洛模拟,通过矿石储量和矿石品位概率(或由此生成的潜在资源量)分布曲线来估算预测远景区不同概率(不同置信度)下的资源总量(包括探明储量和潜在资源量)和推测未发现矿床的个数,并按不同概率进行分类。例如,100%概率下的预测资源总量实质上就是已探明储量(已开采资源量+保有储量)。

3. 地球化学块体估值法。地球化学块体估值法是对地壳丰度估计法的改进与发展,它是通过将模型区内成矿元素(或化合物)地球化学块体含量与探明储量之间所建立的函数关系,推广到各个预测远景区来估算该元素(或化合物)的资源总量(包括探明储量和潜在资源量)和未发现矿床个数。依据不同的地球化学块体下限值可进行多种情况估算。本次工作将在此基础上进一步加以完善。

4. 磁性矿产资源估计法。在成矿地质条件有利部位,主要采用航磁、地面磁测等资料及信息,通过对磁性体的定量解释和反演计算等,确定磁性体规模,进而估算其可能的矿产资源量。

以上各种方法,目前如何具体应用,有待于进一步研究、探索。本次工作将根据不同矿种(组)、不同地质构造背景、不同地质工作程度地区,选择不同的资源量估算方法,并按照沉积矿产和其他不同矿床类型分别进行有效性试验以及不同方法对比,根据对比试验结果在全国推广实施。

(三)预测资源量分类、分级

预测资源量根据其估算依据进行级别划分,初步考虑分为三类:可能的、推测的、估计的预测资源量。具体分类、分级标准和方法将进一步制定。

(四)技术难题攻关

1. 针对地质构造精细划分解决证据权法的应用问题。

2. 针对定量预测技术中矿床模型建立、预测区内矿床数量判别标准、资源量估算、级别划分等重大技术问题。建立适合我国地质资料特点,又可以对外交流的预测方法体系。

3. 地球化学块体估值法:需要解决不同景观条件下的地球化学块体值差问题,以及矿床剥蚀与地球化学块体值的反比问题。

八、远景区优选、分级与排序

(一)远景区优选方法

1. 数据驱动的方法:找矿信息量优选模型法、地质背景衬度法、非先验约束模型法等。

2. 知识驱动的方法:主观优选法、专家系统等。

3. 综合方法:数据驱动与知识驱动相结合,即采用远景区成矿有利度(或后验概率等)、资源潜力(非总合式预测资源量)、成矿地质条件(分为主控因素与次要因素)与矿床模式的匹配程度、自然地理条件和环境等指标,总结各矿种主要类型的主要评价标志,对各找矿远景区进行人机交互式地优选与排序。

(二)远景区优选、分级、排序准则

1. 远景区优选准则:①成矿地质条件准则,②找矿概率准则,③工作程度准则,④自然地理和环境准则。

2. 远景区优选:突出成矿关键信息,压制干扰信息,提高矿产预测成果的可靠性。

3. 远景区分级:综合考察成矿条件有利程度,预测依据是否充分,矿化强度、成矿信息浓缩程度、资源潜力大小等因素,有些地区还应考虑自然地理条件。通过优选,将预测远景区划分A、B、C三个级别。

4. 远景区排序:按资源潜力、成矿地质条件、成矿有利度等综合指标对找矿远景区的重要性进行定量或定性的评估与排序。

九、单矿种(组)预测方法

根据各矿种产出地质环境的相似性分为16类矿种(组)来具体论述。

(一)煤炭

煤炭既是我国最主要的能源矿产,又是重要的化工原料。煤炭资源丰富、煤类齐全,从晚古生代到新生代共有六个主要成煤期。

在预测中应深入研究重要含煤盆地类型(如陆块区海陆交互相含煤沉积盆地、过渡区海陆交互相含煤沉积盆地、内陆坳陷含煤盆地和断陷含煤盆地)基底大地构造属性、构造环境和基底构造格架,以及主要成煤期的沉积—构造特征;探讨古构造、古地理、古气候和古植物对聚煤作用的制约和影响,以及富煤带与沉积体系的关系;分析成煤环境对煤岩、煤质的影响,以及煤的构造—热变质模式;并应用沉积学和板块构造理论的新成果、新观点开展我国聚煤盆地分析、总结煤炭资源时—空分布规律;编制各成煤期岩相古地理图、盆地构造图、变质构造图、成煤规律图等系列专题图件。在建立煤炭资源预测评价基础空间数据库的基础上,选取适合的定量预测方法和软件圈定远景区;按大地构造单元、成煤时代、沉积环境等将聚煤远景区划分为四级单元(聚煤区→含煤区或煤盆地群→煤田或煤盆地→煤矿区或煤产地);根据成煤期成煤条件及成煤后构造变动情况、地质—物探研究程度及钻探控制程度、资源潜力及埋藏深度等将远景区分类;并进行非总合式资源总量的估算。

(二)铁

我国铁矿矿床成因类型比较复杂,有内生矿床(与基性—超基性岩浆侵入有关的岩浆型钒钛磁铁矿,与中性或中酸性岩浆侵入有关的矽卡岩型铁铜矿或铁锡矿、高—中温气液交代—充填型铁矿，与中性钠质火山—侵入活动有关的热液型铁矿、玢岩型铁铜矿、块状硫化物铁铜矿及火山沉积型铁矿）、外生矿床（浅海相沉积型铁矿、海陆交互相沉积型铁矿、湖相沉积型铁矿，风化淋漓—残积型铁矿）、变质矿床（变质硅铁质建造中磁铁石英岩型铁矿，变质碳酸盐岩型铁矿）和多因复成型矿床（白云鄂博铁铌稀土矿床）。铁成矿大地构造背景多样，从造山带、过渡区到稳定的陆块区都有；且成矿时代也十分广泛，从前寒武一直到新生代。

在预测工作中，应根据不同矿床类型深入研究各类地质建造（岩浆岩建造、火山岩建造、沉积建造和变质建造等）与各类构造（断裂、褶皱等）对铁矿化的控制作用、矿床时—空分布规律等；系统编制相关专题图件；并利用 GIS 技术圈定与评价远景区，估算资源总量。

（三）锰

我国锰矿的类型较多，但以海相沉积型为主，其次为表生型等，成矿时代以中元古代、震旦纪、泥盆纪为主。海相沉积型锰矿占探明储量的绝大部分，且它们都产于相对稳定的大陆边缘海环境。

在预测中拟以海相沉积型锰矿作为主攻矿床类型，着重开展沉积相—沉积环境对锰矿的控制作用研究；系统编制相关专题图件；基于 GIS 技术定量圈定与评价远景区，并估算资源总量。

（四）铝土矿

我国铝土矿以古风化壳沉积型为主，并可进一步划分为碳酸盐岩古风化壳异地堆积亚型（修文式）、碳酸盐岩古风化壳原地沉积亚型（新安式）、碳酸盐岩古风化壳沉积铝土矿在原地附近堆积—近代喀斯特堆积亚型（平果式）、硅铝酸盐岩古风化壳原地堆积亚型（遵义式），此外，红土型铝土矿为高铝玄武岩风化亚型（漳浦式）。古风化壳型铝土矿的形成都经历了陆生阶段、富铝风化壳物质被海水（湖水）淹没—深埋阶段和表生富集阶段。

在铝土矿预测中，开展富铝岩系风化壳及古风化壳时—空分布、古气候—古地理与不整合面、表生作用与喀斯特堆积作用研究、铝土矿矿床模式建立等，配合物探寻找岩溶凹地，研究控矿规律，总结找矿评价标志；编制旨在突出富铝风化壳和古风化壳等高铝地质体的专题图件及其他相关图件；并利用 GIS 技术圈定与评价远景区，估算资源总量。

（五）铜、铅、锌、银、钨、锡、钼、锑、金

这组矿种的最大特点是成矿地质作用多样、成矿地质环境广泛、成矿控制因素复杂、成矿时代较多，且矿床类型齐全、各矿种伴生—共生现象明显、综合利用价值较大。如汇聚板块边缘火山岛弧带中与中酸性岩浆浅成侵入活动有关的斑岩型 Cu(Mo、Au)矿和浅成低温热液型 Au - Ag 矿、陆块区与上地壳重熔型酸性岩浆浅成侵入有关的锡石硫化物型 Sn - Cu - Zn - Pb 矿和 W - Sn - Mo 矿、岩浆期后热液型 Au - Sb 矿、与壳幔混熔型中 - 酸性岩浆侵入活动有关的接触交代型（矽卡岩型）Fe - Cu 多金属矿、与海底火山喷发—沉积作用有关的块状硫化物型 Pb - Zn - Cu - Ag— - 多金属矿、与热水喷流—沉积作用有关的 SEDEX 型 Pb - Zn 和 Sn 多金属矿、与陆相火山—沉积作用有关的 Cu - Pb - Zn - Ag - Au 矿、与变质作用有关的热液型 Au 矿和 Cu - Fe 矿、层控型 Pb - Zn - Ag - Cu 多金属矿（碳酸盐岩型）和 W - Sn - Mo 矿（沉积—改造型）及 Au 矿（微细浸染型）、表生型（风化—淋漓型、残坡积—冲积型）Au - Sb 矿、W - Sn - Mo - Sb 矿和 Cu - Pb - Zn 多金属矿等。

在预测工作中，应分不同矿床类型深入研究各类地质作用（内生、外生、变质、叠加）和地质建造（岩浆岩建造、火山岩建造、沉积建造和变质建造等）对矿化的控制作用、各类构造（断裂、褶皱等）对矿化的控制作用，研究蚀变和矿化分带特征和矿床时—空分布规律等；系统编制相关专题图件；基于 GIS 技术，选择适当的预测方法定量圈定与评价远景区，并分别估算它们的资源总量。

（六）铬、镍

我国铬矿主要类型有蛇绿岩型和同心状超镁铁质—镁铁质岩型（此外，层状超镁铁质—镁铁质岩型铬矿虽然在国内找矿中尚未取得突破，但作为世界最主要的铬矿资源类型同样值得高度重视）；而镍矿主要矿床类型为岩浆熔离型。铬、镍矿的共同之处是都受深大断裂和超镁铁质—镁铁质岩体控制。蛇绿岩型铬矿产于造山带的缝合带上，同心状和层状超镁铁质—镁铁质岩型铬矿分布于克拉通老变质岩区；镍矿从造山带、过渡区到陆块区都有，但以过渡带为主。铬、镍成矿时代从前寒武一直到喜山期，而元古宙和华力西期是镍矿主要的两个成矿期，前寒武是同心状和层状超镁铁质—镁铁质岩型铬矿主要成矿期。

在铬矿和镍矿的预测中，应认真研究深大断裂对矿床分布的控制作用、超镁铁质—镁铁质岩体特征及其成矿特征对矿床分布的控制作用等；系统编制相关专题图件；并利用 GIS 技术圈定与评价远景区，估算铬、镍的资源总量。

（七）钾

钾矿是我国紧缺矿种之一，矿床类型以盐湖型为主，均产于蒸发盐建造中。其中，干盐湖体系提供了有利于钾盐形成的沉积环境，干盐滩边缘的富钾卤水湖

多为成钾洼地。钾盐成矿时代为中、新生代。

在预测工作中,拟针对盐湖型钾盐,深入研究成矿元素与盐湖演化的关系、矿床模式及空间分布特征等;系统编制相关专题图件;基于GIS技术选择合适的预测方法定量圈定与评价远景区,并估算钾盐的资源总量。

(八)萤石

我国萤石矿床类型可划分为:产于中酸性岩体边缘相和接触带的萤石矿床、热液脉状萤石矿床、产于沉积岩中的热水沉积型和交代—充填型萤石矿床。萤石矿产出的大地构造环境类型较多,从造山带到陆块区都有萤石矿床分布,但我国90%的萤石矿床与中、新生代燕山期构造—岩浆活动有关。萤石矿床从内向外常见硅化→绿泥石化→绢云母化→高岭土化或碳酸盐化围岩蚀变分带现象。

在萤石矿预测中应深入研究萤石矿床与构造—岩浆活动的关系、萤石矿床与岩相—岩性的关系、萤石矿床与化探异常的关系等;系统编制相关专题图件;并利用GIS技术圈定与评价远景区,估算资源总量。

对于热水沉积型萤石矿床,应按沉积矿产的预测方法开展预测工作。

(九)重晶石

我国重晶石主要有层控型和脉型。重晶石成矿时代较多,尤以寒武纪、奥陶纪、泥盆纪和三叠纪更为重要。过渡区和陆块区深水盆地主要产出层控型重晶石矿,陆块区碳酸盐岩台地中则以脉型重晶石矿为主,部分地区还出现同一时代的重晶石层状矿与脉状矿共生现象,此外,重晶石矿床常与一定类型的其他矿床共生,如下寒武统重晶石—石煤—磷—钒—钼—铀矿床组合、泥盆系和奥陶系中重晶石—锰—磷—铁矿床组合、震旦系—上古生界脉状重晶石—铅锌—黄铁矿—萤石矿床组合。

在预测工作中应重点研究重晶石矿床与构造的关系、沉积盆地演化、碳质—硅质页岩含矿建造和硅质碳酸盐岩含矿建造、成矿元素组合及矿床分布规律等;系统编制相关专题图件;并基于GIS选取合适的预测方法圈定与评价远景区,估算资源总量。

(十)磷

我国磷矿矿床类型齐全,以海相沉积型为主、其次为沉积变质型、岩浆型,成矿时代以前震旦、晚震旦世、早寒武世、泥盆纪为主。海相沉积型磷矿占探明储量的绝大部分,且都产于相对稳定的大陆边缘海环境。

在预测中拟以海相沉积型磷矿作为主攻矿床类型,着重开展沉积相—沉积环境对磷矿的控制作用研究;系统编制相关专题图件;基于GIS技术定量圈定与评价远景区,并估算资源总量。

(十一)硼

我国硼矿以沉积变质型为主,此外还有盐湖型、矽卡岩型。

在硼矿预测中应深入研究硼矿床与地壳重熔型花岗岩体关系、硼矿床与富硼地层的关系、硼矿床与含硼变质建造的关系、硼矿床与构造的关系、硼矿床与化探异常的关系等;编制相关列专题图件;并利用GIS技术圈定与评价远景区,估算资源总量。

(十二)硫

我国硫矿产分黄铁矿与自然硫两种,以黄铁矿为主。有与岩浆热液有关的矽卡岩型、热液脉型,火山喷发沉积型、沉积型等不同类型。分布范围广泛,类型繁多,在不同地质时代均有产出。此外尚有和其他矿产伴生、共生的矿床。本次预测将按独立硫矿床以及共生硫矿床,伴生硫矿床分别估算预测资源量。

(十三)菱镁矿

现有研究表明,我国菱镁矿主要有三种矿床类型:①层控晶质菱镁矿矿床,②超基性岩风化淋滤隐晶质菱镁矿矿床,③第四纪湖相水菱镁矿矿床。其中层控晶质菱镁矿矿床占全国储量的99.86%,其赋矿地层包括:上太古界、元古宇、震旦系、泥盆系和三叠系,其中又以下元古界层控晶质菱镁矿矿床最为重要,约占全国储量的95%以上。我国菱镁矿资源分布集中、储量大且矿石优良,已知矿床主要分布在辽宁省营口大石桥至海城一带(约占全国储量的85%),其次是山东省掖县粉子山、甘肃省肃北等地。

在菱镁矿预测中拟着重针对层控晶质菱镁矿资源,深入研究成矿大地构造背景、含矿地层、控矿构造、化探异常和矿床时—空分布规律,以及矿床模式等;编制突出新太古代、元古宙、泥盆纪和三叠纪(尤其是早元古代)白云岩或白云石大理岩沉积建造和相关褶皱构造的地质建造构造图及其他相关专题图件;并利用GIS技术圈定与评价远景区,估算资源总量。

(十四)稀土

我国稀土矿产拥有世界著名的白云鄂博铁铌稀土超大型矿床。稀土矿床成因类型也十分齐全,从内生矿床(碱性花岗岩型、花岗伟晶岩型、接触交代型、气成热液型、碱性岩型、碳酸岩型、火山岩型)、外生矿床(沉积型、盐湖型、残坡积—冲积型)、变质矿床(混合岩型)到多因复成型矿床。成矿地质环境十分广泛,几乎所有地质单元都发现了相应的稀土矿床(矿化)。成矿时代也很广泛,从元古宙一直到中生代,其中,燕山期、华力西期和前寒武纪为我国稀土矿的主要成矿期。

在预测工作中,拟按不同矿床类型深入研究各类地质作用(岩浆作用、沉积作用、蒸发作用、风化作用、变质作用等)与稀土矿化的关系、地球化学分区与稀土矿化的关系等;系统编制相关专题图件;在地质综合信息及物、化、遥信息充分提取的基础上,利用 GIS 技术圈定与评价远景区,并估算预测资源总量。

(十五)锂

锂属于稀有矿产。我国主要有伟晶岩型、热液脉型、盐湖型、矽卡岩型等,由于其成矿类型复杂多样,因此单独预测。

(十六)铀(略)

第六节 GIS 技术应用

全面全过程应用 GIS 技术(及其计算机技术)是本次工作的一项重要技术内容,涉及资料收集及整理、资料处理及解释(译)、成矿信息关联及综合、矿产资源定性及定量预测评价等各个环节,主要包括地学基础库维护和整理、基础数据库数据一体化组织、综合信息提取、矿产预测和图件编制与表达等内容。

一、地学基础数据库维护和整理

目前已经完成的地质基础数据库都要按资料使用截止时间 2005 年底进行维护,因此必须应用原有管理系统,经升级后用于数据库维护工作,地质图类数据库将采用地质图编图软件系统(GMGIS2005)进行了数据库维护和整理工作。

二、基础数据一体化组织

我国已有的基础数据库属于不同时间、不同单位、不同技术要求下建立起来的,地质空间数据难以实现统一组织和管理,尤其这些海量地质空间数据都是基于文件管理方式进行运作,特别是空间数据库,空间与属性数据分开存放,操作孤立,给应用带来不便。因此,要实现地质空间数据的有效存储、管理,为利用 GIS 技术实现矿产资源潜力预测评价全过程计算机化提供一体化的地质空间数据资源,必须采用多源、多比例尺、异构地质空间数据一体化组织与管理技术,对各类基础数据库进行数据整理、转换等地质空间数据一体化组织。

在国家“863”课题“基于 SIG 资源环境空间信息共享与应用服务”研究的基础上,应用所开发的面向地理数据库的数据转换工具、元数据转换工具等数据一体化组织与管理工具集,开展如下工作。

1. 整理基础数据库数据,采用新的地学数据模型,实现基础地质空间数据的一体化描述。

2. 应用面向地理数据库模型的数据转换工具,对原来以文件形式存储的基础数据库数据进行转换,提取要素类、对象类,合并图层。

3. 应用元数据转换工具对基础数据库的元数据进行整理、转换和入库。

三、建立数据模型

按照全面全过程应用 GIS 技术,贯彻“矿床模型综合地质信息定量预测思想”、实现“五统一”(即统一组织、统一思路、统一方法、统一标准、统一进度)的要求,开展矿产资源潜力评价数据模型研究和模型建立。建立矿产潜力评价全过程、各技术环节的空间数据库模型,包括成矿地质背景、典型矿床研究、成矿规律、矿产预测、航磁、重力、化探、遥感、自然重砂等专业类别的空间数据库模型和相关图件类的表达格式。

为了配合全国矿产资源潜力评价工作总任务的实现,开展全国矿产资源潜力评价数据模型设计工作的目标,可以概括为“两个保障、两个确保”,具体内容如下:

保障全国矿产资源潜力评价工作赖以实施的技术策略———全面全过程应用 GIS 技术———落到实处。

保障全国矿产资源潜力评价工作赖以实现的核心思想———矿床模型综合地质信息定量预测———贯彻顺利。

确保 46 个相对独立的项目组按“统一标准”要求开展潜力评价工作。

确保全国矿产资源潜力评价工作所取得的成果(实际数据材料图和数据库、综合信息成果图和数据库、最终预测成果图和数据库)的汇总与集成工作易于实现。

数据建模范围主要包括全国矿产资源潜力评价的综合研究信息和最终预测成果部分,不包括已存在的各类基础地质图或数据库的内容,有如下 8 个方面:

1. 地调领域专业谱系。

2. 地调领域特征(空间与非空间)分类。

3. 特征分类描述,包括数据表结构定义、数据项定义或描述、数据项下属词规定。

4. 统一图例规范,包括线型、符号、花纹、用色等其他规范。

5. 统一图件规范,包括图件类(图件)、图层类(图层)、特征类(特征)、图式、比例尺、空间坐标系统规定及其之间的关系、规则等等。

6. 统一数据模型文档,包括全国、片区、省区及其铀矿预测组、煤炭预测组的内容,直接用于其项目实施后的数据结果的格式规范执行标准。

7. 全国矿产资源潜力评价数据库逻辑模型。

8. 全国矿产资源潜力评价数据库物理模型。

第七节 工作部署建议

一、经济社会发展对矿产资源需求分析

1. 研究全球、国内重要矿产资源供销形势,矿产品进出口贸易形势。

2. 进行矿产资源可供性分析。

3. 矿产资源供需保证程度分析。

4. 确定近期,中长期矿产资源主攻矿种。

5. 需求分析注意事项。

①根据矿产勘查适度超前的原则,除考虑近期需求以外,还应考虑中长期需求。

②供需分析应考虑全球、全国、地区三大层次,有的矿种(例如煤炭、磷、建材矿产等)应考虑地区层次,有的矿种考虑全国,对于经预测认为国内没有多大资源潜力的矿种,主要应考虑全球战略。

③根据国民经济"十一五"规划纲要中关于全国主体功能区规划内容、有关全国城市经济群划分方案等资料统盘考虑。

二、确定重要成矿区带空间布局

1. 根据矿产预测成果,确定重要成矿区带的空间布局,并进一步划分低级序矿集区。

2. 分析各成矿区带内查明矿产资源情况。

3. 分析未查明矿产资源潜力情况及预测远景区空间布局。

4. 调整原来已确定的重要成矿区带,尤其是全国重要成矿带的低级序矿集区。

三、工作部署建议

根据经济社会发展需求,对重点成矿区带的空间布局提出工作部署建议。

(一)工作部署原则

1. 坚持当前急需与长远需求相结合的原则。

2. 坚持区划、区调、矿产勘查,物、化、遥,科研五统一部署原则。

3. 坚持矿产远景调查、预查、普查不同层次工作协调部署的原则。

(二)基础地质工作部署

包括区调、区域物探、化探、自然重砂、遥感,成矿带区域矿产专题研究等工作。

(三)区域矿产调查工作部署

(四)预查、普查工作部署

(五)预期重大突破地区的工作部署

四、勘查技术方法论证

1. 矿产勘查总体技术路线论证。

2. 矿产勘查技术方法选择论证。

五、实现条件分析

1. 矿产勘查工作部署目标实现工作量测算。

2. 预期成果目标:约束性指标,指导性指标。

3. 经费测算。

4. 勘查能力测算。

第八节　未来重要矿产资源探明趋势及资源基地战略布局预测

一、未来矿产资源探明趋势分析

1. 近期资源探明趋势分析(3~5年)。

2. 中长期资源探明趋势分析(10~20年)。

3. 内容:分矿种(组)、新增资源量及其空间布局。

二、未来资源基地战略布局预测

1. 中期资源基地战略布局预测。

2. 远期资源基地战略布局预测。

3. 预测内容:

①分矿种或矿组。

②在新增资源量基础上产能增长预测。

③资源基地空间战略布局预测。

第四章　技术路线

第一节　工作思路和工作原则

一、工作思路

全国矿产资源潜力评价工作是我国矿产资源方面一次重要的国情调查,总体思路是以科学发展观为指导,以提高我国重要矿产资源对经济社会发展的保障能力为目标,充分开发应用已有的地质矿产调查、勘查、多元资料与科研成果,以先进的成矿理论为指导,使用规范而有效的资源评价方法、技术和各类基础数据为支撑,以中国地质调查局各单位已开展的资源评价工作为基础。采取政府部门指导,中国地质调查局组织实施,专家主导,产学研相结合的工作方式,全面、准确、客观地评价我国重要成矿区带内的矿产资源潜力,以及空间布局。预测未来10~20年我国重要矿产资源的探明趋势,推断开发产能增长趋势,矿产资源开发基地的战略布局。为更好地规划、管理、保护和合理利用矿产资源,也为部署矿产资源勘查工作提供基础资料,为国家编制中长期发展规划提供科学依据。同时通过工作提高对我国区域成矿规律的认识水平,完善资源评价理论与方法,并培养一批科技骨干及工作队伍,据此确定项目的具体目标和实施的技术路线。

二、工作原则

全国矿产资源潜力评价工作是一项需要发挥各方面积极性、创造能力的庞大的系统工程。总体工作原则是:坚持解放思想、实事求是、尊重地质工作规律的原则;坚持一切从国家整体利益出发,立足当前,着眼长远,统筹全局,兼顾各方的原则;坚持"统一组织、统一思路、统一方法、统一标准、统一进度"的原则;坚持实行项目分类分级管理,发挥各方面积极性和优势,充分发挥各省(区、市)地勘单位的作用,产学研相结合,融合协调、和谐的原则;坚持既要自主创新,符合我国国情,又可进行国际对比和交流的原则。

第二节　技术路线

全国矿产资源潜力评价工作总体技术思路为:以

成矿理论为指导，加强区域成矿规律研究，加强与成矿有关的基础地质研究工作，最大限度地深入分析地质构造的成矿信息，以Ⅲ级成矿区（带）为单位，深入全面总结主要矿产的成矿类型，研究以成矿系列为核心内容的区域成矿规律；全面利用物探、化探、自然重砂、遥感所显示的地质找矿信息；运用体现地质成矿规律内涵的预测技术，全面全过程应用GIS技术，在定性和Ⅳ、Ⅴ级成矿区内圈定预测区基础上，实现分省、全国资源潜力预测评价（资料截至时间为2005年底）。

一、加强区域成矿地质背景研究工作

（一）成矿地质背景研究工作是矿产预测的基础工作

1. 成矿作用是地质作用的组成部分，也是地质作用的产物，从某种意义上讲，出于经济目的考虑，把某些具有特殊经济意义的岩石、矿物称为矿产。因此区域成矿地质背景研究工作是矿产预测的基础工作，主要目的是研究成矿作用和地质作用的关系，把成矿作用研究融合到地质作用研究过程之中。

现代成矿学研究表明，成矿作用在空间上经常产生于各类地质构造的边缘部位以及变异部位。重要的矿产主要分布在板块与板块不同组成部位的结合带或者边界地带。在时间上一般与地质构造转换阶段密切相关，矿产地一般成群、成带分布，成矿带的规模和地质构造边缘带和变异带相当。因此地质构造特征的研究工作是矿产预测工作的基础，也是必需的途径。

2. 区域矿产预测工作一般情况下是在已经开展区调工作的基础上进行，成矿地质构造背景研究工作通常是在区调工作基础上对工作区内的侵入岩、火山岩、变质岩、变形构造进行专题工作，获取与成矿作用有关的信息。对地层进行岩相古地理和沉积建造古构造研究，对火山岩进行火山岩相构造研究，对侵入岩进行岩浆建造构造研究，对变质岩进行变质作用及变质构造解析研究，通过以上研究工作获取对地质作用过程的基本认识，最后进行地质构造综合研究工作，分析有利于成矿的地质构造环境，编制综合地质构造图件，进一步说明地质构造特征，分析有利于成矿的地质构造。

（二）应用大陆动力学理论指导地质构造背景研究工作

2005年我国陆域已全部完成了1∶20万、1∶25万区调工作，为开展区域成矿地质背景研究工作奠定了坚实的资料基础。自地调局成立以来，开始全面推行造山带非史密斯地层填图方法，从此造山带大地构造相的概念被广泛应用于地质填图领域。解决了大陆动力学理论在区调工作中的实践应用问题。青藏高原及其周边地区，110多万平方千米面积空白区就是按照新理论，新方法完成了1∶25万地质填图。同时针对我国早期已完成1∶20万区调的地区部署了应用大陆动力学理论指导的1∶25万区调图幅修测工作，在主要构造带完成了一系列地质走廊带的填图工作。目前大陆动力学理论在区调工作中得到广泛应用，因此已具备按照大陆动力学理论，全面更新我国地质构造综合图件的条件了。本项目将完全以大陆动力学理论为指导，应用1∶20万或1∶25万区调原始资料，针对矿产预测工作的实际需要编制分省及全国统一的新一轮综合地质构造图，更新20世纪80年代完成的分省及全国综合地质构造图，同时将运用GIS技术编制与地质构造图相配套的表达地质作用过程的各类辅助图件。

（三）地质构造背景研究工作，为解决预测工作中的技术难点提供了途径

应用矿床模型法是矿产预测，尤其是定量预测的首选方法。但是应用矿床模型法开展矿产预测评价工作遇到的关键技术难题就是已知矿床模型的信息和预测区的信息不对称。一般情况下预测区不具备矿床模型所特别具备的各类矿化特征及成矿规律研究的精细信息，这是不可回避的地质模型法预测的技术瓶颈。当前国外同行也在采取不同的技术途径加以突破。从我国国情实际出发，我国的区调工作是按照统一的技术标准，完全按规范化要求经过严格的验收程序完成的。从理论上讲已经完成的1∶20万或1∶25万区调图幅，其资料信息水平大体上是相等的，因此已知矿床模型的成矿地质背景的信息和预测区的成矿地质背景的信息是对称的。开展地质构造背景的精细研究可以在相当程度上解决地质模型法矿产预测的技术瓶颈。可以作如此比喻，在生长着各种果树的果园里要找到苹果，首先应该找到苹果树。如果再辅以其他各种信息，可以突破信息不对称的技术难题，因此地质构造背景研究的精细程度，直接决定了矿产预测的准确程度。

（四）地质构造背景研究工作必须突出重点，适应各成矿区（带）的地质条件

地质构造背景研究工作的目的是为矿产预测服务，因此也应服从于矿产预测的需要。对于任何一个地质构造单元，成矿作用一般都是和特定的沉积、构造、岩浆等地质作用有关，不可能和每一种地质作用都有关。因此地质构造背景研究工作应该在对已有成矿规律认识的基础上，根据不同矿种，与不同矿床类型、不同控矿因素的关系，针对与成矿作用有关的地质构造问题开展深入研究。例如对煤炭、锰、钾、磷、菱镁矿等以沉积为主的矿产以及其他矿产中沉积矿床类型，应侧重研究岩相古地理及沉积建造古构造等内容；对铬、镍、钨、锡等矿产应侧重研究岩浆建造构造等内容。本次工作要求对地质构造进行深入研究。根据对地质

构造精细划分的结果，在Ⅳ、Ⅴ级成矿区内圈定预测远景区，一般依据大地构造块体(亚相)圈定Ⅳ级远景区，块体内的建造圈定Ⅴ级远景区。应当说明一点，矿产预测工作除了依据对区域成矿规律的现有认识以外，还应注意进行全球对比，努力发现新地区、新类型、新矿种，要有探索性创新思维，突破固有的“模式”思维。尤其是对我国中东部工作程度较高的地区，应突出这种指导思想。

二、科学开展物探、化探、自然重砂、遥感多元信息分析

自20世纪70年代以来，在矿产预测工作中已经普遍重视利用物探、化探、自然重砂、遥感等多元信息，其基本工作方法一般基层地勘单位都能够得到广泛的应用，本项目就科学利用物探、化探、自然重砂、遥感等多元信息提出如下技术思路：

(一)物探、化探、自然重砂、遥感多元信息研究工作基本思路

多元信息研究工作由两部分组成：第一部分是在成矿地质构造背景研究过程中，对地质构造研究的多元信息分析。在地质构造研究以及物探、化探、遥感资料进行地质构造推断解释的基础上开展综合信息地质构造研究工作，其成果集中体现在以综合地质构造图为底图的综合信息地质构造图中。第二部分是在成矿规律研究过程中对矿化信息的综合分析；在矿床特征研究以及物探、化探、自然重砂、遥感等微观特征研究基础上建立找矿模型。在矿产预测过程中通过对物探、化探、自然重砂、遥感等局部异常的分析研究直接确定为找矿信息，提供矿产预测依据，其成果直接体现在成矿规律与矿产预测成果图件中。

(二)物探、化探、遥感资料的综合信息地质构造研究工作

1. 综合信息地质构造研究工作的研究方式，是以地质构造研究结果结合地球物理、地球化学、遥感影像推断解释的地质构造内容通过综合分析、去粗取精、去伪存真，实现在地质构造研究成果资料的基础上结合物探、化探、遥感有关地质构造推断解释信息的科学集成。

2. 综合信息分析工作，应充分考虑不同专业获取地质构造信息的方式和途径，在信息取舍时应当在反映地质构造时间演化、空间分布、物质组分特征方面坚持扬长避短的原则。地质填图获取的信息是通过野外实地观察，并采取取样、化学分析手段，一步步经过思维加工而获得对地质构造特征的认识，具有直接、全面、系统的特征。但是存在着主观判断上的偏颇，以及通过点线获取数据信息的局限性。区域物探的推断解释主要依据地质体客观存在的物性特征，区分不同类型地质体，可以判断地质构造的空间特征，尤其可以判别区域地质构造格架。通过定量反演可以定量计算深部特定物性地质体的埋深、形状和范围。但是由于其信息获取主要通过物性差异间接推断解释，因此存在多解性。区域化探资料主要通过化学元素组分而推断地质构造物质组分及其空间分布。因此能用于反映不同化学元素组分的地质体的存在。但是由于是水系沉积物数据，因此判断地质体空间分布的精细内容及构造界限的确切位置存在较大的局限性。遥感资料在反映地质构造空间特征方面信息量大、直观，但由于受地表植被或第四纪堆积物大面积覆盖区的影响，其对深部构造的揭示存在明显的局限性。在研究地质构造时间、空间、物质组分特征中，地质、物探、化探、遥感都有其各自特点；多元信息分析工作应根据各专业的特点，在地质研究的基础上对物探、化探、遥感的推断解释结果进行分析取舍、扬长避短，实现互补。

3. 应用物探、化探、遥感多元信息进行地质构造研究过程中，必须注意三种情况：第一种情况必须坚持以地质观察为基础，根据地质观察而获取的区调资料是地质构造研究的基础资料。所有多元信息研究都必须在此基础资料上进行补充、完善、延伸和修正。仅管地质填图获取的地质构造信息存在一定的局限性，或者由于地质学家对地质现象主观判别描述失真而存在偏颇性，但是总体上是地质构造的直接信息，因此不能以物探、化探、遥感获取的间接推断信息取代地质信息，更不能应用抽象化的非地质概念取代地质概念。第二种情况，必须坚持以物探、化探、遥感各专业本身的学科理论原理为依据进行地质解释，避免把特定条件下的推断解释方法泛化为无条件下的推断解释，把推断解释工作简单化，造成违背本学科原理的错误推断。第三种情况：必须坚持实事求是的科学原则，首先应按照本学科的原理进行推断地质解释，然后再进行跨学科的综合分析，进行取舍。坚决杜绝一开始就参照地质图内容进行主观演义性推断解释。

(三)物探、化探、自然重砂、遥感异常找矿信息研究

物探、化探、自然重砂、遥感局部异常是重要的直接找矿信息，其意义十分重要。

1. 物探异常找矿信息研究：物探异常找矿信息判断具有间接性和多解性，本项目物探资料主要应用航磁、航放、重力三种数据，航磁主要应用1:5万、1:20万、1:50万、1:100万比例尺资料，直接作为铁矿以及具有磁性矿物的矿床类型的找矿信息。航放数据比例尺为1:5万、1:20万，主要用于铀矿找矿。本次工作要求对物探资料进行精细研究，特别强调，通过对局部异常进行定量反演。采用已知到未知类比法，定性判断

矿化信息,通过定量反演判断异常源的位置、边界、埋深和产状。一般物探解释和定量反演都存在多解性,因此必须利用已知地质资料、探矿工程资料、化探资料,加以约束,尽量排除多解。物探异常找矿信息研究应尽量使用比例尺较大的资料,凡是有1:5万比例尺的资料,都要尽量应用。

2. 化探异常找矿信息研究:化探资料应用具有直观性。直接反映了各种矿(化)体的空间分布及与之相关的成矿元素或伴生元素。通过局部异常的圈定,单元素异常及综合异常组合及分带分析,可以判断引起异常的矿种、矿床类型以及矿床的估计规模,也是预测资源量的重要依据。因此化探异常找矿信息研究十分重要。

由于化探异常找矿信息的重要性,因此特别得到人们关注,国内外学者对化探数据处理提出了很多方法,并被广泛应用。目前大量使用的异常圈定方法,区域异常和局部异常区分的方法,综合异常的评价方法,各类数学计算方法,都已得到了广泛的应用。归纳起来主要针对五方面的作用:一是区分区域异常和局部异常,圈定局部异常;二是根据单元素异常确定不同元素的关系确定组合或离散;三是针对大范围区域异常中排除干扰,突显出局部异常;四是针对在弱异常中强化显示局部异常。五是对局部异常进行分类排序。各类数据处理方法也是分别在以上各方面起作用,某一种方法不可能达到全部目的。因此在数据处理方法选择时必须根据该方法的原理特点具有明确的目的性和针对性,不能无目的地认为方法越多越好,越复杂越好。本次化探异常解释,突出进行针对性的精细处理,尽量选择排除干扰的人工智能方法。

化探异常找矿信息研究,由于其直观性、普及性因而也出现了简单化的现象。本项目实施过程中强调以下几点:第一,特别注重地理景观的研究,由于地理景观的差别,在采样方法有效性,异常评价方法,数据处理方法确定等方面都是不同的,因此必须按照不同景观条件选择评价方法体系。第二,目前化探数据主要采用水系沉积物为主的方法,该方法存在位移偏差,因此汇水盆地的划分以及原始点位的分布在异常评价工作中十分重要。第三,根据异常圈定、元素相关性确定、排除干扰、突出低缓异常、异常排序选择针对性强的精细数据处理方法。第四,化探异常评价工作必须密切结合地质成矿条件,避免就异常论异常。

3. 遥感异常的找矿信息研究:遥感地质找矿信息研究长期以来主要以线、带、环、色、块遥感影像信息为依据,进行地质构造解释,以及间接类比分析找矿信息。自20世纪90年代中期以来,遥感异常找矿信息研究方法得到迅速发展和普及,利用遥感普通影像数据量化处理直接获取地表蚀变岩石的矿化指示信息。利用岩石中金属阳离子(Fe^{2+}、Fe^{3+}、Mn^{2+}等)和阴离子基团(如H_2O、OH^-、CO_3^{2-})的光谱反映,应用普通的TM、TEM数据直接提取遥感异常信息,推断蚀变矿物的空间分布,提取直接找矿信息。目前这种方法对于荒漠地区、裸露地区已经取得了很好的找矿效果。本项目除了按照传统方法完成地质构造解释工作以外,还将以遥感异常研究为主要手段,同时辅以线、带、环、色、块地质构造解译的间接类比分析法,进行直接找矿信息研究。遥感异常蚀变信息研究对于植被覆盖地区一般不适宜使用,因此还需要使用传统的间接解译推断找矿信息。

三、以成矿系列为核心内容的成矿规律研究工作

成矿规律研究工作是矿产预测的主要工作内容,也是不可分割的组成部分,互为因果。成矿规律研究工作就是将地质构造、矿产勘查、矿山开采等资料以及物探、化探、自然重砂、遥感所显示的地质找矿信息,运用科学的方法有机的联系起来。总结矿产的时间、空间、物质组分分布规律,形成规律,并据此预测未发现的新的矿产地的空间分布、矿种、规模、数量。本次总结研究工作以Ⅲ级成矿区(带)为基本单元,进行省(区)及全国汇总。

(一)成矿规律研究工作以成矿系列理论为指导

20世纪70年代程裕淇、陈毓川院士等创立了成矿系列理论。又于2005年完成了《中国成矿体系与区域成矿评价》,这是我国最新最全面最系统的成矿规律研究成果。进一步完善了成矿系列的理论,提出了成矿体系的概念。本项目成矿规律研究工作将以成矿系列理论为指导,2005年项目研究成果是在各省(除西藏外)成矿体系研究成果基础上进行全国统一汇总后的成果。各省的资料比较全面、系统。因此本项目以2005年研究成果为基础。已进行过上一轮研究的各省(区)在此基础上,按本项目要求进一步深化研究,完成本次成矿规律研究工作。

(二)合理划分不同级别的成矿区(带)

2005年完成的《中国成矿体系与区域成矿评价》研究成果,分出五个序次的成矿区(带):成矿域、成矿省、成矿区(带)、成矿亚区(带)、矿田。提出了前三个序次的划分意见。本次研究以此为基础,对成矿区(带)的划分,各省(区)结合本省情况可提出修改意见,进一步完善。对成矿亚区(带)及矿田的划分由各省(区)根据地质成矿条件进行划分。同时不同矿种(组)将划分不同的成矿区(带)。

(三)成矿地质构造环境是区域成矿规律研究的基础

本次研究应在以往研究基础上,充分参照本项目

对地质构造研究的要求,做好深化研究工作,划分出本省(区)存在的各类成矿地质构造环境,探讨其与成矿的关系及其演化过程及规律。

(四)地球物理场、地球化学场的总

结为区域成矿规律研究提供重要信息本次研究需进一步充分利用地球物理、地球化学及遥感探测资料与成果,进行深入分析,提取地质成矿信息,扩大在成矿规律研究工作中的实际作用,提高规律研究的质量。

(五)加强典型矿床研究工作是区

域成矿规律研究工作的基本内容由于本项目矿产预测要求做到圈定成矿预测区、预测资源量,因此选择矿床模型法为矿产预测的主导方法。典型矿床研究的深入程度,矿床成矿模式的建立、矿床模型(模式)所显示的信息量,及其可靠程度,直接关系到矿产预测的可信度,因此一定要重视典型矿床的研究工作。

由于矿产勘查工作程度很不平衡,因此国内不同地区典型矿床的数量以及研究程度差别很大,为了解决这个问题采用两种方法加以解决。一是借鉴全球典型矿床的资料进行类比,二是尽量收集具有典型意义矿化类型的不同规模的矿点或矿化线索的资料进行分析研究,以此达到工作程度低的地区发现新矿种、新类型的目的。

由于本项目实施时间和经费的限制,典型矿床研究工作主要通过收集已有资料为主,野外实地研究为辅,要求尽量收集齐全已有各种研究成果资料和数据。必要时应开展实地调查研究工作,补充采集及测试必要的样品,特别是确定成矿时代的样品。

2005年完成的《中国成矿体系与区域成矿评价》中,已经建立了978种矿床式(相当于典型矿床),本次典型矿床研究工作将以此为基础,进一步修正、完善,并根据各矿种(组)的预测技术进一步补充有关内容。

(六)总结区域成矿规律以矿产预测为目标

以成矿系列等理论为指导,总结区域成矿规律主要通过分析地质构造与区域矿产的时空关系,归纳区域控矿因素,划分成矿区带,总结区域成矿特征,进一步完善成矿系列组、矿床成矿系列、亚系列及矿床式的划分,建立区域成矿模式、区域成矿谱系,建立成矿体系,进行矿产预测。

根据陈毓川院士2005年研究成果,我国共划分五个成矿域(Ⅰ级)、16个成矿省(Ⅱ级)、81个成矿区带(Ⅲ级),本项目将以此成矿区带划分为依据,进一步按8类矿种(组)归纳成矿区带,并开展单矿种(组)预测工作。如果通过本次地质构造的研究,有新的认识,对成矿区(带)也可以进行适当修改。各省在此基础上应根据自身情况建立本省的成矿区带。

四、运用综合地质信息预测技术进行矿产预测

(一)综合地质信息预测技术的特色

1. 在矿产预测工作中细化、深化地质构造研究工作。充分利用区调原始资料,针对不同矿化类型的控矿因素开展地质构造的深入研究。在区域矿产预测工作中,比较普遍存在着地质构造研究工作过于粗浅的情况,甚至还存在用地质图直接预测的现象。物探、化探、自然重砂、遥感等多元信息通过数据处理其找矿信息往往表达得淋漓尽致,而地质构造的信息往往表达得简简单单,即使进行了分析研究,一般在空间上并没有表达。因此经常出现矿床模型的地质构造信息内容和预测区的地质构造信息达严重表脱节的情况。造成预测结果可信度低。本项目通过地质构造的精细研究努力解决上述问题,提高预测的可信度。

2. 在矿产预测过程中全面全过程应用GIS技术。随着矿产预测需要处理的信息量呈几何级数增长,运用人工处理已经无法适应。近10多年来国内外都在积极探索应用GIS技术进行信息处理。但是从全国层次来看,在全国性地质基础数据库建立以前,不具备实现全过程应用GIS技术的条件,一般主要体现在决策阶段的GIS技术应用。另一方面,由于地质构造信息的挖掘处于简单状态,因此在地质构造研究过程中GIS技术基本上涉及不多。目前我国已经具备了上述两方面的条件,尤其经过"十五"期间"863"项目的应用示范取得了成功。已经积累了在矿产预测过程中全面全过程应用GIS技术的经验。

3. 实现深化预测。一是体现在运用1:20万~1:25万区调原始资料开展地质构造精细研究。二是体现在多元信息处理方面,物探数据进行定量反演、化探针对性地进行人工智能数据处理、普通光谱遥感数据提取遥感异常等精细研究。三是体现在矿床模型精细研究。试图克服过去计算机技术应用过程中地质成矿规律研究成果体现不足的问题。

(二)矿产预测需要解决的问题及方法选择原则

矿产预测主要解决三方面的问题:第一、圈定成矿远景区;第二、预测远景区优选排序;第三、预测资源量。

1. 圈定成矿远景区:主要采用综合地质信息模式类比法,根据不同类型的已知矿床的找矿信息总结找矿模式,通过类比圈定预测区的远景区。原则如下:①按照不同矿种,或者同一矿种不同矿化类型通过成矿规律研究根据主要控矿因素确定类比的方法。例如:沉积矿产、盐湖矿产、基性岩类矿产、有色金属矿产中斑岩、矽卡岩型、海相火山岩型、层控热流型等。其类比方法及类比的主要因素都是不同的。②空间位置的确定首先以地质构造精细分区划分预测单元,在同一地质构造区块中以地质信息为基础,以化探信息为先导(铁矿及其他具有磁性矿物的矿床类型以物探为先导),综合分析物探、遥感等信息,圈定成矿远景区。

2. 预测远景区的优选和分级排序分类:优选排序方法选择原则:目前国内外对预测远景区分类、优选的方法很多,选择什么样的方法应遵循如下原则:①我国地域广阔,成矿地质条件复杂,地质工作程度差别较大,因此预测远景区优选方法不适宜采用一刀切,可以根据不同地区的实际情况针对性的选择各地适用的方法。②无论选择何种方法,必须坚持以地质成矿规律研究为主导,数学计算是必须的,但是应当服务于、服从于地质成矿规律。必须充分发挥地质学家的知识作用。③目前各种数学方法,其基本原理都涉及数理统计。因此方法的选择在考虑地质成矿规律基本因素以外,一般情况下还要考虑矿产勘查工作程度,可以基本上分为工作程度较高地区和工作程度较低地区两类。

3. 预测资源量方法选择原则:本次预测工作很重要的目标是要求获得全国的单矿种预测资源量,采用的工作路线是在分省预测资源量的基础上进行全国数量汇总。为此不同的定量预测方法获得的数量不能累加,因此必须按16类矿种(组)统一规定几种定量预测方为法基本方法。此外各地区可以根据本地的特点在完成规定方法的基础上选择其他方法。

4. 预测资源量分类分级:预测资源量根据可信度一般分为三级,可能的:指资料丰富、依据充分、已发现规模型矿床。推测的:指资料较多、依据较充分、已发现小型矿床及矿点。估计的:指资料较多、有一定依据,未发现矿床。在本次预测工作中将根据不同矿种进一步细化具体分类、分级标准。

(三)根据矿产预测的要求,在实践中探索符合我国国情的预测技术

目前国内外正在采用的矿产预测方法都有明确的适用条件。因此针对预测的条件在实践中需要进一步探索新的预测方法。创建适应我国国情的预测技术。需要探索的方法技术很多,在此择要列举几点:

1. 针对地质构造精细划分的情况下如何应用证据权法,过去一般按Ⅲ级大地构造单元为预测单元,应用证据权法,证据因子的提取比较宏观、简单,而现在针对Ⅲ级大地构造单元中细化了的地质构造内容。在不同分区中原有的已知矿床(点)数稀少或出现空白,针对这种新的情况如何应用证据权法需要进一步研究。

2. 对于工作程度低的地区,目前使用的主观优选法(或称模糊逻辑法),主要通过专家积累的经验根据成矿地质背景、地质、矿化、物探、化探、自然重砂、遥感等找矿信息,采用定性的方式进行评分优选。如何把数学计算和专家的经验判断结合起来构建定量判别专家系统,探索通过人机交互操作优选远景区。达到既发挥专家的知识和经验,又可以避免主观随意性。需要通过实践创建远景区(靶区)定量判断专家系统。

3. 解决定量预测方法的关键技术问题:目前国外使用的三部式预测方法是流行的定量预测方法,如何根据我国国情实际应用,针对评价矿种的资源量预测,需要解决基础工作和关键技术。例如:建立我国自己的矿床模型,探索建立不同矿种不同分布模式下的吨位—品位模型等基础工作,提出适合我国地质资料特点的判断矿床数量和规模的方法及参照标准等都需要在实践中探索和建立。

4. 探索建立不同矿种(组)定量预测方法:根据评价矿种的成矿地质特征大致可以分五大类:煤炭矿产、沉积矿产、岩浆矿产、沉积变质矿产、其他多因素矿产,并初步划分为16类矿种(组)。由于控矿因素不同,因此定量预测的方法也是不同的,因此必须探索建立针对各矿种(组)的有效的预测方法技术。

5. 目前我国矿产预测的工作基础都是区域性的,方法技术应用示范取得的经验也都是成矿带级别的,面对全国性预测,面对不同成矿地质条件矿产的预测,从理论和实践都存在许多难题需要进一步探索研究。

五、全面、全过程应用GIS技术

(一)全面、全过程应用GIS技术的必要性

本项目时间短、任务重、经费有限。而矿产资源预测评价工作涉及资料浩繁,信息量大,数据处理复杂而技术专业种类繁多工作量很大,如果不使用计算机技术是不可能完成的。而且在工作过程中所有数据都涉及空间分析,因此必须全面、全过程应用GIS技术。

(二)全面、全过程应用GIS技术的可能性

中国地质调查局组建以来,完成了全国各种地质基础数据库建设工作,为矿产预测全过程应用GIS技术创造了条件。地调局完成的“十五”863计划创建了针对矿产预测的地质构造精细研究方法技术,同时建立了GIS数据模型,解决了长期没有解决的地质构造研究工作中的GIS技术的应用问题。陈毓川院士主持的“西部固体优势矿产资源评价方法体系研究”进一步完善了矿产资源定量评价技术。至此,全面、全过程应用GIS技术,进行矿产预测的条件已经基本具备了。因此本项目的实施完全可以采用全面、全过程应用GIS技术的技术路线。

(三)全面、全过程应用GIS技术的原则

1.GIS技术的应用主要有以下内容:建立(维护、整理)基础空间数据库;通过数据处理、空间分析、人机交互操作建立多元信息数据库,建立数字化模型,提取控矿标志、找矿信息进行矿产预测操作;完成各类基础图件、专题图件数字化编图、成图,实现全过程可视化表

达和结果输出。其优越性在于极大地提高工作效率，把原来人工不可能做到的数据处理、编图工作通过计算机实现了。尤其是保证了各类图件的作图效率和成图准确性。因此在矿产预测过程中坚决遵循“凡是能用计算机的一定要用计算机”的基本原则。

2. 计算机不是万能的，数据处理方法都是具有针对性，都有条件约束。因此如果脱离地质专家的指导，机械地使用计算机软件可能会得出谬误的结果。地质构造的复杂性，地质矿产的多样性，不可能单纯依靠计算机来解决问题，因此必须充分发挥地质专家的作用，GIS 技术的应用必须坚持在地质专家的指导下进行。

第三节 矿产预测技术流程

全国矿产资源潜力评价工作，采用的核心技术是固体矿产矿床模型综合地质信息预测技术（Methodology of Geological Information Integration and Mineral Modeling for Mineral Resources Assessment），简称 MgeoM，是以大陆动力学、成矿地质动力学、区域成矿学、矿产预测学理论为指导，全面利用地质构造、成矿规律研究成果，以成矿地质要素划分矿产预测类型，按照矿产预测类型在典型矿床研究基础上建立矿床地质概念模型，在区域成矿规律研究基础上建立区域成矿模式。确定成矿要素，综合物探、化探、遥感、自然重砂等信息，以成矿特征研究为基础，按照矿产预测方法类型，确定预测要素，建立预测模型，对未知区进行类比预测，圈定预测区，估计资源量。

工作的要点：一是应用大地构造相概念表达成矿地质背景，研究大陆块体离散、会聚、碰撞、造山过程，形成地质作用产物（建造、构造）的现今表达。二是按照成矿地质作用划分预测类型、表达成矿要素。三是全面应用物探、化探、遥感、自然重砂等综合信息，推测地质构造—补充成矿要素、提供找矿信息—提供预测要素。四是按照预测方法类型表达预测要素、确定预测方法类型。根据成矿地质特征而划分的预测方法类型，沉积型、火山型、侵入岩体型、变质型、综合内生型、层控内生型；采用沉积建造构造图、火山岩性岩相图、侵入岩浆构造图、变质建造构造图、（综合）建造构造图、含矿岩层（综合）建造构造图等进行预测要素表达。五是采用地质体法、综合地质信息法、物探法、化探法、体积法、经济模型法、模糊证据权法、德尔菲法等方法，进行预测区圈定、筛选和估算资源量。六是全面、全过程应用计算机技术。

一、收集整理各类基础资料和成果

1. 全面收集大于 1:5 万及 1:20 万、1:25 万区调、航磁、重力、化探、自然重砂、矿产、典型矿床、科研等原始数据及成果资料。

2. 全面掌握 1:20 万、1:25 万区调原始资料、1:5 万区调、物探、化探、自然重砂等成果资料。

3. 修编 1:50 万地质、物探、化探、自然重砂、遥感、矿产工作程度等基础图件。

4. 全面掌握已有地质工作程度，编制区调、地球物理勘查、地球化学勘查、遥感地质调查、矿产勘查、成矿规律研究、成矿区划等工作程度图件（应包括各种比例尺的工作程度内容）。资料截至时间为 2006 年底。

5. 全面了解以往基础地质研究工作情况，指出存在问题，包括区域地质志（1980 ~ 1990 年）、省级岩石地层单元清理报告（1993 ~ 1996 年），其他各类专题研究报告。

6. 全面了解以往成矿规律研究及矿产预测工作情况，包括一轮成矿区划研究成果（1980 ~ 1982 年）、二轮成矿区划研究成果（1993 ~ 1995 年）、全省成矿系列研究成果（1999 ~ 2002 年）、全省煤炭资源调查报告（1981 ~ 1990 年）、中国煤田地质总局组织完成的第三轮煤田预测成果报告，部分省还包括区域矿产总结报告，以及其他各类专题研究报告等。

7. 全面了解物探化探遥感工作情况，包括全国重要区带成矿编图（1996 ~ 1998 年）、全省物化遥编图、省级遥感综合编图等（指基础数据库之前的各类编图成果报告）。

8. 全面掌握地质基础数据库现状，包括：1:50 万数字地质图空间数据库、1:20 万数字地质图空间数据库、矿产地数据库、区域重力数据库、航磁数据库、遥感影像图数据库、区域地球化学数据库、1:20 万自然重砂数据库、工作程度数据库、典型矿产地数据库等，并加以评述，指出存在问题。

9. 全面掌握区域地质矿产特征，成矿区带划分方案和区域成矿系列划分方案。全面收集典型矿床资料。

二、基础数据库维护

1. 基础数据库种类：工作程度数据库，1/20 万地质图数据库，1/50 万地质图数据库，区域航磁数据库，区域重力数据库，区域化探数据库，区域遥感数据库，区域自然重砂数据库、矿产地数据库共计九种数据库。原定要求维护典型矿床数据库，由于原来的库存尚不完善，因此不再列入基础设计库维护工作任务要求中。

2. 基础数据库是原始数据，以后编制的各类图件及建库工作都是在基础数据库的有关基本内容基础上实现。因此要求务必及早完成。

3. 编制基础数据库建库工作程度图（略）。

三、区域成矿规律预研究

区域成矿规律预研究是矿产预测工作的起点。主要研究内容是编制区域成矿区带分布（原）图、编制大地构造分区(草)图、划分矿产预测类型、确定矿产预测方法类型、提出预测工作区成矿地质作用研究内容、提出预测工作区地质构造专题底图编图内容。工作流程见图1。

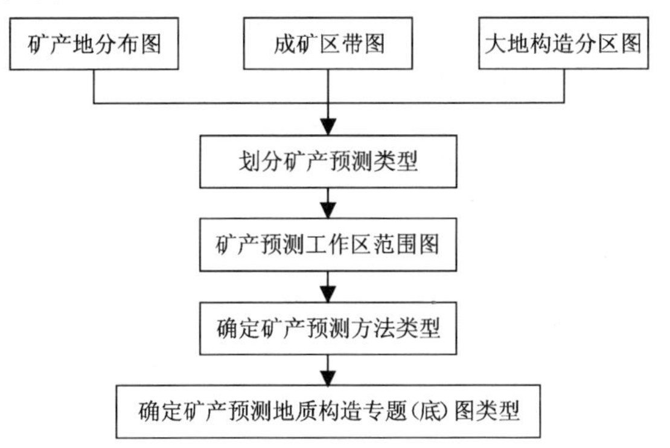

图1　区域成矿规律预研究流程图

(一)确定预测矿种与划分矿产预测类型

1. 矿种确定

根据成矿地质条件,确定预测矿种。凡是有小型矿产地的矿种,必须开展预测工作;只有矿化线索,但具有成矿地质条件的,应进行评价工作,经评价后认为没有意义者,不再进入预测程序,但必须明确提出无资源前景的结论。

2. 划分矿产预测类型

矿产预测类型定义:为了进行区域矿产预测,根据相同的矿产预测要素以及成矿地质条件,对矿产划分的类型。矿产预测类型是开展矿产预测工作的基本单元,凡是由同一地质作用下形成的,成矿要素和预测要求基本一致,可以在同一张预测底图上完成预测工作的矿床、矿点和矿化线索可以归为同一矿产预测类型。同一矿种存在多种矿产预测类型,不同矿种组合可能为同一类型,同一成因类型可能有多种类型,不同成因类型组合可能为同一类型。矿产预测类型的划分是贯穿预测全过程的纲。预测工作全过程按预测类型贯穿始终。

矿产预测类型的命名原则(按照六个大区研讨会上提出的统一命名原则):××矿床式××类型(成因类型或工业类型)××矿(矿种或矿组),例如:宁乡式沉积型铁矿、大冶式矽卡岩型铁(铜)矿。

3. 编制矿产预测类型分布图/矿产预测工作区分布图,底图为地质矿产图叠加构造分区内容,根据矿产预测类型划分方案标明矿产地(矿床、矿点)的矿产预测类型,根据不同类型分布区参照大地构造单元和成矿区带范围,确定矿产预测分布区范围。

4. 矿产预测类型分布图中所确定的矿产预测类型分布区的范围,就是矿产预测工作区分布范围,也是成矿规律研究工作区的范围,以及矿产预测专题底图编图范围。需要说明的是,设计阶段确定的矿产预测分布范围是初步的,需要在今后的研究工作中不断修改完善。

5. 矿产预测工作区全部划定以后,要求和全省地质构造分区图、全省成矿区带划分图、全省地球物理异常图、全省地球化学异常图、全省遥感异常图、全省自然重砂异常图进行全面综合核对,不允许发生遗漏。

(二)划分矿产预测方法类型

根据成矿地质特征而划分的矿产类型。分六种:

1. 沉积型:凡是空间上严格受沉积建造和沉积构造控制的矿产类型,包括全部沉积矿产、部分海底火山喷发沉积矿产、喷流沉积型矿产、部分空间上找不到侵入体具体空间位置的层控改造型矿产。

2. 侵入岩体型:凡是空间上严格与侵入岩体相关的矿产类型,包括:矽卡岩型、斑岩型、岩浆型矿产,还包括严格受侵入体热流体空间影响范围控制的高温热液矿床。

3. 变质型:凡是空间上严格受变质建造和构造控制的矿产类型。

4. 火山岩型:凡是空间上严格受火山岩性岩相构造控制的矿产类型。

5. 层控内生型:空间上受沉积建造与构造控制,同时又受侵入岩浆作用控制的矿产类型。

6. 综合内生型:沉积/变质/火山建造与侵入岩浆作用、构造作用等综合地质作用控制以及不能判别确切成矿地质体的矿产类型。

不同预测方法类型,其地质构造底图内容不同、预测方法不同。

四、区域成矿地质背景研究

研究内容:按大地构造单元研究大陆块体离散、会聚、碰撞、造山过程的地质作用特征,并说明其空间分布与演化特征。其中,沉积岩区为地层、沉积建造、沉积构造;侵入岩区为侵入岩浆建造、侵入构造;火山岩区为火山岩性岩相、火山构造;变质岩区为变质建造、变质构造;以及变形构造等。其中大型变形构造指构成大地构造单元边界(一般指Ⅳ级以上)或穿越多个大地构造单元的大型变形构造。对于地质构造特征研究及区域成矿规律研究具有特殊意义,因此以独立的数据库逻辑图层表达,在建造构造图中以面元表示。流程见图2。

建造构造研究与图件编制:地质作用产物为地质建造和地质构造。根据本次预测的实际需要,矿田(区)编制岩性构造图,区域编制建造构造图,大地构造编制大地构造相图。其中建造为岩性或岩石组合、岩石建造、岩石构造组合;构造为成岩(控岩)成矿构造、

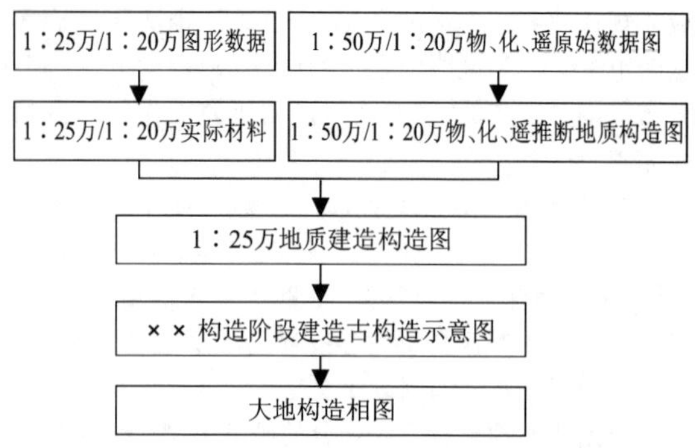

图2 区域成矿地质背景研究流程图

区域构造、大地构造。

（一）编制1/25万地质构造研究实际材料图

该项工作是进行成矿地质背景研究、编制大地构造相图、编制预测底图的基础工作。1/25万地质构造研究实际材料图，以1/25万（1/20万，1/5万）区调原始资料为基础。尽量收集有关专题研究的数据资料，根据网上有关学术论文资料，以弥补区调资料的不足。

（二）研究成矿地质背景并编制大地构造相图

本次预测工作以地球动力学理论为指导，因此成矿地质背景的研究成果以大地构造相表达。

1. 分幅编制1:25万建造构造图。

在分幅1:25万地质构造研究实际材料图基础上进行连图后编制而成。其中沉积岩区表达沉积建造构造内容，火山岩区表达火山岩岩性岩相构造内容（对海相火山岩区，如果难以识别原始火山构造时也可以直接表达沉积建造构造内容），侵入岩区表达侵入岩浆构造内容，变质岩区表达变质建造构造内容。同时要求表达大型变形构造。

2. 分构造阶段编制全省1:50万建造（沉积、火山）古构造图及侵入岩浆构造图。新疆、内蒙古、青海、西藏、四川可根据各自情况，在完成1:50万建造古构造图基础上，选择表达比例尺为1:100万～1:150万。

3. 编制1:50万全省大地构造相图。

根据上述分幅1:25万建造构造图和分构造阶段全省1:50万建造（沉积、火山）古构造图及侵入岩浆构造图，并加上大型变形构造有关内容，经综合分析以后形成大地构造相图，工作比例尺1:50万，新疆、内蒙古、青海、西藏、四川可根据各自情况，在完成1:50万大地构造相图基础上，选择表达比例尺为1:100万～1:150万。

4. 编制大地构造相图时应充分利用区域重磁、化探、遥感等推断解释地质图的有关资料。

五、预测工作区成矿地质特征研究

研究内容：针对某种预测类型在预测区工作范围内研究其成矿有关的地质特征：包括沉积、岩浆、火山、变质等地质建造及相关的构造特征，变形构造特征等内容。

主要流程为：以1:25万地质建造构造图为基础，根据预测方法类型开展专题研究，补充1:5万区调资料，细化有关专题内容，编制各类专题研究图件，形成矿产预测研究地质构造专题底图。工作程度高的地区要求编制1:5万或大于1:25万比例尺专题图件。通过编制矿产预测地质构造专题（底）图表达研究成果，根据特定的成矿地质特征，确定预测方法类型及其专题底图类型。其中，沉积型编制沉积建造构造图或地貌与第四纪地质图；火山型编制火山岩性岩相构造图；侵入岩体型编制侵入岩浆构造图；变质型编制变质建造构造图；综合内生型编制综合建造构造图，简称建造构造图；层控内生型编制建造构造图中突出成矿岩层；复合内生型编制地质建造构造图。流程见图3。

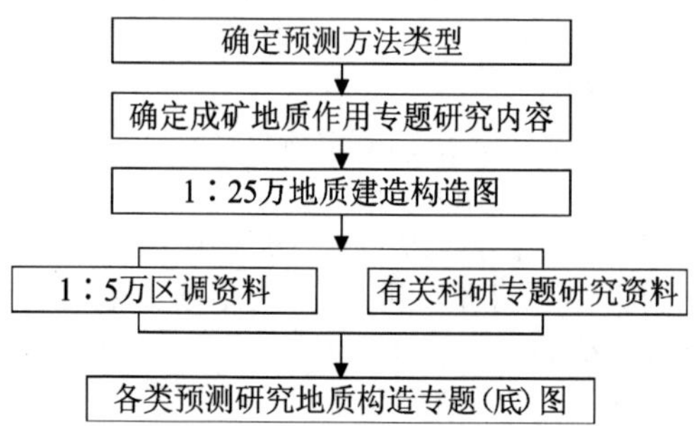

图3 预测工作区成矿地质作用研究流程图

六、开展典型矿床研究

典型矿床研究是成矿规律研究的基础工作。按矿产预测类型选取典型矿床，要求代表性、全面性。根据矿种组合、同一成矿地质作用中出现不同矿化类型等因素，选取多个矿床。研究内容：成矿时代、成矿地质、成矿构造、矿产、成矿作用等特征五方面内容。

主要技术流程为：收集整理矿区区域地质资料、矿区地质构造图、矿床地质综合平面/剖面图、矿区大比例尺、物探、化探资料。在矿床成矿地质、成矿构造、矿产、成矿作用特征研究成果基础上，以矿区地质构造图为底图，改编为岩性构造图，结合区域地质资料，综合矿床地质综合平面/剖面内容，编制矿床成矿要素图及成矿模式。在矿床成矿要素图基础上增加矿区大比例尺物探化探异常资料、其他找矿标志，编制物探化探找矿模式图、矿床预测要素图。在典型矿床预测要素图基础上依据典型矿床所在位置区域地质资料，区域物、化、遥、自然重砂异常特征分析资料，典型矿床外围或矿田范围内矿产资料，建立模型区预测模型，编制模型区预测要素图。要求全部表达：构造、成矿（矿田）构造、矿产特征、成矿作用特征、物化遥推断地质构造特征、物化遥自然重砂异常，及其他找矿标志等预测要素内容。流程见图4。

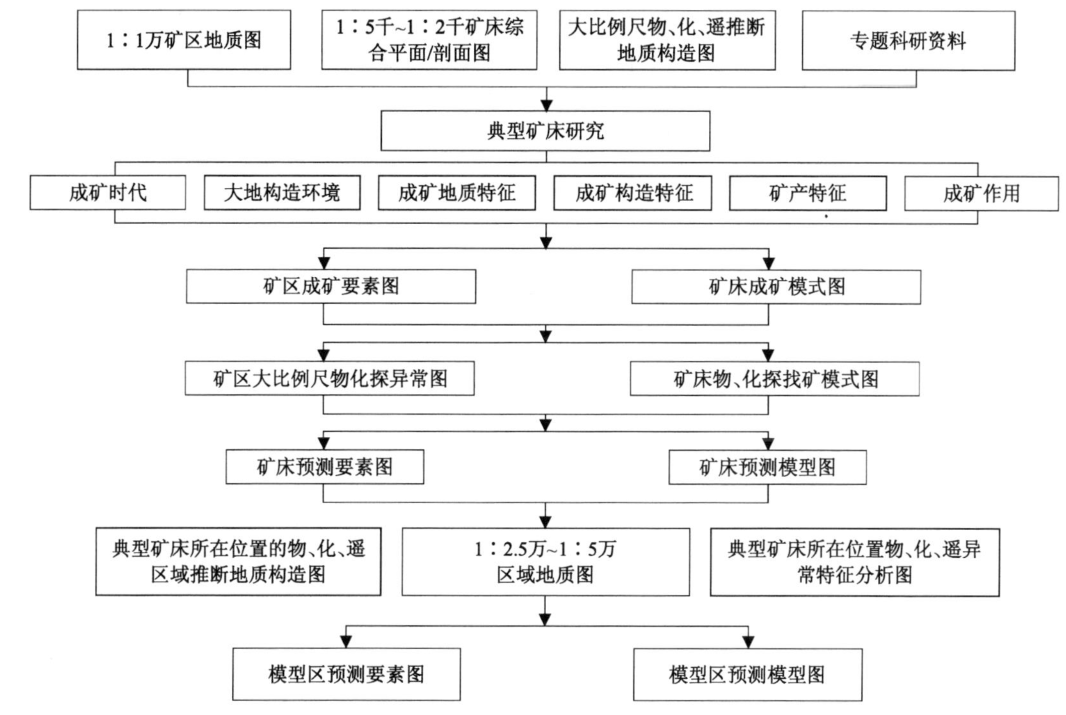

图4 典型矿床研究流程图

1. 按照矿产预测类型确定典型矿床，进行典型矿床研究工作，并编制典型矿床成矿要素图及成矿模式图(1:1万~1:2.5万)

成矿地质作用：包括与成矿有关的(时、空、物)沉积、火山、侵入岩浆、变质、大型变形构造等五类成矿地质作用。

成矿构造体系：包括与成矿时空定位有关的沉积构造体系，侵入岩构造体系，火山构造体系，断裂构造体系，褶皱构造体系、复合构造体系、成矿后构造。

成矿特征：包括矿床特征，矿体特征，矿石特征，蚀变特征，成矿期次、成矿物理化学条件等内容。

编制典型矿床成矿要素图。典型矿床成矿要素图主要反映矿床成矿地质作用，矿田构造，成矿特征等内容。典型矿床成矿要素图以大比例尺矿区地质图为底图，突出标明和矿床时空定位有关的成矿要素。对成矿要素进行分类：分为必要的，重要的，次要的。

编制典型矿床成矿模式图。一般以剖面或平面投影图形式简化表达成矿作用过程，表达成矿地质作用，成矿构造，成矿特征等要素内容，时空变化及其相互关系。

2. 进行典型矿床预测要素研究并编制典型矿床预测要素图和预测模型图(1:1万~1:2.5万)

①研究典型矿床所在位置区域重、磁、化探、遥感、自然重砂异常特征，分别编制重、磁、化探、遥感、自然重砂异常特征图(或异常剖析图)。异常特征图要求放大到成矿要素图同比例尺。

②编制典型矿床预测要素图以典型矿床成矿要素图为底图，叠加大比例尺重、磁、化探、遥感、自然重砂异常特征图有关内容。形成预测要素图。分析预测要素，根据地质、矿产及综合信息等内容分析预测要素的重要性、预测意义。

③编制典型矿床预测模型图以典型矿床成矿模式图为底图叠加地球物理、地球化学模式图。建立地质成矿、其他综合信息预测模型内容，一般以剖面图形式或平面投影形式表示预测要素内容及其相关关系及空间变化特征。

七、预测工作区成矿规律研究

预测工作区成矿规律研究是矿产预测最关键的环节，集中体现了全部研究工作的成果，直接关系到预测工作的成败。

研究内容：根据区域地质构造特征、典型矿床研究等成果，在开展预测工作区成矿地质特征研究工作基础上，深入研究工作区矿产资料，以大比例尺资料为重点，全面总结区域成矿地质特征、区域成矿构造特征、区域矿产特征、区域成矿作用特征，研究其相互关系及时空演化特征。

技术流程：以预测工作区区域成矿地质特征专题研究成果为依据而编制完成的地质构造专题(底)图为

基础。全面收集工作区全部矿产勘查资料:首先精细表达模型区地质矿产资料,针对模型区全部预测要素内容,收集工作区内大比例尺地质、矿产、物探、化探等资料,补充细化原有底图地质构造内容。编制预测工作区成矿要素(规律)图:在补充细化专题(底)图地质矿产内容基础上,研究区域成矿地质特征、成矿构造带特征、矿产特征、区域成矿作用特征及其相互关系、时空演化规律。编制区域成矿要素(规律)图、区域成矿模式图。编制预测工作区预测要素图:在区域成矿要素图基础上,全面表达全部物、化、遥、自然重砂异常、其他找矿标志等内容,编制预测要素图。流程见图5。

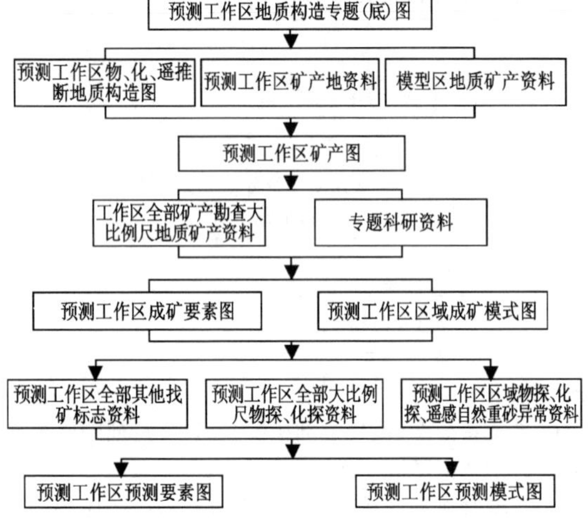

图5 预测工作区域成矿规律研究流程图

1. 按照预测方法类型编制区域成矿要素底图(地质构造类基础底图,大于1:5万~1:25万)

矿产预测方法类型是为了进行区域矿产预测,按照矿产预测方法的不同要求而划分的矿产类型。矿产预测方法包括地质构造类基础底图类型的选定、最小预测区的圈定、预测资源量的估算、预测矿床数等内容。

①划分矿产预测方法类型是确定预测底图类型及预测方法的依据,具体划分如下:

沉积型:预测底图为构造岩相古地理图、沉积建造古构造图、地貌与第四纪地质图。一般情况下稳定陆块区编制构造岩相地理图,造山带中与复杂建造组合有关的沉积型矿产,以建造古构造图为预测底图。在底图上完成预测以后,把预测地段复原到沉积建造构造图上表达预测区。

侵入岩体型:与侵入岩体有空间关系的矿产,一般在岩体内,接触带或侵入体热流体影响范围内成矿的矿产,以侵入岩浆构造图为底图。

变质型:由变质作用定位定时的矿产,以变质建造构造图为预测底图。

火山岩型:火山作用有关的矿产,一般以火山岩性岩相图为预测底图。海相火山岩型矿床如无法识别火山机构时则以沉积建造古构造图为底图,预测地段复原到沉积建造构造图上。

层控"内生"型:指与侵入作用时空定位有关,又受特定层位控制的矿产。以建造构造图为底图,并突出表示特定地层或建造。

复合"内生"型:指与沉积建造,变质建造及侵入岩,变形构造都有关的复合成矿作用有关的矿产,以建造构造图为预测底图。

②大地构造相图与预测底图的关系。大地构造相图一般表示构造演化阶段内容。预测底图一般以成矿相关的地质构造时段为单元编制。当两者相吻合时,可以直接应用编制大地构造相图的专题图件作为预测底图。

③编制地质构造基础类预测底图过程中必须充分应用重磁、遥感、化探推断解释资料。要求编制同比例尺重磁遥感化探推断解译地质构造图,对于隐伏侵入体,火山机构、隐伏或隐蔽构造、盆地基底构造,应进行定量反演,大致确定隐伏侵入体的埋深、成矿侵入体的三维形态变化,给预测提供依据。

④按照矿产预测类型,列表说明地质构造预测底图类型和数量,并在矿产预测类型分布图上表明各类地质构造预测底图的类型和范围。

2. 以Ⅲ级成矿区带为基本单元,研究区域成矿作用,编制区域成矿要素图及区域成矿模式图(大于1:5万或1:25万)

①研究内容。区域成矿地质作用:包括与成矿有关的沉积、火山、侵入岩浆、变质、大型变形构造等成矿地质作用。

区域成矿构造体系:包括与成矿时空定位有关的沉积、侵入岩、火山、断裂褶皱构造体系、复合构造体系、成矿后构造等内容。研究其区域空间分布、规模、产状类型、力学性质、强度等区域变化特征。

区域成矿特征:研究矿床成矿类型、矿床特征、矿体组合特征、成矿期次、矿石成分、蚀变组合、成矿物理化学特征等在区域上的变化特征及空间表达形式。

研究区域成矿地质作用,成矿构造和成矿特征的时空物相互关系。

②编制区域成矿要素图。按照矿产预测方法类型确定预测底图;在底图上突出标明与成矿有关的地质内容,图面标明全部矿床、矿点、矿化线索、采矿遗迹、蚀变等有关内容。综合分析成矿地质作用,成矿构造,成矿特征等内容,确定区域成矿要素及其区域变化特征。在研究区范围内,可以根据区域成矿要素的空间变化规律,进行分区。

③编制区域成矿模式图。根据区域成矿地质背景和典型矿床成矿要素，综合考虑已知矿产地的成矿要素及其区域分布特征编制区域成矿模式图。一般以区域地质剖面或平面图投影形式简要表达成矿地质作用，成矿构造，成矿特征的区域变化及其相互关系。标明区域成矿要素及其特征。

④按照矿产预测类型列表说明图件种类和数量。

3. 研究区域预测要素，编制区域矿产预测要素图及区域矿产预测模型图(大于 1:5 万或 1:25 万)

①研究区域重、磁、化探、遥感、自然重砂等区域异常特征，编制各类综合信息异常特征图。

②研究综合信息异常与矿产地、矿化线索的关系，推测直接矿致异常及间接与矿化相关的异常。

③编制区域矿产预测要素图。以区域成矿要素为底图，综合区域重磁、化探、遥感、自然重砂异常等内容，形成区域矿产预测要素图。研究典型矿床预测要素与区域预测要素关系。划分预测要素类型：必要的，重要的，次要的，最终确定预测变量。

④编制区域矿产预测模型图。以区域成矿模式图为底图，叠加区域地球物理、地球化学、遥感、自然重砂等找矿模型资料，形成区域预测模型图。区域矿产预测模型图一般以剖面图或水平投影断面图形式简要表示预测要素内容及其相互关系，以及时空展布特征。

⑤按照矿产预测类型列表说明图件种类和数量。

八、开展矿产预测

主要工作内容：圈定预测区、筛选预测区、估算资源量；预测区分级、分类、编制预测成果图件。流程见图 6。

技术流程包括：圈定最小预测区、预测区筛选、估算资源量、预算分类分级、编制预测成果图等。

其中，最小预测区范围圈定方法包括：①地质体法：沉积型、变质型、火山岩型、层控“内生”型在预测底图大比例尺附图上按含矿岩石组合或建造直接圈定；侵入岩体型(包括岩浆型、斑岩型、矽卡岩型、高温热液型矿床)对照典型矿床侵入体(或隐伏推测岩体)热流体范围直接圈定。②单项信息法：物探、化探、遥感、自然重砂等单项方法＋成矿岩石组合或建造圈定。③综合地质信息法：对地质、物探、化探、遥感、自然重砂等全部预测要素，划分预测单元，应用 MRAS 或 GeoDAS 软件圈定最小预测区。

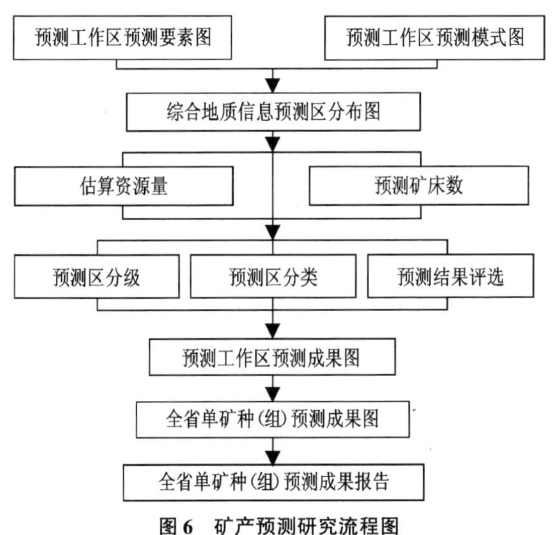

图 6　矿产预测研究流程图

估算资源量方法有：体积法、综合地质信息法、经济模型法、物探法、化探法和采用经济模型法时要求估计矿床数等。

1. 进行定量预测工作，编制矿产预测类型预测成果图(大于 1:5 万或 1:25 万)

(1)根据矿产预测方法类型所确定预测方法进行定量预测，圈定最小预测区，预测资源量并分级，进行概率估计。划分预测区类别，预测矿床数，划分预测区级别。

(2)编制矿产预测类型预测成果图。预测成果图按矿产预测类型独立编制，预测成果图底图为区域矿产预测要素图。预测成果图表达最小预测区，预测资源量，矿床数，预测区类别和级别。

(3)按照矿产预测类型列表说明图件种类和数量。矿产预测类型预测成果图比例尺指的是工作比例尺。由于应用 GIS 技术完成预测，因此必须选用能够清晰表达预测对象空间位置的图件比例尺，一般情况下，沉积成因类型、岩浆成因类型矿产选择大于 1:5 万，其他类型选择大于 1:25 万比例尺。

2. 进行单矿种预测汇总，编制全省单矿种预测成果图(1:50 万)

(1)单矿种预测成果一般都分散在不同预测类型成果中，因此必须把不同预测类型中相同单矿种的预测成果提取出来，加以汇总。

(2)编制全省单矿种预测成果图。底图采用全省大地构造相图，按不同矿产预测类型表达预测成果，列出预测成果汇总表。

(3)新疆、内蒙古、青海、西藏、四川可根据各自情况，在完成 1:50 万全省单矿种预测成果图基础上，选择表达比例尺为 1:100 万 ~ 1:150 万。

(4)按照单矿种列表说明图件种类和数量。

3. 进行全省矿产预测成果综合研究，编制全省矿产预测成果图(1:50 万 ~ 1:150 万)

根据单矿种预测成果进一步进行综合研究，划分矿种组合，一般情况下划分：黑色金属矿产，有色金属矿产，贵金属矿产，非金属矿产等。按照矿种组合编制全省矿产预测成果图。按照矿组类列表说明图件种类和数量。

九、开展区域成矿规律总结

区域成矿规律总结是矿产预测工作的重要内容。主要工作内容:在区域地质构造特征、典型矿床及区域成矿特征、物化遥综合信息资料研究基础上进行单矿种(组)区域成矿规律总结,根据成矿空间分布及演化特征进行全省区域成矿规律总结工作。流程见图7。

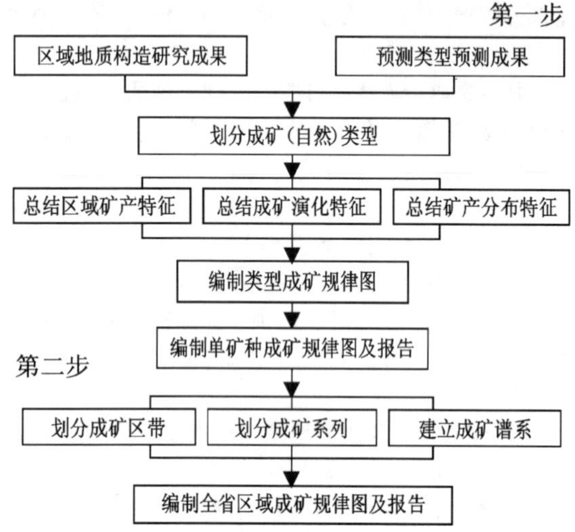

图7 区域成矿规律总结流程图

总结区域成矿规律,编制全省区域成矿规律图(1:50万~1:150万)。成矿规律研究内容贯穿于矿产预测全过程,前述成矿地质背景研究工作和典型矿床成矿要素研究和区域成矿作用研究都是成矿规律研究的基础工作,在完成矿产预测基础上要求进一步开展区域成矿规律研究总结工作。

划分成矿区带,全国划分到Ⅲ级,省级划分到Ⅳ级和Ⅴ级;进行各成矿区带的地质背景与成矿规律研究,划分成矿系列;进行典型矿床研究成果汇总、区域成矿模式归纳汇总研究,总结成矿系列,建立成矿谱系。编制区域成矿规律图。按照单矿种及矿组类列表说明图件种类和数量。

十、开展勘查工作部署研究

研究勘查工作部署,编制全省矿产勘查工作部署建议图,开展需求、已查明矿产资源保证程度、矿产预测区成果、矿产勘查外部基础设施条件、矿产勘查环境影响等方面的分析,研究矿产勘查工作部署内容。流程见图8。编制矿产勘查工作部署建议图,划分矿产勘查工作区并分类,提出区调、物探、化探、矿产勘查等工作内容部署方案。

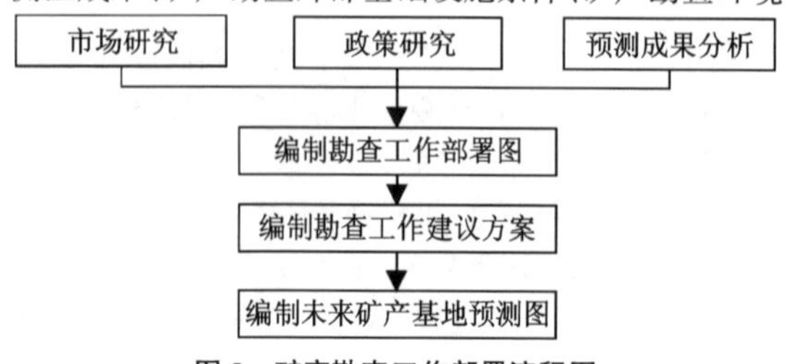

图8 矿产勘查工作部署流程图

十一、开展未来勘查开发工作预测

1. 进行未来勘查工作成果预测,编制未来勘查工作成果预测图

以矿产勘查工作部署建议图为底图,表达预期(不同时间段)新增矿产资源量预测成果和获得预测成果需要投入的实物工作量,总经费,工作时间。

2. 进行未来矿产开发预测,编制未来矿产开发基地预测图

以未来勘查工作成果预测图为底图,预测未来矿产资源开发基地空间分布。

十二、开展物探化探遥感自然重砂综合信息研究

1. 开展物探(重、磁)资料研究工作

①为大地构造相图提供资料,编制区域物探(重、磁)地质构造推断解释图。

②编制预测底图同比例尺地质构造推断解释图,要求进行定量反演。

③编制区域物探(重、磁)异常图。对异常进行对比研究,推测矿致异常。

④编制典型矿床所在位置的物探推断区域地质构造特征图。

⑤编制典型矿床所在位置的区域物探异常特征图。

⑥编制典型矿床大比例尺物探成果图。

⑦按照相关的矿产预测类型列表说明图件种类和数量。

⑧开展磁性矿产定量预测,具体要求按项目办编制的预测方法技术要求执行。

2. 开展化探资料研究工作

①为大地构造相图提供资料,编制区域化探地质构造推断解释图。

②编制预测底图同比例尺地质构造推断解释图。

③编制区域化探异常图。对异常进行对比研究,推测矿致异常。

④编制典型矿床所在位置的化探推断区域地质构造特征图。

⑤编制典型矿床所在位置的区域化探异常特征图。

⑥编制典型矿床大比例尺化探成果图。

⑦按照相关的矿产预测类型列表说明图件种类和数量。

⑧开展化探适用矿产定量预测,具体要求按项目办编制的预测方法技术要求执行。

3. 开展遥感资料研究工作

①为大地构造相图提供资料,编制区域遥感推断

解释图。

②编制预测底图同比例尺地质构造推断解释图。

③编制区域遥感异常图。对异常进行对比研究，推测矿致异常。

④编制典型矿床所在位置的遥感推断区域地质构造特征图。

⑤编制典型矿床所在位置的区域遥感异常特征图。

⑥按照相关的矿产预测类型列表说明图件种类和数量。

4．开展自然重砂资料研究工作

①编制区域自然重砂异常图，推测矿致异常。

②编制典型矿床所在位置的自然重砂异常特征图。

③按照相关的矿产预测类型列表说明图件种类和数量。

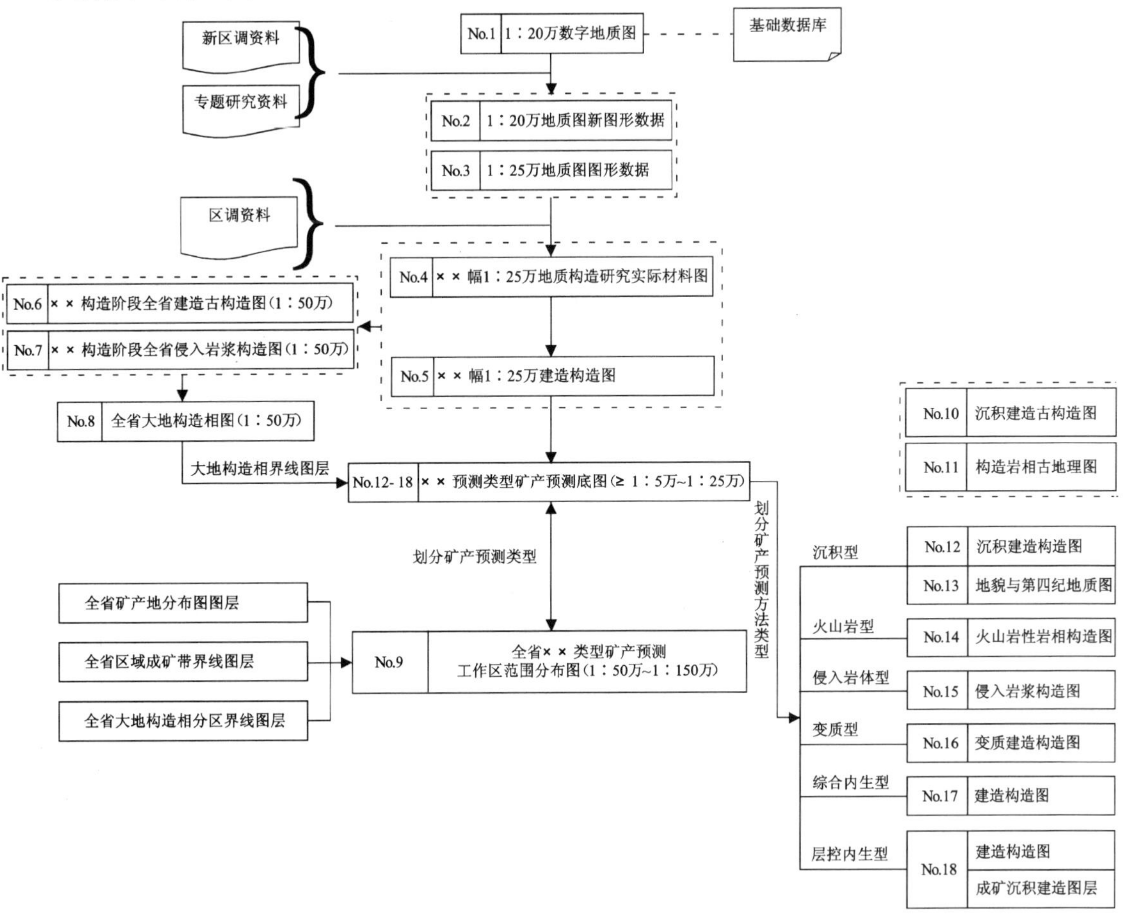

图9　全国矿产资源潜力评价实施步骤一

十三、开展数据库建设

完成各类专题信息库，根据一图一库的原则，编制各类专题信息数据库；完成各类全省汇总成果数据库；列表说明数据库种类和数量；各类数据库的数据模型，按照项目办编制的技术要求执行，设计书不必详列。

十四、开展大区与全国汇总

依次进行成矿地质背景、地质构造演化、成矿规律等研究成果汇总；进行大地构造相图、建造构造图、成矿要素图、预测要素图、矿产预测类型成果、单矿种预测成果图、成矿规律图、找矿勘查部署建议图及数据库等的汇总。

十五、成果编制与出版

编制各类成果报告：包括总体工作报告、各课题专题报告、单矿种预测成果报告；图件及专著出版工作。

全国矿产资源潜力评价工作技术流程用图框表达的形式如图9、图10、图11所示。其中图9为区域建造构造图、大地构造相图及预测底图的逻辑关系图，图10为矿产预测类型工作分布范围的各类图件的逻辑关系图，图11为典型矿区各类图件的逻辑关系图。

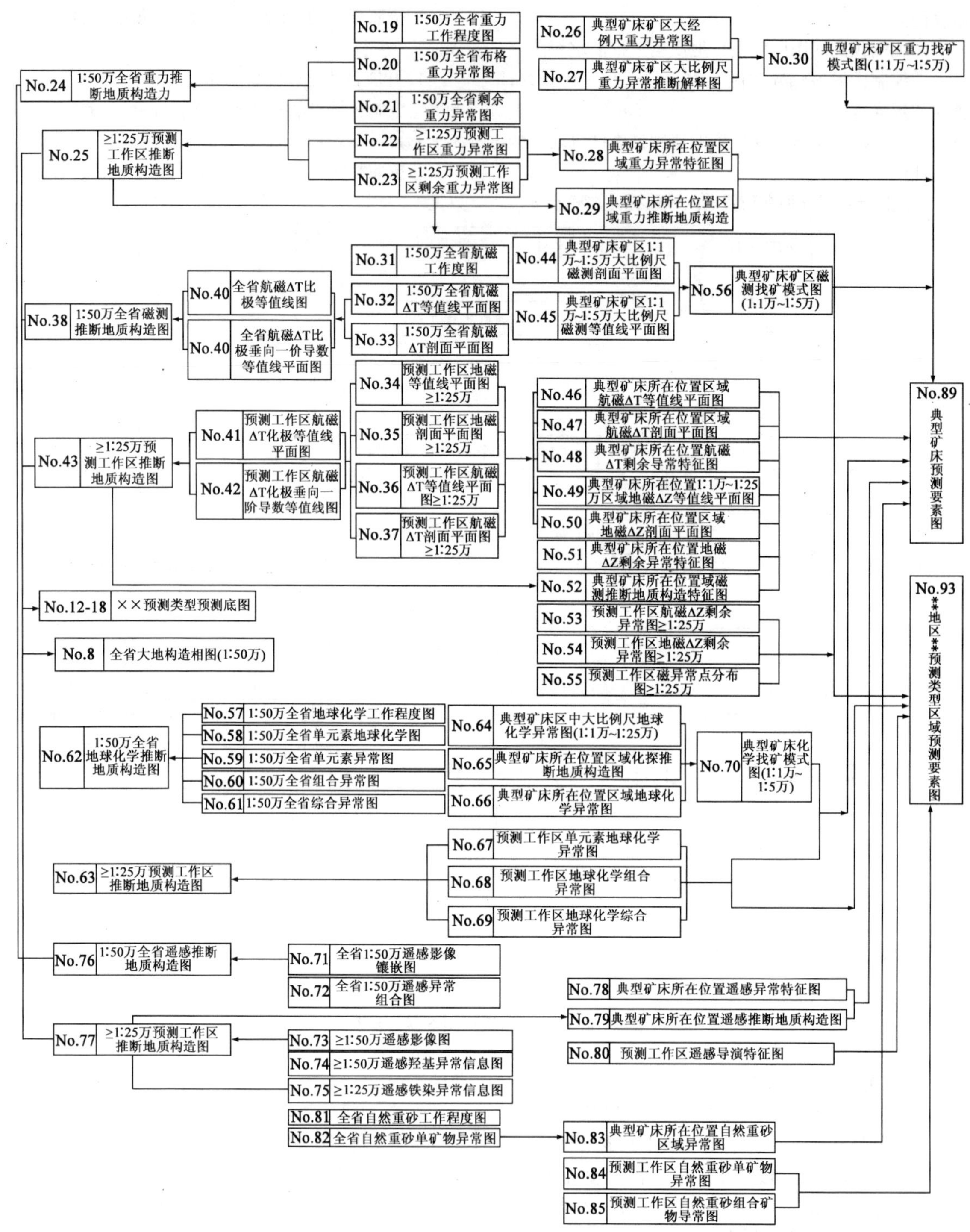

图 10　全国矿产资源潜力评价实施步骤二

第五章　工作部署和工作安排

全国矿产资源潜力评价工作技术含量高、难度大、内容复杂，周期短，涉及专业面很广，是一项庞大的系统工程，在工作中必须要有完善的工作体系才可能顺利完成。考虑工作安排的可行性，采取分阶段组织实施：到2010年，完成煤炭、铀、铁、铜、铝、铅、锌、金、磷、钾盐、钨、锑、稀土等13个矿种的资源潜力评价。从

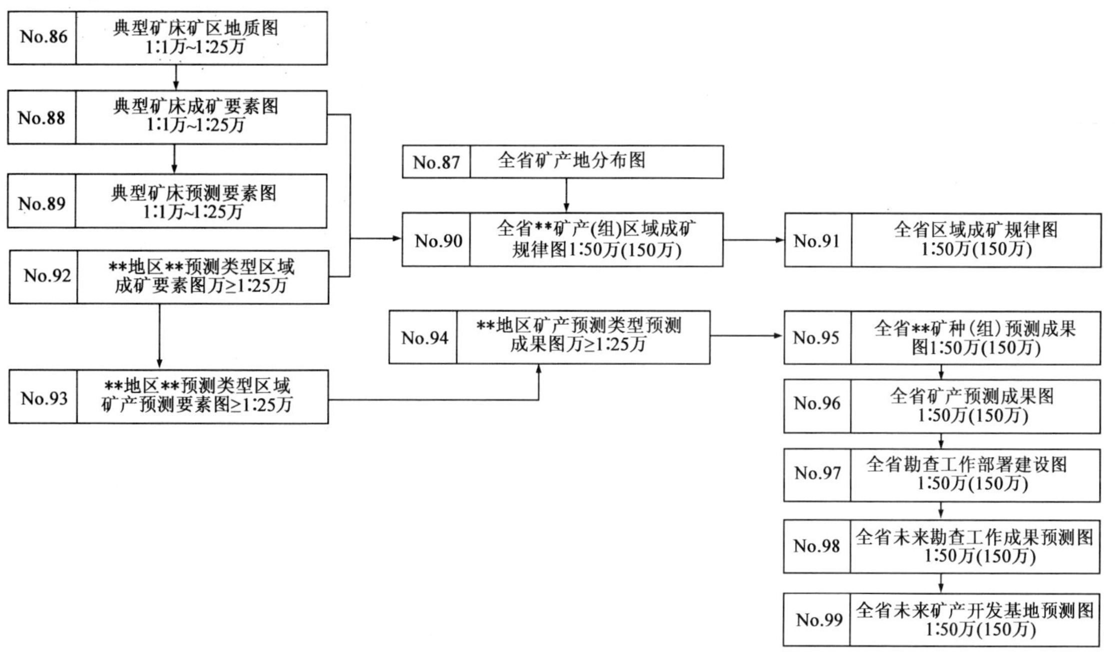

图 11 全国矿产资源潜力评价实施步骤三

2008 年开始，全面对国家急需矿产资源提供阶段性成果。其中，2009 年上半年提交铁、铝 2 个矿种资源潜力评价工作；2009 年底提交煤炭、铀、铜、钨、锑、稀土、铅、锌、金、钾、磷等 11 个矿种的预测区圈定、优选成果；2010 年提交煤炭、铀、铜、钨、锑、稀土、铅、锌、金、钾、磷等 11 个矿种的资源定量估算成果。2012 年完成其他 12 个矿种的资源潜力评价工作。

从工作的内容和工作时间周期综合考虑，整体工作分别由全国、大区和省(区、市)共同联合完成。在工作关系上，在全国层面上，成立汇总组，负责制定技术标准和技术路线，指导大区和省级开展潜力评价各项工作，负责全国成果汇总。在地区层面上，成立华北、东北、华东、中南、西南、西北等大区项目组，负责对辖区内省(区、市)潜力评价工作的组织与实施，具体负责技术指导、质量监督检查、大区成果汇总等。在省一级层面上，成立省级项目组，负责各省(区、市)的潜力评价工作的实施。从技术组织方面，整体工作部署分为技术要求及标准制定、技术培训、全面实施和整体汇总四个阶段。

第一节 项目工作分工

一、项目设置

根据任务需求，在全国、大区和省级三个层面上共设置 47 个工作项目。其中：全国汇总组由 11 个项目组成，大区项目组由 6 个项目组成，省级项目组由 30 个项目组成，见表 1。

表 1 工作项目设置表

编号	工作项目设置		承担单位
1	全国汇总组	全国重要矿产资源潜力评价及综合(地科院资源所)	中国地质科学院矿产资源研究所
2		全国重要矿产成矿地质背景研究	中国地质调查局发展研究中心
3		全国重要矿产区域成矿规律研究	中国地质科学院矿产资源研究所
4		全国物探化探遥感自然重砂综合信息评价(航遥中心)	国土资源航空物探遥感中心
5		全国物探化探遥感自然重砂综合信息评价(发展中心)	中国地质调查局发展研究中心
6		全国重要矿产总量预测(地科院资源所)	中国地质科学院矿产资源研究所
7		全国重要矿产资源潜力评价综合信息集成	中国地质调查局发展研究中心
8		全国铀矿资源潜力评价	核工业地质局
9		全国煤炭资源潜力评价	煤田地质总局
10		全国化工矿产资源潜力评价	化工地质矿山局
11		矿产资源定量化预测新方法研究	中国地质大学(武汉)

续表 1

编号	工作项目设置		承担单位
12	大区项目	华北地区矿产资源潜力评价	天津地质矿产研究所
13		东北地区矿产资源潜力评价	沈阳地质矿产研究所
14		华东地区矿产资源潜力评价	南京地质矿产研究所
15		中南地区矿产资源潜力评价	宜昌地质矿产研究所
16		西南地区矿产资源潜力评价	成都地质矿产研究所
17		西北地区矿产资源潜力评价	西安地质矿产研究所
18	省级项目组	北京市矿产资源潜力评价	北京市地质调查院
19		天津市矿产资源潜力评价	天津市地质调查院
20		河北省矿产资源潜力评价	河北省地质调查院
21		山西省矿产资源潜力评价	山西省地质调查院
22		内蒙古自治区矿产资源潜力评价	内蒙古自治区地质调查院
23		辽宁省矿产资源潜力评价	辽宁省地质调查院
24		吉林省矿产资源潜力评价	吉林省地质调查院
25		黑龙江省矿产资源潜力评价	黑龙江省地质调查院
26		江苏省(含上海市)矿产资源潜力评价	江苏省地质调查院
27		浙江省矿产资源潜力评价	浙江省地质调查院
28		安徽省矿产资源潜力评价	安徽省地质调查院
29		福建省(含台湾省)矿产资源潜力评价	福建省地质调查院
30		江西省矿产资源潜力评价	江西省地质调查院
31		山东省矿产资源潜力评价	山东省地质调查院
32		河南省矿产资源潜力评价	河南省地质调查院
33		湖北省矿产资源潜力评价	湖北省地质调查院
34		湖南省矿产资源潜力评价	湖南省地质调查院
35		广东省矿产资源潜力评价	广东省地质调查院
36		广西壮族自治区矿产资源潜力评价	广西壮族自治区地质勘查总院
37		海南省矿产资源潜力评价	海南省地质调查院
38		重庆市矿产资源潜力评价	重庆地质矿产研究院
39		四川省矿产资源潜力评价	四川省地质调查院
40		贵州省矿产资源潜力评价	贵州省地质调查院
41		云南省矿产资源潜力评价	云南省地质调查院
42		西藏自治区矿产资源潜力评价	西藏自治区地质调查院
43		陕西省矿产资源潜力评价	陕西省地质调查院
44		甘肃省矿产资源潜力评价	甘肃省地质调查院
45		青海省矿产资源潜力评价	青海省地质调查院
46		宁夏回族自治区矿产资源潜力评价	宁夏回族自治区地质调查院
47		新疆维吾尔自治区矿产资源潜力评价	新疆维吾尔自治区地质调查院

二、任务分工

(一)全国汇总组

全国汇总组设置 11 个工作项目,主要任务是:负责编制各项目总体设计、年度工作方案、年度总结、阶段性进展及成果和项目最终成果,负责全国汇总,编制全国综合性成果;负责编制项目技术要求、技术指南,组织技术培训,开展全国典型示范;负责全程对大区和省级项目组进行技术指导。汇总组各工作项目任务分工为:

1. 全国矿产资源潜力评价及综合工作项目。

负责编制总体实施方案、技术要求、年度方案、年度成果和总体成果等技术综合类工作;组织相关技术培训;负责按照国土资源大调查项目管理总体要求,制定潜力评价项目工作制度;承办技术档案管理和工作简报编制;负责汇总全国和省级潜力评价工作项目工作报告;负责组织开展对大区和省级项目的技术监督检查;承办领导小组办公室交办的其他事项。

2. 全国重要矿产成矿地质背景研究工作项目。

负责编制区域成矿地质背景研究及各类专题图件技术要求,指导各省完成区域成矿地质背景研究工作;组织开展全国区域成矿地质背景研究工作;编制全国综合地质构造图及配套的专题图件;结合物探、化探、遥感推断地质构造资料,编制综合信息地质构造图;编制全国成矿地质背景研究报告;编制全国图集的有关图件。

3. 全国重要矿产成矿规律研究工作项目。

负责编制成矿规律研究技术要求,并指导各省完成成矿规律研究工作;组织开展全国典型矿床研究工作,建立矿床模型,组织全国典型矿床补充采样工作;开展全国区域成矿特征研究,划分成矿系列;划分单矿种(组)全国成矿区带;建立区域成矿模式;编制全国区域成矿规律研究报告及单矿种(组)成矿规律图。

4. 物探、化探、遥感、自然重砂综合信息研究项目组。

航磁、遥感信息研究主要由中国国土资源航空物探遥感中心承担,重力、化探和自然重砂由中国地质调局发展研究中心承担,主要任务:组织编制物探、化探、遥感、自然重砂资料应用技术要求,指导各省完成综合信息研究工作;编制全国物探推断解释地质构造图;指导各省应用物探资料开展铁矿及磁性矿产预测工作,建立全国物探综合异常及物探找矿预测区数据库;指导各省开展区域化探异常推断解释工作,并建立全国地球化学综合异常及化探找矿预测区数据库;建立全国自然重砂矿物分布区、自然重砂异常区及自然重砂找矿预测区数据库;编制全国遥感地质构造解译图,指导各省提取遥感异常,汇总建立全国遥感异常及遥感找矿预测区数据库;编制全国物探资料应用研究报告、全国化探资料应用研究报告、全国遥感资料应用研究报告、全国自然重砂应用研究报告;编制全国图集有关图件。

5. 矿产预测工作项目组。

包括全国重要矿产总量预测和矿产资源定量化预测新方法研究两个工作项目,主要由中国地质科学院矿产资源研究所、中国地质调查局发展研究中心、中国地质大学承担,主要任务:编制矿产预测技术要求,指导各省完成单矿种(组)矿产预测工作;研究建立符合我国地质资料特点的定量预测方法,并进行对比试验后在全国实施;完成全国单矿种(组)矿产预测工作,并估算预测资源量及其空间分布;编制全国单矿种(组)矿产预测报告及矿产预测图;编制全国图集有关图件。

6. 全国重要矿产资源潜力评价综合信息集成工作项目。

主要由中国地质调局发展研究中心和中国地质科学院矿产资源研究所承担,主要任务:编制地质基础数据库整理与维护技术要求,指导各省完成基础数据库维护工作,并组织验收;组织开展并汇总全国地质基础数据库维护工作;组织地质、物探、化探、遥感、矿产预测等应用软件升级;组织编制矿产资源潜力评价数据模型,指导各省全面、全过程应用 GIS 技术;编写地质基础数据库维护报告;编写各类应用软件使用手册。

7. 全国煤炭资源潜力评价工作项目。

由中国煤炭地质总局承担,主要任务:编制煤炭矿产资源潜力预测评价技术指南;编制煤炭矿产资源潜力预测评价技术要求,指导各省开展煤炭矿产资源潜力预测评价工作;含煤盆地研究、聚煤期沉积作用研究、煤变质构造研究,并编制专题研究图件;完成全国煤炭矿产资源潜力预测汇总工作;编制全国煤炭矿产资源潜力预测评价工作报告及相关专题图件;编制全国重要矿产资源潜力预测评价图集煤炭矿产的有关图件。

8. 全国化工矿产资源潜力评价工作项目。

由中化地质矿山总局承担,主要任务:负责指导各省开展化工矿产资源潜力预测评价工作;化工矿产区域成矿地质背景研究,并编制相关专题图件;开展物探、化探、遥感、自然重砂等综合信息研究工作,并编制相关专题图件;开展化工矿产区域成矿规律研究,并编制相关专题图件;完成全国化工矿产资源潜力预测评价汇总工作;编制全国化工矿产资源潜力预测评价工作报告及相关专题图件;编制全国重要矿产资源潜力预测评价图集化工矿产有关图件。

9. 全国铀矿资源潜力评价工作项目。

由中国核工业地质局承担,主要任务:开展铀矿区域成矿地质背景研究,编制相关专题图件;开展铀矿有关的物探、化探、遥感等综合信息研究工作,并编制相关专题图件;开展铀矿成矿规律研究,并编制相关专题图件;完成全国铀矿资源潜力预测评价工作;编制全国铀矿资源潜力预测评价工作报告及相关专题图件。

(二)大区项目组

大区项目工作受全国项目办委托,由中国地质调局下属大区地调中心承担,按地区分别设立了华北、东北、华东、中南、西南、西北等6个工作项目,主要任务:协助全国汇总组,编制总体技术要求、技术标准,开展技术培训;指导省级项目组开展基础数据库维护、成矿地质背景研究,典型矿床、成矿规律研究,重力、航磁、化探、遥感、自然重砂等信息分析和研究,建立相关空间数据库等;组织开展省级典型示范;开展大区省级成果汇总,参与全国基础数据库的汇总工作。

(三)省级项目组

省级矿产资源潜力评价工作设30个工作项目,分别由各省(区、市)地质调查院或地勘局承担。除香港、澳门以外,每个省(区、市)各设1个工作项目。其中台湾省潜力评价工作由福建工作项目承担,上海市潜力评价工作由江苏项目承担。主要任务是:承担本省(区、市)规定矿种的矿产资源潜力评价工作;编制省级总体设计及年度工作方案,编写省级中间性成果和最终成果报告;开展省级项目内容的质量自查工作。

第二节 技术要求编制及培训

一、制定项目总体技术要求

全国重要矿产资源潜力预测评价工作,采用首先完成分省评价,然后进行全国汇总的工作路线。因此必须严格执行“统一组织、统一思路、统一方法、统一标准、统一进度”的工作原则,项目总体技术是重要基础工作。

本项目除了应用国家、行业已有技术标准外,尚需根据本项目工作需要编制有关技术要求14项。

项目技术要求编制内容如下:

1. 省级重要矿产资源潜力预测评价总体设计提纲。

2. 省级重要矿产资源潜力预测评价年度设计提纲。

3. 单矿种(组)资源量预测技术要求。

4. 成矿规律研究技术要求。

5. 专题图件编制技术要求。

6. 物探资料应用技术要求。

7. 化探资料应用技术要求。

8. 遥感资料应用技术要求。

9. 自然重砂资料应用技术要求。

10. 基础地质数据库(10种)整理及维护技术要求。

11. 省级重要矿产资源潜力预测评价工作报告提纲。

12. 全国单矿种(组)预测评价报告编写要求。

13. 综合图例手册,汇编已有地质、矿产、物探、化探等图例内容并制作电子版,补充编制专题图件图例内容(电子版)。

14. 汇编本项目应用各类国家、行业技术标准目录。

二、编写技术指南

1. 全国重要矿产资源潜力预测评价总体技术指南。

全国重要矿产资源潜力预测评价总体技术指南,采用叶天竺等编著的《固体矿产预测评价方法技术》专著为基础,进行必要的修改补充而完成。

《固体矿产预测评价方法技术》初稿于2003年完成,当时作为“十五”国家863计划“基于SIG的资源环境空间信息共享与应用示范”课题的技术指南。经过863课题的实际操作,经多次修改于2004年经地调局组织专家组验收后以专著形式正式出版。该项方法技术在地调局组织实施《全国(分省)矿产资源调查评价综合编图》项目,广东、广西、湖南三省(区)应用示范以及863项目西南“三江”成矿带、长江中下游成矿带应用示范,都取得了成功。目前地调局又在“矿产资源调查数据处理与综合分析子系统”项目矿产资源选区课题中应用。同时在全国1:5万矿调工作中全面推广应用。经过各方面实际应用,总体上成熟度较高,比较完善。经补充修改后可以作为本项目总体技术指南。

指南包括区域成矿地质背景研究、区域物探资料应用、区域化探资料应用、遥感资料应用、综合信息地质构造研究、区域成矿规律研究、区域矿产预测、矿床预测方法、矿产预测中GIS技术的应用、固体矿产预测空间数据库数据格式、示范实例。经过实际操作,对方法技术的有关内容补充修改,增加“煤炭矿产预测方法技术”作为本项目总体技术指南的组成内容。

2. 编制全国基础数据库维护工作指南。

针对“全国1:20万~1:25万地质图数据库”、“全国1:50万地质图数据库”、“全国航磁数据库”、“全国重力数据库”、“全国矿产地数据库”、“全国遥感数据库”、“全国化探数据库”、“全国自然重砂数据库”、“全国工作程度数据库”、“全国典型矿产数据库”等数据库进行维护整理工作,编制数据库维护工作指南。在具体编制中,针对本次工作特点和技术要求,在原有数据库建库指南基础上,采用修改原有数据库工作指南具体内容、增加维护工作要求、增加数据更新表式内容、增加数据库版本管理技术内容、修改元数据格式等方式进行编制。同时修改各基础数据库管理软件,根据实际情况,实现版本升级。

3. 固体矿产预测评价软件升级。

目前涉及固体矿产预测评价工作的应用软件很多,版本也比较杂乱,因此针对本项目全面、全过程应用GIS技术的需求,需要对已有各类应用软件进行整理、升级、包装。软件内容:包括基础数据库管理软件、固体矿产评价一体化数据组织软件、地质专题图件编制软件、物探数据处理软件、化探数据处理软件、遥感数据处理软件、矿产资源评价软件、网络版地质图编制软件等。其中有的版本升级,有的需要补充开发完善功能。修改所有应用软件使用手册。

三、编制矿产资源潜力评价数据模型

按照全面全过程应用GIS技术,贯彻“矿床模型综合地质信息定量预测思想”、实现“五统一”的要求,开展矿产资源潜力评价数据模型研究和模型建立。建立矿产潜力评价全过程、各技术环节的空间数据库模型,包括成矿地质背景、典型矿床研究、成矿规律、矿产预测、航磁、重力、化探、遥感、自然重砂等专业类别的空间数据库模型和相关图件类的表达格式。

四、编制矿产预测方法

根据本次潜力评价工作的总体技术思路和技术要求,编制针对25个矿种、全程基于GIS的沉积型、火山岩型、侵入岩体型、变质型、层控内生型、复合内生型等六类预测方法类型的矿产预测方法及其操作手则。

五、项目技术指南与技术要求培训

开展针对大区和省级项目组成员的总体技术要求、技术指南、数据模型、矿产预测方法等的技术培训。内容包括:基础数据库维护、地质构造研究、物探资料应用、化探资料应用、遥感资料应用、典型矿床研究、成矿规律研究、矿产预测方法、GIS应用技术、数据模型等。开展大区及省级项目总体设计、课题设计编制、工作预算编制办法的培训、成果编制等方面的培训。

第三节　省级工作组织实施

省级潜力评价工作是本次工作的主体,也是基础。省级项目工作的进展与成果将直接影响到整个这项工作的进程和预期成果的取得。对省级项目的总体工作部署是:参加技术培训、编制项目设计、开展各项工作内容、编写成果报告。

一、组织开展技术培训

组织各级项目组开展总体技术要求、技术指南、数据模型、矿产预测方法等技术培训。内容包括:基础数据库维护、地质构造研究、物探资料应用、化探资料应用、遥感资料应用、典型矿床研究、成矿规律研究、矿产预测方法、GIS应用技术、数据模型等。开展大区及省级项目总体设计、课题设计编制、工作预算编制办法的培训、成果编制等方面的培训。

二、指导省级编制总体设计

省级设计包括总体设计和课题设计。其中课题设计主要由成矿地质背景、成矿规律与矿预测、物探化探遥感自然重砂综合信息研究、综合信息集成等组成。为保障全国矿产资源潜力评价工作整体按照“五统一”要求执行,全国项目办在组织开展技术培训和省级设计编写研讨的基础上,制定了省级总体设计编写提纲和课题设计编写提纲。

(一)省级项目总体设计编写提纲

1. 总论

2. 工作基础

(1)地质工作程度

(2)以往基础地质研究工作情况

(3)以往成矿规律研究及矿产预测工作情况

(4)物探化探遥感工作情况

(5)地质基础数据库现状

3. 地质矿产概况

(1)地层

(2)火山岩

(3)侵入岩

(4)变质岩

(5)大型变形构造特征、盆地(指中新生代上叠盆地)构造特征

(6)大地构造特征

(7)区域矿产特征

(8)区域成矿规律

(9)区域地球物理地球化学遥感自然重砂特征

4. 工作内容

(1)设计编制工作

(2)确定预测矿种,划分矿产预测类型

(3)基础数据库维护工作

(4)大地构造相图的编制

(5)典型矿床研究

(6)区域成矿规律研究

(7)矿产定量预测

(8)区域成矿规律总结

(9)勘查工作部署研究

(10)未来勘查开发工作预测

(11)物探化探遥感自然重砂综合信息研究

(12)数据库建设

(13)成果编制与出版

5. 技术路线和工作要求

(1)工作思路和工作原则

(2)技术路线和工作要求

(3)项目工作流程

6. 工作部署

(1)项目前期准备工作

(2)设计编制工作

(3)研究工作部署

(4)工作安排

7. 预期成果

8. 实物工作量

(1)编图工作量数据库建设工作量

(2)典型矿床研究(编图、建库和建模)工作量

(3)成果报告、说明书及附图附表编制印刷工作量

9. 人员组织与保障措施

(1)承担单位和参加单位组织机构

(2)项目组分工及人员组织

(3)保障措施

10. 经费预算

11. 附图(略)

(二)省级项目课题编写提纲

省级项目课题设计是在省级总体设计基础上,按照成矿地质背景、成矿规律与矿产预测、物探化探遥感自然重砂综合信息研究、综合信息集成等几个方面分别编写的设计。

三、省级工作的组织实施

在全国项目办、全国汇总项目组和大区项目组的技术指导下,按照上述设计编写的内容组织开展省级潜力评价各项工作。省级工作内容包括:

(一)确定预测矿种与划分矿产预测类型

1. 矿种确定。根据全国确定的矿种,结合本省成矿地质条件确定预测矿种。凡是有小型矿产地的矿种,必须开展预测工作;本省只有矿化线索,但具有成矿地质条件的,应进行评价工作,经评价后认为没有意义者,不再进入预测程序,但必须明确提出无资源前景的结论。除了全国规定矿种以外,各省根据本省需要,也可以增加其他预测矿种,应说明任务来源。

2. 划分矿产预测类型。矿产预测类型的定义是“为了进行区域矿产预测,根据相同的矿产预测要素以及成矿地质条件,对矿产划分的类型”。

3. 编制矿产预测类型一览表。

4. 编制矿产预测类型分布图/矿产预测工作区分布图。底图为地质矿产图叠加构造分区内容,根据矿产预测类型划分方案标明矿产地(矿床、矿点)的矿产预测类型,根据不同类型分布区参照大地构造单元和成矿区带范围,确定矿产预测分布区范围。

5. 矿产预测类型分布图中所确定的矿产预测类型分布区的范围。矿产预测工作区分布范围就是成矿规律研究工作区的范围,也是矿产预测专题底图编图范围。设计阶段确定的矿产预测分布范围是初步的,需要在今后的研究工作中不断修改完善。

6. 成矿远景区带的确定。矿产预测工作区全部划定以后,要求和全省地质构造分区图、全省成矿区带划分图、全省地球物理异常图、全省地球化学异常图、全省遥感异常图、全省自然重砂异常图、进行全面综合核对,最终划定成矿远景区带。

(二)基础数据库维护工作

1. 基础数据库种类:工作程度数据库,1:20 万地质图数据库,1:50 万地质图数据库,区域航磁数据库,区域重力数据库,区域化探数据库,区域遥感数据库,区域自然重砂数据库、矿产地数据库共计九种数据库。

2. 编制基础数据库建库工作程度图。

(三)大地构造相图的编制

1. 编制 1:25 万地质构造研究实际材料图。该项工作是进行成矿地质背景研究、编制大地构造相图、编制预测底图的基础工作。1:25 万地质构造研究实际材料图,以 1:25 万(1:20 万、1:5 万)区调原始资料为基础,同时尽量收集有关专题研究的数据资料,根据网上有关学术论文资料,以弥补区调资料的不足。

2. 研究成矿地质背景并编制大地构造相图。本次工作以地球动力学理论为指导,因此成矿地质背景的研究成果以大地构造相表达。

①分幅编制 1:25 万建造构造图。在分幅 1:25 万地质构造研究实际材料图基础上进行连图后编制而成。其中沉积岩区表达沉积建造构造内容,火山岩区表达火山岩岩性岩相构造内容(对海相火山岩区,如果难以识别原始火山构造时也可以直接表达沉积建造构造内容),侵入岩区表达侵入岩浆构造内容,变质岩区表达变质建造构造内容。同时要求表达大型变形构造。

②分构造阶段编制全省 1:50 万建造(沉积、火山)古构造图及侵入岩浆构造图。新疆、内蒙古、青海、西藏、四川可根据各自情况,在完成 1:50 万建造古构造图基础上,选择表达比例尺为 1:100 万~1:150 万。

③编制 1:50 万全省大地构造相图。根据上述分幅 1:25 万建造构造图和分构造阶段全省 1:50 万建造(沉积、火山)古构造图及侵入岩浆构造图,并加上大型变形构造有关内容,经综合分析以后形成大地构造相图,工作比例尺 1:50 万,新疆、内蒙古、青海、西藏、四川可根据各自情况,在完成 1:50 万大地构造相图基础上,选择表达比例尺为 1:100 万~1:150 万。

④编制大地构造相图时应充分利用区域重磁、化探、遥感等推断解释地质图的有关资料。

(四)典型矿床研究

1. 按照矿产预测类型确定典型矿床,进行典型矿床研究工作,并编制典型矿床成矿要素图及成矿模式图(1:1 万~1:2.5 万)。

2. 进行典型矿床预测要素研究并编制典型矿床预测要素图和预测模型图(1:1 万~1:2.5 万)。

(五)区域成矿规律研究

1. 按照预测方法类型编制区域成矿要素底图(地质构造类基础底图,大于 1:5 万~1:25 万)。

2. 以Ⅲ级成矿区带为基本单元,研究区域成矿作用,编制区域成矿要素图及区域成矿模式图(大于 1:5 万或 1:25 万)。

3. 研究区域预测要素,编制区域矿产预测要素图及区域矿产预测模型图(大于 1:5 万或 1:25 万)。

(六)矿产定量预测

1. 进行定量预测工作，编制矿产预测类型预测成果图(大于1:5万或1:25万)。

2. 进行全省矿产预测成果综合研究，编制全省矿产预测成果图(1:50万～1:150万)。

(七)区域成矿规律总结

(八)勘查工作部署研究

(九)未来勘查开发工作预测

1. 未来勘查工作成果预测，编制未来勘查工作成果预测图。

2. 未来矿产开发预测，编制未来矿产开发基地预测图。

(十)物探化探遥感自然重砂综合信息研究

1. 开展物探(重、磁)资料研究工作。

2. 开展化探资料研究工作。

3. 开展遥感资料研究工作。

4. 开展自然重砂资料研究工作。

(十一)数据库建设

完成全省基础数据库维护工作，完成各类专题信息库，根据一图一库的原则，编制各类专题信息数据库。完成各类全省汇总成果数据库。列表说明数据库种类和数量。

(十二)成果编制与出版

1. 编制各类成果报告：包括总体工作报告、各课题专题报告、单矿种预测成果报告。

2. 图件及专著出版工作。

第四节　工作安排

总体工作安排可分技术准备、技术培训、全面实施和汇总四个阶段。

一、总体工作安排

(一)技术准备阶段(2006～2007年)

主要工作包括：编制总体设计、落实组织机构、编制技术指南和技术要求、落实各课题组人员组织(包括全国、大区、各省三个层次)。

2006年8月前，完成项目总体设计编制。

2007年4月至2007年12月，落实项目组织管理机构、项目办、大区及省级项目组成员。

2006年4月至2007年5月，完成技术要求和技术指南编制。

(二)技术培训阶段(2007～2008年初)

主要工作是组织各省(区、市)项目组成员开展总体项目的技术指南、技术要求、数据模型、预测方法等方面的培训。

2007年6月，开展技术要求、技术指南培训。

2008年5月，开展数据模型和矿产预测方法培训。

(三)全面实施阶段(2007年4月至2010年底)

组织省级项目组按照总体要求和技术思路，全面开展省级矿产资源潜力评价的实施。具体工作安排如下：

1.2007年4月至2007年10月，完成省级项目及课题总体设计编制。

2.2007年11月至2007年12月，开展潜力评价前期基础性工作，包括资料收集、基础数据库维护等。

3.2008年开始全面开展煤、铀、铁、铜、铝、铅、锌、金、钾盐、磷、钨、锑、稀土等13种矿产评价工作，2009年6月完成铁、铝2种矿产潜力评价工作。

①2008年1月至12月，各省完成成矿地质背景和大地构造相图编制工作及其相关的物探、化探、遥感等综合信息研究及编图工作。各省完成铁、铝2种矿产有关的矿产预测底图编制工作，成矿规律研究工作及其相关的物探、化探、遥感、自然重砂等综合信息研究及编图工作。各省完成与成矿地质背景研究、综合信息研究、成矿规律研究、矿产预测相关的数据库建设工作。

②2009年，上半年完成铁、铝2种矿产潜力评价。开展煤、铀、铜、铅、锌、金、钾盐、磷、钨、锑、稀土等11种矿产潜力评价工作，年底前完成预测区圈定和优选工作。

③2010年1月至12月，完成煤、铀、铜、铅、锌、金、钾盐、磷、钨、锑、稀土等矿产资源定量评价工作。

(四)成果汇总阶段(2009～2010年)

汇总包括大区汇总和全国汇总两个层次。大区汇总时间从2009～2010年，主要工作是对辖区省级项目组的成果进行地区性汇总，同时开展全国汇总，完成整体成果报告。2009年1月至12月，开展全国铁、铝资源潜力评价成果汇总，以及大区和全国成矿地质背景地质构造编图、区域物探、化探、遥感、自然重砂等地质推断解释等成果汇总。

2010年1月至12月，开展大区和全国煤、铀、铜、钨、锑、稀土、铅、锌、金、钾盐、磷等矿产资源潜力评价成果汇总。

二、全国汇总组工作安排

全国汇总组工作安排总体思路分三个阶段。

(一)技术准备阶段

2006年6月至2007年12月，开展全国技术基础研究工作，指导省级项目技术准备及省级设计编制。主要包括：准备工作、编制总体设计、编制技术要求、编制数据模型、研制预测方法、开展技术培训、应用软件开发及升级维护、全国及片区地质构造基本问题预研究工作和指导省级项目设计编制工作。

(二)典型示范与技术指导阶段

2008年至2009年6月，完成典型示范工作，全面指导省级项目开展工作。

(三)成果汇总出版阶段

2009年6月至2010年12月,根据省级项目分阶段完成的潜力评价成果,及时开展并最终完成全国汇总和成果编写工作;2011年完成成果报告出版工作。

三、省级项目组工作安排

省级项目工作总体上分三个阶段安排:

(一)技术准备阶段

2007年5月至12月,广泛收集资料,参加技术培训,编制项目设计。

(二)全面实施阶段

2008年1月至12月,开展并完成成矿地质背景研究、大地构造相图编制工作及其相关的物探、化探、遥感等综合信息研究及编图工作,完成与成矿地质背景研究、综合信息研究、成矿规律研究、矿产预测相关的数据库建设工作,完成铁、铝2种矿产有关的矿产预测底图编制、成矿规律研究及其相关的物探、化探、遥感、自然重砂等综合信息研究及编图工作。全面开展煤、铁、铜、铝、铅、锌、金、钾盐、磷、钨、锑、稀土等矿产潜力评价工作。

2009年至2010年,完成1:25万实际材料图、1:25万建构构造图、1:50万大地构造相图和预测工作区的地质构造专题底图,完成典型矿床成矿要素图、典型矿床预测要素图、区域矿产成矿要素图、区域矿产预测要素图的编图和建库和全部重、磁、化探、遥感、自然重砂异常研究及编图工作。完成煤、铁、铜、铝、铅、锌、金、钾盐、磷、钨、锑、稀土等矿产资源潜力评价的各项工作。

(三)成果汇总阶段

2009年至2010年,分别按年度完成煤、铁、铜、铝、铅、锌、金、钾盐、磷、钨、锑、稀土等矿产资源潜力评价成果汇总,并完成省级项目综合汇总报告编写。

四、成果提交

(一)全国汇总项目组及大区项目组

1. 技术要求:2006年11月审查通过并下发使用,2009年6月完善修改后印刷出版。

2. 数据模型:2007年12月审查通过并下发使用,2009年4月修稿后印刷出版。

3. 预测方法:2007年11月审查通过并下发使用,2009年4月修稿后印刷出版。

4. 全国基础数据库:2009年年底验收全国基础数据库及片区数据库。

5. 全国大地构造相图及其数据库:2010年12月验收。

6. 全国各类基础地质研究专题图件及数据库:2009年底验收。

7. 全国成矿规律系列图件及其数据库:2010年12月验收。

8. 全国重要成矿区带成矿规律图:2010年12月验收。

9. 全国典型矿床总结报告:2010年12月验收。

10. 全国重、磁、化探、遥感、自然重砂推断解释地质(构造)图及其数据库:2010年6月验收。

11. 全国重、磁、化探、遥感、自然重砂异常图:2010年6月验收。

12. 各类自主开发软件:分期分批验收。

13. 全国汇总组项目成果报告、工作报告、专题研究报告:2010年12月验收。

14. 全国矿产预测专题图、成果图:2010年12月验收。

(二)省级项目组

1. 全国潜力评价基础数据库维护工作:2008年12月验收。

2. 各省1:25万地质构造实际材料图及数据库:2009年10月验收。

3. 各省大地构造相图及数据库:2009年12月验收。

4. 各省成矿规律研究成果:2010年10月验收。

5. 各省重、磁、化探、遥感、自然重砂资料研究成果:2010年6月验收。

6. 各省铁、铝土矿预测成果2009年6月底验收,煤、铜、铅、锌、金、钾盐、磷、钨、锑、稀土等矿产预测区圈定和优选成果2009年12月验收,2010年12月验收煤、铜、铅、锌、金、钾盐、磷、钨、锑、稀土等矿产资源定量评价成果。

第六章 人员组织与保障措施

根据《关于开展全国矿产资源潜力评价工作的通知》(国土资发〔2007〕6号)《、关于加强全国矿产资源潜力评价与储量利用调查组织管理工作的通知》(国土资发〔2007〕193号)、《关于印发全国矿产资源潜力评价与储量利用调查组织管理职责分工方案的通知》(国土资厅发〔2007〕180号)和《关于进一步加强全国矿产资源潜力评价与储量利用调查管理工作的通知》(国土资厅发〔2009〕40号)文件精神,该项工作人员组成由三条主线构成:第一为管理主线,由部组建领导小组和领导小组办公室,各省厅组建省级领导小组及办公室;第二为业务主线,由部有关司局会同中国地质调查局、各省厅有关处会同项目承担单位分别组建部省两级项目办公室,具体负责全国和省级潜力评价的组织实施,各大区地调中心成立地区项目组具体协调;第三为技术主线,由业务支撑单位和项目参加单位组成各专业项目组具体承担各项工作任务。同时,为保证项目工作的顺利实施,特邀专家成立技术委员会,对项目运行各环节进行全方位指导。

第一节　领导小组及办公室

为统筹推进全国矿产资源潜力评价、储量利用现状调查和矿业权实地核查工作,部决定成立全国矿产资源潜力评价和储量利用调查工作领导小组,由部领导任组长,部相关司局和地调局负责同志任成员,负责全国矿产资源潜力评价、储量利用现状调查和矿业权实地核查工作的组织和领导,协调解决重大问题,负责总体实施方案审定、最终成果验收和成果发布。

领导小组下设办公室,具体办事机构设在部地质勘查司,成员包括规划司、财务司、勘查司、开发司、储量司、环境司、科技合作司、地调局等有关司局的负责同志。承担具体组织协调工作,负责审核总体实施方案和年度工作计划,并对实施过程进行监督,组织最终成果的验收。省级国土资源主管部门要根据部的总体要求,成立省级矿产资源潜力评价和储量利用调查工作领导小组及其办公室,负责本地区工作的组织和领导。

全国矿产资源潜力评价和储量利用调查领导小组及其办公室成员构成如下:

(一)领导小组

组　　长:徐绍史　国土资源部党组书记、部长

副 组 长:汪　民　国土资源部党组成员、副部长
中国地质调查局党组书记、局长

成　　员:张洪涛　国土资源部总工程师
中国地质调查局副局长、总工程师

彭齐鸣　地质勘查司司长

刘连和　矿产开发管理司司长

贾其海　矿产资源储量司司长

韩和平　财务司副司长

姜建军　科技与国际合作司司长

鞠建华　规划司副司长

钟自然　中国地质调查局副局长(正局级)

(二)领导小组办公室

主　　任:汪　民　国土资源部党组成员、副部长
中国地质调查局党组书记、局长

副 主 任:彭齐鸣　地质勘查司司长

刘连和　矿产开发管理司司长

贾其海　矿产资源储量司司长

钟自然　中国地质调查局副局长(正局级)

成　　员:王国平　地质勘查司地质处处长

王　陶　矿产开发管理司综合处处长

王少波　矿产资源储量司资源储量管理处处长

窦淑荷　规划司矿产资源处处长

叶海洋　财务司预算处调研员

高　平　科技与国际合作司科技发展处处长

王全明　中国地质调查局资源评价部处长

周　桅　信息中心技术工程部副处长

领导小组办公室具体办事机构设在部勘查司,勘查司李剑、储量司唐正国、开发司胡斌华分别负责全国矿产资源潜力评价、储量利用现状调查、矿业权实地核查的日常管理和统筹协调。

第二节　技术委员会

负责项目总体实施方案、技术指南和技术要求的论证,负责项目业务指导和技术咨询,负责阶段性进展和最终成果审查。

主　任:陈毓川

副主任:叶天竺

成员:常印佛、翟裕生、裴荣富、赵鹏大、汤中立、郑绵平、谢学锦、李裕伟、朱裕生、黄崇轲、钱大都、王世称、王保良、白万成、张金带、梅友松、倪斌、余中平、王炳铨、孙文珂、刘士毅、牟绪赞、任天祥、曾朝铭

第三节　项目办公室

潜力评价项目办公室以矿产资源研究所、发展研究中心、航遥中心为主要技术支撑。项目办公室主任由部地质勘查司、地调局有关负责同志担任,成员由部地质勘查司、地调局资源评价部、总工程师室、财务部、科技外事部和矿产资源研究所、发展研究中心、航遥中心相关负责人组成。承担全国矿产资源潜力评价、储量利用现状调查、矿业权实地核查工作的日常事务管理和技术业务管理,主要职责为:

1. 组织编制潜力评价总体实施方案和年度工作计划;

2. 组织编制潜力评价工作技术要求,组织相关技术培训;

3. 负责审定全国和省级潜力评价工作项目的总体设计和年度工作方案,监督检查项目实施过程和经费使用情况;

4. 负责按照国土资源大调查项目管理总体要求,

制定潜力评价项目工作制度，承办技术档案管理和工作简报编制，汇总全国和省级潜力评价工作项目工作报告；

5. 负责统一安排项目进度，组织重大业务活动，负责相关文件起草；

6. 负责项目成果管理及资料汇交。

全国矿产资源潜力评价项目办公室成员组成如下：

主　任：彭齐鸣　国土资源部地质勘查司司长
　　　　王学龙　中国地质调查局副局长(正局级)
副主任：王瑞江　中国地质科学院矿产资源所所长
　　　　于海峰　地质勘查司副司长
　　　　陈仁义　中国地质调查局资源评价部主任
　　　　谭永杰　中国地质调查局发展研究中心总工
　　　　熊盛青　中国国土资源航空物探遥感中心副主任、总工
总　工：叶天竺　国土资源部咨询研究中心研究员
副总工：王全明　中国地质调查局资源评价部处长
　　　　张德全　中国地质科学院矿产资源所研究员
成　员：王国平　地质勘查司地质处处长
　　　　李　剑　地质勘查司地质处副处长
　　　　刘　纪　选中国地质调查局总工程师室副主任
　　　　胡思敏　中国地质调查局财务部副主任
　　　　卢民杰　中国地质调查局科技外事部副主任
　　　　董建华　中国地质科学院矿产资源所处长
　　　　丰成友　中国地质科学院矿产资源所副处长
　　　　陈　明　中国地质科学院矿产资源所研究员
　　　　张智勇　中国地质调查局发展研究中心研究员
　　　　唐文周　中国国土资源航空物探遥感中心副总工

项目办公室下设技术管理部，作为负责全国矿产资源潜力评价项目实施日常管理工作的具体办事机构。由地调局资源评价部王全明担任负责人，中国地质科学院矿产资源研究所董建华、丰成友、陈明、顾燕、孙艳、中国国土资源航空物探遥感中心唐文周、中国地质调查局发展研究中心张智勇为技术管理部专职人员。

大区地调中心组建协调小组负责与省(区、市)潜力评价领导小组办公室、省级项目组的日常技术联系、沟通、协调和组织大区相关业务活动等。同时组建大区项目管理办公室，具体负责对省级项目组设计及年度工作方案审查、质量检查、成果验收等业务管理工作；负责指导辖区省级项目组开展各项技术工作，组织开展典型示范和相关业务活动。

省级国土资源主管部门要会同潜力评价工作承担单位，成立省级潜力评价项目办公室，负责具体组织实施工作。其中，项目具体技术负责人应作为项目办公室主要成员之一。

第四节　项目组

全国矿产资源潜力评价工作由中国地质调查局承担并组织实施，中国地质科学院矿产资源研究所、中国地质调查局发展研究中心、国土资源航空遥感中心等作为业务支撑单位。

一、计划项目

计划项目名称：全国矿产资源潜力评价

实施单位为中国地质科学院矿产资源研究所。

参加单位：中国地质调查局发展研究中心、国土资源航空遥感中心、天津地调中心、沈阳地调中心、南京地调中心、宜昌地调中心、成都地调中心、西安地调中心、中国核工业地质局、中国煤炭地质总局、中国昊华化工(集团)总公司中化地质矿山总局、中国地质大学(北京)、中国地质大学(武汉)、北京市地质调查院、天津市地质调查院、河北省地质调查院、山西省地质调查院、内蒙古自治区地质调查院、辽宁省地质调查院、吉林省地质调查院、黑龙江省地质调查院、江苏省地质调查院、浙江省地质调查院、安徽省地质调查院、福建省地质调查院、江西省地质调查院、山东省地质调查院、河南省地质调查院、湖北省地质调查院、湖南省地质调查院、广东省地质调查院、广西壮族自治区地质勘查总院、海南省地质调查院、重庆地质矿产研究院、四川省地质调查院、贵州省地质调查院、云南省地质调查院、西藏自治区地质调查院、陕西省地质调查院、甘肃省地质调查院、青海省地质调查院、宁夏回族自治区地质调查院、新疆维吾尔自治区地质调查院等41个参加单位。

计划项目负责人见表2，负责人情况见附表。

表2　全国矿产资源潜力评价计划项目负责人表

负责人	职称	专业单位
张洪涛	研究员	矿床学　中国地质调查局
陈毓川	中国工程院院士	矿床学　中国地质科学院
叶天竺	研究员	矿产勘查　中国地质调查局
陈仁义	研究员	矿床学　中国地质调查局
王瑞江	研究员	地质　中国地质科学院资源所
严光生	研究员	矿床学　中国地质调查局

二、工作项目

全国矿产资源潜力评价计划项目下设47个工作项目。工作负责人简况见表3。

表 3　　工作项目负责人及简要情况一览表

编号	工作项目名称	负责人	职称	专业单位	
1	全国重要矿产资源潜力评价及综合	王瑞江	研究员	地质	地科院资源所
2	全国重要矿产成矿地质背景研究	叶天竺	研究员	地质矿产	地调局发展中心
3	全国重要矿产区域成矿规律研究	陈毓川	院士	矿产	地科院资源所
4	全国物探化探遥感自然重砂综合信息评价(航遥中心)	熊盛青	研究员	物探	航遥中心
5	全国物探化探遥感自然重砂综合信息评价(地调局发展中心)	张明华	研究员	物探	地调局发展中心
6	全国重要矿产总量预测	肖克炎	研究员	矿产	地科院资源所
7	全国重要矿产资源潜力评价综合信息集成	杨东来	研究员	矿产	地调局发展中心
8	全国铀矿资源潜力评价	张金带	高工	地质	中国核工业地质局
9	全国煤炭资源潜力评价	程爱国	高工	煤田	煤田地质总局
10	全国化工矿产资源潜力评价	熊先孝	高工	矿产	中化地质矿山总局
11	矿产资源定量化预测新方法研究	成秋明	教授	矿产	地质大学(武汉)
12	华北地区矿产资源潜力评价与综合	于海峰	研究员	地质矿产	天津地调中心
13	东北地区矿产资源潜力评价与综合	张允平	研究员	地质	沈阳地调中心
14	华东地区矿产资源潜力评价与综合	郭坤一	研究员	地质	南京地调中心
15	中南地区矿产资源潜力评价与综合	潘仲芳	研究员	地质矿产	宜昌地调中心
16	西南地区矿产资源潜力评价与综合	丁俊	研究员	地质	成都地调中心
17	西北地区矿产资源潜力评价与综合	李文渊	研究员	地质	西安地调中心
18	北京市矿产资源潜力评价	蔡向民	高工	地质	北京市地调院
19	天津市矿产资源潜力评价	王家兵	高工	地质	天津市地调院
20	河北省矿产资源潜力评价	毕伏科	高工	地质	河北省地调院
21	山西省矿产资源潜力评价	李德胜	高工	矿产	山西省地调院
22	内蒙古自治区矿产资源潜力评价	赵文涛	高工	物探	内蒙古地调院
23	辽宁省矿产资源潜力评价	王文清	高工	地质	辽宁省地调院
24	吉林省矿产资源潜力评价	松权衡	高工	地质	吉林省地调院
25	黑龙江省矿产资源潜力评价	张斌	高工	地质	黑龙江省地调院
26	江苏省(含上海市)矿产资源潜力评价	袁晓军	高工	地质矿产	江苏省地调院
27	浙江省矿产资源潜力评价	王孔忠	高工	地质	浙江省地调院
28	安徽省矿产资源潜力评价	杜建国	高工	地质矿产	安徽省地调院
29	福建省(含台湾省)矿产资源潜力评价	周珍琦	高工	地质矿产	福建省地调院
30	江西省矿产资源潜力评价	楼法生	高工	矿产	江西省地调院
31	山东省矿产资源潜力评价	王来明	高工	地质	山东省地调院
32	河南省矿产资源潜力评价	王建平	高工	地质矿产	河南省地调院
33	湖北省矿产资源潜力评价	马元	高工	地质矿产	湖北省地调院
34	湖南省矿产资源潜力评价	贾宝华	高工	地质矿产	湖南省地勘局
35	广东省矿产资源潜力评价	何俊美	高工	地质矿产	广东省地调院
36	广西壮族自治区矿产资源潜力评价	陈凌云	高工	地质	广西地调总院
37	海南省矿产资源潜力评价	傅杨荣	高工	地质	海南省地调院
38	重庆市矿产资源潜力评价	姚光华	高工	煤田	重庆地矿研院
39	四川省矿产资源潜力评价	胡世华	高工	地质矿产	四川省地调院
40	贵州省矿产资源潜力评价	陶平	研究员	矿产	贵州省地调院

续表 3

编号	工作项目名称	负责人	职称	专业单位	
41	云南省矿产资源潜力评价	李文昌	高工	矿产	云南省地调局
42	西藏自治区矿产资源潜力评价	李金高	高工	地质	西藏地调院
43	陕西省矿产资源潜力评价	齐文	教授	地质矿产	陕西省地勘局
44	甘肃省矿产资源潜力评价	叶德金	高工	地质矿产	甘肃省地调院
45	青海省矿产资源潜力评价	杨生德	高工	地质	青海省地调院
46	宁夏回族自治区矿产资源潜力评价	孟方	高工	地质矿产	宁夏地调院
47	新疆维吾尔自治区矿产资源潜力评价	董连慧	高工	地质矿产	新疆地勘局

第五节　保障措施

为了保证项目顺利实施，切实落实“统一组织，统一思路，统一方法，统一标准，统一进度”的工作原则，提出如下保障措施。

一、落实项目管理职责

（一）进一步落实中国地质调查局管理职责

1. 中国地质调查局既是项目承担单位，也是地质大调查项目管理单位。按照国土资源大调查项目承担单位法人负责制，地调局局长是本项目最终责任人，局长委托副局长担任项目第一负责人，为本项目具体责任人，对国土资源部就本项目的组织实施负全部责任。

2. 进一步落实地调局具体管理职责。中国地质调查局中地调（138）号文件明确由资源评价部具体负责对本项目实行管理。具体如下：

①资源评价部主任参加项目管理综合项目组工作，掌握项目总体情况。

②资源评价部各处室负责人参加项目办公室的具体管理，有责任对各项目组任务完成、工作质量、经费使用提出检查及指导意见。

③具体负责对承担课题任务的参加单位按照地质调查项目管理办法的有关规定进行管理，检查督促参加单位对承担课题的人员组织、经费使用、设备提供等基本保障条件的落实。

④派出专人负责项目办公室技术管理，参加项目日常管理工作，资源评价部保证其参加项目办公室日常管理的时间和精力。

（二）落实技术委员会技术指导职责

1. 技术委员会的主要职责是：

①重大技术问题决策；

②审查项目及课题设计书；

③审查阶段性成果、年度成果和最终成果；

④对课题组完成任务情况进行年度考核。

2. 技术委员会成员具体分工如下：

①项目总体技术指导：陈毓川、常印佛、赵鹏大、翟裕生、郑绵平、谢学锦、王世称

②地质构造研究：叶天竺

③成矿规律研究：陈毓川、朱裕生

④矿产预测：黄崇轲（总体）、叶天竺（总体）、朱裕生（总体）、王保良（煤炭、化工矿产、铀矿）、余中平（铁、铬、锰）、梅友松（金、银、铜、铅、锌、钨、锡、钼、锑、稀土、铝土矿等矿产）、倪斌（煤炭）、钱大都（煤炭）、白万成（金）、王炳铨（磷、硼、重晶石、萤石、硫、钾）、张金带（铀矿）

⑤物探、化探、遥感综合研究：孙文珂（物探）、刘士毅（物探）、牟绪赞（化探）、任天祥（化探）、曾朝铭（遥感）

⑥数据库与计算机技术应用：李裕伟

3. 为了落实技术委员会成员的技术把关职责，要求课题组务必主动邀请技术委员会成员参加有关课题组各类重要业务活动。

4. 为了落实技术委员会成员个人责任，分两种情况参加课题组工作。第一种，直接承担有关课题组负责工作。第二种，根据身体条件、本人职务工作情况，在自愿的条件下担任有关课题组技术顾问。

（三）落实项目办公室管理职能

负责项目日常管理工作，具体内容：

1. 负责制订项目管理制度，并检查执行情况；

2. 负责签订课题合同，并检查合同执行情况；

3. 负责项目工作进展调度工作，全面掌握项目进度情况，对存在问题的课题组进行督促；

4. 负责组织课题组年度考核工作，并通报考核结果；

5. 负责落实项目工作报告制度，汇总各课题组工作报告；

6. 负责检查各课题组经费使用情况，对违规情况督促其纠正；

7. 负责管理项目经费形成的资产；

8. 负责落实质量管理制度，负责汇总项目技术要求执行情况，对存在问题的课题组督促其改进；

9. 负责组织项目重大业务活动；

10. 负责起草项目管理文件，项目工作简报；

11. 负责项目文件档案管理；

12. 负责项目接待、交流、新闻发布等对外公共关系；

13. 负责项目成果管理及资料汇交；

14. 项目管理其他工作。

15. 项目办公室对不服从管理或屡督不改的课题组负责单位的情况，必须向地调局或指导委员会如实报告。

（四）落实全国汇总组管理职责

1. 全国汇总组在项目管理方面的主要职责是对省级课题组负责技术指导，并检查技术要求执行情况，帮助省级课题组解决各类技术问题，确保项目总体质量。全国汇总组中的地质构造研究、物化遥综合信息研究、成矿规律、矿产预测、数据及计算机技术应用等课题组负责人是项目相关内容总体质量的责任人，必须对项目相关工作内容的质量全面负责。

2. 全国汇总组除了负责对省级课题组技术指导工作以外，有责任对省级课题组人员组成及主要技术骨干配置提出建议。

3. 提出省级课题组年度任务完成情况评估意见。

（五）落实大区项目组对相关省级

项目组的管理责任片区综合研究项目组受项目办公室及全国汇总组委托，负责跟踪管理省级项目组任务和质量完成情况，具体管理职责如下：

1. 负责对相关省级项目组检查课题合同执行情况，对省级项目组任务完成情况跟踪检查，定期向项目办公室报告省级项目组任务完成情况。

2. 配合全国汇总组对相关省级项目组进行日常技术指导，及时向全国汇总组相关项目组报告省级项目组有关情况。

3. 负责组织本片区相关省级项目组开展有关业务活动。

（六）落实项目参加单位对项目组的管理责任

1. 项目参加单位必须把对项目组的管理纳入本单位重点项目管理范畴，加强管理。

2. 项目参加单位必须明确本单位项目组主管领导人，具体负责落实总体项目对项目组的要求，对本单位合同执行情况负责。

3. 根据全国各省（区、市）地调院组成情况确定省级项目组负责人，一般情况下由地勘局总工程师和地调院技术负责人共同担任，特殊情况下由地调院技术负责人担任。

4. 项目参加单位必须按项目任务要求落实项目组人员组织，严格按有关规定确保项目经费使用范围，提供办公设施、基本装备等条件保障。

（七）落实项目组内部管理职责

1. 项目组对本项目工作负责，全面落实项目管理制度的各项要求，并根据本项目具体情况，进一步明确落实项目管理制度的具体措施。

2. 项目组必须明确内部管理职责，分解项目任务，落实岗位职责，明确管理责任。

3. 接受项目办公室的管理，接受片区综合研究项目组的管理，接受全国汇总组各项目组的技术指导，严格履行项目合同的全部内容。

二、项目组人员组织及管理要求

1. 要求项目组80%以上人员必须是全职人员，必须确保全职时间从事本项目工作，要求项目负责单位统筹安排，按此要求调配人力资源，确保本项目任务落实。

2. 项目组必须按老中青三结合原则组建，充分发挥老技术人员的作用，吸收身体条件能胜任工作的已退休老专家参加项目组实际工作。根据实际情况聘请退休人员担任省级项目组及下属专题组的负责人。

3. 项目负责单位根据实际情况可以跨部门、跨单位外聘项目组工作人员。

4. 保持项目实施期间技术骨干的稳定。对地质构造研究、物化遥综合信息研究、成矿规律研究、矿产预测研究、数据库建库及计算机技术等各方面的技术骨干，一般情况下不能随意变换。项目组及某一专业领域的负责人员，如要变换必须和项目办公室协商。

5. 地调局对省级项目组人员组成变动情况可以根据工作任务完成情况提出有关建议。

6. 项目办公室设立特聘岗位，根据省级项目组组成情况，认为必要时由项目办特聘省地勘局有关专家承担项目办委托的任务。

三、加强项目进度管理

1. 严格工作阶段的时间控制。

2. 建立项目工作报告制度，各课题组按季度、半年、年终提交工作报告，包括工作任务完成情况、工作质量管理情况、经费使用情况，存在问题等内容。

3. 建立项目调度制度，项目办公室按季度对各课题组工作进度进行调度，发现问题及时组织调查解决。

四、加强项目质量管理

1. 建立项目质量管理制度。

2. 项目办根据各课题进展情况，组织抽查技术要求执行情况以及质量情况。

五、加强项目经费管理

1. 由地调局有关部门负责组织对课题负责单位经费使用情况进行抽查。

2. 加强课题年度经费决算管理。

六、制定项目管理制度

为了落实以上各项保障措施，保证项目顺利实施，切实落实“统一组织、统一思路、统一方法、统一标准、统一进度”的工作原则，项目办负责制订项目管理制度，主要包括以下内容：

1. 组织管理职责：包括指导委员会、技术委员会、项目办公室、全国汇总组、片区综合研究课题组、课题负责单位、课题组等各种组织在项目管理中的具体职责。

2. 项目管理决策程序，会议制度，各种组织机构的工作关系。

3. 项目合同制度

4. 调度制度

5. 质量管理制度

6. 工作报告制度

7. 年度考核制度

8. 人员管理要求

9. 经费管理要求

10. 资产管理要求

11. 成果管理要求

12. 资料汇交要求

13. 保密管理要求

14. 项目业务程序管理要求

七、建立项目考核制度

1. 严格年度考核，由技术委员会进行考核。

2. 根据完成工作量、成果进展、工作进度等情况，经年度评估，按照优、良、及格、不及格四个档次对课题组进行考核。

八、项目办建立项目各课题通报制度

按季度发布各课题组进展情况通报。

第七章　实物工作量与工作经费

全国矿产资源潜力评价实物工作量主要体现在省级项目组的编图、建立空间数据库和成果报告印制三个方面。其中编图和建库工作量由编制省级专题图件、综合图件的工作量组成，以及按照“一图一库”的原则所对应的数据库建设工作量。省级项目中的专题、全省各类图件是实物工作量的主体。

第一节　编图及建库工作内容

一、成矿地质背景研究

（一）图件类型

全省基础图件类：覆盖全省范围并按国际分幅编制的1:25万成矿地质背景研究实际材料图、建造构造图。

矿产预测底图类：根据矿产预测方法类型确定预测底图类型并按矿产预测类型分布范围区编制的比例尺大于1:25万矿产预测工作底图。

全省综合性图件类：全省范围编制的1:50万～1:150万全省大地构造相图及专题图件。

（二）编图种类

成矿地质背景研究工作编图种类、比例尺、图件类型及编图范围见表4。

表4　　成矿地质背景编图种类和图件类型一览表

编图种类		比例尺	图件类型	编图范围
全省基础图件类	实际材料图	1:25万	××幅成矿地质背景研究实际材料图	覆盖全省范围，按国际分幅编图
	沉积、火山、岩浆、变质等专题图		××幅建造构造图	
矿产预测底图类	沉积类(包括沉积型和第四纪沉积型矿产预测方法类型)	>1:25万	××区沉积建造构造图	据矿产预测方法类型确定预测底图类型，按矿产预测类型分布范围编图
			××区沉积建造古构造图	
			××区构造岩相古地理图	
			××区地貌与第四纪地质图	
	非沉积类(包括侵入岩体型、火山岩型、综合“内生”型、层控“内生”型和变质型矿产预测方法类型)		××区火山岩岩性岩相构造图	
			××区侵入岩浆构造图	
			××区变质建造(岩性)构造图	
			××建造构造图	
全省综合性图件类	全省专题图	1:50万～150万	××构造阶段全省建造(沉积、火山)古构造图	按构造阶段分别编制
			××构造阶段全省侵入岩浆构造图	全省范围编图
	全省大地构造相图		全省大地构造相图	

二、成矿规律及矿产预测

(一)图件及数据库

1. 全省各矿种(矿组)矿产预测类型分布图的编制及其数据库,比例尺为:1:50 万~1:150万。

2. 编制典型矿床成矿要素图、成矿模式图(1:1 千~1:2.5 万),建立典型矿床成矿要素数据库。每个预测类型至少需要一个典型矿床,如:某个省确定的矿种为20 种,确定的预测类型为 40 个,那么至少需要确定 40个典型矿床,包括非本省的典型矿床,那么需要编制的典型矿床成矿要素图、成矿模式图至少是 40 套;

3. 编制典型矿床预测要素图及预测模型图(1:1千~1:2.5 万),建立典型矿床预测要素数据库;

4. 编制全省单矿种成矿规律图和编写单矿种成矿规律说明书,并建立数据库。全省的单矿种图至少不少于所确定的矿种数,但是可以更多一些,例如对于金矿就可以单独编制砂金成矿规律图和其他类型的成矿规律图;

5. 编制区域矿产研究底图并建立数据库(1:5 万~1:25 万);

6. 编制区域成矿要素图及成矿模式图(大于 1:5万~1:25 万)并建立区域成矿要素数据库;

7. 编制区域预测要素图及区域预测模型图(大于1:5 万~1:25 万),并建立区域预测要素数据库;

8. 编制矿产预测类型预测成果图并建立数据库(大于 1:5 万~1:25 万);

9. 编制全省单矿种预测成果图并建立数据库(1:50 万~1:150 万);

10. 编制全省矿产预测成果图并建立数据库(1:50万~1:150 万);

11. 编制全省区域成矿规律图及说明书,并建立数据库;

12. 编制矿产勘查工作部署建议图并建立数据库(1:50 万~1:150 万);

13. 编制未来勘查工作成果预测图并建立数据库(1:50 万~1:150 万);

14. 编制未来矿产开发基地预测图并建立数据库(1:50 万~1:150 万)。

(二)典型矿床研究

具体包括:按照选定的典型矿床的数量、难易程度等方面的要求进行核计。典型矿床的选择和典型矿床研究,考虑补充地质工作、采集样品、样品处理、各种化学分析、光薄片磨制及鉴定、同位素样品分析和同位素年代学分析等方面的工作量,以及与典型矿床相关的资料收集、典型矿床模型数据库建设等。

三、物探、化探、遥感、自然重砂(一)重力

应编制的基本图件与完成的数据库见表 5。

(二)磁法

应编制的基本图件与完成的数据库见表 6。

(三)化探

应编制的基本图件与完成的数据库见表 7。

表 5　　重力工作应编制基本图件及数据库列表

编图类别	图件名称	比例尺
全省重力综合性图件类	全省重力工作程度图	1:50 万~1:150 万
	全省布格重力异常图	1:50 万~1:150 万
	全省剩余重力异常图	1:50 万~1:150 万
	省级重力推断地质构造图	1:50 万~1:150 万
预测工作区图件类	预测工作区重力异常图(布格重力异常图、剩余重力异常图)	≥1:25 万
	预测工作区区域重力异常图(布格重力异常图、剩余重力异常图)	≥1:25 万
	预测工作区重力推断地质构造图	≥1:25 万
典型矿床图件类	典型矿床重力异常图(布格重力异常图、剩余重力异常图等)	≥1:25 万
	典型矿床重力异常剖面图	≥1:25 万
	典型矿床重力异常推断成果图(二维或三维;平面或剖面解释推断成果)	≥1:25 万
成果数据库	上述各类成果图数据库(图层)	一图一库

表 6　　磁测工作应编制基本图件及数据库列表

编图类别	图件名称	比例尺
磁测典型矿床综合图件	典型矿床所在地区推断地质构造图	1:1 万 ~ 1:2.5 万
	典型矿床所在位置大比例尺地磁剖面平面图	1:1 万 ~ 1:2.5 万
	典型矿床所在位置大比例尺地磁等值线平面图	1:1 万 ~ 1:2.5 万
	典型矿床所在位置大比例尺航磁△T 剖面平面图	1:1 万 ~ 1:2.5 万
	典型矿床所在位置大比例尺航磁△T 等值线平面图	
	典型矿床所在地区航磁△T 等值线平面图	1:1 万 ~ 1:2.5 万
	典型矿床所在地区航磁△T 化极等值线平面图	1:1 万 ~ 1:2.5 万
	典型矿床所在地区航磁△T 化极垂向一阶导数等值线平面图	1:1 万 ~ 1:2.5 万
	典型矿床磁异常推断成果图(二或三维;平面或剖面)	1:1 万 ~ 1:2.5 万
磁测预测工作区图件类	预测工作区航磁 ΔT 等值线平面图	例尺根据矿产预测工作区确定
	预测工作区航磁△T 化极等值线平面图	
	预测工作区航磁△T 化极垂向一阶导数等值线平面图	
	预测工作区磁法推断地质构造图	
	预测工作区磁异常点分布图	
磁性矿产预测图件类	磁性矿产预测工作区地磁剖面平面图	1:1 万 ~ 1:5 万
	磁性矿产预测工作区地磁剩余异常剖面平面图	
	磁性矿产预测工作区航磁△T 剖面平面图	
	磁性矿产预测工作区航磁△T 等值线平面图	
	磁性矿产预测工作区航磁△T 化极等值线平面图	
	磁性矿产预测工作区航磁△T 化极垂向一阶导数等值线平面图	
	磁性矿产预测工作区航磁△T 剩余异常剖面平面图	
	推断磁性矿体预测类型预测成果图	
全省磁测综合性图件类	省级磁测工作程度图	1:50 万(大于 1:150 万)
	省级航磁△T 等值线图	
	省级航磁△T 化极等值线图	
	省级航磁△T 化极垂向一阶导数等值线平面图	
	省级磁测资料推断地质构造图	
	省级磁性矿产预测图	
	省级航磁异常分布图	
数据库	上述各类成果图数据库(图层)	一图一库

表 7 **化探应编制基本图件及数据库列表**

图件类别	图件名称	比例尺	备注
化探典型矿床图件类	典型矿床中大比例尺地球化学异常图	1:1 万~1:2.5 万	按典型矿床类型相关元素编
	典型矿床所在位置区域地球化学异常剖析图	1:5 万~1:20 万	
	典型矿床所在位置化探推断区域地质构造特征图	1:2.5 万~1:5 万	按典型矿床区推断成果编
	典型矿床所在位置的区域化探异常特征图	1:2.5 万~1:5 万	按典型矿床类型相关元素编
化探预测工作区图件类	预测工作区地球化学异常图	≥1:20 万	按预测工作区矿产类型相关元素编
	预测工作区组合异常图	≥1:20 万	按预测工作区矿产类型相关元素编
	预测工作区综合异常图	≥1:20 万	按预测工作区矿产类型相关元素编
	预测工作区地球化学地质构造推断图	≥1:20 万	按预测工作区推断地质构造成果编
全省化探综合性图件类	全省化探工作程度图	1:50 万(1:150 万)	全省范围
	全省地球化学景观分区图	1:50 万(1:150 万)	全省范围
	全省单元素地球化学图	1:50 万(1:150 万)	按省预测矿种及研究内容编 < 39
	省地球化学解释推断地质构造图	1:50 万(1:150 万)	全省范围
	全省单元素异常图	1:50 万(1:150 万)	按省预测矿种编
	全省组合元素异常图	1:50 万(1:150 万)	按省预测矿种相关元素编
	全省综合异常图	1:50 万(1:150 万)	按省预测矿种相关元素编
	地球化学预测重要矿种的找矿预测图	1:50 万(1:150 万)	根据省预测矿种编

表 8 **遥感工作应编制基本图件及数据库列表**

编图类别	图件名称	比例尺	备注
遥感预测工作区图件类	与预测底图同比例尺遥感影像图	>1:25 万	覆盖全省范围，按国际分幅编图
	与预测底图同比例尺矿产地质特征和近矿找矿标志解译图	>1:25 万	
	与预测底图同比例尺遥感羟基、铁染异常图	>1:25 万	
遥感基础图件类	分幅 1:25 万遥感影像图	1:25 万	矿产预测类型分布区范围编图
	分幅 1:25 万遥感矿产地质特征解译图	1:25 万	
	分幅 1:25 万遥感羟基异常信息提取	1:25 万	
	分幅 1:25 万遥感铁染异常信息提取	1:25 万	
全省遥感综合性图件类	全省 1:50 万遥感影像镶嵌图	1:50 万	全省范围编图
	全省 1:50 万遥感构造解译	1:50 万	
	全省 1:50 万遥感异常组合图	1:50 万	

(四)遥感

应编制的基本图件与完成的数据库如下(表 8)：

(五)自然重砂

应编制的基本图件与完成的数据库如下(表 9)：

表 9　　自然重砂工作应编制基本图件及数据库列表

图件类别	图件名称	比例尺	备注
预测工作区图件类	典型矿床自然重砂区域异常图	1:1 万～1:2.5 万	按与预测矿产有关的单矿物和组合矿物分别编制
	预测工作区单矿物和组合矿物异常图	>20 万	按与预测矿产有关的单矿物和组合矿物分别编制(有多少个预测工作区,每个预测工作区需要编制哪些矿物异常图)
全省自然重砂综合性图件类	全省自然重砂工作程度图	1:50 万(1:150 万)	1:20 万、1:5 万自然重砂测量工作和成果资料数据库建设工作程度
	全省自然重砂单矿物异常图	1:50 万(1:150 万)	按与预测矿产有关的单矿物分别编制
数据库类	原始资料数据建库(1:5 万资料和原重砂异常解释成果图)	1:5 万～1:20 万	
	本次工作异常解释评价成果数据建库(与编图工作量相对应)		1、2 两项编图成果建库

(六)综合信息集成

1. 基础数据库维护。包括需要维护的基础数据库内容、工作量(图幅数,点数)等。

2. GIS 技术支持。包括需学习、培训和技术指导所需的工作。

3. 信息和成果数据库。

第二节　实物工作量

根据 2010 年完成煤炭、铀、铁、铜、铝、铅、锌、钾、磷、金、钨、锑、稀土等 13 种矿产资源潜力评价工作任务,对照上述工作量分类原则,对有关实物工作量进行了总体估算,结果如下:

一、编图实物工作量

主要包括:1:25 万标准图幅图件共 5734 幅,1:50 万～1:150 万图件 12579 张,比例尺大于 1:25 万的图件 161708 张(表 10)。

二、数据库工作量

按一图一库的原则,数据库建设内容及数量与上述各类图件一致(表 11)。

表 11　　数据库工作量

数据库类别	单位	数量	备注
专题类	个	106133	按一图一库原则建设相应数据库
全省类	个	12579	
典型矿区	个	47977	

三、典型矿床建模

典型矿床建模共 2000 个(按典型矿床数量,不含采样、测试工作量)。

四、报告、成果印制

包括设计、成果报告、说明书、附图、附表、其他附件的编制和印刷,以及专著、论文、图件和图册的出版工作量(表 12)。

表 12　　报告成果印刷工作量

类别	单位	数量	备注
报告印刷	套	150	
图件出版	件	9267	
成果出版	套	30	

第三节　工作经费

工作经费概算编制依据主要包括:①《国土资源调查专项资金管理暂行办法》(财建〔2004〕192 号);②《国土资源调查预算标准》;③国家、国土资源部以及中国地质调查局颁发的地质调查项目管理的其他有关规定。

一、省级项目工作经费

省级矿产资源潜力评价的主要任务是开展煤炭、铁、铝、铜、铅、锌、金、钨、锑、稀土、钾盐、磷等矿产资源潜力评价。工作内容包括:基础数据库维护、成矿地质背景研究、成矿规律研究、矿产预测、物化遥自然重砂综合解释推断、数据集成、典型矿床模型空间数据库建立、成果出版等。其中涉及到按甲类概算的工作有:实际原材料图、构造建造图、大地构造相图、矿产图、成矿规律图、重力解释推断及异常图、航磁解释推断及异常图、化探解释推断及异常图、遥感解释推断及异常图、自然重砂解释推断及异常图、成矿要素图、预测要素图、各类部署图等的编制和建立相对应的空间数据库,以及成果印制等。

省级矿产资源潜力评价工作主要实物工作量是编图和建立空间数据库,是两者合一的综合类实物工作,但与通常在实测成图和建立空间数据库的内涵又不完全一致。所以现行预算标准中没有直接可以对应的工作内容和预算标准。据此,根据《国土资源调查预算标准》的说明精神,依照本次矿产资源潜力评价项目工作特点和预算管理要求,依据《国土资源调查专项资金管理暂行办法》(财建〔2004〕192 号)的有关规定和财政部、国土资源部印发的《国土资源调查预算标准》(地质调查部分)的有关要求,项目办组织专家编制了全国资源潜力评价项目经费概算编制办法和相关标准。概算标准中包括了编图和建库两部分内容。

1. 成矿地质背景类图件及概算标准(表 13)。

表 13　　成矿地质背景类图件及概算标准

工作项目	比例尺	图件类型	概算标准
全省基础图件类	12:5 万	沉积、火山、岩浆、变质等专题图	5000
		实际材料图	15000
矿产预测底图类	> 12:5 万	沉积类	6000
		非沉积类	8000
全省综合性图件类	1:50 ~ 11:50 万	全省沉积、火山、岩浆、变质专题图	20000
		全省大地构造相图	40000

注:单位:元/幅

2. 成矿规律与矿产预测图件及概算标准(表14)。

表 14　　成矿规律与矿产预测类图件及概算标准

工作项目	比例尺	图件类型	概算标准
矿床预测类	≥12:5 万	区域成矿、预测图类	5000
全省综合性图件类	1:50 万 ~ 1:150 万	全省 XX 矿产(组)勘查工作部署建议类图	30000
		全省单矿种(组)成矿规律、预测类图	40000
		全省区域成矿规律、预测成果图	50000

注:单位元:/张

3. 重力、磁法和遥感资料应用编图及概算标准(表15)。

4. 化探、自然重砂资料应用编图及概算标准(表16)。

5. 数据库建设及概算标准全省类,300 万元,不含省专题建库费用(那些费用已包含在图件编制中)。

6. 典型矿床建模及概算标准典型矿床建模,每个矿床 3 万元,不含采样、测试费。

7. 成果出版(表 17)。

表 15　重力、磁法和遥感资料应用编图及概算标准

工作项目	图件类型	概算标准(元/张)
重力预测区图件类	重力基础图件类及数据处理图件	3000
	重力推断解释图件	4000
全省重力综合性图件类	重力基础图件类	40000
	重力推断解释图件	
磁测预测区图件类	磁测基础图件类	4000
	磁测推断解释图件	5000
全省磁测综合性图件类	磁测基础图件类	50000
	磁测推断解释图件	
遥感预测区图件类	遥感基础类图件	4000
	遥感推断解释类图件	5000
全省遥感综合性图件类	遥感基础类图件	100000
	遥感推断解释类图件	100000

表 16　化探、自然重砂资料应用编图及概算标准

工作项目	比例尺	图件类型	概算标准
化探预测区图件类	1:20 万或 12:5 万	基础类图件	4000
		推断解释类图件	5000
全省化探综合性图件类	1:50 万或 1:150 万	基础类图件	50000
		推断解释类图件	
重砂预测区图件类	1:20 万或 12:5 万	基础类图件	1500
		推断解释类图件	2000
全省重砂综合性图件类	1:50 万或 1:150 万	基础类图件	30000
		推断解释类图件	

注:单位:元/张

表 17　　成果出版及概算标准

序号	项目	单位	概算标准(万元)
1	报告印刷	套	5
2	图件出版	套	2
3	成果出版	套	15

二、全国汇总组与大区项目组综合研究工作经费

全国汇总组和大区项目组的主要是任务是:编制全国矿产资源潜力评价工作总体设计、总体实施方案;制定技术要求、技术指南和技术标准,对省级项目组开展技术培训,指导省级开展工作;承担大区和全国成矿地质背景、成矿规律研究,汇总和综合全国地质构造,总结全国重要矿产的成矿规律,编制全国矿产预测图,研究和提出我国找矿地质勘查工作部署建议和对今后

10～20年我国矿产勘查开发形势分析；汇总全国矿产资源潜力评价各项工作的空间数据库，汇总和评价全国找矿远景区，预测矿产资源潜力。

根据任务，划分为成矿地质背景研究、成矿规律与矿产预测研究、物探、化探、遥感、自然重砂综合信息研究、综合信息集成、全国化工矿产资源潜力评价、全国煤炭资源潜力评价、全国铀矿资源潜力评价、矿产预测新方法研究等11个全国汇总组和华北、东北、华东、中南、西南和西北等6个大区项目组。

综合研究经费概算费用按照国土资源大调查项目经费预算要求进行，包括：人员费、专用仪器设备费、能源材料费、外协费、用地补偿费、差旅费、会议费、管理费、其他相关费用等。

三、经费安排

所需经费按照事权与财权统一原则，分别由中央、省级国土资源部门向同级财政部门申请安排预算。其中，中央财政负责矿产资源潜力评价的基础工作费用。包括：①由中央公益性地质调查队伍和中央管理的地质勘查队伍承担的制定全国实施方案、总体技术要求，开展典型示范，协调和指导省级工作，提交全国煤炭、铀、铁、铝、铜、铅、锌、钨、锑、金、稀土、磷、钾盐等13种矿产资源预测汇总成果等项工作；②需要地方公益性地质调查队伍按照全国规定的矿种和技术要求开展全省（区、市）中小比例尺基础地质编图、相关数据库建设和省级汇总等项工作，以保障全国汇总结果的质量。省级财政负责省级预测工作费用。包括：由地方地质调查队伍承担的本省（区、市）以大比例尺为主的矿产预测工作和典型矿床研究、预测工作区编图及其数据库建设等。

国土资源部已将此项工作列入国土资源大调查工作重点，并通过项目给予支持。省级国土资源主管部门要将本地区矿产资源潜力评价工作列入工作计划，结合本地区的地质工作实际情况，统筹安排，积极争取省级财政的资金支持，保证潜力评价的顺利进行。

全国矿业权实地核查总体实施方案

一、开展全国矿业权实地核查的意义

近年来，我国矿业空前发展，有力地支撑了国民经济建设和社会发展。但是，在矿产资源勘查与开发过程中，存在着一些不容忽视的问题，其中部分矿业权证矿不一致的现象是一个重要因素。为此，国土资源部先后发布了《关于开展全国矿产资源储量利用调查工作的通知》（国土资发〔2007〕192号）和《关于开展全国矿业权实地核查工作的通知》（国土资发〔2008〕59号），启动了全国矿业权实地核查工作。

1. 矿业权实地核查是加强矿政管理的基础工作。20世纪90年代以来，我国逐渐摸索出一套行之有效、适合我国国情的矿业权管理制度。探矿权实行国家、省二级管理，采矿权实行国家、省、地（市）、县四级管理。但是，由于种种复杂原因，一些地区矿业权基本数据存在着偏差、错误等问题，部分矿业权空间范围有交叉、重叠的现象。为了加强矿政管理工作，迫切需要通过实地核查获得全面、真实、可靠的矿业权基本数据。

2. 矿业权实地核查是维护矿业权人利益的重要前提。《矿产资源法》第3条规定"国家保护探矿权和采矿权不受侵犯，保障矿区和勘查作业区的生产秩序、工作秩序不受影响和破坏"。《物权法》第123条规定，依法取得的探矿权、采矿权受法律保护。为了维护矿业权人的利益不受侵犯，必须对矿业权的有效范围进行准确界定。只有在实际中对矿业权的有效范围界定清楚了，才能依法切实保护矿业权人的自身利益。

3. 矿业权实地核查是合理设置矿业权、保障矿产资源勘查开发秩序的重要依据。科学合理设置矿业权是市场经济条件下，遵循地质工作规律、提高矿产资源利用效率、保障矿产资源勘查开发秩序的要求。过去，由于历史遗留问题、管理不够规范等原因，在矿业权设置方面存在着一定的不合理性。通过对矿业权进行实地核查，可以摸清不同地区、不同矿种的矿业权分布现状。在此基础上，提出合理设置矿业权和矿业权管理的建议，为加强矿政管理提供依据。

4. 矿业权实地核查是推进矿政信息公开、加强社会化服务的首要环节。按照国家对政府部门阳光行政和服务社会的要求，国土资源主管部门应及时向公众提供全面、真实、可靠、实时的矿业权信息，提高社会化服务水平。

二、目标任务

（一）总体目标

在国土资源部的统一领导下，对全国范围内的矿业权（不包括石油、天然气、煤层气，下同）现状进行实地核查，核准矿业权的有效范围，摸清矿业权分布现状和规律，适时变更纠正核查中发现的问题，逐步更新探矿权、采矿权登记数据库，使矿业权管理水平得到较大提升。

（二）具体目标任务

1. 实地核查全国范围内的矿业权基本数据，核准矿业权的有效范围和其他数据项。核查范围为：2009

年6月30日前设置并有效的矿业权。

2. 对实地核查中发现的问题进行析和归类，提出解决方案建议。实地核查无争议的露天采矿权，按照法律规定进行设桩标界。

3. 建立探矿权、采矿权实地核查数据库和矿业权空间数据库，逐步更新探矿权、采矿权登记数据库。

4. 总结矿业权分布特征，分析在矿业权设置和管理方面存在的主要问题，提出加强矿业权管理的措施建议。

表1 矿业权实地核查内容与要求

类别	矿业权基本数据		核查要求
探矿权	重点核查内容	1.拐点坐标与范围	通过实测勘探工程空间分布核实确认
		2.勘查面积	根据拐点坐标及实际范围推算
		3.勘查区块	绘制勘查区块分布图
		4.勘查矿种	现场调查
		5.有效期	现场查阅资料或询问发证机关、矿业权人
		6.勘查许可证号	现场查阅资料或询问发证机关、矿业权人
		7.发证机关	现场查阅资料或询问发证机关
	一般核查内容	探矿权人及基本信息、项目名称、项目类型、勘查阶段、投资主体、地理位置、其他	现场查阅资料或询问发证机关、矿业权人
采矿权	重点核查内容	1.拐点坐标与范围	通过实测开采工程空间分布核实确认
		2.开采标高(矿层或矿体)	调查或实测
		3.矿区面积	根据拐点坐标及实际范围推算
		4.开采矿种	调查、现场鉴定
		5.有效期	询问、调查
		6.采矿许可证号	询问、调查
		7.发证机关	询问、调查
	一般核查内容	采矿权人及基本信息、地质探明储量、开采方式、生产规模、经济类型、地理位置、其他	现场查阅资料或询问发证机关、矿业权人

三、主要工作内容

矿业权实地核查工作主要包括核查准备、野外实测、问题分析与处理、成果编制与验收、成果汇总、全国矿业权管理信息系统建设、全国矿业权核查成果综合分析等内容。

(一)核查准备

矿业权室内数据核实整理是矿业权实地核查的基础，已先于实地核查开展完成。根据矿业权核查工作室内数据核实整理的成果，确定矿业权实地核查基本单元，通过实测探矿权勘查工程空间分布和采矿权开采工程空间分布，获取矿业权人勘查开采活动的二维或三维坐标，与勘查许可证、采矿许可证上的坐标进行对比，确定矿业权的实际范围是否在法定许可范围内，同时对矿业权其他相关数据一并核查，获得全面、真实、可靠的矿业权基本数据。

按照重要程度，矿业权基本数据可分为重点核查内容和一般核查内容。探矿权的区块范围和采矿权的矿区范围、开采标高、主采矿种应列入重点核查内容(表1)。重点核查内容要通过现场实测进行核实。一般核查内容可通过现场查阅资料或询问发证机关、矿业权人进行核查。

以探矿权为基本单元，实地测量探矿权勘查工程空间分布，将实测的分布范围投影到平面图上，与勘查许可证上标定的范围进行套合，绘制形成探矿权勘查工程实际材料图，分析确定探矿权人的实际活动范围是否在法定许可范围一致。

以采矿权为基本单元，实地测量采矿权开采工程空间分布，将实测的分布范围投影到平面图上，与采矿许可证上标定的范围进行套合，绘制形成采矿权开采工程平面图；实地测量采矿权开采工程特征点的上、下标高，与采矿许可证上标定的开采标高上、下界进行对比。在此基础上，分析确定采矿权人的实际活动范围是否在法定许可范围一致。

矿业权实地核查确定的矿业权人实际活动范围，是核准矿业权范围和处理交叉、重叠等问题的基本依据。

（三）问题分析与处理

经过野外实地核查，矿业权实际数据可能会出现与勘查许可证、采矿许可证上的数据不一致的情况。核查承担单位应在专门调查的基础上，对问题进行分析、整理和分类，提出解决建议，统一提交给任务委托的国土资源主管部门，由国土资源主管部门按照法律规定进行处理。

在核查承担单位的协助和矿业权人的配合下，国土资源主管部门根据实际情况分析产生问题的原因，酌情分类处理。对于因管理等客观原因造成的矿业权实际位置与法定许可位置不一致等问题的，应给予变更处理；对于矿业权人有意越界开采等问题的，应按照法律规定给予纠正和处罚。

（四）成果编制与验收

对于经过实地核查无争议的探矿权和采矿权，要根据实地核查成果和问题处理结果，形成上报的探矿权勘查工程实际材料图和采矿权开采工程平面图。对于经过实地核查、存在争议又一时难以解决的探矿权和采矿权，要根据实地核查成果，形成上报的探矿权勘查工程实际材料图和采矿权开拓采掘工程平面图。

按照实地核查工作指南和技术要求，国土资源主管部门要对矿业权实地核查成果进行验收。对于核查无争议的露天采矿权，应按照法律规定设桩标界。对经过依法变更的矿业权内容，应及时更新探矿权、采矿权登记数据库。

（五）成果汇总

对于经过实地核查的矿业权内容，应按照探矿权、采矿权登记数据库的格式建立探矿权、采矿权实地核查数据库，并对有问题的内容、处理结果进行标注。

省级汇总应提交矿业权实地核查工作总结报告，说明矿业权设置基本情况、工作经验及做法、存在问题与建议等。按照成果要求，各省将总结报告和单个矿业权实地核查成果提交国土资源部，由部进行全国核查结果汇总。

（六）全国矿业权管理信息系统开发建设

以各省提交的探矿权、采矿权实地核查数据库为基础，形成全国探矿权、采矿权实地核查数据库。以各省提交的探矿权勘查工程实际材料图和采矿权开拓采掘工程平面图等空间数据为基础，形成全国矿业权空间数据库。以全国探矿权、采矿权实地核查数据库和全国矿业权空间数据库为基础，开发形成基于 GIS 平台的全国矿业权管理信息系统，满足矿业权管理的基本数据统计、分析、叠加、绘图等需要。

（七）全国矿业权核查成果综合分析

以全国矿业权管理信息系统为平台，对全国矿业权分区域、分矿种、分规模进行分析研究，总结矿业权的分布规律，梳理矿业权设置和管理方面存在的问题，提出规范和加强矿业权管理的措施建议。

四、技术路线与技术方法

（一）总体思路

由于历史和客观的原因，确实有相当一部分矿业权实际位置与许可范围不一致或存在边界漂移问题。在矿业权室内核查的基础上，开展矿业权实地核查，关键是核实矿业权实际位置与法定许可范围的一致性；同时，在实地核查过程中对矿业权登记证书上的其他数据项给予现场调查。

总体工作思路如下：

1. 以矿业权实际范围核查为重点一是界定矿业权实际范围。核实矿业权实际位置与法定许可范围的一致性，关键是确定矿业权的实际位置。探矿权的实际范围是探矿权人实施勘查工程所涉及的范围；采矿权的实际范围是采矿权人实施开采工程所涉及的范围，包括开拓工程和采掘工程。实地测量主要的勘查工程或开拓开采工程的位置，并将实测结果投影到平面图上，确定其实际位置。二是将矿业权证书上的拐点坐标投影到同一图上，通过对比分析，确认矿业权实际位置是否在登记证许可的范围之内。三是在实地核查过程中对矿业权登记证书上的其他数据项给予现场调查，核实数据的真实性。四是对汇交的数据建库并进行分析，摸清矿业权分布现状和规律，为矿政管理提供基础数据支撑。

2. 试点先行。根据我国矿产资源分布特点、区域划分特征及实际工作情况的需要，选择 4 个具有代表性地区开展矿业权实地核查试点工作，试点区包括山东省平邑县、重庆市南川区、浙江省长兴县和辽宁省铁岭县，基本情况如表 2 所示。通过在试点区开展实地核查工作，研究提出全国矿业权实地核查工作指南和技术要求。

各省可根据需要，选择一个行政区开展实地核查试点工作。

3. 典型地区示范全国启动矿业权实地核查工作之后，在试点区已有工作基础上，将试点工作转为示范，形成示范实例；在适当时期，选择示范区召开现场交流会，介绍成功做法和经验，供各省借鉴，有效推进各省矿业权实地核查工作。

4. 政府部门、核查单位、矿业权人相互配合。矿业权实地核查事关矿政部门、矿业权人等各方利益，涉及面广。矿业权实地核查成功的关键在于发挥好各方面的积极性。各级国土资源主管部门要支持、配合核查承担单位开展工作，协调沟通好各方关系。核查承担单位要配合国土资源主管部门提出解决方案。矿业权人要根据相关要求，积极配合国土资源主管部门和核查承担单位开展工作。

5. 如实反映现实、暂时搁置争议本次实地核查以摸清矿业权家底、获得全面、真实、可靠的矿业权基本数据为主线，对存在争议、一时难以解决的矿业权基本数据如实反映，暂不解决。发现问题后，发证机关应在系统调查和客观分析的基础上给予酌情处理；对于存在争议、一时难以解决的，要注明争议原因，提出处理方案，为日后解决提供参考。

表2　全国矿业权实地核查试点区基本情况

试点区	地理位置	面积/平方千米	主要矿种	主要开采方式
山东省平邑县	华北区	1825	金、石膏	露天和井工开采
重庆市南川区	西南区	2602	煤炭	井工开采
浙江省长兴县	华东区	1300	建材	露天开采
辽宁省铁岭县	东北区	2231	金属、建材	露天和井工开采

6. 面向政府需求，兼顾矿业权人需。要本次矿业权核查是一次重要的国情调查。核查成果首先要能满足政府部门的需要，为政府部门制定矿产资源规划政策、加强矿业权科学管理、推进矿管政务公开、规范矿产资源勘查开发秩序提供基础支撑。同时，核查成果又要能满足矿业权人的需要，为矿业权人制定勘查开采方案、合理开采矿产资源、维护自身权益提供基础依据。

（二）工作流程

全国矿业权实地核查工作流程包括4个主要阶段：总体统筹、技术准备、省级实地核查、成果汇总。

1. 总体统筹。在部开发司的领导下，明确全国矿业权实地核查工作的目标任务；落实核查组织领导机构；选择若干地区开展前期调研，初步了解相关地区矿业权管理与分布现状；研究编制全国矿业权实地核查总体实施方案。

2. 技术准备。在山东省平邑县、重庆市南川区、浙江省长兴县、辽宁省铁岭县4个试点区开展矿业权实地核查工作，提出实地核查流程与技术方法；根据试点核查工作成果，编写全国矿业权实地核查工作指南与技术要求。

国土资源部下发总体实施方案和实地核查技术要求，部署全国矿业权实地核查工作。各省落实核查组织机构和实地核查承担单位。对承担单位的相关人员进行培训。

3. 省级实地核查。根据全国矿业权实地核查总体实施方案和核查工作指南与技术要求，各省编写矿业权实地核查工作方案；在试点基础上开展核查示范，为各省推进核查工作提供借鉴；全面推进各省核查工作；编写各省核查工作总结报告，成果验收汇总上报。

4. 成果汇总。全国矿业权实地核查成果汇总，形成探矿权、采矿权核查数据库和矿业权空间数据库，为矿业权综合分析提供基本数据；对于无争议的核查基本数据，更新全国探矿权、采矿权登记数据库。

以全国矿业权核查数据库和空间数据库为基础，研制全国矿业权管理信息系统。采用组件式开发模式研制开发管理信息系统，通过GIS手段统一管理专题和地理图件，根据图面缩放程度实时显示不同比例尺和投影方式的图件，并可输出至打印机及可交换格式数据。

矿山相关大比例尺图件独立存储，彼此之间不存在逻辑关系。省级和国家级图件需要单独制作，可在提交的核查成果图件基础上形成。根据需要，编制矿业权相关图件；对矿业权分布特征进行归纳分析；在综合分析的基础上，梳理我国在探矿权和采矿权设置和管理方面存在的问题，揭示产生这些问题的原因，提出矿业权设置和管理的合理化建议和对策措施。

（三）技术方法

在总体统筹阶段，选择不同地区进行调研，咨询矿业权、矿产资源管理、地质测量等方面的资深专家，与矿政管理人员座谈。邀请相关专家、行政管理人员对全国矿业权实地核查总体实施方案进行论证。

在技术准备阶段，采用优选法对不同的野外实地核查技术流程与方法进行比较，优选测量设备、优化技术流程，使得“实地核查工作指南与技术要求”既能满足实地核查需要，又能操作简便、流程简单、费用合理。

在省级实地核查阶段，聘请专家对各省核查工作方案严格把关；在野外实地核查过程中，专家组随时提供咨询和指导，及时解决在核查过程中出现的问题；组织专家组抽查部分地区矿业权核查成果。

在成果汇总阶段，采用数据库技术、GIS技术等，研制开发矿业权管理信息系统。

在成果表现方面，采用GIS软件、数据分析软件、绘图软件等，形成图文并茂、图表结合、文字简洁的各种成果报告。

五、实地核查流程与技术要求

（一）矿业权实地核查流程

矿业权实地核查划分为4个阶段，共9个环节。

1. 核查准备。准备工作：分析矿业权室内核查工作成果，收集已有资料数据，在实地调研的基础上，划分实地核查基本工作单元，编制实地核查工作方案。

2. 野外实测。基础控制测量：在实地核查基本工作单元内建立基础测量控制点；实地测量：实测探矿权勘查工程和采矿权开拓工程分布，并对矿业权其他数据进行核查；数据整理对比分析：对实地测量获得的数据进行整理和对比分析，得出初步核查结论。

3. 问题处理。问题分析与处理:对数据整理后发现的问题进行分析,提交国土资源主管部门进行处理。

4. 成果综合与验收。单个矿业权成果编制:汇总单个探矿权和单个采矿权核查数据,编制相关成果图件;成果综合与数据库建设:综合实地核查成果,建设探矿权、采矿权核查数据库和矿业权空间数据库;成果报告编制:编制矿业权分布相关图件,编写实地核查工作总结报告;成果验收:国土资源主管部门对实地核查成果进行分级验收。

(二)技术要求

1. 矿种要求。本次实地核查包括各级发证的所有有效的探矿权和采矿权,不包括石油、天然气、煤层气,矿业权有效的基准期为 2009 年 6 月 30 日。煤炭、金属、重要非金属等矿种的采矿权必须按照技术要求进行实地核查;对煤炭各勘查阶段的探矿权、其他矿种详查及以上勘查阶段的探矿权进行实地核查;对其他探矿权可利用室内核查成果。

对于开展过实测工作的矿业权,核查承担单位可收集已有成果并进行抽查,如果其成果满足本次矿业权实地核查技术要求,可不进行实地核查,直接提交成果。

2. 坐标、投影系统。

①坐标系统:采用国家统一坐标系:1980 西安坐标系;高程采用 1985 国家高程基准。

②投影:高斯-克吕格 3°带投影,采用 3°带国家标准中央子午线。

③椭球:1975 年 IUGG 推荐椭球(国际大地测量协会 1975)西安 80 坐标系基准椭球($a = 6378140$ 米 $b = 6356755.2881575286$ 米 $\alpha = 1:298.257$)。

3. 控制测量。在划定测区的基础上,采用 GPS 做首级控制测量。向每个矿业权引入 2~3 个控制点,可根据已知点情况,用 GPS 接收机或全站仪在保证精度的情况下确定控制点坐标。控制点精度要求:点位中误差为 ±0.10 米,高程中误差 ±0.10 米。

坐标系统转换:面积小于 400 平方千米的用 4 参数转换参数法;面积大于 400 平方千米的用 7 参数法求取转换参数。

对于能接收到长期 GPS 运行站点信号的测区,可直接用快速静态定位或网络 RTK 方式确定控制点的坐标。

高程测量应由国家水准点采用多级水准测量方法导入。对于具有 CQG2000 似大地水准面模型的测区,可直接用 GPS 数据进行大地水准面精化。

对于区域内水准点稀少或高差非常大的困难地区,可采用 GPS 拟合高程的方法确定控制点的高程,拟合起算点不少于 4 个。

矿业权分布比较密集时,可共用一组控制点;比较孤立的砂石黏土采矿权和海砂、河砂矿业权,可不引入控制点;区域上 100 千米范围内无国家控制点时,可采用双频 GPS 单点定位的方式,确定控制点的坐标。

4. 控制点选点与埋石。

①点位应有利于 GPS 信号接收。

②经常使用的控制点要确保相邻点的通视。

③控制点应选择在比较稳定、利于长期保存和易于寻找的地方。

④控制点埋石尺寸可参照 CJJ-99 执行。

5. 露天采矿权拐点放样及界桩埋设要求。

①对实地核查无误的露天采矿权,应按照核查转换后的拐点坐标进行实地放样测量。

②放样测量可采用 GPS-RTK 方式,条件不具备时可采用全站仪方式。

全站仪放样时应在已知点上进行,困难地区允许发展一级支站,支站不得超过后视距离。

③原则上所有露天采矿权拐点必须埋设界桩,因地形地貌因素无法按照标准埋设界桩的,可灵活设置其他标志。

④界桩应按顺时针方向进行编号,不得重号;各省应根据情况统一设桩标准。

6. 工程测量要求。对于探矿权,主要实测重型勘查工程的平面位置与分布,包括钻孔、探坑、探洞、浅井、探槽等。

对于露天采矿权,主要测量露天开采的工作面位置和采场的分布。

对于井下采矿权,主要实测矿井的开拓系统和采区分布以及可测量的采空区。开拓系统包括主井、副井、运输大巷、一般巷道、石门、井底车场等;采区分布包括采掘工作面、采区运输巷、上下山、回风巷、人行道等;采空区主要实测近期形成的采空区,一般不必进行实地测量,收集矿山地测数据即可。

工程测量按照成图比例尺和相应的规范确定测量精度;对于井下测量应地面控制点导入,在井下设立基准点。

对相对独立的砂石黏土采矿权可适当放宽精度要求;对水汽矿业权只实测井口位置,可不确定开采范围;对河砂、海砂等流动性比较强的矿种,精度要求同砂石黏土,可不进行标桩。

在单个矿业权实地测量中,要按照核准矿业权实际位置与许可范围一致性的工作目的,确定矿业权的具体实测对象。

7. 设备要求。地表测量可选用高精度 GPS 接收仪、亚米级手持 GPS、全站仪、水准仪等;井巷测量可选用全站仪、水准仪、红外测距仪、陀螺仪、罗盘、皮尺、测绳等。在煤矿等可能存在可燃气体的井下作业要求所有设备符合矿山安全要求。

六、工作部署

(一)总体部署

全国矿业权实地核查工作在国土资源部统一领导下组织开展。按照“统一组织、统一方法、统一标准、统一进度”的要求,各省(区、市)国土资源主管部门负责本行政区内矿业权的实地核查工作。

国土资源部负责制定印发相关政策文件,策划、实施全国宣传工作,编制总体实施方案,组织开展试点工作,编写工作指南与技术要求,进行全国培训,部署全国实地核查工作,开展典型地区示范,指导和督促各省实地核查工作,提出核查中发现问题的处理指导意见,验收省级核查成果,汇总全国矿业权实地核查成果等。

各省国土资源主管部门负责组织编制省级行政区矿业权实地核查工作方案,策划、实施本省宣传工作,部署、指导和督促本省实地核查工作,组织开展省级实地核查的监理工作,汇总省级核查成果,上报核查成果等工作。涉及部发证的,由部提供相关数据,由所在省一并组织实地核查。核查中新发现跨省级行政区域的矿业权,各省国土资源主管部门及时向部报告。

跨省级行政区域的矿业权实地核查工作由部委托中国煤炭地质总局航测遥感局进行核查。矿业权实地核查应以省级行政区为单元组织,以县级行政区为单元实施,每个县还可划分为1~3个测区作为基本实测单元;本次矿业权实地核查以实测和实地调查为主要特色,各级组织实施部门要采取措施保证数据来源的真实与可靠;实测时,各级发证的矿业权,包括探矿权和采矿权应一并进行。

各级组织实施部门要高度重视宣传工作,将宣传工作作为推进工作的主要措施予以落实。国土资源部以部的名义召开新闻发布会或约请中央主流新闻媒体,介绍工作进展,介绍本次核查的目的意义;同时,协调部网站、《中国矿业报》、《中国国土资源报》等,要给矿业权实地核查一定版面,继续为核查营造和谐的社会氛围。在部内建立稳定的信息报送渠道,创建简报或利用其他刊物,刊登工作进展,达到内部信息畅通。

采用多种方式,充分发挥矿业权人的积极性和作用。

各省应于2009年12月31日前完成本行政区矿业权实地核查外业工作,并于2010年6月30日前完成矿业权实地核查成果汇总和上报工作。

为了保证实地核查工作标准统一、进度统一、成果统一,在全国矿业权实地核查工作全面开展之前,需完成以下重点任务:矿业权实地核查试点工作、全国矿业权实地核查工作指南与技术要求编写、全国技术培训等工作。

(二)进度安排

全国矿业权实地核查工作采取“先试点,后展开,循序渐进”方式分为4个阶段进行:总体统筹、技术准备、省级实地核查、成果汇总。总体进度安排如下。

1. 总体统筹阶段(2007年9月至12月)。2007年9月至12月:系统调研、专家咨询、明确目标任务,确定基本技术思路,编写实地核查总体实施方案。

2. 技术准备阶段(2008年1月至8月)2008年1月至3月:明确总体技术路线和基本要求,起草印发全国矿业权实地核查工作通知。

2008年3月至8月:组织开展试点工作,编写实地核查工作指南与技术要求。

2008年4月至5月:各省落实组织结构,编写省级工作方案,落实核查承担单位。

2008年5月至8月:出版实地核查工作指南与技术要求,开展全国技术培训。

3. 省级实地核查阶段(2008年8月至2009年12月)。2008年8月至2008年10月:全面启动矿业权实地核查工作。

2008年11月至2009年12月:开展矿业权实地核查外业工作。

4. 成果汇总阶段(2010年1月至12月)。2010年1月至2010年6月:分省矿业权数据汇总。

2010年7月至2010年8月:省级实地核查数据的上报与验收。

2010年7月至2010年12月:全国矿业权成果汇总,编写矿业权综合分析报告,编制成果图件;全国矿业权核查成果出版。

七、预期成果

(一)技术文件

1. 全国矿业权实地核查总体实施方案。确定全国矿业权实地核查工作的目标任务、主要内容、技术路线和技术方法、野外实地核查流程与技术要求、工作部署、预期成果、领导机构和组织管理、保障措施和经费预算。

2. 全国矿业权实地核查工作指南与技术要求。主要包括以下内容:

(1)矿业权实地核查技术要求:提出矿业权实地核查的重点数据项、一般数据项,核查方法及程序,有关核查表格格式等。采矿权和探矿权核查技术要求分别单列。

(2)矿业权野外测量技术要求:确定矿业权实测内容要求、测量精度、技术要求、成果编制要求。

(3)矿业权图件编制要求:规定矿业权核查系列图件的内容(包括底图)、图式图例、编制方法、投影要求等。

(4)矿业权实地核查成果验收及汇交要求:规定矿业权核查成果介质及其式样,特别是电子介质的格式,成果验收程序、汇交入库要求等。

(5)全国矿业权实地核查数据库建设要求:包括数据库内容、数据源及其采集与处理、检验入库及更新、管理功能等方面。

(二)基本核查成果

1. 单个采矿权实地核查成果

(1)一组控制点。向矿业权引入的2~3个控制点有关记录。

(2)采矿权开拓采掘工程平面图。主要内容包括开拓采掘工程分布、采矿权拐点及边界、主要地理要素等。比例尺一般为1:2000或1:5000,个别范围特大的采矿权可放宽到1:10000。

(3)采矿权实地核查对照表。根据采矿权实地核查数据,填写采矿权实地核查对照表。

(4)基本情况说明。包括采矿权基本情况、地质特征、矿体特征、勘查开发情况等。

2. 单个探矿权实地核查成果。

(1)一组控制点。向矿业权引入的2~3个控制点有关记录。

(2)单个探矿权勘查工程实际材料图。主要内容包括重型勘探工程分布、探矿权拐点及边界、主要地理要素等。比例尺一般为1:2000或1:5000。对于预查和普查阶段的煤炭探矿权,比例尺可放宽到1:50000。对于详查阶段的探矿权,比例尺可放宽到1:25000;对于勘探阶段的探矿权,比例尺一般为1:2000或1:5000,范围较大的可放宽到1:10000。

(3)探矿权实地核查对照表。根据探矿权实地核查数据,填写探矿权实地核查对照表。

(4)基本情况说明。包括探矿权基本情况、地质特征、矿体特征、勘查情况等。

3. 测区实地核查工作报告。核查承担单位在实地核查工作结束后,以测区为基本单元,编写实地核查工作报告。

主要内容包括:实地核查目的和依据、核查区域概况、矿业权设置情况、实地核查工作部署、核查工作基本情况、实地核查方法与技术路线、问题分析与处理、核查结果。测区实地核查工作报告应附测区内单个矿业权实地核查成果。

(三)省级汇总成果

1. 各省矿业权实地核查工作和综合分析报告

总结全省矿业权实地核查工作开展情况,汇总全省矿业权实地核查成果,分析矿业权分布现状,指出存在问题,提出解决方法。

2. 各省探矿权、采矿权核查数据库根据探矿权、采矿权实地核查数据,汇总形成省级探矿权、采矿权实地核查数据库。

3. 分省矿业权分布图主要内容包括:矿业权位置及名称、主要地理和地质要素。比例尺:1:50万或1:100万。一般以本省简化的同比例尺地质图为底图。

4. 分省矿业权分布与矿产资源分布综合图

主要内容包括:矿业权位置与名称、矿产资源分布等,比例尺:1:50万或1:100万。一般以本省简化的同比例尺矿产资源分布图为底图。

(四)全国汇总成果

1. 全国探矿权、采矿权实地核查数据库。以各省提交的探矿权、采矿权实地核查数据为基础,建立全国探矿权、采矿权实地核查数据库。

2. 全国矿业权空间数据库。以实地核查后获得的采矿权开拓采掘工程平面分布图、探矿权勘查工程实际材料图等数据为基础,建立全国矿业权空间数据库。

3. 全国矿业权管理信息系统。以已经建立的实地核查数据库为基础,形成基于ArcGIS与大型数据库技术的全国矿业权管理信息系统。

4. 全国矿业权实地核查工作报告。主要阐述实地核查工作的部署、完成的主要工作、矿业权分布主要情况等内容,同时说明核查工作中发现的问题、处理情况及进一步工作建议。可根据实际情况附必要的专题分析报告。

5. 全国矿业权实地核查成果图件。

(1)全国矿业权分布图。主要包括矿业权种类及分布,主要地理和地质要素等。比例尺:1:250万。以简化的1:250万全国地质图为底图。

(2)全国矿业权分布与矿产资源分布综合图。主要包括矿业权种类及分布、主要地理和矿产资源分布等。比例尺:1:250万。

6. 矿业权图册。编制煤炭、铁、铝、铜铅锌、金银等大宗重要矿产的矿业权分布图册。单幅图以矿业权或矿区为单位编制,并附文字说明,幅面一般为A4。

(五)成果要求

1. 探矿权、采矿权实地核查数据库提交要求。按照探矿权、采矿权登记数据库的结构,建立探矿权、采矿权实地核查数据库,并对有问题的内容进行标注,注明问题产生的原因、处理结果等。

省级实地核查数据库的提交格式为Microsoft Access或SQL。

以矿业权许可证号为关键字段,以其他数据项作为基本字段。

(1)探矿权数据的基本字段有:勘查许可证号、探矿权人及基本信息、联系人基本信息、探矿权取得方式、项目名称、项目类型(新立、延续、变更)、勘查阶段(预查、普查、详查、勘探)、投资主体(国家、地方、企业、外商、个人、其他)、地理位置、发证机关、有效期、发证日期、拐点坐标、勘查矿种、有效期等。

(2)采矿权数据的基本字段有:采矿许可证号、采矿权人及基本信息、联系人基本信息、矿山名称、开采矿种、项目类型(新立、延续、变更)、开采方式、生产规模、经济类型、地理位置、发证机关、发证时间、拐点坐标、开采标高、有效期等。

2. 空间数据提交格式。空间数据提交格式为 ArcGIS(shp)或 AutoCAD(dx)f。

图层划分应符合下列 3 条原则:①按图素内容的不同划分;②相同逻辑的信息尽量放在同一图层中;③符合地理信息系统管理空间数据的基本要求。

具体格式要求如下:

(1)ArcGIS 格式:以点、线、面要素做为图层,一个图层为一个文件,文件命名以拼音缩写加分类代码。

(2)AutoCAD 格式:一个文件可包括若干图层,文件名按类别命名,层名按拼音缩写加分类代码。

3. 成果图件编制要求。成果图件包括纸介质图件、电子图件。

(1)单个矿业权成果图件编制要求。采用高斯—克吕格投影,按 3°分带;高程系统采用 1985 国家高程基准。主要内容包括:实测的矿业权主要工程位置及范围、拐点及边界、引入的控制点、主要地理要素等。图面精度要求:主要地物点图面误差为 ± 0.60 毫米,次要地物点图面误差为 ± 0.80 毫米。图幅要标明图名、比例尺、坐标网、图例、指北针、图框、责任栏等要素。

(2)省区矿业权成果图件编制要求。采用双标准纬线等角圆锥投影,按 6°分带;高程系统采用 1985 国家高程基准。主要内容包括:矿业权分布范围、基础控制网、主要地理地质要素等。图幅要标明图名、比例尺、坐标网、图例、指北针、图框、责任栏等要素。

4. 成果验收要求。国土资源管理部门组织专家对核查承担单位提交的成果进行验收时,应首先系统审阅各种原始资料和记录,并按规定的比例到野外对实测成果进行抽查,抽查比例不低于 5%,然后再对成果报告进行会议审查。

八、组织机构和承担单位

按照《关于加强全国矿产资源潜力评价与储量利用调查组织管理工作的通知》(国土资发〔2007〕193 号)和《关于印发全国矿产资源潜力评价与储量利用调查组织管理职责分工方案的通知》(国土资厅发〔2007〕180 号)的要求,全国矿业权实地核查工作由部矿产开发管理司负责,中国地质调查局发展研究中心提供技术支撑,按照部矿产开发管理司要求开展工作。为便于工作开展,部矿产开发管理司会同中国地质调查局发展研究中心等单位成立统一机构,负责全国矿业权实地核查的组织实施工作。

(一)全国组织机构

1. 全国矿业权实地核查项目办公室负责全国矿业权实地核查工作的日常事务管理和技术业务管理。下设全国矿业权实地核查技术管理部和专家顾问组。

主　任:刘连和　矿产开发管理司司长

副主任:王宗亚　矿产开发管理司副司长(正局级)

谭永杰　中国地质调查局发展研究中心总工

成　员:王　陶　矿产开发管理司综合处处长

金愉中　矿产开发管理司非金属矿产管理处处长

刘　忠　矿产开发管理司金属矿产管理处处长

夏木清　矿产开发管理司煤炭矿产管理处处长

王全明　中国地质调查局资源评价部处长

付晶泽　中国地质调查局发展研究中心处长

胡斌华　矿产开发管理司综合处主任科员

2. 全国矿业权实地核查技术管理部。设在中国地质调查局发展研究中心,承办全国矿业权实地核查项目组织实施工作。具体负责落实全国矿业权实地核查工作组部署的各项工作,负责全国实地核查成果的汇总和综合工作,负责省级实地核查成果的检查验收,负责矿业权实地核查承担单位的技术培训和指导,协调、督促各省实地核查工作。

人员组成如下:

负责人:付晶泽　王　陶(开发司)

副负责人:杨建锋　李景朝　康高峰(航测局)

下设综合组、技术组、数据组和政策组。

综合组:负责全国矿业权实地核查协调、联系、宣传、财务与资料存档工作。

负责人:付晶泽、胡斌华(开发司)。

成员:易继宁、楼红英、赵琳、苟甲有(航测局)、杨迪钦(航测局)、郭佳。

技术组:负责全国矿业权实地核查技术标准制定、技术指导和成果综合工作。

负责人:杨建锋、王飞跃(航测局)。

成员:孙炳旭(航测局)、胡智峰(航测局)、易继宁、张志。

数据组:负责全国矿业权实地核查数据整理和数据库建设工作。

负责人:李景朝、林燕(航测局)。

成员:吴轩、王永志、彭文祥、安鱼飞(航测局)、郭佳。

政策组:负责推进矿业权实地核查工作及问题处理的相关政策研究。

负责人:王陶、张宇。

成员:常玉刚、徐培根(开发司)、胡斌华(开发司)

3. 专家顾问组。负责全国矿业权实地核查工作的技术指导、咨询和检查;对重大技术问题商讨解决方案,对矿业权核查技术要求和实施过程中遇到的业务和技术问题进行把关。由全国矿业权实地核查工作办公室根据工作需要聘请经验丰富的矿业权管理、大地测绘、工程测量、矿井地质测量、数据库与信息化建设及矿产资源勘查开发领域的资深专家组成。

(二)省级组织机构

各省应成立省矿业权实地核查工作组。

各省可根据工作需要,设立省项目办、专家组和技术管理组。

核查工作组:负责贯彻落实部关于矿业权实地核查的决定和决策;省矿业权实地核查重大问题的审定和决策;协调全省的实地核查工作等。

省项目办:负责全省实地核查工作的组织实施和日常工作。

专家组:负责全省矿业权实地核查工作的技术指导、咨询和检查;对重大技术问题商讨解决方案,对矿业权核查技术要求和实施过程中遇到的业务和技术问题进行把关。

技术管理组:负责编写全省核查工作方案、咨询指导省内核查工作、数据汇总、综合分析、全省实地核查报告编写等。

各省国土资源主管部门可根据情况委托有关单位负责数据库建设、宣传策划、质量监理等工作。

地、县行政区可根据省国土资源部门要求,成立核查工作组织机构。

(三)实地核查承担单位与资质要求

各省国土资源主管部门应确定技术支撑单位,负责全省矿业权实地核查工作的技术指导、监督检查、成果汇总及相关综合工作;实地核查工作应通过招标、议标或委托等方式,确定一批符合资质条件的单位承担。承担单位须具有固体矿产勘查乙级以上资质或测绘乙级以上资质,同时具备地质勘查和测量资质、有矿山地质测量经验的单位应予优先考虑。

九、保障措施

(一)政策法规与机制保障

加强宣传。各级国土资源主管部门要高度重视全国矿业权实地核查工作,通过各种形式宣传开展矿业权实地核查的目的、意义和重要性,努力消除矿业权人的疑虑。

统一部署。统一部署全国矿业权实地核查工作,建立全国协同作战的工作体系。国土资源部以文件形式部署全国矿业权实地核查工作,明确全国矿业权实地核查工作总体实施方案,发布实地核查工作指南与技术要求。各级地方政府发文部署本辖区矿业权实地核查实施的具体方案。国土资源主管部门要以公告或通知的文件形式告知矿业权人。

政策法规保障。全国矿业权实地核查的一切活动必须遵守《中华人民共和国矿产资源法》《、中华人民共和国物权法》等法律法规,各地可对核查人员进行必要的法律法规培训。矿业权实地核查工作要严格按照相关矿产政策和法规规定开展,并通过法律手段解决矿业权实地核查工作中发生的法律纠纷问题。

建立工作联动机制。将矿业权实地核查工作任务纳入各级国土资源管理部门的年度考核指标,对不能按期完成实地核查工作任务的省份,取消其次年矿业权统一配号的资格;各省可视情况将矿业权实地核查与矿业权年检结合起来。

实现矿业权实地核查与矿业权统一配号制度的无缝衔接。为了推进矿业权实地核查工作,实现与矿业权统一配号制度的无缝衔接,确保实地核查成果的有效,对于基准期后矿业权的申报和管理要采用1980西安坐标系,新设立的矿业权要进行实地测量,向每个矿业权引入2~3个基准控制点,矿业权人开始进行重要的开拓工程和勘查工程前应进行实地测量放点,核准位置,对于露天采矿权要实测放样并标桩。

(二)人员组织与协调管理

各级组织机构应认真履行职责,建立工作信息交流体系,实行工作定期报告制度,以保障全国矿业权实地核查顺利完成。

加强管理。核查承担单位统筹安排、调配人力资源,确保实地核查任务落实。基层国土资源主管部门要协助承担单位开展实地核查工作,矿业权人应派人参加实地核查工作,并提供必要工作条件。组织实施单位要与核查承担单位签订矿业权实地核查委托协议书或任务书,以明确相关权利和责任。

资质要求。矿业权实地核查工作单位必须具备相应的资质条件,核查组人员应由地质矿产和测绘专业人员共同组成,其中测量工作须由测量专业人员完成。核查承担单位应将核查专业人员的基本情况报委托单位审查备案,审查合格后,原则上不得随意变更。

培训上岗。核查承担单位主要技术负责人应参加全国矿业权实地核查工作办公室举办的技术培训班,其他人员也应参加相应的培训,方可上岗。

(三)工作质量管理

核查承担单位要高度重视野外工作质量,做好野外质量记录,实行原始成果三检(自检100%、互检100%、上级抽检不低于30%)两审(审核、审定)制,作业员、核查组长、单位负责人层层验收,层层负责,控制野外工作质量,以保证野外核查资料和数据真实可靠。

委托单位要组织专家按照一定比例对野外核查工作进行抽查。部组织专家按照一定比例对省级矿业权实地核查工作抽查。

(四)进度管理

建立工作进度报告制度,各核查承担单位按季度提交工作进度报告,包括工作任务完成情况、工作质量管理情况和存在问题等内容。

2009年5月至12月,实行月工作报告制度,各省于每月5日前报送上月工作进展,主要内容为完成的野外实测工作量。

建立调度制度,委托部门定期对各工作组进行调度,根据情况调整委托的任务量,对工作进度缓慢的责成整改。

(五)核查承担单位管理

核查承担单位必须严格按照实地核查的技术要求进行工作,确保所有数据来源于实测或调查,不得弄虚作假。

核查承担单位野外施工必须采取相应的安全和劳动保护措施,做到安全施工,杜绝安全事故。

对核查承担单位的资格实行动态管理,发现重大质量问题的取消其承担资格。

(六)工作经费保障

全国矿业权实地核查工作主要实物工作量包括2.5万个探矿权和12.5万个采矿权的基础测量控制网建立、单个矿业权基础控制点引入、工程分布野外实测、属性数据实地调查、成果图件编制、数据库和管理信息系统建设、工作报告编写等。所需工作经费按照事权和财权统一原则,分别由中央、地方国土资源主管部门向同级财政部门申请安排预算。其中,中央管理事项包括全国矿业权核查工作的组织实施与管理、总体实施方案和技术要求编制、全国技术培训、实地核查试点、部发证矿业权和跨省级行政区域矿业权实地核查、全国成果验收汇总与综合、管理信息系统开发和全国矿业权实地核查数据库建设等;地方管理的事项包括当地矿业权实地核查工作的组织实施与管理、当地国土资源主管部门发证的矿业权实地核查、成果汇总、数据库建设等。

本次全国矿业权实地核查工作共涉及31个省、自治区、直辖市,约15万个矿业权。不同地区、不同种类的矿业权实地核查成本有一定差别,尤其是东部和西部艰险地区核查成本存在较大差别,各省在申请工作经费时,可参照有关预算的地区调整系数和经济条件调整相应的预算标准。

国土资源部办公厅关于进一步加强全国矿产资源潜力评价与储量利用调查管理工作的通知

国土资厅发〔2009〕40号

各省、自治区、肖辖市国土资源厅(国土环境资源厅、国土资源局、国土资源和房屋管理局、规划和房屋管理局),中国地质调查局,部机关有关司局:

全国矿产资源潜力评价与储量利用调查是我部在矿产资源领域部署的重要国情国力调查,是加强矿产资源管理和调控的一项重要基础工作。自2007年11月9日全面部署启动以水,各地认真组织,扎实推进,总体工作进展顺利。但还存在工作进展不平衡、少数地区工作进展滞后、资料信息共享不充分、经费匹配及人员配备不到位等问题。上述问题不解决,将直接影响到下一步工作的进度和质量。为按时、保质完成全州矿产资源潜力评价和储带利用调查工作,现就有关要求通知如下:

一、完善组织管理机构

建立全国矿产资源潜力评价价和储量利用调查工作统一管理体系。按照人事变动情况调整全国矿产资源潜力评价和储量利用调查领导小组及其办公室、全国矿产资源潜力评价项目办公室成员构成,组建全国储最利用现状调查项目办公室、全国矿业权实地核查项目办公室(详见附件)。

各省(区、市)国上资源厅(局)要进一步完善矿产资源潜力评价和储量利用调查组织管理机构,组建省级滞力评价、储量利用现状调查、矿业权实地核查项目办公室。

二、加大组织协调力度

全国领导小组办公室要加大组织协调工作力度,统筹协调好潜力评价、储量利用现状调查、矿业权实地核查三方面工作的重大业务活动安排。部勘查司、储量司、升发司要安排专人负责相关工作的日常管理和统筹协调。项目办公室要加强对省级项目实施过程的技术业务指导与执行情况监督检查。

各省(区、市)国土资源厅(局)负责省级矿产资源潜力评价、储量利用现状调查、矿业权实地核禽的组织实施工作,有关处室婴分别安排专人负责相关工作的日常管理和统筹协调。按照《关于开展全国矿产资源潜力评价工作的通知》(国土资发〔2007〕6号)、《关于开展全国矿产资源储量利用调查工作的通知》(国土资发〔2007〕192号)等文什要求,根据总体实施方案明确的任务分上原则,尽快商省级财政部门落实省级工作经费.协调有关工作承担单位落实项目组技术人员并指定承担具体工作的技术负责人。

中国地质调查局各人区协调小纰,要进一步加强对省级矿产资源潜力评价工作的组织协调和业务指导。

三、加强进度监督管理

全国领导小组办公室要会同项日办公室,建立工作进展通报制度,及时跟踪省级工作进展,采取适当形式公开通报各省工作进展情况。按照阶段任务目标完成时限要术,定期考核评估省级工作绩效,对人员配备、经费落实、资料使川等方面存在问题较多、整体工作进展缓慢的省份,视程度不同分别采取督查、约淡、通报三种方式进行重点督办。

省级领导小组办公室要定期听取工作汇报,研究解决影响工作推进的相关叫题。会同省级项目办公室建立月报制度,定期向全刚项目办公室上报工作进展。

四、有关工作要求

全面完成2009年工作任务目标。主要包括:全国铁、铝资源潜力开价各项任务,主要金属矿产找矿远景区圈定与优选工作,省级成矿地质背景研究相关图件编制、综合信息数据处理及地质解释:全国矿业权实地核玲野外实测任务:煤、铁、铜、铝土矿等矿种大中型矿区储量核查。

做好与矿政管理上作的有机结合。充分发挥矿业权、地质勘查专项等管理手段的作用,有效摊进全同矿产资源潜力评价、储量利用现状调查、矿业权实地核查工作:2009年底前未完成矿业权实地核查野外实测工作的省份,部从2010年起暂停其矿业业权配号:及时应用阶段性工作成果,促进矿政管理工作方式完善、科技水平提高。

请各省(区、市)国土资源厅(局)于2009年15月15曰前,对本地区潜力评价、储量利用现状调查、矿业权实地核查的阶段性工作进行全面总结,按本通知要求明确负责相应工作的有关处室专职人员和技术负责人,并将相关材料分别报全国领导小组办公室。

联系人:李剑(010-66558398,
jli@mail.mlr.gov.cn)
唐正国(010-66558281,
zgtang@mail.mlr.gov.cn)
胡斌华(010-66558270,
bhhu@mail.mlr.gov.cn)

附件:全国矿产资源潜力评价与储量利用调查组织管理机构设置方案

国土资源部办公厅
2009年4月10日

全国矿产资源潜力评价和储量利用调查组织管理机构设置方案

一、领导小组

组　长:徐绍史　国土资源部党组书记、部长
副组长:汪　民　国土资源部党组成员、副部长
中国地质调查局党组书记、局长
成员:张洪涛　国土资源部总工程师
中国地质调查局副局长、总工程师
彭齐鸣　地质勘查司司长
刘连和　矿产开发管理司司长
贾其海　矿产资源储量司司长
韩和平　财务司副司长
姜建军　科技与国际合作司司长
鞠建华　规划司副司长
钟自然　中国地质调查局副局长(正局级)

二、领导小组办公室

主任:汪　民　国土资源部党组成员、副部长
中国地质调查局党组书记、局长

副主任:彭齐鸣　地质勘查司司长
　　刘连和　矿产开发管理司司长
　　贾其海　矿产资源储量司司长
　　钟自然　中国地质调查局副局长(正局级)
成员:王国平　地质勘查司地质处处长
　　王　陶　矿产开发管理司综合处处长
　　王少波　矿产资源储量司资源储量管理处处长
　　窦淑荷　规划司矿产资源处处长
　　叶海洋　财务司预算处调研员
　　高　平　科技与国际合作司科技发展处处长
　　王全明　中国地质调查局资源评价部处长
　　周　桅　信息中心技术工程部副处长

领导小组办公室具体办事机构设在部勘查司,勘查司李剑、储量司唐正国、开发司胡斌华分别负责全国矿产资源潜力评价、储量利用现状调查、矿业权实地核查的日常管理和统筹协调。

三、项目办公室

承担全国矿产资源潜力评价、储量利用现状调查、矿业权实地核查工作的日常事务管理和技术业务管理。

(一)潜力评价项目办公室

主　任:彭齐鸣　地质勘查司司长
　　王学龙　中国地质调查局副局长(正局级)
副主任:王瑞江　中国地质科学院矿产资源所所长
　　于海峰　地质勘查司副司长
　　陈仁义　中闻地质调查局资源评价部主任
　　谭永杰　中国地质调查局发展研究中心总工
　　熊盛青　中国国土资源航空物探遥感中心副主任、总工
总工:叶天竺　国土资源部咨询研究中心研究员
副总工:王全明　中国地质调查局资源评价部处长
　　张德全　中国地质科学院矿产资源所研究员
成员:王图平　地质勘查司地质处处长
　　李　剑　地质勘查司地质处副处长
　　刘纪选　中国地质调查局总工程师室副主任
　　胡思敏　中国地质调查局财务部副主任
　　卢民杰　中国地质调查局科技外事部副主任
　　董建华　中国地质科学院矿产资源所处长
　　丰成友　中国地质科学院矿产资源所副处长
　　陈　明　中国地质科学院矿产资源所研究员
　　张智勇　中国地质调查局发展研究中心研究员
　　唐文周　中国国土资源航空物探遥感中心副总工

(二)储量利用现状调查项目办公室

主任:贾其海　矿产资源储量司司长
副主任:王瑞江　中国地质科学院矿产资源所所长
　　许大纯　矿产资源储量司副司长
　　王安建　中国地质科学院矿产资源所室丰任
成　员:王少波　矿产资源储量司资源储量管理处处长
　　唐正国　矿产资源储量司资源储量管理处调研员
　　王全明　中国地质调查局资源评价部处长
　　张延庆　油气资源战略研究中心处长
　　李厚民　中国地质科学院矿产资源所室研究员
　　王高尚　中国地质科学院矿产资源所室研究员
　　孟　刚　油气资源战略研究中心

(三)矿业权实地核查项目办公室

主任:刘连和　矿产开发管理司司长
副主任:王宗亚　矿产开发管理司副司长(正局级)
　　谭永杰　中国地质调查局发展研究中心总工
成员:王　陶　矿产开发管理司综合处处长
　　金愉中　矿产开发管理司非金属矿产管理处处长
　　刘　忠　矿产开发管理司金属矿产管理处处长
　　夏木清　矿产开发管理司煤炭矿产管理处处长
　　王全明　中国地质调查局资源评价部处长
　　付晶泽　中国地质调查局发展研究中心处长
　　胡斌华　矿产开发管理司综合处主任科员

矿业权实地核查项目办公室在中国地质调查局发展研究中设技术管理机构,承办项目组织实施工作。

国土资源部关于第一批国土资源科普基地命名名单公告

国土资源部公告〔2009〕14号

按照《国土资源科普基地推荐及命名暂行办法》和《国土资源部办公厅关于推荐第一批国土资源科普基地的通 知》(国土资厅发〔2009〕30号)要求,国土资源部已完成第一批国土资源科普基地推选工作。国土资

源科普基地管理办公室共收到国土资源科普基地申报书61份，经过形式审查、专家咨询评议及社会公示程序，确定其中53个申报单位已经达到《国土资源科普基地标准》，拟直接命名。经国土资源部核准，现发布第一批国土资源科普基地命名名单。

请各推荐单位自行安排已获命名的科普基地授牌、揭碑等工作，原则上在2009年9月30日前完成，并向国土资源科普基地管理办公室备案。

附件：第一批国土资源科普基地命名名单

中华人民共和国国土资源部

2009年5月17日

第一批国土资源科普基地命名名单

一、科技场馆类(23个)

中国地质博物馆
四川自贡世界地质公园恐龙博物馆
河南省地质博物馆
新疆地质矿产博物馆
吉林大学地质博物馆
重庆自然博物馆
湖南省地质博物馆
南京地质博物馆
中国地质图书馆
甘肃兰州地震博物馆
黑龙江省地质博物馆
内蒙古博物院
广西地质博物馆
中国地质调查局宜昌地质调查中心龙化石博物馆
湖北地质博物馆
内蒙古鄂尔多斯市国土资源博物馆
新疆生产建设兵团军垦博物馆
青海省国土资源博物馆
中国地质科学院岩溶地质研究所中国岩溶地质馆
浙江东方地质博物馆
山东天宇自然博物馆
江苏江阴国土资源科普馆
江西省地质博物馆

二、资源保护类(27个)

河南嵩山世界地质公园
江西龙虎山世界地质公园
中国雷琼世界地质公园(广东湛江)
河南云台山世界地质公园
北京房山世界地质公园
河南南阳伏牛山世界地质公园
河北野三坡世界地质公园
辽宁朝阳鸟化石国家地质公园
黑龙江五大连池世界地质公园
河南济源王屋山世界地质公园
中国雷琼世界地质公园(海南海口)
广东丹霞山世界地质公园
上海崇明岛国家地质公园
吉林靖宇火山矿泉群国家地质公园
贵州织金洞国家地质公园
湖北木兰山国家地质公园
宁夏西吉火石寨国家地质公园
河北武安国家地质公园
北京延庆硅化木国家地质公园
天津蓟县国家地质公园
内蒙古二连浩特市二连白垩纪恐龙地质公园
吉林大布苏国家自然保护区
贵州关岭化石群国家地质公园
江苏太湖西山国家地质公园
内蒙古阿尔山火山温泉国家地质公园
贵州思南乌江喀斯特省级地质公园
重庆綦江木化石-恐龙足迹地质公园

三、科研实验类(3个)

成都理工大学地质灾害防治与地质环境保护国家重点实验室
甘肃兰州资源环境职业技术学院现代化仿真矿井
西藏地质矿产勘查开发局中心实验室

国土资源部办公厅
关于加强国家地质公园申报审批工作的通知

国土资厅发〔2009〕50号

各省、自治区、直辖市国土资源厅(国土环境资源厅、国土资源局、国土资源和房屋管理局、规划和国土资源管理局）：

自2000年实施国家地质公园计划以来，地质公园建设快速发展，目前已批准建立国家地质公园138处，建成125处，其中20处被联合国教科文组织批准为世界地质公园。国家地质公园的推进和建设，使我国珍贵的地质遗迹得到了有效保护，促进了地学研究和科学知识的普及，带动了当地经济社会的进一步发展，为经济、社会、环境的协调和可持续发展发挥了重要作用。

为加强地质公园管理，进一步规范国家地质公园的申报和审批工作，部决定自2009年开始对国家地质公园实行资格授予和批准命名分开审核的申报审批方式。具体规定如下：

一、国家地质公园申报

（一）申报条件

拟申报国家地质公园内的地质遗迹必须具有国家级代表性，在全国乃至国际上具有独特的科学价值、普及教育价值和美学观赏价值。

1.地质遗迹资源具有典型性。能为一个大区域乃至全球地质演化过程中的某一重大地质历史事件或演化阶段提供重要地质证据的地质遗迹；具有国际或国内大区域地层（构造）对比意义的典型剖面、化石产地及具有国际或国内典型地学意义的地质地貌景观或现象；国内乃至国际罕见的地质遗迹。

2.遗迹资源具有一定数量、规模和科普教育价值，其中达到典型性要求的国家级地质遗迹不少于3处，可用于科普和教育实习用的地质遗迹不少于20处。

3.遗迹具有重要美学观赏价值，对广大游客有较强的吸引力，公园建成后能够带动当地旅游产业，促进地方社会经济可持续发展。

4.遗迹已得到有效的保护，正在进行或规划进行的与当地社会经济发展相关的大型交通、水利、采矿等工程不会对地质遗迹造成破坏。

5.已批准建立省（区、市）级地质公园2年以上并已揭碑开园。

6.符合上述1～4条标准，由国家有关主管部门批准的国家级风景名胜区、国家级自然保护区、国家森林公园等。

（二）申报单位

拟申报国家地质公园的，由公园所在地县（市、区）人民政府提出申请；跨县（市、区）的由同属市（地、州）人民政府提出申请；跨市（地、州）的由同属省（区、市）人民政府提出申请；跨省（区、市）的由相关省（区、市）人民政府共同提出申请。

（三）省级推荐

省（区、市）国土资源行政主管部门负责对本辖区拟申报国家地质公园的单位进行初审，确定推荐名单并按照规定向国土资源部报送申报材料。

每个省（区、市）每次推荐原则上不能超过2个国家地质公园候选地。

（四）申报时间

国家地质公园采取定期申报的方式，原则上每2年申报一次，具体时间以国土资源部公告为准。

（五）申报材料

申报国家地质公园须提交如下材料：

1.地质公园申报书；

2.地质公园综合考察报告；

3.地质公园申报画册；

4.地质公园申报影视片；

5.提出申请的县级以上人民政府承诺书；

6.省级国土资源行政主管部门推荐意见。

（六）合规性审查

国土资源部地质环境司负责对申报材料等进行合规性审查，符合申报条件的提交评审委员会进入评审程序，不符合条件或申报超过数量的退回。

二、国家地质公园审批

国家地质公园审批分为评审、建设、批准三个阶段。

（一）评审阶段

国家地质公园评审由国家地质遗迹保护（地质公园）评审委员会（以下简称“评审委员会”）组织进行。

评审委员会成员通过审阅申报材料、观看申报影视片、听取申报单位陈述及公园所在地政府负责人承诺发言，对每个申报公园记名打分，并提出“同意申报为国家地质公园”或“不同意成为国家地质公园”的评审意见。评审委员会根据得分结果提出拟授予国家地质公园资格名单（按得分排序），并向国家地质遗迹保护（地质公园）领导小组（简称“领导小组”）提交评审报告。

领导小组召开会议对评审委员会提交的评审报告进行审核，最终做出授予国家地质公园资格的决定。

（二）建设阶段

在取得国家地质公园资格后3年内，地质公园应编制《国家地质公园总体规划》，并按《中国国家地质公园建设工作指南》和规划要求，按期完成地质公园的建设。

对未按期建成的单位，取消国家地质公园资格。

跨县（市、区）的国家地质公园应建立由同属市（地、州）人民政府批准的统一管理机构；跨市（地、州）的国家地质公园应建立由同属省（区、市）人民政府批准的统一管理机构；跨省（区、市）的国家地质公园应建立省际联系机构。

(三)批准阶段

1.地质公园建设完成后,由省(区、市)国土资源行政主管部门组织专家进行实地审查验收,达标后向国土资源部提出批复申请;国土资源部接到申请后委派专家组进行实地复核,并根据专家组考察意见决定是否正式授予国家地质公园称号。

2.申请批复国家地质公园时应提交以下材料:

①国家地质公园建设工作报告;

②国家地质公园总体规划;

③省级国土资源行政主管部门审查验收意见。

3.公园所在地人民政府政府负责举行地质公园揭碑开园仪式。

国土资源部办公厅

2009年5月23日

国土资源部关于规范新立和扩大勘查范围探矿权申请资料的通知

国土资发〔2009〕103号

各省、自治区、直辖市国土资源厅(国土环境资源厅、国土资源局、国土资源和房屋管理局、规划和国土资源管理局):

为进一步规范探矿权管理,根据《矿产资源勘查区块登记管理办法》有关规定,现就向国土资源部提交新立探矿权和扩大勘查范围探矿权申请资料(石油、天然气、煤层气除外)有关事项通知如下:

一、探矿权申请人应提交的资料。

(一)申请登记书;

(二)申请的区块范围图;

(三)勘查单位的资格证书复印件;

(四)勘查工作计划、勘查合同或者委托勘查的证明文件;

(五)勘查实施方案及附件;

(六)勘查项目资金来源证明;

(七)企业法人营业执照副本复印件或事业单位法人证书复印件;

(八)交通位置图;

(九)探矿权申请范围核查表;

(十)省级国土资源行政主管部门同意设置探矿权的意见;

(十一)外商投资(含合资合作)的勘查项目还应提交公司章程(合资合作企业还需提交公司合同)、军事部门同意设置探矿权的意见;

(十二)海域勘查项目还应提交海洋部门同意设置探矿权的意见;

(十三)扩大勘查范围探矿权申请还应提交勘查工作阶段性总结报告、矿产资源勘查项目年度报告和勘查许可证原件;

(十四)经批准以协议出让方式申请探矿权的,还应提交同意以协议方式出让探矿权的证明材料;以招标、拍卖、挂牌出让方式申请探矿权的,还应提交成交确认证明材料。

上述资料应同时按《国土资源部关于探矿权、采矿权申请资料实行电子文档申报的公告》(国土资源部公告2007年第12号)规定提交电子文档。

二、省级国土资源行政主管部门应严格按照矿产资源法律法规及相关规定,20个工作日内对探矿权申请人提交的探矿权申请进行核实,对符合探矿权设置条件的签署同意的意见(格式见附件);对不符合探矿权设置条件的,给申请人出具不同意的书面意见。

三、本通知自发布之日起实行,以往有关新立和扩大勘查范围探矿权申请资料的规定与本通知不一致的,以本通知规定为准。

附件:关于同意设置探矿权申请的函

国土资源部

2009年8月18日

关于同意设置探矿权申请的函

国土资源部矿产开发管理司:

我厅(局)收到______公司(单位)申请的“______”探矿权,经核实,属国土资源部发证权限,现将核实情况函告如下:

1.申请区块面积______;

坐标:______;

2.申请区块范围内未受理探矿权、采矿权申请;

3.申请区块范围内未设置探矿权、采矿权;

4.申请区块范围内无国家出资已探明的矿产地或探矿权采矿权灭失的矿产地;

5.申请区块范围不属于招标、拍卖、挂牌的勘查区;

6.申请区块范围不属于禁止勘查区;

7.无其他需要说明的事项。

根据上述核查情况,我厅(局)同意设置该探矿权。

属于以协议、招标、拍卖、挂牌方式出让探矿权的,不受第4条、第5条规定的限制,并写明具体情况。

(厅(局)章或矿产资源勘查登记专用章)
年　月　日

国土资源部关于批准吉林长白山火山等44处国家地质公园资格的通知

国土资发〔2009〕110号

各省、自治区、直辖市国土资源厅(国土环境资源厅、国土资源局、国土资源和房屋管理局、规划和国土资源管理局),中国地质调查局及部其他直属单位,部机关各司局:

为有效保护、合理开发和永续利用地质遗迹资源,经国家地质遗迹保护(地质公园)评审委员会评审通过,国家地质遗迹保护(地质公园)领导小组研究批准,同意授予吉林长白山火山等44处国家地质公园资格。

获得资格的地质公园要以科学发展观为指导,遵循“保护中开发,开发中保护”的原则,编制地质公园发展建设规划,按照国家地质公园建设指南,3年内完成地质公园建设工作。各级国土资源行政主管部门要加强对地质公园的监督管理,为促进该地区资源、环境、经济可持续发展作出贡献。

附件:第五批国家地质公园资格名单

国土资源部
2009年8月19日

第五批国家地质公园资格名单

吉林长白山火山国家地质公园
云南丽江玉龙雪山冰川国家地质公园
新疆天山天池国家地质公园
湖北武当山国家地质公园
山东诸城恐龙国家地质公园
安徽池州九华山国家地质公园
云南九乡峡谷洞穴国家地质公园
内蒙古二连浩特国家地质公园
新疆库车大峡谷国家地质公园
福建连城冠豸山国家地质公园
贵州黔东南苗岭国家地质公园
宁夏灵武国家地质公园
四川大巴山国家地质公园
贵州思南乌江喀斯特国家地质公园
湖南乌龙山国家地质公园
甘肃和政古生物化石国家地质公园
广西大化七百弄国家地质公园
四川光雾山-诺水河国家地质公园
江苏江宁汤山方山国家地质公园
内蒙古宁城国家地质公园
重庆万盛国家地质公园
西藏羊八井国家地质公园
陕西商南金丝峡国家地质公园
广西桂平国家地质公园
山东青州国家地质公园
河北兴隆国家地质公园
北京密云云蒙山国家地质公园
福建白云山国家地质公园
广东阳山国家地质公园
湖南湄江国家地质公园
河北迁安-迁西国家地质公园
湖北大别山(黄冈)国家地质公园
甘肃天水麦积山国家地质公园
河南小秦岭国家地质公园
青海贵德国家地质公园
北京平谷黄松峪国家地质公园
河南红旗渠-林虑山国家地质公园
山西陵川王莽岭国家地质公园
重庆綦江木化石-恐龙国家地质公园
黑龙江伊春小兴安岭国家地质公园
陕西岚皋南宫山国家地质公园
吉林乾安泥林国家地质公园
安徽凤阳韭山国家地质公园
山西大同火山群国家地质公园

关于调整探矿权、采矿权申请资料有关问题的公告

国土资源部公告〔2009〕17号

一、自2009年7月1日起,新立探矿权登记申请和探矿权勘查范围变更登记申请,向国土资源部、各省(区、市)国土资源行政主管部门申报的规定要件中,一律提交基于1980西安坐标系测算的经纬度范围拐点坐标,同时需提交所在地县级国土资源主管行政部门签署意见的《探矿权申请范围核查表》。

二、自2009年7月1日起,划定矿区范围申请、新立采矿权登记申请及采矿权矿区范围变更登记申请,向国土资源部、各省(区、市)、市、县级国土资源行政主管部门申报的规定要件中,一律提交1980西安坐标系的范围拐点坐标,高程采用1985国家高程基准。同时需提交经有资质的测量单位和所在地县级国土资源行政主管部门签署意见的《采矿权申请范围核查表》。

三、石油、天然气、煤层气矿业权申请仍按原规定办理。

四、《探矿权申请范围核查表》、《采矿权申请范围核查表》及有关填表说明见本公告附件1、附件2,可在国土资源部网站下载(网址:www.mlr.gov.cn)

附件:1.《探矿权申请范围核查表》及填表说明

2.《采矿权申请范围核查表》及填表说明

国土资源部

2009年6月12日

附件1

探矿权申请范围核查表

探矿权申请人	(盖章)
勘查区名称	
项目类型	□新立探矿权登记　□变更勘查区范围
勘查区范围坐标	(可另附页)
勘查区所在地县级国土资源行政主管部门重叠核查意见	实地核查责任人(签名)　(单位盖章) 年　月　日

填表说明

一、"探矿权申请人"、"勘查区名称"要与申请资料中相应的名称一致,并加盖探矿权申请人公章。

二、"勘查区范围坐标"为申请人提交的采用1980西安坐标系的经纬度拐点坐标。

三、"勘查区所在地县级国土资源行政主管部门重叠核查意见"由勘查区所在地县级国土资源行政主管部门经过实地核查后填写并加盖公章,核查意见内容应包括:经实地核查,申请人提交的坐标范围内是否存在其他矿业权重叠设置,如有,还应附上重叠矿业权范围坐标(采用1980西安坐标系)。

四、如勘查区跨两个或多个县级辖区,需由所跨县国土资源行政主管部门分别填写核查意见及加盖公章。

附件2

采矿权申请范围核查表

采矿权申请人	(盖章)
矿山名称	
项目类型	□划定矿区范围　□新立采矿登记　□变更矿区范围
矿区范围坐标	(可另附页)
测量单位意见	实地测量人(签名)　(单位盖章) 年　月　日
矿区所在地县级国土资源行政主管部门重叠核查意见	实地核查责任人(签名)　(单位盖章) 年　月　日

填表说明

一、“采矿权申请人”、“矿山名称”要与申请资料中相应的名称一致，并加盖采矿权申请人公章。

二、“矿区范围坐标”为申请人提交的采用1980西安坐标系的拐点坐标。

三、“测量单位意见”由具有测绘资质的测量单位(部、省级国土资源行政主管部门负责登记的采矿权需乙级以上资质)进行现场实测后，填写并加盖公章。同时，需附上测量单位资质证书复印件。意见应写明：

1. 申请人提交的矿区范围坐标是本单位实地测量提供，实测的拐点已经做了现场标记。

2. 对探矿权转采矿权项目，其申请范围是否在探矿权范围内。

四、“矿区所在地县级国土资源行政主管部门重叠核查意见”由矿区所在地县级国土资源行政主管部门经过实地核查后填写并加盖公章，核查意见内容应包括：经实地核查，申请人提交的坐标范围内是否存在其他矿业权重叠设置，如有，还应附上重叠矿业权范围坐标(采用1980西安坐标系)。

五、如矿区范围跨两个或多个县级辖区，需由所跨县国土资源行政主管部门分别填写核查意见及加盖公章。

国土资源部办公厅关于印发《国土资源科学技术奖励办法》的通知

国土资厅发〔2009〕68号

各省、自治区、直辖市国土资源厅(国土环境资源厅、国土资源局、国土资源和房屋管理局、规划和国土资源管理局)，副省级城市国土资源行政主管部门，解放军土地管理局、新疆生产建设兵团国土资源局，各派驻地方的国家土地督察局，中国地质调查局及部其他直属单位，部机关各司局，中国土地学会、中国地质学会和中国地质矿产经济学会：

《国土资源科学技术奖励办法》经第31次部长办公会审议通过，现予印发，请遵照执行。

国土资源部办公厅

2009年7月31日

国土资源科学技术奖励办法

一、总　则

第一条　为调动广大科技人员的积极性和创造性，推动国土资源科技事业的发展，依据《社会力量设立科学技术奖管理办法》的有关规定，设立中国土地学会、中国地质学会、中国地质矿产经济学会国土资源科学技术奖(简称国土资源科学技术奖)，奖励在国土资源科技创新中作出重要贡献的集体和个人。

第二条　国土资源科学技术奖坚持公开公正、择优选定和鼓励创新原则，以精神奖励为主，物质奖励为辅，对获奖项目颁发证书和奖金。

第三条　设立国土资源科学技术奖励委员会，依照本办法，开展国土资源科学技术奖的评审工作。

第四条　国土资源科学技术奖每年评审一次，授奖人数和授奖单位数实行限额。每年设一等奖、二等奖2个等级。共奖励项目70项左右。其中，一等奖不超过10项，二等奖60项左右。

第五条　国土资源科学技术奖是推荐国家科学技术奖的基础，国土资源部将从历年获奖项目中择优组织申报国家科学技术奖。

第六条　国土资源科学技术奖在土地调查与评价、土地规划与利用、地质调查与评价、矿产资源勘查与保护利用、地质环境保护与地质灾害防治、基础研究、应用技术开发、国土资源管理等八个方面开展评奖工作。具体的奖励范围和评审标准见附件。

第七条　本办法适用于国土资源科学技术奖的推荐、评审和授奖工作。

二、推　荐

第八条　国土资源科学技术奖面向全社会，对符合奖励范围的成果实行限额推荐。

各省(区、市)国土资源行政主管部门，副省级城市国土资源行政主管部门，部直属单位，国土资源系统的学会为推荐单位。

推荐报奖项目须经推荐单位科技专家委员会初审，并按照推荐指标申报。

第九条　申请报奖项目应征得项目完成人和项目完成单位的同意，提交推荐书和附件材料。推荐书和附件材料要求完整、真实、可靠。

凡存在知识产权、项目完成单位和人员争议的成果，在争议未解决前，不得申报。

第十条　多个单位共同完成的重大项目，原则上应按整体成果报奖。总项目中的某子项目单独报奖，需征得总项目承担单位及项目负责人书面同意总项目再报奖时，应扣除获奖子项目。

报奖项目的完成单位和个人，应当是在成果研制、开发、生产、应用和推广中贡献显著，并对成果的完成起到组织和协调作用的单位和个人。

第十一条 推荐的报奖项目(国土资源管理类研究成果除外)应在技术评价(指鉴定、评审或验收及有关法定的审批文件等)完成后，成果的应用时间不低于两年；科普作品和论著的公开出版时间不低于两年。国土资源管理类研究成果应用时间不低于一年。

第十二条 申报但未获奖或经批准同意退出本年度评审的项目，如果以相同项目内容再次申报的，须隔一年以上并有新的成果内容；已获得国家或省级科学技术奖的项目，不得再次申报国土资源科学技术奖。

三、评审组织

第十三条 国土资源科学技术奖励委员会由国土资源部科技专家咨询委员会委员和中国土地学会、中国地质学会和中国地质矿产经济学会秘书长组成。主任由专家委主任担任，副主任由专家委副主任担任。

第十四条 国土资源科学技术奖励委员会主要职责是：

(一)终审国土资源科学技术奖评审结果；

(二)仲裁国土资源科学技术奖出现的争议问题；

(三)提出推荐国家科学技术奖项目建议；

(四)为国土资源科技奖励工作提供政策性意见和建议。

第十五条 设立国土资源科学技术奖办公室(简称办公室)。办公室设在国土资源部信息中心，承担具体事务性工作，国土资源部科技与国际合作司负责业务指导。

第十六条 国土资源科学技术奖励委员会下设若干专业评审组，组长和副组长人选由国土资源科学技术奖励委员会委员中选任。专业评审组成员实行资格聘任制。办公室根据当年的报奖项目具体情况，从具备专业评审资格的专家、学者中聘请，报专业评审组组长批准。专业评审组成员每年要有三分之一比例的调整。

专业评审组主要职责是：

(一)负责本专业评审组报奖项目的审查和评审，提出评审意见和奖励等级的建议；

(二)对有争议的请奖项目提出处理意见，提交国土资源科学技术奖励委员会裁定；

(三)向国土资源科学技术奖励委员会报告专业组评审结果。

四、评　审

第十七条 国土资源科学技术奖按照“两会三审”制评审产生结果。“两会”指专业组评审会和奖励委员会评审会。“三审”指推荐单位申报审查、专业组评审审查、奖励委员会终审审查。

第十八条 推荐材料经办公室形式审查合格后，提交专业评审组和国土资源科学技术奖励委员会进行评审。

第十九条 专业评审组根据当年的报奖项目数，按照一定比例通过网络审阅打分、会议评审、投票表决产生评审结果；专业评审组评审结果经公示后，提交国土资源科学技术奖励委员会终审。

第二十条 根据专业评审组评审结果，国土资源科学技术奖励委员会按照项目答辩、专业评审组介绍评审情况、投票表决产生终审结果。

第二十一条 国土资源科学技术奖的会议评审，须有三分之二以上(含三分之二)委员参加，评审结果方可有效。

国土资源科学技术奖励委员会委员因故不能出席会议的，由办公室提出补充人选，并经主任委员批准后予以补充。

第二十二条 评审结果以投票方式表决产生。一等奖项目须经到会专家三分之二以上(含三分之二)同意；二等奖项目须经到会专家二分之一以上(不含二分之一)同意。

第二十三条 国土资源科学技术奖评审实行回避制度。国土资源科学技术奖励委员会委员和各专业评审组成员如当年是报奖项目完成人的或与报奖项目完成单位、完成人有直接关系的，应当回避，不参加当年的评审工作。

五、公　示

第二十四条 国土资源科学技术奖接受社会监督，对国土资源科学技术奖的评审结果实行公示制度。在公示期间内，任何单位或个人如果对评审结果有异议的，可直接向办公室提出，超过公示期限的，不予受理。

第二十五条 推荐单位初审后的报奖项目，应在推荐单位和申报单位公示不少于10个工作日；专业评审组评审结果，应在国土资源部媒体上公示不少于10个工作日；国土资源科学技术奖励委员会终审结果，应在国土资源部媒体上公示不少于20个工作日。

第二十六条 提出异议的单位或个人必须提供书面异议材料，并提供必要的证明文件。

提出异议的单位或个人必须表明真实身份。以个人提出异议的，必须在异议材料上签署真实姓名和联系方式；以单位名义提出异议的，必须由法人代表签章，并加盖单位公章。

第二十七条 涉及项目完成单位或主要完成人名次排列的异议问题，由项目推荐单位负责处理，处理结果报国土资源科学技术奖励委员会备案。

涉及项目实质性问题（指推荐书填写内容与申报项目事实不符）的异议，由项目推荐单位提出处理意见，报国土资源科学技术奖励委员会裁定。

第二十八条 对报奖项目的评定等级提出异议的，一律不予受理。对在规定时间内未完成异议处理的项目，本年度暂不授奖。

第二十九条 评审结果公布后，要求退出本年度评奖的项目，须由项目推荐单位以书面方式向办公室提出，交由国土资源科学技术奖励委员会审定，经批准同意方可退出评审。

六、批准和授奖

第三十条 公示后的国土资源科学技术奖励委员会终审结果，由国土资源部批准，确认为当年获奖结果。

第三十一条 对获奖项目完成单位和主要完成人员颁发证书，并给予奖励。

第三十二条 国土资源科学技术奖是授予从事国土资源研究的广大科技工作者的荣誉，获奖证书不作为确定科技成果权属的直接依据。

七、附 则

第三十三条 发现单位或个人干扰正常评奖活动的，将给予通报批评，对已评上的项目不予授奖，取消推荐单位的推荐资格三年。

第三十四条 推荐单位和人员提供虚假数据、材料的，协助被推荐单位和人员骗取国土资源科学技术奖的，取消推荐资格，由所在单位或上级机关对直接责任主管和其他责任人给予严肃处理。

第三十五条 国土资源科学技术奖励委员会的委员和各专业评审组成员参加奖励评审时，应对评审项目的关键技术和评审会议情况保守秘密，不得向外透露有关情况，违反者撤销评审资格。

第三十六条 本办法由国土资源部科技主管机构负责解释，自发布之日起实施。

国土资源科学技术奖奖励范围与评审标准

按照土地调查与评价、土地规划与利用、地质调查与评价、矿产资源勘查与保护利用、地质环境保护与地质灾害防治、基础研究、应用技术开发、国土资源管理八个方面，制定相应的奖励范围与评审标准如下：

（一）土地调查与评价

奖励范围：土地资源调查与评价，地籍管理，土地分等定级与估价，土地利用和土地价格动态监测等方面以及理论、方法和技术研究方面有创新，对国家经济和社会发展有较大影响，经技术评价后，两年以上广泛应用的研究成果。

评审标准：

一等奖：调查工作难度很大，调查工作有较大创新，对推动土地调查评价科技进步作用重大；1:1万调查面积在10万平方千米以上或1:2000以上大比例尺土地调查面积在100平方千米以上，在国土资源管理工作中广泛应用，质量标准规范，取得显著的经济效益、社会效益和生态效益的土地调查成果；对国家经济建设及社会发展有重大影响；建立完备的土地利用数据库，能够实现调查成果及时更新。

二等奖：调查工作难度大，调查工作有创新，对推动土地调查评价科技进步作用较大；1:1万调查面积在2万平方千米以上或1:2000以上大比例尺土地调查面积在50平方千米以上，在国土资源管理工作中广泛应用，质量较标准规范，取得明显的经济效益、社会效益和生态效益的土地调查成果，对国家经济建设及社会发展有较大影响；建立土地利用数据库，基本实现调查成果的及时更新。

（二）土地规划与利用

奖励范围：土地规划与利用，土地整治与开发方面，在理论、方法和技术研究有创新，对国家经济和社会发展有较大影响，经技术评价后，两年以上广泛应用的研究成果。

评审标准：

一等奖：工作难度很大，有较大创新，对推动土地规划和土地开发、利用工作有重大作用，取得显著的经济效益、社会效益、生态效益的土地规划和土地开发、利用成果。

二等奖：工作难度大，有创新，对推动土地规划和土地开发、利用工作有很大作用，取得明显的经济效益、社会效益、生态效益的土地规划和土地开发、利用成果。

（三）地质调查与评价

奖励范围：在区域地质调查，海洋地质调查，区域地球物理、地球化学调查，遥感地质调查以及基础地质综合研究方面,科学理论、技术方法上有创新,对国家经济建设和社会发展有较大影响,经过技术评价后,两年以上广泛应用的研究成果。

评审标准:

一等奖:调查工作难度很大,调查工作有重大新发现与新认识,对推动地质调查工作有重大作用,取得重大经济效益或社会效益的地质调查成果。

二等奖:调查工作难度大,调查工作有重要新发现和新认识,对推动地质调查工作有重要作用,取得显著经济效益或社会效益的地质调查成果。

(四)矿产资源勘查与保

护利用奖励范围:在矿产资源规划、找矿勘查、矿产资源综合利用、矿产资源保护与可持续利用方面,新矿种或新矿床类型重要的发现,为矿产资源综合利用和优化矿产资源配置基础研究,推动相关领域技术的升级和先进方法的广泛应用,提高矿产资源利用水平,经过综合评价后,两年以上广泛应用,取得显著经济效益和社会效益的研究成果。

评审标准:

一等奖:勘查工作难度很大,国家重点矿种或有重大价值和意义的重要矿种,新发现和评价的可供近期开发利用,或可供进一步勘查的,技术经济条件优越的特大型矿床(总资源储量在大型矿床规模标准下限的3倍以上,提交资源储量类型333以上占总量的比例不低于50%,提交的资源储量报告经评审备案,且评定为优秀以上;地下水允许开采量大于10万立方米/日);或已开发利用,或已规划利用的重要矿产地中,新增资源储量达到大型及大型以上(提交资源储量类型达到333以上,资源储量报告经评审备案,且评定为优秀以上),经济社会效益显著的成果。

在区域矿产资源调查评价中取得的新发现和新认识,对矿产资源规划、保护和合理利用有重大影响和作用,对矿产资源勘查有重大的直接指导作用的成果;或发现新矿种、新矿床类型,对矿产资源勘查和开发利用,有重大作用和影响,经评价论证,具有现实的或潜在的显著经济效益和社会效益的成果;

对推动矿产资源的保护与合理利用、资源可持续利用以及科技进步有重大作用,技术难度很大,达到同类成果的领先水平,取得显著的经济效益、社会效益和生态环境效益的找矿成果。

二等奖:勘查工作难度大,国家重点矿种或有重大价值和意义的重要矿种,新发现和评价的可供近期开发利用,或可供进一步勘查的,技术经济条件优越的,大型及大型以上矿床(总资源储量在大型矿床规模标准下限以上,提交资源储量类型333以上占总量的比例不低于50%,提交的资源储量报告经评审备案,且评定为优秀以上;地下水允许开采量大于5万立方米/日);或已开发利用的,或已规划利用的重要矿产地中,新增资源储量达到中型及中型以上(提交资源储量类别达到333以上,资源储量报告经评审备案,且评定为优秀以上),经济社会效益显著的找矿成果;在区域矿产资源调查评价中取得的新发现和新认识,对矿产资源规划、保护和合理利用有重要影响和作用,对矿产资源勘查有重要的指导作用的成果;或发现新矿种、新矿床类型,对矿产资源勘查和开发利用,有重要作用和影响,经评价论证,具有现实的或潜在的经济效益和社会效益的成果;

对推动矿产资源的保护与合理利用、资源可持续利用以及科技进步有重大作用,技术难度很大,达到同类成果的先进水平,取得明显的经济效益、社会效益和生态环境效益的成果。(五)地质环境保护与地质灾害防治奖励范围:在地质环境、农业地质、城市地质调查、评价,地质灾害防治(调查、评估、监测预报、治理工程、群测群防体系建设等),矿山地质环境保护与恢复治理,水文地质、工程地质、环境地质调查评价,地下水(地热及矿泉水)勘查与合理开发利用,地质遗迹(含古生物化石及产地)调查、评价及保护,水文地质、工程地质和环境地质信息系统建设等有创新的成果,经综合评价后,两年以上应用的研究成果。

评审标准:

一等奖:区域地质环境条件复杂,工作难度很大,成果创新科学技术性强;在国内推广应用范围广泛,经济、社会、生态环境效益十分显著;对我国地质环境保护领域的科学技术进步,有十分重要的作用。

二等奖:区域地质环境条件较为复杂,工作难度较大,成果创新科学技术性较强;在国内推广应用范围较为广泛,经济、社会、生态环境效益显著;对我国地质环境保护领域的科学技术进步,有重要作用。

(六)基础研究

奖励范围:在土地科学、地质科学研究方面科学理论、学术上有创见,研究方法、技术手段上有创新,对推动科学技术发展有重大意义的研究成果,经综合评价后,两年以上广泛应用,主要专著已在国内外公开发行的学术刊物上发表或者作为学术专著公开出版两年以上。

评审标准:

一等奖:在科学上有重大发现,理论上取得突破性进展,为学术界所公认和广泛引用,带动了本学科或者相关学科的发展,对国家经济建设、社会发展有重大影响,成果应用后取得重要科学效益、经济效益和社会效益。

二等奖:科学上取得重要进展,为学术界所公认和引用，推动了本学科或者相关学科的发展，对国家经济建设、社会发展有较大影响，成果应用后取得明显经济效益和社会效益。

(七)应用技术开发

奖励范围：国土资源调查应用技术，地质勘查技术，矿产资源储量估算评价及矿业权评估技术、分析测试技术，信息技术应用，矿产资源综合利用技术，技术规范与标准等研究成果，经技术评价后，两年以上较大规模生产实施应用，证明完全达到设计技术指标，性能稳定可靠，成果经转化推广应用后，取得显著经济效益和社会效益。

评审标准：

一等奖：在技术上有重大创新，技术难度大，总体技术水平和主要技术经济指标达到同类领先水平，成果转化程度高，创造重大的经济、社会效益，对行业的技术进步和产业结构优化升级有重大作用。

二等奖：在技术上有大的创新，技术难度较大，总体技术水平和主要技术经济指标达到了同类先进水平，成果转化程度高，创造很大的经济、社会效益，对行业的技术进步和产业结构调整有较大意义。

(八)国土资源管理

奖励范围：为促进国土资源管理研究开展的基础理论、战略、规划、制度、经济政策研究成果；为国土资源规划、管理、保护与合理利用制度创新和决策支持作出重大贡献的研究成果；在技术和方法上有创新性，基础研究深入，具有全国性示范作用的土地和矿产规划成果；为普及科学知识的研究成果，经综合评价后，一年以上的应用，取得显著的示范效应、社会效益和经济效益。

评审标准：

一等奖：理论上有较大创新，研究方法和技术路线上有重大突破，在国家层面的管理决策中得到应用；科普作品对提高全民素质，人才培养发挥了重要作用，取得了显著的社会效益或经济效益，研究成果对全国有重要示范效应，对推动全行业乃至全国经济发展和社会进步有重大意义。

二等奖：理论上有创新，研究方法和技术路线上有较大突破，在大区域和各省、自治区、直辖市国土资源管理决策中得到应用；科普作品对提高全民素质，人才培养发挥了作用，取得了明显的社会效益或经济效益，研究成果在全省、自治区、直辖市乃至全国有重要示范效应，对推动地区经济发展和社会进步有较大意义。

国土资源部办公厅关于开展地质和矿产勘查开发法规文件清理工作的通知

国土资厅发〔2009〕77号

各省、自治区、直辖市国土资源厅(国土环境资源厅、国土资源局、国土资源和房屋管理局、规划和国土资源管理局)：

为进一步推进依法行政，完善适应社会主义市场经济体制的地质和矿产资源管理法律体系，更好地保障和促进地质找矿改革发展，根据地质找矿改革发展大讨论重点工作的安排，部决定对现行地质和矿产勘查开发相关法律、法规、规章和规范性文件进行全面清理。现就清理工作有关事项通知如下：

一、目标任务

通过全面清理现行地质和矿产勘查开发相关法律、法规、规章和规范性文件，对涉及地质和矿产勘查开发的国土资源部规章、部和省级国土资源管理部门制定的规范性文件中存在的不合法、不适应、不协调的制度规定提出废止或修改的意见建议；对规范地质和矿产勘查开发活动的法律、行政法规、国务院及其相关部门制定的规范性文件、地方性法规、地方政府规章、省级人民政府及其相关部门制定的规范性文件中存在的主要问题进行集中研究梳理，提出废止或修改的建议。

二、清理范围

2009年8月31日前公布的、现行有效的地质和矿产勘查开发相关法律、法规、规章和规范性文件，主要包括：

(一)地质和矿产勘查开发相关法律、行政法规、国务院文件、国土资源部和国务院相关部门制定的规章和规范性文件(具体范围见附件1)；

(二)涉及地质和矿产勘查开发的地方性法规、地方政府规章、省级人民政府及其国土资源等部门制定的规范性文件。

规范性文件的界定，根据《国土资源管理规范性文件合法性审查办法》(国土资源部令第36号)第二条第二款的规定执行。

三、清理要求

(一)全面收集汇总本省(自治区、直辖市)涉及地质和矿产勘查开发的地方性法规、地方政府规章、省级人民政府及其国土资源等部门制定的规范性文件，分别进行清理，并填写《现行地质和矿产勘查开发相关地方性法规、地方政府规章、省级人民政府及其国土资源等部门制定的规范性文件清理情况统计表》（见附件2）。

1. 对于省级国土资源管理部门制定的涉及地质和矿产勘查开发的规范性文件，按照以下原则进行清理，并填写《涉及地质和矿产勘查开发的省级国土资源管理部门规范性文件清理情况统计表》（见附件3）：

①主要内容与法律、法规和规章的有关规定相抵触的，或者主要规定超越制定机关权限的，应当予以废止；

②主要内容违背社会主义市场经济基本原则，与《国务院关于全面整顿和规范矿产资源开发秩序的通知》（国发〔2005〕28号）、《国务院关于加强地质工作的决定》（国发〔2006〕4号）等国家有关方针政策不相一致的，应当予以废止；

③已被新的规范性文件所代替的，或者适用期已过、调整对象已消失，不符合经济社会发展实际的，应当予以废止或宣布失效；

④个别条款与上位法规定不一致，或者有关规定过于原则或概念不清，容易引起歧义，难以操作，但因管理需要不能立即废止的，应当限期修改、重新制定；

⑤有关规范性文件与国土资源部等国务院相关部门制定的规范性文件概念不统一，相互不衔接，对同一事项的规定不一致的，要提出明确的处理意见，限期处理。

2. 对于涉及地质和矿产勘查开发的地方性法规、地方政府规章、省级人民政府及其相关部门制定的规范性文件，应当针对以下问题进行集中梳理，逐一分析原因并提出相关建议，填写《涉及地质和矿产勘查开发的地方性法规、地方政府规章、省级人民政府及其相关部门制定的规范性文件清理情况统计表》（见附件4）：

①主要内容与上位法相抵触的，或者已被新的法律、法规、规章所代替的，应当建议废止；

②有关规定过于原则或概念不清，容易引起歧义，难以操作的，或者个别条款与上位法的有关规定不相一致的，应当建议修改；

③地方性法规与行政法规、地方政府规章与国土资源部规章、省级人民政府及其相关部门制定的规范性文件与国务院及其相关部门制定的规范性文件、省级人民政府有关部门制定的规范性文件对同一事项的规定不一致的，应当对差异点进行梳理分析，提出处理建议；

④发现其他合法性、适应性和协调性问题的，应当进行归纳分析，提出处理建议。

（二）对于涉及地质和矿产勘查开发的法律、行政法规、国务院文件、国土资源部和国务院相关部门制定的规章和规范性文件，认为存在以上问题的，可以按照相应的处理原则提出废止或修改的建议，填写《涉及地质和矿产勘查开发的法律、行政法规、国务院文件、国土资源部和国务院相关部门制定的规章和规范性文件清理情况统计表》（见附件5）。

各省、自治区、直辖市国土资源管理部门要在2009年10月30日前将清理情况书面报告（内容主要包括清理工作情况、清理结果、存在的问题、处理意见和附表）及电子文档一式5份报送国土资源部；11月30日前将清理结果和现行有效的规范性文件目录在本省、自治区、直辖市国土资源管理部门门户网站上向社会公布，未予公布的规范性文件不得作为管理依据。

四、加强组织领导

全面、及时清理地质和矿产勘查开发相关法律、法规、规章和规范性文件，是维护法制统一和政令畅通、推进依法行政、保障和促进地质找矿改革发展的客观要求和重要措施。清理工作事关重大、任务繁重、政策性强，各省、自治区、直辖市国土资源管理部门要高度重视这次清理工作，加强领导，精心组织，周密部署，抽调业务骨干集中开展清理工作，确保清理任务如期完成。

各省、自治区、直辖市国土资源管理部门要按照本通知精神，对本行政区域内的法规文件清理工作作出具体部署，指导市、县级国土资源管理部门对涉及地质和矿产勘查开发的规范性文件进行全面清理。

联系人：张　颖　苗　菁

联系电话：(010)66558554　66558559

6558543（传真）

电子邮件：flzx102@163.com

附件：1. 地质和矿产勘查开发相关法律、行政法规、国务院文件、国土资源部和国务院相关部门制定的规章和规范性文件目录

2. 现行地质和矿产勘查开发相关地方性法规、地方政府规章、省级人民政府及其国土资源等部门制定的规范性文件清理情况统计表

3. 涉及地质和矿产勘查开发的省级国土资源管理部门规范性文件清理情况统计表

4. 涉及地质和矿产勘查开发的地方性法规、地方政府规章、省级人民政府及其相关部门制定的规范性文件清理情况统计表

5. 涉及地质和矿产勘查开发的法律、行政法规、国务院文件、国土资源部和国务院相关部门制定的规章和规范性文件清理情况统计表

2009年9月25日

附件1： **地质和矿产勘查开发相关法律、行政法规、国务院文件、国土资源部和国务院相关部门制定的规章和规范性文件目录**

（共268件，截至2009年8月31日）

一、法　　律			
序号	名称	发文单位及文号	发文时间
1	中华人民共和国矿产资源法		1986年3月19日第六届全国人民代表大会常务委员会第十五次会议通过，根据1996年8月29日第八届全国人民代表大会常务委员会第二十一次会议《关于修改〈中华人民共和国矿产资源法〉的决定》修正
二、行政法规			
2	中华人民共和国对外合作开采海洋石油资源条例	国务院	1982年1月30日颁布，2001年9月23日国务院关于修改《中华人民共和国对外合作开采海洋石油资源条例》的决定（国务院令第318号）进行修正
3	矿产资源监督管理暂行办法	国务院	1987年4月29日
4	盐业管理条例	国务院 国务院令第51号	1990年3月2日
5	中华人民共和国资源税暂行条例	国务院 国务院令第139号	1993年12月25日
6	中华人民共和国对外合作开采陆上石油资源条例	国务院 国务院令第131号	1993年10月7日颁布，2001年9月23日国务院关于修改《中华人民共和国对外合作开采陆上石油资源条例》的决定（国务院令第317号）、2007年9月18日国务院关于修改《中华人民共和国对外合作开采陆上石油资源条例》的决定（国务院令第506号）进行修正
7	矿产资源补偿费征收管理规定	国务院 国务院令第150号	1994年2月27日颁布，1997年7月3日国务院关于修改《矿产资源补偿费征收管理规定》的决定（国务院令第222号）进行修正
8	中华人民共和国矿产资源法实施细则	国务院 国务院令第152号	1994年3月26日
9	矿产资源勘查区块登记管理办法	国务院 国务院令第240号	1998年2月12日
10	矿产资源开采登记管理办法	国务院 国务院令第241号	1998年2月12日
11	探矿权采矿权转让管理办法	国务院 国务院令第242号	1998年2月12日
12	煤矿安全监察条例	国务院 国务院令第296号	2000年11月7日
13	地质资料管理条例	国务院 国务院令第349号	2002年3月19日
14	地质灾害防治条例	国务院 国务院令第394号	2003年11月24日
15	地质勘查资质管理条例	国务院 国务院令第520号	2008年3月3日
三、国务院文件			
16	国务院关于整顿矿业秩序维护国家对矿产资源所有权的通知	国务院 国发〔1995〕33号	1995年12月11日
17	国务院关于关闭非法和布局不合理煤矿有关问题的通知	国务院 国发〔1998〕43号	1998年12月5日
18	国务院办公厅转发国土资源部等部门关于进一步鼓励外商投资勘查开采非油气矿产资源若干意见的通知	国务院办公厅 国办发〔2000〕70号	2000年10月24日
19	国务院办公厅关于进一步做好关闭整顿小煤矿和煤矿安全生产工作的通知	国务院办公厅 国办发〔2001〕68号	2001年9月16日

续附件 1－1

序号	名称	发文单位及文号	发文时间
20	国务院办公厅转发国土资源部关于进一步治理整顿矿产资源管理秩序的意见的通知	国务院办公厅 国办发〔2001〕85	2001 年 11 月 3 日
21	国务院关于促进煤炭工业健康发展的若干意见	国务院 国发〔2005〕18 号	2005 年 6 月 7 日
22	国务院关于全面整顿和规范矿产资源开发秩序的通知	国务院 国发〔2005〕28 号	2005 年 8 月 18 日
23	国务院办公厅转发发展改革委等部门关于加强钨锡锑行业管理意见的通知	国务院办公厅 国办发〔2005〕38 号	2005 年 7 月 13 日
24	国务院办公厅转发国土资源部等部门对矿产资源开发进行整合意见的通知	国务院办公厅 国办发〔2006〕108 号	2006 年 12 月 31 日
25	国务院办公厅关于加强煤炭行业管理有关问题的意见	国务院办公厅 国办发〔2006〕49 号	2006 年 7 月 6 日
26	国务院关于加强地质工作的决定	国务院 国发〔2006〕4 号	2006 年 1 月 20 日
27	国务院办公厅关于加快煤层气(煤矿瓦斯)抽采利用的若干意见	国务院办公厅 国办发〔2006〕47 号	2006 年 6 月 15 日
28	国务院办公厅关于印发国家突发地质灾害应急预案的函	国务院办公厅 国办函〔2005〕37 号	2005 年 5 月 14 日
四、国土资源部规章			
29	违反矿产资源法规行政处罚办法	地质矿产部 地质矿产部令第 17 号	1993 年 7 月 19 日
30	地质遗迹保护管理规定	地质矿产部 地质矿产部令第 21 号	1995 年 5 月 4 日
31	古生物化石管理办法	国土资源部 国土资源部令第 13 号	2002 年 7 月 29 日
32	地质资料管理条例实施办法	国土资源部 国土资源部令第 16 号	2003 年 1 月 3 日
33	国土资源部关于废止部分部门规章的决定	国土资源部 国土资源部令第 18 号	2003 年 2 月 20 日
34	国土资源部关于废止《地质勘查单位资格管理办法》的决定	国土资源部 国土资源部令第 20 号	2003 年 5 月 27 日
35	矿产资源登记统计管理办法国土资源部	国土资源部 令第 23 号	2003 年 11 月 26 日
36	地质灾害危险性评估单位资质管理办法	国土资源部 国土资源部令第 29 号	2005 年 5 月 20 日
37	地质灾害治理工程勘查设计施工单位资质管理办法	国土资源部 国土资源部令第 30 号	2005 年 5 月 20 日
38	地质灾害治理工程监理单位资质管理办法	国土资源部 国土资源部令第 31 号	2005 年 5 月 20 日
39	矿山地质环境保护规定	国土资源部 国土资源部令第 44 号	2009 年 3 月 2 日
五、国土资源部规范性文件			
40	矿产资源勘查、采矿登记收费标准及其使用范围的暂行规定	地质矿产部 财政部 地发〔1987〕289 号	1987 年 7 月 1 日
41	已开发油气田储量管理规定(试行)	全国矿产储量委员会 储发〔1992〕18 号	1992 年 3 月 1 日
42	关于矿产资源补偿费征收管理工作中若干问题的补充规定地质矿产部地发〔1994〕99 号	1994 年 6 月 29 日	
43	矿产资源勘查区块划分及编号办法	地质矿产部 地发〔1995〕125 号	1995 年 6 月 14 日
44	关于冶金采、选、冶联合企业缴纳矿产资源补偿费标准的通知	地质矿产部 地发〔1996〕51 号	1996 年 3 月 5 日
45	关于印发《矿产资源补偿费专用票据管理办法》的通知	地质矿产部 中国人民银行 地发〔1996〕177 号	1996 年 7 月 26 日

续附件 1－2

序号	名称	发文单位及文号	发文时间
46	关于加强矿泉水勘查登记管理的通知	地质矿产部 地发〔1996〕229 号	1996 年 10 月 23 日
47	关于新发现矿种履行申报手续的通知	地质矿产部 地发〔1996〕232 号	1996 年 10 月 28 日
48	关于加强矿产资源补偿费征收财务管理与监督的通知	地质矿产部 地发〔1996〕277 号	1996 年 12 月 19 日
49	全国矿产资源委员会办公室、地质矿产部办公厅关于煤层气资源勘查、开采登记管理工作若干问题的通知	全国矿产资源委员会办公室全资办发〔1997〕64 号	1997 年
50	关于确定地质矿产主管部门行政处罚权限的通知	地质矿产部 地发〔1997〕140 号	1997 年 6 月 17 日
51	关于矿产资源勘查登记、开采登记有关规定的通	知国土资源部 国土资发〔1998〕7 号	1998 年 4 月 10 日
52	关于采矿权申请登记书式样的通知	国土资源部 国土资发〔1998〕14 号	1998 年 4 月 20 日
53	关于印发探矿权、采矿权转让申请书、审批表及审批通知书格式的通知	国土资源部 国土资发〔1998〕20 号	1998 年 4 月 27 日
54	关于矿山企业办理采矿登记与企业工商登记有关问题的通知	国土资源部 国家工商行政管理局 国土资厅发〔1998〕104 号	1998 年 8 月 24 日
55	关于在采矿权审批中贯彻我部“三定”方案的通知	国土资源部 国土资发〔1998〕137 号	1998 年 9 月 24 日
56	关于转发矿泉水地热水管理职责分工文件的通知	国土资源部 国土资发〔1999〕25 号	1999 年 1 月 26 日
57	关于加强矿山生态环境保护工作的通知	国土资源部 国土资发〔1999〕36 号	1999 年 2 月 4 日
58	关于印发《探矿权采矿权评估管理暂行办法》和《探矿权采矿权评估资格管理暂行办法》的通知	国土资源部 国土资发〔1999〕75 号	1999 年 3 月 30 日
59	关于加强对矿产资源开发利用方案审查的通知	国土资源部 国土资发〔1999〕98 号	1999 年 4 月 19 日
60	关于委托采矿权评估结果确认的通知	国土资源部 国土资发〔1999〕99 号	1999 年 4 月 19 日
61	关于颁布《矿产资源储量评审认定办法》的通知	国土资源部 国家计委国家经贸委 中国人民银行 中国证监会 国土资发〔1999〕205 号	1999 年 7 月 15 日
62	关于放射性矿产采矿许可证发放问题的复函	国土资源部 国土资发〔1999〕262 号	1999 年 8 月 12 日
63	关于印发《矿产资源规划管理暂行办法》的通知	国土资源部 国土资发〔1999〕356 号	1999 年 10 月 12 日
64	关于在矿业权转让时做好有关工作的通知	国土资源部 国土资发〔1999〕385 号	1999 年 10 月 27 日
65	关于转发中央机构编制委员会办公室《关于解释重要矿产资源管理有关问题的复函》的通知	国土资源部 国土资发〔1999〕432 号	1999 年 11 月 24 日
66	关于下达国土资源综合统计报表制度的通知	国土资源部 国土资发〔1999〕445 号	1999 年 12 月 3 日
67	关于征收黄金矿产资源补偿费有关问题的通知	国土资源部 财政部国土资发〔1999〕510 号	1999 年 12 月 24 日
68	关于加强地质环境监测工作的通知	国土资源部 国土资发〔2000〕14 号	2000 年 1 月 13 日
69	关于清理国家出资勘查已探明矿产地的通知	国土资源部 国土资厅发〔2000〕32 号	2000 年 5 月 16 日
70	关于涉外非法人企业申请探矿权有关问题的通知	国土资源部 国土资发〔2000〕46 号	2000 年 1 月 17 日
71	矿产资源储量评审认定工作有关规定	国土资源部 国土资厅发〔2000〕54 号	2000 年 7 月 7 日
72	关于印发《矿产储量评估师管理办法》的通知	国土资源部 国土资发〔2000〕71 号	2000 年 2 月 24 日
73	关于国家紧缺矿产资源探矿权采矿权使用费减免办法的通知	国土资源部 国土资厅发〔2000〕76 号	2000 年 9 月 21 日

续附件 1-3

序号	名称	发文单位及文号	发文时间
74	关于申报国家地质公园的通知	国土资源部 国土资厅发〔2000〕77 号	2000 年 9 月 21 日
75	关于授权换发、颁发外商投资矿山企业采矿许可证的通知	国土资源部 国土资发〔2000〕122 号	2000 年 4 月 11 日
76	关于印发《矿产资源储量规模划分标准》的通知	国土资源部 国土资发〔2000〕133 号	2000 年 4 月 24 日
77	关于印发《探矿权采矿权使用费减免办法》的通知	国土资源部 国土资发〔2000〕174 号	2000 年 6 月 6 日
78	关于加强地热、矿泉水勘查、开采管理的通知	国土资源部 国土资发〔2000〕209 号	2000 年 7 月 28 日
79	关于重新发布《探矿权采矿权评估资格管理暂行办法》的通知	国土资源部 国土资发〔2000〕302 号	2000 年 10 月 31 日
80	关于印发《矿业权出让转让管理暂行规定》的通知	国土资源部 国土资发〔2000〕309 号	2000 年 11 月 1 日
81	关于加强河道采砂监督管理工作的通知	国土资源部 国土资发〔2000〕322 号	2000 年 11 月 13 日
82	关于进一步做好地质环境监测工作的通知	国土资源部 国土资发〔2000〕340 号 2000 年 11 月 30 日	
83	关于在机构改革中进一步加强地质资料管理工作的通知	国土资源部 国土资发〔2000〕385 号	2000 年 12 月 18 日
84	关于规范建设项目压覆矿产资源审批工作的通知	国土资源部 国土资发〔2000〕386 号	2000 年 12 月 18 日
85	关于加强地下水监测监督管理的通知	国土资源部 国土资发〔2001〕13 号	2001 年 1 月 11 日
86	国土资源部关于推进地质勘查队伍深化改革、促进发展的若干意见	国土资源部 国土资发〔2001〕56 号	2001 年 2 月 28 日
87	关于加强钨矿开发管理工作的通知	国土资源部 国土资发〔2001〕80 号	2001 年 3 月 20 日
88	关于在海域颁发采矿许可证有关问题的通知	国土资源部 国土资发〔2001〕92 号	2001 年 3 月 26 日
89	关于建立油气勘查开采督察员制度的通知	国土资源部 国土资厅发〔2001〕93 号	2001 年 3 月 29 日
90	关于进一步整顿矿业经济秩序规范矿业权市场的通知	国土资源部 国土资发〔2001〕169 号	2001 年 6 月 15 日
91	关于对四川省地质矿产行政主管部门授权的批复	国土资源部 国土资函〔2001〕169 号	2001 年 3 月 26 日
92	关于印发《矿产资源储量评审机构资格管理暂行办法》的通知	国土资源部 国土资发〔2001〕172 号	2001 年 6 月 20 日
93	关于印发《省级矿产资源规划审批办法》的通知	国土资源部 国土资发〔2001〕211 号	2001 年 7 月 20 日
94	关于印发《省级矿产资源规划会审办法》的通知	国土资源部 国土资发〔2001〕227 号	2001 年
95	关于加强矿产资源勘查开采监督管理工作的通知	国土资源部 国土资发〔2001〕272 号	2001 年 9 月 4 日
96	关于重组矿产督察员队伍的通知	国土资源部 国土资发〔2001〕279 号	2001 年 9 月 21 日
97	关于开展成果地质资料电子文件汇交工作的通知	国土资源部 国土资发〔2002〕93 号	2002 年 3 月 21 日
98	关于从严控制海域建筑用砂勘查开采有关问题的通知	国土资源部 国土资发〔2002〕153 号	2002 年 5 月 17 日
99	关于做好《地质资料管理条例》贯彻实施工作的通知	国土资源部 国土资发〔2002〕172 号	2002 年 5 月 28 日
100	关于开展矿产资源储量核查检测试点工作的通知	国土资源部 国土资发〔2002〕187 号	2002 年 6 月 13 日
101	关于矿山企业进行生产勘探有关问题的通知	国土资源部 国土资发〔2002〕344 号	2002 年 10 月 21 日
102	关于印发《矿产资源规划实施办法》的通知	国土资源部 国土资发〔2002〕388 号	2002 年 12 月 5 日
103	关于进一步加强地热、矿泉水资源管理的通知	国土资源部 国土资发〔2002〕414 号	2002 年 12 月 19 日
104	关于印发《中央所得探矿权采矿权使用费和价款使用管理暂行办法》的通知	国土资源部 国土资发〔2002〕433 号	2002 年 12 月 30 日

续附件 1－4

序号	名称	发文单位及文号	发文时间
105	关于加强探矿权评估监督管理的通知	国土资源部 国土资发〔2003〕16 号	2003 年 1 月 16 日
106	关于印发《市(地)县(市)级国土资源主管部门矿产资源监督管理暂行办法》的通知	国土资源部 国土资发〔2003〕17 号	2003 年 1 月 16 日
107	关于开展石油天然气(含煤层气)勘查开采年检工作的通知	国土资源部 国土资厅发〔2003〕18 号	2003 年
108	关于印发《矿产督察工作制度》的通知	国土资源部 国土资发〔2003〕62 号	2003 年 2 月 28 日
109	关于印发《矿产资源补偿费勘查项目管理暂行办法》的通知	国土资源部 国土资发〔2003〕71 号	2003 年 3 月 13 日
110	关于深海及特殊海域免缴探矿权使用费等有关问题的复函	国土资源部 国土资厅函〔2003〕87 号	2003 年
111	关于印发《矿产勘查及油气开采督察员工作制度》的通知	国土资源部 国土资发〔2003〕99 号	2003 年 4 月 7 日
112	关于加强矿产资源储量评审监督管理的通知	国土资源部 国土资发〔2003〕136 号	2003 年 5 月 6 日
113	关于建立探矿权年度检查制度的通知	国土资源部 国土资发〔2003〕149 号	2003 年 5 月 20 日
114	关于加强公路沿线地质灾害防治工作的通知	国土资源部 交通部 安全监管局 国土资发〔2003〕151 号	2003 年 5 月 23 日
115	关于印发《探矿权采矿权招标拍卖挂牌管理办法(试行)》的通知	国土资源部 国土资发〔2003〕197 号	2003 年 6 月 10 日
116	关于认真学习贯彻审理非法采矿、破坏性采矿刑事案件具体应用法律若干问题解释的通知	国土资源部 国土资发〔2003〕213 号	2003 年 6 月 16 日
117	关于印发《地质勘查资质注册登记办法》的通知	国土资源部 国土资发〔2003〕218 号	2003 年 6 月 24 日
118	关于贯彻《地质勘查资质注册登记办法》有关问题的通知	国土资源部 国土资发〔2003〕230 号	2003 年 6 月 30 日
119	国土资源部国家旅游局关于做好旅游区(点)地质灾害防治工作的通知	国土资源部 国家旅游局国土资发〔2003〕324 号	2003 年 8 月 21 日
120	关于开展矿泉水注册登记工作的通知	国土资源部 国土资发〔2003〕327 号	2003 年 8 月 13 日
121	关于加强铁路沿线地质灾害防治工作的通知	国土资源部 铁道部国土资发〔2003〕352 号	2003 年 9 月 16 日
122	关于印发《关于加强地方和行业公益性地质调查队伍建设的意见》的通知	国土资源部 国土资发〔2003〕358 号	2003 年 9 月 19 日
123	关于配合做好制止钢铁水泥电解铝行业盲目投资若干意见工作的通知	国土资源部 国土资厅发〔2004〕11 号	2004 年 1 月 30 日
124	关于开展省级地质勘查规划编制工作的通知	国土资源部 国土资发〔2004〕17 号	2004 年 1 月 29 日
125	关于进一步加快海域石油天然气勘探工作的报告	国土资源部 国土资发〔2004〕21 号	2004 年 2 月 3 日
126	关于进一步加强矿产资源规划实施管理工作的通知	国土资源部 国土资发〔2004〕29 号	2004 年 2 月 16 日
127	关于加强煤炭资源勘查开采管理的通知	国土资源部 国土资发〔2004〕34 号	2004 年 2 月 19 日
128	关于开展矿产资源储量登记工作的通知	国土资源部 国土资发〔2004〕35 号	2004 年 2 月 20 日
129	关于做好矿产资源统计工作的通知	国土资源部 国土资发〔2004〕61 号	2004 年 5 月 15 日
130	关于加强和完善矿产开发利用年度检查工作有关问题的通知	国土资源部 国土资发〔2004〕64 号	2004 年 3 月 17 日

续附件 1－5

序号	名称	发文单位及文号	发文时间
131	关于进一步做好矿产资源管理专项整治工作的通知	国土资源部 国土资厅发〔2004〕84 号	2004 年 6 月 24 日
132	关于加强地质灾害报告制度的通知	国土资源部 国土资发〔2004〕86 号	2004 年 4 月 14 日
133	关于进一步加强探矿权采矿权价款管理的通知	国土资源部 国土资发〔2004〕97 号	2004 年 4 月 28 日
134	关于贯彻实施新的《石油天然气/储量分类》国家标准的通知	国土资源部 国土资发〔2004〕162 号	2004 年 7 月 26 日
135	关于进一步加强大中型矿山企业、重点地区和主要矿种矿产资源补偿费征管工作的通知	国土资源部 国土资发〔2004〕173 号	2004 年 8 月 11 日
136	关于地质调查项目勘查登记有关问题的复函	国土资源部 国土资厅函〔2004〕205 号	2004 年
137	关于加强国家规划矿区内矿权管理的通知	国土资源部 国土资发〔2004〕206 号	2004 年 9 月 27 日
138	关于调整部分矿种矿山生产规模标准的通知	国土资源部 国土资发〔2004〕208 号	2004 年 9 月 30 日
139	关于实施矿产资源及矿山开发统计快报制度的通知	国土资源部 国土资发〔2004〕249 号	2004 年 11 月 17 日
140	关于申报国家矿山公园的通知	国土资源部 国土资发〔2004〕256 号	2004 年 11 月 19 日
141	关于鄂尔多斯盆地油气与煤炭矿产勘查开采登记范围重叠处理意见的函	国土资源部 国土资厅函〔2004〕267 号	2004 年
142	关于设立首批煤炭国家规划矿区的公告	国土资源部 发展改革委公告 2004 年第 13 号	2004 年
143	关于印发《全国油气资源战略选区调查与评价项目管理暂行办法》的通知	国土资源部 国土资厅发〔2005〕23 号	2005 年 3 月 25 日
144	关于印发《全国油气资源战略选区调查与评价项目经费管理办法》的通知	国土资源部 国土资厅发〔2005〕27 号	2005 年
145	关于印发《石油天然气探明储量报告编制暂行规定》的通知	国土资源部 国土资发〔2005〕74 号	2005 年 4 月 18 日
146	关于开展地质勘查资质注册登记工作的通知	国土资源部 国土资厅发〔2005〕41 号	2005 年 4 月 29 日
147	关于印发《国土资源部地质灾害灾情和险情快速处置程序》的通知	国土资源部 国土资厅发〔2005〕88 号	2005 年 7 月 22 日
148	国土资源部、国务院振兴东北办关于印发《关于东北地区老工业基地土地和矿产资源若干政策措施》的通知	国土资源部 国土资发〔2005〕91 号	2005 年 6 月 15 日
149	国土资源部、教育部关于加强中小学校区(舍)地质灾害防治工作的通知	国土资源部 国土资发〔2005〕153 号	2005 年 7 月 26 日
150	关于印发《非法采矿、破坏性采矿造成矿产资源破坏价值鉴定程序的规定》的通知 国土资源部	国土资发〔2005〕175 号	2005 年
151	关于全面启动整顿和规范矿产资源开发秩序工作的通知	国土资源部 国土资发〔2005〕198 号	2005 年 9 月 30 日
152	关于规范勘查许可证采矿许可证权限有关问题的通知	国土资源部 国土资发〔2005〕200 号	2005 年 9 月 30 日
153	关于加强矿产资源规划体系建设的意见	国土资源部 国土资发〔2005〕231 号	2005 年 11 月 11 日
154	关于加强国家矿山公园建设的通知国土资源部国土资厅发〔2006〕5 号	2006 年 1 月 11 日	
155	关于进一步规范矿业权出让管理的通知	国土资源部 国土资发〔2006〕12 号	2006 年 1 月 24 日
156	关于进一步加强煤炭资源勘查开采管理的通知	国土资源部 国土资发〔2006〕13 号	2006 年 1 月 24 日
157	关于印发《煤炭国家规划矿区矿业权设置方案编制要求》的通知	国土资源部 国土资厅发〔2006〕26 号	2006 年 2 月 22 日

续附件 1-6

序号	名称	发文单位及文号	发文时间
158	关于国有矿山企业采矿权转让有关问题的复函	国土资源部 国土资厅函〔2006〕29 号	2006 年 1 月 26 日
159	关于加强矿业权数据库管理的通知	国土资源部 国土资厅发〔2006〕31 号	2006 年 3 月 1 日
160	关于印发《国土资源部关于进一步推行行政执法责任制工作的实施方案》的通知	国土资源部 国土资厅发〔2006〕81 号	2006 年 6 月 13 日
161	关于全面开展矿山储量动态监督管理的通知	国土资源部 国土资发〔2006〕87 号	2006 年 4 月 28 日
162	关于加强矿产资源补偿费征收管理促进煤矿回采率提高的通知	国土资源部 国土资发〔2006〕88 号	2006 年 4 月 28 日
163	关于矿产资源整合中采矿登记程序有关问题的通知	国土资源部 国土资厅发〔2006〕100 号	2006 年 7 月 28 日
164	关于延长柠条塔矿井、张家峁矿井划定矿区范围预留期的复函	国土资源部 国土资厅函〔2006〕114 号	2006 年 3 月 17 日
165	关于加强矿产资源补偿费征收管理的通知	国土资源部 国土资发〔2006〕116 号	2006 年 6 月 1 日
166	关于调整矿业权价款确认(备案)和储量评审备案管理权限的通知	国土资源部 国土资发〔2006〕166 号	2006 年 7 月 25 日
167	关于进一步完善地质灾害速报制度和月报制度的通知	国土资源部 国土资发〔2006〕175 号	2006 年 8 月 2 日
168	关于重申矿业企业矿产资源勘查支出有关政策的通知	国土资源部 国土资发〔2006〕211 号	2006 年 9 月 11 日
169	关于加强地质勘查行业管理的通知	国土资源部 国土资发〔2006〕288 号	2006 年 12 月 8 日
170	国土资源部财政部国家发展和改革委员会关于印发《危机矿山接替资源找矿项目管理暂行办法》的通知	国土资源部 财政部 国家发展改革委 国土资发〔2006〕305 号	2006 年 11 月 9 日
171	关于印发《首批煤炭国家规划矿区资源评价总体设计》的函	国土资源部 国土资厅函〔2006〕417 号	2006 年 8 月 28 日
172	关于国有矿山企业采矿权转让有关问题的复函	国土资源部 国土资厅函〔2006〕635 号	2006 年 11 月 28 日
173	关于设立第二批煤炭国家规划矿区的公告	国土资源部 发展改革委公告	2006 第 1 号 2006 年
174	关于暂停受理煤炭探矿权申请的通知	国土资源部 国土资发〔2007〕20 号	2007 年 2 月 2 日
175	关于在《地质勘查规划》中增加地质资料开发利用规划项目表的通知	国土资源部 国土资厅发〔2007〕26 号	2007 年 2 月 6 日
176	关于调查探矿权采矿权有偿取得情况的通知	国土资源部 国土资厅发〔2007〕29 号	2007 年 2 月 12 日
177	关于印发《〈煤、泥炭地质勘查规范〉实施指导意见》的通知	国土资源部 国土资发〔2007〕40 号	2007 年 2 月 14 日
178	关于印发《第二轮省级矿产资源总体规划编制要点》的通知	国土资源部 国土资厅发〔2007〕38 号	2007 年 3 月 13 日
179	关于矿产资源整合中采矿登记有关问题的通知	国土资源部 国土资厅发〔2007〕65 号	2007 年 4 月 23 日
180	关于全面实施〈固体矿产资源储量分类〉国家标准和勘查规范有关事项的通知	国土资源部 国土资发〔2007〕68 号	2007 年 3 月 28 日
181	关于认真落实检查验收意见巩固整顿工作成果的通知	国土资源部 国土资发〔2007〕70 号	2007 年 3 月 29 日
182	关于调整钨和稀土矿勘查许可证采矿许可证登记权限有关问题的通知	国土资源部 国土资发〔2007〕92 号	2007 年 4 月 12 日
183	关于危机矿山接替资源找矿项目成果报告评审和储量评审备案有关事项的通知	国土资源部 国土资厅发〔2007〕93 号	2007 年 6 月 7 日
184	关于进一步规范采矿权许可证有效期的通知	国土资源部 国土资发〔2007〕95 号	2007 年 4 月 16 日

续附件 1－7

序号	名称	发文单位及文号	发文时间
185	关于加强煤炭和煤层气资源综合勘查开采管理的通知	国土资源部 国土资发〔2007〕96 号	2007 年 4 月 17 日
186	关于开展矿山储量动态监督管理检查工作的通知	国土资源部 国土资厅发〔2007〕67 号	2007 年 4 月 19 日
187	关于切实做好地质灾害灾情和险情速报工作的通知	国土资源部 国土资厅发〔2007〕118 号	2007 年 7 月 10 日
188	关于加强矿业权管理信息化建设工作的通知	国土资源部 国土资发〔2007〕137 号	2007 年 6 月 7 日
189	关于进一步加强矿产督察员管理工作的通知	国土资源部 国土资发〔2007〕144 号	2007 年 6 月 12 日
190	关于地质矿产勘查投入核算范围的通知	国土资源部 国土资厅发〔2007〕150 号	2007 年 8 月 27 日
191	关于矿业权数据核实整理工作有关问题的通知	国土资源部 国土资厅发〔2007〕169 号	2007 年 9 月 30 日
192	关于加强海砂开采管理的通知	国土资源部 国土资发〔2007〕190 号	2007 年 8 月 10 日
193	关于加强全国矿产资源潜力评价与储量利用调查组织管理工作的通知	国土资源部 国土资发〔2007〕193 号	2007 年 8 月 10 日
194	关于调查报送矿山执法监察有关情况的通知	国土资源部 国土资厅发〔2007〕199 号	2007 年 12 月 6 日
195	关于调查可供开发利用钨矿资源情况的通知	国土资源部 国土资厅发〔2007〕206 号	2007 年 12 月 17 日
196	关于贯彻落实突发事件应对法加强地质灾害应急防治工作的通知	国土资源部 国土资厅发〔2007〕208 号	2007 年 12 月 17 日
197	关于印发《省级矿产资源总体规划成果要求》的通知	国土资源部 国土资发〔2007〕230 号	2007 年 9 月 26 日
198	关于开展地质勘查资质注册登记清理检查工作的通知	国土资源部 国土资发〔2007〕260 号	2007 年 11 月 8 日
199	关于建立无证勘查开采案件增减率和矿业权人违法违规案件发生率统计制度的通知	国土资源部 国土资发〔2007〕284 号	2007 年 11 月 27 日
200	关于实行全国探矿权统一配号的通知	国土资源部 国土资发〔2007〕294 号	2007 年 12 月 11 日
201	关于印发《国土资源部关于促进深部找矿工作指导意见》的通知	国土资源部 国土资发〔2007〕299 号	2007 年 12 月 14 日
202	关于《建立油气资源勘查开采信息报告制度》的通知	国土资源部 国土资发〔2007〕317 号	2007 年 12 月 25 日
203	关于国土资源管理部门矿产资源勘查开采监督管理职责的复函	国土资源部 国土资函〔2007〕431 号	2007 年 6 月 7 日
204	关于开展矿产资源补偿费矿产勘查项目执行情况检查和成果总结工作的通知	国土资源部 国土资发〔2008〕4 号	2008 年 1 月 8 日
205	关于印发《实物地质资料管理办法》的通知	国土资源部 国土资发〔2008〕8 号	2008 年 1 月 11 日
206	关于印发《全国矿产资源利用现状调查总体实施方案》的通知	国土资源部 国土资发〔2008〕27 号	2008 年 2 月 2 日
207	关于协议有偿方式出让红石砬铂钯矿采矿权的复函	国土资源部 国土资函〔2008〕30 号	2008 年 1 月 30 日
208	关于开展整顿和规范矿产资源开发秩序“回头看”行动的通知	国土资源部 国土资发〔2008〕40 号	2008 年 2 月 27 日
209	关于加强地质灾害应急处置和信息报送工作的通知	国土资源部 国土资厅发〔2008〕42 号	2008 年 4 月 13 日
210	关于印发《采矿权统一配号试点工作方案》的通知	国土资源部 国土资厅发〔2008〕47 号	2008 年 4 月 22 日
211	关于切实推进省级矿产资源潜力评价工作实施的通知	国土资源部 国土资厅发〔2008〕49 号	2008 年 4 月 25 日
212	国土资源部关于印发《全国地质勘查规划》的通知	国土资源部 国土资发〔2008〕53 号	2008 年 3 月 11 日
213	关于开展全国矿业权实地核查工作的通知	国土资源部 国土资发〔2008〕59 号	2008 年 3 月 19 日
214	关于实施《原始地质资料立卷归档规则》的通知	国土资源部 国土资厅发〔2008〕98 号	2008 年 7 月 24 日

续附件 1－8

序号	名称	发文单位及文号	发文时间
215	国土资源部办公厅关于废弃矿井调查规划工作有关事项的通知	国土资源部 国土资厅发〔2008〕124 号	2008 年 8 月 29 日
216	关于做好探矿权采矿权延续审批登记工作有关问题的通知	国土资源部 国土资厅发〔2008〕144 号	2008 年 10 月 20 日
217	国土资源部关于印发《地质勘查资质分类分级标准》的通知	国土资源部 国土资发〔2008〕137 号	2008 年 6 月 26 日
218	关于加强废弃矿井治理工作的通知	国土资源部 国土资发〔2008〕154 号	2008 年 7 月 15 日
219	关于加强铁路沿线地质灾害防治工作的通知	国土资源部 国土资发〔2008〕161 号	2008 年 7 月 21 日
220	国土资源部关于印发《矿山储量动态管理要求》的通知	国土资源部 国土资发〔2008〕163 号	2008 年 8 月 13 日
221	关于印发《矿产权评估管理办法(试行)》的通知	国土资源部 国土资发〔2008〕174 号	2008 年 8 月 23 日
222	关于规范矿业权出让评估委托有关事项的通知	国土资源部 国土资发〔2008〕181 号	2008 年 9 月 5 日
223	国土资源部关于规范矿业权价款评估报告备案有关事项的通知	国土资源部 国土资发〔2008〕182 号	2008 年 9 月 5 日
224	关于大力推进浅层地热能开发利用的通知	国土资源部 国土资发〔2008〕249 号	2008 年 12 月 3 日
225	国土资源部关于实行全国采矿权统一配号的通知	国土资源部 国土资发〔2008〕292 号	2008 年 12 月 19 日
226	国土资源部关于发布实施《全国矿产资源规划(2008～2015 年)》的通知	国土资源部 国土资发〔2008〕309 号	2008 年 12 月 31 日
227	国土资源部办公厅关于地质资料与矿产有关信息社会化服务有关问题的复函	国土资源部 国土资厅函〔2008〕588 号	2008 年 8 月 14 日
228	关于减免油气矿业权使用费的复函	国土资源部 国土资厅函〔2008〕722 号	2008 年 10 月 10 日
229	国土资源部办公厅关于印发《国土资源统计报表制度》的通知	国土资源部 国土资厅发〔2009〕15 号	2009 年 2 月 17 日
230	关于继续暂停受理煤炭探矿权申请的通知	国土资源部 国土资发〔2009〕28 号	2009 年 3 月 7 日
231	国土资源部办公厅关于开展国家地质公园监督检查工作的通知	国土资源部 国土资厅发〔2009〕35 号	2009 年 4 月 3 日
232	国土资源部办公厅关于切实为扩大内需项目做好地质资料信息服务工作的通知	国土资源部 国土资厅发〔2009〕37 号	2009 年 4 月 10 日
233	关于下达 2009 年钨矿、锑矿和稀土矿开采总量控制指标的通知	国土资源部 国土资发〔2009〕49 号	2009 年 4 月 13 日
234	国土资源部办公厅关于印发《国土资源部突发地质灾害应急响应工作方案》的通知	国土资源部 国土资厅发〔2009〕49 号	2009 年 5 月 8 日
235	国土资源部办公厅关于做好探矿权、采矿权登记与矿业权实地核查工作衔接有关问题的通知	国土资源部 国土资厅发〔2009〕54 号	2009 年 6 月 12 日
236	国土资源部关于印发《全国矿产资源潜力评价总体实施方案》和《全国矿业权实地核查总体实施方案》的通知	国土资源部 国土资发〔2009〕55 号	2009 年 5 月 8 日
237	关于做好矿山地质环境保护与治理恢复方案编制审查及有关工作的通知	国土资源部 国土资厅发〔2009〕61 号	2009 年 7 月 9 日

续附件 1－9

序号	名称	发文单位及文号	发文时间
238	国土资源部办公厅关于印发《油气(含煤层气)勘查实施方案及开发利用方案编写大纲》的通知	国土资源部 国土资厅发〔2009〕63 号	2009 年 7 月 15 日
239	国土资源部关于开展原始和实物地质资料委托保管工作的通知	国土资源部 国土资发〔2009〕102 号	2009 年 8 月 13 日
240	关于规范新立和扩大勘查范围探矿权申请资料的通知	国土资源部 国土资发〔2009〕103 号	2009 年 8 月 18 日
	六、其他有关部门规范性文件		
241	关于发布中央管理地矿系统行政事业性收费项目及标准的通知	国家物价局 财政部 价费字〔2009〕251 号	1992 年 6 月 3 日
242	关于印发《矿产资源补偿费征收管理核算规定》的通知	财政部 地质矿产部 94 财预字第 50 号	1994 年 4 月 23 日
243	关于矿产资源补偿费收费票据及有关问题的通知	财政部 地质矿产部 94 财综字第 113 号	1994 年 8 月 17 日
244	财政部地质矿产部中国人民银行关于矿产资源补偿费收入退库管理规定的通知	财政部 地质矿产部 中国人民银行财预字〔1995〕172 号	1995 年 5 月 15 日
245	财政部地质矿产部中国人民银行关于改变矿产资源补偿费缴库办法的通知	财政部 地质矿产部 中国人民银行财预字〔1997〕315 号	1997 年 8 月 29 日
246	关于矿泉水地热水管理职责分工问题的通知	中央编办 中编办发〔1998〕14 号	1998 年 12 月 16 日
247	财政部国土资源部关于印发《矿产资源补偿费征收部门补助经费使用管理暂行办法》的通知	财政部 国土资源部 财基字〔1998〕732 号	1999 年 6 月 7 日
248	财政部国土资源部关于印发《探矿权采矿权使用费和价款管理办法》的通知	财政部 国土资源部 财综字〔1999〕74 号	1999 年 6 月 7 日
249	财政部国土资源部关于探矿权采矿权使用费和价款管理办法的补充通知	财政部 国土资源部 财综字〔1999〕183 号	1999 年 11 月 11 日
250	关于地热水矿泉水管理职责分工问题的复函	中央编办 中编办函〔2000〕35 号	2000 年
251	中央财政补助地方地质勘查项目专项资金管理暂行办法	财政部 财建字〔2001〕177 号	2001 年 5 月 17 日
252	财政部国土资源部关于印发《矿产资源补偿费使用管理办法》的通知	财政部 国土资源部 财建〔2001〕809 号	2001 年 11 月 22 日
253	财政部国土资源部关于印发《探矿权采矿权使用费和价款使用管理办法(暂行)》的通知	财政部 国土资源部 财建〔2003〕530 号	2003 年 11 月 10 日
254	国家文物局、国土资源部关于进一步明确古生物化石保护管理工作的通知	国家文物局 国土资源部 文物办发〔2003〕41 号	2003 年
255	财政部、国土资源部关于印发《国土资源调查专项资金管理办法》的通知	财政部 国土资源部 财建〔2004〕192 号	2004 年
256	国外矿产资源风险勘查专项资金管理暂行办法	财政部 财建〔2005〕637 号	2005 年
257	财政部国土资源部环保总局关于逐步建立矿山环境治理和生态恢复责任机制的指导意见	财政部 国土资源部 环保总局 财建〔2006〕215 号	2006 年 2 月 10 日
258	财政部国土资源部关于印发《中央地质勘查基金(周转金)管理暂行办法》的通知	财政部 国土资源部 财建〔2006〕342 号	2006 年 7 月 13 日

续附件 1－10

序号	名称	发文单位及文号	发文时间
259	财政部国土资源部关于印发《危机矿山接替资源找矿专项资金管理暂行办法》的通知	财政部 国土资源部 财建〔2006〕367 号	2006 年 7 月 25 日
260	财政部国土资源部中国人民银行关于探矿权采矿权价款收入管理有关事项的通知	财政部 国土资源部 中国人民银行 财建〔2006〕394 号	2006 年 8 月 14 日
261	财政部国土资源部关于深化探矿权采矿权有偿取得制度改革有关问题的通知	财政部 国土资源部 财建〔2006〕694 号	2006 年 8 月 14 日
262	财政部国土资源部关于印发《以折股方式缴纳探矿权采矿权价款管理办法(试行)》的通知	财政部 国土资源部 财建〔2006〕695 号	2006 年 10 月 27 日
263	财政部国土资源部关于加大对国有重点矿山企业财政政策扶持力度的指导意见	财政部 国土资源部 财建〔2006〕794 号	2006 年 11 月 17 日
264	财政部国土资源部中国人民银行关于国土资源部征收的探矿权采矿权价款收入收缴管理有关事宜的通知	财政部 国土资源部 中国人民银行 财办库〔2006〕365 号	2006 年 12 月 31 日
265	商务部、发展改革委、国土资源部关于《进一步扩大煤层气开采对外合作有关事项》的通知	商务部 发展改革委 国土资源部 商资函〔2007〕94 号	2007 年 10 月 17 日
266	财政部国土资源部关于探矿权采矿权有偿取得制度改革有关问题的补充通知	财政部 国土资源部 财建〔2008〕22 号	2008 年 2 月 28 日
267	外商投资矿产勘查企业管理办法	商务部 国土资源部 令〔2008〕4 号	2008 年 7 月 18 日
268	财政部办公厅国土资源部办公厅关于山西省煤炭探矿权采矿权价款管理有关问题的函	财政部 国土资源部 财办建〔2008〕163 号	2008 年 11 月 26 日

附件 2：

现行地质和矿产勘查开发相关地方性法规、地方政府规章、省级人民政府及其国土资源等部门制定的规范性文件清理情况统计表

填表单位： 填表日期：

地方性法规、省级人民政府规章、省级人民政府及其国土资源部门等部门制定的规范性文件总数	地方性法规			省级人民政府规章			省级人民政府规范性文件			国土资源部门及有关部门制定的规范性文件		
	总数	建议废止件数	建议修改件数	总数	建议废止件数	建议修改件数	总数	建议废止件数	建议修改件数	总数	予以废止或宣布失效件数	限期修改重新制定件数

附件 3：

涉及地质和矿产勘查开发的省级国土资源管理部门规范性文件清理情况统计表

填表单位： 填表日期：

予以废止或宣布失效的规范性文件目录				
序号	名称	发布机关及文号	发布日期	理由
限期修改重新制定的规范性文件目录				
序号	名称	发布机关及文号	发布日期	理由

附件 4:

涉及地质和矿产勘查开发的地方性法规、地方政府规章、省级人民政府及其相关部门制定的规范性文件清理情况统计表

填表单位：　　填表日期：

建议废止的地方性法规、地方政府规章、省级人民政府及其相关部门制定的规范性文件目录				
序号	名称	发布机关及文号	发布日期	理由
提出处理意见的地方性法规、地方政府规章、省级人民政府及其相关部门制定的规范性文件目录				
序号	名称	发布机关、文号和发布日期	存在问题	处理意见

附件 5:

涉及地质和矿产勘查开发的法律、行政法规、国务院文件、国土资源部和国务院相关部门制定的规章和规范性文件清理情况统计表

填表单位：　　填表日期：

序号	名称	发文单位及文号	发文时间	清理建议(修改或废止)	理由

关于进一步推进矿产资源开发整合工作的通知

国土资发〔2009〕141号

各省、自治区、直辖市人民政府：

《国务院关于全面整顿和规范矿产资源开发秩序的通知》(国发〔2005〕28号)和《国务院办公厅转发国土资源部等部门对矿产资源开发进行整合意见的通知》(国办发〔2006〕108号)下发以来，各地高度重视，认真贯彻落实，在优化矿山开发布局、提高矿产资源开发利用水平、改善矿山安全生产状况和矿山生态环境等方面取得了明显成效。但由于矿产资源开发整合工作是一项复杂的系统工程，涉及多方面利益关系的调整，工作量大，政策性强，难度大，目前各地整合工作进展不平衡，一些地方运作不规范，整合工作不彻底。为进一步推进矿产资源开发整合工作，促进矿业持续健康发展，经国务院同意，现就有关事项通知如下：

一、目标任务

进一步推进矿产资源开发整合工作是矿产开发领域贯彻落实科学发展观的一项重要举措，是调整矿产开发结构、推动产业升级、促进资源高效开发利用的有效途径，是适应当前经济形势，实现矿业可持续健康发展的具体部署。要通过进一步推进整合，全面规划，突出重点，构建矿产资源合理开发利用长效机制。

(一)矿产资源勘查开发布局进一步优化。按照成矿地质条件、矿产资源自然赋存状况，科学编制矿产资源规划、地质勘查专项规划和矿业权设置方案，合理设置探矿权、采矿权，矿产资源勘查开发布局趋于合理。

(二)矿产资源勘查开发规模化、集约化程度进一步提高。逐步提高矿产资源勘查技术水平，淘汰落后开采能力，积极创造条件实施整装勘查、勘查开发一体化，推动矿产资源进一步向勘查开采技术先进、开发利用水平高、安全生产装备条件优良和矿区生态环境得到有效保护的优势企业集聚，促进矿产资源开发利用水平进一步提高。

(三)矿山安全生产状况、生态环境进一步改善。强化矿山企业安全生产主体责任，改善矿山安全生产条件，预防生产安全事故发生。按照财政部、国土资源部、原环保总局《关于逐步建立矿山环境治理和生态恢复责任机制的指导意见》的要求，建立健全矿山环境治理恢复保证金制度，制订矿山生态环境保护与综合治理方案。通过进一步推进整合，因矿山开发布局不合理引起的安全隐患逐步减少，废弃物得到妥善有效处置，污染物集中治理并达标排放，环境污染和生态破坏问题进一步得到防控。

(四)矿产资源合理开发利用长效机制初步建立。逐步建立以规划为龙头,以矿业权管理为核心,以准入制度为引导,以矿业权计划投放为调节的矿业权管理制度体系;采用科学的采矿方法和选矿工艺,使矿产资源开发利用水平明显提高;形成部门协作、上下联动、共同推进矿产资源合理开发利用的长效机制。

二、基本原则

(一)进一步推进整合与产业结构调整相协调。结合国家产业规划、政策和行业准入条件,优化矿产勘查开发结构和布局,鼓励上下游企业联合重组,推动产业结构调整和升级,提高产业集中度,增强产业竞争力。

(二)矿产资源勘查与开发相衔接。遵循地质工作规律和市场经济规律,统筹规划地质找矿与矿产开发,努力推进勘查与开发一体化。

(三)资源效益与环境效益、安全生产相统一。综合考虑各种效益,在发挥好资源效益和经济效益的同时,实现矿山安全效益和矿区环境效益。

(四)政府引导与市场运作相结合。以规划为依据,以资源为基础,政府引导、市场运作,综合运用经济、法律、技术和必要的行政手段,依法推进整合工作。

三、整合范围

(一)国办发〔2006〕108号文件规定的整合范围。煤、铁、锰、铜、铝、铅、锌、钼、金、钨、锡、锑、稀土、磷、钾盐等15个重要矿种,以及其他对各地经济社会发展具有较大影响的矿种;影响大矿统一规划开采的小矿,一矿多开、大矿小开的矿区,小矿密集区,位于地质环境脆弱区范围内的矿区;开采方法和技术装备落后,资源利用水平低的矿山;生产规模长期达不到设计要求,管理水平低、存在安全隐患,社会效益、环境效益较差的矿山。

(二)探矿权整合范围。具备统筹部署整装勘查成矿地质条件的矿产资源勘查区;一个成矿区设置多个探矿权、布局明显不合理的勘查区;勘查投入达不到勘查实施方案要求"、圈而不探"的勘查项目;不符合矿区规划或不适宜单独设置采矿权的勘查项目;其他需要整合的勘查区及勘查项目。

四、总体部署和要求

2010年3月底前,各省、自治区、直辖市按要求组织编制和审批整合实施方案,并报国土资源部备案。2010年年底前,按照经批准的进一步推进整合实施方案,全面完成整合工作任务,建立健全矿产资源管理有关制度,初步建立矿产资源开发利用长效机制。2011年起,整合工作转入常态化管理。

(一)科学编制方案,实行分级审批。各地在加快推进已确定整合工作任务的基础上,根据矿产资源规划、地质勘查专项规划、矿区总体规划和产业政策,结合矿产资源潜力评价、矿产资源储量利用调查和矿业权实地核查等工作,对本行政区域内矿业权设置情况进行全面梳理,对需进一步推进整合的矿区逐一登记造册,确定整合范围,编制整合实施方案。实施方案要明确2010年年底前必须完成的整合重点及目标任务。整合实施方案实行分级审批。整合矿区内矿山企业原采矿许可证均为市、县级国土资源管理部门审批颁发的,整合实施方案可由市级人民政府审查批准,报省级人民政府备案后实施;其他整合矿区的整合实施方案由省级人民政府批准后实施。对已经批准的整合实施方案,在实施过程中出现新情况或与实际情况不符,需要调整整合实施方案的,应尽快组织修订,经批准后组织实施。

(二)合理确定整合主体,鼓励优势企业参与整合。地方人民政府应结合实际,从资金、技术、管理和履行社会责任等方面制订整合主体标准,明确整合后的矿山建设规模、矿产资源开发利用、安全生产及环境保护指标。要注重运用经济手段推进整合工作,切实保护参与整合的矿业权人的合法权益。在符合整合主体标准的前提下,应优先从整合矿区内产生整合主体。对矿区内参与整合的矿业企业均达不到整合主体标准,或者参与整合的矿业企业在规定整合期限内未达成整合协议的,当地政府可以优先选择符合产业政策和布局规划的下游优势企业作为整合主体;或者以招标方式规范引入优势企业,公开、公平、公正地确定整合主体;或者将矿区内矿业权依法收回,统一规划后按规定权限以招标、拍卖、挂牌方式重新向符合整合主体标准要求的企业出让矿业权。鼓励优势企业充分利用资金、技术、管理等方面的优势,运用市场方式,实施整合,培育壮大矿业龙头企业。

(三)规范证照办理程序,提高行政效率。国土资源管理部门在矿区整合主体确定后,应及时划定区块或矿区范围。对于应发放采矿许可证的,在划定矿区范围后,凭经评审备案的储量核实报告、经审定的矿产资源开发利用方案及经审查批准的环境影响评价报告,颁发采矿许可证。矿山企业持该采矿许可证,须在两年内完成采矿权有偿处置及有关规定要件,开展生产系统改造,申办其他相关证照;未取得相关证照前,矿山企业不得生产,采矿权不得转让、变更。负责整合工作的各相关职能部门要进一步密切配合,协调行动,齐抓共管,进一步明确整合工作流程,简化办事程序,提高行政效率,实行限时办结、现场办公"、一条龙"办公等制度,依法为整合后的矿业企业换发相关证照。

（四）实施适度优惠政策，调动参与整合的积极性。按照整合实施方案，被整合矿业权周边的零星边角资源、不宜新设矿业权的深部资源可按计划以协议方式出让给整合主体。国土资源部将根据有关地方整合工作任务完成情况，在已确定的开采总量控制指标基础上，经稀有金属部际协调机制协商，可适度调整其钨、锑、稀土等矿种开采总量指标。对整合任务完成较好的地区，在符合相关规定的前提下，优先考虑安排地质勘查基金项目、国家战略性矿产勘查项目、矿山地质环境治理项目及矿产资源保护项目。

（五）创新整合模式，推动矿产开发结构调整。统筹考虑矿产资源及矿山企业生产要素，以及企业制度、技术、人才、资金等要素，进一步推进多要素整合。各地要创新整合模式，总结推广成功经验。积极探索多元投入，实施联合出资、整装勘查，勘查开发一体化，风险共担、成果共享、互利共赢的新模式。鼓励整合主体向资源高效开发利用、资源综合回收率高、应用深部找矿技术和难处理矿高效选冶技术的企业倾斜。鼓励有实力的企业突破地区、所有制的限制，以多种方式对矿业企业进行重组，实现规模化开发，进一步提升产业集中度，增强产业竞争力。

（六）健全完善制度，促进矿产资源开发合理布局和结构优化。加强矿产资源规划管理，合理规划重点勘查区和开采区，设置鼓励、限制、禁止勘查区和开采区，优化矿产资源勘查开发布局。完善勘查开采和规划管理制度，积极推进探矿权出让分区管理，提高勘查开采准入条件，建立探矿权退出机制，限期淘汰达不到标准的矿山。根据规划合理设置矿业权，原则上一个矿区只设置一个主体。对于同一个矿区有多个探矿权的，探矿权转采矿权时要整合成一个开采主体。探索建立探矿权合理投放机制和采矿权总量控制制度，积极推进探矿权有计划投放。对整合工作成效明显的地区，在符合矿产资源规划的前提下，矿业权投放数量可给予倾斜；对未通过整合验收的地区，调减其新设矿业权投放数量计划指标。

五、保障措施

（一）强化领导，建立共同责任机制。地方各级人民政府要充分认识整合工作的长期性、复杂性和艰巨性，认真履行整合工作主体责任，切实加强对整合工作的领导。地方各级国土资源、发展改革、工业和信息化、公安、监察、财政、环境保护、商务、工商、安全监管监察、能源等行政主管部门要按照国办发〔2006〕108号文件的要求，明确分工，落实责任，加强协调，相互配合，建立共同责任机制，继续加大对违规违法案件的查处力度，切实巩固并不断扩大整顿规范工作成果，进一步规范整合工作中的矿业权审批、项目核准、生产许可、安全许可、环评审查、企业设立等各项管理行为，确保整合工作有序推进。

（二）加大力度，扎实推进整合工作。各地要结合开展工程建设领域突出问题专项治理工作，全面清理排查矿业权管理中存在的突出问题，采取有效措施，加大整合工作力度，扎实开展整合工作。要切实抓好整合实施方案的编制并严格审查，确保整合实施方案的科学性和可操作性。学习借鉴一些地方先进整合工作经验，在实践中不断创新。注重策略，耐心细致地协调各方利益，先易后难，重点突破，全面推进。对已列入整合范围的矿业企业，无故拖延整合的，要督促其限期开展整合；对借整合名义实施开发建设或非法生产的矿山企业，有关部门要通过联合执法给予严厉打击。各地要明确省、市、县级整合重点矿区，制定挂牌督办方案，分级对整合重点矿区实行挂牌督办，限时完成整合工作任务；各级挂牌督办重点矿区数量原则上不能少于本行政区域内确定整合矿区的30%；地方各级人民政府随时掌握挂牌督办整合重点矿区工作进展情况，将督办责任落实到人。凡未按整合实施方案完成整合工作任务的地区，自2011年1月1日起，不得新设矿业权。

（三）加强督导，确保整合工作规范实施。各地要进一步加强对整合工作的督导，及时研究解决整合工作中出现的新情况、新问题。加强对整合矿区实地检查，确保整合到位，防止走过场、假整合。严禁借整合之机，倒卖矿业权。加强整合矿山爆炸物品管理工作，对整合工作中确定关闭的矿山，要依法吊销其《爆炸物品使用许可证》，并对遗留的爆炸物品妥善处置；对整合工作中因开展生产系统改造需要使用爆炸物品的，公安机关凭国土资源管理部门颁发的采矿许可证及安全生产监督管理部门出具的证明文件进行审批。对在协调确定整合主体、调整各方关系过程中采取不正当手段谋取利益的矿业企业，要建立黑名单并予以曝光。强化对国家行政机关工作人员违法违规行为的责任追究，对徇私舞弊、滥用职权的，要依法依纪严肃查处；对涉嫌犯罪的，要移送司法机关处理。各省、自治区、直辖市于2010年12月底前完成本行政区域内整合工作自查验收，并向国土资源部、发展改革委等部门提交自查报告。国土资源部等部门将于2011年一季度对各省、自治区、直辖市整合工作进行抽查。

（四）加强宣传，发挥典型引导作用。各地要充分发挥新闻媒体的舆论导向和监督作用，大力宣传整合工作的重要意义、目标任务和工作成效，营造良好的舆论氛围。要多渠道、多方式宣传正面典型，总结推广典型经验，发挥典型示范引导作用；通报、披露整合工作推进不力地区和弄虚作假行为。国土资源部等部门将适时组织召开全国矿产资源开发整合工作经验交流现场会。

国土资源部　国家发展和改革委员会

工业和信息化部　公安部　监察部财政部　环境保护部　商务部

国家工商行政管理总局

国家安全生产监督管理总局

国家能源局　国家煤矿安全监察局

2009年9月28日

国土资源部关于健全完善矿产资源勘查开采监督管理和执法监察长效机制的通知

国土资发〔2009〕148号

各省、自治区、直辖市国土资源厅(国土环境资源厅、国土资源局、国土资源和房屋管理局、规划和国土资源管理局):

为巩固整顿和规范矿产资源开发秩序工作成果,维护矿产资源勘查开采秩序,遏制违法行为,有效保护和合理利用矿产资源,根据矿产资源法律法规和有关规定,现就健全完善矿产资源勘查开采监督管理和执法监察长效机制的有关事项通知如下:

一、严格矿业权人勘查开采活动的监管

(一)建立采矿权标识制度。依法新设立的采矿权(开采放射性矿产的除外)在正式开采前,采矿权人必须在开采作业场所的明显位置设立采矿权标识牌,接受国土资源行政主管部门和社会的监督。采矿权标识牌的内容应当包括采矿许可证载明的事项、制牌时间和监制单位,具体式样和内容由省(区、市)国土资源行政主管部门规定,县级人民政府国土资源行政主管部门负责本行政区域内采矿权标识牌的监制。现有采矿权人应当在2010年6月底前完成采矿权标识牌的立牌工作。

(二)加强矿产督察管理。省(区、市)国土资源行政主管部门要按照《矿产督察工作制度》(国土资发〔2003〕62号)的要求,依据督察工作任务量,聘请地方矿产督察员。设立矿产督察员办公室,明确专门人员,负责国家和地方矿产督察员的日常管理工作。矿产督察员任务分工要具体到矿山(矿区),现场督察每年不得少于4次。完善矿产督察员年度考核管理,考核不称职和不能胜任工作的应当及时解聘。每年1月底前向部报送矿产督察年度工作报告。

(三)加强矿产资源勘查开采活动的日常监管。地方各级国土资源行政主管部门必须加强对矿业权人的日常监管,明确监管任务,规范监管程序;对矿业权人勘查开采和矿山地质环境治理、土地复垦情况进行重点监管;建立矿业权人档案,将日常监管中发现的矿业权人违法行为记录在案,作为年度检查的依据。

探矿权人必须按规定向国土资源行政主管部门报送勘查项目开工报告和年度报告。采矿权人必须及时编绘采掘工程图件,每半年向县级以上人民政府国土资源行政主管部门报送“井上井下工程对照图”、“采掘工程平面图”。

(四)加强矿业权人勘查开采活动的年度检查。地方各级国土资源行政主管部门要严格按照年度检查的有关规定,加强矿产资源勘查开采的年度检查,并将采矿权标识、矿山储量动态监管、矿山地质环境治理恢复和矿区土地复垦等制度的执行情况列入矿产开发利用年度检查内容。矿业权人不接受年度检查或检查不合格的,矿业权登记管理机关不得批准其延续、变更、转让等申请;涉及违法的,依法进行查处。

省(区、市)国土资源行政主管部门必须将上年度矿产资源勘查年度检查总结报告、矿产开发利用年度检查快报(包括应检、实地检查、初审合格矿山数,以及年生产矿石量、销售收入、实缴补偿费等)和矿产开发利用年度检查总结报告分别于每年1月底前、3月底前和5月底前报部。

二、加强矿产资源合理开发利用的监管

(一)严格矿产资源开发利用方案的管理。采矿权登记管理机关要认真把好资源合理开发利用的源头关,严格审查矿产资源开发利用方案。地方各级国土资源行政主管部门要按照开发利用方案加强矿山企业合理开发利用矿产资源的监管。采矿权登记管理机关颁发采矿许可证后及时将矿产资源开发利用方案及其它相关资料送交矿区所在地的市(地)、县(市)国土资源行政主管部门。

(二)全面开展矿山储量动态监督管理。大、中型矿山企业应当设立矿山地质测量机构,小型矿山企业应当配备地质测量相关专业人员。各类矿山企业要按规定开展矿山地质测量,每年1月底前向国土资源行政主管部门报送由符合条件的矿山地质测量机构编制的上年度《矿山储量年报》。

国土资源行政主管部门要认真组织对《矿山储量年报》的审查,并按规定进行抽查,特别要加强对年度资源储量变化大、矿山储量年报中存在问题较多和保有资源储量少的矿山企业的抽查。

(三)加强矿山企业矿产资源回收利用指标的管理。地方各级国土资源行政主管部门应当定期核定矿山企业开采回采率、选矿回收率、共伴生资源综合利用率和土地复垦率等指标,严格矿产资源补偿费征收与开采回采率挂钩的管理,促进矿山企业提高资源利用水平。

三、建立健全及时发现和有效制止矿产资源勘查开采违法行为的机制

(一)认真组织开展巡查工作。地方各级国土资源行政主管部门要按照《国土资源执法监察巡查工作规范》(国土资发〔2009〕127 号)的要求,推进执法关口前移和重心下移,针对矿产资源分布和无证勘查、开采矿产资源违法行为的特点,合理划分全面巡查和重点巡查区域,认真组织开展巡查,及时发现和有效制止无证勘查、开采等违法行为。

(二)建立违法违规线索统一处理信息平台。地方各级国土资源行政主管部门要对举报电话、举报信件、举报电子邮件、领导批办、下级上报、媒体反映等各类矿产资源违法线索进行整合,建立统一处理的信息平台,按规定进行核查。对举报属实的,可视情况给予一定的奖励。

(三)拓宽社会监督渠道。地方各级国土资源行政主管部门可通过聘请监察专员、协管员、信息员、青年志愿者等方式,进一步拓宽社会监督渠道,充分发挥社会监督、舆论监督防范违法的作用。

(四)充分利用科技手段。积极探索并推广应用遥感监测、无人机巡查、电子设备监控等科技手段,对矿产资源集中的区域以及重要矿区进行适时监测,及时发现和制止无证勘查、开采等违法行为。

四、完善案件查处机制,切实提高查处效果

(一)严格依法履行查处职责。地方各级国土资源行政主管部门对发现的矿产资源违法行为,要及时立案查处。无证开采、越界开采、非法转让矿业权、违法审批发证等行为要作为查处的重点。对依法应当予以行政处罚、申请法院强制执行、提出行政处分建议、移送追究刑事责任的,要坚决依法办理,及时跟踪、协调有关部门反馈落实情况。

(二)落实案件查处责任。地方各级国土资源行政主管部门的主要负责人对案件查处负总责,分管的副厅(局)长是主要责任人,执法监察机构的主要负责人及案件承办人是案件查处的具体责任人。通过建立健全相关责任制,明确案件查处责任、具体程序、时限要求、考核指标及奖惩标准,确保依法履行职责。

(三)加强检查、督办。上级国土资源行政主管部门要加强对下级国土资源行政主管部门案件查处工作的检查。将是否及时发现和制止违法行为、是否依法履行查处职责以及处罚决定落实情况作为检查的重点。对交办下级国土资源行政主管部门查处的违法案件,要跟踪督办。对难以落实到位的,要及时向地方政府汇报并提出督办落实的建议。对下级国土资源行政主管部门办结上报的案件,要进行抽查。对发现的错案,予以纠正并依照有关规定追究责任。

(四)完善重大典型案件上报制度。县(市)、市(地)国土资源行政主管部门对本部门立案查处的重大典型违法案件特别是无证开采、越界开采、非法转让矿业权、违法审批发证等案件,逐级上报省(区、市)国土资源行政主管部门。省(区、市)国土资源行政主管部门遴选重大典型案件报部。

(五)切实发挥典型案例的警示作用。地方各级国土资源行政主管部门要定期选择典型的矿产资源违法案件进行通报或者曝光。

(六)加强“两率”指标统计。地方各级国土资源行政主管部门要按照《关于建立无证勘查开采案件增减率和矿业权人违法违规案件发生率统计制度的通知》(国土资发〔2007〕284 号)的要求,及时对本行政区域内各类矿产资源违法违规案件进行分类登记和统计,将“两率”指标纳入目标责任考核。省(区、市)国土资源行政主管部门每年 1 月底前和 7 月底前分别将上年度和当年上半年的“两率”指标统计表报部。

五、构建共同责任机制,发挥联动作用

(一)推进建立地方政府统筹协调、部门联动的执法监管制度。在地方政府统筹协调、有关部门共同参与下,开展联合执法检查。矿产资源丰富的县(市)原则上每半年组织一次联合执法检查,对群发性非法开采行为和矿产资源开采监管难度大的地区及时进行集中整治,对无证勘查开采行为采取拆除地面设施以及查封设备、充填井筒等措施,有效遏制违法行为。有条件的地方,可以建立国土公安等联合执法队伍。

(二)加强与有关部门的协作配合。地方各级国土资源行政主管部门要积极主动地与公安机关、人民检察院、人民法院协调沟通,落实国土资源部、公安部、最高人民检察院、最高人民法院联合发布的关于国土资源行政主管部门移送涉嫌国土资源犯罪案件以及加强协作配合的有关规定,确保违法案件查处到位。进一步健全并认真落实国土资源行政主管部门与公安机关、人民检察院、人民法院的联席会议制度。

(三)明确内部职能机构职责分工,加强协作配合。地方各级国土资源行政主管部门要进一步明确和细化矿产资源规划、地质勘查、矿业权、资源储量、执法监察、矿山地质环境、土地复垦管理等内部职能机构的监管职责分工。建立执法监察机构与矿政管理机构的协作配合制度,执法监察机构履行职责需要矿政管理机构予以配合的,要及时予以配合;矿政管理机构在履行业务监管职责中发现违法行为需要追究法律责任的,要及时移交执法监察机构组织查处。

省(区、市)国土资源行政主管部门要尽快建立矿产资源勘查开采"纵向到底、横向到边"的监管责任体系,按照"任务到矿、责任到人"的要求,明确地方各级国土资源行政主管部门的监管职责及其内部职能机构的监管职责,于2009年底前将职责分工落实情况报部。

(四)强化矿业权人的社会责任。定期或不定期开展矿业权人法律法规知识培训与教育,开展社会责任的宣传。积极主动服务,保障合法权益,定期公开矿业权人履行义务情况。充分发挥行业协会等自律性组织的作用,引导矿业权人自觉守法,自觉履行社会责任。

六、建立健全保障机制,增强执行力

(一)加强矿产资源勘查开采监督管理和执法监察机构、队伍建设。地方各级国土资源行政主管部门要积极争取当地政府和有关部门的支持,增加矿产资源勘查开采监督管理和执法监察人员编制。进一步理顺勘查开采监督管理和执法监察的关系,形成统一指挥、配合联动的工作格局。执法监察机构、队伍中应当配备矿产资源执法监察的专业人员,并实行持证上岗制度。地方各级国土资源行政主管部门必须重视矿产资源勘查开采监督管理和执法监察人员的业务培训工作,每三年至少轮训一次,不断提高业务素质。

(二)加快矿产资源勘查开采监管和执法监察信息化建设。在矿产资源储量利用核查和矿业权核查成果形成的动态更新的数据库基础上,与矿产资源规划、矿业权配号管理、勘查开采监督管理、矿山遥感监测、执法监察、储量登记统计等系统实行有机衔接,构建矿产资源综合监管平台,以信息化和高科技手段加强监管,提高工作效率和监管水平。

(三)加强报告和通报制度建设。地方各级国土资源行政主管部门要定期对本行政区域内矿产资源勘查开采监督管理情况、违法态势、防范措施等,及时向同级人民政府和上级国土资源行政主管部门报告。上级国土资源行政主管部门要加强对下级管理部门的监督指导,通报矿产资源勘查开采监督管理情况,督促下级管理部门认真做好监督管理工作。省(区、市)国土资源行政主管部门每年1月底前和7月底前将上年度和当年上半年的矿产资源勘查开采监督管理工作总结报部。

(四)完善考核制度。省(区、市)国土资源行政主管部门要制定矿产资源勘查开采监督管理和执法监察工作的考核和责任追究制度,明确考核内容、量化考核指标、制定奖惩标准,按照干部管理权限分级考核并落实奖惩,形成有效的激励约束机制。

(五)进一步改善工作条件。矿产资源勘查开采监督管理和执法监察任务重、费用高,地方各级国土资源行政主管部门要积极争取当地人民政府的支持,将监督管理和执法监察工作经费纳入政府财政预算。各省(区、市)国土资源行政主管部门要从中央下拨的矿产资源补偿费征收部门补助经费中,列出专门督察工作经费。要加强执法监察装备建设,重点加强乡(镇)国土资源所的执法监察装备建设,配备巡查车、通讯工具、GPS、照相机、摄像机、计算机等专用装备器材,确保工作正常开展。有条件的地方,应当为监督管理和执法监察人员办理人身意外伤害保险、给予工作津贴或者补助。

石油、天然气、煤层气矿产资源勘查开采监督管理继续按《矿产勘查及油气开采督察员工作制度》(国土资发〔2003〕99号)执行。

地方各级国土资源行政主管部门要充分认识矿产资源勘查开采监督管理和执法监察工作的重要性,增强责任感和紧迫感,根据本通知的要求,结合实际提出具体的实施意见,实施中的情况和问题,由省(区、市)国土资源行政主管部门及时汇总报部。

国土资源部

2009年10月28日

关于通报表扬整顿和规范矿产资源开发秩序工作先进集体和先进个人的决定

国土资发〔2009〕146号

各省、自治区、直辖市整顿和规范矿产资源开发秩序工作领导小组:

《国务院关于全面整顿和规范矿产资源开发秩序的通知》(国发〔2005〕28号)下发以来,地方各级党委、政府和国务院有关部门高度重视,做了大量工作,整顿和规范矿产资源开发秩序工作(以下简称整规工作)取得明显成效。各地整规工作人员为此作出重要贡献，涌现出一批先进典型。

为充分肯定各地、各部门和相关人员的突出贡献，在各省(区、市)整规工作领导小组和国务院有关部门推荐的基础上，经整顿和规范矿产资源开发秩序部际联席会议推荐活动领导小组审核，国土资源部、发展改革委、工业和信息化部、公安部、监察部、财政部、环境保护部、商务部、工商总局和安全监管总局等部门决定，对北京市房山区大安山乡人民政府等170个先进集体和陈一昕等500名先进个人予以通报表扬。

希望受到通报表扬的先进单位和个人发扬成绩，再接再厉，努力工作，再创佳绩，推动矿产资源开发管理工作再上新台阶，促进矿业经济又好又快发展。各省(区、市)整规工作领导小组要认真组织学习、宣传受到通报表扬的单位和个人的先进事迹，以他们为榜样，深入贯彻落实科学发展观，以更大的工作热情，更扎实的工作作风，进一步巩固和扩大整规工作成果，开拓创新，积极进取，转变管理方式，建立长效机制，推动我国矿业走出一条节约发展、清洁发展、安全发展、可持续发展的道路。

附件：整顿和规范矿产资源开发秩序工作先进集体和先进个人名单

国土资源部　国家发展和改革委员会

工业和信息化部　公安部　监察部

财政部　环境保护　部商务部

国家工商行政管理总局

国家安全生产监督管理总局

2009年10月23日

整顿和规范矿产资源开发秩序工作先进集体和先进个人名单

一、先进集体

北京市

房山区大安山乡人民政府

密云县国土资源执法监察队

天津市

天津市国土资源和房屋管理局地质矿产环境管理处

蓟县人民政府

河北省

河北省国土资源厅

石家庄市国土资源局

承德市国土资源局

邢台市国土资源局

邯郸市国土资源局

山西省

太原市国土资源局

太原市公安局

太原市万柏林区人民政府

晋城市国土资源局

晋中市人民政府

灵石县国土资源局

内蒙古自治区

内蒙古自治区整顿和规范矿产资源开发秩序工作领导小组

内蒙古自治区国土资源厅

内蒙古自治区安全生产监督管理局

内蒙古自治区煤炭工业局

呼伦贝尔市人民政府

鄂尔多斯市人民政府

霍林郭勒市人民政府

辽宁省

辽宁省国土资源厅

辽宁省煤炭工业管理局

鞍山市人民政府

本溪市人民政府

营口市人民政府

葫芦岛市人民政府

吉林省

吉林省国土资源厅矿产开发管理处

吉林省监察厅

吉林省安全生产监督管理局

吉林市人民政府

白山市江源区人民政府

黑龙江省

黑龙江省整顿和规范矿产资源开发秩序工作领导小组

黑龙江省国土资源厅

牡丹江市国土资源局

双鸭山市国土资源局

鹤岗市国土资源局

大兴安岭地区行署国土资源局

双鸭山市煤炭工业管理局

上海市

上海市南汇区规划和土地管理局地矿科

江苏省

江苏省国土资源厅
江苏省安全生产监督管理局
南京市国土资源局
徐州市国土资源局
镇江市国土资源局

浙江省

浙江省国土资源厅
杭州市人民政府
绍兴市人民政府
衢州市人民政府
长兴县人民政府

安徽省

安徽省国土资源厅
巢湖市人民政府
池州市人民政府
宣城市国土资源局
淮南市国土资源局
芜湖市国土资源局

福建省

泉州市国土资源局
三明市国土资源局
南平市国土资源局
龙岩市国土资源局

江西省

江西省国土资源厅
赣州市人民政府
景德镇市国土资源局
宜春市国土资源局
新余市国土资源局
德兴市矿产黄金管理局

山东省

山东省国土资源厅
潍坊市人民政府
日照市人民政府
莱芜市人民政府
临沂市人民政府
章丘市人民政府
招远市人民政府

河南省

河南省国土资源厅
河南省公安厅治安管理总队
郑州市国土资源局
洛阳市国土资源局
三门峡市国土资源局
禹州市国土资源局
灵宝市地质矿产局

湖北省

湖北省国土资源厅
湖北省安全生产监督管理局
黄石市国土资源局
宜昌市国土资源局
襄樊市国土资源局
荆门市人民政府
应城市国土资源局

湖南省

湖南省国土资源厅矿产开发管理处
湖南省煤炭工业局
株洲市国土资源局
郴州市国土资源局
永州市国土资源局
娄底市国土资源局

广东省

广州市国土资源和房屋管理局
韶关市国土资源局
河源市国土资源局
梅州市人民政府
惠州市国土资源局

广西壮族自治区

广西壮族自治区国土资源厅
贵港市国土资源局
河池市国土资源局
南丹县人民政府
贺州市国土资源局

海南省

海南省国土环境资源厅地质勘查与矿产开发管理处
海南省监察厅
万宁市人民政府
文昌市国土环境资源局

重庆市

重庆市国土资源和房屋管理局矿产资源开发处
重庆市监察局
南川区人民政府
城口县人民政府
荣昌县国土资源局

四川省

四川省国土资源厅
四川省监察厅
攀枝花市国土资源局
雅安市人民政府
凉山彝族自治州国土资源局
马边县国土资源局

贵州省

贵州省国土资源厅
六盘水市人民政府
毕节地区国土资源局
遵义县人民政府
盘县国土资源局
云南省
云南省政府办公厅秘书五处
昆明市国土资源局
红河哈尼族彝族自治州国土资源局
文山壮族苗族自治州国土资源局
普洱市国土资源局
怒江傈僳族自治州国土资源局
西藏自治区
西藏自治区整顿和规范矿产资源开发秩序领导小组办公室
阿里地区国土资源局
那曲地区国土资源局
山南地区国土资源局
陕西省
铜川市人民政府
咸阳市国土资源局
商洛市国土资源局
凤县人民政府
府谷县矿产资源管理办公室
黄陵县国土资源局
甘肃省
陇南市人民政府
酒泉市人民政府
白银市国土资源局
合作市国土资源局
岷县国土资源局
青海省
青海省国土资源厅矿产开发管理处
青海煤矿安全监察局监察处
青海省盐湖管理局
海北藏族自治州国土资源局
都兰县国土资源局
宁夏回族自治区
宁夏回族自治区国土资源厅
宁夏回族自治区纪律检查委员会执法监察室
石嘴山市人民政府
石嘴山市公安局治安管理支队
新疆维吾尔自治区
新疆维吾尔自治区国土资源厅
塔城地区国土资源局
阿勒泰地区国土资源局
巴音郭楞蒙古自治州国土资源局
鄯善县国土资源局
国土资源部
整顿和规范矿产资源开发秩序部际联席会议办公室
国土资源部矿产开发管理司
发展改革委
国家发展和改革委员会经济运行调节局
工业和信息化部
工业和信息化部原材料工业司
公安部公安部治安管理局
财政部
财政部经济建设司
环境保护部
环境保护部环境监察局原环境监察二处
商务部
商务部对外贸易司
工商总局
国家工商行政管理总局企业注册局
安全监管总局
国家安全生产监督管理总局安全监督管理一司
国家煤矿安全监察局安全监察司

二、先进个人

北京市
陈一昕　北京市国土资源局矿产资源开发处处长
崔京龙　北京市国土资源局房山分局副局长
唐军生　北京市国土资源局怀柔分局党组副书记
周卫东　北京市公安局治安管理总队副调研员
杨庆三　北京煤矿安全监察分局监察室三室主任
陈　波　门头沟区委政法委副书记
天津市
张云霞　天津市国土资源和房屋管理局地勘处处长
安桐林　天津市国土资源和房屋管理局地矿处副调研员
王幼军　天津市国土资源和房屋管理局地热处副处长
赵　凯　天津市国土资源和房屋管理局大港区国土资源分局资源科副主任科员
仇普山　蓟县地矿局局长
魏树俊　蓟县地矿局办公室副主任兼整顿办主任
河北省
周　毅　河北省国土资源厅矿管处调研员
郭志强　河北省国土资源厅执法监察局副局长
李林仓　平山县地质矿产管理办公室主任
张新芳　灵寿县国土资源局局长
李英杰　承德市国土资源局矿管科副科长
于会田　兴隆县国土资源局局长

黄　辉　张家口市国土资源局矿管科主任科员
曹宝柱　秦皇岛市国土资源局执法监察支队副支队长
鲍增奇　唐山市国土资源局副局长
刘维奇　唐山市国土资源局矿管处处长
陈武其　保定市国土资源局矿产开发管理处主任科员
赵成信　曲阳县国土资源局局长
张新国　邢台市国土资源局矿管科科长
马永明　邢台市国土资源局执法监察科主任科员
张振生　邯郸市国土资源局党委书记、局长
刘向东　武安市国土资源局副局长

山西省

贾文儒　山西省人民政府办公厅秘书二处处长
沙凤英　山西省国土资源厅副巡视员
武耀文　山西省国土资源执法局副局长兼山西省国土资源执法监察总队副总队长(正处级)
李春元　山西省国土资源执法监察总队主任科员
乔清海　太原市国土资源局矿管处处长
杨庆才　大同市国土资源局调研员
孙玉鹏　平定县国土资源局局长
黄选庭　长治市国土资源执法监察支队支队长
王发生　晋城市国土资源局副局长
张学奇　晋城市国土资源局监察科科长
张忠怀　仁县国土资源局局长
王彪晋　中市国土资源局副局长
吴玉明　灵石县国土资源局局长
赵子文　忻州市国土资源局副局长
张文贵　忻州市国土资源执法监察大队队长
张咸泽　孝义市国土资源局局长
王晓峰　临汾市国土资源执法监察支队支队长
赵青斌　垣曲县国土资源局局长

内蒙古自治区

赵保胜　内蒙古自治区国土资源厅副厅长
王　杰　内蒙古自治区国土资源厅矿产资源储量处处长
杨志强　内蒙古自治区国土资源厅矿产开发管理处调研员
王旺旺　内蒙古自治区经济委员会副主任、内蒙古自治区煤炭工业局局长
王耀学　内蒙古自治区监察厅副厅级检查员
张　华　内蒙古自治区财政厅副厅长
郝　斯　内蒙古自治区公安厅治安总队副总队长
史青晓　内蒙古自治区安全生产监督管理局局长
曹安雅　内蒙古煤矿安全监察局局长
王重明　包头市国土资源局党组书记、局长
侯彦涛　兴安盟国土资源局矿产资源开发管理科科长
张福良　喀喇沁旗国土资源局矿管科科长
竺金峰　锡林郭勒盟国土资源局矿产资源开发管理科副科长
李宝兴　和县国土资源局党组书记、局长
陈俊岩　鄂尔多斯市国土资源局矿产资源开发管理科科长
巴崖尔　巴彦淖尔市国土资源执法监察局局长
周天鹏　乌海市国土资源局矿产开发科科长
关永义　阿拉善盟国土资源局副局长

辽宁省

张志敏　辽宁省国土资源厅矿管处处长詹华安辽宁省国土资源厅办公室副调研员
于陆仁　辽宁省国土资源厅执法监察局调研员
马志抒　辽宁省国土资源厅信息中心高级工程师
朱　乾　辽宁省公安厅单位内部管理总队副总队长
孙　泉　沈阳市规划和国土资源局矿管处副处长
董　青　大连市国土资源和房屋局副主任科员
王占分　鞍山市国土资源局矿管处处长
魏智勇　抚顺市国土资源局矿管科主任科员
吕彦明　本溪市国土资源局副局长
黄少军　丹东市国土资源局副局长
王　斌　锦州市国土资源局矿管处处长
徐德旭　营口市国土资源局鲅鱼圈分局副局长
王　军　阜新市国土资源局副局长
巴在仁　辽阳市国土资源局局长
刘　印　铁岭市国土资源局矿管科科长
蒋　俊　朝阳市国土资源局矿管科科长
张凤民　葫芦岛市国土资源局副局长

吉林省

慕海平　吉林省人民政府副秘书长
吕海臣　吉林省国土资源厅矿产开发管理处处长
王凤生　吉林省国土资源厅地质勘查处处长
刘大庆　吉林省国土资源厅矿产开发管理处调研员
李承志　吉林省公安厅经济文化保卫总队副调研员
朱　涛　吉林省监察厅执法监察室主任
周德全　吉林省监察厅执法监察室调研员
许　赫　吉林省安全生产监督管理局副局长
惠宇雷　吉林煤矿安全监察局总工程师
毕洪亮　吉林市国土资源局矿管处处长
李松虎　延边朝鲜族自治州国土资源局副局长
纪锡新　白山市国土资源局副局长

黑龙江省

孙　纲　黑龙江省国土资源厅厅长
姜秀金　黑龙江省国土资源厅副厅长
刘升林　黑龙江省国土资源厅副巡视员
全柏峰　黑龙江省国土资源厅矿产开发管理处调研员
牛　伟　黑龙江省国土资源厅矿产开发管理处调研员

王占德　黑龙江省国土资源执法监察局二处处长
王　权　黑龙江省煤炭工业管理局局长
唐春发　哈尔滨市国土资源局副局长
王联文　齐齐哈尔市国土资源局副局长
姜春信　牡丹江市国土资源局副局长
王琦旬　佳木斯市国土资源局矿管科科长
王凤文　鸡西市国土资源局副局长
宿永斌　双鸭山市国土资源局矿管科科长
殷广武　伊春市国土资源局副调研员
刘大民　七台河市国土资源局矿管科科员
刘　军　鹤岗市国土资源局局长
刘明玉　黑河市国土资源局副局长
汤洪安　绥化市国土资源局副局长
王炳金　大兴安岭地区行署国土资源局副局长

上海市

夏叔远　浦东新区发展新型墙体材料办公室科长
陈贵生　金山区规划和土地管理局矿管科科长
邱瑞春　崇明县房屋土地管理局权籍(地矿)科科长

江苏省

沈仲一　江苏省人民政府办公厅调研员
宋旭东　江苏省经济贸易委员会煤炭处处长
卞　盛　南京市国土资源局六合分局副局长
丁君强　宜兴市国土资源局副局长
曹鸣镝　徐州市人民政府办公室财贸处处长
倪嘉曾　金坛市国土资源局矿管科科长
周　春　苏州市国土资源局副局长
邢卫兵　南通市国土资源局地质矿产处处长
毛太銮　连云港市国土资源局党组书记、局长
丁厚金　淮安市国土资源局地质矿产处处长
柏海红　淮安市国土资源局规划科技处处长
陈德坤　盐城市国土资源局地质矿产处处长
石　铭　扬州市国土资源局地矿处科员
袁华荣　镇江市国土资源局副局长
李兴国　泰州市国土资源局副局长
张俊业　宿迁市国土资源局副局长

浙江省

潘圣明　浙江省国土资源厅副厅长
吕晓澜　浙江省国土资源厅矿产开发管理处副处长
杜良浩　浙江省安全生产监督管理局主任科员
方飞泉　杭州市国土资源局矿产资源处处长
俞建强　宁波市国土资源局镇海分局局长助理
周林生　温州市国土资源局矿产开发管理处副主任科员
龚西征　湖州市国土资源局纪委书记
祝四英　嘉兴市国土资源局地质矿产处处长
丁小雅　绍兴市国土资源局地矿处处长
周国新　金华市国土资源局副局长
刘　龙　常山县县委常委、常务副县长
汤传龙　舟山市国土资源局矿管处工程师
王小海　温岭市国土资源局矿管办主任
邹增象　丽水市国土资源局矿管处副处长

安徽省

孔繁茂　安徽省国土资源厅矿管处处长周强安徽省矿产资源整规领导小组办公室干部
范　勇　安徽省财政厅经建处主任科员
谢正富　安徽省公安厅治安总队副调研员
何家齐　安徽省安全生产监督管理局监管一处副处长
周　堃　安徽省电力公司营销部业务主管
夏　玲　合肥市国土资源局副调研员
南长洲　淮北市国土资源局矿管科科长
张治淮　宿州市国土资源局局长
李　涛　涡阳县国土资源局局长
李素萍　阜阳市国土资源局副局长
鲁本继　蚌埠市国土资源局主任科员
王本伟　六安市国土资源局矿管科科长
王捍群　滁州市国土资源局局长
周　平　马鞍山市国土资源局监察支队干部
许永忠　黄山市国土资源局地质环境监测中心副主任
赵　明　铜陵市国土资源局局长
郝正强　安庆市国土资源局矿管科科长
闻之松　巢湖市工商行政管理局科长

福建省

李祖阳　福建省国土资源厅矿管处主任科员
叶康忠　福州市国土资源局地矿处主任科员
肖忠文　厦门市国土资源与房产管理局地矿处主任科员
张智强　长泰县国土资源局局长
戴全福　泉州市国土资源局副局长
盛光辉　永春县国土资源局副局长
林仁淮　莆田市国土资源局副局长
吴传彦　尤溪县国土资源局副局长
孙琢约　建阳市国土资源局副局长
刘福昌　龙岩市国土资源局矿管科主任科员
汪强汀　永定县国土资源局副局长
郑　铭　宁德市国土资源局地矿科主任科员

江西省

刘积福　江西省国土资源厅党组书记、厅长
李洪昌　江西省国土资源厅巡视员
侯克常　江西省国土资源厅储量处处长
邵国庆　江西省国土资源厅矿管处主任科员
郭勋林　江西省公安厅治安总队一处处长
卫　东　江西省煤炭行业管理办公室行管处处长

徐新丰　赣州市矿管局副局长
吴福才　抚州市国土资源局党组书记、局长
廖　俊　新余市国土资源局副局长
肖英青　吉安市国土资源局副局长
李思权　萍乡市国土资源局开发科科长
匡　杰　九江市国土资源局开发科科长
裔　刚　德兴市矿产黄金管理局局长
徐志华　乐平市国土资源局副局长
李长荣　玉山县国土资源局副局长
邹水根　贵溪市国土资源局副局长
杨　浩　丰城市地矿局开发股股长
邓玉兰　南昌县国土资源局开发科科长

山东省

李克强　山东省国土资源厅矿产开发管理处处长
张　婧　山东省国土资源厅整规办主任科员
徐孟军　济南市国土资源局矿产资源处处长
唐文亮　青岛市国土资源和房屋管理局地质矿产管理处副主任科员
宋长清　淄博市国土资源局调研员、副局长
李凤涛　枣庄市国土资源局矿产资源咨询中心副主任
王　峰　东营市国土资源局地矿科科长
黄建华　烟台市国土资源局开发科科长
马金城　潍坊市国土资源局矿管科科长
徐培根　潍坊市国土资源局地质环境与勘查储量科干部
赵新兵　济宁市国土资源局党组成员、矿产开发处主任
张家起　泰安市国土资源局矿产开发管理科科长
林华信　威海市国土资源局副局长
马臻德　日照市国土资源局副局长、调研员
亓　鲁　莱芜市国土资源局副局长
李景波　临沂市国土资源局副局长
孟庆峰　德州市国土资源局副局长
孙奎新　滨州市国土资源局地质矿产科科长
李乐平　聊城市国土资源局地质矿产管理科科员
徐淑和　菏泽市国土资源局副局长

河南省

张和儒　河南省国土资源厅副厅长
郭宏文　河南省发展和改革委员会地区经济发展与合处副调研员
卢志军　河南省监察厅执法监察室副主任
于　莉　河南省环境保护厅自然生态保护处副处长
胡方敏　河南省安全生产监督管理局副处长
薛良伟　河南省国土资源科学研究院副总工程师
王新杰　郑州市国土资源局矿业监察处处长
赵建国　洛阳市国土资源局局长、党组书记
段松泉　平顶山市国土资源局副局长
刘绘恩　安阳市国土资源局开发科科长
郭相普　鹤壁市国土资源局开发科科长
李红民　焦作市国土资源局开发科科员
赵建民　许昌市国土资源局监察科科长
王保湘　南阳市国土资源局党组副书记、副局长
刘世洲　信阳市国土资源局开发科科长
张群立　驻马店市国土资源局开发科科长
薛永东　济源市国土资源局开发科科长
张冠山　三门峡市国土资源局副调研员

湖北省

郑志远　湖北省政府办公厅秘书四处副处长
余　军　湖北省国土资源厅法规处、整规办处长
熊立军　湖北省国土资源厅矿管处、整规办主任科员
陈建武　湖北省发改委地区处副处长
王学功　湖北省财政厅经济建设处调研员
盛云初　湖北煤矿安全监察局安全监察处处长
谢远荣　武汉市江夏区国土资源管理局副调研员
程　洁　黄石市国土资源局矿管科副科长
彭方刚　大冶市国土资源局副局长
胡家法　宜昌市市委常委、副市长
郑兴华　宜昌市人民政府副秘书长、国土资源局局长
陈　翔　宜昌市国土资源局矿管科干部
庄晓荣　远安县国土执法大队大队长
吴平清　孝感市国土资源局矿管科科长
洪细福　鄂州市国土资源局矿管科科长
喻长友　黄冈市国土资源局局长、党组书记
陈连旺　武穴市国土资源局局长
刘　力　松滋市国土资源局总工、工会主席
熊　飞　赤壁市国土资源局副局长
王　平　钟祥市国土资源局党组书记、局长
姚　胜　恩施市国土资源局矿管科副科长
王玉伟　神农架林区国土资源局副局长

湖南省

孙　敏　湖南省国土资源厅党组成员、执法总队总队长
邓　玲　湖南省国土资源厅执法总队副总队长
周　涛　湖南省国土资源厅矿管处副处长
余少华　湖南省国土资源厅执法总队处长
程爱宝　湖南省安全生产监督管理局科长
彭志明　长沙市国土资源局执法支队政委
周法清　衡阳市国土资源局副局长
顾　峰　株洲市国土资源局局长
谭正荣　湘潭县国土资源局副局长
周　瑾　新邵县国土资源局副局长
杨　克　岳阳市国土资源局局长
杨文平　常德市国土资源局执法支队支队长

陈　竞　张家界市永定区区委副书记、区长
刘庆云　益阳市国土资源局副局长
吴祥祥　郴州市国土资源局局长
黄海淞　永州市国土资源局局长
许德强　怀化市国土资源局副科长
曾志祥　娄底市国土资源局副局长
古水扬　湘西土家族苗族自治州国土资源局副局长

广东省

邹勇兵　广东省人民政府办公厅综合二处主任科员
陈厚松　广东省国土资源厅矿产资源管理处处长
邓丽雯　广东省国土资源厅执法监察总队(处)副总队长、副处长
张文银　广东省国土资源厅矿产资源管理处副主任科员
王敬欢　广东省发展和改革委员会区域经济处副主任科员
杨淑鹏　广东省经济贸易委员会工业处副主任科员
刘伟君　广东省公安厅治安局管理与行动处副处长
吕振国　广东省监察厅执法监察室正处级纪检监察员
黄小群　广东省财政厅工贸发展处调研员
邓茂枝　广东省环境保护局环境监察分局副局长
刘玲平　广东省安全生产监督管理局监督管理一处副处长
邝法浓　佛山市国土资源局三水分局测绘地矿管理股股长
王育先　梅州市工商行政管理局党组成员、副局长
吴文龙　肇庆市国土资源局地质勘查与环境科科长
雷广志　清远市国土资源局地质矿产管理科副科长
陈岳平　揭阳市国土资源局党组书记、局长

广西壮族自治区

陆景宇　广西壮族自治区国土资源厅矿管处处长
任叙新　南宁市国土资源局副局长
肖　源　柳州市城中区人民政府法制办公室副主任
谭国政　桂林市国土资源局副局长
朱　江　梧州市国土资源局矿管科副科长
陈永就　北海市国土资源局铁山港分局副局长
李韦鸿　防城港市国土资源局矿管科科长
刘承良　钦州市国土资源局钦北分局副局长
李达忠　贵港市国土资源局副局长
黄五林　玉林市国土资源局副局长
陆艳邦　平果县国土资源局局长
陆晓斌　河池市国土资源局副局长、南丹县国土资源局局长(兼)
潘凤琼　来宾市国土资源局副调研员
谢小明　贺州市国土资源局副局长
李英礼　崇左市国土资源局矿管科科长

海南省

严之尧　海南省国土环境资源厅厅长
丁式江　万宁市人民政府市长(原海南省国土环境资源厅副厅长)
吴坤汉　海南省国土环境资源厅地质勘查与矿产开发管理处处长
陈　峰　海南省安全生产监督管理局处长
赖增程　海南省公安边防总队海警第一支队支队长
林　荟　海南省国土环境资源监察总队科长
苏小越　万宁市国土环境资源局副局长
王铭胜　万宁市公安局法制股股长
周德光　文昌市国土环境资源局副局长
杨　功　海南电网文昌供电公司稽查队队长
孙爱娥　昌江县国土环境资源局局长
陶　敏　昌江县工商行政管理局石南工商所所长

重庆市

周时洪　重庆市国土资源和房屋管理局副局长、市整规办副主任
程培昌　重庆市监察局驻市国土资源和房屋管理局副厅局级监察专员
邱佳正　重庆市国土资源和房屋管理局矿产开发管理处处长
陈高武　重庆市国土资源和房屋管理局勘查储量处处长
周光荣　重庆市国土资源和房屋管理局执法监察处副调研员
吴　光　重庆市经济委员会副主任
王忠勇　重庆市经济委员会煤炭行业管理处处长
谭小龙　中共重庆市纪委、重庆市监察局正处级监察员
朱　茜　重庆市工商行政管理局企业注册管理处企业登记管理所所长
刘光才　重庆市安全生产监督管理局副局长
牟维华　重庆煤矿安全监察局安全监察处处长
邓陆明　重庆煤矿安全监察局安全监察处监察专员
徐仁勇　南川区国土资源和房屋管理局副局长
费文彬　奉节县国土资源和房屋管理局党组书记、局长
曾传彬　永川区国土资源和房屋管理局地矿科科长

四川省

蔡　民　四川省人民政府办公厅秘书五处副处长
杨苏萍　四川省监察厅副厅长、省整规工作领导小组副组长
王然勇　四川省国土资源厅矿管处处长、厅整规办主任
张红梅　四川省国土资源厅执法监察局局长、厅整规

办副主任
邓建军 四川省国土资源厅整规办专职副主任
林书成 四川省安全生产监督管理局局长
敬小明 攀枝花市国土资源局矿管处副处长
何光华 米易县国土资源局副局长、县整规办主任
陈纪军 泸州市国土资源局矿管科科长、局整规办主任
宋明强 广元市国土资源局副局长、市整规办主任
任冀萍 峨眉山市国土资源局副局长、市整规办主任
唐益林 宜宾市国土资源局副局长、市整规办主任
杨登全 雅安市国土资源局调研员、市整规督导组副组长
梅伯鹏 雅安市国资委、市整规督导组干部
黄朝建 雅安市安全生产监督管理局局长
张泽加 凉山彝族自治州监察局执法监察室主任
周　斌 中共冕宁县委书记
切沙此合 甘洛县人民政府副县长

贵州省

王振宇 贵州省国土资源厅矿产开发管理处处长
唐兴文 贵州省国土资源厅储量处副处长、省整规办专职副主任
吴长顺 贵州省国土资源厅执法监察局主任科员
赵学芬 贵阳市国土资源局矿权处处长
王达礼 遵义市国土资源局党组成员、副局长
唐　锐 六盘水市国土资源局矿权管理科干部
赵丽萍 安顺市国土资源局矿权科副科长
张晓俊 黔西南布依族苗族自治州国土资源局执法监察支队队长
王晓灵 毕节地区国土资源局党组成员、副局长
杨国权 铜仁地区国土资源局执法监察支队支队长
李连友 息烽县国土资源局副局长
尹德明 仁怀市国土资源局副局长
莫景辉 都匀市国土资源局副局长
陈　红 黔西县国土资源局党组成员、副局长
陈　炜 天柱县国土资源局副局长

云南省

温志雄 云南省政府办公厅五处副处长
周文贤 云南省国土资源厅执法总队副队长
陈茂林 昆明市国土资源局副局长
马　骉 昭通市国土资源局副局长
王　剑 曲靖市国土资源局副局长
何　钊 玉溪市国土资源局矿管科科长
杨活兴 保山市国土资源局矿管科科长
郭跃安 楚雄彝族自治州国土资源局调研员
杨建国 红河哈尼族彝族自治州国土资源局局长
李仕标 文山壮族苗族自治州国土资源局副局长
马先楚 普洱市国土资源局局长
刘德忠 西双版纳傣族自治州国土资源局副局长
杨欣洪 大理白族自治州国土资源局矿管科科长
向三帕 德宏傣族景颇族自治州国土资源局执法监察支队副支队长
秦培林 丽江市国土资源局副局长
王红超 兰坪县国土资源局矿管股股长
杨世聪 香格里拉县国土资源局副局长
马松涛 临沧市国土资源局矿管科科长

西藏自治区

赵咸明 西藏自治区国土资源厅矿管处副处长
何本云 西藏自治区发展和改革委员会副主任
李永强 西藏自治区公安厅治安总队副支队长
李玉洪 西藏自治区财政厅经济建设处主任科员
扎　西 西藏自治区环境保护局监督管理与污染控制处主任科员
旦巴曲达 拉萨市国土资源规划局局长
边　巴 嘉黎县国土资源局局长
陈　桑 山南地区安全生产监督管理局副局长
拉普琼 仲巴县国土资源局局长
罗　加 昌都地区国土资源局矿产开发管理科科长
贺高峰 林芝地区国土资源局局长
南木色 普兰县国土资源局局长

陕西省

张春明 陕西省人民政府办公厅经济社会发展处副处长
刘学民 陕西省国土资源厅矿产开发管理处主任科员
王建平 陕西省发展改革委煤电处副处长
黄永强 陕西省公安厅治安管理局主任科员
杨朝宁 陕西省监察厅执法监察室主任
黄建军 陕西省环境保护厅环境影响评价管理处处长
寇博文 陕西省安全生产监督管理局安全监管一处主任科员
陈永昌 陕西省煤炭工业局副局长
李永平 铜川市国土资源局局长
李宏杰 宝鸡市国土资源局局长
赵永峰 潼关县矿产资源管理局局长
孙民生 延安市国土资源局副局长
董继龙 洛南县国土资源局副局长
孙孝英 白水县国土资源局副局长
王永辉 旬邑县国土资源局副局长
李文科 汉中市国土资源局矿管科科长
黄佳岗 榆林市国土资源局矿管科科长
黄自新 安康市国土资源局地质环境科科长
孙岳利 西安市国土资源局长安分局矿管站站长

甘肃省

周仲平　甘肃省安全生产监督管理局副局长
张锡广　甘肃省公安厅治安警察总队调研员
牛建平　甘肃省发改委地区处副处长
安建昌　甘肃省国土资源执法监察局副主任科员
李　祥　陇南市国土资源局局长
张德民　酒泉市国土资源局副局长
秦述国　张掖市国土资源局副局长
周福义　白银市国土资源局副局长
孙奉忠　甘南藏族自治州国土资源局副局长
卡占龙　临夏回族自治州国土资源局局长
王尔亨　武威市国土资源局矿管科长
徐和平　徽县国土资源局局长
张仲松　岷县国土资源局局长
宁东学　肃北县国土资源局局长

青海省

尚现功　青海省国土资源厅开发管理处副处长
肖　宁　青海省国土资源厅执法监察局主任科员
康维海　青海省国土资源厅信息中心主任科员
刘　岩　青海省国土资源执法监察总队副总队长
王　晨　青海省经委行业指导处调研员
拜雪峰　青海省公安厅治安警察总队支队长
娄燕青　青海省工商局企业监督处主任科员
方　华　青海省环境保护厅副处长
孟令臻　青海省盐湖管理局矿管科科长
张惠英　西宁市国土资源局处长
赵进桢　海东地区国土资源局纪检书记
杨俊学　海西蒙古族藏族自治州国土资源局副主任科员
杨　进　兴海县国土资源局局长
吴松林　祁连县国土资源局副局长
陈生盛　海西蒙古族藏族自治州州大柴旦行委监察局局长

宁夏回族自治区

魏里阳　宁夏回族自治区安全生产监督管理局局长
蔡爱国　宁夏回族自治区国土资源厅矿管处调研员
郭治学　宁夏回族自治区国土资源厅矿管处副调研员
丁尚宏　宁夏回族自治区国土资源厅执法监察总队执法监察室主任科员
邹　军　宁夏回族自治区发展和改革委员会处长
王颖峰　宁夏回族自治区纪律检查委员会执法监察室副处级纪检监察员
张福新　宁夏煤矿安全监察局监察二处处长
韩泽平　宁夏回族自治区林业局森林资源保护处处长
马　林　宁夏回族自治区煤炭工业局行业管理处处长
陈　曦　宁夏回族自治区环境保护局主任科员
刘学如　中卫市国土资源局副局长

张　洪　石嘴山市公安局惠农分局治安管理大队队长

新疆维吾尔自治区

田建荣　新疆维吾尔自治区政府主席助理、国土资源厅党组书记
于庆和　新疆维吾尔自治区国土资源厅党组成员、副厅长
王德和　新疆维吾尔自治区国土资源厅副巡视员、矿管处处长
周少华　新疆维吾尔自治区国土资源执法监察总队矿产执法监察处副处长
木塔力甫·吐拉夫　新疆维吾尔自治区公安厅治安总队基层基础特行大队副大队长
夏扎旦木·热依木　新疆维吾尔自治区工商局企业监管处副处长
周　麟　新疆维吾尔自治区安全生产监督管理局非煤矿山处调研员
孙　强　新疆维吾尔自治区煤管局规划发展处副处长
陈维斌　阿勒泰地区国土资源局局长
刘进喜　吐鲁番地区国土资源局局长
库沙英·阿斯拜克　塔城地区国土资源局副局长
李先锋　乌鲁木齐市国土资源局矿管处副处长
刘　通　巴音郭楞蒙古自治州国土资源局矿管科科长
孙义选　和田地区国土资源局矿管科科长
安　镭　博尔塔拉蒙古自治州国土资源局地环科科长
张小平　伊宁县国土资源局局长

国土资源部

刘　欣　国土资源部矿产开发管理司煤炭矿产管理处副调研员
胡颖哲　国土资源部执法监察局查处二处调研员
刘　勇　国土资源部咨询研究中心办公室副主任
刘吉祥　国土资源部信息中心资源分析室研究员
史登峰　中国国土资源经济研究院环境经济研究室助理研究员
盖　静　中国国土资源经济研究院资源资产与市场研究室助理研究员
张玉梅　中国国土资源经济研究院资源资产与市场研究室干部
王史堂　国土资源部油气资源战略研究中心矿产开发研究室副处长
吴　珊　国土资源部油气资源战略研究中心信访信息研究室干部
尹仲年　整顿和规范矿产资源开发秩序部际联席会议办公室督查组组长

发展改革委

唐社民　国家发展和改革委员会经济运行调节局调研员

严天科　国家能源局煤炭司处长

工业和信息化部

贾银松　工业和信息化部原材料工业司巡视员

张凤奎　工业和信息化部原材料工业司金属材料一处调研员

公安部

王章学　公安部治安管理局经济保卫工作指导处主任科员

张国亮　公安部治安管理局爆炸危险物品安全监督管理工作指导处副主任科员

财政部

王全玲　财政部经济建设司环境与资源处调研员

李振超　财政部经济建设司环境与资源处副处长

环境保护部

熊跃辉　环境保护部华北环境保护督查中心主任(环境保护部环境监察局原副局长)

金冬霞　环境保护部环境应急办公室二处处长(环境保护部环境监察局原环境监察二处副处长)

商务部

张　炎　商务部对外贸易司工业品出口处调研员

常　晖　商务部对外贸易司工业品出口处副处长

工商总局

周卫军　国家工商行政管理总局企业注册局监督处副处长

褚晓强　国家工商行政管理总局企业注册局监督处调研员

安全监管总局

王啟明　国家安全生产监督管理总局安全监督管理一司副司长

卓卫娜　国家安全生产监督管理总局安全监督管理四司监管一处处长

江洪清　国家煤矿安全监察局安全监察司主任科员

韩芳岐　山东煤矿安全监察局副局长

黄圣旭　贵州煤矿安全监察局副处级监察专员

国土资源部关于停止执行部分地质和矿产勘查开发相关规范性文件的通知

国土资发〔2009〕150号

各省、自治区、直辖市国土资源厅(国土环境资源厅、国土资源局、国土资源和房屋管理局、规划和国土资源管理局),副省级城市国土资源行政主管部门,国家海洋局,国家测绘局,解放军土地管理局,新疆生产建设兵团国土资源局,各派驻地方的国家土地督察局,中国地质调查局及部其他直属单位,部机关各司局:

为进一步推进依法行政,建立和完善法律层次明晰、调整范围明确、与相关法律协调、适应社会主义市场经济体制要求的矿产资源管理法律体系,我部按照国务院关于规章和规范性文件定期清理制度的要求,结合推进地质找矿改革发展大讨论等工作,对原地质矿产部和国土资源部2009年8月31日前发布的现行有效的地质和矿产勘查开发规范性文件进行了全面清理。经国土资源部研究决定,停止执行《国土资源部决定停止执行部分地质和矿产勘查开发规范性文件目录》所列的规范性文件。

国土资源部

2009年10月31日

国土资源部决定停止执行部分地质和矿产勘查开发相关规范性文件目录(20件)

序号	名　称	发文单位及文号	发文时间	说　明
1	关于印发《探矿权采矿权评估管理暂行办法》和《探矿权采矿权评估资格管理暂行办法》的通知	国土资源部 国土资发〔1999〕75号	1999年3月30日	已被关于重新发布《探矿权采矿权评估资格管理暂行办法》的通知(国土资发〔2000〕302号)和《关于印发〈矿业权评估管理办法(试行)〉的通知》(国土资发〔2008〕174号)代替
2	关于委托采矿权评估结果确认的通知	国土资源部 国土资发〔1999〕99号	1999年4月19号	国务院第四批取消和调整行政审批项目的决定已将采矿权评估备案确认审批改为备案制度

续表

序号	名　　称	发文单位及文号	发文时间	说　　明
3	关于下达国土资源综合统计报表制度的通知	国土资源部 国土资发〔1999〕445 号	1999 年 12 月 3 日	已被《国土资源部办公厅关于印发〈国土资源统计报表制度〉的通知》(国土资厅发〔2009〕15 号)代替
4	关于授权换发、颁发外商投资矿山企业采矿许可证的通知	国土资源部 国土资发〔2000〕122 号	2000 年 4 月 11 日	已被《关于规范勘查许可证采矿许可证权限有关问题的通知》(国土资发〔2005〕200 号)代替
5	关于在机构改革中进一步加强地质资料管理工作的通知	国土资源部 国土资发〔2000〕385 号	2000 年 12 月 18 日	适用期已过
6	关于对四川省地质矿产行政主管部门授权的批复	国土资源部 国土资发〔2001〕169 号	2001 年 3 月 26 日	已被《关于规范勘查许可证采矿许可证权限有关问题的通知》(国土资发〔2005〕200 号)代替
7	关于进一步整顿矿业经济秩序规范矿业权市场的通知	国土资源部 国土资发〔2001〕169 号	2001 年 6 月 15 日	阶段性工作已经完成
8	关于开展矿产资源储量核查检测试点工作的通知	国土资源部 国土资发〔2002〕187 号	2002 年 6 月 13 日	试点工作已结束
9	关于加强探矿权评估监督管理的通知	国土资源部 国土资发〔2003〕16 号	2003 年 1 月 16 日	已被《关于印发〈矿业权评估管理办法(试行)〉的通知》(国土资发〔2008〕174 号)代替
10	关于印发《矿产资源补偿费勘查项目管理暂行办法》的通知	国土资源部 国土资发〔2003〕71 号	2003 年 3 月 13 日	已改变管理方式
11	关于印发《地质勘查资质注册登记办法》的通知	国土资源部 国土资发〔2003〕218 号	2003 年 6 月 24 日	《地质勘查资质管理条例》(国务院令第 520 号)已有新规定
12	关于贯彻《地质勘查资质注册登记办法》有关问题的通知	国土资源部 国土资发〔2003〕230 号	2003 年 6 月 30 日	《地质勘查资质管理条例》(国务院令第 520 号)已有新规定
13	关于加强煤炭资源勘查开采管理的通知	国土资源部 国土资发〔2004〕34 号	2004 年 2 月 19 日	已被《关于进一步加强煤炭资源勘查开采管理的通知》(国土资发〔2006〕13 号)代替
14	关于加强地质灾害报告制度的通知	国土资源部 国土资发〔2004〕86 号	2004 年 4 月 14 日	已被《关于进一步完善地质灾豁速报制度和月报制度的通知》(国土资发〔2006〕175 号)代替
15	关于进一步做好矿产资源管理专项整治工作的通知	国土资源部 国土资厅发〔2004〕84 号	2004 年 6 月 24 日	阶段性工作已经完成
16	关于开展地质勘查资质注册登记工作的通知	国土资源部 国土资厅发〔2005〕41 号	2005 年 4 月 29 日	《地质勘查资质管理条例》(国务院令第 520 号)已有新规定
17	关于调查探矿权采矿权有偿取得情况的通知	国土资源部 国土资厅发〔2007〕29 号	2007 年 2 月 12 日	阶段性工作已经完成
18	关于开展矿山储量动态监督管理检查工作的通知	国土资源部 国土资厅发〔2007〕67 号	2007 年 4 月 19 日	阶段性工作已经完成
19	关于开展地质勘查资质注册登记清理检查工作的通知	国土资源部 国土资厅发〔2007〕260 号	2007 年 11 月 8 日	《地质勘查资质管理条例》(国务院令第 520 号)已有新规定

续表

序号	名　　称	发文单位及文号	发文时间	说　　明
20	关于调查报送矿山执法监察有关情况的通知	国土资源部 国土资厅发〔2007〕199号	2007年12月6日	适用期已过

国土资源部关于印发《保护性开采的特定矿种勘查开采管理暂行办法》的通知

国土资发〔2009〕165号

各省、自治区、直辖市国土资源厅(国土资源环境厅、国土资源局、国土资源和房屋管理局、规划和国土资源管理局),新疆生产建设兵团国土资源局:

为进一步加强保护性开采的特定矿种勘查开采的管理,国土资源部研究制定了《保护性开采的特定矿种勘查开采管理暂行办法》,现印发给你们,请结合实际,认真贯彻执行。

国土资源部

2009年11月24日

保护性开采的特定矿种勘查开采管理暂行办法

第一条　为加强对保护性开采的特定矿种勘查、开采的管理,保护我国优势矿产资源,不断提高优势矿产的合理开发利用水平,根据《中华人民共和国矿产资源法》及相关法律法规的规定,制定本办法。

第二条　本办法所称保护性开采的特定矿种,是指按照有关规定,由国家实行有计划勘查、开采管理的矿种。

第三条　保护性开采的特定矿种的勘查、开采实行统一规划、总量控制、合理开发、综合利用的原则。

第四条　国土资源部会同有关部门提出保护性开采的特定矿种的设立或撤销名单,经国务院批准后,公布实施。

第五条　国土资源部负责全国保护性开采的特定矿种勘查、开采的登记、审批。

国土资源部可根据需要,授权有关省(区、市)国土资源管理部门对保护性开采的特定矿种进行勘查、开采的登记、审批。

第六条　国土资源部负责组织全国保护性开采的特定矿种勘查、开采的监督管理。县级以上地方人民政府国土资源管理部门负责本辖区内保护性开采的特定矿种勘查、开采的监督管理。

第七条　国土资源部按照矿产资源规划,根据相关产业政策、资源储量变化、市场需求等因素,按年度分矿种下达保护性开采的特定矿种勘查、开采计划,依法设立探矿权、采矿权,并加强监管。

第八条　保护性开采的特定矿种资源调查评价和矿产地储备工作由国土资源部统一组织实施。

第九条　探矿权人在对其他矿种进行勘查活动时,应对共、伴生的保护性开采的特定矿种进行综合勘查评价,并单独估算资源储量。否则,地质储量报告不予评审、备案。

第十条　国土资源部按照规划对保护性开采的特定矿种实行开采总量控制管理,分年度下达分省(区、市)控制指标。综合开采、综合利用保护性开采的特定矿种的,纳入开采总量控制管理。

第十一条　各有关省(区、市)国土资源管理部门根据本辖区矿山企业的资源储量、开发利用情况、资源利用水平等,将控制指标分解落实到矿山企业,企业名单和指标分解情况应向社会公示,公示结果予以公告,并报国土资源部备案。国土资源部向社会公布全国控制指标分解落实情况。

各有关省(区、市)国土资源管理部门在分解下达控制指标时,上下级国土资源管理部门间应按照职责分工签订责任书,矿山所在地市或县级国土资源管理部门和矿山企业间签订合同书,明确各方的权利、义务和违约责任。责任书、合同书式样由各省(区、市)国土资源管理部门制定。

第十二条　保护性开采的特定矿种开采总量控制指标执行情况实行月报和季报统计制度。

矿山企业每月应按规定向当地国土资源管理部门

报送保护性开采的特定矿种开采总量控制指标执行情况；各有关省(区、市)国土资源管理部门每季度向国土资源部上报保护性开采的特定矿种开采总量控制指标执行情况。

保护性开采的特定矿种开采总量控制指标执行情况报表及报送时间等要求由国土资源部相关统计制度规定。

开采保护性开采的特定矿种的矿山企业应建立储量、产量、销售原始台账及开采总量控制相关管理制度。

第十三条 各有关省(区、市)国土资源管理部门每年11月底前向国土资源部上报当年指标完成情况(含预计完成情况)及下年度指标申请报告。

第十四条 保护性开采的特定矿种开采总量控制指标不得买卖和转让。特殊情况，由矿山所在地的省(区、市)国土资源管理部门在当地进行调配并报部备案。

第十五条 保护性开采的特定矿种与其他矿种共、伴生的，凡保护性开采的特定矿种资源储量达到中型以上，且占矿山全部资源储量达到20%的，按主采保护性开采的特定矿种设立采矿权，并执行保护性开采的特定矿种各项管理规定。

第十六条 不符合本办法第十五条规定的共、伴生情况的，矿山开采企业综合开采、综合利用保护性开采的特定矿种，应严格按照下达的保护性开采的特定矿种开采总量控制指标组织生产，其主采矿种的开采规模应与保护性开采的特定矿种的开采总量控制指标相适应，不得因开采主采矿种而导致保护性开采的特定矿种超开采总量控制指标生产。

经批准，主采矿种扩大开采规模，造成综合利用的保护性开采的特定矿种采出量超出开采总量控制指标的，采矿权人应妥善保存，不得超开采总量控制指标销售。

对暂不能开采、利用的矿体、尾矿，采矿权人应采取有效措施加以保护，不得随意丢弃、浪费或破坏保护性开采的特定矿种资源。

第十七条 开采非保护性开采的特定矿种的矿山企业在开采其他矿产过程中，新发现矿区内有共生或伴生保护性开采的特定矿种的，应当向当地国土资源管理部门报告，经资源储量评审备案后，依据评审结果，纳入矿产资源规划，并分别按照本办法第十五条或第十六条的有关规定办理。

第十八条 各级国土资源管理部门应切实加强本辖区内保护性开采的特定矿种的勘查、开采管理，加大开采总量控制指标执行情况的检查力度。矿山所在地的国土资源管理部门应按照责任书的有关要求，指派专人负责对矿山开采企业进行定期和不定期的检查，发现问题及时处理，确保开采总量控制指标执行到位，并建立加强开采总量控制管理的具体管理措施。

第十九条 违反本暂行办法的，按照有关法律法规规定进行处罚。

第二十条 外商投资企业申请保护性开采的特定矿种勘查、开采的，按照国家的外商投资产业指导目录办理。

第二十一条 本办法由国土资源部负责解释。

第二十二条 本办法自2010年1月1日起施行。

国土资源部关于健全完善矿产资源勘查开采监督管理和执法监察长效机制的通知

国土资发〔2009〕148号

各省、自治区、直辖市国土资源厅(国土环境资源厅、国土资源局、国土资源和房屋管理局、规划和国土资源管理局)：

为巩固整顿和规范矿产资源开发秩序工作成果，维护矿产资源勘查开采秩序，遏制违法行为，有效保护和合理利用矿产资源，根据矿产资源法律法规和有关规定，现就健全完善矿产资源勘查开采监督管理和执法监察长效机制的有关事项通知如下：

一、严格矿业权人勘查开采活动的监管

(一)建立采矿权标识制度。依法新设立的采矿权(开采放射性矿产的除外)在正式开采前，采矿权人必须在开采作业场所的明显位置设立采矿权标识脚，接受国土资源行政主管部门的社会的监督。采矿权标识牌的内容应当包括采矿许可证载明的事项、制牌时间和监制单位，具体式样和内容由省(区、市)国土资源行政主管部门规定，县级人民政府国土资源行政主管部门负责本行政区域内采矿权标识牌的监制。现有采矿权人应当在2010年6月底前完成采矿权标识牌的立牌工作。

(二)加强矿产督察管理。省(区、市)国土资源行政主管部门要按照《矿产督察工作制度》(国土资发〔2003〕62号)的要求，依据督察工作任务量，聘请地方矿产督察员。设立矿产督察员办公室,明确专门人员负责国家和地方矿产督察员的日常管理工作。矿产督察员任务分工要具体到矿山(矿区),现场督察每年不得少于4次、完善矿产督察员年度考核管理,考核不称职和不能胜任工作的应当及时解聘。每年1月底前向部报送矿产督察年度工作报告。

(三)加强矿产资源勘查开采活动的日常监管。地方各级国土资源行政主管部门必须加强对矿业权人的日常监管,明确监管任务,规范监管程序:对矿业权人勘查开采和矿山地质环境治理、土地复垦情况进行重点监管;建立矿业权人档案,将日常监管中发现的矿业权人违法行为记录在案,作为年度检查的依据。

探矿权人必须按规定向国土资源行政主管部门报送勘查项目开工报告和年度报告。采矿权人必须及时编绘采掘工程图件,每半年向县级以上人民政府国土资源行政主管部门报送"井上井下工程对照图"、"采掘工程平面图"。

(四)加强矿业权人勘查开采活动的年度检查。地方各级国土资源行政主管部门要严格按照年度检查的有关规定,加强矿产资源勘查开采的年度检查,并将采矿权标识、矿山储量动态监管、矿山地质环境治理恢复和矿区土地复垦等制度的执行情况列入矿产开发利用年度检查内容。矿业权人不接受年度检查或检查不合格的,矿业权登记管理机关不得批准其延续、变更、转让等申请;涉及违法的,依法进行查处。

省(区、市)国土资源行政主管部门必须将上年度矿产资源勘查年度检查总结报告、矿产开发利用年度检查快报(包括应检、实地检查、初审合格矿山数,以及年生产矿石量、销售收入、实缴补偿费等)和矿产开发利用年度检查总结报告分别于每年1月底前、3月底前和5月底前报部。

二、加强矿产资源合理开发利用的监管

(一)严格矿产资源开发利用方案的管理。采矿权登记管理机关要认真把好资源合理开发利用的源头关,严格审查矿产资源开发利用方案。地方各级国土资源行政主管部门要按照开发利用方案加强矿山企业合理开发利用矿产资源的监管。采矿权登记管理机关颁发采矿许可证后及时将矿产资源开发利用方案及其他相关资料送交矿区所在地的市(地)、县(市)国土资源行政主管部门。

(二)全面开展矿山储量动态监督管理。大、中型矿山企业应当设立矿山地质测最机构,小型矿山企业应当配备地质测量相关专业人员。各类矿山企业要按规定开展矿山地质测量,每年1月底前向田土资源行政主管部门报送由符合条件的矿山地质测量机构编制的上年度《矿山储量年报》。

国土资源行政主管部门要认真组织对《矿山储量年报》的审查,并按规定进行抽查,特别要加强对年度资源储量变化大、矿山储最年报中存在问题较多和保有资源储量少的矿山企业的抽查。

(三)加强矿山企业矿产资源回收利用指标的管理。地方符级同土资源行政主管部门应当定期核定矿山企业开采回采率、选矿回收率、共伴生资源综合利用率和土地复垦率等指标,严格矿产资源补偿费征收与开采同采率挂钩的管理,促进矿山企业提高资源利用水平。

三、建立健全及时发现和有效制止矿产资源勘查开采违法行为的机制

(一)认真组织开展巡查工作。地方各级国土资源行政主管部门要按照《国土资源执法监察巡查工作规范》(国土资发〔2009〕127号)的要求,推进执法关口前移和重心下移,针对矿产资源分布和无证勘查、开采矿产资源违法行为的特点,合理划分全面巡查和重点巡查区域,认真组织开展巡查,及时发现和有效制止无证勘查、开采等违法行为。

(二)建立违法违规线索统一处理信息平台。地方各级国土资源行政主管部门要对举报电话、举报信件、举报电子邮件、领导批办、下级上报、媒体反映等各类矿产资源违法线索进行整合,建立统一处理的信息平台,按规定进行核查。对举报属实的.可视情况给予一定的奖励。

(三)拓宽社会监督渠道,地方各级国土资源行政主管部门可通过聘请监察专员、协管员、信息员、青年志愿者等方式,进一步拓宽社会监督渠道,充分发挥社会监督、舆论监督防范违法的作用。

(四)充分利用科技手段、积极探索并推广应用遥感监测、无人机巡查、电子设备监控等科技手段,对矿产资源集中的区域以及晕要矿区进行适时监测,及时发现和制止无证勘查、开采等违法行为。

四、完善案件查处机制,切实提高查处效果

(一)严格依法履行查处职责。地方各级国土资源行政主管部门对发现的矿产资源违法行为,要及时立案查处。无证开采、越界开采、非法转让矿业权、违法审批发证等行为要作为查处的重点。对依法应当予以行政处罚、申请法院强制执行、提出行政处分建议、移送追究刑事责任的,要坚决依法办理,及时跟踪、协调有关部门反馈落实情况。

(二)落实案件查处责任。地方各级国土资源行政主管部门的主要负责人对案件查处负总责,分管的副厅(局)长是主要责任人,执法监察机构的主要负责人及案件承办人是案件查处的具体责任人。通过建立健全相关责任制,明确案件查处责任、具体栏序、时限要求、考核指标及奖惩标准,确保依法履行职责。

(三)加强检查、督办。上级国土资源行政主管部门要加强对下级国土资源行政主管部门案件查处工作的检查。将是否及时发现和制止违法行为、是否依法履行查处职责以及处罚决定落实情况作为检查的重点。对交办下级国土资源行政主管部门查处的违法案件,要跟踪督办。对难以落实到位的,要及时向地方政府汇报并提出督办落实的建议。对下级国土资源行政主管部门办结上报的案件,要进行抽查。对发现的错案,予以纠正并依照有关规定追究责任。

(四)完善重大典型案件上报制度。县(市)、市(地)国土资源行政主管部门对本部门立案查处的重大典型违法案件特别是无证开采、越界开采、非法转让矿业权、违法审批发证等案件,逐级上报省(区、市)国土资源行政主管部门。省(区、市)同土资源行政主管部门遴选甫人典型案件报部。

(五)切实发挥典型案例的警示作用。地方各级国土资源行政主管部门要定期选择典型的矿产资源违法案件进行通报或者曝光。

(六)加强“两率”指标统计。地方各级国土资源行政主管部门要按照《关于建立无证勘查开采案件增减率和矿业权人违法违规件发生率统计制度的通知》(国土资发〔2007〕284号)的要求,及时对本行政区域内各类矿产资源违法违规案件进行分类登记和统计,将“两率”指标纳入同标责任考核。省(区、市)国土资源行政主管部门每年1月底前和7月底前分别将上年度和当年上半年的“两率”指标统计表报部。

五、构建共同责任机制,发挥联动作用

(一)推进建立地方政府统筹协调、部门联动的执法监管制度。在地方政府统筹协调、有关部门共同参与下,开展联合执法检查。矿产资源丰富的县(市)原则上每半年组织一次联合执法检查,对群发性非法开采行为和矿产资源开采监管难度大的地区及时进行集中整治,对无证勘查开采行为采取拆除地面设施以及查封设备、充填井筒等措施,有效遏制违法行为。有条件的地方,可以建立国土公安等联合执法队伍。

(二)加强与有关部门的协作配合。地方各级国土资源行政主管部门要积极主动地与公安机关、人民检察院、人民法院协调沟通,落实国土资源部、公安部、最高人民检察院、最高人民法院联合发布的关于国土资源行政主管部门移送涉嫌国土资源犯罪案件以及加强协作配合的有关规定,确保违法案件查处到位。进一步健全并认真落实国土资源行政主管部门与公安机关、人民检察院、人民法院的联席会议制度。

(三)明确内部职能机构职责分工,加强协作配合。地方各级国土资源行政主管部门要进一步明确利细化矿产资源规划、地质勘查、矿业权、资源储量、执法监察、矿山地质环境、土地复垦管理等内部职能机构的监管职责分工。建立执法监察机构与矿政管理机构的协作配合制度,执法监察机构履行职责需要矿政管理机构予以配合的,要及时予以配合;矿政管理机构在履行业务监管职责中发现违法行为需要追究法律责任的,要及时移交执法监察机构组织查处。

省(区、市)国土资源行政主管部门要尽快建立矿产资源勘查开采“纵向到底、横向到边”的监管责任体系,按照“任务到矿、责任到人”的要求,明确地方各级国土资源行政主管部门的监管职责及其内部职能机构的监管职责,于2009年底前将职责分工落实情况报部。

(四)强化矿业权人的社会责任。定期或不定期开展矿业权人法律法规知识培训与教育,开展社会责任的宣传。积极主动服务,保障合法权益,定期公开矿业权人履行义务情况。充分发挥行业协会等自律性组织的作用,引导矿业权人自觉守法,自觉履行社会责任。

六、建立健全保障机制,增强执行力

(一)加强矿产资源勘查丌采监督管理和执法监察机构、队伍建设。地方各级国土资源行政主管部门要积极争取当地政府和有关部门的支持,增加矿产资源勘查开采监督管理和执法监察人员编制。进一步理顺勘查开采监督管理和执法监察的关系,形成统一指挥、配合联动的工作格局。执法监察机构、队伍中应当配备矿产资源执法监察的专业人员,并实行持证上岗制度。地方各级国土资源行政主管部门必须重视矿产资源勘查开采监督管理和执法监察人员的业务培训工作,每三年至少轮训一次,不断提高业务素质。

(二)加快矿产资源勘查丌采监管和执法监察信息化建设。在矿产资源储量利用核查和矿业权核查成果形成的动态更新的数据库基础上,与矿产资源规划、矿业权配号管础、勘查开采监督管理、矿山遥感监测、执法监察、储量登记统计等系统实行有机衔接,构建矿产资源综合监管平台,以信息化和高科技手段加强监管,提高工作效率和监管水平。

(三)加强报告和通报制度建设。地方各级国土资源行政主管部门要定期对本行政区域内矿产资源勘查开采监督管础情况、违法态势、防范描施等,及时向同级人民政府和上级国土资源行政主管部门报告。上级国土资源行政主管部门要加强对下级管理部门的监督指导,通报矿产资源勘查开采监督管理情况,督促下级管理部门认真做好监督管理工作。省(区、市)国土资源行政主管部门每年1月底前和7月底前将上年度和当年上半年的矿产资源勘查开采监督管理工作总结报部。

(四)完善考核制度。省(区、市)国土资源行政主管部门要制定矿产资源勘查开采监督管理和执法监察工作的考核和责任追究制度,明确考核内容、量化考核指标、制定奖惩标准,按照干部管理权限分级考核并落实奖惩,形成有效的激励约束机制。

(五)进一步改善工作条件。矿产资源勘查开采监督管理和执法监察任务重、费用高,地方各级国土资源行政主管部门要积极争取当地人民政府的支持,将监督管理和执法监察工作经费纳入政府财政预算。各省(区、市)国土资源行政主管部门要从中央下拨的矿产资源补偿费征收部门补助经费中,列出专门督察工作经费。要加强执法监察装备建设,重点加强乡(镇)国土资源所的执法监察装备建设,配备巡查车、通信工具、GPS、照相机、摄像机、计算机等专用装备器材,确保工作正常开展。有条件的地方,应当为监督管理和执法监察人员办理人身意外伤害保险、给予工作津贴或者补助。

石油、天然气、煤层气矿产资源勘查开采监督管理继续按《矿产勘查及油气开采督察员工作制度》(国土资发〔2003〕99 号)执行。

地方并级国土资源行政主管部门要充分认识矿产资源勘查开采监督管理和执法监察工作的重要性,增强责任感和紧迫感,根据本通知的要求,结合实际提出具体的实施意见,实施中的情况和问题,由省(区、市)同土资源行政主管部门及时汇总报部。

国土资源部

2009 年 10 月 28 日

国土资源部办公厅关于抓紧做好矿产资源开发整合实施方案编制工作的通知

国土资厅发〔2009〕91 号

各省、自治区、直辖市国土资源厅(国土环境资源厅、国土资源局、国土资源和房屋管理局、规划和国土资源管理局):

为认真贯彻落实全国矿产资源开发秩序整顿规范总结表扬暨进一步推进整合工作部署电视电话会议精神,按照国土资源部等部门《关于进一步推进矿产资源开发整合工作的通知》(国土资发〔2009〕141 号)要求,现就做好矿产资源开发整合实施方案编制工作有关事项通知如下。

一、全面梳理排查,确定整合范围

各省、自治区、直辖市国土资源行政主管部门要结合矿业权实地核查、矿产资源潜力评价和矿产资源储量利用调查等工作,对本行政区域内矿业权设置情况进行全面梳理,对需进一步推进整合的矿区逐一登记造册,确定整合范围,抓紧组织编制矿产资源开发整合实施方案。

在编制矿产资源开发整合实施方案工作中,应做好与上一轮整合实施方案的衔接。对未纳入上一轮整合范围的矿山,要认真审查其矿山开发布局、矿山生产规模、矿产资源开发利用水平等情况,凡符合国土资发〔2009〕141 号文件规定的,都应纳入整合范围;对列入上一轮整合范围但未完成整合任务的,应列入进一步推进整合的重点矿区,编制切实可行的整合实施方案,原则上应实行挂牌督办;对上一轮整合不彻底或存在假整合,整合后矿山生产规模、矿产资源开发利用水平等仍达不到《国务院办公厅转发国土资源部等部门对矿产资源开发进行整合意见的通知》(国办发〔2006〕108 号)及国土资发〔2009〕141 号文件要求的矿区,应重新编制整合实施方案,确保整合工作落实到位。

二、结合本地实际,组织方案编制

按照国土资发〔2009〕141 号文件规定,应由省级人民政府批准的整合矿区整合实施方案,各省、自治区、直辖市国土资源行政主管部门可采取以下两种形式之一组织编制:

(一)各省、自治区、直辖市国土资源行政主管部门编制矿产资源开发整合总体方案或实施意见,对市、县整合实施方案编制提出总体要求。市、县人民政府组织国土资源等部门,结合本行政区实际,在充分征求有关方面意见的基础上,编制整合实施方案,报省级国土资源行政主管部门组织专家论证审查。省级国土资源行政主管部门将审查通过的市、县整合实施方案进行汇总,经省级人民政府批准后报部备案。

(二)各省、自治区、直辖市国土资源行政主管部门根据本行政区域内矿产资源开发总体状况和矿产资源勘查开采布局,在充分征求有关部门和市、县人民政府意见的基础上,统一组织编制省级矿产资源开发整合实施方案,经省级人民政府批准后报部备案。

按照国土资发〔2009〕141 号文件规定,应由市级人民政府审查批准的整合矿区整合实施方案的编制工作,由市、县级国土资源行政主管部门结合本行政区实际,在充分征求有关方面意见的基础上组织编制,经市级人民政府审查批准后报省级人民政府备案。

三、明确编制要求，确保按时备案

为指导各地做好矿产资源开发整合实施方案的编制和审批工作，部组织研究制定了《矿产资源开发整合实施方案编制大纲及编制要求》和《矿产资源开发整合实施方案审查要点》(见附件)，供各地参考执行。各地可结合实际进行细化调整。

地方各级国土资源行政主管部门要按照国土资发〔2009〕141号文件要求，充分发挥共同责任机制作用，积极争取财政等有关部门的支持，落实工作经费，组织具有相应技术力量的单位，抓紧编制矿产资源开发整合实施方案，确保2010年3月底前完成审批和备案。

报部备案的材料应包括矿产资源开发整合实施方案或汇总报告、省级人民政府的批复。汇总报告应包括整合矿区总数、各整合矿区范围、整合矿区内参与整合的矿业权名单、整合后拟设置的矿业权数目、最低开采规模和整合后矿业权布置图等内容，确保整合实施方案切实可行，整合矿区内所有矿业权进表、上图、“落地”。

四、建立季报制度，加强督促落实

为了及时掌握各地矿产资源开发整合工作进展情况，部建立季报告制度。各省、自治区、直辖市国土资源行政主管部门在2010年每季度末，向国土资源部报送本行政区域矿产资源开发整合工作进展情况报告。工作报告要围绕各个阶段工作重点，应包括阶段工作完成情况、存在问题及原因、推进工作的措施。

当前，各省、自治区、直辖市国土资源行政主管部门重点要抓好矿产资源开发整合实施方案的编制和审批工作，部将采取分地区召开会议听取汇报、实地调研、印发通报等方式，督促指导各地做好整合实施方案的编制和审批工作。

附件：

1.矿产资源开发整合实施方案编制大纲及编制要求

2.矿产资源开发整合实施方案审查要点

国土资源部办公厅

2009年12月8日

矿产资源开发整合实施方案编制大纲及编制要求

一、矿产资源开发整合实施方案编制大纲

第一部分　概　述

(一)行政区内矿产资源概况、分布特征(重点成矿区带划分情况)。

(二)行政区内矿产资源开发利用基本情况(包括探矿权、采矿权设置情况)。

(三)行政区内拟进行矿产资源开发整合的矿区情况(包括数量、范围、挂牌督办重点矿区等)。

(四)通过整合拟达到的预期目标。

第二部分　整合工作部署

(一)整合工作的原则。

(二)整合工作的总体安排(包括组织领导、任务分工等)。

(三)整合实施步骤和时间要求(实施步骤包括确定整合主体、划定勘查区块或矿区范围、办理相关证照等国办发〔2006〕108号文件及国土资发〔2009〕141号文件规定的步骤)。

(四)整合的方式方法和基本要求。

第三部分　整合矿区矿产资源开发整合方案(各整合矿区分述，附图表)

(一)整合矿区矿产资源现状(包括地理位置、交通状况、勘查区块或矿区范围、面积、区域地质工作概况、地质特征、资源储量情况、主要探明矿体分布及相对空间位置关系等内容)。

(二)矿产资源勘查开采现状(包括已设置探矿权数量、勘查工作程度及预测资源储量，已设置采矿权数量、整合前各矿山占用和保有资源储量、生产规模，矿产资源勘查开采布局、资源利用等方面存在的突出问题等内容)。

(三)整合矿区内拟整合探矿权的基本情况(包括各探矿权人基本情况)。

(四)整合矿区内拟整合采矿权的基本情况(包括各采矿权人基本情况)。

(五)整合矿区探矿权设置方案(包括整合后拟设探矿权数量、各探矿权的勘查区块范围、预测资源储量)。

(六)整合矿区采矿权设置方案(包括整合后拟设采矿权的数量、最低开采规模、各采矿权的矿区范围、保有资源储量、生产规模)。

(七)结论。

第四部分　保障措施

(一)整合工作的经费保障。

(二)参与整合的优惠政策。

(三)整合实施过程中各环节的推进措施(包括明确整合工作流程、简化办事程序、重点矿区挂牌督办等)。

(四)对拒不参与整合、不按时间和要求完成整合、整合工作弄虚作假等情况的制约措施。

第五部分 附图、附表

(一)分行政区的矿业权分布图。

(二)分矿区的矿产资源开发整合前后矿业权布置图。

(三)整合矿区整合前探矿权、采矿权名单(表)。

(四)拟整合矿业权一览表(附样表)。

(五)挂牌督办重点矿区一览表。

二、总体要求

(一)矿产资源开发整合实施方案必须以国家和省级矿产资源规划为依据,按照国办发〔2006〕108号文件及国土资发〔2009〕141号文件确定的整合工作基本原则组织编制,做到科学合理优化布局,有利于矿产资源开发综合效益的提高。

(二)矿产资源开发整合实施方案原则上要委托具有相应技术力量的单位组织编写。要结合矿业权实地核查、矿产资源潜力评价和矿产资源储量利用调查等工作,全面梳理矿业权设置情况,收集已有地质资料,根据矿区自然界限、构造情况、矿体赋存形态及当前开采技术水平,依据《矿产资源法》、矿产资源规划及国土资源部《关于进一步规范矿业权出让管理的通知》(国土资发〔2006〕12号)等法律法规和规范性文件要求,进行充分的经济技术论证,重新调整布局,提出拟整合矿业权名单,确定整合后矿业权设置方案。

三、具体要求

分行政区的矿业权分布图应标注行政区内所有的矿业权范围,并突出显示拟整合矿区;分矿区的矿产资源开发整合前后矿业权布置图中应标注必要的地理要素、勘查工作程度、已设探矿权采矿权的名称和范围、拟设探矿权采矿权的范围等内容。图件比例尺由各地根据整合矿区面积大小并能清晰反映勘查开采现状及整合内容的原则确定。为保证图纸的整体性和行政区域、矿区的完整性,分行政区域的矿业权分布图和分矿区的矿产资源开发整合前后矿业权布置图原则上应分别集中在一幅图上。

整合矿区整合前矿山名单主要应说明矿山名称、采矿权人名称、开采矿种、保有资源储量、生产规模、地址及地理位置等;整合勘查区整合前勘查项目名单应说明勘查项目名称、探矿权人名称、勘查主矿种、工作程度及查明或预测资源储量等;挂牌督办重点矿区一览表应说明矿区位置、范围、整合工作进度要求、挂牌督办责任单位和责任人等。

附样表 **＊＊省＊＊县拟整合矿业权一览表**

序号	整合矿区编号	拟整合探矿权采矿权名称	矿业权人名称	整合前探矿权采矿权证号	探矿权采矿权有效期	保有(预测)资源储量	整合矿区范围(拐点坐标)	……	备注
1	Z1	王庄1号煤矿		＊＊＊＊					
2		王庄2号煤矿		＊＊＊＊					
3		王庄3号煤矿		＊＊＊＊					
4	Z2	王庄4号煤矿		＊＊＊＊					
5		王庄5号煤矿		＊＊＊＊					
6		王庄1号煤矿勘探区		＊＊＊＊					已提交勘探报告,拟纳入整合
7	Z3	二龙山1号勘查区		＊＊＊＊					
8		二龙山2号勘查区		＊＊＊＊					
9		二龙山4号勘查区		＊＊＊＊					
…									

矿产资源开发整合实施方案审查要点

一、总体审查

(一)方案是否符合国家和省级矿产资源规划,是否符合国办发〔2006〕108号文件及国土资发〔2009〕141号文件的规定,做到科学合理优化布局,有利于矿产资源开发综合效益的提高。

(二)方案是否由具有相应技术力量的单位组织编写,是否由政府组织呈报,并附专家审查意见。

(三)方案是否包含《矿产资源开发整合实施方案编制大纲及编制要求》规定的章节、内容和图件,是否做到了内容完整、重点突出、叙述条理清楚、具备较强的可操作性。

二、内容审查

(一)概述部分审查

1.本行政区内矿产资源概况、勘查开发现状(含探矿权采矿权设置情况)是否阐述清楚;

2.勘查项目设置集中的勘查区,矿山数量较多、布局不合理的矿区是否全部确定为整合矿区,勘查区、矿区情况是否阐述清楚;

3.是否明确了挂牌督办重点矿区,挂牌督办重点矿区数量是否达到要求;

4.整合预期目标是否明确可行。

(二)整合工作部署审查

1.整合工作的原则是否明确;

2.整合工作的总体安排是否周密,组织领导和任务分工是否落实,能否满足本行政区整合工作实际需要;

3.整合各实施步骤是否清晰具体,时间安排是否合理;

4.整合的方式方法是否以经济的、法律的为主,是否符合法律法规及国办发〔2006〕108号、国土资发〔2009〕141号等文件的要求。

(三)整合矿区矿产资源开发整合方案审查

1.是否分别对每个整合矿区的地理位置、范围、面积、交通状况、地质工作概况、地质特征、资源储量及储量分布、主要探明矿体分布及相对空间位置关系等进行了详细说明;

2.是否对每个整合矿区的资源勘查开采现状(已设置探矿权数量、勘查工作程度及预测资源储量,已设置采矿权数量、整合前各矿山占用和保有资源储量情况、生产规模)进行了详细说明,并明确列举了矿业权布局、资源利用等方面存在的突出问题;

3.是否对整合矿区内拟整合探矿权采矿权的基本情况进行了说明,整合矿区中各探矿权人采矿权人的基本情况,拟整合探矿权预测资源储量,拟整合采矿权保有资源储量、生产规模、剩余服务年限等方面的内容是否反映清楚;

4.整合矿区是否根据实际情况确定了合理的矿业权设置方案,拟设探矿权采矿权的数量、布局是否合理;

5.整合后的勘查区是否具备整装勘查或规模勘查条件,勘查投入能力是否满足要求;

6.整合后的矿山是否符合规划,是否达到最低开采规模,矿区范围划定是否合理,开采规模是否与资源储量相适应,是否达到技术上可行,经济上合理;最小开采规模的确定是否符合国家和省(区、市)相关产业政策。

(四)保障措施审查

1.是否落实了整合工作的经费来源;

2.是否制定了具体可操作,能够引导探矿权采矿权人参与整合的优惠政策;

3.整合工作流程是否明确,办事程序是否简化,整合实施各环节的推进措施是否切实可行,挂牌督办重点矿区责任单位和责任人是否落实;

4.是否制定了对拒不参与整合、不按时间和要求完成整合、整合工作弄虚作假等情况的制约措施,制约措施是否具有可操作性。

(五)附图、附表审查

1.是否绘制了分行政区域的矿业权分布图、分矿区的矿产资源开发整合前后矿业权布置图,图件比例尺是否能清晰反映矿区(勘查区)内矿产资源勘查开采现状及整合内容;

2.整合前探矿权采矿权、拟整合探矿权采矿权、挂牌督办重点矿区是否列表进行了说明;

3.分矿区的矿产资源开发整合前后矿业权布置图中是否标注了必要的地理要素、勘查工作程度、已设探矿权采矿权的名称和范围、拟设探矿权采矿权的范围等内容;

4.整合矿区整合前矿山名单是否对矿山名称、采矿权人名称、开采矿种、生产规模、资源储量、地址及地理位置等进行了说明;

5.整合勘查区整合前勘查项目名单是否对探矿权人名称、勘查主矿种、工作程度及查明或预测资源储量进行了说明;

6.挂牌督办重点矿区一览表中是否对矿区位置、范围、整合工作进度要求、挂牌督办责任单位和责任人等情况进行了说明。

国土资源部关于发布实施《全国矿产资源规划(2008~2015年)》的通知

国土资发〔2008〕309号

各省、自治区、直辖市人民政府,国务院有关部门:

《全国矿产资源规划(2008~2015年)》(以下简称《规划》)已由国务院批复,现将《国务院关于全国矿产资源规划(2008~2015年)的批复》(国函〔2008〕120号)

和《规划》印发给你们,并就有关事项通知如下:

一、《规划》和国务院的批复是指导矿产资源勘查、开发利用与保护的纲领性文件。各地必须采取有力措施,认真落实《规划》提出的各项任务和措施。要坚持"在保护中开发,在开发中保护"的方针,按照统筹规划、科学开发、合理利用、依法保护的原则,构建保障和促进科学发展的新机制,推进资源利用方式和管理方式的根本转变,保障我国矿业持续健康发展和矿产资源长期稳定供应。

二、矿产资源规划是依法审批和监督管理矿产资源勘查、开采活动的重要依据。矿产资源勘查、开发利用与保护,必须遵循矿产资源规划。要严格按照矿产资源规划审查矿产资源调查评价与勘查、开发利用与保护、矿山地质环境恢复治理与矿区土地复垦项目。对不符合矿产资源规划的,不得批准立项,不得审批、颁发勘查许可证和采矿许可证,不得批准用地。必须依据规划,切实加强对矿产资源勘查、开发利用与保护的监督管理。

三、地方各级政府要按照国务院批复的要求,依据全国矿产资源规划,结合本地区矿产资源特点和经济社会发展需要,突出重点,提高深度,体现特色,组织国土资源行政主管部门抓紧完成省级矿产资源总体规划的编制工作。省级矿产资源总体规划由省级人民政府审核同意后,报国土资源部按有关规定程序审批。各地根据需要,按照有关要求组织编制专项规划和省级以下矿产资源规划,完善规划体系。未按要求编制规划的地区,不得出让探矿权采矿权。涉及矿产资源开发利用活动的相关行业规划,应与矿产资源规划做好衔接。

四、加强矿产资源规划实施的监督管理,完善规划的管理制度,落实规划实施领导责任制,矿产资源规划目标和主要指标纳入同级国民经济和社会发展规划,并严格执行。要构建规划实施的激励与约束机制,推进重大工程实施,严格按规划规范管理行为,扩大规划的民主决策和公众参与,接受社会对规划实施的监督。加强对规划执行情况的监督检查,及时纠正各种违反规划的行为,巩固整顿和规范矿产资源开发秩序成果。

五、当前和今后一个时期,矿产资源供需矛盾仍将十分突出,必须坚持宏观调控和市场配置相结合,建立完善矿产资源勘查开发新机制,深化矿产资源有偿使用制度改革,加大地质勘查投入,优化矿产资源开发利用布局与结构,推进矿业经济区和绿色矿山建设,加强矿山地质环境保护与恢复治理,提高矿产资源开发利用水平,确保规划目标顺利实现,促进优势资源开发利用和区域经济协调发展,提高矿产资源对经济社会可持续发展的保障能力。

国土资源部

2008 年 12 月 31 日

全国矿产资源规划

(2008 ~ 2015 年)

为全面贯彻党的十七大精神,深入落实科学发展观,切实落实节约资源和保护环境的基本国策,促进我国矿业持续健康发展,提高矿产资源对经济社会可持续发展的保障能力,实现全面建设小康社会宏伟目标,依据《中华人民共和国矿产资源法》及其实施细则等法律法规,制定《全国矿产资源规划(2008 ~ 2015 年)》(以下简称《规划》)。

《规划》以 2007 年为基期,2015 年为规划期,展望到 2020 年。

《规划》是矿产资源勘查、开发利用与保护的指导性文件,是依法审批和监督管理矿产资源勘查、开采活动的重要依据。

《规划》的范围未包括香港特别行政区、澳门特别行政区和台湾省。

一、现状与形势

(一)矿产资源勘查开发取得巨大成就

首轮矿产资源规划实施以来,我国地质勘查管理体制改革取得积极进展,公益性与商业性地质工作分开运行协调发展的新局面初步形成,矿产资源勘查工作逐步加强,商业性矿产勘查市场机制逐步建立,矿业权市场日趋活跃,整顿和规范矿产资源开发秩序取得积极成效,矿业领域改革开放稳步推进,矿产资源开发利用与保护水平不断提高,对国民经济和社会发展发挥了重要的支撑和保障作用。

矿产资源勘查开发力度加大,为国民经济平稳较快发展提供了有力的资源保障。矿产勘查呈现良好发展态势,国土资源大调查和地质勘查基金项目的实施,引导和带动了社会资金投入矿产资源勘查,勘查投资趋于多元化。"十五"以来,新发现大中型矿产地 1284 处,与 2001 年相比,2007 年全国地质勘查投入增长了 1.8 倍,石油和天然气的剩余技术可采储量分别增长了 15.69% 和 75.15%,煤炭查明资源储量增长了 17.53%,铁、锰、铜、铅锌、铝土和钾盐等重要矿产资源储量也有所增加。截至 2007 年底,全国共发现矿产

171种,已探明资源储量的159种,已查明的矿产资源总量和20多种矿产的查明储量居世界前列,其中,煤炭查明资源储量居世界第3位,铁矿居第4位,铜矿居第3位,铝土矿居第5位,铅锌、钨、锡、锑、稀土、菱镁矿、石膏、石墨、重晶石等居第1位。建成一批能源、重要金属和非金属矿产资源开发基地,矿产资源供应能力明显增强。原油和天然气产量分别居世界第5位和第11位,原煤、铁矿石、钨、锡、锑、稀土、菱镁矿、石膏、石墨、重晶石、滑石、萤石开采量连续多年居世界第一。矿业经济快速发展,矿业增加值达到1.36万亿元,约占工业增加值的12.7%,占GDP的5.5%,矿产资源的开发利用促进了区域经济的发展,已成为推动我国经济蓬勃发展的重要动力。

专栏一　　矿产资源勘查开发主要成就

类别	矿产名称	完成情况	备注
新增资源储量(2001~2007年)	石油(亿吨)	66	探明地质储量
	天然气(亿立方米)	37750	探明地质储量
	煤炭(亿吨)	2861.94	查明资源储量
	铁(矿石亿吨)	39.38	查明资源储量
	铜(金属万吨)	957.87	查明资源储量
	铝土矿(矿石亿吨)	3.95	查明资源储量
	锰(矿石亿吨)	1.80	查明资源储量
	钨(WO_3万吨)	14.4	查明资源储量
	钾盐(KCl亿吨)	3.08	查明资源储量
矿产资源开采量(2007年)	原油(亿吨)	1.87	居世界第5位
	天然气(亿立方米)	693.10	居世界第11位
	原煤(亿吨)	25.25	居世界第1位
	铁矿石(矿石亿吨)	7.07	居世界第1位
	钨($WO_3$65%万吨)	8.04*	居世界第1位
	锡(金属万吨)	15.13*	居世界第1位
	锑(金属万吨)	15.29*	居世界第1位
	稀土矿(REO万吨)	12.05	居世界第1位
	金(吨)	213.85	居世界第2位
	磷矿石(万吨)	4542	居世界第2位
	石墨(万吨)	364.28	居世界第1位
	萤石(万吨)	742.93	居世界第1位
	重晶石(万吨)	407.23	居世界第1位

注: *表示规模以上企业数据。

矿产资源宏观调控取得成效,资源合理利用与保护水平有所提高。规划管理力度加大,对矿产资源勘查开采调控能力增强,矿产资源勘查开发布局和结构不断优化,实行稀土和钨年度开采总量指标控制,初步扭转了"优势不优"的状况。全面整顿和规范矿产资源开发秩序,实施国家规划矿区管理制度,积极推进矿产资源开发整合和矿产资源有偿使用,矿产资源开发秩序明显好转,矿山规模化经营程度不断提高。建立了矿山环境保护与治理的责任机制,矿山地质环境保护工作得到加强。矿产资源高效利用,环境明显改善和社会和谐的绿色矿山建设取得初步进展。

矿产资源勘查开发国际合作取得较大进展,利用境外资源成绩显著。我国矿业已成为外商投资的重要领域,100多家外国公司在我国投资石油、天然气、煤炭、铁、铜、铅、锌、金等矿产的勘查开采。与60余个国家和地区开展矿产资源勘查开发合作。矿产品进出口总额大幅增长,2007年达到4942亿美元,比2001年增长了3.71倍,占全国进出口总额的22.73%。钨、钼、锑、稀土、石墨、萤石、重晶石等我国优势矿产有力地支持了世界现代工业的发展。

(二)矿产资源保障程度基本态势

经济社会发展对矿产资源的需求持续快速增长,矿产资源保障程度总体不足。规划期间我国工业化、城镇化将快速推进,是全面建设小康社会的关键时期,矿产资源市场需求强劲,重要矿产消费增长快于生产增长。我国矿产资源总量大,但人均少、禀赋差,大宗、支柱性矿产不足,经济社会发展的阶段性特征和资源国情,决定了矿产资源大量快速消耗态势短期内难以逆转,资源供需矛盾日益突出。据预测,到2020年,我国煤炭消费量将超过35亿吨,2008~2020年累计需求超过430亿吨;石油5亿吨,累计需求超过60亿吨;铁矿石13亿吨,累计需求超过160亿吨;精炼铜730万~760万吨,累计需求将近1亿吨;铝1300万~1400万吨,累计需求超过1.6亿吨。如不加强勘查和转变经济发展方式,届时在我国45种主要矿产中,有19种矿产将出现不同程度的短缺,其中11种为国民经济支柱性矿产,石油的对外依存度将上升到60%,铁矿石的对外依存度在40%左右,铜和钾的对外依存度仍将保持在70%左右。

我国矿产资源潜力很大,具有提高保障程度的有利条件。我国成矿地质条件有利,主要矿产资源总体查明程度约为三分之一,多数重要矿产资源勘查开发潜力较大。石油探明程度约33%,储量和产量增长具备资源基础。天然气探明程度约14%,1000米以浅的煤炭查明程度约37%,资源前景广阔。煤层气处于勘探初级阶段,将成为我国能源资源的重要组成部分。油页岩资源潜力可观,有望成为可供利用的重要油源。重要金属矿产资源查明程度平均为35%,铁、铝等大宗矿产查明率为40%左右，预测我国1000米以浅未查明的铁矿石远景资源有1000亿吨以上。西部新区和中东部隐伏矿床的找矿潜力巨大，危机矿山接替资源找矿成果表明，已知矿床深部和外围大多具有增储挖潜条件。同时，我国矿产资源节约与综合利用潜力巨大，通过加强管理、推进科技进步和发展循环经济，提高矿产资源利用效率有较大的空间。

（三）矿产资源勘查开发面临新挑战

矿产资源勘查开发的制约因素增多，增储增产难度加大。目前，我国重要矿产资源储量增长相对缓慢，找矿难度不断增大，隐伏区、深部区等找矿方法尚未有效突破，一大批老矿山可采储量急剧下降，矿产资源勘查开发接续基地严重不足，一些重要矿产储量消耗快于储量增长。由于我国长期形成的粗放型增长方式和结构性矛盾尚未根本改变，矿产资源开发利用粗放浪费，综合利用率较低，矿山布局和结构不尽合理，矿产开发小、散、乱和矿山环境破坏等问题突出，加剧了资源供求紧张状况。我国资源性产品的成本核算尚未与国际接轨，矿产资源所有权益和矿山环境补偿未能在矿产资源开采成本中完全体现，矿产资源勘查开发方面的利益诉求和矛盾纠纷凸显。同时，矿产资源宏观调控体系不尽完善，资源的规划统筹和市场配置缺乏制度性保障，资源配置机制尚不健全，保障经济社会发展的任务十分艰巨。

外部环境复杂多变，矿业合作挑战加大。全球矿业市场活跃，资源配置和矿业全球化趋势明显，为我国利用国外资源和市场提供了难得的机遇。但市场竞争日趋激烈，矿产品价格大幅波动，境外勘查开发矿产资源和进口矿产品成本增大。加之我国资源战略储备能力不足，有效应对资源供应中断和重大突发事件的预警应急能力较弱，矿产资源安全供应面临更大的挑战。

二、指导原则、规划目标与任务

（一）指导思想

以邓小平理论和“三个代表”重要思想为指导，深入贯彻落实科学发展观，紧密围绕夺取全面建设小康社会新胜利的目标，切实提高矿产资源保障能力。按照建设资源节约型、环境友好型社会和构建社会主义和谐社会的要求，坚持“在保护中开发、在开发中保护”的方针，以矿产资源合理利用与保护为主线，充分发挥市场配置资源的基础性作用，加强矿产资源勘查开发宏观调控，构建保障和促进科学发展新机制，正确处理当前与长远、局部与整体、资源开发与环境保护的关系，统筹安排矿产资源勘查、开发、利用与保护的任务。

（二）基本原则

根据上述指导思想，坚持以下原则：

开源节流，保障发展。地质勘查先行，统筹协调公益性和商业性地质工作，遵循地质规律，强化基础地质工作，加强矿产资源勘查，增加地质勘查投入，找新区、上专项、挖老点、走出去、依靠科技和人才，努力实现找矿重大突破，提前5～10年为国民经济发展奠定资源基础。着力转变矿产资源开发利用方式，把节约放在首位，综合勘查与综合开采，大幅提高矿产资源开发利用水平，促进保障发展与保护资源双赢。

合理开发，注重保护。强化矿产资源勘查、开发的统一规划和管理，落实共同责任，各级人民政府、各部门协作联动，政府、企业各负其责，严格准入条件，合理开发和高效利用资源，最大限度减少资源开发活动对周边地区的环境影响和破坏，推进矿区废弃土地复垦，切实保护矿山地质环境和耕地，发展绿色矿业，促进矿产资源开发的经济、环境和社会效益相协调。

突出重点，优化布局。按照国家经济社会发展要求，根据矿产资源赋存特点和开发利用条件，调控和引导矿产资源勘查开发的方向、时序和重点，促进资源优化配置和勘查开发合理布局。落实国家区域发展总体战略，按照推进形成主体功能区的要求，促进资源优势转化为发展优势。

依靠科技，完善机制。完善创新体系，推进矿产资源勘查、开采和综合利用等环节的科技创新和技术进步，提高缓解矿产资源瓶颈制约的科技支撑能力。宏观调控与市场配置相结合，建立完善矿产资源勘查开发管理新机制，规范矿产资源勘查开发秩序，增强矿产资源勘查开发的宏观调控能力。

立足国内，扩大合作。统筹考虑我国地质条件和资源基础，加强国内矿产资源勘查开发，充分挖掘国内增储增产潜力。鼓励和引导国内企业积极参与重要矿产资源勘查开发国际合作，实现矿业共赢发展。

（三）规划目标

面向国民经济和社会发展需求，全面提高矿产资源对经济社会可持续发展的保障能力，切实巩固保障全面建设小康社会的矿产资源基础。加大矿产资源勘查力度，实现找矿重大突破。矿产资源开发有序规范，资源开发利用效率显著提高，矿产资源持续供应能力不断增强。绿色矿山格局基本形成，矿山地质环境状况明显改善，矿山废弃地土地复垦程度不断提高。全面提升矿产资源宏观管理能力，以市场为主导的矿产资源优化配置机制不断完善，适应市场经济规则的矿业开发运行机制和管理制度基本完善，矿产资源合理利用与保护水平全面提高。

——找矿实现重大突破。新增一批能源和非能源重要矿产资源储量，形成一批重要矿产资源开发后备基地，提高资源保障程度。到2010年，新发现约6个亿吨级油田和6～8个千亿方级气田，新发现和评价大型重要矿产地约120处，力争取得120个以上危机矿山接替资源找矿突破。2011～2015年新发现约10个亿吨级油田和8～10个千亿方级气田，新发现和评价大型重要矿产地约200处。到2020年，能源与非能源重要矿产资源储量进一步增加。

专栏二　　矿产资源勘查主要指标

指标		2008～2010年	2011～2015年	属性
新发现和评价大型重要矿产地（处）		120～130	190～210	预期性
新增查明资源储量	石油（亿吨）	30～35	50～60	
	天然气（万亿立方米）	1.5～1.8	2.8～3.5	
	煤炭（亿吨）	2100～2400	5000	
	煤层气（亿立方米）	1800	10000	
	铀（金属万吨）	略	略	
	铁（矿石亿吨）	30	60	
	铜（金属万吨）	600	1200	
	铝土矿（矿石亿吨）	1.2	2	
	铅锌（金属万吨）	1500	3000	
	钾盐（KCl亿吨）	1.2	2	
	磷（P_2O_5亿吨）	3	5	

注：石油、天然气和煤层气为新增探明地质储量。

——矿产资源持续供应能力不断增强。通过增加资源储量，满足建设一批大中型重要矿产资源供应基地的需要，使重要矿产品产量平稳上升。到2010年，煤炭产量达到29亿吨以上，石油1.9亿吨以上，天然气1100亿立方米以上，地面抽采煤层气50亿立方米，铁、铜、铝土矿、钾盐、铅锌等重要矿产的国内保障程度分别达到50%、30%、65%、25%、55%以上。到2015年，煤炭产量达到33亿吨以上，石油2亿吨以上，天然气1600亿立方米以上，地面抽采煤层气100亿立方米，铁、铜、铝土矿、钾盐、铅锌等重要矿产的国内保障程度保持现有水平或得到提高。到2020年，重要矿产的国内可供性继续保持稳定。

——矿产资源合理利用与保护水平明显提高。重要优势矿产开采总量得到有效调控，矿产资源开发利用布局不断优化，矿业集中度明显提高。到2010年和2015年，大中型矿山比例分别达到9%和10%以上，分别完成约50处重要矿产地储备，矿产资源总回收率与共伴生矿产综合利用率平均分别提高约5个百分点。到2020年，矿产资源开发利用水平基本达到国际先进水平。

——矿山地质环境和矿区土地复垦状况明显改善。新建和生产矿山基本不欠新账，历史遗留矿山地质环境问题的恢复治理率大幅提高，矿区土地复垦率不断提高。到2010年和2015年，新建和生产矿山的矿山地质环境得到全面治理，历史遗留矿山的矿山地质环境恢复治理率分别达到25%和35%，新建和在建矿山毁损土地全面得到复垦利用，历史遗留矿山废弃土地复垦率分别达到25%和30%以上。到2020年，绿色矿山格局基本建立，矿山地质环境保护和矿山土地复垦水平全面提高。

专栏三　　矿产资源开发利用主要指标

指标		2010年	2015年	属性
重要矿种年开采总量	原油（亿吨）	>1.9	>2	预期性
	原煤（亿吨）	>29	>33	
	煤层气（地面抽采/亿立方米）	50	100	
	天然气（亿立方米）	>1100	>1600	
	铁（矿石亿吨）	9.4	11	
	铁（矿石亿吨）	9.4	11	
	钨（$WO_3$65%万吨）	7.47	7.8	约束性
	锡（金属万吨）	14	15	
	锑（金属万吨）	13	14	
	稀土（REO万吨）	12.22	14	
矿产资源储备与保护	重要矿产地储备（处）	40～50	40～50	预期性
矿产资源开发利用规模结构	大中型矿山比例（%）	9	10	预期性
矿产资源节约与综合利用	矿产资源总回收率	提高5个百分点	提高3至5个百分点	约束性
	共伴生矿产综合利用率			

——矿产资源管理能力与水平明显提高。深化矿产资源有偿使用制度改革和矿业权市场建设，形成资源合理利用与保护的激励与约束机制，竞争有序的矿业权市场基本建立。统一、高效的矿产资源管理体制基本完善，矿产资源开发秩序全面好转，管理有规、市场有序、开发有责、调控有效、监督有力的局面基本形成。

（四）主要任务

围绕全面提高矿产资源对经济社会可持续发展保障能力的总体目标，明确以下主要任务：

加强勘查，提高矿产资源保障程度。以国内紧缺的能源和非能源重要矿产为主攻矿种，兼顾部分优势矿产,突出重点成矿区带、大中型矿山深部及外围,努力实现找矿重大突破,切实增加查明资源储量,提供一批重要矿产资源勘查开发后备基地。加强西部重要矿产资源接替区勘查,进一步挖掘东中部找矿潜力,加强隐伏矿床、矿山深部与外围找矿。加强我国海域油气勘查,积极参与国际海底矿产资源勘查开发。完善地质勘查体制机制,规范矿产资源勘查空间秩序,促进矿产资源勘查有序,为经济社会发展奠定资源基础。

专栏四　矿山地质环境和矿区土地复垦主要指标

<table>
<tr><th colspan="2">指　　标</th><th>2010年</th><th>2015年</th><th>属性</th></tr>
<tr><td rowspan="2">矿山地质环境恢复治理率(%)</td><td>新建和生产矿山</td><td colspan="2">全面治理</td><td rowspan="4">约束性</td></tr>
<tr><td>历史遗留矿山</td><td>25</td><td>35</td></tr>
<tr><td rowspan="2">矿区土地复垦率(%)</td><td>新建和在建矿山毁损土地</td><td colspan="2">全面复垦</td></tr>
<tr><td>历史遗留矿山废弃土地</td><td>25</td><td>30</td></tr>
</table>

科学调控,提高重要矿产资源持续供应能力。按照国家产业政策、资源可持续利用和环境保护的要求,根据矿产资源供需形势和开发利用条件,明确勘查开采方向,采取差别化调控政策,调控矿产资源开采总量,促进矿产资源开采总量与经济社会发展水平相适应。对重要紧缺矿产资源的勘查和开采提出鼓励性政策措施;明确国家规定实行保护性开采的特定矿种和重要优势矿产的限制开采要求,加强开采和出口的宏观调控,保护资源,维护经济利益;加强重要矿产储备,为调控市场、应对突发事件、保障资源供应安全奠定基础。

统筹协调,优化矿产资源开发利用布局与结构。统筹区域矿产资源勘查开发活动,促进区域资源优化配置。以西部十大矿产资源集中区为重点,新建一批大中型矿产资源勘查开发基地,推动西部地区石油、天然气、有色金属、钾盐等区域优势矿产的开发和深加工,加快资源优势向发展优势转化。提升中东部地区矿产资源勘查开发水平。促进资源型城市可持续发展。加快海域油气资源开发,促进海洋矿产资源开发利用。增强规划空间调控和约束能力,科学划分规划区块,促进矿业权合理设置和勘查开发布局优化;制定并实行矿山最低开采规模标准,加快推进矿产资源开发整合,调整矿产资源开发利用结构,促进大中型矿山建设。

立足创新,不断提高矿产资源勘查开发水平。将科技创新贯穿于矿产资源勘查、开采与保护全过程,提高矿业科技支撑能力。推进成矿理论、找矿方法和勘查开发关键等技术的研究与应用,强化自主创新,提高找矿效果。加强矿产资源节约与综合利用,促进低品位、共伴生矿产资源的综合勘查与综合利用,提高矿产资源开采回采率、选矿回收率和综合利用率,发展矿产资源领域循环经济,推进矿山废弃物的综合利用,提高资源开发利用水平,推动矿业走节约、清洁、安全的可持续发展道路。

注重保护,大力推进矿山地质环境恢复治理和矿区土地复垦。按照建设生态文明和环境友好型社会的要求,坚持"采前预防,采中治理,采后恢复"的原则,建立矿山地质环境保护与恢复治理长效机制。区分新建矿山、生产矿山和历史遗留矿山的不同情况,全面推进矿山地质环境保护与恢复治理工作。积极推进矿区土地复垦,最大限度地减轻矿业活动对环境和土地的破坏,促进矿产资源开发与生态建设和环境保护相和谐。

扩大开放,积极参与国际矿业合作。深化矿产资源勘查开发领域的国际合作,提高矿业利用外资质量和水平,引进国外矿业先进技术和管理经验。以石油、天然气、铁、镍、铬、锰、铝、铜和钾盐等矿产为重点,推进我国企业积极参与矿业投资国际合作,实现矿业共赢发展。

完善制度,建立规划实施的保障体系。综合运用法律、经济、行政和科技等多种手段,建立完善矿产资源勘查开发管理新机制,建立规划实施目标责任、规划审查和规划实施监督检查等制度,发挥和强化规划的引导和约束作用。构建规划实施的激励与约束机制,加强规划基础建设,扩大规划的民主决策和公众参与,实施一批重大工程,确保规划目标实现。

三、矿产资源勘查

(一)加强公益性地质调查

全面提高基础性地质调查工作程度,为经济社会发展提供可靠的地质信息。继续实施国土资源调查,加大中央和地方财政对公益性地质调查工作的投入力度,建立长期稳定的国土资源调查工作机制。加强重点地区大中比例尺基础地质调查工作,开展重点成矿区带的1:5万区域地质调查、区域地球物理调查、区域地球化学调查和区域遥感地质调查,显著提高地质工作程度。加强主要盆地和平原区,晋北、鲁西、两淮等大型煤炭基地水文地质调查。加快海洋区域地质调查,基本摸清我国管辖海域地质情况。加强国际海底矿产资源综合调查。开展各类地质资料的综合利用和深度开发,大幅度提高地质资料社会化服务水平。

大力推进区域矿产资源调查评价工作,为重要矿产资源勘查奠定基础。滚动开展全国油气资源评价,重点开展全国油气资源战略选区调查评价和重点成矿区带矿产资源远景调查。加强成矿条件有利、有较大资源潜力、工作程度总体较低地区的重点调查评价区的矿产资源调查评价，圈定找矿靶区和发现新的矿产地，拉动后续矿产资源勘查，形成一批新的后备资源基地。系统开展全国重要矿产资源潜力评价、储量利用调查和矿业权核查，基本摸清资源潜力，全面掌握矿产资源储量利用情况。

专栏五　　公益性地质调查重点工程

1. **国土资源调查评价。**开展国土资源调查评价工作，加强全国基础地质调查、矿产资源调查评价、地质环境调查等公益性地质工作，建立国家基础地质数据的更新机制。到2020年，全面提高基础性地质工作程度

2. **油气资源战略调查。**开展全国油气基础地质调查、油气资源评价、油气资源战略选区、油气资源信息化建设和油气资料开发利用工作。到2020年，全面摸清油气资源家底，实现油气重大发现，形成一批新的油气资源战略接续区

3. **青藏高原地质矿产调查与评价。**统筹安排青藏高原矿产资源调查评价、重点成矿区带普查、资源开发的环境承载力调查评价、关键地质理论及勘查技术方法研究等工作，提高地质调查与研究程度，实现找矿重大突破

4. **海洋地质保障工程。**开展小比例尺和重点海域中比例尺的海洋区域地质调查，实现我国管辖海域区域地质调查全覆盖。到2015年，完成南黄海、南海北部深水区油气资源调查评价

5. **地壳探测工程。**开展地下1～2千米范围内找矿方法技术和找矿理论探索，部署典型矿集区科学参数钻井，进行成矿控制因素调查和资源潜力评价

(二)加强重要矿产资源勘查

以石油、天然气、煤炭、煤层气、油页岩、铀、铁、锰、铜、铝、铅、锌、镍、钨、锡、金、钾盐、磷等为重点矿种，合理部署和加强勘查。大力推广应用矿产资源勘查新理论、新技术、新方法，推进矿产资源综合勘查和综合评价，努力实现找矿重大突破。

加强油气勘查，促进油气资源的持续开发。力争在陆地新区、新领域、新层系和重点海域实现油气勘查重大发现，引导后续油气勘探方向。加强渤海湾、松辽、塔里木、鄂尔多斯等11个主要含油气盆地勘查，实现探明地质储量较快增长。加强老油气区的新领域深度挖潜，在青藏高原羌塘盆地等有条件的盆地和南方海相重点潜力区实施科学探井工程，促进形成重要的油气战略接替区。加速我国海域油气勘查，重点抓好东海盆地、渤海、南海海域勘探工作，发现一批大中型油气田，形成重要的油气接续基地。

加强大型煤炭基地勘查，促进煤炭及煤层气稳步开发。加快神东、陕北等13个大型煤炭基地普查和必要的详查，为大型煤炭基地规划建设提供依据。加强具备找煤条件的南方缺煤省区、西部边远地区的煤炭勘查，提供一批新的后备资源基地，增强当地煤炭供给能力。加大沁水盆地、鄂尔多斯盆地、准噶尔盆地南缘和东缘、吐哈盆地、辽宁阜新—沈北、山西宁武、河南安阳—鹤壁、重庆松藻、滇东—黔西等区域的煤层气勘查，到2015年和2020年，新增煤层气查明资源储量分别达到1万亿立方米和1.2万亿立方米，为煤层气规模开发利用奠定基础。

加强其他能源矿产资源勘查，促进能源利用结构调整。加强铀矿勘查，对共、伴生铀矿进行综合勘查和评价，北方主攻重要盆地砂岩型铀矿，南方主攻硬岩型铀矿，力争探明一批新的矿产地，提高铀矿资源对核电发展的保障能力。加快南海北部陆坡、南沙海域、东海陆坡等海域，以及陆区冻土带的天然气水合物资源远景调查评价，努力开辟新能源。加强松嫩、鄂尔多斯、准噶尔、青藏高原等油页岩富集靶区勘查。加强准噶尔、松辽、四川等盆地的油砂勘查。加强华北平原东部、松辽盆地、苏北盆地、南襄—江汉盆地、苏鲁山地、河套盆地、太行山地和东南沿海等地区的地热资源勘查，评价和发现一批新的地热田。

加强重要金属矿产资源勘查，促进资源基地建设。加强西南三江、雅鲁藏布江、天山、南岭、大兴安岭等16个重点成矿区带勘查。西部地区以寻找大型、超大型矿床为目标，提交一批可供进一步详查的大型、超大型矿产地；中东部地区主要开展隐伏与深部矿床找矿工作，力争在长江中下游等重点成矿区带取得找矿重大进展。到2015年，初步查明8处以上超大型矿床，形成45处以上可供国家规划和建设的大型重要金属矿产资源基地，为矿业发展提供接替资源保障。

加强重要非金属矿产资源勘查，为化工和建材业发展奠定资源基础。重点开展磷、硫、钾盐、优质高岭土、菱镁矿、晶质石墨、优质叶腊石、萤石、优质膨润土等矿产资源勘查。加强成矿条件好的贵州、云南、湖北、四川等地区的磷矿勘查，发现一批新的大中型磷矿产地，增加资源储量。加强华北地台北缘、长江中下游、粤桂湘赣成矿区带，四川、内蒙古、云南等西部省区硫资源勘查。有计划有重点地对成盐成钾条件好的油气区加强钾盐勘查，加强对青海、新疆、西藏、四川等省区盐湖型钾盐和富钾卤水的勘查，争取实现找矿新突破，为钾肥基地建设增加资源储量。加强具有地方特色的建材及其他重要非金属矿产的勘查，发现一批可供开发利用的矿产地。

加大深部和矿山外围找矿力度，实现找矿重大突破。以我国短缺、长期依赖进口的大宗矿种为重点，兼顾具有国际市场竞争力的优势矿种，加强深部找矿工作。开展主要成矿区带深部资源潜力评价，重要固体矿产工业矿体勘查深度推进到1500米。加强矿山地

质工作，扩大资源储量。在成矿地质条件有利、找矿潜力大、市场需求好的矿种的大中型危机矿山深部和外围，实施危机矿山接替资源找矿项目，力争发现一批具有较大规模的隐伏矿床，到2010年，实现120个以上危机矿山接替资源找矿突破，平均延长矿山服务年限10～15年，为资源型城市可持续发展奠定资源基础。

加强地下水勘查，为生产生活用水提供资源保障。开展主要含油气盆地和大型煤炭基地地下水勘查，为能源基地开发提供水资源保障。加强大中型城市应急地下水水源地勘查，提高城市供水安全保障程度。继续开展干旱缺水和地方病高发区地下水勘查，为饮水安全提供基础支撑。加强重要农牧区、西南岩溶石山地区、南方红层分布区以及老少边穷缺水农村地区地下水勘查，为人畜饮用水提供保障。

（三）促进矿产资源勘查有序发展

构建地质工作新机制，充分发挥公益性地质工作对商业性矿产资源勘查的引导作用。完善中央、地方、企业三方联动机制，公益性与商业性地质工作合理分工、相互促进，勘查开发紧密衔接、良性循环，地质找矿与矿业权市场建设和地勘单位的改革相互配合，充分发挥政府财政资金的引导作用，鼓励和引导社会多元化资金投入矿产资源勘查。中央地质勘查基金着重用于国家确定的重要矿种和重点成矿区带的前期勘查，降低商业性勘查风险，引导社会勘查资金投入。加强地质勘查行业管理，培育壮大商业性勘查市场主体，确立企业在商业性勘查中的主体地位，营造促进商业性矿产资源勘查的环境。

合理布局，规范矿产资源勘查空间秩序。划定不同功能的矿产资源勘查规划区，科学划分勘查规划区块，合理设置矿业权，促进矿产资源勘查合理布局。加强对重点成矿区带地质找矿的统筹规划。在重点成矿区带、大中型矿山深部及外围的地区圈定重点勘查区，推进整体勘查，严禁将矿产地化大为小、分割出让，严禁新设探矿权勘查程度低于原有工作程度。在有望形成找矿重大突破的远景区，编制统一部署的实施方案，引导中央、省级财政各类地质勘查专项资金和社会资金有序投入矿产勘查。在铁、锰、铬、铜、铝、镍、铅、锌、钾盐等紧缺矿产具有找矿前景区域、具有矿产资源潜力的老少边穷地区鼓励矿产资源勘查。鼓励勘查区内通过优先设置探矿权，引导商业性矿产资源勘查，促进社会资本投入。在国家规定实行保护性开采的特定矿种的矿产地，具有重要价值需要保护的矿区，现阶段开发技术条件不成熟的矿产地，有计划开展矿产资源勘查活动。在自然保护区、地质遗迹保护区（地质公园）和重要饮用水水源保护区的一定范围内依法限制矿产资源勘查活动。限制勘查区内严格控制探矿权设置数量，保护资源和生态环境。禁止在具有生态环境保护功能的区域开展不符合其功能定位的勘查活动。禁止勘查区内除公益性地质工作外，已有的矿产资源勘查活动要逐步有序退出。

加强监管，规范矿产资源勘查活动。建立健全矿产资源勘查市场准入机制。严格审查矿产资源勘查资质和勘查工作方案，强化探矿权人的义务，严格监督探矿权人在勘查期限内的勘查投入。建立探矿权人勘查区块退出机制，鼓励加大勘查投入，对圈而不探、未完成最低勘查投入等法定义务、以采代探和擅自部署开拓工程，经责令整改而逾期不改或整改不力的，实行强制退出并不予批准新的探矿权。完善商业性矿产资源勘查的政策体系，依法监督和维护正常的勘查秩序。加强对探矿权市场的监管，规范矿产资源勘查市场中介服务机构，推进行业自律，健全矿业权和矿产储量评估机制，完善地质勘查技术规范和行业标准。加强地质资料汇交管理，保护地质资料汇交人的合法权益。

四、矿产资源开发利用总量调控

（一）提高重要矿产资源供应能力

能源矿产。继续实行油气并举的方针，鼓励开采石油、天然气、煤层气、油砂、油页岩等矿产。加快海域油气资源的勘探开发，优化开发陆上油气资源，深入挖掘主要产油区的资源潜力，加强老油田稳产改造，延缓老油田产量递减速度，确保全国石油产量稳产并保持稳步上升。加快西南、鄂尔多斯、塔里木、松辽、柴达木、中原地区和东海七大天然气基地的建设步伐。力争到2015年天然气产量超过1600亿立方米，2020年进一步提高开采能力。

有序开采煤炭资源，保障经济建设需求。合理确定重点地区煤炭开采规模和强度，限制开采高硫煤、高灰煤。稳步推进煤炭资源开发整合，调整改造中小煤矿，推进大型煤炭基地建设。积极扶持煤层气资源的开发利用，充分发挥沁水盆地和鄂尔多斯盆地东缘煤层气工程的示范作用。力争到2015年，地面抽采煤层气达到100亿立方米，到2020年，开采水平保持稳步上升。

加强铀矿山生产探矿，大力支持铀矿资源后备基地建设，提高对核电发展的保障能力。积极推进油砂、油页岩等非常规能源矿产的勘查开发利用。建立辽宁抚顺、吉林桦甸等油页岩开发示范区和广东茂名、山东龙口等油页岩重点开采区。力争到2015年，利用油砂和油页岩生产石油500万吨以上，2020年进一步提高开采能力。因地制宜地开发利用地热资源，加大浅层地温能开发推广力度，到2015年，地热能年利用量达到700万吨标准煤并保持稳步增长。

金属矿产。鼓励开采铁、优质锰、铬、铜、镍、铅、锌、岩金、银、铂族金属等矿产，重要金属矿产资源开采总量保持平稳增长，为钢铁冶金和有色金属工业持续健康发展提供资源保障。加快西部地区大型有色金属矿山建设，实现新老矿山的有序接替，逐步推进我国紧缺有色金属矿产资源开发战略西移。2015 年铁矿石年开采量达到 11 亿吨以上，铜达到 130 万吨以上，铅锌达到 700 万吨以上，2020 年保持稳定增长。

非金属矿产。鼓励企业依靠科技进步，研究开发新型非金属矿产品和非金属矿物材料，扩大非金属矿应用领域。合理开采适应地区经济发展需要的建材等非金属矿产，实现矿山布局与城乡建设、土地复垦和环境保护的有机衔接。研究推广含钾岩石的农业应用技术，扩大钾盐开采规模，到 2015 年突破 500 万吨。

地下水。分层合理开采地下水，促进地下水资源的优化配置和可持续利用，保护区域地质环境。

（二）加强重要优势矿产保护和开采管理

限制开采供过于求矿产，以及下游产业发展过快、产能过剩、耗能大、污染重的矿产，对出口优势矿产实行限产保值，严格控制采矿权设置，加强出口配额管理，严禁超计划开采和过量出口。调节市场供求关系，落实国家产业政策，与矿山企业年检挂钩，加强部门配合，严格监督检查矿山企业执行开采总量控制情况，促进资源可持续利用。做好矿山储量动态监测和矿业权核查工作，为科学调控矿产资源开采总量提供基础支撑。能源矿产。对国民经济具有重要价值的特殊煤种和稀缺煤种实行保护性开采，合理控制开采规模，加强焦煤、肥煤、气煤等的保护和合理利用。

金属矿产。依法确定国家规定实行保护性开采的特定矿种，实行有计划勘查和开采。对钨、锡、锑、稀土等国家规定实行保护性开采的特定矿种的勘查和开采实行规划调控、限制开采、严格准入和综合利用，严格实行保护性开采的特定矿种年度开采总量指标控制，严禁超计划开采和计划外出口。到 2015 年的年开采总量，钨（$WO_3$65%）控制在 7.8 万吨左右，锡（金属量）15 万吨左右，锑（金属量）14 万吨左右，稀土（REO）14 万吨左右。有计划开采铝土矿和钼矿，加强对铟、锗、锆、钒等稀散稀有金属矿产的保护。

非金属矿产。限制开采重晶石、萤石、石墨、菱镁矿、滑石、富磷矿等矿产。控制新建扩建水泥用灰岩矿山企业，严禁随意扩大生产规模，严禁将优质水泥用灰岩和白云岩作为普通建筑碎石开采。

（三）实施矿产资源储备

逐步建立适合我国国情的矿产储备体系。实行战略矿产储备制度，增强应对突发事件和抵御国际市场风险的能力。推进建立石油、特殊煤种和稀缺煤种、铜、铬、锰、钨、稀土等重点矿种的矿产资源储备。建立完善矿产资源战略储备的管理机构和运行机制，形成国家重要矿产地与矿产品相结合、政府与企业合理分工的战略储备体系。

建立矿产地储备机制。重点加强西部地区已查明矿产资源储量的矿产地储备。以整装大、中型矿区（床）为对象，建立 10～20 个大中型特殊煤种和稀缺煤种井田储备。进行钨、锡、锑、稀土等国家规定实行保护性开采特定矿种的重要矿产地储备，建立 10～30 个大中型矿产地储备。启动山西、内蒙古、湖南、江西、云南、青海等优势矿产资源富集地区矿产地储备调查评价与勘查。国家主导，企业联合，加快国家储备矿产地的探矿权整合。实行矿产地储备补偿机制，落实矿产资源储备地保护政策，通过多种渠道投入，加大对矿产资源储备地的保护、管理和经济补偿力度。

建立紧缺矿产的矿产品储备机制。启动和完善石油、铬、铜、锗、铟等紧缺和重要矿产的矿产品国家战略储备，积极推进企业的商业储备，加大东部地区的矿产品储备基地建设力度。加快开展枯竭油气藏、含水构造、地下盐穴储油库等选址论证工作，积极促进地下空间资源开发利用。在东南沿海适合建设大规模地下储油库的地质构造区进行勘查，为大型地下储油气库建设提供支持。

五、矿产资源开发利用布局与结构

（一）优化矿产资源开发利用布局

落实国家区域发展战略，推动矿产资源开发利用与区域协调发展。西部地区加大矿产资源开发利用力度，建设资源接续区，促进优势资源转化；东北地区重点调整矿产资源开发利用结构，稳定规模，保障振兴，促进资源型城市可持续发展；中东部地区大力推进矿业结构优化升级，挖掘资源潜力，强化综合利用；加大我国海域油气资源勘查开发力度，增储增产，稳定并提高油气产量。综合考虑矿产资源禀赋条件、经济社会发展需要以及主体功能区的要求，统筹矿产资源勘查与开采，规划不同功能的矿产资源开采区，科学划分开采规划区块，指导采矿权合理设置，避免将大中型矿产地分割开采，合理确定大矿周边安全距离，促进矿产资源开发利用合理布局，保障正常的开发秩序。

加强重点开采区内矿产资源规模开采和集约利用，形成一批大中型矿产资源开发基地。将矿产资源相对集中、资源禀赋和开发利用条件好的地区划定为重点开采区，重点规划和统筹安排矿产资源勘查开采活动，引导和支持各类生产要素集聚，加快基础设施建设，保障区内矿产资源开发必要的用地需求，促进大中型矿产地整体勘查和整装开发，实现有序勘查开发、规模开采和集约利用，形成矿产资源稳定供给和创新资源开发模式的重要区域。重点开采区适当提高新建矿山最低开采规模标准,依法做好矿产资源开发整合,优化矿山布局和企业结构,引导资源向大型、特大型现代化矿山企业集中,促进形成集约、高效、协调的矿山开发格局。

促进鼓励开采区内矿产资源开发利用,提高紧缺矿产保障程度,推动欠发达地区经济发展。鼓励在矿产品市场前景好,有后续加工产业的紧缺矿种分布的区域开展矿产资源开发活动,鼓励在具有资源潜力的老少边穷地区进行符合资源与环境保护要求的矿产资源开发活动。在采矿权设置的数量和时序上适当给予倾斜,并在矿山建设用地等方面适当给予支持。

严格限制开采区和禁止开采区的管理,促进资源和生态环境保护。加强矿产资源保护,限制在国家规定实行保护性开采的特定矿种的分布区域、当前技术经济条件下无法合理利用资源的区域开展矿产资源开发活动;禁止在实行矿产资源储备和保护的矿产地开展矿产资源开发活动。严格控制采矿活动对生态环境的影响,依法限制或禁止在自然保护区、地质遗迹保护区(地质公园)、重要饮用水水源保护区等生态环境保护区域一定范围内开展矿产资源开发活动。禁止在重要基础设施、重大工程设施圈定范围内勘查开采矿产资源,禁止在国家重点保护的历史文物和名胜古迹所在地进行矿产资源勘查开采活动。限制开采区内坚持资源环境保护优先、适度开发的原则,提高区内矿山企业采选技术准入条件,坚持科学规划论证、严格控制采矿权设置总量和开采规模。禁止开采区内严禁开展与资源和环境保护功能不相符的勘查开发活动,已有开发活动逐步有序退出,及时复垦被破坏的土地。

推进区域矿业经济发展,促进资源优势转化为发展优势。对矿产资源赋存条件好、基础设施配套性好、开发利用活动相对集中的重点区域,根据其产业布局和经济发展对矿产资源需求,促进矿业经济重点发展区域建设;积极改善矿业投资环境,优先保障矿业发展的合理用地需求;支持和鼓励大型矿山企业发展,引导小型矿山企业的联合重组,优先安排矿产资源领域循环经济发展示范工程,切实提高资源利用水平;促进后续冶炼、深加工产业发展,以资源为基础引导重化工业、原材料等基地建设合理布局。

加强对国家规划矿区和对国民经济具有重要价值的矿区的监督管理和保护。依法划定国家规划矿区和对国民经济具有重要价值的矿区,实行统一规划和有计划地开采,实现规模开发和有效保护。禁止不符合规划要求和不具备相应资质条件的企业进入国家规划矿区和对国民经济具有重要价值的矿区开采矿产资源。

建设大型基础设施、大型建筑物或者建筑群,有关主管部门和建设单位应当向国土资源主管部门了解拟建工程所在地区的矿产资源分布和开采情况,未经规划论证和国土资源主管部门批准,不得压覆重要矿产地或矿床。划分主体功能区,设置自然保护区、世界文化自然遗产、森林公园、风景名胜区等范围时,有关主管部门应与国土资源主管部门进行充分衔接。

(二)调整矿产资源开发利用结构

推进矿产资源规模化开采。矿山开采规模必须与矿区的资源储量规模相适应,一个矿床(区)原则上只设一个开发主体,严禁大矿小开、一矿多开。严格执行矿山最低开采规模等规划准入和矿山换证许可条件,不符合规划不得新立矿业权,已有矿业权的变更和延续要逐步达到规划要求。鼓励中小型矿山企业按照市场规则,实施兼并重组,促进矿业集中化、规模化、基地化发展。实施小矿分类管理制度,将小矿发展与贫困地区脱贫致富、安置农村富余劳动力就业、建设新农村和构建和谐社会相结合,合理利用资源和保护生态环境。加强监督管理,对不符合最低开采规模标准、资源破坏浪费严重的生产矿山,进行整改联合,依法清理关闭无证开采、浪费资源、不具备安全办矿条件的矿山企业,并落实土地复垦责任。到 2015 年,大中型矿山比例达到 10% 以上,逐步形成以大型矿业集团为主体,大中小型矿山协调发展的矿产开发新格局。

优化矿产品结构。鼓励矿产资源开采加工企业根据市场需求,延伸产业链,调整矿产品生产结构,促进单一产品向配套产品、高耗能产品向低耗能产品的转化,提高资源利用水平。建立健全有利于建设资源节约型社会的政策激励机制,鼓励常规矿物原料替代品的开发利用,鼓励对二次资源和可循环利用资源的开发利用,引导节能型产品的应用,逐步形成与国情相适应的节约资源消费模式。加强非金属矿产品合理开发利用,提高非金属矿产的精细加工水平和集约化利用程度,提升矿产品附加值,发展高新技术和环境保护领域应用的新型非金属矿物材料。制定更加严格的矿产品进出口政策,限制高能耗、高污染和以出口为主要流向的矿产品开发。

促进资源型城市可持续发展。支持资源型城市寻求切合实际、各具特色的发展模式。对资源开采处于增产稳产期的城市,要依据矿产资源规划,适度开发,延伸上下游产业;鼓励发展循环经济,拓宽资源开发利用领域;提早规划产业结构调整和优化升级,积极培育新兴产业。对资源开采出现衰减的城市,加强资源综合评价,开发利用好各种共伴生资源,充分挖掘本地资源潜力,进一步做好危机矿山接替资源找矿工作,加大对矿山企业接替资源预查和普查的支持力度,引导矿山企业出资完成详查和勘探;加快产业结构调整步伐,抓紧培育发展成长性好、竞争力强的接续替代产业。对于资源枯竭城市,中央和省级财政进一步加大转移支付力度,落实支持政策,指导产业转型和尽快形成新的主导产业。

六、矿产资源节约与综合利用

(一)提高矿产资源开发水平

提高矿产资源开采回采率和选矿回收率,减少储量消耗和矿山废弃物排放。鼓励应用陆上油田的二次采油、三次采油技术和低渗透油、稠油的开采技术,促进石油的高效开采。大力提高北方厚煤层矿井回采率。突破煤层气开发的关键技术,提高煤层气采收率,促进煤层气产业发展。加强深部和复杂难采铁矿安全高效开采技术研究和应用,到2015年,铁、锰、铬矿的采选回收率平均提高3~5个百分点。推广溶浸采矿技术,开发深井采矿技术,探索矿山无废采矿技术等,提高有色金属矿产回采率。推广先进适用的资源综合回收工艺及选矿技术,采用超细粉碎设备和高效节能、环保的大型浮选设备,提高有色金属矿产和非金属矿产的选矿回收率。

加强矿产资源采选回收率准入管理和监督检查。新建矿山不得采用国家限制和淘汰的采选技术、工艺和设备,制定开采回采率、选矿回收率和综合利用率的准入标准,达不到要求的不得颁发、延续采矿许可证。强化对开采回采率、采矿贫化率和选矿回收率的监督检查,引导和强制矿山企业切实提高矿产资源采选水平。积极探索矿产资源税费征收与储量消耗挂钩的政策措施,促进矿产资源节约开发。

(二)加强矿产资源综合利用

加强低品位、共伴生矿产资源的综合勘查与综合利用,充分利用矿产资源。对具有工业价值的共伴生矿产,统一规划,综合开采,综合利用。坚持采气采煤一体化,加强煤层气和煤炭的综合勘查和综合开发,鼓励煤矿瓦斯的综合治理和综合利用,对煤层气富集区勘查开发活动必须统筹规划。对煤层中含气量高于国家规定标准且具备规模化地面抽采和开发利用条件的煤层气重点开采区,统一编制煤层气和煤炭开发利用规划,优先进行煤层气抽采利用,煤层中吨煤瓦斯含量必须降低到规定标准以下,方可实施煤炭开采。对已设立煤炭矿业权的区域,必须对煤层气进行综合勘查和开采。加强油页岩综合利用技术的研究与应用,按照炼油—化工—发电—多金属—建材一体化联合生产模式,实现油页岩的高效、节能、环保开发利用。重点加强有色金属、贵金属、稀有稀散元素矿产等共伴生矿产资源开采、选矿过程中的综合开发利用。合理开发利用与铁矿伴生的铌、稀土、钒、钛等资源。加强伴生硫资源的综合利用和油气资源领域硫资源综合回收,弥补资源的不足和降低对环境的污染。加强盐湖资源的整体开发和综合利用。

加强矿山固体废弃物、尾矿资源和废水利用,提高废弃物的资源化水平。以产生量大和利用潜力大的矿山废弃物为重点,研究推广煤矸石发电和建筑材料生产等技术和工艺,到2015年,煤矸石利用率达到70%以上,粉煤灰利用率达到75%以上。加快新技术、新设备的研究和开发,拓展金属和非金属矿山固体废弃物的综合利用领域,充分利用尾矿资源中的有用成分。提高矿山废水的循环利用效率,矿业用水复用率提高到90%以上。提高铁、铜等废旧金属的回收利用水平,有效替代资源的开采,减少能源消耗和环境污染。

专栏六　　矿产资源领域循环经济发展示范工程

1. **煤层气(煤矿瓦斯)综合开发利用工程。**以沁水盆地、鄂尔多斯盆地东缘等地区和高瓦斯矿区为重点,推进煤层气富集区的煤层气产业化基地建设,加强山西、内蒙古等地区大型煤炭矿区煤矿瓦斯的综合治理与综合利用

2. **油页岩综合开发利用工程。**以松辽盆地大庆和吉林等地为重点,按照油页岩联合生产模式,推进油页岩综合开发利用

3. **低品位、难选冶矿产资源综合开发利用工程。**以辽宁凤城翁泉沟硼铁矿、河南中西部低品位铝土矿、福建紫金山低品位金矿、山西袁家村难选红铁矿、黑龙江多宝山难选斑岩型铜钼矿、南方的宁乡式铁矿、湖北宜昌胶磷矿、云南磷矿等为重点,突破低品位贫矿和难选冶资源的综合利用技术,提高资源综合利用水平

4. **共伴生金属矿产资源综合开发利用工程。**以内蒙古白云鄂博铁—稀土多金属矿、甘肃金川铜镍多金属矿、湖南柿竹园多金属矿等为重点,加强黑色、有色、稀土和贵金属等共伴生矿产资源的分离提取和利用

5. **矿山废石及尾矿资源化工程。**开展煤矸石发电和生产建材等综合利用。以四川攀枝花钒钛磁铁矿尾矿、甘肃省白银铜多金属矿尾矿、河南小秦岭地区金矿尾矿、河北迁安铁矿尾矿和废石等为重点,进行矿山固体废弃物的减量化、无害化和资源化处理

6. **西部盐湖矿产综合开发利用工程。**重点开展对青海柴达木盆地和新疆罗布泊等盐湖中钾、锂、硼、溴、碘、铷等资源的综合利用

7. **地热资源回灌开发综合利用工程。**以京津冀城市圈为重点,开展浅层地温能、孔隙型地热资源、岩溶裂隙型地热资源综合循环利用

完善矿产资源综合利用的激励引导机制。推动实施矿产资源综合开发利用计划,提高技术创新能力。推进低品位、共伴生矿产、矿山固体废弃物和尾矿资源等的调查工作,全面评价综合利用潜力。严格矿产资源综合勘查和综合评价的地质勘探报告评审备案制度。对暂不能综合开采或综合利用的矿产及含有用组分的尾矿,应采取有效保护措施。明确尾矿开发的准入条件和技术要求等规定,鼓励和支持矿山企业开展矿产资源节约与综合利用和节能减排。对提高资源利

用效率的技术改造项目和综合利用项目，制定相应的优惠政策，优先用地供给，提供信贷金融支持。实行定期发布鼓励、限制和淘汰的技术、工艺、设备名录制度，建立技术咨询服务体系，有效引导矿产资源节约与综合利用。

(三)发展矿产资源领域循环经济

按照“再勘查、减量化、再利用、资源化”的原则，促进形成有利于节约资源、保护环境的资源开发利用模式。加大对矿产资源领域循环经济发展的支持力度。建立评价指标体系，科学评价矿山企业循环经济发展状况。以矿山企业为主体实施循环经济发展示范工程，推进煤层气、油页岩、煤矸石、难选冶黑色金属、共伴生有色多金属、矿山固体废弃物和多金属尾矿资源等综合开发利用，引导和带动矿产资源领域循环经济发展。探索发展循环经济的有效模式，大力推进绿色矿山建设，安全、环保、可持续地发展矿业经济。

七、矿山地质环境保护与恢复治理

(一)加强矿山地质环境保护

严格矿产资源开发利用的环境保护准入管理。加强矿产资源开发过程中的环境保护，最大限度减少或避免因矿产开发而引发的矿山地质环境问题。严格落实新建(改扩建)矿山地质环境影响评价制度。矿产资源开发利用必须制定矿山地质环境保护方案。禁止在城市规划区、主要交通道路沿线、海岸线直观可视范围内露天开采矿产资源，并严格控制地下开采。禁止新建对生态环境产生不可恢复的破坏性影响的矿产资源开采项目，限制开采砂金、砂铁以及其他重砂矿物和湿地泥炭，禁止开采蓝石棉、可耕地的砖瓦用黏土等矿产。严格控制海砂(砾)和河砂(砾)开采，保护海洋环境和促进河道砂石资源的合理开发利用。

加强对生产矿山地质环境保护的监管。加快制定矿山地质环境保护与恢复治理等技术规范和标准。预防为主、防治结合，将矿山地质环境保护与恢复治理目标纳入矿山企业年检重要内容，加强矿山生产过程中对环境影响的控制，对造成矿山地质环境严重破坏的，责令限期整改，逾期整改不达标的予以关闭。

加强矿山地质环境调查与监测。实行矿山地质环境监测、预报预警报告制度。开展全国矿山地质环境调查监测，组织开展大中比例尺矿山地质环境调查评价，对矿产资源集中开发区和重要成矿区(带)开展矿山地质环境调查与评估，为矿山地质环境保护治理提供依据。加强东北老工业基地、西部生态脆弱区、长江中下游等地区的重点矿山地质环境监测，开展对铀矿冶和伴生放射性矿放射性污染现状的调查与污染防治，逐步建立重点区域和重点矿山的环境监测网络，加强对全国矿山地质环境的有效监控和监测数据的快速采集、分析处理与定期发布。

(二)加快矿山地质环境恢复治理

明确矿山地质环境恢复治理工作责任。明确矿山地质环境恢复治理的相关法律责任，全面实施矿山环境恢复治理保证金制度，加强对采矿权人履行矿山地质环境恢复治理义务情况的监督检查。明确各级政府对本行政区域内矿山地质环境恢复治理的目标任务，并列入各级政府的任期目标和年度工作目标。

建立矿山地质环境恢复治理分类管理机制。分类指导、区别对待，建立完善矿山地质环境恢复治理的政策激励机制，加快矿山地质环境恢复治理进程。实行差别化资金筹措政策，促进新老矿山及资源枯竭型城市的生态恢复。对于历史遗留的矿山地质环境问题，调动多渠道资金投入恢复治理，到2015年，矿山地质环境恢复治理率达到35%以上。对于新建和生产矿山，按照“谁破坏，谁治理”的原则，明确矿业权人的义务，严格执行“三同时”制度，加强矿山开采和选矿过程中的废污水处理、废石尾矿长期堆放的环境污染治理，实现同步恢复治理。

专栏七　　矿山地质环境重点治理工程

1. 东北老工业基地能源、铁矿开采区重点治理工程。重点在煤炭、铁等矿区开展地面塌陷和地下含水层破坏防治

2. 西北生态脆弱区的能源、有色金属矿开采区重点治理工程。重点在神府－东胜煤炭矿区、黄土高原煤炭－石油天然气开采区、秦岭－祁连山－天山－阿尔泰山等重要大型有色金属矿区、柴达木盆地盐湖矿区“、三江”源头和阿尔泰地区砂金开采区等进行地面塌陷、崩塌、滑坡、地质地貌景观和生态环境破坏等的治理

3. 长江中下游地区煤炭、金属矿开采区重点治理工程。重点在两淮地区煤炭矿区、长江中下游铁和铜矿区、赣南湘南有色金属矿山和磷硫矿区开展地面塌陷和地下含水层破坏防治

4. 华北地区煤、铁、非金属矿开采区重点治理工程。重点在环京津煤、铁和黏土矿矿区、冀西北－冀东铁金煤矿区、晋蒙和鲁中－鲁西南煤炭矿区等开展地面塌陷、滑坡、地质地貌景观和生态环境破坏等的治理

5. 西南地区铁、有色金属、硫磷矿开采区重点治理工程。重点在攀西铁钒钛及有色金属矿区、西南三江多金属矿区、红水河流域铅锡多金属矿区、云－贵－川磷硫矿区开展崩塌、滑坡、泥石流、地质地貌景观和生态环境破坏等的治理

6. 东南地区有色金属及非金属开采区重点治理工程。重点在赣东北和南岭东段有色金属、化工原料、冶金辅助原料、建材及其他非金属矿区开展滑坡等的防治

实施矿山地质环境恢复治理重点工程。在矿山地质环境破坏严重、影响人民生命财产安全的地区，划定重点治理区，有计划地开展矿山地质环境治理。重点开展矿山采空区地面塌陷、水土环境污染和矿山固体废弃物占用破坏土地等环境问题治理，改善矿区及周

边地区生态环境。加强矿山地质环境恢复治理技术研究与推广应用。开展矿山地质环境保护与恢复治理示范,部署矿山地质环境恢复治理重点工程,促进矿山地质环境明显改善。

(三)积极推进矿区土地复垦

严格矿产资源开发利用的土地复垦准入管理。严格落实土地复垦方案审查制度,新建(改、扩建)矿山项目没有土地复垦方案不予受理采矿权申请。严格实施土地复垦方案,采取有效措施,最大限度减少破坏土地面积、降低破坏程度,切实保护耕地特别是基本农田。努力实现边开采、边保护、边复垦。建立土地复垦监管和监测制度,将矿区土地复垦任务完成情况纳入矿山企业年检内容,没有完成土地复垦任务的或没有依法交纳土地复垦费的矿山企业不予通过年检。

专栏八　　矿区土地复垦重点工程

1. **黄淮海平原煤炭钢铁有色金属基地矿区土地复垦重点工程:**重点复垦矿山废渣占用的耕地、弃耕绝产的塌陷严重区等严重影响农村经济发展的被破坏矿区

2. **晋陕蒙煤炭化工基地矿区土地复垦重点工程:**重点复垦煤炭矿山开采破坏的土地

3. **川滇黔渝桂有色金属钢铁化工基地矿区土地复垦重点工程:**重点复垦因金属矿产和硫磷等非金属矿产开采而遭破坏的土地

4. **黑吉辽煤炭钢铁有色金属基地矿区土地复垦重点工程:**重点复垦采煤、采油和采金等造成的废弃地

5. **鄂湘赣有色金属煤炭基地矿区土地复垦重点工程:**重点复垦采矿破坏的林地,防止水土流失

积极开展矿区废弃地复垦。坚持"谁破坏、谁复垦",依法落实土地复垦责任,建立并推进矿区土地复垦费征收使用管理制度。加强土地复垦权属管理,明确复垦土地使用权。对历史遗留矿山废弃土地,逐步建立以政府资金为引导的"谁投资,谁受益"的土地复垦多元化投融资渠道,鼓励各方力量开展矿区土地复垦,确保土地复垦不欠新账,快还旧账。新建、在建矿山开采造成破坏的土地全面得到复垦利用;责任人灭失的矿山废弃地利用程度不断提高,到2015年,历史遗留矿山废弃土地复垦率达到30%以上,到2020年达到40%以上。

实施矿区土地复垦重点工程。划定土地复垦重点治理区,优先复垦基本农田保护区内被破坏废弃的土地,实施国家重点煤炭基地土地复垦重大工程,建立土地复垦示范区,加强土地复垦的技术研究和推广应用。到2010年,开展300个左右重点煤炭基地的土地复垦工程。

八、保障措施

本《规划》一经批准,必须严格执行。矿产资源勘查、开发利用相关的行业发展规划要与矿产资源规划做好衔接。

(一)建立完善矿产资源勘查开发管理新机制

健全矿产资源法律法规体系。完善矿产资源开发利用与保护等方面的相关法律法规和规章。在《矿产资源法》修订中明确矿产资源规划编制、审批、实施以及违反规划的法律责任等规定,完善规划管理制度,强化规划法律地位。完善矿产资源有偿使用制度。深化矿产资源有偿使用制度改革,严格执行矿业权有偿取得制度,健全资源开发成本合理分摊机制,完善反映市场供求关系、资源稀缺程度、环境损害成本的矿产资源价格形成机制,调整矿业权使用费标准,修订矿产资源补偿费征收管理规定,制订国家出资形成的矿业权处置办法,促进资源集约开发和节约利用。

完善矿业权管理制度和市场建设。按照分类分级管理要求,完善矿业权审查制度。依据矿产资源规划科学设置探矿权、采矿权,并依法进行管理,促进资源勘查、总量调控、布局优化与结构调整等规划目标的实现。大力培育和规范矿业权市场,明确矿业权市场准入条件,加强监管,实行矿业权信息公开化,营造公平、公正、公开的市场环境,推进矿业资本市场、技术市场的发展,促进市场配置资源和宏观调控的有机结合。

完善矿产资源开发收益分配机制。合理调整矿产资源有偿使用收入中央和地方的分配比例关系,向资源原产地倾斜,促进资源开发地区可持续发展。完善矿产资源有偿收益的使用管理,重点用于规划确定的重要矿种和重点地区,加大对矿产资源勘查、矿山地质环境治理投入力度,支持矿产地居民改善生产生活条件。研究制定地质勘查基金项目收益分配的具体办法,促进矿产勘查开采的良性循环。健全矿产资源勘查开发监督检查体系。加强勘查开发活动和矿业权配置的监督管理,完善矿山储量动态监管、矿业权评估、矿产资源储量评审与登记统计等管理制度。严格实行矿产资源勘查和开发利用年检制度,开展矿产资源勘查开发动态巡查和遥感监测,有效打击各类矿产资源违法行为。

强化对规划重点区域矿产勘查开采活动的监督管理,促进矿产资源开发秩序的好转。

(二)推进科技创新和重大工程实施

推进科技进步和技术创新。建立完善以企业为主体、市场为导向、产学研相结合的矿产资源开发科技创新体系,加强自主创新和引进消化吸收再创新,鼓励地质勘查新理论、新技术、新方法的研究、推广和应用。积极扶持和引导矿山企业研究开发、引进和应用先进

的采选技术,提高解决资源问题的科技支撑能力。积极发展矿山地质环境监测、保护与恢复治理技术。组织实施矿产资源保障和保护工程。立足于国家和地方经济社会发展需求和现有条件,集中力量,有序安排,重点突破,优选实施一批基础条件较好、潜力较大、带动力强的矿产资源保障和保护工程。加强政策引导,广泛吸引社会资金,开辟多元化投资渠道,加大对重大工程的资金支持。做好重大工程的组织实施,强化监管,加强跨地区、跨部门的协调与合作,实现重大工程的既定目标。

(三)积极参与国际矿业合作

拓展矿业领域开放广度和深度。制定和完善有效利用外资参与资源勘查开发的相关政策,鼓励引进先进的勘查开发技术、管理经验和高素质人才,促进利用外资质量和水平的提高。鼓励外资参与提高矿山尾矿利用率和矿山生态恢复治理新技术开发应用项目,引入先进适用的节能降耗的工艺、技术和设备。制定并完善国外矿产资源勘查开发中介、技术和咨询服务公司等在中国执业的管理办法,规范外商投资矿产资源勘查开发的准入条件,建立符合国际惯例的外商勘查开发矿产资源审批通道。推进外商投资管理信息化建设。

推进与其他国家矿产资源勘查开发技术交流与合作。推进全球巨型成矿带研究计划,了解地质成矿条件和圈定找矿靶区,进行油气基础地质综合研究与区域优选,进一步加强与其他国家矿产资源管理机构合作。为我国优势企业开展境外矿产资源勘查开发提供资料支持。积极参与国际矿业经济规则的制定和协调,在相关国际组织中发挥更重要的作用。

(四)完善规划体系

加强矿产资源规划体系建设。根据《规划》,组织编制实施省、市、县级矿产资源总体规划,以及矿产资源勘查开发重点矿种、重点领域的专项规划和区域规划,逐级落实规划主要任务、指标、分区和政策。重要矿种、重点矿区、大中型矿产地实行统一规划和管理,充分发挥规划对资源配置的统筹和调控作用。规划编制要与国民经济和社会发展规划、主体功能区规划、土地利用总体规划、环境保护规划等相互衔接。

加强矿产资源规划的统一协调和管理。下级规划必须服从上级规划,专项规划和区域规划的编制、审批和实施,必须以总体规划为依据。下级规划要落实上级规划的要求和内容,对法律法规规定和上级国土资源部门授权管理的矿种统筹规划开发、利用和保护活动,认真做好衔接,维护矿产资源规划的权威性和整体性。

(五)强化规划制度化管理

落实规划实施领导责任制。地方各级人民政府应当采取措施,严格执行规划,维护本行政区域内矿产资源勘查开发的正常秩序。将矿产资源开发利用总量调控、勘查开发布局与结构调整、节约与综合利用、矿产资源储备、矿山地质环境恢复治理等重大规划目标纳入管理目标体系进行考核,并将规划执行情况作为主要领导业绩考核的重要依据。

严格规划审查和许可制度。按照规划要求,严格审查矿产资源调查评价、勘查、开采、保护和矿山地质环境恢复治理与土地复垦项目,矿业权的审批、出让、变更和延续等必须符合规划,对不符合规划要求的,不得批准立项,不得审批、颁发勘查许可证和采矿许可证,不得批准用地。在新发现的矿产地申请开展勘查开采活动的,必须纳入规划,严格论证,统筹安排。

推行规划年度实施方案。将矿产勘查、总量调控、布局结构调整、矿业权设置、资源节约与综合利用、矿山地质环境恢复治理等目标和任务,按年度分地区进行分解落实。

建立规划实施监督管理机制。将规划执行情况列为国土资源执法监察的重要内容,定期公布各地规划执行情况。对违反规划审批颁发勘查许可证、采矿许可证的,上级国土资源主管部门应当及时予以纠正,并依法追究直接责任人和有关领导的责任,从重查处在禁止勘查区和禁止开采区内审批、颁发勘查许可证、采矿许可证的行为。给当事人造成损失的,应当追究责任,由责任单位赔偿相对人的损失。对违反矿产资源规划勘查、开采矿产资源的,国土资源主管部门应当予以纠正;造成矿产资源破坏的,要依法查处;构成犯罪的,要依法追究刑事责任。

严格矿产资源规划调整和修编。建立规划实施评估机制,评估报告报规划审批机关备案,并作为规划调整和修编的依据。因形势变化需要进行指标调整的,应进行科学论证。严格规划调整和修编的程序,应对规划调整和修编的必要性、合理性和合法性等进行评估和论证。凡涉及勘查开发方向、规模、布局等原则性修改的,必须报原审批机关批准。

(六)构建保障规划实施的激励与约束机制

实行差别化的投入和激励政策。中央和地方财政专项资金向重点调查评价区倾斜,开展基础地质和矿产资源调查评价。地质勘查基金向重点勘查区倾斜。建立找矿突破激励机制,对重大找矿突破和科技突破予以奖励。加大矿产资源储备保护投入力度。鼓励矿山企业为提高资源采选回收利用水平的技术开发和改造。完善矿业用地政策,支持重点矿山开发建设。财政资金和银行信贷重点支持矿业领域循环经济发展项目。加大矿山地质环境恢复治理和矿区土地复垦的投入，鼓励社会资金参与矿山地质环境治理和土地复垦。

强化企业资源消耗和环境保护约束机制。实行浮动费率制度，推进矿产资源补偿费征收与储量消耗挂钩，减少资源浪费。将矿山储量消耗情况作为考核矿山企业合理利用与保护矿产资源的重要依据。鼓励矿山企业建立资源节约管理制度，加强资源消耗定额管理，调动矿山企业节约降耗、综合利用和清洁生产的积极性。建立完善矿山环境恢复治理保证金制度，按照"企业所有、政府监管、专款专用"的原则，强化对矿山环境恢复治理保证金的监管落实，专项用于矿山地质环境保护与恢复治理。推行土地复垦费征收使用管理制度，土地复垦费应列入生产投资估(概)算，足额列入企业生产成本。

(七)加强规划基础建设

深入开展矿产资源勘查开发形势分析。强化日常统计和专项统计，及时准确提供基础数据和信息。科学预测经济社会和矿业形势发展，深入开展矿产资源可供性分析，把握经济社会发展对矿产资源勘查开发的新要求。

加强矿产资源规划基础研究工作。深入调查研究，完善矿产资源规划理论，拓展规划管理工作的有效途径。完善国土资源调查、矿产资源潜力评价、储量利用调查和矿业权核查等工作成果对规划的决策支持机制，科学有效地推动规划编制与实施。

建立完善规划管理信息系统。完善矿产资源规划数据库，做好规划管理信息与相关信息资源的整合，实现与矿产资源勘查、开发利用、储量、矿业权等基础数据库的衔接和共享，建成具有信息管理、分析查询、监督评价和辅助决策功能的规划管理信息系统，提高规划管理的效率和服务水平。

强化人才培养和队伍建设。加强教育和管理，培育德才兼备、结构合理、素质优良的规划专业人才队伍，提高规划管理整体水平，增强规划管理功能，实现基层矿产资源管理全面到位。加强事业单位支撑能力建设，提高服务水平。建立健全规划资质管理制度。

(八)扩大规划的民主决策和公众参与

推进科学民主决策。建立健全专家咨询制度、部门联系协调机制和公众参与机制，充分发挥行业协会作用，加强规划协调、咨询和论证，实行规划审批专家论证制度，提高规划决策的科学化和民主化水平。

扩大公众参与，加强规划宣传。各级矿产资源规划编制要采取多种方式和渠道扩大公众参与。规划批准后及时公告实施，充分利用新闻、报刊、广播、网络等进行广泛宣传，提高社会对矿产资源规划的认识，提高依法勘查、依法采矿、依法管理的自觉性和主动性，促进规划的顺利实施。

促进矿产资源合理利用与保护，保障矿产资源长期稳定供给是我国全面建设小康社会进程中一个全局性、战略性的重大问题。各级人民政府和各有关部门必须高度重视，将矿产资源规划实施工作纳入政府重要议事日程，切实加强组织领导，建立共同责任机制，各负其责，密切配合，保障规划的顺利实施。

统 计 资 料

2009 年全国省、市、县级国土资源管理机构数

表 1

计量单位：个

地　区	合　计	省　级	市(地)级	县(区)级
全　国	**3473**	**32**	**434**	**3007**
北　京	20	1	17	2
天　津	15	1	11	3
河　北	196	1	11	184
山　西	146	1	11	134
内蒙古	119	1	11	107
辽　宁	117	1	14	102
吉　林	84	1	10	73
黑龙江	114	1	17	96
上　海	22	1	21	
江　苏	104	1	13	90
浙　江	102	1	11	90
安　徽	112	1	17	94
福　建	89	1	9	79
江　西	147	1	12	134
山　东	174	1	17	156
河　南	174	1	18	155
湖　北	133	1	18	114
湖　南	127	1	15	111
广　东	161	1	22	138
广　西	92	1	14	77
海　南	19	1	2	16
重　庆	44	1	22	21
四　川	200	1	21	178
贵　州	107	1	9	97
云　南	163	1	17	145
西　藏	75	1	7	67
陕　西	137	1	11	125
甘　肃	103	1	15	87
青　海	41	1	6	34
宁　夏	26	1	5	20
新　疆	310	2	30	278

2009年地质勘查新发现矿产地——按地区分列

表 2 计量单位：处

地区	合计	属地化单位	冶金部门	武警黄金	石油天然气	海洋石油	石油化工	中联煤层气	煤炭部门	核工业部门	化工部门	建材部门	有色部门	中国地质调查局
全国	**767**	**621**	**4**	**6**	**7**	**6**	**11**	**1**	**5**	**4**	**8**	**63**	**3**	**28**
北京														
天津														
河北	33	32			1									
山西	25	18	1					1				5		
内蒙古	74	63		2	1					3		3		2
辽宁	38	36										2		
吉林	7	3					1					3		
黑龙江	7	5		1	1									
上海														
江苏	22	19					2					1		
浙江	8	6										2		
安徽	18	17												1
福建	45	44									1			
江西	32	31										1		
山东	38	33					1		2		1			1
河南	31	22					3					6		
湖北	15	4					1		1			4		5
湖南	29	21		1								1		6
广东	30	23										5	1	1
广西	47	40									1	6		
海南	12	10												2
重庆	1				1									
四川	27	21					2				3	1		
贵州	45	34										7		4
云南	42	30							1		2	9		
西藏	14	9												5
陕西	12	9			1							2		
甘肃	7	6		1										
青海	4	3										1		
宁夏	6	6												
新疆	89	76	1	1	2		1			1		4	2	1
海域	6					6								
国外	3		2						1					

2009年地质勘查新发现矿产地——按矿种分列(一)

表 3 计量单位：处

矿种	合计	属地化单位	冶金部门	武警黄金	石油天然气	海洋石油	石油化工	中联煤层气	煤炭部门	核工业部门	化工部门	建材部门	有色部门	中国地质调查局
总计	**767**	**621**	**4**	**6**	**7**	**6**	**11**	**1**	**5**	**4**	**8**	**63**	**3**	**28**
煤炭	130	124							4			1		1
石煤	1	1												
石油	17				4	3	10							
天然气	7				3	3	1							
煤层气	1							1						
地热	2	1							1					
铁矿	77	71	2								1	1		2
锰矿	14	12												2
钒矿	12	12												
铁钛矿	3	3												
钛矿	3	3												
铬矿	1	1												
铜矿	33	30											2	1
铅锌矿	74	64												10
铅矿	1			1										
锌矿	1													1
铝土矿	20	18										1		1
镍矿	5	5												
钴矿	4	4												
钨矿	22	18	1	1										2
锡矿	6	4												2
钼矿	27	26												1
锑矿	4	3										1		
镓矿	1	1												
铟矿	1	1												
镉矿	1	1												

2009年地质勘查新发现矿产地——按矿种分列(二)

续表 3　　　　计量单位：处

矿种	合计	属地化单位	冶金部门	武警黄金	石油天然气	海洋石油	石油化工	煤炭部门	中联煤层气	核工业部门	化工部门	建材部门	有色部门	中国地质调查局
金矿	56	50	1	4										1
银矿	16	13									1		1	1
铂矿	2	2												
锆矿	2	2												
锶矿	1	1												
锗矿	1	1												
铌钽矿	1	1												
稀土	8	8												
普通萤石	6	6												
溶剂用灰岩	2	2												
冶金用白云岩	3	2										1		
硫铁矿	7	7												
磷矿	12	7									5			
钾盐	1	1												
钠硝石	2	2												
芒硝	6	6												
钙芒硝	1	1												
重晶石	1	1												
天然碱	1	1												
岩盐	1											1		
电石用灰岩	2	1										1		
含钾岩石	2	2												
矿盐(包括地下卤水)	7	7												
砷矿	1	1												
石榴子石	1	1												
方解石	1	1												
硅灰石	1	1												
滑石	2	1										1		

2009年地质勘查新发现矿产地——按矿种分列(三)

续表 3 计量单位：处

矿种	合计	属地化单位	冶金部门	武警黄金	石油天然气	海洋石油	石油化工	中联煤层气	煤炭部门	核工业部门	化工部门	建材部门	有色部门	中国地质调查局
叶腊石	2	2												
高岭土	2	2											1	
陶瓷土	5	5												
瓷石	1	1												
玻璃用石英岩	4	4												
玻璃用砂岩	5	5												
水泥用灰岩	73	35										38		
制灰用灰岩	1	1												
水泥配料用砂岩	11	7										4		
水泥配料用黏土	9	5										4		
水泥用大理岩	3	1										2		
建筑用砂	1											1		
粉石英	1										1			
膨润土	6	4										2		
建筑用石料	1	1												
珍珠岩	1	1												
陶粒用页岩	1	1												
石墨	4	2												2
石膏	5	5												
饰面用花岗岩	2											2		
铸石用玄武岩	1	1												
饰面用板岩	2											2		
矿泉水	1	1												
地下水	3	3												
二氧化碳气	1	1												
其他	6	1								4				1

2009年坑探工作量——按矿种和部门分列(一)

表 4 计量单位：米

矿 种	合计	属地化单 位	冶金部门	有色部门	武警黄金	核工业部门	化工部门	建材部门
总 计	869796.22	835817.19	21897.63	4280.00	5845.00	204.00	1394.40	358.00
煤炭	95380.39	95200.39						180.00
铁矿	81136.71	76259.71	4699.00					178.00
锰矿	26085.96	24114.66	1971.30					
铬矿	613.09	613.09						
钒矿	4382.40	4193.40	189.00					
铜矿	113747.81	110755.21	2892.60	100.00				
铅锌矿	173377.17	172414.17	901.00				62.00	
铝土矿	1678.00	1678.00						
镍矿	3418.75	3418.75						
钴矿	24.92	24.92						
钨矿	30775.70	30775.70						
锡矿	65591.34	65591.34						
钼矿	7477.27	6477.27			1000.00			
锑矿	24831.32	24831.32						
汞矿	191.00	191.00						
铂族金属	7041.80	7041.80						
岩金	174418.22	155521.82	10755.40	2592.00	4845.00	204.00	500.00	
砂金	4308.50	4308.50						
银矿	10772.17	9104.17	80.00	1588.00				
铌钽矿	747.00	747.00						
铍矿	424.00	424.00						
锂矿	2834.90	2834.90						
稀土矿	354.20	354.20						

2009年坑探工作量——按矿种和部门分列(二)

续表 4　　计量单位：米

矿 种	合计	属地化单位	冶金部门	有色部门	武警黄金	核工业部门	化工部门	建材部门
红柱石	80.00	80.00						
普通萤石	3738.00	3738.00						
硫铁矿	1087.00	1087.00						
磷矿	20756.20	19923.80					832.40	
钾盐	2750.00	2750.00						
钠硝石	460.00	460.00						
化肥用灰岩	200.00	200.00						
泥炭	1925.00	1925.00						
盐矿	1229.00	1229.00						
电气石	35.00	35.00						
玉石	100.00	100.00						
硅灰石	940.00	940.00						
长石	176.00	176.00						
高岭土	685.00	275.67	409.33					
陶瓷土	569.20	569.20						
玻璃用石英岩	735.20	735.20						
水泥用灰岩	997.00	997.00						
硅藻土	730.00	730.00						
建筑用花岗岩	1022.00	1022.00						
建筑用大理岩	142.00	142.00						
饰面用辉长岩	50.00	50.00						
饰面用大理岩	30.00	30.00						
陶粒用黏土	370.00	370.00						
碎云母	30.00	30.00						
沸石	197.00	197.00						
石膏	300.00	300.00						
其他矿种	850.00	850.00						

2009年地质勘查新查明矿产资源——按矿种分列(一)

表5

矿种	计量单位	新查明矿产资源储量(333及以上)
一、能源矿产		
煤炭	原煤亿吨	503.61
石煤	矿石亿吨	0.70
地热	热(电),兆瓦(能)	15.89
其他	矿石亿吨	229.01
二、黑色金属矿产		
铁矿	矿石亿吨	35.23
锰矿	矿石万吨	3853.31
铬矿	矿石万吨	620.47
钒矿	V_2O_5万吨	269.12
钛矿	TiO_2万吨	400.43
其中:金红石原生矿	金红石矿物　万吨	4.18
钛铁矿砂矿	钛铁矿矿物　万吨	396.25
三、有色金属矿产		
铜矿	金属万吨	208.87
铅矿	金属万吨	367.78
锌矿	金属万吨	766.84
铝土矿	矿石万吨	31889.68
镍矿	金属万吨	18.09
钴矿	金属万吨	1.12
钨矿	WO_3万吨	49.51
锡矿	金属万吨	18.22
钼矿	金属万吨	132.92
锑矿	金属万吨	17.94
四、贵金属矿产		
铂族金属	金属吨	0.71
岩金	金属吨	389.58
砂金	金属吨	0.03
银矿	金属吨	5195.71
五、稀有金属矿产		
铌矿	Nb_2O_5万吨	0.01
钽矿	Ta_2O_5万吨	
锂矿	LiCl万吨	23.21
锶矿	菱锶矿石万吨	26.00
锆矿	ZrO_2万吨	48.55
六、稀土金属矿产		
稀土矿	TR_2O_3万吨	0.73
七、稀散元素矿产		
锗矿	Ge吨	1490.49
镓矿	Ga吨	170.42
铟矿	In吨	92.95
镉矿	Cd吨	728.14
八、冶金辅助材料		
普通萤石	CaF_2万吨	579.11
溶剂用灰岩	矿石亿吨	2.77
冶金用白云岩	矿石亿吨	2.11
冶金用石英岩	矿石万吨	278.11
铸型用黏土	矿石万吨	1000.00

2009年地质勘查新查明矿产资源——按矿种分列(二)

续表 5

矿种	计量单位	新查明矿产资源储量(333 及以上)
九、化工原料矿产		
硫铁矿	矿石万吨	13046.00
伴生硫	矿石万吨	102.66
磷矿	矿石万吨	28471.20
芒硝	Na_2SO_4 万吨	8776.38
重晶石	矿石万吨	9.10
天然碱	Na_2CO_3+$NaHCO_3$ 万吨	1971.41
电石用灰岩	矿石亿吨	0.50
盐矿(包括地下卤水)	NaCl 亿吨	70.56
砷矿	砷万吨	4.90
十、建材及其他非金属矿产		
石榴子石	矿物万吨	9.00
方解石	矿物万吨	26.90
玉石	矿石万吨	507.00
硅灰石	矿物万吨	541.56
长石	矿物万吨	160.00
叶腊石	矿石万吨	300.00
高岭土	矿物万吨	678.00
陶瓷土	矿石万吨	139410.00
霞石正长岩	矿石万吨	165.79
玻璃用石英岩	矿石万吨	1336.93
玻璃用砂岩	矿石万吨	3370.90
玻璃用脉石英	矿石万吨	5.88
粉石英	矿石万吨	151.50
水泥用灰岩	矿石亿吨	36.97
水泥配料用砂岩	矿石万吨	4200.00
水泥配料用页岩	矿石万立方米	790.00
砖瓦用页岩	矿石万立方米	51.50
砖瓦用黏土	矿石万立方米	175.00
膨润土	矿石万吨	7520.26
硅藻土	矿石万吨	300.00
建筑用砂	矿石万立方米	330.60
建筑用灰岩	矿石万立方米	236.50
建筑用花岗岩	矿石万立方米	213.44
建筑用大理岩	矿石万立方米	0.11
建筑用砂岩	矿石万立方米	38.47
饰面用花岗岩	矿石万立方米	51.00
片麻岩	矿石万立方米	90.08
石墨(晶质)	矿物万吨	0.84
石膏	矿石万吨	16023.21
铸石用玄武岩	矿石万吨	1500.00
十一、水气		
矿泉水	允许开采量立方米/日	864.00
地下水	允许开采量立方米/日	21000.00

2009年机械岩芯钻探工作量

表 6

地区	合计	属地化单位	冶金部门	有色部门	中国地质调查局	武警黄金	煤炭部门
总计	**23481485.58**	**16158819.60**	**478500.17**	**36933.00**	**30952.00**	**148730.00**	**961998.55**
北京	49715.00	47437.00					
天津	189702.00	1637.00					
河北	539495.54	52530.92	28476.96	423.63	7150.00		11952.00
山西	878447.79	447082.25	26534.56				290111.78
内蒙古	4869070.45	4049771.44	58895.71	15590.00		46439.00	54669.05
辽宁	875875.81	630645.08	4736.73		2048.00	2943.00	
吉林	560299.26	336427.80		2481.00		2431.00	
黑龙江	837045.00	328766.00				18067.00	
上海	4106.00	260.00					
江苏	172584.09	104233.94			9700.00		56883.00
浙江	88672.16	74445.01	6524.24				
安徽	853606.74	792930.17	4633.20			3459.00	35213.37
福建	329048.00	304432.58	0.00				
江西	436413.83	390003.43	169.40				7822.00
山东	1008677.01	844723.80	120892.30	1493.40		13919.00	14391.19
河南	648818.27	605257.22				10656.00	26082.00
湖北	123730.25	33999.07	25936.56			1037.00	7353.53
湖南	347483.71	305421.78	4021.93			4168.00	
广东	263401.26	108638.26				2433.00	
广西	197742.39	129825.29	34680.13	7470.97			
海南	140212.70	140212.70					
重庆	142076.81	136658.81					
四川	571340.95	360375.58	4417.29				2594.00
贵州	513243.56	443382.32	37689.59				
云南	890026.87	800100.32	38361.55			13068.00	13780.00
西藏	77887.71	65274.95	12612.76				
陕西	3009287.41	2089273.41	3628.00		12054.00		45460.00
甘肃	1178494.36	339172.36	13393.00			19609.00	138500.00
青海	465206.73	206742.90	2011.20			1230.00	109636.63
宁夏	527640.05	385233.05					22857.00
新疆	2692133.87	1603925.16	50885.06	9474.00		9271.00	124693.00

——按地区和部门分列

计量单位：米

石　油 天然气	海洋 石油	石油 化工	核工业 部　门	化工 部门	建材 部门	中　联 煤层气
4408814.00	**239439.00**	**6494.68**	**559319.00**	**169687.38**	**161941.00**	**119857.20**
72963.00	115102.00				2278.00	
422416.00			14275.00	2271.03		
970.00					10911.00	102838.20
396315.00			213044.00	22585.25	11761.00	
224447.00			4000.00		6476.00	580.00
196531.00		770.46		9370.00	12288.00	
484212.00			6000.00			
	3846.00					
		803.15		964.00		
				3249.91	4453.00	
					10532.00	6839.00
				12258.42	12357.00	
			23000.00		12119.00	3300.00
		445.04		12812.28		
		2215.55		2082.50	2525.00	
		215.00		54977.09	212.00	
			22000.00	3981.00	7891.00	
	120491.00		21000.00		10839.00	
			11000.00		14766.00	
5418.00						
188672.00		881.53		3312.55	11088.00	
				24755.65	7416.00	
			4000.00	10642.00	7075.00	3000.00
849621.00					5951.00	3300.00
653820.00			14000.00			
135307.00			10000.00		279.00	
86566.00			28000.00		4984.00	
691556.00		1163.95	189000.00	6425.70	5740.00	

2009年机械岩芯钻探工作量

表 7

矿　种	合计	属地化单　位	冶金部门	有色部门	中国地质调查局	武警黄金	煤炭部门
总　计	**23481485.58**	**16158819.60**	**478500.17**	**36933.00**	**30952.00**	**148730.00**	**961998.55**
煤炭	8315985.86	7211574.55	44296.07		5354.00		806278.24
油页岩	40490.74	39594.74					896.00
陆地石油	5019425.68	848900.00					
海域石油	239439.00						
天然气	369000.00	369000.00					
煤层气	232067.20		1732.22				110477.78
油砂	6310.53						6310.53
石煤	5913.53	5913.53					
地热	131511.27	131511.27					
铁矿	1686078.09	1554784.00	103922.40		1255.00		9000.00
锰矿	88134.15	76979.80	11154.35				
铬矿	10008.49	10008.49					
钒矿	62000.36	60945.36	1055.00				
钛矿	6773.60	6773.60					
铜矿	1507774.67	1437645.98	45802.67	22625.00			
铅矿	10462.72		10142.93				
铅锌矿	1006175.22	980464.64	7558.05	6465.00			
铝土矿	220847.24	215453.71	5393.53				
镁矿	11100.00	11100.00					
镍矿	73278.26	72054.26	1224.00				
钴矿	2919.90	2919.90					
钨矿	196154.26	166215.60	23886.56		6000.00		
锡矿	221657.29	221657.29					
钼矿	489490.85	461207.30	5943.50	2205.00		10656.00	
锑矿	62431.47	62431.47					
多金属矿	80106.89		51698.89		6248.00	20015.00	
铂族金属	41190.94	41190.94					
金矿	1756610.18	1463166.07	148772.94	5330.00		118059.00	

——按矿种和部门分列(一)

计量单位：米

石　油 天然气	海洋 石油	石油 化工	核工业 部　门	化工 部门	建材 部门	中　联 煤层气
4408814.00	**239439.00**	**6494.68**	**559319.00**	**169687.38**	**161941.00**	**119857.20**
244783.00					3700.00	
4164031.00		6494.68				
	239439.00					
						119857.20
				13266.69	3850.00	
				1701.02		
				319.79		
				11687.53		
				52.10		
				9479.05		
				2145.00		
			1275.00	20007.17		

2009年机械岩芯钻探工作量

续表 7

矿　种	合计	属地化单　位	冶金部门	有色部门	中国地质调查局	武警黄金	煤炭部门
银矿	189195.01	185082.76	2312.00	308.00			
铌钽矿	6715.23	6715.23					
铍矿	30065.00	30065.00					
锂矿	17167.39	17167.39					
锶矿	1477.00	1477.00					
锆矿	3692.00	3692.00					
稀土矿	12700.00	12700.00					
铼矿	400.00	400.00					
红柱石	3385.00	2945.00					
菱镁矿	1661.00	1661.00					
萤石(普通)	35461.20	30298.10	1768.00				
溶剂用灰岩	15792.62	15792.62					
冶金用白云岩	17552.51	11553.14	5999.37				
冶金用石英岩	707.03		707.03				
冶金用脉石英	171.00	171.00					
耐火黏土	4050.80	4050.80					
硫铁矿	23465.90	22120.90					
磷矿	107711.20	1050.56	3755.67				
钾盐	22315.00	21393.00					
岩盐	29036.00						29036.00
芒硝	10219.90	10219.90					
重晶石	2467.00	1666.80	800.20				
电石用灰岩	7949.00	7949.00					
化肥用灰岩	300.00	300.00					
化工用白云岩	563.18	563.18					
含钾砂页岩	112.70	112.70					
化肥用蛇纹岩	2310.00	2310.00					
泥炭	6528.00	6528.00					
盐矿	48624.53	48624.53			560		
砷矿	1674.00	1674.00			3873		

——按矿种和部门分列(二)

计量单位：米

石油天然气	海洋石油	石油化工	核工业部门	化工部门	建材部门	中联煤层气
				1492.25		
				440.00		
				3395.10		
				1345.00		
				102904.97		
				922.00		

2009年机械岩芯钻探工作量

续表 7

矿　种	合计	属地化单　位	冶金部门	有色部门	中国地质调查局	武警黄金	煤炭部门
硼矿	18726.01	18726.01					
金刚石	3916.00	3916.00					
电气石	1512.00	1512.00					
石榴子石	200.00	200.00					
石膏	49497.59	49257.59					
方解石	5173.75	5173.75					
玉石	663.00	663.00					
硅灰石	6982.00	6982.00					
滑石	5626.61	4946.61					
长石	3001.95	3001.95					
叶腊石	1257.78	1257.78					
陶瓷土	9187.00	9187.00					
霞石正长岩	687.45	687.45					
玻璃用石英岩	4345.04	2067.04					
玻璃用砂岩	730.00	730.00					
陶瓷用砂岩	347.00		347.00				
玻璃用砂	7603.00	7603.00					
建筑用砂	1035.00						
水泥配料用砂	689.00						
玻璃用脉石英	399.98	399.98					
粉石英	401.00	401.00					
玻璃用大理岩	73.10	73.10					
水泥用灰岩	128388.63	14499.84	227.79				
制灰用灰岩	2019.00	2019.00					
泥灰岩	250.00	250.00					
水泥配料用砂岩	3378.00						
水泥配料用黏土	5393.00						
水泥用大理岩	4425.00						
砖瓦用页岩	1342.60	1342.60					
砖瓦用黏土	303.00	303.00					

——按矿种和部门分列(三)

计量单位：米

石油天然气	海洋石油	石油化工	核工业部门	化工部门	建材部门	中联煤层气
					240.00	
					680.00	
					2278.00	
					1035.00	
					689.00	
					113661.00	
					3378.00	
					5393.00	
					4425.00	

2009年机械岩芯钻探工作量

续表 7

矿　种	合计	属地化单　位	冶金部门	有色部门	中国地质调查局	武警黄金	煤炭部门
砖瓦用砂岩	179.00	179.00					
高岭土	12701.32	11619.61					
膨润土	26968.42	15728.42					
硅藻土	13228.94	4508.94					
建筑用灰岩	673.50	673.50					
建筑用安山岩	837.00	837.00					
建筑用凝灰岩	87.00	87.00					
建筑用玄武岩	1211.00	1211.00					
建筑用闪长岩	460.00	460.00					
建筑用花岗岩	3060.12	3060.12					
建筑用大理岩	938.22	938.22					
建筑用白云岩	3778.00	3778.00					
建筑用砂岩	1172.80	1172.80					
饰面用辉长岩	1350.00	1350.00					
饰面用辉绿岩	76.00	76.00					
饰面用玄武岩	1500.00	1500.00					
饰面用闪长岩	1368.00	1368.00					
饰面用花岗岩	2729.10	2729.10					
饰面用大理岩	2100.00						
陶粒用页岩	237.00	237.00					
陶粒用黏土	332.00	332.00					
石墨	17800.50	17800.50					
片云母	280.00	280.00					
碎云母	3606.42	3606.42					
透闪石	514.00	514.00					
沸石	370.00	370.00					
铸石用玄武岩	1960.00	1960.00					
矿泉水	6395.00	6395.00					
地下水	38072.16	38072.16					
二氧化碳气	3000.00	3000.00					
不能分矿种	570139.00				12095.00		

——按矿种和部门分列(四)

计量单位：米

石油天然气	海洋石油	石油化工	核工业部门	化工部门	建材部门	中联煤层气
				529.71	552.00	
					11240.00	
					8720.00	
					2100.00	
			558044.00			

2009年地质勘查投入情况

表 8

地区	地质勘查经费				
	合计	中央财政拨款	地方财政拨款	企事业投入	
					国内企事业
总　计	**8306187.19**	**456189.12**	**826505.10**	**7023492.97**	**6315984.70**
北　京	25752.90	997.00	3749.50	21006.40	21006.40
天　津	377702.70	8776.70	2997.00	365929.00	346187.00
河　北	450315.32	13224.48	63580.76	373510.08	368856.34
山　西	160481.71	13389.43	73411.56	73680.72	43480.25
内蒙古	944908.09	50866.00	205096.00	688946.09	552542.31
辽　宁	233234.73	6836.30	70493.32	155905.11	151016.11
吉　林	229722.04	7097.21	9843.94	212780.89	208948.29
黑龙江	318661.00	20320.00	22655.00	275686.00	269911.00
上　海	87383.00	1040.00	6847.00	79496.00	56496.00
江　苏	124155.20	4865.43	4104.20	115185.57	114479.27
浙　江	20377.52	1737.04	7020.43	11620.05	9493.75
安　徽	86352.09	6476.00	19258.70	60617.39	57681.90
福　建	37156.16	3796.00	7906.00	25454.16	22912.16
江　西	51986.73	7544.00	10771.20	33671.53	26720.04
山　东	439746.71	8618.50	22589.19	408539.02	407696.37
河　南	335639.97	10502.65	75127.29	250010.03	249865.63
湖　北	95514.87	7388.40	3160.00	84966.47	84243.47
湖　南	45038.63	9509.09	16369.41	19160.14	17207.49
广　东	641286.58	12854.96	13583.19	614848.43	263500.03
广　西	42440.18	6475.33	15252.41	20712.44	17799.68
海　南	23645.45	680.00	4684.85	18280.60	16210.60
重　庆	44255.79	5259.65	19524.15	19471.99	19091.99
四　川	701727.95	15479.92	29842.76	656405.27	652839.41
贵　州	70531.55	3537.21	11471.41	55522.92	50654.69
云　南	133379.36	12444.56	6001.00	114933.80	108888.65
西　藏	37383.27	12396.00	3017.00	21970.27	20908.46
陕　西	611126.28	5565.00	11915.32	593645.96	588757.76
甘　肃	274158.04	6554.25	23081.00	244522.79	242886.95
青　海	140151.76	15583.00	21616.97	102951.79	98951.79
宁　夏	60562.60	6395.00	9551.74	44615.86	44598.86
新　疆	1278823.85	34382.00	31982.80	1212459.05	1182152.05
其　他	182585.16	135598.01		46987.15	

——按地区分列

费/万元			机械岩芯钻探工作量/米	坑探工作量/米	年末从业人员(人)	
港、澳、台商	外商投资	其他投入				技术人员
2976.64	**437628.02**	**266903.61**	**23481485.58**	**869796.22**	**456981**	**196871**
			49715.00		9883	7318
	19742.00		189702.00		15538	5042
	25.42	4628.32	539495.54	30604.00	40856	15511
	29695.50	504.97	878447.79	12736.20	8804	6027
		136403.78	4869070.45	39320.70	24385	7595
		4889.00	875875.81	3961.70	23507	9585
		3832.60	560299.26	5964.80	7103	4566
	63.00	5712.00	837045.00	3212.00	30192	8779
	23000.00		4106.00		2693	1777
		706.30	172584.09	27094.60	12531	5915
		2126.30	88672.16	4300.50	3034	2230
	1738.00	1197.49	853606.74	767.00	10257	5581
173.00	26.00	2343.00	329048.00	11229.00	4981	3683
	1605.40	5346.09	436413.83	49654.60	10483	7124
207.45	273.00	362.20	1008677.01	4118.00	26916	12509
		144.40	648818.27	24616.00	28868	16086
		723.00	123730.25	3391.00	10359	6240
	35.00	1917.65	347483.71	32953.90	9211	6464
180.00	350610.00	558.40	263401.26	10713.20	8020	6310
742.19		2170.57	197742.39	30078.10	4002	3075
	2070.00		140212.70	2686.40	1419	1225
		380.00	142076.81	36742.90	7437	2971
	454.00	3111.86	571340.95	69697.99	28816	12578
80.00		4788.23	513243.56	23748.10	3703	2843
180.00	1055.50	4809.65	890026.87	208380.58	7270	5951
		1061.81	77887.71	20388.35	873	794
	3009.20	1879.00	3009287.41	85765.00	83794	15048
	120.00	1515.84	1178494.36	19497.60	5001	2628
	2850.00	1150.00	465206.73	12340.00	6343	2781
		17.00	527640.05	1165.00	1783	1329
1414.00	1256.00	27637.00	2692133.87	94669.00	18919	7306
		46987.15				

2009年地质勘查投入情况

表 9

矿　种	地质勘查费		
	合计	中央财政拨款	地方财政拨款
总　计	**8306187.19**	**456189.12**	**826505.10**
一、能源矿产	**6248085.17**	**110991.02**	**338850.20**
煤炭	1052429.26	37472.32	321731.14
天然沥青	30.00		
油页岩	8348.00		769.00
陆地石油	3896183.70	18564.70	
海洋石油	975474.00	1377.00	
天然气	148029.00	539.00	
煤层气	82048.35	1011.00	
油砂	766.67	40.00	726.67
石煤	598.00		15.00
钍矿	40.00	20.00	20.00
地热	27209.10	170.00	13446.99
天然气水合物	3621.00	3621.00	
其他	53308.09	48176.00	2141.40
二、黑色金属矿产	**290864.18**	**18342.77**	**90424.75**
铁矿	255377.85	15892.80	84577.33
锰矿	20965.71	1569.97	2907.59
铬矿	3655.86	880.00	1011.00
钒矿	9527.34		1494.83
钛矿	1337.42		434.00
三、有色金属矿产	**775395.36**	**57073.72**	**124876.76**
铜矿	316435.26	26014.79	49636.38
铅矿	372.22		
铅锌矿	239943.01	15558.46	27397.32
铝土矿	33052.73	1490.43	8644.33
镁矿	2527.00		2527.00
镍矿	14160.13	1891.21	1226.24
钴矿	712.75		352.00

——按矿种分列(一)

(万 元)

企事业资金				
	国内企事业	港、澳、台商	外商投资	其他投入
7023492.97	**6315984.70**	**2976.64**	**437628.02**	**266903.61**
5798243.95	**5345691.89**		**37919.31**	**23993.75**
693225.80	670405.12		926.71	21893.97
30.00				30.00
7579.00	5832.00			1747.00
3877619.00	3877619.00			
974097.00	583458.00		390639.00	
147490.00	147490.00			
81037.35	44044.75		36992.60	
583.00	550.00			33.00
				0.00
13592.11	13412.11			180.00
2990.69	2880.91			109.78
182096.66	**150776.31**	**253.00**	**58.00**	**31009.35**
154907.73	129516.00	157.00	58.00	25176.73
16488.14	12481.86	96.00		3910.28
1764.86	1657.86			107.00
8032.51	6718.17			1314.34
903.42	402.42			501.00
593444.88	**478763.78**	**205.00**	**194.00**	**114282.10**
240784.09	199938.09	205.00	83.00	40558.01
372.22	372.22			
196987.23	139484.42		111.00	57391.81
22917.97	22241.07			676.90
11042.68	9179.17			1863.51
360.75	315.00			45.75

2009年地质勘查投入情况

续表 9

矿　种	地质勘查费		
	合计	中央财政拨款	地方财政拨款
钨矿	29709.97	4160.50	9455.20
锡矿	32937.10	1000.00	4142.00
钼矿	79082.25	1120.00	15733.16
锑矿	13562.16	1009.21	2241.43
汞矿	38.50		13.70
铋矿	150.00		
多金属矿	12712.28	4829.12	3508.00
四、贵金属矿产	**419353.50**	**40626.50**	**85471.74**
铂族金属	6710.01	1275.24	2580.00
金矿	353135.18	38649.26	59297.98
银矿	59508.31	702.00	23593.76
五、稀有金属矿产	**20861.44**	**310.00**	**1505.60**
铌钽矿	2878.76	1295.00	314.20
铍矿	5760.24		34.00
锂矿	6549.70		170.00
锶矿	264.90	15.00	110.90
锆矿	1036.00		380.00
稀土矿	4291.84		496.50
铼矿	80.00		
六、化工建材及其他非金属	**116778.70**	**9411.53**	**24521.784**
蓝晶石	136.42		
矽线石	52.00		
红柱石	804.00		285.00
菱镁矿	409.33		40.74
萤石(普通)	7499.67	132.04	491.83
溶剂用灰岩	1981.11		1286.21
冶金用白云岩	3298.53		1176.05
冶金用石英岩	82.20		
冶金用脉石英	99.08		

——按矿种分列(二)

(万 元)

	企事业资金			
	国内企事业	港、澳、台商	外商投资	其他投入
16094.27	13198.08			2896.19
27795.10	26969.30			825.80
62229.09	53314.12			8914.97
10311.52	9202.36			1109.16
24.80	24.80			
150.00	150.00			
4375.16	4375.16			
293255.26	**247322.32**	**1596.45**	**8110.00**	**36226.49**
2854.77	2772.67			82.10
255187.94	220755.45	1596.45	8110.00	24726.04
35212.55	23794.20			11418.35
19045.84	**18270.12**			775.72
2269.56	2199.15			70.41
5726.24	5691.24			35.00
6379.70	5725.69			654.01
139.00	139.00			
656.00	656.00			
3795.34	3779.04			16.30
80.00	80.00			
82845.38	**68308.74**	**922.19**	**707.71**	**12906.75**
136.42	131.92			4.50
52.00	52.00			
519.00	433.00			86.00
368.59	54.00			314.59
6875.80	4551.30			2324.50
694.90	659.90			35.00
2122.48	1837.48			285.00
82.20	77.20			5.00
99.08	86.08			13.00

2009年地质勘查投入情况

续表 9

矿　种	地质勘查费		
	合计	中央财政拨款	地方财政拨款
耐火黏土	233.71		93.00
溶剂用蛇纹岩	48.00		
自然硫	40.00		40.00
硫铁矿	2530.03		620.00
磷矿	19019.75	1544.37	3088.45
钾盐	2092.00	500.00	
钠硝石	697.00		
芒硝	1624.00		84.00
重晶石	326.09		
电石用灰岩	1844.09		90.30
制碱用灰岩	19.00		
化工用白云岩	88.00		67.00
含钾砂页岩	5.00		
含钾岩石	244.00		
化肥用蛇纹岩	150.61		
泥炭	510.63		
盐矿	8506.30		1853.50
砷	221.00		100.00
硼	2977.24		2259.03
岩盐	3282.15		
天然卤水	195.00		
金刚石	1619.00		1237.00
电气石	119.00		
石榴子石	50.73		
方解石	223.50		
光学萤石	4.00		
玉石	316.00		126.00
玛瑙	22.28		
硅灰石	742.70		508.00
滑石	923.00	271.73	466.27
长石	398.53		
叶腊石	417.50		69.00

——按矿种分列(三)

(万 元)

	企事业投入			
	国内企事业	港、澳、台商	外商投资	其他投入
140.71	140.71			
48.00	48.00			
1910.03	1872.01			38.02
14386.93	14214.75			172.18
1592.00	1564.00			28.00
697.00	697.00			
1540.00	1540.00			
326.09	237.97			88.12
1753.79	1553.79			200.00
19.00	19.00			
21.00	21.00			
5.00	5.00			
244.00	244.00			
150.61	150.61			
510.63	510.63			
6652.80	6546.00			106.80
121.00	121.00			
718.21	718.21			
3282.15	3282.15			
195.00	195.00			
382.00	109.00		273.00	
119.00	119.00			
50.73	50.73			
223.50	219.10			4.40
4.00	4.00			
190.00	190.00			
22.28	22.28			
234.70	126.07			108.63
185.00	185.00			
398.53	129.28			269.25
348.50	132.50			216.00

2009年地质勘查投入情况

续表 9

矿 种	地质勘查费		
	合计	中央财政拨款	地方财政拨款
高岭土	1865.62		374.93
陶瓷用砂岩	98.00		97.20
陶瓷土	1161.21		884.00
霞石正长岩	134.00		
玻璃用白云岩	10.80		6.80
玻璃用石英岩	616.42		438.00
玻璃用砂岩	158.00		49.00
玻璃用砂	660.24		167.64
玻璃用脉石英	122.10		80.00
粉石英	86.20		55.00
玻璃用大理岩	8.30		
水泥用灰岩	20387.81	3124.99	3592.13
建筑石料用灰岩	18.00		
制灰用灰岩	181.30		1.80
泥灰岩	65.00		
水泥配料用砂岩	849.00	100.00	145.74
水泥配料用页岩	50.00		
水泥配料用黏土	550.00	120.00	
水泥用凝灰岩	70.00		
水泥用大理岩	1053.00	120.00	298.00
砖瓦用页岩	132.25		15.00
砖瓦用黏土	74.30	5.40	
砖瓦用砂岩	10.35		
膨润土	2873.11		1629.00
硅藻土	1844.60		98.00
建筑用砂	2617.00	2467.00	5.00
水泥配料用砂	280.00	20.00	
建筑用灰岩	408.67		25.00
建筑用安山岩	362.00		
建筑用凝灰岩	25.46		
建筑用玄武岩	824.50		2.00
建筑用闪长岩	294.40		

——按矿种分列(四)

(万 元)

	企事业投入			
	国内企事业	港、澳、台商	外商投资	其他投入
1490.69	704.74			785.95
0.80				0.80
277.21	55.08	180.00		42.13
134.00	134.00			
4.00	4.00			
178.42	178.42			
109.00	109.00			
492.60	492.60			
42.10				42.10
31.20	30.00			1.20
8.30				8.30
13670.69	11400.17	457.92	422.00	1390.60
18.00	18.00			
179.50	176.00			3.50
65.00	65.00			
603.26	525.40	60.86		17.00
50.00	50.00			
430.00	206.59	223.41		
70.00	40.00			30.00
635.00	585.00			50.00
117.25	67.30			49.95
68.90	7.00			61.90
10.35	0.00			10.35
1244.11	419.11			825.00
1746.60	1186.60			560.00
145.00	134.00			11.00
260.00	260.00			
383.67	157.10			226.57
362.00				362.00
25.46	2.50			22.96
822.50	232.50			590.00
294.40				294.40

续表 9

矿种	地质勘查费		
	合计	中央财政拨款	地方财政拨款
建筑用花岗岩	1635.18		50.00
建筑用大理岩	710.80		
建筑用白云岩	171.20		
建筑用砂岩	238.00		6.00
建筑用页岩	23.00		
饰面用辉长岩	792.00		
饰面用辉绿岩	27.68		
饰面用玄武岩	925.80		
饰面用闪长岩	293.50		
饰面用辉石岩	42.00		
饰面用花岗岩	779.91		271.41
饰面用二长岩	8.00		
饰面用大理岩	368.20		
饰面用蛇纹岩	43.00		
饰面用板岩	298.00		
珍珠岩	5.00		
陶粒用页岩	10.00		
陶粒用黏土	21.00		
石墨	3193.73	811.00	791.00
石棉	229.00		
片云母	95.47		
碎云母	659.53	120.00	314.15
透辉石	260.00		
透闪石	90.00		
沸石	108.00		
石膏	3933.88	75.00	1070.60
铸石用玄武岩	73.00		73.00
七、水气矿产	**15499.66**	**5876.50**	**2049.32**
矿泉水	932.22		297.00
地下水	12707.44	5876.50	1752.32
二氧化碳气	1860.00		
八、不能分矿种	**419349.18**	**213557.08**	**158804.96**

——按矿种分列(五)

(万 元)

	企事业投入			
	国内企事业	港、澳、台商	外商投资	其他投入
1585.18	1035.48			549.70
710.80	358.30			352.50
171.20	167.00			4.20
232.00	93.00			139.00
23.00	23.00			
792.00	27.00			765.00
27.68	11.50			16.18
925.80	33.00			892.80
293.50				293.50
42.00	42.00			
508.50	437.00			71.50
8.00				8.00
368.20	368.20			
43.00	43.00			
298.00	298.00			
5.00				5.00
10.00	10.00			
21.00	15.00			6.00
1591.73	1573.73			18.00
229.00	204.00			25.00
95.47	95.47			
225.38	161.50		12.71	51.17
260.00	260.00			
90.00	90.00			
108.00	108.00			
2788.28	2763.78			24.50
7573.84	**6851.54**			**722.30**
635.22	258.22			377.00
5078.62	4733.32			345.30
1860.00	1860.00			
46987.15				**46987.15**

2009年地质勘查费用

表 10

地区	合计	属地化单位	冶金部门	有色部门	中国地质调查局	武警黄金	煤炭部门
全国	**8306187.19**	**2879440.72**	**47695.18**	**7930.00**	**189470.20**	**21080.00**	**86427.37**
北京	25752.90	10980.90					
天津	377702.70	4657.00			7116.70		
河北	450315.32	55654.60	3062.37	455.00	26243.00	81.00	2981.50
山西	160481.71	66476.58	3228.38			150.00	31619.90
内蒙古	944908.09	729139.60	6207.35	2291.00		5442.00	7440.00
辽宁	233234.73	90279.72	3667.71		4591.40	339.00	20.00
吉林	229722.04	41414.00		622.00		193.00	
黑龙江	318661.00	74019.00				3146.00	155.00
上海	87383.00	7234.00					
江苏	124155.20	15995.05			4019.30		6650.60
浙江	20377.52	18363.69	801.95				
安徽	86352.09	77657.13	196.76			310.00	4195.20
福建	37156.16	34900.55	45.00			32.00	
江西	51986.73	46414.33	33.00				831.00
山东	439746.71	76433.48	6201.67		11451.00	1003.00	2293.00
河南	335639.97	113627.97			1011.00	2189.00	2012.00
湖北	95514.87	15089.88	2368.01		3825.40	136.00	753.00
湖南	45038.63	39906.17	707.42	150.00		486.00	
广东	641286.58	30541.02		237.00	6521.40	206.00	
广西	42440.18	34028.41	2083.77		1218.00		1351.00
海南	23645.45	23558.45				87.00	
重庆	44255.79	31720.79					
四川	701727.95	88881.92	347.52	411.00	12307.00	96.00	593.40
贵州	70531.55	63834.85	2548.86				
云南	133379.36	123482.26	2015.02			2121.00	2158.00
西藏	37383.27	34330.22	3053.05				
陕西	611126.28	325244.07	892.22		13129.40	246.00	5156.70
甘肃	274158.04	87758.58	1152.32	320.00		3273.00	277.00
青海	140151.76	48700.55	267.29			491.00	11624.07
宁夏	60562.60	34612.10					416.00
新疆	1278823.85	358983.29	8815.51	3444.00		1038.00	5600.00
其他	182585.16	75520.56			98036.60	15.00	300.00

——按地区和部门分列

计量单位：万元

石油 天然气	海洋 石油	石油 化工	核工业 部门	化工 部门	建材 部门	中联 煤层气
2512575.00	**975474.00**	**1422123.00**	**54625.00**	**12120.27**	**30389.00**	**66837.45**
	13041.00		1233.00		498.00	
54221.00	311708.00					
361679.00				158.85		
156.00					1533.00	57317.85
174222.00			16444.00	2048.14	1674.00	
131352.00			300.00	23.90	2461.00	200.00
101550.00		83724.00		116.04	2103.00	
239596.00			1710.00	35.00		
	49413.00	30736.00				
		97366.00		124.25		
				392.88	819.00	
					1435.00	2558.00
				668.61	1510.00	
			1841.00		1262.00	1605.40
		340417.00	447.00	1500.56		
		215702.00		278.50	559.00	260.50
		69422.00		2285.58	1635.00	
			2191.00	401.04	1197.00	
	601312.00		1729.00	56.16	684.00	
			2394.00	20.00	1345.00	
12535.00						
271535.00		325140.00		386.11	2030.00	
				2014.84	2133.00	
			355.00	411.08	1351.00	1486.00
261638.00			80.00	132.69	1598.00	3009.20
179717.00			1640.00	20.14		
76516.00			1124.00	96.85	1332.00	
21465.00			1998.00		1671.00	400.50
626393.00		259616.00	12426.00	949.05	1559.00	
			8713.00			

2009年地质勘查费用

表 11

矿 种	合计	属地化单位	冶金部门	有色部门	中国地质调查局	武警黄金	煤炭部门
总 计	**8306187.19**	**2879440.72**	**47695.18**	**7930.00**	**189470.20**	**21080.00**	**86427.37**
煤炭	1052429.26	841799.49	3212.26		276.50		59971.40
天然沥青	30.00	30.00					
油页岩	8348.00	7996.90			47.10		284.00
陆地石油	3896183.70	89121.00			18564.70		
海洋石油	975474.00						
天然气	148029.00	147490.00			539.00		
煤层气	82048.35		211.00				14999.90
油砂	766.67						726.67
石煤	598.00	582.00			16.00		
钍矿	40.00	40.00					
地热	27209.10	25592.10					1617.00
天然气水合物	3621.00				3621.00		
铁矿	255377.85	237231.69	14611.34		879.40		600.00
锰矿	20965.71	18936.11	1814.44	38.00	103.20		
铬矿	3655.86	3538.86	117.00				
钒矿	9527.34	9041.32	149.12		336.90		
钛矿	1337.42	1337.42					
铜矿	316435.26	304898.68	6883.34	2905.00	1175.90		
铅矿	372.22		344.12				
铅锌矿	239943.01	235642.23	1388.49	1750.00	79.80		350.00
铝土矿	33052.73	32573.84	389.89		89.00		
镁矿	2527.00	2527.00					
镍矿	14160.13	13931.23	134.00		54.90		
钴矿	712.75	712.75					
钨矿	29709.97	27504.91	976.56		1178.50		
锡矿	32937.10	32647.10		150.00	140.00		
钼矿	79082.25	76236.59	426.63	278.00		2116.00	

——按矿种和部门分列(一)

计量单位：万元

石油天然气	海洋石油	石油化工	核工业部门	化工部门	建材部门	中联煤层气
2512575.00	**975474.00**	**1422123.00**	**54625.00**	**12120.27**	**30389.00**	**66837.45**
146200.00				40.61	929.00	
				20.00		
2366375.00		1422123.00				
	975474.00					
						66837.45
				40.00		
				1203.42	852.00	
				73.96		
				572.34		
				28.10		
				732.49		
				40.00		
				50.00		
				25.03		

2009年地质勘查费用

续表 11

矿　种	合计	属地化单位	冶金部门	有色部门	中国地质调查局	武警黄金	煤炭部门
锑矿	13562.16	13229.16					
汞矿	38.50	38.50					
铋矿	150.00	150.00					
多金属矿	12712.28		4733.21		3842.10	2078.00	
铂族金属	6710.01	6235.01			28.00		
金矿	353135.18	322174.09	10108.44	2287.00	100.60	16886.00	
银矿	59508.31	57945.67	779.62	522.00	44.00		
铌钽矿	2878.76	2661.76			217.00		
铍矿	5760.24	5760.24					
锂矿	6549.70	6337.70	212.00				
锶矿	264.90	264.90					
锆矿	1036.00	1036.00					
稀土矿	4291.84	4291.84					
铼矿	80.00	80.00					
蓝晶石	136.42	136.42					
矽线石	52.00	22.00					
红柱石	804.00	774.00					
菱镁矿	409.33	409.33					
萤石(普通)	7499.67	6844.71	218.03				
溶剂用灰岩	1981.11	1981.11					
冶金用白云岩	3298.53	3071.15	227.38				
冶金用石英岩	82.20		82.20				
冶金用脉石英	99.08	99.08					
耐火黏土	233.71	233.71					
溶剂用蛇纹岩	48.00	48.00					
自然硫	40.00						
硫铁矿	2530.03	2073.30					
磷矿	19019.75	12574.66	339.52				
钾盐	2092.00	1551.39			379.80		

——按矿种和部门分列(二)

计量单位：万元

石油天然气	海洋石油	石油化工	核工业部门	化工部门	建材部门	中联煤层气
					333.00	
			1887.00	171.97		
			447.00			
			168.00	1411.05		
				217.02		
				30.00		
				30.00		
				436.93		
				40.00		
				456.73		
				6105.57		
				160.81		

2009年地质勘查费用

续表 11

矿　种	合计	属地化单位	冶金部门	有色部门	中国地质调查局	武警黄金	煤炭部门
钠硝石	697.00	697.00					
芒硝	1624.00	1624.00					
重晶石	326.09	285.25	20.00				
电石用灰岩	1844.09	1844.09					
制碱用灰岩	19.00	19.00					
化工用白云岩	88.00	88.00					
含钾砂页岩	5.00	5.00					
含钾岩石	244.00	244.00					
化肥用蛇纹岩	150.61	150.61					
泥炭	510.63	510.63					
盐矿	8506.30	8506.30					
砷矿	221.00	221.00					
硼矿	2977.24	2948.74					
岩盐	3282.15						3204.40
天然卤水	195.00						195.00
金刚石	1619.00	1619.00					
电气石	119.00	119.00					
石榴子石	50.73	50.73					
方解石	223.50	223.50					
光学萤石	4.00	4.00					
玉石	316.00	196.00					
玛瑙	22.28	22.28					
硅灰石	742.70	742.70					
滑石	923.00						
长石	398.53	398.53					
叶腊石	417.50	417.50					
高岭土	1865.62	1537.62	80.00				
陶瓷用砂岩	98.00		98.00				
陶瓷土	1161.21	1161.21					

——按矿种和部门分列(三)

计量单位：万元

石油天然气	海洋石油	石油化工	核工业部门	化工部门	建材部门	中联煤层气
				20.84		
				28.50		
				77.75		
					120.00	
					923.00	
				48.00	200.00	

2009年地质勘查费用

续表 11

矿　种	合计	属地化单位	冶金部门	有色部门	中国地质调查局	武警黄金	煤炭部门
霞石正长岩	134.00	134.00					
玻璃用白云岩	10.80	10.80					
玻璃用石英岩	616.42	118.42					
玻璃用砂岩	158.00	158.00					
玻璃用砂	660.24	660.24					
玻璃用脉石英	122.10	122.10					
粉石英	86.20	86.20					
玻璃用大理岩	8.30	8.30					
水泥用灰岩	20387.81		80.00				
建筑石料用灰岩	18.00						
制灰用灰岩	181.30	181.30					
泥灰岩	65.00	65.00					
水泥配料用砂岩	849.00						
水泥配料用页岩	50.00	50.00					
水泥配料用黏土	550.00	0.00					
水泥用凝灰岩	70.00	70.00					
水泥用大理岩	1053.00						
砖瓦用页岩	132.25	132.25					
砖瓦用黏土	74.30	74.30					
砖瓦用砂岩	10.35	10.35					
膨润土	2873.11	1459.11					
硅藻土	1844.60	634.60					
建筑用砂	2617.00				2467.00		
水泥配料用砂	280.00						
建筑用灰岩	408.67	408.67					
建筑用安山岩	362.00	362.00					
建筑用凝灰岩	25.46	25.46					
建筑用玄武岩	824.50	824.50					
建筑用闪长岩	294.40	294.40					

——按矿种和部门分列(四)

计量单位：万元

石油天然气	海洋石油	石油化工	核工业部门	化工部门	建材部门	中联煤层气
					498.00	
				6.81	20301.00	
					18.00	
					849.00	
					550.00	
					1053.00	
				40.00	1374.00	
					1210.00	
					150.00	
					280.00	

2009年地质勘查费用

续表 11

矿　种	合计	属地化单位	冶金部门	有色部门	中国地质调查局	武警黄金	煤炭部门
建筑用花岗岩	1635.18	1635.18					
建筑用大理岩	710.80	710.80					
建筑用白云岩	171.20	157.61	13.59				
建筑用砂岩	238.00	238.00					
建筑用页岩	23.00	23.00					
饰面用辉长岩	792.00	792.00					
饰面用辉绿岩	27.68	22.68	5.00				
饰面用玄武岩	925.80	925.80					
饰面用闪长岩	293.50	293.50					
饰面用辉石岩	42.00	42.00					
饰面用花岗岩	779.91	779.91					
饰面用二长岩	8.00	8.00					
饰面用大理岩	368.20	150.20					
饰面用蛇纹岩	43.00	43.00					
饰面用板岩	298.00						
珍珠岩	5.00	5.00					
陶粒用页岩	10.00	10.00					
陶粒用黏土	21.00	21.00					
石墨	3193.73	3031.39					
石棉	229.00	229.00					
片云母	95.47	95.47					
碎云母	659.53	659.53					
透辉石	260.00	260.00					
透闪石	90.00	90.00					
沸石	108.00	108.00					
石膏	3933.88	3850.88					
铸石用玄武岩	73.00	73.00					
矿泉水	932.22	558.22	40.00				334.00
地下水	12707.44	2685.94			5876.50		4145.00
二氧化碳气	1860.00	1860.00					
不能分矿种	472657.27	271120.97			149413.30		

——按矿种和部门分列(五)

计量单位：万元

石油天然气	海洋石油	石油化工	核工业部门	化工部门	建材部门	中联煤层气
					218.00	
					298.00	
				12.34	150.00	
					83.00	
			52123.00			

2009年采矿许可证发证

表 12

经济类型	采矿许可证发证						
	许可证数			登记面积			采矿权使用费
	有效	新立	注销	有效	新立	注销	
合计	**110673**	**8672**	**5198**	**210556.79**	**8451.54**	**1172.95**	**23352.02**
国有企业	3975	124	206	14012.99	271.47	112.99	1520.50
集体企业	11907	196	1078	4055.14	131.90	195.92	857.25
股份合作企业	1405	76	79	932.19	35.87	18.92	147.30
联营企业	641	22	31	231.80	8.40	3.34	48.25
有限责任公司	21496	2208	489	50015.53	3163.85	292.08	5668.25
股份有限公司	3109	173	137	123736.53	3672.67	189.41	10429.12
私营企业	61138	4505	2954	15419.12	1038.18	337.49	4157.80
其他企业	6475	1336	207	1195.62	111.39	11.90	412.35
合资经营企业(港、澳、台)	95	2	1	314.01	1.91	0.05	34.15
合作经营企业(港、澳、台)	11			4.26			0.80
港、澳、台独资经营企业	73	5	1	71.65	2.73	3.30	9.50
港、澳、台投资股份有限公司	15	2		10.44	1.27		1.35
中外合资经营企业	170	8	11	232.59	5.18	5.12	28.10
中外合作经营企业	48		2	170.38		2.21	18.40
外资企业	76	9	1	75.31	5.98	0.15	9.90
外商投资股份有限公司	39	6	1	79.23	0.69	0.06	9.00

情况——按企业经济类型分列

计量单位：个、公顷、万元

采矿权出让							采矿权转让	
合计		探矿权转采矿权	协议出让		招、拍、挂出让		个数	价款金额
个数	价款金额	个数	个数	价款金额	个数	价款金额		
8671	**774056.00**	**650**	**1213**	**414276.00**	**6808**	**359787.00**	**3049**	**7620558.00**
124	25737.00	18	49	22545.00	57	3192.00	153	105268.00
196	19884.00	12	59	5296.00	125	14588.00	76	54872.00
76	2853.00	4	17	1016.00	55	1837.00	21	31561.00
22	212.00	4	2	2.00	16	210.00	10	9912.00
2208	590713.00	445	447	338499.00	1316	252214.00	1845	7103006.00
172	15283.00	41	24	6087.00	107	9196.00	121	58301.00
4505	96227.00	101	483	37839.00	3921	58388.00	690	254358.00
1336	16895.00	20	121	2894.00	1195	13999.00	77	176.00
2	1024.00	1			1	1024.00	25	842.00
5	15.00	3	1	15.00	1	1.00	3	3.00
2	1542.00				2	1542.00	3	713.00
8	104.00		5	50.00	3	54.00	17	1545.00
							2	2.00
9	2516.00		5	29.00	4	2487.00	5	4.00
6	1053.00	1			5	1053.00	1	

2009年采矿许可证发证

表 13

地区	采矿许可证发证						
	许可证数			登记面积			采矿权使用费
	有效	新立	注销	有效	新立	注销	
合　计	**110673**	**8672**	**5198**	**210556.79**	**8451.54**	**1172.95**	**23352.02**
国土资源部	1296	37	11	136686.86	3956.66	140.69	11659.47
北　京	279	6	12	220.99	7.62	2.81	30.60
天　津	389	5	28	16.24		1.69	19.70
河　北	4616	153	241	2303.64	142.31	48.41	391.40
山　西	5420	694	773	9174.54	147.14	313.09	1124.45
内蒙古	4799	342	152	5008.93	172.22	81.32	667.15
辽　宁	3964	181	313	1552.21	173.21	59.22	304.00
吉　林	2221	306	33	648.09	58.72	11.09	159.95
黑龙江	3435	144	2	2525.86	25.28	0.03	389.85
上　海	83		17	17.51		4.37	5.20
江　苏	1950	115	421	877.74	14.19	48.76	173.40
浙　江	1706	196	654	202.85	20.03	105.08	90.75
安　徽	4024	113	262	1085.36	24.78	12.36	280.50
福　建	2673	77	71	1666.22	66.31	4.59	266.70
江　西	6302	338	72	2779.38	109.76	8.00	535.15
山　东	4787	582	181	3331.02	58.42	33.77	532.70
河　南	4237	248	231	4735.43	687.86	17.59	629.50
湖　北	3679	187	143	1696.73	76.45	11.08	312.85
湖　南	6807	714	237	2358.58	72.13	21.65	516.05
广　东	2221	174	53	465.20	51.19	2.15	135.80
广　西	4751	597	79	1687.73	149.84	18.69	368.35
海　南	388	183	41	230.43	30.84	0.88	39.25
重　庆	3590	326	66	1856.13	78.57	4.42	326.95
四　川	8032	891	303	4327.24	402.78	88.36	759.45
贵　州	8848	553	357	6102.10	403.23	69.54	963.45
云　南	8085	469	264	4704.53	242.74	31.86	776.60
西　藏	76	2		710.69	5.73		72.75
陕　西	4783	280	29	3359.12	499.29	2.39	522.60
甘　肃	2813	237	117	1453.29	190.82	24.86	259.75
青　海	802	71	13	5599.46	318.17	0.38	591.40
宁　夏	570	139	16	260.59	39.81	2.94	50.85
新　疆	3047	312	6	2912.04	225.40	0.85	395.35

情况——按地区分列

计量单位：个、公顷、万元

采矿权出让							采矿权转让	
合计		探矿权转采矿权	协议出让		招、拍、挂出让		个数	价款金额
个数	价款金额	个数	个数	价款金额	个数	价款金额		
8671	**774056.00**	**650**	**1213**	**414276.00**	**6808**	**359787.00**	**3049**	**7620558.0**
36	28836.00	29	6	28836.00	1		80	82401.00
6	22.00	5	1	22.00			10	11.00
5	240.00	2	3	240.00			3	
153	60820.00	49	28	52455.00	76	8365.00	167	773213.00
694	69989.00	9	43	50023.00	642	19966.00	687	6501028.00
342	19319.00	58	66	13549.00	218	5770.00	176	121324.00
181	16061.00	48	78	14311.00	55	1750.00	135	134.00
306	9653.00	19	103	4455.00	184	5198.00	45	3898.00
144	2762.00	4	43	2237.00	97	526.00	169	152.00
115	29832.00	11	18	22170.00	86	7662.00	17	5.00
196	100666.00	7	35	8473.00	154	92193.00	28	5581.00
113	9747.00	16	11	2067.00	86	7680.00	81	13850.00
77	7587.00	16	31	4975.00	30	2611.00	83	4999.00
338	7898.00	17	6	3292.00	315	4606.00	77	47.00
582	22077.00	25	33	4707.00	524	17370.00	121	70.00
248	3906.00	52	37	453.00	159	3453.00	141	47829.00
187	8649.00	14	20	417.00	153	8232.00	77	950.00
714	70651.00	4	54	8384.00	656	62267.00	82	25824.00
174	19340.00	11	43	631.00	120	18709.00	37	4.00
597	5335.00	10	48	352.00	539	4983.00	82	120.00
183	1901.00	5	6	86.00	172	1815.00	5	
326	20094.00		6	6.00	320	20088.00	11	4.00
891	41556.00	19	68	11995.00	804	29561.00	265	89.00
553	40632.00	53	152	28866.00	348	11766.00	48	558.00
469	23571.00	60	26	7111.00	383	16460.00	177	393.00
2		2					7	1.00
280	1766.00	44	99	250.00	137	1516.00	11	10471.00
237	7215.00	11	25	4178.00	201	3038.00	97	20.00
71	2777.00	5	13	718.00	53	2059.00	25	8.00
139	20956.00	5	3	20255.00	131	701.00	17	2.00
312	120200.00	40	108	118758.00	164	1441.00	88	27577.00

2009年采矿许可证发证

表 14

矿种	采矿许可证发证							
	许可证数			登记面积			生产规模[①]	
	有效	新立	注销	有效	新立	注销	有效	新立
总 计	**110673**	**8672**	**5198**	**210556.79**	**8451.54**	**1172.95**		
煤炭	14345	304	386	52826.08	1583.18	277.83	362124.80	10146.00
油页岩	16	3		39.95	11.87		516.80	188.00
石油天然气	637	15	1	113419.33	3334.00	119.90		
煤层气	8	4		592.45	141.00			
石煤	224	4	5	194.57	2.56	0.37	1102.44	140.50
油砂	1			1.94			14.40	
天然沥青	5			12.73			6.40	
地热	862	37	14	593.05	39.70	0.18	34439.10	993.11
铁矿	3772	264	339	4152.77	453.65	116.13	71798.13	6866.70
锰矿	510	28	20	609.77	32.80	1.69	1835.20	133.75
铬铁矿	27	1		23.09	0.04		39.70	0.80
钛矿	108	13	1	68.11	13.10	0.99	1462.48	279.12
钒矿	89	16		198.63	53.44		1179.89	335.21
金红石	4			9.54			24.09	
铜矿	794	45	13	992.59	132.29	16.06	15039.53	1090.95
铅矿	981	52	20	1344.28	179.31	4.74	4487.65	272.40
锌矿	479	17	1	579.24	28.84	0.09	2112.89	109.80
铝土矿	254	29	7	702.77	69.71	1.05	3602.40	298.00
镁矿	3	1		1.33	0.75		39.20	17.20
镍矿	51	3		64.99	2.72		555.24	66.00
钴矿	4	1		6.39	0.70		177.00	165.00
钨矿	144	5		393.59	8.47		1744.55	181.90
锡矿	149	1		277.31	13.77		1197.83	10.00
铋矿	4			0.92			11.50	
钼矿	167	11	5	309.41	40.53	0.95	7185.55	178.00
汞矿	34	2	2	44.41	3.14	1.06	64.11	2.69
锑矿	73			127.25			237.10	
多金属	33	4		74.15	18.33		710.90	66.00
铂矿	6	2		6.59	3.89		95.00	70.00

注:①生产规模的单位:固体矿产按万吨/年,气体矿产按万立方米/年,地下水按立方米/日计。

情况——按矿种分列(一)

计量单位：个、公顷、万元

采矿权使用费	采矿权出让							采矿权转让	
	合计		探矿权转采矿权	协议出让		招、拍、挂出让		个数	价款金额
	个数	价款金额	个数	个数	价款金额	个数	价款金额		
23352.02	**8671**	**774056.00**	**650**	**1213**	**414276.00**	**6808**	**359787.00**	**3049**	**7620558.00**
5648.25	304	265575.00	35	235	242080.00	34	23495.00	1270	6748050.00
4.45	3		3					1	922.00
9375.72	14		14						
	4		4						
26.70	4	98.00	1	1	29.00	2	69.00		
0.20									
1.45									
91.25	37	609.00	18	14	428.00	5	181.00	13	7.00
524.10	264	145498.00	177	58	73252.00	29	72247.00	220	381826.00
75.15	28	2611.00	20	5	1421.00	3	1190.00	21	1553.00
3.10	1	26.00		1	26.00			2	
10.20	13	706.00	2			11	706.00		
21.90	16	1984.00	6	5	751.00	5	1233.00	3	963.00
1.00									
119.75	45	802.00	39	5	598.00	1	204.00	74	18109.00
162.00	52	4288.00	38	12	423.00	2	3865.00	69	21650.00
70.85	17	456.00	11	5	106.00	1	350.00	19	3583.00
77.25	29	142.00	23	6	142.00			9	716.00
0.20	1	171.00		1	171.00				
8.00	3		3					3	16.00
0.75	1		1					1	1.00
42.35	5	16352.00		4	16352.00	1		18	25.00
31.60	1		1					15	735.00
0.20									
35.45	11	517.00	9	2	517.00			7	1529.00
5.30	2	145.00				2	145.00	1	107.00
14.75								5	2634.00
8.20	4		3	1				2	1.00
0.85	2	2400.00	1	1	2400.00				

2009年采矿许可证发证

续表 14

矿种	采矿许可证发证							
	许可证数			登记面积			生产规模	
	有效	新立	注销	有效	新立	注销	有效	新立
砂金	25	2	6	94.23	11.01	15.65	622.05	15.54
金矿	1482	79	49	2557.33	376.96	43.66	10384.87	302.86
银矿	95	8	1	128.52	18.09	1.17	759.72	104.50
铌钽矿	14			20.54			184.10	
钽矿	3			14.72			77.00	
铍矿	3			3.94			29.25	
锂矿	12	1		298.36	0.67		66.76	2.00
锆矿	27			89.01			11010.70	
锶矿(天青石)	16			30.85			65.50	
重稀土矿	21			30.87			211.70	
轻稀土矿	98			68.43			689.12	
锗矿	3	1		7.49	6.17		129.00	120.00
碲矿	3			2.05			2.40	
蓝晶石	7	1		3.99	1.18		28.00	5.00
矽线石	3			1.18			17.00	
红柱石	9			9.47			262.00	
菱镁矿	116	18	21	28.24	7.60	1.67	1391.45	351.20
萤石(普通)	1416	65	17	939.03	57.89	6.98	3769.79	84.25
熔剂用石灰岩	165	11	4	50.66	2.53	0.28	5245.11	350.00
冶金用白云岩	156	9	5	33.30	2.82	1.02	2040.10	106.16
冶金用石英岩	230	18	60	88.62	19.24	29.06	728.80	73.00
冶金用砂岩	32	1	1	16.67	0.10	0.07	75.40	2.00
铸型用砂岩	21	3		1.74	0.04		92.80	2.45
铸型用砂	64	4		17.12	0.13		319.55	22.50
冶金用脉石英	151	4	4	138.78	3.06	0.21	321.92	10.00
耐火黏土	303	19	5	133.12	11.06	0.54	722.85	60.20
铁矾土	37		4	8.88		0.31	43.28	
其他黏土	106	11	1	234.42	0.63	0.01	226.90	21.00
耐火用橄榄岩	2			2.39			16.00	

情况——按矿种分列(二)

计量单位：个、公顷、万元

采矿权使用费	采矿权出让							采矿权转让	
	合计		探矿权转采矿权	协议出让		招、拍、挂出让		个数	价款金额
	个数	价款金额	个数	个数	价款金额	个数	价款金额		
10.00	2	72.00		1	43.00	1	29.00		
294.35	79	3573.00	54	23	3372.00	2	202.00	155	161826.00
15.50	8	104.00	6	1	53.00	1	51.00	14	11539.00
2.55								1	
1.55									
0.45									
30.10	1		1					3	1.00
9.45									
3.65									
3.45									
9.75								1	1.00
0.85	1		1						
0.30									
0.60	1		1					1	
0.20									
1.15								1	810.00
7.15	18	2392.00	4	14	2392.00			10	11.00
136.30	65	1900.00	9	7	48.00	49	1852.00	43	50.00
11.25	11	505.00	1			10	505.00	2	4.00
9.30	9	416.00	3	1	26.00	5	390.00	3	3.00
17.05	18	223.00	7			11	223.00	15	9917.00
2.70	1	27.00				1	27.00	2	3.00
1.05	3	23.00		1	3.00	2	20.00		
4.00	4	28.00				4	28.00	3	8.00
18.45	4	67.00		1	4.00	3	63.00	3	
23.25	19	405.00	2			17	405.00	5	3.00
2.45									
28.15	11	58.00				11	58.00		
0.30									

2009年采矿许可证发证

续表 14

矿 种	采矿许可证发证							
	许可证数			登记面积			生产规模	
	有效	新立	注销	有效	新立	注销	有效	新立
熔剂用蛇纹岩	3	1	1	0.53	0.03	0.03	80.00	10.00
自然硫	1			10.06			3.80	
硫铁矿	308	9	12	249.04	7.20	8.60	2868.04	198.00
钠硝石	3			37.01			2.22	
明矾石	7			2.45			34.50	
芒硝(含钙芒硝)	74	1	2	496.68	1.54	13.71	3442.20	110.00
重晶石	491	43	49	513.18	51.33	21.10	956.96	98.30
毒重石	29	3		23.10	10.07		79.30	10.00
天然碱(Na_2CO_3)	19			114.43			358.90	
电石用灰岩	49	8	12	18.38	2.31	0.92	925.36	393.10
制碱用灰岩	30			3.95			469.41	
化肥用石灰岩	15	2		1.63	0.41		107.20	7.00
化肥用白云岩	12			1.09			73.38	
化肥用石英岩	14		1	4.69		0.06	86.00	
化肥用砂岩	16			1.27			115.50	
含钾岩石	12	1		6.02	0.20		75.60	1.00
含钾砂页岩	1	1	3	0.03	0.03	0.09	3.00	3.00
化肥用蛇纹岩	3			0.37			9.50	
泥炭	63	2	2	45.71	0.59	1.31	156.90	1.00
盐矿	12		1	90.56		6.00	204.00	
岩盐	88	5		186.64	15.10		4141.91	410.00
湖盐	34	1		556.61	10.22		1407.60	1.60
镁盐	6			58.07			144.00	
天然卤水	61	3	16	601.76	24.22	29.90	3988.88	240.00
钾盐	16			9098.76			453.70	
溴矿	59	8		57.23	4.26		14.36	1.50
砷矿	8			6.48			5.36	
磷矿	342	27	17	622.34	77.78	5.94	8655.22	1229.00
金刚石	4			1.21				
石墨	154	5	1	97.96	9.95	0.82	745.98	8.30
水晶	7			0.66			100.64	
硅灰石	220	21	6	56.06	8.26	0.18	583.94	48.60
滑石	157	12	23	67.27	13.41	2.98	382.94	33.50

情况——按矿种分列(三)

计量单位：个、公顷、万元

采矿权使用费	采矿权出让							采矿权转让	
	合计		探矿权转采矿权	协议出让		招、拍、挂出让		个数	价款金额
	个数	价款金额	个数	个数	价款金额	个数	价款金额		
0.15	1	12.00		1	12.00			1	
1.05									
33.70	9	4715.00	3	3	4489.00	3	226.00	13	2599.00
3.75								2	2.00
0.50									
51.55	1		1					3	1.00
65.35	43	424.00	6	6	38.00	31	386.00	5	2.00
3.20	3	56.00	1			2	56.00		
11.95								1	1.00
3.60	8	2909.00				8	2909.00	2	
1.70								1	
0.80	2	18.00				2	18.00		
0.60									
0.95									
0.80									
1.00	1	2.00				1	2.00		
0.05	1	10.00				1	10.00		
0.15								1	2.00
6.30	2	2.00				2	2.00		
9.35									
20.85	5	9260.00	2			3	9260.00	10	914.00
56.40	1	158.00		1	158.00			4	811.00
5.95									
61.90	3	20.00		2	20.00	1		1	
910.25								1	
7.85	8	20.00		8	20.00				
0.85									
71.00	27	12069.00	10	14	10322.00	3	1747.00	21	828.00
0.25								1	810.00
14.10	5	10.00	2			3	10.00	3	3.00
0.35									
13.85	21	175.00	1	10	61.00	10	114.00	8	32.00
11.60	12	313.00	3	5	176.00	4	138.00	3	3.00

2009年采矿许可证发证

续表 14

主要矿种	采矿许可证发证							
	许可证数			登记面积			生产规模	
	有效	新立	注销	有效	新立	注销	有效	新立
石棉(温石棉)	34			14.32			181.36	
云母	28	2	1	18.50	0.57	0.17	42.92	3.01
长石	398	27	26	147.66	6.97	2.87	962.93	125.50
电气石	4			9.00			2.99	
石榴子石	26	2		8.11	0.72		58.85	10.50
叶腊石	84	6	8	31.51	0.87	1.29	1319.19	1006.17
透辉石	33	1		4.18	0.02		136.52	6.00
蛭石	23	2	1	8.14	0.51	0.04	53.57	6.00
沸石	77	3	5	14.71	0.03	1.35	208.90	8.00
透闪石	9		3	1.71		0.61	16.42	
石膏	662	41	23	552.92	26.46	33.42	6062.08	184.31
方解石	788	107	16	191.38	17.11	1.72	2602.29	320.75
光学萤石	2			1.61			1.10	
宝石	9		1	8.66		0.30	17.59	
玉石	64	6		52.69	3.37		1083.94	66.22
玛瑙	4			8.05			0.51	
石灰岩	6953	557	200	900.00	65.49	10.62	55772.50	4381.55
玻璃用石灰岩	4		1	0.05		0.08	25.50	
水泥用石灰岩	2539	175	101	851.95	78.80	15.00	93987.78	11913.07
建筑石料用灰岩	13624	1240	823	1076.85	86.76	25.49	96265.56	11635.10
饰面用灰岩	39	4	2	12.30	0.23	0.38	128.82	14.60
制灰用石灰岩	560	20	24	62.22	2.22	0.82	4915.62	243.80
含钾岩石	11		1	3.09		0.17	33.35	
泥灰岩	33	6		7.43	0.44		140.02	17.20
白垩	4			2.08			29.00	
白云岩	658	38	38	126.15	13.75	1.74	4520.18	691.30
玻璃用白云岩	21	1		11.27	0.01		121.90	1.00
建筑用白云岩	987	83	73	102.16	5.77	3.70	8356.44	725.86
石英岩	805	56	58	244.42	19.92	7.69	5591.78	230.75
冶金用石英岩	81	4	13	22.59	0.73	2.48	204.30	15.00

情况——按矿种分列(四)

计量单位：个、公顷、万元

采矿权使用费	采矿权出让							采矿权转让	
	合计		探矿权转采矿权	协议出让		招、拍、挂出让		个数	价款金额
	个数	价款金额	个数	个数	价款金额	个数	价款金额		
2.70									
2.50	2	55.00		1	21.00	1	34.00		
28.15	27	1181.00	2	1	93.00	24	1089.00	8	6.00
1.00									
1.65	2	11.00	1			1	11.00	2	1.00
5.80	6	52.00	1	1	1.00	4	51.00	2	3.00
1.80	1	6.00				1	6.00	2	3.00
1.60	2	15.00				2	15.00	1	810.00
4.45	3	14.00		2	11.00	1	3.00	5	5.00
0.45								2	1.00
74.70	41	916.00	3	9	193.00	29	723.00	20	21452.00
49.50	107	14019.00		3	369.00	104	13651.00	21	2693.00
0.20									
1.15								1	9910.00
7.25	6	62.00	2	4	62.00			2	810.00
0.90									
399.70	557	12224.00	2	16	67.00	539	12157.00	103	11800.00
0.20									
178.90	175	64570.00	19	62	29429.00	94	35141.00	98	25041.00
731.45	1240	40102.00	3	37	113.00	1200	39989.00	112	55222.00
2.65	4	22.00				4	22.00	1	2.00
30.55	20	1332.00	4	3	17.00	13	1315.00	15	20852.00
0.75									
2.10	6	44.00	1			5	44.00	2	2.00
0.30								1	
39.90	38	4231.00		7	910.00	31	3320.00	7	4.00
2.05	1	1.00		1	1.00				
53.75	83	2318.00	4	15	115.00	64	2204.00	8	29736.00
53.40	56	784.00	3	13	221.00	40	563.00	11	9916.00
5.30	4	197.00		1	147.00	3	49.00	4	1.00

2009年采矿许可证发证

续表 14

矿种	采矿许可证发证							
	许可证数			登记面积			生产规模	
	有效	新立	注销	有效	新立	注销	有效	新立
玻璃用石英岩	178	6	2	62.94	2.00	0.63	1093.19	41.00
砂岩	1589	175	123	454.83	9.07	8.42	10289.38	1964.96
玻璃用砂岩	86	5	2	12.43	1.13	0.11	720.72	41.50
水泥配料用砂岩	200	22	8	61.88	17.61	1.99	1964.90	205.75
砖瓦用砂岩	260	50	11	65.78	55.01	53.47	1114.97	416.73
陶瓷用砂岩	76	3	2	21.43	0.70	0.97	252.25	6.00
建筑用砂岩	6			0.22			435.50	
天然石英砂	171	10	4	97.28	1.05	0.25	2011.04	52.44
玻璃用砂	34	5		19.23	6.51		922.57	449.14
海砂	14		1	2.46		0.10	18161.01	
建筑用砂	4644	818	293	1174.64	187.52	52.42	33680.26	6428.09
水泥配料用砂	36	2		3.22	0.01		296.68	3.20
水泥标准砂	6			2.02			20.00	
砖瓦用砂	46	5	4	11.24	7.58	2.55	130.31	12.77
脉石英	247	22	6	97.63	8.20	0.78	421.40	50.75
玻璃用脉石英	89	7	4	30.57	2.63	0.19	215.28	24.30
粉石英	22	5		7.27	0.56		85.70	15.50
硅藻土	23			14.16			130.60	
页岩	1975	183	64	198.68	43.98	6.67	14846.03	1068.38
陶粒页岩	40	1	2	6.24	0.56	0.02	371.05	10.00
砖瓦用页岩	5815	966	118	521.70	221.17	2.70	29558.46	4390.04
水泥配料用页岩	108	9	5	18.48	1.02	0.46	807.17	74.00
高岭土	518	46	49	298.29	35.58	8.68	5604.67	223.11
陶瓷土	577	51	10	181.31	33.04	0.53	2550.78	245.53
凹凸棒石黏土	26	4	1	22.33	2.93	0.74	240.89	16.60
海泡石黏土	7	1	1	6.93	1.98	1.05	11.55	1.50
伊利石黏土	53		1	54.81		0.01	135.85	
累托石黏土	1			0.63			9.00	
膨润土	266	46	55	142.42	17.59	10.02	1311.64	221.44

情况——按矿种分列(五)

计量单位：个、公顷、万元

采矿权使用费	采矿权出让							采矿权转让	
	合计		探矿权转采矿权	协议出让		招、拍、挂出让		个数	价款金额
	个数	价款金额	个数	个数	价款金额	个数	价款金额		
12.80	6	330.00				6	330.00	7	4.00
117.65	175	15450.00		3	2.00	172	15448.00	16	10.00
4.70	5	249.00				5	249.00	3	3.00
14.10	22	398.00	1			21	398.00	3	1.00
18.55	50	394.00				50	394.00		
5.05	3	8.00				3	8.00	5	1.00
0.30									
16.25	10	56.00				10	56.00	4	4.00
3.20	5	197.00	2	1	10.00	2	187.00	1	2.00
0.80								1	810.00
316.05	818	6919.00	9	246	510.00	563	6409.00	30	2835.00
1.95	2	1.00				2	1.00	1	1.00
0.45									
3.00	5	10.00	1	1	3.00	3	7.00		
18.05	22	418.00	3	3	33.00	16	385.00	6	9912.00
5.85	7	102.00	1			6	102.00	1	
1.50	5	29.00				5	29.00		
2.15									
112.50	183	1941.00		3	16.00	180	1925.00	31	7.00
2.30	1	5.00				1	5.00	1	6.00
326.05	966	6973.00	2	12	31.00	952	6942.00	104	26.00
6.45	9	141.00				9	141.00	3	
47.20	46	1786.00	3	3	39.00	40	1748.00	3	2.00
39.75	51	1744.00	4	2	12.00	45	1733.00	8	1.00
3.05	4	81.00	1			3	81.00	1	
0.85	1	18.00				1	18.00		
7.10									
0.10									
23.50	46	619.00	1	21	130.00	24	490.00	11	1630.00

2009年采矿许可证发证

续表 14

矿种	采矿许可证发证							
	许可证数			登记面积			生产规模	
	有效	新立	注销	有效	新立	注销	有效	新立
砖瓦用黏土	19747	995	932	2953.36	52.81	122.52	106531.41	7388.23
陶粒用黏土	72	7		198.62	1.60		253.32	27.81
水泥用黏土	163	10	15	46.44	6.48	1.89	1979.51	49.60
水泥配料用红土	32	12	1	4.15	0.43	0.02	141.30	37.43
水泥配料用黄土	8	1		1.38	0.01		147.96	1.98
水泥配料用泥岩	32	4	1	4.68	0.27		539.23	50.68
保温材料用黏土	19	2	1	3.48	0.96	0.16	93.24	18.00
橄榄岩	8			20.51			49.98	
建筑用橄榄岩	6	1	1	1.05	0.02	0.14	25.50	8.00
蛇纹岩	43	2		21.37	1.16		308.36	1.50
饰面用蛇纹岩	14	5		3.21	1.20		13.79	3.00
玄武岩	770	141	41	116.10	26.49	2.58	7572.67	1645.30
铸石用玄武岩	12	4		1.53	0.38		167.40	53.10
岩棉用玄武岩	3	1		0.38	0.02		27.00	7.00
辉绿岩	180	5	42	40.20	0.57	3.37	4720.89	26.14
水泥用辉绿岩	2			0.46			5.80	
铸石用辉绿岩	2			0.05			8.00	
建筑用辉绿岩	175	21	18	27.60	5.40	4.05	1428.75	262.30
饰面用辉绿岩	103	10	13	18.87	0.69	1.36	750.98	5.22
安山岩	151	8	2	7.52	0.37	0.20	1750.92	87.10
饰面用安山岩	5	1		0.43	0.05		22.10	
建筑用安山岩	509	42	17	136.38	0.71	1.05	7993.38	477.20
闪长岩	98	4		17.77	0.40		865.12	23.40
建筑用闪长岩	243	40	5	12.41	2.03	0.37	2717.12	567.89
花岗岩	1035	59	37	280.30	5.94	4.72	7335.71	855.81
建筑用花岗石	3483	379	176	492.72	305.13	5.36	56578.31	8384.40
饰面用花岗岩	1579	316	65	214.35	24.74	6.64	9034.85	2581.46
麦饭石	9	2		1.84	0.75		13.40	2.50
珍珠岩	57	2	2	14.34	0.09	0.05	281.20	4.50

情况——按矿种分列(六)

计量单位：个、公顷、万元

采矿权使用费	采矿权出让							采矿权转让	
	合计		探矿权转采矿权	协议出让		招、拍、挂出让		个数	价款金额
	个数	价款金额	个数	个数	价款金额	个数	价款金额		
1195.05	995	5928.00		35	175.00	960	5753.00	64	25.00
22.50	7	181.00				7	181.00		
10.65	10	128.00	2			8	128.00	2	1.00
1.80	12	112.00				12	112.00	1	
0.45	1	3.00		1	3.00				
1.70	4	105.00		1	9.00	3	96.00		
1.10	2	20.00				2	20.00		
2.30									
0.35	1	13.00		1	13.00				
3.55	2	17.00		1	6.00	1	11.00		
0.85	5	58.00		1	15.00	4	43.00		
44.30	141	3782.00		16	170.00	125	3612.00	21	9939.00
0.60	4	46.00		3	41.00	1	5.00	1	
0.15	1	12.00				1	12.00		
10.95	5	75.00		1	47.00	4	29.00	5	11.00
0.10									
0.10									
9.70	21	448.00		4	15.00	17	433.00	3	
5.95	10	650.00		1	2.00	9	648.00	3	
7.65	8	53.00		3	38.00	5	15.00		
0.25	1	1.00				1	1.00		
37.10	42	516.00		3	12.00	39	503.00	9	5.00
6.00	4	62.00				4	62.00	2	9.00
12.60	40	1040.00		8	51.00	32	989.00	3	1.00
70.90	59	1426.00		15	519.00	44	907.00	11	4.00
206.80	379	17992.00	4	56	744.00	319	17248.00	38	29758.00
87.70	316	3668.00	3	24	1214.00	289	2454.00	12	821.00
0.55	2	7.00	1			1	7.00		
3.65	2	12.00		1	6.00	1	6.00	3	1015.00

2009年采矿许可证发证

续表 14

矿　种	采矿许可证发证							
	许可证数			登记面积			生产规模	
	有效	新立	注销	有效	新立	注销	有效	新立
黑曜岩	3			0.62			7.50	
浮石	20	2		4.63	0.05		54.72	2.40
粗面岩	14	1		0.31	0.01		186.00	5.43
铸石用粗面岩	1			0.11			19.00	
霞石正长岩	8			5.84			251.00	
凝灰岩	111	11	12	24.81	1.10	0.57	1870.94	194.39
水泥用凝灰岩	19		2	11.47		0.02	159.99	
建筑用石料(凝灰岩)	2313	297	350	358.90	26.63	10.40	47609.77	10577.44
火山灰	4			0.23			21.50	
水泥用火山灰	3			0.13			9.50	
火山渣	3	1		1.67	0.30		39.92	5.00
大理岩	388	19	6	113.72	3.91	0.07	3342.24	264.17
饰面用石料(大理石)	413	40	6	234.96	27.10	0.51	6571.53	403.76
建筑用大理石	419	28	12	66.12	5.81	0.69	3512.45	373.14
水泥用大理石	131	10	1	24.69	7.80	0.03	4512.25	599.40
玻璃用大理石	3		3	0.88		0.02	17.82	
板岩	218	29	9	64.92	1.10	0.53	1425.66	181.73
饰面用板岩	96	7		34.03	5.13		449.08	21.76
水泥配料用板岩	7	1	2	1.05	0.05		54.28	4.20
片麻岩	397	36	64	68.89	1.73	3.00	3279.76	441.32
角闪岩	45	2	5	10.09	0.54	0.30	377.01	11.68
硼矿	61	1	5	336.12	5.30	0.28	507.35	200.00
矿泉水	972	20	29	493.34	14.22	6.03	6753.84	160.52
地下水	17			29.40			1138.77	
二氧化碳气	3			161.63			3680.00	
其他	45		1	27.56		0.01		

情况——按矿种分列(七)

计量单位：个、公顷、万元

采矿权使用费	采矿权出让							采矿权转让	
	合计		探矿权转采矿权	协议出让		招、拍、挂出让		个数	价款金额
	个数	价款金额	个数	个数	价款金额	个数	价款金额		
0.15									
1.20	2	16.00		1	1.00	1	15.00	1	
0.70	1	7.00				1	7.00		
0.05									
0.90								1	1.00
6.95	11	3261.00				11	3261.00	2	3.00
1.80									
137.40	297	56306.00	16	76	8730.00	205	47576.00	17	1039.00
0.20									
0.15									
0.20	1		1						
26.15	19	479.00		8	225.00	11	254.00	8	4.00
37.85	40	2845.00	8	1	2.00	31	2843.00	11	10.00
24.35	28	668.00		3	28.00	25	640.00	5	2.00
7.70	10	1611.00		7	482.00	3	1129.00	7	2.00
0.15									
15.40	29	175.00	1	5	24.00	23	151.00	4	2.00
6.90	7	32.00		2	12.00	5	20.00	1	
0.35	1	3.00		1	3.00				
24.60	36	529.00		3	23.00	33	506.00	3	1.00
2.75	2	9.00		1	8.00	1	1.00		
35.65	1	9118.00		1	9118.00			8	7.00
77.45	20	271.00	14	3	51.00	3	220.00	37	1760.00
3.45									
16.25									
3.95								2	2.00

2009年勘查许可证发证及探矿权

表 15

矿种	勘查许可证发证						
	许可证数			登记面积			探矿权使用费
	有效	新立	注销	有效	新立	注销	
合　计	**37621**	**4568**	**289**	**5032741.12**	**175934.46**	**38448.95**	**136454.80**
煤	2508	70	20	141110.57	4602.27	319.52	4115.91
油页岩	34	5	16	2024.16	190.71	7129.12	45.65
石油天然气	993	17	10	4173827.34	63125.00	27421.43	117552.25
煤层气	103	1	3	62785.85	44.00	550.59	
石煤	7	3		116.48	29.04		1.98
油砂	4	3		130.15	100.26		1.30
天然沥青	4			17.51			0.39
地热	442	106	26	7495.52	1968.22	435.00	178.67
铁矿	3819	248	32	50013.83	6339.45	366.62	1230.98
锰矿	865	169	7	13609.70	3398.83	115.08	326.09
铬铁矿	73	8		1733.48	212.70		44.76
钛矿	90	27		1941.61	728.08		39.35
钒矿	190	18	4	2680.90	216.57	61.38	57.10
金红石	30	3		401.54	84.30		10.60
铜矿	7314	1315	20	155768.34	33452.77	301.19	3013.23
铅矿	4551	526	19	87543.25	14452.50	366.23	1820.06
锌矿	693	62	5	10495.43	1566.85	48.26	244.17
铝土矿	341	46	6	9794.89	1796.62	22.23	228.69
镁矿	2	1		31.72	31.07		0.34
镍矿	217	19	2	5418.46	592.02	43.54	144.01
钴矿	28	4		449.21	70.63		11.65
钨矿	131	5		1700.17	21.29		54.64
锡矿	208	16		3279.60	369.38		84.71
铋矿	10	1		296.50	9.33		3.75
钼矿	761	62	4	13307.16	1348.37	56.55	249.12
汞矿	13	1		293.63	1.62		5.46
锑矿	195	8		2251.52	119.23		57.36
多金属	2261	396	11	57702.96	10322.64	137.11	1078.89
铂矿	46	5		1046.96	62.05		36.48
钯矿	1			4.73			0.24
砂金	27	4		507.56	84.27		13.50
金矿	7870	865	57	148211.01	21084.58	797.52	4044.20
银矿	658	95	1	14109.91	3327.03	9.66	324.40

出让、转让情况——按矿种分列(一)

计量单位：个、公顷、万元

探矿权出让							探矿权转让	
合计		申请在先	协议出让		招、拍、挂出让		个数	价款金额
个数	价款金额	个数	个数	价款金额	个数	价款金额		
5646	**238572.16**	**4654**	**295**	**38562.19**	**697**	**200009.98**	**1028**	**2194412.02**
70	22284.01	49	18	5001.01	3	17283.00	62	77256.79
5	1421.00	2	1	1.00	2	1420.00		
993		993						
103		103						
3	860.00	2	1	860.00				
3	115.42				3	115.42		
106	1971.91	82	10	600.91	14	1371.00	10	
248	34981.80	100	46	3444.35	102	31537.44	189	4002.66
169	3829.40	156	7	849.71	6	2979.69	27	40.00
8	63.00	5			3	63.00	5	510.00
27		27					3	
18		18					4	
3		2	1					
1315	48554.44	1127	41	3415.12	147	45139.32	162	2004061.86
526	11560.45	414	38	344.92	74	11215.53	115	5389.44
62	2032.00	48	5	109.00	9	1923.00	12	
46	174.48	38	8	174.48			10	179.39
1		1						
19	4795.47	10	2	283.47	7	4512.00	10	
4		4						
5		5					2	16.00
16	161.00	12			4	161.00	3	
1		1						
62	6394.58	54	4	4804.58	4	1590.00	17	2434.50
1		1					1	
8		8					4	210.00
396	7163.06	323	13	291.00	60	6872.06	46	1061.00
5		1	4					
4		4					1	
865	11212.39	775	34	1854.19	56	9358.20	242	97156.22
95	3024.67	63	9	11.34	23	3013.33	27	375.86

2009年勘查许可证发证及探矿权

续表 15

矿种	勘查许可证发证						
	许可证数			登记面积			探矿权使用费
	有效	新立	注销	有效	新立	注销	
铌钽矿	125	18		3115.85	480.07		78.77
铌矿	12	1		224.81	12.53		7.94
钽矿	12			133.24			3.91
铍矿	43	19		672.92	271.96		9.07
锂矿	30	4		1105.33	159.35		35.75
锆矿	9	1		148.22	29.68		1.70
锶矿(天青石)	9			140.88			2.98
铷矿	2			25.04			0.90
铯矿	2	1		30.60	14.14		0.31
重稀土矿	2	1		54.16	47.15		0.82
钇矿	1		1	93.19		59.50	4.66
轻稀土矿	10			150.38			4.93
锗矿	6	1		68.53	6.12		1.97
铊矿	1			6.56			0.33
铼矿	4			12.76			0.64
硒矿	1			6.18			0.31
蓝晶石	7			120.66			4.76
矽线石	4			26.83			0.84
红柱石	9			221.46			7.61
菱镁矿	6	1		158.08	4.06		2.66
萤石(普通)	376	55	2	3149.15	481.37	6.05	56.32
熔剂用石灰岩	17	4	2	134.01	67.00	1.62	3.43
冶金用白云岩	19	5		91.33	19.42		3.55
冶金用石英岩	15			110.71			2.16
冶金用砂岩	1			2.56			0.13
冶金用脉石英	6			51.88			0.96
耐火黏土	13	1		130.30	2.93		3.40
其他黏土	5			153.57			6.12
耐火用橄榄岩	3			11.66			0.58
熔剂用蛇纹岩	3			12.28			0.45
自然硫	3	1		21.10	2.79		0.92
硫铁矿	275	71		3572.80	1002.45		63.69
钠硝石	264			13185.39			165.60
明矾石	3			21.93			0.27

出让、转让情况——按矿种分列(二)

计量单位：个、公顷、万元

探矿权出让							探矿权转让	
合计		申请在先	协议出让		招、拍、挂出让		个数	价款金额
个数	价款金额	个数	个数	价款金额	个数	价款金额		
18	1890.00	17			1	1890.00	4	
1		1						
19		19						
4		4					1	
1	29.68		1	29.68				
1		1						
1	1.00				1	1.00		
1		1						
							1	
1			1					
55	4257.85	36	3	15.85	16	4242.00	8	3.00
4	12.00		2		2	12.00		
5	1.38	4	1	1.38			2	
							1	
1	60.00				1	60.00		
1		1						
71	2173.82	60	2	81.32	9	2092.50	4	4.00

2009年勘查许可证发证及探矿权

续表 15

矿种	勘查许可证发证						
	许可证数			登记面积			探矿权使用费
	有效	新立	注销	有效	新立	注销	
芒硝(含钙芒硝)	44		2	2194.49		4.84	45.07
重晶石	64	11		1026.37	233.93		23.68
毒重石	1			4.43			0.13
天然碱(Na_2CO_3)	1			5.78			0.06
电石用灰岩	13	1		66.57	1.88		2.09
制碱用灰岩	2			20.59			0.62
化肥用白云岩	1	1		7.35	7.35		0.07
含钾岩石	38	2		2027.30	63.81		25.71
化肥用橄榄岩	2			10.60			0.49
化肥用蛇纹岩	2			83.78			0.84
泥炭	11	1		440.90	65.18		6.52
矿盐	3	1		29.29	8.50		1.07
岩盐	57	5	1	1948.78	157.44	0.91	28.40
湖盐	10	1		439.22	24.97		9.22
镁盐	3			16.96			0.55
天然卤水	5			410.44			13.28
钾盐	61	4		5285.41	249.95		217.11
砷	2			5.89			0.16
磷矿	196	25	1	3059.83	443.19	5.90	86.23
金刚石	31	2		1477.64	62.06		37.98
石墨	56	1	1	882.33	11.80	1.80	18.28
水晶	1			8.40			0.34
压电水晶	1			3.08			0.15
刚玉	1			45.91			1.84
硅灰石	31	4		318.43	47.05		8.09
滑石	27			199.62			6.03
石棉(温石棉)	4	3		44.66	41.29		0.45
云母	18	1		118.32	11.70		4.20
长石	50	4	1	289.47	9.26	3.89	8.77
电气石	7	1		82.78	2.94		3.96
石榴子石	8	2		59.89	27.16		0.82
叶腊石	13	3	2	56.40	6.61	4.45	1.48
透辉石	3			47.75			0.89
蛭石	4			4.92			0.10

出让、转让情况——按矿种分列(三)

计量单位：个、公顷、万元

探矿权出让							探矿权转让	
合计		申请在先	协议出让		招、拍、挂出让		个数	价款金额
个数	价款金额	个数	个数	价款金额	个数	价款金额		
11	36.00	9	1	18.00	1	18.00		
1	5.50				1	5.50		
1	150.58				1	150.58		
2	13.00		2	13.00				
1			1					
1	654.00				1	654.00	1	100.00
5	569.00				5	569.00	2	8.00
1	90.00		1	90.00			1	
4	20.00	3			1	20.00		
25	20474.87	5	6	69.30	14	20405.57	5	
2		1	1					
1		1					1	26.00
4	27.00		1		3	27.00	3	25.00
3		3						
1	12.00				1	12.00	2	597.74
4	146.60				4	146.60	4	400.00
1	40.00				1	40.00		
2		2						
3	69.00	1			2	69.00		
							1	

2009年勘查许可证发证及探矿权

续表 15

矿种	勘查许可证发证						
	许可证数			登记面积			探矿权使用费
	有效	新立	注销	有效	新立	注销	
沸石	9			163.72			6.98
石膏	87	6		1056.17	70.89		31.99
方解石	33	8	1	241.36	71.61	0.75	5.59
光学萤石	3	1		14.19	9.31		0.29
宝石	3	1		69.14	18.95		0.69
玉石	18	2		221.38	24.68		5.02
玛瑙	1			10.83			0.11
石灰岩	71	18	4	623.06	70.99	10.53	14.66
玻璃用石灰岩	2			3.91			0.13
水泥用石灰岩	200	65	12	1205.42	421.45	42.53	29.80
含钾岩石	14	1		250.56	3.26		5.60
泥灰岩	1			22.05			0.44
白云岩	36	7		393.13	99.83		7.03
石英岩	22	2	1	267.92	15.10	2.58	7.37
冶金用石英岩	4			16.36			0.58
玻璃用石英岩	19	5		156.16	14.69		4.89
砂岩	8	1		26.93	2.10		0.95
玻璃用砂岩	5	4		24.10	22.69		0.28
水泥配料用砂岩	8	1		35.21	1.99		1.27
砖瓦用砂岩	1			2.88			0.12
陶瓷用砂岩	3			3.90			0.17
天然石英砂	8	1		64.75	1.75		2.92
玻璃用砂	1	1		41.68	41.68		0.42
水泥配料用砂	1			1.09			0.05
砖瓦用砂	1			109.76			3.29
脉石英	13	7		132.37	121.08		1.48
玻璃用脉石英	3			29.66			0.94
粉石英	1			12.80			0.51
硅藻土	13			132.16			4.14
页岩	2			3.40			0.17
陶粒页岩	10			56.56			2.51
砖瓦用页岩	5		1	15.17		8.33	0.55
水泥配料用页岩	1	1		1.57	1.57		0.02
高岭土	76	5	2	883.31	28.52	13.19	29.42

出让、转让情况——按矿种分列(四)

计量单位：个、公顷、万元

探矿权出让							探矿权转让	
合计		申请在先	协议出让		招、拍、挂出让		个数	价款金额
个数	价款金额	个数	个数	价款金额	个数	价款金额		
6	70.00	5			1	70.00	5	258.20
8		8					2	8.30
1	480.00				1	480.00		
1		1						
2	7.00	1			1	7.00		
18	5148.40	3			15	5148.40	1	
							1	
65	36885.48	13	14	15732.36	38	21153.12	5	4.20
1	14.00				1	14.00		
7	6.00	6			1	6.00	2	
2	22.00				2	22.00	2	
5	1180.00	1			4	1180.00		
1		1						
4		3			1			
1	147.50				1	147.50		
1		1					1	
1		1						
7	455.10		2	280.80	5	174.30		
1	11.00				1	11.00		
5	95.70		1		4	95.70	3	186.48

2009年勘查许可证发证及探矿权

续表 15

矿种	勘查许可证发证						
	许可证数			登记面积			探矿权使用费
	有效	新立	注销	有效	新立	注销	
陶瓷土	24	6	2	115.24	38.28	7.33	2.57
凹凸棒石黏土	10		2	57.22		8.05	2.42
海泡石黏土	3			29.76			1.40
伊利石黏土	2			13.67			0.59
膨润土	41	9		553.24	254.32		12.24
陶粒用黏土	4	2		26.08	4.09		0.74
橄榄岩	1			1.28			0.06
蛇纹岩	5	1		19.82	3.64		0.35
饰面用蛇纹岩	1			6.89			0.34
玄武岩	3	1		63.56	50.46		1.07
辉绿岩	5	1		14.49	0.29		0.23
建筑用辉绿岩	1	1		3.10	3.10		0.03
饰面用辉绿岩	3			11.61			0.12
闪长岩	1	1		7.79	7.79		0.08
花岗岩	12	4		76.61	15.51		0.93
建筑用花岗石	5	1		21.49	0.65		0.30
饰面用花岗岩	31	3		245.85	21.66		3.54
珍珠岩	6	1		251.99	23.76		2.52
黑曜岩	1			2.82			0.11
霞石正长岩	2			11.11			0.27
凝灰岩	1			4.27			0.21
火山渣	1			5.74			0.11
大理岩	16			70.73			2.22
饰面用石料(大理石)	16			99.59			2.39
建筑用大理石	3	1	1	23.63	21.70	1.76	0.31
水泥用大理石	14	2		131.20	8.09		2.59
饰面用板岩	1			2.12			0.02
角闪岩	1	1		28.62	28.62		0.29
硼矿	46	3		647.94	45.23		23.31
矿泉水	62	15	5	110.48	21.46	25.58	2.19
地下水	51	11	2	4813.36	511.88	58.33	144.84
二氧化碳气	7	1		987.58	3.02		22.87
其他							

出让、转让情况——按矿种分列(五)

计量单位：个、公顷、万元

探矿权出让							探矿权转让	
合计		申请在先	协议出让		招、拍、挂出让		个数	价款金额
个数	价款金额	个数	个数	价款金额	个数	价款金额		
6	385.00	2	2		2	385.00		
9	145.03	1	4	65.03	4	80.00		
2	4.90				2	4.90		
1		1						
1			1					
1	80.00				1	80.00		
1	18.00				1	18.00		
1	20.00				1	20.00		
4	131.00	1			3	131.00		
1	2.00				1	2.00		
3	36.00				3	36.00	2	
1	6.60				1	6.60		
							1	
1	105.60		1	105.60				
2	793.00	1			1	793.00		
1	31.00				1	31.00		
3			3				8	68.00
15	91.45	2	1	14.77	12	76.68	1	9.38
11	868.03	4	1		6	868.03	1	
1		1						

2009年全国矿产资源勘查、开采违法案件查处情况

表 16 计量单位：件

类别	合计	企事业单位		集体		个人
			外商		乡村	
2008年未结案件	**671**	**172**		**30**	**14**	**469**
2009年立案	**7778**	**1776**	**25**	**179**	**52**	**5823**
勘查	398	1238		7	3	153
无证勘查	188	63		2	1	123
越界勘查	25	12		2		11
非法转让探矿权	23	19				4
其他	162	144		3	2	15
开采	7360	1533	25	171	49	5656
无证开采	5557	686	9	49	23	4822
越界开采	1181	615	13	87	13	479
非法转让采矿权	97	69	3	4	3	24
破坏性开采	32	15				17
其他	493	148		31	10	314
不按规定缴纳矿产资源补偿费	20	5		1		14
2009年结案	**7433**	**1760**	**25**	**175**	**48**	**5498**
处理 2008 年未结案	374	120		17	4	237
勘查	273	203		4	1	66
无证勘查	72	34				38
越界勘查	20	8		2		10
非法转让探矿权	21	18				3
其他	160	143		2	1	15
开采	6766	1432	25	153	43	5181
无证开采	5042	632	9	39	18	4371
越界开采	1122	577	13	86	13	459
非法转让采矿权	95	68	3	4	3	23
破坏性开采	32	15				17
其他	475	140		24	9	311
不按规定缴纳矿产资源补偿费	20	5		1		14
2009年未结案件	**1016**	**188**		**34**	**18**	**794**

2009年矿产资源勘查、开采违法案件查处结果

表 17　　计量单位：个、万元

	吊销勘查许可证	吊销采矿许可证	罚　款
全　国	**3**	**4**	**21567.24**
北　京			84.30
天　津			
河　北			467.96
山　西			1267.51
内蒙古			735.48
辽　宁			2388.08
吉　林			243.52
黑龙江			756.14
上　海			
江　苏			81.36
浙　江			1428.02
安　徽			92.80
福　建			518.63
江　西			467.96
山　东		2	147.49
河　南			441.79
湖　北			381.12
湖　南	2		2138.98
广　东		1	401.12
广　西			594.19
海　南			53.18
重　庆			93.03
四　川			349.37
贵　州			3240.44
云　南			362.98
西　藏			
陕　西			1856.04
甘　肃		1	58.88
青　海			24.50
宁　夏			133.06
新　疆	1		2759.32

2009年矿产资源勘查、开采

表 18

	合计	北京	天津	河北	山西	内蒙古
2008年未结案件	**671**	**5**	**2**	**1**	**31**	**57**
2009年立案	**7778**	**48**		**331**	**263**	**427**
勘查	398			6	7	7
无证勘查	188			4		4
越界勘查	25			1	6	2
非法转让探矿权	23					
其他	162			1	1	1
开采	7360	48		325	256	420
无证开采	5557	48		268	220	373
越界开采	1181			48	18	29
非法转让采矿权	97			1		
破坏性开采	32					
其他	493			8	18	18
不按规定缴纳矿产资源补偿费	20					
2009年结案	**7433**	**49**		**265**	**250**	**479**
处理 2008 年未结案	374	1		6		54
勘查	273			1	7	7
无证勘查	72					4
越界勘查	20				6	2
非法转让探矿权	21					
其他	160			1	1	1
开采	6766	48		258	243	418
无证开采	5042	48		207	208	371
越界开采	1122			43	17	29
非法转让采矿权	95					
破坏性开采	32					
其他	475			8	18	18
不按规定缴纳矿产资源补偿费	20					
2009年未结案件	**1016**	**4**	**2**	**67**	**44**	**5**

违法案件查处情况——按地区分列(一)

计量单位：件

辽宁	吉林	黑龙江	上海	江苏	浙江	安徽	福建	江西	山东
92	**6**	**24**		**3**	**13**	**15**	**35**	**7**	**25**
924	**271**	**258**		**20**	**222**	**49**	**360**	**161**	**231**
80	22	2			1	8	1	3	8
79	10	2			1	7	1	1	5
								1	
1	12					1		1	3
844	249	256		20	221	41	359	151	223
749	209	180		19	156	19	308	94	190
88	34	64			45	20	30	41	16
						1		2	
		7		1					
7	6	5			20	1	21	14	17
								7	
776	**244**	**278**		**19**	**228**	**47**	**382**	**143**	**216**
7	6	24		1	13	5	33	4	18
1	18	2				2		3	8
	6	2				1		1	5
								1	
1	12					1		1	3
768	220	252		18	215	40	349	129	190
676	181	176		17	155	18	298	83	159
86	33	64			42	20	30	30	14
						1		2	
		7		1					
6	6	5			18	1	21	14	17
								7	
240	**33**	**4**		**4**	**7**	**17**	**13**	**25**	**40**

2009年矿产资源勘查、开采

续表 18

	河南	湖北	湖南	广东	广西	海南
2008年未结案件	**2**	**5**	**99**	**54**	**63**	**13**
2009年立案	**250**	**78**	**685**	**376**	**351**	**94**
勘查	4	13	9	4	6	
无证勘查	3	11	5	2	2	
越界勘查		1	2			
非法转让探矿权		1				
其他	1		2	2	4	
开采	245	65	674	372	345	94
无证开采	189	39	370	253	309	82
越界开采	46	25	251	116	15	11
非法转让采矿权			10			
破坏性开采						1
其他	10	1	43	3	21	
不按规定缴纳矿产资源补偿费	1		2			
2009年结案	**251**	**70**	**711**	**315**	**295**	**95**
处理 2008 年未结案	2	4	55	36	17	12
勘查	4	12	9	2	6	
无证勘查	3	11	5	1	2	
越界勘查			2			
非法转让探矿权		1				
其他	1		2	1	4	
开采	244	54	645	277	272	83
无证开采	188	33	354	168	242	73
越界开采	46	21	244	107	14	9
非法转让采矿权			10			
破坏性开采						1
其他	10		37	2	16	
不按规定缴纳矿产资源补偿费	1		2			
2009年未结案件	**1**	**13**	**73**	**115**	**119**	**12**

违法案件查处情况——按地区分列(二)

计量单位：件

重庆	四川	贵州	云南	西藏	陕西	甘肃	青海	宁夏	新疆
16	**6**	**54**	**2**		**1**		**8**		**32**
105	**132**	**900**	**218**		**133**	**126**	**16**	**79**	**670**
20	22	43	9		11	1	1		110
18	19	6	2		2		1		3
2	2	2	1		3	1			1
		15	1		1				5
	1	20	5		5				101
85	110	856	209		122	125	15	79	551
38	65	494	166		85	107	13	70	444
36	31	69	31		26	1		7	83
5	2	60	5		4		2		5
3		9				1			10
3	12	224	7		7	16		2	9
		1							9
100	**99**	**897**	**214**		**127**	126	**13**	**69**	**675**
4	2	45	2				7		16
14	7	41	7		11	1	1		109
12	6	6	1		2		1		3
2		1	1		3	1			1
		14	1		1				4
	1	20	4		5				101
82	90	810	205		116	125	5	69	541
35	51	452	162		82	107	4	60	434
36	26	66	31		23	1		7	83
5	2	60	5		4		1		5
3		9				1			10
3	11	223	7		7	16		2	9
		1							9
21	**39**	**57**	**6**		**7**		**11**	**10**	**27**

2009年全国石油天然气

表 19

地 区	油气田总数（个）				从业人数（人）	油产量（万吨）	气产量（亿立方米）
		大型	中型	小型			
总 计	**864**	**96**	**217**	**551**	**540274**	**18821.42**	**843.95**
天 津	23	3	12	8	12192	480.99	5.37
河 北	62	2	16	44	25493	598.05	10.08
辽 宁	40	5	8	27	30483	995.12	8.10
吉 林	39	4	12	23	22934	615.14	14.22
黑龙江	52	11	10	31	92137	3984.22	30.04
江 苏	59		4	55	9193	184.03	3.81
山 东	71	11	39	21	105074	2744.25	7.00
河 南	37	1	11	25	40748	516.31	8.82
湖 北	31	1	2	28	14370	96.00	1.60
广 西	1			1	91	3.10	0.01
海 南	4			4	130	14.23	1.86
四 川	142	7	18	117	39642	15.71	180.35
甘 肃	7		2	5	12359	39.86	0.29
青 海	23	4	2	17	16399	185.17	43.07
陕 西	62	11	22	29	73937	2713.69	209.11
新 疆	85	15	29	41	42831	2439.59	245.36
渤 海	53	9	12	32	602	1808.56	8.93
南 海	65	12	17	36	861	1377.80	59.98
东 海	8		1	7	798	9.60	5.95

注：1.中国石油长庆、华北、大港和西南经济数据未按省分列，本汇总表将中国石油长庆全部计入陕西，中国石油华北全部计入河北，中国石油大港全部计入天津，中国石油西南全部计入四川。

2.本表不包括煤层气和二氧化碳气。

开发利用情况——按地区分列

工业总产值（万元）	工业增加值（万元）	销售收入（万元）	年利税总额（万元）	实缴补偿费（万元）
62778077.22	**48947020.16**	**64325051.38**	**33106530.91**	**429734.35**
1168774.00	708946.00	1124295.61	288474.44	15600.00
1708217.00	1267962.00	1761863.00	621572.00	37124.00
2161669.00	1090580.00	1940356.00	15885.00	21245.00
1527348.00	1292643.00	1461098.19	365480.80	7855.12
11204417.00	10168910.00	13894429.00	7546780.00	76622.00
797567.00	696847.00	797586.00	685919.00	6270.44
12051689.00	10942712.00	12375666.00	9028190.00	42850.00
1933092.00	865037.00	1909605.00	157349.00	3872.00
428050.00	296255.00	427407.00	–13174.00	
128561.00	30855.00	132151.00	26653.00	72.36
75595.00	64776.00	115834.00	40662.00	679.00
2206172.00	1092329.00	2326436.00	143426.00	14147.00
1185755.00	313328.00	1184272.00	157763.00	79.00
757583.00	782987.00	981747.00	395549.00	2000.00
8259091.00	6329206.00	8366125.96	3975311.25	39118.00
7447611.08	5971613.39	7597680.89	4427637.06	67196.41
4798622.00	4219187.00	4480639.00	2906282.00	94736.00
4780046.90	2742294.74	3318441.71	2307073.25	268.02
158217.24	70552.03	129418.02	29698.11	

2009年全国石油天然气开发

表 20

经济类型	油气田总数（个）				从业人数（人）	油产量（万吨）	气产量（亿立方米）
		大型	中型	小型			
总　计	**864**	**96**	**217**	**551**	**540274**	**18821.42**	**843.95**
国有企业	19	1	10	8	57109	1131.60	
国有联营企业	1			1	91	3.10	0.01
股份有限公司	844	95	207	542	483074	17686.72	843.94

利用情况——按经济类型分列

工业总产值（万元）	工业增加值（万元）	销售收入（万元）	年利税总额（万元）	实缴补偿费（万元）
62778077.22	**48947020.16**	**64325051.38**	**33106530.91**	**429734.35**
2471800.00	2036300.00	2859634.00	1084900.00	
128561.00	30855.00	132151.00	26653.00	72.36
60177716.22	46879865.16	61333266.38	31994977.91	429661.99

2009年全国非油气矿产资源

表 21

地区	矿山企业数（个）					从业人员（人）
		大　型	中　型	小　型	小　矿	
总　计	**117965**	**4156**	**5303**	**56675**	**51831**	**7240067**
北　京	169	10	21	107	31	27339
天　津	397	87	133	177		8292
河　北	5280	77	142	2524	2537	346215
山　西	6724	128	326	4062	2208	854036
内蒙古	4457	106	259	1927	2165	265079
辽　宁	4419	56	79	2238	2046	384718
吉　林	2341	84	101	1223	933	147524
黑龙江	4037	235	296	1911	1595	370260
上　海	82	4	2	62	14	5452
江　苏	2112	112	327	1658	15	208067
浙　江	2393	1049	194	843	307	68765
安　徽	5130	345	246	2173	2366	383217
福　建	3224	132	277	1728	1087	100873
江　西	6437	34	145	3307	2951	247526
山　东	5417	856	974	2604	983	620310
河　南	4434	201	256	2536	1441	550504
湖　北	4192	29	106	1751	2306	156259
湖　南	8289	64	172	2234	5819	321973
广　东	2313	58	50	1759	446	70263
广　西	5119	37	79	2030	2973	125585
海　南	464	39	58	251	116	12729
重　庆	3550	43	154	2428	925	206168
四　川	7949	90	397	4289	3173	443743
贵　州	7622	43	105	3600	3874	285765
云　南	8449	18	86	4448	3897	372707
西　藏	69	5	7	41	16	3940
陕　西	5053	71	94	2379	2509	249970
甘　肃	3205	29	56	774	2346	172069
青　海	832	27	32	262	511	44404
宁　夏	710	11	25	211	463	50410
新　疆	3096	76	104	1138	1778	135905

开发利用情况——按地区分列

年产矿量（原矿，万吨）	工业总产值（万元）	综合利用产值（万元）	矿产品销售收入（万元）	利润总额（万元）
692717.95	**117086064.36**	**8865860.13**	**100877783.81**	**19100882.39**
2079.34	497106.75	95743.72	341819.17	53647.81
3337.44	29638.53	952.10	19049.43	824.26
36433.21	6170524.48	744386.09	4829977.88	948030.77
54658.66	21263168.08	1661042.37	17891816.23	3102368.35
60896.45	11723594.12	2052516.73	10723228.44	3013842.66
31181.97	5219073.20	170944.50	4102393.07	658557.98
13869.06	1583258.38	5181.49	1378747.00	153506.85
13491.75	2425427.87	39262.92	2402863.63	238067.26
249.19	117982.90	1651.00	18534.70	593.64
20196.08	2456291.57	6396.70	2281074.07	245999.58
46697.51	896866.73	9249.56	821057.55	51349.00
43958.02	7818476.14	469009.91	6992182.98	621904.71
18399.44	1442754.01	230070.87	1360027.74	433957.07
23543.15	2419567.14	169999.68	2205216.43	269951.52
47675.03	10162967.18	437491.12	9017715.70	2042683.82
29481.78	8467787.01	280118.51	6723320.21	1279290.67
14296.18	1406927.90	81327.06	1290235.62	170286.05
28217.19	2667587.32	441685.55	2341038.03	384134.01
21060.44	946686.32	25434.69	835601.39	165589.31
20696.81	924042.99	58048.86	849658.17	177764.29
7043.38	223459.96	2772.86	214281.93	57947.10
14227.59	1454843.37	208938.61	7102.20	119752.58
24341.30	3285938.18	374938.91	2980881.93	290266.33
20931.71	4043173.96	882372.30	3867875.04	733242.55
23070.61	4058872.50	62458.23	3179635.29	412949.49
87.28	68221.49	15879.00	49058.78	22786.02
34143.92	8154230.47	16090.86	7618479.53	2055636.33
10029.25	2190394.88	50453.05	2032083.56	158257.86
6527.60	1909492.69	132377.40	1527994.96	607120.50
6078.26	1210289.81	111069.38	1197238.35	342821.37
15818.38	1847418.44	27996.11	1777594.80	287752.66

2009年全国非油气矿产资源开发

表 22

企业经济类型	矿山企业数（个）					从业人员（人）
		大 型	中 型	小 型	小 矿	
总 计	**117965**	**4156**	**5303**	**56675**	**51831**	**7240067**
一、内资企业	117379	4018	5216	56384	51761	7168234
国有企业	4134	559	612	2226	737	2044390
集体企业	14184	189	325	6540	7130	679151
股份合作企业	1953	112	110	980	751	151157
联营企业	716	21	30	388	277	42065
有限责任公司	10102	750	899	5790	2663	1137834
股份有限公司	4616	365	454	2648	1149	925790
私营企业	76041	1719	2558	35440	36324	2105729
其他企业	5633	303	228	2372	2730	82118
二、港、澳、台商投资企业	232	38	30	135	29	22439
三、外商投资企业	354	100	57	156	41	49394

利用情况——按经济类型分列

年产矿量（原矿，万吨）	工业总产值（万元）	综合利用产值（万元）	矿产品销售收入（万元）	利润总额（万元）
692717.95	**117086064.36**	**8865860.13**	**100877783.81**	**19100882.39**
675230.54	114213672.56	8641726.23	98552295.31	18394500.64
157343.88	44188054.33	2871309.94	38589871.23	6172651.69
42859.67	4545699.11	333757.91	4106045.84	659940.85
12624.38	2227789.05	104031.30	1967280.05	302010.13
2919.45	692376.79	25754.78	629507.71	182629.90
119853.19	21186368.39	1658780.95	17795150.97	3349345.02
88421.26	23376812.72	1666766.32	19857339.15	5167163.76
236015.81	17563295.35	1959602.03	15255001.34	2507083.63
15192.90	433276.80	21722.99	352099.02	53675.65
4766.43	452606.51	13738.60	416742.53	99582.24
12720.98	2419785.29	210395.30	1908745.97	606799.51

2009年全国非油气矿产资源

表 23

矿　　种	矿　山　企　业　数　(个)					从业人员(人)
		大　型	中　型	小　型	小　矿	
总　　计	**117965**	**4156**	**5303**	**56675**	**51831**	**7240067**
煤炭	16438	436	845	9036	6121	4094279
油页岩	19	1	4	9	5	13382
油砂	4			4		55
石煤	274		1	35	238	2841
天然沥青	5				5	75
地下热水	799	183	142	369	105	29768
铁矿	4318	91	212	2330	1685	366189
锰矿	596	24	39	370	163	37032
铬矿	27		1	14	12	1502
钛矿	128	10	2	76	40	3447
钒矿	88	10	17	46	15	7273
铜矿	803	17	49	443	294	118883
铅矿	916	7	20	371	518	48933
锌矿	856	7	30	462	357	69855
铝土矿	246	6	19	155	66	16304
镁矿	29		1	16	12	294
镍矿	55	3	7	27	18	11312
钴矿	5	1		2	2	394
钨矿	153	1	19	105	28	37450
锡矿	157	3	11	69	74	30711
铋矿	3			2	1	171
钼矿	196	10	21	107	58	33297
汞矿	40		1	16	23	889
锑矿	94	1	1	50	42	9342
铂矿	3			3		117
金矿	1600	57	111	752	680	168546
银矿	82	6	5	42	29	11164
铌钽矿	9		1	5	3	1049
铌矿	1				1	1

开发利用情况——按矿种分列(一)

年产矿量（原矿，万吨）	工业总产值（万元）	综合利用产值（万元）	矿产品销售收入（万元）	利润总额（万元）
692717.95	**117086064.36**	**8865860.13**	**100877783.81**	**19100882.39**
232742.72	77995004.99	5240209.18	69121471.69	13684392.71
282.96	492421.79	390.00	447032.35	39482.93
0.03	50.00	18.00	50.00	5.00
382.62	11810.01	548.68	10520.24	1348.52
0.13	749.75		711.60	242.00
7491.64	155542.74		129119.48	10414.90
45889.49	9786628.05	1198656.50	7661839.87	1121711.26
932.23	563938.15	34906.98	259867.23	77403.75
20.01	30573.42	8648.00	24980.62	12393.52
262.82	13416.81	1176.13	10661.36	709.93
182.49	63323.21	756.00	47766.76	1699.20
8920.51	2117146.09	114297.71	1887621.05	322605.89
1162.51	690830.05	100207.45	582620.76	198521.27
2141.88	1551697.39	99613.94	1265393.94	246496.85
1175.28	204312.62	29620.30	153296.02	6079.00
8.00	144.00	60.00	144.00	5.00
927.75	799643.77	40447.45	740662.44	43731.89
11.21	2034.06		1296.19	-1083.70
2111.81	340919.05	29812.52	279079.90	36523.35
780.15	342288.11	7903.17	311589.03	82350.64
4.50	1968.00		490.00	140.00
4784.42	1513183.70	48614.18	678078.16	152328.59
39.12	14113.53	2920.00	9018.27	2231.40
101.67	91527.87	1991.00	87828.64	5528.29
11407.03	3398442.35	545512.94	3185179.26	1031079.69
412.01	244198.69	62403.90	232503.82	58910.24
97.50	12839.70	8035.70	11077.71	371.00

2009年全国非油气矿产资源

续表 23

矿　　种	矿山企业数（个）					从业人员（人）
		大　型	中　型	小　型	小　矿	
钽矿	5	1		3	1	278
铍矿	1				1	207
锂矿	16	2	1	7	6	3070
锆矿	30	24	4	1	1	1219
锶矿	17		1	5	11	1891
重稀土矿	20		1	18	1	2451
轻稀土矿	101		5	78	18	2175
锗矿	2			2		434
碲矿	2				2	4
蓝晶石	6	1	1	3	1	275
矽线石	4	1		3		415
红柱石	9	4	2	3		602
菱镁矿	132	5	9	95	23	8160
普通萤石	1330	3	36	697	594	24402
熔剂用灰岩	319	17	22	149	131	17623
冶金用白云岩	367	12	9	208	138	8453
冶金用石英岩	610	2	9	369	230	7922
冶金用砂岩	23			15	8	286
铸型用砂岩	21			14	7	214
铸型用砂	97		8	75	14	2718
冶金用脉石英	386		3	214	169	3741
耐火黏土	320	2	7	184	127	7960
铁矾土	36			22	14	426
铸型用黏土	3			1	2	22
耐火用橄榄岩	6	1		4	1	201
熔剂用蛇纹岩	7	3	2	2		557
自然硫	3				3	32
硫铁矿	322	7	7	169	139	20989
钠硝石	4	1		1	2	97
明矾石	9	2		7		1904
芒硝	82	18	20	32	12	12812

开发利用情况——按矿种分列(二)

年产矿量 (原矿,万吨)	工业总产值 (万元)	综合利用产值 (万元)	矿产品销售收入 (万元)	利润总额 (万元)
21.78	2988.00	2661.96	326.04	10.00
266.00	150862.56	77907.45	150065.69	21052.62
3963.15	17525.06	2266.37	15564.78	3607.94
13.57	3627.95		1032.09	-42.00
466.03	17519.20		20092.58	3882.03
135.57	29258.36	828.77	26882.15	2974.10
391.80	37611.00	30776.00	37611.00	649.00
2.50	1750.00	50.00	1296.00	125.00
14.13	1228.50	50.00	1228.50	-405.50
14.75	829.05	0.10	820.05	13.55
743.64	134300.18	861.50	56094.54	7183.31
536.11	121801.10	14940.08	100365.79	9370.94
4625.50	202513.67	7599.63	149160.11	19217.58
1841.96	93202.48	14580.01	54452.38	-2213.62
558.95	56903.89	3038.86	37227.51	-970.71
15.23	573.13		265.13	46.09
76.80	1070.70		932.70	163.78
214.48	16379.29	135.00	15676.50	1609.27
98.32	8760.73	351.40	8314.36	616.23
270.76	45037.72	1639.80	22311.20	1880.78
7.21	691.00		658.75	68.50
1.25	25.00	25.00	25.00	12.00
19.28	1183.65		1180.60	-90.50
68.60	3889.80	5.00	3488.80	369.80
648.95	131294.51	4563.00	100741.78	5979.41
6.10	753.82		913.00	
13.51	5950.00		5615.73	-71.80
2144.67	220288.63	4153.96	199961.18	17694.67

2009年全国非油气矿产资源

续表 23

矿　　种	矿　山　企　业　数　(个)					从业人员（人）
		大　型	中　型	小　型	小　矿	
重晶石	527	8	21	310	188	7255
毒重石	37		3	31	3	765
天然碱	41	1	3	31	6	3704
电石用灰岩	81	2	4	35	40	1808
制碱用灰岩	71	3	3	41	24	1905
化肥用灰岩	10			10		163
化工用白云岩	23			14	9	417
化肥用石英岩	12			6	6	804
化肥用砂岩	7		1	4	2	382
含钾砂页岩	8			4	4	67
含钾岩石	36		5	23	8	427
化肥用橄榄岩	1			1		8
化肥用蛇纹岩	20		3	10	7	207
泥炭	47			9	38	639
盐矿	255	76	28	131	20	46376
镁盐	3		1	2		134
钾盐	17	4	6	5	2	8010
溴矿	62			20	42	3129
砷矿	8			4	4	156
硼矿	69	5	5	52	7	3462
磷矿	339	13	51	235	40	40019
金刚石	5	3	1	1		768
石墨	202	42	23	65	72	7337
压电水晶	3			1	2	47
熔炼水晶	4			1	3	44
光学水晶	2				2	4
工艺水晶	1			1		10
硅灰石	267	3	5	146	113	3340
滑石	191	4	7	104	76	6769
石棉	45	12	5	25	3	6186
云母	33			18	15	376

开发利用情况——按矿种分列(三)

年产矿量（原矿，万吨）	工业总产值（万元）	综合利用产值（万元）	矿产品销售收入（万元）	利润总额（万元）
336.97	39013.62	1859.26	35900.46	2991.24
20.63	5334.30	926.00	30.00	287.80
318.52	128310.00	60160.00	103108.00	5748.80
304.12	7391.04	521.66	6772.08	738.90
315.79	26817.52	4296.14	7104.82	1497.15
26.10	309.00		261.00	8.10
20.88	815.56	4.00	773.12	117.87
13.03	424.95	14.00	424.95	72.00
2.97	288.80	15.00	154.80	55.50
5.60	70.00		64.00	26.00
9.07	591.37	35.00	474.31	81.28
2.90	72.50		72.50	0.80
8.57	254.56	20.00	236.56	4.45
18.35	1391.00	69.00	1291.30	243.40
6433.38	781898.29	123518.95	651873.95	51864.33
52.00	743.50		635.00	43.91
3349.05	1148377.88	15140.00	813102.00	381953.47
6.47	66847.10	32260.30	58342.17	7343.50
0.99	424.00		287.50	-156.50
93.09	20824.35	3351.30	20029.81	2918.50
4876.01	868447.18	13880.52	770091.82	141968.85
5.86	655.00		584.24	-350.00
347.27	40570.24	51.00	30847.54	1328.94
0.05	70.00	2.00	65.00	10.00
145.29	16390.75	1097.10	11255.08	1835.90
193.55	34244.13	461.80	29439.23	7023.66
587.96	31181.80	474.60	27454.70	1440.87
3.77	519.00	1.00	503.00	35.50

2009年全国非油气矿产资源

续表 23

矿种	矿山企业数（个）					从业人员（人）
		大型	中型	小型	小矿	
长石	424	2	6	218	198	5880
电气石	4			1	3	30
石榴子石	23			11	12	279
叶蜡石	96	2	16	52	26	1492
透辉石	38		1	21	16	668
蛭石	17	1		13	3	205
沸石	83	1	4	41	37	1009
透闪石	10			4	6	128
石膏	661	31	100	343	187	35214
方解石	744	11	22	325	386	7273
光学萤石	19			6	13	172
宝石	11			4	7	132
玉石	72			17	55	1221
玛瑙	4				4	172
玻璃用灰岩	16			7	9	97
水泥用灰岩	3966	220	233	2255	1258	118382
建筑石料用灰岩	19111	77	170	8878	9986	252141
饰面用灰岩	135	1	2	61	71	1902
制灰用石灰岩	1104	6	16	540	542	19681
泥灰岩	31			20	11	727
白垩	2				2	13
玻璃用白云岩	59	1		27	31	1391
建筑用白云岩	1289	5	17	788	479	16180
玻璃用石英岩	521	16	38	336	131	8224
玻璃用砂岩	132	1	38	63	30	1954
水泥配料用砂岩	253	4	32	140	77	3726
砖瓦用砂岩	241		9	123	109	4615
陶瓷用砂岩	77		2	60	15	908
建筑用砂	7096	82	198	2955	3861	77549
玻璃用砂	79	5	15	36	23	2776
水泥配料用砂	29	1	2	6	20	493

开发利用情况——按矿种分列(四)

年产矿量（原矿，万吨）	工业总产值（万元）	综合利用产值（万元）	矿产品销售收入（万元）	利润总额（万元）
282.84	19386.66	3236.90	17242.59	2350.83
	0.10			
1.79	358.60		312.30	-32.90
132.03	6767.33	257.90	6616.97	1199.49
91.60	5954.45	100.00	4875.10	393.70
1.38	700.00		561.00	130.50
58.85	1687.08	210.00	1551.43	134.41
0.42	18.60		9.60	3.00
2174.84	108413.69	9495.11	96283.00	7733.48
667.62	40813.14	10150.60	36182.24	3982.53
1.56	118.54		118.54	6.46
	158.00		91.00	10.00
6.98	6684.89	1151.00	4280.78	892.77
0.01	1450.00	1300.00	1350.00	205.00
32.20	915.60	8.00	915.60	2.20
73958.73	4699180.12	380774.83	3662445.12	457759.05
67918.27	1138809.64	99295.13	935288.73	154649.90
200.93	11860.65	1914.00	9228.25	1404.33
4380.18	104068.63	9188.72	92950.44	10540.54
41.31	1532.00	1068.00	683.00	101.42
0.20	11.00		11.00	
202.06	4440.08	717.50	4152.48	306.55
6734.42	103808.69	16689.70	96444.60	13396.12
698.34	36256.38	2835.45	30543.42	2999.09
524.03	31159.70	395.50	29862.76	9367.38
1067.90	122507.31	1494.30	117944.37	24722.86
289.30	18478.30	1188.91	15561.18	2611.82
108.67	2659.82	38.60	2381.62	-107.84
27499.69	421042.71	23222.21	376828.57	53139.54
390.74	25495.04	30.00	22967.10	2136.72
244.34	4714.26	11.00	4345.22	198.10

2009年全国非油气矿产资源

续表 23

矿种	矿山企业数（个）					从业人员（人）
		大型	中型	小型	小矿	
水泥标准砂	8			3	5	151
砖瓦用砂	156			33	123	2432
玻璃用脉石英	235	1	2	121	111	2084
粉石英	42		4	21	17	452
天然油石	1			1		55
硅藻土	28		6	20	2	879
陶粒页岩	36	1	4	27	4	855
砖瓦用页岩	7583	20	591	4823	2149	197033
水泥配料用页岩	142	4	22	69	47	1641
高岭土	553	19	28	366	140	13967
陶瓷土	607	6	24	471	106	6595
凹凸棒石黏土	66	2	11	22	31	1368
海泡石黏土	6			5	1	47
伊利石黏土	48		2	37	9	649
累托石黏土	36		1	17	18	1046
膨润土	353	7	29	267	50	6624
砖瓦用黏土	21425	5	276	6829	14315	799606
陶粒用黏土	346	4	13	219	110	9044
水泥配料用黏土	192	3	7	77	105	2695
水泥配料用红土	34			8	26	337
水泥配料用黄土	9		1	6	2	2598
水泥配料用泥岩	28	1	1	7	19	368
保温材料用黏土	6			3	3	88
建筑用橄榄岩	15	1		8	6	331
饰面用蛇纹岩	68			50	18	647
铸石用玄武岩	13	1		10	2	175
岩棉用玄武岩	1			1		120
角闪岩	47	5	2	26	14	617
水泥用辉绿岩	3			2	1	55
铸石用辉绿岩	3				3	18
饰面用辉绿岩	273	12	5	127	129	2491

开发利用情况——按矿种分列(五)

年产矿量（原矿，万吨）	工业总产值（万元）	综合利用产值（万元）	矿产品销售收入（万元）	利润总额（万元）
9.68	1478.80		1366.30	240.50
109.44	10110.70	311.95	7461.70	1957.21
95.96	7622.84	1341.60	7387.11	1451.99
16.81	1237.00	421.00	1282.00	290.86
22.60	18964.15	200.00	8136.78	-559.50
73.81	3461.36	20.00	1934.45	74.44
14798.84	944746.90	64178.43	775147.46	97948.51
450.30	6466.16	484.10	5318.46	745.11
965.81	81385.66	8366.11	77173.40	13040.34
959.32	41664.62	3735.28	37154.46	5317.94
23.69	6536.96	3.30	5833.76	324.54
	6.00		6.00	
13.04	638.05	71.00	533.05	33.78
25.32	2489.00	73.00	1515.00	344.50
648.83	48381.47	3202.85	44838.80	4459.97
43164.69	2128073.10	120108.69	2000026.39	203637.34
341.92	15818.46	1512.60	13721.49	1232.22
597.14	8570.26	884.40	7486.33	1202.65
31.83	1209.83	295.00	985.41	78.21
79.78	1063.95		1035.80	203.87
111.47	1884.92	1.00	1407.42	119.90
0.70	10.50		10.50	1.00
37.67	874.60		864.60	78.50
10.27	763.85	25.00	721.50	112.60
24.35	424.00	23.00	424.00	18.10
10.01	400.00		400.00	12.00
105.72	1787.19	385.00	1662.00	134.04
7.00	780.00	3.00	730.00	16.50
	15.00		1.00	
411.89	21696.60	958.53	20991.40	2657.06

2008年全国非油气矿产资源

续表 23

矿　　种	矿　山　企　业　数　（个）					从业人员（人）
		大　型	中　型	小　型	小　矿	
建筑用辉绿岩	301	16	15	186	84	2937
饰面用安山岩	1			1		3
建筑用安山岩	717	139	114	307	157	12417
建筑用闪长岩	348	44	19	167	118	5163
水泥混合材用闪长岩玢岩	1			1		2
建筑用花岗岩	5067	764	465	2700	1138	64664
饰面用花岗岩	2021	85	426	857	653	30747
麦饭石	16			10	6	132
珍珠岩	61	4	3	44	10	1981
黑耀岩	4			2	2	13
浮石	19			13	6	154
铸石用粗面岩	13		1	9	3	108
霞石正长岩	5	2		3		181
玻璃用凝灰岩	1			1		
水泥用凝灰岩	32	6	3	18	5	366
建筑用凝灰岩	1640	931	78	401	230	31409
火山灰	14			10	4	85
火山渣	3			1	2	34
饰面用大理岩	557	36	26	218	277	8822
建筑用大理岩	575	132	52	260	131	6439
水泥用大理岩	214	51	29	112	22	5374
玻璃用大理岩	36	2		31	3	173
饰面用板岩	263	8	15	135	105	3140
水泥配料用板岩	20	2	1	8	9	202
片麻岩	417		31	223	163	4722
矿泉水	904	54	64	624	162	30128
地下水	6	1		4	1	93
其他矿产 *	1338	164	130	665	379	20063

注：* 其他矿产包括铀矿、饰面用辉石岩、建筑用辉石岩、饰面用辉长岩、建筑用辉长岩、饰面用正长岩、建筑用正长岩、建筑用二长岩、千枚岩、片石、砚石、贝壳及未命名矿产。

开发利用情况——按矿种分列(六)

年产矿量（原矿，万吨）	工业总产值（万元）	综合利用产值（万元）	矿产品销售收入（万元）	利润总额（万元）
489.95	10139.89	371.23	9036.38	1250.95
7032.02	109147.31	3413.50	107217.14	7853.23
1545.62	21937.03	793.00	21073.87	2914.89
27612.07	357327.00	14603.21	329406.82	38450.18
2843.40	258411.25	37853.41	226998.76	34907.56
5.79	157.03		152.03	9.37
182.18	13905.76	92.20	13821.26	4529.40
3.47	196.50	10.00	148.90	-143.82
9.85	146.10	40.00	128.00	6.00
2.74	113.10		113.10	0.86
67.16	890.00	4.00	812.80	89.00
30747.57	407030.02	6124.90	342513.52	28934.17
16.11	317.66		317.66	54.30
0.90	36.00	5.00	11.00	3.20
655.80	44755.18	4262.25	32923.08	8997.93
2577.32	50428.58	4562.30	45721.06	5414.17
1745.02	61214.65	16498.40	70798.44	8937.06
20.63	768.25		768.25	125.00
159.97	9793.73	799.30	9098.03	982.38
43.36	983.65	30.00	963.65	30.15
844.22	13249.25	421.10	11158.99	2011.68
2011.86	373979.89	30.00	240260.64	18566.62
10.13	88.60		65.60	16.02
6280.37	104190.68	3225.86	93306.97	14041.05

2009年中国主要矿产

表 24

矿产品名称	进　口				
	国别（地区）	数量（吨）	占总量（%）	金额（千美元）	占总值（%）
煤　炭	**合计**	**131907778**	**100.0**	**10910819**	**100.0**
	澳大利亚	43952620	33.3	4887618.27	44.8
	印度尼西亚	35406151	26.8	2318340.95	21.2
	越南	24082495	18.3	1293274.36	11.9
	俄罗斯联邦	12093667	9.2	1029115.81	9.4
	蒙古	6016537	4.6	317417.42	2.9
	加拿大	4093808	3.1	540070.335	4.9
	朝鲜	3601209	2.7	256221.387	2.3
	美国	1025204	0.8	135797.459	1.3
	其他国家或地区	1636086	1.2	132963	1.3
原油	**合计**	**203652539**	**100.0**	**89229286**	**100.0**
	沙特阿拉伯	41728369	20.5	18872731	21.2
	安哥拉	32173244	15.8	14599966	16.4
	伊朗	23147244	11.4	9804441	11.0
	俄罗斯联邦	15303891	7.5	6616467	7.4
	苏丹	12188834	6.0	4642971	5.2
	阿曼	11738233	5.8	4989907	5.6
	伊拉克	7162811	3.5	3306284	3.7
	科威特	7075151	3.5	2861937	3.2
	利比亚	6344540	3.1	3126916	3.5
	哈萨克斯坦	6006132	2.9	2543539	2.9
	委内瑞拉	5266783	2.6	1988189	2.2
	刚果（布）	4089643	2.0	1498117	1.7
	巴西	4057707	2.0	1610611	1.8
	阿拉伯联合酋长国	3307031	1.6	1526865	1.7
	印度尼西亚	3234410	1.6	1459435	1.6
	也门共和国	2561855	1.3	1186877	1.3
	马来西亚	2229385	1.1	1088511	1.2
	赤道几内亚	2221260	1.1	1031638	1.2
	其他国家或地区	13816016	6.7	6473884	7.2
铁矿砂及其精矿	**合计**	**627592353**	**100.0**	**50100037**	**100.0**
	澳大利亚	261869964	41.7	20054107	40.0
	巴西	142396798	22.7	12912043	25.8
	印度	107330213	17.1	7626408	15.2
	南非	34130450	5.4	2882930	5.8

品进出口情况(一)

	出口			
国别(地区)	数量(吨)	占总量(%)	金额(千美元)	占总值(%)
合计	**22401117**	**100.0**	**2376490**	**100.0**
韩国	9879221	44.1	1061229	44.7
日本	6402073	28.6	754031	31.7
台湾省	4931157	22.0	433534	18.2
菲律宾	838692	3.7	82614	3.5
香港	121789	0.5	9758	0.4
朝鲜	90391	0.4	14254	0.6
土耳其	61968	0.3	7129	0.3
印度尼西亚	21053	0.1	4001	0.2
其他国家或地区	54773	0.3	9940	0.4
合计	**5072465**	**100.0**	**2155729**	**100.0**
韩国	1631526	32.2	696609	32.3
新加坡	760454	15.0	237168	11.0
日本	727981	14.4	344203	16.0
美国	678998	13.4	281739	13.1
朝鲜	519814	10.2	238555	11.1
澳大利亚	321611	6.3	162035	7.5
泰国	205828	4.1	83086	3.9
印度	98903	1.9	46110	2.1
印度尼西亚	87655	1.7	50861	2.4
马来西亚	39695	0.8	15363	0.6
合计	**2499**	**100.0**	**550**	**100.0**
巴基斯坦	1475	59.0	303	55.0
韩国	371	14.8	80	14.5
乌兹别克斯坦	299	12.0	71	13.0
土库曼斯坦	200	8.0	53	9.7

2009年中国主要矿产

续表 24

矿产品名称	进　口				
	国别（地区）	数量（吨）	占总量（%）	金额（千美元）	占总值（%）
铁矿砂及其精矿	乌克兰	11580200	1.8	1037046	2.1
	俄罗斯联邦	9663732	1.5	775379	1.5
	加拿大	8652406	1.4	867744	1.7
	伊朗	6852808	1.1	528427	1.1
	印度尼西亚	6435034	1.0	324551	0.6
	毛里塔尼亚	6123456	1.0	463258	0.9
	秘鲁	6031073	1.0	508216	1.0
	哈萨克斯坦	5856176	0.9	459232	0.9
	智利	5726697	0.9	571421	1.1
	委内瑞拉	3031494	0.5	253255	0.5
	越南	1810894	0.3	103786	0.2
	其他国家或地区	10100958	1.7	732234	1.6
锰矿砂及其精矿	**合计**	**9611607**	**100.0**	**1774662**	**100.0**
	澳大利亚	2941490	30.6	652077	36.7
	南非	2303081	24.0	396105	22.3
	加蓬	967869	10.1	217040	12.2
	巴西	942885	9.8	199734	11.3
	缅甸	607322	6.3	55941	3.2
	马来西亚	471343	4.9	47276	2.7
	加纳	314629	3.3	40980	2.3
	印度尼西亚	248649	2.6	52440	3.0
	其他国家或地区	814339	8.4	113069	6.3
铜矿砂及其精矿	**合计**	**6132792**	**100.0**	**8605791**	**100.0**
	智利	1379710	22.5	2094682	24.3
	秘鲁	975062	15.9	1392737	16.2
	澳大利亚	704965	11.5	1092429	12.7
	蒙古	516486	8.4	625755	7.3
	哈萨克斯坦	346069	5.6	421161	4.9
	墨西哥	284439	4.6	415919	4.8
	美国	264510	4.3	368700	4.3
	土耳其	223681	3.6	220064	2.6
	加拿大	195597	3.2	316063	3.7
	老挝	188948	3.1	249847	2.9
	其他国家或地区	1053325	17.3	1408434	16.3
镍矿砂及其精矿	**合计**	**16427192**	**100.0**	**1056805**	**100.0**
	菲律宾	8697821	52.9	276857	26.2

品进出口情况(二)

出口				
国别（地区）	数量（吨）	占总量（%）	金额（千美元）	占总值（%）
斯里兰卡	68	2.7	4	0.7
台湾省	40	1.6	25	4.6
印度尼西亚	18	0.7	9	1.7
科特迪瓦共和国	12	0.5	4	0.6
澳大利亚	9	0.4	1	0.1
德国	7	0.3	1	0.1
合计	**27387**	**100.0**	**5980**	**100.0**
韩国	18917	69.0	3722	62.2
日本	5028	18.4	1288	21.5
越南	2991	10.9	879	14.7
意大利	416	1.5	78	1.3
澳大利亚	20	0.1	13	0.3
尼泊尔	15	0.1		
合计	**460**	**100.0**	**107**	**100.0**
台湾省	400	87.0	60	56.1
巴布亚新几内亚	50	10.9	46	43.1
其他国家或地区	10	2.1	1	0.8
合计	**4284**	**100.0**	**2751**	**100.0**
巴西	4171	97.4	2632	95.7

2009年中国主要矿产

续表 24

矿产品名称	进口				
	国别（地区）	数量（吨）	占总量（%）	金额（千美元）	占总值（%）
镍矿砂及其精矿	印度尼西亚	7174293	43.7	320699	30.3
	澳大利亚	219170	1.3	237354	22.5
	俄罗斯联邦	132131	0.8	72547	6.9
	西班牙	117278	0.7	98108	9.3
	博茨瓦那	47316	0.3	25689	2.4
	其他国家或地区	39183	0.3	25551	2.4
钴矿砂及其精矿	**合计**	**282894**	**100.0**	**554901**	**100.0**
	刚果（金）	241238	85.3	461292	83.1
	刚果（布）	15544	5.5	31988	5.8
	南非	12635	4.5	23270	4.2
	古巴	7950	2.8	30212	5.4
	美国	2026	0.7	2927	0.5
	比利时	940	0.3	1147	0.2
	摩洛哥	935	0.3	845	0.2
	赞比亚	578	0.2	1150	0.2
	其他国家或地区	1048	0.4	2070	0.4
铝矿砂及其精矿	**合计**	**19687052**	**100.0**	**704888**	**100.0**
	印度尼西亚	114245848	72.4	492430	69.9
	澳大利亚	5111111	26.0	199208	28.3
	印度	185057	0.9	7965	1.1
	马来西亚	144556	0.7	5011	0.7
	其他国家或地区	480		274	
氧化铝	**合计**	**5140744**	**100.0**	**1303842**	**100.0**
	澳大利亚	4605803	89.6	1128896	86.6
	印度	336074	6.5	81576	6.3
	牙买加	79638	1.5	19140	1.5
	巴西	61470	1.2	14046	1.1
	苏里南	28777	0.6	6331	0.5
	日本	15527	0.3	20918	1.6
	韩国	4760	0.1	2654	0.2
	其他国家或地区	8695	0.2	30281	2.2

品进出口情况(三)

出　　口				
国别（地区）	数量（吨）	占总量（%）	金额（千美元）	占总值（%）
新加坡	95	2.2	115	4.2
韩国	18	0.4	4	0.1
合计	**68579**	**100.0**	**28783**	**100.0**
朝鲜	25156	36.7	7515	26.1
韩国	20627	30.1	8936	31.0
卡塔尔	13508	19.7	3033	10.5
越南	2202	3.2	1053	3.7
日本	1549	2.3	1290	4.5
蒙古	1152	1.7	37	0.1
印度尼西亚	608	0.9	727	2.5
其他国家或地区	3777	5.4	6192	21.6

2009年中国主要矿产

续表 24

矿产品名称	进口				
	国别（地区）	数量（吨）	占总量（%）	金额（千美元）	占总值（%）
铅矿砂及其精矿	合计	**1604567**	**100.0**	**1759883**	**100.0**
	秘鲁	326816	20.4	529274	30.1
	美国	274777	17.1	301010	17.1
	澳大利亚	148122	9.2	108440	6.2
	俄罗斯联邦	120205	7.5	134224	7.6
	墨西哥	68233	4.3	114298	6.5
	朝鲜	54021	3.4	15904	0.9
	韩国	48792	3.0	10062	0.6
	印度	46333	2.9	55406	3.1
	德国	40325	2.5	27494	1.6
	波兰	38371	2.4	35323	2.0
	其他国家或地区	438572	27.3	428448	24.3
锌矿砂及其精矿	合计	**3850468**	**100.0**	**1904862**	**100.0**
	澳大利亚	1090947	28.3	518817	527.2
	秘鲁	931408	24.2	543363	28.5
	加拿大	227010	5.9	125933	6.6
	爱尔兰	148193	3.8	91387	4.8
	哈萨克斯坦	141631	3.7	43109	2.3
	土耳其	139652	3.6	41639	2.2
	蒙古	136211	3.5	67542	3.5
	印度	121524	3.2	65869	3.5
	墨西哥	113116	2.9	53767	2.8
	其他国家或地区	800776	20.9	353436	18.6
锡矿砂及其精矿	合计	**10205**	**100.0**	**37090**	**100.0**
	玻利维亚	5645	55.3	30844	83.2
	缅甸	1825	17.9	4036	10.9
	澳大利亚	1216	11.9	437	1.2
	泰国	528	5.2	127	0.3
	老挝	215	2.1	636	1.7
	其他国家或地区	776	7.6	1010	2.7

品进出口情况(四)

出口				
国别(地区)	数量(吨)	占总量(%)	金额(千美元)	占总值(%)

2009年中国主要矿产

续表 24

矿产品名称	进口				
	国别(地区)	数量(吨)	占总量(%)	金额(千美元)	占总值(%)
铬矿砂及其精矿	**合计**	**6755519**	**100.0**	**1310428**	**100.0**
	南非	2899204	42.9	495595	37.8
	土耳其	1286757	19.0	293787	22.4
	阿曼	687292	10.2	82013	6.3
	印度	414023	6.1	121439	9.3
	巴基斯坦	295576	4.4	66097	5.0
	伊朗	254956	3.8	65012	5.0
	阿尔巴尼亚	219297	3.2	48379	3.7
	其他国家或地区	698414	10.4	138106	10.5
钨矿砂及其精矿	**合计**	**9125**	**100.0**	**68878**	**100.0**
	俄罗斯联邦	3763	41.2	24360	35.4
	加拿大	2314	25.4	23361	33.9
	卢旺达	705	7.7	5292	7.7
	刚果(金)	471	5.2	4357	6.3
	玻利维亚	411	4.5	4494	6.5
	泰国	247	2.7	2413	3.5
	其他国家或地区	1214	13.3	4601	6.7
钼矿砂及其精矿	**合计**	**61808**	**100.0**	**765708**	**100.0**
	智利	27625	44.7	350681	45.8
	美国	10890	17.6	156277	20.4
	墨西哥	4290	6.9	54121	7.1
	蒙古	4281	6.9	34081	4.5
	荷兰	2436	3.9	29526	3.9
	加拿大	2166	3.5	29929	3.9
	比利时	2133	3.5	23441	3.1
	其他国家或地区	7985	13.0	87652	11.3
钛矿砂及其精矿	**合计**	**1479222**	**100.0**	**162462**	**100.0**
	越南	646886	43.7	56273	34.6
	澳大利亚	383335	25.9	57975	35.7
	印度	245652	16.6	25028	15.4
	斯里兰卡	63810	4.3	4885	3.0
	冈比亚	58071	3.9	6449	4.0
	加拿大	39753	2.7	5041	3.1
	其他国家或地区	41715	2.9	6811	4.2

品进出口情况(五)

出口				
国别(地区)	数量(吨)	占总量(%)	金额(千美元)	占总值(%)
合计	**8893**	**100.0**	**130720**	**100.0**
荷兰	3763	42.3	57235	43.8
韩国	2647	29.8	40258	30.8
日本	603	6.8	9218	7.1
南非	498	5.6	8348	6.4
泰国	378	4.3	4288	3.3
越南	371	4.2	239	0.2
印度	335	3.7	5322	4.1
其他国家或地区	298	3.3	5812	4.3
合计	**592**	**100.0**	**252**	**100.0**
其他国家或地区	592	100.0	252	100.0

2009年中国主要矿产

续表 24

矿产品名称	进口				
	国别(地区)	数量(吨)	占总量(%)	金额(千美元)	占总值(%)
铌钽钒矿砂及其精矿	**合计**	**9074**	**100.0**	**77173**	**100.0**
	卢旺达	2479	27.3	20062	26.0
	巴西	2023	22.3	19300	25.0
	泰国	1720	19.0	4514	5.8
	马来西亚	1073	11.8	2008	2.6
	尼日利亚	881	9.7	10322	13.4
	埃塞俄比亚	294	3.2	9354	12.1
	刚果(金)	121	1.3	2575	3.3
	其他国家或地区	483	5.4	9038	11.8
锑精矿	**合计**	**25156**	**100.0**	**29087**	**100.0**
	缅甸	5847	23.2	3437	11.8
	塔吉克斯坦	4668	18.6	4385	15.1
	加拿大	3735	14.8	9454	32.5
	俄罗斯联邦	2128	8.5	3751	12.9
	哈萨克斯坦	1865	7.4	1650	5.7
	其他国家或地区	6913	27.5	6410	22.0
稀土金属矿	**合计**	**6669**	**100.0**	**8147**	**100.0**
	泰国	6455	96.8	8067	99.0
	越南	203	3.0	67	0.8
	吉尔吉斯斯坦	10	0.2	5	0.1
	台湾省	1		9	0.1
稀土金属及其混合物	**合计**	**20**	**100.0**	**106**	**100.0**
	其他国家或地区	20	100.0	106	100.0

品进出口情况(六)

出口				
国别(地区)	数量(吨)	占总量(%)	金额(千美元)	占总值(%)
合计	**5346**	**100.0**	**72438**	**100.0**
日本	4473	83.7	64613	89.2
比利时	201	3.8	1338	1.8
印度	160	3.0	502	0.7
美国	153	2.9	1981	2.7
英国	63	1.2	1128	1.6
伊朗	60	1.1	276	0.4
荷兰	50	0.9	526	0.7
泰国	40	0.7	826	1.1
阿根廷	36	0.7	110	0.2
其他国家或地区	110	2.0	1138	1.6

2009年中国主要矿产

续表 24

矿产品名称	进口				
	国别（地区）	数量（吨）	占总量（%）	金额（千美元）	占总值（%）
稀土化合物及混合物	**合计**	**3864**	**100.0**	**35456**	**100.0**
	中华人民共和国	2291	59.3	18920	53.4
	法国	447	11.6	4030	11.4
	日本	370	9.6	4468	12.6
	比利时	143	3.7	50	0.1
	俄罗斯联邦	127	3.3	956	2.7
	奥地利	120	3.1	85	0.2
	台湾省	116	3.0	1085	3.1
	美国	98	2.5	1534	4.3
	其他国家或地区	152	3.9	4328	12.2
磷矿	**合计**	**381**	**100.0**	**182**	**100.0**
	其他国家或地区	381	100.0	182	100.0
磷肥	**合计**	**915858**	**100.0**	**363865**	**100.0**
	俄罗斯联邦	308378	33.7	106004	29.1
	摩洛哥	198308	21.7	80602	22.2
	美国	194910	21.3	70343	19.3
	突尼斯	85266	9.3	36267	10.0
	挪威	84457	9.2	43757	12.0
	比利时	30307	3.3	16962	4.7
	罗马尼亚	8507	0.9	4172	1.1
	其他国家或地区	5725	0.6	5758	1.6
钾肥	**合计**	**2646403**	**100.0**	**1444017**	**100.0**
	俄罗斯联邦	1046160	39.5	491459	34.0
	白俄罗斯	560124	21.2	329039	22.8
	德国	338258	12.8	190436	13.2
	加拿大	254264	9.6	165508	11.5
	约旦	129484	4.9	87190	6.0
	挪威	84457	3.2	43757	3.0
	智利	68378	2.6	37468	2.6
	以色列	56490	2.1	39782	2.8
	印度	32480	1.2	17731	1.2
	其他国家或地区	76308	2.9	41647	2.9

品进出口情况(七)

出口				
国别(地区)	数量(吨)	占总量(%)	金额(千美元)	占总值(%)
合计	**38577**	**100.0**	**237387**	**100.0**
美国	14765	38.3	67484	28.4
日本	10520	27.3	76657	32.3
法国	4392	11.4	20451	8.6
香港	2659	6.9	21749	9.2
意大利	1510	3.9	5506	2.3
德国	1035	2.7	15581	6.6
英国	595	1.5	2667	1.1
荷兰	494	1.3	7597	3.2
其他国家或地区	2607	6.7	19695	8.3
合计	**381990**	**100.0**	**77437**	**100.0**
韩国	216222	56.6	37849	48.9
日本	121864	31.9	30084	38.8
新西兰	22639	5.9	6905	8.9
新加坡	21000	5.5	2520	3.3
其他国家或地区	265	0.1	79	0.1
合计	**3838813**	**100.0**	**1246148**	**100.0**
印度	922073	24.0	297836	23.9
越南	684252	17.8	242649	19.5
孟加拉国	565682	14.7	158961	12.8
印度尼西亚	346377	9.0	88012	7.1
澳大利亚	286789	7.5	102899	8.3
伊朗	187235	4.9	62892	5.0
泰国	178677	4.7	62145	5.0
其他国家或地区	667728	17.4	230754	18.4
合计	**416479**	**100.0**	**202025**	100.0
印度	163562	39.3	73745	**36.5**
马来西亚	81922	19.7	38545	19.1
美国	48926	11.7	23176	11.5
印度尼西亚	39665	9.5	18107	9.0
斯里兰卡	27334	6.6	15687	7.8
韩国	19704	4.7	10527	5.2
菲律宾	8392	2.0	5124	2.5
台湾省	6004	1.4	4127	2.0
日本	3984	1.0	1986	1.0
其他国家或地区	16986	4.1	11001	5.4

2009年中国主要矿产

续表 24

矿产品名称	进口				
	国别（地区）	数量（吨）	占总量（%）	金额（千美元）	占总值（%）
盐	**合计**	**1457582**	**100.0**	**68416**	**100.0**
	澳大利亚	926170	63.5	38007	55.6
	墨西哥	487300	33.4	23846	34.9
	印度	36252	2.5	1107	1.6
	韩国	2877	0.2	3082	4.5
	巴基斯坦	1220	0.1	190	0.3
	丹麦	1175	0.1	595	0.9
	智利	600		121	0.2
	其他国家或地区	1988	0.2	1468	2.0
硫磺	**合计**	**12173305**	**100.0**	**709808**	**100.0**
	加拿大	2259664	18.6	126922	17.9
	沙特阿拉伯	2055424	16.9	126236	17.8
	美国	1299561	10.7	76036	10.7
	日本	1231683	10.1	71130	10.0
	哈萨克斯坦	1142633	9.4	49595	7.0
	伊朗	1012357	8.3	60903	8.6
	阿拉伯联合酋长国	692548	5.7	41453	5.8
	韩国	618868	5.1	36838	5.2
	卡塔尔	504356	4.1	29983	4.2
	科威特	456731	3.8	27137	3.8
	其他国家或地区	899480	7.3	63575	9.0
天然石墨	**合计**	**6713**	**100.0**	**1484**	**100.0**
	朝鲜	6201	92.4	651	43.9
	中华人民共和国	252	3.8	46	3.1
	美国	89	1.3	279	18.8
	德国	51	0.8	126	8.5
	日本	32	0.5	204	13.7
	瑞士	23	0.3	77	5.2
	加拿大	19	0.3	23	1.5
	其他国家或地区	46	0.6	78	5.3

品进出口情况(八)

	出口			
国别(地区)	数量(吨)	占总量(%)	金额(千美元)	占总值(%)
合计	**1229481**	**100.0**	**64572**	**100.0**
韩国	533217	43.4	23643	36.6
日本	258806	21.1	17231	26.7
越南	90355	7.3	4005	6.2
印度尼西亚	62055	5.0	2826	4.4
马来西亚	55970	4.6	2757	4.3
台湾省	44709	3.6	2093	3.2
香港	43974	3.6	2689	4.2
其他国家或地区	140395	11.4	9328	14.4
合计	**33152**	**100.0**	**10920**	**100.0**
菲律宾	10621	32.0	4620	42.3
缅甸	9136	27.6	824	7.5
印度尼西亚	7253	21.9	3481	31.9
朝鲜	1561	4.7	194	1.8
安哥拉	660	2.0	96	0.9
秘鲁	512	1.5	111	1.0
越南	507	1.5	208	1.9
香港	415	1.3	80	0.7
孟加拉国	375	1.1	163	1.5
澳大利亚	236	0.7	62	0.6
其他国家或地区	1876	5.7	1081	9.9
合计	**406139**	**100.0**	**110138**	**100.0**
日本	252631	62.2	66777	60.6
韩国	60410	14.9	14763	13.4
美国	13218	3.3	4240	3.8
荷兰	9317	2.3	2370	2.2
台湾省	9300	2.3	2323	2.1
印度	8865	2.2	3302	3.0
俄罗斯联邦	8597	2.1	2815	2.6
其他国家或地区	43801	10.7	13548	12.3

2009年中国主要矿产

续表 24

矿产品名称	进口				
	国别（地区）	数量（吨）	占总量（%）	金额（千美元）	占总值（%）
高岭土	**合计**	**305670**	**100.0**	**72857**	**100.0**
	美国	221471	72.5	51212	70.3
	巴西	62014	20.3	15027	20.6
	英国	4583	1.5	1362	1.9
	泰国	4263	1.4	507	0.7
	日本	3451	1.1	1304	1.8
	朝鲜	2063	0.7	78	0.1
	台湾省	1446	0.5	596	0.8
	西班牙	1422	0.5	577	0.8
	澳大利亚	1149	0.4	501	0.7
	法国	1092	0.3	783	1.1
	其他国家或地区	2716	0.8	910	1.2
重晶石	**合计**	**648**	**100.0**	**410**	**100.0**
	其他国家或地区	648	100.0	410	100.0
大理石	**合计**	**5133142**	**100.0**	**860658**	**100.0**
	土耳其	1820822	35.5	337081	39.2
	埃及	1263646	24.6	129325	15.0
	伊朗	436021	8.5	71389	8.3
	西班牙	435376	8.5	78666	9.1
	意大利	331660	6.5	85949	10.0
	希腊	191402	3.7	45697	5.3
	其他国家或地区	654215	12.7	112551	13.1

品进出口情况(九)

出口				
国别(地区)	数量(吨)	占总量(%)	金额(千美元)	占总值(%)
合计	**892326**	**100.0**	**64030**	**100.0**
台湾省	237499	26.6	6326	9.9
香港	148206	16.6	1942	3.0
日本	82295	9.2	10470	16.4
韩国	66384	7.4	5862	9.2
越南	59497	6.7	4768	7.4
马来西亚	49174	5.5	5047	7.9
泰国	46774	5.2	4623	7.2
菲律宾	39259	4.4	1681	2.6
比利时	21011	2.4	2809	4.4
孟加拉国	18862	2.1	791	1.2
其他国家或地区	123365	13.9	19711	30.8
合计	**1769695**	**100.0**	**122163**	**100.0**
美国	1268931	71.7	76532	62.6
荷兰	136711	7.7	11903	9.7
日本	57888	3.3	5993	4.9
沙特阿拉伯	46278	2.6	2337	1.9
印度尼西亚	45153	2.6	2640	2.2
埃及	35953	2.0	2059	1.7
西班牙	29255	1.7	2781	2.3
其他国家或地区	149526	8.4	17918	14.7
合计	**68208**	**100.0**	**10396**	**100.0**
台湾省	34794	51.0	2772	26.7
香港	7629	11.2	1222	11.8
印度	5177	7.6	665	6.4
泰国	4263	6.3	874	8.4
印度尼西亚	2690	3.9	566	5.4
老挝	2450	3.6	1192	11.5
其他国家或地区	11205	16.4	3105	29.8

2009年中国主要矿产

续表 24

矿产品名称	进口				
	国别（地区）	数量（吨）	占总量（%）	金额（千美元）	占总值（%）
花岗石	**合计**	**2929207**	**100.0**	**566268**	**100.0**
	印度	1513041	51.7	258429	45.6
	巴西	497329	17.0	112501	19.9
	沙特阿拉伯	198501	6.8	30503	5.4
	挪威	175692	6.0	43658	7.7
	芬兰	120517	4.1	21705	3.8
	葡萄牙	75676	2.6	12592	2.2
	南非	65362	2.2	15056	2.7
	加拿大	52212	1.8	12742	2.3
	日本	48221	1.6	15808	2.8
	西班牙	37001	1.2	7938	1.4
	其他国家或地区	145655	5.0	35336	6.2
菱镁矿	**合计**	**126310**	**100.0**	**38783**	**100.0**
	朝鲜	109665	86.8	18690	48.2
	日本	8339	6.6	12969	33.4
	韩国	3727	3.0	1006	2.6
	美国	1056	0.8	1232	3.2
	以色列	926	0.7	2605	6.7
	荷兰	891	0.7	623	1.6
	中华人民共和国	451	0.4	383	1.0
	土耳其	277	0.2	251	0.6
	奥地利	191	0.2	184	0.5
	墨西哥	141	0.1	165	0.4
	其他国家或地区	646	0.5	675	1.8
石膏	**合计**	**10370**	**100.0**	**4647**	**100.0**
	日本	2604	25.1	1021	22.0
	泰国	2400	23.1	561	12.1
	美国	2052	19.8	1586	34.1
	香港	752	7.3	7	0.2
	法国	663	6.4	223	4.8
	德国	607	5.9	435	9.4
	韩国	390	3.8	252	5.4
	英国	359	3.5	264	5.7
	其他国家或地区	543	5.1	298	6.3

品进出口情况(十)

	出　　口			
国别(地区)	数量(吨)	占总量(%)	金额(千美元)	占总值(%)
合计	**379035**	**100.0**	**19909**	**100.0**
台湾省	168429	44.4	5477	27.5
韩国	47005	12.4	2576	12.9
德国	45685	12.1	2703	13.6
日本	14055	3.7	859	4.3
意大利	13728	3.6	626	3.1
荷兰	13114	3.5	1266	6.4
瑞典	12109	3.2	669	3.4
新加坡	11625	3.1	196	1.0
泰国	10102	2.7	965	4.8
比利时	8511	2.2	488	2.5
其他国家或地区	34672	9.1	4084	20.5
合计	**1305432**	**100.0**	**275765**	**100.0**
日本	244062	18.7	40817	14.8
荷兰	237779	18.2	57728	20.9
美国	202355	15.5	43816	15.9
台湾省	114576	8.8	8543	3.1
韩国	100102	7.7	21688	7.9
马来西亚	41510	3.2	3083	1.1
俄罗斯联邦	35266	2.7	16254	5.9
泰国	33473	2.6	4119	1.5
新西兰	30988	2.4	3838	1.4
印度尼西亚	29619	2.2	3014	1.1
其他国家或地区	235702	18.0	72865	26.4
合计	**385641**	**100.0**	**15872**	**100.0**
越南	212769	55.2	3797	23.9
韩国	83176	21.6	3911	24.6
日本	33532	8.7	1371	8.6
台湾省	9465	2.5	1267	8.0
蒙古	7676	2.0	292	1.8
尼日利亚	5752	1.5	193	1.2
刚果(布)	5229	1.4	478	3.0
香港	4299	1.0	802	5.1
其他国家或地区	23743	6.1	3761	23.8

2009年中国主要矿产

续表 24

矿产品名称	进口				
	国别（地区）	数量（吨）	占总量（%）	金额（千美元）	占总值（%）
石棉	**合计**	**209943**	**100.0**	**55771**	**100.0**
	俄罗斯联邦	176912	84.3	47916	85.9
	哈萨克斯坦	32128	15.3	7229	13.0
	巴西	565	0.2	234	0.4
	加拿大	140	0.1	67	0.1
	荷兰	125	0.1	173	0.3
	津巴布韦	60		93	0.2
	其他国家或地区	13		59	0.1
水泥	**合计**	**819747**	**100.0**	**36989**	**100.0**
	日本	731152	89.2	28666	77.5
	台湾省	74136	9.0	2525	6.8
	泰国	3172	0.4	420	1.1
	荷兰	2586	0.3	1916	5.2
	法国	2242	0.3	835	2.3
	韩国	1387	0.2	1018	2.8
	澳门	1368	0.2	56	0.2
	美国	1090	0.1	731	2.0
	其他国家或地区	2614	0.3	822	2.1
滑石	**合计**	**21515**	**100.0**	**14191**	**100.0**
	韩国	6415	29.8	2133	15.0
	日本	3456	16.1	4116	29.0
	朝鲜	3446	16.0	361	2.5
	意大利	1884	8.8	2373	16.7
	中华人民共和国	1641	7.6	1306	9.2
	美国	1608	7.5	1525	10.7
	台湾省	1228	5.7	764	5.4
	其他国家或地区	1837	8.5	1613	11.5

品进出口情况(十一)

出口				
国别(地区)	数量(吨)	占总量(%)	金额(千美元)	占总值(%)
合计	**24630**	**100.0**	**10359**	**100.0**
印度尼西亚	18429	74.8	7640	73.8
泰国	1780	7.2	590	5.7
越南	883	3.6	269	2.6
乌兹别克斯坦	863	3.5	895	8.6
老挝	816	3.3	350	3.4
朝鲜	662	2.7	224	2.2
其他国家或地区	1197	4.9	391	3.7
合计	**15611331**	**100.0**	**687190**	**100.0**
安哥拉	2543997	16.3	127014	18.5
台湾省	1966624	12.6	68997	10.0
孟加拉国	1567831	10.0	49702	7.2
阿拉伯联合酋长国	1498830	9.6	50863	7.4
尼日利亚	840637	5.4	35665	5.2
西班牙	746471	4.8	23891	3.5
美国	725298	4.6	35461	5.2
香港	614835	3.9	28877	4.2
其他国家或地区	5106808	32.8	266720	38.8
合计	**401137**	**100.0**	**71891**	**100.0**
日本	104349	26.0	21019	29.2
美国	69329	17.3	11254	15.7
泰国	63785	15.9	12779	17.8
马来西亚	22797	5.7	2411	3.4
韩国	17270	4.3	2146	3.0
印度尼西亚	15655	3.9	2658	3.7
台湾省	11779	2.9	1406	2.0
其他国家或地区	96173	24.0	18218	25.2

2009年中国主要矿产

续表 24

矿产品名称	进口				
	国别（地区）	数量（吨）	占总量（%）	金额（千美元）	占总值（%）
石棉	**合计**	**70642**	**100.0**	**8567**	**100.0**
	蒙古	70390	99.6	8416	98.2
	其他国家或地区	252	0.4	151	1.8
水泥					
	合计	**18237**	**100.0**	**8073**	**100.0**
	土耳其	14620	80.2	6914	85.6
	玻利维亚	3503	19.2	970	12.0
	其他国家或地区	114	0.6	189	2.4
滑石					
	合计	**116158**	**100.0**	**47864**	**100.0**
	土耳其	111959	96.4	46461	97.1
	阿根廷	1781	1.5	615	1.3
	玻利维亚	1230	1.1	315	0.7
	马来西亚	1100	0.9	431	0.8
	秘鲁	73	0.1	36	0.1
	其他国家或地区	15		6	

品进出口情况(十二)

出口				
国别(地区)	数量(吨)	占总量(%)	金额(千美元)	占总值(%)
合计	**269378**	**100.0**	**67331**	**100.0**
荷兰	55350	20.5	14316	21.3
印度	53969	20.0	13935	20.7
加拿大	46331	17.2	13410	19.9
日本	28829	10.7	7399	11.0
意大利	26923	10.0	5788	8.6
美国	24084	8.9	6083	9.0
韩国	12552	4.7	2179	3.2
台湾省	6333	2.4	1135	1.7
其他国家或地区	15007	5.6	3086	4.6
合计	**1640**	**100.0**	**559**	**100.0**
韩国	801	48.8	208	37.2
日本	288	17.6	74	13.2
澳大利亚	232	14.1	116	20.8
朝鲜	203	12.4	85	15.2
伊朗	50	3.1	33	5.9
菲律宾	17	1.0	14	2.5
其他国家或地区	49	3.0	29	5.2
合计	**12**	**100.0**	**10**	**100.0**
其他国家或地区	12	100.0	10	100.0

2009年矿泉水及地热情况

表 25

地　区	矿泉水						地热	
	注册登记的矿泉水水源数(个)		矿泉水源年检情况		可开采矿泉水资源量(万立方米)		可开采地热资源量(万立方米)	
		国家级	参加年检数量(家)	年检合格率(%)		本年矿泉水开采总量		本年新增地热资源量
全　国	**2462**	**582**	**1333**		**113824739**	**332923**	**2730826**	**3731**
北　京	44		32		1138	8	8050	
天　津	19		17		2328	26	8379	
河　北	96	23	80		13189	4295	352349	1
山　西	59	14	11		15	1	19500	
内蒙古	66	19	48		3285	43	188	
	353	32	90		4259			
辽　宁	408	24	98		17859	138	189	37
吉　林	1		80		2797	72	347	
黑龙江	19		19		1298	60		
	25	2	27		2922	105	858	13
上　海	247	88	113		193327	22131	121	85
江　苏	25	8	18		60327	17	3565	
浙　江	42		42		217	71		
安　徽	49	22	46		26763	8659		20
福　建	400	236	190		8401	204	64264	89
江　西	28	12	28		6217	500	56070	3000
山　东	15	4	11		412	27	40433	43
	5	2	5		2000	11	6000	
河　南	123	13	112		297973	295033	1696156	243
湖　北	87	41	31		766	71	238	
湖　南	10		8		8940	20	776	
广　东	12	11	11		9000	13	4640	100
广　西	86		90		113150000			
海　南	22		10		1030	1011	1011	55
	140	22	55		2938	80	25061	
重　庆	13	3	7		596	50		
四　川	53	1	39		6072	270	439300	
贵　州								
云　南	5	3	5		287	7	24	
西　藏	8	2	8		256		2802	
	2		2		127	0	505	45
陕　西	44		32		1138	8	8050	
甘　肃	19		17		2328	26	8379	
青　海	96	23	80		13189	4295	352349	1
宁　夏	59	14	11		15	1	19500	
新　疆	66	19	48		3285	43	188	

附 录

2008～2009年世界矿产资源勘查开发和矿产品供需形势

一、世界矿业发展状况

2009年初，世界经济延续了2008年第四季度极度低迷的态势，股市、期货和汇市发生剧烈震荡。全球经济增长速度进一步下滑，整个世界经济出现了自第二次世界大战结束以来的首次大规模衰退。世界各主要地区中，欧美等西方发达国家经济普遍陷入衰退，道琼斯工业指数创下1995年以来的新低，距14000最高点跌幅超过60%，而亚洲和非洲继续维持了经济增长。为遏止经济危机、稳定金融体系，世界各主要国家采取了大规模举债和宽松的货币政策。这些"强心针"式的经济刺激政策短时间内起到了一定的作用。从2009年3月份起，纽约股市展开一波强劲反弹，涨幅超过30%。同时，石油、铜、镍、钼、铅锌等矿产品价格在一季度后期相继出现较大幅度上升。全球钢铁生产在经过大幅度下降后，5月份开始回升，并且逐月回暖。债务较重的矿业公司试图通过变卖核心资产获得维持企业正常运转的资金，而拥有较多现金的矿业公司则希望在最低谷时通过购并扩大公司规模，因此，矿山资产交易比较频繁。

受金融危机影响，矿业公司融资困难，纷纷削减支出，导致2009年全球矿产勘查投入出现大幅下降。据巴克莱投资银行对投资范围遍及五大洲的全球430个大型和独立石油公司的统计（World Oil, Feb., 2010），2009年全球油气勘查和开发计划实际投资约为3950亿美元，较2008年的4536亿美元减少13%。2009年11月，加拿大金属经济集团（Metals Economics Group）公布了该公司第20个年度世界矿业公司勘查预算调查结果。经过对1846家矿业公司（勘查预算高于10万美元）的调查统计，总计预算为77亿美元。考虑到被调查公司勘查预算占全球勘查预算的95%，因此MEG估计2009年世界商业性勘查费用为84亿美元，较2008年的140亿美元下降了40%，连续6年持续增长的势头戛然而止。

全球矿产品生产和消费受经济危机影响普遍下降，只有煤、铀、铁矿石、铜、钴、钨、铅、锑、金、银、铂、硫、硼等矿种产量增长，而这些矿种中，除金、银、铂等与金融避险需求增长有关的贵金属外，其他矿种如煤、铁矿石、铀、铜等，是由发展中经济体的旺盛需求拉动的。尽管从2009年3月份起，矿产品价格出现反弹，但与2008年相比，除金等少数矿产品年平均价格上涨外，其他总体下跌，例如原油价格下跌36%，铁矿石下跌33%，铜下跌26%，铝下跌35%，镍下跌31%，锡下跌27%，铅下跌18%，锌下跌12%。

2008年第四季度，矿业资本市场严重受挫，2009年3月份后逐步有所恢复。2009年底，全球前10位公司市值合计11971亿美元，较2008年底的5733亿美元上升了109%，基本恢复到2007年底13999亿美元的水平。其中必和必拓从2310亿美元上升到4168亿美元，上升80%；力拓公司从800亿美元上升到2642亿美元，升幅230%，淡水河谷从697亿美元上升到1530亿美元，升幅120%。

煤炭、铁矿石、铜等矿产的刚性需求使得主要矿产品出口国收益丰厚。2008/2009财年澳大利亚矿产品出口额达到1597亿澳元，增长37%；其中铁矿石342亿澳元，增长67%，炼焦煤367亿澳元，增长129%，黄金161亿澳元，增长48%。虽然与2008年相比有所下降，但2009年智利矿产品出口额仍然达到了306亿美元。2009年巴西仅铁矿石出口额就达到132亿美元。

虽然部分矿产品产量有所增长，受矿产品价格总体下跌的影响，2009年国际矿业巨头经营惨淡。必和必拓公司2009年原油产量为1.37亿桶，较2008年的1.30亿桶增长6%；煤产量1.046亿吨，较2008年的1.161亿吨下降10%；铁矿石产量为1.14亿吨，较2008年的1.12亿吨增长2%；铜产量120.7万吨，较2008年的137.6万吨下降12%；2009年经营收入为502亿美元，较2008年的595亿美元下降16%；经营利润从241亿美元下降到122亿美元，降幅50%。力拓公司2009

年氧化铝产量为88.15万吨,较2008年的90.08万吨下降2%;铜产量为121.7万吨,增长19%;销售收入从581亿美元下降到543亿美元,降幅7%,营业利润(EBITDA)从239亿美元下降到145亿美元,降幅39%。巴西矿业巨头淡水河谷2009年铁矿石产量为2.29亿吨,较2008年的2.64亿吨下降13%;锰矿石产量为98.6万吨,较2008年的75.9万吨上升30%;经营收入为239亿美元,较2008年的385亿美元下降38%,净利润为53亿美元,较2008年的132亿美元下降60%。近几年来,矿业公司由于经营过度扩张,大量借贷投资导致负债严重,而金融危机后再从银行和股市融资困难,因此,一些企业经营极端困难,为此不得不出卖资产还债,以期走出困境。

全球矿业正在面临周期性调整,能源和原材料价格大幅震荡对矿业经济造成了一定的影响,企业经营困难,投资意愿降低。但从长期看,随着全球经济企稳和复苏,新一轮的矿产品供需矛盾将更加突出,可能促使矿业投资进一步增长。虽然追求低碳经济可能降低对化石燃料的需求,但随着印度等发展中国家工业化时代的到来,将使得世界能源原材料需求量再上一个台阶,各国对资源的争夺更加激烈。国际局势动荡、地缘政治危机、自然灾害、原材料和人力成本上升、矿工罢工、公司虚报储量丑闻、恐怖袭击、环境污染导致的诉讼案件等种种因素,对矿业本身的发展造成了一定的影响。矿业是经济发展的基础产业,而不是夕阳产业,经济全球化和技术进步继续对全球矿业产生着重大影响。

(一)矿业公司过度扩张造成负债沉重,金融危机使得企业融资和经营更加困难,大规模并购趋减

依托跨国公司,发达国家以资本和技术为手段,在全球范围内进行结构调整和资源优化,通过市场控制和政治联盟,以获取最佳的资源和最高的回报。主要表现为:矿业资金跨国流动,矿产资源跨国勘查、开发、生产和销售,矿业公司跨国并购和跨国上市,大型矿产勘查和开发项目多国、多家公司联合投资,以及矿业信息、知识、技术和管理的国际共享等。其结果是:矿产资源在全球范围内再分配,跨国公司进一步在全球范围内寻找勘查和开发目标;发达国家和跨国矿业公司对世界矿业和矿产资源控制程度仍占绝对优势;矿业公司间竞争更加激烈。

网络通信和现代化交通工具也为矿业全球化提供了极大的便利。在现代信息技术的催化作用下,矿业全球化继续向纵深发展。矿业资本、技术、劳动力等生产要素和矿产品的流动和配置,以越来越大的规模在全球范围内展开,各个国家的矿业如同经济一样被越来越深地融入统一的世界市场体系,国家与国家之间矿业和矿产品的依存关系达到了前所未有的广度和深度。

1.以实现规模经营、提高效益为目的的全球矿业公司并购大幅减少,但亚太地区仍然呈现增长趋势

20世纪80年代以来,以全球化、私有化、自由化和市场化为标志,以获取有竞争力矿权地(矿床和矿山)、企业兼并、引入低成本先进生产技术和加强效益成本控制管理为手段,以增强国际竞争能力为核心,以提高经济效益为目的的国际矿业(包括矿产勘查开发)自身调整不断向纵深发展,矿业格局在悄然发生一些积极的变化。不但在矿业巨头与中小公司之间发生兼并,越来越多的大型矿业公司之间的兼并事件也时有发生。但是,由于近年矿产品价格暴涨,使得矿业公司并购成本大幅增加,特别是金融危机的影响,企业从资本市场和银行融资非常困难,使得前些年出现的并购热有所降温。

2000~2009年,交易额在2500万美元以上的全球贱金属并购案合计达216件,交易额共计1941.97亿美元;金的并购案277个,交易额共计913.52亿美元,详见表1。在过去的10年中,平均每年并购额在285.55亿美元,其中贱金属占68.01%,金占31.99%。在216起贱金属并购事件中,129起为铜,占59%;48起为镍,占22%,39起为锌,占18%。同期金并购案277起,平均金额3.30亿美元。

表1　**2000~2009年贱金属和金矿业并购金额**

年　份	贱金属并购		金　并　购		金和贱金属并购合计	
	案件/个	金　额/亿美元	案件/个	金　额/亿美元	案件/个	金　额/亿美元
2000	13	28.37	13	18.45	26	46.82
2001	11	55.32	15	87.13	26	142.45
2002	5	15.65	14	34.91	19	50.54
2003	6	23.51	30	49.62	36	73.12
2004	16	22.44	13	43.48	29	65.92
2005	27	263.35	29	164.68	56	428.03
2006	26	711.09	40	233.76	66	944.85

续表 1

年　份	贱金属并购		金　并　购		金和贱金属并购合计	
	案件/个	金　额/亿美元	案件/个	金　额/亿美元	案件/个	金　额/亿美元
2007	42	431.78	43	119.76	85	551.54
2008	39	322.29	37	89.10	76	411.39
2009	31	68.17	43	72.64	74	140.81
合计	216	1941.97	277	913.52	493	2855.49

注:统计的个案交易值在 2500 万美元以上。
资料来源: Metal Economics Group Strategic Report, Vol.23, No.2 2010。

2008 年黄金和贱金属并购案件 76 起,并购金额 411.39 亿美元,较 2007 年的 551.54 亿美元下降 25.4%。其中贱金属购并案 39 起,并购金额 322.29 亿美元,较 2007 年下降 25.4%。黄金并购案 37 起,并购金额 89.10 亿美元,较 2007 年下降 25.6%。

2009 年黄金和贱金属并购案件 74 起,并购金额 140.81 亿美元,较 2008 年的 411.39 亿美元下降了 65.8%。其中贱金属购并案 31 起,并购金额 68.17 亿美元,较 2008 年下降 78.8%。黄金并购案 43 起,并购金额 72.64 亿美元,较 2008 年下降了 18.5%。

从贱金属并购涉及的矿山资产看,主要分布在大洋洲(1126 亿美元,占 38%),其次是非洲(629 亿美元,占 22%)、拉丁美洲(552 亿美元,占 19%)、北美洲(457 亿美元,占 16%)、欧洲(75 亿美元,占 3%),亚洲最少(64 亿美元,占 2%)。中国成为贱金属矿山资产最大的买家,购买矿山资产价值 1173 亿美元,占 40%,其次是加拿大(940 亿美元)和日本(194 亿美元)。

而从黄金并购涉及的矿山资产看,主要分布在非洲(266 亿美元,占 28%),其次是拉丁美洲(170 亿美元,占 18%)、亚洲(168 亿美元,占 18%)、大洋洲(146 亿美元,占 15%)、欧洲(138 亿美元,占 14%),北美最少(62 亿美元),占 7%。加拿大是 2009 年黄金矿山资产最大的买家,购买矿山资产价值 311 亿美元,占 33%,其次是南非(248 亿美元)和中国(120 亿美元)。

2009 年最大的并购案是加拿大的埃尔多拉黄金公司(Eldorado Gold)以 18 亿美元收购澳大利亚澳华黄金公司(Sino Gold),后者在中国拥有青海滩涧山、贵州贞丰、吉林白山等金矿。通过并购澳华黄金公司,埃尔多拉黄金公司成为在中国最大的国际黄金公司。第二大并购案为中国五矿以 13.86 亿美元收购澳大利亚澳兹矿业公司(OZ Minerals)的所有贱金属和黄金资产,澳兹矿产公司由澳大利亚奥克希纳(Oxiana)公司与澳大利亚锌开发公司(Zinifex)在 2008 年合并而成,新公司成立不久便陷入债务危机,为此,不得不把普罗米嫩特山(Prominent Hill)和马塔贝(Martabe)两个矿山外的所有资产出售给了中国五矿。

近年来,石油价格震荡走高,全球石油巨头纷纷调整旗下业务,加大对油气上游领域的投资力度,同时通过收购一些有增长潜力的公司,以扩大产能、替换储备。石油和天然气行业的并购交易价值 2009 年呈现恢复性上升,达到 1463 亿美元(表 2),较 2008 年增长 40%,为 1998 年以来的较高水平。

表 2　　**2008～2009 年全球石油上游工业并购交易**　　单位:亿美元

国家或地区	2008 年		2009 年	
	并购案件/起	交易总金额/亿美元	并购案件/起	交易总金额/亿美元
美　国	118	381	73	612
加拿大	65	145	68	366
其　他	96	517	108	485
总　计	279	1043	249	1463

资料来源:J.S. Herold《2010 Global Upstream M&A Review》。

2008 年受到金融危机、经济衰退及大宗商品价格暴跌影响,全球油气行业并购交易急剧降温,2009 年 1 月份,竟然没有一个超过 1000 万美元的油气资产或企业并购案件发生。但是随着原油价格回升,从 3 月份起,全球油气并购活动开始活跃,拥有油页岩、页岩气、页岩油等非传统油气资源的公司成为并购的主要对象。

2009 年最大的两个并购案件是埃克森美孚以 410 亿美元的高价并购美国克洛斯提柏能源公司(XTO Energy),以及森科能源公司与加拿大国有石油公司 207

亿美元的合并，这也是自2006年以来首次出现金额超过100亿美元的并购案件。

表3　　2008～2009年世界石油公司间的重要并购事件

时间	并(收)购公司和新公司名称	交易额/亿美元
2008年6月	美国天然气巨头克罗斯提伯能源公司(XTO Energy Inc.)收购美国亨特石油公司(Hunt Petroleum)	41.91
2008年7月	荷兰皇家壳牌(Royal Dutch Shell)收购加拿大迪韦尔奈石油公司(Duvernay Oil)	58.38
2008年9月	美国康菲石油公司(ConocoPhillips)收购澳大利亚奥里金能源公司(Origin Energy)资产	59.41
2008年10月	英国天然气集团(BG Group)收购澳大利亚昆士兰天然气公司(Queensland Gas)	29.20
2008年11月	挪威国家石油公司(StatoilHydro)收购美国切萨皮克能源公司(Chesapeake Energy)资产	33.75
2009年3月	加拿大森科能源公司(Suncor Energy)收购加拿大国营石油公司(Petro-Canada)	206.83
2009年6月	中石化收购瑞士阿戴克斯石油公司(Addax Petroleum)	90.22
2009年10月	韩国国有石油公司(KNOC)收购加拿大哈维斯特能源信托公司(Harvest Energy Trust)	41.48
2009年11月	美国石油勘探和开采企业登布里资源公司(Denbury Resources)收购恩克雷(Encore)公司	44.65
2009年12月	美国能源巨头埃克森美孚(ExxonMobil)收购美国克洛斯提柏石油公司(XTO Energy)	409.92

资料来源：J.S. Herold《2010 Global Upstream M&A Review》。

总体上看，受次贷危机和金属价格暴跌影响，2009年全球资源行业并购额大幅下降。许多提议或酝酿的并购被推迟、取消或破坏掉，特别是矿业巨头之间的交易由于受到各方面的阻力，往往以失败收场。例如，必和必拓并购力拓失败，而后两家公司开始谋求合作，拟将西澳的铁矿石业务合并，成立合资公司，但这项计划最终仍以失败告终。

2. 跨国矿业公司控制全球资源市场，牢固掌握矿产品价格话语权，生产经营垄断局面难以打破

全球矿业企业的大规模联合和兼并，使得全球矿业的集中度进一步提高，跨国矿业公司对市场的控制力和影响力进一步扩大。经过多年并购扩张后，必和必拓、力拓和淡水河谷等三大矿业巨头基本上控制了全球铁矿市场，牢固掌握了铁矿价格话语权。俄罗斯、巴西、中国和印度等"金砖四国"的矿业公司，也试图通过并购方式，走向国际资本市场，参与全球资源配置，为国内不断发展的经济提供资源保障。例如，俄罗斯铝业公司通过收购俄第二大铝业公司——西伯利亚乌拉尔铝业公司和瑞士的嘉能可国际公司的氧化铝业务，超过美铝公司而成为全球最大的铝业公司等。

据统计，目前参与世界矿业经营活动的公司8000家左右，但大部分矿山产量仅由少数几家公司控制。全球前50家矿业公司的产值几乎占全球矿业的一半，且基本上被英、美、加、澳和南非的矿业公司垄断，其产值占50家公司总产值的60%；另外几家公司是巴西的淡水河谷公司、智利国有铜矿公司(Codelco)公司、俄罗斯的诺里尔斯克、墨西哥的Grupo Mexico等。据瑞典原材料集团(RMG)估计，随着矿山产量逐渐向南半球转移，发展中国家矿业公司所占的比例有望增长。

根据瑞典原材料小组统计，从矿业公司对金属控制的集中程度看，最大的矿业公司控制了世界14.13%的铁矿石产量、11.2%的铜矿产量、9.5%的金产量和16.6%的钾盐产量。前10家公司控制了世界45.2%的铁矿石、55.7%的铜矿产量、42.8%的金产量和86.7%的钾盐产量。前十大公司占世界矿产值的比重为27.7%。随着跨国矿业公司的联合和规模的扩大，目前全球铁矿石生产和出口市场主要由淡水河谷、必和必拓和力拓三大公司操纵着，三大铁矿石公司产量占全球铁矿石生产的比例由1984年的14.6%上升到2009年的32.0%，淡水河谷控制着欧洲市场，后两个主宰着亚洲市场，合计占全球铁矿石贸易的份额已达到80%。

在石油领域，尽管美国和欧洲的跨国石油公司在20世纪70年代以后已失去了对全球许多地区石油储量的控制权，但仍占除原苏联地区以外全世界石油产量的20%以上。2008年全球著名的埃克森美孚、BP公司、皇家荷兰/壳牌集团、雪佛龙公司、美国康菲公司、俄罗斯鲁克石油公司、道达尔公司、俄罗斯苏尔古特油气公司、意大利埃尼集团和TNK-BP公司等十大跨国石油公司原油产量占全球总产量的21.7%，较2007年有所上升，见表4。

表 4 **全球十大跨国矿业公司和石油公司**

十大矿业公司①		十大石油公司②	
公司名称	市值/亿美元	公司名称	石油产量/万吨*
必和必拓(BHPB,澳大利亚/英国)	4168	埃克森美孚	12025(3.3%)
力拓(Rio Tinto,英国/澳大利亚)	2642	BP公司	12005(3.3%)
淡水河谷(CVRD,巴西)	1530	皇家荷兰/壳牌集团	8855(2.4%)
神华能源(Shenhua Energy,中国)	1007	雪佛龙公司	8380(2.3%)
英美集团(Anglo American,英国)	599	美国康菲公司	7775(2.1%)
斯特拉塔(Xstrata,瑞士)	578	俄罗斯鲁克石油公司	7685(2.1%)
巴里克(Barrick Gold,加拿大)	408	道达尔公司	7280(2.0%)
自由港－迈克默伦(Freeport-Mc.C&G,美国)	370	俄罗斯苏尔古特油气公司	6180(1.7%)
加拿大钾盐公司(PotashCorp,加拿大)	363	意大利埃尼集团	5130(1.4%)
黄金集团(Goldcorp,加拿大)	306	TNK-BP公司	3635(1.0%)
合　计	11971	合　计	78950(21.7%)

注: *括号中百分数为占世界总产量的比例。

资料来源:①Mining Journal 2010,No.1,公司市值包括集团公司、有限公司和控股子公司;②《国际石油经济》2010.1。

3.跨国矿业公司主导全球矿业融投资

必和必拓、力拓、淡水河谷等前10位跨国矿业公司市值占全球前100位矿业公司市值的比例达到60%以上,矿业巨头已经成为全球资本市场的主要融资者,其一举一动都会给资本市场带来巨大的影响。

经济全球化的迅速发展使得矿业公司勘查开发活动的地域范围更加广阔,得以站在全球的视点上角逐世界矿业市场。在油气勘查开发方面,拥有雄厚资金的大型跨国石油公司一直立足于全球油气资源,如壳牌石油公司在全球90多个国家和地区从事石油勘探和生产活动,拥有最先进的技术,每天的油气产量超过320万桶,在35个国家拥有55个石油精炼厂的股权;埃克森美孚实行全球化经营策略,在21个国家有37个精炼厂,其上游的勘探和开采业务遍及全世界40多个国家,在陆地和海洋石油开采业务方面具有世界主导地位;雪佛龙德士古公司涉足20多个国家的油气勘探开发。20世纪90年代以来,美国、加拿大和欧洲的一些中小石油公司积极向海外拓展,其中美国已经有1000多家中小型油气公司专门从事油气的勘探、开发以及信息和技术服务。

非燃料固体矿产勘查方面,美国公司大部分的勘查活动是在国外,目前仅在内华达、爱达荷和阿拉斯加等州有少量勘查活动,根据加拿大Infomine数据库统计,美国处于勘查活动的矿权地不到北美地区的20%。1991年加拿大矿业公司在59个国家活动,1996年增加到95个国家,1999年则在100多个国家的3000多个矿权地进行活动,目前则可能有5000个矿权地。澳大利亚、南非、以及欧洲的老牌矿业国英国、法国等国的矿业公司向国外矿产勘查投资的数量和比重迅速增长。新兴工业化国家如韩国、马来西亚等和发展中国家如印度、巴西等,在国外的矿产勘查和开发项目也在增多。在矿产开发方面,近年每年全球的大型矿业开发项目中,跨国矿业公司开发的项目占三分之二左右。

4.矿业大国政策多变,资源民族主义抬头,矿业公司经营活动受到严重影响

20世纪90年代以来,矿业全球化、私有化以及矿业并购活跃,大多数发展中国家实行了矿业对外开放政策,促使全球固体矿产勘查开发的重心逐渐由发达国家向发展中国家转移,资源丰富的发展中国家占全球固体矿产勘查开发投资的比例逐年上升,由20世纪90年代初期的36%上升到1997年的最高峰56.4%,成为全球矿业勘查开发的热点地区。此后,由于受1997～1998年的亚洲金融危机和全球性经济不景气影响,世界矿业萧条,发达国家矿业公司在上述地区的勘查投资预算有所收缩,且投资大多用在已有项目的开发上。2000年后,随着矿产品价格快速上涨,一些过去投资比较少的国家如巴西、俄罗斯和蒙古成为投资的新热点。

2009年,拉美、非洲和亚太地区(不包括澳大利亚)占全球非燃料固体矿产勘查投资比例下降到44%,其中亚太地区由高峰期1997年的11%下跌到7%,非洲由 1998 年 17.5%下降到 8%,拉美比例也有所下降,但仍继续保持其优势地位,居全球第一位,占 28.0%。初级矿业公司在俄罗斯、巴西和中国大量增加,分别居第五、第九和第八位,主要原因在于其快速发展的经济和良好的找矿前景。在非燃料固体矿产开发投资方面,世界大型矿产开发(采选)项目总投资预算中,发展中国家占四分之三,比 1990 年高出 10 个百分点。2009 年 4650 亿美元(不包括延期项目)的矿山开发投资预算中,拉美、大洋洲和非洲所占比例约为 60%。

在矿产生产,特别是原矿生产中,发展中国家占有较大的比重,在固体矿产生产中所占比例为:矿山产量占一半左右,精炼产量占 1/3 左右,分别比 20 世纪 80 年代初各增长约 15 个百分点。目前,70%以上的黄金产于中国、俄罗斯和印尼等发展中国家。在石油生产中,发展中国家所占比例超过 60%,比 80 年代初增长了约 10 个百分点。

近年来,一些资源丰富的矿业大国,为了本国的民族利益,不断调整矿业政策,如提高资源税费,限制矿产投资领域,减少矿产品产量,控制矿产品出口,发展下游产业等一系列措施,限制资源的过快消耗,确保矿业的可持续发展。

在矿产品价格高涨的时候,俄罗斯通过修订联邦地下资源法,限制外资介入的战略资源勘查开发,其中包括铀、金刚石、石英和稀土等俄短缺的矿产资源,以及储量超过 1.5 亿吨的油田、储量超过 1 万亿立方米的天然气田和储量超过 1000 万吨的铜矿。此外,为了维护国家利益,处于国防工业所辖区域内的矿藏也将被列入俄战略资源储藏区名单中。全球金融危机造成了能源原材料价格大幅下降,国家收入下降,俄罗斯不得不改变矿业政策,吸引外资,开发其丰富的油气、铜和金等矿产资源。

美国也采用类似手段阻击其他国家矿业公司购并国内石油企业。澳大利亚政府则通过外商投资委员会审查国外企业对澳矿业公司和矿山资产的并购行为,通常以国家安全等为由和拖延审批等手段,保护重要矿山资产不会被恶意收购。

南非通过调整矿业政策,一方面使黑人得到更多的权利和实惠,另一方面,通过限制原矿出口,提高矿物原料深加工的比例,使矿产资源为南非带来更多的财富。蒙古政府对现行的《矿产资源法》进行修改,不排除把矿产资源收回国有和减少给予外国投资者优惠条件的可能。煤矿和铁矿属于战略资源,对此蒙古政府高度重视。因为权利金问题,蒙古矿产资源法修改悬而未决,大大影响了奥尤陶勒盖铜矿、塔文陶勒盖等巨型矿床的开发。矿业受到金融危机打击后,蒙古不得不重新审视其矿业政策。

委内瑞拉、厄瓜多尔、哥伦比亚等国家相继对自己的矿业政策进行"适时调整",收回了西方矿业公司的部分矿权为政府所有,并成立国有矿业公司从事战略矿产勘查开发,因此,一度引起一些国际矿业公司的恐慌,造成这些矿业公司股票价格几乎跌去了一半。同时,这些国家形象和投资环境评价受到严重影响。

矿业公司的经营活动受到了来自政府干涉、当地居民破坏、矿工罢工以及非政府组织的影响。非洲矿业、环境和社会组织(AIMES)以及来自喀麦隆、刚果共和国等非洲 12 个国家的代表联名致信加拿大政府,要求对其矿业公司的污染环境、破坏森林和侵犯人权行为进行干涉和立法制约。厄瓜多尔政府起诉雪佛龙公司,要求赔偿 200 亿美元,以补偿因为石油污染而造成的环境破坏损失,这宗案件是迄今为止世界上赔偿额最大的因采矿活动造成环境污染索赔案件。

(二)科技推动全球勘查开发活动向更深、更高和更寒地区发展,但矿业人才缺乏仍然是全球矿业发展的制约因素

不断依靠技术进步,大幅度降低生产成本,追求低碳经济,尽量减少环境污染,是 21 世纪矿业可持续发展的动力。几十年来,随着找矿难度的增大和可供开发的高品位、易开采、易选冶矿的减少,利用常规方法进行矿产勘查开发效果不断降低。为此,矿业界在科学技术研究和开发领域做出了不懈的努力,特别是发达国家的大型跨国公司把加大科技投入,通过技术创新掌握矿产勘查、开发核心技术作为其保持竞争优势的主要措施,这也是国外一些大矿业公司长期立于不败之地的重要原因。如埃克森公司运用新技术使其每年新增探明油气储量都超过了油气产量。

先进的科学技术和仪器设备对推进全球矿产资源勘查开发和利用效率发挥着越来越大的作用。技术进步在矿产勘查、开采、选冶和加工利用等各个环节发挥着巨大的功效。近年来,三维地震成像技术、水平井、斜井技术,以及水下采油技术、计算机的广泛应用和人工智能等高新技术的应用为石油业提高效率创造效益做出了巨大贡献。

技术进步使矿产勘查开发的地域范围更广、更高、更深,成本更低。如在陆上,矿产勘查开发向寒冷的北极地区进发,特别是加拿大西北地区、格陵兰和北欧地区的金刚石、金、铜和石油勘查活动,并取得了重大进展,比如加拿大的埃卡蒂(Ekati)金刚石矿,美国阿拉斯加州的佩布尔(Pebble)铜钼金矿,俄罗斯楚科奇半岛的库珀尔(Kupol)金矿以及格陵兰西的科瓦内湾(Kvanefjeld)稀土 - 铀矿和雪铁龙湾(CITRONEN FJORD)铅锌矿等。在智利和阿根廷交界的帕斯夸拉玛金银矿和中国的驱龙铜矿,海拔高度都超过了 5000 米。在海上,近海区和深水区的石油勘查开发进展迅速,2007下半年以来,巴西国家石油公司(Petrobras)在东南沿海桑托斯盆地已经获得多个重要油气发现,包括BM-S-8区块的Bem-Te-Vi油田,BM-S-9区块的卡里约卡(Carioca,300亿桶)和瓜拉(Guara,10亿~20亿桶),BM-S-10区块的帕拉蒂(Parati),BM-S-11区块的图皮(Tupi,50亿~80亿桶)和埃亚拉(Iara,40亿桶),以及BM-S-21区块的卡拉姆巴(Caramba),其中图皮油田经过后期钻井验证,基本证实了其50亿~80亿桶的原油储量。据巴西能源管理部门ANP预测,该国海上盐下石油储量可能高达800亿桶。巴西海上油田勘探取得的成果,一定程度上改变了南美甚至世界油气格局。矿产勘查开发的深度也在进一步加大,美国墨西哥湾海域Tiber钻井超过10000米,是石油天然气行业的最深钻井。南非德兰士瓦省兰德金矿山开发深度达到5000多米。除了深水油气田,水下钻石外,水下煤炭和金属矿产开采最近几年也取得了比较大的进展,特别是在巴布亚新几内亚的俾斯麦海域,加拿大初级勘探公司鹦鹉螺资源公司在深海1500米处,找到了品位丰富的硫化物矿床。德比尔斯和英美集团成立了一家专门从事海底矿产勘查开发的公司。

快速、实时、可视和准确是现代矿产勘探技术发展的方向。传统激发极化(IP)技术一般应用在矿山,探测深度浅,但是,加拿大公司新研制的宙斯系统能够在区域规模使用,最大探测深度可达3500米,将极大地提高大规模区域地质调查的效率和效益,减少土地使用成本,提高成功率。Gedex有限公司的深部石油、天然气和固体矿产探测技术能够精确绘制地下密度图像,性能较目前的系统有大的提高,使得以前的盲飞勘查变成能够"看见"矿床位置,无论是准确性还是速度都是前所未有的。澳大利亚Intellection公司的矿物处理技术——Qemscant便携式商业应用模型已经在世界上多个地学实验室采用。此种产品使用无液氨探测仪,将提高样品准备、分析的速度,与以往的同种设备相比,至少增快5倍,从而加速勘查进程,同时也能使选矿厂实验室分析人员在不同的地点随时进行测试。

许多大石油公司都在施行"数字油田"战略,比如壳牌的"智能油田",其目的就是要从现有油藏中获得更多的产量。在非常规能源矿产领域,壳牌加拿大公司油砂中沥青回收的增强泡沫处理技术(Enhanced froth treatment technology)通过提高石蜡泡沫处理工艺的温度,比其他传统工艺能够更有效地去除更多的沙粒、黏土细粒和其他杂质。同时设备规模更小、用水更少、耗能更低,有效降低温室效应,而总体回收效益能够提升10%。阿尔伯塔省的阿萨巴斯卡油砂项目将采用壳牌的此项技术。壳牌加拿大公司和其合作伙伴西部油砂公司,以及雪佛龙德士古公司计划投资73亿加元扩建姆斯克格矿山(Muskeg)和沥青提取厂。

未来,随着矿产勘查开发的科技进步和社会发展,深部隐伏矿、低品位矿、难选冶矿等开发条件差的矿产开发机会增多,页岩油气等非传统矿产资源备受关注。技术进步使可利用矿产资源的品位显著降低。许多以前难以利用的低品位、难选冶矿变的具有经济意义,从而使许多矿产的储量得到增加,石油、金、铜尤为突出。美国天然气2009年实现自给,并且可以在以后的100年里不再需要进口天然气。这完全得益于东部地区页岩气的开发,而页岩气开发依靠的是先进的钻探技术,这种技术可以击碎地底的页岩并进行水平钻探,开采储藏在页岩层的天然气,是过去10年里最重大的能源技术革新。生物-氧化作用和生物浸出技术的进一步发展,已使金矿石开采品位降到0.7克/吨,最低达0.257克/吨。美国纽蒙特公司研制的适用于低品位的细粒金矿石生物浸出工艺,使金的回收率从20%提高到60%。溶剂萃取电积法(Sx-Ew)炼铜技术进一步完善,铜矿石开采品位可降至0.2%~0.4%,最低达0.04%,用该法生产铜的产量迅速增大,在世界铜总产量中所占的比例由1991年的8.5%上升到2009年的21.8%。Xstrata公司在麦克阿瑟河(McArthur River)铅锌银矿山采用了MIM公司的Albion工艺新技术、新方法和替代产品的应用极新技术、新方法和替代产品的应用极大地提高了矿产资源的利用效率,延缓了矿产资源的耗竭速度。如在能源领域,日本、美国和欧盟等都把节能和提高能效纳入能源安全战略。近年来,节能技术、新能源和可再生能源技术取得突破性进展。过去几十年中,为缓解对石油、天然气和煤炭等不可再生能源的需求,改善环境,许多国家和政府都十分重视开发和利用新能源和可再生能源,如太阳能、风能、地热能、生物质能及潮汐能等。随着铁矿石和冶金辅助原料价格不断攀升,国际上正在谋求炼铁技术的革命性突破,比如力拓公司研制的Hismelt熔融还原炼铁技术,浦项研制的高铬不锈钢技术以及不使用焦炭的Finex式炼铁技术等,都将降低钢铁工业成本。

采矿环境技术进步使矿业对环境的污染逐步得到控制。目前,矿业界正尽最大努力以实现矿山固体、液体和气体污染物的近零排放。酸性废水排放是许多国家一个重大的矿山环境难题,美国加利福尼亚州北部红山铜矿用特殊的微生物处理,显著降低了酸性废水的排放,可以使粉尘遏制和控制技术进步也使采矿更安全、对人体危害更小。澳大利亚矿物科学研究院,正在研制一种综合利用尾矿废渣废水的技术,可以大大降低废渣、水的排放量,从而使得尾矿大大减少,避免尾矿占用大量土地和减少污染。2020年,加拿大油砂工业排放的二氧化碳占当地从目前的5%增长到16%。加拿大联邦政府和阿尔伯塔省出资25亿美元开发二氧化碳收集和储藏技术。

国际矿产品价格不断上涨,矿产开发投资大幅增加,众多矿业项目的实施都需要大批专业技术人才来完成。但由于多年来矿业总体形势不景气,大量人才流失,高等院校矿业院校人才培养断档,所以矿业人才紧缺。面临突如其来的矿产资源热潮,澳大利亚显然在人才方面准备不足。不但缺少矿产资源勘查开发方面的工程师,同时也缺少矿产品贸易方面的人才。刚刚毕业的矿业方面的研究生,薪酬已经超过了8万澳元。澳大利亚政府已经提出一个8.3亿澳元的培训计划,在2008~2010年内,每年首先拿出5600万澳元资助500名大学生完成学业,同时培训大量的熟练工人和初级工。虽然澳大利亚矿业收入逐年增长,但未来10年人才缺乏将制约矿业部门的发展。同样在蒙古,虽然矿产资源丰富,但由于当地缺少矿业方面的技术人才和熟练的技术工人,限制了该国矿业的发展。在加拿大阿尔伯塔省,油砂工业成为该省乃至加拿大能源工业发展的重点,但油砂采矿需要充足的劳动力,而阿尔伯塔省熟练技工的缺口为7.5万~10万人,不得不从邻近的安大略省等省份,甚至全球吸引人才。

总之,矿业全球化和科技进步使21世纪的世界矿业进入一个新的时代,那就是土地和资本作为竞争优势的地位逐渐弱化,矿业企业今后的成功将更多地依赖于理念、管理、技术创新及其应用,即人才和技术。

二、世界矿产资源勘查和开发形势

(一)世界油气勘探开发投入趋于稳定

受世界经济持续增长等多种因素影响,2003年以来全球油气需求日益高涨,油价不断攀升,从而拉动世界油气勘探开发活动不断增强。2008年,全球油价剧烈震荡对油气勘探开发投资产生了一定的影响,但全年投资仍然维持在较高的水平,油气勘探开发投资对金融危机的影响反应滞后,2009年油气勘探开发投资出现缩减,而在2010年又有小幅增长。

据美国巴克莱投资银行(Barclays Capital)《年度勘探与开发投资调查》的统计表明,2003~2008年,全球油气勘探开发投资连续6年增长(图1)。2008年实际投资为4535.62亿美元,较上年增长39.8%,比2007年预计数增长27.9%;2009年勘探开发投资3950亿美元,减少12%;2010年勘探开发投资预算为4390亿美元,增长11%。北美地区(包括美国和加拿大),2008年投资为1349.65亿美元,增长22.9%。其中在美国的245家公司勘探与开发投资为1062.96亿美元,增长30.8%;在加拿大的85家石油公司实际投资为286.69亿美元,增长0.4%;世界其他地区100家石油公司实际投资为3185.97亿美元,增长48.5%。

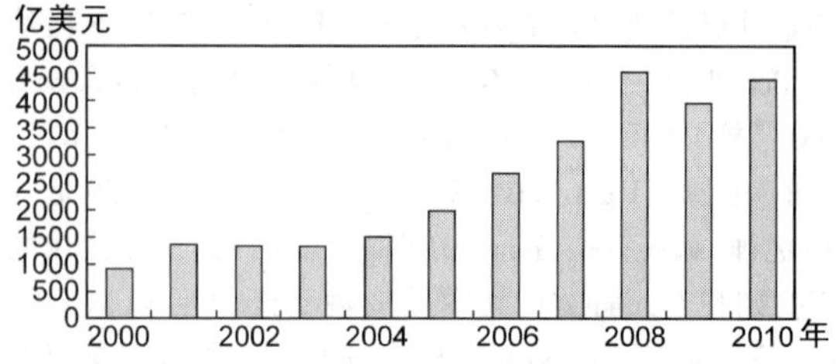

图1 2000~2010年世界油气勘探开发投资

巴克莱投资银行认为,2009年投资缩减是对油价的大幅下跌、有限的现金流和紧缩的信贷市场的反应,并认为原油50美元/桶和天然气5美元/立方米会触动投资的大量减少。虽然,一些大型油气公司投资预算减少,但仍然维持在较高的水平(表5),一些大型公司会大幅降低投入,如切萨皮克能源公司(Cheaspeake)和德文能源公司(Devon)在美国分别消减51%和44%,赫斯基能源公司(Husky Energy Inc)和德文能源公司在加拿大分别消减47%和71%。

表5 一些大型油气公司全球勘探开发预算

单位:亿美元

公司名称	2010年	2009年	2008年
巴西国家石油公司(Petrobras)	200	160	166
美国埃克森美孚(ExxonMobil)	180	162	145
荷兰皇家壳牌公司(Royal Dutch Shell)	160	170	164
美国雪佛龙公司(Chevron)	129	136	118
法国道达尔公司(Total)	124	124	118
意大利埃尼公司(Eni)	100	100	110
英国石油公司(BP)	85	85	95
美国康菲公司(ConocoPhillips)	56	49	55
合　计	1034	986	970

资料来源: Barclays Capital, World Oil, 2010, 2009(2009年数据已进行调整)。

另据《油气杂志》报道,莱曼兄弟公司(Lehman Brothers)对全球石油公司勘查开发投资预算进行的调查统计表明,2003年全球勘探开发投资为1324亿美元,较上年增长4.2%;2004年勘探开发投资约为1488亿美元,增长12.4%,2005年和2006年分别猛增了25%和30%,达到1860亿美元和2418亿美元。2007年全球油气勘查开发投资为3320亿美元,2008年全球油气勘探开发投资为3690亿美元,增长11%,其中北美之外投资从上年的2300亿美元增加到2670亿美元,增长16%。据《油气杂志》年度资本投入报告,美国油气项目投入在2010年将减少5%，为2200亿美元；加拿大项目投入将增长10%，为4400亿加元。其中，美国上游项目的投资将由2009年的1935亿美元增长到2010年的1956.67亿美元(表6)。

表6　　世界油气勘探与开发投资　(单位:亿美元)

国家或地区	2005年	2006年	2007年	2008年	2009年
美　国	484.21	678.94	812.96	1062.96	786.16
加拿大	233.50	284.31	285.55	286.69	219.81
其他地区	1263.77	1675.82	2145.62	3185.97	2996.07
世界总计	1981.48	2639.07	3244.13	4535.62	4002.04

值得注意的是，近年来，近海钻探非常活跃，并不断向深海方向发展。目前全球海洋油气勘探领域正在不断扩大，在100多个海上油气勘探的国家中，有50%的国家正在对深海进行勘探。世界新增油气储量已由陆地、浅水转向广阔的深水水域。近年全球获得的重大勘探发现中，有近50%来自深水水域，墨西哥湾、巴西海域、西非海域以及被称为第2个波斯湾的南中国海是最有希望的深水油气区。据《2003～2007年世界深水报告》披露，全球成熟浅水区域油气新发现规模正大幅下降，近5年欧洲近海投产油气田的平均规模约为9000亿桶油当量，而今后其规模将减少50%以上。

据《世界石油》及其他报道，油气钻井(包括勘查与开发)基本上也反映了上述最近几年的变化情况，2003年起明显增长，到2006年达到顶峰，此后略有下降(表7)。

表7　2002～2008年美国、加拿大及世界油气钻进井数

(单位:口)

国家或地区	2002年	2003年	2004年	2005年	2006年	2007年	2008年
加拿大	15026	21691	23151	23790	24700	20431	15767
美国	27515	32012	38646	41189	48929	49195	52394
世界	66700	80636	89478	93772	108081	104699	105206

(二)世界非燃料固体矿产勘查开发投资持续增加

1.世界非燃料固体矿产勘查投资持续走高

尽管由美国次贷危机诱发的国际金融危机不断扩散和加深，出现了矿产品需求减缓、矿产品价格暴跌、矿业融资难度加大、矿山企业停产减员等现象，但是2008年固体矿产勘查投资全年仍然保持增长态势。实际上，这是矿业周期较长，对跌宕变化的世界经济反应滞后的表现，2009年世界非燃料固体矿产勘查投资下降。据加拿大金属经济集团(MEG)年度报告统计，2008年勘查投资为132亿美元，增长26%，自2002年跌入低谷以来已经增长6倍多(表8)。2009年，受国际金融危机影响，勘查投资77亿元，减少42%。需要强调的是，自2007年以来，统计中增加了铀矿，上述数据不包括铀矿投资。2007年，有363家公司投资9.36亿美元用于铀矿勘查，若包括铀勘查预算，合计调查的勘查预算为109.3亿美元，估计全球投资超过114亿美元；2008年包括铀矿投资为144亿美元；2009年包括铀矿投资为84亿美元。

表8　　近10年全球固体矿产勘查投资变化

年份	估计的总预算(亿美元)	与上年变化(%)	与上年变化(亿美元)
1999	28	－24	－9
2000	26	－7	－2
2001	22	－15	－4
2002	19	－14	－3
2003	24	＋26	5
2004	38	＋58	14
2005	51	＋34	13
2006	75	＋47	24
2007	105	＋40	30
2008	132	＋26	27
2009	77	－42	55

资料来源：Metals Economics Group, Corporate Exploration Strategy, 2009。

由于金融危机的影响，矿产勘查连续6年大幅度增长的势头戛然而止，但全球经济复苏比预料的更快、更好，矿产资源需求的基本面并未改变，特别是新兴国家的迅速崛起，发展中国家的加快发展，使得矿产品需求保持旺盛态势，矿产品价格在较高的价位震荡前行，使得矿业成为推动经济复苏的重要因素。

2.拉美、加拿大、非洲等矿产勘查活跃

2008年，矿产勘查投资在世界各个地区继续增长(图2)，拉美、加拿大、非洲仍然是最活跃的地区，分别占全球矿产勘查投资的25%、19%和15%。拉美自1994年以来一直是最具吸引力的勘查投资地区，2008年同比

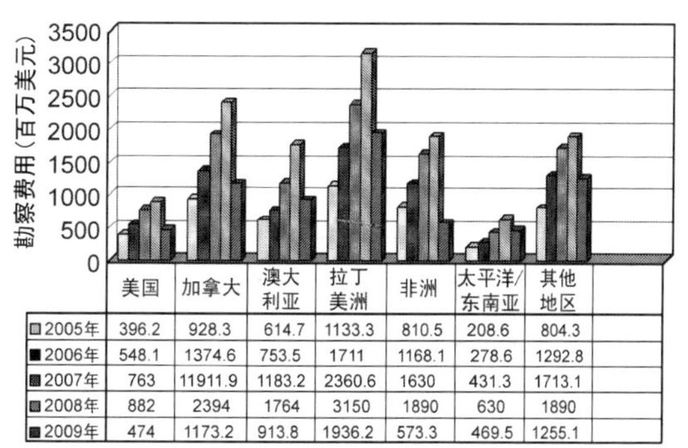

图2　2005～2009年世界固体矿产勘查费用区域分布

增长了近1/3,其中83%的资金投向传统的五国,即墨西哥、秘鲁、智利、巴西和阿根廷。加拿大自2002年超过澳大利亚以来一直保持在全球第二的地区。

2009年,矿产勘查投资在各个地区都有所减少,但拉美、加拿大、非洲仍为投资最活跃地区,分别占全球矿产勘查投资的26.5%、16.0%和15.0%。其中,拉美投资19.36亿美元,减少38%;加拿大投资11.73亿美元,下降51%;非洲投资5.73亿美元,下降42%,澳大利亚投资9.14亿美元,下降47%;美国投资4.74亿美元,下降48%;太平洋/东南亚地区投资4.7亿美元,下降25%;世界其他地区投资12.55亿美元,下降33%。

2008年,十大勘查投资目标国家的投资经费合计为86.9亿美元,占世界总经费的69%。加拿大、澳大利亚和美国保持前三位,墨西哥和秘鲁超越俄罗斯分别居第四和第五位,巴西超越南非和中国居第七位。南非和中国分别居第九和第十位(表9)。

2009年,十大勘查投资目标国的投资经费合计为49.18亿美元,占世界总经费的67%。加拿大、澳大利亚前二位保持不变,第三至第十位发生了较大变化。秘鲁地位迅速上升,把传统的老三美国挤到第四位,第五至第十位依次为俄罗斯、墨西哥、智利、中国、巴西和南非。

另据加拿大自然资源部的统计,加拿大境内矿产勘查和评价的投资连续7年增长,由2007年的19亿加元增加到26亿加元,增长34%,总投资突破1987年创造的24亿加元的最高纪录。小型公司在加拿大勘查工作所占比例越来越大,从1999年的1.75亿加元增加到2007年的17亿加元,自2004年以来一直高于大型公司,现在占到总投资的65%。

对于大型矿业公司而言,勘查投资的主要地区是拉美、加拿大和非洲。一般占其勘查投资的50%以上,甚至达90%以上。主要国家矿业公司的勘查投资见表10。

表9　2008年与2009年世界十大勘查投资目标国勘查经费及位次变化

国家	2008年			2009年		
	勘查投资/百万美元	位次	占总投资的比例/%	勘查投资/百万美元	位次	占总投资的比例/%
加拿大	2401.1	1	19	1173.2	1	16
澳大利亚	1708.6	2	14	913.8	2	12.5
美国	907.8	3	7	474.0	4	6.5
墨西哥	794.3	4	6	388.7	6	5.3
秘鲁	673.1	5	5	480	3	6.6
俄罗斯	586.7	6	5	400.9	5	5.5
智利	519.1	7	4	357.5	7	4.9
巴西	395.7	8	3	233.7	9	3.2
南非	357.1	9	3	199.6	10	2.7
中国	350	10	3	296.6	8	4

表10　西方矿业公司和世界非燃料矿产勘查投资预算(单位:亿美元)

国家/地区	2000年	2001年	2002年	2003年	2004年	2005年	2006年	2007年	2008年	2009年
美　国	2.35 (10.0)	1.58 (7.9)	1.25 (7.2)	1.53 (7.0)	2.83 (11.2)	3.96 (8.1)	5.48 (7.7)	7.63 (7.6)	9.078 (7.2)	4.74 (6.5)
加拿大	3.48 (14.9)	3.33 (16.6)	3.17 (18.3)	4.71 (21.5)	6.97 (27.5)	9.28 (19.0)	13.75 (19.3)	19.12 (19.1)	24.017 (19.1)	11.732 (16)
澳大利亚	4.05 (17.3)	3.49 (17.5)	3.04 (17.6)	3.39 (15.5)	5.24 (20.6)	6.15 (12.6)	7.54 (10.6)	11.83 (11.9)	17.086 (13.6)	9.138 (12.5)
拉丁美洲	,6.62 (28.3)	5.76 (28.8)	4.48 (26.0)	5.18 (23.6)	7.74 (21.8)	11.33 (23.1)	17.11 (24.0)	23.61 (23.6)	31.288 (25)	19.362 (26.5)
非　洲	2.93 (12.6)	2.77 (13.8)	2.57 (14.8)	3.74 (17.1)	5.73 (16.1)	8.11 (16.5)	11.68 (16.4)	16.30 (16.3)	18.834 (15)	10.945 (15)
太平洋/东南亚	1.99 (8.5)	1.33 (6.7)	0.85 (4.9)	0.93 (4.2)	1.55 (4.4)	2.09 (4.3)	2.79 (3.9)	4.31 (4.3)	691.2 (5)	4.695 (6.4)
其他地区	1.97 (8.4)	1.75 (8.7)	1.97 (11.4)	2.44 (11.1)	5.48 (15.4)	8.04 (16.4)	12.95 (18.1)	17.13 (17.2)	18.797 (15)	12.551 (17.1)
公司合计	23.4	20.0	17.3	21.9	35.5	48.9	71.3	99.9	126	73.2
世界总计	26.0	22.0	19.0	24.0	39.0	51.0	75	105	132	77
统计公司数(家)	656	679	724	917	1139	1431	1624	1821	1912	1846
公司年投资规模(万美元)	>10	>10	>10	>10	>10	>10	>10	>10	>10	>10

注:西方矿业公司不包括小公司、地方性的私人公司和政府集团;括号内数字为占公司合计的百分数;西方矿业公司在世界各地的勘查投资总计数占全球商业性金属勘查费用的90%左右。

资料来源:Metals Economics Group Strategic Report,1997~2009年。

3. 勘查矿种仍以金、铜为主

金一直是最具吸引力的勘查矿种，长期保持在勘查投资一半左右，2008 年首次让位于贱金属，占投资总额的 39%，贱金属占投资总额的 40%（表 11），金刚石占 8%，铂族金属占 3%，其他占 10%。2009 年，金矿勘查投资比重重新超过贱金属，占总投资的 47.6%，贱金属占 35.8%，金刚石占 5.4%。

表 11　1999～2009 年各类固体矿产勘查投资比例变化

年份	金矿（%）	贱金属矿产（%）	其他矿产（%）
1999	51.9	34.7(其中铜 19.5)	13.4(其中金刚石 10.0)
2000	46.6	37.9(其中铜 18.8)	15.5(其中金刚石 9.6)
2001	42.5	38.9(其中铜 20.6)	18.6(其中金刚石 9.9)
2002	45.2	29.6(其中铜 17.6)	25.2(其中金刚石 13.5)
2003	48.1	26.6(其中铜 15.5)	25.3(其中金刚石 14.6)
2004	49.8	26.4(其中铜 16.3)	23.9(其中金刚石 13.3)
2005	47.3	29.5(其中铜 16.2)	23.2(其中金刚石 12.8)
2006	44.7	32.4(其中铜 19.2)	22.9(其中金刚石 12.0)
2007	41.9	35.7(其中铜 19.6)	22.4(其中金刚石 9.9)
2008	39.1	40.8(其中铜 23.3)	20.1(其中金刚石 7.6)
2009	47.6	35.8(其中铜 26.2)	16.6(其中金刚石 5.4)

资料来源：Metals Economics Group Strategic Report，1999～2009 年。

2009 年，实际金矿勘查投资 34.82 亿美元，比 2008 年减少 29%，占总投资的 47.6%。最近几年，特别是金融危机以来，全球地缘政治的不确定性、美元疲软等，黄金的增值保值作用明显，金价持续上扬，从而促进了与金相关勘查经费的增加。

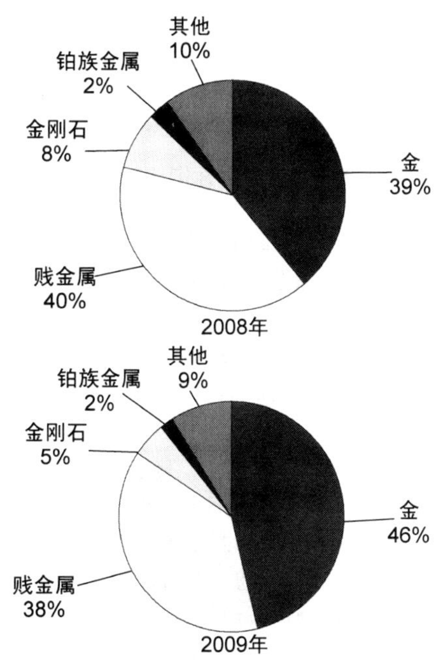

图 3　2008～2009 年世界主要矿种勘查费用所占比例

2009 年，贱金属勘查投资 26.22 亿美元，比 2008 年减少了 49%，在勘查总经费中所占比重为 35.8%。当然，贱金属勘查投资仍比 1997 年的高峰低了 23%。其中，铜矿勘查投资自 2002 年以来一直占贱金属的 57%～62%之间，而镍与锌勘查投资所占比例呈现反向趋势。

2008 和 2009 年世界主要固体矿产勘查投资分布比例见图 3。

2009 年，草根勘查费用 23.502 亿美元，占总勘查费用的 32.1%；用于后期—可行性研究阶段的费用预算总额为 29.696 亿美元，占总勘查费用的 40.6%，继续高于草根勘查费用，成为勘查投资的重点阶段；用于矿场方面的勘查预算为 19.966 亿美元，占总勘查费用的 27.3%（表 12）。而 2008 年，后期－可行性研究阶段的费用占总勘查费用的 41.5%，矿场勘查费用占 22.4%，草根勘查费用所占比例持续降低，只占总勘查费用的 36.1%。

表 12　　固体矿产勘查各阶段投资比例的变化（%）

勘查阶段	2002 年	2003 年	2004 年	2005 年	2006 年	2007 年	2008 年	2009 年
草根勘查	46.9	48.7	42.3	40.2	38.8	38.8	36.1	32.1
后期－可行性研究	33.9	31.2	35.8	40.2	42.8	40.6	41.5	40.6
矿场勘查	19.2	20.1	21.9	19.6	18.4	20.6	22.4	27.3

资料来源：Metals Economics Group Strategic Report，2002～2009 年。

从不同勘查阶段投资比重的变化趋势看，用于矿区外围和深部的投资呈持续上升趋势，从 2002 年的 19.2%上升到 2009 年的 27.3%。而草根勘探所占比例则相应地从 46.9%下降到 32.1%。后期可行性研究勘探所占比例总体上也呈上升趋势，从 33.9%上升到 40.6%。也就是说，随着找矿难度增加，矿业公司更加注重在老矿区深部或外围找矿，而在新区进行勘探风险性不断增加，投资减少。

2007 年和 2009 年，固体矿产勘查投资最多的十大公司见表 13。2007 年英美集团和戴比尔斯公司和勘查投资居领先地位，分别为 3.487 亿美元和 2.827 亿美元，2009 年必和必拓公司和淡水河谷公司占据前两位，分别为 4.236 亿美元和 2.477 亿美元。2007 年，十大公司合计投资 22.465 亿美元，约占全球投资的四分之一；2009 年，十大公司合计投资 20.213 亿美元，占全球投资的 26%之多。

据金属经济集团的统计，从投资公司总部所在地来看，2009 年勘查投资（不包括铀）居前三位的依次为加拿大、澳大利亚和欧洲。总部在加拿大的公司投资 24.745 亿美元，占投资总额的 33.8%；澳大利亚 14.476 亿美元，占 19.8%；欧洲 9.643 亿美元，占 13.2%（图 4）。

表13　　2007年和2009年固体矿产勘查投资最多的十大公司

2007年			2009年		
排名	公司名称	勘查投资（百万美元）	排名	公司名称	勘查投资（百万美元）
1	英美集团	348.7	1	必和必拓公司	423.6
2	德比尔斯公司	282.7	2	淡水河谷公司	247.7
3	必和必拓公司	257.1	3	英美集团	246.6
4	艾芬豪矿业公司	230.8	4	斯特拉塔公司	235.5
5	斯特拉塔公司	229.9	5	安格鲁阿山帝黄金公司	206.0
6	淡水河谷公司	189.0	6	纽蒙特公司	159.3
7	巴里克金矿公司	188.9	7	巴里克金矿公司	156.6
8	纽蒙特公司	178.6	8	戴比尔斯公司	122.1
9	力拓公司	174.9	9	金矿田公司	115.3
10	安格鲁阿山帝黄金公司	165.0	10	嘉能可国际公司	108.6

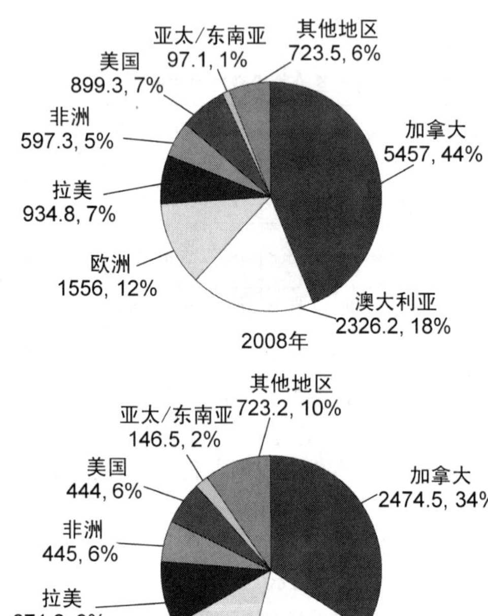

图4　公司总部所在地投资分布（百万美元和百分比）

矿业开发投资持续走强。2007年，矿产开发持续快速增长，总投资为3080亿美元，比2006年增长40.1%。2008年，矿业开发的统计数据并未受到金融危机的严重影响，投资总额为4090亿美元，比2007年增长32.8%，2009年投资4650亿元，比2008年增长13.7%，从开发的矿种来看，4种主要金属矿产铜、铁矿石、金和镍所占的费用合计达3910亿美元，占调查费用的84.1%，其中铁矿石占27.3%，铜占26.7%，反映这两个矿种是全球非燃料固体矿产开发的投资重点（表14）。

表14　2008年和2009年全球主要矿种的新矿业项目开发投资

2009年			2008年		
矿种	矿业投资/亿美元	所占比例/%	矿种	矿业投资/亿美元	所占比例/%
铁矿石	1270	27	铜	1180	29
铜	1240	27	铁矿石	1060	26
金	750	16	金	570	14
镍	650	14	镍	550	13
铅/锌	140	3	铂族金属	150	3
铂族金属	130	3	铀	130	3
金刚石	80	2	铅/锌	110	3
其他	240	5	金刚石	90	2
			其他	250	7
总计	4650	100	总计	4090	100

资料来源：E & MJ，Jan/Feb. 2009年和2010年整理。

矿业开发投资的十大目标国依次是加拿大、澳大利亚、巴西、俄罗斯、秘鲁、智利、美国、南非、菲律宾和墨西哥，十国合计投资3110亿美元，占总投资的66.9%。尽管在2008年和2009年，矿业受金融危机的影响还是很大，许多矿山出现了停产、减员现象，许多公司压缩成本和投资，但矿业开发投资并未减少。

（三）矿产勘查活动的开展，促进了矿产储量的增长

1.世界油气储量不断增长。随着全球原油价格的不断攀升，油气勘探与开发日趋活跃，最近10年世界石油和天然气的储量持续增长，而且石油储量增长还有加快趋势。据《油气杂志》年度调查，从1998年1月到2009年1月份，全球石油储量由10195.5亿桶增加到13317.0亿桶，天然气由5086.5万亿立方英尺增加到6185.7万亿立方英尺，十年间石油和天然气的储量分别增长 30.6% 和 21.6%(表 15)。需要指出的是,油气生产的“峰值”尚未出现,储量还在继续增长。

表 15　　10 年世界油气储量变化情况

时间	世界石油/10^6bbl	世界天然气/bcf
2009	1333100	6621200
2008	1331698	6185693
2007	1317447	6182692
2006	1292550	6112144
2005	1277748	6040208
2004	1265812	6068302
2003	1212881	5501424
2002	1031101	5451332
2001	1028458	5278484
2000	1016041	5146207
1999	1034265	5144753
10 年变化率	28.9%	28.7%

2008 年以前的数据据《油气杂志》全球生产报告,2007;2009 年的数据据 BP,2010。

2. *固体矿产找矿勘查不断取得进展。*由于技术进步和坚持不懈地超前地质勘探工作,使得近十年来全球重要矿产资源的储量或储量基础大都有不同程度的增加。按照目前世界矿产开采水平,总的来说,证实储量可保证开采 20~40 年,某些矿种的保证年限还要长得多,如石油为 40 多年,天然气近 60 多年,煤 200 多年。如果加上预测资源量,保证年限还会大大增加。

除煤、锰、锡、汞、金、稀土、镉、钽和铌等矿种外,大部分矿种资源储量有不同程度的增长,尤其是石油、天然气、铁矿石、钛、铜和镍等重要金属矿产(表 16)。

3. *政府加大了对矿产资源勘查评价导向。*为了促进矿产勘查,为国家的经济发展提供有力的矿产资源保障,世界主要矿业大国或资源丰富的国家,采取各种措施,促进矿产勘查工作,并针对全球金融危机提出了应对政策措施,引领矿业的繁荣发展;继续加强基础性公益性地质调查,降低勘查投资风险;开展了一些重大矿产勘查开拓性项目,加强对矿产勘查的引导,形成了政府与企业合力推动矿产勘查的良好局面。在澳大利亚、加拿大和美国等国,还呈现出中央政府与省(州)政府分工协作推动矿产勘查工作的局面。

表 16　　世界主要矿产储量

矿产	单位	储量		储量基础		矿产	单位	储量		储量基础	
		1999 年	2009 年	1999 年	2009 年			1999 年	2009 年	1999 年	2009 年
煤	亿吨	9842.11	8260	–	–	石油	亿吨	1385.88	1817.25	–	–
天然气	亿立方米	1456377	1874917	–	–	铀*	万吨	234.00	264.33	–	–
铁矿石	亿吨	1400	1600	3000	3500	锰矿石	亿吨	6.8	5.4	50	52
铬铁矿	亿吨	36	>35	75	–	镍	万吨	4600	7100	14000	15000
钴	万吨	450	660	960	1300	钨	万吨	200	280	320	630
钼	万吨	550	870	1200	1900	钒	万吨	1000	1300	2700	3800
铜	万吨	34000	54000	65000	100000	铅	万吨	6400	7900	14300	17000
锌	万吨	19000	20000	43000	48000	铝土矿	亿吨	250	270	340	380
菱镁矿	亿吨(Mg)	25	23	34	36	金红石	万吨(TiO_2)	4300	4500	17000	8700
钛铁矿	万吨(TiO_2)	33000	68000	46000	140000	锡	万吨	770	560	1200	1100
锑	万吨	210	210	320	430	汞	万吨(Hg)	12	6.7	24	24
铋	万吨	11	32	26	68	金	吨	49000	47000	77000	100000
银	万吨	28	40	42	57	铂族金属	吨	71000	71000	78000	80000
稀土	万吨(REO)	10000	9900	11000	15000	镉	万吨	59	49	120	120
铯	万吨	10	7	11	11	钽	吨	12000	110000	36000	180000
铼	吨	2500	2500	11000	10000	铌	万吨	350	290	550	300
锂	万吨	340	990	940	1100	锶	万吨	680	680	1200	1200
铊	吨	380	380	650	650	钍	万吨(ThO_2)	120	130	140	140
锆	万吨(ZrO_2)	3600	5600	6500	7700	钇	万吨(Y_2O_3)	51	54	56	61
石棉	万吨	大	大	大	大	石墨	万吨	1500	7100	36000	22000
萤石	万吨	22000	23000	37000	47000	重晶石	万吨	15000	17000	48000	88000
石膏	亿吨	大	大	大	大	滑石	万吨	大	大	大	大
硅藻土	亿吨	8	大	大	大	硅灰石	万吨	27315	–	44918	–
高岭土	亿吨(资源量)	–	巨大	209	巨大	珍珠岩	亿吨	7	7	20	77
天然碱	亿吨	240	240	400	400	金刚石	亿克拉	5.8	5.8	12.0	13

续表 16

矿 产	单 位	储 量		储量基础		矿 产	单 位	储 量		储量基础	
		1999 年	2009 年	1999 年	2009 年			1999 年	2009 年	1999 年	2009 年
硫	亿吨	14	大	35	大	磷酸盐岩	亿吨	120	160	360	470
钾盐	亿吨(K_2O)	84	85	170	180	硼矿	万吨(B_2O_3)	17000	17000	47000	41000
蛭石	万吨	5000	5000	20000	-	铟	吨	2600	2600	5700	-
硒	万吨	7	8.8	13	17.2	碲	吨	20000	22000	38000	48000

注：* 每公斤成本≤80 美元；①储量或储量基础丰富，无统计数据。

资料来源：1. Mineral Commodity Summaries, 2000, 2010; 2. Oil & Gas Journal, 2009, No.52 3. BP Statistical Review of World Energy, June, 2010。

澳大利亚政府在引导和促进矿产勘查方面，做了大量工作，实施和推进矿产勘查开拓型计划，以降低勘查投资风险，并形成了从联邦政府到州政府，联合高等院校和企业，共同推进矿产勘查工作的良好局面。澳大利亚联邦科学与工业研究组织(CSIRO)通过实施“旗舰项目——地下矿产”，解决矿业工业的实际问题，迎接矿产勘查方面的挑战，研究的重点一是发现澳大利亚的矿产资源，研发新的技术和理念，长期目标是补充澳大利亚的资源基础；二是实现未来矿山的转型，通过创新采矿技术，降低成本、提高效率和安全，把目前经济上不合算的资源转变成有利可图的储量；三是确保澳大利亚未来矿产储量的安全，寻求开启以往不经济矿体价值的途径；四是通过系统的创新推进可持续的加工，确保矿业持续发展，为澳大利亚经济不断创造财富。

澳大利亚各州政府也积极推动矿产勘查，例如昆士兰州州政府于 2005 年开始实施为期四年的“精明勘查”开创性计划，投资 2000 万澳元，2006 年又发起了“精明矿业——未来繁荣”计划，投资 2908 万澳元。南澳州政府自 2004 年实施了为期五年的促进勘查计划(PACE)，投资 2250 万澳元，目的是加速南澳的矿产勘查和矿产品生产，同时确保南澳州作为矿产勘查和投资的首选目的地。维多利亚州政府实施了为期四年的“维多利亚再发现开创性计划”(Rediscover Victoria)，投资 500 万澳元。目标是与工业企业合作进行钻探，为帮助勘探者编制世界级的三维地质图。新南威尔士州投资 3000 万澳元，其设立了支持矿产和油气勘探的为期七年(2000 ~ 2007 年)计划，并延长到 2008 年，并增加 800 万澳元，目的是提供世界一流的地学信息，以帮助勘探者在线获取数据。

加拿大从 1989 年发起全国勘查技术项目(EXTECH)，迄今已实施了四个阶段，作为一个多学科、多部门、综合性的贱金属矿产地质调查项目，涉及的部门既有地调局的下属部门及省级地调机构，又有大学及企业。涉及的学科有地质学、矿床学、热水蚀变与热水沉积、第四纪地质、地球化学、冰川学、水地球化学及水文学、生物地球化学以及空中、地面、地下地球物理测量、GIS 技术等。目的是促进加拿大矿产勘探新方法的发展。加拿大地调局矿产研究提供的地学创新和见识可以帮助矿产勘查业发现维持加拿大作为世界矿产和金属最大提供者的地位。这项开创性计划目的是改进在已建立矿区勘查中应用的概念和技术，这些概念和技术是通过研制区域性和矿床尺度的综合性模型及地球物理和地球化学方法和设备而确立的。加拿大政府把其 15% 不可归还的勘查投资税贷(ITCE)政策延续延长，有效促进了矿产勘查投资。许多省、地区的政府还有进一步促进矿产勘查的措施，如大不列颠哥伦比亚省、马尼托巴省、安大略省和萨斯喀彻温省等在联邦政府的 ITCE 框架内制定了其税贷政策，并应对国际金融危机，继续延长。安大略省加大政府财政支持，计划三年内向矿业等重要部门增加经费 1.3 亿加元，以提高工作程度，吸引更多的矿业投资。加拿大正在制定促进金刚石工业发展和管理的国家战略。加拿大西部经济多样化国务部长 2009 年宣布，资助 96 万加元在大不列颠哥伦比亚大学地球和海洋科学系建立一个精明矿产勘查和采矿研究中心，即环境变化与行星管理中心(Centre for Environmental Change and Planetary Stewardship)，联邦政府的投资将强化研究部门与矿业部门的合作，帮助维持加拿大在矿产勘查和采矿环境友好方面的国际领先地位，中心涵盖三类设备，调查和减轻工业对环境影响的环境界面实验室，进行矿产勘查和采矿研究三维模拟的可视化设备，改进和提高野外矿产勘查研究和培训的野外支撑设备。

矿产资源勘查评价发生了几个值得重视的变化，一是各国政府加大了对矿产勘查的力度，积极引导企业、降低勘查风险，努力寻找新的资源，提高对矿产资源的供应能力；二是加强了新能源和替代能源的寻找和勘查。煤层气和非常规天然气勘查评价活动加强，天然气水合物的探索研究加强，美国、加拿大、日本和印度等国家都开展了天然气水合物专项调查研究，希望在21世纪新能源的竞争中占据主导地位;三是加强了矿产资源评价工作,并强调了对环境影响的研究,并注重勘查安全,如美国的国家矿产资源调查计划,澳大利亚昆士兰政府发布"矿产勘查安全指南",帮助勘查经营者和承包人制定安全计划;四是注重勘查技术的研制和综合。从加拿大的全国勘查技术项目,到澳大利亚的玻璃地球计划,研制新技术、发展新方法,成为人们在矿产勘查中取得成功所追求的目标;五是出台应对金融危机的政策,加强矿产勘查,维持矿业的繁荣;六是采取措施加大边缘地区的勘查,如极地和大洋矿产勘查,努力寻找替代矿产资源基地。

三、世界矿产品供需形势

2009年,世界经济复苏迹象逐渐显现,全球矿产品需求好转,国际矿产品贸易量回升,许多矿产品供过于求状况缓解,能源和金属矿产品的价格普遍止跌回升。

(一)受国际金融危机影响,世界能源消费量普遍下降

2009年,随着全球经济增长的进一步放缓,全球能源消费明显下降,这也是自1982年以来的首次下降。受经济萎缩的影响,经合组织国家和前苏联国家的能源消费量普遍减少。石油、天然气和核能的消费量下降,煤消费量与2008年持平,只有水电发电量和其他可再生能源消费量增加。这也表示自1998年以来全球能源用途的CO_2排放量首次出现下降。从全年来看,由于北美和西欧天然气和煤的贸易量明显下降,所有形式能源的交易价格均出现下跌。石油价格出现了自2001年以来的首次下跌。国际市场石油和煤的交易价格在年初达到了全年低点,而北美和西欧天然气现货价全年持续下跌。

2009年,世界一次能源消费量(包括石油、天然气、煤、核能和水电)下降了1.1%,为1982年以来首次下降,也是自1980年以来下降幅度最大的一年。经合组织国家的一次能源消费量下降了5%,下跌幅度创历史记录,为1998年以来最低消费水平。除亚太和中东地区外,世界所有地区能源消费量均出现下降。亚太地区一次能源消费量增长量超过了当年世界增长量。煤已经连续第四年占世界一次能源消费量增长量的首位。中国一次能源消费量增长8.7%,占全球一次能源消费量的五分之一。中东地区的一次能源消费量继续增长,增长率4.0%,略低于亚太地区增长率。美国一次能源消费量下降5.0%,为1982年以来下降幅度最大的一年。

从世界一次能源消费结构来看,石油、煤炭和天然气仍为主要消费能源。但从主要能源消费国来看,美国、日本、德国和英国的消费结构基本相似,均以石油为主,煤和天然气为辅,另外少部分核电补充;法国石油和核电同为主要消费支柱,天然气为辅助能源;俄罗斯则以天然气为主要消费能源,石油和煤炭为辅助能源。中国和印度的消费结构类似,煤炭为主要消费能源,其次为石油、水电(表17)。

表17 2009年世界一次能源消费量居前10位的国家

(单位:百万吨石油当量)

国家	一次能源消费量	占一次能源消费量的比重(%)				
		石油	天然气	煤	核电	水电
世界总计	11164.33	34.8	23.8	29.4	5.5	6.6
美国	2182.03	38.6	27.0	22.8	8.7	2.9
中国	2177.02	18.6	3.7	70.6	0.7	6.4
俄罗斯	635.30	19.7	55.2	13.0	5.8	6.3
日本	463.91	42.6	17.0	23.4	13.4	3.6
印度	468.85	31.7	10.0	52.4	0.8	5.1
加拿大	319.19	30.4	26.7	8.3	6.4	28.3
德国	289.78	39.3	24.2	24.5	10.5	1.4
法国	241.91	36.2	15.9	4.2	38.4	5.4
韩国	237.48	43.9	12.8	28.9	14.1	0.3
巴西	225.72	46.2	8.1	5.2	1.3	39.2
英国	11164.33	34.8	23.8	29.4	5.5	6.6

资料来源:BP Statistical Review of World Energy June 2010。

2009年,中国一次能源消费总量比2008年增长了8.7%,占世界总量的19.5%。中国是世界最大煤炭生产国和消费国,同时也是世界最大水电生产国。亚太地区一次能源消费总量比2008年增长了4.4%,一次能源消费总量占世界总量的37.1%。中国和亚太地区仍然在全球能源市场中占主导地位(图5)。

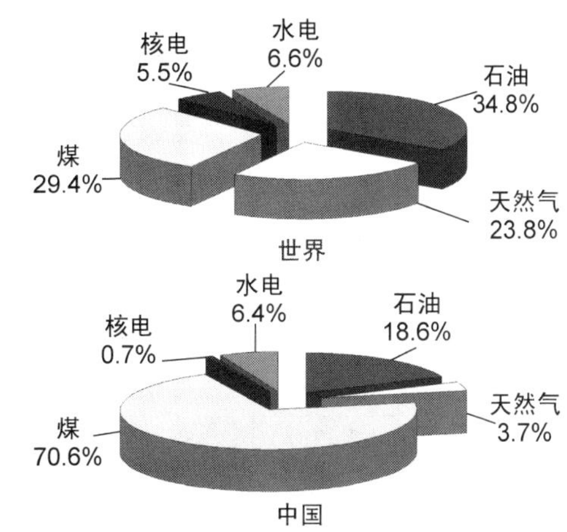

图5 2009年世界和中国能源消费结构

2009年世界石油产量为38.21亿吨,比2008年下降了2.6%(表18)。石油输出国组织国家大幅消减石油产量,全年产量为15.75亿吨,比2008年下降了7.3%,平均每日减产250万桶,其中中东石油输出国组织成员国几乎占了减产总量的75%。非石油输出国组织国家的石油产量增加了0.1%,即7万桶/日。在主要石油生产国中,沙特阿拉伯的石油产量为4.60亿吨,占当年世界产量的12.0%,比2008年下降10.6%,净减产5580万吨。伊拉克的产量增幅2.4%,净增产250万吨。此外,美国、俄罗斯、巴西、哈萨克斯坦和阿塞拜疆等国的石油产量也有较大幅度增长。美国石油产量为3.25亿吨,比2008年增长了7.0%,为2009年增产最多的国家,占当年世界产量的8.5%。经合组织国家石油产量下降了2.4万桶/日,降幅0.2%,主要下降国家是墨西哥、挪威和英国,为连续第七个产量下降年。2009年石油减产较多的国家有沙特阿拉伯、阿联酋、科威特和墨西哥等国。

2009年世界石油精炼能力增加了200万桶/日,增幅2.2%,为1999年以来的最大增加。非石油输出国组织生产能力首次超过了石油输出国组织,其中大部分增量来自亚太地区,亚太地区生产能力的增长约占全球增长量的80%,主要源于印度和中国生产能力的增长,中国2009年精炼能力增长了10.5%(82万桶/日),印度精炼能力增长了19.5%(58万桶/日)。但是,由于世界石油消费量下降,2009年世界石油生产能力利用率下降到81.1%,为1994年以来的最低水平。生产能力减少最多的为英国和日本,分别减少了1.9%(11.4万桶/日)和5.1%(2.9万桶/日),而中国和印度生产能力的增长部分补偿了英国和日本生产能力下降造成的空缺。精炼能力的增加和运行率的下降表明全球精炼能力利用率已经连续四年下降,为自2003年以来的最低水平。造成利用率下降的主要原因是石油进口国(特别是经合组织国家)石油消费量下降,而石油出口国国内石油消费量增加。

表18　　世界主要矿产品产量

矿　　产	单　位	2004年	2005年	2006年	2007年	2008年	2009年
钢	亿吨	10.67	11.32	12.39	13.44	13.30	12.20
铁矿石	亿吨	13.40	15.40	18.00	20.00	22.00	23.00
锰矿石和精矿	万吨(锰)	2678.07	3135.72	3328.32	3336.00	3554.11	3093.71
铬矿石和精矿	万吨	1793.13	1864.14	1956.23	2373.23	2432.02	2090.48
镍(矿山产量)	万吨	129.95	134.87	144.49	157.01	149.03	134.84
镍(精炼)	万吨	125.23	129.55	134.07	144.65	135.24	132.68
钴	吨	47904.00	53689.00	53529.00	65500.00	75900.00	62000.00
钨(矿山产量)	吨	82187.00	72937.00	67862.20	64355.00	65261.05	76898.35
钼(矿山产量)	万吨	16.17	18.57	18.55	21.35	22.33	22.25
钒(矿山产量)	吨	40400.00	58200.00	62400.00	58500.00	55500.00	54000.00
铜(矿山产量)	万吨	1467.35	1515.01	1517.52	1553.93	1567.79	1579.87
铜(精炼)	万吨	1582.70	1660.98	1734.13	1802.93	1849.73	1859.75
铅(矿山产量)	万吨	309.53	365.17	356.63	368.54	381.75	414.83
铅(精炼)	万吨	671.58	771.93	802.02	813.46	888.23	881.55
铅(再生)	万吨		403.77	410.79	431.63	461.27	466.23
锌(矿山产量)	万吨	968.88	1005.60	1042.28	1106.82	1175.91	1133.08
锌锭	万吨	1039.74	1018.48	1068.60	1141.95	1174.96	1150.21
铝土矿	万吨	16758.93	17581.12	19165.51	20901.44	21849.11	18914.25
氧化铝	万吨	5487.20	5615.70	5839.50	5448.40	5595.80	4994.60
原铝	万吨	2992.17	3202.08	3397.52	3813.74	3929.64	3639.03
再生铝	万吨	839.47	859.91	898.72	957.44	867.33	792.13
镁	万吨	582.00	637.40	678.20	784.47	735.75	596.80
钛(矿山产量)	万吨(TiO_2)	433.49	441.39	486.98	508.92	505.04	411.17
海绵钛	万吨	8.19	9.68	11.80	15.04	16.44	15.82
金红石精矿	万吨	35.30	36.90	41.50	56.40	639.00	572.00

续表 18

矿 产	单 位	2004 年	2005 年	2006 年	2007 年	2008 年	2009 年
钛铁矿精矿	万吨	564.00	584.00	540.00	572.00	580.00	519.00
锡(矿山产量)	万吨	29.10	34.27	33.50	34.81	31.60	31.21
锡(精炼)	万吨	34.31	34.96	35.14	34.97	34.31	33.30
锑(矿山产量)	吨	141627.00	174926.00	174211.00	187095.00	125252.00	190810.00
镉	吨	20765.40	19456.80	18782.40	18198.50	21987.10	21451.80
汞(矿山产量)	吨	2640.10	1543.40	1091.80	1293.20	1796.10	1760.00
铋(矿山产量)	吨	5126.20	5015.90	5088.00	4530.30	4726.47	3996.68
金(矿山产量)	吨	2344.90	2344.10	2347.60	2324.40	2286.60	2385.30
银(矿山产量)	吨	18844.50	19509.60	19723.40	20462.30	20777.50	20801.00
铂(矿山产量)	吨	200.90	205.20	211.50	202.65	184.28	187.03
稀土氧化物	吨	107950.00	123000.00	123000.00	124000.00	124000.00	124000.00
硒	吨	2183.10	2142.10	2179.40	2150.07	2240.00	2170.12
碲	吨	288.50	236.70	237.10	259.10	268.15	245.90
硫	万吨	6410.00	6600.00	6570.00	6840.00	6960.00	7030.00
磷酸盐岩	万吨	14100.00	14700.00	14200.00	15600.00	16100.00	15800.00
钾(K_2O)	万吨	3134.00	3100.00	2910.00	3460.00	3500.00	2500.00
硼	万吨(B_2O_3)	460.00	491.00	426.00	384.00	435.00	450.00
纯碱	万吨	3900.00	4200.00	4200.00	4500.00	4600.00	4600.00
(天然 + 合成)							
萤石	万吨	493.00	526.00	533.00	569.00	604.00	510.00
重晶石	万吨	690.00	787.00	796.00	763.00	805.00	550.00
石墨	万吨	98.20	106.00	103.00	111.00	112.00	113.00
石膏	万吨	10600.00	11800.00	12500.00	15400.00	15900.00	15200.00
石棉	万吨	228.00	240.00	230.00	220.00	209.00	200.00
膨润土	万吨	1050.00	1170.00	1170.00	1190.00	1170.00	1000.00
滑石和叶腊石	万吨	812.00	825.00	892.00	762.00	751.00	721.00
高岭土	万吨	4420.00	4470.00	3750.00	3900.00	3590.00	3060.00
硅藻土	万吨	195.00	202.00	216.00	210.00	220.00	220.00
金刚石(天然)	万克拉	18200.00	18300.00	19200.00			
石油	亿吨	38.65	38.97	39.14	39.01	39.15	38.21
天然气	万亿立方米	2.69	2.78	2.87	2.96	3.06	2.99
煤	亿吨	59.17	58.87	61.86	64.08	67.94	69.41
铀(矿山产量)	吨	40330.00	41524.00	39383.00	40974.00	43609.00	48764.00

资料来源:1. Mineral Commodity Summaries, 2007, 2008, 2009; 2. World Metal Statistics, May 2010; 3. World Metal Statistics, Yearbook 2010; 4. Minerals Yearbook, 2008, 2009; 5. Industrial Mineral, 2008, 2009; 6. BP Statistical Review of World Energy, June 2010。

2009 年世界石油消费量为 38.8 亿吨,比 2008 年下降 1.7%(表 19),低于近 10 年的年平均增长率;这是自 1982 年以来的最大降幅。经合组织国家石油消费量下降了 4.8%,为连续第四年下降。非经合组织国家石油消费量增长速度放缓2.1%(86万桶/日),为2001年以来最低的年增长率。亚太地区消费量增长1.0%,占世界石油消费量的31.1%。美国为世界最大石油消费国,2009年石油消费量为8.43亿吨,连续第五年下降,较2008年下降了4.9%,但在世界石油消费中所占比重仍达21.7%,只比整个欧洲的消费量略低。中国的石油消费量为4.05亿吨,比2008年增长6.7%,占世界石油消费量总量的10.4%。从主要消费地区来看,亚太地区、北美地区和欧洲地区仍是石油的主要消费区,在世界消费总量中所占比例分别为31.1%、26.4%和3.5%。但从世界范围来看,2009年除北美地区外,其他地区石油消费量均出现不同程度增长。

表19 世界部分矿产品消费量

矿　产	单　位	2005年	2006年	2007年	2008年	2009年
镍(精炼)	万吨	125.57	136.56	135.55	129.3	130.98
原铝	万吨	2988.84	3395.36	3756.41	3701.96	3525.8
铜(精炼)	万吨	1674.45	1697.44	1810.76	1809.44	1825.98
铅(精炼)	万吨	705.13	805.68	829.59	891.97	887.72
锌锭	万吨	1010.69	1090.75	1129.01	1157.92	1127.18
锡(精炼)	万吨	33.63	36.29	35.67	35.44	32.19
镉	吨	16955.4	14511.8	16058.2	16422.1	15591.4
金(需求)	吨	3851	3906	3552	3806	3386
银(需求)	吨	25785	28216	27642	27631	27652
铂	万盎司	761.5	733.5	758	749	
钯	万盎司	736.4	741	788.5	826.5	
石油	亿吨	37.99	38.9	39.7	39.6	38.8
天然气	万亿立方米	2.69	2.83	2.94	3.01	2.94
煤	亿吨油当量	27.78	30.9	31.84	32.86	32.78

资料来源:1.World Metal Statistics,Yearbook 2008;2.World Metal Statistics,May 2009;3.Minerals Yearbook,2007,2008;4.BP Statistical Review of World Energy, June 2009;5.中国贵金属,2007年、2008年、2009年。

由于世界石油生产和消费存在极为严重的区域不平衡性,因此世界石油贸易量很大。2009年,世界石油贸易量为26.07亿吨,比2008年下降了3.4%,为连续第二年下降,也是自1987年以来的最低水平。其中原油贸易量18.93亿吨(表20),成品油贸易量7.14亿吨。原油贸易量占世界石油产量的49.5%。北美既是石油的主要生产区,又是石油的主要消费区,但由于石油消费增长迅速,本地供给远远满足不了不断增长的需求水平,因此北美地区也是世界最大的石油进口地区。2009年美国的石油进口总量为4.43亿吨,较2008年下降了9.9%,占世界原油进口总量的23.4%。亚洲目前已超过欧洲成为第二大石油消费区,日本和中国分别是世界第二和第三大石油消费国。日本国内石油资源极少,几乎完全依赖于进口,2009年石油进口总量为1.77亿吨,占世界总量的9.3%。中国近年来石油年进口依赖程度不断上升,2009年中国进口原油2.04亿吨,比2008年增长了14.0%,原油进口量占当年原油消费量的50.4%,居世界第二位。欧洲是发达国家集中的地区,石油消费量很高,但只有俄罗斯、挪威和英国三个重要石油生产国,石油产量无法满足本地区的石油需求,因此每年都要从其他地区进口大量石油,石油进口主要来自中东地区。中东地区石油出口总量占世界出口总量的43.4%;苏联地区石油出口量占世界出口总量的18.1%。

表20 世界部分矿产品进出口量

矿　产	单　位	进　口			出　口		
		2007年	2008年	2009年	2007年	2008年	2009年
镍(东西方贸易)	万吨	64.92	64.21	63.66	62.27	61.7	57.63
铝	万吨	1917.12	1808.16	1722.65	1767.14	1948.11	1813.77
铜(精炼)	万吨	712.93	676.77	797.81	758.60	783.81	862.41

续表 20

矿　产	单　位	进　口			出　口		
		2005 年	2006 年	2007 年	2005 年	2006 年	2007 年
铅(精炼)	万吨	178.60	171.21	172.59	177.56	158.24	166.94
锌锭	万吨	350.24	339.56	348.95	359.31	359.38	367.03
锡(精炼)	万吨	23.93	22.80	20.45	27.04	28.74	22.89
石油(原油)	亿吨	19.84	19.70	18.93	19.84	19.70	18.93
天然气	亿立方米	5496.7	8137.7	8765.4	5496.7	8137.7	8765.4

资料来源:1.Mineral Commodity Summaries,2008,2009,2010;2.World Metal Statistics,Yearbook 2010;3.E/MJ,2007,2008,2009;4.Minerals Yearbook,2008;5.BP Statistical Review of World Energy, June 2010。

2009 年,国际市场石油价格经历了先跌后涨的走势,英国北海布伦特原油年平均价格为 61.67 美元/桶,比 2008 年下跌了 37%,为 1986 年以来最大的跌幅。年初英国北海布伦特原油平均价格为 40 美元/桶,之后一路稳步上涨,到 11 月中上涨到全年峰值——78 美元/桶。美国西得克萨斯轻质原油(WTI)的平均价格则为 61.921 美元/桶,比 2008 年下跌了 38.1%(表 21)。石油输出国组织国家持续消减石油产量、世界经济好转和石油消费量下降是导致石油价格下跌的主要原因。美国次贷危机造成的美元贬值和金融资本在石油期货市场上的大进大出的投机行为也为石油价格下跌起到了推波助澜的作用。

表 21　　2005~2009 年世界主要市场原油价格(美元/桶)

年份	WTI	布伦特	迪拜	米纳斯	塔皮斯	辛塔	大庆	欧佩克
2005	56.44	54.38	49.32	53.95	57.9	52.1	52.59	50.64
2006	66.00	65.14	61.49	65.17	69.99	62.4	63.34	61.08
2007	72.26	72.52	68.37	73.51	77.85	70.17	71.39	69.10
2008	100.06	97.26	94.18	101.00	104.90	93.74	96.73	92.73
2009	61.92	61.67	61.91	64.95	65.07	60.63	59.96	61.06

资料来源:《国际石油经济》,2010 年,第 3 期。

2009 年世界天然气产量为 29870 亿立方米,比 2008 年下降 2.1%。美国是世界天然气产量增长的主要驱动力,也是连续第三年占有最大增量。美国天然气产量增加 3.5%,产量达到历史记录,同时也超过俄罗斯成为世界第一大天然气生产国。非传统资源的开发和足够钻探工作是美国产量增加的主要原因。受伊朗、卡塔尔、印度和中国天然气产量增长的拉动,中东和亚太地区天然气产量也大幅度增加,分别增长了 6.5%和 5.2%。卡塔尔占有了世界天然气第二大增量,源于其向阿联酋管道天然气供应量持续增加。

2009 年世界天然气消费量 29404 亿立方米,比 2008 年下降了 2.1%,为 2009 年消费量下降速度最快的燃料。除中东和亚太地区外,所有地区天然气消费量均出现不同程度下降。俄罗斯是 2009 年天然气消费量下降最大的国家,下降幅度达 6.1%。经合组织国家消费量下降 3.1%,美国天然气消费量也下降了 1.5%,主要是因为天然气价格下跌减弱了天然气与其他燃料的竞争力。伊朗为 2009 年天然气消费量增长最多的国家,而印度则是 2009 年天然气消费量增长幅度最大的国家,增长幅度高达 25.9%。

2009 年世界天然气贸易量 8765.4 亿立方米,比 2008 年增长了 7.7%,管道天然气和液化天然气贸易量均有增加。管道天然气贸易量增长了 7.9%,液化天然气贸易量增长了 7.2%。卡塔尔和俄罗斯液化天然气出口量大幅增加大大补偿了由于俄罗斯向欧洲和加拿大向美国管道天然气发货量下降所造成的损失。

2009 年世界煤产量为 69.41 亿吨,比 2008 年增长 2.4%。中国是世界煤产量增长的主要动力,全年产量 30.5 亿吨,比 2008 年增长 9.2%,净增产 2.47 亿吨,占当年世界产量的 45.6%。美国煤产量下降 9.3%,产量下降到 9.73 亿吨,占当年世界产量的 15.8%。

2009 年世界煤消费量基本与 2008 年持平,为 1999 年以来增长率变化最小的一年。世界最大消费国——中国的煤消费量(占世界消费量份额 46.9%)增长

9.6%,高于10年8.7%的年均增长率。2009年,除亚太地区和中东地区外,其他地区的煤消费量均呈现不同程度下降。

2009年世界核能产量下降了1.3%,为连续第三年下降。日本从2007年地震的影响中恢复,核能产量增加,从而使亚太地区核能产量增加。由于世界其他地区核能产量下降幅度较大,所以全年核能产量仍呈下降趋势。中国、巴西和美国水电发电量的增长拉动2009年世界水电发电量增长了1.5%。中国水电发电量增长了5.5%,占世界增量的77.6%。可再生能源的继续强烈增长,但在全球能源消费构成中所占比例很小。全球风能和太阳能发电能力分别增长了31%和47%,均高于10年平均增长率。受有利的环境政策影响,中国和美国风能发电能力大幅增加,两国风能发电增长量占世界增长量的62.4%。

(二)世界钢铁市场需求疲软,大多数冶金金属矿产品价格下跌

据国际钢铁协会(IISI)统计,2009年世界粗钢产量12.2亿吨,比2008年减少9%。从1998年以来,世界粗钢产量连续第二年下降。

中国是世界第一大产钢国,并且是产量增幅最大的国家,2009年粗钢产量为5.68亿吨,同比增长13.1%,继续稳坐世界头把交椅,而排名2到6位的日本、俄罗斯、美国、印度和韩国5国的钢产量总和仅为中国钢产量的54.7%。中国钢产量占世界产量的比例为46.6%,比2008年提高8.8个百分点。日本为第二大产钢国,产量为1.4亿吨,同比增长17.6%。俄罗斯钢产量为5990万吨,超过美国排世界第三,美国钢产量为5810万吨,世界产量排名降至第四。其他重要产钢国有印度、韩国、德国、乌克兰、巴西和意大利等。从2000年开始,“金砖四国”(中国、巴西、印度和俄罗斯)的钢产量占世界钢产量的比重迅速提高,从2001年的31%提高到2009年的58.3%。而从2000年到2009年,世界粗钢产量增长了3.48亿吨,我国粗钢产量增长了4.38亿吨,在此期间中国粗钢产量的增量超过世界粗钢产量增量,世界新增粗钢产量基本上来自中国。

2009年世界铁矿石产量同比2008年下降6.2%,降至15.88亿吨。除了澳大利亚和南非等少数国家外,大部分国家铁矿石产量都出现下滑。2009年中国铁矿石产量为2.34亿吨(按照世界平均63%~64%的品位折算)。中国曾经是世界上最大的铁矿石生产国,但目前仅列第四位,位居澳大利亚(3.94亿吨)、巴西(3.00亿吨)和印度(2.57亿吨)之后。

尽管世界经济出现衰退,但2009年世界铁矿石贸易量仍达到创纪录的9.55亿吨,与2008年相比增长了7.4%,这主要是由于中国需求增长和国内铁矿石产量下滑所导致的进口大幅增长所致。世界铁矿石主要出口国有澳大利亚、巴西、印度、南非、加拿大和俄罗斯等国。2009年澳大利亚是世界最大的铁矿石出口国,共计出口3.63亿吨,同比增长17%;巴西出口量则出现3%的同比下滑,降至2.66亿吨;印度是第三大出口国,出口量为1.16亿吨。2009年世界铁矿石海运贸易量估计同比增长11%,达到8.90亿吨。中国、日本、韩国、美国、德国、加拿大和俄罗斯的钢铁贸易在世界钢铁贸易中占有较大的份额。中国是世界最大的铁矿石进口国,约占世界进口总量的三分之二,尽管出现经济下滑,但进口量仍同比增长41%,至6.3亿吨。

2009年,世界三大铁矿石生产商淡水河谷、力拓和必和必拓铁矿石产量占世界总计产量的35%,控制着世界61%的海运贸易份额。巴西淡水河谷仍然是世界最大的铁矿石生产商,但2009年所占份额已经从2008年的17.3%降至16.0%。由于2010年淡水河谷公司试图重新夺回失去的市场份额,该公司仍将维持自己的霸主地位。

多年以来,全球铁矿石的海上贸易一直由澳大利亚、巴西以及印度和南非等国控制。最近几年世界铁矿石贸易格局发生了巨大变化,铁矿石的主要进口国开始由日本、西欧逐步转为中国。虽然中国拥有很大的铁矿石工业,但是其铁矿石产量难以满足国内日益增长的需求,目前很大比例需要通过进口铁矿石来解决,从而造成近年中国铁矿石进口量持续大幅度增长。2009年中国铁矿石进口量为6.3亿吨,较2008年增长41.68%,约占世界铁矿石贸易量的50%。中国目前是世界上最大的钢铁生产国和铁矿石消费国,同时也是世界上最大的铁矿石进口国,铁矿石对外依存度超过了50%,中国是世界铁矿石需求增长的决定因素,对世界铁矿石贸易有着重要影响。

最近几年由于铁矿石需求旺盛,加上世界大型公司对国际铁矿石贸易的控制,致使铁矿石价格不断攀升。我国进口铁矿石的成本从2002年的24.8美元/吨上涨到2007年88.1美元/吨,国际市场铁矿石的年度合同价格已经连续6年大幅上涨。中国商务部第一次放权给中钢协,由其主导2009年铁矿石价格谈判。2008年11月,中钢协要求铁矿石价格回到2007年的水平上,即降价40%~45%,遭到三大矿商拒绝。2009年5月26日,2009年铁矿石“首发价”在力拓和日本新日铁之间以33%的降幅敲定,但中钢协仍然坚持40%的降幅。随后,力拓宣布与其他亚洲钢企达成协议,均接受当年的首发价。接着,国内中小钢企在首发价的基础上与淡水河谷达成5000万吨的长协矿协议。8月17日,以宝钢为代表的中国钢企与澳大利亚FMG达成2009年下半年铁矿石价格协议,FMG公司承诺销售给中国钢铁企业的铁矿石实行统一价格，粉矿干基离岸价每吨度94美分，同比降幅为35.02%；块矿干基离岸价每吨度100美分，降幅为50.42%。

2009年世界钢产量下降，从而导致世界钢铁工业对铁矿石的需求下降，国际市场铁矿石的供求关系发生逆转，铁矿石供过于求，国际市场铁矿石的价格连续第二年出现下降。

2009年以来，随着全球经济增速进一步放缓和钢铁需求下降，世界钢铁工业，特别是中国钢铁工业的生产出现了下降趋势。受其影响，2009年世界铁合金金属的生产、消费和价格也普遍下降。

由于2009年世界不锈钢产量大幅削减，全球主要铬铁生产商，尤其是南非铬铁企业，自2008年10月起，陆续实行铬铁减产计划。这导致从2008年第四季度开始，铬铁产量大幅缩减，铬铁矿需求下降。2009年世界铬铁矿产量2090.5万吨，比2008年下降了16.8%。南非铬铁矿产量为686.55万吨，同比下降36.9%。中国拥有巨大的铬铁生产能力，但由于中国国内铬矿资源缺乏，矿石产量很少，加上矿石质量差，大部分资源地处边远地区，运输困难，运费高等原因，因此不得不进口大量的铬铁矿，从而使近年铬矿进口量保持持续增长态势。2009年中国共进口铬铁矿石和精矿675.57万吨，比2008年下降了1.2%。中国目前为世界重要的不锈钢生产国，预计今后几年将成为世界重要的不锈钢出口国。

总的来看，2009年铁合金金属生产受到了世界钢铁生产下滑的严重影响，市场需求普遍疲软，大部分矿产出现了不同程度的过剩，由此导致大部分铁合金金属矿产品价格下跌。

（三）有色金属市场供求形势好转，大多数价格上涨

2009年世界6种主要有色金属（铜、铝、铅、锌、锡、镍）总产量为7696.25万吨，比2008年下降3.6%，其中铝产量下降幅度最大，为7.7%，镍产量次之为3.1%，锌和锡分别下降了0.4%和0.3%，铅和铜则小幅增长，分别增长了1.5%和0.7%。上述6种有色金属消费量合计为7529.85万吨，比2008年下降2.9%，其中铝消费量下降幅度最大，为6.7%，锡消费量次之，为4.6%，锌下降了1.0%，铅消费量增长了2.0%，而铜和镍消费量小幅增长，分别增长1.2%和1.1%。铝供应情况最好，铜和锌供应也较充足，镍和锡基本供需平衡，只有铅存在一定程度的供应缺口（表22）。

表22　　**2009年世界主要有色金属供求状况（万吨）**

项　目	铜	铝	铅	锌	锡	镍
世界产量	1859.75	3639.03	881.55	1150.21	33.3	132.68
世界消费量	1825.98	3525.8	887.72	1127.18	32.19	130.98
供求平衡	33.77	113.23	-6.17	23.03	1.11	1.7
库存量	108.28	648.55	37.08	100.73	4.55	16.44
年底库存消费比（周）	3.1	9.6	2.2	4.6	7.4	6.5
正常库存消费比（周）	5.5	5.5	4	5	5	5
产量与2007年相比增长（%）	0.7	-7.7	1.5	-0.4	-0.3	-3.1
消费量与2007年相比增长（%）	1.2	-6.7	2.0	-1.0	-4.6	1.1

资料来源：根据《World Metal Statistics》Yearbook 2010资料计算。

2009年，中国、俄罗斯、巴西和印度的经济持续增长，对有色金属的需求继续增加，6种主要有色金属产量所占世界产量的比例已达45.7%，6种主要有色金属消费量所占世界消费量的比例已达46.5%，而消费量的增量已经超过世界消费增量。

2009年，世界有色金属市场价格走势受到市场供求关系严重影响。大多数有色金属矿产供应量继续增长，但需求增长速度放慢或下降，年平均价格普遍低于2008年（表23）。全年有色金属年均价格的总体水平大大低于2008年。在6种主要有色金属中，铝和镍为2009年价格下跌幅度最大的矿产品，他们的年平均价分别为1665美元/吨和14655美元/吨，分别比2008年下跌了35.3%和30.6%；锡和铜的年平均价分别为13574美元/吨和5150美元/吨，分别比2008年下跌了26.7%和26.0%；铅和锌的年平均价格分别为1719美元/吨和1655美元/吨，与2008年相比，分别下跌了17.8%和11.7%。2009年其他有色金属也大都因需求疲软，市场供应普遍过剩，进而导致价格普遍下降。

表 23　　2006～2009 年 LME 主要金属现货价格(年平均价)(美元/吨)

品　种	2006 年	2007 年	2008 年	2009 年	2009 年增长(%)
铜	6731	7126	6956	5150	－26.0
铝	2567	2639	2573	1665	－35.3
镍	24287	37181	21111	14655	－30.6
锡	8763	14536	18510	13574	－26.7
铅	1288	2595	2091	1719	－17.8
锌	3273	3250	1875	1655	－11.7
金(美元/盎司)	604.34	696.43	872.54	972.97	11.5
银(美元/盎司)	11.55	13.38	15.02	14.65	－2.5

资料来源:《World Metal Statistics》May 2009。

2009 年世界精炼铜产量 1859.75 万吨,比 2008 年增长 0.7%,消费量 1825.98 万吨,同比增长 1.2%,市场供应略有过剩。在世界主要消费地区中,亚洲地区的铜消费量占世界铜消费量的 43.5%。中国仍是拉动世界铜消费增长的主要动力,2009 年中国消费量增长了 38.8%,净增消费量 199.5 万吨,而同期世界消费量仅增加了 16.54 万吨;欧洲和美国由于建筑业和汽车制造业市场消费继续萎缩,导致欧洲和美洲全年消费量分别下降了 21%和 16.2%。总之,2009 年随着全球经济复苏、需求好转和美元贬值等多种因素的共同作用下,国际市场铜价呈现逐步上涨的态势。1 月 LME 三个月期铜平均价为 3259.64 美元/吨,现货平均价也仅为 3220.69 美元/吨,双双处于年内低点。此后随着经济形势的好转,铜价开始了持续上涨的历程。到 12 月,LME 三个月期铜平均价涨至 7017.90 美元/吨,现货平均价涨至 6981.71 美元/吨,分别比年初上涨了 115.3%和 116.8%,价格上涨幅度之迅猛为近年少见。

2009 年世界原铝产量为 3639.03 万吨,比 2008 年下降了 7.7%,为 2001 年以来的首次下降;世界原铝消费量为 3525.80 万吨,比 2008 年下降了 6.7%,净减消费量 253.65 万吨,而中国和印度的原铝消费量分别净增了 186.3 万吨和 17.4 万吨,由此可以看出,2009 年世界原铝的消费主要还是靠亚洲,特别是中国和印度的需求增长来拉动。由于西方主要工业国的实体经济在危机中大多受到较为严重的冲击,从而导致西方对原铝需求的大幅萎缩,全球原铝市场供应过剩较为严重。由于市场供应充足,但需求一直不振,由此导致 LME 铝库存开始暴增,9 月底库存 459 万吨,到了年底,更是超过了 460 万吨大关,较 2008 年底增加了近 1 倍,同时世界商业库存总量也达到了 648 万吨。2009 年国际市场铝价呈现波动性上涨的势头。国际市场铝期货价格在 2009 年 2 月 24 日创下本轮下跌新低 1253.5 美元/吨,之后,随着全球通胀预期的升温以及局部地区需求的回暖,铝价开始上涨,特别是进入 7 月之后,铝价涨速明显加快,并在 8 月初达到 2035 美元/吨。之后随着全球原铝产能的逐渐恢复开始回调,截至 2009 年 12 月 31 日,LME 现货铝月均价和三月期铝分别收于 2207 美元/吨和 2242 美元/吨,较 2008 年年底的 1454 美元/吨和 1496 美元/吨分别上涨了 51.8%和 49.9%。不过按照平均价来计算的话,2009 年 LME 铝现货平均价仅为 1665 美元/吨,较上一年下跌了 35.3%。

2009 年世界精铅产量为 881.55 万吨,较 2008 年增长 7.5%,消费量 887.72 万吨,比 2008 年增长 4.8%,供应缺口 6.17 万吨。中国是世界精铅生产和消费大国,2009 年精铅产量 370.79 万吨,比 2008 年增长 7.4%。自 2003 年中国超过美国成为全球第一大精铅生产国后,产量逐年增长,而且占世界产量的比例也在不断增加,2009 年已经达到 42.0%。2009 年中国精铅消费量 385.99 万吨,占世界消费量的比例为 43.5%。2009 年中国精铅消费量增加了 40.36 万吨,而同年世界消费量却减少了 4.1 万吨,中国精铅的生产和消费对世界精铅的生产消费形势有着重要的影响。2009 年中国精铅出口量 2.37 万吨,仅占当年世界精铅出口量的 1.4%,比 2008 年减少了 1.1 万吨。尽管受国际铅市需求疲软的影响供应缺口进一步缩小,但中国铅出口量急剧减少和世界商业前库存量处于较低水平使铅市供应紧张局面未得到彻底缓解。受其影响,2009 年国际市场铅价总体表现良好,年初延续 2008 年铅价持续下跌的趋势,LME 现货平均价 2 月的全年最低价为 1101 美元/吨,之后,随着全球经济复苏信心的加强、美元贬值投资基金炒作的影响,国际市场铅价一路走高。9 月已突破 2000 美元/吨关口,12 月则进一步涨至 2329 美元/吨,年内最高价比最低价上涨幅度高达 52.7%。2009 年 LME 现货平均价为 1719 美元/吨,比 2008 年下跌 17.8%，2009 年 LME 三个月期货平均价为 1733 美元/吨，比 2008 年下跌 17.3%。

2009 年，世界锌产量为 1150.21 万吨，比 2008 年下降 2.1%，其中西方国家产量为 621.46 万吨，比 2008 年下降 6.7%。世界锌消费量为 1127.18 万吨，比 2008 年下降 2.7%。其中西方国家锌消费量为 595.46 万吨，比 2008 年下降了 13.5%。世界锌消费增长仍主要来自中国。中国由于近几年镀锌板产量持续大幅增加导致锌消费持续增长。2009 年锌消费量 588.83 万吨，比 2008 年增长 17.9%，净增 74.3 万吨。2009 年国际锌市场扭转了供不应求局面，供应过剩 23 万吨左右，由此导致 LME 库存增加。2009 年 LME 锌现货平均价为 1655 美元/吨，比 2008 年下跌 11.7%；三个月期货锌年平均价为 1681 美元/吨，比 2008 年下跌 11.4%。2009 年 LME 期货平均价最高为 12 月的 2570 美元/吨，最低为 2 月的 1060 美元/吨，涨幅高达 142.5%。2009 年年底 LME 锌金属库存为 66.10 万吨，比 2008 年增加了 34.5 万吨。

2009 年，世界锡产量为 31.21 万吨，比 2008 年下降了 1.2%；世界锡消费量为 32.19 万吨，比 2008 年下降了 9.2%。2009 年国际锡市场供不应求状况进一步缓解，供应缺口仅为 1.1 万吨。2009 年，中国和印尼两个主要生产国产量继续下降，但由于市场需求不振，市场供应仍能保持略有过剩，库存相应增加。随着国际经济形势的逐渐好转，锡价持续下跌的势头得以扭转，全年价格呈现稳步上涨趋势。2009 年 LME 现货平均价最高为 12 月的 15546.90 美元/吨，最低为 3 月的 10675.91 美元/吨，9 个月的时间内价格上涨了 45.6%。2009 年现货平均价为 13573.88 美元/吨，与 2008 年相比下跌了 26.7%。尽管从年初开始国际市场锡供应就不断出现问题，主要生产国一直在减产，因此面对需求的疲软，市场上并没有出现明显过剩，加上人们对全球经济复苏信心的增强以及美元持续贬值等因素均促成了国际市场锡价的稳定上涨。此外中国锡锭出口继续保持较低水平，也对国际市场锡价上涨起到了一定的作用。

2009 年世界精炼镍产量 132.68 万吨，比 2008 年下降 1.9%，消费量为 130.98 万吨，比 2008 年增长 1.3%。尽管镍需求增长，但全年国际镍市场仍供应过剩 1.7 万吨。2009 年中国镍产量为 24.7 万吨，消费量为 54.1 万吨，供应缺口为 25.4 万吨。根据中国海关统计数据显示，2009 年中国进口镍矿总计 1643 万吨，与 2008 年相比增长 34%，达到了自 2005 年以来的历史纪录的最高点。同时中国也加大了精炼镍的进口量，全年进口精炼镍 24.7 万吨，占当年世界精炼镍进口贸易量的 38.8%。中国镍的产消增长促进了国际镍市场的好转，由此导致年内镍价先跌后涨，2009 年 LME 三个月期镍最高价为 8 月的 21070 美元/吨，最低为 3 月的 9405 美元/吨，全年高低价差高达 11665 美元/吨。

2009 年，世界钼矿山产量 22.26 万吨，比 2008 年增长 4.6%，而同期中国的钼矿山产量却出现 8.6% 的增长，即从 2008 年的 8.61 万吨增至 9.35 万吨。作为国际市场上重要的钼出口国家，中国钼产量的持续增长无疑将对国际钼市场造成较大的压力。但是由于中国国内钼需求的增加和钼出口配额政策的实行及时地抑制了钼出口量增加；其次，美国和秘鲁作为全球主要的钼生产国家产量大幅下降，这些因素极大缓解了由于世界钼矿山产量，特别是中国大幅增产给国际市场造成的巨大压力。2009 年世界钼均价处于较低水平。1～4 月份处于下滑阶段，5～8 月份处于快速上涨阶段，9～12 月份处于缓慢下降阶段。2009 年的价格低点出现在 4 月份，主要因为当时国内外钢厂开工率很低，交易量极其清淡；高点出现在 8 月，上涨动力还是来自下游钢厂，当时各国钢厂的开工率提高，以及库存消耗殆尽，加之贸易商从中炒作，钼价迅速崛起。其中西方钼铁(65%～70% Mo)年均价仅 27.05 美元/千克，较 2008 年的 69.13 美元/千克下跌 60.9%；欧洲桶装氧化钼年均价为 11.35 美元/磅钼，较 2008 年的 28.98 美元/磅钼下跌 60.8%；美国罐装氧化钼年均价为 11.52 美元/磅钼，较 2008 年的 28.95 美元/磅钼下跌 60.2%。

2009 年，受中国钨矿产量大幅增长影响，世界钨矿山产量比 2008 年增长了 17.8%，但主要增量仍然来自中国。尽管世界钨需求增长，但国际钨市供应充足，由此导致 2009 年钨市场出现轻微过剩，国际市场价格下跌。据统计，2009 年欧洲市场钨铁平均价为 26.13～27.53 美元/千克，而 2008 年平均价为 33.54～34.82/千克，同比下跌 22.1%。2 月份现了 2009 年以来的最高价，即是钨铁 29.5～31 美元/千克，而 3 月最低价跌至 23 美元/千克。欧洲 APT 市场成交稀疏，价格波动不明显，但实际价格已经下跌。2009 年欧洲市场 APT 平均价为 190.5～215.2 美元/吨度，最高价 210～230 美元/吨度，最低价 170～180 美元/吨度。

总之，2009 年世界有色金属市场的主要特点可以归纳为：①全球经济复苏迹象逐渐显现，原材料的需求下降势头得以扭转。主要有色金属的需求好转，大多数矿产品价格持续上涨；②美元贬值和投资炒作推动了价格的上涨；③虽然中国、印度和俄罗斯等国经济增长减速，但国内市场较强需求对有色金属矿产品价格的上涨起到了推动作用。

(四)贵金属投资需求增加，价格普遍上涨

2009 年，世界经济复苏迹象逐渐显现，国际市场贵金属供需形势大大好于其他矿产品，贵金属价格全面上涨，部分矿产品价格创下历史新高。

据GFMS统计，2009年世界黄金总供应量为3890吨，比2008年增长10.7%。造成供应量增加的主要原因是矿产金产量增加和官方净买入量增加238吨。中国2009年矿产金产量324吨，比2008年增长11%，仍为世界第一大黄金生产国。2009年世界黄金现金生产成本478美元/盎司，比2008年增加了11美元/盎司；黄金总生产成本为617美元/盎司，比2008年增加了32美元/盎司，黄金生产成本的增加刺激了矿产金的生产。2009年矿产金供应量2554吨，比2008年增长6.0%。2009年官方净抛售黄金量大幅度减少，仅为44吨，比2008年减少了81.4%，而截至2008年的5年平均售金量为444吨。2009年世界循环利用金供应量为1549吨，比2008年增长了27.3%，占当年世界总供应量的39.8%。从需求方面来看，2009年，由于投资增长无法抵消制造业和生产商投资减持的下降，世界黄金的总需求比2008年下降了11%，其中珠宝首饰消费黄金1747吨，比2008年下降20.1%；珠宝首饰消费是黄金的主要需求领域，占2008年黄金总需求的51.6%。此外，随着美元的大幅贬值，黄金的货币功能和战略保值功能愈来愈显重要。另外，传统上美元是亚洲各国外汇储备的主要部分，由于美元长期贬值以及其他主要货币汇率的波动，使得各国增加黄金储备以抵御贬值风险，因此增加黄金储备需求逐渐增大。

2009年国际市场现货黄金价格完成了一个波动性大幅上涨的过程，而且年度内金价再创历史记录。年初到8月下旬，国际市场金价延续2008年底上涨趋势一路波动性上涨，9月8日突破1000美元/盎司关口。之后金价持续上涨，12月2日金价创下了新的历史高位每盎司1212.50美元。2009年黄金市场年均价为972.35美元/盎司，比2008年上涨了11.5%。年内最低价为801美元/盎司，最高价为1226美元/盎司，上涨幅度达53.1%。总的来看，美元持续贬值和投资需求增长是2009年国际市场黄金价格大幅波动上涨的主要因素。

据GFMS统计，2009年世界白银总供应量为27651吨，基本与2008年持平。2009年世界白银现金生产成本5.23美元/盎司，比2008年略有提高。2009年矿产银供应量22071吨，比2008年增长3.6%，创造了新的历史记录，这主要得益于拉丁美洲国家矿产银产量的大幅增长。2009年官方净抛售白银量为426吨，比2008年下降了50.4%，为近十年来的最低水平。2009年世界再生银供应量为5154吨，比2008年下降了5.9%，占当年世界总供应量的18.6%。从需求方面来看，2009年，尽管大部分消费领域需求疲软，但投资需求的大幅增长使世界白银的总需求比2008年略有提高，为27651吨。制造业需求22670吨，比2008年下降110.9%，其中工业用途需求10955吨，比2008年下降20.6%；制造业需求占2009年白银总需求的82.1%。另外，2009年白银推断净投资达到4258吨，比2008年增加了近两倍，达到近20年来创纪录的新高。造成这一情况的主要原因是下半年金融危机加重使公众规避风险需求猛增。

2009年，国际白银价格出现近8年来的首次下降，跌幅为2.1%。不过2009年当年国际年均价达到14.67美元/盎司，这依旧是国际市场白银价格1980年达到20.9815美元/盎司的历史第二新高。2008年年底国际银价大幅下跌，此后白银市场开始复苏，从1月初的10.51美元/盎司一路上涨至2009年12月的19.18美元/盎司，达到17个月来新高。尽管如此，仍比2009年同期黄金价格涨幅低了许多。2009年，LBMA(伦敦金银协会)白银均价为14.7美元/盎司，比2008年下跌2%。

从近几年的国际银市场来看，白银价格的走势与市场供求状况不存在必然联系。当国际市场白银价格超过6.0美元/盎司时，直接左右市场的就不是供需关系，而是投机、汇率等因素。近几年的国际白银市场多次证明了这一点，目前的白银供需现状对市场产生的直接影响力很小。短期内经济形势、美元汇率变化、黄金市场价格的波动、投资活动的剧烈变化、国际石油价格等仍然是决定银价的主要因素。同时，由于白银主要为铜、铅、锌和黄金等矿产的伴生矿产，因此，白银相关金属行情的好坏，也影响着白银的市场。

据英国庄信万丰公司资料，2009年世界铂供应量为228.6吨，比2008年增长1.4%；其中南非供应量约占世界供应量的75%。铂的主要应用领域为汽车、首饰、玻璃和投资。2009年全球铂的需求再次下滑到184.0吨，其中汽车需求为77.2吨，比2008年减少了37.9吨。2009年首饰行业铂的需求为76.2吨，比2008年增长了79.7%，占总需求地1.4%。铂的投资需求近几年增长迅速，2009年该领域需求为19.6吨，占总需求的比例首次超过了10%。总的来看，2009年世界铂市场存在4.3吨的小幅过剩。2009年铂价总体走势强劲。1月初为1000美元/盎司，之后逐渐上涨，4月中旬突破了1200美元/盎司，5～10月国际市场铂价一直在1300美元/盎司上下波动，11月一举突破1400美元/盎司大关，12月2日再次突破1500美元/盎司大关，达到年内高点。铂金投资需求迅速上涨是铂价屡创新高的主要动力。

总之，2009年，受世界经济形势的好转和美元持续贬值等因素的影响，世界主要矿产品市场需求增加，大多数矿产品价格止跌反弹，有些金属矿产品的价格涨幅较大(表 24、表 25)。尽管中国、印度、巴西和俄罗斯等国经济增长速度大大放缓,矿产品需求增长幅度下降,但仍对世界矿产品市场的稳定增长有着巨大的拉动作用。

表 24　　国外矿产品市场价格(伦敦市场金属、矿石和氧化物价格)

矿产品名称、规格及交货条件	单位	价格		
		2006 年 12 月 9 日	2007 年 12 月 7 日	2008 年 12 月 19 日
锑金属:自由市场,到岸价	美元/吨	5300~5400	5450~5550	4000~4250
砷:鹿特丹,99%	美元/磅	0.45~0.55	0.55~0.65	0.50~0.60
铋金属:自由市场,到岸价	美元/磅	6.60~6.90	11.50~12.50	7.75~8.25
镉金属:(99.99%),到岸价,条	美元/磅	1.60~1.75	3.20~3.40	0.65~0.80
镉金属:(99.95%),到岸价,锭	美分/磅	1.55~1.70	3.00~3.30	0.55~0.75
钴金属:自由市场,99.8%,纯净	美元/磅	30.00	37.75	18.50
锗金属	美元/千克	675(GeO_2)	875(GeO_2)	-
金	美元/金衡盎司	630.50	788.75	872.50
铟金属	美元/千克	650~690	450~500	380~425
铱金属:J. 马瑟基价	美元/金衡盎司	400	450	435
锰金属:99.7%	美元/吨	1370	2900	2300
汞金属:自由市场,99.99%	美元/瓶	480~560	550~650	600~700
锇金属:自由市场	美元/金衡盎司	400	400	400
钯金属:J. 马瑟基价	美元/金衡盎司	328	348	178
铂金属:J. 马瑟基价	美元/金衡盎司	1123	1458	875
铑金属:J. 马瑟基价	美元/金衡盎司	5075	6825	1150
钌金属:J. 马瑟基价	美元/金衡盎司	410	460	120
硒:自由市场,到岸价	美分/磅	23~25	29~32	18~20
银	美元/金衡盎司	13.56	14.50	11.11
碲:英国团块和粉末,99.95%,纯净	美元/磅	50~70	100~120	160~190
氧化铝:冶金级,现货离岸价	美元/吨	210	376	-
钛铁矿:54% TiO_2,离岸价	美元/吨	77	88	78~85
钼氧化物:55%~57%	美元/磅	25.0	31.5	11.0
金红石:澳大利亚产,95%~97% TiO_2,离岸价,散装	美元/吨	453	490	500~550
钽铁矿:钽氧化物 60%,北欧港口到岸价	美元/磅	32.5	45.0	45.5
钒氧化物:98% V_2O_5,到岸价	美元/磅	7.9	7.0	8.0
铁矿石　粉矿　年合同价	美分/吨度	73.45	80.42	-
块矿　年合同价	美分/吨度	93.74	102.64	-
黑钨矿/白钨矿:65%	美元/吨度	175.0	175.0	170.0
锆砂:澳大利亚产,66%~67% ZrO_2,标准级,离岸价,散装	美元/吨	786	790	725~800

资料来源: Mining Journal, 2006~2008 年。

表 25 **国外部分矿产品价格**

	矿产品名称、规格及交货条件	单位	价格		
			2006 年 12 月	2007 年 12 月	2008 年 12 月
铝	氧化铝,煅烧,$Al_2O_3$98.5%~99.5%,袋装,批量,英国交货	美元/吨	550~575	550~575	850
铝	氧化铝,煅烧,钠质含量中等,批量	美元/吨	600~630	600~630	850
铬	铬铁矿矿石:				
铬	(南非)德兰士瓦,化学级,46% Cr_2O_3,湿散装,离岸价	美元/吨	175~183	207~350	560~570
铬	德兰士瓦,铸件级,45% Cr_2O_3,湿散装,离岸价	美元/吨	195~220	300~350	510
铬	德兰士瓦,耐火级,46% Cr_2O_3,湿散装,离岸价	美元/吨	215~235	455	880
铬	(菲律宾)耐火级,精矿,离岸价	美元/吨	125~140	125~140	125~140
锂	透锂长石,4.2% Li_2O,大袋,德班离岸价	美元/吨	165~260	165~260	165~260
锂	锂辉石精矿,>7.25% Li_2O,西弗吉尼亚离岸价,散装,离岸价	美元/短吨	460~490	600~640	620~680
锂	玻璃级锂辉石,5% Li_2O,西弗吉尼亚离岸价,散装,离岸价	美元/短吨	270~310	330~340	340~390
锂	碳酸锂,美国东海岸船边交货,大合同	美元/磅	2.70~3.00	2.70~3.00	2.70~3.00
钛	钛铁矿:澳大利亚产,散装,精矿,$TiO_2 \geq 54\%$,离岸价	美元/吨	75~85	75~85	84~136.50
钛	现货价	美元/吨	70~90	85~105	110~126
钛	金红石:澳大利亚精矿,$TiO_2 \geq 95\%$,离岸价				
钛	散装(大量,用于颜料)	美元/吨	450~500	475~500	500~550
钛	袋装(小包装,用于焊条等)	美元/吨	570~700	650~700	675~725
锆石	陶瓷用,散装,离岸价:澳大利亚	美元/吨	725~825	775~800	830~860
锆石	陶瓷用,散装,离岸价:美国	美元/吨	700~775	725~800	725~820
锆石	耐火材料用,散装,离岸价:澳大利亚	美元/吨	725~825	725~800	775~800
锆石	耐火材料用,散装,离岸价:美国	美元/吨	700~775	725~800	775~800
稀土	氟碳铈矿精矿,70%淋滤 (价格单位为:美元/磅稀土氧化物)	美元/磅	2.25	2.25	2.25
稀土	氧化钇,99.99% Y_2O_3	美元/公斤	5.0	5.0	5
膨润土	美国怀俄明,工厂交货,火车车厢批量:				
膨润土	原矿散装	美元/短吨	36~82	36~82	44~100
膨润土	铸件级,袋装(100Lb)	美元/短吨	55~80	55~80	70~90
膨润土	"美国石油协会"规格,袋装(100Lb)	美元/短吨	55~80	55~80	70~100
膨润土	欧洲主要港口到岸价,散装:				
膨润土	宠物垫圈级 1~5 毫米	欧元/吨	32~55	32~55	50~70
膨润土	铸件级,原矿,万吨船	美元/吨	55~60	55~60	55~60
膨润土	"美国石油协会",Section6	美元/吨	52~57	52~57	52~57
高岭土	美国佐治亚,工厂交货:填料,散装	美元/短吨	80~100	80~100	80~100
高岭土	造纸涂料级	美元/短吨	85~185	85~185	95~185
高岭土	煅烧,散装	美元/短吨	320~375	320~375	320~375
高岭土	卫生器具级,袋装	美元/短吨	65~75	65~75	65~75
高岭土	餐具级,袋装	美元/短吨	125	125	125

续表 25－1

	矿产品名称、规格及交货条件	单　位	价　格		
			2006 年 12 月	2007 年 12 月	2008 年 12 月
硅藻土	美国煅烧过滤助剂用，英国交货	英镑/吨	370～410	370～410	370～410
	美国热碱处理硅藻土，过滤助剂用，英国交货	英镑/吨	380～420	380～420	380～420
碳酸钙	研磨碳酸钙，白垩，未包装，英国工厂交货	英镑/吨	30～52	30～52	30～52
	碳酸钙，白垩，包装，精制，英国工厂交货	英镑/吨	80～103	80～103	80～103
	沉淀碳酸钙，英国工厂交货：未包装	英镑/吨	320～420	320～420	320～420
	包装	英镑/吨	320～450	320～450	320～450
云母	印度：325 目微粉，欧洲到岸价	美元/吨	300～545	300～545	300～545
	湿磨	美元/吨	500～1000	500～1000	600～900
	印度离岸价：干磨	美元/吨	200～430	200～430	200～430
	美国工厂交货价：干磨	美元/吨	210～400	300～400	300～400
	湿磨	美元/吨	535～1300	700～1300	700～1300
	微粉级	美元/吨	535～930	700～1000	700～1000
	片状	美元/吨	250～480	350～500	350～500
滑石	挪威产，英国仓库交货：磨碎	英镑/吨	142～190	142～190	142～190
	微粉	英镑/吨	220～294	220～294	220～294
	中国产，英国仓库交货：标准级，200 目	英镑/吨	208～233	215～235	215～235
	标准级，350 目	英镑/吨	214～234	220～245	220～245
	美国，工厂交货：涂料级，200 目	美元/短吨	126	126	126
	400 目	美元/短吨	210	210	210
	陶瓷级，200 目	美元/短吨	92	92	92
	325 目	美元/短吨	115	115	115
叶蜡石	韩国，离岸价：玻璃纤维级，耐火级，Al_2O_3，18%～21%	美元/吨	59～65	59～65	130
	陶瓷级，Al_2O_3，15%～19%	美元/吨	27～44	27～44	27～44
	黏土填料级，Al_2O_3，21%～27%	美元/吨	110～150	110～150	110～150
	澳大利亚，悉尼港口离岸价：填料级，300 目	美元/吨	342	342	342
重晶石	磨碎，白色，涂料级，至少 99%＜20 微米，英国交货	英镑/吨	140～150	140～150	140～150
	钻井级，磨碎，“石油公司材料协会”规格，散装，阿伯丁交货	美元/吨	60～65	60～65	77～78
	块状，“美国石油协会”规格，美国海湾到岸价：中国	美元/吨	71～74	105～125	95～110
	印度	美元/吨	82～85	143	106～130
	摩洛哥	美元/吨	67～69	52～53	64～68
萤石	制酸级，滤饼：中国产，干滤饼，美国到岸价	美元/吨	230～240	305～310	530～550
	南非产，德班离岸价	美元/吨	160～204	175～204	250
	墨西哥产，坦皮科离岸价	美元/吨	180～200	180～200	250～320
	墨西哥离岸价，$As<5\times10^{-6}$	美元/吨	210～220	210～220	400～420

续表 25-2

	矿产品名称、规格及交货条件	单 位	价格		
			2006 年 12 月	2007 年 12 月	2008 年 12 月
硅灰石	美国工厂交货价:针状,-200 目	美元/短吨	205	205	205
	针状,-325 目	美元/短吨	248	264	264
	针状,-400 目	美元/短吨	275	290	290
	针状(长径比为 15:1~20:1)	美元/短吨	345	373	373
蛭石	南非产,散装,鹿特丹离岸价	美元/吨	160~260	160~260	280~450
	原矿,散装,美国工厂交货	美元/短吨	170~250	170~250	170~250
石墨	欧洲港口到岸价:晶质,中片,90%C,+100~80 目	美元/吨	440~495	440~495	680~780
	晶质,大片,90%C,+80 目	美元/吨	570~655	570~655	700~800
	晶质,大片,94%~97%C,+80 目	美元/吨	800~950	650~800	900~1000

资料来源: Industrial Minerals,2006 年、2007 年、2008 年。

(国土资源部信息中心 刘树臣 闫卫东 奚甡)

2009 年中国矿业科技成果信息

【南海北部陆坡深水海域油气资源战略调查及评价】

我国能源供应矛盾日益突出。我国海域浅水区油气勘探发现新油气储量的难度日益增大,寻找深水油气迫在眉睫。南海北部深水海域开阔,总面积 12 万平方千米,水深 300~200 米,具有形成大中型油气田的基本地质条件。本项目全面地揭示了南海边缘海北部陆坡深水区特殊油气地质条件,实现了该区勘探方向、勘探领域和勘探目标 3 个重大转变,技术研发取得了突破性进展,预测了深水区天然气资源潜力超万亿立方米,明晰了勘探方向。完成地震采集处理 22643.3 千米,重、磁力各 11683.7 千米、11800.7 千米,特殊处理了一批地震资料。地质研究发现三个面积近万平方千米、新生界地层最大厚度超万米、天然气资源量超过万亿立方米的大型潜在富气凹陷,揭示了深水和浅水两套储层,落实了 50 个成群分布的大型构造圈闭。攻克了"深水区崎岖海底地震资料采集、处理、解释一体化技术"世界级难题,形成了深水区油气资源评价技术体系。在上述成果的支撑下,钻探了水深 1481 米的荔湾 3-1 构造,首次在我国深水区获得天然气重大勘探突破。

【中国南方贫煤省区煤炭资源赋存条件与潜力评价】

南方煤炭资源赋存条件先天不足,聚煤作用短暂,厚煤层分布有限,大部分地区以薄煤层为主,相对北方煤田均属资源赋存条件较差的区块。该项目全面研究了中国南方贫煤省区煤炭资源时空分布特点和聚煤盆地的古地理演化,建立了不同地区含煤地层沉积体系和聚煤模式,恢复了各聚煤期的岩相古地理。提出并划分了 8 种控煤构造样式,分析了控煤作用。进行新的煤炭资源量预测,摸清了煤炭资源家底。建立了适合南方贫煤省区特点的煤炭资源综合优度评价标准及分级评价方法,进行煤炭资源综合优度评价,提出有利靶区和目标区块,根据南、北方煤炭资源赋存特点及煤炭供需关系的差异性,提出了适合南方贫煤省区实际情况的煤炭资源合理开发利用政策建议。针对红层覆盖区、老地层推覆构造发育区、岩溶发育区、山区构造复杂地区等不同构造类型煤田的综合勘查方法,建立了相应的精细勘查模式,找煤勘查取得了重要突破。发现了一批新的煤田。新编了中国南方贫煤省区煤炭资源赋存条件与潜力评价的相关图件。项目成果在湖南、湖北、广西、广东、浙江等地区得到了应用,累计新探明煤炭资源储量 40.2 亿吨、新发现煤炭资源量 30 亿吨,新预测和评价煤炭资源 121 亿吨,潜在经济效益超过 14000 多亿元。

【我国陆域永久冻土带天然气水合物资源远景调查】

天然气水合物主要分布于海底沉积物和陆上冻土区中,这是一种规模巨大的新型能源矿产,被普遍认为是 21 世纪最有希望的替代能源。该项目探索集成出我国冻土区天然气水合物预测方法。依据天然气水合物的形成理论,从地质、构造、气源、温压等成矿条件分析和各项异常标志总结着手,摸索总结出"冻土条件+气源条件+温压条件+异常标志"的冻土区天然气水合物综合预测方法。成功开展了我国冻土区天然气水合物找矿预测,编制了我国首张冻土区天然气水合物找矿远景区图，其中羌塘盆地是Ⅰ级找矿远景区，祁连山木里地区、漠河盆地和风火山－乌丽地区为Ⅱ级找矿远景区。初步估算了我国冻土区天然气水合物资源潜力。运用体积法和蒙托卡罗法对我国冻土区天然气水合物资源量进行了初步估算，总资源量相当于 75.6×10^{12}立方米的天然气，其中青藏高原约 70×10^{12}立方米，东北冻土区约 5.6×10^{12}立方米，显示出巨大的资源潜力，现已成功钻获天然气水合物实物样品，取得了找矿工作的重大突破，以缓解我国能源短缺。

【新疆库姆塔格世界级特大型钠硝石矿床的发现、评价及矿床成因研究】　世界上大规模的硝酸盐矿床极为罕见，在我国钠硝石矿产为新疆独有的优势矿产资源，发现、评价和勘查大型钠硝石矿床在我国乃至整个亚洲尚属首次。库姆塔格钠硝石矿床是我国唯一的特大型硝酸盐矿床，是目前国内乃至世界比较理想的 $NaNO_3$ 资源矿产地，矿床规模属世界级特大型矿床，现有资源量目前已经达到世界第一。本次工作在研究成矿系列、成矿系统等现代地质理论的基础上，对钠硝石的矿床特征和矿化富集规律及钠硝石矿床的空间分布规律和找矿综合标志进行了系统的总结。研究成果已成为在本区寻找和评价钠硝石矿床、部署基础地质工作、矿产资源评价选区的重要依据。根据研究成果分析，本区周边尤其是塔里木盆地周边还有可能发现相同类型的大型钠硝石矿床，研究成果可作为将来勘查工作实施的参考依据。目前，中国万向控股有限公司新疆硝石钾肥有限公司总投入4.1亿元，建成了年产5万吨天然硝酸钾（钠）的工业试验厂，为大规模开发库姆塔格钠钠硝石资源奠定了基础。

【西藏自治区谢通门县雄村铜金矿床勘探与评价】　发现和查明铜、金矿产资源长期以来是是我国矿产资源勘查工作的重点任务。本项目采用 IKONOS 图像解译、1:10000 高精度磁测、1:10000 土壤测量、1:10000 激电探测等勘查技术手段，采用 50 米×50 米勘探网度，详细查明了雄村铜金矿床各项地质特征，采用普通克里格法估算资源量。通过研究，提出了矿床属岛弧型斑岩铜金矿的新认识，完善了冈底斯成矿带的矿床成矿系列，提供了特提斯洋俯冲成矿的信息，拓宽了找矿方向。提交铜金属资源量 87.9 万吨（331＋332 类别占 96.7%）；伴生金 120.64 吨（331＋332 类别占 97.52%）；伴生银资源量 778.4 吨（331＋332 类别占 98.23%）。2006～2007 年通过补勘，Cu 资源量增加 40 万吨，Au 资源量增加 60 吨。在矿床外围新发现 2 个大型铜金矿床，其中组通门矿床完成勘探，经预算 Cu 资源量 50 万吨，Au 资源量 80 吨，洞嘎普铜金矿床正在勘探。其总经济价值超过 1600 亿元。首次在冈底斯成矿带发现形成于早中侏罗世的斑岩型铜金矿，明确提出了冈底斯成矿带大竹卡以西存在俯冲背景的岛弧型斑岩型铜金矿，揭示了岛弧型斑岩铜金矿的成矿机理，完善了冈底斯成矿带矿床成矿系列，扩大了区域找矿信息。探索出一套适该区的有效找矿技术方法组合，为冈底斯地区找矿工作的进一步开展提供了有力支撑。确定的矿床类型和找矿模型对区域找矿具有重要的指导意义，在雄村铜金矿床外围新发现铜金矿床 2 个，圈定找矿靶区 10 个，新发现矿产地 3 处（则莫多拉铜金矿、洞嘎普铜金矿、汤白铜金矿）。国家发改委已经同意雄村铜金矿床的开发利用方案，公司已经完成采矿证所需的所有许可和备案，已规划成为西藏区重要资源开发基地。

【西藏自治区墨竹工卡县驱龙矿区铜多金属矿勘探报告】　寻找和发现并查明大型铜矿资源一直是我国矿产资源调查的重要任务。该项目探明了目前我国资源储量最大的铜矿。项目对整个成矿区带整体剥蚀程度的判断、对驱龙斑岩铜矿区资源潜力的把握。合理布置勘探网度、深度和矿化深度，确认多期次中心式复式杂岩体形成驱龙世界级的斑岩铜矿。通过 1:2000 地质填图、1:10000 土壤化探、双频激电及区域遥感、综合研究等方法的应用，查明含矿主岩为中新世黑云母二长花岗岩及二长花岗斑岩，划分了围岩蚀变组合及其分带，查定了有用组分及其赋存形式。主要应用钻探和平硐的勘查手段，查明矿体大小 1800 米×1000 米，矿体由细脉浸染状原生硫化物型矿石组成，矿床为典型斑岩型铜矿。按 100～200 米×100～200 米网度采用钻探工程控制矿体，采用“SD”法进行资源量估算，求获 331－333 类别铜金属资源量 7190384.505 吨，伴生钼 331－333 金属资源量 356397.669 吨；伴生银 331－333 金属资源量 4220857.469 千克；伴生硫 331－333 资源量 6547141.433 吨。通过 1:5000 和 1:2000 水工环地质测绘及水文、工程编录和观测，查明矿床水文地质类型属于高原山丘干旱区裂隙充水矿床类，工程地质类型属于开采技术条件中等（Ⅱ）中以边坡稳定为主要工程地质问题的矿床（Ⅱ－2），地质环境质量为中等（第二类），适于露天采矿，剥采比 1:1.5。采自钻孔岩芯和平硐的矿石大样经选矿试验、可行性研究和经济概略分析，采用露天开采－汽车开拓运输－优先浮选铜精矿的生产工艺流程可以获得很好的经济效益。勘探总投资 1.48 亿人民币元，勘探成本 20.59 人民币元/吨·铜。

【新疆准东煤田奇台县大井－将军庙煤矿区普查报告】
新疆是全国重要的能源储备区和战略接替区，煤炭资源尤为丰富。本次综合地质勘查采用了地质综合研究、地面地形地质调查、钻探工程、地球物理数字测井、VSP测井、二维地震测量、样品测试分析等多种地质手段,对隐伏煤矿进行综合地质勘查取得了突破性进展,达到了较好的地质找矿目的,并为今后在相类似地区开展隐伏煤矿勘探工作起到了良好的借鉴作用。获得煤炭资源储量(333+334?)334.83亿吨,其中(333)资源量为284.73亿吨,占总资源储量的85.04%,(334?)资源量为50.10亿吨。矿区煤炭资源丰富,是我国迄今探明煤炭资源量最大的全隐伏单一特厚煤层优质整装煤田之一,为建设煤电、煤化工基地提交了一处超大型矿产地。在测量工程和测量数据的处理中充分利用航空测量与RTK相结合的手段和SMS软件编辑与JX-4C全数字摄影精测成图技术。在地质资料综合整理和报告编制中采用MAPGIS、CGIS等制图软件编制各类图件。新疆阜康能源开发有限公司、济南煤矿设计研究院、新疆煤矿设计研究院根据本项目提交的矿区煤炭资源/储量、煤层赋存和开采技术条件,编制了《新疆奇台县大井-将军庙煤矿区发展规划及井田划分》,将矿区拟规划为6个矿井,年产量在800万~2000万吨,矿区建设总规模将达到12000万吨/年,矿区均衡生产年限约100年。预计大井-将军庙矿区投产矿井在2010年达产后,供应市场约7000万吨,煤炭深加工及转化新增市场约4500万吨。矿区煤炭初期以矿区电厂、煤化工项目为主,远期以煤化工为主。矿区拟建成世界一流水平的现代化特大型煤电化基地,为实现乌-昌地区乃至带动全疆的经济发展作出重要贡献。

【华北前第三系油气资源战略调查及评价】 根据国家有关"加快渤海油气勘探开发"的战备要求,对华北东部渤海湾盆地前第三系油气进行地质综合研究。项目以前第三系,包括中新元古界、寒武-奥陶系、石炭-二叠系及中生界4套层系为研究对象,通过对区内前第三系的沉积特征、构造格架、烃源岩质量和油气保存条件等方面的研究,评价其油气资源潜力,提出前第三系的勘探战略和勘探方向。采用多重标志识别了前第三纪构造层及残留地层展布;发现了对生油具有特殊意义的粘球形藻;提出了盆地内叠合构造单元概念,划分了3类6种叠合构造样式;提出了碳酸盐岩生烃评价标准,厘定了区内3类4套有效烃源岩分布区,建立了不同类型有机质生烃模版;对研究区进行了动态盆地模拟和资源评价,明确了不同层系、不同叠合单元的油气成藏模式;提出了"构造元、烃灶元、保存元"三元叠合选区方法,指出了勘探有利区带。该成果改善了国内对该潜力层系的低认知状况。国家发改委将该成果列为我国经济社会发展和能源发展战略规划中;中石油、中石化等部门也将该成果应用于制定部门"十二五"新能源发展规划。

【天山铜矿带找矿靶区优选】 为提高天山地区找矿靶区优选效果,应用多光谱遥感找矿技术提取遥感找矿信息,研究成矿地质背景,有针对性地提取有关矿床类型遥感信息,圈定与优选找矿靶区,为区域性找矿服务。在东天山-北山的16万平方千米范围内,提取遥感找矿信息。利用GIS平台,将地、物、化、遥蚀变多源信息进行综合分析,优选了找矿靶区铜矿10处、铅锌矿1处。通过实地查证,新发现铜矿化地4处(其中1处普查评价为小型铜矿),镍矿化地1处,铅锌银矿化地1处。初步建立了荒漠景观区蚀变遥感异常提取技术方法体系;建立了本区斑岩铜矿、岩浆型铜镍矿、矽卡岩型铅锌矿遥感找矿模型;建立了工作区遥感数据库,1:500000多元信息数据库与波普数据库。研究成果在多个技术培训班中进行交流推广。该方法体系在地质研究程度低的地区有广阔的应用前景。该项目应用遥感解释技术方法,在东天山-北山地区进行找矿靶区优选,效果较好,有推广意义。

【河南省渑池县曹窑煤矿深部铝土矿详查报告】 我国优质铝土矿资源消耗速度不断增加,资源储备不断减少。铝土矿勘查工作面临着由浅入深,从找露头矿、向找深部矿转折的关键时期。发现深部的铝土矿资源成为我国主要铝土矿产区的重要任务。通过详查工作,发现并控制铝土矿体14个,全区估算资源量(332)+(333)6123.21万吨;伴生镓资源量(333)3674吨,提交一处特大型规模的铝土矿床,取得了找矿重大突破。矿区开采技术条件属复杂类型中的复合问题矿床。矿石品级以Ⅳ、Ⅴ级为主,矿石加工技术性能较好。详查结果表明本区为一特大型铝土矿床,预测矿区深部还有6100万吨铝土矿资源潜力,且可能是单一巨大矿体,整个矿区资源储量有望达超大型矿床规模。按年产矿石60万吨计算,则矿山服务年限为64.88年,矿山总利润为153151.84万元,平均年利润2360.54万元。义煤集团氧化铝企业将能获得较长期的铝土矿资源保证,矿山开发的企业经济效益和社会效益当为显著。本矿床的潜在价值及开采的经济效果巨大、效益明显。

【重庆市龙车寺构造复杂区深部煤炭资源勘查与突破】

煤炭是是重庆地区经济发展的基础能源,在重庆市能源结构中,煤炭占据70%左右的份额,煤炭产业的健康有序发展关系到全市国民经济目标的实现。项目深入研究了观音峡背斜中段构造格局及其对龙潭煤系赋存状态的控制，改变了观音峡背斜两翼地层倾角陡、龙潭组煤层埋藏过深、失去勘查开发价值的传统认识，确认观音峡背斜中段东翼地层倾角变缓、F1逆断层倾角变小、导致背斜轴部和东翼煤层抬升，形成大面积有利的赋煤块段，取得控煤构造格局的新认识。在本区开展层序地层学研究，建立了晚古生代含煤岩系层序地层格架；揭示了层序垂向演变对煤层发育的控制作用，合理地解释了厚煤层段的空间分布规律，建立了层序地层格架内的成煤模式。本项目获焦煤资源量5.35亿吨，按50%回收率计算可回收煤炭2.68亿吨，按现行焦煤市场价650元/吨，可创造经济价值1742亿元。通过综合采样和专门地球化学测试，发现该区煤系地层中存在稀有金属(包括国家战略资源)镓、钒、铌、钽、钛、铈的异常，煤层气、硫铁矿等矿产达到工业品位，实现了综合找矿和煤炭资源综合利用的重大突破。

【大冶铁矿深部探矿关键技术研究与应用】 大冶铁矿是我国著名的大型接触交代型铁(铜)矿床，是武钢主要的铁矿石基地之一，矿山主体资源消耗殆尽，急需进行深部找矿，以延长矿山服务年限。项目紧紧依托大冶铁矿接替资源勘查，建立了接触交代型铁矿地质－地球物理找矿技术体系和找矿模型，为鄂东乃至长江中下游危机矿山铁(铜)矿深部接触接替资源第二轮找矿提供技术支撑和示范。开展了适用于深部找矿的“空、地、井”综合地球物理勘查方法研究，开展了高精度大功率物探数据采集和信息处理技术方法试验研究，使物探技术在深部找矿中的有效探测深度达到或大于1000米。工作中应用小波分析技术、起伏地形条件下磁法和电法数据正、反演技术、约束条件下立体空间三维反演技术及井底、井旁盲矿预测及定位技术并取得了实效。重点加强了接触带控矿构造等成矿规律研究，在接触带形态产状及其与成矿关系、矿体连接对比等基础上，提出了“三个台阶”成矿部位和矿体侧伏规律的新认识，对深部矿体进行了空间预测。2009年在大冶铁矿区深部第三台阶发现了厚大铁(铜)矿体，新增333＋334铁矿资源量2033.28万吨，全铁平均品位43.41%；新增铜金属量近8万吨、钴5000吨、金5吨，还有银、硫等有用元素。对大冶铁矿深部及外围铁铜矿资源潜力作出客观评价，并可延长矿山服务年限20年以上，项目实施获得了良好的经济效益和社会效益。

【长江上游(宜昌－江津段)高精度航空遥感摄影与地质灾害遥感动态监测示范】 基于高精度航摄成果，开展了“长江上游(江津－宜昌段)地质灾害遥感动态监测示范”项目工作，制作了包括长江上游(宜昌－江津)航空遥感影像镶嵌图；建立三峡库区基础地理控制网，制作了长江上游(宜昌－江津)1:5万和重点城镇1:1万彩色正射影像图，为三峡工程安全运行、库区可持续发展提供图像基础。同时，利用遥感数据和DEM数据，构建了三峡库区1:5万和重点城镇1:1万三维仿真系统，为项目区域地质灾害遥感解译工作的完成及灾害管理提供了重要平台和数据资料。并利用数字滑坡技术，运用三维可视化技术，针对秭归、云阳两个典型区开展地质灾害遥感调查与监测，为地质灾害防治工程提供决策依据。项目成果已经提交长江水利委员会、重庆市和三峡库区地质灾害防治指挥部等单位使用。三峡库区高精度航空影像图真实反映了三峡库区临蓄水前的自然地理、人文地理状况和地质灾害分布状况，对三峡库区地质灾害动态监测工作具有十分重要的意义。

【城市环境地球化学调查异常查证方法技术研究】 在重点城市和城市聚集带选择典型试验区，根据不同研究区特有的自然环境和地质背景，通过试验研究制定出针对城市环境地球化学调查的异常查证及其评价的方法技术。基本查明所选试验研究区内土壤地球化学异常的成因类型及形成机理，并对异常元素的生态效应进行评价。重点研究对象是土壤重金属元素异常，将研究内容分解为典型重金属元素异常成因判别方法、不同类型异常形成机理及其生态效应评价等几个方面，同时针对目前环境地球化学调查和评价工作中亟待解决和存在的某些悬而未决的问题，拓展思路，开创性地开展试验研究工作。通过系统的试验研究，完善了城市环境地球化学异常成因判别方法的理论基础和试验依据，查清了人为和自然成因异常的形成机理，探明了控制异常组分生态效应的最根本因素，提出了城市环境地球化学异常查证及评价方法。项目研究过程中发现，普遍存在于城镇周边土壤中的Hg异常由辰砂矿物引起，而且证实此类辰砂矿物是在表生条件下通过土壤微生物的参与形成的。其他重金属元素异常与煤燃烧或矿石冶炼过程中产生的“微球粒”及磁铁矿、黄铁矿等有关。辰砂和“微球粒”等的发现，给城市环境地球化学异常成因及其形成机理研究注入了新的思路，并建立起了人类活动－大气污染－土壤污染间的成因联系，促进了环境地球化学、环境矿物学等领域科学进步和发展。研究成果在环境地球化学调查、研究领域中得到普遍认可和广泛应用，为解释城市周边土壤污染过程及其机理、评价其生态危害和效应等提供了确凿的试验资料和理论，切实发挥出了应有的作用。

【山西省沁水县端氏煤层气开发示范工程】 探索煤层

气多分支水平井技术工艺，评价其对提高单井煤层气生产潜力的贡献，从而形成我国自主的勘查开发煤层气的新技术，并为在全国同类条件地区推广多分支水平井技术起到示范作用。在我国首次研究提出了从地震勘探→井位选择→水平井设计→装备→水平井钻井和完井工艺→排采制度→数值模拟到产能分析预测等一整套多分支水平井设计、作业和生产专有技术，实现了集成创新。在多分支水平井系列技术、双主支多分支井型设计、钻孔穿针技术等方面取得重要的具有自主知识产权的成果。在水平井装备和钻井技术方面，通过消化吸收国际先进技术，从制造原理到制造技术，创造性地实现了不同钻井装备和工具的优势集成，开发出了能有效针对我国煤层松软、易坍塌、厚度薄、深度浅等特点的、包括中等深度的顶驱钻机、欠平衡钻井空压机和增压系统、地质导向系统、磁定位和穿针技术，以及一整套高端精密仪器和大型装备在内的先进煤层气水平井钻采系统，初步实现了我国煤层气开发专用水平井钻采技术的国产化。在国内首次编制完成了《煤层气水平井钻井工程作业规程》，在煤层气水平井钻井工程作业中，发挥了重要作用。成果经在沁水盆地和鄂尔多斯盆地广泛推广应用，体现出单井产气量高、采收率高、生产周期短、井场占地面积少等明显特点，经济效益和社会效益显著，示范作用也十分显著。

【地－空界面地球物理氡场及在资源与环境中应用研究】 由于氡的地质示踪作用及它的辐射危害等特性，氡场研究及其探测技术是核地球物理领域长期关注的学术热点和技术前沿问题。测氡技术已成为解决铀矿找矿、非放射性矿产勘查、找水、地震预测等地质资源和地质工程问题的重要地球物理技术之一；土壤和空气中氡浓度是环境放射性调查与评价必须测量的重要参量，并具有国家标准限值和行动水平值。该项目建立了不同介质条件下描述氡释放与运移的非稳态数学模型，并得到长时间氡浓度连续监测实验的验证；建立了地－空界面氡子体伽玛光子输运的随机抽样模型和蒙特卡罗预测地－空界面上氡子体放出的天然伽玛射线能谱分布的技术方法，为野外测氡技术、测氡仪器研制和应用研究提供了理论基础，促进了应用地球物理技术的发展。项目开发了新的瞬时测氡技术、累积测氡技术和连续氡监测技术，并成功研制了五种类型的获得多项专利技术的野外测氡仪器以及氡气检测标准装置，实现了壤中氡和空气中氡浓度的高精度定点测量与长时间多点连续自动观测，为野外测氡方法的应用提供了硬件保证。项目研发的测氡仪、γ能谱仪、辐射仪和剂量仪等已实现商品化批量生产，近三年实现税收1100多万元。项目成果在全国20多个省区开展了应用推广，涉及矿产资源勘探、找水、地震预测和环境放射性调查等领域，发现有意义的异常220多处，以此为线索找到铀矿和水源地多处，取得了显著的应用效果，产生直接和间接经济价值超过两亿元。

【多目标地质调查中主要有机物分析方法研究及应用】 针对地质调查工作的急需，在国内首次建立了多目标地质调查中主要有机物分析方法和地下水调查有机必测37种组分系统分析方法。项目利用有机检测新技术提高分析灵敏度、准确性，建立了水、土壤介质中苯系物、挥发性卤代烃、有机氯农药、有机磷农药、苯酚类化合物、多环芳烃、多氯联苯等多类有机污染物系列分析方法，形成了多目标地质调查中主要有机物分析系统。建立了集样品采集、检测、全流程质量控制为一体的地下水调查有机必测37种组分系统分析方法，解决了地下水有机检测的难题。所建立的16种多环芳烃、16种有机氯农药等检测方法达到或超过了国家标准分析方法，大多数分析方法指标达到了美国环保署标准分析方法。方法加强了质量控制(QA/QC)，弥补了现行国家标准中普遍缺乏质量控制的缺点。项目为客观认识城镇及其周边土壤重金属元素异常的形成过程和危害提供了重要的科学依据，并且为减缓、防治和修复这类异常奠定了基础，既有实用价值和科学意义。通过上述工作迅速提升地质调查行业有机分析测试水平，培养了第一批有机分析专业技术人才，形成了以国家地质实验测试中心、中国地科院水文所等13家为主的行业有机分析骨干力量，全面承担全国地下水调查、地下水监测等有机样品检测任务，目前全行业完成地下水检测4万组，产生经济效益几千万元。

【高精度定向对接贯通井技术及配套设备】 本项目以定向钻井技术为基础，在可溶性矿产开采中，用高精度井眼轨道控制技术使两口式多口井在地下矿层中连通，向其中一口井中注入溶液，在另一口井中可连续采出含矿丰富的溶液。实现安全、高效、低消耗的开采矿产资源。项目完成定向钻进用螺杆钻具及配套设备的研制，定向钻进螺杆钻具寿命可达150小时以上 。无线导向仪及有线测斜定向仪器及测井绞车的研制，定向测斜仪器：顶角0~90°，误差±0.1°；方位0~359°，误差±1°；工具面角0~359°，误差±1°。定向对接井钻井技术的研究。造斜率达0.6°/米以上，造斜孔深可达1500米以上，井径可达Φ100毫米以上。对接靶点误差小于2米。采用高精度定向贯通井技术及配套设备已在全国六大井矿盐区完成了15对采卤对接孔及国外世界第二大天然碱矿土耳其BEYPAZARI碱矿完成了36对开采天然碱工程,完成产值达2亿多。采用高精度定向贯通井技术及配套设备将改变我国过去的落后矿产开采技术,有利于保护环境及矿产资源,使我国目前的矿山开采技术达到国际先进技术水平,有利于促进我国的穿越孔施工设备及技术的进步。同时将促进了我国小直径定向钻探技术的发展,拓展小直径定向钻探技术的服务领域。

【山东省金矿尾矿的资源化研究】 通过对山东省金矿资源状况及开发利用现状调查和分类研究,掌握了山东省金矿资源分布状况、类型和其特点以及开发利用现状;进行了山东省金矿尾矿现状及尾矿库的环境地质调查,深入研究了山东省主要金矿尾矿的矿物组分、化学成分、物性特征以及尾矿库对周围生态地质环境的影响,为金矿尾矿资源化研究提供了科学依据;根据山东省金矿尾矿的物化性能及尾矿现状,选择代表性金矿尾矿为研究对象,采用分选、提纯、表面处理等工艺技术,进行试验研究和中间试验,使尾矿充分资源化;对不同类型的山东金矿尾矿分别在不同领域进行了多个应用产品的应用研究,使矿山尾矿达到整体利用,实现矿山可持续发展的目的。利用金矿尾矿生产出的墙地砖、混凝土砌块、贝利特特种水泥、微晶玻璃和玻璃微珠、塑料和橡胶制品等产品,其产品性能指标分别达到了国家标准和行业标准,金矿尾矿在产品中的添加量可达40%~60%,同时还可降低其生产成本。该项目经过深入细致的调查和研究,为山东金矿尾矿资源化提供了科学依据;通过应用研究,使金矿尾矿达到整体利用,该项研究填补了金矿尾矿在矿山综合利用领域中整体利用的空白;对现场排出的尾矿直接进行处理应用,不再进行磨矿、搬运,这不仅降低了成本,而且避免了二次翻尾对环境的污染;特别是首次利用金矿尾矿生产贝利特特种水泥和玻璃微珠的成功,为金矿尾矿的应用开辟了新途径;经加工获得的多种应用产品,其性能指标达到了国家和行业标准。该研究已在焦家金矿建成尾砂加气混凝土砌块生产线,同时沂南龙头汪金矿尾矿也被沂南县水泥厂使用,获得了巨大的社会、经济和环境效益。

【西部复杂条件下轻便多功能钻机的研制】 2009年我国使用的岩芯钻机的多数是立轴式钻机,与国外相比技术性能差了一代。随着地质找矿任务的增加,向偏远地区、国外及深部的转移,急需研制新一代全液压动力式岩芯钻机。研制成功的YDX—3型全液压岩芯钻机适用于金刚石绳索取芯等多种高效钻探工艺方法。也可用于水井、锚固钻进、工程地质钻进工艺。与立轴式钻机相比,取芯作业效率、适用性及安全性极大增加。模块化拼装式设计,便于拆卸组装,功能实用全面;先进的液压系统设计,主系统采用开式负载反馈变量系统,能够进行无级调速,配4挡手动变速箱,速度范围宽、扭矩大,有利于多种钻探工艺对转速的选择;动力头通孔直径大,通过变换卡瓦可用于国内外各种标准钻杆施工;给进行程长,减少了辅助工作时间,有利于提高钻探效率,减少孔内事故;给进控制可以实现加压钻进、减压钻进、称重、快速提升等不同工作状态;主绞车在钻进过程中能自动放绳,通过内置静液制动器及下降控制阀,使提升、下降钻具安全可靠。2006年已批量生产,当年销售10余台,到2009年,已累计销售150余台套,国外销售20多个国家和地区,国内29个省队购买,为我国地质找矿做出重大贡献。YDX-3型全液压岩芯钻机的成功研制,标志着我国岩芯钻机制造水平上了新台阶,提高了我国地质装备现代化的水平及国际竞争能力,为我国自动化钻机设计打下了基础。该钻机主要用于地质找矿勘探,为我国地质找矿提供技术支撑。

（国土资源部信息中心 王 芳）

2009年矿山事故记事

1月6日 江西萍乡矿业集团宜萍煤业公司顶棚发生漏垮事故,6人死亡。

1月10日 云南曲靖市富源县煤炭经贸公司经营的大河镇篆湾煤矿1号基建井,发生坍塌事故,5人死亡,5人受伤。

1月14日 吉林市桦甸市卓隆矿业公司井下罐笼升井发生事故,4人死亡。

1月16日 内蒙古自治区鄂尔多斯市准格尔旗,神华集团包头矿业有限责任公司黑岱沟露天矿发生有害气体涌出事件,5人死亡,2人受伤。

2月12日 四川达州市达县新荣煤矿井下发生一起瓦斯事故,8人获救,5人死亡。

2月13日 贵州毕节织金县珠藏镇织河煤矿,井下1166运输巷掘进头发生一起煤与瓦斯突出事故,25人获救,8人死亡。

2月14日 重庆市奉节县兴隆镇石乳煤矿发生煤与瓦斯爆炸事件,3人死亡。

2月22日 山西西山煤电集团屯兰煤矿南四盘区发生瓦斯爆炸事故。362人获救,78人死亡。该矿为国有重点煤矿,高瓦斯矿井,核定生产能力500万吨/年。

2月22日 河北省张家口市涿鹿县巩山镇巩山磷矿井下发生炮烟中毒事故，1人死亡。在抢救过程中，2名救援人员重伤，送医院抢救无效死亡。共造成3人死亡。

3月5日 四川省达州市金龙集团寿田嘴煤矿在连南巷维修时发生顶板垮塌事故，造成4人死亡。

3月6日 河北邯郸市武安市金铭煤矿井下发生顶板事故，有12名矿工被困。

3月8日 安徽池州市东至区，迈捷矿业公司花山锑金矿井下掘进施工时发生炮烟中毒事故，5人死亡。

3月8日 四川省宜宾市高县白庙乡芙蓉村煤矿发生透水事故，5人死亡。

3月9日 内蒙古鄂尔多斯市准格尔旗聚能煤炭有限责任公司路鑫聚煤矿井下发生中毒事故，6人死亡，3人受伤。

3月12日 甘肃武威市天祝县天祝陇德煤业有限公司发生瓦斯爆炸事故，6人死亡。

3月13日 甘肃白银市平川区丰源顺煤业有限公司发生瓦斯窒息事故，7人死亡。

3月18日 贵州六盘水市盘县特区羊场乡羊场煤矿发生顶板事故，76人获救，5人死亡。

3月21日 湖南省衡阳市常宁市三角塘镇企业办煤矿发生透水事故，13人死亡。该煤矿为私营企业，采矿权属招拍挂项目，没有取得任何证照，独眼井生产。事故原因分析为：矿井开采范围内老窑分布密集，采空区互相贯通，存在老窑积水；煤矿在非法开采过程中在没有探明老窑积水情况下，未采取探放水措施，采掘过程中误穿积水老窑，导致事故发生。

4月4日 黑龙江鸡西市鸡冠区天源公司金利煤矿（证照齐全）井下发生透水事故，当班井下作业有22人，其中12名遇难。

4月6日 重庆巫溪县下堡镇八字庄煤矿发生瓦斯燃烧事故，8人获救，3人死亡。

4月12日 四川宜宾市珙县马鞍山煤矿发生局部瓦斯爆炸事故，3人死亡，5人受伤。

4月17日 湖南郴州市永兴县樟树乡大岭煤矿发生炸药爆炸事故，19人死亡，1人失踪。该矿原核定能力2万吨，属于2改6技术改造矿井。技改设计和安全专篇均未获有关部门批准，大岭煤矿青山壁技改风井（非法煤矿）私自将炸药存放在办公大楼引发爆炸。

5月15日 云南昭通地区镇雄县五德镇干沟村茶山煤矿发生一起瓦斯爆炸事故，事故发生时南翼有13人入井，其中10人死亡、3人轻伤。该矿为乡镇私营煤矿，证照齐全，斜井开拓，低瓦斯矿井，核定生产能力3万吨/年。

5月16日 山西同煤集团麻家梁煤矿（基建矿井），主立井在施工至380米时发生炮烟中毒事故，当时有10人被困，发现中毒后，施工单位没有向上级汇报，盲目组织13人三次下井抢救，共造成11人死亡，6人受伤。该项目施工单位为中煤能源集团所属的中煤第一建设公司十处。

5月30日 重庆市松藻煤电有限公司同华煤矿观音桥三区安稳斜井掘进工作面发生煤与瓦斯突出事故，当班入井131人，其中：出井生还101人，死亡30人。

6月2日 新疆兵团农十二师，昌平矿业公司104煤焦厂一号井发生局部瓦斯爆炸事故，3人死亡，5人轻伤。

6月5日 新疆生产建设兵团昌吉州大黄山豫新煤业有限责任公司白杨河煤矿主发生瓦斯突出事故，7人死亡，81人获救。

6月13日 湖南省娄底市冷水江市铎山镇金胜煤矿发生透水突泥事故，5人死亡，3人失踪。

6月17日 贵州黔西南州晴隆县中营镇新桥煤矿发生透水事故，15人获救，16人死亡。

6月19日 贵州黔南布州贵定县新巴镇田湾煤矿发生瓦斯爆炸事故，2人获救，6人死亡。

6月23日 云南曲靖市师宗县宏兴煤矿发生顶板事故，3人死亡。

6月24日 河南洛阳市伊川县奋进煤矿黄运输皮带巷皮带着火。25人获救，6人死亡。

7月4日 湖南郴州嘉禾县袁家煤矿发生事故，6人死亡。

7月4日 重庆市合川区康佳煤业有限公司发生煤与瓦斯突出事故，5人死亡、1人受伤。

7月8日 福建永定老寮坑煤矿发生透水事故，4人死亡，3人失踪。

7月11日 河北钢铁集团石人沟矿发生爆炸，8人死亡，6人受伤。

7月13日 安徽宣城市广德县劲羚矿业公司井下发生冒顶事故，3人死亡。

7月19日 云南大理州祥云县云南驿镇，明凯煤矿发生瓦斯爆炸事故，3人死亡、2人受伤。

7月21日 湖南郴州市嘉禾县夹木岭煤矿井下发生煤与瓦斯突出事故，3人死亡。

7月22日 黑龙江省鸡西市恒山区鑫永丰煤矿发生漏水事故，5人死亡，18人失踪。

7月23日 内蒙赤峰市林西县琥珀南沟萤石矿通风井进水，3人死亡。

7月27日 四川凉山州益门煤矿在建设施工过程中,发生垮塌事故,8人死亡,8人受伤。

7月29日 云南曲靖市富源县雅口煤矿发生水害事故,3人获救,5人死亡。

8月3日 贵州黔东南州天柱县石坪大湾煤矿发生瓦斯窒息事故,3人死亡。2004年7月28日,该矿曾发生坠罐事故,2人死亡。

8月4日 江西省萍乡市新岭煤矿发生一起透水事故,3人死亡。

8月6日 新疆昌吉州吉木萨尔县富通煤矿瓦斯爆炸事故,5人死亡。

8月9日 湖南娄底市双峰县杏子铺镇测水煤矿发生顶板事故,3人死亡。

8月13日 贵州六盘水市六枝特区郎岱镇青菜塘煤矿发生煤与瓦斯突出事故,63人获救,3人死亡,1人受伤。

8月22日 重庆南川县韦家湾煤矿井下发生一起顶板事故,4人获救,3人死亡。

8月24日 贵州省六盘水市盘县发生瓦斯窒息事故,4人死亡。

8月24日 山西晋中和顺县山西星光煤业有限责任公司正在施工的新建井筒(回风立井)发生一起瓦斯爆炸事故,14人死亡。

8月25日 云南省昭通市昭阳区季家老林发生瓦斯爆炸事故,4人死亡,1人受伤。

8月25日 江西省萍乡市上栗县东源乡虎塘冲煤矿发生透水事故,7人死亡。

8月26日 贵州毕节地区黔西县江丰煤矿发生瓦斯爆炸事故,7人死亡,3人受伤(其中1人重伤)。

8月28日 湖南郴州市北湖区原鲁塘镇积财石墨矿发生中毒窒息事故,造成15人死亡。

8月30日 重庆天府矿务局三汇三矿发生煤与瓦斯突出事故,3人获救,7人死亡。

9月4日 广东韶关乐昌市北乡镇大湾萤石矿发生中毒事故,4人死亡。

9月6日 湖南娄底市冷水江市铎山镇茶子山煤矿发生局部瓦斯爆炸事故,6人获救,6人死亡。

9月8日 河南三门峡市灵宝县金源矿业公司五分公司王家峪矿区,1400生产系统1532安全通道二级斜井,在支护过程中,顶板坍塌造成输电线短路,引发坑木着火。该事故共造成13人被困,经搜救,被困13人全部死亡。金源矿业有限责任公司成立于2004年5月,为灵宝市国有金矿,下辖4个黄金生产分公司和2个子公司,年处理矿石168万吨(其中金矿石100万吨)。

9月9日 河南平顶山新华四矿瓦斯爆炸事故,54人死亡,25人失踪。

9月12日 四川宜宾市筠连县巡司镇,金鑫煤矿因放炮引发瓦斯爆炸事故,39人生还,4人死亡。

9月19日 甘肃酒泉肃北县凯富矿业公司金庙沟煤矿发生一氧化碳中毒事故,4人死亡,1人轻度中毒。

9月25日 内蒙古赤峰市林西县灵金矿业有限责任公司在放炮作业时发生中毒事故,5人死亡。

9月28日 湖南郴州市永兴县蜈蚣岭处的非法煤矿发生瓦斯中毒事故,3人死亡、1人受伤。

9月30日 吉林白山市江源县砟子煤矿发生跑车事故,3人死亡,7人受伤。

10月7日 贵州毕节地区威宁县东风镇拱桥村六组一非法采煤窝点井下发生窒息事故,当时井下有14人作业,造成10人死亡,4人受伤。

10月8日 安徽宣城地区宁国县乌石矿业公司发生煤与瓦斯突出事故,2人生还,3人死亡。

10月8日 湖南娄底市冷水江市闪星锑业公司南矿主提升井发生坠落事故,当时罐笼内有31人随罐笼坠入井下,造成26人死亡,5人重伤。事故原因为绞车调绳离合器分离。

10月9日 辽宁阜新市海州区中兴煤矿有限公司(乡镇煤矿)东部井一区西翼运煤下山发生火灾事故,共造成13人死亡。

10月14日 由宁夏三鑫机械化工程公司施工的神华宁煤集团大峰矿羊齿采区工程A段,在实施+2060~2050米水平台阶深孔爆破装填作业时发生爆炸事故,11人死亡,7人受伤,3人失踪。

10月15日 浙江绍兴市诸暨市浣东街道盛兆坞三村俞高坞石灰石矿土石方坍塌,3人死亡。

10月20日 湖南湘西州花垣县太阳山邓克松矿峒发生冒顶事故,3人死亡,1人轻伤。

10月22日 湖南衡阳市耒阳市南阳镇严家冲煤矿南翼发生一起透水事故,4人死亡,2人失踪。

10月26日 云南昭通地区巧家县小河铅锌矿炉房沟**3**号矿,井下放炮后矿洞内冒顶,4人死亡。

10月26日 山西省大同市左云县一关闭矿井中,发现12名非法入井人员,其中10人窒息死亡,2人生还。该矿已于2008年10月实施关闭。

10月29日 贵州黔南布州福泉县,双龙煤矿井下发生透水事故,3人死亡,5人受伤。

11月7日 贵州遵义市桐梓县龙会场煤矿井下发生煤与瓦斯突出事故,4人死亡。

11月10日 四川甘孜州康定县雅拉乡康定金矿矿洞发生塌方事故,4人死亡、1人轻伤。

11月10日 宁夏石嘴山市惠农县福利厂沙巴台

煤矿发生一起瓦斯爆炸事故，8人死亡、11人受伤。

11月12日　黑龙江双鸭山市宝清县国明煤矿发生透水事故，造成7人被困井下。

11月21日　黑龙江龙煤集团鹤岗分公司新兴煤矿，三水平二石门后组15层探煤道发生煤与瓦斯突出，引起风流逆向，瓦斯随逆向风流进入二段钢带机机头硐室发生爆炸。事故发生时全矿井下作业人员528人，有420人安全升井，遇难人员108人。该矿为原国有重点煤矿，高瓦斯矿井。

11月22日　湖南怀化市辰溪县郭家湾煤矿（乡镇有证）井下发生一起瓦斯爆炸事故，造成15人死亡，1人重伤，3人轻伤。

11月26日　贵州黔西南州兴仁县振兴煤矿**2151**掘进工作面发生煤与瓦斯突出事故，此事故共造成10人死亡。

11月27日　吉林通化市梅河口市综合煤矿（乡镇有证）井下+145米标高上山发生一起透水事故，16人遇难。

12月27日　山西晋中市鑫裕沟煤业有限公司井下发生瓦斯燃烧事故，当班入井16人，经抢救4人受伤，造成12人死亡。

12月28日　云南楚雄州双柏县麻栗树煤矿井下发生煤与瓦斯突出事故，造成11人遇难。

（《中国矿业年鉴》编辑部　宋　菲　编辑）